# 현대투자론

이필상 · 최승빈 · 이상호 · 정강원 · 안동현

法 文 社

# 머리말

스티브 잡스(Steve Jobs)는 1976년 스티브 워즈니악(Steve Wozniak)과 함께 애플 컴퓨터를 개발함으로써 PC시대를 열었다. 그 후 30여 년이 지난 2007년에는 아이폰을 개발, 디지털 혁명을 주도하며, 평범한 사람들의 일상생활을 바꾸어 놓았다. 그 덕분에 거의 대부분의 사람들은 한 대의 컴퓨터를 손에 들고 다니며, 언제 어디서든지 정보를 검색하고 다른 사람과 소통한다. 그러나 우리는 과거 그 어느 때 보다 불확실한 세계에 살고 있다고 한다. 참으로 아이러니가 아닐 수 없다.

수많은 컴퓨터 네트워크가 연결되고, 최첨단의 소프트웨어가 동원되었음에도 자본시장에서 투자자들이 느끼는 불확실성은 점점 더 커지고 있다. 사실 자본시장만큼 변덕(fads)이 심한 곳도 드물 것이다. 한 때 유행했던 인기 금융상품들이 언제인지도 모르게 사라지고, 전혀 새롭고도 복잡한 금융상품에 대한 약정고나 거래량이 예상을 훨씬 웃돌아 나타나곤 한다. 이렇게 보면 불확실성 문제는 컴퓨터나 스마트폰과 정보통신기기가 해결할 수 있는 문제가 아닐 것 같다. 아마 불확실성의 문제는 사람 때문에 발생하는 것이고, 사람 속에 해답이 있을 것이다. 애플의 기술 속에 인문학적 교양과 인간이 녹아 들어가길 잡스가 원했듯이 '투자론' 에도 인문학적 교양과 인간이 스며들어야 한다고 우리는 믿는다.

우리나라 자본시장은 1997년 외환위기를 전화위복의 계기로 삼아 어느 정도 체질개선이 이루어지면서 장밋빛 꿈과 함께 21세기를 맞이하였다. 그러나 2008년 미국발 서브프라임모기지 사태로 촉발된 글로벌 금융위기, 2010년 PIIGGS로 대변되는 유럽경제위기, 2011년 미국재정위기와 유럽경제위기의 재발, 2012년 미국의 재정절벽(fiscal cliff) 등 최근 몇 년간의 글로벌 경제 충격은 자본시장에 엄청난 불안감과 함께 안정성, 신뢰성에 심각한 타격을 입히고 있으며, 현재 진행형이기도 하다.

이와 같은 자본시장의 외부적인 충격에 대한 문제를 해결하기 위한 해법은 어쩌면 가장 기본적인 부분에 있는지 모른다. 수익에는 위험이 따른다는 인식과 함께 증권의 본질가치에 기초한 투자, 포트폴리오 구성 등 투자의 교과서적인 가치들이 불확실성의 시대를 살아가는 지혜가 될 수 있을 것이다. 최근 각 개인이 충분히 합리적이지 않을 수 있다는 심리학적 발견과 비합리적 개인의 존재가 시장 전체에 영향을 미칠 수 있다는 사실을 두 축으로 하여 재무현상을 바라보는 행태재무학(behavioral finance)이 대두되고 있다. 학문적 통섭을 통해 고전 투자이론에 새로운 통찰력을 제공해 주는 또 다른 접근방법이 될 것이다. 우리는 피상적이나마 고전적인 투자이론과 새로운 시각을 접목하는 현대적 투자이론을 설명하고자 하였다. 이것이 자본시장의 불확실성을 이해하고 그 속에서 살아가는 지혜를 발견하는 밑거름이 되었으면 한다.

본서는 14개의 장으로 구성되어 있다. 제1장에서는 투자의 의미와 속성에 대해서 설명하고, 금융환경의 변화와 그에 따른 대응, 관리방법에 대해 전체적으로 조망하였다. 제2장에서는 증권시장의 유형과 증권의 발행, 유통과정 등을 설명하였고, 제3장에서는 전통적인 투자이론의 핵심인 효율적 시장에 대해서 설명하였다. 효율적시장의 개념과 시사점에 대해 심도 있게 다루었다. 제4장에서는 기초적 분석의 토대로서 경제, 산업분석 및 기업분석에 대해 알아보았다. 제5장과 제6장에서는 채권의 평가와 분석에 대해 살펴 보았다. 채권의 일반적인 유형과 채권가격에 영향을 미치는 요소들에 대해 자세히 분석하였다. 다만 듀레이션이나 볼록성의 경우에는 독자의 필요성에 따라 선택의 여지를 남겨두었다. 제7장에서는 주식가격이 어떻게 평가되는지를 살펴보았으며, 제8장에서는 불확실성하에서 투자자들의 투자선택기준을 설명하였다. 제9장에서는 투자이론의 꽃이라고 할 수 있는 포트폴리오이론을 다루었으며, 제10장에서는 포트폴리오이론을 근간으로 하는 자본자산의 균형가격결정과정을 설명하였다. 제11장과 제12장에서는 위험헤지뿐만 아니라 새로운 투자대상으로 현대투자이론의 외연을 확대한 옵션과 선물 등 파생금융상품에 대해 살펴보았다. 제13장에서는 최근 급성장하고 있는 투자신탁과 투자성과의 평가에 지면을 할애하였다. 마지막으로 제14장에서는 전통적 투자이론이 설명할 수 없는 인간행동의 영역을 투자이론과 접목시키고자 하는 행태재무에 대해 소개하였다.

이 책이 나오기까지 많은 분들의 도움과 격려가 있었다. 특히 서울대학교 경제학부 대학원의 문지웅 군의 헌신적 노고가 있었다. 머리 숙여 감사드린다. 끝으로 본서의 출간을 기꺼이 맡아주시고, 쫓기는 일정 속에 한마디 불평 없이 묵묵히 일해주신 법문사 여러분들에게 깊은 고마움을 전한다.

항상 그렇듯이 후회가 밀려온다. 좀 더 일찍, 좀 더 충분히 준비할 걸. 또 다시 정보로 홍수가 난 세상에 여벌의 정보를 내보는 게 아닌지 걱정스럽다. 후회를 교정하는 것은 늘 우리가 하던 일이며, 앞으로도 계속될 것이기도 하다. 진심으로 독자 여러분들의 질정을 바란다.

2013년 2월
저자 일동

『禮記』의 「學記」편에 다음과 같은 말이 있다. “배우고 난 연후에나 비로소 자신의 부족함을 깨달을 수 있고 가르쳐 보고 난 연후에나 비로소 교육의 어려움을 깨달을 수 있다. 자신의 부족함을 깨달은 연후에 사람은 진정으로 자기를 반성할 수 있게 되고, 교육의 어려움을 깨달은 연후에 교육자는 자신의 실력을 보강하게 된다. 가르침과 배움은 서로를 키운다.”(教學相長)

우리는 스승이신 이필상 교수님께 배우고 난 후 우리들의 부족함을 느꼈고, 교단에서 십 수 년을 가르친 후 가르침의 어려움과 스승의 위대함을 배웠다. 스승과 함께 한 이 책이 教學相長의 모범이 될 것임을 자랑스럽게 여기며, 올해로 정년을 맞으신

스승님께 바친다.

최승빈, 이상호, 정강원, 안동현 올림

# 차 례

## 제 1 장 금융투자환경과 투자



## 제 2 장 증권시장의 구조 및 운영

## 제9장 포트폴리오이론



## 제10장 자본시장이론

## 제11장 옵션의 평가 및 투자전략



## 제12장 선물거래와 위험헷징

C·H·A·P·T·E·R 01

# 금융투자환경과 투자

경제학자인 맨큐 교수는 강의에 들어가기 앞서 "아담 스미스가 없었어도 경제학은 태동할 수 있었겠지만 조지 워싱턴이 없었다면 미국은 건국될 수 없었을 것이다. 그러나 정부의 역할보다는 자발적 시장의 힘이라 할 수 있는 시장에서의 **'보이지 않는 손(invisible hand)'**의 역할을 강조한 아담 스미스가 경제학의 창시자로 큰 공헌을 한 것은 분명하다."고 언급하였다 그러면서 "어느 누구도 미국인들만큼 일상생활의 곳곳에 존재하는 '보이지 않는 손(Invisible Hand)'을 뚜렷하게 인식하고 고마워하지는 않는다." 가장 낙후된 국가라 할지라도 경제적 번영을 구가함에 있어서는 평화, 가벼운 조세부담, 관용적 사법행정 외에 그 어느 것도 필요로 하지 않는다. 왜냐하면 자발적 시장의 힘이 모든 것을 대체하기 때문이다.

–천진의 '하버드 경제학' 중에서–

## 제1절 금융시장과 투자

금융환경의 변화는 투자자에게는 도전과 위협인 동시에 새로운 기회를 제공하여 주는 양면성을 지니고 있다. 즉, 금융 투자환경의 변화인 불확실성의 증가가 투자자들에게 투자위험의 확대를 가져다 주기도 하였지만, 또 다른 한편으로는 이러한 위험을 회피하기 위한 새로운 투자관리수단의 필요와 발전을 가져왔다. 특히 1970년대와 1980년대 초에 걸쳐 시작된 금융환경의 급속한 변화는 필연적으로 이에 대응하기 위한 새로운 금융상품의 출현을 보게 되었다.

금융 및 투자환경의 특징적인 변화로는 금융혁신(innovation), 국제간의 경쟁심화, 규제완화(자율화), 증권화(securitization), 거래의 급속한 증가 등을 들 수 있다. 더욱이 이러한 요인들이 상호작용함으로써 금융자산의 가격변동성(price volatility)은 과거 어느 때보다도 더욱 큰 폭으로 움직이고 있다. 따라서 개인 또는 기업이 여유자금을 운용하고자 할 경우 전통적으로 많이 이용되는 투자수단인 주식, 채권과 같은 전통적 금융상품의 투자수익도 물론 중요하지만, 전통적 금융상품들을 대상으로 한 미래인수도 조건의 계약상품인 선물, 옵션, 스왑, 선도 등의 파생적 금융상품(derivatives)을 이용한 투자위험 관리의 중요성도 크게 증가하였다.[1)]

본서의 전반부에서는 금융시장에서 전통적인 투자수단인 주식, 채권의 투자가치를 분석하여 투자관리하는 방법을 설명하고, 후반부에 가서는 투자위험을 관리하기 위한 대표적인 장내 파생상품인 선물이나 옵션을 이용한 투자전략 등을 살펴보고자 한다.

### 1.1 금융시장의 자금순환

인체가 정상적인 기능을 하기 위해서는 혈액의 원활한 순환이 절대적으로 필요하다. 마찬가지로 한 나라의 경제가 정상적으로 성장하고 발전하기 위해서는 자금의 원활한 공급과 순환이 일어나야 한다. 사실상 화폐경제하에서 돈의 흐름은 모든 경제적 거래행위에 있어 반드시 필요하게 되며, 이러한 돈의 흐름을 원활하게 해주는 제도가 바로 금융시스템이다. 즉, 경제체제내에서 자금의 순환을 가

1) 자본시장통합법에서는 파생적 금융상품을 파생상품으로 정의하여 네 가지의 유형을 설명하고 있으며 이들 네 가지 파생상품의 대상인 기초적 금융상품은 기초자산이라는 용어로 정의하고 있다.

그림 1-1 금융시장의 구조와 금융투자상품: 증권 및 파생상품시장

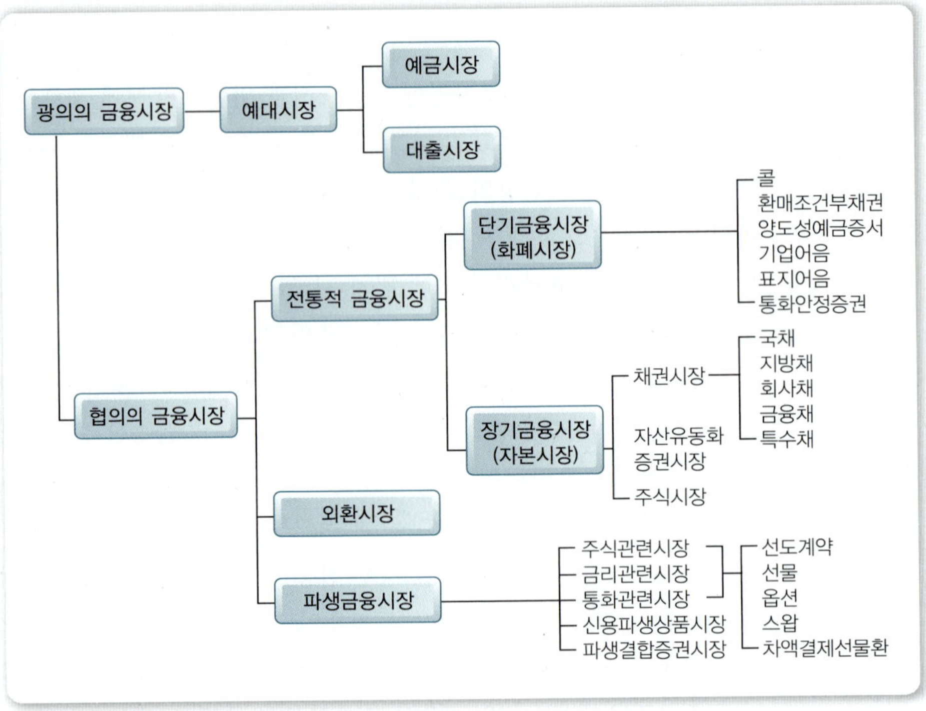


자료: 우리나라의 금융시장, 한국은행.

능하게 해주는 금융시스템은 실물경제를 발전시키는 데 있어 중요한 역할을 하게 된다. 그러나 이러한 기능은 결국 금융시스템을 구성하는 여러 형태의 금융시장, 금융기관, 금융자산이 존재하여야 하고, 또 이들 요소에 영향을 주는 금융정책 등이 상호 유기적인 역할을 수행함으로써 금융 본연의 기능을 수행하게 된다.

따라서 금융의 역할은 경제내에 자금의 여유를 갖고 있는 가계의 저축자금을, 많은 자금의 투자를 필요로 하는 기업의 투자자금으로 연결시켜 주는 동시에 이를 효율적으로 유도하는 데 있다. 이렇게 함으로써 기업의 투자활동이 원활하게 이루어질 수 있고, 그 결과로 경제성장은 물론 그 성장의 과실을 가계부문에 효율적으로 되돌려 줄 수 있게 된다. 이 과정에서 자금수요자는 자금공급자인 투자자들로부터 자금을 공급받게 되는데 이들 사이의 자금 이전경로는 은행과 같은 예대시장을 통하거나 또는 화폐시장이나 증권시장(자본시장)과 같은 전통적 금융시장을 이용하게 된다. 기업들은 증권시장에서 주로 주식이나 채권발행을 통해 필요한 장기자금을 확보하고자 할 것이며, 위험관리의 목적이라면 파생상품시장에서의 파생상품을 이용하여 위험을 회피하고자 할 것이다.

## 1.2 자금순환과정에서의 저축-투자: 증권의 출현

금융시스템은 경제내 자금의 잉여부문으로부터 자금의 부족부문으로 자금이 흘러 들어갈 수 있도록 하는 채널역할을 수행하게 되는데, 이러한 자금흐름의 전반적인 체계를 보여 주는 것이 [그림 1-2]이다. 이 그림에서 가계(흑자경제주체)의 저축자금은 금융시스템을 거쳐 기업(적자경제주체)의 투자자금으로 연결되고 있음을 알 수 있다. 즉 금융시스템은 저축-투자자금으로의 전환이 직접 또는 간접적으로[2] 이루어질 수 있도록 도와주는 금융중개기능을 수행하게 되며, 이러한 자금 순환과정에서 기업들은 자금이용의 대가로서 기업수익에 대한 화폐적 청구권을 표시하는 여러 가지 형태의 금융상품, 즉 금융자산 또는 금융부채[3]의 거래가 이루어지게 된다.[4] [그림 1-3]은 경제내 자금이 순환되는 과정에서 금융시스템이 어떻게 구성되는가를 보여주며, 이러한 금융시스템 중 금융상품에 대한 일반적인

그림 1-2 금융시장과 자금흐름

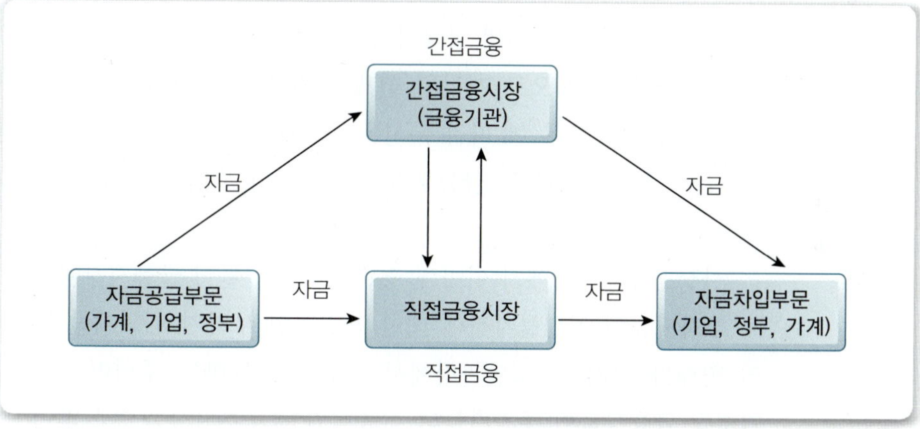


---

2) 일반적으로 간접금융은 금융기관이 중간에 개입하여 대출자에게는 차입자로서 기능을 하고 차입자에게는 대출자 기능을 함으로써 간접적인 금융중개를 하는 것을 말하고(예: 은행), 직접금융은 자금의 대출자와 차입자가 직접 금융자산을 발행 · 인도함으로써 자금거래를 하는 경우를 말하는데, 이때 금융기관은 금융자산의 발행 및 유통을 도와주는 역할을 한다(예: 증권회사).

3) 자금거래과정에서 자금을 빌리는 입장에서는 금융부채가 되고 자금을 빌려주는 입장에서는 금융자산이 된다.

4) 그림에서 정부도 하나의 경제주체로서 경제활동을 한다고 볼 수 있는데 정부는 세금을 가계 및 기업부문에서 징수하고 그 대가로 치안, 국방, 교육, 도로 및 항만의 건설 등 서비스를 제공한다. 이 과정에서 노동 등 생산요소를 사용하여 고용의 기회를 제공하며 또한 금융시스템을 이용하여 필요자금을 차입하기도 하고 여유자금을 저축하기도 한다.

**그림 1-3 금융시스템의 구성과 금융상품 분류**

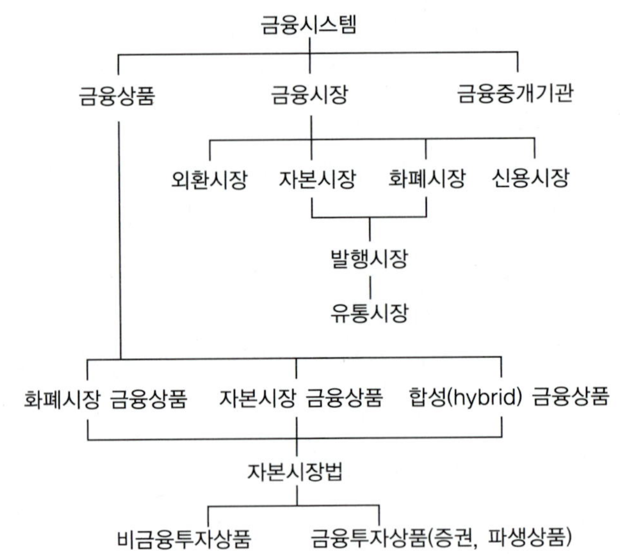


분류와 자본시장법에서의 금융상품 분류를 보여주고 있다. 과거의 열거주의방식에서 포괄주의방식으로 개정된 현재의 자본시장법에서는 금융상품을 투자성(원본손실 가능성) 유무[5]에 따라 우선은 비금융투자상품과 금융투자상품으로 분류하고 있는 바, 본서에서는 금융투자상품 중에서 증권과 파생상품을 중심으로 다루게 된다.

시장경제체제하에서 이미 발행된 금융자산들이 금융시장에서 유통될 경우 이는 투자자들에게 실물자산에 대한 간접적인 투자기회를 제공해 준다. 그 대표적인 형태가 장기자금조달과정에서 기업이 발행하는 주식이나 채권이며, 이러한 기초적 금융상품이 투자자들의 전통적인 금융투자상품으로 많이 이용되고 있다. 〈표 1-1〉에서 한국, 미국, 일본의 가계금융자산의 구성을 살펴보면 우리나라와 일본은 미국에 비하면 현금과 예금의 비중이 높고 금융투자상품의 비중은 낮은 것으로 나타났지만 우리나라는 일본에 비하면 금융투자상품(주식, 채권, 펀드)의

5) 자본시장통합법 **제3조의** ①항에 의하면 이 법에서 "금융투자상품"이란 이익을 얻거나 손실을 회피할 목적으로 현재 또는 장래의 특정(特定) 시점에 금전, 그 밖의 재산적 가치가 있는 것(이하 "금전등"이라 한다)을 지급하기로 약정함으로써 취득하는 권리로서, 그 권리를 취득하기 위하여 지급하였거나 지급하여야 할 금전등의 총액이 그 권리로부터 회수하였거나 회수할 수 있는 금전등의 총액을 초과하게 될 위험(이하 "투자성"이라 한다)이 있는 것을 말한다.

**표 1-1** 가계금융자산의 구성 및 금융투자상품 비교

| | 한국 | 미국 | 일본 |
|---|---|---|---|
| 금융투자상품 | 29.8% | 53.3% | 13.5% |
| 현금과 예금 | 45.4% | 14.4% | 54.9% |
| 보험 · 연금 | 23.8% | 28.7% | 27.4% |

자료: 한국은행, 미국 FRB, 일본은행, 2009년 기준.

비중이 더 높은 것으로 나타났다. 또한 금융투자의 가장 중요한 목적으로 한국은 목돈마련(주식투자자의 69.0%, 펀드투자자의 58.8%)을, 미국은 노후자금마련을, 일본은 배당 및 이자소득의 수취를 중요시 하는 것으로 나타났다.

그러나 최근의 금융환경은 물론 경제환경도 그 불확실성을 더해가고 있고 이에 따라 거래되는 금융자산의 가격변동성 위험도 증가하고 있다. 이 경우 위험을 싫어하는 투자자들의 일반적 성향을 고려한다면, 위험을 효과적으로 관리할 수 있는 금융투자상품이 존재하지 않을 경우 투자자들의 투자행위는 당연히 위축될 것이다.

이처럼 복잡해지고 불확실해지는 경제환경하에서는 전통적인 투자기법만으로는 이러한 위험의 문제를 다루는 데 한계가 있음을 인식하게 되었고, 그 결과로 나타난 것이 기존의 기초적 금융상품(underlying security)을 근거로 창출되는 파생적 금융상품(derivative products)이다. 그 대표적인 예가 선물이나 옵션계약 등과 같은 금융투자상품들이며, 따라서 이들은 주로 가격변동성이 큰 기초적 금융상품들을 대상으로 하여 거래가 이루어진다.

**그림 1-4** 자본시장법상 금융상품의 구분

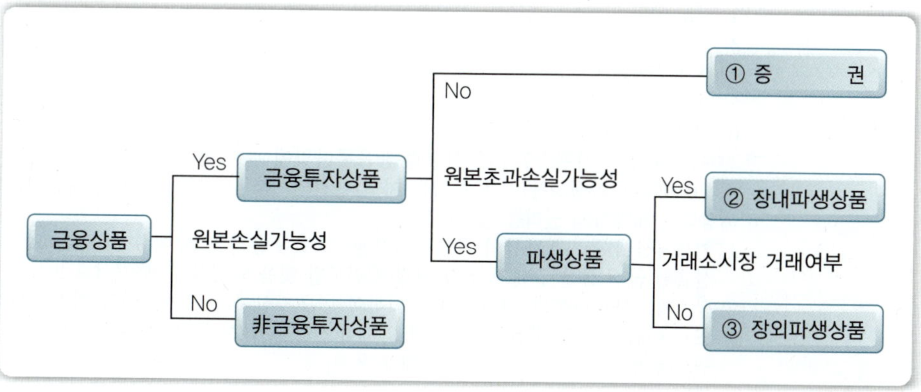

**표 1-2 금융투자상품: 증권과 파생상품**

| | 기초적 금융상품(증권) | 파생적 금융상품(파생상품) |
|---|---|---|
| 창출요인(필요성) | 자금조달 | 위험의 이전(헷징) |
| 종류 | 주식, 채권 등 | 선물(futures), 옵션(options)<br>스왑(swap), 선도(forward) |
| 청구권의 대상<br>(또는 계약의 대상) | 기업의 실물자산<br>또는 수익 | 기초적 금융상품(기초자산) |

한편으로는 기업이나 금융기관 그리고 정부가 발행하는 이들 금융투자상품들은 투자자들의 여유자금 운용을 위한 저축 또는 투자수단으로 이용될 수 있다. 물론 실물자산이 증가(실물의 성장)하려면 그에 따라 필요한 금융거래가 이루어지게 되고, 이 과정에서 필연적으로 금융상품의 수가 증가하게 되어 금융투자대상도 더욱 다양해질 수 있다. 더욱이 불확실성과 관련하여 금융상품의 특성이 점차적으로 복잡해지고 정교화되고 있어 이것이 투자전략과 평가방법에도 영향을 주게 되어 이에 대한 연구가 필요하다.

## 1.3 투자환경변화와 투자위험의 관리

불확실성이 점차 증가되고 있는 투자환경하에서는 부의 증식만을 목적으로 한 전통적 금융상품인 증권[6]에 대한 투자활동 이외에도, 파생상품[7]의 거래를 통한

6) 자본시장통합법 **제4조 (증권)** ① 이 법에서 "증권"이란 내국인 또는 외국인이 발행한 금융투자상품으로서 투자자가 취득과 동시에 지급한 금전등 외에 어떠한 명목으로든지 추가로 지급의무를 부담하지 아니하는 것을 말한다.
② 제1항의 증권은 다음 각 호와 같이 구분한다.
1. 채무증권
2. 지분증권
3. 수익증권
4. 투자계약증권
5. 파생결합증권
6. 증권예탁증권

7) 2009년 2월부터 시행중인 자본시장과 금융투자업에 관한 법률(이하 자본시장통합법으로 지칭하기로 함) **제5조 (파생상품)** ①항에서는 이 법에서의 "파생상품"이라 함은 다음 각 호의 어느 하나에 해당하는 계약상의 권리를 말한다.
1. 기초자산이나 기초자산의 가격 · 이자율 · 지표 · 단위 또는 이를 기초로 하는 지수 등에 의하여 산출된 금전 등을 장래의 특정 시점에 인도할 것을 약정하는 계약(선도 또는 선물)
2. 당사자 어느 한쪽의 의사표시에 의하여 기초자산이나 기초자산의 가격 · 이자율 · 지표 · 단위 또는 이를 기초로 하는 지수 등에 의하여 산출된 금전 등을 수수하는 거래를 성립시킬 수 있는 권리를 부여하는 것을 약정하는 계약(옵션)

위험헤지에의 관심도 크게 증가하게 된다.

이러한 새로운 투자전략은 전통적인 투자관리방법과는 달리 위험을 줄이고 비용도 절감함으로써 보다 나은 투자성과의 실현을 목표로 하게 된다. 특히 선물이나 옵션과 같은 파생상품은 금융자산들의 재무가격변동위험(financial price risk)을 시장거래를 통해 제거 또는 회피(헤지)하고자 하는 새로운 투자기회를 제공하여 준다. 즉, 파생상품거래를 통한 위험회피의 시장은 위험을 회피하고자 하는 투자자로부터, 위험은 부담하면서 동일한 거래를 통해 높은 이득을 취하고자 하는 투기 거래자에게로 위험이 쉽게 이전될 수 있도록 도와주는 역할을 한다.

이들 파생상품은 어떠한 위험요인을 투자자들이 중요하게 인식하는가에 따라 다음의 목적으로 이용될 수 있다.

① 투자손실의 위험을 제거할 목적
② 투자성과를 일정수준 이상으로 보호할 목적(portfolio insurance)[8]
③ 기타 여러 가지 유형의 위험을 관리하기 위한 목적

그러나 파생상품은 일반적으로 낮은 거래비용, 높은 효율성 및 거래의 유연성(flexibility) 등의 이점이 있기 때문에 주로 다음 종류의 위험노출을 관리하기 위한 투자수단으로 많이 이용된다. 최근에는 이러한 전통적인 파생상품 이외에도 날씨위험이나 신용위험을 대상으로 하는 파생상품의 거래도 이루어지고 있다.

### (1) 금융상품의 가격변동위험

① 채권가격, 즉 이자율변동위험
② 통화가치, 즉 환율변동위험
③ 주식투자에 따른 주가변동위험

### (2) 일반상품의 가격변동위험

---

3. 장래의 일정기간 동안 미리 정한 가격으로 기초자산이나 기초자산의 가격 · 이자율 · 지표 · 단위 또는 이를 기초로 하는 지수 등에 의하여 산출된 금전 등을 교환할 것을 약정하는 계약(스왑)

8) 포트폴리오의 투자가치가 일정수준 이하가 되지 않도록 하기 위하여 주가하락이 예상될 경우에는 무위험증권인 채권에의 투자비율을 높이거나, 선물이나 옵션과 같은 파생적 금융상품을 이용하여 위험을 제거하기 위한 투자전략이다. 그러나 이 전략은 일반적인 보험과는 성격이 다르며 따라서 보호(protection)라는 용어가 더 적절하다고 본다.

## 1.4 투자자의 유형

금융투자상품에 투자하는 투자활동의 주체[9]는 기본적으로는 개인투자자와 기관투자자로 나누어지며, 이들은 다음과 같은 특성의 차이가 있다.[10] 물론 거래소의 분류에 따르면 이 외에도 외국인, 기관투자자에 속하지 않는 기타 법인, 정부 등의 투자자들도 존재한다.

### 1. 개인투자자

자금운용규모가 크고 전문적인 지식과 투자기법을 갖춘 기관투자자와는 달리 개인투자자의 경우에는 상대적으로 영세규모의 자금을 운용하는 불특정 다수로서 시장의 가장 기본적인 수요기반을 형성하고 있다.

우리나라의 경우 개인투자자들이 보유하고 있는 '주식수'의 분포를 보면 2011년 기준으로 전체의 48.44%를 차지하고 있으며, 이들은 또 투자선택의 기준으로 주로 수익성과 안전성을 중요한 요인으로 고려하고 있다. 또한 투자대상 유가증권도 주식이 대부분을 차지하고 있으며 2011년도 '시가총액'을 기준으로 주식소유분포를 살펴보면 외국인 30.6%, 일반법인 29.64% 개인 24.4%, 기관 12.97%를 보유하는 것으로 조사되었다. 2011년의 주식투자인구는 총 528만명으로 경제활동인구 대비 21.24%, 총인구 대비 10.61%인 것으로 나타났고, '주주수'의 분포를 보면 개인 99.03%, 외국인 0.64%, 일반법인 0.31%, 기관 0.02%의 순인 것으로 나타

---

9) 자본시장통합법 제9조(그 밖의 용어의 정의) ⑤항에 의하면 일반투자자와 전문투자자로 구분하고 있다. 이중 "전문투자자"란 금융투자상품에 관한 전문성 구비 여부, 소유자산규모 등에 비추어 투자에 따른 위험감수능력이 있는 투자자로서 다음 각 호의 어느 하나에 해당하는 자를 말한다. 다만, 전문투자자 중 대통령령으로 정하는 자가 일반투자자와 같은 대우를 받겠다는 의사를 금융투자업자에게 서면으로 통지하는 경우 금융투자업자는 정당한 사유가 있는 경우를 제외하고는 이에 동의하여야 하며, 금융투자업자가 동의한 경우에는 해당 투자자는 일반투자자로 본다. 〈개정 2009.2.3〉

1. 국가
2. 한국은행
3. 대통령령으로 정하는 금융기관
4. 주권상장법인. 다만, 금융투자업자와 장외파생상품 거래를 하는 경우에는 전문투자자와 같은 대우를 받겠다는 의사를 금융투자업자에게 서면으로 통지하는 경우에 한한다.
5. 그 밖에 대통령령으로 정하는 자

한편 ⑥항은 이 법에서의 "일반투자자"란 ⑤항의 전문투자자가 아닌 투자자를 말한다.

10) 증권시장참가자들을 보다 세분하여 살펴보면 개인투자자, 정부(정부 및 정부관리기업), 기관(기관투자자 및 일반법인), 외국인의 네 가지 주체로 대별해 볼 수 있다. 한편 금융투자업자의 투자권유와 관련하여 자본시장통합법에서는 투자의 전문성에 따라 투자자를 일반투자자와 전문투자자로 구분하고 일반투자자들에게는 적합성 원칙에 따라 고객의 특성에 적합한 투자권유를 하도록 하고 있고 이를 위한 공통의 투자권유준칙을 마련하도록 하고 있다.

**표 1-3 주식소유구조: 소유자별 주식소유분포**

| | | 정부 및 정부관리기업 | 기관 투자자 | 일반법인 | 개인 투자자 | 외국인 | 합계 |
|---|---|---|---|---|---|---|---|
| 소유자 수(명) | | 84 | 876 | 16,504 | 5,232,894 | 33,630 | 5,283,988 |
| 구성 (%) | 주주수 | 0.00 | 0.02 | 0.31 | 99.03 | 0.64 | 100.00 |
| | 주식수 | 2.05 | 12.03 | 25.61 | 48.44 | 11.86 | 100.00 |
| | 시가총액 | 2.39 | 12.97 | 29.64 | 24.40 | 30.60 | 100.00 |

자료: 한국거래소, 2011년.

났다. 소유자별 주식수의 분포를 살펴본 결과 개인 48.44%, 일반법인 25.61%, 기관 12.03%, 외국인 11.86%의 순인 것으로 나타났다. 결국 개인투자자들이 전체 상장주식수의 절반정도를 소유하고 있는 것으로 나타났다.[11)]

일반적으로 투자자들은 위험을 싫어하는 성향이 있고, 또 소득수준이 낮을수록 위험회피의 정도가 커지기 때문에 이러한 투자자일수록 위험을 분산시킬 수 있는 투자방법에 관심을 갖게 된다. 한편 이들 개인투자자들이 여유자금을 운용하는 방법으로는 직접투자하는 방식과 뮤추얼펀드의 주식을 매입하거나 투자신탁의 수익증권을 매입함으로써 간접투자하는 방식이 있다. 개인 금융투자자를 대상으로 금융자산 투자방법과 비중을 물어본 결과 [그림 1-5]에서와 같이 예금과 적금 39.1%, 보험 연금 26.5%, 펀드 등 간접투자 17.4%, 주식 등 직접투자 10.8%

**그림 1-5 개인투자자의 금융상품 투자비중(2010)**

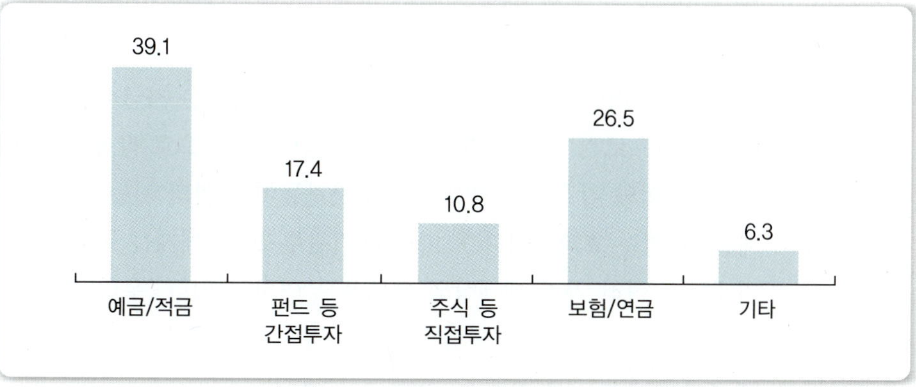


자료: 2010년 금융투자자의 투자실태에 관한 조사보고서, 금융투자협회.

11) 소유자별 주식소유분포, 한국거래소, 2011.

등의 순으로 나타났고, 성별로는 남자는 직접투자, 여자는 간접투자의 비율이 상대적으로 높게 나타났으며, 연령별로는 연령이 낮을수록 직접투자의 비율이 큰 것으로 나타났다. 그리고 총자산 중 부동산에 대한 투자비중이 56.3%로 절반을 넘는 것으로 조사되었고 금융자산에 대한 투자는 36.5%, 기타 자산 7.2%인 것으로 나타났다.

## 2. 기관투자자

기관투자자는 저축 또는 기타의 방법으로 조성된 개인 또는 법인들의 여유자금을 전문지식을 활용하여 주로 유가증권에 투자함으로써 수익이 극대화되도록 관리하는 법인형태의 투자자로 정의할 수 있다. 이들은 자산운용에 있어서 타인재산에 대한 선의의 관리자로서 의무를 다하여야 한다. 이러한 기관투자자의 범위는 나라마다 다르지만 일반적으로 증권투자 자체가 본래의 목적인 협의의 기관투자자와 일반적 법인까지를 포함하는 광의의 기관투자자, 그리고 이의 중간 형태 등 세 가지 유형으로 분류해 볼 수 있다.[12)]

기관투자자들의 투자활동은 자금운용면에서 개인투자자와는 다른 특성을 가질 뿐더러 이들의 투자행태는 증권시장에서 경제적으로 중요한 영향을 미친다.

첫째, 자금운용규모가 크고 장기적인 투자성향을 갖기 때문에 장기적인 관점에서 내재가치 중심의 투자행태를 보임으로써 증권가격 안정화에 기여할 수 있다. 또 이들의 시장참여가 시장유동성을 증가시킴으로써 불필요한 가격변동을 줄일 수 있고, 대량거래에 따른 거래비용의 감소를 가져올 수 있다(운영의 효율성).

둘째, 영세적. 비전문적인 개인투자자의 경우보다는 뛰어난 투자정보의 수집 및 분석능력을 통해 관련 정보가 증권가격에 정확히 반영되는 데 기여한다(정보의 효율성).

셋째, 이러한 과정을 통해 형성된 공정한 가격은 자금배분의 정확한 신호역할을 수행함으로써 효율적 자원배분의 시장메카니즘으로 작용한다(배분의 효율성).

물론 이와 같은 기능들은 기관투자자들이 본연의 기능을 수행할 경우에만 기대될 수 있는 효과들이다.[13)] 따라서 기관투자자들에게는 이러한 긍정적인 역할을 기대하여 여러 가지 세제상의 혜택을 부여하고 있다. 우리나라의 경우 기관투자

---

12) 증권산업발전을 위한 연구, KDI, 1990. 9, p. 17.
13) 그러나 내부정보를 이용한 내부자거래나 막대한 자금을 이용한 주가의 인위적 조작가능성 등은 일반투자자들에게 폐해를 줄 수도 있다. 따라서 증권시장의 규제는 이를 극소화하고 긍정적 기능을 극대화할 수 있어야 한다.

자들에 대하여는 법인세법상 상장법인으로부터 받은 배당소득에 대해 익금불산입의 혜택과 국공채 이자에 대한 법인세 감면혜택을 부여해 주고 있다. 이에 따라 현재 법인세법상 기관투자자로 지정된 기관들로는 증권회사(투자매매업자 및 투자중개업자), 보험회사, 집합투자업자, 은행(특수은행, 수협중앙회 포함), 종합금융, 상호저축은행, 정부관리기금, 민간기금, 각종 공제회 등이 이에 속한다. 그러나 우리나라의 기관투자자의 비중은 미국이나 일본에 비해 아직도 낮은 수준에 머물러 있어 기관투자자로서의 기능은 아직 미흡한 실정에 있다.

Learning Cafe 1

### 한국거래소의 투자자 분류

• 정부 및 정부관리기업

정부는 중앙정부 및 지방자치단체를 말하며, 정부관리기업은 정부투자기관관리 기본법에 의한 정부투자기관과 정부재투자기관을 말합니다. 이 중에서 국책은행은 기관투자자인 은행으로 분류하고 있습니다.

• 기관투자자

법인세법에서 규정한 분류에 따라 증권회사(투자매매업자 및 투자중개업자), 보험회사, 집합투자업자, 증권금융회사, 은행(특수은행, 수협중앙회 포함), 종합금융회사, 상호저축은행, 정부관리기금, 민간기금 및 각종 공제회 등을 기관투자자로 분류하고 있습니다. 또한 외국은행의 국내지점과 외국증권회사의 국내지점 및 외국보험사 등은 금융위원회 규정상 외국인이 아니기 때문에 내국인으로 취급하여 기관투자자에 포함됩니다.

① 증권회사: 자본시장법에 의한 투자매매업자 및 투자중개업자를 말합니다. 증권회사의 위탁매매는 증권회사가 고객으로부터 주식의 매매주문을 위탁받아 매매하는 경우로서 각 투자주체의 거래로 분류하며, 증권사의 자기매매만이 증권회사의 거래실적으로 산출하고 있습니다.

② 보험회사: 보험업법에 의한 생명보험, 손해보험, 보증보험, 재보험회사가 이에 해당됩니다.

③ 투자신탁: 자본시장법에 의한 집합투자업자(자산운용, 투자신탁 등)를 말합니다.

④ 은행: 은행법에 의한 시중은행, 지방은행 그리고 각종 특별법에 의하여 설립된 특수은행과 수협중앙회를 말합니다.

⑤ 종합금융 및 상호저축은행: 자본시장법에 의한 종합금융회사와 상호저축은행법에 의한 상호저축은행 중앙회 및 상호저축은행을 말합니다.

⑥ 기금 및 공제회: 기금은 법률에 의하여 설립된 기금을 관리 · 운용하는 법인 중 총리령이 정하는 법인을 말하며, 공제회는 법률에 의해 공제사업을 영위하는 법인으로서 총리령이 정하는 법인을 말합니다. 대표적인 기금으로는 국민연금, 사학연금, 공무원연금 등이 있으며 공제회로는 군인공제회, 신용협동조합중앙회, 건설공제조합, 대한교원공제회 등이 있습니다.

⑦ 기타: 자본시장법에 의한 증권금융회사, 한국정책금융공사법에 의한 한국정책금융공사, 한국주택금융공사법에 따른 주택금융신용보증기금, 대부업의 등록 및 금융이용자 보호에 관한 법률에 따라 대부업자로 등록한 법인이 기관투자자에 포함됩니다.

• **기타법인**

기관투자자로 지정되지 아니한 법인을 말합니다. 여기에는 일반기업과 창업투자회사 그리고 여신전문금융기관인 카드사, 리스사, 할부금융사와 신용협동조합 등이 포함됩니다.

• **개인**

일반 개인명의로 계좌를 개설한 국내투자자를 말합니다.

• **외국인**

외국개인 및 외국법인을 말하며 고객이 증권사에서 신규로 계좌를 개설할 때 분류합니다. 이때 외국인은 내국인이 아닌 외국인 전체를 나타냅니다. 일반적으로 외국인이 국내 증권시장에 투자하기 위해서는 금융감독원에 등록하여야 하는데 이때 등록이 면제된 외국인은 외국인 등록을 하지 않고 시장에 직접 참여하게 됩니다. 그 결과 금융감독원에서 발표하는 외국인 거래실적과 한국거래소의 외국인 거래실적은 차이가 날 수 있습니다. 한편 국내에 거주하고 있는 한국인이더라도 외국국적을 갖고 있으면 외국인으로 분류됩니다.

출처: 한국거래소.

## 1.5 투자론의 범위 및 내용

투자이론은 일반적으로 투자수익을 극대화하고 투자위험을 극소화하는 방법, 투자성과를 측정하고 관리하는 방법, 그리고 증권시장의 효과적인 운영 등을 다루게 된다. 이러한 투자이론은 1952년을 기점으로 위험분산에 초점을 맞춘 포트폴리오이론이 그 주류가 되었다. 또한 최근에는 금융환경의 급속한 변화와 함께 컴퓨터나 정보통신기술의 발전 등으로 투자관리기법이나 수단도 보다 정교화, 복잡화되어가고 있다.

현대적인 의미의 투자관리이론에 대해 중요한 공헌을 한 학자로는 1990년 노벨경제학상을 공동수상한 마코위츠(Markowitz, 1952)와 그의 제자였던 샤프(Sharpe, 1964)이다. 따라서 현대적인 의미에서의 투자이론이 그 체계를 갖추게 된 것은 1952년 마코위츠의 포트폴리오선택이론 이후의 일이라고 할 수 있다. 이는 투자실무계에서 과거부터 이미 인식하고 있었던 "계란은 하나의 바구니에 담지 말고 여러 바구니에 나누어 담으라"는 투자격언을 체계화시킨 이론이다. 즉 투자자들은 소비하고 남는 여유자금을 어떠한 형태의 자산으로 나누어 보유하는 것이 가장 바람직한가에 관한 의문으로부터 시작하고 있다. 이에 대한 답으로써 불확실성하에서 투자자들의 투자결정은 투자에 따른 위험을 줄이기 위해서 여러 종류의 자산에 나누어 투자하는 이른바 포트폴리오 분산투자행동을 보인다는 것이다. 그리고 모든 투자자들이 분산투자행동을 보인다면 이들이 거래하는 증권의 가격에는 어떠한 영향을 주게 될 것인가에 관심을 갖고 이에 관한 답을 제시한 것이 Sharpe(1964) 등의 자본자산 가격결정모형(CAPM)이다.

전통적인 기초재무이론(fundamental finance theory) 관점에서 투자론의 핵심적 내용이 되고 있는 이론은 시장의 효율성과 투자자들의 합리성, 그리고 가치에 근거한 가격결정(value-based pricing)을 기본전제로 하여 설명되고 있다.[14] 본서에서 다루게 될 내용을 소개하면 다음과 같다.

① 투자란 무엇이며 경제적 의의는 무엇인가?

② 투자가 이루어지는 증권시장의 구조와 기능, 그리고 거래방법은 어떠한 절차로 이루어지는가?

③ 증권시장에서 형성되는 증권가격과 정보는 어떠한 관련이 있는가? 그리고 시장이 효율적이기 위해서는 기본적으로 어떠한 요건이 갖추어져야 하는가?

④ 기술적 분석가들(chartists)이 이용하는 기술적 지표의 내용과 적용방법은 무엇인가?

⑤ 기초적 분석을 위한 경제분석, 산업분석, 기업분석은 어떻게 이루어지는가?

⑥ 불확실성하에서 이용될 수 있는 투자결정기준에는 어떠한 것들이 있는가? 그리고 불확실성하의 의사결정기준인 기대효용이론의 내용은 무엇인가?

---

14) 그러나 최근에는 이러한 지금까지의 전통적 입장에서의 설명과는 달리 행태재무이론(behavioral finance theory)의 관점에서 접근하고자 하는 시도도 점차 증가하고 있다. 이에 관하여는 이 책의 마지막 부분인 제14장에서 자세히 설명하고자 한다.

그림 1-6 투자론의 주요 내용 및 체계

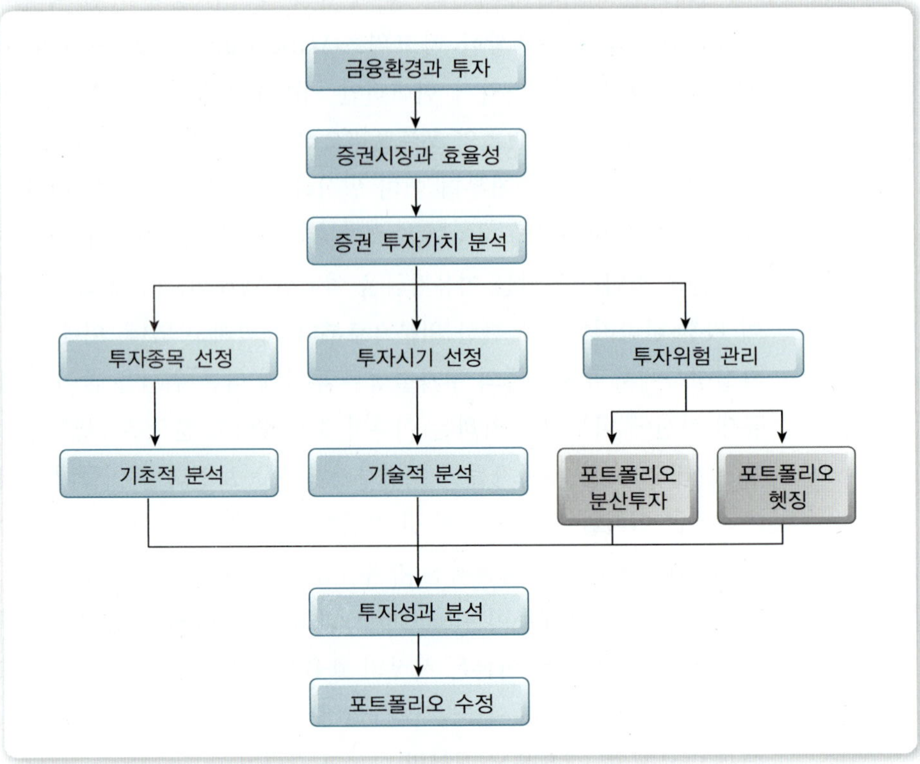


⑦ 포트폴리오이론과 분산투자방법 및 그 효과는 무엇인가?

⑧ 포트폴리오이론에 근거할 때 자본시장에서 금융자산(증권)의 가격은 어떻게 결정되는가?

⑨ 가격변동위험을 회피(헤지)하기 위한 투자수단으로 이용되는 선물, 옵션 등의 파생적 금융상품의 내용은 무엇이며 구체적으로 어떻게 활용될 수 있는가?

⑩ 투자성과의 평가방법에는 어떠한 것들이 있는가?

## 제 2 절 투자의 의의와 분석

금융환경이 변하면 투자의 영역이나 투자기법들도 점차 다양해진다. 그러나 기본적으로는 앞서 언급된 문제들을 총괄적으로 다루기 위한 학문분야를 투자론으로 정의할 수 있다. 따라서 본서에서는 이와 같은 문제들을 체계적으로 분석하는 데 중점을 두고자 한다. 이를 위해서 이 장에서는 우선 투자란 어떻게 정의되고 그것이 갖는 속성은 무엇인가를 살펴본다. 그 다음 투자가 국가경제 전체적인 측면뿐 아니라 개별경제주체들의 경제활동에 있어서 어떤 중요한 의미를 갖게 되는가를 살펴본다. 그 다음 투자자들의 투자관리과정과 이를 위한 전제가 되는 투자가치의 분석방법 등에 관하여 설명한다.

### 2.1 투자의 정의와 경제적 중요성

#### 1. 투자의 정의와 속성

**'투자(*investment*) = 현재 소비의 유보(*postponed consumption*)'**

일반적으로 저축을 포함하는 넓은 의미의 투자(investment)는 보다 많은 미래의 현금흐름을 받게 될 가능성을 기대하면서 현재의 소비를 유보(postponed consumption)하는 경제적 활동으로 정의될 수 있다.[15] 따라서 투자자들의 투자대상을 크게 실물자산에 대한 투자기회(real investments)와 금융자산에 대한 투자기회(financial investments)로 나누어 볼 때, 투자라는 것은 투자자들이 자신이 부담하고자 하는 위험수준에 상응하는 수익을 제공해주는 실물자산 또는 금융자산을 매입하는 활동(the purchase of real assets or financial assets)으로 정의된다.

그러나 본서에서는 증권시장에서 거래되고 있는 유가증권, 즉 기업의 실물자산과 무형자산에 대한 화폐적 청구권을 나타내 주는 주식, 채권 등의 금융자산

15) 그러므로 현재의 소득을 전부 소비하지 않고 단순히 현재의 소비를 유보하는 경제활동인 저축(savings)도 넓은 의미에서는 투자라고 볼 수 있다. 그런데 이러한 저축은 금융시스템(financial system)에 의한 저축 투자의 중개과정을 통해 다른 경제주체의 소비 또는 투자재원으로 이용되거나 저축자 자신의 투자재원으로 이용된다. 따라서 저축 없이는 투자가 이루어질 수 없고 경제의 성장도 기대하기 어렵다.

(financial assets)에 국한시켜 논의하고자 한다. 물론 실물자산에의 투자도 이자소득, 배당소득, 자본이득의 형태 등으로 부의 증가를 극대화하고자 하는 증권투자와 마찬가지로 부가가치의 극대화를 목적으로 하는 점에서 그 기본적인 원리는 동일하다. 한편, 앞서의 투자에 관한 정의로부터 우리는 다음과 같은 투자의 기본 속성들이 존재함을 알 수 있다.

### (1) 수 익

투자로부터 얻어지는 보상(수익)은 보통 증권의 가격이 상승 또는 하락함으로써 생기는 자본이득 또는 자본손실(capital gains or capital loss)과 정상적인 소득(ordinary income)으로 받게 되는 배당, 이자소득 등으로 구성된다. 이 때 투자의 성과는 투자수익(금액)보다는 수익률의 형태로 표시되며, 투자에 따른 수익률(rate of return)계산은 최초투자금액(beginning investment)에 대한 소득의 상대적인 비율로 표시된다.

$$\text{투자수익률(수익률)} = \frac{\text{투자이익(또는손실)}}{\text{투자금액}} \times 100$$

가령 어떤 투자자의 주식에 대한 최초투자금액이 25,000원이고 배당은 2,000원, 주가상승에 따른 자본이득이 3,000원이라고 할 경우 이 투자자가 실현하게 되는 투자수익률은 20%($= \frac{3,000+2,000}{25,000} \times 100$)가 된다.

한편, 이러한 투자수익률의 결정요인은 일반적으로 다음의 세 가지로 분류해 볼 수 있다.

첫째, 투자자들은 다른 조건이 동일한 한 미래의 소비보다는 현재의 소비를 선호하게 되는 시차선호(time preference)가 존재한다. 따라서 현재의 소비를 유보하여 투자를 유인하도록 하기 위해서는 투자자들에게 정(+)의 수익률이 제공되어야 할 것이다. 이와 같이 시차선호에 의해 결정되는 투자수익률은 위험과 인플레이션이 존재하지 않는 상태에서 투자(또는 생산)의 기회에 대한 무위험실질수익률(risk-free real rate)이 된다.

둘째, 구매력 감소를 가져오게 될 기대인플레이션을 들 수 있다. 기대인플레이션은 투자자들의 시차선호와 함께 모든 투자자산의 수익률에 공통적으로 영향을 주게 된다. 이들 두 요인 때문에 일반적으로 화폐의 시간가치에 대한 보상으로써 무위험명목이자율이 주어진다.[16)]

셋째, 각각의 개별투자자산 특성에 따라 나타나는 고유한 요인으로서 투자와 관련하여 발생하게 될 위험요인이다. 개별투자자산의 종류나 전망에 따라 위험도가 다르게 나타나는데 수익률은 이와 같은 위험에 대한 보상을 포함한다.

이에 따르면 투자자들의 투자에 대한 요구수익률은 다음 관계로 요약 표시될 수 있다.

투자자의 요구수익률 = 무위험실질수익률 + 기대인플레이션율 + 위험보상(*risk premium*)

또는

$$R = r_f + I + RP^{17)}$$
$$= R_f + RP$$

### (2) 위 험

투자자들의 투자수익에 대한 사전적 기대치(ex ante expectations)가 사후적 결과치(ex post results)와 항상 일치하는 경우를 확실성하의 투자결정이라고 한다. 그러나 실제에 있어서는 투자결정의 결과가 여러 가지 요인들에 의해 사전적 기대와는 다르게 나타날 수 있는 불확실성, 즉 위험(risk)이 존재하게 된다. 즉, 불확실성하에서의 투자는 수익의 가능성을 보고 이루어지지만 위험의 가능성도 함께 고려해 주어야 한다.

일반적으로 투자위험이 클수록 금융자산의 수익이나 가격의 불확실성도 증가한다. 즉 위험은 불이익에의 노출정도를 표시하는 부정적 의미(downside risk)도 있지만 그 반면 기회를 수반하는 개념(upside potential)이라는 점에서 '위기(危機)'라는 한자의 표현이 위험에 관한 적합한 정의라고 볼 수 있다. 이는 위험(symbol for 'danger')과 기회(symbol for 'opportunity')의 두 단어가 합성된 말이라고 볼

---

16) 화폐의 시간가치에 관하여는 1624년에 네덜란드 상인이 북미의 원주민인 인디안을 속여서 맨하탄 섬을 단돈 24불어치의 상품과 교환하는 조건으로 팔게 한 거래를 들 수 있다. 그러나 맨하탄을 판 인디안들은 속은 것이 아니라 제값을 받았다는 주장이 있다. 이는 그 당시 인디안들이 이를 현명하게 복리로 투자하여 지금에 이르렀다면, 지금 다시 맨하탄 섬을 살 수도 있기 때문이다(연복리 7%를 가정하면 1998년 시점에서 77조 달러의 투자수익). 물론 이러한 주장은 복리의 마술과 오랜 시간을 기다릴 수 있는 인디안의 인내심이라고 하는 두 가지 사실이 성립할 경우에 가능하다.

17) 피셔는 일정한 가정하에서 물가변동(화폐가치 변동)을 고려하지 않은 명목이자율은 이를 고려한 실질이자율과 기대인플레이션율의 합과 같으며, 명목이자율과 기대인플레이션율 사이에는 1대1 대응의 관계가 존재한다는 이른바 피셔효과(Fisher effect)를 주장하였다. $R_f$는 명목적인 무위험수익률, $r_f$는 실질적인 무위험수익률이라고 할 수 있다.

수 있다.[18] 따라서 정도의 차이는 있겠지만 위험은 투자의 일부를 구성하며 투자를 하고자 하는 경우 위험 부담은 불가피하다. 좋은 기회의 수익을 얻기 위해서는 나쁜 결과인 위험도 감수하여야 한다는 의미가 된다. 이제 이러한 위험을 개념적으로 좀 더 명확히 설명하기 위하여 다음과 같은 예를 들어 보기로 한다.

가령 미스 '백번 선본 여자'가 어느 날 맞선을 보기 위해 혹시나 하는 기대를 갖고 약속장소로 나갔다고 하자. 그러나 이번 백 번째에도 기대와는 거리가 있음을 확인하고 역시나 하고 돌아서며 또 다음을 기약해야만 했다. 이것이 우리가 늘상 경험하는 불확실한 생활환경이다. 이처럼 불확실성하의 의사결정은 주어지는 어떤 정보를 이용하여 기대를 갖게 되고 그에 따라 행동하게 되지만, 실제의 결과는 기대와는 다를 가능성이 얼마든지 있다. 투자의 경우 또한 마찬가지이다. 즉 어떤 수익률을 기대하고 투자하지만 실제의 투자결과는 이와는 차이가 날 가능성, 즉 위험이 항상 존재하게 된다.

이 예에서 보는 바와 같이 위험은 혹시나 하고 사전에 기대했던 결과와 역시나 했던 사후적 결과 사이에 존재하는 평균적인 차이(백번 선을 본 결과)라고 할 수

**그림 1-7 위험의 한자적 정의와 산술적 정의**

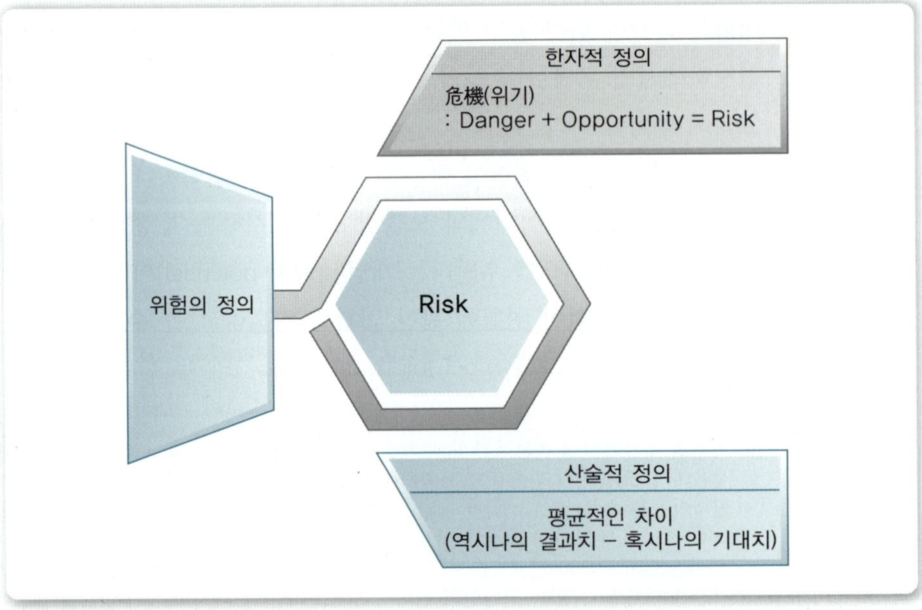


18) Aswath Damodaran, *Applied Corporate Finance: A User's Manual*, John Wiley & Sons, New York, 1999, p.35.

표 1-4 주가변동 영향요인과 위험의 구성

| 구 분 | | 변동요인 | 위험측정 척도 (분산투자의 관점) |
|---|---|---|---|
| 시장전체 변동요인 | 경제적 요인 | 경기, 물가, 금리, 국제수지, 환율, 기술혁신, 해외요인 등 | 체계적 위험 |
| | 경제외적 요인 | 국내정세와 국제정세 | |
| | 주식시장 내부요인 | 투자자 동향, 신용거래규모, 차익거래규모, 규제변화, 지분이동 | |
| 개별기업 고유요인 | | 개별기업만의 증자, 감자, 배당정책, 재무정책, 투자계획, 경영자요인, 신제품개발, 생산(수익)동향, 주주구성 변화, 인수합병거래, 노사분규 등 | 비체계적 위험 |

자료: 금융시장의 이해(생명보험협회) 보완.

있다.[19] 기대보다 나을 가능성과 기대보다 못할 가능성을 모두 고려하여 평균한 개념이 바로 위험이고, 이는 통계적으로 표현하면 표준편차의 개념에 해당한다.

이와 같은 사실에 비추어 볼 때 정도의 차이는 있겠으나 미래 사건에 관한 불완전한 지식에 기초하여 투자자들이 매입하는 모든 금융자산은 위험자산이라고 볼 수 있다. 그 예로 증권투자의 경우 채권발행자가 모든 원리금상환 약속을 과연 이행할 수 있을 것인지, 만기전 상환을 요구할 경우 가격이 어떻게 될 것인지, 또는 투자기간 동안 인플레이션에 따른 영향은 어느 정도인지 등에 관한 불확실성이 존재하게 된다. 또한 주식의 경우에는 채권처럼 계약상의 약속된 확정금액이 존재하지 않기 때문에 보통주 투자에 따라 받게 될 현금흐름과 투자기간 동안의 인플레이션 영향 등을 예측하기란 더욱 어렵다. 이외에도 주가 또는 주식투자수익률의 변동을 가져오는 일반적 위험요인은 〈표 1-4〉에서 보는 바와 같으며, 포트폴리오 분산투자의 관점에서 개별주식의 투자위험은 체계적 위험요인과 비체계적 위험요인으로 구분된다. 따라서 일반적인 위험회피형 투자자(risk averse investors)는 투자에 따른 수익뿐만 아니라 투자에 따른 위험도 함께 고려하여 투자의사결정을 하여야 할 것이다.

### (3) 투자기간

투자를 정의함에 있어서 또 한 가지 중요한 측면은 투자자의 투자기간이다. 즉, 투자자들은 투자결정을 할 때 어느 정도의 기간 동안 투자할 것인가를 결정하

19) 이러한 위험의 산술적 측정방법에 대하여는 제7장에서 다루고자 한다.

그림 1-8 투자의 위험-수익 및 투자기간

여야 하는데, 이는 투자자의 소비계획과 미래상황에 대한 기대(expectations)나 태도에 의존하게 된다. 따라서 투자자들은 투자대상의 수익, 위험 및 이에 따른 소비패턴을 고려하여 자신들의 기대를 충족시켜 주는 투자기간(holding period)을 결정하고 이에 적합한 투자자산을 선택하게 된다. 기본적으로 현금(현금 등가자산), 채권, 주식 3종류의 자산을 투자대상으로 고려하는 경우를 가정한다면 위험-수익의 크기와 투자기간은 [그림 1-8]과 같이 분류하여 고려해 볼 수 있다. 투자기간도 위험-수익의 고려 못지 않게 기대수익과 기대변동성, 자산들간의 상관계수 등에 영향을 주기 때문에 중요한 투자 고려사항이다. 투자기간의 과다 또는 과소추정은 위험-수익 프로파일에 중대한 영향을 미칠 수 있다. 투자기간의 주된 역할은 투자대안으로서의 각 배분자산의 적절성을 평가하는 데 도움을 준다. 특히 주식, 채권, 현금으로 배분하는 과정에서 투자기간의 장단은 중요한 영향을 준다. 투자기간이 짧을수록 현금이나 채권과 같이 안전한 자산에의 투자비중이 증가하고 길어질수록 주식에의 배분 비중이 증가하게 된다. 그 이유는 주식은 단기적으로는 변동성이 커서 불확실성의 정도가 높지만 현금 등가자산이나 채권은 단기적으로 변동성이 작기 때문이다. 한편 투자기간이 증가하면 주식으로부터의 수익이 정(+)의 수익을 보일 가능성도 그만큼 증가하기 때문에 포트폴리오 구성과정에서 주식에의 투자비중을 늘리게 된다.[20]

20) 투자기간이 길어질수록 고정소득의 채권보다는 주식의 투자성과가 더 높을 가능성이 증가한다는

그림 1-9 투자의 기본 속성

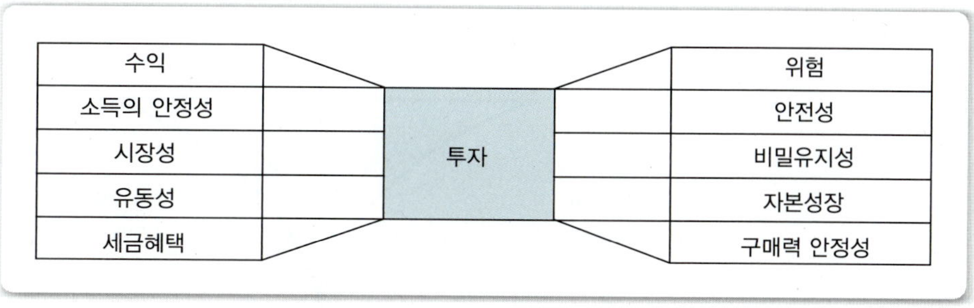


이 밖에도 투자결정시 현실적으로 고려해 주어야 할 투자의 기본속성으로는 [그림 1-9]에서 보는 바와 같이 시장성(marketability), 세금혜택(tax benefits), 안전성, 유동성, 비밀유지성(concealability), 자본의 성장(capital growth), 구매력의 안정성, 소득의 안정성 등이 있다. 즉, 투자자들은 다른 조건이 동일한 한 증권에 투자된 자금을 다시 회수하고자 할 때 즉각적인 매각을 통해 회수가 보다 용이한 증권을 선호하게 되고, 또한 증권거래와 관련한 소득에 세금이 부과될 경우에는 세금고려 후 순수익률이 큰 증권들을 더 선호하게 될 것이다.

투자의 안전성이라 함은 투자자의 투자원금과 기대수익의 보호를 의미하고, 시장성이 시장에서 증권을 사고파는 판매가능성 내지는 이전가능성을 의미하는 반면 유동성은 현금으로의 즉각적인 전환가능성, 즉 거래의 즉시성을 의미한다. 또 투자의 비밀유지성이라는 속성 때문에 사용 또는 판매로부터 받은 소득이 기록에 남지 않도록 할 목적으로 금과 귀금속처럼 부피는 작지만 가치가 크고 쉽게 이전이 가능한 것들이 오랜 기간동안 이용되기도 한다. 또한 자본의 성장은 투자기간중의 투자가치의 증가를 의미하고 이 때문에 투자자들 사이에서 이러한 특성을 갖는 성장주가 지속적인 관심 대상이 되기도 한다. 또 소득의 안정성과 소득의 구매력 안정성도 중요한 투자속성으로 고려된다.

## 2. 투자, 투기 및 도박의 관계

그러면 이와 같은 특성을 갖는 투자가 투기(speculations) 및 도박(gambling)이라는 개념과는 어떠한 차이점을 갖는가? 이에 관하여 명확한 경계선을 그리는 것은 실질적으로는 어려울 수 있겠지만 이들 개념이 공통적으로 가지게 되는 위험과

---

경험적 증거가 있다. 즉 CRSP자료에 의해 Frush Financial Group이 산출한 자료를 보면 채권투자보다 주식 투자성과가 더 나을 가능성은 투자기간 1년인 경우 62%, 5년인 경우 78%, 25년인 경우 100%인 것으로 분석되었다.

그림 1-10 투자, 투기, 도박의 관계

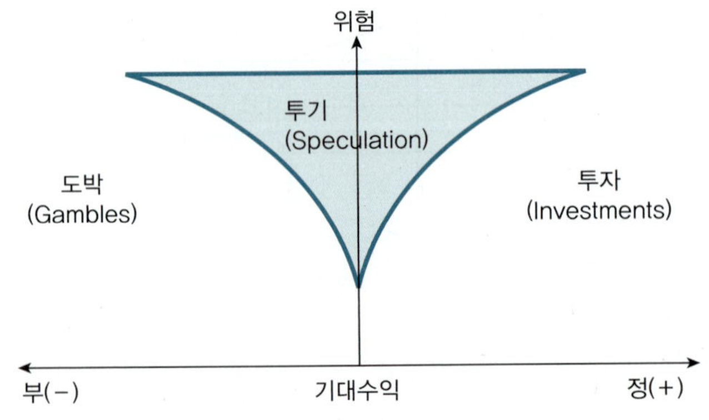


수익이라는 두 가지 중요한 특성에 의하여 [그림 1-10]과 같이 구분해 볼 수 있다. 물론 투자와 투기의 차이점은 위험, 수익 특성[21] 이외에도 투자자의 투자동기, 투자기간의 장단, 이용가능한 정보의 차이[22] 등에 의해서도 구분해 볼 수 있다.

조순[23]의 경우에는 자산을 구입하는 목적에 따라 투자와 투기를 구분하고 있다. 즉 구입하는 자산에서 생기는 수익에 주된 목적이 있는 경우에는 투자이고, 시장가격의 장래를 예측하여 그 예측으로부터 이득을 얻고자 함을 목적으로 하는 경우에는 투기로 보는 것이다. 따라서 투기자에게는 투기의 대상이 되고 있는 재화(자산)의 생산력이 있고 없고는 문제가 되지 않고 오직 시장가격이 오르고 내리는 데만 관심이 있게 된다. Kaldor[24] 또한 이와 비슷한 정의를 내리고 있다. 즉 투기는 재화 그 자체를 사용하는 데 목적이 있는 것이 아니라 나중에 다시 팔(살) 목적으로 재화를 사는(파는) 행위로 설명되고 있다. 이에는 어느 정도 위험부담이 따르지만 가격변화에 대한 좋은 기대를 갖고 있기 때문에 이러한 투기적 거래가 이루어지게 된다.[25] Fridson(1993)[26]은 투기를 네 가지 범주로 구분하여 ① 가격의

21) 투자와 투기를 부담하게 될 위험수준에 의해 구분하는 것은 효율적 분산투자방법의 경우에는 의미가 없게 된다. 이는 위험이 큰 증권들을 적절히 결합함으로써 위험수준을 낮출 수 있기 때문이다.

22) 케인즈는 한때 주식시장을 카지노(Casino)와 같다고 혹평하였지만 이는 주식에 관한 이용가능한 정보가 존재하지 않거나 특정인들이 다른 사람보다 이용가능한 정보를 더 많이 가질 경우에만 적용될 수 있다.

23) 조순, 「화폐금융론」, 비봉출판사, 1991, pp.121~122.

24) Kaldor, N., "Speculation and Economic Stability," *Review of Economic Studies*, VII(Oct. 1939), pp.1~27.

25) Dickson G. Watts에 의하면 투기는 확률적/논리적 계산과 판단에 근거한 도전이고 도박은 확률적/논리적 계산에 근거하지 않은 도전으로 정의하고 있다(speculation as a fine art). 투자(investment)

변화(price changes), ② 단기적 이익(quick profits), ③ 높은 위험부담(high risk) 또는 ④ 이들 3가지 요소를 모두 포함하는 경우로 정의하였다. 이는 투기가 갖는 여러 속성을 표현한 것으로 볼 수 있다.

그러나 여기서는 일반적으로 투자자들이 부담하는 위험과 기대수익의 크기 수준에 의해 그 차이점을 설명해 보고자 한다. 이는 증권투자분석의 목적이 과대 또는 과소평가된 증권을 찾아내려는 것이고 이 경우에 위험과 수익 두 가지 특성을 검토하여 증권에 내포된 위험수준에 상응하도록 가격(수익률)이 제대로 형성되어 있는가에 주된 관심을 두기 때문이다.

우선 투자활동은 정(+)의 수익을 기대하면서 자금을 자산에 투하하는 경제활동으로서 투자와 관련한 위험수준이 높을수록 그에 따른 기대수익도 높은 것이 보통이다. 따라서 [그림 1-10]의 우측부분이 이에 해당한다고 볼 수 있다. 이와는 달리 도박의 경우에는 보다 높은 위험수준하에서 기대수익이 부(−)의 값을 갖게 되는 것이 보통이나 단 한 번의 요행(정의 이득)을 기대해보는 것이다. 즉, 한번의 기회에 집착하는 성향이 강하고 그 한번의 성과가 주는 효용이 매우 큰 사람이다. 이는 [그림 1-10]의 좌측영역에 해당한다. 투기활동은 투자의 경우보다는 비교적 짧은 기간 동안에 걸쳐 이루어지는 것이 보통이기 때문에 정상적인 배당 또는 이

**그림 1-11 투기로 인한 가격급등락 완화의 긍정적 기능**

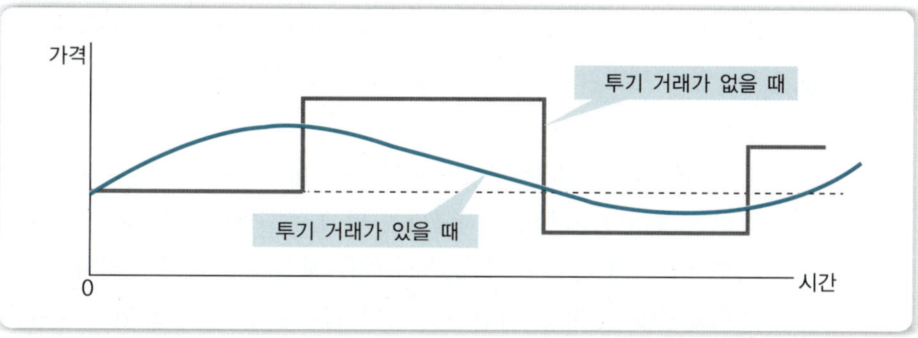


---

는 기초 경제여건(fundamental) 내지 대상자산의 본질가치(intrinsic value) 변동에 따른 차익을 예상하고 사거나 파는 일이다. 이와 달리 투기(speculation)는 본질가치와는 관계없이 유동성 팽창 같은 시장 수급 요인에 따른 시장가격(market price)의 변동으로 발생하는 차익을 기대하는 매매 행위다. 이에 비해 도박은 요행수를 바라고 불가능하거나 위험한 일에 손을 대는 것이다.

26) Fridson, M., "Exactly What Do You Mean By Speculation?" *Journal of Portfolio Management*(1993).

27) 말하자면 투자는 플러스 섬(plus sum) 게임, 투기는 제로 섬(zero sum) 게임, 도박은 마이너스 섬(minus sum) 게임에 가깝다고 볼 수 있다

28) 이에 관하여는 뒤의 11장, 12장에서 상술함.

그림 1-12 시간 아비트라지: 투자, 투기, 도박의 관계

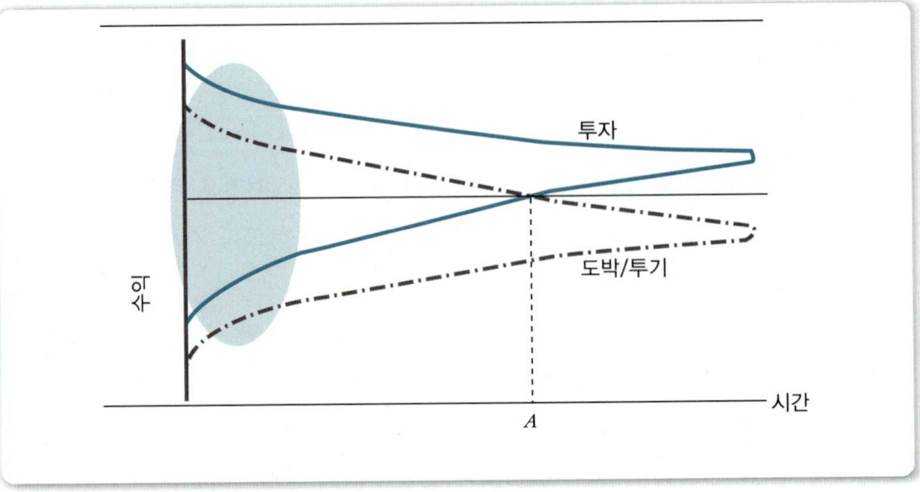


자료 : Legg Mason Funds Management.

자소득보다는 가격의 등락에 따른 자본이득(capital gains)에 주된 관심을 갖게 된다. 이에 따라 수익의 기대치(expectations)가 0을 중심으로 정(+) 또는 부(−)의 값을 갖게 되나 위험은 상당히 높은 수준을 보이게 된다. 그림에서 중앙 윗부분이 이에 해당한다.[27] 그러나 이러한 투기활동은 선물시장(futures market)이나 옵션시장(options market)[28]과 같은 금융시장에서 [그림 1-11]과 같이 가격의 폭등 · 폭락을 완화시켜 주는(reasonably smooth progression of prices) 매우 유용한 경제적 기능을 수행한다는 점에서는 경제활동에 아무 유익을 주지 못하는 도박과는 명확히 구분된다.

한편 [그림 1-12]의 시간 아비트라지(time arbitrage) 그래프를 살펴보면 단기적으로는 투기나 도박이 투자보다는 더 높은 수익을 실현하기도 하고, 평균적인 투자수익인 수평선보다 더 높은 수익을 보이기도 하여 투자와의 차이를 구분하기 어려울 수도 있지만, 시점 *A*를 넘어서는 장기적으로 보면 투자가 투기 또는 도박의 경우보다 더 높은 수익을 실현하게 된다는 것을 보여주고 있다.

## 3. 투기의 역사

17세기 네덜란드에 들어온 튤립 중 특정 구근('Semper Augustus')은 당시 부와 신분의 상징으로 인식되면서 수요의 폭발적 증가로 꽃이 아닌 투기의 대상이 되면서 가격이 3년간에 걸쳐 폭등하여 집 한 채 정도의 가격이 되었다. 그러나 당

시에 가격이 너무 높다는 생각에서 이를 팔기 시작하면서 가격이 하락하기도 하였지만, 그 이면에 전해지는 이야기로는 고가의 희귀한 튤립을 주문한 귀족이 자신의 소포가 도착하기를 기다리던 중 요리사가 이 소포를 받아 튤립구근을 양파로 알고 요리를 해버리는 바람에 주인이 요리사를 소송함으로써 재판을 받는 일이 생기게 된다. 재판의 결과가 '튤립의 재산적 가치를 인정할 수 없다' 고 나오게 되자 튤립의 가격은 더욱 폭락하여 결국 튤립의 투기적 거품이 사라지면서 모두가 큰 어려움을 겪게 된다.[29)]

투기에 관한 역사는 17세기 네덜란드에서 있었던 튤립구근에 대한 투기 역사 이외에 뉴턴도 큰 손실을 본 이른바 남해회사(South Sea Company) 주식의 버블 사건도 있다. 존 블런트와 로버트 나잇은 영국정부의 부채문제를 해결해 주는 대신에 남미지역의 스페인 식민지와의 무역독점권을 갖는 남해회사를 설립하고, 이 회사의 주식발행과 발행가격을 자유로이 정할 수 있는 권한도 정부로부터 얻게

**그림 1-13 튤립 버블과 남해회사 버블**

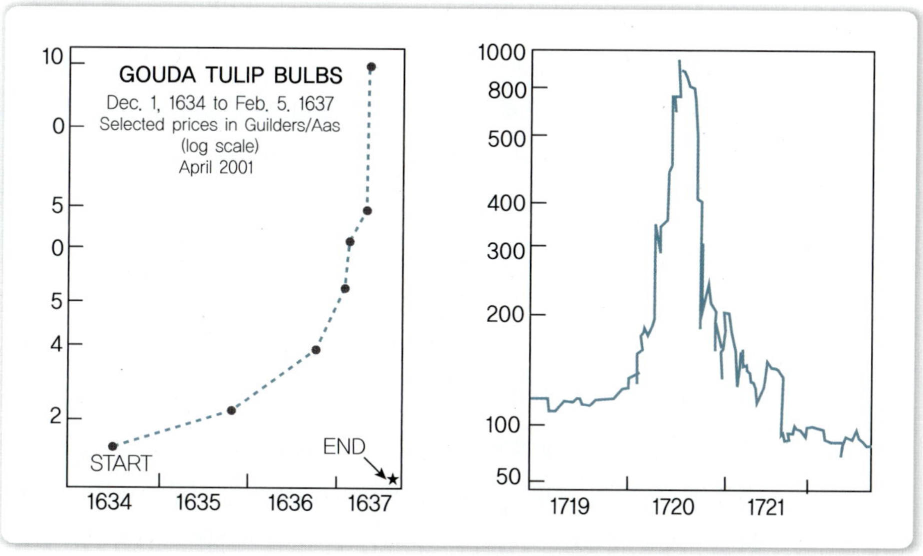


29) 중국에서도 모란 버블이 있었다고 전해진다. 중국의 전성시대 중 하나로 꼽히는 당나라 시절에 화려함을 좋아하는 장안의 귀족들은 모란을 사들였다. 빨간색과 자주색 모란은 부의 상징이었다. 모란이 피는 시기는 3월 중순이고 이 시기에 열리는 모란 경연대회에서 1등을 수상한 모란은 집 한 채 가격을 훌쩍 뛰어넘었다. 시인 백거이는 그의 시 '진중(秦中)에서 읊다' 에서 "한 포기 꽃이 중농 열 집의 세금"이라고 표현했다. 농부들도 곡식을 사는 대신 모란에 투자했다. 시인 노륜은 "(모란은) 부잣집 자제를 미치게 하며 (모란으로) 장안의 10만 가구가 파산했다"고 말했다(한국경제신문, 2011.5.6).

된다. 이 회사는 사업을 통한 수익으로 배당을 하는 것이 아니라 신주를 발행하여 모아진 자금으로 주주들에 대한 배당을 실시하는 이른바 폰지게임(Ponzi game)도 시작한다. 그러나 특별한 수익모델이 없었던 이 회사의 주가가 당시 적당한 투자처가 없었던 영국 중산층의 투자열기 증가로 꾸준히 상승하기 시작하여 발행가의 10배 정도까지 상승한다. 주가가 상승하면서 남해회사는 주식 청약증거금률을 낮추고 주식을 담보로 대출을 해주고 대출받은 자금으로 다시 주식청약을 하게 하고 청약을 받자마자 이를 담보로 주식을 또 매입하게 함으로써 시중 유통주식수가 감소하게 되어 주가는 더욱 상승하게 되었다. 그러나 남해회사는 자사주의 하락을 우려하여 반버블법을 제정하여 시행하도록 하면서 주식의 투매가 일어나기 시작하고 주가는 하락하기 시작한다. 당시 과학자였던 뉴턴도 이 투기열풍에 편승해서 처음에는 이득(7천 파운드)을 보았지만 그 후 추가 투자를 하면서 특별한 수익모델이 없었던 이 회사의 투기적 거품이 사라지면서 주가가 폭락하게 되자 큰 손실(2만 파운드)을 보게 된다. 이후 뉴턴은 "나는 천체의 움직임은 측정할 수 있지만 주식시장에서 인간의 광기는 측정할 수 없다"는 말로 후회를 하였다고 한다. 뉴턴은 떨어지는 사과에서는 만유인력의 법칙을 발견하였지만 떨어지는 주식가격에서는 얻은 것이 없었다.

또 18세기 스코틀랜드 출신 영국의 금융 전문가 존 로(John Law)는 당시 전쟁과 방만한 재정운용으로 파산 상태에 있던 프랑스의 루이 16세의 부채를 대신 갚아주면서 그 대가로 북미지역내 프랑스 식민지였던 루이지애나의 금광개발의 독점권을 갖는 미시시피 회사와 지폐 발행권을 갖는 방크 제네랄을 설립한다. 지폐를 발행하여 프랑스의 국채를 매입하여 주었고 국채를 판 사람들은 그 돈으로 금이 있다는 확실한 증거는 없었지만 미시시피 회사의 금광개발에 대한 기대감으로 주가상승을 기대하고 주식을 사게 된다. 이때 미시시피 회사는 미국 루이지애나에서 금광을 개발한다고 하면서 지금의 주식과 채권을 혼합한 형태의 유가증서(금과의 교환권이 부여된 증서)를 발행하고 이를 나중에는 금으로 바꿔 준다는 약속을 한다. 당시 프랑스 왕이었던 루이 16세가 밀어주게 되면서 이 회사의 주가는 천정부지로 치솟아 처음에는 부자가 된 사람이 많이 있었지만 결국 금광개발에는 투자하지도 않아 증서는 휴지가 되어 미시시피 버블은 막을 내리게 된다. 이 회사의 주가 상승으로 인해 생긴 이득은 프랑스 왕실의 빚을 갚는데 사용되었을 뿐 정작 금광 개발에는 투자되지 않았다. 결국 금광을 통한 이윤은 생기지 못했고, 1720년 프랑스 콩티 왕자가 미시시피 지분을 팔아 금과 은으로 바꾸고 있다는 소식이 전해지면서 미시시피 회사에 대한 불안감이 고조되어 주식을 샀던 많은 사람들이

## Learning Cafe 1

### 네덜란드의 튤립 투기 열풍

투기로 인한 거품의 사례로 1630년대에 네덜란드에서 번졌던 튤립에 대한 투기를 빼놓을 수 없다. 1593년, 터키로부터 네덜란드에 이 이국적인 화초가 소개되자 사람들이 관심을 가지게 되면서 튤립은 비싼 값에 거래되기 시작하였다. 튤립의 가격 상승에 결정적인 불을 당긴 것이 모자이크 바이러스(mosaic virus)인데, 이 바이러스에 감염된 튤립은 꽃잎에 여러 가지 화려한 색깔의 무늬를 띠었다.

처음에 애호가들의 수집에서 시작된 튤립 수집이 귀족, 평민을 가리지 않고 대유행하여 그 값이 천정부지로 치솟기 시작하면서 튤립에 대한 투기는 1634~1637년 사이에 극에 달하였다. 이듬해 수확할 구근에 대한 선물 거래가 등장하는가 하면, 귀금속이나 부동산을 팔아 튤립에 투자하는 사태도 속출하였다. 당시 '상하(常夏, Semper Augustus)' 라고 하는 줄무늬 튤립은 저택 한 채 값에 거래되었다고 한다.

1637년에 구근값이 폭락하기 시작하자 이성을 되찾은 사람들은 튤립의 가격이 너무 비싸졌다는 것을 깨닫고 튤립을 팔기 시작하였으며, 파는 사람의 수가 점점 늘어났다. 네덜란드 정부는 튤립의 가격 폭락을 막기 위하여 튤립 가격이 하락할 아무 이유가 없다는 공식 발표까지 했지만 가격 하락을 막지 못하였으며, 마침내 튤립의 가격은 다른 화초와 거의 다름없게 되었다.

출처: 한국거래소.

### 루카스 부인의 선택

미국에서 가장 많이 이혼당하는 직업 중의 하나가 경제학자이다. 연구에 몰두하느라고 연구실에 박혀 지내지만 돈을 많이 버는 것도 아니니 어느 부인이 그런 남편을 좋아할 것인가? 루카스(Lucas, G.) 역시 그런 사람 가운데 한 명인데, 이혼 당시 부인이 내건 조건에 노벨 경제학상을 받으면 그 상금을 반으로 나눈다는 조항이 들어 있었다고 한다. 과연 몇 년 후에 루카스는 노벨 경제학상을 받았고 부인은 그 상금의 반을 손에 넣었다. 루카스 부인의 선택은 투자인가, 투기인가?

출처: 경제주체와 건전한 투자문화형성, 한국거래소.

주식을 팔기 시작하면서 주가가 붕괴하게 된 것이다.

이것이 바로 역사에 기록된 세계 3대 투기사건이며, 본질가치(fundamental value)나 특별한 수익모델이 없는 상태에서 인간의 탐욕에 의해 가격이 천정부지로 오르는 경우에는 이러한 투기적 버블(speculative bubble)의 붕괴를 경험하게 된다는 교훈이다.

## 4. 투자환경과 투자의 경제적 중요성

실물투자가 되든 금융투자가 되든 경제내에 투자기회가 다양하게 존재하고 또 투자가 활성화되는 경우 투자는 거시적으로나 미시적으로 중요한 경제적 의미를 갖는다.

흔히 경제학에서 정의하고 있는 투자개념인 건물, 기계, 공장 등 실물자산(real assets)에의 투자(실물투자)는 국민경제 전체의 자본재(capital goods)[30]의 스톡(stock)을 증가시키게 된다. 즉, 소득을 현재의 소비보다는 미래의 생산활동을 위한 장기자산에 투자함으로써 생산능력의 증가를 통해 경제성장을 촉진시킬 수 있다. 따라서 실물투자는 국가전체의 부인 GNP를 증가시킨다는 점에서 중요한 의미를 갖는다. 그러나 재무이론에서 정의하고 있는 투자개념인 주식, 채권, 옵션, 선물 등 금융자산(financial assets)에의 투자(금융투자)는 이러한 국민경제적 측면에서의 자본재 스톡의 증가는 없지만 한 나라의 자본형성을 용이하게 해준다는 점에서 중요한 의미를 갖는다. 뿐만 아니라 금융시장을 통한 금융자산에의 투자기회는 투자자들 개인의 소비패턴을 조정가능하게 함으로써(income reallocation over time) 이로부터 얻어지는 개인의 만족수준(경제학에서는 이를 '효용'이라고 함)을 향상시킬 수 있게 된다. 이처럼 소비패턴의 조정을 가능케 하는 투자대상인 금융자산, 특히 증권의 거래가 가능하도록 하는 투자환경(금융시장)이 존재할 경우 이것이 투자자들 개인의 경제생활에 있어서 어떠한 중요성을 갖게 되는가를 알아보자.

이를 위해 우선 완전확실성(perfect certainty)의 투자환경을 가정하며 거래비용이나 세금 등의 시장불완전요인은 존재하지 않는 완전한 시장을 가정한다. 그리고 개인투자자들은 현재 및 미래의 소득을 알고 있을 뿐 아니라 시장에서 이용가능한 실물 및 금융투자의 기회와 그로부터 얻어지는 미래의 수익까지 알고 있는 것으로 가정한다.

---

30) 자본재는 평균 수명기간이 1년 이상이고 다른 재화 · 용역의 생산활동에 사용되는 자산으로서 공장, 설비, 재고자산 및 인적자본(human capital) 등을 포함한다.

한편, 투자자들의 경제활동의 궁극적인 목적은 전체 생애기간에 걸쳐(over lifetime) 이루어지는 소비활동으로부터의 만족을 극대화시키는 것으로 전제한다. 그러나 설명의 단순화를 위해 단일기간(현재시점과 미래시점)을 가정하여, 현재와 미래에 주어지는 정해진 소득을 현재의 소비와 미래의 소비로 어떻게 배분하여 소비하는 것이 만족(효용)을 극대화시키게 되는가를 다음의 세 가지 투자환경으로 나누어 설명이 가능하지만 여기서는 ①을 중심으로 설명한다.

① 금융투자의 기회(financial investments opportunity)만 주어지는 투자환경
② 실물투자의 기회(real investments opportunity)만 주어지는 투자환경
③ 실물투자와 금융투자의 기회가 동시에 주어지는 투자환경

이때 흔히 효용의 무차별곡선이라는 도구를 이용하여 그래프를 통한 분석이 이루어지게 되며(무차별곡선 분석), 분석결과 효용의 극대화가 이루어지는 가능한 소비선택 방법은 소득 이상 소비가 이루어지는 경우, 소득보다 적게 소비가 이루어지는 경우, 소득에 맞추어 소비하는 경우의 세 가지 경우가 있을 수 있다. 그 결과 소득 이상으로 소비결정이 이루어지는 경우에는 소득과의 차이금액은 '차입' 이 되고 소득보다 적게 소비결정이 이루어지는 경우에는 소득과의 차이금액인 여유자금은 '저축 또는 투자' 로 이루어지게 된다.

### (1) 효용의 무차별곡선

단일기간(현재와 미래)만을 가정하는 경우 투자자들의 선택문제는 주어진 현재소득($y_0$)과 미래소득($y_1$)으로 자신의 만족을 극대화하기 위해서는 현재소비($c_0$)와 미래소비($c_1$)의 양을 어떻게 결정할 것인가가 될 것이다. 따라서 이러한 소비자(투자자) 선택이론을 설명하는 과정에서 같은 금액이라면 미래소비보다는 현재소비를 일반적으로 더 선호하게 되는 투자자들의 시차선호(time preference) 성향을 고려하게 된다. 시차선호의 정도는 이를 반영하여 표현해 주는 효용의 무차별곡선[31] 이라는 그래프를 이용하여 분석한다. 여기서는 미시경제학에서의 두 재화간 선택문제(interobject choice)에서의 무차별곡선 분석과는 달리 두 시점간 기간별 소비선택문제(intertemporal choice)에서의 무차별곡선 분석이기 때문에 수직, 수평축의 소비는 특정의 재화에 대한 소비수량으로 표시하기보다는 소비에 대한 일

31) 소비자 또는 투자자의 선택문제를 그래프에 의해 설명(graphical representation)하고자 할 경우에 분석과정에서 흔히 무차별곡선이라는 분석도구를 이용하기 때문에 이를 가리켜 무차별곡선 분석이라고 부르며, 이러한 무차별곡선의 의미와 유도과정은 이필상, 「금융론」(박영사)을 참고하기 바람.

그림 1-14 무차별곡선 유도: 수학적 등고선 적용

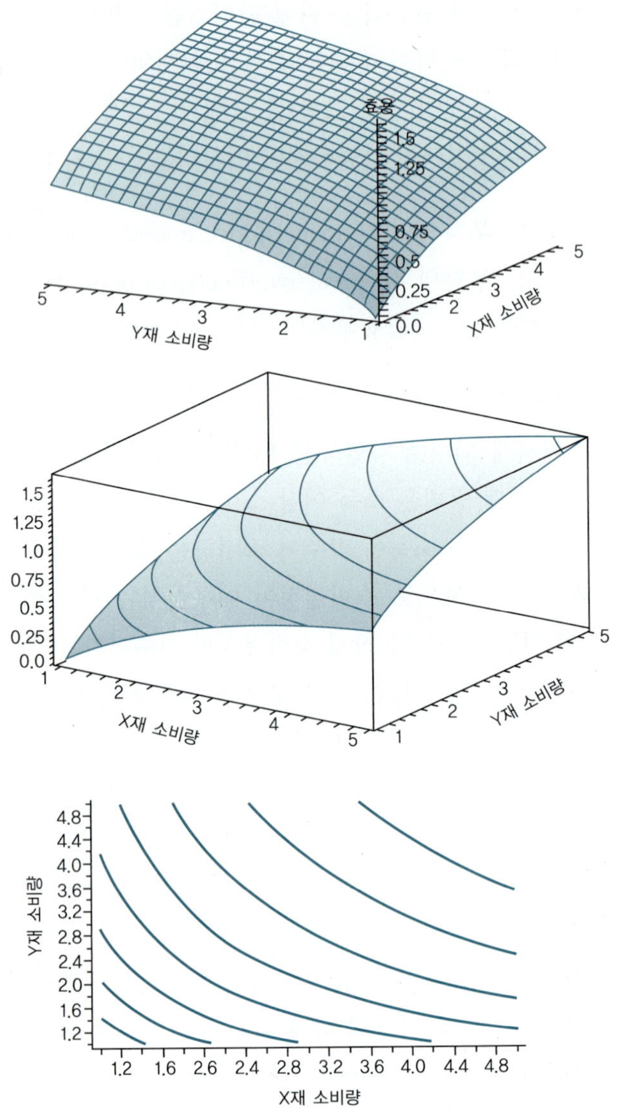


반화된 청구권을 표시하는 화폐(money), 즉 현재의 소비금액과 미래의 소비금액으로 측정하고자 한다.[32] 따라서 기간별 소비선택의 문제에서는 [그림 1-14]의 두

32) 두 재화간 선택문제($x$재와 $y$재간의 선택문제)와 기간별 소비선택문제(현재소비와 미래소비간의 선택문제)는 확실성하의 선택문제로 효용의 무차별곡선은 우하향의 기울기로 표현되지만, 불확실성하에서의 선택문제(portfolio choice)에서는 투자자의 선택의 대상이 위험과 수익이기 때문에 효용의 무차별곡선은 우상향의 기울기로 표현된다.

재화간 소비선택 문제에서 $x$재 소비량은 현재소비 금액으로, $y$재 소비량은 미래소비 금액으로 보게 되면 높이는 현재소비와 미래소비에 따른 총효용수준을 표시한다.

따라서 소비자의 효용수준은 현재소비와 미래소비 양에 따른 효용을 표시하게 되고 이는 3차원 공간상의 효용곡면(utility surface)상에서 높이로 표현된다. 그러나 이러한 3차원 공간상의 그래프를 이용하여 분석하면 분석이 복잡하기 때문에 이를 수학적인 다변수함수의 등고선 개념을 적용하여 2차원 평면상의 그래프로 전환하게 되면 분석을 보다 용이하게 할 수 있다. 즉, [그림 1-14]에서와 같이 효용수준이 같은 모든 소비방법(같은 높이)들을 현재소비와 미래소비의 2차원의 현재소비-미래소비 좌표 평면상에 직각 투영시키게 되면 [그림 1-15]와 같은 모양의 효용의 무차별곡선이 얻어지게 된다.

이 그림에서 동일한 무차별곡선상의 점으로 표시되는 소비방법, 즉 현재소비와 미래소비의 조합들은 동일한 크기의 만족(효용) 수준을 표시한다. 한편 무차별곡선의 성질을 살펴보면 전반적으로 현재의 소비 또는 미래의 소비량을 증가시킬 수 있을 경우에는 투자자의 만족이 증가하게 되므로 높게 위치하는 무차별곡선일수록 보다 높은 수준의 만족도를 나타낸다. 즉, $A$보다는 $B$가, $B$보다는 $C$가 보다 더 높은 무차별곡선상에 위치(더 높은 효용수준)하기 때문에 더 선호되어진다는 것을 의미한다. 또한 무차별곡선이 원점에 대하여 볼록(convex)한 것은 투자자들이 현재(미래)의 소비를 줄여감에 따라 전과 동일한 만족수준을 유지하기 위해서는 현재(미래)소비를 줄이는 대신 점차적으로 더 많은 미래(현재) 소비를 요구하

**그림 1-15 효용의 무차별곡선(시차선호 반영 함수)**

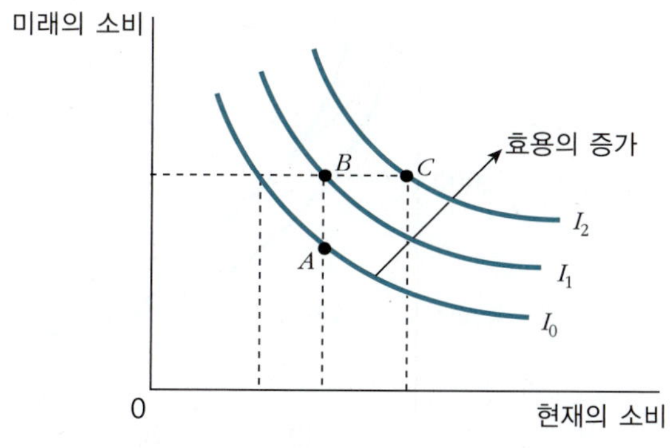

게 됨을 의미한다. 또한 이 무차별곡선의 기울기가 가파르면 가파를수록 미래의 소비보다는 현재의 소비를 보다 더 선호하는 시차선호의 정도가 더욱 강한 투자자의 성향을 반영해 주게 된다. 즉, 무차별곡선상 임의의 한 점에서 접선의 기울기의 완급은 시차선호의 정도에 있어서의 개인별 차이를 반영해준다.

### (2) 금융투자의 기회와 투자의사결정

금융시장을 이용한 투자기회가 주어지는 경우 최적의 소비패턴(현재소비 와 미래소비의 크기) 및 투자금액의 결정은 어떻게 이루어지는가를 살펴보기로 하자.

투자자는 소득보다 적게 소비함으로써($c_0 < y_0$) 나머지 여유자금을 저축이나 투자를 할 수도 있지만, 금융기관으로부터의 차입(borrowings) 또는 부채증권(debt security)을 발행(매각)함으로써 현재의 소비금액을 자신의 소득 이상으로($c_0 > y_0$) 증가시킬 수도 있다. 물론 이러한 증권을 매입하는 상대방은 현재 유보한 소비금액 이상(증권의 이자율에 따라)으로 미래의 소비를 증가시킬 수 있게 된다. 이처럼 차입 또는 대출, 즉 증권의 매각과 매입을 통해 선택가능한 금융투자기회는 [그림 1-16]의 금융투자기회선(financial investment opportunity line)으로 도시될 수 있다. 여기서 이 투자기회선의 기울기는 (1+이자율)이 될 것이고 이자율이 0보다 크다면 그래프상에서 45° 선보다 가파르게 표시된다. 이자율 20%라 가정한다면 그래프상에서 기울기는 1.2가 되고, 투자자의 현재소득(20,000)과 미래소득(5,000)이 $G$점으로 표시되며, 투자자는 $G$점을 지나는 기울기가 1.2인 직선상의

그림 1-16 금융투자기회(최적 소비-투자 의사결정: 이자율 20% 가정)

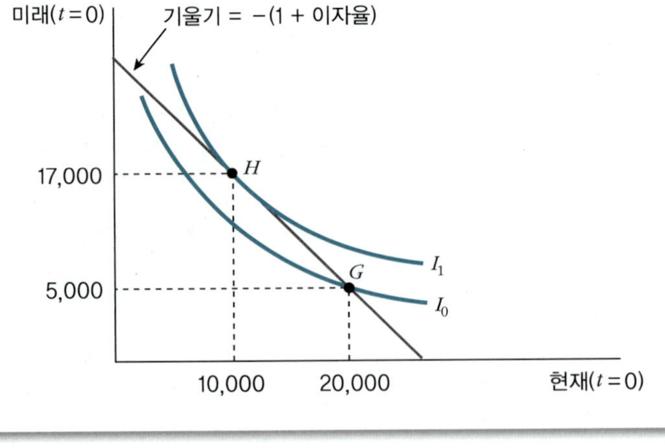

모든 선택가능한 소비기회들 중에서 자신의 효용을 극대화하는 최적의 소비 – 투자결정(접점 $H$로 표시)을 하게 된다.

(1) endowment(주어진 소득흐름): $(y_0, y_1) = G(20,000, 5,000)$
(2) 효용극대화 최적 소비 – 투자결정: 접점$(c_0^*, c_1^*) = H(10,000, 17,000)$

[그림 1-16]에서 소비자(투자자)는 주어진 소득수준을 표시하는 점 $G$에서 시작하여 단위 기간당 20%의 이자율로 10,000원을 대출(저축)함으로써 점 $H$로 자신의 소비패턴을 만족이 더 증가되는 방향으로 개선할 수 있음을 알 수 있다($I_0 < I_1$). 이와 같이 투자자는 무차별곡선과 금융투자기회선이 접하는 접점(tangency point)에서 소비패턴을 결정함으로써 효용의 증가를 극대화시킨다. 즉, 그래프에서 주어진 현재와 미래소득을 표시하는 좌표점인 $G$점을 지나고 기울기가 1.2인 직선상의 모든 이용 가능한 소비–투자기회 중에서 효용이 가장 극대화되는 점은 접점이 된다는 것을 알 수 있다.

물론 투자자가 차입(증권의 매각)을 하는 경우에 있어서도 효용수준을 증가시키는 소비선택이 가능하게 된다.[33] 따라서 금융시장에서 증권과 같은 금융자산(금융상품)이 존재함으로써 차입을 하는 소비자(증권의 매도자)나 대출을 하는 소비자(증권의 매입자) 모두에게 있어서 각자 자신의 만족을 증가시키는 소비패턴으로의 조정을 가능하게 한다는 점에서 사회적으로 이득을 가져다 주게 된다. 금융시장에서의 투자기회를 이용한 효용극대화 소비–투자의사결정의 결과 현재소득 20,000원 중 10,000원만 소비하고, 나머지 10,000원은 저축 또는 투자금액이 되며, 미래소득은 비록 5,000원이지만 이보다 큰 17,000원의 소비가 가능한 것은 투자에 따른 20%의 투자수익[$17,000 - 5,000 = 10,000(1 + 0.2)$]이 합쳐져서 가능하게 된다.

여기에 소비자(또는 투자자)에게 실물자산과 금융자산에의 투자기회가 동시에 존재하는 경우에는 소비자의 소비선택 및 투자금액의 결정은 어떻게 이루어질 것인가? 결론적으로 이야기하면 이 경우에는 소비 및 투자의 결정은 2단계의 독립적이고 분리된 과정으로 나누어 생각할 수 있다.[34] 즉, 소비자는 우선 실물투자기회를 이용하여 가장 높은 금융투자기회선을 얻기 위하여 실물자산에 얼마만큼 투자할 것인가를 결정하게 된다(부의 극대화 투자의사결정). 이러한 투자의사결정

---

33) 이 경우에는 $G$점 우측에서 시장기회선과 무차별곡선이 접하는 모양으로 표시된다.
34) 피셔의 분리정리(Fisherian Separation Theorem)에 의해 투자 및 소비의 결정은 독립적으로 이루어진다. 이필상,「재무관리」참조.

은 시장이자율(시장금리) 수준에 의해 결정되며 소비자 개인의 시차선호와는 독립적이고 분리되어 결정된다. 그 다음 금융자산에의 투자기회를 이용하여 자신의 시차선호(time preference)에 따라 소비결정이 이루어지고, 그 결과 소득보다 더 많이 소비하는 차입형 소비자(borrower) 또는 소득보다 적게 소비하는 대출형 소비자(lender)로 분류된다(효용 극대화 소비의사결정).

지금까지 설명한 소비선택과정은 확실성과 단일기간을 가정하고 설명한 것이다. 그러나 실제의 투자환경은 불확실하고 또한 투자결정과정도 복잡하다. 따라서 일반적으로

***투자(investments)라는 것은 불확실한 미래소득(uncertain benefit)을 위해 확실한 현재의 소비를 희생하는 것***

으로 보아야 한다.

사실상 앞에서의 분석에서와 같이 시장이 완전하고 확실성하에 있다고 가정할 경우에는 시장에는 차입이자율과 대출이자율이 같은 하나의 수익률(이자율)만이 존재할 것이다. 그러나 현실적으로 증권의 종류에 따라 다양한 수익률이 관찰되는 것은[35] 투자에 따른 불확실성(uncertainty) 또는 위험(risk)이 이러한 수익률의 차이를 결정하는 데 있어서 중요한 역할을 하게 된다는 것을 의미한다.

이처럼 불확실성을 포함하고 있는 투자분석을 위해서는 다양한 투자기회집합이 주어진 상태에서의 효율적인 포트폴리오 선택 문제를 해결할 수 있는 이론적 구조가 필요하게 되는바, 이에 관하여는 뒤에 설명되는 불확실성하에서의 투자선택방법인 포트폴리오 이론에서 다루게 될 것이다.

## 2.2 투자관리과정과 투자분석방법

### 1. 투자관리과정

투자자들의 투자관리는 여유자금을 관리하는 과정으로서 포트폴리오관리, 자금관리, 자산관리 등의 용어로 혼용되기도 한다. 이러한 투자관리의 과정에 대하여 어떠한 명칭으로 불리든 투자자들의 궁극적인 투자목표는 한마디로 투자수익

35) 금융의 차입(borrowing)과 대출(lending)행위는 현실적으로 주식(equity)과 채권(bond) 등 여러 가지 증권의 발행을 통해 나타나게 된다.

그림 1-17 투자관리과정

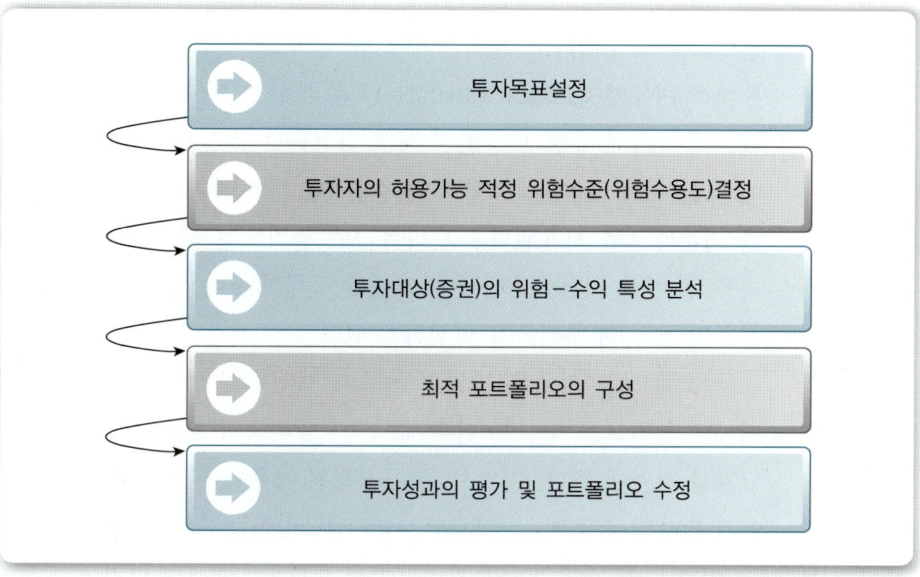


은 극대화시키는 반면 투자위험은 극소화시키는 것으로 볼 수 있다. 따라서 투자결정과정은 이러한 목표를 만족하는 증권 또는 증권의 집합(bundle of securities) 즉 포트폴리오의 선택을 가져오기까지의 일련의 활동과정으로 정의될 수 있다. [그림 1-17]은 이러한 투자과정을 요약 도시한 것이다.

우선 투자자는 구체적인 투자목표가 확인되면 자신의 위험 태도(attitude toward risk), 즉 어느 정도의 위험수준을 받아들일 생각이 있는가를 결정하여야 한다.[36] 이는 투자에는 반드시 투자위험이 따르게 되고, 위험부담이 불가피한 상태라면 부담하고자 하는 위험수준이 먼저 결정되어야 하기 때문이다. 가령 위험을 적게 부담하고자 하는 투자자들은 포트폴리오 구성(증권의 집합)시 위험이 낮은 채권들을 많이 포함시킬 것이고, 반면에 위험을 많이 부담하려는 투자자의 경우에는 위험이 큰 주식들을 많이 포함시켜 포트폴리오를 구성하고자 할 것이다. 결국 가장 먼저 투자자들이 할 일은 위험태도에 따라 크게는 주식, 채권, 부동산, 현금 등의 자산에 대하여 어떤 비율로 보유할 것인가 하는 자산배분(asset allocation)[37] 비율을 먼저 결정하는 것이고, 그 다음으로는 증권, 즉 주식이나 채

36) 투자자의 위험태도 즉 위험수용도가 먼저 결정되면, 그 위험에 상응하여 증권사들은 투자권유 가능한 상품의 종류를 투자자들에게 추천하게 된다.
37) 투자성과의 대부분(90% 이상)은 여기에서 결정되고 나머지는 종목선택과 투자시기의 선정에서 결정된다는 연구결과가 있다.

권에 대한 구체적인 종목선택이 이루어진다.

다음에 투자대상에 포함된 증권에 대한 위험과 수익 특성을 여러 가지 정보원천으로부터 수집하고 분석하여야 한다. 이때 위험은 미래의 기대수익률에 대한 통계적 변동성(statistical variability), 즉 분산 또는 표준편차 등으로 측정된다. 그리고 투자자에 대한 보상인 수익은 수익률로 측정한다. 이와 같이 얻어지는 증권에 대한 위험 · 수익의 추정치와 증권상호간의 관계는 포트폴리오를 구성하기 위한 기본자료로 사용된다. 그 다음 포트폴리오의 구성단계에서는 이러한 자료를 이용, 주어진 위험수준에서 수익률이 극대화될 수 있는 투자종목의 선택과 투자시기의 선정, 투자비율을 결정하게 된다.

끝으로, 투자자들은 그들의 목표가 제대로 달성되고 있는가를 결정하기 위하여 포트폴리오를 구성한 이후에도 포트폴리오의 성과달성 여부를 계속 관찰하는 단계를 거치게 된다. 여기서 이미 설정된 목표와 현재 나타나고 있는 성과간에 차이가 발생할 경우에는 포트포리오를 재구성하는 수정절차를 밟아야 한다.

이와 같은 일련의 투자관리활동을 효과적으로 수행하기 위해서는 증권이 거래되는 시장구조, 거래방법, 가격의 형성절차, 시장참가자들의 행위 등에 입각한 효율적 시장개념에 대한 이해가 있어야 한다. 이는 여러 가지로 비합리적인 시장상황하에서, 시장행태(market behavior)에 대한 정확한 이해가 없이는 투자자들이 합리적으로 행동하기 어렵기 때문이다. 효율적 시장에 관하여는 제3장에서 상세히 다루기로 한다.

## 2. 투자분석방법

모든 투자자(거래자)들은 시장의 비효율성이 존재하는 경우 이를 확인하고 이용함으로써 이익을 실현하고자 노력한다. 이때 시장의 비효율성을 확인하기 위한 투자가치의 분석방법으로는 주식이든 채권이든 특정의 시장에 영향을 주는 수요, 공급의 정보요인에 관심을 갖고 이를 분석하고자 하는 기초적 분석방법(fundamental analysis)이 있다. 그리고 모든 상품에 관한 정보는 현재의 가격에 모두 반영되어 있다고 보고 가격의 움직임에만 관심을 갖고 과거의 가격을 연구하여 이를 기초로 미래의 시장움직임을 예측하고자 시도하는 기술적 분석방법(technical analysis)이 있다.

단기간의 시장비효율성을 이용하여 단기적인 이득을 얻고자 하는 기법으로 사건거래가 있다. 이 방법은 기초적 분석과 기술적 분석이 결합된 F-T분석(fundamental technical analysis)의 대표적인 것이다. 사건거래(event trading)는 경제자료의 공표에 대한 시장의 반응을 관찰하고, 이를 이용하여 이익을 실현시키고자 노력하는 방법이다. 이때 사건(event)이란 시장거래자들의 시장에 대한 인식변화를 가져올 수 있는 모든 정보를 가르킨다. 가령 하나의 사건(event)으로 정부가 금리를 인하하기로 발표하는 경우에 주식과 채권가격은 상승하고 이와 관련된 선물의 가격도 상승할 것으로 예상하여 볼 수 있다. 이러한 과정에서 사건의 발표를 이익실현의 기회로 삼고자 하는 사건거래자(event trader)들은 사건의 공표시점(event day) 이후의 가격반응을 관찰하여 이러한 반응이 지속될 것인가, 또는 반전될 것인가를 판단함으로써 매수신호(buy signal) 또는 매도신호(sell signal)를 결정하고자 할 것이다.[38]

그러나 시장이 효율적인 경우 주식시장은 승자(winners)와 패자(losers)가 없는 공정한 게임의 시장이 되기 때문에 초과수익의 지속적인 실현은 불가능하다. 이러한 경우 투자자의 관심은 투자위험의 감소와 그 방법에 집중된다. 이와 같이 위험과 수익과의 관계에 중점을 두어 투자안을 분석하는 방법이 포트폴리오 분석방법(portfolio analysis)이다.

결국 투자결정에 앞서 투자자들이 행할 수 있는 투자가치의 분석방법에는 기본적으로 3가지 분석방법이 존재한다. 이 중 기초적 분석방법과 기술적 분석방법은 비효율적 시장하에서 이루어지는 전통적인 분석방법으로서 개별 종목별로 투자가치를 분석하는 개별자산 분석방법(asset-by-asset approaches)이고, 또 하나의 방법은 효율적 시장하에서 이루어지는 현대적인 분석방법으로서 여러 종목의 집합(종목군)인 포트폴리오를 하나의 분석단위로 보고 투자가치를 분석하고자 하는 것이 포트폴리오 분석방법(portfolio approaches)이다.

### (1) 개별자산 분석방법: 종목별 투자가치 분석방법

① 기초적 분석방법: 경제, 산업 및 기업 등에 관한 모든 관련 정보를 기초로 개별자산(증권)의 내재가치 또는 본질가치(intrinsic or fundamental value)를 계산하고, 이를 시장가격과 비교함으로써 과대 또는 과소평가(overpriced or underpriced)된 증권을 확인하는 방법이다. 여기서 확인된 차이를 이용하여 수익의 극대화를 가져오는 투자전략을 선택하게 된다.

② 기술적 분석방법: 과거의 증권가격과 거래량변동에 관한 정보를 기초로 미래의 증권가격을 예측함으로써 동일한 위험에 대해 시장보다 더 나은 투자

38) 주가는 '관성'과 '반전'의 두 가지 특성을 가지며, 그 시기(timing)를 파악하고자 챠트(도표)를 활용하여 분석하려는 방법이 기술적 분석이다.

성과를 추구하는 기법이다. 이러한 방법을 이용하여 투자분석을 하는 투자자들은 과거의 증권가격과 거래량의 변동패턴을 나타내는 도표(charts)가 미래에 관한 모든 것을 이야기해 준다고 생각하는 사람들이다. 그러나 랜덤워크가설(random-walk hypothesis)에 의하면 증권의 가격이 무작위적으로 움직이게 되어 과거의 가격이나 거래량의 움직임은 미래의 증권가격이나 거래량에 대하여 전혀 예측능력을 갖지 못한다는 주장이다.

### (2) 포트폴리오 분석방법 : 종목군의 투자가치 분석방법

앞에서 설명한 전통적인 투자결정방법들은 개별적으로 가장 바람직한 하나의 자산 또는 증권을 선택(selecting the "best" asset or stock)하는 방법으로서 금융자산들의 수익률 사이에 존재하는 상호관계(interrelationships)를 고려하지 않고 있다. 따라서 분산투자(diversification)를 통한 위험감소의 가능성을 투자결정요인으로 감안하지 않고 있다. 이에 반하여 현대적인 투자분석의 추세는 이러한 상관관계를 이용하여 여러 자산 또는 증권에 나누어 투자함으로써 얻을 수 있는 위험감소의 효과에 중점을 두어 분석한다.

결국 전통적인 투자분석방법은 개별자산(single assets)의 종목별 분석에 초점을 맞추고 있는 반면, 현대적인 포트폴리오 분석방법은 이들 개별 자산들의 집합인 포트폴리오(portfolio)에 초점을 맞추어 분석하고자 한다는 점에서 근본적인 차이가 있다. 여기서 현대적인 투자분석방법은 시장이 효율적이고 모든 관련정보가 모든 투자자들에게 무료로 제공되어 이들 정보가 합리적으로 평가되기 때문에 가격이 제대로 형성된다고 가정한다(price = value). 따라서 어떤 투자자도 시장보다 더 나은 투자성과를 기대하기는 어려우며, 단지 투자자들이 할 수 있는 일은 하나의 증권에 집중 투자할 것이 아니라 여러 증권에 나누어 분산투자를 행함으로써 투자위험을 줄이는 것이 투자분석에 있어 가장 중요한 분석의 초점이 된다.

분산투자의 방법으로는 포트폴리오를 어떤 방식으로 구성하는가의 차이에 따라 다음의 두 가지 방법으로 분류된다.

① 무작위적 포트폴리오 선택방법: 포트폴리를 구성하기 위한 대상 증권들을 무작위적(임의적)으로 선택하여 하나의 포트폴리오를 구성함으로써 적정수준의 수익률과 함께 위험의 감소를 기대하는 투자분석방법이다.

② 효율적 분산투자방법: 수리적인 기법을 이용하여 포트폴리오에 포함시켜야 할 최선의 증권집합을 결정하는 방법이다. 주어진 위험수준에 대하여 최고

의 수익률을 실현시키거나 또는 주어진 수익률 수준에 대하여 최소의 위험을 실현시키는 최적화의 투자분석방법이라고 할 수 있다. 시장이 효율적일 경우에는 시장에서 더 나은 초과수익을 지속적으로 얻기는 어렵기 때문에 투자자들의 관심은 투자위험을 최소화시키는 것이 될 것이다. 이를 위해 개별 종목들간의 상관관계 크기를 이용하여 포트폴리오를 구성하되 상관관계가 낮은 종목들로 포트폴리오를 구성할수록 위험의 감소효과는 커진다.

## 제 3 절 투자의 양면성: 수익과 위험

앞에서 우리는 투자자의 금융투자 목적에 따라 자금을 운용하고자 하는 투자기간이 일단 결정되고 나면 투자자의 투자활동은 기본적으로 두 가지 중요 특성에 관심을 갖게 된다는 것을 살펴보았다. 즉 위험(risk)과 기대수익(expected

그림 1-18 금융투자상품의 선택시 고려사항

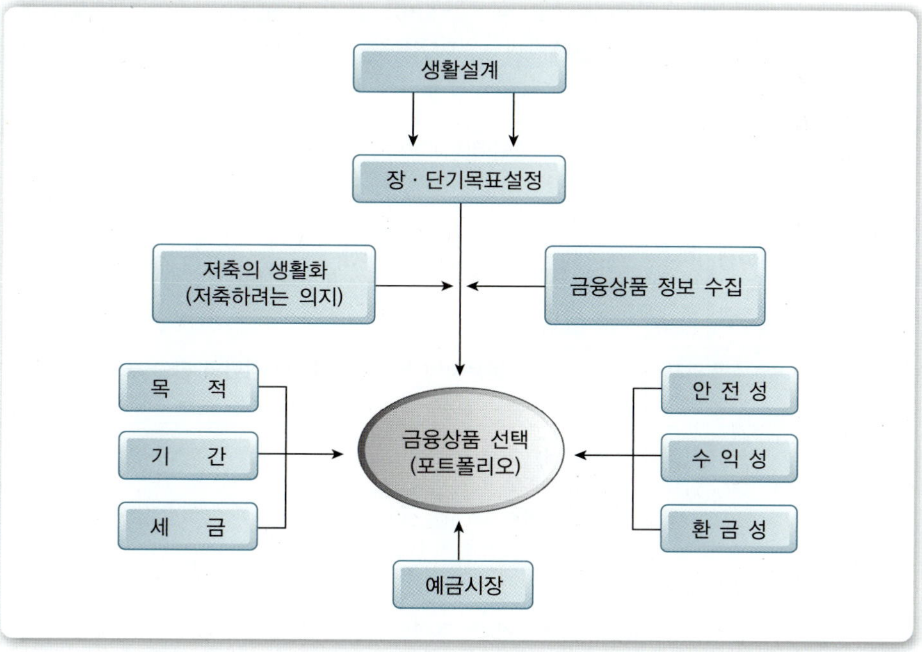


자료: 알기쉬운 경제이야기, 한국은행.

returns)을 고려하게 되며, 투자자들이 요구하는 수익은 투자활동과 관련한 위험과 함수관계에 있다. 따라서 투자자들의 기초적 금융투자상품인 증권의 분석 및 선택과정은 [그림 1-18]에서 보는 바와 같이 세금의 영향, 거래의 유동성(환금성)도 중요하지만 그 핵심은 특정 증권의 투자에 따라 그 증권 소유자에게 귀속되는 미래현금흐름(수익성)의 추정과 이들 미래 현금흐름의 불확실성 정도, 즉 위험(안전성)의 크기를 추정하는 과정이라고 볼 수 있다. 본 절에서는 이와 같은 위험-수익특성에 관하여 투자자들이 투자에 앞서 알아두어야 할 기본적인 고려사항을 설명하고자 한다.

## 3.1 위험-수익 상치관계

고통 없이는 얻는 것도 없다(No pain, No gain)는 말처럼 투자자들은 낮은 위험(low risk)과 높은 수익(high returns)을 동시에 가질 수는 없다. 일반적으로 투자

**표 1-5 금융투자상품별 투자위험도 분류기준**

<table>
<tr><th colspan="2">구분</th><th>초고위험<br>(speculative risk)</th><th>고위험<br>(high risk)</th><th>중위험<br>(intermediate risk)</th><th>저위험<br>(low risk)</th><th>초저위험=무위험<br>(ultra low risk)</th></tr>
<tr><td colspan="2">채 권</td><td colspan="2">투기등급 포함(BB 이하)</td><td>회사채<br>(BBB+~BBB-)</td><td>금융채<br>회사채<br>(A-이상)</td><td>국고채<br>통안채<br>지방채<br>보증채<br>특수채</td></tr>
<tr><td rowspan="2">파생<br>결합<br>증권</td><td>(ELS,<br>DLS)</td><td colspan="2">원금비보장형</td><td>원금<br>부분보장형</td><td>원금보장형</td><td></td></tr>
<tr><td>ELW</td><td>ELW</td><td colspan="4"></td></tr>
<tr><td colspan="2">집합투자<br>증권</td><td colspan="5">자산운용사의 투자설명서 표지상단의 펀드 투자위험등급에 따라<br>5등급으로 분류</td></tr>
<tr><td colspan="2">주식</td><td>신용거래,<br>투자경고종목,<br>투자위험종목,<br>관리종목</td><td>주식</td><td colspan="3"></td></tr>
<tr><td colspan="2">선물옵션</td><td>선물옵션</td><td colspan="4"></td></tr>
</table>

주: 위 기준은 금융투자회사가 참조할 수 있도록 금융투자상품별 투자위험도 분류의 기본적인 방향을 제시한 것임.
자료: 표준투자권유준칙, 한국금융투자협회.

위험과 투자수익 사이에는 마치 동전의 앞, 뒷면이 함께 있는 것처럼 고위험-고수익, 저위험-저수익의 상치관계가 존재한다. 즉, 투자를 하고자 하는 경우 낮은 위험을 원하면 낮은 수익에 만족해야 하고, 높은 수익을 원한다면 보다 높은 위험을 부담하여야만 한다. 따라서 투자자들은 동전의 앞면(수익성)만 보고 투자할 것이 아니라 그 이면(위험)의 가능성 또한 고려해 주어야 한다.

이러한 위험에 대한 고려는 보다 세분하여 살펴볼 수도 있지만 〈표 1-5〉에서 보는 바와 같이 시장에서 거래되는 투자상품별로 초고위험에서 초저위험(또는 무

그림 1-19 투자대상별 연간수익률의 변화(1926-1985)

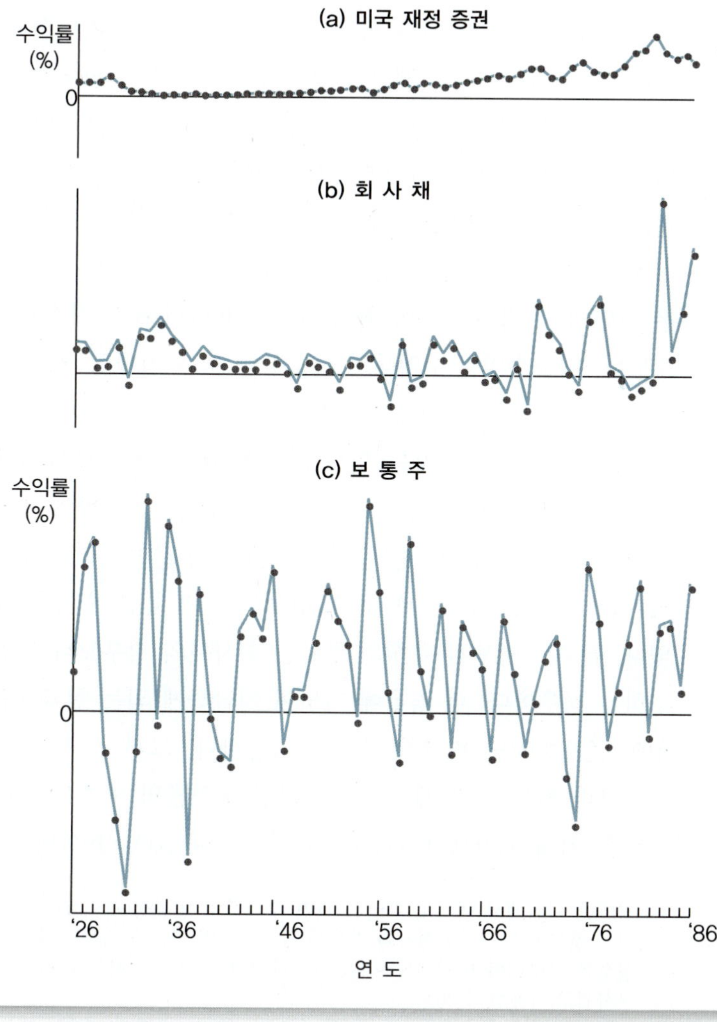

표 1-6 투자대상별 연평균수익률과 위험: 1926-1985

| 위험과 수익 \ 증권 | 보통주 | 회사채 | 재정증권 |
|---|---|---|---|
| 기하평균수익률 | 0.098 | 0.048 | 0.034 |
| 산술평균수익률 | 0.120 | 0.051 | 0.035 |
| 위험(표준편차) | 0.212 | 0.083 | 0.034 |

자료 : Stocks, Bonds, Bills, and Inflation: 1986 Yearbook, Ibbotson Associates Inc., Chicago, 1986, Exhibits 4 and 5.

위험)에 이르기까지 기본적으로는 5등급으로 분류하여 생각해 볼 수 있을 것이다.

한편 [그림 1-19]의 (a), (b), (c)는 서로 다른 세 가지 유형의 증권투자에 따른 과거 60년(1926-1985) 동안의 연도별 연평균수익률 자료를 바탕으로 한 수익률변화의 도표인데, 이들의 위험과 수익의 크기를 측정한 결과 위험-수익 사이에는 정(+)의 상치관계가 존재함을 명확히 보여주고 있음을 알 수 있다(표 1-6).

먼저 첫번째 유형의 투자는 정부가 발행한 채권인 단기 재정증권(Treasury Bills)에 투자한 경우로서 약속된 금액이 지급되지 않을 위험은 극히 적은 경우이다. 더욱이 수익률이 기간에 따라 변하기는 하지만 각 기간초에 수익률을 거의 확실히 알 수 있는 경우이다. 따라서 수익률의 변화폭은 다른 경우에 비해 매우 적은 편인데 그 범위로 보아 최대 14.71%(1981년)에서 최소 0% (1938년) 사이에서 움직인다. 평균수익률(수익률의 산술평균 또는 기하평균)은 약 3.5%를 보여 위험[39] 수준(표준편차는 3.4%)도 작지만 수익률 역시 낮음을 보여주고 있다.

두번째 유형의 투자는 회사채를 매입하는 경우로서 수익률의 변화폭은 최대 43.76% (1982년)에서 최소 −8.09%(1969년)를 실현하며 평균수익률은 5.1%를 보이고 있다. 따라서 이러한 유형의 투자는 상당한 위험(표준편차 8.3%)을 내포하고 있지만 평균적으로 볼 때 (a)의 경우보다 더 높은 수익을 제공하고 있음을 알 수 있다. 끝으로 세번째 유형의 투자는 회사채의 경우보다 위험이 큰 보통주들을 매입하는 경우이다. 이 경우에 기업이 지급하게 되는 현금배당은 어느 정도 불확실성이 존재하지만 비교적 예측이 가능하다. 그러나 주식가격의 변동폭은 채권의 경우보다 훨씬 크기 때문에 전반적인 수익률의 예측은 극히 어려워 수익률의 변화폭은 최대 53.99%(1933년)에서 최소 −43.34% (1931년)까지 나타난다. 이 기간

39) 엄밀한 의미에서 여기서 계산된 과거 수익률의 변동성(variability)이 반드시 위험(risk)의 지표가 되는 것은 아니다. 즉 전자의 경우는 과거기간의 기록을 다루고 후자의 경우는 미래에 관한 불확실성을 다루어야 하기 때문이다. 그러나 효율적 시장에서는 과거수익률의 변동성이 미래위험의 근사치로 사용될 수 있다.

**표 1-7 투자대상별 연평균수익률과 위험: 1926-2010**

| | 복리 수익률 | 산술평균 수익률 | 위험 (표준편차) | 수익률 분포 |
|---|---|---|---|---|
| 주식(대형주) | 9.9% | 11.9% | 20.4% | 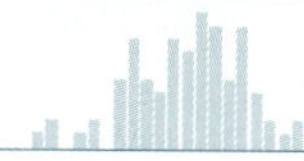 |
| 주식(소형주) | 12.1% | 16.7% | 32.6% | 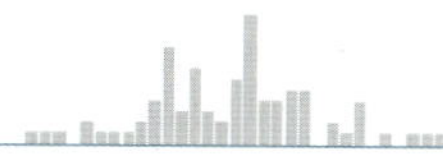 |
| 정부채권 (장기채) | 5.5% | 5.9% | 9.5% | 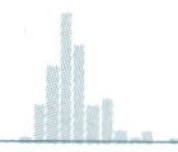 |
| 재정증권 (단기채) | 3.6% | 3.7% | 3.1% |  |
| 인플레이션율 | 3.0% | 3.1% | 4.2% |  |

−90 ←——— 0 ———→ 90

자료 : 2011 Morningstar.

동안의 평균수익률은 12%를 보이고 있다. 따라서 이 유형의 투자는 평균적으로 다른 경우보다 더 높은 수익률을 실현하고 있지만 그에 따라 위험(표준편차는 21.2%)도 제일 높다는 것을 알 수 있다.

결국 이러한 관계로부터 우리는 투자대상들의 위험과 수익 사이에는 〈표 1-6〉

**그림 1-20 투자대상별 위험-수익 상치관계**

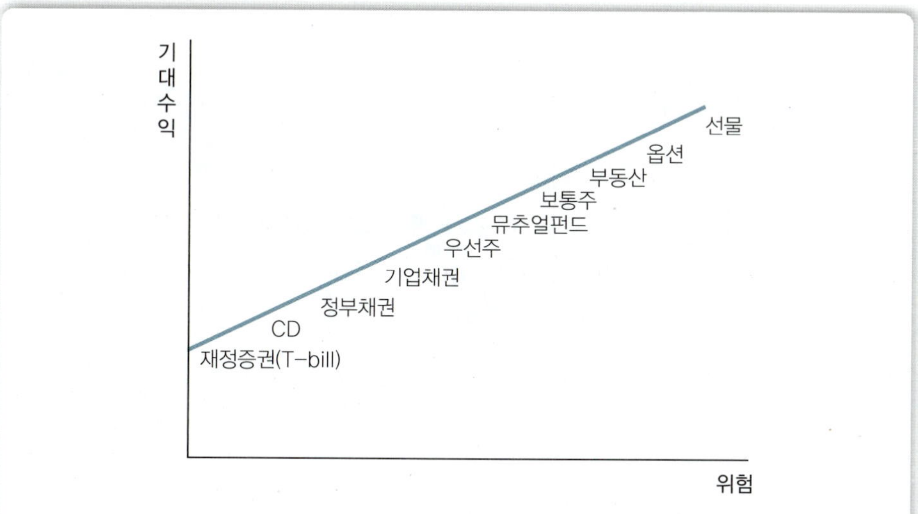

에서와 같이 상치관계(trade-off), 즉 정(+)의 비례적 함수관계가 존재함을 알 수 있다.

기간을 좀 더 연장하여 1926-2010년의 기간을 대상으로 한 위험과 수익을 비교한 〈표 1-7〉의 자료를 보더라도 크기만 다를 뿐 평균수익률(산술평균, 기하평균)의 크기는 주식수익률이 채권수익률보다 크고 위험인 표준편차도 주식이 채권의 경우보다 더 크다는 것을 확인할 수 있다. 또한 주식 중에서는 소형주 수익률이 대형주 수익률보다 크고, 위험 또한 더 크다는 것을 볼 수 있으며, 국가가 발행하는 장기채권이 단기채권의 수익률보다 더 크고 표준편차 또한 더 크다는 것을 확인할 수 있다. 이는 주식수익률의 분포가 채권수익률의 분포보다, 소형주 수익률의 분포가 대형주 수익률의 분포보다, 주식수익률의 분포가 채권수익률의 분포보다 더 넓게 분포되어 있는 수익률의 분포모양을 통해서도 확인할 수 있다. 이로써 관찰기간에 관계없이 위험과 수익 사이에는 일반적인 상치관계(trade-off), 즉 비례적 관계가 존재함을 알 수 있다.

위험-수익 상치관계는 어떤 특정의 개별증권에 적용되는 것이 아니라 평균적인 관계를 보여 주는 것이며, 주요 투자대상들의 위험-수익 상치관계를 살펴보면 [그림 1-20]과 같이 표시될 수 있다. 이러한 상치관계는 위험을 경고하는 깃발로서의 역할도 한다. 즉, 높은 수익의 가능성은 곧 높은 위험을 부담하여야 한다는

그림 1-21 투자지역별 위험-수익 상치관계

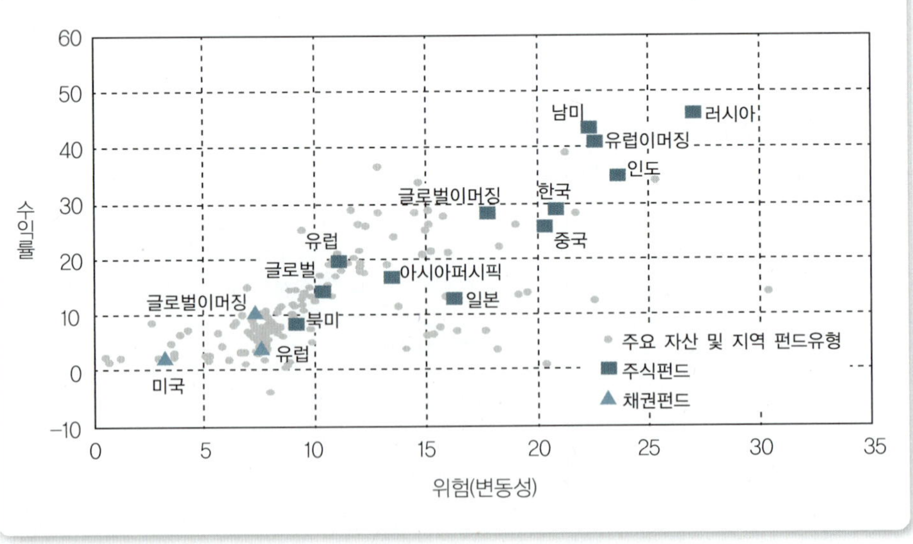


자료: S&P Workstation, 달러화 기준 수익률, 주식펀드는 3년 성과기준, 연율로 표시.

것을 의미한다. 이처럼 투자대상 금융상품에 따라 위험-수익 상치관계가 성립하기도 하지만 투자대상이 어떤 국가와 지역인가에 따라서도 위험-수익의 상치관계가 존재한다. 이를 보이면 [그림 1-21]과 같다.

## 3.2 투자자의 위험-수익에 대한 태도

지금까지는 투자자들이 선택할 수 있는 투자대상들의 위험-수익 상치관계에 관하여 설명하였다. 그러면 현실적으로 수많은 투자대상들 중 어떠한 투자자산을 투자자들이 선택하게 되는가? 이는 투자자들이 자산의 위험-수익특성에 대하여 어떠한 태도를 보이는가에 달려 있다고 할 수 있다. 일반적으로 합리적인 투자자들은 위험을 싫어하고 보다 많은 수익을 선호하는 위험회피형으로 간주된다. 기본적으로 투자자들은 수익에 대해서는 위험태도에 관계없이 많을수록 좋아하지만 그에 비례하여 위험부담도 커지기 때문에 위험을 어느 정도 부담하고 감내할 것인가(risk tolerance)에 대해서는 태도를 달리한다. 그 결과 위험을 아주 싫어하는 안정형에서 시작하여 위험을 조금씩 더 부담하고자 하는 정도에 따라 안정추구형, 위험중립형(중간형), 적극투자형, 공격투자형으로 나누어진다.

따라서 투자자들은 자신의 위험-수익에 대한 태도를 먼저 결정하고 위험선호정도(위험회피 또는 위험수용도)에 따라 자신들의 선호를 충족시켜주는 자산(또는 자산들의 집합)을 선택하게 된다. 간접투자의 경우에는 [그림 1-22]에서와 같은 분류기준에 따라 고객의 위험성향 내지 태도에 맞는 금융투자상품을 선택하거

**그림 1-22 투자자 위험성향별 투자권유 가능상품**

| 구분 | 초고위험 (speculative risk) | 고위험 (high risk) | 중위험 (middle risk) | 저위험 (low risk) | 무위험 (risk free) |
|---|---|---|---|---|---|
| 안 정 형 | 투자권유불가 | 투자권유불가 | 투자권유불가 | 투자권유불가 | |
| 안정추구형 | 투자권유불가 | 투자권유불가 | 투자권유불가 | | |
| 위험중립형 | 투자권유불가 | 투자권유불가 | | | |
| 적극투자형 | 투자권유불가 | | | | |
| 공격투자형 | | | | | |

자료: 자본시장법 시대의 현명한 투자자를 위한 가이드, 금융투자협회.

그림 1-23 투자자의 위험-수익 태도와 최적 투자선택

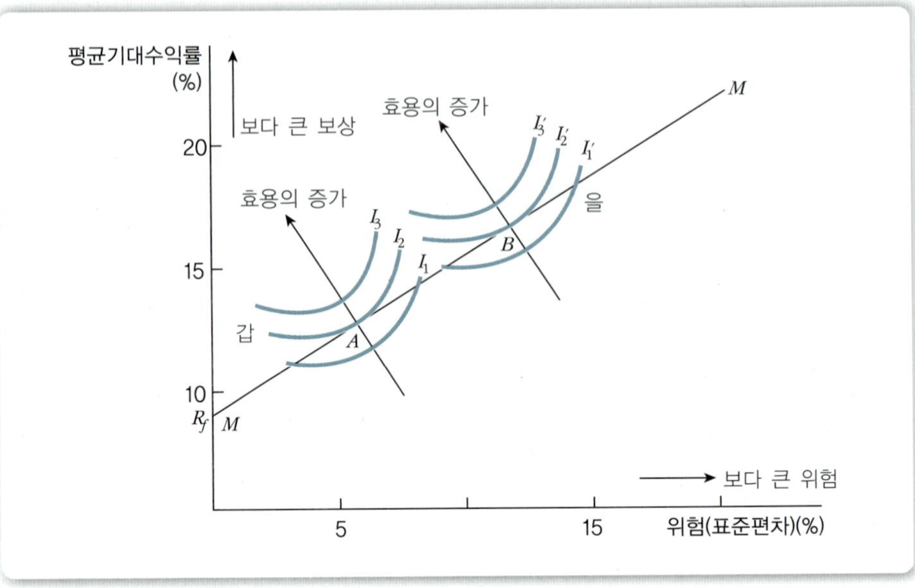


나 권유하여야 할 것이다.

[그림 1-23]은 위험-수익의 상치관계에 따른 여러 투자기회들과 투자자들의 위험-수익에 대한 태도(결국은 위험태도)를 반영해주는 효용의 무차별곡선을 도시한 것이다. 직선 *MM*은 무위험투자로부터 위험이 매우 큰 투기적 성격의 증권에 이르기까지 위험에 비례하여 보상(수익)도 증가하는 위험-수익의 일반적 상치관계를 보여주는 것으로서 투자자들이 선택할 수 있는 투자기회선(투자대상)으로 볼 수 있다. 한편, 무차별곡선 $I_1$, $I_2$, $I_3$와 $I_1'$, $I_2'$, $I_3'$은 위험-수익의 결합에 대하여 선호구조가 서로 다른 갑, 을 두 투자자의 무차별곡선을 표시한다.

무차별곡선은 투자자들의 선호가 무차별하다고 느끼는 위험-수익 결합방식들의 궤적(locus)으로서 동일 무차별곡선상에 있는 모든 점들은 모두 동일한 만족도를 나타낸다. 앞서의 확실성하에서의 기간별 소비선택과정에서의 무차별곡선(우하향의 기울기)과는 달리 위험선택하에서의 무차별곡선의 기울기는 우상향의 기울기를 보이는데, 이는 위험이 증가하는 경우 동일한 효용수준을 유지하기 위해서는 위험에 상응하는 추가적 보상이 이루어져야 함을 의미한다. 기울기가 가파르게 표시되는 투자자일수록 동일수준의 효용을 유지하기 위하여 더 큰 보상을 요구한다는 의미가 되기 때문에 무차별곡선의 기울기는 투자자의 위험성향, 즉 위험회피도를 반영하여 준다고 해석할 수 있다. 즉, 위험회피의 정도가 클수록 무

차별곡선의 기울기는 보다 더 가파르게 표시된다.

[그림 1-23]에서 갑의 경우에는 점 $A$로 표시되는 증권(들)의 결합을 최적투자로 선택하게 되는데 이때 효용이 가장 높은 무차별곡선을 얻기 때문이다. 반면, 고수익을 얻기 위해 높은 위험도 기꺼이 부담하고자 하는 투자자인 을의 경우에는 시장에서 점 $B$로 표시되는 증권(들)을 선택하여 만족을 극대화시키게 된다. 결국 투자자들은 투자자산(또는 자신들의 집합)의 위험과 수익을 분석하고 그들이 위험을 회피하고 싶어 하는 정도가 어떠한가에 따라 고위험-고수익 또는 저위험-저수익의 투자자산을 선택하게 된다. [그림 1-23]의 경우 갑은 위험회피도가 매우 크기 때문에(가파른 무차별곡선 기울기) 저위험-저수익의 투자대상을 선택하고, 을은 갑에 비해 위험회피도가 상대적으로 작기 때문에(완만한 무차별곡선 기울기) 고위험-고수익의 투자대상을 선택하는 것이다. 투자자의 위험성향을 보다 세분하여 살펴보면 〈표 1-8〉과 같이 위험을 극히 싫어하는 안정형의 1등급에서 시작하여 위험에 대해 가장 적극적인 공격 투자형의 5등급으로 정의된다.

투자자의 위험-수익에 대한 선호는 투자자의 라이프 사이클 단계에 의해서도 영향을 받을 수 있고 이 중 어떤 단계에 있는가가 투자결정과정에 영향을 미치게 될 것이다. [그림 1-24]는 라이프 사이클을 4단계로 나누어 위험-수익의 선호가 시간이 지나면서 어디에 위치하는가를 보여준다. 부의 형성단계(accumulation phase)는 사회에 진출하여 소득이 생기기 시작하는 단계로 이 시점에서는 지출해야 할 비용이 소득보다 많아서 자산이 부채보다 적은 시기이다. 이 단계에서는 주

**표 1-8 투자자의 위험성향(위험회피 또는 위험수용도)**

| 투자자 투자성향 등급(표준투자권유준칙 기준) |
|---|
| • 1등급(안정형) : 예금 또는 적금 수준의 수익률을 기대하며, 투자원금에 손실이 발생하는 것을 원하지 않음.<br>• 2등급(안정추구형) : 투자원금의 손실위험은 최소화하고, 이자소득이나 배당소득 수준의 안정적인 투자를 목표로 함. 다만, 수익을 위해 단기적인 손실을 수용할 수 있으며, 예 · 적금보다 높은 수익을 위해 자산 중 일부를 변동성 높은 상품에 투자할 의향이 있음.<br>• 3등급(위험중립형) : 투자에는 그에 상응하는 투자위험이 있음을 충분히 인식하고 있으며, 예 · 적금보다 높은 수익을 기대할 수 있다면 일정수준의 손실위험을 감수할 수 있음.<br>• 4등급(적극투자형) : 투자원금의 보전보다는 위험을 감내하더라도 높은 수준의 투자수익 실현을 추구함. 투자자금의 상당 부분을 주식, 주식형펀드 또는 파생상품 등의 위험자산에 투자할 의향이 있음.<br>• 5등급(공격투자형) : 시장평균 수익률을 훨씬 넘어서는 높은 수준의 투자수익을 추구하며, 이를 위해 자산가치의 변동에 따른 손실 위험을 적극 수용. 투자자금 대부분을 주식, 주식형펀드 또는 파생상품 등의 위험자산에 투자할 의향이 있음. |

자료 : 금융감독원.

택구입과 신용매입에 따른 많은 부채를 부담하고 있는 시기로 유동성을 고려한 저축 정도를 하거나 자녀교육, 집 규모를 늘리는 일 등에 비용지출이 많은 시기이다. 그리고 이 시기에 재량적 소득이 주어져서 투자를 한다면 재정적 독립을 위한 투자를 고려하게 되는데, 이 경우에 투자기간은 장기가 되고 재량적 소득에 의한

**그림 1-24 투자자의 라이프 사이클 단계별 위험-수익**

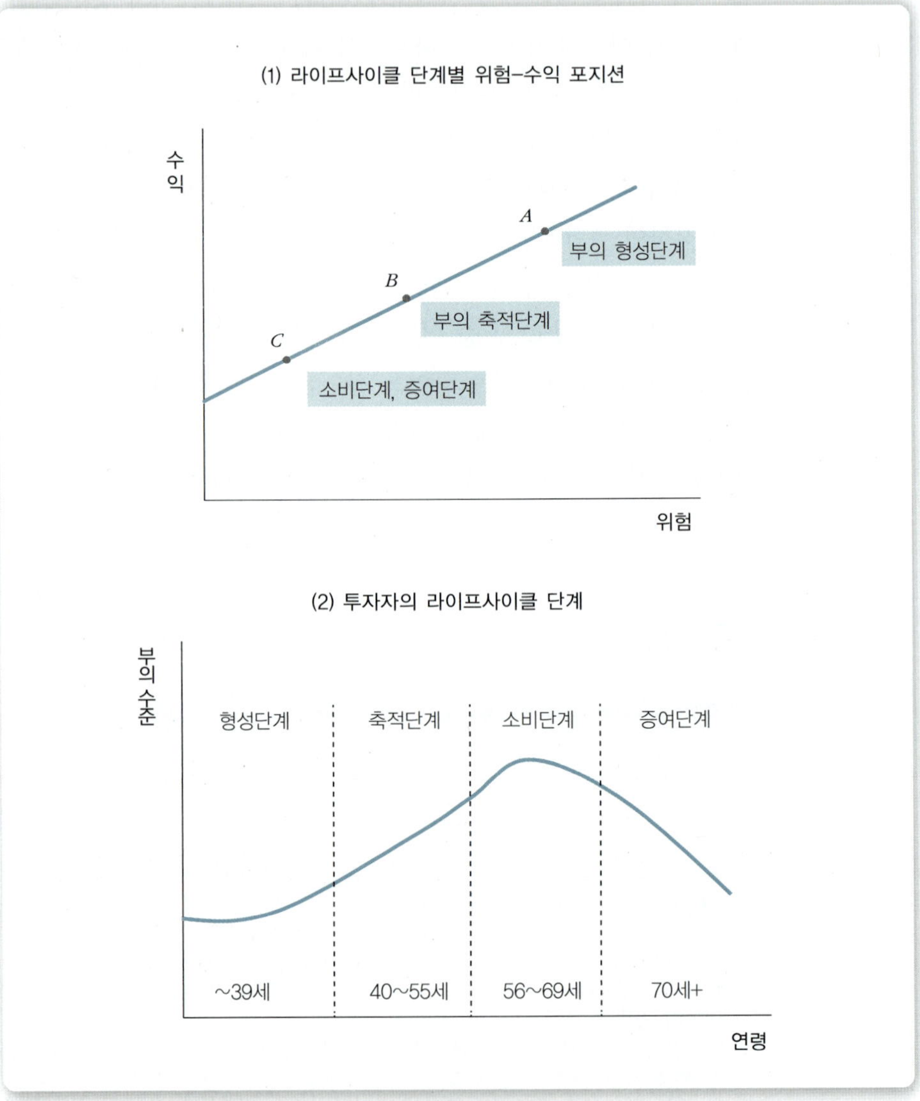


자료: Frank K. Reily and Keith C. Brown, *Investment Analysis and Portfolio Management*, 5th edition, Dryden Press, 1997.

고위험-고수익의 투자를 시도하게 된다.

다음은 부의 축적단계(consolidation phase)로서 소득이 비용을 초과하는 시기이다. 이 시기는 아이들이 모두 성장하여 출가하고 큰 집에 대한 수요가 있는 시기도 아니어서 비용지출이 감소하는 시기로 소득이 비용지출을 초과하기 시작하는 단계이다. 따라서 생활수준을 증가시키는 단계이며 투자포트폴리오의 축적이 이루어지는 시기이다.

다음으로 부의 소비단계(spending phase)는 재정적으로 독립된 단계이다. 비용은 소득이 아닌 축적된 자산으로 커버되는 시기이고 개인적 투자에 크게 의존하여야 하기 때문에 배당소득이나 이자소득, 임대수익 등과 같이 안전한 가치의 자산에 관심을 갖는다. 그 다음 부의 증여단계(gifting phase)는 개인적 필요나 개인적 안전을 위해 필요한 것보다 더 많은 자산을 가지고 있는 시기이다. 이 단계는 앞의 단계에서의 위험-수익 선호와 큰 차이를 보이지 않을 수 있지만 투자의 목적에 관한 태도는 변할 수 있다.

기관투자자와는 달리 개인투자자의 경우 그 시기는 차이가 있을 수 있지만 라이프사이클의 단계가 투자자의 자산배분과정에 중요한 영향을 미칠 수 있다. 즉 [그림 1-24]에서 보는 바와 같이 시간이 지나면서 보다 더 낮은 수준의 위험-수익을 갖는 투자($A \rightarrow B \rightarrow C$)를 하게 될 것이다.

## 3.3 증권의 가격과 위험-수익 관계

투자자들이 투자대상인 증권을 분석하는 데 있어서 가장 중요한 것은 투자수익이 과연 얼마나 될 것인가를 예측하는 일이다. 이 경우 투자에 따라 지급되는 수익은 여러 가지 형태를 취할 수 있으며 그 지급시기(timing)와 위험(riskiness)도 증권에 따라 다양하다.

따라서 증권분석을 하고자 하는 투자자들은 투자로부터 받게 될 수익이 언제 어떠한 조건으로 얼마만큼 지급될 것인가를 추정하여야 한다. 이를 위해서는 보통 그 증권을 발행한 해당기업에 관한 정보를 수집하여 분석하여야 함은 물론 그 기업이 속하고 있는 산업분석 그리고 경제전반적인 경제동향 분석이 필요하다. 한편, 이러한 분석에 따라 추정치가 얻어지게 되면 증권의 가치를 예측할 수 있는데, 일반적으로 불확실한 미래가치(uncertain future values)를 확실한 현재가치(certain present values)로 전환하는 현재가치평가모형(present value model)이 이

용된다.[40)]

$$가격 = 현재가치 = \sum_{t=1}^{n} \frac{E(CF_t)}{(1+R)^t}$$

단, $E(CF_t)$ : 추정된 기간 $t$의 수익(현금흐름)

$R$ : 위험조정할인율

즉, 증권의 가격은 그 증권의 소지자가 미래에 받게 될 기대현금흐름을 현금흐름의 지급시기와 위험수준이 고려된 할인율로 할인 계산한 현재가치의 합계(the sum of the discounted cashflows)가 된다는 것이다. 보통주의 경우를 예로 들자면 보통주의 가격 $P_0$는 다음의 수식관계로 표현될 수 있다.

$$P_0 = \sum_{t=1}^{n} \frac{E(D_t)}{(1+R)^t} + \frac{P_n}{(1+R)^n}$$

단, $E(D_t)$ : 기간 $t$에 받게 될 기대배당액

$R$ : 위험조정할인율

$P_n$ : $n$ 시점에서의 주식 처분가격

이때 증권투자로부터 기대되는 미래의 현금흐름(expected future cashflows)을 할인하기 위해 사용되는 할인율은 현재의 소비를 유보하고 그 증권을 매입할 때 해당 증권의 투자자가 요구하는 최소한의 수익률로 해석할 수 있다. 또한 증권의 가격은 단순히 미래현금흐름의 총현재가치와 같기 때문에 가격(prices)과 수익률(rates of return) 사이에는 역의 관계가 존재함을 알 수 있다. 즉, 투자자들이 투자위험을 크게 인식하여 요구하는 수익률이 증가(감소)하게 되면 증권의 가격은 하락(감소)하게 된다.

결국 증권의 가격 또는 가치는 다음과 같이 투자위험과는 감소함수 관계, 미래의 투자수익(기대 미래현금흐름의 크기)과는 증가함수 관계에 있음을 알 수 있다.

$$P = f(\underset{+}{투자수익},\ \underset{-}{투자위험})$$

40) 효율적 시장에서는 증권의 모든 경제적 가치가 가격에 충분히 그리고 즉각적으로 반영된다고 보기 때문에 가격(price)과 가치(value)는 같다고 전제한다.

## 제 4 절 직접투자와 간접투자

증권에 투자하는 방법은 투자자가 직접 투자하는 방법과 펀드를 이용함으로써 간접 투자하는 방법이 있다. 직접투자는 기업이 발행한 증권을 직접 사거나 파는 방법이고, 간접투자는 고객으로부터 자금을 모은 다음, 이 자금을 주식, 채권 등

그림 1-25 직접투자와 간접투자의 차이

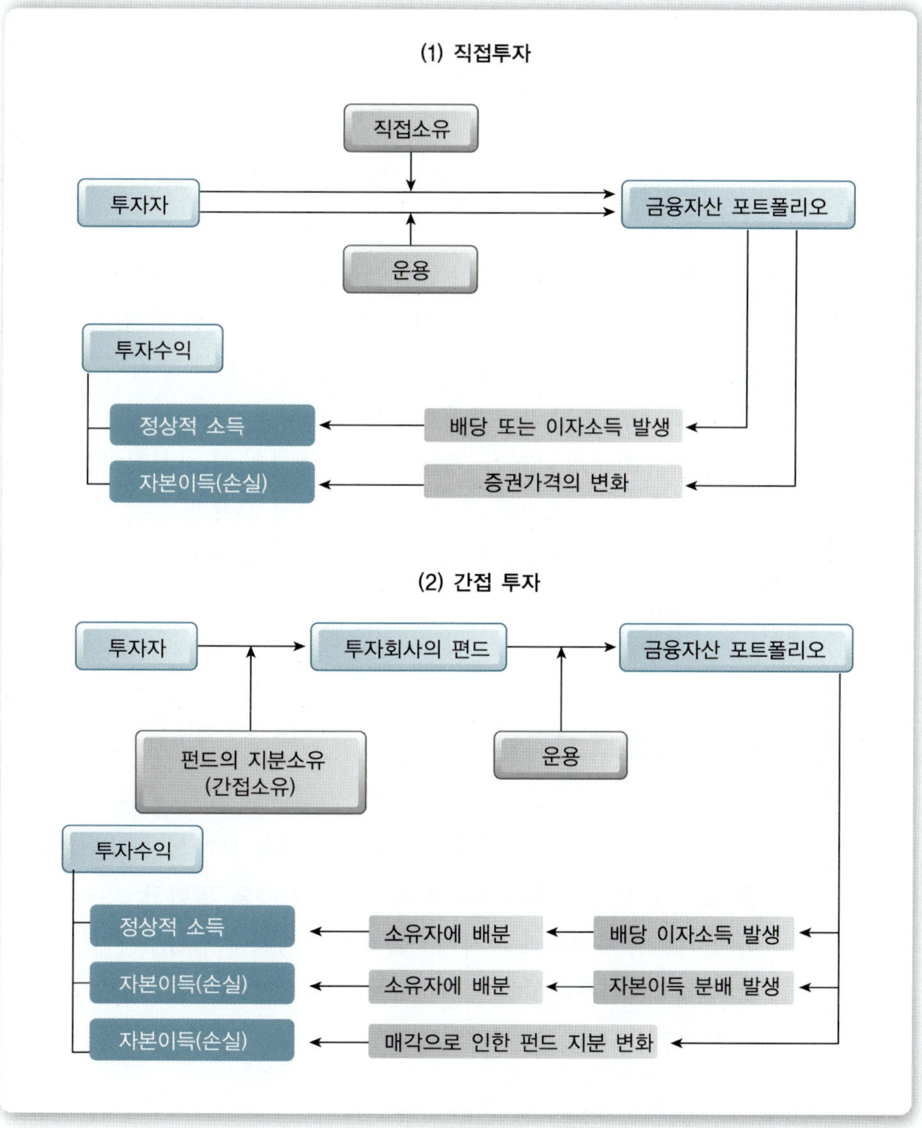

의 증권에 투자하여 생긴 수익을 고객에게 다시 돌려주는 방식으로 운영되는 펀드를 이용하는 방법이다. 증권 투자 펀드는 다수인으로부터 자금을 모아 주식, 채권 또는 기타 금융 상품에 분산 투자하고 그 수익을 다수인에게 다시 분배하는 집합투자기구이다. 우리나라에서 판매되는 펀드는 크게 신탁회사의 신탁 계약에 의하여 설정, 운용되는 계약형 펀드(수익증권 펀드)와 투자회사를 설립하여 운용되는 회사형 펀드(뮤추얼 펀드)로 나뉜다. 펀드가 보유하게 되는 주식, 채권 등의 혼합 자산 구성을 '포트폴리오' 라고 하며, 각 투자자는 이 펀드 자산의 일부를 나타내는 지분(수익증권 또는 주식)을 소유하게 된다.

## 4.1 직접투자

여유자금을 운용하고자 하는 투자자의 입장에서 저축 또는 투자의 선택권은 크게 세 가지 경우가 있다.

첫째는 은행 등 전통적인 금융기관의 예금부채를 소유하는 방법(저축)이고, 둘째는 브로커나 기타의 중개기관을 통해 직접 구입한 주식, 채권과 같은 증권을 직접 소유하는 방법, 그리고 셋째로는 뮤추얼펀드나 연금기금 등의 기관투자자를 통해 간접적으로 증권을 소유하는 방법이다.

그러나 최근의 추세는 개인이 직접 주식을 사서 보유하는 직접투자의 경우보다는 투자자를 대신하여 자금을 전문적으로 운용해 주는 투자회사, 보험회사, 은행신탁부문, 연금기금(pension fund) 등의 기관투자자를 활용하는 간접투자의 비중이 증가하고 있다.

## 4.2 간접투자

간접투자라 함은 투자자로부터 자금 등을 모아서 유가증권과 같은 자산에 운용하고 그 결과를 투자자에게 귀속시키는 것을 말하고, 이러한 간접투자를 수행하기 위한 투자신탁과 투자회사를 간접투자기구(집합투자기구)라 한다.

간접투자기구가 수익증권펀드이든 뮤추얼펀드이든 일반적인 간접투자의 과정을 보이면 [그림 1-26]과 같다.

## 1. 투자회사를 통한 간접투자

투자회사(investment company)는 투자회사의 지분(shares)을 일반 투자대중에게 팔아서 조달된 자금을 이용하여 주식, 채권, 단기금융상품 등의 증권 포트폴리오에 투자하는 금융서비스기관의 하나이다.[41]

투자회사는 다수의 투자자들로부터 자금을 모아서 잘 분산된 포트폴리오를 구성함으로써 투자위험을 효율적으로 감소시킬 수 있고, 투자회사의 소유자인 주주들에게 다양한 서비스를 제공할 수 있다. 또한 투자회사의 주주는 실질적으로 투자회사가 운용하는 포트폴리오의 증권을 소유하는 것과 같다고 보기 때문에 이들 증권에 직접 투자하는 경우나 투자회사를 통한 간접투자의 경우나 동일한 세금이 부과되어야 할 것이다.

뮤추얼펀드와 같은 투자회사(investment company)는 주식, 채권을 소유하고자 하는 투자자에게 주어지는 또 하나의 좋은 투자대안이다.[42] 투자자가 증권을 직접 사서 관리하기보다는 투자회사에 여유자금을 맡겨서 투자회사로 하여금 투자자를 대신하여 모든 투자의사결정이나 관리서비스를 수행하도록 하는 방법이기 때문이다.

간접투자는 이처럼 증권의 포트폴리오를 소유하고 있는 투자회사의 지분(투자회사가 발행하는 주식 또는 수익증권)을 사거나 파는 경우를 말한다. 이 때 투자회사가 관리하는 특정 포트폴리오의 지분을 매입하는 투자자는 해당 증권의 포트폴리오에 대한 일정 지분을 매입하는 것과 같다. 따라서 운용결과 발생하는 배당, 이자, 자본이득 등의 수익은 투자자의 소유지분에 비례하여 배분받게 된다. 물론 투자회사의 관리비용과 수수료는 수익에서 공제한 후 투자자에게 지급된다.

결국 직접투자와 간접투자는 [그림 1-26]에서 보듯이 궁극적으로는 여유자금이 증권에 투자된다는 점에서 기본적인 목적은 같다. 다만 간접투자와 직접투자의 기본적인 차이점은 투자자와 투자자금의 운용결과인 증권의 포트폴리오 사이에 투자회사가 개입되기 때문에 투자자 개인의 노력에 따라 손익의 결과가 달라지는 직접투자와는 달리 투자회사의 활동결과에 따라 이익이나 손실을 보게 된다는 점이다. 그러므로 직접투자에서는 증권의 선택이, 그리고 간접투자에서는 투자회사의 선택이 무엇보다 중요하다.

---

41) 헤지펀드(hedge fund)는 일반 개인투자자들을 대상으로 자금을 모집하기보다는 부유한 투자자나 기관투자자만을 대상으로 자금을 모집한 다음, 이를 여러 다양한 자산에 투자하고 그 운용수익을 나누어 주는 투자회사이다.

42) 투자회사의 유형에 대해서는 제13장을 참조할 것.

그림 1-26 간접투자(펀드투자)의 과정

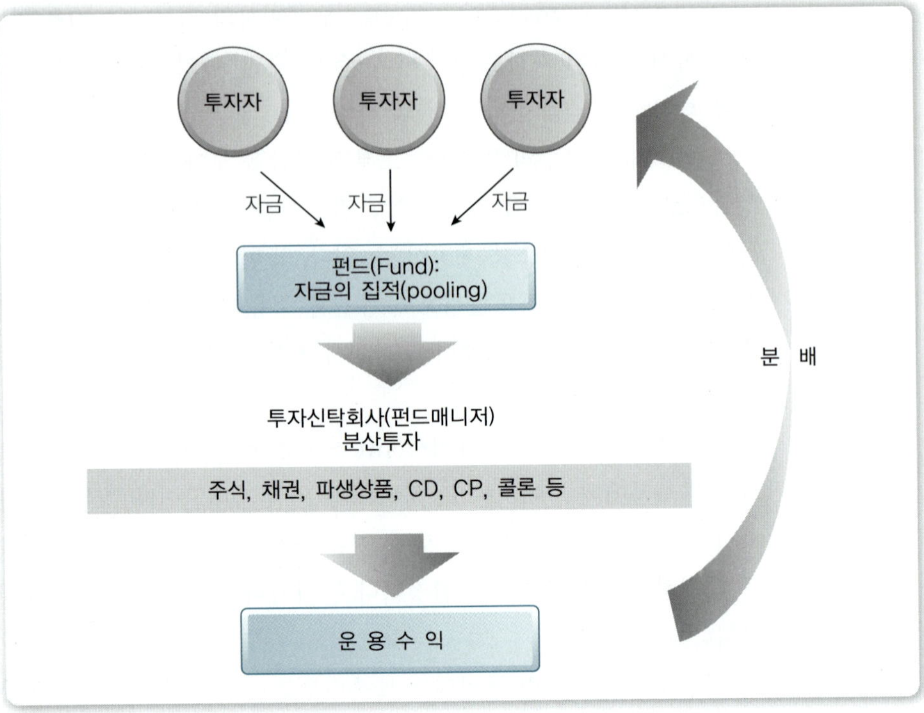


직접투자를 할 것인가 간접투자를 할 것인가는 투자에 앞서 중요한 고려사항이지만 일장 일단이 있기 때문에 일률적으로 어느 것이 더 나은 투자방법이라고 말할 수는 없다. 투자자가 그 장단점에 대한 판단을 어떻게 하는가에 따라 직접 투자하고자 하는 적극적인 투자자가 될 수도 있고, 간접 투자하고자 하는 소극적 투자자가 될 수도 있다.

## 2. 투자회사(뮤추얼펀드)의 자산운용 유형

투자회사의 대부분을 차지하고 있는 뮤추얼펀드에는 자산운용의 대상 금융상품이 어디에 집중되어 있는가에 따라 크게 단기펀드와 장기펀드가 있다. 단기펀드(money market fund)는 단기금융시장(화폐시장)에서 거래되는 단기성 자산을 포트폴리오로 보유함으로써 단기투자에 집중하는 경우이다. 반면, 장기펀드는 주로 주식, 채권 등의 자본시장에서 거래되는 자산들을 포트폴리오로 보유함으로써 장기투자에 집중하는 경우이다.

### (1) 화폐시장펀드

화폐시장펀드(MMF)는 화폐시장에서 거래되는 단기금융상품들로 포트폴리오를 구성하여 운영되는 개방형 투자회사이다. 따라서 화폐시장에서의 금리를 제공하여 줄 뿐 아니라 광범위한 위험분산투자와 높은 유동성을 투자자들에게 제공해준다. 1974년에 만들어진 MMF는 단기금리가 높은 수준을 유지하였던 1981-1982년에 높은 성장을 보였지만 금융기관들에 대한 규제완화 추세로 이와 비슷한 금리수준을 제공하는 은행의 MMDA도 많은 자금을 유치함으로써 상황은 크게 바뀌었다.

MMF에는 과세형과 면세형이 있기 때문에 높은 세율의 적용을 받는 소득집단의 투자자들은 이를 고려한 신중한 비교가 필요하다.

### (2) 자본시장펀드

투자회사의 이사회에서는 투자정책을 수립함에 있어서 회사가 추구할 투자목표를 정하여야 한다. 회사는 투자목표에 따라 일관성 있는 투자정책을 따르게 되며 투자자들은 그들의 투자목표에 따른 뮤추얼펀드를 구입하게 된다. 주식, 채권 및 소득펀드에 투자하는 투자자들은 선택할 수 있는 다양한 투자목표를 가지며, 투자자들은 자본이득을 추구하는 성장펀드, 자본이득과 소득을 모두 추구하는 균형펀드를 선택하게 된다.

주식펀드는 주식을 선택하는 기준에 따라 가치펀드와 성장펀드로 구분할 수 있으며 가치펀드(value fund)는 기초적 분석에 따른 기준에 비하여 저평가된 주식을 찾아 투자하는 경우이고, 성장펀드(growth fund)는 비록 현재의 이익은 전혀 없거나 낮을지라도 앞으로 높은 성장이 기대되는 주식을 선택하여 투자하는 경우이다. 이 중 투자자들이 어떤 유형의 펀드를 선택할 것인가 하는 것은 투자자의 위험회피 정도에 달려 있다.

### (3) 펀드의 유형별 위험-수익 상치관계

일반적으로 간접투자상품인 펀드는 자산운용 대상에 따라 여러 가지 유형의 펀드가 만들어지며 이들 상품들은 [그림 1-27]과 같이 위험-수익의 상치관계에 따라 펀드의 운용성과가 달라지고 이는 투자자의 위험특성을 고려하여 운용된다.

그림 1-27 펀드의 유형별 위험-수익 상치관계

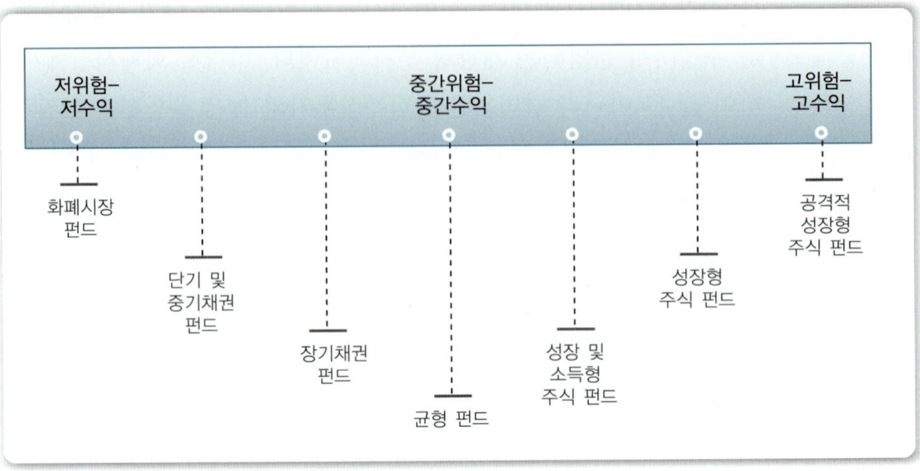


자료: A guide to understanding mutual funds, Investment Company Institute.

### 3. 간접(집합)투자기구의 비교

간접투자의 방법으로는 신탁계약을 근거로 투자신탁회사가 발행하는 수익증권을 매입하는 방법(계약형 투자신탁)과 투자회사 자체가 하나의 펀드로서 투자회사의 주식을 매입하는 방법(뮤추얼펀드)이 있다. 두 방법의 중요한 차이점을 보면 〈표 1-9〉와 같다.

계약형 투자신탁은 투자자로부터 자산에 운용할 목적으로 자금 등을 모은 위탁자(자산운용회사)가 그 재산(투자신탁재산)을 수탁자로 하여금 당해 위탁자의 지시에 따라 투자 · 운용하게 하고, 그에 따른 수익권(수익증권)을 분할하여 당해 투자자에게 취득시키는 것을 목적으로 하는 간접투자기구를 말한다. 투자신탁은 운용주체인 위탁자(자산운용회사), 신탁재산의 보관 및 관리를 담당하는 수탁자(신탁업을 겸영하는 은행), 그리고 수익권의 귀속주체인 수익자로 구성되어 운용되고 있다.

투자회사는 투자자인 주주들로부터 모은 회사의 재산(투자회사재산)을 자산에 운용하여 그 수익을 주주에게 배분하는 것을 목적으로 설립된 상법상의 주식회사인 집합투자기구를 말한다. 투자회사는 고객의 자산을 전문가가 대행 투자하는 간접투자수단으로 자산을 유가증권 등에 투자하여 그 수익을 투자자에게 분배한다는 점에서 계약형 투자신탁과 동일하다. 그러나 투자자의 입장에서 계약형 투자신탁의 경우는 수익증권의 매입이라는 계약에 의해 간접투자를 하는 것이나,

**표 1-9** 집합(간접)투자기구의 차이점 비교

| | 수익증권펀드(계약형 투자신탁) | 뮤추얼펀드(투자회사) |
|---|---|---|
| 설립형태 | 투자신탁회사의 상품별 신탁계약 | 펀드자체가 주식회사 (paper company) |
| 펀드의 유형 | 계약형(하나의 회사가 여러 펀드 판매) | 회사형(펀드마다 하나의 회사 만들어 운영) |
| 투자자의 법적지위 | 계약자 | 주주 |
| 운용규정 | 약관(신탁계약) | 정관(주식회사) |
| 발행 유가증권(자금모집수단) | 수익증권 | 주식 |
| 운용대상 | 주식, 채권, 파생상품, 실물 등에 투자하여 수익배분 | |
| 취급기관 | 운용: 자산운용회사<br>판매: 은행, 증권, 보험 | |
| 투자기간 | 다양 | 보통 3년 이하 |
| 법적인 규제 감독 | 감독기관 감독 | 주주 자율규제 |
| 관련 근거법 | 자본시장과 금융투자업에 관한 법률 | |
| 회사의 존립기간 | 계속기업 | 한시적 기업(서류상 회사) |

투자회사의 경우는 주식매입을 통해 주주로서 간접투자를 하는 점에서 차이가 있다. 위탁회사인 자산운용회사는 이들 간접투자기구를 만들어 운용하는 주체이다. 이중 뮤추얼펀드는 자산운용회사가 펀드마다 하나의 회사(특수목적의 서류상 회사)를 만들어 관리하는 형태이고, 폐쇄형 뮤추얼펀드는 환매가 불가능하기 때문에 거래소시장에서 주식거래를 통해 현금화가 가능하다.

## 4. 간접투자상품의 종류

### (1) 적립식펀드

투자신탁의 수익증권처럼 목돈을 일시에 투자하는 것이 아니라 일정기간 동안 원하는 펀드를 하나 선택하여 투자(적립)하는 간접투자상품이다. 주가가 하락하는 경우에는 주식을 많이 사고 주가가 상승하는 경우에는 주식을 적게 삼으로써 결과적으로는 평균매입단가가 하락하는 효과(dollar-cost averaging effect)를 얻게 되어 일시에 주식을 사는 경우보다 위험을 분산시킬 수 있는 장점이 있다.

### (2) 엄브렐러 펀드

투자자가 시장의 상황에 따라 하나의 약관 아래 있는 여러 개의 하위펀드(sub

fund)간에 자유롭게 갈아탈 수 있도록 한 펀드이다. 하나의 약관 아래 여러 개의 하위펀드가 있는 모습이 마치 우산과 같다고 하여 붙여진 명칭이며 시장의 장세 변화에 따른 탄력적 운용이 가능하다.[43)]

### (3) 랩어카운트

개별 투자자의 기호에 맞도록 투자자 명의의 하나의 계좌를 통해서 전문가가 대신 운용하여 주는 간접투자상품이다. '포장하다(wrap)'와 '계좌(account)'가 합쳐진 명칭으로 주식, 채권, 펀드, 파생상품 등의 금융자산 중에서 투자자의 성향에 맞게 포트폴리오를 투자자를 대신하여 구성해 준다. 일반적인 펀드는 펀드매니저가 통합운영하기 때문에 투자자 개인의 의견 반영이 어렵지만 랩어카운트는 개별계좌로 운영되기 때문에 투자자의 성향에 따라 조절이 가능하다. 또한 랩어카운트는 단일 종목에 대한 투자한도가 10%인 펀드와는 달리 투자한도에 제한이 없다.

### (4) 재간접펀드

재간접펀드(fund of funds)는 펀드의 자산을 다른 펀드가 발행한 집합투자증권에 50% 이상을 투자하는 펀드이며, 재간접펀드에 가입하는 경우에는 여러 자산운용회사가 운용하는 다양한 펀드에 동시에 가입하는 효과를 얻게 된다. 이로써 다른 펀드의 간접투자증권에 분산투자하는 효과를 기대할 수 있다.

### (5) 상장지수펀드

상장지수펀드(ETF: Exchange Traded Fund))는 인덱스펀드에 개별 주식의 환금성이 더해진 상품으로 개별주식과 동일한 방법으로 거래되는 펀드이다. 특정의 주가지수 움직임을 따라가도록 운용되며 거래소에 상장되어 주식처럼 거래된다. 가령 철강업종의 ETF라고 한다면 이는 여러 철강회사의 주식을 동시에 매입하는 효과를 갖는다.

### (6) 리츠(REITs: Real Estate Investment Trusts)

다수의 투자자들로부터 자금을 모집한 후 투자대상으로 부동산 또는 부동산 관련 유가증권에 투자 운용하고 이로부터 발생하는 수익을 투자자에게 배당하는 부동산 간접투자상품이다.

---

43) 두 개의 펀드간 자유롭게 이전이 가능한 펀드를 카멜레온 펀드(전환형 펀드)라고 하고 3개 이상의 펀드간 이전이 가능한 경우를 엄브렐러 펀드라고 한다

### (7) 인덱스펀드

주가지수의 움직임에 연계하여 포트폴리오를 구성하고 운용함으로써 시장(market index)의 평균수익률을 목표로 하는 간접투자상품이다.

**Learning Cafe 3**

## 리스크는 무조건 피해야 하나

미래는 늘 불확실하다. 우리는 누구나 미래라는 짙은 안개 속에 도사리고 있는 온갖 리스크(risk)와 마주해야 한다. 슬기롭게 피해야 할 리스크도 있고 용감하게 끌어안아야 할 리스크도 있다. 리스크에 맞서려면 먼저 리스크의 본질을 이해해야 한다. 우리 삶을 송두리째 바꿔 놓을 수도 있는 그 숱한 위험 가운데 경제학이 설명할 수 있는 것은 작은 부분에 지나지 않을 것이다. 하지만 정글경제의 리스크를 더 잘 이해하고 효과적으로 관리하려면 현대 금융 이론의 가장 기본적인 개념에서 실마리를 찾아야 한다.

**리스크에 관한 사고의 혁명은 진행형이다.**

J.M.W.Tuner
[눈보라: 알프스 산맥을 넘는 한니발 부대]

지난 연휴 때 재규어 씨는 침울했다. 지금 최선의 삶을 살고 있는 건지 스스로 확신이 서지 않았기 때문이다. 그는 괜찮은 대학 경영학과를 나와 괜찮은 직장을 잡은 그런대로 잘나가는 월급쟁이다. '88만원 세대'의 불운을 피한 것만 해도 얼마나 다행인가. 하지만 경쟁이 힘겨울 때나 언제 잘릴지 몰라 불안할 때는 연봉은 적더라도 오래 안정적으로 일할 수 있는 공무원의 길을 택했어야 했다며 후회도 많이 한다. 한편으로는 불같이 일어나는 벤처기업을 차리거나 댄 브라운(Dan Brown) 같은 베스트셀러 작가가 되는 쪽에 승부를 걸어볼 걸 하는 아쉬움도 남는다.

우리는 누구나 재규어 씨와 같은 고민을 안고 산다. 몸값을 높이는 데 투자할 때나 금융자산에 투자할 때 늘 쉽지 않는 선택을 해야 한다. 수익성이 높은 투자는 안정성이 떨어지고 비교적 안전한 투자를 하려면 그다지 높은 수익률을 기대할 수 없다는게 문제다. 상충관계(trade-off)에 있는 두 가지 가운데 한 쪽을 택하는 건 늘 어렵다. 1952년 25세의 경제학도였던 해리 마코위츠(Harry Markowitz)도 같은 고민을 하고 있었다. 시카고대 대학원에서 공부하던 그의 화두는 우리가 살아가면서 온갖 상충 문제에 부딪힐 때 어떻게 최선의 선택을 할 수 있는가라는 물음이었다. 특히 기대수익률(expected rate of retum)이 높을수록 더 큰 리스크를 감수해야 하는 상충 문제를 안고 있는 투자자들이 어떻게 하면 최대한 리스크를 줄일 수 있는가가 핵심적인 물음이었다.

**투자 리스크를 줄일 수 있는 가장 중요한 무기는 분산투자다.**

Paul Cezanne [카드놀이 하는 사람들]

사람들은 위험을 싫어한다. 지나치게 굴곡진 삶보다는 평탄한 삶을 바란다. 아플 때나 건강할 때나, 일을 할 때나 백수가 됐을 때나 투자에서 돈을 벌 때나 잃을 때나 소비와 생활수준을 고르게 유지하고 싶어한다. 사람들의 이런 성향을 위험회피(risk aversion)라고 한다. 효율적인 금융시스템은 우리가 안기 싫어하는 리스크를 줄이거나 없애는 수단을 (적정한 가격에) 제공한다. 우리는 온갖 보험제도와 투자손실을 회피하는 헤지(hedge)수단과 여러 자산에 나누어 투자함으로써 위험을 분산하는 기법을 활용해 위험을 줄일 수 있다. 특히 분산투자는 리스크를 최소한으로 줄일 수 있는 매우 강력한 무기가 될 수 있다.

물론 지금 이 세상에 나와 있는 금융제도와 기법을 다 활용해도 우리가 살아가면서 부딪힐 모든 위험을 완전히 제거할 수는 없다. 재규어 씨의 고민에서도 엿볼 수 있듯이 직업 선택에 따르는 리스크는 우리를 움츠러들게 하는 가장 큰 위험 가운데 하나다. 하지만 그 위험을 덜어주는 완벽한 보험상품 같은 건 어디에도 없다. 이를테면 재규어 씨가 다목적으로 쓸 수 있는 경영학을 배우지 않고 '한국의 댄 브라운'이 되려 문예창작을 공부하다 생계마저 걱정하게 됐을 때 그의 소득을 보전해주는 보험상품은 없는 것이다.(로버트 쉴러 Robert Shiller 예일대 교수가 이런 리스크에 대비한 '생계보험 livelihood insurance'이라는 걸 제안하기는 했지만 보험업계에서는 감감 무소식이다.)

하지만 재규어 씨는 금융시장을 통해 많은 고민을 해결할 수 있다. 효율적 금융시장에서는 투자자들이 리스크에 대한 적절한 보상을 기대할 수 있기 때문이다. 위험회피적 투자자(risk-averse investor)들은 위험을 안는 데 대한 적절한 대가를 요구한다. 이는 투자자산의 리스크가 높을수록 기대수익률도 높아야 한다는 뜻이다(물론 기대수익률과 실현수익률(realized rate of return)은 다르다). 록펠러(John Rockefeller)는 저축으로 부자가 될 수 없다고 했다. 부자가 되려면 남들보다 잘 할 수 있는 분야에서 값진 기회를 최대한 활용해야 하며 그러자면 어느 정도 리스크를 안을 수밖에 없다. 재규어 씨처럼 더 안정적이면서도 더 풍요로운 삶을 바라는 이들은 누구나 보상이 많은 리스크를 적극적으로 안으면서 보상이 부족한 리스크는 최대한 줄이는 길을 찾아야 한다.

출처: 장경덕, 정글경제 특강.

Learning Cafe 4

## 스파이의 미래는 있는가

토플러는 정보기술이 아무리 발달해도 휴민트(humint)의 중요성은 여전하다고 본다. 스파이라는 직업은 미래에도 살아남을 것이다(물론 정보혁명으로 스파이들이 일하는 방식은 크게 달라지고 새로운 기술과 시장의 변화에 적응하지 못하는 스파이들은 바로 도태될 수밖에 없겠지만). 직업인으로서 미래에 불안을 느끼는 건 스파이들뿐만이 아니다. 정글경제를 살아가는 이들은 누구나 자기가 선택한 직업의 미래를 걱정한다. 비약적인 기술혁신이 이뤄지면서 자기가 몸담은 산업이나 직종이 아예 사라져버리는 건 아닌지 불안해하기도 하고, 그 산업이나 직종의 수요와 공급이 급격히 바뀌면서 미래 소득 흐름이 불안정해지지는 않을까 염려하기도 한다.

인적자본(human capital)에 대한 투자를 연구하는 경제학자들 사이에서는 오래 전부터 개인들의 커리어(career) 선택에 따르는 리스크(risk)에 주목했다. 이들은 특히 대학 전공학과 선택과 커리어 리스크의 관계에 관한 흥미로운 연구 결과들을 내놓고 있다. 대학 교육을 받는 것은 한 사람의 생애에서 가장 중요한 투자 가운데 하나다. 교육 투자는 장래 수익을 기대하며 지금 자산을 사들이는 금융 투자와 비슷하다. 하지만 교육은 금융자산과 달리 잘게 쪼갤 수도 없고(indivisible) 남에게 간단히 팔아버릴 수도 없다(non-tradable).

따라서 교육 투자의 리스크를 분석할 때에는 일반적인 자산가격결정모형(asset pricing model)에서와는 달리 커리어 특유의 리스크(idiosyncratic risk)에 주목해야 한다. 커리어 리스크는 흔히 장래 근로소득의 변동성을 의미한다.

인적자본 투자를 연구하는 경제학자들은 대학 전공학과 선택과 커리어 리스크의 관계에 관한 흥미로운 연구 결과들을 내놓고 있다.

사람들은 어떤 커리어를 선택할 때 리스크에 상응하는 프리미엄(risk premium)을 요구한다. 어떤 직종의 소득흐름이 들쭉날쭉 불안정할수록 다른 직종보다 더 많은 소득을 얻을 수 있어야 그 직종을 택한다는 뜻이다. 일반적으로 가난한 이들보다 부유한 이들이 더 적은 리스크 프리미엄을 요구할 것이다. 교육에 많은 돈을 쏟아 부었다 불안정한 소득흐름으로 낭패를 당하지 않을까 겁내는 것은 모두가 마찬가지겠지만 부자들보다 가난한 이들이 더 겁을 많이 낼 것이다.

**그렇다면 부가 많이 쌓일수록 리스크가 큰 일을 택할까?**

2005년 레이번 삭스(Raven Saks, 하버드대)와 스티븐 쇼어(Stephen Shore, 펜실베이니아대 와튼스쿨)는 실증연구를 통해 부자일수록 리스크가 큰 직종을 선택하는 경향이 있다는 사실을 보여줬다. 삭스와 쇼어는 먼저 1968-1993년 직종별 임금 통계를 바탕으로 컴퓨터, 엔지니어링, 교육, 의료 업종의 소득흐름이 세일즈, 경영관리, 엔터테인먼트 업종보다 안정적이라는 점을 밝혔다. 근로소득이 얼마나 들쭉날쭉한지만 보면 예술가나 연예인, 사업가, 세일즈맨은 리스크가 큰 직업이고 컴퓨터 기술자나 엔지니어, 교사, 의사는 상대적으로 안정된 직업이라는 뜻이다(물론 한국의 사정은 다를 수 있다). 두 사람은 이어 어떤 학생(가족)이 평생 모을 수 있는 부(total lifetime wealth, 금융자산과 임금의 현재가치)의 크기가 커리어 선택에 어떤 영향을 미치는지를 보여준다. 이들은 어떤 학생(가족)의 부가 갑절이 되면 그 학생이 커리어 리스크가 적은 교육 관련 학과 대신 리스크가 큰 비즈니스 학과를 택할 가능성이 약 20% 커지는 것으로 추정했다.

[그림 1]은 이런 연구 결과를 종합한 것이다. 세로축은 직종별 소득흐름의 변동성으로 가늠한 커리어 리스크를 나타낸다. 가로축은 부가 늘어날 때 해당 전공을 선택할 확률을 나타낸다. 전체적으로 그래프가 오른쪽 위로 올라가는 모습을 보이는 것은 개인의 부가 늘어날수록 소득 변동 리스크가 큰 직종을 택할 가능성이 높아진다는 걸 뜻한다.

그림 1 위험과 직업선택 (Saks and Shore, 2005)

이 연구 결과의 정책적 시사점은 뭘까? 삭스와 쇼어는 가난한 학생들이 리스크가 높은 인적자본 투자를 꺼린다면, 심지어 그 투자의 기대수익(expected return)이 높은데도 리스크 때문에 투자를 꺼린다면 (개인적인 기대수익이 클수록 사회적인 기대수익도 커지는 한) 정부가 이들에게 더 많은 보조금(subsidy)을 줄 필요가 있다고 주장한다. 이들은 금융 지원과 함께 상속세(estate tax), 누진적 소득세(progressive income tax)를 포함한 재분배정책(redistributive policy)을 설계할 때 부가 커리어 선택에 미치는 영향을 고려해야 한다고 주장한다.

이와 관련하여 로버트 쉴러(Robert Shiller) 예일대 교수는 새로운 사회보험을 제안한다.

개인이 미래소득의 불확실성에 대비할 수 있도록 하는 생계보험(livelihood insurance)을 만들자는 것이다. 예를 들어 바이올린 연주자가 되는 꿈을 갖고 있는 가난한 소녀가 있다고 하자. 이 소녀는 최고의 연주자가 되지 못하면 오랫동안 굶주려야 하는 이 직종의 특성을 생각하면서 꿈을 포기할 수도 있다. 좋아하지는 않지만 더 안정적인 직업을 택하게 되는 것이다. 특수한 생명과학 분야를 파고 들고 싶어도 10년, 20년 후 이 분야 전문가에 대한 수요가 얼마나 될지 너무나 불확실해 고민하는 과학자도 있을 것이다. 그가 커리어 리스크 때문에 가장 하고 싶어하고 가장 잘 할 수 있는 전공을 포기한다면 사회적으로도 효율적인 자원배분에 실패하게 된다. 가난한 바이올린 연주자나 미지의 세계를 개척하려는 강한 과학자가 두려워하는 소득 변동 위험을 금융시장을 통해 광범위하게 분산시키자는 게 쉴러의 아이디어다.

출처: 장경덕, 정글경제 특강.

## 연습문제

1. 다음 용어들을 간단히 설명하라.
   (1) 투자(investment)
   (2) 금융자산(financial assets)
   (3) 투기(speculation)
   (4) 시차선호(time preference)
   (5) 내재가치(intrinsic value)
   (6) 분산투자(diversification)
   (7) 위험-수익 상치관계

2. 투자의 기본속성과 이들이 투자수익률에 미치는 영향을 예를 들어 설명하라.

3. 투자의 경제적 의의를 금융투자의 기회가 존재하는 경우와 존재하지 않는 경우를 비교하여 설명하라.

4. 투자자의 소비패턴에서 차입형 또는 대출형 소비자의 차이를 가져오는 요인은 무엇인가?

5. 시장이자율 상승이 차입형 소비자 및 대출형 소비자의 효용에 미치는 영향을 그래프를 이용하여 설명하라.

6. 증권투자분석의 세 가지 방법을 간단히 설명하고 장 · 단점을 비교하라.

7. 우리나라 증권시장의 자료를 이용하여 앞의 [그림 1-19]와 같이 증권의 형태별로 수익률의 변화를 조사해 보라.

C·H·A·P·T·E·R 02

# 증권시장의 구조 및 운영

악마가 주식시장을 만들었다는 농담도 있지만, 기록에 의하면 세계 최초의 증권거래소는 1602년 암스테르담에 세워졌다. 여기에서는 최초의 대형 다국적 벤처기업이라고 묘사되는 네덜란드 동인도회사의 주식이 거래되었다. 해상무역에서 막대한 이익을 남긴 동인도회사는 주주들에게 이익을 배분했고 주가가 치솟았다. 17세기 중반의 암스테르담 증권거래소는 매우 활기찼으며, 현대적인 증권거래소 모습을 본격적으로 갖추기 시작했다고 한다.

– 한진수, "17살, 돈의 가치를 알아야 할 나이"에서 –

1장에서 우리는 증권이 투자의 주요대상이고, 증권의 기본속성을 분석하는 것이 투자론의 주요과제가 됨을 살펴보았다. 본장에서는 증권의 발행과 매매거래(유통)가 이루어지는 증권시장은 어떠한 기능을 수행하고, 어떠한 구조로 구성되어 있는가, 또 이들은 어떻게 운영되고 있는가 하는 증권시장의 제도적인 측면을 중심으로 살펴본다. 투자자들이 증권을 사고 팔기 위해서는 어떠한 방식으로 매매거래의 주문이 이루어지고 어떠한 원칙에 의해 매매계약의 체결이 이루어지는가를 알아본다. 또한 공정한 거래와 합리적인 가격형성을 위해 시장관리의 차원에서 행해지고 있는 가격제한폭, 권리락, 배당락, 투자유의종목 지정 등의 조치가 왜 이루어지는가도 알아보고 시장 안정화제도로서의 거래제동장치에 대하여도 살펴보고자 한다. 그리고 투자가들이 개별증권의 분석에 앞서서 증권시장의 전반적 상황을 판단할 수 있도록 도와주는 주식시장의 대표적 지표인 주가지수의 산출방법과 그 의미를 알아본다.

## 제 1 절 증권시장의 기능

경제내에는 [그림 2-1]에서 보는 바와 같이 기본적으로 세 종류의 시장이 존재한다. 즉 생산요소의 공급과 그에 따른 요소소득의 배분이 이루어지는 요소시장과, 이들 요소가 투입되어 산출된 생산물의 수요 공급이 이루어지는 생산물(상품)시장, 그리고 자금의 부족단위와 여유단위 사이에 자금의 거래가 이루어지는 금융시장이 존재한다.

자금의 순환이 이루어지는 금융시장은 [그림 2-2]에서 보는 바와 같이 기본적으로 1년 미만의 단기증권(자금)이 거래되는 화폐시장(money market)과 장기증권(자금)이 거래되는 자본시장(capital market)으로 구별될 수 있다.[1] 그리고 이들 증

1) 글로벌 기준하에서 금융시장은 국내시장과 해외시장으로 구분된다. 국제시장이라고도 불리는 해외시장에서의 자금조달은 보통 역외시장(offshore market), 유로시장을 가르킨다. 해외시장중에서도 지역에 따른 별칭(nickname)이 존재하는 바, 미국내 해외시장은 Yankee시장, 일본내 해외시장은 Samurai시장, 영국내 해외시장은 Bulldog시장, 호주내 해외시장은 Kangaroo시장, 네덜란드내 해외시장은 Rembrandt시장, 스페인내 해외시장은 Matador시장, 한국내 해외시장은 Arirang시장, 중국내 해외시장은 Panda시장 등으로 불리기도 한다. 이들 해외시장에서의 자금조달은 현지통화로 이루어지지만 현지통화가 아닌 다른 통화로 자금조달이 이루어지는 경우로는 외국기업이 우리나라 시장에서 원화 이외의 통화로 채권 발행이 이루어지는 경우에는 Kimchi bond, 중국시장에서 위안화 이외의 통화로 채권발행이 이루어지는 경우에는 Dimsum bond라고 부른다.

그림 2-1 경제내 시장의 유형

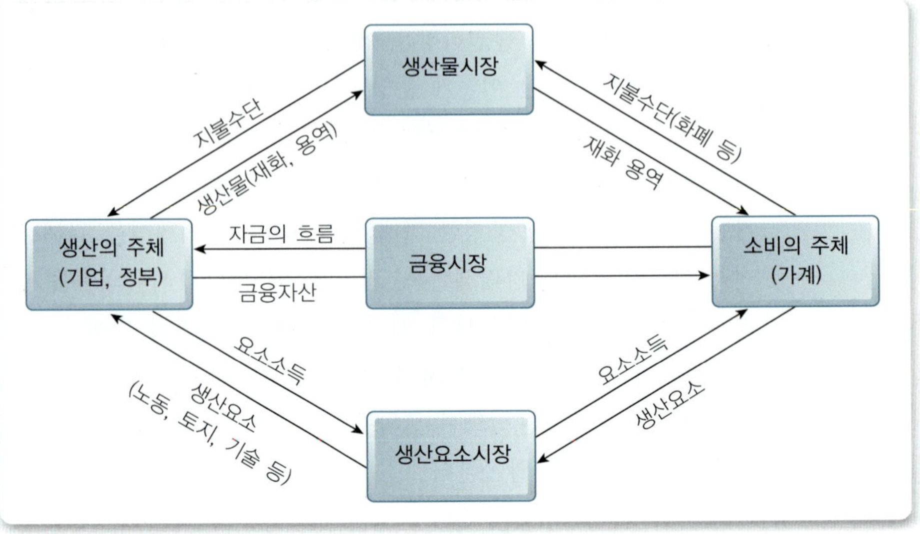


권을 거래대상으로 하여 새로이 파생되는 선물이나 옵션 등의 파생상품시장이 존재한다.

보통 넓은 의미에서의 증권시장은 자본시장과 동일한 의미로 사용되며, 여기에는 주식시장(stock market), 채권시장(bond market), 옵션시장(option market),

그림 2-2 금융시장의 분류

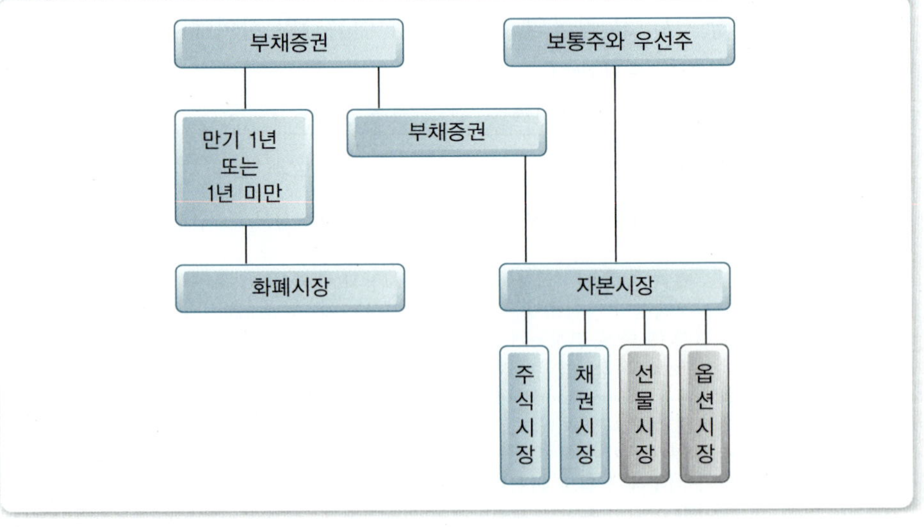

선물시장(futures market) 등이 포함된다. 한편, 좁은 의미에서의 증권시장은 주식시장과 동일한 의미를 갖는다. "자본시장과 금융투자업에 관한 법률", 일명 자본시장통합법(제4조 2항)에서 증권시장이라 함은 정의하는 증권의 매매를 위하여 거래소가 개설하는 시장을 말하며[2] 유가증권시장과 코스닥시장이 있고, 파생상품시장은 장내 파생상품의 매매를 위하여 거래소가 개설하는 시장으로서 선물옵션시장을 의미한다. 증권시장은 자본시장통합법상에 '증권'으로 규정되어 있는 금융자산이 거래되는 시장을 의미하게 된다. 따라서 CP나 CD와 같은 화폐시장의 금융자산들은 자본시장통합법에서 증권으로 간주하고 있지 않기 때문에 거래소시장(한국거래소)에서는 거래되지 않는다.

증권시장의 주요기능은 경제주체들간의 자금거래가 용이하도록 도와주는 역할을 한다. 이 과정에서 거래의 효율성이 높을수록 자본형성이 보다 용이해지고 경제의 성장률도 높아진다. 이처럼 시장이 효율적인 기능을 수행할 경우에는 시장에서 거래되는 각종 금융자산의 유동성이 증가되고 거래비용이 낮아짐으로써 투자에 따른 수익률도 향상시킬 수 있게 된다.

증권시장의 기능을 살펴보기 위해서는 우선 국민경제의 순환과정에 대한 이해가 선행되어야 한다. 국민경제의 순환과정은 국민경제내의 경제주체가 어떻게 경제활동을 하고, 이 과정에서 자금의 흐름이 어떻게 이루어지는가에 대한 일련의 과정을 의미한다.

국민경제내의 경제주체는 크게 가계, 기업, 정부 및 해외부문으로 나뉜다. [그림 2-3]에서 가계부문은 노동, 토지, 자본, 기업가정신 등 생산요소를 기업부문에 공급하고, 기업은 가계부문으로부터 제공된 생산요소를 사용하여 재화 및 용역을 생산하게 된다. 가계부문은 생산요소를 제공한 대가로 임금, 지대, 이자, 이윤 등 요소소득을 얻게 되고, 이러한 소득의 대부분은 기업이 생산한 재화와 용역을 구매하기 위한 소비지출로 사용된다. 그러나 가계부문은 소득 중 일부를 소비하지 않고 장래에 보다 많은 소득을 얻고자 저축을 하게 된다. 일반적으로 가계부문은 소득에 비하여 소비지출이 적기 때문에 금융기관에 저축을 행함으로써 자금의 순공급자 입장이 되는 경우가 보통이다.

---

2) 자본시장통합법 제9조 ⑬항 이 법에서 "증권시장"이란 증권의 매매를 위하여 거래소가 개설하는 시장으로서 다음 각 호의 것을 말한다.
  1. 제4조 제2항 각 호의 증권의 매매를 위하여 개설하는 시장(이하 "유가증권시장"이라 한다)
  2. 제4조 제2항 각 호의 증권 중 대통령령으로 정하는 증권의 매매를 위하여 개설하는 시장(이하 "코스닥시장"이라 한다)
  ⑭항 이 법에서 "파생상품시장"이란 장내파생상품의 매매를 위하여 거래소가 개설하는 시장을 말한다.

그림 2-3 소득순환과 증권시장의 기능

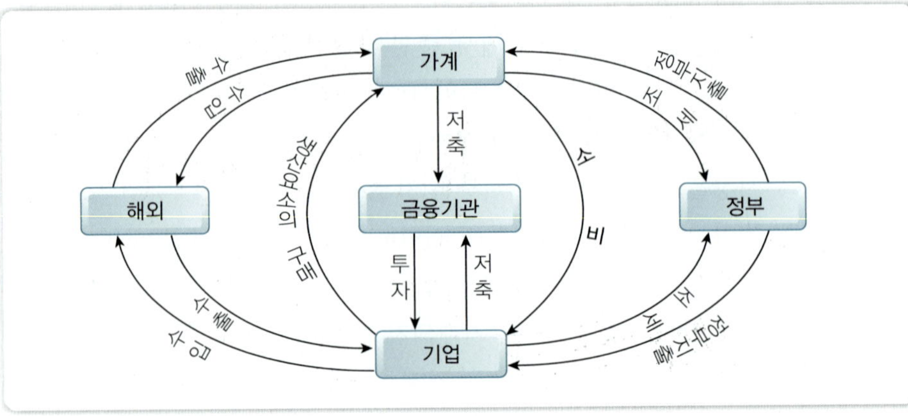


기업은 재화와 용역을 판매함으로써 얻게 되는 이윤을 전부 배당하지 않고 그 일부를 기업내부에 유보하여 저축을 하게 된다. 그러나 기업은 기업유보에 의한 저축만으로 투자자금을 조달하는 데는 한계가 있으며, 부족한 자금을 금융부문으로부터 조달하여야 한다. 일반적으로 기업은 기업의 유보이익보다 많은 투자를 행하므로 금융부문에서 자금을 빌어오는 자금의 순수요자 입장이 된다.

일반적으로 대부분의 금융거래는 증권의 발행과 매매거래를 통해 이루어지며 증권시장은 이러한 금융시장의 대표적인 형태이다. 증권시장에는 주식, 채권과 같은 금융자산(financial asset)이 거래되고 있다. 금융자산이란 특정 경제주체의 수익이나 자산에 대한 청구권을 나타내는 것으로 국채는 정부부문에 대한 청구권이며, 주식과 사채는 기업부문에 대한 청구권인 것이다. 이러한 금융자산이 존재하게 되는 이유는 일정기간 동안 경제주체(economic unit)별로 총저축액과 실물자산에의 총투자액이 상이하기 때문이다. 이와 같이 어떤 경제주체의 총투자액이 총저축액을 초과하거나 총저축액이 총투자액을 초과하게 되는 것은 그 경제주체의 현재소득, 기대소득, 제조원가, 취향, 나이, 건강, 교육정도, 가족구성, 이자율 등의 차이에 기인하는 것이다.

한편, 어떤 사회에 있어서도 토지, 기계, 건물, 천연자원, 노동자 등의 생산요소는 제한되어 있다. 생산요소는 현재 소비를 위한 재화나 용역을 생산하기 위하여 모두 투입될 수도 있으며, 그 일부분은 그 사회의 생산능력을 제고시키기 위해 투입될 수도 있다. 기계를 생산한다든지, 철광을 탐사한다든지, 신기술을 사용할 수 있도록 근로자를 훈련시키는 데 투자하는 것은 그 사회의 생산능력을 제고시키는 투자인 것이다. 이와 같이 사회의 생산능력을 제고시키는 투자를 자본축적(capital formation)이라 한다. 자본축적을 위해서는 요소가 완전고용되어 있는 상황에서는 현재의 소비를 줄이는 수밖에 없지만, 불완전 고용하에서는 반드시 현재의 소비를 줄일 필요는 없다.

이제 저축과 투자, 그리고 증권시장과의 관계를 살펴보기 위해 해외거래가 없는 폐쇄경제를 가정해 보기로 하자. 만약 모든 경제주체의 저축과 투자액이 동일하다면 외부자금조달의 필요성이 없으며, 금융자산도 필요 없게 된다. 그러나 경제내의 한 경제주체라도 그 경제주체의 실물자산에의 투자가 그 경제주체의 저축액을 초과하면 금융자산이 창출된다. 이 경우 이 경제주체는 부족한 자금을 조달하는 대신 자금제공자에게 주식을 발행하거나 채권을 발행하여 교부하게 되는데, 이 과정에서 주식, 채권과 같은 금융자산이 출현하게 되는 것이다. 물론 이 경제주체가 자금을 조달하기 위해서는 경제내의 다른 경제주체가 기꺼이 자금을 빌려주어야 하는데, 이와 같은 자금의 대출자와 차입자의 상호작용은 이자율에 의해 결정된다. 여기서 현재 저축이 실물투자액을 초과하는 경제주체를 흑자경제주체(savings surplus units)라 부르고, 실물투자액이 저축액을 초과하는 경제주체를 적자경제주체(savings deficit units)라고 부른다. 경제 전체적으로 흑자경제주체는 적자경제주체에 자금을 제공하고 자금수수에 대한 증서를 받게 되는데, 이 증서를 자금제공자의 입장에서는 금융자산, 자금차입자의 입장에서는 금융부채(financial liability)라고 한다.

만약 한 경제단위가 기존의 금융자산을 보유하고 있다면 이 금융자산을 매각하여 초과투자에 필요한 자금을 조달할 수 있을 것이다. 이와 같이 기존 금융자산의 매매거래가 이루어지는 곳을 유통시장이라 한다. 이상에서 살펴본 바와 같이 증권시장의 주된 기능은 경제내의 저축 자금을 자금의 최종수요자에게 효율적으로 배분하는 것이다. 만약 흑자경제주체가 자본축적의 주체라면 증권시장이 없어도 경제는 발전할 수 있다. 그러나 현대 경제에 있어 자본축적을 맡고 있는 기업부문은 적자경제주체이며, 가계부문이 흑자경제주체인 것이 일반적이다. 이와 같이 흑자경제주체와 자본축적의 주체가 다를 경우 효율적으로 잉여자금을 이전시켜 자본축적을 달성함으로써 경제전체의 발전을 도모하자는 것이 증권시장의 본래의 기능인 것이다.

## 제 2 절 증권시장의 구조

자금의 중개기능을 수행하는 증권시장이 실제로 어떠한 구조로 구성되고 있는가를 살펴 보자. 일반적으로 증권시장은 그 기능에 따라 발행시장(primary markets)과 유통시장(secondary markets)으로 나누어진다. 이 중 유통시장은 [그림 2-4]에서와 같이 제1의 시장인 장내시장으로서의 조직화된 거래소시장(exchange market)과 제2의 시장인 장외시장(over the counter market)으로 나누어지며, 장외시장은 다시 기관투자자 및 이들의 거래 성격에 따라 제3의 시장(the third market)과 제4의 시장(the fourth market)을 따로 분류하기도 한다. 우리나라는 주식의 현물거래를 위한 거래소시장으로 유가증권시장과 코스닥시장이 있다.

발행시장이란 개별 경제주체가 추가자금이나 창업자금을 조달하기 위하여 새로운 증권을 발행했을 때 증권이 증권의 발행자(자금수요자)로부터 이 증권을 구입하는 최초투자가에게 이전되기까지의 과정에 관련된 모든 기구(mechanism)를 말한다. 증권의 판매로 얻어지는 자금이 발행자에게 있어서는 새로운 자본(new capital)이라는 점에서 발행시장은 중요한 자본형성 기능을 수행한다. 예를 들어 정부에서 선거공약사업인 교량건설을 위한 자금을 조달하기 위해 국채를 발행한다든지 새로운 기업을 설립하기 위한 자본금을 조달하기 위해 주식을 발행했을 때 발행된 국채나 주식이 최초투자자들의 손에 도달하기까지의 일련의 과정이 곧 발행시장인 것이다.

일반적으로 새로 발행되는 증권은 발행자가 직접 발행하기보다는 발행과정에서 도움을 주는 전문적인 투자은행(investment bankers)에 의해 인수되고, 투자은행은 발행자로부터 인수한 증권을 다시 투자자들에게 판매함으로써 필요한 자금

그림 2-4 증권시장의 구조

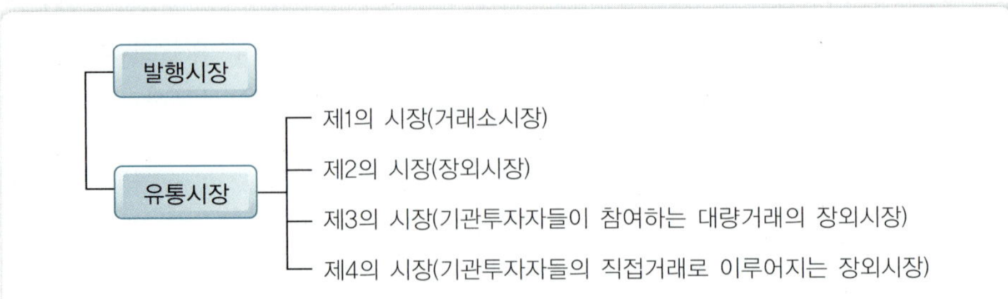

을 자금이 부족한 적자경제주체에게 공급하게 된다. 우리나라의 경우 투자은행의 역할은 주로 증권회사들이 맡는다. 증권의 인수자는 증권의 발행자에게 증권발행의 일반적인 특성, 가격결정, 증권의 발행시기 등에 대한 정보를 제공하게 되고 증권판매에 따르는 위험을 떠맡는다. 그리고 발행된 증권이 인수자를 통하여 최초투자자에게 판매된 이후에는 유통시장에서의 계속적인 거래를 통하여 투자자들 사이에서 소유권의 이전이 이루어진다. 따라서 이 과정에서의 자금이전은 발행자의 자본형성과는 직접적인 관계가 없고 다만 해당 증권의 거래유동성을 높여줌으로써 발행시장에서의 자본형성을 용이하도록 도와주는 역할을 하게 된다.

유통시장은 이미 발행된 증권이 거래되는 시장으로서 채권, 우선주, 보통주 등 각 증권에 대한 유통시장이 존재한다. 발행시장에서와는 달리 유통시장에서 증권의 판매대금은 발행자에게 귀속되는 것이 아니라 현재 그 증권의 소유자에게 귀속되는 것이다. 앞에서 언급한 바와 같이 유통시장은 발행시장에서 발행되어 이미 판매된 증권이 다시 거래되는 것이다. 그러므로 유통시장은 발행시장에서 증권을 취득한 사람들에게 유동성(liquidity)을 제공하여 준다. 유동성이란 현금화 가능성을 일컫는 말로서 거래의 즉시성을 제공함으로써 발행시장에서 취득한 증권을 매각하여 현금화함으로써 다른 용도로 쓸 수 있는 것을 말한다. 따라서 잘 발달된 유통시장이 존재하지 않는다면 발행시장을 통한 자금조달은 매우 어려울 것이다. 즉, 유통시장에서 적정한 가격을 받고 신속히 판매될 수 없는 증권이라면 투자자들은 발행시장에서 증권의 매입을 주저하게 될 것이기 때문에 증권의 발행을 통해 발행자가 자본조달하는 것은 쉽지 않게 된다.

유통시장은 증권을 발행하는 기업들에게는 중요한 의미가 있다. 새로이 발행되는 증권의 가격은 흔히 유통시장에서 이미 거래되고 있는 그 기업의 증권의 가격에 따라 결정되며, 기업의 자본비용은 유통시장에서 결정된다고 볼 수 있기 때문이다.

이러한 유통시장은 보통 조직화된 거래소에서 거래되는가 아닌가에 따라 거래소시장과 장외시장(점두시장)으로 구분된다.[3] 거래소시장인 증권거래소란 거래소의 회원(members)[4]들을 위해 증권의 거래를 성립시키는 것을 주된 목적으로 하는

---

3) 자본시장통합법 제386조 (시장의 개설) ① 거래소가 개설하는 금융투자상품 거래시장은 다음 각 호와 같다.
  1. 유가증권시장
  2. 코스닥시장
  3. 파생상품시장(선물옵션시장)
 ② 거래소가 아닌 자는 제1항에 따른 시장 또는 이와 유사한 시설을 개설하거나 유사한 시설을 이용하여 증권 또는 장내파생상품의 매매거래를 하여서는 아니 된다.

일종의 유통시장조직이다. 여기서 거래소의 회원들은 그 거래소에 상장된 모든 증권에 대한 매매거래를 독점적으로 행하게 된다. 조직화된 거래소는 특정한 지리적인 위치를 가지며, 대표적인 거래소는 우리나라의 한국거래소(KRX), 미국의 뉴욕주식거래소(NYSE), 일본의 동경증권거래소 등이 그 대표적인 예이다. 증권거래소들은 세부적인 운영방법에서는 차이가 있지만 몇 가지 공통점을 지니고 있다. 첫째로 증권거래소는 발행시장이 아니라 유통시장이라는 점이며, 둘째 모든 증권거래소는 정부의 감독기관(미국은 SEC, 우리나라는 금융감독원)의 통제를 받고 있다. 이는 국가에 따라 차이는 있지만 증권거래소가 공영조직이기 때문이다. 셋째로 거래소마다 약간의 차이는 있지만 그 운영방식은 대체로 비슷하다. 이러한 증권의 유통시장은 거래대상 증권을 기준으로 하면 국채유통시장, 회사채유통시장, 주식유통시장 등으로 분류될 수도 있다.

장외시장(OTC market)은 일반적으로 거래소에 상장되지 않은 증권들의 거래행위를 포괄하는 개념이지만 상장증권의 거래도 포함될 수 있다. 장외시장은 특정한 회원제나 상장종목이 없는 비공식적인 시장조직이다. 이론적으로 장외시장은 주식을 매입하거나 매도하려는 모든 사람들이 거래에 참가할 수 있다. 우리나라의 경우 장외시장의 거래는 극히 미미하지만 미국의 경우에는 거래의 양이나 질에서 경우에 따라서는 거래소시장을 상회할 정도의 규모이다. 즉, 미국의 경우 장외시장에서는 재무성증권은 물론 가장 규모가 작고 이윤이 적은 회사에서부터 가장 규모가 크고 이윤이 많은 회사의 증권에 이르기까지 거래의 질과 양이 다양한 비상장주식뿐만 아니라 상장주식도 거래되고 있다. 장외시장의 거래참가자들은 각각 자기구좌를 가지고 거래를 하기 때문에 각자가 딜러(dealer)처럼 기능한다. 이와 같이 장외시장에서는 투자자들이 딜러와 직접 협상에 의해 거래를 성립시키므로 협상시장(negotiated market)이라고도 한다.

이상에서 살펴본 시장 이외에도 이미 거래되고 있는 증권을 기초(계약대상)자산으로 하여 발행되는 파생상품시장인 옵션시장, 선물시장 등이 존재한다. 이에 대해서는 본서의 후반부에서 자세히 살펴보기로 한다.

---

4) 자본시장통합법 제387조 (회원) ① 거래소는 회원의 관리를 위하여 회원관리규정(이하 "회원관리규정"이라 한다)을 정하여야 한다.
② 회원은 다음 각 호와 같이 구분한다.
1. 거래소 결제회원
2. 매매전문회원
3. 그 밖에 대통령령으로 정하는 회원

## 제 3 절 금융시장과 금융투자상품

증권 및 기타 금융자산은 경제내 자금의 이전과정에서 이를 보다 용이하게 해주기 위한 수단으로서 창출되며 이는 모두 자금공급자의 자금수요자에 대한 청구권을 표시하여 준다.

경제내에서 이루어지는 자금의 이전방식에는 크게 직접금융과 간접금융의 두 가지 방법이 존재한다. 이 과정에서 자금의 직접적인 수요자가 발행하는 직접증권과 자금의 간접적인 수요자인 은행 등의 금융기관이 발행하는 간접증권이 존재한다.

증권의 발행을 통하여 자금의 융통이 이루어지는 금융시장은 기본적으로 화폐시장(money market)과 자본시장(capital market)으로 구분됨을 앞에서 살펴보았다. 화폐시장과 자본시장은 자금의 융통기간, 즉 증권(금융상품)의 만기에 따른 구분이며, 통상 1년이 기준이 된다. 본 절에서는 두 시장에서 전통적으로 거래되는 기초적 금융상품인 증권이 어떻게 창출되며 그 종류에는 어떠한 것들이 있는가를 간단히 살펴본다. 그 다음 미래에 인수도가 이루어지는 금융상품에 대한 투자수단이라 할 수 있는 파생상품(derivatives)들은 어떠한 금융자산들을 기초로 하여 창출되는가를 알아본다. 그리고 전통적 금융상품과 파생적 금융상품들을 적절히 결합함으로써 투자자의 욕구에 맞게 투자자들 스스로 원하는 맞춤상품의 구성

**표 2-1 투자방법 및 투자대상자산**

| 투자대상 / 투자방법 | 금융자산 | 실물자산 |
|---|---|---|
| Ⅰ. 직접투자 | **여유자금의 직접적인 운용 방법** | |
| | 화폐시장 금융자산 | 부동산투자 |
| | 자본시장 금융자산 | 자본재 구입 |
| | 파생시장 금융자산 | 금, 예술품, 골동품 구입 |
| Ⅱ. 간접투자 | **투자회사의 펀드를 이용한 여유자금 운용 방법** | |
| | 화폐시장펀드(MMF) | 부동산 투자신탁 |
| | 채권펀드 | |
| | 주식펀드 | |
| | 채권 · 주식 균형펀드 | |

도 가능한 신금융상품 창출의 기본원리에 대하여도 알아본다.

## 3.1 화폐시장의 금융자산

화폐시장에서 거래되는 증권은 1년 이하의 만기를 가지며, 대부분 90일 이하의 만기를 가지는 것이 보통이다. 화폐시장에서 거래되는 증권의 거래규모는 상당히 큰 것이 일반적이므로 많은 자본의 투자가 요구된다. 그러므로 일반 상업은행(commerical bank)이나 정부, 비은행금융기관(non-bank financial institution), 투자신탁 등이 화폐시장에 참가하게 된다. 금융기관이나 정부는 일시적인 현금잉여분(cash surplus)을 유동성이 큰 수익자산에 운용하기 위해 화폐시장의 금융자산을 매입하게 된다.[5] 화폐시장의 금융자산들은 각기 약간의 차이점을 가지고 있지만 발행자가 높은 신용을 가지므로 서로간의 대체성이 높으며, 그 수익률은 단기이자율과 밀접한 관계를 가지고 변화한다. 이러한 화폐시장의 금융자산에는 대체로 단기국공채, 양도성예금증서, 기업어음, 은행인수어음 및 환매조건부채권 등이 있다.

단기국공채란 정부 또는 지방자치단체가 발행하는 채권으로 만기가 1년 이하인 것을 말한다. 미국의 경우에는 단기국공채의 대표적인 예로 정부발행의 재정증권(T-Bill)이 있다. 우리나라의 재정증권 발행은 공개시장에서의 모집, 매출 또는 입찰방식에 의하도록 되어 있으나 기획재정부장관이 필요하다고 인정하는 경우 금융기관, 보험회사, 투자금융회사, 종합금융회사 등에 대한 매각을 통해 이루어지기도 한다. 재정증권은 액면 또는 할인방식으로 발행되며 상환기간은 1년으로 되어 있다.

양도성예금증서(CD; negotiable certificates of deposit)는 정기예금증서의 양도를 가능케 함으로써 정기예금에 유동성을 부여한 것이다. 은행에 일정금액 이상을 정기예금하면 은행은 예탁자에게 정기예금증서를 교부하게 되는데, 예금증서를 보유한 자는 일정기간 후에 원금과 이자를 상환받게 된다. 이와 같이 보통의 예금증서와는 달리 양도가능한 형태로 발행되는 예금증서를 양도성예금증서라고

---

5) 금융기관의 부채는 계약조건을 충족시키기 위해 언제 얼마만큼의 지출이 이루어져야 하는가 하는 현금지출의 금액과 시기를 의미한다. 따라서 부채는 현금지출의 크기와 시기를 아는 경우와 불확실한 경우를 기준으로 4가지 유형으로 분류하여 관리할 수 있을 것이다. 즉, Type 1(금액 확실, 시기 확실; 고정금리 CD), Type 2(금액 확실, 시기 불확실; 생명보험), Type 3(금액 불확실, 시기 확실; 변동금리 CD), Type 4(금액 불확실, 시기 불확실; 자동차보험, 화재보험)로의 분류가 가능하다.

한다. 양도성예금증서의 만기는 30일에서 1년까지로 되어 있다.

기업어음(CP; commercial paper)은 주로 신용이 좋은 대기업이 단기자금을 조달하기 위해 발행하는 일종의 약속어음으로서 일반적인 상거래과정에서 발행되는 상업어음(진성어음)과는 구별된다. 기업어음은 은행 또는 일반회사, 보험회사, 투자신탁, 연금기금 등에 매각되는 것이 일반적이며, 270일 이내의 만기를 갖는다.

은행인수어음(BA; bankers' acceptance)은 은행을 지급인으로 하고 은행에 의해 인수된 기한부 환어음(time draft)이다. 기한부 환어음이란 수출환어음으로서 수출업체가 수출상품을 선적한 후 수입업체의 대금결제 때까지 기다리지 않고 수입업체 또는 수입업체가 지정하는 은행을 지급인으로 정하여 발행하는 어음중, 어음발행인이 지급인으로 하여금 어음금액을 일정한 기일이 경과한 후에 어음의 소지인에게 지급하여 줄 것을 지시하는 증서이다. CP와는 달리 기업이 발행한 무역어음을 은행이 인수("accepted")한 것이기 때문에 어음을 발행한 기업이 부도가 나도 은행이 지급을 보증하는 신용도가 매우 높은 어음으로서 금융시장에서의 유동성이 크다. 따라서 은행이 인수한 어음은 결제기한에 가서 환어음을 제시하여 대금을 회수하거나 만기 이전이라도 다른 은행에 할인 매각함으로써 대금을 조기에 회수할 수 있다. 대부분의 은행인수어음은 수출업자와 수입업자 사이의 국제무역거래에서 발생한다.

환매조건부채권(RP; repurchase agreements)은 채권을 새로 발행하여 자금을 조달하는 것이 아니라 이미 발행된 채권을 보유하고 있는 자가 이 보유채권을 이용하여 자금을 조달할 목적으로, 일정기간 후에는 정해진 가격(보통 기간의 이자가 가산된 가격)으로 동일한 채권을 다시 사들이는 조건으로 매각되는 채권이다. 이 기간 동안은 보유 채권을 담보로 하여 채권을 매각하는 입장에서는 자금을 조달하는 효과를 얻을 수 있으며 채권(환매채)을 매입하는 투자가 입장에서는 자금을 운용하기 위한 투자수단으로 이용한다.

## 3.2 자본시장의 금융자산

화폐시장에서 거래되는 금융자산은 주로 일시적인 여유자금을 운용하기 위해 구입되는 투자자산이다. 따라서 만기가 짧고 매우 높은 안정성을 지니고 있다. 그러나 자본시장에서 거래되는 금융자산은 만기가 비교적 긴 채권과 이론적으로는 만기가 없는 주식 등이 포함된다. 자본시장의 금융자산은 위험-수익 상치관계에 의해 위험이 높은 만큼 그에 따라 기대되는 수익률도 높게 형성된다.

자본시장의 주요 금융자산에는 기업의 주된 금융수단으로 발행되는 채권과 주식으로 대별되며, 중간적 형태의 금융수단(mezzanine financing)으로 발행되는 전환사채와 같은 금융자산들도 있다.

## 1. 채 권

채권(bond)은 채권의 발행자가 자금을 차입하는 대신 일정기간 후에 일정한 조건으로 원리금을 상환하겠다고 약속하는 계약증서(채무증서)로서 확정이자부 증권인 동시에 기한부 증권의 성격을 갖는다. 이러한 채권은 분류기준에 따라 〈표 2-2〉와 같이 나누어 볼 수 있다.

### (1) 발행주체에 의한 구분

일반적으로 채권은 발행주체 즉, 자금의 수요주체에 따라 내국인이 발행하는 내국채와 외국인이 발행하는 외국채로 구분되고, 내국채는 다시 발행자의 공공성에 따라 크게 국채, 지방채, 비금융특수채, 통안채, 금융채와 같은 국공채와 회사채로 분류된다.

장기 국공채는 정부가 재정정책을 수행하기 위한 필요한 자금을 조달할 목적으로 발행되고 있으며, 그 규모는 점차 커지고 있다. 정부 또는 지방자치단체가 발행하는 국공채는 자본시장에서 채무불이행의 위험이 거의 없는 유일한 증권이라는 점에 그 특색이 있다. 국공채는 정부나 정부대행기관에 의하여 사회복지나 경제안정정책의 수단으로 사용되는 것이 보통이다. 미국의 대표적인 국공채로는 재무성이 발행하는 단기채권인 T-Bill, 중기채권인 T-Note, 장기채권인 T-Bond, 그리고 지방정부 발행의 지방채(municipal bond)가 있으며, 이 중 지방채는 면세(tax exempt) 혜택이 있다.

우리나라의 경우 국공채에는 국민주택채권과 같은 국채, 지방정부의 지하철, 상수도, 도로건설사업 등 특정 목적의 달성에 필요한 자금을 조달할 목적으로 발행하는 지방채, 공사, 공단 등과 같이 특별법에 의해 설립된 기관 등이 발행하는 채권으로 전력공사채권, 도로공사 고속도로건설채권, 한국자산관리공사채권, 예금보험기금채권과 같이 국가가 원리금지급을 보증한 정부보증채권인 비금융특수채, 그리고 특수채 중에서도 산업금융채권 등과 같이 특별법에 의해 설립된 특수금융기관과 카드, 리스, 은행 등이 발행하는 채권인 금융특수채(금융채)가 있고,

표 2-2 **채권의 종류**

| 구분 | 종류 | 내용 |
|---|---|---|
| 발행 주체 | 국채 | 정부가 막대한 자금이 필요한 경우에 발행하는 채권으로, 국회의 동의를 얻어 발행하며, 국민채권 1종 및 2종, 양곡증권, 외국환 평형기금채권 등이 포함된다. 정부가 원리금 지급을 보증하기 때문에 신용도가 가장 높은 채권이다. |
| | 지방채 | 시, 도, 군 등 지방자치단체가 필요한 자금을 조달하기 위해 발행하는 채권으로 지하철공채, 도로공채, 상수도공채 등이 있다. |
| | 특수채 | 한국통신공사, 케이티앤지(KT&G), 지하철공사, 한국수자원공사 등 정부가 설립한 특별한 법인(회사)이 발행하는 채권이며, 채권 원금과 이자지급을 대부분 정부가 보증하므로 국채와 비슷하다. |
| | 회사채 | 상법상의 주식 회사가 발행하는 채권으로, 제3의 보증 기관이 원리금 지급을 보장하는지 여부에 따라 보증사채, 무보증사채 등으로 구분된다. |
| 상환기간 | 단기채 | 원리금 상환 만기가 1년 이하인 채권 |
| | 중기채 | 원리금 상환 만기가 1년 초과, 5년 이하인 채권(대부분의 회사채) |
| | 장기채 | 원리금 상환 만기가 5년을 초과하는 채권(미국 국채인 T-Bond 등) |
| 모집방법 | 사모채 | 발행자가 특정한 투자자만 채권을 살 수 있도록 사전에 정하고 발행하는 채권 |
| | 공모채 | 발행자가 특정하지 않은 일반 투자자로 하여금 자유롭게 채권을 살 수 있도록 발행하는 채권 |
| 보증유무 | 보증채 | 원리금 상환을 발행자 이외에 공신력이 높은 금융기관 등 제3자가 채권 원리금 지급을 보증하는 채권 |
| | 무보증채 | 원리금 상환에 대하여 제3자 보증없이 발행자 스스로의 신용에 의하여 발행하는 채권이며, 채권 투자자가 원금 회수에 대한 위험을 부담하므로 일반적으로 보증채보다 수익률이 높다. |

이는 예금부채가 있을 경우에는 예금 다음의 순서로 변제가 이루어지는 후순위채권이다. 통화안정증권은 통화관리 목적으로 중앙은행이 발행하는 채권이다.

회사채(corporate bond)는 상법상의 주식회사인 기업이 자금조달을 목적으로 발행하는 일종의 표준화된 채무증서이다. 회사채를 보유한 자는 채권자로서 정해진 일정에 따라 기업으로부터 원금과 이자를 받게 된다. 또 채권자는 주주들의 배당에 우선하여 이자를 지급받게 되며, 기업이 도산하거나 청산할 경우에도 주주들에 우선하여 기업의 잔여재산에 대한 청구권을 갖게 된다. 회사채는 다시 발행가격, 신용보완수단으로서의 담보나 보증의 유무, 이자 지급방법, 만기, 특수한 권리(옵션)의 추가적 부여 여부 등에 따라 여러 형태로 구분된다. 이러한 회사채는 다시 일반사채와 일반은행의 금융회사채, 주식관련사채로 구분되기도 한다.

### (2) 발행가격과 주기적 현금흐름 유무에 의한 구분

채권은 만기 이전 주기적인 현금흐름이 있는가 없는가를 기준으로 (순수)할인채와 이표채로 구분된다. 이 중 이표채는 만기까지 정해진 기간마다 주기적으로 이자를 지급하고 만기에 마지막 이자와 원금을 지급하는 채권이다. 순수할인채는 만기 이전 이자(coupon)와 같은 주기적 현금흐름이 없는 채권이라는 점에서 제로쿠폰채라고도 하며, 만기에 원금만 지급되고 원금을 만기까지 이자율로 할인하여 발행하는 채권으로 보통 1년 미만의 단기채권들이 이에 해당한다.[6)]

발행가격을 기준으로 하면 할인채권(discount bond)은 채권의 액면가액 이하로 발행되는 채권으로서 만기까지의 이자에 해당하는 금액을 현재시점에서 할인한 가격으로 발행된다. 따라서 발행가격이 액면가액보다 항상 작다.

그러나 이표채(coupon bond)는 명목상의 이자율 개념인 표면이자율(연간이자지급액/액면가액)과 채권의 연평균수익률 개념인 채권수익률의 크기에 따라 달라지는 발행가격과 액면가액의 차이에 따라 다음과 같이 할인이표채, 액면채, 할증채로 발행되며, 할인채는 순수할인채의 경우와는 달리 이자가 일정기간마다 정기적으로 지급되는 채권이지만 액면가보다 낮은 할인된 가격으로 거래된다는 점에서 제로쿠폰채로서의 할인채와 구별하기 위해  할인이표채라고 한다. 한편 채권의 수익률 개념중 하나인 경상이자율(current yield)은 연간이자지급액을 채권가격으로 나누어 산출되며 다음의 관계가 성립한다.

| | |
|---|---|
| 표면이자율 > 경상이자율 > 채권수익률 | 할증채(시장가격 > 액면가격) |
| 표면이자율 = 경상이자율 = 채권수익률 | 액면채(시장가격 = 액면가격) |
| 표면이자율 < 경상이자율 < 채권수익률 | 할인이표채(시장가격 < 액면가격) |

### (3) 담보(보증)유무에 의한 구분

회사채는 발행시 담보(보증) 제공의 유무에 따라 여러 가지로 나누어진다. 무담보사채(debenture)는 특정한 담보없이도 발행기업의 자기신용만을 바탕으로 발행되는 것으로서 회사채의 가장 일반적인 형태이다. 무담보사채를 보유한 사람은

6) 만기에 원금과 함께 복리로 계산된 이자를 함께 지급하는 채권인 복리채의 경우에도 이표채이기는 하지만 만기 일시 상환되는 채권이라는 점에서 만기이전 주기적 현금흐름이 없는 채권으로 분류된다.

기업의 일반 채권자와 같이 기업자산에 대해 주주보다는 우선적인 청구권을 가지지만 다른 형태의 회사채에 비해서는 우선권이 없다. 무담보사채에는 감채기금채권(sinking fund debenture)과 후순위채권(subordinate debenture)이 있다. 감채기금채권이란 만기시 채권의 일시상환에 대비하여 매기간 일정금액을 적립한다는 것을 조건으로 하여 발행되는 채권으로서, 다른 조건은 일반 무담보 채권과 동일하다. 후순위채권은 기업의 도산이나 청산시 기업자산에 대한 청구권이 주식보다는 우선하지만 다른 모든 채권보다는 우선순위에 있어서 열등한 위치에 있는 채권이다.

이와는 달리 담보나 다른 기관의 보증을 받아 채권을 발행하는 것이 담보부 채권(secured bond)이다. 담보부 채권에는 보증사채, 담보사채, 유가증권 담보부 사채 등이 있다. 보증사채(guaranteed bond)는 발행자 이외의 기업이나 금융기관에 의해 원리금의 상환을 지급 보증받아 발행하는 채권이다. 이 채권은 발행기업이 원리금의 상환을 할 수 없을 경우에 보증기관이 이를 대신 지불하여야 한다. 보증의 주체에 따라 정부보증채와 일반보증채로 구분되며 일반보증채는 신용보증기금, 보증보험회사, 은행 등이 지급을 보증하는 채권이다.

일반 담보사채는 발행주체가 채권발행시 신용을 보강하기 위해 담보를 제공하는 채권이며, 자산유동화증권(ABS; asset-backed securities)은 유동화전문회사가 매입한 회사채, 대출채권, 카드매출채권 등 유동성이 낮은 자산을 기초(담보)로 발행되는 채권이다.

담보사채(mortgage bond)는 담보물에 의해 원리금의 지불의무가 보증되는 채권으로서 담보물의 내용은 주로 부동산이 되고 담보물의 가치는 발행채권의 가치보다 큰 것이 일반적이다. 담보사채는 담보물에 대한 청구권의 우선순위에 따라 상위채권(senior bond)과 하위채권(junior bond)으로 분류되기도 한다. 또한 담보의 개방여하에 따라서는 개방형, 폐쇄형, 제한개방형으로 분류된다. 폐쇄형 담보사채(closed-end mortgage bond)는 발행되는 채권의 담보로 이미 제공되어 있는 담보물에 대해서는 이를 담보로 하여 추가적인 채권을 발행할 수 없도록 약정하는 경우이다.

개방형 담보사채(open-end mortage bond)는 이러한 제한이 없이 동일한 담보물에 대해 여러 번 채권을 발행할 수 있는 경우이다. 제한 개방형담보사채(limited open-end mortgage bond)는 개방형과 폐쇄형을 절충한 것으로서 하나의 동일 담보물에 대해 발행할 수 있는 최대발행한도액을 설정하는 경우이다. 유가증권 담보부사채(collateral trust bond)는 발행기업이 보유한 다른 기업의 주식이나 채권을 담보로 발행하는 채권이다. 이때 담보가 되는 주식이나 채권은 특정 수탁기관을 정해서 예치해 두는 것이 일반적이다.

### (4) 이자지급방식과 원금상환방식에 의한 구분

약정된 이자를 지급하는 방법에 따라 채권은 할인채, 이표채, 복리채, 단리채로 구분된다. 할인채는 채권을 발행할 때 이자에 해당하는 금액을 액면가액에서 미리 차감하여 발행되는 채권으로서 이자가 선지급되는 형식의 채권이며, 이표채는 채권의 만기까지 정기적으로 정해진 스케줄에 따라 이자가 지급되는 채권이며 복리채와 단리채는 기간중에 이자가 지급되지 않고 만기에 이자를 포함한 원리금이 일시에 상환되는 채권이다. 다만 복리채는 이자의 재투자가 이루어져 복리개념으로 원리금의 만기상환이 이루어지지만, 단리채는 이자의 재투자가 이루어지지 않는 단리개념으로 원리금의 만기상환이 이루어진다는 점에서 차이가 있다.

한편 원금의 상환방식을 기준으로 하면 채권의 원금을 만기에 일시 상환하는 만기상환채와 일정기간 거치 후에 채권액면을 나누어 상환하는 분할상환채로 구분된다. 대부분의 채권은 만기상환채에 해당한다.

### (5) 이자지급액 확정여부에 의한 구분

채권자에게 지급되는 이자지급금액의 사전 확정여부를 기준으로 분류하면 채권은 이익사채(income bond), 고정금리부 사채(fixed charge bond), 금리연동부 사채(floating rate bond), 이익참가사채(participating bond) 등으로 분류 가능하다.

고정금리부사채란 기업의 영업이익의 변화나 시장이자율의 변화에 관계없이 일정한 금액의 이자를 지급하는 사채이다. 이에 비해 금리연동부 사채는 정기예금이자율의 변화나 재정증권의 이자율에 연동하여, 채권자에 지급되는 이자율이 변하도록 한 채권으로서 변동금리부 채권이라고도 한다. 이는 최소한의 지급이자율을 정해 놓고 정기예금의 이자율이 변화함에 따라 표면금리에 일정비율을 가감 조정하여 이자를 지급하게 된다. 이때 정기예금 이자율이 큰 폭으로 하락하여 조정된 이자율이 최소지급이자율 이하로 떨어지면 최소지급이자율을 지급하게 된다. 이익사채는 기업의 영업이익이 일정액의 이자를 지급할 수 없을 경우에는 이자를 지급하지 않아도 채무불이행이 되지 않는 채권이다. 그러나 기업의 이익수준이 회복되었을 경우에는 미지급된 이자를 지급하여야 한다. 이익참가사채는 기업의 이익수준이 양호할 경우 일정한 이자를 지급한 다음, 보통주의 이익배당시 추가적으로 이익의 일정률 또는 사채액면의 일정률을 사채보유자에게도 지급하는 채권이다.

### (6) 만기(기간)에 의한 구분

회사채는 또 만기를 기준으로 장기, 단기, 중기로 나뉘어 지는 데 기간의 길이는 절대적 기준이 있는 것은 아니고 임의적이고 상대적이다. 장기사채의 특수한 예인 영구사채(consol bond, perpetual bond)는 만기가 영원하기 때문에 정기적으로 일정액의 이자만 영구히 지급된다. 이와는 달리 수의상환채권(callable bond)은 만기가 정해져 있기는 하지만 만기일 이전이라도 발행자가 필요한 경우에는 수시로 상환할 수 있는 조건으로 발행되는 채권이다.

### (7) 채권신용등급 기준에 의한 분류

채권은 위험과 수익의 특성에 따라 투자적격의 저위험-저수익 등급(AAA, AA, A, BBB) 채권과 투자부적격의 고위험-고수익 등급(BB 등급 이하)의 채권으로 분류하기도 하며, 후자의 신용등급이 낮은 투기적 성격의 채권을 정크본드(junk bond)라고 부른다. 채권등급평가는 제5장에서 다루어진다.

### (8) 표시통화 기준

채권은 표시통화를 기준으로 원화표시 채권과 외화표시 채권으로 분류한다. 원화표시채권은 국내채권과 외국채권으로 분류하고 외화표시 채권은 다시 달러화 표시채권, 유로화표시 채권, 엔화표시 채권 등으로 분류된다. 원화표시 외국채권은 외국의 발행주체가 국내에서 원화표시 채권을 발행하는 경우로 이를 '아리랑 채권' (Arirang bond)이라고 부르며, 국내 채권시장에서 원화가 아닌 달러화 표시채권을 발행한다면 이는 유로채로 분류되며 이 경우에는 '김치 본드' (Kimchi bond)라고 불린다. 일반적으로 자국인이 국외에서 국외의 채권 발행지역 소재지 국가의 표시통화로 채권을 발행하는 경우를 외국채, 발행지역 소재지 국가이외의 표시통화로 채권을 발행하는 경우를 유로채라고 부른다. 가령 한국 기업이 미국의 채권시장에서 달러화표시 채권을 발행하여 자금을 조달한다면 이는 외국채로서 양키본드라고 부른다.

### (9) 옵션유무에 의한 구분

회사채에는 아무런 옵션도 붙지 않은 일반사채와 특수한 권리의 감미제(sweeteners)가 가미된 옵션(option)부 사채가 있다. 옵션부 사채의 대표적인 유형으로는 전환사채(convertible bond)와 신주인수권부 사채(warrants), 교환사채가 있다.

옵션부사채 = 일반사채 + 감미제(옵션성격의 추가적 권리)

① 전환사채(CB): 전환사채(CB: convertible bond)란 일반사채의 권리이외에 전환권이라는 옵션이 투자자들에게 추가적으로 주어지는 채권이다. 즉, 일정 기간내에 일정한 조건으로 다른 증권으로의 전환이 가능한 사채이다. 이때의 전환권 행사는 정해진 전환가격(행사가격)으로 정해진 수의 보통주(기초자산)로 전환되는 것이 일반적이며, 전환권은 의무가 아니고 권리를 내용으로 하는 옵션이기 때문에 보통주로 전환하는 것이 투자가에게 유리하다고 판단할 경우에만 전환권을 행사하면 된다.

전환사채 발행기업의 보통주의 주가가 매우 높다고 판단될 때 전환사채 보유자는 일정비율(주식 대 사채의 전환비율)로 사채를 보통주로 전환함으로써 이득을 얻을 수 있다. 전환사채는 보통주로의 전환시점 이전까지는 채권으로서의 이자를 받게 되지만, 보통주로의 전환시점 이후에는 채권은 소멸하고 주식에 대한 배당을 받게 되는데, 일정기간(전환기간)내에 전환권을 행사하지 않더라도 채권으로서 원금과 이자는 받을 수 있다.

② 신주인수권부사채(BW): 신주인수권부사채(BW; Bond with Warrant)란 일반사채의 권리 이외에 신주인수권이라는 옵션이 추가적으로 주어지는 채권이다. 즉, 이 채권을 보유하는 투자자는 일반 채권자로서의 권리 뿐 아니라 발행기업이 신주를 발행할 경우 신주를 일정금액으로 일정기간내에 살 수 있는 권리를 갖는 사채이다. 전환사채는 사채 1단위의 전환비율에 따라 바로 보통주로 전환되지만 신주인수권부사채는 신주를 정해진 가격으로 살 수 있는 권리만 붙어 있을 뿐이다. 따라서 이 사채의 보유자가 신주인수권을 행사하고자 하는 경우에는 신주의 대금을 지급하고 일정한 수의 보통주를 인수하여야 한다.

한편 워런트(또는 워런트 증권)는 특정의 대상물(기초자산)을 미래의 정해진 시기에 정해진 가격으로 사거나 팔 수 있는 권리를 갖는 증권이며, 이를 누가 발행하는가에 따라 신주인수권 증권과 주식워런트 증권(ELW; Equity Linked Warrant)으로 분류된다. 신주인수권 증권은 주식의 발행회사가 발행하는 것이고 주식워런트 증권은 주식의 발행회사가 아닌 제3자(금융기관)가

**표 2-3 신주인수권증권과 주식워런트증권의 차이점 비교**

| 구분 | 신주인수권증권 | 주식워런트증권 |
|---|---|---|
| 발행의 주체(공급) | 주식발행회사 | 주식발행회사 이외의 제3자 금융기관(증권회사) |
| 기초자산 | 발행회사의 주식 | 유통성 있는 모든 자산(주식, 주가지수 등 대상) |
| 권리행사시 신주발행 필요성 | 신주발행 | 신주발행 불필요<br>(보유주식이나 시장에서 매입하여 인수도 결제 또는 결제가격과 행사가격 차이를 현금결제) |
| 발행 대상(수요) | 신주인수권부 사채 매입자 | 일반투자자 |
| 발행 목적 | 자금조달의 원활화 (투자가에게 추가적인 투자메리트 제공) | – 발행자(보유주식 활용도 제고, 위험관리수단, 수익제고),<br>– 투자자(새로운 투자상품 및 보유주식의 위험헤지 기능 제공) |

발행하는 증권이다. 우리나라는 현재 증권회사만이 주식이나 주가지수만을 대상으로 하는 주식워런트 증권의 발행이 가능하도록 되어 있다. 신주인수권부사채에 붙어있는 워런트 증권인 신주인수권증권과 주식워런트 증권의 차이점을 비교하면 〈표 2-3〉과 같다.

③ 교환사채(EB): 교환사채(EB; Excangeable Bond)는 일반사채의 권리 이외에 사채 발행기업이 보유하는 다른 상장기업 유가증권과의 교환권이라는 옵션이 추가적으로 주어지는 채권이다. 즉, 일정한 가격으로 발행회사가 보유하고 있는 다른 상장법인의 유가증권과 교환해 주도록 청구할 수 있는 교환청구권이 부여된 신종사채로서 1988년 1월부터 허용되어 오고 있다.
이처럼 전환사채는 일반사채에 전환권이, 신주인수권부 사채는 일반사채에 신주인수권이, 그리고 교환사채는 일반사채에 교환청구권이라는 감미제(옵션)가 각각 첨가된 채권이라고 볼 수 있다. 이들의 차이점을 비교하면〈표 2-4〉와 같다.

④ 수의상환 채권(callable bond): 채권의 만기일 이전에 해당 채권을 매입할 수 있는 권리(콜옵션)를 채권의 발행자에게 부여함으로써 옵션적 성격이 가미된 채권이다. 따라서 채권발행자가 채권의 원리금을 만기이전에 조기상환할 수 있는 권리가 부여되어 있는 채권이다. 즉, 수의상환채권의 발행자

**표 2-4 전환사채, 교환사채, 신주인수권부 사채의 비교**

| 구분 | 전환사채(CB) | 신주인수권부사채(BW) | 교환사채(EB) |
|---|---|---|---|
| 사채에 가미된 옵션 | 전환권 | 신주인수권 | 교환권 |
| 권리행사의 대상 유가증권 | 발행기업 주식 | 발행기업 주식 | 발행기업 보유 제3자 발행 유가증권 |
| 권리행사시 주식신규발행의 필요성 | 필요 | 필요 | 불필요 |
| 권리행사후 사채의 존속여부 | 소멸 | 존속 | 소멸 |
| 주주의 자격취득시기 | 전환권 행사 | 신주인수권 행사 | 교환전 행사 |
| 주주자격 | 사채 발행회사 | 사채 발행회사 | 교환대상보유 유가증권의 발행회사 |
| 주식취득가격 | 전환가격 | 신주인수권 행사가격 | 교환가격 |

는 일반채권을 발행하여 매도하는 동시에 이 채권에 대한 콜옵션을 매입(콜옵션 프리미엄 지급)하는 셈이 되고, 반대로 이 채권을 매입하는 투자자는 일반채권을 매입하는 동시에 이 채권에 대한 콜옵션을 매도(콜옵션 프리미엄 수취)하는 셈이 된다.

채권발행자 입장에서는 시장금리가 하락할 경우 기존의 높은 금리 부담을 피하기 위하여 원리금을 조기상환하고자 할 것이기 때문에 투자자의 입장에서는 일반사채보다 불리한 채권이 된다. 따라서 일반사채보다 콜옵션가치에 해당하는 만큼의 프리미엄 금리가 포함되어 발행되는 채권(수의상환채권 수익률=일반사채 수익률+콜옵션 프리미엄수익률)이라고 볼 수 있다. 이를 수익률이 아닌 가치로 환산하여 표현하면 일반사채보다 콜옵션 프리미엄의 가치만큼 낮은 가격으로 거래되어야 할 것이다.

$$수의상환채권의\ 가치 = 일반사채의\ 가치 - 콜옵션프리미엄\ 가치$$

⑤ 상환청구권부 채권(putable bond): 채권의 만기일 이전에 해당 채권을 발행자에게 매도할 수 있는 권리(풋옵션)가 채권투자자에게 부여된 채권이다.

따라서 수의상환채권과는 달리 이 경우에는 채권투자자가 만기 이전에 채권의 원리금의 조기상환을 요구할 수 있는 권리(풋옵션)가 부여된 채권이다. 즉, 상환청구권부 채권의 발행자는 일반채권을 발행하여 매도하는 동시에 이 채권에 대한 풋옵션을 매도(풋옵션 프리미엄 수취)하는 셈이 되고, 반대로 이 채권을 매입하는 투자자는 일반채권을 매입하는 동시에 이 채권에 대한 풋옵션을 매입(풋옵션 프리미엄 지급)하는 셈이 된다.

시장금리가 상승할 경우 투자자가 원리금을 조기상환하고자 할 것이기 때문에 발행자의 입장에서는 일반사채보다 불리한 채권이 된다. 따라서 일반사채보다 풋옵션가치에 해당하는 만큼의 할인 금리가 포함되어 발행되는 채권(상환청구권부 채권 수익률=일반사채 수익률-풋옵션 프리미엄수익률)이라고 볼 수 있다. 이를 수익률이 아닌 가치로 환산하여 표현하면 일반사채보다 풋옵션 프리미엄의 가치만큼 높은 가격으로 거래되어야 할 것이다.

$$상환청구권부\ 채권의\ 가치 = 일반사채의\ 가치 + 풋옵션프리미엄\ 가치$$

## 2. 주 식

채권과 함께 자본시장에서 거래되는 또 하나의 중요한 증권이 주식(stock)이다. 채권과는 달리 주식은 상법상의 주식회사만이 발행할 수 있으며 원금과 이자가 확정되어 있는 채권과는 달리 주주에게 지급되는 배당금은 기업의 성과에 따라 변동된다. 주식은 또 그 성격에 따라 보통주(common stock)와 우선주(preferred stock)로 나눌 수 있다. 주식과 채권의 차이점을 보면 〈표 2-5〉와 같다.

### (1) 보통주

보통주는 기업의 소유권을 나타내는 출자지분이다. 보통주식은 주식회사에 출자한 증표로서 회사 설립시 또는 추가적으로 자기자본이 필요할 때 발행하게 된다. 보통주 소유자는 주주로서 기업이익에 대한 배당의 권리를 가지며, 회사를 청산할 경우에는 잔여재산에 대한 분배의 권리를 갖는다. 또 보통주주는 회사정관에 따라 의결권을 행사할 수 있으며, 주권을 타인에게 양도할 수 있다. 또한 기업이 추가적인 자금의 조달을 위해 신주를 발행할 경우 신주를 우선적으로 인수할 수 있는 신주인수권(preemptive right)도 갖는다. 보통주는 기업이 가장 안전하고 장기적으로 이용할 수 있는 자본이며, 그 배당금은 경영성과에 따라 달라질 수 있다.

보통주의 특수한 형태로서 보통주보다 그 권리가 뒤에 있는 후배주(deferred

**표 2-5 주식과 채권의 비교**

| 구분 | 채권 | 주식 |
|---|---|---|
| 자본조달의 성격 | 부채 | 자기자본 |
| 증권의 형태 | 채무증권 | 지분증권 |
| 증권의 만기 | 있음 | 없음 |
| 수익의 형태(성격) | 이자(확정적) | 배당(이익에 따라 변동) |
| 원금상환의무 | 만기상환 | 상환의무 없음 |
| 증권소유자의 법적지위 | 채권자 | 주주 |
| 경영참가(의결권) 유무 | 없음 | 있음 |
| 위험(상대적) | 안전자산 | 위험자산 |
| 발행가능 기관 | 개인*, 기업, 정부, 지방자치 단체, 특수법인, 금융기관, 대학 | 주식회사 |

*개인의 경우 채권발행 예로는 보위채권, 잭슨본드가 있다.

stock)가 있는데 이는 우선주와는 그 권리면에서 대칭되는 주식이다. 즉, 보통주에 대해 일정률의 배당을 한 다음 잔여이익을 배당받는 것으로서 우리의 상법은 후배주의 발행을 인정하지 않고 있다.

### (2) 우선주

우선주란 보통주주보다 우선하여 배당금을 지급받고, 기업이 도산하거나 청산을 할 경우 채권자에 대한 채무를 지불하고 남은 잔여재산에 대해서는 보통주주보다 우선적인 청구권을 갖는 주식이다. 우선주에 대한 배당은 금액 또는 배당률로서 발행시에 정관에 미리 결정되어 있기 때문에 기업의 이익 크기에 관계없이 이익의 일정부분을 우선주배당금으로 지급하여야 한다. 우선주는 사채와 보통주의 중간적인 성격을 갖는 것으로서 일정한 배당이 지급된다는 점에서는 일정한 이자가 지급되는 사채와 유사한 점이 많다. 우선주는 여러 가지 변형된 형태로도 발행되고 있는데 위험과 수익, 지배권과 관련시켜 종류를 살펴보면 다음과 같다.

위험의 성격에 따라 우선주를 분류하면 상환우선주(callable or redeemable preferred stock)와 배당보증 우선주(dividend guaranteed preferred stock)가 있다. 상환우선주란 발행기업이 기업의 위험을 감소시키기 위해 일정한 조건으로 상환할 수 있는 우선주를 말한다. 이는 미리 상환가격이나 기간, 상환방법 등을 약정하여 발행하는 것이다. 상환우선주는 기업이 일시적인 자금수요를 충당하기 위해 발행되는 것이 보통이며, 장래에 이익이 발생하였을 경우 상환하게 된다. 배당보증우선주는 일정률의 배당금을 발행기업이 지불하지 못하는 경우 제3자가 배당금을 지불 보증하여 발행되는 우선주이다. 상환우선주가 기업 또는 보통주주의 위험을 경감시킨다면 배당보증 우선주는 투자자의 위험을 저감시키는 것이다.

이익과 관련하여 발행되는 우선주로서 이익참가우선주(participating preferred stock), 전환우선주(convertible preferred stock), 누적적 우선주(cumulative preferred stock) 등이 있다. 이익참가우선주는 미리 결정된 배당률 이상의 이익이 발생할 경우 추가적인 이익배당을 받을 수 있는 주식으로서 참가적 우선주라고도 한다. 참가적 우선주는 기업의 재무구조나 경영성과가 불건전할 경우 투자자 유인을 목적으로 발행한다. 전환우선주는 일정기간내에 특정가격으로 보통주로 전환할 수 있는 우선주이다. 이 또한 전환사채와 유사한 것으로 불건전한 재무구조나 경영성과를 보이는 기업이 투자자 유인을 위해 발행한다. 누적적 우선주는 배당률이 미리 결정되어 있지만 이익이 적거나 없을 경우 배당을 못하게 되면 다음 결산년도의 이익에서 미지급된 배당과 당기의 배당금을 누적 합산하여 받게 되는 주식이다. 이에 대응되는 개념이 비누적적 우선주(non-cumulative preferred stock)이다. 이는 당기에 배당을 지급하지 못할 경우 차기에 가서는 해당 연도의 배당만 지급받게 되는 것이다.

또한 경영참여권과 관련된 우선주로는 의결우선주(voting preferred stock)와 무의결 우선주(non-voting preferred stock)가 있는데, 경영상의 중요문제에 대해 투표권을 가지는 우선주를 의결우선주, 경영참가권 또는 투표권을 가지지 못하는 우선주를 무의결 우선주라고 한다. 한편 자본시장법에서 분류하는 방식에 따른 증권의 종류를 보이면 〈표 2-6〉과 같으며 앞서 설명한 채권은 채무증권에 해당하고 주식은 지분증권으로 분류된다.

**표 2-6 자본시장법과 증권의 종류**

| 증권의 종류 | | 개념 | 예 |
|---|---|---|---|
| 전통적증권 | 채무증권 | 지급청구권이 표시된 채무를 나타내는 것 | 국채증권, 지방채증권, 특수채증권, 사채권, 기업어음증권 등 |
| | 지분증권 | 출자지분이 표시된 것 | 주식, 신주인수권, 출자증권, 출자지분 |
| | 수익증권 | 신탁의 수익권이 표시된 것 | 금전신탁의 수익증권, 집합투자신탁의 수익증권 |
| | 증권예탁증권 | 증권의 예탁을 받은 자가 그 증권발행국가 이외의 국가에서 발행한 것으로서 예탁받은 증권관련 권리가 표시된 것 | KDR, ADR, EDR, HKDR, GDR 등 |
| 투자계약증권 (investment contract) | | 투자자가 투자자와 타인간의 공동사업에 금전 등을 투자하고 타인이 운영한 공동사업의 결과에 따라 손익을 귀속받는 계약상의 권리가 표시된 것 | 집합투자증권, 비정형간접투자증권, 투자회사 발행의 주식 |
| 파생결합증권 (securitized derivatives) | | 기초자산의 가격이나 지수 등의 변동과 연계하여 미리 정한 방법에 따라 지급금액 또는 회수금액이 결정되는 권리가 표시된 것 | 주가연계증권(ELS), ELW, FRN, CLN 등 |

이상에서 살펴본 화폐시장의 금융자산과 자본시장의 금융자산 외에도 옵션(option) 및 선물계약 등 특수한 형태의 금융자산이 있으며, 이에 관한 자세한 내용은 이들이 거래되는 시장의 특성과 함께 장을 달리하여 뒤에서 다루기로 하고 여기서는 개념만 간단히 설명하기로 한다.

## 3.3 파생적 금융상품

앞에서는 자금수요자(기업 · 정부)들의 자금조달수단으로 주로 발행되고 있는 전통적인 기초적 금융상품(1차적 금융상품)들에 관하여 설명하였다.

그러나 주식, 채권 등의 기초적 금융상품 이외에도 이들 금융상품의 가격인 채권의 가격(이자율)과 주식의 가격(또는 주가지수), 그리고 무수익 금융자산이라 할 수 있는 통화의 가격(환율) 변동위험을 관리(헤지)하기 위한 수단으로 출현한 새로운 금융상품으로서 파생상품[7] 또는 파생증권(derivatives)이 있다. 그 대표적인 예로는 선도(forward), 선물(futures), 옵션(options), 그리고 스왑(swaps)이 있다.

선도계약(forward contract)은 두 계약 당사자간에 미래의 특정시점에서 정해진 자산을 정해진 가격(이자율, 환율 등)으로 사거나 팔기로 합의하는 개별 당사자간의 사적인 계약을 말한다. 따라서 계약이행을 보증하는 제도적 장치가 없기 때문에 거래 상대방의 신용상태에 따라서는 계약불이행위험(default risk)의 가능성이 존재한다.

선물계약(futures contract)은 거래소 내에서만 거래가 이루어지는 선도계약으로서 모든 계약내용이 표준화되어 있고, 언제든지 당초의 계약을 번복할 수 있는 반대매매가 가능하다는 점에서 거래의 유연성(flexibility)을 갖고 있다. 또한 두 거래당사자 사이에 청산소(clearing house)라는 독특한 기구가 개입함으로써 사적인 거래가 청산소를 상대로 한 공식적인 거래형태로 바뀌게 된다. 이를 통해 청산소는 어느 일방의 계약불이행을 대신해 줌으로써 계약이행을 보증하게 된다. 따라서 거래상대방의 신용상태를 일일이 확인하지 않고도 언제든지 거래가 가능함으로써 거래의 유동성이 매우 높다.

옵션은 약정된 자산을 약정된 가격으로 만기에 또는 만기이전에 사거나 팔 수 있는 권리를 말한다. 옵션은 권리의 내용이 살 수 있는 권리(the right to buy)인 경우를 콜옵션, 팔 수 있는 권리(the right to sell)인 경우를 풋옵션이라고 한다. 또 권리의 행사가 정해진 날짜에만 가능한 경우를 유로피언옵션(European option), 정해진 날짜(만기)이전 언제라도 행사가 가능한 경우를 아메리칸옵션(American option)이라고 한다.

스왑(swap)은 계약 당시 합의된 조건으로 서로 다른 자산이나 현금흐름을 서로 교환하기로 두 당사자간에 합의하는 계약으로서, 고정금리와 변동금리의 교환이나 이종통화간의 교환 등이 이러한 거래의 예에 속한다. 이상에 설명한 모든 파생증권(파생금융상품)의 기본적 기능은 금리, 주가, 환율 등 각종 금융상품의 가격변동성, 즉 재무가격위험(financial price risk)을 제거하거나 또는 새로운 수익의 기회를 얻기 위한 목적으로 이용될 수 있다는 점에서 이에 대한 이해와 분석도 투

7) 국제금융시장에서 차액결제 파생상품(Contract For Difference: CFD)에 대한 투자자들의 관심이 높아지고 있다. CFD는 투자대상 현물자산을 실제 보유하지 않고 거래가 종료되었을 때 매매금액의 차액(차익 · 차손)만을 교환하는 파생상품의 일종이다. 이 상품은 소액의 증거금만으로도 그 몇 배의 가치에 달하는 현물자산을 거래할 수 있어 보유자금을 상회하는 금액의 레버리지 거래가 가능하며, 레버리지(leverage) 효과가 크기 때문에 현물주식 등에 비해 고위험 · 고수익 투자상품이라고 할 수 있으며 그 발상지는 영국 런던(LSE)이다.

**표 2-7 자본시장법과 파생상품의 종류**

| 기초자산 | 장내파생상품 | | 장외파생상품 | | |
|---|---|---|---|---|---|
| | 선물 | 옵션 | 선도 | 스왑 | 옵션 |
| 금리 | • 국채금리선물 (3년, 5년, 10년)<br>• 통안증권선물 | – | • 금리선도거래 (FRA) | • 이자율스왑 (IRS) | • 이자율캡<br>• 이자율칼라 |
| 통화 | • 미국달러선물<br>• 일본엔선물<br>• 유로선물 | • 미국달러옵션 | • 통화선도거래 (Currency Forwars) | • 통화스왑 (CRS) | • 통화옵션 |
| 주식 | • KOSPI200선물<br>• 개별주식선물<br>• 스타지수선물 | • KOSPI200옵션<br>• 개별주식옵션 | • 주식선도 | • 주식스왑 | • 주식옵션 |
| 상품 | • 금선물<br>• 돈육선물 | – | – | – | – |
| 신용 | – | – | – | • 신용스왑(CDS) | • 신용옵션(Co) |

자관리상 매우 중요하다.

자본시장법상 우리나라의 장내파생상품과 장외파생상품의 종류를 보이면 〈표 2-7〉과 같다.[8)]

## 3.4 신금융상품의 창출

대량거래가 가능한 표준화상품인 주식, 채권, 선물, 옵션과 개별적 거래로 이루어지는 비표준화상품인 선도, 스왑 등 기본적인 증권 이외에도 이들 증권과 [그림 2-5]에서 보는 바와 같은 여러 가지 특성의 재무블록(financial building block)들을 적절히 결합하여 투자자들 스스로 다양한 위험-수익특성을 갖는 신금융상품을 만들어 냄으로써 새로운 형태의 위험관리수요에 대응하거나 새로운 투자수익의 기회를 만들 수도 있다.

---

8) 개별주식워런트 증권(ELW)은 옵션의 일종으로 거래소에 상장 거래되고 있고 주가연계증권(ELS)은 주가를 기초자산으로 하여 주가에 따라 수익률이 결정되므로 파생상품으로 오인하기 쉽지만, 투자자가 취득시 이미 지급한 금전 등 외에 추가적 지급의무(원본초과손실의 가능성)가 없고 주가변동과 연계하여 미리 정해진 방법에 따라 지급금액 또는 회수금액이 결정되는 권리가 표시된 것이므로 파생상품이 아닌 증권(파생결합증권)에 해당한다.

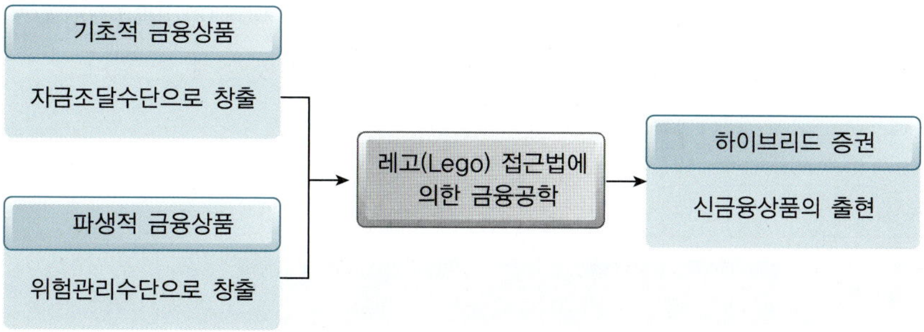


이는 마치 어린아이들이 가지고 노는 Lego('재미있게 논다'는 뜻의 Ledg Godt의 준말)처럼 플라스틱으로 된 여러 모양의 블록(plastic building blocks)들을 적절히 결합함으로써 원하는 여러 가지 모양을 만들어 내는 경우와 유사하다는 점에서 재무블록(financial building blocks)의 결합을 통한 신금융상품구성이라고 부른다. 이처럼 레고 접근방법(Lego Approach)에 의해 새로운 금융상품이나 금융과정을 만들어내는 과정을 금융공학 또는 재무공학(financial engineering)이라고 부른다. 따라서 위험-수익의 특성이 다른 주식, 채권, 선물, 옵션 등의 기본적인 재무블록을 어떤 방식으로 투자자들이 결합하는가에 따라 여러 가지 형태의 위험-수익 결과를 보여주는 성과프로파일(payoff profile)을 만들어 낼 수 있다. 이러한 예

그림 2-5 재무블록의 구성요인

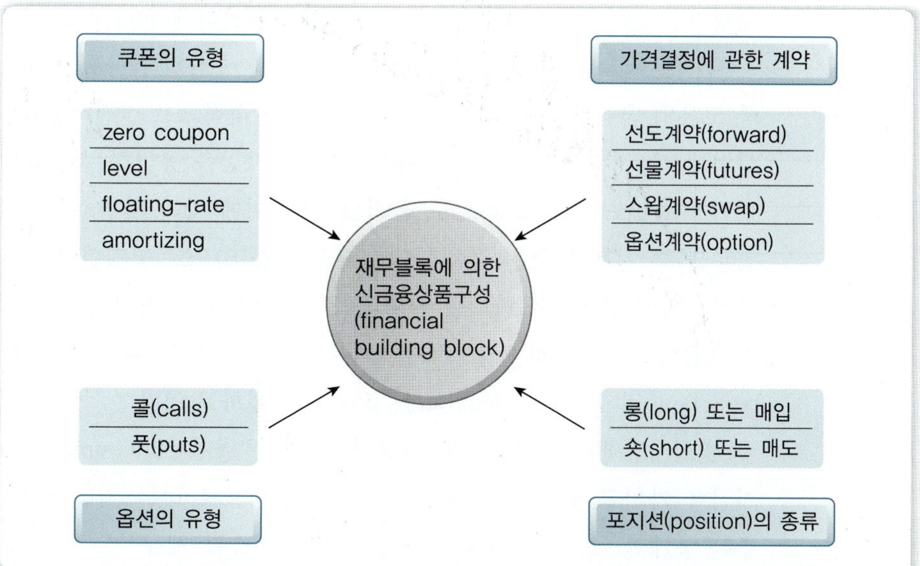

로는 선물과 옵션을 결합한 선물옵션(options on futures), 그리고 옵션과 스왑을 결합한 스왑션(swaption=swap+option) 등을 들 수 있다.

## 제4절 발행시장

증권의 발행시장은 자금수요자인 발행주체에 의해 새로이 발행된 증권이 최초의 투자가에게 이전되기까지의 과정 또는 메카니즘(mechanism)을 말한다. 증권의 발행시장은 근본적으로 증권의 공급기능을 담당함으로써 실질적인 산업자금 조달의 원천이 된다. 본 절에서는 일반적인 증권의 발행과정을 살펴보고자 한다.

### 4.1 증권의 발행과 판매

증권을 발행하는 데 있어 발행자는 직접 증권의 구매자를 찾아 판매할 수도 있다. 그러나 증권의 발행에는 상당한 사무적인 번거로움이 따르고 발행증권을 모두 판매할 수 있을지 없을지도 모르는 위험을 감수하여야 하는 경우가 많다. 이러한 번거로움과 위험을 줄이기 위해 증권의 발행자들은 보통 증권의 발행 및 판매 대행기관으로 투자은행(investment bank)을 이용하게 된다.

투자은행(investment bank; IB)은 자본시장 중심의 금융환경에서 발전해 온 미국 고유의 금융회사로서 20세기 중반 이후 본격적으로 발전하였으며 미국의 증권산업에서는 '유가증권 인수를 통해 기업에 자금을 공급하는 금융업무'를 투자은행업(investment banking)으로 불러왔는데, 이에 따라 자연스럽게 유가증권 인수업무를 주 업무로 하는 금융회사를 투자은행(IB)으로 통칭한다. 그러나 최근에는 투자은행의 업무범위 확대를 반영하여 투자은행업을 협의로는 '전통적 업무인 유가증권 인수업무'로, 광의로는 '투자은행이 영위하는 모든 업무(Investment banking is what investment banks do)'로 해석하고 있다.

발행시장에서 투자은행이 담당하는 투자은행기능(investment banking)은 투자자금을 가지고 있는 투자자로부터 자금을 필요로 하는 기업에 자금을 연결시켜주는 중개인 즉, 시장중개기관으로서의 서비스를 제공하는 역할을 말한다. 투자은행은 이름과는 달리 은행도 아니고 일반적으로 투자도 하지 않는다. 이 기능은 본질적으로 자금의 저축자, 즉 투자자로부터 자금의 수요자에게로 자금을 직접 이전시키는 시장중개기관으로서의 역할만 수행하며, 자신의 거래계좌로 투자목적을 위해 새로 발행되는 증권을 사서 보유하지는 않는다.[9] 더불어 개인이나 기업의 투자의사결정의 질과 효과를 높이기 위한 정보의 창구역할을 겸하고 있다.

그러면 투자은행의 기능이 무엇인지 구체적으로 살펴보기로 하자.

투자은행의 첫번째 기능은 인수(underwriting)기능이다. 인수기능이란 증권이 판매되고 있는 기간 동안 발생하게 되는 가격변화의 위험을 감수하는 보험기능이다. 이를 예를 들어 설명하여 보자. 가령 고려기업은 새로운 생산설비를 도입하기 위해 1억원의 자금이 필요하다고 하자. 이를 위해 고려기업은 적당한 투자은행을 선정하고 여러 차례의 회의를 거친 끝에 1억원 규모의 채권을 발행하기로 했다. 고려기업은 투자은행과 인수계약을 맺고 1억원에서 수수료를 뺀 나머지 금액을 받고 투자은행은 1억원 규모의 채권을 인수하게 된다. 이때 고려기업은 투자은행이 채권을 판매하기 전에 채권대금을 받게 되는데, 투자은행이 고려기업에 채권대금을 지급한 날로부터 투자은행이 채권을 모두 팔게 되는 날까지 사이에 발생하게 되는 채권가격변화의 위험은 모두 투자은행이 떠맡게 된다. 실제로 1974년 봄에 New Jersey Sporting Arena의 채권은 인수기간 중에 액면 $1,000당 $140가 떨어져 인수기관의 손실이 $800억에 이르렀다. 그러나 증권의 발행기업은 이미 증권의 대금을 받았으므로 인수기간 중의 가격변화의 위험에 대해 전혀 신경 쓸 필요가 없다. 이와 같이 투자은행의 근본적인 기능은 인수기간 중에 발생하는 증권의 가격하락위험을 인수하는 것이다. 이러한 이유로 투자은행은 흔히 위험을 떠안게 된다는 점에서 인수자(underwriter)로 불리운다. 자본주의 경제에서 자본조달의 필수적인 요소라 할 수 있는 인수기능은 17세기 영국에서 시작되었다. 영국의 Lloyd's Coffee House에서 상인들의 해양무역에 따르는 위험을 인수함으로써 인수기능이 시작된 것이다. 미국의 경우에는 1871년 미 연방증권 $20억 어치를 Jay Cooke가 인수함으로써 인수사업이 시작되어 오늘날 금융산업의 중추적 산업으로 성장하였다.

투자은행의 두번째 기능은 새로운 증권의 판매기능(distribution)이다. 투자은행은 증권판매를 위한 딜러이며 조직력을 가진 전문기관이므로 개별기업보다 물

---

9) 이와 같이 자금수요자의 직접적인 증권 발행을 통하여 자금의 수요자와 공급자가 직접 연결되어 자금의 융통이 이루어지는 경우를 직접금융이라고 한다. 이에 반하여 은행과 같은 금융중개기관이 먼저 저축을 유도하여 자금을 모은 다음, 이를 투자나 융자를 통해 자금의 수요자에게 자금융통이 이루어지는 경우를 간접금융이라고 한다.

리적인 판매기능을 더 효율적이고 경제적으로 수행할 수 있다. 개별기업이 독자적으로 증권을 판매할 경우 산발적으로 일어나는 증권의 판매를 위해 판매조직을 구성하여야 하는데 이는 매우 비싸고 비효율적인 것이다. 반면에 투자은행은 전문기관으로서 계속적으로 증권판매를 하고 있으며, 증권을 대량 취급하고 공정하게 증권의 가격을 결정한다는 평판을 얻게 된다면 증권의 판매가 더욱 용이해진다.

셋째, 투자은행은 계속적으로 인수와 판매에 참여하기 때문에 투자자들이 선호하는 증권의 특성이나 조건에 대해 비교적 잘 알게 되며 증권을 발행하고자 하는 기업에 좋은 조언을 하게 된다. 증권이 잘 팔리도록 증권의 특성이나 조건을 결정하는 데 투자은행의 조언을 얻는 것은 매우 중요하다.

그러면 투자은행에 의해 실제로 증권이 발행, 인수되어 최종소비자인 투자자에게 이전되는 과정을 살펴보기로 하자.

먼저, 증권을 발행하기 위해 발행자(issuer)는 투자은행을 선정하여야 한다. 투자은행의 선정방법에는 두 가지가 있는데 수의계약방법(negotiated method)과 경쟁입찰방법(competitive bidding method)이 있다. 수의계약방법은 모든 계약조건이 발행자와 투자은행간의 협상에 의해 이루어지는 것으로 발행자가 임의로 선정하게 된다. 경쟁입찰방법은 인수조건을 공개 입찰하여 가장 좋은 조건을 제시한 투자은행을 선정하는 방법이다.

선정된 투자은행은 증권발행기업과 그 산업의 상황을 파악하고 어떤 증권을 발행할 것인가를 결정하기 위해 철저한 조사를 하게 된다. 이때 투자은행은 그 기업의 유동성, 수익성, 레버리지 및 경영자의 자질, 사업전망 등을 면밀히 조사한 다음, 시장상황을 고려하여 주식을 발행할 것인지 채권을 발행할 것인지를 추천하게 된다. 이러한 조사과정에서 투자은행과 발행자 사이의 계약조건은 변경될 수 있다.

다음 단계로 발행기업과 투자은행은 감독기관에 유가증권신고서와 사업설명서를 제출하여야 한다. 우리나라의 경우 감독기관은 금융감독원이며, 미국은 SEC이다. 감독기관은 투자가들의 의사결정에 도움이 되는 정보를 추가적으로 요구할 수도 있다.

증권발행에 대한 등록사무가 끝나면 투자은행은 인수단(underwriting syndicate)을 구성하게 된다. 증권의 발행규모가 크고 가격변화의 위험이 크면 개별 투자은행은 위험을 줄이기 위해 다른 투자은행과 함께 인수단을 구성하여 위험을 분담하게 된다. 이처럼 인수단은 특정한 목적을 수행하기 위해 증권의 발행 과정

그림 2-6 발행시장 구조와 증권의 인수 및 판매과정

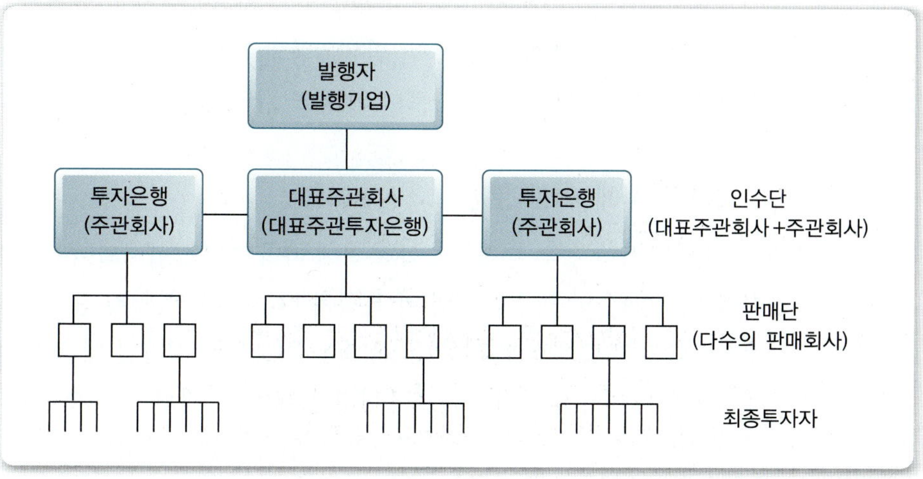


에서 일시적으로 구성되는 집단이다.

인수단을 구성함에 있어 중심적 역할을 한 투자은행이 대표주관회사가 되며, 증권의 발행규모와 위험에 따라 위험을 분담하려는 주관회사의 숫자가 달라진다. 인수단을 구성하는 주관회사들은 해당증권을 발행자로부터 구매하기 위해 자기자본을 투하하게 된다. 이때 자본의 투자비율이 모두 일정한 것은 아니며, 인수단은 인수계약의 완료와 함께 해체된다.

인수단의 구성이 끝나고 나면 다음으로 판매단(selling group)이 구성된다. 판매단은 증권의 판매를 돕기 위해 구성되는 것으로 판매단의 구성원들은 인수단과 달리 해당증권의 구매에 자본을 전혀 투하하지 않고 오로지 판매만을 담당한다. 이러한 발행시장에서의 증권의 인수와 판매과정을 보이면 [그림 2-6]과 같다.

투자은행은 발행증권의 가격과 인수스프레드(underwriting spread)와 판매수수료(sales commission) 등을 인수계약과정에서 결정하게 된다. 인수스프레드는 인수단이 발행자에게 지불하는 인수가격과 발행증권의 판매가격과의 차이를 말하며, 판매수수료는 판매단에게 계약에 의해 인수단이 지불하는 수수료이다.

## 4.2 증권발행의 유형

증권발행의 유형은 발행목적, 발행위험의 정도, 발행사무의 관할, 발행가격의 결정에 따라 그 구분방법이 다르며, 형태도 다양하다.

### 1. 발행목적에 의한 분류

먼저 주식의 경우 주식발행의 목적에 따라 회사설립시의 주식발행과 유상증자시의 주식발행 및 특수한 재무적 목적에 따른 주식의 발행 등으로 나눌 수 있다. 주식발행의 대표적인 경우는 주식회사가 처음으로 설립될 때 또는 주식회사 이외의 회사형태에서 주식회사로 조직변경할 때이다. 한편, 기업이 증자를 필요로 할 때 주식발행이 이루어지는데, 주금을 납입하는 유상증자와 주금의 납입이 없는 무상증자로 나누어진다. 또한 유상증자시 발행주식의 인수자를 어떻게 정하느냐에 따라 주주할당, 연고자할당, 일반공모로 나누어진다. 주주할당이란 기존주주에게 소유주식수에 비례하여 신수인수권을 부여하는 것으로서 기존주주의 의결권과 회사재산권에 대한 비례적 지분을 보호하는 데 그 목적이 있다. 연고자할당이란 발행회사와 특정의 연고를 맺고 있는 주주 이외의 연고자, 즉 회사임원, 종업원, 거래처, 거래은행 등에게 신주인수권을 할당하는 방법이다. 회사임직원에 대한 주식할당은 간접적인 보수지급과 근로의욕 진작에 그 목적이 있으며, 거래처나 거래은행에 대한 주식할당은 긴밀한 사업관계를 유지하는 데 그 목적이 있다. 일반공모는 불특정다수의 투자자를 대상으로 신주를 모집하는 방법이다. 특수한 재무적 목적에 따라 주식이 발행되는 경우는 무상증자, 주식배당, 주식액면분할, 전환우선주 또는 전환사채의 전환 등이다. 무상증자란 자본준비금, 이익준비금, 자산재평가적립금 등의 자본전입이 이루어질 경우 발생하는 것으로 주식수는 증가하지만 비례적으로 가격은 하락하므로 주주의 총주식가치는 변함이 없다. 따라서 주주의 부에 영향을 미치지 않는 것이 원칙이다. 주식배당(stock dividend)은 주주에 대해 배당을 현금 대신 주식으로 하는 경우이다. 주식배당은 이익의 사내유보라는 기본성격을 가지며, 무상증자와 같이 주주의 주식총가치에는 영향을 미치지 못하는 것이 일반적이다. 주식분할(stock split)이란 자본금의 변화없이 기발행주식의 액면가를 낮추어 주식수를 증가시키고 이 주식을 주주의 기존 지분에 비례하여 교부한 것이다. 전환우선주(convertible preferred stock) 또는 전환사채(convertible bond)는 소유자가 전환권을 행사할 경우 미리 정하여진 조건으로 주식과 교환된다. 전환우선주의 경우 우선주에서 보통주로 전환되는데, 이때 자본금에는 아무런 변화가 없다. 그러나 전환사채의 경우 사채에서 주식으로 전환되면 타인자본이 감소하는 대신 자기자본이 증가하게 되어 증자의 효과가 있다.

## 2. 발행방법에 의한 분류

증권의 발행방법, 즉 증권을 발행함으로써 자금을 모집하는 방법에는 사모(private placements)와 공모(public issues)가 있으며, 공모는 다시 발행위험을 누가 부담하는가에 따라 직접발행과 간접발행으로 나누어진다.

사모는 사채시장에서 흔히 시행되고 있는데, 유동성이 매우 낮은 회사채의 경우 발행기업이 직접 소수의 투자자(50인 미만)와 사적인 교섭을 통하여 증권을 매각하는 방법이다. 이에 비해 공모는 일반매출을 통하여 불특정다수의 투자자들에게 증권을 매각하는 것이다. 일반적으로 사모는 대체로 신용도가 낮고 규모가 작은 회사들이 사용하는 방식인데 비해 공모는 신용도가 높은 대규모 회사들이 사용한다. 공모는 증권발행에 따르는 위험을 누가 부담하느냐에 따라 다시 직접발행과 간접발행으로 구분된다.

직접발행이란 증권발행에 따르는 위험을 발행자 또는 발행기업이 부담하는 경우로, 이는 다시 발행자가 스스로 발행사무를 담당하는 자기모집과 제3자에게 발행사무를 대행시키는 위탁모집(best efforts offering)[10]으로 나누어진다. 위탁모집

그림 2-7 증권의 발행방법

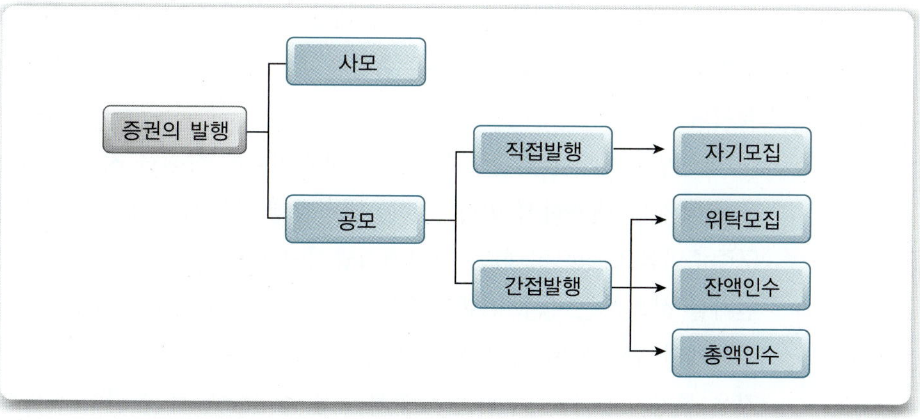


10) 위탁모집은 발행사무를 기준으로 하면 직접발행의 한 방법으로 분류되고, 발행위험을 기준으로 하면 간접발행의 한 방법으로 분류할 수 있다.

은 모집주선이라고도 하는데, 주선기관은 인수위험을 부담하지 않으므로 일반대중에게 매각한 후 잔여분이 있으면 이를 발행자나 발행기업에 되돌려 주게 되며 매각된 부분에 대해서는 수수료를 받게 된다. 자기모집은 일반에게 잘 알려져 있어서 발행증권을 쉽게 소화시킬 수 있는 건실한 회사가 인수단을 거치지 않고 회사 자체내에서 발행하여 매각하는 경우이다. 이와는 반대로 매우 부실한 회사가 적합한 인수단을 선택할 수 없는 경우에도 자기모집이 이용된다.

간접발행은 인수업자가 발행자로부터 발행증권의 전부 또는 일부를 인수하여 발행위험을 부담하고 발행사무도 직접 담당하는 경우이다. 간접발행은 총액인수(firm commitment underwriting)와 잔액인수(standby underwriting)로 나누어진다. 총액인수란 매취라고도 하는데 인수업자가 발행자와 협의한 가격으로 발행증권 전부를 인수하여 판매하는 것으로 인수업자(투자은행)는 발행자와 약정한 금액만을 인도하면 의무가 끝난다. 따라서 인수업자는 인수수수료나 판매수수료를 받지 않으며 증권의 판매가격과 인수가격의 차, 즉 인수스프레드만을 얻게 된다. 잔액인수는 청부모집이라고도 하는데 인수업자가 일차적으로 일반투자자들에게 매각한 다음 잔여분에 대해서는 인수업자가 인수해야만 하는 의무를 가진다. 이때 인수업자는 발행전액에 대한 인수수수료와 판매수수료를 받게 되는데 이는 발행위험 부담 및 발행사무 처리에 대한 대가이다.

### 3. 발행가격에 의한 분류

발행증권의 가격에 따라 증권발행은 액면발행, 시가발행으로 나뉘어지며 시가발행은 다시 할인발행(issue at discount)과 할증발행(issue at premium)으로 구분된다. 액면발행은 구주의 시가에 관계없이 신주를 액면으로 발행하는 것으로 신주인수에 대한 우선권을 기존주주에게 부여하는 전통적인 개념하에서의 발행방식이다.

액면발행제도는 기존주주의 부의 보존이라는 장점을 지니고 있으나 다음과 같은 문제점을 내포하고 있다. 첫째, 액면발행 제도하에서는 거의 모든 유상증자가 구주주만을 대상으로 하는 주식배정방식이 일반적이다. 즉 주식의 시장가격이 액면가를 상회하는 경우 기존주주의 이익을 보호하는 입장에서 신주인수권을 구주주에게만 한정하는 것이 보통이다. 또한 기존주식의 가격이 액면가를 하회하는 경우 투자자들이 이 주식을 인수하지 않을 것이므로 실권주가 발생할 소지가 높으며, 미소화분은 결국 구주주에 의해 인수될 수밖에 없다. 따라서 액면발행제도하에서 신주발행은 기존주주에 국한될 수밖에 없기 때문에 주식발행을 통한 자금조달원으로서 많은 제약을 받게 된다. 둘째, 발행가격이 액면가에 고정됨으로써 발행기업간의 수익력, 위험정도의 차를 반영하지 못하게 되어 발행시장과 유통시장이 유기적인 관련성을 갖지 못하게 된다. 즉 수익력이 높은 기업의 주식은 가격이 높고 수익력이 낮은 기업의 주식은 가격이 낮아야 하는 시장경쟁원리를 위반함으로써 최적자원배분이라는 증권시장의 기능을 제대로 수행하지 못하게 된다. 셋째, 액면가와 연동하여 일정배당금을 유지할 수밖에 없게 됨으로써 기업배당결정이 경직적으로 운영되게 된다. 즉 수익력과 관계없이 배당지급의 부담을 안게 되어 주식이 부채성 자본으로서의 성격을 띠게 된다.

시가발행이란 신주의 발행가격을 액면가와 무관하게 발행시점에서의 구주의 시장가격을 기준으로 책정하는 방법이다. 시가발행은 다시 액면가를 초과하여 발행하는 할증발행과 액면가를 하회하는 할인발행으로 나누어진다. 일반적으로 주식의 발행이란 시가발행을 의미하는 것이다.

기업의 입장에서 볼 때 시가발행으로 얻을 수 있는 직접적인 잇점은 자기자본의 공급대상을 기존의 한정된 주주로부터 일반투자자에게로 확대시킴으로써 자금조달을 효과적으로 할 수 있다는 점이다. 그러나 할인발행의 경우 계획된 자금을 용이하게 확보할 수는 있지만 시가에서 할인된 가치만큼 기존주주의 부가 신주주에게로 이전되는 결과를 초래할 수도 있다. 이러한 이유로 주식의 할인발행은 상법에 의해 원칙적으로 금지되어 있으나 주주총회의 특별결의나 법원의 인가를 얻은 경우 가능하다.

## 4.3 기업공개

넓은 의미에서의 기업공개(IPO: initial public offering, going public)는 주식회사가 신규로 발행하는 주식을 다수의 투자자에게 모집하거나, 이미 발행되어 대주주 등이 소유하고 있는 주식을 매출하여 주식을 분산시키는 것을 말한다. 즉, 폐쇄적인 성격의 개인회사에서 공개적인 회사로 전환시키기 위해 회사가 구주주의 신주인수권을 배제하고 신주를 발행하여 주식을 분산하거나, 대주주 등의 기존 보유주식을 분산시키는 것이다. 기업공개(going public)는 개인이나 가족 등 소수의 주주에 의해 폐쇄적으로 경영되던 기업의 주식을 불특정 다수의 일반 투자가들에게 판매함으로써 집중되었던 소유권을 분산시키는 것인데 반해, 상장은 한국거래소가 상장 기준을 충족하는 유가증권에 대하여 유가증권시장에서 집단

**표 2-8 기업공개와 상장의 개념 차이**

| 구분 | 기업공개 | 상장 |
|---|---|---|
| 시장 | 발행시장 | 유통시장 |
| 목적 | 기업의 자금조달 | 유가증권의 원활한 유통,<br>공정한 가격형성, |
| 성격 | 주식분산의 한 형태 | 거래적격 유가증권의 선별 |
| 규제취지 | 발행당사자 관계로 공시주의 | 상장적격여부를 심사하는 규제조치 |
| 특성 | 발행기업과 청약자의 이해조화,<br>발행물량의 소화를 중시 | 공익과 투자자보호,<br>기업의 계속성 · 시장성 중시 |

적 · 대량적으로 매매거래 될 수 있도록 승인하는 행위이다. 〈표 2-8〉은 기업공개와 상장의 차이점을 보여주고 있다.

발행시장과 관련하여 기업공개의 의미를 살펴볼 필요가 있다. 사실 발행시장은 기업들이 자본조달의 원천으로 이용할 때 크게 발전될 수 있다. 본절에서는 기업공개의 이론적 배경과 우리나라에서 기업공개에 대해 간단히 살펴보기로 한다.

기업공개의 경제적 의의는 거시경제적 측면과 미시경제적 측면으로 나누어 살펴볼 수 있다. 거시적 측면에서 기업공개란 기업의 사회적 책임과 그 맥락을 같이 하는 것으로 볼 수 있다. 한 기업의 성쇠는 그 기업의 경영주에게만 국한된 것이 아니고 종업원, 소비자, 채권자 나아가서는 국민경제전반에 걸쳐 지대한 영향을 미치게 된다. 따라서 기업은 한 개인의 전유물이 될 수 없으며 전국민이 참여하고 이익을 함께 하는 사회적 공기가 되어야 한다. 이러한 의미에서 기업이 일정한 수준에 이르면 주식공개를 통하여 일반 대중으로부터 자금을 공급받고 이를 운영하여 창출되는 이익을 사회에 환원시켜야 한다. 이에 따라 부의 재분배를 원활히 하고 공평한 경제성장을 실현하는 것이 기업공개의 거시경제적 의의가 된다.

미시적 측면에서 기업공개는 경영주 스스로의 이익추구를 위해서도 반드시 필요한 경쟁시장에서의 자연발생적인 경제현상으로 인식되고 있다. 기업공개를 할 경우 경영주가 얻게 되는 이득을 살펴보면 다수의 자금공급자들이 존재함으로써 영업에 따르게 위험을 분산시킬 수 있다. 또한 자금원이 확대됨으로써 광범위한 투자기회를 확보할 수 있으며 소유와 경영의 분리를 통하여 전문경영인의 영입이 용이하다. 그러나 기업공개를 할 경우 기업소유권이 외부인에게 이전됨으로써 경영주의 사업의욕이 저하되고 경영주의 권한이 제약을 받게 되며, 대리인비용(agency cost) 등의 손실이 발생할 수도 있다.

이러한 이론적 배경을 가진 기업공개는 우리나라와 같이 기업의 소유구조가 편중화되어 있고 부의 집중이 심한 상황에서 매우 필요한 것으로 인식되었다. 1968년 11월 자본시장육성에 관한 법률이 제정되면서 기업공개에 대한 정부의 강력한 추진이 시작되었다. 이 법에서는 공개법인에 대한 여러 가지 특혜규정을 두고 기업들로 하여금 주식공개에 참여하도록 유도하였다. 그러나 이 법률에 의한 기업공개는 극히 부진하였으며 이에 정부는 1972년 2월 기업공개촉진법을 제정하여 기업공개를 강제하기에 이르렀다. 이후 일련의 후속조치로 기업공개정책이 더욱 강화되어 1973–1977년까지 연평균 50개 기업이 공개하는 실적을 이룩하였다. 이러한 일련의 강제적인 공개는 1982년 자본시장의 기능 확충방안의 채택과 더불어 자율적 공개로 전환되었다. 이 조치에 의해 공개 및 상장요건이 크게 완화되고 공개법인에 대한 세제상의 혜택이 전면적으로 축소되었다.

이와 같은 우리나라의 기업공개는 주변여건이 충분히 조성되지 못한 상황에서 무리하게 주식공개를 강요함으로써 이득도 많았지만 폐해도 상당히 컸다는 것이 일반적인 견해이다. 또한 과거에는 기업공개와 상장이 동시에 이루어지는 공모상장이 보편적이었으나 현재는 서구의 국가들에서와 같이 이를 분리하여 직상장도 가능하도록 하였다.

## 제 5 절 유통시장

앞서 살펴본 바와 같이 유통시장은 기업의 자금조달과정에서 매우 중요한 역할을 하고 있다. 유통시장은 저축으로부터의 자금흐름을 투자로 전환시키는 데 촉매로서 작용하고 있으며, 유동성을 제고시키고 거래비용을 절감시킨다. 또한 유통시장은 발행시장의 수요와 공급에 대한 사전적 척도로서의 역할을 행한다. 증권의 유통시장은 이미 발행된 유가증권이 투자자 상호간에 매매 거래되는 시장을 말한다. 즉 유통시장은 투자자가 소유하고 있는 주식이나 채권을 매각하여 투자자금을 회수하거나 이미 발행된 유가증권을 취득하여 금융자산을 운용하는 시장이다. 유통시장은 발행된 주식이나 채권의 시장성과 유통성을 높여 일반투자자의 투자를 촉진시킴으로써 발행시장에서의 장기자본조달을 원활하게 해줄 뿐만 아니라 유가증권의 담보력을 높여준다. 또한 유통시장은 다수의 투자자가 참여하

그림 2-8 증권시장과 유통시장의 구성

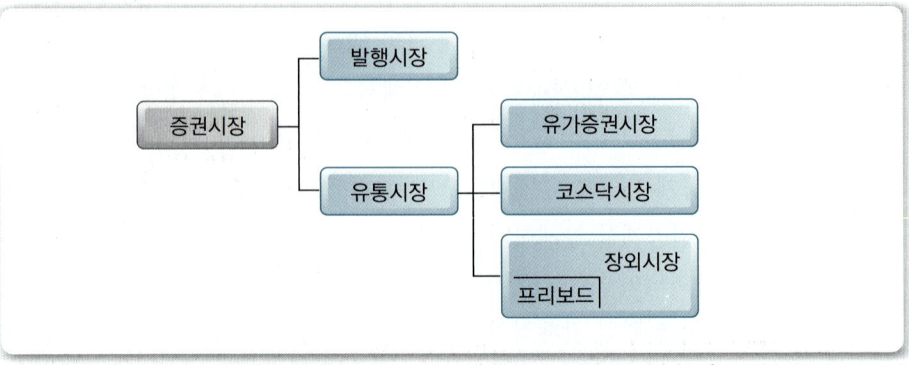


는 경쟁시장이므로 주식이나 채권의 공정한 가격을 형성할 뿐만 아니라 유통시장에서 형성되는 가격은 앞으로 발행할 새로운 증권의 가격을 결정하는 기준으로서의 역할을 한다.

## 5.1 거래소시장과 상장

### 1. 거래소 시장

이미 발행된 증권이 거래되는 유통시장은 크게 거래소시장과 장외시장으로 구분된다. 장외시장에 대해서는 앞 절에서 이미 언급한 바 있으므로 거래소시장[11]을 중심으로 그 구성원과 상장에 관해 살펴보기로 한다.

거래소의 주요기능은 ①상장된 증권의 계속적인 거래가 이루어질 수 있도록 공간적인 장소를 제공하여 유동성을 보장하고, ②공정한 가격결정이 이루어지도록 하며, ③가격과 거래량에 대한 정확한 정보를 공시하는 데 있다. 거래소는 회원제를 도입하여 회원자치적인 성격을 강하게 띠고 있으나 주식회사의 형태로 바뀌고 있는 추세이다. 그러나 거래소의 기본성격이 사회의 공기임을 감안하여 정부당국의 규제와 감독을 받고 있다.

11) 우리나라에서 거래소시장은 한국거래소를 의미하며 거래소내에서 증권의 매매거래가 이루어지는 시장으로는 유가증권시장과 코스닥시장이 있다. 전통적인 의미에서 유가증권시장이나 코스닥시장은 구체적이고 조직적, 상설적, 경쟁적 시장이라고 할 수 있다. 구체적이라 함은 일정한 장소에 구체적인 시장시설을 가지고 있다는 것이고, 조직적이라 함은 매매거래를 위한 일정한 조직을 갖추고 있음을, 상설적이라 함은 증권의 매매를 매일 계속적으로 성립시킨다는 뜻이고, 경쟁적이라 함은 불특정 다수인이 경쟁적으로 자유로이 거래에 참여하는 것을 의미한다.

그림 2-9 유통시장의 조직

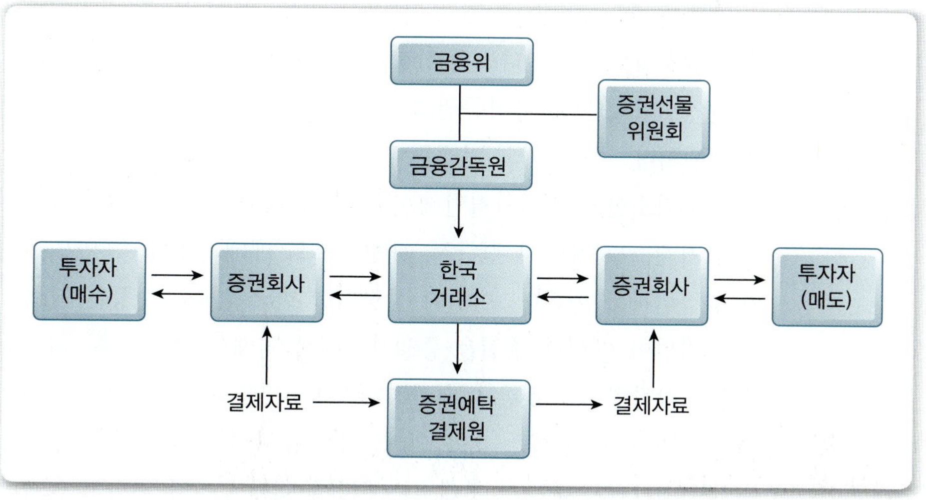


자료: 증권시장의 이해(금융투자협회).

증권을 거래하기 위해서는 거래당사자가 직접 만나서 거래를 성립시키면 될 것이다. 그러나 상장된 증권의 거래를 위해서 투자자가 직접 증권거래소에서 거래를 할 수는 없다. 거래소에 상장된 증권의 경우 일정한 자격을 가진 사람이나 기관을 통해서만 거래가 가능하다. 실제로 거래에 참여하고 거래상대방과 연결을 시켜 주는 권리를 가진 사람 또는 기관을 회원이라고 한다. 우리나라의 경우에는 [그림 2-9]에서 보는 바와 같이 거래원이라고 불리는 증권회사들이 이 기능을 수행한다.

우리나라의 증권거래는 먼저 거래소의 회원조직부터 다른 나라와 상당한 차이를 보이고 있다. 우리나라에서는 증권회사만이 거래소의 회원이 되는 거래원 제도를 채택하고 있다. 거래원이란 거래소에서 상시로 유가증권의 매매거래에 종사할 수 있는 자로서 독점적으로 그 권한을 누리고 있다.

따라서 일반 고객이 거래소시장에서 매매거래를 하고자 할 경우에는 반드시 증권회사에 위탁하여야 한다. 그러면 증권회사는 거래소시장에 나가 있는 시장대리인(증권회사 직원)을 통해 거래를 성립시키게 된다. 특히 우리나라와 같이 장외시장에서의 거래가 거의 전무한 실정에서는 거의 모든 거래가 증권회사에의 위탁거래에 의해 이루어지기 때문에 일반투자가들의 입장에서는 이들 거래원의 선택이 무엇보다 중요하다.

## 2. 상 장

거래소에서 증권이 어떻게 거래되는지를 살펴보기 전에 거래소에서 어떻게 증권이 상장되는지 우리나라의 상장과정을 간단히 살펴보기로 하자.

상장(listing)이란 유가증권의 유통을 위해 거래소에 그 거래와 관리를 위탁하는 행위이다. 즉, 증권의 거래를 위해 시장에 내놓는 행위를 말한다. 이를 위해 거래소는 최소한의 거래자격인 상장요건을 심사하고 이를 충족하는 유가증권에 한하여 거래소 시장에서 집단적, 대량적으로 매매거래될 수 있도록 승인하는 행위인 상장심사를 행한다. 이처럼 상장이란 한국거래소가 정한 최소한의 요건을 충족한 기업이 발행한 주권을 증권시장에서 거래할 수 있도록 허용하는 행위이다. 주권을 상장한다는 것은 어디까지나 당해 주권이 증권시장을 통해 자유롭게 거래될 수 있도록 허용 받는 것을 의미할 뿐, 당해 주권의 가치를 시장에 의해 보장 받는 것은 아니다. 따라서 거래소는 원활한 유동성을 유지하고 공정한 가격을 형성할 수 있도록 매매거래대상인 주권에 대하여 규모요건, 분산요건, 경영성과 요건, 안정성 및 건전성 요건 등의 일정한 기준을 정하고 이를 심사함으로써 기업의 자금조달과 투자자의 보호를 도모하고자 한다.

거래소가 유가증권을 상장시키는 경우에는 발행인의 신청에 의한 상장과 발행인의 신청에 의하지 않은 상장 두 가지 경우가 있다. 전자는 유가증권의 발행인이 거래소에 상장을 신청하고 거래소가 이를 소정의 절차를 밟아 상장시키는 일반적인 방법을 말한다. 후자는 기획재정부장관이 공익 또는 투자자 보호상 필요하다고 인정하여 거래소에 상장을 명하는 명령상장(listing by order), 또는 국채나 지방채 등을 발행인의 신청 없이 거래소에서 임의로 상장시키는 경우와 같이 비자발적으로 상장이 이루어지는 예외적인 상황을 말한다.

한편, 상장은 상장대상증권의 종류에 따라 주권상장(주권, 신주인수권을 표시하는 증서, 뮤추얼펀드), 채권상장, 외국주식예탁증서(DR; depository receipt), 그리고 수익증권상장으로 구분될 수 있다. 주권상장은 주권을 최초로 상장하는 신규상장과 기존 상장주권의 내용 변경으로 인한 변경상장, 유상증자, 무상증자 등으로 인한 신주를 상장하는 신주상장으로 나누어진다. 채권상장의 경우는 신규상장과 변경상장으로 분류된다. 신규상장은 증권거래소에 상장되어 있지 않은 주권 또는 외국주식예탁증서의 발행인이 해당 주권(수익증권)을 처음으로 거래소에 상장하는 것을 의미한다.

신규상장은 공모상장과 직상장으로 구분되며 이 중 공모상장은 신주모집 또는 구주매출의 기업공개과정을 통해 자금을 조달한 후 주식분산요건을 갖추어 상장

그림 2-10 상장절차의 흐름도(유가증권시장)

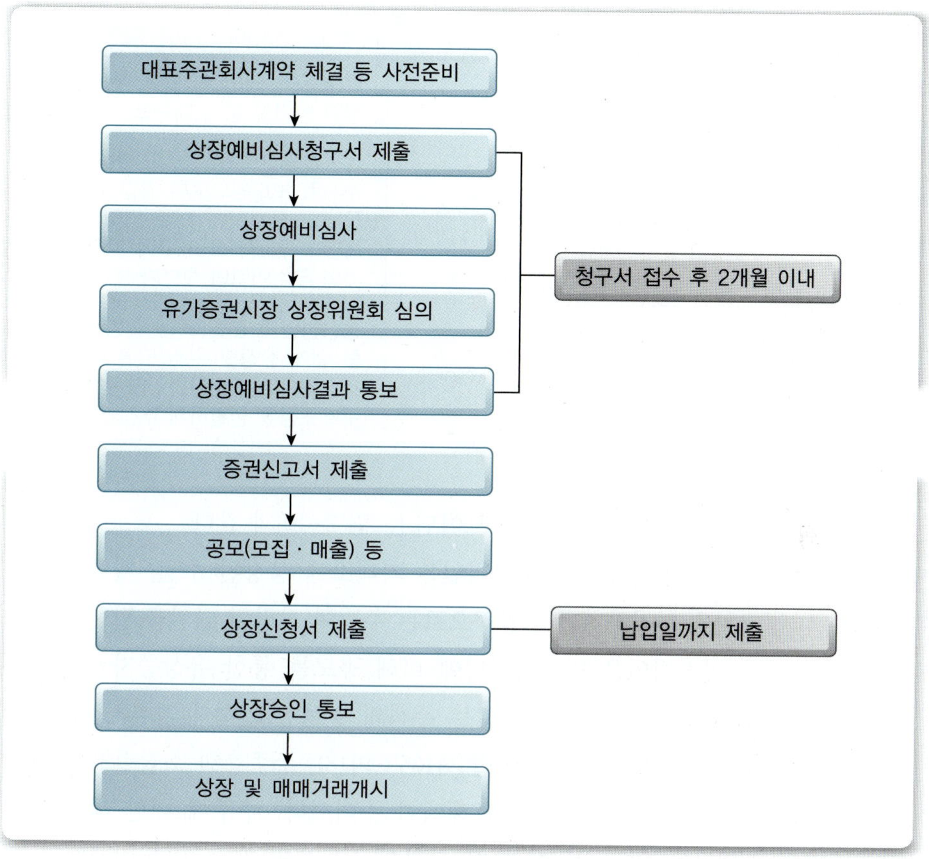


자료: 한국거래소.

을 하는 형태이며, 직상장은 이미 분산요건을 충족하는 기업이 자금조달 과정을 거치지 않고 바로 상장을 하는 경우이다.

유가증권의 상장은 유가증권 발행인의 자유의사에 따른 상장신청으로만 이루어지는 것이 원칙이며 상장을 원하는 발행회사는 상장신청서를 거래소에 제출하여 그 적격여부를 심사받게 된다. 현재는 그동안 발행시장에서 진입장벽으로 지적되어 오던 기업공개 심사제도를 폐지하고 기업공개와 상장을 분리함에 따라 상장요건을 갖추지 못한 기업이라도 대표주관회사와의 계약에 의하여 공개를 추진하고 주식발행을 통한 자금조달이 가능하도록 하였다. 현재의 제도는 거래소의 예비상장심사를 거쳐 상장 적격성이 통보되면 유가증권신고서를 제출하여 상장이 이루어진다. 유가증권시장의 경우에 발행기업의 상장신청에 의해 상장이 이루

**표 2-9** 상장의 기대효과

| 기대효과 | 내용 |
|---|---|
| 1. 필요자금 조달의 용이성 | 유상증자, 해외DR 발행, 전환사채, 교환사채 등 다양한 방법을 통해 대규모 필요자금을 쉽게 조달가능 |
| 2. 기업홍보 및 인지도의 제고 | 상장법인의 주가 등이 신문·TV 등 언론매체에서 수시로 보도됨으로써 기업의 홍보효과가 극대화되고 국내외 투자자에 대한 당해 기업의 인지도를 제고. 또한 기업인지도 제고에 따라 우수 인재의 지원 증가와 우수인력의 확보가 보다 용이 |
| 3. 기업구조조정의 원활한 추진 가능 | 상장법인의 분할 또는 합병 등에 의해 설립된 회사를 쉽게 상장할 수 있도록 상장요건 정비 등 환경을 조성함으로써 상장법인의 경영목적에 맞는 방법으로 구조조정을 원활하게 추진할 수 있음 |

어지는 일반적인 절차를 보이면 [그림 2-10]과 같다.

자본시장법상의 상장법인은 거래소에 상장된 주권, 채권, DR, 수익증권의 발행인을 의미하지만 일반적으로는 주권이 상장된 법인을 말한다.

상장법인은 비상장법인에 비해 공모를 통한 유상증자가 용이(자본시장법 제165조의6)하고, 의결권 없는 주식의 발행한도 특례(자본시장법 제165조의15), 주식배당의 특례(자본시장법 제165조의13), 주주총회 소집절차의 간소화(상법 제542조의4)[12] 등 기업에 대한 혜택이 주어진다. 주주에 대한 혜택으로는 상장기업인 경우 주식양도소득에 대한 비과세(소득세법 제94조, 동법시행령 제157조 제4항), 상속 및 증여재산의 시가평가(상속및증여세법 제63조 및 동법시행령 제53조), 증권거래세 탄력세율 적용(증권거래세법 제8조 및 동법시행령 제5조), 소수주주권 행사완화 등(상법 제542조의6, 제542조의7)이 주어진다. 한편 상장으로 인한 기대효과는 〈표 2-9〉와 같다.

한편 코스닥시장의 참여기준은 유가증권시장의 상장기준에 비하여 상당히 완화된 수준이므로 우량종목 발굴에 대한 증권회사의 선별 기능이 중요하다. 코스닥시장은 투자자의 자기책임원칙이 강조되는 시장으로 고위험 고수익(high risk, high return)의 새로운 투자수단을 제공해 주는 시장으로서 투자자의 자기책임 원칙이 어느 시장에서보다 중요시되는 시장이다. 코스닥시장에서의 주식거래를 위

12) 비상장법인의 주주총회의 소집통지는 각 주주에게 서면으로 하게 되어 있으나, 상장법인의 주주총회 소집통지는 의결권 있는 발행주식총수의 1% 이하를 소유하는 주주에 대하여 정관이 정하는 바에 따라 주주총회일 2주전에 2개 이상의 일간신문에 각각 2회 이상 공고함으로써 이를 갈음할 수 있다.

해서도 해당 유가증권의 상장이 이루어져야 한다. 유가증권시장과 마찬가지로 코스닥시장에서도 투자자보호를 위한 최소한의 제도적 장치로서 코스닥 상장제도를 두고 일정한 요건을 갖춘 주식에 한하여 코스닥시장에서의 거래를 허용하고 있다.

코스닥은 미국의 장외시장인 나스닥 주식시장(NASDAQ stock market)을 벤치마킹하여 도입되었으며 기업규모는 작지만 성장 잠재력이 높은 벤처기업, 유망중소기업 등이 용이하게 자금을 조달할 수 있도록 한 성장기업 중심의 시장이다. 유가증권시장에의 상장을 위한 전단계적 시장으로서의 역할이 아니라 독립된 경쟁관계 시장으로서 독립된 시장을 형성하고 있다.

## 5.2 프리보드시장과 지정

과거 제3시장(Korea Over-The-Counter Bulletin Board : OTC BB)으로 불리던 프리보드시장(free board market)은 장외시장의 전형적인 형태로 장외시장 중에서도 점두시장(OTC market)에 속한다. 프리보드시장은 거래소의 유가증권시장이나 코스닥 시장의 상장요건을 충족하지 못하여 제도권시장에 진입하기 어려운 기업들에게 공모에 의한 자금조달 기회를 부여하고, 상장이 폐지된 주식들에 대해 유동성을 부여함으로써 주식시장을 발전시키기 위해 마련된 시장이다. 프리보드시장은 비상장주식(장외주식)의 거래를 장외주식 호가중개시장 중심으로 집중·재편함으로써 거래의 편의성과 가격의 공정성을 도모하기 위한 시장이다.

프리보드란 유가증권시장 및 코스닥시장에 상장되지 아니한 기업주권의 매매를 위하여 금융투자협회가 개설하여 운영하는 새로운 증권시장으로서 법적 근거를 가지고 조직화된 장외주식시장이라는 면에서 순수한 장외시장과 구별된다. 아울러 규제를 최소화한 저비용 시장 및 벤처자금의 선순환을 도모하는 벤처중심의 시장을 지향하고 있다.

장외시장에서의 주식거래 방법은 장내시장에서의 경쟁매매방식과는 달리 단일의 매수자와 단일의 매도자간 상대매매거래로 이루어진다. 거래소에서 거래되는 증권은 엄격한 심사를 거친 증권에 한정되고 있을 뿐만 아니라 거래의 시간과 장소도 제한되어 있다. 이에 비해 장외시장은 조직적인 거래소시장 밖에서 증권의 거래가 이루어지는 시장을 총칭하는 개념으로 거래소시장에 대한 상대적 개념이다. 거래소시장은 일정한 조직과 설비를 갖춘 구체적인 시장임에 비해 장외시

**표 2-10** 유통시장의 비교

| 구분 | 유가증권 시장 | 코스닥시장 | 프리보드 |
|---|---|---|---|
| 거래시간 | • 동시호가<br>(오전 8시-오전 9시<br>오후 2시50분-3시)<br><br>• 정규시장<br>(오전 9시-오후 3시)<br><br>• 시간외 시장<br>(오전7시30분-8시30분<br>오후 3시10분-6시) | • 동시호가<br>(오전 8시-오전 9시<br>오후 2시50분-3시)<br><br>• 정규시장<br>(오전 9시-오후 3시)<br><br>• 시간외 시장<br>(오전7시30분-8시30분<br>오후 3시10분-6시) | 정규시장<br>(오전 9시-오후 3시) |
| 가격제한폭 | ±15% | ±15% | ±30% |
| 매매방식 | 경쟁매매<br>단일가격 경쟁매매 | 경쟁매매<br>단일가격 경쟁매매 | 상대매매<br>(수량 분할매매) |
| 결제전매매 | 가능 | 가능 | 가능 |
| 주문 | 시장가, 지정가 | 시장가, 지정가 | 지정가 주문만 가능 |
| 수도결제 | 3일 결제 | 3일 결제 | 3일 결제 |
| 기준가 | 전일 종가 | 전일 종가 | 전일 거래량가중평균주가 |
| 매매단위 | 10주 | 1주 | 1주 |

장은 상장증권은 물론 비상장증권에 대하여 고객과 증권회사, 증권회사 상호간 또는 고객 상호간의 개별적인 상대매매의 형태로 거래가 이루어지는 비조직적인 추상적 시장이라 할 수 있다. 광의의 장외시장은 직접거래시장(no broker market)과 점두시장(over-the-counter market)으로 나뉜다. 점두시장은 증권회사의 창구에서 주식의 거래가 이루어지는 시장을 의미하며, 보통 좁은 의미의 장외시장으로서 제3시장에 해당하는 프리보드시장이 여기에 속한다.

현재 유통시장은 거래소가 운영하는 유가증권시장과 코스닥시장, 그리고 협회에서 운영하는 프리보드 시장으로 나누어지며 이들 시장의 특성을 비교하면 〈표 2-10〉과 같다.

## 5.3 주식거래의 과정

주식 매매거래의 일반적인 절차로 투자자가 거래소시장에서 매매거래를 하기 위해서는 먼저 증권회사에 매매거래계좌를 개설하고, 동 계좌를 개설한 증권회사를 통하여 주문을 제출하여야 한다. 거래소시장에서 유가증권을 매매할 수 있는 자는 한국거래소의 회원인 증권회사에 한정되므로 일반투자자는 회원 증권회사를 통하여서만 거래소시장에서 매매거래를 할 수 있다. 투자자로부터 주문을 위탁받은 거래소의 회원 증권회사는 동 주문을 거래소에 제출하여야 한다. 한편, 외국인투자자의 주문은 금융감독원의 외국인 투자관리시스템을 경유하여야 하며, 거래소의 회원이 아닌 증권회사가 투자자로부터 주문을 위탁받은 경우에는 회원을 통하여 주문을 제출하여야 한다. 회원으로부터 거래소에 제출된 주문은 거래소가 업무규정에서 정한 원칙에 따라 매매 체결되며, 거래소는 체결결과를 회원에게 통보하고 회원은 이를 다시 고객에게 통지하게 된다. 투자자는 매매체결분에 대하여 매매체결일부터 기산하여 제3영업일까지 매매거래를 위탁한 증권회사에 매수대금 또는 매도증권을 납부하여야 하며, 증권회사는 이를 거래소를 통하여 결제함으로써 매매거래가 완료된다.

이러한 일련의 과정에서 투자자들이 증권을 사거나 팔기 위해서는 브로커인 증권회사에 가격, 수량 등의 조건을 적어 주문을 내면 되며, 거래가 성립하면 이

그림 2-11 주식의 매매거래과정

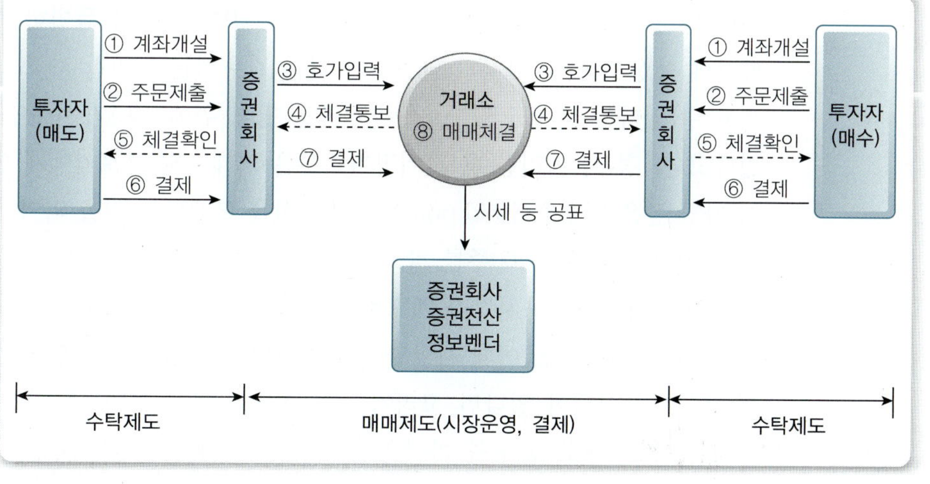


자료: 한국거래소.

러한 사실이 [그림 2-11]에서 보는 바와 같이 투자자들에게 다시 통보된다.

이처럼 증권을 사고 팔기 위해서는 우선 투자자(고객)들의 주문이 있어야 한다. 그러나 고객들의 매수 또는 매도주문은 일반 상품과는 달리 가격이 수시로 변하기 때문에 어떤 조건의 가격으로 주문할 것인가를 사전에 미리 정해야 하며(price limit), 또 그 주문이 바로 성립하지 않을 경우에는 언제까지 유효할 것인가도 고객이 미리 정해야 한다(time limit). 보통의 경우 시간(주문의 유효기간)에 대한 제한은 주문을 한 그날 하루에 한정(day or open order)되거나, 또는 고객의 취소가 있을 때까지는 주문이 계속 유효한 경우(GTC order; goot-till-cancelled), 그리고 주문이 체결될 때까지 유효한 경우(GTX order; good-till-executed)의 세 가지 유형이 있다. 이 밖에도 매수 또는 매도주문의 내용은 브로커에게 의사결정의 재량권이 일임되어 있는가의 여부와 포지션의 특성에 따라서도 달라진다.

여기서는 일반적 주문유형인 시장가 주문과 지정가 주문, 그리고 특수한 목적의 주문유형인 매수특정가주문과 매도특정가주문의 4가지 유형의 주문에 관하여 살펴보기로 한다.

## 1. 시장가 주문

미국의 경우 가장 보편적인 주문은 시장가 주문(market order)이며 우리나라의 경우에도 1997년 상반기부터 허용하고 있다. 시장가주문이란 개장시간 동안 투자자가 가격을 정하지 않고 수량만을 적어 주문을 내면 주문이 접수되는 시점에서 형성되어 있는 매매가능한 가격 중 가장 유리한 가격으로 주식을 사거나 팔라고 지시하는 주문이다. 따라서 반드시 주문이 체결되는 장점 때문에 신속한 매수나 매도를 원하는 경우에 일반적으로 이용되며, 가격을 특별히 지정하지 않기 때문에 예상치 못한 가격의 급등락이 있는 경우에는 불리한 가격으로 주문이 체결될 수 있다는 단점도 있다. 가령 주식을 팔기 위해 시장가 주문을 낸 투자자가 있다고 할 경우, 이러한 매도 시장가주문은 거래소의 브로커에게 이르는 시점에서 가장 높은 매수호가(bid price)로 그 주식을 팔겠다는 것을 의미한다. 투자자 A가 고려기업의 주식 100주를 팔고 싶다고 가정하자. 이를 위해 투자자 A가 고려기업의 주식 100주를 시장가 매도주문을 냈을 경우 증권회사는 시황판을 보고 주문을 처리하게 된다. 이때 시황판에 고려기업의 주식이 매수 5,000원-매도 5,200원이라고 공시되어 있다면 고려기업의 주식은 현재 호가 중 가장 높은 가격이 5,000원이고, 매도 호가 중 가장 낮은 가격이 5,200원이라는 것을 의미한다. 따라서 투자자 A는 주당 5,000원을 받고 주식을 팔게 되고, 매각대금 500,000원 중 수수료를 뺀 금액을 받게 된다. 같은 상황에서 투자자 B가 고려기업의 주식을 사기 위해 시장가 매수주문을 냈다고 하면 투자자 B는 주당 5,200원에 주식을 매입하게 된다.

시장가 주문은 투자자가 매매를 희망하는 가격과 수량을 모두 적어 내는 지정가 주문보다 우선하기 때문에 주문 즉시 주식을 신속하게 사거나 팔 수 있는 이점이 있다.

## 2. 지정가 주문

시장가 주문과 함께 또 하나의 대표적인 주문의 형태로는 지정가 주문(limit order)이 있으며 우리나라에서는 이 두 가지 유형의 주문 중 고객들이 선택하여 주문을 낼 수 있다.[13] 고객들이 가격조건보다는 주문시점에서의 확실한 계약체결을 원한다면 거래상대방의 호가가 있는 한 매매계약이 확실하게 체결될 수 있는 시장가 주문을 이용하면 되고, 계약의 확실한 체결보다는 시간이 걸리더라도 고객이 원하는 가격이 있을 경우에는 지정가 주문을 이용하면 된다.

지정가주문은 고객이 주식을 사거나 팔고자 하는 가격의 한도, 즉 매수주문의 경우에는 가격의 상한인 최고 매입가능가격을, 매도주문의 경우에는 가격의 하한인 최저 매도가능가격을 지정하여 이 가격 또는 이보다 유리한 가격(at or better price)으로 주문이 이루어지도록 하는 방식이다. 따라서 시장가 주문과는 달리 가격을 지정하기 때문에 고객이 원하지 않는 불리한 가격으로 주문이 체결될 가능성은 없지만 주문이 반드시 체결된다는 보장은 없다.

예로써 투자자 B가 주가가 하락하리라고 예상하여 4,800원에 매수 지정가주문을 내는 경우를 생각하여 보자. 이는 4,800원 또는 그 이하의 가격이라면 어떤 가격에 사도 좋다는 것을 의미하며 4,800원 이상의 가격을 주고는 사지 않겠다는 의미이다. 따라서 4,800원 또는 그 이하로 가격이 떨어지지 않으면 거래가 성립하지 않기 때문에 시장가 주문보다는 매매계약의 체결 가능성이 낮다. 그렇다면 매매계약이 체결되지 않을 경우 언제까지 그 주문내용이 유효하게 될 것인가? 주문은 원칙적으로 취소할 때까지는 유효하게 되나 우리나라에서는 호가의 효력이 당일에만 유효하다.

한편 한국거래소에서는 조건부지정가주문의 적용도 가능한데, 이는 종가결정을 위한 동시호가 시간전까지 매매거래가 성립하지 않을 경우에는 시장가 주문으

13) 이러한 두 가지 유형의 주문 이외에 조건부지정가, 최유리지정가, 최우선지정가 주문도 있다.

로 전환되는 조건이 붙은 지정가 주문을 말한다.

### 3. 특정가주문과 일임주문

이러한 일반적인 주문 이외에도 몇 가지 특수한 형태의 주문으로서 특정가주문(stop order)과 일임주문(discretionary order)이 있다. 일임주문은 브로커에게 언제, 어떤 가격으로, 어떻게 주문을 실행할 것인가를 모두 일임하는 형태의 주문으로서 브로커가 고객을 위해서 최선의 노력을 다한다는 보장이 있어야 하기 때문에 많이 이용되지는 않으며, 우리나라의 경우에는 이러한 일임매매가 허용되지 않고 있다.

특정가주문은 고객이 시장상황을 지속적으로 관찰할 수 없는 경우에 ① 이익을 일정 수준으로 보호하거나 ② 더 이상의 손실이 발생하는 것을 줄이기 위한 목적으로 이루어지며, 고객이 미리 지정해 놓은 일정수준(stop price)에 가격이 도달하는 순간 시장가주문으로 전환되어 주문이 집행된다. 따라서 전환시점에서 시장가격이 고객의 지정가격수준보다 높든 낮든 전환시점에서의 가장 유리한 가격으로 해당증권을 사거나 팔도록 지시하는 형태의 주문이다. 특정가주문은 고객의 포지션에 따라 특정가매도주문(stop-loss 또는 stop-sell order)과 특정가매수주문(stop-buy order)이 있으며 지정가격은 현재의 가격수준보다 불리한 수준에서 설정된다. 매도주문의 경우는 지정가격이 현재의 가격보다 낮게, 매수주문의 경우에는 현재의 가격보다 높게 제시된다. 특정가매도주문의 경우에는 향후 시장가격이 하락하여 지정가격에 도달하면 주식을 매도하고 특정가매수주문의 경우에는 향후 시장가격이 상승하여 지정가격에 도달하면 주식을 매입하라는 주문이다. 전자의 경우에는 고객이 증권을 실제로 매입해서 보유하고 있는 가장 일반적인 포지션의 경우(long position)로서 고객이 지정한 가격수준 이하로 가격이 떨어지면 해당 증권(주식)을 매도(sell)하게 함으로써 더 이상의 손실이 발생하지 않도록 하라는 주문이다. 반면 후자의 경우에는 주가가 하락할 것으로 예상하여 주식을 빌린 다음, 빌린 주식을 매도(short position)함으로써 이득을 보고자 하는 경우 가격이 예상과는 달리 상승하게 되면 손실을 보게 된다. 이때 손실의 크기를 제한하기 위해 지정된 가격수준 이상으로 가격이 오르면 주식을 매수하게 함으로써 가격상승에 따른 더 이상의 손실을 보지 않도록 하기 위한 주문방식이다. 또 가격이 예상대로 하락하다 반등하기 시작하는 경우에 지정된 가격수준이상으로 가격이 오르면 해당주식을 매수(buy)하게 함으로써 가격하락으로 이미 확보한 이익의 수준이 더 이상 줄어드는 것을 방지하라는 주문이다. 이제 이러한 각각의 경우를 예를 들어 설명해 보자. 우선 특정가매도의 경우부터 설명하기로 한다.

예를 들어 투자자 C는 주식을 5,500원에 매입하고 가격이 더 상승하리라 예상하고 있다. 만약, 그의 예상과는 달리 가격이 하락한다면 손실을 입게 되는데, 이를 극소화하고자 한다. 이를 위해 투자자 C는 5,300원에 특정가매도주문을 내면 된다. 만약 가격이 5,300원 이상으로 계속 유지된다면 주문은 실행되지 않고 가격이 5,300원 이하가 된다면 주문은 시장가 매도주문(market sell order)으로 전환되어 전환시점에서의 시장가격 중 가장 유리한 가격으로 매도된다. 또 다른 예로서 투자자 C가 5,500원에 매입한 주식이 현재 8,000원에 거래되고 있다고 하자. 이 경우 더 가격이 상승할 수도 있고 하락할 수도 있다. 이때 최소한 주당 2,000원의 이득은 유지하고 싶다고 할 경우 투자자 C는 7,500원에 특정가매도주문을 내면 되는 것이다.

반면에 특정가매수주문은 주식을 빌려서(대주제도) 매각한 사람(short position)이 주가가 오를 경우 손실을 최소화하거나 이득을 보전하기 위해 사용하는 주문이다. 예를 들어 투자자 D는 주가가 4,000원으로 하락할 것으로 예상하고 투자자 E로부터 주식을 빌어서 5,000원에 매도했다고 하자. 실제로 가격이 4,000원으로 떨어지면 투자자 D는 1,000원의 이득을 보지만 예상과는 달리 가격이 상승할 경우에는 손해를 보게 된다. 이와 같이 손실은 최소화하면서 이득을 보전하기 위해 투자자 D는 특정가매수주문을 낼 수 있다. 가령 주가가 4,000원까지는 하락할 것으로 생각하였으나 주가가 상승하게 되면 예상이익(1,000원)의 크기가 그만큼 감소할 수 있기 때문에 4,200원에 미리 특정가매수주문을 내 놓는다. 그러면 가격이 상승하더라도 지정된 가격수준인 4,200원에 이르면 매수 시장가주문으로 전환되므로 800원(5,000−4,200) 정도의 이득은 보전할 수 있게 된다.

반대로 주가가 5,000원 이상으로 상승하게 되면 손해를 보게 되는데, 이때 손실을 극소화하기 위해 5,200원에 특정가매수주문을 낼 수도 있다. 이는 최대한 200원은 손해볼 생각을 하고 가격이 하락할 때의 이득을 노릴 수 있는 기회를 가

**표 2-11 지정가주문과 특정가주문의 차이**

| 구분 | | 가격조건 | |
|---|---|---|---|
| | | 지정가격수준 이하 | 지정가격수준 이상 |
| 주문의 실행 (action) | 매수 | 매수 지정가주문(limit buy order) | 특정가매수주문(stop buy order) |
| | 매도 | 특정가매도주문(stop sell order) | 매도지정가주문 (limit sell order) |

**표 2-12 주문(호가)접수 및 매매거래시간**

| 구분 | | 호가접수시간 | 매매거래시간 |
|---|---|---|---|
| 정규시장 | | 08:00~15:00(7시간) | 09:00~15:00(6시간) |
| 시간외시장 | 장개시전 | 07:30~09:00(1시간 30분) | 07:30~09:00(1시간 30분) |
| | 장종료후 | 15:00~18:00(3시간) | 15:10~18:00(2시간 50분) |

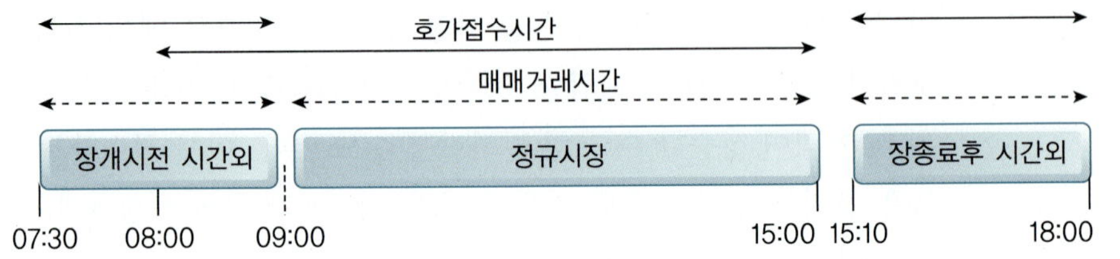


자료: 한국거래소

지고자 하는 것이다. 이제 이상에서의 설명에 따라 지정가 주문과 특정가주문을 비교하여 보면 〈표 2-11〉과 같다.

이러한 주문제도 이외에도 우리나라에는 시간외 종가주문제도와 조건부 지정가 주문제도가 있다. 전자는 증시 폐장 이후 30분 동안 그날의 종가만으로 매매계약을 체결하는 제도로서 주문가격이 모두 종가로서 같기 때문에 시간우선의 원칙에 따라 매매가 체결되며, 투자자의 주문에 대한 상대주문이 있는 한 매매가 즉시 체결된다.

한편 한국거래소에서 매매거래가 가능한 시간은 2000.5.22부터는 이전까지 전·후장으로 분리되어 운영되던 것을 통합하여 단일장으로 운영하고 있으며, 매매거래를 위하여 정규시장과 시간외시장을 운영하고 있다. 그리고 정규시장의 시초가 결정을 위한 호가 접수시간을 두기 위하여 오전 8시부터 호가를 접수하고 있으며, 시간외시장은 장개시전 시장과 장종료후 시장으로 구분된다.

## 5.4 신용거래

투자자들은 꼭 현금을 가지고 매수주문을 내야 하는 것은 아니며, 꼭 주식을 가지고 있어야만 매도주문을 낼 수 있는 것도 아니다.

[그림 2-12]에서 보듯이 주식대금의 일부를 빌려서 주식을 사거나, 또는 팔고

그림 2-12 주식거래의 방법

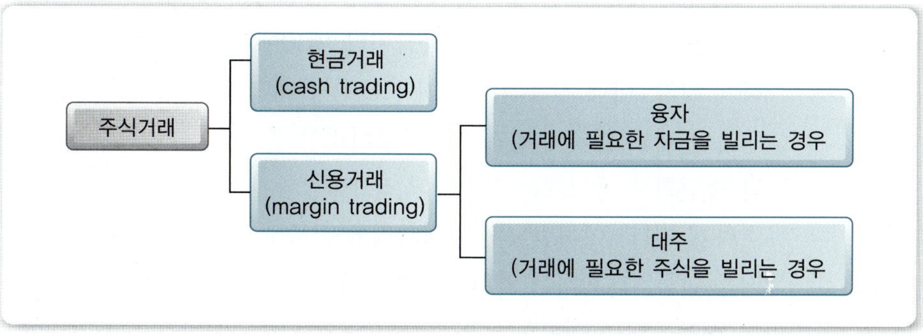


자 하는 주식을 빌려서 매도함으로써 주식거래를 할 수도 있다. 이를 일컬어서 신용거래(margin transactions)라고 부르며 전자의 경우는 주가상승이 기대되는 상황하에서 이루어지는 신용거래 융자, 후자의 경우는 주가하락이 기대되는 상황하에서 이루어지는 신용거래 대주라고 한다.[14] 이처럼 신용거래는 브로커(증권회사)가 고객에게 고객의 증권매입에 필요한 자금의 일부를 융자하거나, 고객이 매도하고자 하는 주식을 대주하는 행위를 말한다.

신용거래를 원하는 고객은 일정금액의 보증금과 함께 신용거래구좌를 개설하고 일정기간이 경과하게 되면 언제든지 신용거래가 가능하게 된다.

## 1. 신용거래의 의의

신용거래는 유통시장에 가수급을 도입하여 증권의 보다 원활한 유통과 가격형성을 도모하기 위한 제도이다. 우리나라는 미국의 신용거래(margin trading)를 모방한 일본의 제도를 도입하여 그 동안 실시되어 왔다.

신용거래는 증권의 인수 및 유통과 관련한, 또는 증권을 담보로 한 모든 금융행위를 가리키는 증권금융 중에서 증권유통금융을 의미한다. 이는 거래소에 거래원으로 등록되어 있는 증권회사가 고객들의 보통거래 결제가 가능하도록, 결제에 필

14) 공매도(short selling)는 없는 것을 판다는 의미이다. 즉 가지고 있지 않은 주식에 대해 주가하락을 예상하고 미리 매도주문을 내는 것을 말한다. 공매도를 하기 위해서는 대주거래가 이루어져야 한다. 그러나 공매도는 무차입공매도(naked short selling)와 차입공매도가 있으며, 우리의 경우에는 차입공매도(covered short selling)만 가능하도록 되어 있다. 영화 "007 카지노 로얄"에서 테러자금을 마련하기 위하여 악당 르쉬프는 항공사 스카이플릿의 주식을 공매도한다. 이후 스카이플릿의 신형비행기 폭파계획(성공시 주가하락으로 가격차이만큼 이익)을 갖지만 제임스본드에 의해 좌절되어 손실만 입게 되고, 르쉬프는 손실만회를 위해 도박판에 뛰어든다는 이야기에서 공매도의 예를 찾아 볼 수 있다.

요한 나머지 부족분의 주식이나 자금을 빌려줌으로써 매매거래를 가능케 한다.

신용거래를 위한 일정금액의 보증금(margin requirement)을 증권회사에 예치하기만 하면 매수에 필요한 자금이나 매도에 필요한 증권을 빌려서 거래가 가능하게 된다. 이때 신용거래는 거래소(시장)내 거래원(증권회사)들 사이에는 계약일로부터 제3영업일에 결제[15]가 이루어져야 하는 실물거래의 형태를 취하지만 고객과 증권회사 사이에는 결제가 최장 150일까지 유예될 수 있는 선물거래의 형태를 취하게 된다. 이처럼 신용거래과정에서 증권회사는 신용을 공여함으로써 선물거래를 현물거래화하는 역할을 수행하게 된다.

신용거래를 원활히 운영하기 위해서는 증권회사가 신용거래에 필요한 대부자금이나 대부주권을 용이하게 조달할 수 있는 제도가 전제되어야 한다. 이를 위한 방법으로는 〈표 2-13〉에서와 같이 일반금융기관을 이용하는 방법과 전문적인 유통금융기관을 이용하는 방법이 있다.

신용거래구좌를 개설한 고객은 매매주문시에 매매대금에 신용거래보증금율(initial margin requirement)을 곱한 금액 이상을 신용거래보증금으로 납부하여야 한다. 신용거래에 의해 매입된 주식은 증권회사가 담보로 보유하고 담보주식의 시장가치에서 융자금액을 차감한 잔액은 고객의 지분(equity)이 된다. 이를 예를 들어 설명해 보기로 하자.

**표 2-13 신용공여의 종류**

| 구분 | 신용거래융자 (융자 및 대주) | 예탁증권 담보융자 | 유가증권 매입자금대출(폐지) | 청약자금대출 |
|---|---|---|---|---|
| 의의 | 주식매수대금을 대출하거나, 매도할 주식을 대여 | 예탁증권을 담보로 하는 금전의 융자 | 유가증권을 담보로 타 유가증권 매입을 위한 자금을 대출 | 신주의 매입을 위한 자금의 대출 |
| 대출금 사용제한 | 상장주권, ETF 매입만 사용 | 사용제한 없음 (현금인출 가능) | 유가증권 매입만 가능 | 신주 취득만 가능 |
| 담보물 | 취득주식(융자) 및 매도대금(대주) | 상장주권, 채권공모 ELS, 수익증권 등 | 매입유가증권 및 대용증권 | 취득신주 |

자료: 금융감독원.

15) 이러한 제3영업일에 결제가 이루어지는 매매거래제도의 현실을 이용함으로써 거래에 따른 실제 결제가 이루어지는 제3영업일까지는 투자자들이 이자부담 없이도 자금을 빌려서 주식을 사는 것과 같은 효과를 얻을 수 있기 때문에 주가상승을 예상하는 경우에는 초단기매매수단으로 이용되기도 한다. 이때 제 3영업일에 가서도 투자자의 결제가 이루어지지 않는 경우에는 증권회사는 미수금으로 처리하고 그 다음날 시장가에 매도주문하여 정산하게 된다.

A씨는 고려기업의 주식 100주를 400원에 사고 싶지만 30,000원밖에 없다고 하자. 만약, 증권회사에서 신용거래를 허용하여 10,000원을 빌려 주었다면 A씨의 대차관계는 다음과 같다.

| | |
|---|---|
| 고려기업 주식 100주 @400=40,000원 | 증권회사차입금 10,000원<br>지분 30,000원 |

A씨의 보증금비율은 30,000/40,000=75%가 된다. 만약 이 비율이 신용거래보증금률을 초과한다면 이 거래는 성립될 수 있는 것이다. 고려기업의 주식을 매입한 후 주가가 주당 300원으로 하락할 경우 A씨의 대차관계는 다음과 같다.

| | |
|---|---|
| 고려기업 주식 100주 @300=30,000원 | 증권회사차입금 10,000원<br>지분 20,000원 |

이때의 보증금비율은 20,000/30,000=66.7%가 된다. 여기서 주가가 주당 100원까지 하락한다면 자기자본 지분의 계좌잔고가 0이 되는 이른바 깡통계좌가 되어버린다. 그런데 주가가 여기에서 그치지 않고 더욱 하락한다면 자산(주식)의 담보가치가 증권회사 차입금 이하로 내려갈 우려가 있으므로 증권회사는 보통 보증금유지비율(maintenance margin requirement)을 유지할 것을 요구하게 된다. 미국의 NYSE의 경우 보증금유지비율을 25%로 정하고 있는데 가격이 더 떨어져 보증금유지비율을 하회하게 되면 추가적인 담보의 예치를 요구하게 되는 데 이를 마진콜(margin call)이라고 한다. 우리나라의 경우 만약 투자자가 보증금유지비율을 유지하지 못하여 추가담보의 예치요구에 응하지 못하는 경우 증권회사는 담보주식을 처분하여 융자금을 우선적으로 회수하게 된다.

이제 반대로 주가가 500원으로 상승하면,

| | |
|---|---|
| 고려기업 주식 100주 @500=50,000원 | 증권회사차입금 10,000원<br>지분 40,000원 |

이 되어 보증금비율은 40,000/50,000=80%가 된다. 만약 신용거래보증금비율이 75%라면 현재지분 40,000원은 총시장가치 53,333원이 될 때까지 신용거래가 가능하다. 따라서 3,333원을 전액 증권회사로부터 차입받아 추가로 주식을 매입할 수

**표 2-14 주식매입과 공매의 현금흐름 비교**

| | 주식매입 | | 주식공매 | |
|---|---|---|---|---|
| | 거래활동 | 현금흐름 | 거래활동 | 현금흐름 |
| 최초시점 (t=0) | 주식매입 | − 최초거래가격 (initial price) | 주식차입 & 매도 | + 최초거래가격 |
| 최종시점 (t=1) | 배당수령 & 주식매도 | +최종거래가격 (ending price) +배당(dividend) | 차입한 주식 상환 위해 해당 주식 매입하고 기간중 발생한 배당 지급 | − (최종거래가격+ 배당) |
| 손익 | 가격상승예상 | (최종가격+배당) −최초가격 | 가격하락예상 | 최초가격−(최종가격+배당) |

주: +는 현금유입, −는 현금유출

있다. 또한, 총시장가치의 75%인 37,500원의 지분만 유지하면 되므로 지분 중 2,500원은 인출할 수도 있다.

한편 주식을 매입하는 경우와 주식을 공매하는 경우에 두 시점 사이에서의 현금흐름을 살펴보면 〈표 2-14〉와 같다.

## 2. 공매도

일반적인 의미의 공매도(short selling)는 '소유하지 않은 증권을 매도하는 것'을 말한다. 이는 미래의 가격하락을 예상하고 매도한 다음 예상했던 대로 가격하락하면 저렴한 가격으로 재매입함으로써 차익을 얻고자 하는 거래이다. 자본시장과 금융투자업에 관한 법률에서는 [그림 2-13]에서 보는 바와 같이 ① 소유하지 않은 증권의 매도(무차입 공매도: naked short selling ), ② 차입한 증권으로 결제하고자 하는 매도(차입 공매도: covered short selling)로 구분하여 정의하고 있다.[16] 또한 동법은 현재 증권을 소유하고 있지 않지만 향후 소유하게 될 예정으로 결제불이행의 우려가 없는 증권의 매도에 대해서는 공매도로 간주하지 않음으로써 공매도 규제가 적용되지 않는 범위를 명확히 하고 있다.[17]

16) 공매 또는 공매도란 '주식'을 보유하지 않은 상태(空)에서 주식을 매도(賣)하는 행위로 우리나라에서는 주식을 빌려서 매도하는 covered short selling만 인정한다.

17) 자본시장법상 공매도로 보지 않는 경우로는 매수계약 체결 후 결제일 전에 해당 증권을 다시 매도하는 경우, 주식관련채권(전환사채 · 교환사채 · 신주인수권부사채 등)의 권리행사, 유 · 무상증자, 주식배당 등으로 취득할 주식이 결제일까지 상장되어 결제가 가능한 경우 그 주식의 매도, 기타 다른 보관기관에 보관하고 있는 증권을 매도하거나, DR에 대한 예탁계약의 해지로 취득할 주식 및 ETF 환매청구에 따라 교부받을 주식 등의 매도로서 결제일까지 결제가 가능한 경우이다.

그림 2-13 공매도: 차입공매도와 무차입공매도

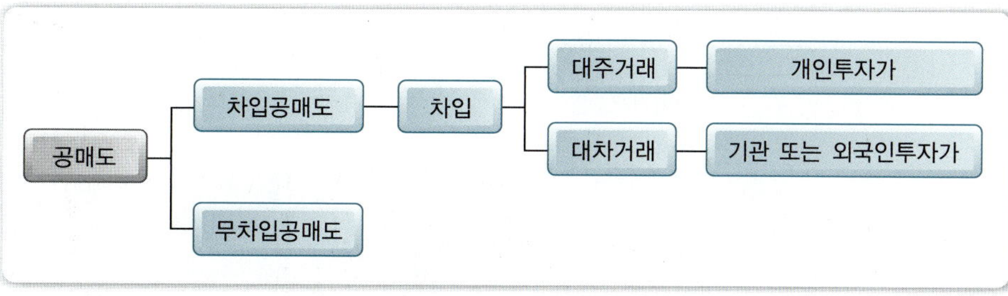


현재 공매도와 관련한 규제의 내용으로는 다음의 4가지 경우를 들 수 있다.

① 공매도 호가의 제한

국내에서는 무차입공매도 및 차입공매도 모두를 원칙적으로 금지하고 있으나, 일정한 호가방법 및 가격에 따른 차입공매도는 예외적으로 허용되고 있다(자본시장법 §180). 즉, 우리 증권시장에서는 신용 대주거래 또는 대차거래[18] 등에 의하여 차입한 증권(주식,채권)에 대해서만 공매도(covered short-selling)로 호가할 수 있다. 그 결과 현재의 공매도는 신용 '대주거래'를 통한 개인투자가의 공매도와 장외에서의 '대차거래'를 통한 기관 또는 외국인 투자가의 공매도로 구분할 수 있다.

주식 대차거래는 장외에서 주식을 빌리고 빌려주는 기관 대 기관간의 거래이며, 대주거래는 개인투자가와 증권회사간의 거래이다. 개인투자가는 증권회사를 통한 대주거래만 가능하며 대주가능 종목 중에서 빌려온 주식을 장내에서 공매도함으로써 향후 가격하락에 따른 차익을 기대한다. 한편 대차거래시 증권의 대여기관으로는 은행, 보험, 국민연금기금과 같이 투자목적으로 장기간 증권을 보유하는 기관들이 될 것이며, 이들은 증권회사나 자산운용회사와 같이 주식을 필요로 하는 차입기관들에게 증권을 유상으로 빌려주게 된다. 물론 증권의 차입기관들이 공매도만을 전제로 차입하는 것은 아니기 때문에 기관이나 외국인들의 대차거래잔고가 공매도 예정수량과 반드시 일치하는 것은 아니다. 빌린 주식은 차입후 즉시 공매도 이외에도 매매거래의 결제, 시세차익거래, 빌린 주식의 재대여 등 다양한 수익을 목적으로 거래되기도 하기 때문이다.

18) 대주(대차거래)는 주식을 빌려주는 행위 그 자체를 의미하며, 따라서 차입 공매를 위해서는 대주 또는 대차거래가 함께 이용된다.

**그림 2-14 대차거래와 공매도**

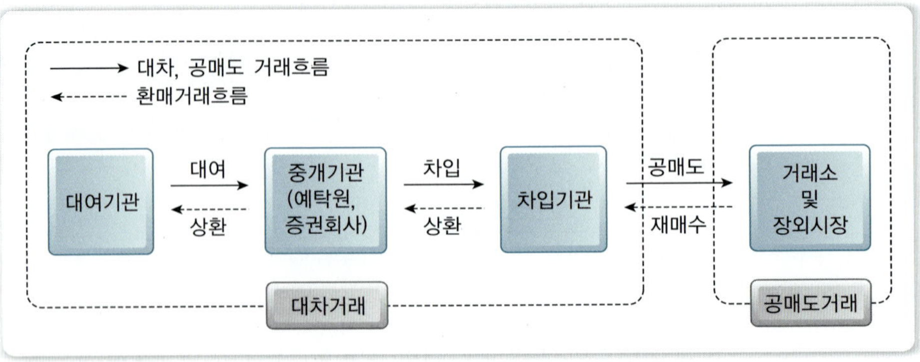


자료: 한국거래소.

② 공매도 호가의 방법

회원이 위탁자로부터 매도 주문을 수탁할 때에는 i) 공매도 여부를 확인하고, ii) 공매도일 경우 해당 증권의 차입 여부를 확인하여야 한다. 회원은 공매도를 별도로 구분 표시하여 호가를 제출하여야 하고, 공매도 규정을 위반하는 주문에 대해서는 수탁을 거부하여야 한다. 한편, 회원이 위탁자로부터 공매도를 하지 않는다는 확약서를 제출받고 해당 위탁자 계좌에서 공매도 주문이 제출되지 않도록 전산조치를 한 경우에는 위의 확인절차를 생략할 수 있도록 하여 공매도를 하지 않는 투자자의 거래 편의를 제고하고 있다(공매도 미실행 확약서 제도).

③ 공매도 호가의 가격규제(uptick rule)

매도는 직전가격 이하의 가격으로 호가할 수 없다. 즉, 거래소는 공매도에 의해 주가 하락이 가속화되지 않도록 위탁매매와 자기매매 모두에 대하여 직전가격 이하로는 공매도를 할 수 없도록 하고 있다. 다만, 가격이 상승하는 경우(직전가격이 그 직전가격 보다 높은 경우)에는 예외적으로 직전가격으로 호가할 수 있도록 허용하고 있다. 차익거래 및 유동성공급자(파생상품시장의 시장조성자 포함)의 헤지거래를 위한 매도의 경우, 그리고 상대매매(장중대량매매 등) 방식 등에는 가격규제를 적용하지 않는다.

④ 공매도 호가의 사후 관리

회원은 결제일에 결제부족이 발생한 위탁자로부터 해당 매매거래와 관련된 차입계약서 등을 제출 받아 공매도규정 위반 여부를 확인하고, 동 기록을 3년 이상

보관 · 유지하여야 한다. 또한, 최근 6개월간 공매도 규정 위반일수가 2일 이상이거나 규정위반 거래대금이 10억원을 초과(1일 기준)하는 위탁자에 대해서는 30일간 해당 공매도 주문 수탁시 차입계약서 또는 대차거래 확인서를 주문 제출 전에 징구하는 절차를 거쳐야 한다.

## 5.5 매매계약체결과 결제

고객들의 주문이 접수되면 그 다음 단계부터는 브로커들간의 매수, 매도호가의 비교에 의해 매매계약이 체결된다. 일반적으로 매매계약의 체결방식에는 복수의 매도자와 복수의 매수자간의 경쟁매매, 단일의 매도자와 단일의 매수자간의 상대매매, 단일의 매도자 또는 매수자와 복수의 매수자 또는 매도자간의 경매 등 세 가지가 있다. 경쟁매매는 다시 집단경쟁매매와 개별경쟁매매로 나누어지는데, 전자는 매도측과 매수측의 브로커들이 한 장소에 모여 공개적으로 수신호 및 육성에 의해 가격과 수량의 경합을 거쳐 매매계약을 체결시키는 방법으로서 전통적인 선물거래소에서 사용하는 방법이다. 후자의 경우 과거에는 입회장에 설치된 매매입회대(post)에서 각 브로커별로 호가표를 제출하면 거래소직원이 이를 시간순으로 정리하여 매매계약을 체결시켜 주었지만 이제는 이러한 과정을 모두 전산화하여 처리하고 있다. 현재 우리나라는 개별경쟁매매방식을 채택하고 있으며, 경쟁매매의 원칙과 그 순서에 따라 매매거래를 체결시켜 주고 있다. 경쟁매매의 원칙은 다음 네 가지로 분류된다.

(1) 가격우선의 원칙: 저가의 매도호가는 고가의 매도호가에 우선하고 고가의 매수호가는 저가의 매수호가에 우선한다는 것이다.
(2) 시간우선의 원칙: 동일가격의 호가에 대해서는 호가가 행하여진 시간의 선후에 따라 먼저 접수된 호가가 나중 접수된 호가보다 우선한다는 것이다.
(3) 수량우선의 원칙: 가격과 시간이 동일할 경우 수량이 많은 주문이 수량이 적은 것에 우선한다는 것이다.
(4) 위탁매매우선의 원칙: 고객이 제출한 위탁매매의 호가가 딜러의 자기매매의 호가에 우선한다는 것이다.

고객의 주문이 거래소에서 체결되면 이 사실은 브로커를 통해 고객에게 통보된다. 그 다음 주권과 대금의 결제가 따로 일어나게 되는데 이는 거래소내의 결제기구인 청산소(clearing house)를 통해 이루어지며, 우리나라의 경우에는 한국예탁결제원이 이를 대행해 주고 있다. 유가증권의 매매계약은 약속된 날짜에 결제가 되어야만 매매거래가 종료된다. 결제방법에는 반대매매의 허용여부를 기준으로 실물결제와 차금결제, 차감유무를 기준으로 전량결제(총량결제)와 차감결제, 결제집중유무를 기준으로 집중결제와 개별결제로 구분된다.

실물결제란 증권과 결제대금을 약속된 결제일에 교환[19)]함으로써 결제가 이행되는 방식으로 실물거래에서 적용되는 방식이다. 차금결제란 결제기일 전에 반대거래(전매 또는 환매)에 의한 매매차금만을 교환함으로써 결제가 이행되는 방식이다.

전량결제란 한 브로커나 딜러의 매도와 매수를 전액 결제하는 것이며, 차감결제는 각 브로커나 딜러의 매도와 매수대금을 차감한 잔액을 결제하는 것이다.

집중결제는 매매거래의 결제업무를 거래소의 결제기구인 청산(결제)기관에서 집중적으로 취급하는 방식이며, 개별결제는 매매당사자간에 또는 거래소가 지정하는 상대방끼리 개별적으로 결제하는 방식이다.

한편, 매매거래는 매매계약체결일과 결제일과의 시간적 간격에 따라 당일결제거래, 보통거래, 청산거래 등으로 나뉘어진다. 당일결제거래란 매매계약을 체결한 당일에 매도측과 매수측이 현금과 증권을 교환하는 방식으로서 보통 채권거래에 적용되며, 보통거래는 매매계약을 체결한 후 3일째 되는 날 매매쌍방이 증권과 현금을 인도하는 것을 말하며 주식거래 등에 적용된다. 청산거래는 매매계약을 체결한 시점과 결제일과는 상당한 시간적 차이가 있어 이 기간 동안에 반대거래가 가능할 때 이에 따른 매매차금만을 교환하는 것이다.

지금까지 살펴본 바와 같이 우리나라에서는 경쟁매매방식에 의해 매매계약을 체결하는데 이 중에서도 개별경쟁매매제도를 택하고 있다. 또 결제제도는 실물결제, 차감결제, 집중결제방식을 채택하고 있으며, 한국예탁결제원에 의해 집중결제되며, 보통거래제도가 도입되어 있다.

19) 실물결제와 대비되는 것으로 증권의 인도나 실물 이동 없이 계좌간 대체에 의해 이루어지는 대체결제의 방법이 있다.

## 5.6 시장관리

### 1. 호 가

호가란 투자자들의 주식거래시 거래의 상대방을 구하는 수단을 말하며 주식을 매수하고자 하는 투자자들이 부르는 '매수호가(bid price)'와 주식을 팔고자 하는 투자자들이 부르는 가격인 '매도호가(ask price)'가 있다.

이 때 투자자들의 호가단위는 가격대별로 호가할 수 있는 최소단위의 가격(tick size)을 의미하며 거래를 표준화하고 가격협상을 용이하도록 하기 위해 설정되어 있다. 이러한 호가단위는 거래비용 절감과 변동성 완화, 거래편의성과 효율성 제고를 위해 세분화하는 추세이며 우리의 경우에는 〈표 2-15〉에서 보는 바와 같이 가격수준에 따라 유가증권시장은 7단계로, 코스닥시장은 5단계로 세분화되어 있다. 물론 투자자들의 가격선택폭을 보다 넓혀 주는 것이 목적이라면 호가단위를 이보다 더욱 작게 정할 수도 있을 것이다.

한편 투자가들이 사거나 팔고자 하는 수량의 지정은 주식의 경우 기본 거래단위인 10주의 배수로 이루어지며, 단위(round lot)인 10주 미만의 주식인 단주(odd lot)는 거래소시장에서 거래되지 않고 장외거래를 통하여 매매가 이루어진다. 거래소 시장에서 호가할 수 있는 최소단위의 수량인 매매수량 단위를 증권의 종류별로 살펴보면 〈표 2-16〉과 같다.

**표 2-15 가격수준대별 호가단위**

| 매매종목 주가수준 | 시장별 호가단위 | | |
|---|---|---|---|
| | 유가증권시장 | 코스닥시장 | 프리보드 |
| 1천원미만 | 1원 | 1원 | |
| 1천원이상–5천원 미만 | 5원 | 5원 | 5원 |
| 5천원이상–1만원 미만 | 10원 | 10원 | 10원 |
| 1만원–5만원 미만 | 50원 | 50원 | 50원 |
| 5만원–10만원 미만 | 100원 | 100원 | 100원 |
| 10만원–50만원 미만 | 500원 | 100원 | 500원 |
| 50만원 이상 | 1,000원 | 100원 | 1,000원 |

자료: 한국거래소, 프리보드.

표 2-16 증권의 종류별 매매수량단위

| 구분 | 유가증권시장 | 코스닥시장 |
|---|---|---|
| 주식 | 10주<br>(기준가격 5만원 이상인 경우 1주) | 1주 |
| EFT | 1증권(주) | 1증권(주) |
| 신주인수권증권 · 증서 | 1증권(증서) | 1증권(증서) |
| ELW | 10증권 | – |
| 수익증권 | 10좌 | – |

## 2. 가격안정화 장치

### (1) 가격폭 제한

가격폭제한은 기준가격을 기준으로 하여 하루 동안에 오르고 내릴 수 있는 가격의 폭을 일정 금액(정액제) 또는 일정비율(정률제)로 미리 제한하여 둠으로써 하루 중의 가격이 폭등하거나 폭락할 경우 투자가들이 입을 수 있는 손실위험을 줄이고자 도입된 제도이다. 즉, 시세의 급등락에 따른 투자자의 피해를 막는다는 목적으로 거래일 하루 동안 주가가 움직일 수 있는 등락폭을 전일종가를 기준가격으로 하여 상하 일정한 비율(정률제)의 가격범위내로 제한하고 있다.

이 제도에 따라 하루의 제한폭까지 가격이 상승한 경우를 상한가, 하루의 제한폭까지 가격이 하락한 경우를 하한가라고 부른다. 상한가 또는 하한가는 일별로 호가를 할 수 있는 최대 또는 최소 가격이다.

우리나라의 경우에는 그동안 정액제[20]로 실시하여 오던 중 가격제한폭을 95년 4월 1일 6%의 정률제, 96년 11월 8%, 98년 3월 12%,98년 12월 15% 등 그 변동의 폭을 점차 확대함으로써 투자자보호의 기능보다는 주식시장의 가격기능을 회복시켜 주식의 공정한 가격형성을 통한 원활한 유통이 이루어지도록 제도를 개선하여 나아가고 있다.

### (2) 서킷브레이커

미국 등의 선진국 증시에서는 이러한 종목별 가격제한폭 제도가 없는 대신에 전체 주가의 급등락에 따른 시장의 혼란을 방지하기 위해 일시적으로 매매거래를

20) 1995년 4월 이전에는 가격수준대별로 17단계로 정해져서 운용되어 왔음.

**표 2-17 가격제한폭의 변천과정**

| 구분 | 유가증권시장 | | 구분 | 코스닥시장 | |
|---|---|---|---|---|---|
| '95.4월 이전 | 정액제<br>(기준가격대별<br>17단계 | 평균 : 4.6%<br>(2.0~6.7%) | '96.11월 이전 | 정액제<br>(기준가격대별<br>12단계 | 평균 : 5.4% |
| '95. 4. 1 | 정률제 | 6% | '96. 11. 1 | 정률제 | 8% |
| '96. 11. 25 | | 8% | | | |
| '98. 3. 2 | | 12% | '98. 5. 25 | | 12% |
| '98. 12. 7 | | 15% | '05. 3. 27 | | 15% |

자료: 한국거래소.

정지 또는 지연시키는 거래제동장치(circuit breakers)와 같은 가격안정화장치를 도입, 운영하고 있다.[21]

서킷브레이커는 본래 전기공학에서 사용되는 순환제동장치에서 유래된 것으로 전기시스템의 설계능력 이상으로 과도한 전기흐름이 있을 경우 이를 차단하도록 사전에 미리 장치해 놓은 전류차단장치를 말한다. 따라서 증권시장에서도 시장이 소화할 수 있는 능력 이상의 가격급등락이 관찰되거나, 매수 매도주문간 심한 불균형이 있는 시장 상황하에서는 시장조성인의 위험이 증가할 수 있기 때문에 이를 감소시키고 시스템을 안전하게 유지시키고자 할 목적으로 거래제동장치를 운영하고 있다. 이러한 거래제동장치의 일반적 유형으로는 거래정지, 가격폭제한, 특정 시장 상황하에서 특정 유형의 주문을 제한 또는 지연시키는 방법이 있다. 물론 거래제동장치가 일시적이기는 하지만 투자가들이 시스템을 일정시간 동안 이용할 수 없게 하는 유동성 상실의 위험이 있다. 그러나 시스템의 안정성을 위태롭게 만들 수 있는 가능성을 감소시킬 수 있다는 긍정적인 측면도 있다.

---

21) 증시 충격을 완화하는 가격안정의 또 다른 장치로는 '사이드카(side car)'라는 것이 있다. 주식시장에서의 미래 가격을 의미하는 선물지수가 급등락할 경우 이로 인해 현물시장에 파급될 혼란을 미연에 방지하기 위해 사이드카를 발동해 프로그램 매매호가의 효력을 일시 정지시킨다. 가장 많이 거래되는 선물 가격이 전일 종가 대비 5% 이상 등락하여 1분간 지속될 경우 발동되며, 발동 후 5분간 주식 시장 프로그램 매매호가(상승의 경우 매수호가, 하락의 경우 매도호가)의 효력이 일시 정지된다. 물론 5분이 지나면 자동적으로 사이드카는 해제되고 매매체결은 다시 정상적으로 이뤄진다. 서킷브레이커와 마찬가지로 하루 한 번만 가능하며 당일 폐장시간 40분전 이후, 즉 오후 2시 20분 이후에는 발동할 수 없다. 서킷브레이커가 증시 급변에 대응하기 위한 사후처방이라면, 사이드카는 선물이 현물에 영향을 미치기 전에 미리 차단하는 예방적 시장관리조치로서의 성격이 짙다. 서킷브레이커는 일단 발동되면 모든 거래가 중단된다는 점에서 매매 주문 중 프로그램 매매에만 영향을 미치는 사이드카보다 그 적용범위가 넓다. 또한 서킷브레이커는 선·현물 가격에 모두 적용되지만, 사이드카는 선물가격에만 적용된다. 결국 서킷브레이커는 증시 안정을 위한 최후의 수단으로 사용된다.

이 제도는 1987년 10월 미국에서 발생한 주가대폭락사태(일명 블랙먼데이)때 비이성적인 투매 및 뇌동매매로 인한 시장 붕괴를 경험한 뉴욕증권거래소(NYSE)에서 시장안정 및 투자자 보호의 차원에서 최초 도입됐으며, 이후 주가 폭락 때마다 그 유용성이 입증되면서 여러 나라의 증권시장에 도입되었고 우리나라는 1998년 12월7일 주가의 상하한 가격변동폭을 15%로 확대하면서 시장안정화조치의 일환으로 유가증권 시장에 처음 도입되었다

현재 우리나라에서 운용하고 있는 서킷브레이커 제도는 현물주식과 선물 · 옵션의 모든 거래를 중단시키는 현물 서킷브레이커와 선물 · 옵션거래만 중단시키는 선물 서킷브레이커 두 가지가 있다.

#### 1) 현물 서킷브레이커

발동시 현물주식거래 및 선물 · 옵션거래의 모든 거래가 중단되며 현물주식이 폭락할 때만 발동되고 폭등할 때는 적용되지 않는다. 현물 주가의 하락폭이 전일 KOSPI 또는 KOSDAQ 종가 대비 10%를 넘는 상태가 1분간 지속될 때 서킷브레이커(circuit breakers)가 발동되어 30분간 현물은 물론 선물 옵션의 모든 매매거래가 중단되는 데 일단 서킷브레이커가 발동되면 30분중 20분 동안은 취소주문을 제외한 모든 종목의 호가 접수와 매매거래가 완전 정지되고, 20분 경과후 10분간 매매가 정지된 상태에서 동시호가로만 주문이 접수된 뒤 10분이 지난 다음 단일가로 주문이 일괄체결된 이후에 거래가 정상적으로 재개된다.

#### 2) 선물 · 옵션 서킷브레이커

선물 가격의 급등 또는 급락시 모두 적용되며 선물 · 옵션거래에만 적용된다. 전일 거래량이 가장 많은 선물종목의 선물가격이 전일종가보다 5% 이상 오르면서 선물이론가격 대비 괴리율이 +3% 이상이 되거나, 선물가격이 전일종가보다 5% 이상 내리면서 선물이론가격 대비 괴리율이 −3% 이상이 될 경우 발동되는데 보통의 경우 거래량이 가장 많은 선물종목은 각 시장의 선물 대표종목이므로 일반적으로 KOSPI 200지수와 KOSDAQ STAR지수 선물의 최근월물이 기준대상물이 된다.

종합하면 기준물의 선물가격이 전일대비 상하 5%, 괴리율이 상하 3%인 상태가 1분간 지속되면 서킷브레이커가 발동되어 15분간 매매가 중단되는데 일단 서킷브레이커가 발동되면 15분 중 5분 동안은 모든 선물, 옵션거래가 완전 중단되고, 5분 경과후 10분간 거래정지 속에서 동시호가 상태로 호가를 접수받아 10분 뒤 단일가

격에 의한 경쟁거래로 일괄 매매처리하고 이후 거래가 정상적으로 재개된다.

### (3) 사이드카

사이드카(side car)는 선물시장이 급등락하며 이에 따라 현물시장이 급변하는 것을 막기 위해 일반 주식거래 주문이나 선물, 옵션 거래는 그대로 두고 단지 프로그램 매매의 호가만을 일정시간 동안 정지시키는 제도이다. 선물이 너무 올라 사이드카가 발동하면 프로그램 매수호가의 주문만 정지되고 선물이 너무 내려 사이드카가 발동되면 프로그램 매도호가의 주문만 정지된다. 사이드카의 발동 기준은 KOSPI의 경우 전일종가 대비 KOSPI 200 선물가격이 5%이상 변동하는 상황이 1분이상 지속될 때, KOSDAQ일 경우 KOSDAQ STAR지수선물이 6% 이상 변동하는 상황이 1분 이상 지속될 때 발동된다. 사이드카가 발동되면 프로그램 매매호가가 5분간 정지되며 주식시장 개장 5분 후인 09시 05분 부터 폐장 40분 전인 14시

Learning Cafe 1

#### Black Monday와 Circuit Breakers, Sidecar

1987년 블랙먼데이 당시 뉴욕증권거래내부 모습과 월스트리트(Wall Street)에 모인 군중

1987년 10월 19일 월요일 미국의 뉴욕증권거래소(NYSE: New York Stock Exchange)의 다우존스공업평균지수(DJIA: Dow Jones Industrial Average)가 508포인트(22.6%)나 하락하면서 1929년 대공황 수준(12%)을 훨씬 능가하는 대폭락이라는 점에서 암흑의 월요일 즉, Black Monday라 하게 되었습니다. 이 주식파동은 수일 내에 일본, 영국, 싱가포르, 홍콩의 시장에서 큰 폭의 주가폭락을 가져와 전세계적으로 1조 7,000억 달러에 달하는 증권투자 손실을 초래하였습니다. 이후 여러 기관들에서 Black Monday의 원인을 규명한 결과 무역적자 등 여러 구조적 요인과 함께 프로그램매매 등이 복합적으로 작용한 것으로 분석되었습니다. 따라서 프로그램매매의 역기능에 따른 주식시장 붕괴를 막기 위해 미국 등 각국은 Circuit Breakers와 함께 Sidecar를 도입하게 되었습니다. 우리나라는 1996년 5월 주가지수선물시장을 개설할 때 Sidecar를, 1998년 12월에는 Circuit Breakers를 도입하였습니다.

자료: 한국거래소.

20분 사이에 걸쳐 하루에 단 한 번만 발동할 수 있다.

### (4) 개별종목의 매매거래 정지 및 재개

시장 전반적인 조치 이외에 거래소는 투자자보호와 시장관리상 필요하다고 인정하는 경우에는 특정종목에 한하여 매매거래를 일시적으로 정지할 수 있다. 즉, 어음 또는 수표의 부도발생, 은행과의 거래정지 또는 금지, 영업활동의 전부 또는 일부정지 등 상장법인의 존폐와 관련된 풍문 등의 사유로 주가 및 거래량이 급변하거나 급변이 예상되는 종목에 대해서 매매거래를 정지할 수 있으며, 중단사유에 대한 조회결과를 공시한 시점부터 30분이 경과한 때에 매매거래가 재개된다. 다만, 14시 이후에 공시하는 경우에는 다음날부터 매매거래가 재개되고, 당해 풍문 등이 공시 후에도 해소되지 않거나 공시내용이 상장폐지기준에 해당하는 경우 및 관리종목 지정사유에 해당하는 경우에는 매매거래의 재개를 연기할 수 있다.

## 3. 배당락

배당락의 공시는 배당에 대한 권리의 귀속자를 확정함은 물론 주가가 합리적으로 결정되도록 관리하기 위하여 이루어진다. 즉, 배당 권리의 있고 없음을 고려하여 가격이 합리적으로 형성될 수 있도록 하기 위해 취해지는 시장관리조치이다.[22]

주주총회에서의 주주권 확정을 위해 권리확정일(배당기준일인 결산일)을 정하는데, 이후에 결제가 이루어지는 주권의 취득자는 배당권리가 소멸된다. 이를 위해 권리확정일 다음날부터 주총 종료일까지 주주명부를 폐쇄함으로써 주권의 명의개서(주주명부상의 기재사항 변경을 정지하는 주식명의개서 정지)를 금지하고 있다. 주식거래는 보통거래에 따른 제3영업일에 결제가 이루어지는 점을 고려하면 권리확정일 다음날이 실제의 결제일에 해당하는 거래부터 배당락이 적용된다.

보통의 경우 시장에서 주식이 거래되는 회사는 사업연도가 끝나면 결산을 하고 주주들에게 배당금을 나눠주는 절차를 밟는다. 배당을 받을 권리는 사업연도가 끝나는 날을 기준으로 주식을 가진 주주들에게 한정된다. 회사는 이를 철저히 가리기 위해 사업연도 최종일을 권리확정일(기준일)로 하고 그 다음날부터 주주

22) 매달 말이면 황금알을 1개씩 낳는 거위가 한 마리 있다고 치자. 어떤 사람이 이 거위를 황금알을 낳기 직전과 낳은 직후에 사려 한다면 지불해야 하는 가격이 똑같을까? 거위와 황금알을 묶어서 판다면 몰라도 아마 황금알을 낳기 직전의 거위가 더 비쌀 것이다. 이미 황금알을 낳아버린 거위는 한 달을 기다려야 또 알을 낳기 때문이다. 주식투자에 있어 배당락(配當落)이라는 말은 황금알을 이미 낳아버린 거위 값이 일시적으로 떨어지는 이유를 떠올리면 이해하기가 한결 쉽다(네이버 캐스트 금융사전).

그림 2-15 배당락일의 주가움직임

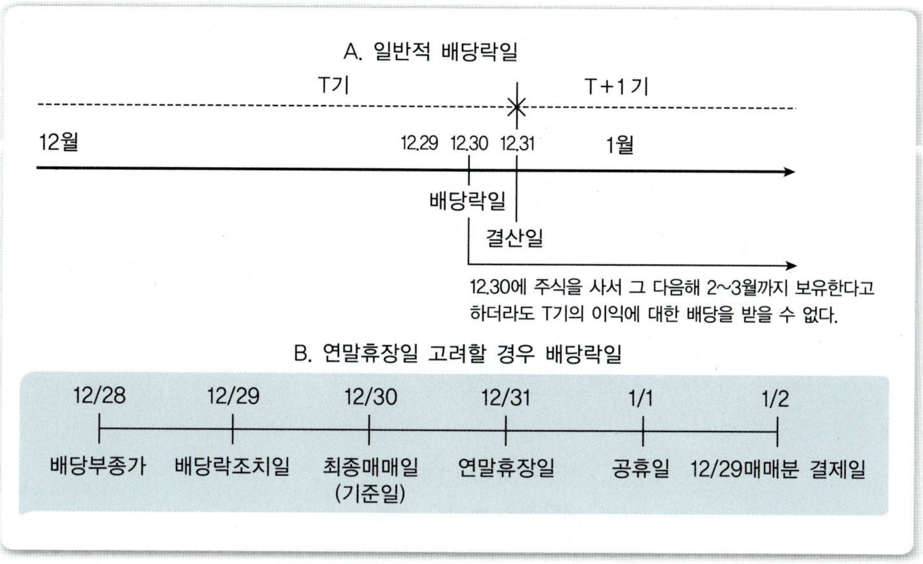


총회 종료일까지 주주명부를 한시적으로 폐쇄한다. 전문적 용어로는 '명의개서'가 금지되는데 쉽게 말해 이 기간중에는 주주명부의 명단을 바꿔 쓸 수 없다는 이야기가 된다. 명의개서는 주식을 사들인 사람이 회사에 대해 주주권리를 행사하기 위해 자기 이름과 주소를 명부에 적는 법률행위를 가리킨다. 기업의 사업연도가 끝나는 시기, 즉 결산 시점은 다양하지만 우리나라의 상장기업은 12월말 기준 결산기업이 많다. 가령 12월말 결산법인이라고 가정하면 12월 31일이 배당기준일이 되어 12월 31일 현재 주주명부에 등재된 주주들이 배당을 받는다. 유의할 점은 주식을 산 다음 바로 결제가 이루어지는 것이 아니라 대금결제까지는 제3 영업일까지의 시간이 소요된다는 점이다. 따라서 12월 31일에 주식을 사면 배당은 받을 수 없다. 결제 자체가 결산일이 아닌 그 다음해에 이뤄져 명의도 이전되지 않는 까닭이다. 따라서 주식을 사도 배당을 받을 수 없는 최종적인 날짜는 사업연도 마지막 날의 전날이 된다. 그러나 우리나라의 증권시장에서는 연말(12월 31일)의 휴장일을 감안하여 직전 매매거래일인 12월 30일을 '실제의 기준일'로 보고 있다. 이 경우에는 배당락일이 12월 30일이 아닌 12월 29일이 된다. 즉, 배당락일 이전에 주식을 사는 경우에만 배당에 대한 권리가 존재한다.

[그림 2-15]에서 보는 바와 같이 주식투자 용어로 배당에 대한 권리가 없기 시작하는 날을 배당락일(ex-dividend date)이라고 부르는 데, 이때 배당에 대한 권

리가 없는 상태가 반영된 주가를 배당락 주가라고 부른다. 주식배당의 경우에는 배당 전 · 후의 1주당 가치를 일치시키는 방법으로 다음과 같이 배당락 기준가격을 조정하여 주면 된다.

배당락 기준가격 = (배당부종가×배당전주식수)/배당후주식수

한편 배당의 권리 유무에 따른 가격의 차이는 투자자가 배당지급후에 주식을 처분할 경우의 수익이나 배당지급전 처분할 경우의 수익은 같아야 한다는 시장균형하에서의 무차익거래 조건에 따라 다음의 관계식이 얻어진다.

$$\frac{P_B - P_A}{D} = \frac{1 - T_o}{T_g}$$

단, $P_A$ : 배당후의 배당락 가격
$P_B$ : 배당전의 배당부 가격
$D$ : 배당금(배당지급액)
$T_o$ : 정상소득(배당)의 세율
$Tg$ : 자본이득의 세율

이에 의하면 세금을 고려하지 않는 경우에는 지급되는 배당금의 크기만큼 배당락일인 12월 30일에 주가가 하락(배당락 주가)하고 세금의 영향을 고려한다면 배당소득세율이 자본이득세율보다 클 경우 배당금의 크기보다는 작은 폭으로 가격이 하락한다. 그러나 12월 29일까지는 배당에 대한 권리가 존재하기 때문에 배당이 고려된 배당부 주가가 형성된다.

## 4. 권리락

권리락의 공시는 증자의 경우에 신주인수권의 귀속자를 확정함은 물론 주가가 합리적으로 결정되도록 관리하기 위해 신주배정기준일을 정하고 이후에 주식을 취득하는 자에게는 권리가 없음을 투자자 등 이해관계자들에게 공시하는 조치이다. 신주배정기준일이 경과됨에 따라 구주주에게 부여되어 있는 신주인수권 또는 신주의 무상교부권이 소멸됨에 따라 이를 투자자에게 주지시켜 시장에서 주가가 합리적으로 형성되도록 관리하기 위한 시장조치이다.

따라서 신주배정기준일 이후에 결제가 이루어지는 주권은 신주인수권이 소멸되며 이 경우도 배당락의 경우와 마찬가지로 실제의 권리락 조치는 신주배정기준

일 직전일에 이루어진다. 그리고 권리락 가격은 신주인수권이 소멸된 주식에 새로이 형성되는 가격으로서, 권리락 이전의 주식가치와 권리락 이후의 주식가치가 같아지도록 주식가치를 조정한 가격이 된다. 이 과정에서 유상증자가 아닌 무상증자의 경우에는 주금의 납입이 없으므로 신주납입금액을 "0"으로 간주하여 계산하면 된다.

권리락기준가격 = {(권리부종가 × 증자전 주식수 + 신주납입금액)} / 증자후 주식수

## 5. 이상급등종목과 관리종목의 지정

거래소는 시장관리의 차원에서 가격이나 거래량의 이상 급등이 감지되는 경우 투자가들의 주의를 환기시키고 가수요를 억제하고자 할 목적으로 이상급등종목을 지정한다. 이상급등종목은 신규의 신용거래가 제한되고 위탁증거금률도 100%가 적용된다.

현재의 이상급등종목의 지정기준은 주가가 최근 5일 동안 75% 이상인 경우가 연 2일 계속되고 2일째 되는 날을 기준으로 최근 6일간 주가상승률이 동기간 동업종 산업별 주가지수 상승률의 4배 이상인 경우에는 이상급등종목으로 지정하고 지정후 일정 요건이 되면 다시 지정 사유가 해제된다. 이는 지정기간이 일시적이라는 점에서 오랜 기간 동안 편입되어 있다가 요건이 개선되어 일반 종목으로 다시 올라가거나 요건이 악화되어 상장폐지되는 관리종목들과는 다르다.

관리종목은 영업실적 등의 악화로 인하여 부실이 심화되거나 일정한 주식분산요건 또는 유동성 비율에 미달하는 경우 등 상장폐지기준에 해당할 우려가 있는 종목으로서, 투자자의 주의를 환기시키고 해당 기업에게는 일정기간 상장폐지의 유예기간을 부여함으로써 정상화를 도모하기 위하여 지정된다. 관리종목도 일반종목과 같은 방법으로 매매거래가 이루어지며 만일 상장폐지가 확정된 종목의 경우에는 투자자들에게 상장폐지전에 환금의 기회를 부여하기 위해 7일간의 정리매매를 허용하고 있다.

# 제6절 시장지수

주식시장에서는 개별주식의 주가움직임이나 시장전반적인 추세에 관해 유용한 정보를 제공해 줄 수 있는 여러 가지 주식시장지표(stock market indicators)가 발표된다.[23] 투자자들로 하여금 더 나은 투자의사결정을 가능케 하는 정보를 제공할 목적으로 주가지수, 배당수익률, P/E ratio, 주식투자수익률, 채권수익률, 채권지수 등의 일반적인 투자지표를 알려주고 있다. 여기서는 미래의 경제전반적인 상황에 관한 투자자들의 전망이 반영되어 있는 주가지수에 관하여 살펴보고자 한다.[24]

## 6.1 주가지수

### 1. 주가지수의 의의

흔히 주식시장이 어떤 상태에 있는가를 이야기할 때 먼저 주가지수를 언급하게 된다. 그러나 실제로 주가지수가 어떻게 구성되고 어떻게 표현되는지에 대해 아는 사람은 드물다. 주가지수는 시장의 전반적인 주가변화나 움직임을 나타낸다.

주가지수는 여러 가지 목적으로 이용된다. 우선 투자자들은 일정기간 동안의 총시장수익률을 조망하고 개별포트폴리오의 성과를 평정하는 기준(bench mark)으로 이용한다. 또한 증권분석가, 포트폴리오 관리자 등은 총체적인 주가변동에 영향을 미치는 요인들을 살피기 위해 사용하기도 한다. 더 나아가 포트폴리오이론에서는 체계적 위험을 산출하는 데도 사용된다.

### 2. 주가지수의 산출: 다우존스방식과 시가총액방식

주가지수를 산출하는 방식으로는 크게 다우존스식 주가지수와 시가총액식 주가지수로 분류된다. 다우존스식 주가지수는 1800년대 후반 미국의 다우존스사가 산출한 최초의 주가지수에서 그 유래를 찾을 수 있으며, 비록 산출방식은 단순하나 투자자가 이해하기 쉽고 신속 정확하게 산출할 수 있다는 장점을 갖는다. 반면 시가총액방식 주가지수는 1900년대 중반 증권시장이 질적으로나 양적으로 크게

23) 주식시장 이외에 여러 시장에는 달러환산지수, 채권지수, 상품지수(CRB) 등 각종 시장지수가 있다.
24) 이 부분은 한국거래소의 자료를 참조하여 정리하였음.

성장하여 시장전체를 보여 줄 수 있는 주가지수의 필요성이 증대되고, 동시에 단순주가평균방식인 다우지수의 한계성이 제기되면서 1923년 미국의 스탠다드 앤드 푸어사(Standard and Poor's)에 의해 발표된 상장종목의 규모(시가총액)를 고려한 S&P 500지수에서 그 유래를 찾을 수 있다. 우리나라의 경우 1956년 개설 초기 주식시장에 상장된 종목이 많지 않았고 시장규모가 작았기 때문에 이렇다 할 증권투자지표가 존재하지 않았다. 그러나 1962년부터 증권시장 육성을 위한 제반여건이 조성되어 주식시장이 점차 활기를 띄자 증권시장에 대한 투자자의 관심이 증가하게 되면서 주가의 움직임에 대한 종합적인 가격지표의 필요성이 대두되어, 1964년에 미국의 다우주가평균과 유사한 수정주가평균과 수정주가평균지수(Adjusted Stock Price Average Index)를 발표하기 시작하였다.

## 3. 주가지수의 종류

현재 우리나라의 대표적인 주가지수는 〈표 2-18〉에서 보는 바와 같이 KRX100(유가증권시장 90, 코스닥시장 10 종목 통합지수), 코스피지수(한국종합주가지수), 코스닥지수이며 이를 보완해 주는 여러 가지 보조지수들도 함께 이용되고 있다.

우리나라의 주가지수는 1964년 1월부터 1982년 말까지 다우존스 방식에 의해 산출되어 왔다. 이 방식에 의해 종합주가지수를 산출할 경우에는 앞서 살펴본 바와 같이 유·무상증자, 액면분할 등에 의해 지수가 하향편의를 나타내고 소수 우량종목만이 포함되므로 시장전체의 주가동향을 제대로 파악할 수 없었다. 또, 우리나라와 같이 채용종목의 교체가 빈번할 경우 지수의 연속성을 유지하기가 곤란하다. 이러한 문제점을 해결하기 위해 1983년 1월부터 시가총액식 주가지수로 전환하게 되었다. 시가총액식 주가지수가 갖는 잇점은 지수의 연속성 유지가 용이하고, 시장의 전 주식이 포함되므로 주가지수가 일반경제지표와 보다 밀접한 연관성을 가지고, 다른 국가와의 비교가 가능해졌다는 점이다. 현행 KOSPI지수를 산출하는 방식은 다음과 같다.

$$\text{주가지수} = \frac{\text{비교시점의 시가총액}}{\text{기준시점의 시가총액}} \times 100$$

$$\text{시가총액} = \sum_{i=1}^{n}(\text{개별기업주가} \times \text{개별 상장기업주식주}),\ \text{단, } n = \text{상장기업의 수}$$

$$\text{기준시점} = 1980.1.4$$

그러나 이 지수는 시가총액을 수정하는 경우 배당이 포함되지 않는다는 단점이 있다. 또한 주가지수를 산출하는 과정에서 상장주식수가 가중치로 이용되어 계산되므로 자본금 규모가 큰 대형주의 영향을 크게 받게 된다는 문제점이 있다. 그 결과 업종이나 종목에 따라서는 종합지수로 관찰되는 시장상황과 피부로 느끼

**표 2-18 한국거래소의 주가지수 체계**

| 구분 | 지수명 | 대상 |
|---|---|---|
| KRX 계열 | KRX100 | 전체시장 우량 100종목 |
| | 섹터지수 | 15개 주요산업 |
| KOSPI 계열 | KOSPI | 유가증권시장 전체 |
| | KOSPI 200 | 유가증권시장 200종목 |
| | KOSPI 100 | 유가증권시장 100종목 |
| | KOSPI 50 | 유가증권시장 50종목 |
| | 산업별지수 | 21개 산업지수 |
| | 제조업지수 | 제조업 전종목 |
| | 시가총액규모별지수 | 대형주(100종목), 중형주(200종목), 소형주(잔여) |
| | KODI | 유가증권시장 배당우수 50종목 |
| | KOGI | 유가증권시장 지배구조우수 50종목 |
| KOSDAQ 계열 | KOSDAQ | KOSDAQ 시장 전체 |
| | 스타지수 | KOSDAQ 시장 우량 30종목 |
| | 코스닥 프리미어지수 | KOSDAQ 시장 우량 100종목 |
| | 벤처지수 | KOSDAQ 시장 벤처기업 전종목 |
| | IT벤처지수 | KOSDAQ 시장 IT벤처기업 전종목 |
| | 산업별지수 | 일반업종 20개, IT업종 14개 |
| | 시가총액규모별지수 | 대형주(100종목), 중형주(200종목), 소형주(잔여) |
| 특수 지수 | V-KOSPI | 변동성 지수 |
| | SRI지수 | 사회책임투자 우수기업 70종목 |
| | KOSPI 200 레버리지지수 | KOSPI 200 수익률의 2배 수익률에 연동 |
| | KOSPI 200 인버스지수 | F-KOSPI 수익률과 정반대의 수익률 |
| | F-KOSPI 200 지수 | KOSPI 200 선물지수 |
| | F-USDKRW 지수 | 미국달러 선물지수 |
| | 글로벌지수 | 아세안 5개시장 우량 100종목 |

는 시장상황에 차이가 날 수 있다. 따라서 이러한 문제점을 개선하기 위해 〈표 2-18〉에서 보는 것처럼 자본금규모별, 한국표준산업분류에 따른 산업별지수 등의 보조지수를 발표하고 있다. 실제로 가장 이상적인 하나의 지수를 개발하기는 어렵기 때문에, 투자가들은 주요지수와 함께 단점을 보완해 줄 수 있는 여러 가지 보조지표를 적절히 활용하는 것이 바람직할 것이다.

### (1) KRX 100 지수

증권시장이 한국거래소 하나로 통합되면서 유가증권시장과 코스닥시장을 포괄하는 새로운 지수의 필요성이 대두함에 따라 두 시장을 종합하는 KRX 100지수가 개발되었다. 이 지수의 개발목표는 다음과 같다. 첫째, 동 지수는 유가증권시장과 코스닥시장을 포괄하는 한국 증권시장의 전체 시황을 보여주는 시장대표지수가 될 것이다. 둘째, 지수의 상품화라는 세계적인 트렌드에 맞추어 선물옵션 대상지수, 상장지수펀드용 지수 등 상품지수로 활용될 수 있도록 할 것이다. 현재 KRX 100지수는 상장지수펀드용 지수로 활용되고 있으며, 장기적으로 동 지수가 시장에서 널리 이용되면 제2의 선물대상지수로도 사용될 것이다. 셋째, 최신 지수 산출기법을 적용한 가장 진보된 주가지수이다. KRX 100지수는 유동주식수기준 가중방식(free-float market value weighted)을 적용한 주가지수로 유동주식수 가중방식은 유동물량의 부족으로 인하여 발생하는 비정상적인 주가가 지수에 미치는 영향을 최소화시켜 주는 장점이 있다.

### (2) KOSPI(Korea Stock Price Index) 지수

한국 증권시장을 대표하는 주가지수인 코스피지수는 1983년부터 발표한 유가증권시장의 대표적인 시황지수로서 유가증권시장의 전 종목을 대상으로 산출된다. 우리나라 최초의 시가총액식방식으로 산출되는 코스피지수는 투자자들이 시장의 흐름을 리얼타임으로 접할 수 있도록 산출 발표한다. 이 지수는 다우존스식 주가지수의 여러 가지 문제점 때문에 뉴욕거래소 등 선진시장에서 채택하고 있는 시가총액식 주가지수를 우리 실정에 맞도록 개발되었다. 당시에는 시가총액식 주가지수의 본질적 특성상 대형주의 주가가 주가지수에 큰 영향을 미친다는 문제제기가 있었으나 주가지수의 대형주 편중현상은 없는 것으로 분석되었다. 그러나 최근에는 삼성전자의 시가총액 비중이 16%에 달하고 시가총액 상위 10종목의 시가총액 비중이 50%를 넘어서고 있어 코스피지수의 편중현상은 과거보다 더 심화됨에 따라 주가지수의 산출방식을 시가총액식에서 유동주식수기준으로 바꾸어

표 2-19 주가지수 산출주기 변천과정

| 산출주기 | 유가증권시장 |
|---|---|
| 10분 | 1992. 3월 이전 |
| 1분 | 1992. 3 ~ 1998. 12 |
| 30초 | 1998. 12 ~ 2002. 8 |
| 10초 | 2002. 8 ~ 2005. 10 |
| 2초 | 2005. 10월이후 |

가는 추세이다.

### (3) KOSDAQ 지수

1990년대 들어 정보통신산업(IT)이 한국경제의 중심산업이 되면서 IT산업을 기반으로 하는 벤처기업의 직접자금조달창구로 개설된 시장이 코스닥시장이다. KOSDAQ지수는 벤처기업을 기반으로 한 코스닥시장의 전체시황을 보여주는 주가지수로서 기본적으로 코스피지수와 동일하게 시가총액방식인 동시에 코스닥시장의 전체 상장 종목을 대상으로 산출한 지수이다. 코스닥시장은 우리나라 증권시장의 한 축을 형성한 고위험 고수익시장으로 KOSDAQ지수 또한 KOSPI지수 보다 지수의 변동성이 훨씬 크다.

### (4) 기타 지수

일반적으로 산업은 산업생산주체가 주로 수행하는 산업활동을 경제적 성질의 유사성에 따라 체계적으로 분류된다. KRX의 산업별 지수는 기본적으로 통계청에서 분류하고 있는 한국표준산업분류에 따라 시장별로 발표되고 있는데 유가증권시장은 22개 산업, 코스닥시장은 33개 산업으로 분류하여 시장지수를 발표하고 있다. 그러나 정보산업(IT), 생명공학(BT) 등 새로운 산업이 등장함에 따라 기존의 산업분류체계로는 한계가 있어, 주요 선진금융시장에서는 기존에 사용되고 있는 국가표준산업분류방식과는 다른 새로운 산업분류체계를 도입하여 지수를 상품화하기도 한다. 이 외에도 시가총액식 주가지수는 구성종목의 시가총액규모에 따라 지수에 미치는 영향이 차이를 보이기 때문에 시가총액 규모별지수를 발표하고 있다.

**표 2-20 KRX 시황지수 주요내용**

| 구분 | KRX 100 | KOSPI | KOSDAQ |
|---|---|---|---|
| 기준시점 | 2001.1.2=1,000 | 1980.1.4=100 | 1996.7.1=1,000 |
| 구성종목수 | 100 | 유가증권시장<br>보통주 전종목 | 코스닥시장<br>전종목 |
| 정기변경 | 매년 6월 선물옵션만기일 | – | – |
| 구성종목<br>선정기준 | 시가총액기준<br>거래대금기준<br>26개 산업분류<br>재무비율기준 | – | – |
| 산출방식 | 유동주식수기준 | 시가총액기준 | 시가총액기준 |
| 특징 | 통합지수 | 유가증권 시황지수 | 코스닥 시황지수 |

자료 : 한국거래소(KRX)

## 4. 미국의 주가지수

### (1) 다우존스산업평균

다우존스산업평균(DIJA;Dow Jones Industrial Average)은 가장 잘 알려지고 가장 오래된 주가지수이다. 저널리스트였던 찰스 다우가 처음 다우존스 산업지수를 만들었을 때 12개의 종목으로 출발을 했고, 출발 당시의 종목이 지금까지 남아 있는 것은 General Electric뿐이다.

1939년부터 1956년까지 큰 변동이 없었지만 이후 테크날러지와 서비스 산업, 그리고 엔터테인먼트 산업의 중요성이 부각되면서 낮익은 아메리칸 익스프레스(1982), 맥도날드(1985), 월트 디즈니(1991), 휴렛팩커드(1997), 마이크로소프트, 인텔 등이 편입되게 되었다

DJIA는 NYSE에 상장되어 있고 산업내에서 선도적인 30개 기업 주가의 가중평균이다. 이 지수는 몇 가지 점에서 비판을 받게 되었는데, 먼저 지수에 포함된 주식의 수가 너무 제한되어 있다는 것이다. 사실상 30개의 임의로 선정된 주식이 NYSE에 상장된 수천개의 주식을 대표한다고 보기에는 어려운 것이다. 또 포함된 주식은 산업내에서 가장 중요한 기업들이므로 대표성을 인정하기 어렵고, 실증적으로도 다른 주가지수보다 변동의 폭이 작은 것으로 나타났다. DJIA는 가중평균이므로 대형주의 주가는 조금 변한다 할지라도 전체지수에는 상당히 큰 변화가 있게 된다. 같은 이유로 대형주의 액면분할이 일어나면 지수 내의 가중치가 감소

하게 된다. 이러한 여러 가지 비판에도 불구하고 DJIA는 NYSE의 다른 주가지수와 비슷한 움직임을 보여주고 있다.

### (2) Standard & Poor's 500

Standard & Poor's 500지수 NYSE의 500개 대표 주식을 포함하고 있어 DJIA보다 그 대표성이 높으며, DJIA보다 더 정확도가 높은 것으로 평가된다. S&P 500지수는 표본에 포함된 증권의 총시장가치에서 해당증권의 총시장가치가 차지하는 비중으로 가중평균되어 있다. 액면분할과 배당은 이 지수에 영향을 미치지 못한다. S&P 500지수의 약점은 포함된 증권의 수가 여전히 적으며, 대형주의 영향은 크고 소형주의 영향이 상대적으로 작다. 또한 실제로 주식의 수익률을 계산하는 데 있어 배당수익률이 포함되지 않는다는 것이다.

## 5. 선진지수(글로벌 지수)

지수란 특정 시장에서의 주가의 전체적인 변동을 한 눈에 보여주는 수치이다. 이 지수를 보면 해당 국가에서의 주식 시장이 올랐는지 내렸는지, 또 얼마나 오르고 내렸는지를 알 수 있다. 그러나 몇몇 지수는 국내는 물론 전세계의 기관투자자나 펀드 매니저들의 투자 방향을 결정지을 정도로 막강한 영향력을 행사하기도 하는 데 이 같은 지수를 '벤치마크 지수' 라고 한다. 벤치마크 지수의 양대 산맥은 바로 모건스탠리 캐피털 인터내셔널 지수(Morgan Stanley Capital International Index)의 'MSCI 지수' 와 파이낸셜타임스 스톡 익스체인지(Financial Times Stock Exchange)의 'FTSE 지수' 이다. S&P 지수, 다우존스 선진지수 등도 영향력을 가진 벤치마크 지수에 해당한다.

MSCI 지수는 MSCI Barra(MSCI는 2004년에 Barra를 인수해 MSCI Barra(바라)로 불리고 있음)가 작성해 발표하는 모델 포트폴리오의 주가지수로 전세계를 대상으로 투자하는 대형 펀드, 특히 미국계 펀드 운용의 주요 기준이다. 이중 MSCI ACWI(All Country World Index)는 전세계 49개국의 투자 비중을 정해놓은 지수로 국가별 시가총액 비중이나 유동성을 따져 산출되며, 이 지수를 통해 세계 증시 흐름을 한 눈에 파악할 수 있다. 지역별, 업종별로 3,000여 개의 지수도 함께 발표된다. 미국을 대표하는 지수가 MSCI지수라면 유럽을 대표하는 것이 바로 FTSE( 'footsie' ) 지수이다. FTSE지수란 영국 유력 일간지 파이낸셜타임스와 런던 증권거래소가 1995년 공동 설립한 FTSE 인터내셔널이 발표하는 지수를 말한다.

물론, 전세계의 증시를 한 눈에 볼 수 있는 지수를 만드는 일은 쉽지 않다. 이

표 2-21 주요 글로벌지수의 선진시장 분류

<table>
<tr><th>공통(23개국)</th><th>MSCI(24개국)</th></tr>
<tr><td rowspan="7">그리스, 네덜란드, 노르웨이, 뉴질랜드, 독일, 덴마크, 미국, 벨기에, 싱가포르, 스페인, 스웨덴, 스위스, 아일랜드, 영국, 오스트리아, 이탈리아, 일본, 캐나다, 프랑스, 핀란드, 포르투갈, 호주, 홍콩</td><td>이스라엘</td></tr>
<tr><th>FTSE(25개국)</th></tr>
<tr><td>이스라엘, 한국(2009년 편입)</td></tr>
<tr><th>다우존스(28개국)</th></tr>
<tr><td>사이프러스, 아이슬란드, 대만, 한국(1999년 편입)</td></tr>
<tr><th>S&P(25개국)</th></tr>
<tr><td>룩셈부르크, 한국(2008년 편입)</td></tr>
</table>

때문에 MSCI, FTSE 지수 등은 선진국과 신흥국을 구분해 지수를 산출하고 있다. MSCI지수는 선진시장, 신흥시장, 프런티어(Frontier)시장 등 3개로 분류하여 구성되며, FTSE 지수는 선진시장, 선진신흥시장, 신흥시장, 프런티어시장 등 4개 분류로 나뉜다. 한국은 이미 지난 2009년 이스라엘과 함께 FTSE 지수에서 선진시장에 편입됐다. 선진신흥시장에서 선진시장으로 격상된 것이다. 그보다 앞서 다우존스 선진지수는 1999년 1월에, S&P 선진지수는 지난 2008년 7월에 각각 편입됐다. 선진국 지수 편입은 한국 증시의 수준이 신흥국에서 선진국 수준으로 올라갔다는 것을 국제적으로 공인받는다는 데 가장 큰 의의가 있다. 그만큼 한국 경제와 금융의 신뢰도가 높아졌다는 뜻이다. 신뢰도가 높아지면 자연스럽게 한국 자본시장을 찾는 해외 자본 규모도 늘어나게 된다. 이처럼 한국 증시로 외국인들의 자금이 들어온다는 것은 한국을 대표하는 기업들에 대한 외국인 투자가 늘어난다는 것을 의미한다. 또한 중장기적으로 볼 때 증시에 양질의 자금이 유입되면 주가 변동성이 줄어 국내 증시의 안정성도 제고할 수 있다. 물론 국내 유망기업들이 경영권을 노린 기업사냥꾼들의 적대적 인수합병의 대상으로 쉽게 노출되므로 안정적 경영권을 보호하는 제도적 장치의 보완이 필요할 것이다.

## 6.2 선물옵션대상 주가지수

### (1) KOSPI 200 지수

KRX는 한국 최초의 선물대상지수인 KOSPI 200지수를 시가총액식 방식으로

**표 2-22** 선물옵션대상 주가지수 주요내용

| 구분 | KOSPI 200 | KOSTAR |
|---|---|---|
| 기준시점 | 1990.1.3=100 | 2003.1.2=1,000 |
| 구성종목수 | 200 | 30 |
| 정기변경 | 매년 6월 선물옵션 만기일 | 매년 6월 선물옵션 만기일 |
| 구성종목 선정기준 | 시가총액기준<br>거래대금기준<br>8개 산업별기준 | 시가총액기준<br>거래대금기준<br>경상이익기준 |
| 산출방식 | 유동주식수기준 | 유동주식수기준 |

자료 : 한국거래소(KRX).

산출하였다. 시장대표성(시가총액기준), 유동성(거래실적), 산업대표성(주요 산업별 분류) 등 3가지 종목선정기준에 의하여 200종목을 선정하여 구성하였다.

#### (2) KOSTAR 지수

코스닥시장은 IT붐에 힘입어 크게 성장한 반면 개인투자자 중심시장으로 투자위험이 매우 큰 시장이기 때문에 특히 기관투자자는 고위험을 헤지할 수 있는 펀드 운영방법이 없어 장기안정투자가 곤란하였다. 이에 따라 코스닥시장의 투자위험을 헷지할 수 있는 선물대상지수로 코스닥 50지수를 개발하였다. 그러나 코스닥50지수 선물시장은 시장에서의 인지도가 낮고, 코스피 200 선물시장의 보완시장으로서의 역할을 수행하는 데는 한계가 있는 등 투자자로부터 외면을 받게 되자 대체지수로 KOSTAR지수를 개발하게 되었다. 이 지수는 기존의 코스닥 50지수가 안고 있는 위험성을 경감시키기 위하여 구성종목 선정기준에 우량성 기준을 강화하여 코스닥시장에서 가장 건전한 기업을 대상으로 구성종목을 선정하였으며, 종목수도 30개 종목으로 줄여 지수의 상품성을 고려하였다.

### 6.3 ETF 등 투자용 상품지수

#### (1) 배당지수(KODI)

인덱스펀드는 펀드의 운용을 지수와 연계시켜 운영하는 투자기법인데, 이는 투자기법이 일반화되면서 투자자가 믿고 이용할 수 있는 투자용 지수로 개발한

**표 2-23 ETF용 상품지수 현황**

| 구분 | KODI | KOGI | 섹터지수 |
|---|---|---|---|
| 기준시점 | 2001.7.2=1,000 | 2001.7.2=1,000 | 2006.1.2=1,000 |
| 구성종목수 | 50 | 50 | 10~30 |
| 정기변경 | 매년 7월 초 | 매년 7월 초 | 매년 9월 선물만기일 |
| 구성종목<br>선정기준 | 배당지표기준<br>10개 산업별기준 | – | – |
| 산출방식 | 시가총액기준 | 시가총액기준 | 유동주식수기준 |
| 특징 | 주주중시지수 | 주주중시지수 | ETF용 상품지수 |

자료 : 한국거래소(KRX).

지수이다. 이 지수는 일반투자자가 이용할 수 있도록 우량종목을 대상으로 한 새로운 지수를 발표하게 되었는데, 신지수의 테마를 주주 중시기업으로 하고, 주주중시의 판단기준으로 이익의 실현과 배당실적을 고려하여 지수구성종목을 선정하였다. 특히 기관투자자의 입장에서 보면 안정적인 배당금지급을 중시하는 배당지수가 장기투자상품용 지수로 활용된다.

### (2) 기업지배구조지수(KOGI)

기업지배구조지수는 기업지배구조가 우수한 기업의 시장평가를 투자자에게 알리고 한편으로는 상장기업에게 기업지배구조 개선 필요성을 계도하는데 그 산출목적이 있으며, 기업지배구조지수는 기업경영의 투명성 등 기업지배구조 관련 사항을 평가하여 상위 50종목을 선정하여 지수를 산출하게 된다.

### (3) 섹터지수

섹터지수(sector index)란 증권시장을 투자자의 선호도를 고려하여 소수종목으로 구분하여 산출한 지수이다. 이 지수를 ETF상품이나 인덱스펀드로 이용할 경우 소규모 투자로 분산투자가 가능한 상품으로 이용되며, 산업을 고려한 섹터지수는 경기변동을 고려한 투자상품이 된다. 거래소가 발표하고 있는 섹터지수로는 자동차, 건강, 반도체, 은행, 정보통신 등 5개 지수로 한국증권시장의 대표산업이라고 할 수 있다. 섹터지수는 KRX 100지수와 마찬가지로 유가증권시장과 코스닥시장을 포괄한 지수이며, 유동주식수 가중방식으로 산출된다.

## 6.4 유동주식수 기준 주가지수

우량종목의 경우 연기금 등 장기안정적인 투자의 증가로 우량종목의 시장유동성이 크게 떨어진다. 특히 대형 우량종목의 경우 지수 영향도는 큰 반면 유동주식수 감소로 거래규모가 줄어드는 문제를 야기하게 되자 유동주식수 기준(free-float market value weighted) 주가지수가 등장하게 되었다. 현재 세계 주요 지수는 유동주식수 기준으로 주가지수를 산출하고 있으며, 우리나라의 경우에도 최근에 개발한 KRX 100지수, KOSTAR 및 섹터지수를 동 방식으로 산출하고 있다. 지수산출 전문기관인 영국의 FTSE가 최초로 도입하여 사용되기 시작하였으며, 특히 MSCI 등 글로벌지수의 한국주식 편입시에도 한국기업의 유동주식수를 반영하고 있다. 일정기간 매매가 곤란한 비유동주식에 해당하는 경우로는 크게 기업의 전략적 보유지분과 제도적으로 유통이 제한된 주식으로 나누어 볼 수 있는데, 전략적 보유지분은 최대주주 및 특수 관계인, 정부가 보유한 주식 등이며, 제도적으로 유통이 제한된 주식으로는 자사주와 우리사주가 이에 해당한다.

**표 2-24 주요 해외 주가지수의 유동주식기준 도입현황**

| 국가명 | | 산출기관 | 주요지수 | 도입시기 |
|---|---|---|---|---|
| 미 국 | | MSCI | MSCI WI | 2002. 5 |
| | | DOW | NYSE 종합 | 2003. 1 |
| | | S&P | S&P 500 | 2005. 9 |
| 유럽 | 영국 | FTSE | FTSE 100 | 2001. 6 |
| | 독일 | 독일거래소 | DAX 30 | 2002. 6 |
| | 프랑스 | Euronext | CAC 40 | 2003.12 |
| 아시아 | 한국 | KRX | KRX 100 | 2005. 6 |
| | 일본 | TSE | TOPIX | 2006. 6 |
| | 홍콩 | HSI | Hang Seng | 2007. 7 |

자료 : 한국거래소(KRX).

## 6.5 주가지수의 이용 및 기능

전문적인 투자관리자나 일반 투자자들은 시장의 주가지수에 큰 관심을 갖고 투자판단을 위한 지표로 이용한다. 그러나 어떤 방법으로 계산되든 지수가 갖는 다음의 일반적 특성과 한계를 고려하여 이용할 필요가 있다.

① 모든 목적에 유용한 하나의 지수는 존재하지 않는다.
② 각각의 지수는 계산에 포함되는 종목과 가중치의 부여방법이 다르다.
③ 어떤 지수를 이용하든 이용자가 알아두어야 할 단점이나 결함이 존재한다.

개별종목들의 주가움직임을 하나의 수치로 종합하여 표현해 주는 주가지수가 어떤 목적으로 이용될 수 있는지를 살펴보자.

첫째, 현재의 전반적인 시황을 파악할 목적으로 이용된다. 주가는 현재시점은 물론 미래의 경제상황에 대한 전망을 반영해 주고 있기 때문에 경기선행지표의 대표적 지표이다. 따라서 미래 경기를 전망하는 단기예측에도 이용될 수 있다.

둘째, 주식투자의 성과를 평가하기 위한 하나의 기준으로 이용될 수 있다. 소극적인 의미에서 시장평균적인 투자성과와 비교하고자 할 경우 시장지수의 수익률이 시장의 평균적인 성과로 이용된다.

셋째, 기술적 분석을 통해 미래의 주가를 예측하기 위한 자료로 이용될 수 있다.

넷째, 투자수익에 따른 불확실성, 즉 투자위험 중 분산투자에 의해서도 제거할 수 없는 체계적 위험($\beta$)의 측정기준으로 이용된다. $\beta$계수는 시장전반의 주가변동에 대한 개별종목의 주가반응 정도를 측정해 주는 척도이므로 향후 전반적인 주가상승이 예상될 경우에는 위험이 큰($\beta>1$) 종목에 투자하고, 주가하락이 예상될 경우에는 위험이 작은($\beta<1$) 종목에 투자함으로써 예상했던 방향으로 주가가 변화하는 경우에 더 나은 투자수익을 얻을 수 있을 것이다.

다섯째, 주가지수를 계약대상으로 한 파생금융상품인 주가지수선물이나 주가지수옵션의 거래대상 지수로 이용되고 있다.[25] 우리나라에서는 KOSPI 200지수를 대상으로 한 주가지수선물과 주가지수옵션의 거래가 활발히 이루어지고 있다.

결론적으로 주가지수는 증권시장이 성장하면서 그 쓰임새도 다양화되어 전통적인 시황지표로서의 기능 이외에도 여러 용도로 이용되고 있다. 기본적인 기능으로 주식시장의 동향을 판단하는 지표로 이용되는데, 증권시장뿐만 아니라 한

25) 이에 관하여는 제 11장과 제 12장을 참조

나라의 경제상태를 살펴보는 도구로도 이용된다. 한편 주가지수는 투자상품으로도 이용되어, 선물과 옵션거래대상으로 이용되기도 하고, ETF처럼 일정한 기준에 의하여 관리되고 있는 펀드를 상장하여 투자자의 투자수단으로 이용되기도 하며, 투자신탁운용회사에서 운용하는 펀드의 벤치마킹지수로 이용되기도 한다. 또한 주가지수는 시장성과지표로도 이용되는데, 증권시장의 수익률을 타 금융상품과 비교하는데 유용한 지표로 사용된다. 또 주가지수는 지수를 산출하는 기관의 중요한 무형자산으로, 주가지수가 다양한 형태의 상품으로 이용됨에 따라 지수이용자는 지수산출기관에 주가지수 이용에 따른 대가를 지불하기도 한다.

## 연습문제

1. 다음을 간단히 설명하라.
   (1) 총액인수와 잔액인수
   (2) 시가발행과 할인발행
   (3) 전환사채와 교환사채
   (4) 환매조건부채권
   (5) 양도성 예금증서
   (6) 파생상품(파생증권)
   (7) 특정가 매수주문(stop buy order)
   (8) 지정가 주문(limit order)
   (9) 권리락과 배당락

2. 증권시장의 기능은 무엇인가?

3. 증권시장의 사회적 이득을 설명하라. 단, 생산의 기회는 없는 것으로 간주하라.

4. 발행시장과 유통시장을 설명하고 그 차이점을 규명하라.

5. 거래소시장과 장외시장의 차이점을 설명하라.

6. 투자은행의 기능에 대해 설명하라.

7. 무상증자, 주식배당, 액면분할 등은 주주의 부에 영향을 미치는가? 그 이유를 설명하라. 무상증자나 액면분할의 경우 주가가 상승하는 실례가 많다. 그 이유에 대해 생각해 보자.

8. 옵션부사채의 종류를 나열하고 설명하라.

9. 증권의 발행방법에 대하여 차이를 설명하라.

10. 이익참가우선주, 전환우선주, 누적적 우선주를 설명하고 비교하라.

11. 액면발행의 장단점을 설명하라.

12. 주문의 종류를 살펴보고 각각에 대해 설명하라.

13. 신용거래보증금률이 60%라고 가정하고 다음 경우를 생각해 보자. A씨는 현재 주당 75원에 거래되고 있는 주식을 전액 현금으로 매입하느냐 또는 이용가능한 신용거래를 최대한 이용하느냐를 고려하고 있다. 현금 매입과 신용거래를 이용하여 매입한 경우 각각에 대해 차후에 주가가 100원으로 상승했을 때와 40원으로 하락했을 때 주식투자 수익률을 계산하라.

14. 다우존스식 주가지수는 크게 단순평균지수와 가중평균지수로 분류하는 데 각각을 설명하고 장단점을 보여라.

15. 다우존스방식의 주가지수의 단점을 지적하라.

16. 신용거래란 무엇이며 이는 시장에서 어떠한 기능을 수행하는가를 설명하라.

17. 증권시장의 가격안정을 위한 제도적 장치를 열거하고 각각에 대하여 설명하라.

18. 공매도를 설명하고 대차거래와 대주거래의 차이점을 설명하라.

C·H·A·P·T·E·R 03

# 효율적 자본시장과 정보

시장은 효율적이다. 그러나 전문가들이 잘못된 가격을 찾아내어 비정상적 이익을 얻을 수 있는 약간의 빈틈(slippage)이 존재한다. 이 때문에 전문가들은 정보수집을 위해 많은 비용을 쓴다. 다시말해 약간의 비효율이 존재하여야 전문가들이 활동할 수 있는 경제적 인센티브가 주어지고, 그래야만 이들의 노력을 통해 궁극적으로는 현실이 따라가야 하는 이상향이라고 볼 수 있는 시장의 균형(효율적 시장)을 향해 수렴해 갈 수 있다.

– Grossman & Stiglitz의 "정보효율적 시장의 불가능성" 중에서 –

앞장에서 우리는 증권시장의 구조, 기능, 그리고 그 운영에 대해 살펴 보았다. 증권시장 또는 자본시장의 기능은 자금의 여유가 있는 경제주체로부터 자금의 부족으로 자금을 필요로 하는 경제주체에게로 자금이전이 효율적으로 이루어지도록 하는 데 있다. 그러면 실제로 현실세계에서는 얼마나 자본시장이 효율적으로 기능하고 있는가를 살펴볼 필요가 있다. 따라서 본 장에서는 증권 가격에 영향을 주는 각종 정보가 가격에는 어느 정도 잘 반영되어 나타나는가에 분석의 초점을 맞추고 있는 효율적 시장(efficient market)의 개념과 그 의미에 관하여 알아본다.

시장의 효율성에는 무엇보다 정보의 흐름이 중요하기 때문에 시장정보는 물론 기업정보의 완전한 공시와 전달체계가 필요하다. 그리고 실제의 증권시장이 이러한 조건에 비추어 어느 정도의 효율성을 갖추고 있는가를 살펴보고, 이것이 투자분석이나 기법에 대하여는 어떠한 의미를 갖는가도 알아본다. 이는 효율적 시장하에서의 투자전략이나 분석기법이 비효율적인 시장하에서 적용되는 투자전략이나 기법과는 당연히 다를 수밖에 없기 때문이다.

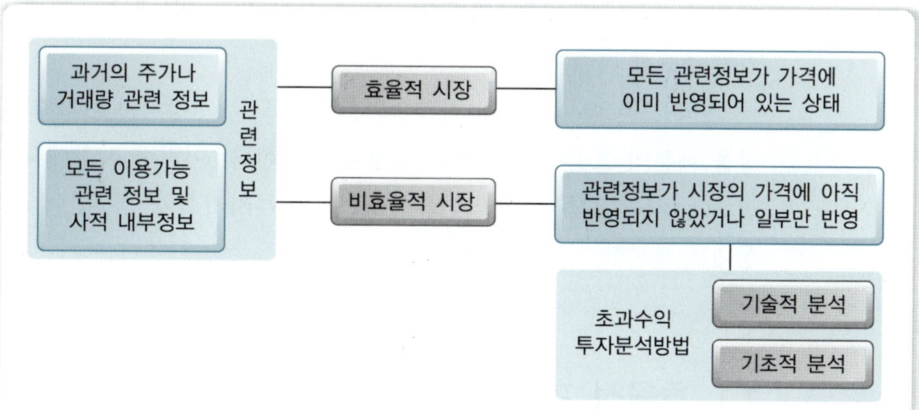


## 제 1 절 자본시장의 특성 : 효율성과 완전성

자본시장의 두 가지 중요한 기능은 가격결정 기능과 자금조달 및 투자장소의 제공기능이다. 첫 번째 기능인 가격결정을 통해서는 가장 유리한 투자가 어디에, 어떤 가격으로 이루어져야 하는가를 투자자나 기업에게 신호해 주는 역할이고,

두 번째 기능으로는 매수자와 매도자를 모아 증권의 거래를 가능하게 할 뿐 아니라 자금을 필요로 하는 기업들에게는 새로운 증권을 발행하여 필요한 자금을 조달할 수 있도록 하는 기능이다.

시장에서의 수요공급에 의해 결정되는 일반적인 상품 가격과 마찬가지로 증권의 가격도 대출자와 차입자 사이에 효율적으로 자금이 배분되도록 하는 자본배분의 신호역할(pricing signal)을 수행한다. 자본시장의 특성중 효율성은 바로 이러한 가격결정과 관련하여 시장에서의 정보의 역할을 강조하는 중요한 개념이다.

2장에서 살펴본 바와 같이 자본시장이 없다면 시장이자율을 능가하는 수익률을 얻을 수 있는 투자자가 자금이 부족하여 투자를 하지 못할 경우가 있다. 그러나 자본시장이 존재하면 투자자는 자금을 빌어서 투자할 수 있게 된다. 즉, 이미 시장이자율을 능가하는 수익률을 얻을 수 있는 투자기회를 모두 사용하고도 자금이 남는 투자자가 있으므로 이 투자자로부터 자금을 빌릴 수 있기 때문이다. 결국 투자자들은 시장이자율과 투자수익률이 같도록 투자를 하며, 이러한 중요한 역할을 담당하는 것이 자본시장이다. 따라서 시장이자율(가격)은 투자결정의 중요한 지표로 사용되게 되고, 이러한 이유에서 가격이 시장에서 어떻게 결정되고 있는가가 중요한 이슈가 된다.

결국 모든 투자자들의 한계수익률이 같도록 시장이자율(가격)이 결정되는 시장을 배분의 효율성이 달성된 시장이라고 한다. 이러한 시장에서는 저축된 자금이 모든 사람에게 이득이 되도록 생산적인 투자기회와 연결되어 최적의 자원배분상태를 실현할 수 있게 된다.

## 1.1 효율적 자본시장

일반적으로 넓은 의미에서 자본시장의 효율성이라고 하면 시장에서의 공정한 가격형성을 통해 자원의 합리적 배분이 이루어진 상태인 자원배분의 효율성을 의미한다. 그러나 "자본시장 또는 증권시장이 효율성(efficiency)이 있다"라고 이야기 하는 경우 이는 시장의 특성과 관련하여 다음의 3가지 측면에서 설명될 수 있다. 우선 효율성의 첫 번째 의미는 증권시장에서 증권의 거래가 얼마만큼 낮은 거래비용으로 이루어지고 있는가 하는 운영의 효율성(operational efficiency) 측면이고, 두 번째 의미로는 위에서 설명한 바와 같이 가격이 자원배분을 위한 정확한 신호역할을 하고 있는가 하는 자원배분의 효율성(allocational efficiency) 측면이다. 그리고 세번째로는 정보의 효율성(informational efficiency) 측면에서 가격이 모든 이용가능한 정보를 반영하고 있는가 하는 의미로 사용된다. 이 중 다음 절에서 설명하게 될 효율적 시장가설에서 적용되는 시장효율성의 개념은 좁은 의미에서의 시장효율성인 정보 효율성을 의미하며, 이러한 의미에서의 효율성이 그 동안 투자이론에서의 주요 관심사가 되어 왔다. 이제 3가지 의미에서의 효율성 개념을 다시 요약 정리하면 다음과 같다.

(1) 배분의 효율성: 거시적인 측면에서의 관심으로서 자금의 배분이 금융시장을 통해 이를 가장 효율적으로 이용할 수 있는 사람에게 배분이 이루어지고 있는 경우
(2) 운영의 효율성: 시장운영의 제도적 측면에서 자원(자금)의 이동이 저렴한 비용으로 또 신속하게 이루어지는 경우
(3) 정보의 효율성: 투자자의 입장에서 특히 중시하는 개념으로서 관련 정보의 공개정도 및 정보의 주가반영 정도에 관심

거시적인 측면에서 자본시장의 효율성이라고 이야기 할 때는 넓은 의미에서의 배분의 효율성을 의미하며, 이는 나머지 두 가지 효율성인 정보의 효율성과 운영의 효율성이 모두 달성될 경우에 가능하게 되고 이를 정리하면 [그림 3-1]과 같다.

이 중 정보의 효율성이란 외부적 효율성 또는 가격의 효율성(pricing efficiency)이라고도 부른다. 파마(Fama)의 정의에 따르면, 효율적 자본시장에서 "가격은 관련된 모든 정보를 순간적으로 완전히 반영한다"는 것이다.[1] 이를 위해서

그림 3-1 자본시장의 효율성(광의 및 협의)

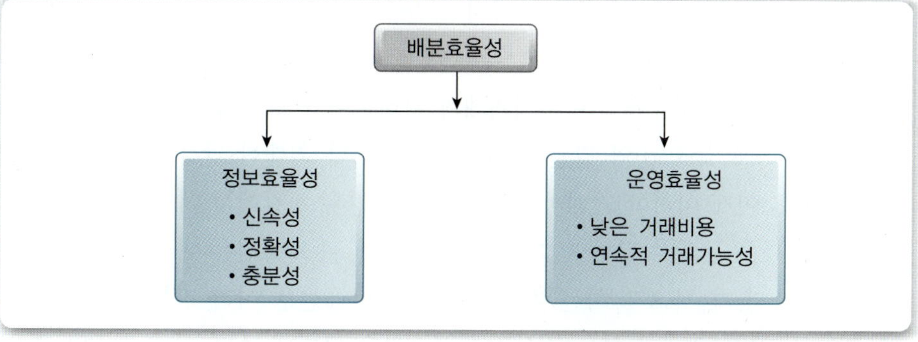


1) E. F. Fama, *Foundations of Finance*, Basic Books, New York, 1976.

는 정보의 효율적 흐름이 이루어질 수 있는 정보의 공시제도와 투자자들의 합리적 기대와 선택행동이 전제되어야 한다. 이에 대해서는 다음 절에서 더 상세히 설명하기로 한다.

한편 운영의 효율성은 자본시장 내부의 제도운영 측면에서의 효율성이란 면에서 외부적 효율성 개념에 대응하여 내부적 효율성이라고도 한다. 운영의 효율성이란 시장에서 투자자들이 자신들의 보유 자원을 얼마만큼 빠르고 저렴하게 이전시킬 수 있느냐 하는 문제이다. 이는 결국 제도적인 문제로써 금융기관들이 효율적으로 금융중개(financial intermediation)를 수행할 경우에 거래수수료가 저렴하여 거래가 보다 빠른 속도로 원활하게 이루어짐으로써 가능하게 된다.

예를 들어 시장에 자동차를 생산하는 기업이 A기업뿐이라고 하자. 이제 B기업은 연료가 필요 없고 물만을 사용하여 움직일 수 있는 자동차를 개발하였다고 하자. 이제 B기업은 신주를 발행하여 증권거래소에 상장하였다. 이 경우 B기업의 사업전망은 A기업보다 훨씬 유망하다. 따라서 증권시장에서 B기업의 주식은 다음 조건을 만족하도록 가격이 결정되어야만 배분의 효율성이 달성된다고 할 수 있을 것이다.

첫째, B기업의 주식은 공정한 평가를 받아 정당한 가격이 형성되어야 한다는 것이다. 즉, B기업 자동차의 A기업 자동차에 대한 상대적 우위성, 수익전망, 수출가능성, 특허권의 보장, 경영자의 경영능력 등 B기업에 대한 모든 정보가 즉시 반영되어 가격이 형성됨으로써 공정한 가격(fair price)으로 자본조달이 가능하여야 한다.

둘째, B기업에 대한 사업전망을 낙관한 투자자들이 A기업의 주식을 매도하고 B기업의 주식을 빨리 살 수 있도록 거래비용(transaction cost)이 저렴하여야 한다.

이러한 두가지 조건이 만족될 경우 시장은 배분의 효율성이 달성될 수 있다. 즉, 한계수익률이 높은 투자안으로 자금이 이동하게 되어 자원의 낭비를 최소화할 수 있는 것이다. 두가지 조건중에서 첫번째 조건은 곧 가격의 효율성인 정보효율성을 말하는 것이고, 두번째 조건은 운영의 효율성을 말하는 것이다.

운영효율성은 주식거래와 관련하여 브로커의 수수료나 딜러의 호가차이(bid-ask spread)와 같은 거래비용이 없거나 최대한 낮은 수준이 될 경우에 실현된다. 이제 이러한 거래비용이 존재하는 경우 시장에서 어떤 결과가 나타나는가를 그림을 통해 설명하면 [그림 3-2]와 같다. 수요곡선은 여러 가능한 가격수준에서 매수자가 사고자 하는 거래수량을, 공급곡선은 여러 가능한 가격수준에서 매도자가 매도하고자 하는 주식의 거래수량을 나타내 준다. 수요공급의 교차점은 거래비용이 존재하지 않을 경우의 균형가격 $P^*$와 균형수량 $v^*$를 나타내 주고 배분 효율성

그림 3-2 거래비용과 운영효율성

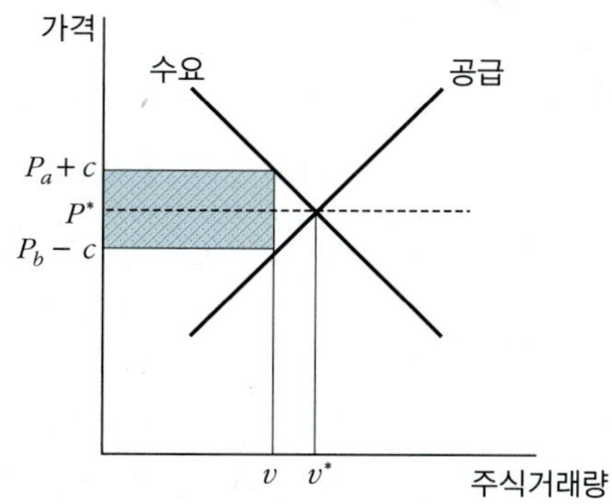


이 있는 시장이라면 이 가격은 시장에서 알 수 있는 모든 정보를 반영한다. 그러나 투자자들은 일반적으로 이러한 가격으로 거래할 수는 없다. 매수자는 딜러가 제시하는 매도가격인 $P_a$(ask price)로 사고 $c$만큼의 수수료를 지급하고, 매도자는 딜러가 제시하는 매수가격인 $P_b$(bid price)로 매도하고 $c$만큼의 수수료를 지급한다. 따라서 매수자의 가격과 매도자의 가격 차이는 딜러의 매수-매도호가 차이인 스프레드와 거래 쌍방으로부터의 수수료(commision)가 된다. 결국 이러한 거래비용의 존재로 인하여 투자가들의 거래량은 $v^*$에서 $v$로 감소하고 그 감소의 정도는 수요, 공급곡선의 기울기에 달려 있다. 그림에서 증권산업의 수익은 직사각형 모양의 면적인 $(P_a - P_b + 2c)v$로 표시되고 그 크기는 단위거래당 비용(수직거리)과 거래규모(수평거리)에 의존함을 알 수 있다. [그림 3-2]에서 빗금친 직사각형의 크기가 작을수록, 즉 시장에서의 거래비용이 작을수록 시장의 운영효율성은 증가하며, 가격은 모든 정보를 반영해 주는 균형가격으로 보다 더 접근하게 된다.

## 1.2 완전한 자본시장

거래소 시장인 유통시장의 특성을 이해하기 이해서는 효율적 시장(efficient market) 개념과 함께 완전한 시장(perfect market) 개념과의 차이를 이해할 필요가 있다.

일반적으로 완전한 시장은 충분한 수의 매수자와 매도자가 존재하고 이들은 또 시장에서 가격에 영향을 줄 만큼 규모도 크지 않아 수요와 공급에 의해 결정된 가격을 받아들이는 가격순응자(price taker)일 경우에 나타난다. 그러나 완전한 시장이 되기 위해서는 이러한 조건 이외에도 거래비용이나 수요 공급행동에 방해가 되는 모든 마찰적 요인들(frictions)이 존재하지 않아야 한다. 마찰적 요인이 존재할 경우에는 매수자들은 마찰적 요인이 없을 경우보다 더 높은 가격을 지불하게 되고, 매도자는 더 낮은 가격을 받게 된다. 시장에서의 마찰적 요인들로는 다음의 것들을 생각해 볼 수 있다.

- 브로커에 지급하는 수수료 부담
- 매수-매도호가 차이(bid-ask spread)
- 주문 및 청산과정에서의 수수료 부담
- 세금
- 정보수집비용
- 거래의 제한
- 시장규제 차원에서의 거래 정지

결국 효율적 시장과는 달리 완전한 시장은 다음과 같은 조건을 만족하는 시장을 의미한다.

(1) 거래비용이나 세금이 존재하지 않으며, 모든 자산은 완전한 가분성(divisibility)과 시장성(marketability)이 있다.
(2) 상품 및 증권시장이 완전경쟁이다. 즉, 상품시장에서 생산자들은 재화와 용역을 최소의 평균비용에서 생산하여 공급하고 있고, 증권시장에서는 모든 시장참가자들이 시장에서 결정되는 가격을 그대로 수용하는 가격순응자(price taker)이다.
(3) 정보는 비용없이 얻을 수 있으며 모든 사람에게 동시에 주어진다.
(4) 모든 사람은 합리적으로 기대효용을 극대화하고자 한다.

이러한 조건을 만족시키는 완전시장은 물론 가격의 효율성과 운영의 효율성을 충족시킨다. 그러나 효율적 자본시장은 이와 같은 완전시장의 성립을 어렵게 하는 시장의 마찰적 요소가 있다 할지라도 성립될 수 있다. 즉, 거래수수료가 존재하고 인력자원이 나누어질 수 없고, 경매의 대상이 될 수는 없지만, 가격이 관련된 모든 정보를 완전히 반영하여 이와 같은 마찰적 요인이 극소화되면 현실적으로 그 자본시장은 가격 및 운영에 있어서 효율적 시장이 된다.[2] 또한 상품시장에서도 불완전경쟁적인 요소가 존재한다고 할지라도 자본시장은 효율성이 달성될 수 있다. 즉, 상품시장에서 한 기업이 독점적 이윤을 얻을 경우 자본시장이 효율적이라면 기대되는 독점이윤의 흐름은 가격에 완전히 반영될 것이다. 따라서 상품시장에서 독점적 요인에 의한 독점가격 형성으로 실물부문에서의 배분의 비효율성이 존재하겠지만, 자본시장에서 이러한 정보가 가격에 완전히 반영된다면 가격의 효율성이 성립될 수 있다. 같은 논리로 정보를 취득하는 데 비용이 든다 할지라도 이것이 가격에 반영된다면 효율적 자본시장이 달성될 수 있다. 이상의 설명은 실물(상품)시장에서 자원배분이 효율적으로 이루어지는 경우의 경제적 효율성(economic efficiency) 개념과 금융시장에서의 재무적 효율성(financial efficiency) 개념은 엄격히 구분되어야 함을 보여주는 것을 의미한다.

결국, 효율적 자본시장은 완전시장의 경우보다 이를 정의하는 제약요건이 훨씬 적다는 것을 알 수 있고, 효율적 시장하에서 투자자들이 갖는 관심은 관련 정보가 시장에 유입되는 순간, 가격이 과연 이러한 정보를 즉시 반영해 주는가 하는 점이 될 것이다.

## 제 2 절 효율적 시장하의 가격결정

금융시장과 정보와의 관계는 간단하다. 기대한 정보(expected news)는 정보가 공표되는 순간 시장을 움직이지 못하지만 기대하지 않았던 정보(unexpected news)는 시장을 움직인다. 가령 가까운 시일내에 중앙은행이 할인율을 인하할 것이라는 기대가 시장에 널리 퍼져 있다면, 채권가격은 이러한 기대를 반영하여 결

2) Samuels(1981)는 시장의 비효율성을 가져오는 요인으로 다음 조건들을 들고 있다.
① 거래자의 수나 거래대상인 증권의 수가 경쟁과 포트폴리오 분산투자에 불충분할 만큼의 적은 시장규모
② 투자자들의 위험 선호와 인식의 차이(참가자들의 시장에 대한 경험이나 이해의 부족으로)
③ 부적절한 시장규제 및 기업의 공개기준
④ 정보수집비용이 많이 들 뿐 아니라 특정 투자자들이 다른 투자자보다 우위를 갖도록 하는 잘못된 정보전달시스템(poor communication system)
⑤ 유능한 분석가나 전문적인 투자자문기관의 부족으로 증권의 미래 성과에 관해 상이한 기대를 가져올 경우
이밖에도 거래비용이 커서 소액 투자자들의 참여를 제한함으로써 시장참가자의 수를 제한하고 비교적 거래가 한산하게 이루어지는 경우가 있을 수 있다.

정될 것이다. 만일 기대했던 대로 할인율이 실제로 인하되었다면 채권가격은 이러한 기대를 이미 반영하였기 때문에 큰 변화를 보이지 않을 것이다. 반면 중앙은행이 어떤 이유에서 할인율을 인하하지 않았다면 할인율 인하에 대한 기대가 잘못된 것이라는 것이 입증되었기 때문에 채권가격은 부(-)의 반응을 보이게 될 것이다. 이러한 예는 기대가 가격움직임의 시기에 있어 중요한 역할을 한다는 것을 보여준다. 예상되는 중요한 사건에 관한 기대(expectations)[3]는 사건이 발표되는 시기에서는 가격에 절대적인 영향을 미칠 수 없다. 반면 예상되지 않은 사건은 가격에 중요한 영향을 줄 수 있다.

파마(Fama)에 의하면 효율적 시장하에서 가격은 모든 관련 정보를 즉각 반영하여 결정된다. 이러한 경우 가격은 증권의 내재가치(intrinsic value)를 가장 잘 표현하는 추정치이며, 자본배분의 가장 정확한 신호 역할을 한다.

그러나 파마(Fama)의 이러한 개념적 정의는 너무 일반적이고 추상적이어서 실제로 시장이 효율적인지 아닌지를 검증하기는 어렵다. 따라서 '완전히 반영한다(fully reflect)' 라는 의미에 맞도록 가격의 형성과정을 좀더 엄밀하고 명확하게 규정할 필요가 있다. 이러한 필요에 따라 증권가격의 시계열적인 움직임(시간의 흐름에 따른 주가의 연속적인 움직임)을 기초로 하여 효율적 자본시장의 정의를 좀더 구체적으로 규정지을 필요가 있다. 이러한 필요에 의해 효율적 시장하에서는 증권의 가격이 과연 어떤 모습으로 움직일 것인가에 관하여 몇 가지 주장들이 소개되고 있다. 그 대표적인 주장들 중 하나는 위험을 고려하지 않은 가격형성모형이고 또 하나는 위험을 고려한 가격형성모형으로서 자본시장이론에서 다루어지게 될 시장모형(MM)이나 자본자산 가격결정모형(CAPM)이다. 여기서는 전자의 예에 속하는 공정게임(fair game), 마팅게일(martingale) 또는 섭마팅게일(submartingale) 그리고 랜덤워크(random walk) 모형을 중심으로 설명하고자 한다. 이들 모형은 모두 특정 시점에서의 가격수준이 어떻게 형성될 것인가에 관한 내용이 아니라, 효율적 시장하에서는 평균적으로 가격이 어떻게 형성될 것인가에 관한 각자의 입장에서의 주장들이다.[4]

---

3) 기대의 영향에 관한 잘 알려진 City of London의 조크가 있다. 화학자, 엔지니어, 경제학자 세 사람이 표류하던중 무인도에 도착하였고 이들에게 식량이라고는 구운 콩 통조림 캔이 있었다. 그러나 캔을 열기 위한 오프너(can opener)를 가지고 있지 않았다. 이에 대한 세 사람의 반응은 이러했다. 화학자는 캔이 터질 정도의 온도까지 가열하자고 제안하였고, 엔지니어는 창을 만들어 캔에 던지자고 제안하였고, 경제학자는 계산기를 두드려 보더니 하는 말이 오프너를 가지고 있지 않다는 것은 시장의 기대와 일치한다고 말한다. 기대가 없으면 어떠한 행동의 변화도 일어나지 않는다.

4) 이러한 이유 때문에 시장효율성 그 자체만을 검증하기는 어렵다. 가격이 어떤 정보를 반영하고 있는가 확인하는 통계적 검증문제는 연구자가 어떤 가격결정모형을 사용하여 연구하는가에 달려 있기 때문이다. 결국 시장효율성과 연구자가 사용하는 가격결정모형의 타당성은 동시에 검증하여야 하는 연대가설의 검증(joint test)이 될 수밖에 없다.

## 2.1 공정게임모형

효율적 시장가설하에서의 주가움직임을 가장 잘 표현해 주고 있는 이론인 공정게임가설 또는 모형은 평균수익률의 움직임에 근거를 두고 표현된다.

즉, 공정게임은 수많은 표본에 대해 적용해 보았을 때 평균적으로 보면 기대수익률과 실제수익률은 같다는 주장이다. 그러나 공정게임은 정(+)의 수익률을 얻을 수 없다는 것을 의미하는 것이 아니라 많은 게임을 시행했을 경우 평균적으로 기대수익률과 실제수익률이 같다는 것으로서 그 기대에 편의(bias)가 존재하지 않는다는 주장이다.

이러한 주장에 따르면 '*평균적으로 실제수익률은 기대수익률과 차이가 없을 것으로 기대하고, 기대했던 대로 실현된다*'고 보기 때문에 정상적으로 기대하는 수익률 이상의 초과수익을 지속적으로 실현하기는 어렵다. 즉 어느 누구도 초과수익을 실현하기는 어렵기 때문에 공정게임(fair game)의 모형이 된다.

이를 수학이란 언어로 다시 표현해 보면 다음과 같다.

$$\varepsilon_{j,t+1} = \frac{P_{j,t+1} - P_{j,t}}{P_{j,t}} - \frac{E(P_{j,t+1}|\phi_t) - P_{j,t}}{P_{j,t}} = \frac{P_{j,t+1} - E(P_{j,t+1}|\phi_t)}{P_{j,t}}$$

여기서 $P_{j,t+1}$ : $t+1$ 시점에서의 증권 $j$의 실제가격

$E(P_{j,t+1}|\phi_t)$ : $t$ 시점에서의 정보집합 $\phi_t$가 주어졌을 때 증권 $j$의 $t+1$ 시점에서의 기대가격

$\varepsilon_{j,t+1}$ : 실제수익률과 기대수익률의 차이

이를 수익률의 형태로 바꾸기 위해 $r_{j,t+1}$을 $t+1$ 시점에서 증권 $j$의 실제수익률이라고 하면,

$$r_{j,t+1} = \frac{P_{j,t+1} - P_{j,t}}{P_{j,t}}$$

$$\varepsilon_{j,t+1} = r_{j,t+1} - E(r_{j,t+1}|\phi_t)$$

이다.

여기서 앞에서의 공정게임 주장이 성립한다고 하면 이 식은 다음과 같이 표현된다.

$$E(\varepsilon_{j,t+1}) = E(r_{j,t+1}) - E(r_{j,t+1}|\phi_t) = 0$$

## 2.2 섭마팅게일 모형

섭마팅게일(submartingale)은 다음 기간의 가격이 현재의 가격보다 더 클 것이라고 기대하고 평균적으로는 기대했던 대로 실현된다는 조건의 공정게임 모형이다. 이를 수학적 언어로 표현하면 다음과 같다.

$$E(P_{j,\,t+1}|\phi_t) > P_{j,\,t}$$

이를 다시 수익률의 형태로 고치면 다음과 같이 기대수익률이 정(+)의 값을 갖는다.

$$\frac{E(P_{j,\,t+1}|\phi_t) - P_{j,\,t}}{P_{j,\,t}} = E(r_{j,\,t+1}|\phi_t) > 0$$

이다.

## 2.3 마팅게일모형

마팅게일(martingale)은 다음 기간의 가격이 현재의 가격과 같을 것이라고 기대하고 평균적으로는 기대했던 대로 실현된다는 조건의 공정게임 모형이다. 이를 수학적 언어로 다시 표현해 주면 다음과 같다.

$$E(P_{j,\,t+1}|\phi_t) = P_{j,\,t}$$

이를 다시 수익률의 형태로 고치면 다음과 같은 결과가 얻어진다.

$$\frac{E(P_{j,\,t+1}|\phi_t) - P_{j,\,t}}{P_{j,\,t}} = E(r_{j,\,t+1}|\phi_t) = 0$$

앞의 섭마팅게일(submartingale)은 가격이 점차 상승하는 것을 전제로 하므로 다음과 같은 실증적인 의미를 갖게 된다. 즉, 구성증권이 같은 두 개의 포트폴리오를 구성하여 하나는 매입후 보유(buy and hold)하고 다른 포트폴리오는 주어지는 정보에 따라 매매를 계속할 경우, 다음 기간에 두 포트폴리오의 구성전략에 따른 수익률은 정(+)의 수익률을 보이겠지만 시장이 효율적이라면 그 수익률의 차이는 평균적으로 0이 되어야 한다는 것이다. 이 경우 실제수익률은 부(−)의 값을 갖는 경우도 있을 수 있고, 또한 실제수익률과 기대수익률도 다를 수 있을 것이다. 그러나 시장이 효율적이라면 가격은 증권의 내재가치를 가장 잘 표현하며 실제수익률과 기대수익률의 기대차이가 0이 된다는 것을 의미한다. 마팅게일(martingale)의 경우에도 포트폴리오 수익률이 영인 상태에서 이와 유사한 실증적 의미를 갖는다.

## 2.4 랜덤워크모형

랜덤워크모형은 효율적 시장하에서의 주가는 랜덤워크(취중행보)처럼 무작위적으로 움직인다는 주장으로서 이 모형에 의하면 어느 누구도 과거 주가 정보를 이용한 미래의 주가예측을 통해서 더 나은 수익을 지속적으로 실현하지는 못한다는 주장이다. 이러한 랜덤워크는 다음과 같이 시장효율성의 충분조건은 되지만 시장이 효율적이기 위해서 반드시 필요로 하는 필요조건은 아니다.

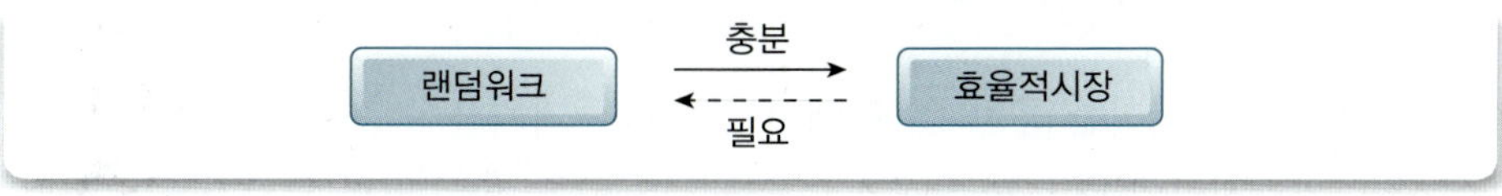


랜덤워크(random walk)는 정보집합($\phi_t$)이 주어졌을 경우나 주어지지 않았을 경우나 주가수익률의 분포는 동일하다는 것을 의미한다. 이를 통계적인 기호로 표현해 보면,

$$f(r_{1,t+1}, r_{2,t+1}, \cdots, r_{n,t+1}) = f(r_{1,t+1}, r_{2,t+1}, \cdots, r_{n,t+1} \mid \phi_t)$$

여기서 $f(\cdot)$는 수익률의 확률밀도 함수를 표시

가 된다. 랜덤워크(random walk)는 공정게임이나 마팅게일(martingale)보다 훨씬 강한 조건을 가지고 있다.[5] 즉 랜덤워크(random walk)는 분포의 모수(평균, 분산,

5) 랜덤워크는 주가수익률의 확률분포에 관한 가정을 하지만, 공정게임모형들은 이 확률분포가 포함하고 있는 정보중에서 평균적인 가격(또는 수익률) 행태에 대해서만 가정하는 모형이다.

비대칭도, 첨도 등)가 모두 같아야 하며, 시간이 변함에 따라 발생하는 주가의 분포가 독립적이고 동일하여야 한다는 것이다. 만약 주가수익률이 주어지는 정보와는 무관하게 랜덤워크(random walk)를 따른다면 분포 자체가 변하지 않으므로 당연히 평균(평균적 주가수익률)은 같게 되어 공정게임이 성립한다.

많은 실증검증 결과에 의하면 증권의 수익률은 랜덤워크를 따르지 않는다. 이는 실제로 시간이 흐름에 따라 기업의 위험(분산으로 표현)은 변화하는 데 랜덤워크는 안정적인 수익률의 분산을 가정하고 있기 때문이다. 이에 반해 공정게임은 평균에 대해서는 언급하지만 수익률의 분산 등에 대해서는 아무런 조건을 이야기하지 않으므로 위험이 변화하더라도 모형의 타당성에는 영향을 주지 않는다. 또한, 랜덤워크는 시간에 걸쳐 발생하는 수익률의 분포가 서로 독립적이라고 가정하고 있는데 이는 시계열 공분산이 0임을 의미하는 것이다. 그러나 실제로 시계열의 공분산은 0이 아닌 경우가 많은 데 이 경우에도 공정게임의 주장과는 일치할 수 있다.

*이상에 살펴본 섭마팅게일, 마팅게일, 랜덤워크가 갖는 중요한 공통적 의미는 효율적 시장하에서는 주어진 정보집합을 이용하여 행한 투자의사결정의 결과로 미래에 더 나은 초과수익을 지속적으로 기대하기는 어렵다는 주장이다. 이를 흔히 가격효율성의 공정게임모형이라고 한다.*

이러한 공정게임하에서는 많은 투자가들이 충분한 정보를 가지고 있어서 이질적인 기대(heterogenous expectation)를 갖는 몇몇 투자자들이 어떠한 투자전략을 사용하더라도 초과수익을 지속적으로 실현하지는 못한다. 그러나 최근에는 이상에서 설명한 모형들보다는 시장모형(market model)이나 CAPM과 같이 위험을 고려한 가격결정모형이 시장효율성 여부의 실증분석에 많이 이용된다.[6]

---

6) CAPM(자본자산가격결정모형)이라 함은 노벨경제학상 수상자인 W. Sharpe의 위험자산의 가격결정을 설명하여 주는 모형이다. 즉, 시장이 효율적일 경우 위험자산의 가격(수익률)은 위험과는 어떠한 관계에 있는가를 설명해 주는 모형으로서 위험이 크면 요구되는 수익률도 당연히 커지게 된다는 것을 보여주는 모형이다.
즉, 이를 수식으로 표현하면,

$$E(R_i) = R_f + [E(R_m) - R_f]\beta_i$$

단, $E(R_i)$ : 위험자산 $i$의 기대수익률
$R_f$ : 무위험수익률
$E(R_m)$ : 시장평균수익률
$\beta_i$ : 위험자산 $i$의 위험의 크기

이에 관한 자세한 내용은 제10장의 제2절을 참고.

**표 3-1 가격효율성의 공정게임모형 유형**

| | 섭마팅게일 모형 | 마팅게일 모형 | 랜덤워크 모형 | CAPM | MM |
|---|---|---|---|---|---|
| 공통적 주장 | 시장은 시장참가자 모두가 기대했던 대로 가격 또는 수익이 실현되기 때문에 어느 누구도 초과수익의 지속적 실현은 불가능(공정게임) | | | | |
| 기본 주장의 차이점 | 미래 주가는 현재주가보다 클 것으로 기대 | 미래주가는 현재주가와 같을 것으로 기대 | 미래주가는 현재주가와 독립적(무관함)인 것으로 기대 | 위험에 상응하는 수익률 형성 기대 | 위험에 따라 시장관련 수익률형성 기대 |
| 주가(또는 수익률) 행태 주장의 초점 | 평균적 행태 | 평균적 행태 | 평균 및 안정적 분산의 분포행태 (i.i.d) | 평균적 행태 | 평균적 행태 |
| 가격결정 설명과정에서의 위험 고려 유무 | 불고려 | 불고려 | 불고려 | 고려 | 고려 |

이제 가격효율성(정보효율성)의 공정게임모형들의 가격행태에 관한 주장과 그 차이점을 비교하면 〈표 3-1〉과 같다.

## 제 3 절 정보와 효율적 시장가설

투자자들이 중시하는 정보의 측면에서 시장효율성을 정의하면 〈표 3-2〉에서와 같이 두 가지 경우로 요약된다.

하나는 Sharpe의 정의로 가격이 효율적 시장하에서는 시장가치와 같게 된다는 결과에 초점을 맞추고 있다. 반면에 Fama는 정보가 얼마나 가격에 잘 반영되는가 하는 그 과정에 초점을 맞추고 있다.

즉, Fama의 주장은 효율적 시장하에서는 가격이 이용가능한 관련 정보를 충분히 반영한다는 것이다. 즉, 가격에 영향을 주는 이용가능 관련 정보가 하나도 빠짐 없이(충분성), 시장의 제대로 된 평가를 받아서(정확성), 그 즉시 가격에 반영되어야만(신속성) 시장이 효율적이라는 주장이다.

*In an efficient market, prices fully reflect all available information that is relevant to the valuation of securities*

그러나 Fama는 시장이 과연 이러한 가격 효율성을 갖는가를 살펴보기 위해서는 두 가지의 엄밀한 정의가 필요하다는 것을 지적하였다.[7] 즉, '가격은 충분히 반영한다'는 의미와, 가격에 충분히 반영되는 '관련 정보의 범위(집합)'를 정의하여야 한다. 전자는 기대수익과 위험에 관한 정보가 가격에 어떻게 반영되어야 하는가를 보여주는 특정의 가격결정모형을 암묵적으로 가정하는 것이며[8], Fama는 이를 증권의 보유기간 동안의 기대수익에 의해 정의하였다. 두 번째의 문제인 관련 정보를 Fama는 가격에 반영되는 정보의 유형(범위)에 따라 3가지 종류의 정보효율성으로 다시 분류하였다.[9] 그 결과 정보의 효율성은 [그림 3-3]에서 보는 바와 같이 가격에 반영되는 정보의 유형(범위)을 기준으로 세 가지 유형의 효율적 시장가설(EMH; efficient market hypothesis)로 분류하였다. 결국 시장의 효율성 정도는 ① 가격에 어느 정도까지의 정보가 반영되는가 하는 이용가능 정보의 유형과 ② 그 정보가 시장에서 가격에 얼마만큼 빨리 반영되는가 하는 새로운 정보의 반영속도에 달려있는 문제이다.

**표 3-2 시장효율성의 정의**

| | |
|---|---|
| **Sharpe의 정의 (1985)** | 효율적 시장은 모든 증권의 가격이 항상 시장가치와 같아지는 경우 (가격=시장가치) |
| **Fama의 정의 (1970)** | 효율적 시장은 정보의 처리가 효율적으로 이루어지는 시장으로서, 어떤 시점에서 관찰되는 증권의 가격은 그 시점에서 이용가능한 모든 정보에 대한 정확한 평가에 기초하고 있다. 따라서 가격은 이용가능 정보를 충분히 반영하고 있다. |

7) 가격이 모든 정보를 충분히 반영할 수 있도록 하기 위해서는 거래비용이나 세금과 같은 거래의 장애요인이 없어야 한다. 그리고 시장구조 등의 요인에 의하여 가격이 새로운 정보를 반영하는 데 시간이 걸릴 가능성도 있다. 따라서 효율적 시장 개념을 설명함에 있어서는 가격결정모형과 시장구조가 포함되어야 한다.

8) 이러한 이유 때문에 효율적 시장가설의 검정은 특정의 가격결정모형 타당성을 동시에 검정하는 연대가설, 즉 동시적 가설검정(joint tests)이 된다.

9) 이는 본래 Roberts(1967)가 시카고 대학의 한 세미나에서 처음 제시한 주장을 Fama가 이를 이론적으로 보다 엄밀하게 만든 것이다. Roberts, H.V.(1967), "Statistical Versus Clinical Prediction of the Stock Market," Unpublished paper, University of Chicago.

그림 3-3 이용가능 정보의 범위(유형)와 시장효율성의 정도

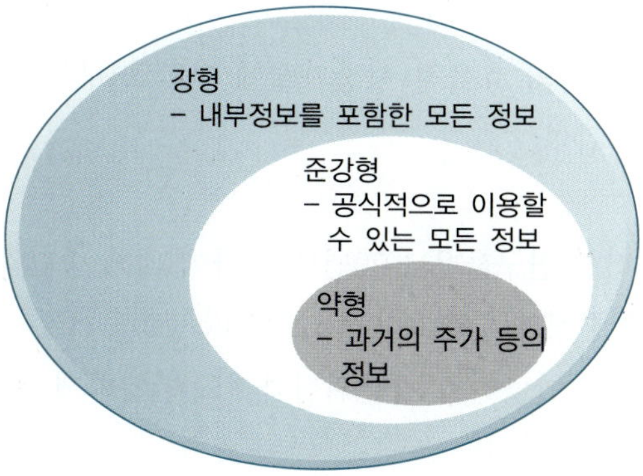


(1) 약형의 효율적 시장가설(weak-form EMH): 가장 오래된 가설로서 이에 따르면 현재의 증권가격은 과거의 증권가격, 거래량, 추세 등에 관해 알려져 있는 모든 정보를 반영하고 있다는 주장이다. 따라서 투자자들은 이들 정보를 이용함으로써 초과수익을 지속적으로 기대할 수는 없다. 이는 또한 연속적인 증권가격의 무작위적 움직임을 검증하기 위한 통계적 검증에 초점을 맞추어 랜덤워크가설로도 특징지어진다.

(2) 준강형의 효율적 시장가설(semi-strong form EMH): 현재의 증권가격에는 공식적으로 이용할 수 있는 모든 공적인 정보가 증권가격에 충분히 그리고 즉시 반영되어 있다는 주장이다. 따라서 투자자들은 이들 정보를 이용해서 초과수익을 지속적으로 기대할 수는 없다.

(3) 강형의 효율적 시장(strong-form EMH): 공식적으로 입수할 수 있는 정보는 물론 사적인 내부정보까지도 증권가격에 이미 반영되어 있다는 주장이다. 이 경우 투자자들은 내부정보를 이용해도 초과수익을 얻을 수 없게 된다.

## 제 4 절 효율적 시장가설의 검증

그 동안의 효율적 시장가설에 관한 연구들을 연대별, 주제별로 요약하면 〈표 3-3〉과 같다.

이러한 연구들은 1970년대 파마에 의해 종합적으로 정리되고 검증되었는데 그 결론은 공정게임의 효율적 시장(fair-game efficient market)에서 가격은 관련된 모든 정보를 반영하고 관련위험까지도 반영하게 된다는 것이다.[10] 또 파마는 효율적

**표 3-3 효율적 시장에 관한 연대별 연구관심분야**

| 기간 | 연구주제 | 주요내용 |
|---|---|---|
| 1900-1959 | 증권가격의 움직임은 랜덤워크를 따르는가? | ① 증권가격의 랜덤워크 특성 |
| 1960년대 | • 전후시차의 증권수익률사이에는 상관관계가 존재하는가?<br>• 과거의 가격정보만을 이용하여 이익을 볼 수 있는 투자방법이 있는가?<br>• 수익률의 분포는 어떤 특성을 보이는가?<br>• 시장은 공표되는 정보에 신속히 반응을 보이는가?<br>• 전문적인 투자자들이 일반투자자들보다 더 나은 투자성과를 보일 수 있는가? | ① 증권가격의 시계열적 상관관계<br>② 과거의 증권가격을 이용한 투자전략존재 여부<br>③ 주식수익률의 분포에 관한 특성<br>④ 전문투자자들의 투자능력(성과) |
| 1970년대 | • 시장은 항상 공개되는 정보에 신속히 반응하는가?<br>• 공개되는 정보만을 이용한 유리한 투자기법이 과연 존재하는가?(P/E 등)<br>• 내부자들은 정(+)의 초과수익을 실현하는가?(내부자거래의 이익실현 여부) | ① 공개되는 정보를 이용한 투자선택기준의 존재 및 지속여부<br>② 내부자들의 정의 초과수익 실현여부 |
| 1980년대 | • 증권의 수익률에는 투자자들이 투자전략으로 이용할 수 있는 어떤 규칙성이 존재하는가?(anomalies or regularities)<br>• 증권의 가격변동성은 이론적인 가격변동성에 비하여 지나치게 크지 않은가?(stock market volatilities) | ① 증권가격의 수익률패턴<br>② 증권가격의 변동성 정도 |

10) E. F. Fama, "Efficient Capital Markets: A Review of Theory and Empirical Work," *The Journal of Finance*, May 1970.

시장에 관한 가설에서 가격에 반영되는 관련 정보집합의 범위가 어디까지인가에 따라 세 가지 수준(유형)의 효율성이 존재함을 주장하였다. 즉 약형 효율적 시장가설(weak-form efficient market hypothesis), 준강형 효율적 시장가설(semi-strong form efficient market hypothesis), 강형 효율적 시장가설(strong-form efficient market hypothesis)이 그것이다. 그러면 이들 각각에 대한 가설(주장)의 내용을 살펴보고 이를 현실의 자료를 이용하여 각각의 주장이 맞는가를 확인하는 방법(통계에서는 이를 '검증방법' 이라고 함)을 설명하고자 한다.

## 4.1 약형 효율적 시장가설

약형 효율적 시장가설에서는 이용가능한 정보 집합의 범위를 과거의 주식시장 정보로 한정한다.

*약형의 효율적 시장가설은 현재의 주식가격은 주식시장의 모든 과거 정보를 완전히 반영하고 있는 시장이라는 주장이다.*

여기서 주식시장의 정보란 과거의 주가, 주가의 변화, 거래량 및 주식시장 자체에서 파생되는 모든 과거의 거래정보(past price and trading history)를 말한다. 이는 현재의 주가가 과거의 모든 주가변화를 반영하고 있음을 나타내는데, 이 경우 과거의 주가나 시장의 자료를 근거로 한 어떠한 거래방법도 초과수익을 지속적으로 얻지는 못한다.

또한 약형 효율적 시장가설을 검증하고자 하는 대부분의 연구들은 증권가격이 랜덤워크를 따르고 있는가를 중심으로 진행되어 왔다.

효율적 시장에서의 주가는 모든 이용가능 정보를 반영하기 때문에 가격이 변화하는 유일한 이유는 예상치 못한 새로운 정보의 유입에 기인한다. 이러한 정보는 유리한 정보일 가능성도 있고 불리한 정보일 가능성도 있기 때문에 가격의 움직임도 상승의 가능성과 하락의 가능성이 있다. 그 결과 주가의 변화는 예측하기 어려울 것이고 주가 그 자체는 랜덤워크를 따르게 된다. 그러므로 효율적 시장은 랜덤워크이론(가설)과 밀접한 관련을 갖는다.

따라서 랜덤워크 가설은 기간 $t$의 주가가 이전의 모든 주가와는 완전히 독립적이라는 것을 의미하며, 그 분포가 동일하므로 분포 내의 모든 모수가 동일하여야 한다는 주장이다. 그러나 약형 효율적 시장가설은 기간 $t$의 가격변동의 기대치가 그 이전 시점의 모든 가격과 독립적이기만 하면 된다. 따라서 랜덤워크가설은 약형 효율적 시장가설의 충분조건이며, 약형 효율적 시장가설은 랜덤워크 가설의 필요조건이 된다. 이제 약형 효율적 시장가설의 대표적인 검증 방법과 결과를 살펴보기로 한다.

## 1. 연의 검증

랜덤워크, 즉 주가의 시계열적 독립성에 대한 가장 단순한 검증방법은 통계적인 연의 검증(run test)이다. 연의 검증이란 주어진 주가의 변화에 대해 주가가 상승하면 '+'로 표시하고 하락하면 '−'의 부호로 표시한다. 그 결과 '+'와 '−' 기호로 표시된 다음과 같은 집합이 발생한다. 즉, 주가의 연속적인 변화를 이와 같은 방식으로 표시한다면 +++−++−−−++−−++와 같이 표시되는 부호의 집합이 생성된다.

*연(run)이란 두 시점 사이의 가격변화를 표시하는 부호에 변화가 없는 경우로써, 연속된 정(+)의 부호나 연속된 부(−)의 부호가 하나의 연(run)이 된다.*

따라서 주가의 독립성을 알아보기 위해서는 연속적으로 관찰된 주가에서의 실제의 연의 숫자를 계산한 다음, 이를 난수(random number)에서 관찰될 것으로 기대되는 최소한의 통계적인 연의 숫자와 비교하여 실제의 연의 수가 통계적인 연의 수보다 크면 무작위적인 주가의 변화로 간주한다. 위의 연의 집합에서 처음 세 개의 +기호가 하나의 연이 되며 다음 −기호가 또 하나의 연이 되고, 다음 두 개의 +기호가 하나의 연이 된다. 이런 식으로 위의 연의 수는 모두 7개가 된다.

만일 주가가 연속적으로 상승(하락)하는 상황만 있다면 하나의 +(−)의 연이 존재할 것이고 이러한 상황에서는 그 다음 시점의 주가가 상승(하락)할 가능성이 클 것으로 기대할 수 있을 것이다. 그러나 주가가 오르고 내리는 과정을 반복하여 연의 수가 증가한다면 이는 랜덤워크를 따를 가능성이 커진다.

파마(Fama)는 다우존스산업평균지수(DJIA)에 포함되는 30개 주식에 대하여 1957년부터 1962년까지 일일주가변동에 연의 검증을 적용한 결과 랜덤워크 가설이 성립한다는 결론을 내린 바 있다.[11] 이러한  검증결과는 약형 효율적시장 가설을 입증하는 것으로 볼 수 있다.

11) E.F. Fama, "The Behavior of Stock Prices," *The Journal of Business*, January 1965.

## 2. 시계열상관분석

주가변동의 시계열적 독립성을 검증하기 위한 또 하나의 통계적인 검증방법은 시계열 상관분석(serial correlation analysis)을 수행하는 것이다. 이를 위해서는 다음과 같은 가설을 설정하고 검증을 행하면 된다.

$$H_0 : E_t(P_{t+1}) = \sum_{k=0}^{m} a_K(P_{t-K})$$

$$H_1 : E_t(P_{t+1}) \neq \sum_{k=0}^{m} a_K(P_{t-K})$$

단, $k$ : 시차

$E_t(P_{t+1})$ : 시점 $t$에서 기대하는 $t+1$에서의 가격

$P_t$ : 시점 $t$에서의 가격

여기서 $k$가 0이면 현재 시점의 주가와 한 기간 후의 주가와의 시계열상관계수가 $a_0$이 되고, $k$=1이면 한 기간 전의 주가와 한 기간 후의 주가와의 시계열상관계수가 $a_1$으로 나타난다.

*시계열상관은 일정 시차를 갖는 두 시점 사이의 주가들이 독립적이지 않고 상호 관련을 갖는 경우로서 그 정도는 시계열 상관계수의 크기로 측정한다. 시계열 상관분석은 이처럼 모든 시차에 대한 상관계수를 측정하여 주가의 독립성(무작위성) 여부를 분석하는 방법이다.*

이런 식으로 $m$기간 전의 주가와 한 기간 후의 주가와의 상관계수는 $a_m$으로 나타나게 된다. 이때 시계열상관계수가 통계적으로 0에 가깝다면 귀무가설($H_0$)인 시계열 상관모형을 기각하고 랜덤워크가설($H_1$)을 받아들이게 된다. 파마의 연구에 의하면 상관계수는 대체로 +0.1에서 −0.1의 범위내에 있으며, 이 상관계수는 통계적으로 0과 큰 차이가 있다고 볼 수는 없다.[12] 이 외에도 장외시장에 대해 하거만과 리치몬드(Hagerman과 Richmond)[13]는 시계열상관분석을 행하였는데 역시 약형 효율적 시장가설을 입증하는 결과를 보이고 있다.

---

12) Ibid., p.72.

13) R. Hagerman and R. Richmond, "Random Walks, Martingales and the OTC," *Journal of Finance*, Sep. 1973.

## 3. 필터기법

약형 효율성을 검증하는 또 다른 방법론으로는 '과거의 주가 정보를 이용한 투자성과' 와 이를 고려치 않고 '단순히 매입 후 보유(buy and hold)하는 경우의 수익률' 을 비교하는 대표적인 방법인 필터기법(filter technique)이 있다. 이에 대한 검증을 행한 것이 알렉산더(Alexander)[14] 와 파마와 블룸(Fama and Blume)[15] 이다.

*필터기법은 과거의 주가움직임을 이용하여 주가가 저점에서 x% 상승하면 주식을 매입하여 보유하고 있다가, 고점에서 x% 하락하면 매도한다. 또 다시 주가가 저점에서 x% 상승하면 주식을 매입하는 과정을 반복하는 거래전략이다.*

따라서 이러한 기준에 의한 사고 파는 과정을 일정 투자기간 동안 되풀이하는 필터기법에 의한 투자성과와 단순히 매입후 보유하는 경우의 투자성과를 비교하여 그 차이를 살펴본다. 이때 똑같은 증권을 투자대상으로 하여 필터를 사용하는 경우와 매입 후 보유하는 경우의 수익률을 비교하는 것이므로 위험을 조정해 줄 필요는 없다. [그림 3-4]는 일정 투자기간 동안의 반복적인 필터기법을 나타낸 것이다.

필터기법은 주가의 변화에 어떤 일정한 패턴이 있다고 본다면 이를 이용하여 투자자가 이익을 얻을 수 있도록 고안된 단순한 거래기법이다. 따라서 필터의 크기를 투자자가 다르게 조정함으로써 필터를 사용한 투자전략이 순수한 투자전략인 단순 매입보유의 전략보다 초과수익을 얻을 수 있는지를 살펴볼 수 있다. 이들

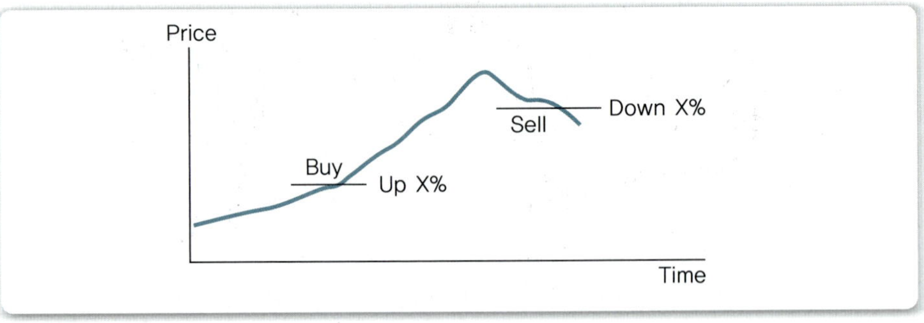


14) S.S. Alexander, "Price Movements in Speculative Markets: Trends or Random Walks," *Industrial Management Review*, May 1961.
15) E.F. Fama, and M. Blume, "Filter Rules and Stock Market Timing Profits," *The Journal of Finance*, May 1970.

그림 3-4 필터기법

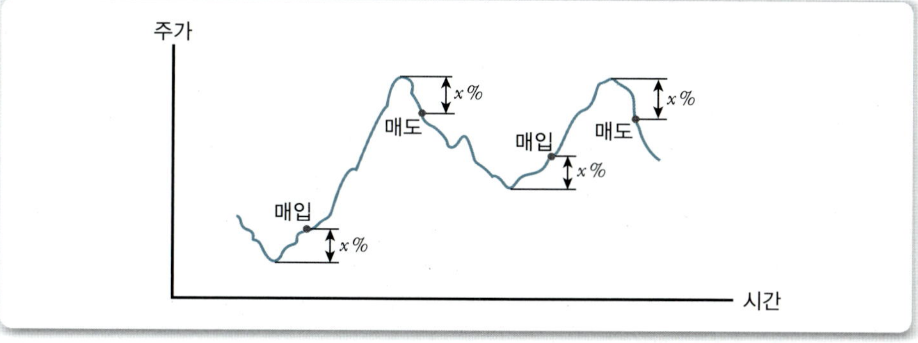


의 필터기법에 의한 연구결과는 다음의 세 가지로 요약된다.

먼저, 거래비용을 고려하지 않더라도 1.5% 이상의 필터는 매입 후 보유하는 순수한 투자전략보다 초과수익을 얻을 수 없다는 것이다. 두번째로 1.5% 이하의 필터를 사용할 경우 평균적으로 매우 작은 이득을 얻을 수는 있으나 빈번한 거래에 따르는 거래비용 때문에 이를 고려하면 초과수익을 얻을 수 없다는 것이다. 이는 매우 짧은 기간 동안에 있어서 가격의 시계열 상관관계가 있다는 것을 나타내지만 이것이 곧 시장의 효율성을 부정하지는 못한다. 파마와 블룸은 장내 브로커의 경우에 0.1%의 거래수수료를 부담하지만 1.5% 이하의 필터를 사용할 경우 발생하는 이득은 거래수수료를 빼면 거의 없어진다는 것을 보이고 있다.[16] 따라서 과거의 주가 정보를 이용하여 투자하여 얻는 수익률이 이러한 정보를 전혀 사용하지 않고 단순히 매입후 보유한 경우의 수익률과 거의 같으므로 약형 효율적 시장가설이 성립한다는 것이다. 셋째로 필터기법을 사용한 결과 시장은 섭마팅게일을 따른다고 한다. 실제로 검증대상 증권 모두가 평균적으로 정(+)의 수익률을 보이고 있기 때문이다. 이는 위험자산의 경우 위험에 상응하는 수익률을 보장해 주는 것으로 볼 수 있다.

## 4.2 준강형 효율적 시장가설

준강형 효율적 시장가설은 이용가능한 정보의 집합을 공개적으로 이용가능한 모든 정보로까지 확대하여 정의한다.

16) Ibid.

**그림 3-5 정보와 시장에서의 주가조정 유형**

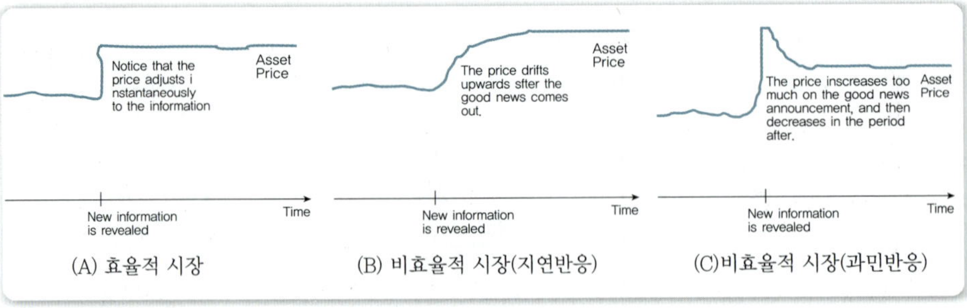


*준강형의 효율적 시장가설이란 공개적으로 이용가능한 모든 정보가 증권의 가격에 즉각 반영되고 있는 시장이라는 주장이다.*

여기서 모든 공적인 정보란 주가와 거래량 등의 모든 시장정보와 개별기업의 수익, 액면분할, 경제뉴스, 정치적인 뉴스 등 모든 비시장정보를 포함하므로 준강형 효율적 시장가설은 약형 효율적 시장가설을 포괄하게 된다. 이와 같은 준강형 효율적 시장가설은 공개적으로 이용가능한 정보를 이용하여 투자하는 투자자는 이미 증권의 가격에 모든 공개적인 정보가 반영되어 있으므로 거래비용과 위험을 고려하면 단순한 매입보유 전략보다 더 나은 초과수익을 얻을 수 없다는 것이다. 이는 주로 공개적인 정보가 공표되는 사건일을 기준시점으로 놓고 이후 시점에서의 초과수익 실현여부를 확인하는 잔차분석과 사건연구의 방법을 적용한다. 시장이 효율적이라면 주가는 [그림 3-5]에서 첫 번째 그림의 모습으로 주가반응(주가조정)이 이루어질 것으로 기대된다.

### (1) 잔차분석과 사건연구의 방법

준강형 효율적 시장가설(준강형 EMH)의 연구는 주로 잔차분석(residual analysis)과 사건연구의 방법(event study methodology)을 적용시켜 다음과 같이 진행되어 왔다. 잔차분석은 특정의 정보적 사건에 대한 시장(가격)의 반응과 정보적 사건을 중심으로 이를 전후한 일정 관찰기간 동안(window period)의 초과수익을 검토하기 위하여 고안된 연구방법이다. 여기서의 정보적 사건은 거시 경제적 요인과 같이 시장 전반적 요인이 될 수도 있고 또는 이익이나 배당발표와 같은 기업고유의 정보요인이 될 수도 있다. 잔차분석의 과정을 보이면 다음과 같은 절차로 이루어진다.

① 중요한 정보의 발표시점(event day= 0 day)을 전후하여 가격의 움직임을 관찰함으로써 언제 가격이 정보를 반영했는지를 살핀다. 즉, 발표시점 전에 가격이 조정되었는지, 발표기간 동안에 가격이 조정되었는지 또는 발표 후에 조정되었는지를 관찰하는 것이다. 만일 효율적 시장가설이 성립한다면 시장가격은 정보의 발표시점 전이나 발표기간 중에 정보를 반영하여 조정된다는 것을 의미한다. 이를 위해 가장 먼저 해야 할 일은 정보적 사건을 명확히 정의하고 그 정보공표시점을 정확히 지정하여야 한다. 그리고 공표시점을 전후한 기간의 주가수익률자료를 정보를 공표한 표본기업들을 대상으로 수집한다.

정보공표시점(0 day)

② 정보가 공식화된 이후에 증권을 취득한 투자자들의 초과수익(residual or abnormal return) 실현여부를 관찰한다. 즉, 정보가 발표된 후에 그 정보를 바탕으로 투자한 경우의 거래비용을 감안한 초과수익을 단순히 매입 후 보유하는 경우의 수익률과 비교한다.

이와 같이 준강형 EMH의 연구를 위해서는 먼저 초과수익을 계산할 필요가 있다. 이를 위해 흔히 사용되는 것이 시장모형(market model)이다. 초과수익은 개별자산의 수익과 시장모형에 의한 수익의 차이로 계산된다. 시장모형이란 증권 $j$의 수익률은 시장포트폴리오의 수익률과 선형관계로 설명될 수 있다는 모형이다. 이를 수학적으로 표현하면,

$$R_{jt} = a_j + b_j R_{mt} + e_{jt}$$

이다. 여기서 $R_{jt}$는 증권 $j$의 $t$시점에서의 수익률, $R_{mt}$는 시장포트폴리오의 $t$시점에서의 수익률을 나타낸다. 시장모형 외에 초과수익률을 계산하기 위해 자본자산가격결정모형(capital asset pricing model)이 사용되기도 한다. 어떠한 모형을 이용하든 비정상적인 초과수익은 실제수익률 $R_{jt}$와 선택된 모형에 의한 추정수익률 $\hat{R}_{jt}$의 차이, 즉 잔차 $e_{jt}$가 된다. 따라서

$$\text{비정상 초과수익} = \text{실제수익률} - \text{정상수익률}$$
$$= \text{잔차수익률}(e_{jt}) = R_{jt} - (\hat{\alpha}_j + \hat{\beta}_j R_{mt})$$

### (2) 효율적 시장에서의 증권가격반응 관찰

잔차수익률(초과수익)이 계산되면, 그 다음으로는 재무적 또는 경제적 사건(event)에 관한 정보가 공표되는 시점을 기준시점인 0시점(0 day or event day)으로 놓고, 이를 전후한 특정의 관찰기간(window period)에서 이들 잔차수익률의 움직임의 추이를 관찰한다. 이 경우 분석하고자 하는 표본기업들에 대한 각 시점 ($t$)에서의 잔차수익률을 모두 평균($AR_t$)한 다음, 이를 특정의 $T$시점까지 계속적으로 누적 합산시켜 가면서 누적평균수익률($CAR_T$)을 관찰한다. 즉,

① 개별기업의 잔차수익률 평균: $AR_t = \dfrac{1}{N} \sum_{j=1}^{N} e_{jt}$

② $T$시점까지의 누적평균수익률: $CAR_T = \sum_{t=1}^{T} AR_t$

단, $CAR_T$ : $T$시점까지의 누적잔차수익률(cumulative average residual)
$AR_t$ : $t$시점의 평균잔차(average residual)

이때 효율적 시장에서의 증권가격 반응은 새로운 정보가 시장에 유입될 경우 그 시점에서 즉각적이고 충분히 반영되어야 하기 때문에 [그림 3-6]에서 ①과 같은 모습으로 관찰될 것이다.[17] 그러나 비효율적 시장인 경우에 있어서는 ②나 ③과 같은 증권가격의 반응이 관찰될 것이며 비록 시장은 효율적이라고 해도 우리나라 증권시장과 같이 하루에 오르고 내릴 수 있는 가격폭에 제한(상하한가 제도)을 두고 있을 때에도 ③과 같이 정보가 하루에 반영되지 않고 며칠을 두고 반영될 것이다. 더욱이 가격제한폭이 좁을수록 이러한 제한폭으로 인하여 증시에 영향을 주는 정보가 즉시 가격에 반영되지 못하고 다음 날까지 영향을 미치는 현상인 가격지연효과도 커진다. 그리고 가격이 이미 설정되어 있는 가격한도에 접근하여 갈수록 보다 빠른 속도로 상하한가에 도달하도록 끌어당기는 자력효과(magnetic effect)로 인하여 시장의 유동성도 떨어질 수 있다. 따라서 시장의 효율성과 유동성 제고를 위해서는 가격제한폭이 더욱 확대되거나 미국, 영국, 독일, 홍콩, 싱가

---

17) 유리한 정보의 경우에는 주가상승, 불리한 정보의 경우에는 주가하락의 반응이 일반적이다. 그러나 유리한 정보임에도 주가가 하락(good news, bad results)하거나, 불리한 정보임에도 주가가 상승(bad news, good results)하는 경우도 있다. 이는 기대보다 유리하지 않은 정보가 공표되거나 기대보다 불리하지 않은 정보가 공표되는 경우의 주가반응이다.

그림 3-6 효율적 시장하에서의 주가반응(주가조정)

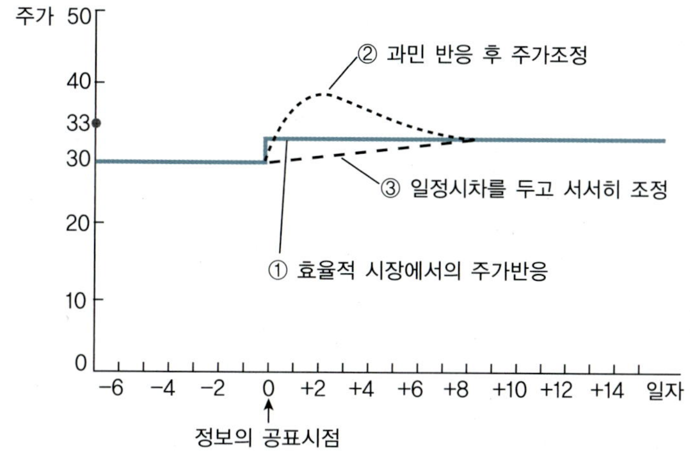


폴과 같이 궁극적으로는 완전자유화되어야 할 것이다.

한편 초과수익률인 잔차수익률을 계산하고자 할 경우 시장모형 대신 CAPM을 이용할 수도 있으며 이 모형은 장을 달리하여 뒤에서 자세히 다룬다. 이들 두 모형에서는 잔차항 $e_{jt}$가 존재하는 데, 이것이 곧 위험을 조정해 준 후의 비정상 초과수익률이 된다. 이제 이러한 방법을 적용하여 준강형 EMH를 검증한 하나의 예를 살펴보고자 한다.

### (3) 액면분할 전후의 주가반응 관찰

기업들이 주식의 액면분할(stock split)을 하는 경우 이것이 주가에는 어떠한 영향을 미칠 것인가에 대해 가장 잘 알려진 연구가 파마, 피셔, 젠센, 롤(Fama, Fisher, Jensen, Roll)의 연구이다.[18] 이들은 1927년부터 1959년까지 940건의 액면분할이라는 사건시점을 전후한 각각 60개월 동안의 누적초과수익률을 계산하였다. [그림 3-7]은 그 결과를 도시한 것이다.

18) E.F. Fama, L. Fisher, M. Jensen, and R. Roll, "The Adjustment of Stock Prices to New Information," *International Economic Review*, February, 1969.

그림 3-7 FFJR의 연구결과(I)

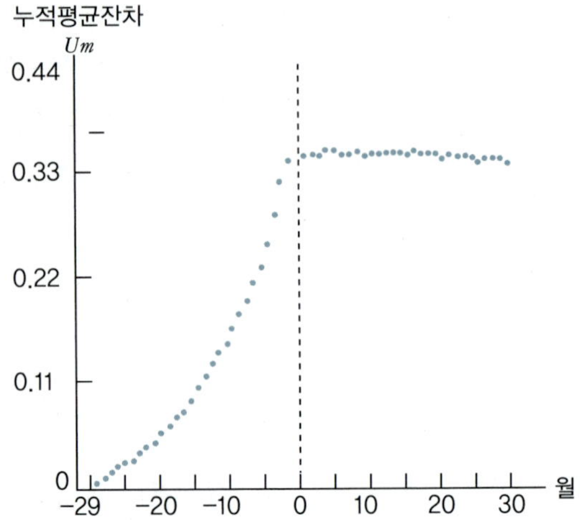


그림에서 액면분할 시점 직전에는 정(+)의 초과수익을 얻었으나 이후에는 초과수익을 얻지 못했으므로 액면분할이 초과수익의 원인인 것으로 보인다. 그러나 이렇게 결론을 내리는 것은 경제적인 의미가 없다. 액면분할을 했을 때 이론적으로 액면분할 그 자체에 기인한 기대 미래수익분포에 대한 변화는 있을 수 없기 때문이다. 액면분할 이전에 누적초과수익이 증가한 것은 선택편의(selection bias)에 의해 설명될 수 있다. 즉, 액면분할은 액면분할 이전에 주가가 상승했을 때 이루어진다. 따라서 이러한 표본을 선택하여 그 초과수익을 계산하여 정(+)의 수익이 발생하는 것은 당연한 것이다. 이에 파마는 투자자들이 액면분할을 기업의 기대 현금흐름의 변화에 관한 신호로 해석할 수도 있다고 추론하였다. 그는 투자자들이 액면분할을 배당의 증가로 해석하며, 이는 곧 해당기업이 더욱 높은 수준의 현금흐름을 지속적으로 유지할 수 있다는 신호를 시장에 전달하는 것으로 해석될 수 있다고 가정하고 검증을 하였다. 이 검증을 위해 표본을 액면분할 후 시장평균보다 배당을 증가시킨 기업과 감소시킨 기업으로 다시 분류하여 누적초과수익을 계산하여 비교하였다. 그 결과가 [그림 3-8]이다. 그림에서 배당을 증가시킨 기업의 경우 액면분할 후 정(+)의 초과수익을 보이고 있는데 이는 액면분할이 배당을 증가시킨다는 신호로 해석된다는 가설과 일치하는 것이다. 한편 배당을 감소시킨 기업의 경우 액면분할 후 약 1년 동안 누적초과수익이 감소하고 있다. 이는 그 기간 동안에는 배당의 증가를 기대할 수 없다고 판단되기 때문이다.

그림 3-8 FFJR의 연구결과(Ⅱ)

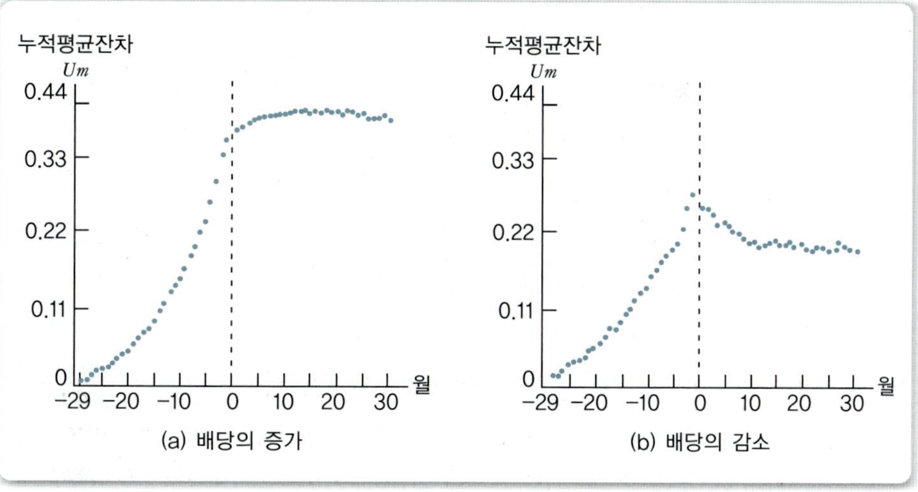


이상의 결과로 미루어 시장은 평균적으로 보아 액면분할사건에 의해 배당을 편의(bias)없이 예측하고, 이러한 예상은 액면분할시점까지 주가에 완전히 반영된다는 것이다. 따라서 FFJR의 연구 결과는 준강형 EMH를 확인시켜 주는 결과로 해석될 수 있다.

이외에도 준강형 효율적 시장가설에 대한 많은 검증이 이루어졌다. 그러나 대부분의 주가가 공적으로 이용가능한 모든 정보를 충분히 반영하고 있으며, 공적으로 이용가능한 정보를 이용한 어떤 투자자도 비정상적인 초과수익을 지속적으로 얻지 못함을 보여주고 있다.

## 4.3 강형 효율적 시장가설

강형 효율적 시장가설에서는 이용가능한 정보 집합의 범위를 공식적으로 이용가능하든 가능하지 않든 모든 정보로 확대하여 정의한다. 즉, 주가는 내부정보까지 포함하여 모든 정보를 충분히 반영하고 있다는 주장으로써 가장 넓은 의미의 정보 효율성을 의미한다.

그러나 내부정보를 이용한 거래에 관한 많은 연구들에서는 이러한 강형의 효율성을 지지하지 않는 것으로 나타났다. 이는 강형의 효율성은 완전 진공상태를 가정하는 것처럼 하나의 극단적인 개념으로 볼 수 있다. 이는 관련 정보의 범위가 무한정으로 확대되기 때문에 현실적으로 시장이 문자 그대로 모든 정보를 항상 반영한다고 기대하기는 어렵다.

*강형 효율적 시장가설은 공개적으로 이용가능한 정보는 물론 사적인 정보까지도 주가에 이미 반영되어 있는 시장이라는 주장이다.*

따라서 어떠한 사람도 주가의 형성과 관련된 정보를 독점적으로 취득할 수는 없다는 의미이며, 어떠한 정보를 이용하여도 지속적으로 초과수익을 실현하기는 어렵다는 주장이다. 강형의 효율적 시장가설은 약형 및 준강형의 효율적 시장가설을 포괄하고 있으며, 강형 효율적 시장가설은 효율적 시장뿐만 아니라 모든 정보를 동시에 모든 사람이 이용가능하다는 완전시장의 조건을 요구한다.

강형 EMH에 대한 실증적인 검증을 위해 모든 정보를 이용한 투자자의 투자성과를 확인하기는 어렵다. 그러나 사적인 비공개의 정보를 소유하는 어떤 특정한 집단이 지속적으로 비정상적인 초과수익을 얻는다면, 이는 그 집단이 중요한 정보를 독점적으로 취득하고 있거나 그들이 다른 투자자들 보다 지속적으로 먼저 공적인 정보를 분석하여 반응함으로써 시장이 모든 정보를 주가에 신속히 반영할 수 없는 시장 상황인 경우로 볼 수 있다. 이러한 관점에서 독점적으로 정보를 취득할 수 있는 투자자의 집단은 크게 세 가지 경우로 나눌 수 있다. 즉, 기업의 내부자(insider)와 거래소의 스페셜리스트(specialist), 전문적인 포트폴리오 관리자를 들 수 있고, 이들의 투자성과를 내부정보를 소유하지 않는 일반 투자자들의 투자성과와 비교하여 그 차이 유무를 통해 강형효율성 여부를 입증하게 된다.

### 1. 내부자거래의 성과

강형 EMH의 직접적인 검증은 공적으로 이용가능하지 못한 정보를 이용할 수 있는 기업내부자가 시장에서 비정상적인 초과수익을 실현할 수 있는가를 살펴봄으로써 이루어질 수 있다. 자페(Jaffe)는 SEC에서 발행되는 Official Summary of Security Transactions and Holding으로부터 내부자거래에 관한 자료를 입수하였다.[19] 그는 매도한 내부자가 매입한 내부자보다 셋 이상 많거나 반대의 경우가 일어난 달을 집중거래월(intensive trading month)로 규정하고 집중거래월에 집중적으로 거래된 주식을 집중거래 포트폴리오에 포함시킨 다음 실증적 시장모형

19) J. Jaffe, "The Effect of Regulation Changes on Insider Trading," *The Bell Journal of Economics and Management Science*, Spring 1974.

(empirical market line)을 사용하여 누적평균잔차(cumulative average residual)를 계산하였다.

1960년대의 861개 관찰치를 대상으로 한 결과 누적평균잔차는 집중거래월 다음 8개월 동안 약 5% 상승하였고 이 중 3%는 마지막 6개월 동안에 발생하였다. 이러한 수익률은 통계적으로 유의수준이 높은 것이며, 거래비용보다 훨씬 컸다. 또한 1950년대의 내부자거래에 대해서도 비슷한 결과가 도출되었다. 이는 기업내부자들이 기업외부자인 일반투자자들과 비교하여 내부정보를 이용하여 비정상적인 초과수익을 얻고 있다는 것으로 보아 강형 EMH를 기각하는 것으로 볼 수 있다.

## 2. 투자신탁의 성과

투자신탁의 포트폴리오 관리자의 경우에도 비록 내부자만큼은 아니지만 공적으로 이용가능하지 않은 정보를 가지거나 다른 투자자보다 먼저 입수하여 신속히 반응할 수 있는 투자집단이다. 이들의 투자성과에 대한 대표적인 연구가 젠센(Jensen)의 연구이다.[20] 젠센은 자본자산가격결정모형(CAPM)을 이용하여 1955년부터 1964년 사이의 115개 투자신탁에 대한 비정상초과수익(젠센의 $\alpha$)을 다음과 같이 계산하였다.

$$\alpha_{jt} = (R_{jt} - R_{ft}) - [\beta_{jt}(R_{mt} - R_{ft})]$$

단. $R_{jt}$ : $j$번째 투자신탁 수익률
$R_{ft}$ : 무위험수익률
$\beta_{jt}$ : $j$번째 투자신탁의 체계적 위험 추정치

즉, 젠센의 $\alpha$는 실제수익률과 모형에 의한 기대수익률의 차이를 의미하는 것으로 초과수익의 크기를 측정한다.

연구결과 연구조사비, 관리비, 거래수수료 등을 차감한 10년간의 연평균 비정상초과수익 $\alpha$는 −1.1%에 불과하였으며, 거래수수료를 뺀다 할지하도 $\alpha$가 매년 −0.4%에 불과하여 거래수수료를 커버하기에도 불충분한 것이었다. 이러한 결과는 매입 후 보유하는 단순한 투자전략보다 투자성과가 못한 것으로 나타났다. 이

20) M. Jensen, "The Performance of Mutual Funds in the Period 1945–64," *The Journal of Finance*, May 1968.

그림 3-9 뮤추얼펀드의 투자성과 분포 : 1955-1964 (Jensen의 연구)

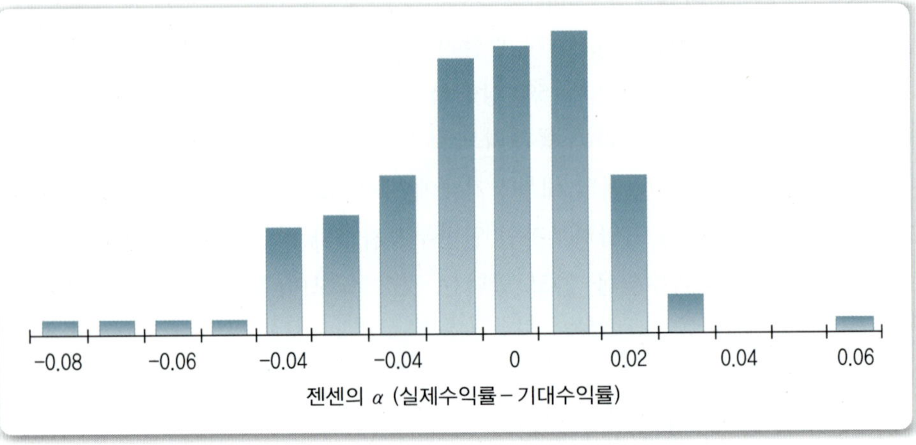


는 준강형의 EMH를 입증하는 결과로는 해석될 수 있지만 반드시 강형 EMH를 입증하는 결과는 될 수 없다. 그러나 아직 공개되지 않은 정보를 독점적으로 취득할 수 있는 입장에 있는 포트폴리오 관리자가 비정상초과수익을 달성하지 못했다는 것은 강형 EMH에 대한 근거가 될 수 있는 것이다.

이상에서 살펴본 바와 같이 강형 효율적 시장가설에 대한 실증적 검증결과는 엇갈린 견해를 보이고 있다. 내부자거래와 스페셜리스트의 거래에서는 강형 효율적 시장가설이 기각되고 있지만, 전문적인 포트폴리오 관리자의 경우에는 강형 EMH를 어느 정도 받아들이고 있다. [그림 3-9]은 젠센의 뮤추얼펀드 투자성과에 대한 연구기간 동안의 초과수익률(젠센의 $\alpha$)의 분포를 보여준다.

## 제 5 절 비효율적 시장하의 가격형성 : 주식시장의 이례 현상

CAPM에 의하면 자본시장이 균형상태에 있을 경우 개별자산의 기대수익률은 위험의 선형함수로 정의된다.[21] 따라서 위험자산의 매입과 관련하여 투자자들이

21) CAPM(자본자산가격결정모형)에 의하면 자본자산 즉, 위험자산의 가격(수익률)은 시장이 모든 정보를 제대로 반영해 주는 효율적 시장이고, 또 균형상태에 있다면 위험의 크기에 관한 정보를 정확히 반영하여 보상이 주어진다. 즉

$$E(R_i)=R_f+[E(R_m)-R_f)]\beta_i$$

부담하는 위험수준이 클수록 그에 대한 요구수익률도 커지게 된다. 또한 이러한 모형이 적용되는 현실의 자본시장이 효율적이라면 시장균형상태에서 위험수준에 상응하는 기대수익률 이상의 비정상 초과수익은 존재하지 않아야 할 것이다.

1980년대 이전까지만 해도 이러한 시장효율성이 성립한다는 많은 증거들이 제시되었지만 80년대에 들어서면서 시장효율성의 타당성에 의문을 제기하는 연구들이 증가하였다.

즉, 1980년대 Banz(1981), Reinganum(1981)의 기업규모효과에 관한 연구를 계기로 세계의 여러 자본시장에서는, 시장균형모형이 예측하는 수익률과 실제로 관찰되고 있는 수익률 사이의 차이인 비정상적인 초과수익률(또는 잔차수익률)이 존재함을 보여주는 연구들이 증가하기 시작하였다. 또한 이러한 위험조정후의 초과수익률이 기업규모, P/E비율, 소외기업 등 거래주식의 특성과도 유의적이고 체계적인 관련을 갖는 이른바 이례적인 현상 내지 규칙성들이 관찰되었다. 지금까지 연구된 자본시장에서의 주요 이례적 현상[22]들은 〈표 3-4〉의 3가지 유형으로 집약될 수 있다. 주기적 또는 계절적 이례현상은 특정 시간과 관련하여 관찰되는 현상으로 시장이 약형의 효율적 시장이라면 이러한 현상들을 이용하여 초과수익를 얻을 수는 없으며, 기술적 이례현상 또한 시장이 약형의 효율적 시장이라고 한다면 어떠한 기술적 분석을 적용하여도 초과수익을 실현하기는 어렵다. 기본적 이례현상 역시 시장이 준강형의 효율적 시장이라고 한다면 어떠한 기본적 정보를 이용한다고 하더라도 이에 기초하여 초과수익을 실현하기는 어려울 것이다.

그리고 이러한 현상들이 일시적인 경우도 있지만 소멸되지 않고 지속적으로 관찰되는 것은 합리적 기대가설(REH)에 따른 자기조정과정(self-correction process)에 의해서도 초과수익이 사라지지 않는 것으로 볼 수 있다. 이러한 현상들(stock market anomalies)은 시간이 지나더라도 투자자들이 자신들의 오류를 조정하기 어렵거나 또는 이를 제약하는 제도적 요인, 개인의 합리적 행동에 대한 한계(bounded rationality) 그리고 이러한 결과를 가져오게 하는 정보의 부족현상이나 시장구조적 특성 등에서 찾아볼 수 있을 것이다.

---

가 된다. 그러나 시장이 비효율적이라면 이러한 수익률과는 차이를 보이게 되고 따라서 위험($\beta$) 정보 이외에 아직 반영되지 않은 정보가 존재한다는 것을 의미한다.

22) 인간은 자신의 제한적인 경험을 바탕으로 사고하려는 경향이 있기 때문에 경험적 예측의 범주를 벗어나는 이례적인 현상인 '블랙스완(흑고니)' 이 현실에서 종종 관찰될 수 있다. 금융시장에서의 이례적인 현상과 정규분포의 패러다임을 벗어나는 long fat tail(정규분포와는 달리 길고 투터운 꼬리 모양의 분포)도 '블랙스완' 이라고 볼 수 있다. 인간은 자신이 만들어 놓은 사고의 패러다임이 편리한 점도 있지만 이를 뛰어넘어 생각하는 것은 쉽지 않다.

**표 3-4 금융시장 이례현상의 유형**

| 이례현상의 유형 | 유형별 종류 | 내용 |
|---|---|---|
| 주기적 이례현상 (calendar & time anomalies) | 주말효과 (월요일효과) | 요일별로 수익률 관찰 결과, 월요일의 수익률은 부(−)의 값으로 관찰, 이는 주말의 비거래기간중에 주로 기인하는 것으로 설명 |
| | 월중효과 | 월 전반부 수익률>월 후반부 수익률 |
| | 월 전환효과 | 월말과 월초에 주가가 상승하는 현상 |
| | 연 전환효과 | 12월말과 1월초에 주가, 거래량이 증가하는 현상 |
| | 1월효과 (January effect) | 1월 수익률>비1월(2−12월) 수익률 |
| | 휴일효과 (preholiday effect) | 공휴일을 전후하여, 직전일의 거래수익률>기타 거래일의 수익률 |
| 기본적 이례현상 (fundamental anomalies) | 기업규모효과 | 소기업 수익률>대기업 수익률 |
| | 소외기업효과 | 소외기업 수익률>관심기업 수익률 |
| | 저 PER 효과 | 저PER 수익률>고PER 수익률 |
| | 저 PBR 효과 | 주가 대 장부가격(price to book ratio) 비율인 PBR 크기 기준으로 저PBR 수익률>고PBR수익률 |
| | 배당수익률 | 배당수익률 높을수록 시장보다 더 높은 수익률 실현 |
| | 가치주와 성장주 (value anomaly) | 투자자들의 잘못된 예측에 기인하며, 성장기업의 수익(이익)은 과대평가하고 가치기업의 수익(이익)은 과소평가하여 나타나는 현상 |
| 기술적 이례현상 (technical anomalies) | 이동평균 | 기술적 분석의 중요한 기법중의 하나로서 단기이동평균과 장기이동평균의 관계를 이용하여 사고 파는 시기에 관한 신호를 이용하는 거래전략 |

## 5.1 소기업효과(기업규모효과)

금융시장 이례 현상 중 많은 관심의 대상이 되고 있는 것은 Banz(1981), Reinganum(1981, 1982)에 의해 제시된 기업규모(firm size)의 특성이다.

*규모효과는 기업규모가 작은 주식들이 기업규모가 큰 주식들보다도 평균적으로 더 높은 수익률(위험조정 후)을 얻게 된다는 주장이다.*

그림 3-10 기업규모별 연간수익률 : 1927-83

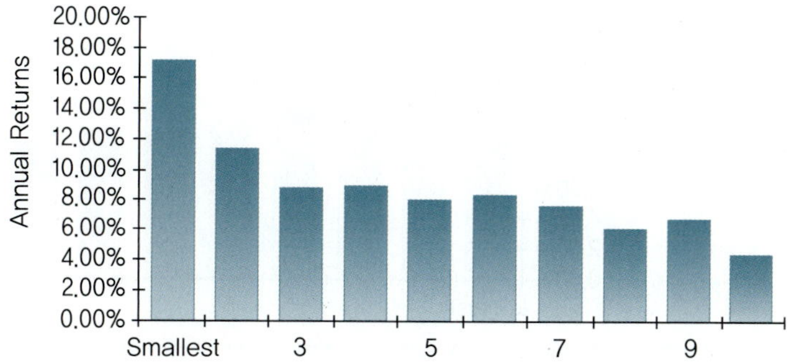


그 후 이러한 규모효과에 관한 많은 연구들은 규모 그 자체가 수익률에 영향을 준다고 보기보다는 규모와 관련하여 나타날 수 있는 P/E ratio, 소외기업효과(neglected firm effect), 배당수익률, 저가격효과(low-price effect) 등과의 관계를 검토하고 있다. 또한 기업규모효과의 크기도 월력상의 시간대별(intradaily), 요일별(day of week), 월별(months of the year) 등의 기간경과에 따라 다를 수 있다(calendar-related effect)는 이른바 주가의 계절성도 확인되고 있다. 이의 대표적인 연구로 Keim(1983)은 앞서 Reinganum이 제시한 소기업과 대기업 사이의 수익률차이 중 50% 정도는 1월 첫째주에 집중적으로 실현된다는 점을 발견하였다(January size effect). 그 후 Keim과 Stambaugh(1984)는 규모효과가 요일이 경과함에 따라 더욱 커지고 금요일이 가장 크다는 사실도 확인하고 있다. 이 밖에도 Brown 등(1983)[23]은 규모효과가 시간에 따라 안정적이지 못함을 지적하였고, Kross(1985)는 낮은 수준의 주가가 소기업효과나 P/E ratio효과의 75%정도를 설명해 주기 때문에 규모효과는 기본적으로는 저가격효과일 것이라는 주장을 하기도 하였다.[24]

## 1. P/E ratio 효과와의 관계

투자자들이 기업의 미래성장과 배당성향, 위험을 예측하고 평가함으로써 P/E ratio를 결정하고 투자여부를 판단하는 수익과 관련한 투자전략(earning-related

23) Brown P., A. W. Kleidon, and T. A. Marsh, "New Evidence on the Nature of Size Related Anomalies in Stock Prices," *Journal of Financial Economics* 12 (June 1983), pp. 33-56.

24) Kross, W., "The Size Effect Is Primarily a Price Effect," *Journal of Financial Research* 8(Fall 1985), pp. 169-179.

그림 3-11 P/E ratio(PER)의 크기별 연간수익률 분포

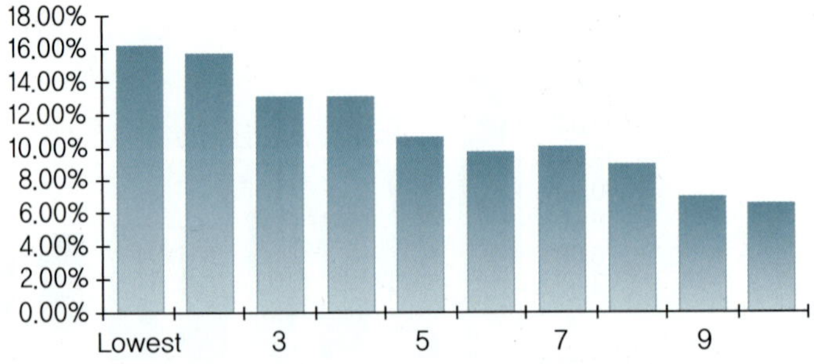


strategies)은 실무적으로 그 동안 오랜 관행이 되어 왔다. 특히 이에 관하여 Graham과 Dodd(1940)는 낮은 주가 수익비율 또는 배수(P/E ratio)로 거래되고 있는 주식을 매입하되 시장가격과 평균이익 사이의 적정비율은 12배 정도 되며 따라서 분별있는 투자자라면 평균이익의 20배 이상은 주식의 대가로 지급해서는 안 된다[25]는 점을 주장하였다. 이러한 지적은 주식으로부터의 기대수익이 기대되는 위험에 상응하는 보상이 되어야 하기 때문에 P/E ratio는 향후 예상되는 미래성과에 관한 정보를 포함하고 있다는 점을 시사해 주는 것이다.

이러한 P/E ratio와 앞서의 비정상적인 초과수익(abnormal return)과의 관계에 대하여는 낮은 P/E ratio가설(저 PER 가설), 높은 P/E ratio가설(고 PER 가설), 준강형의 효율적 시장가설의 세 가지가 존재한다. 그러나 대부분의 연구결과들은 저 P/E ratio가설을 입증해 주고 있다. 즉 Nicholson(1960)[26] 후의 많은 연구들은 낮은 P/E ratio의 주식이 높은 P/E ratio의 주식보다 더 높은 수익률을 제공한다는 증거들을 제시하고 있다.

*P/E ratio 효과는 저 PER 가설이라고도 하며 이는 P/E ratio가 낮은 주식이 P/E ratio가 높은 주식보다 평균적으로 더 높은 수익률을 실현한다는 주장이다.*

## 2. 소외기업효과와의 관계

정보의 완전성(complete information)과는 달리 정보의 생산에 있어 경제성을 가질 뿐 아니라 정보의 소유 및 평가능력에서도 다른 투자자들보다도 우위에 있다고 보는 전문적인 분석가들이나 기관투자자들의 관심 정도가 시장에서의 주가

**표 3-5 위험, 수익 및 기관투자자의 보유집중**

| 기관투자자의 보유집중 정도 | 연평균 수익률 | 베타 | 위험조정 초과수익 |
|---|---|---|---|
| 기관 집중보유(ICR 1) | 10.36% | 0.99 | −5.80% |
| 기관 중간보유(ICR 2) | 16.89% | 0.92 | 1.11% |
| 기관 소외종목(ICR 3) | 20.84% | 0.90 | 5.64% |

자료: A. Arbel, et al., "Giraffes, Institution, and Neglected Firms," Financial Analysts Journal, May-June 1983, p.59.

형성에 영향을 주게 된다[27]는 주장이다. 이는 시장에 유입되는 많은 정보를 받아들이고 평가하여 투자자들로 하여금 행동에 옮기도록 영향을 주는 것은 결국 정보에 대한 신뢰성 내지 권위, 관심의 정도에 따라 다르게 나타나기 때문이다. 따라서 기관투자자나 전문분석가들의 관심으로부터 소외된 소외주식들의 수익률이 기관들의 관심종목들보다 평균적으로 더 높은 수익률이 관찰되는 이른바 소외기업효과가 존재한다.

Arbel(1985)[28]에 의하면 기관투자자들의 관심(ICR; institutional concentration)으로부터 소외된 일반 종목들(generic stocks)은 기관투자자들에 의해 널리 소유되고 있는 관심종목(brand name stocks)들의 수익률보다 두 배 정도 더 높은 성과가 관찰됨을 보여 주고 있다. 또한 분석가들의 관심정도에 의해 소외 정도를 측정했을 경우에도 이들 두 종류의 주식수익률은 각각 연평균 16%, 9%의 의미있는 차이를 확인시켜 주고 있다.

*소외기업효과는 기관투자자 등 전문분석가들의 관심으로부터 소외되어 있는 일반 종목들(generic stocks)이 이들에 의해 널리 소유되고 있는 관심종목(brand name stocks)들의 수익률보다 평균적으로 더 높은 수익의 실현이 관찰되는 현상이다.*

---

25) Graham, B. and Dodd, D(1940), *Security Analysis*, New York: McGrawHill, p.553.

26) Nicholson, S. Francis, "Price−Earnings Ratio," *Financial Analysts Journal*, July−August 1960, pp. 43−45.

27) 이에 관한 가능성은 이미 Bauman(1964)에 의해 대부분의 투자신탁들의 포트폴리오 구성에서 자주 발견되는 대기업주식과 1−2개의 투자신탁에 의해서만 소유되고 잘 알려져 있지 않은 소형주의 수익률 차이로서 지적되었다. Bauman, W. Scott, "Investment Experience with Less Popular Common Stocks," *Financial Analysts Journal*, March−April, 1964, pp.79−81.

28) Arbel, Avner, *How to Beat the Market with High Performance Generic Stocks*, William Morrow & Co., 1985.

한편 Carvel과 Strebel(1985)[29]의 연구에서도 1976–1981 기간 중 비슷한 결과를 제시해 주고 있다. 즉 전문적인 분석가들의 관심정도를 기준으로 관심종목은 13%, 중간정도의 관심종목은 20%, 소외종목은 29%의 연간 수익률을 보여 주고 있다.

그러면 효율적 시장가설의 맥락 안에서 관찰되고 있는 비정상적인 초과수익률이 이들 효과들과는 어떠한 관계가 있으며, 이 중 시장에서 가장 큰 영향을 주는 요인은 무엇인가가 관심의 대상이 된다.[30]

## 5.2 계절적 효과

장기적으로 보면 보통주의 수익률과 기업규모 사이에는 평균적으로(on average) 부(–)의 관계가 존재한다는 것이 Banz(1981) 등 많은 학자들의 연구결과이다. 그러나 Keim(1981) 등은 이러한 현상이 특별히 1월에 집중적으로 발생한다는 계절성(seasonality)을 발견하게 되었고, 이러한 현상이 관찰되는 이유를 세금절약을 목적으로 한 소형주의 매각가설(tax loss selling hypothesis)로 설명하였다. 그 후 규모효과의 원인을 규명하고자 하는 여러 가지 노력과정에서 이러한 규모효과의 1월 주기성 존재뿐만 아니라 규모효과가 1월을 제외한 다른 월력상의 모든 기간에 있어서도 항상 동일하게 관찰되는 것은 아니라는 점을 시사해주게 되었다.

즉 이러한 장기간에 걸친 평균적인 효과(averaging effect)를 보다 짧은 월력상의 기간(시간)단위로 세분해서 그 구성내용을 살펴보게 되면 주기에 따라 달리 관찰되는 위험–수익상치관계의 규칙성이 존재하게 됨을 발견할 수 있었다. 이처럼 *시간대별, 요일별, 월별 등 월력상의 기간에 따라 살펴본 특별한 효과(calendar-related effect)인 계절적 효과(seasonal effect)*는 앞서의 기업규모와도 밀접한 관련을 갖는 것으로 인식되고 있다. 이러한 주가의 계절성 또는 계절적 효과를 살펴보면 다음과 같다.

---

29) Carvel, Steven. and Strebel, Paul, "Market Logic," *Insitute for Econometric Research*, No. 254, September 20, 1985.

30) Arbel, Avner. and Strebel, Paul, "Pay Attention to Neglected Firms!," *Journal of Portfolio Management*, Winter 1983, Dowen, Richard J, and Bauman W. Scott, "The Relative Importance of Size, P/E, and Neglect," *Journal of Portfolio Management*, Spring 1986.

## 1. 시간대별 주가의 계절성

Harris(1985)는 1981-1983 기간 동안 NYSE의 상장주식을 대상으로, 그리고 Smirlock과 Starks(1983)는 1963-1973 기간 동안 다우존스 30주식을 대상으로 하루 동안의 거래수익률(close-close return)을 거래기간 수익률(trading-period return)과 비 거래기간 수익률(nontrading period return)로 구분하여 검증한 결과, 이른바 요일별 주가행태에서 발견되는 월요일의 부(-)의 수익률(Monday effect)은 월요일의 거래기간 동안뿐만 아니라 금요일 종가시점부터 월요일 시가시점까지의 기간에 발생하게 된다는 점을 확인하였다. 그러나 Rogalski(1984)는 1974-1984년의 자료를 이용하여 월요일의 부의 수익률은 대부분 주말의 비 거래기간(close-to-open) 동안에 발생한다는 사실을 확인시켜 주고 있다.

이처럼 하루중의 거래시간대별 수익률(time-decomposed returns)의 패턴을 확인하기 위한 연구들은 요일별효과(day-of-effect)에 대한 보다 특징적인 해석을 가능케 하지만 이러한 현상에 기초한 거래전략은 거래비용을 고려하게 되면 이익을 취하기는 어렵다는 것이 일반적인 주장이다.

[그림 3-12]는 거래시간대별 수익률의 그 이전시차의 과거수익률에 대한 단순회귀분석의 결과로 얻어진 회귀계수의 추정치 분포를 보여주는 것으로서, 장의 시작부분과 장의 종료부분에서 일정한 패턴이 관찰되기는 하지만, 이를 이용하여 초과수익을 얻기에는 거래비용을 감안할 때 현실적인 의미는 크지 않다고 본다. 이는 시간대별 수익률을 30분 간격으로 측정하여 이전의 시차별 과거 시간대별 수익률에 대하여 회귀분석한 결과 얻어진 회귀계수의 분포이다. 그 결과 하루 30분 단위의 13개 구간수익률로 구분되며 최대 5일전까지의 시간대별 수익률과의 회귀분석이 이루어져서 최대 시차 65 구간 이전까지의 수익률과의 관계를 보여주는 패턴이다.[31]

31) Heston, Steven L. et al., "Intraday Patterns in the Cross-section of Stock Returns," *Journal of Finance*(2010).

그림 3-12 하루중 거래시간대별 수익률 패턴

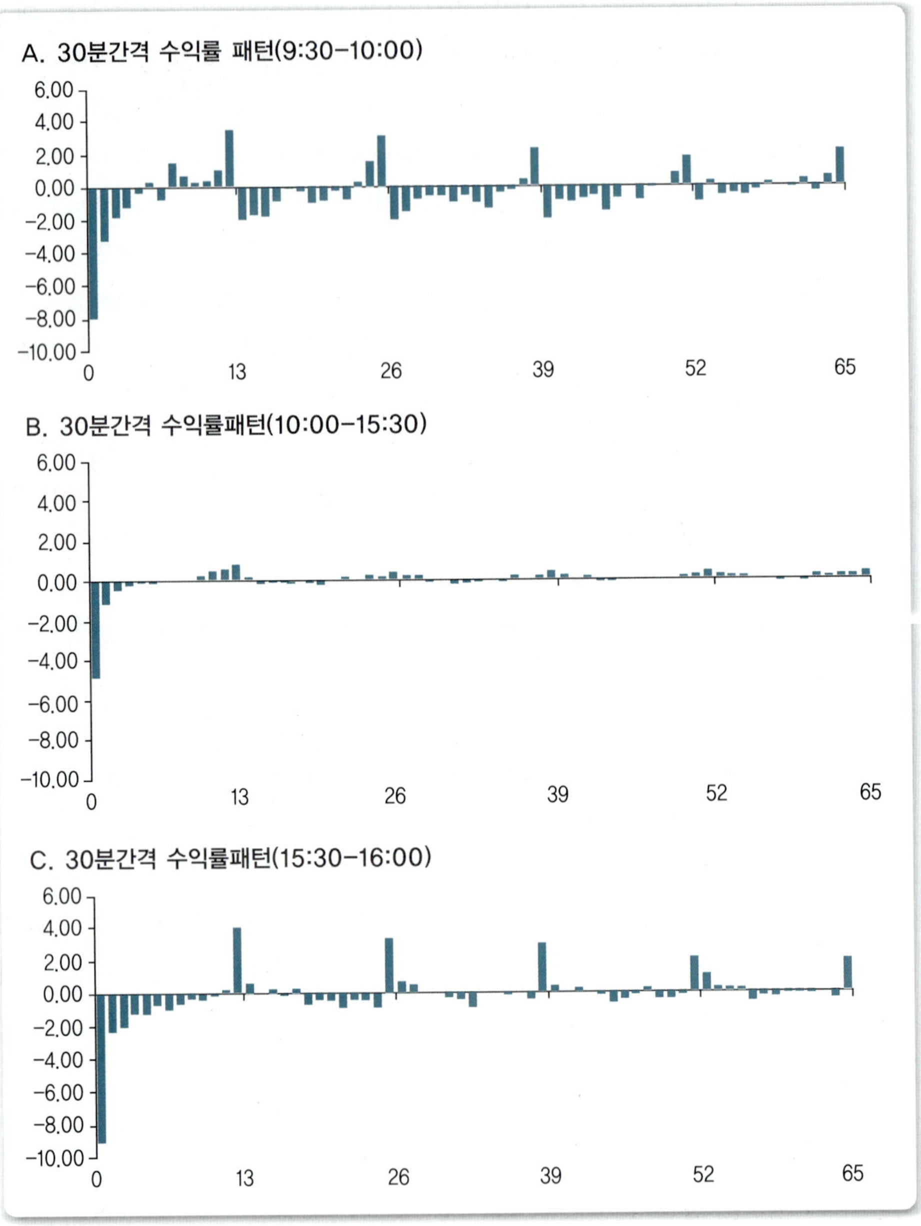


## 2. 요일별 주가의 계절성

주식수익률의 분포가 요일(day-of-the-week)에 따라 규칙적으로 다르게 관찰되는 주기성에 관한 증거는 Osborne(1962)에 의해 처음 제시되었으며 그 후

**표 3-6 월요일 효과(주말효과)**

| 요일 | Gibbons/Hess | | French | | Keim/Stambaugh | |
|---|---|---|---|---|---|---|
| | 평균수익률 | 표준편차 | 평균수익률 | 표준편차 | 평균수익률 | 표준편차 |
| 월 | −0.13% | 0.67% | −0.17 | 0.84 | −0.19 | 1.22 |
| 화 | 0.00 | 0.55 | 0.02 | 0.73 | 0.05 | 1.09 |
| 수 | 0.10 | 0.64 | 0.10 | 0.74 | 0.09 | 1.18 |
| 목 | 0.03 | 0.48 | 0.04 | 0.69 | 0.05 | 1.09 |
| 금 | 0.08 | 0.48 | 0.09 | 0.66 | 0.06 | 1.13 |
| 수익률 차이 (월요일−금요일) | 0.21% | | 0.26% | | 0.25% | |

Cross(1973), French(1980), Gibbons와 Hess(1981), Lakonishok과 Levi(1982), Smirlock과 Starks(1983), Keim과 Stambaugh(1984), Rogalski(1984), Synn(1984), Jaffe와 Westerfield(1985), Harris(1986) 등에 의해 그 존재가 확인되었다. 이 중 일부의 연구결과를 보이면 〈표 3-6〉에서 보는 바와 같이 월요일에 부(−)의 수익률이 관찰됨을 볼 수 있다.

그리고 Rogalski, Harris, Keim과 Stambaugh 등은 이러한 요일효과(day-of-the-week effect)가 기업규모에 따라 다르고 소기업과 대기업 사이의 수익률 차이는 요일의 진행에 따라 커져서 금요일이 가장 크게 나타난다는 점을 발견하였다. 또한 Keim은 요일별 수익률의 패턴을 검토한 결과 다음의 사실들을 확인하게 되었다.

① 포트폴리오의 평균수익률은 요일에 따라 다르며 금요일의 수익률은 다른 요일들의 수익률보다 일관성 있게 더 크다.

② 금요일의 평균수익률과 기타 요일(4일)들의 평균수익률 차이는 기업규모가 증가함에 따라 감소한다.

③ 기업규모와 수익률 사이의 부의 관계는 주말을 향해 갈수록 더욱 현저하게 나타난다(size-related Friday effect).

④ 금요일의 높은 수익률 (Friday effect)이 1월은 물론 모든 기간(non-January months)에 걸쳐 나타나며 이는 기업규모와 강한 상관성을 보여준다.

따라서 규모효과의 대부분은 금요일 효과로 해석될 수 있다.[32]이는 Fisher의

32) Synn의 연구에 의하면 이러한 금요일의 수익률(Friday anomaly)이 규모효과의 73%를 설명해 주고 목요일의 수익률까지 고려하게 되면 98% 이상 설명이 가능하게 됨을 지적해 주고 있다.

주장과는 달리 이자율을 반영해 주는 현재소비와 미래소비 사이의 시차선호율이나 한계투자수익률이 늘 일정한 것이 아니라 요일에 따라 다를 수 있거나 또는 실물투자 수익의 계절성 등 여러 가지 요인에 의한 설명이 가능할 것이다.

*요일별 수익률을 장기적으로 관찰한 결과 월요일은 기타 요일에 비해 평균적으로 부(-)의 수익률이 실현되는 것으로 관찰되는 데 이러한 현상을 월요일효과*

**그림 3-13 요일별 평균수익률: 1962-78**

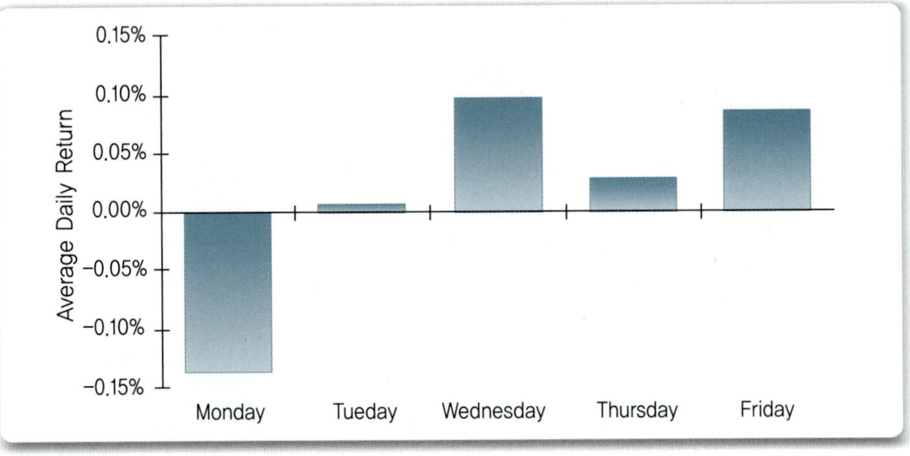


**그림 3-14 요일별 평균수익률의 국제비교**

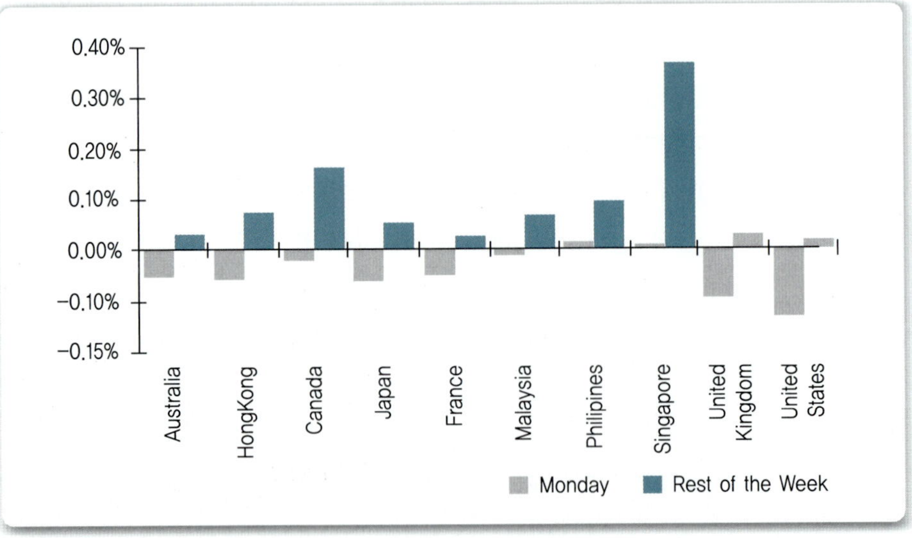

*(Monday effect) 또는 주말효과(weekend effect)라고 한다.*

## 3. 월별주가의 계절성

Keim(1983) 등은 Banz 등에 의해 확인되고 있는 소기업의 초과수익이 1월 중에 집중적으로 나타난다는 이른바 1월 효과(January effect)를 확인하였고, 그 후 이에 관한 여러 가지 설명들을 제시하였다. [그림 3-15]는 월별 평균수익률을 비교한 Haugen과 Lakonishok의 연구결과로 1월 효과의 존재를 확인할 수 있었다.

*1월 효과는 1월의 수익률(January)이 비 1월의 수익률(non-January)보다 평균적으로 더 높게 실현되는 것으로 관찰되는 현상을 말한다.*

1월 효과의 존재이유에 대한 첫 번째 설명은 연도의 전환시점(turn-of-the-year)에서 세금절약 목적의 매각에 따른 수익, 보너스지급 등 예상되는 각 증권에 대한 수요의 주기적 변화로 인한 가격압박가설(price-pressure hypothesis)이다. Reinganum(1983)과 Roll(1983)은 이러한 1월의 주기성을 세금절약목적의 거래(tax-loss-selling)에 따른 가격압박가설로 설명하고 있다. 즉, 자본손실의 실현은 당기에, 자본이득의 실현은 과세년도 이후로 유예시킴으로써 세금을 절약하려는 투자자들의 동기에서 가격변동폭이 큰 소형주를 그 거래대상으로 삼음으로써 그 수익률의 폭이 더욱 크게 나타난다는 주장이다.

그러나 영국 런던주식시장을 대상으로 한 Reinganum과 Shapiro(1987)[33]의 연구에서는 자본이득세 도입만으로는 설명할 수가 없었다. 또한 일본에서의 소기업 수익률을 대상으로 검증한 Kato와 Schallheim(1985)[34]의 연구에 따르면 1월과 6월의 주기성이 관찰되었으며, 이는 연말과 6월에 있어서의 보너스지급 기간과 일치한다는 사실을 확인하게 되었다.

두번째 가능한 설명은 위험보상가설(risk premium hypothesis)[35]로서 정보소유의 불균형이 특히 심하다고 보는 1월에, 정보가 적은 외부자들은 내부정보를 많이 가

---

33) Reinganum, Marc R. and Shapiro Alan C., "Taxes and Stock Return Seasonality: Evidence from the London Stock Exchange," *Journal of Business*, 1987. Vol. 60, No. 2.

34) Kato, K. and Schallheim J. S., "Seasonal and Size Anomalies in the Japanese Stock Market," *Journal of Financial and Quantitative Analysis*, 1985, pp. 185-192.

35) Rogalski와 Tinic은 소형주의 총위험, 체계적 위험, 비체계적 위험 모두가 다른 기간보다 1월에 유의적으로 더 크기 때문에 그에 상응하여 더 높은 수익률이 제공되어야 한다고 주장하였다.
Rogalski, Richard J. and Tinic, Seha M., "The January Size Effect: Anomaly or Risk Mismeasurement?," *Financial Analysts Journal*, 1986.

그림 3-15 월별 평균수익률 비교 : 1월 효과(1927~2001)

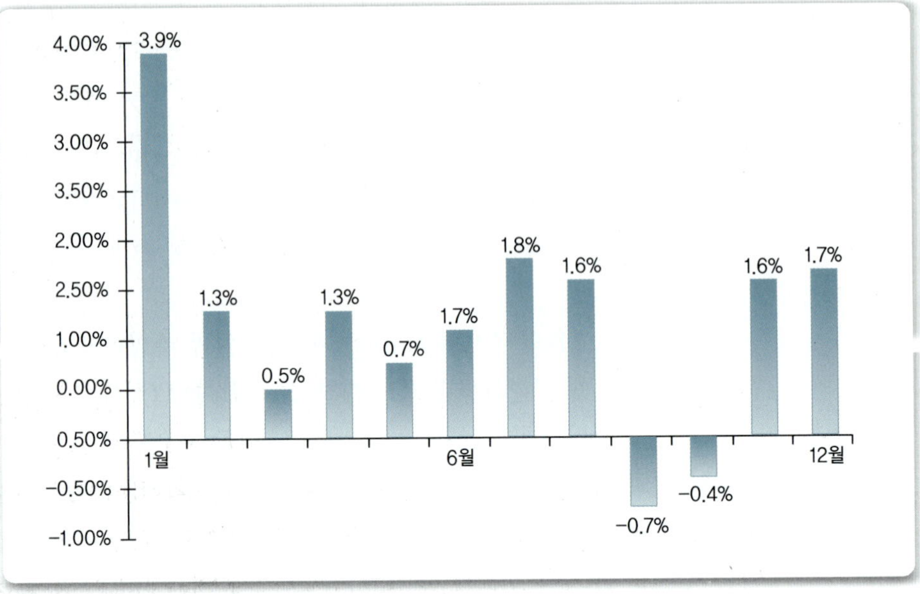


자료: Haugen, R. and and J. Lakonishok, *The Incredible January Effect*.

지고 있는 내부자와의 주식거래시 그 주식을 매입 또는 매도할 때 많은 부의 손실 가능성을 부담하게 된다. 따라서 Glosten과 Milgrom(1985)은 이러한 위험부담 때문에 1월 중의 소기업 거래시에 더 높은 수익률이 제공되어야 한다고 주장하였다.[36)]

## 4. 월중주가의 계절성

Ariel(1987)은 1963-1981 기간을 대상으로 한 연구에서 기간중의 각 월별 거래기간을 전반부와 후반부로 양분하여 *평균수익률의 행태를 관찰한 결과 월의 전반부(new month)의 수익률이 월의 후반부(old month)의 수익률보다 더 높다는 월중효과(monthly effect)*를 발견하였다. 따라서 모든 시장수익률의 누적증가분은 주로 전반부에서 생기는 것이고, 후반부의 수익률은 이에 아무런 기여도 하지 못한다고 결론짓고 있다.

또한 1월의 자료를 제외할 경우에는 소기업의 전반부 수익률은 대기업의 전반부 수익률과 큰 차이를 보이지 않는다는 것을 보였다.

36) 이 밖에도 1월 효과, 위험척도의 안정성, 정규분포와의 차이(Christie와 Hertzel, Brown과 Kleidon, Marsh, Chan과 Chen, Hillion, Reinganum), 가격결정모형의 실패(Roll, Tinic과 West, Tinic과 Rogalski), 그리고 다른 유형의 위험척도(Chan과 Chen과 Hsieh)가 고려되어야 함을 주장하였다.

표 3-7 월중효과

| | 전체기간 (1963-1981) | 소기간(subperiods) | | | |
|---|---|---|---|---|---|
| | | 1963-1966 | 1967-1971 | 1972-1976 | 1977-1981 |
| 월의 전반부 (9일 누적평균) | 0.826% | 0.969% | 0.866% | 0.546% | 0.950% |
| 월의 후반부 (9일 누적평균) | -0.182 | -0.290 | -0.177 | -0.094 | -0.188 |
| 기간중 전반부의 수익률이 높았던 비율(%) | 66 | 79 | 63 | 62 | 62 |

이는 규모효과의 대부분이 1월 중에서도 전반부에 속하는 첫 주의 기간 동안에 발생하기 때문이다. 그러나 월중효과(monthly effect)는 1월을 제외한 모든 기간(month)에 있어서 전반부 수익률이 후반부 수익률보다 일관성 있게 더 큰 것으로 관찰되기 때문에 1월 전반부 동안의 높은 수익률(1월 효과)에 의해서만 설명될 수는 없다. 우리나라의 경우도 1980-1988기간 중의 일별 주가를 대상으로 분석한 결과 전반부의 수익률이 후반부의 수익률보다 높다는 사실을 확인할 수 있었고, 특히 1월 중의 소기업수익률에 있어서는 20배 정도의 차이를 보여주고 있다.[37)]

Ariel의 연구결과를 보이면 〈표 3-7〉과 같으며 해당 기간중에는 전체기간은 물론 어떤 기간을 관찰하더라도 월의 전반부 수익률이 후반부의 수익률보다 더 높은 사실을 확인할 수 있다.[38)]

## 5. 휴일 전후 주가의 계절성

Ariel(1987)[39)]은 미국 주식시장이 마감되는 휴일(holidays)[40)] 직전의 거래일(preholiday trading)에 있어 주가가 비정상적으로 상승하게 되어 휴일직전 거래일의 평균수익률(0.365%)이 휴일직전 거래일을 제외한 나머지 거래일(non-preholiday trading)의 수익률(0.026%)보다는 14배 정도가 더 크고 전체 거래일(all trading days)의 수익률(0.036%)보다는 10배 정도 더 크다는 사실을 발견하였다.

37) "한국 주식시장에 있어서의 이례적 현상에 관한 실증분석," 유인순 · 최승빈, 수원대학교 사회과학 논집, 1988. 12.

38) Ariel, R.A., "Monthly Market Patterns," *AAII Journal* 9, No. 1(1987), pp.8-11.

39) Ariel, R.A., "Holiday Market Patterns," *AAII Journal* 9. No. 5(1987), pp. 8-11.

40) 신년, 독립기념일, 노동절, 추수감사절, 크리스마스, 대통령 선거일, 성 금요일(Good Friday), 전몰장병추도일.

그림 3-16 휴일전후 주가의 계절성

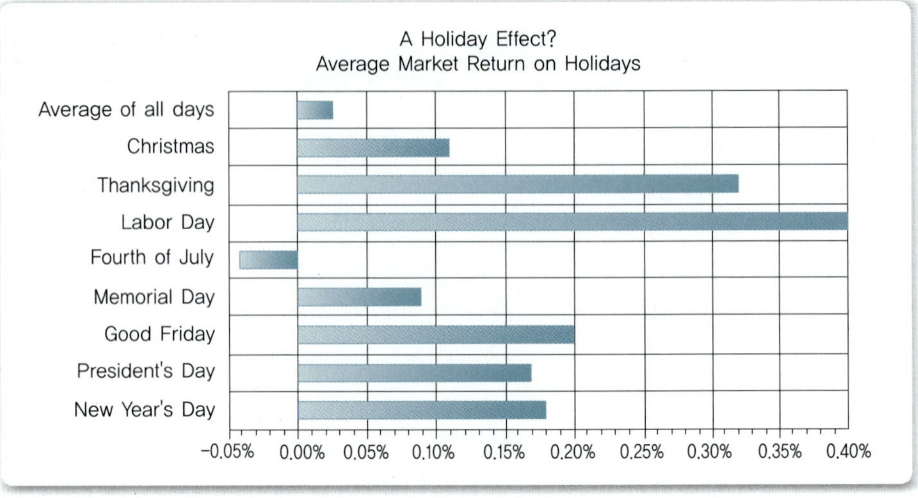


즉, Ariel은 1963-1983기간 사이의 5,020거래일에 대한 수익률을 계산한 다음, 이를 휴일전 거래일(160일)과 기타(4860일)의 경우로 나누어 각각의 공휴일 전,후 2일 동안의 평균수익률을 산출하였는 바, 이들은 모두 전체기간의 평균수익률보다 높게 관찰되었다. [그림 3-16]은 또 다른 연구결과로서 미국의 독립기념일을 제외하고는 모든 경우에 있어 전체 평균수익률보다 더 크다는 사실을 보여주고 있다.

또한 50년간의 자료를 이용하여 pre-holiday의 효과를 분석한 결과 S&P 500지수를 기준으로 다음과 같은 수익의 결과를 얻을 수 있었다. 이러한 결과는 휴일동안 기대하지 않던 나쁜 소식을 피하기 위하여 휴일 3일전에 매도를 하여 그 영향으로 주가가 하락하게 되고 그 이후에는 주식을 낮은 가격으로 살 수 있는 좋은 기회를 얻게 되어 수익률이 높다는 주장이다. 이중 하루전에 매입하여 휴일직후에 처분하는 단기전략도 가능하지만 그보다는 연말까지 보유하는 장기전략이 더 높은 수익을 실현하게 된다. 특히 공휴일중에서도 독립기념일 직전일(37.3%)과 노동절 직전일(33.7%)에 주식을 사서 연말까지 보유할 경우에 수익률이 가장 높은 것으로 분석되었다.[41]

41) chartschool, stockcharts.com

## 5.3 주가의 과잉변동성

주식시장에서 주가가 과도하게 큰 변동성을 보이는 데 대하여 효율적 시장가설의 지지자들은 급격한 가격의 움직임은 새로운 정보가 주가에 급격히 반영되는 과정에서 생기는 결과에 불과하다고 주장한다.

자산의 가치는 미래 현금흐름의 현재가치이다. 그러나 Shiller(1981)는 주식시장의 주가변동성이 지나치게 커서 이러한 현금흐름의 행태만으로는 변동성을 충분히 설명하기 어렵다는 통계적 증거를 발견하였다. 즉 배당과 이익에 관한 정보를 이용하여 주식시장의 내재가치를 계산하였으나 주가지수의 실제가치는 이보다 더 큰 과도한 변동성(excess volatility)을 보인다는 것을 확인하였다. 이러한 현상은 이익이나 기타 관련 정보들의 단기적 변동에 투자자들이 과민하게 반응하는 비합리적 행동으로 인한 시장의 비효율성 증거로 보고 있다. 이는 1987년 10월 19일에 있었던 블랙먼데이(하루 동안 508 포인트 즉, 22%의 기록적인 주가지수 하락)의 경우도 아직 어떤 명확한 사건과 관련짓지 못하고 있다. 이처럼 미래의 기대 배당이나 할인율의 주요한 변화를 가져오는 명확한 사건이 없는 경우에도 시장 전체의 주가는 큰 변화를 보이는 경우가 있다.

주가의 과잉변동성이란 효율적 시장하에서 정보가 충분히 반영된 내재가치보다 주가가 더 크게 움직이는 현상을 말한다. 이는 시장에서 증권의 가치에 관한 정보를 포함하고 있지 않은 어떤 시그날에 따라 거래하는 투기거래자들이 있거나, 투자자들의 비합리적 행동이 있을 경우 주가가 내재가치와는 다르게 움직일 수 있는 가능성이 있다.[42)]

## 5.4 수익률 예측가능성(returns predictability)

주가는 단기적으로는 '관성', 장기적으로는 '반전'의 특성을 갖기 때문에 수익률이 높은 기간을 일정기간 지속한 다음에는 다시 낮은 수익률로, 수익률이 낮은 기간을 일정기간 지속한 다음에는 다시 높은 수익률로 반전하는 평균회귀 또는 반전(mean reversion)의 경향이 있다는 경험적 증거가 있다. 만일 이러한 규칙성이 존재한다면 이를 이용할 경우에 수익률 예측도 가능해질 것이다.

---

42) De Long, Shleifer, Summers, Waldmann(1990) 등은 noise trader가 금융시장을 불안정케할 수 있고, 이것이 과도한 주가변동성과 또 다른 가격결정의 이례현상들을 가져올 수 있다고 주장하였다.

물론 주가가 랜덤워크를 따르는 효율적 시장하에서는 주가수익률이 통계적 평균치를 향해 반전하는 경향은 없을 것이다. 그러나 많은 연구들에서 주가수익률을 장기적으로 살펴보면 어떤 평균치를 향해 반전하는 경향이 있다는 것을 보여주었다.

이러한 평균회귀 또는 반전의 증거들로 인하여 과거수익률을 기초로 미래수익률을 예측하고자 하는 연구들이 진행되었고 그 결과 단기적으로는 과거수익률과 미래수익률간에 정의 상관관계가 존재하고 이에 대한 보충적인 연구에서는 장기간의 높은 수익률(낮은 수익률)은 그 다음기간의 낮은 수익률(높은 수익률)로 이어진다는 결과(반전)를 보여 주었다.

## 제 6 절 시장효율성의 중요 시사점

지금까지는 시장효율성에 관한 이론과 이에 관한 현실적 증거들을 보았다. 만일 시장이 효율적이라고 하면 이는 투자관리, 투자분석, 기업재무, 재무적 보고행위 등에 대해 몇 가지 시사점을 제공하여 준다. 이제 그 주요 시사점들을 간단히 살펴보고자 한다.

### 6.1 투자에 대한 시사점

시장이 효율적일 경우 투자자들은 우연한 경우를 제외하고는 시장평균이상의 수익성과를 실현할 수 없게 된다. 이때는 투자자들의 경우, 9장의 포트폴리오 이론에서 살펴보게 될 포트폴리오 구성을 통한 위험 분산투자의 효과를 극대화시키는 행동을 하게 된다. 즉 포트폴리오이론과 자본시장이론에 의하면 모든 투자자들은 자신의 위험부담능력 정도에 따라 시장포트폴리오와 무위험자산만으로 포트폴리오를 구성하게 되고, 특별한 내부정보가 주어지지 않는 한은 좀처럼 포트폴리오의 구성을 바꾸지 않는 수동적인 투자패턴을 보이게 된다. 이는 종목의 빈번한 교체가 불필요한 거래비용만을 발생시키기 때문이다.

## 6.2 투자분석 및 관리에 대한 시사점

효율적 시장하에서는 시장보다 더 나은 투자성과(beat the market)를 가져올 수 있는 투자분석기법은 존재하지 않는다. 이는 효율적 시장하에서의 가격은 모든 정보를 이미 반영하고 있어 과대 또는 과소평가된 증권이 존재하지 않는다고 보기 때문이다. 따라서 효율적 시장하에서의 투자관리자는 투자분석여부에 관계없이 투자수익률이 무작위적인 투자선택의 경우보다 더 높은 수익률이 될 수 없다는 점을 인식하고 위험이 잘 분산된 포트폴리오의 구성에 노력하여야 한다. 이에 따라 시장의 평균적인 성과 정도만을 투자자들에게 되돌려 줄 수 있도록 포트폴리오를 구성하자는 것이 인덱스 펀드(index fund)의 기본원리이다. 그러나 앞에서 살펴본 바와 같이 주식시장에서의 이례적 현상과 같은 비효율성의 증거가 발견된다면 이를 이용한 투자전략의 수립도 가능하게 된다.

## 6.3 경제효율에 대한 시사점

효율적 시장의 증거로는 증권의 가격결정이 정확하게 이루어지고 증권시장은 이러한 가치평가에 있어 중요한 역할을 수행하게 된다는 것을 의미한다. 그 결과 가격이 자원배분의 정확한 신호역할(pricing signal)을 수행함으로써 경제내 자원의 배분이 효율적으로 이루어질 수 있음을 시사한다

따라서 시장이 강형의 효율적 시장이 되기 위해서는 불공정 거래행위인 내부자거래를 규제할 수 있는 정책이 계속적으로 마련되어야 하고, 정보의 보다 신속한 공개가 촉진될 수 있는 법적, 제도적인 뒷받침이 있어야 함을 시사해 준다. 이를 위해 시장에서의 완전한 정보공시제도를 갖추도록 노력하는 것이 중요하다.

## 6.4 재무관리에 대한 시사점

시장의 효율성과 뒤에 설명하게 될 자본시장이론이 재무관리에 대해 어떠한 의미를 갖게 되는가 하는 것 중에 중요한 것은 기업의 재무정책(financial policy)이 특별한 정보내용을 포함하고 있지 않는 한 기업가치에는 영향을 주지 않는다는 점이다. 이에 따라 최적의 자금조달방법이나 증권의 발행시기 등이 존재하지

않는다는 점, 그리고 배당정책과 기업가치는 무관하여(dividend policy irrelevance) 투자안의 요구수익률은 자본시장에서만 결정되는 것이지 개별 기업 정보와는 무관하다는 것이다. 이러한 경우 기업의 재무관리자는 최적의 자금조달 방법을 찾는 대신에 경제성 있는 유리한 투자기회(사업기회)를 발굴하고 이를 실행하는 데 노력하기만 하면 된다.

### 6.5 재무보고에 대한 시사점

효율적 시장이 재무보고활동(financial reporting)에 대해 갖는 시사점은 정보의 공개(disclosure) 그 자체가 중요한 것이지 여러 정보를 집약시켜 하나의 이익수치(순이익)를 산출하기 위해 사용되는 회계처리기법(과정)이 어떠한가는 중요하지 않다는 점이다.

즉, 가장 좋은 회계처리방법이 무엇인가에 관해 비록 일치되는 견해가 없을 경우라도 정보의 충분한 공개만 이루어진다면, 준강형의 효율적 시장하에서는 시장 전문가들이 서로 다른 이익수치를 가져오게 되는 회계처리기법을 간파할 수 있다는 것을 의미한다. 이는 시장의 효율성이 투자자들의 합리성, 즉 투자자들에게는 모든 정보가 주어지게 되고 또 그러한 정보가 주는 의미를 옳게 평가할 수 있다는 것을 전제로 하기 때문이다.

## 제 7 절 정보효율성과 기업공시

자본시장에서 정보의 측면에서 가격효율성을 유지하기 위해서는 투자자들의 합리적인 투자행태도 중요하지만 그에 앞서 투자 판단의 기초가 되는 관련 정보가 시장에 제대로 전달될 수 있는 시스템이 필요할 것이다.

이에 자본시장법상의 정보 공시제도는 크게 발행시장공시와 유통시장공시로 나뉜다. 자본시장법에서는 상장법인으로 하여금 증권의 내용이나 당해 법인의 재산 및 경영상태 등에 관한 중요한 기업정보들을 신속 · 정확하게 공시되도록 하기 위하여 공시의무를 규정하고 있다.

이중 발행시장공시란 증권의 발행인으로 하여금 당해 증권과 증권의 발행인에 관한 모든 정보를 투자자에게 투명하게 전달하도록 강제하는 제도로서 증권의 발행과 관련된 공시를 말하고, 유통시장공시란 증권시장에 공급된 증권이 투자자간에 이루어지는 거래와 관련하여 기업의 경영활동내역을 공시하도록 하는 제도로서 증권의 유통과 관련된 공시를 말한다.

기업내용공시제도(Corporate Disclosure System)는 상장기업으로 하여금 자사주식의 투자판단에 중대한 영향을 미칠 수 있는 중요한 기업내용의 정보를 공시하도록 함으로써 투자자가 기업의 실체를 파악하여 투자결정을 할 수 있도록 하는 제도로서, 증권시장내의 정보의 불균형을 해소하고 증권거래소의 가격공정성(fair price)을 확보하여 투자자를 보호하는 기능을 담당한다.

이처럼 증권시장에서 정보의 효율성을 제고하기 위한 바람직한 공시제도의 수행을 위해서는 다음과 같이 공시가 갖추어야 할 기본적인 요건들이 있다.

① 공시의 신속성: 기업정보는 발생 즉시 신속하게 공시되어야 하며, 투자판단에 오류가 생기지 않도록 최신의 정보가 제공되어야 한다. 기업정보가 적시성을 잃게 되면 증권시장에 풍문이 난무하게 되고 이로 인하여 주가가 왜곡되어 투자자가 불측의 손해를 입을 수 있기 때문이다.

② 정보의 정확성: 기업정보가 허위이거나 불확실한 경우 투자자의 투자판단에 혼란을 줄 우려가 있으므로 기업정보는 정확하여야 하며, 또한 완전한 내용이 제공되어야 한다. 따라서 기업에게 호재성 내용 뿐만 아니라 악재성 내용도 공시되어야 하며 또한 중요한 사실의 누락이 있어서도 안된다.

③ 정보내용 이해의 용이성: 공시정보는 가능한 한 투자자가 이해하기 쉽도록 평이하고 간결, 명확해야 한다. 특히 증권시장에 참여하고 있는 투자자들의 다양성을 포괄하기 위해서는 당해 기업의 업무에 대하여 전문지식이 없는 투자자들도 쉽게 공시내용을 파악할 수 있도록 전문적인 용어보다는 평이한 표현을 사용하는 것이 정보 전달의 실질적 형평성을 보장할 수 있다.

④ 정보전달의 공평성: 기업정보는 모든 투자자에게 공평하게 널리 전달되어야 하며, 이는 시장의 정보불균형을 해소하고자 하는 기업공시제도의 기본요건이기도 하다. 이를 위하여는 형평성이 보장되는 정보전달 매체를 이용함으로써 공시시점에 모든 투자자가 동시에 기업정보를 획득하여 증권시장에서 완전경쟁이 이루어지도록 하여야 한다.

현재 시행중인 전자공시제도는 투자자들이 언제 어디서라도 기업의 공시내용을 조회할 수 있도록 하여 정보전달의 공평성은 크게 제고되었다고 할 수 있으며 현재 정보전달을 위한 공시제도가 운영되는 과정을 보이면 [그림 3-17]과 같다. 즉, 상장법인은 KIND 시스템과 DART 시스템을 통해 거래소와 금융위원회에 각각 공시자료를 제출하게 되고, 이것들이 투자자들에게 여러 경로를 통해 알려진다.

그림 3-17 정보전달과 기업공시의 일반적 체계

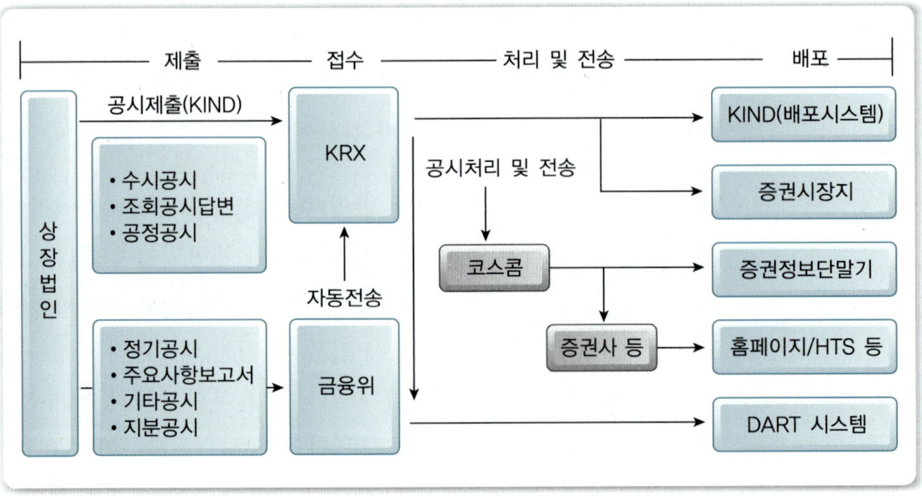


자료: 한국거래소.

Learning Cafe 1

## 아무도 시장을 이길 수 없나

정글경제를 살아가는 이들은 늘 시간가치와 리스크와 인간과 시장을 생각해야 한다. 미래의 안개 속에 도사린 온갖 리스크를 생각해야 하고, 미래의 돈과 현재의 돈의 상대적인 값어치를 따져야 하며, 행동에서 드러나는 인간의 본성을 성찰해야 한다. 그리고 그들의 욕구와 정보에 따라 춤추는 시장의 생리를 이해해야 한다. 우리는 과연 시장을 이기려는 열망을 가져도 좋을까?

• 올리스는 왜 24년을 감옥에서 보낼 뻔 했나?

2004년 3월 미국 휴스턴 연방지방법원 심 레이크(Sim Lake) 판사는 제이미 올리스(Jamie Olis)라는 30대 후반 남자에게 24년 징역형을 선고했다. 에너지업체 다이너지(Dynegy)의 임원이었던 올리스는 대규모 회계부정을 저질러 유죄평결을 받았다. 형을 살고 나오면 60대 초반 노인이 될 그의 삶은 절망적이었을 것이다. 하지만 2005년 10월 고등법원은 1심 판결을 뒤집었다. 회계부정에 따른 투자자 손실을 잘못 산정했다는 게 그 이유였다.

다이너지의 전 세무담당 부사장 제이미 올리스가 2006년 9월 항소심을 지켜보기 위해 재판정으로 향하고 있다.

당초 레이크 판사는 어떤 논리로 올리스에게 그토록 무거운 형을 내렸을까? 그는 올리스가 프로젝트 알파라는 거래를 통해 거액의 부채를 숨긴 사실이 알려지자 다이너지 주가가 급락했고, 애꿎은 투자자들이 그만큼 손실을 입었으며, 1억 달러 이상 손실을 입힌 사기에 대해서는 20년 이상 형을 선고해야 한다는 양형기준이 있다는 점을 고려했다. 그러나 항소심 판사는 주가 하락의 많은 부분을 올리스의 사기탓으로 돌리는데 무리가 있다고 본다.

항소심 후 다시 열린 재판에서는 치열한 논쟁이 벌어졌다. 검사 측 전문가는 회계부정 사실 발표 후 이틀간 다이너지 주가가 11.3달러 하락했는데 이 중 4.45달러는 회계부정 탓이라고 주장했다. 검사가 이를 근거로 올리스에게 최고 15년형을 내려야 한다고 주장했다.

하지만 변호인 측 전문가로 나선 조셉 그런드페스트(Joseph Grundfest) 스탠퍼드 로스쿨 교수는 회계 부정이 언제 얼마나 다이너지 주가를 부풀렸는지, 주가 하락 중 얼마를 회계부정 탓으로 돌려야 하는지 검사 측이 입증하지 못했다고 반박했다. 레이크 판사는 결국 2006년 10월 올리스에게 징역 6년을 선고했다. 그는 실제로 5년 3개월을 복역하고 출소했다.

• 당신의 삶을 송두리째 바꿀 수도 있는 가설

올리스의 죄값을 놓고 벌어진 논리대결의 바탕에는 중요한 경제이론이 있다. 효율적시장가설(Efficient Market Hypothesis, EMH)이 그것이다. 이는 한마디로 효율적 시장(Efficient market)에서 거래되는 금융자산의 가격 특히 주식 값은 이미 이용 가능한 모든 정보(all available information)를 반영하고 있다는 이론이다. 이런 시장에서 가격은 자산 가치를 충실히 반영한다. 그 가격은 (예상치 못한) 새로운 정보가 나올 때만 움직인다.

이런 생각은 미국 대법원 판결에 더 영향을 미쳤다. 미국 대법원은 1966년 ''베이식–레빈슨사건' 판결 때 효율적시장가설에 바탕을 둔 '시장에 대한 사기(fraud on the market) 이론'을 받아들였다.

그 논리는 이렇다. 주가는 모든 정보를 반영하므로 투자자를 오도하는 회계정보도 주가에 영향을 줄 것이다. 주가가 기업의 기본적 가치를 충실히 반영한다고 믿는 투자자들은 모두 회계부정의 피해를 입는 셈이다. 그 정보에 직접 의존하지 않은 투자자들도 피해자로 볼 수 있다. (집단 소송 전문 변호사들은 이 판결에 환호했다. 그들은 회계부정 사실이 밝혀져 주가가 급락했다면 이는 그때까지 회계부정 때문에 주가가 지나치게 부풀려져 있었다는 증거라고 주장했다.) 올리스에게 중형을 선고한 논리의 바탕에도 이런 생각이 깔려 있었다.

미켈란젤로 다 카라바죠[사기도박꾼]

하지만 올리스 사건에서는 주가 하락에 따른 손실 가운데 너무 많은 부분을 프로젝트 알파 회계부정 탓으로 돌리는 건 맞지 않다는 게 항소심의 결론이었다. 다른 수많은 악재들이 함께 주가를 떨어뜨렸을 것이다.

그런트페스트 교수는 시장이 효율적이라면 장래 이익을 앞당겨 당장의 이익을 부풀리는 분식회계는 기업의 기본적 가치에 실질적 영향을 미치지 못하므로 주가에도 큰 영향을 미치지 못한다는 주장을 폈다. 그는 프로젝트 알파 문제가 언론에 처음 터졌을 때 주가가 떨어지지 않았다는 사실도 강조했다. (2001년 9.11테러 직후 S&P500 지수가 10% 떨어져 6000억달러가 날아갔을 때 테러리스트들의 죄값도 그만큼이라고 산정할 수 있을까? 물론 값으로 따질 수 없는 인명 피해는 별도로 해야 할 것이다.)

효율적 시장가설은 이렇듯 금융시장 뿐만 아니라 법정에서까지 격렬한 논쟁을 불러일으킨다. 올리스 사건은 이 가설을 어떻게 이해하고 적용하느냐에 따라 한 사람의 삶이 송두리째 바뀔 수도 있음을 보여준다.

• 여의도 거리에 떨어진 5만원권은 얼마나 빨리 없어질까?

사람들이 모든 정보를 가장 적절히 활용한다는 걸 강조한다는 점에서 효율적 시장가설의 뿌리는 합리적 기대(rational expectations)이론과 같다. 효율적 시장에 관한 이론은 1960년 대 이후 40여년 동안 금융경제학의 가장 중요한 이론으로 자리잡았다. 2009년 12월 94세를 일기로 타계한 폴 사뮤엘슨(Paul Samuelson, MIT)이 가꾼 토양에 24세 연하의 유진 파머(Eugene Fama, 시카고대)가 꽃을 피운다.

완벽하게 효율적인 시장에서는 아무도 내일 주가를 알 수 없다. 오늘 주가를 움직일 정보는 이미 오늘 주가에 모두 반영돼 있기 때문이다. 내일 주가는 내일 뉴스에 따라 움직인다. (내일 뉴스를 오늘 알 수 있다면 그건 이미 뉴스가 아니다.) 그래서 주가는 술 취한 카푸친의 걸음처럼 랜덤워크(random walk)가 될 수 밖에 없다. 이런 시장에서는 아무리 뛰어난 전문투자자도 늘 시장을 이기지는 못한다. 몇 차례 시장을 이겼다면 단지 운이 좋았을 뿐이다. 효율적인 시장은 아무에게도 시장평균보다 높은 리스크를 부담하지 않으면서 시장평균을 웃도는 수익률을 올리도록 허용하지 않는다. 공짜 점심(free lunch)은 없다는 이야기다.

효율적 시장가설 지지자들은 펀드매니저들의 종목선정 실력이 침팬지보다 나을 게 없다며 모욕을 준다. 일부 투자자들에게는 차라리 시장평균 수익을 추구하면 인덱스펀드(index fund)에 들라고 권한다. 하지만 1977~1990년 피델리티마젤란펀드(Fidelity Magallan Fund)를 맡아 연평균 29%의 수익률을 기록한 전설적인 투자자 피터 린치(Peter Lynch)나 '오마하의 현인' 워렌 버핏(Warren Buffett)의 놀라운 투자성과를 보면 이들의 주장에 고개를 꺄우뚱하게 된다.

귀스타보 쿠르베 [와인병을 든 노인]

효율적 시장가설은 가정이 얼마나 센가에 따라 세 가지로 나뉜다. 약형 효율적시장가설(weak-form EMH)은 과거 주가 정보가 이미 주가에 반영돼 있기 때문에 지난 주가 흐름을 분석하는 것은 도움이 안 된다고 보는 것이다. 준강형 효율적시장가설(semistrong-form EMH)은 공개된 모든 정보가 주가에 반영돼 있어 기술적 분석(technical analysis)과 기본적 분석(fundamental analysis) 모두 그다지 믿을 게 못 된다고 본다. 강형 효율적시장가설(strong-form EMH)은 기업내부정보를 비롯한 미공개 정보까지 모두 주가에 반영돼 있어 아무도 초과수익률을 얻을 수 없다고 보는 것이다.

효율적 시장가설 신봉자를 위한 조크 하나. 재규어 씨와 샤먼 박사가 여의도 증권가를 걷다 5만원권 한 장이 떨어져 있는 걸 보았다. 재규어 씨가 재빨리 주우려 하자 샤먼 박사가 말렸다. “그냥 가세. 그게 진짜 5만원권 지폐라면 아직 여기 있을 턱이 없지.”

• **금융위기로 효율적시장가설에 대한 공격이 거세지고 있다.**

샌포드 그로스먼(Sanford Grossman)과 조셉 스티글리츠(Joseph Stiglitz)는 이렇게 물었다. 주가가 이미 모든 정보를 반영하고 있다면 누가 힘들여 정보를 얻으려 하겠는가?(On the Impossibility of Informationally Efficient Market, 1990년 6월 American Economic Review) 헛수고가 될 게 뻔한 일이라면 아무도 아까운 시간과 돈을 들이려 하지 않을 것이다. 거대 금융회사들이 리서치에 그토록 많은 비용을 쏟아 붓는 까닭은 완벽한 효율성과는 거리가 먼 시장에서 이익을 낼 수 있다고 믿기 때문이다.

증시 거품(bubble)이 오래 지속될 수 있다면 효율적 시장가설에 대한 믿음은 무너질 수밖에 없다. 주식 값에 거품이 끼었다면 똑똑한 투자자(informed investors)들은 앞다퉈 주식을 팔아 치움으로써 주가가 진정한 기업 가치를 반영하는 수준으로 돌아가도록 해줄 것이다. (진정한 가치가 무엇인지 알 수 있을지는 의문이지만.) 주식이 없으면 빌려서라도 팔 공매도에 나설 것이다. 하지만 현실은 이론과 다르다. 똑똑한 투자자가 차익을 얻을 기회를 잡아도 실제 주식이나 자금을 빌려 투자하기는 쉽지 않다. 거품 증시의 거센 물결을 돌릴 수 없다고 판단하면 똑똑한 투자자들조차 대세에 저항하지 않고 편승하려 할 것이다. 결국 거품을 더 키우는 것이다. 미국의 인터넷 거품이나 집값 거품이 극명하게 보여준다. 단 하루 새 주가가 22%나 폭락한 블랙먼데이(Black monday)도 효율적 시장가설에 대한 반론의 근거로 활용된다.

1987년 10월 19일 하루 새 주가가 22%나 폭락한 블랙먼데이 당시 시카고 옵션거래소

효율적 시장가설에 대한 비판은 이 이론이 싹을 틔울때부터 시작됐다. 2008년 글로벌 금융위기 이후 이 이론은 위기의 주범으로까지 몰리며 집중포화를 맞고 있다. 이 이론의 주장자들은 ‘그럼 믿을 만한 대안을 내놔 보라’고 맞받아친다. 이 순간에도 수많은 학자들이 격렬한 논쟁 속에 뛰어들어 상반되는 이론들을 절충하고 종합해 더 나은 모형을 만들어 내려고 머리를 싸매고 있다. 물론 성공하면 노벨경제학상과 일확천금을 얻을 수도 있다. 샤먼 박사가 효율적 시장가설의 설명과 예측력에 대한 골치 아픈 실증연구를 할 때 재규어 씨는 손쉬운 실험을 택했다. 여의도 증권거래소 주변에 5만원권 몇 장을 뿌려놓고 얼마나 빨리 없어지는 지켜보는 것이다.

출처: 장경덕, 정글경제 특강.

## 연습문제

1. 다음을 간단히 설명하라.
   (1) 경제적 효율성과 재무적 효율성
   (2) 규모효과
   (3) P/E ratio 효과
   (4) 소외기업 효과
   (5) 페어게임(fair game)
   (6) 정보의 효율성
   (7) 1월 효과
   (8) 월중 효과

2. 자본시장의 효율성을 정의하고 이것이 어떠한 중요성을 갖는가를 설명하라.

3. 자본시장이 비효율적인 경우에는 어떠한 요인들 때문인가를 설명하라.

4. 자본시장을 연구하기 위한 대표적 연구라 할 수 있는 잔차분석과 사건연구의 방법을 설명하라.

5. 자원배분의 효율성을 달성하기 위한 전제조건을 설명하라.

6. 완전경쟁시장과 효율적 시장의 차이점을 비교하라.

7. 랜덤워크(random walk)와 약형 효율적 시장의 관계를 설명하라.

8. 효율적 시장가설에 대한 Fama의 3가지 정의를 설명하라.

9. 시장효율성이 기술적 분석과 기초적 분석방법의 유용성에는 어떤 의미를 갖는가를 설명하라.

C·H·A·P·T·E·R 04

# 증권의 평가와 투자분석:
## 경제분석-산업분석-기업분석

우리 생각에 투자를 배우는 학생들에게 가르쳐야 할 것은 단 두 가지 밖에 없습니다. '어떻게 기업의 가치를 평가할 것인가' 와 '시장가격을 어떻게 생각할 것인가' 입니다.

버펫은 가격과 가치의 구분을 아주 중요하게 생각한다. 이 구분이 중요한 것은 주식의 가격이 많은 경우 회사의 가치 근처에서 만들어지지만 어느 때는 가치보다 훨씬 더 높아지기도 하고, 어느 때는 가치보다 훨씬 더 낮아지기도 한다. 그래서 가격이 가치보다 많이 낮아지기를 기다렸다가 이때 주식을 산다.

– "나, 워렌 버펫처럼 투자하라"와 '워렌 버펫의 가치투자' 중에서 –

앞에서 우리는 효율적 시장과 투자자들의 중시하는 정보와는 어떤 관계가 있는가를 살펴보았다. 일반적으로 증권시장 또는 증권의 가격에 영향을 주는 요인은 크게 다음의 두 가지 경우로 분류될 수 있다. 첫째는 시장외부에서 일어나고 시장에 영향을 미치는 기초적 요인이나 조건들로서, 장기적으로 시장을 지배하게 되는 가격변화의 기본적 요인(fundamental factors)들이다. 둘째로는 단기적으로 시장내부에서 일어나는 기술적 요인(technical factors)이나 조건들이 있다. 이들 요인은 장기적인 기초적 요인들이 어떠한가에 관계없이 주가에 영향을 미치게 된다. 이들 두 조건은 같은 방향으로 움직이기도 하지만 반대의 방향으로 움직이기도 한다. 따라서 기초적 또는 기술적 요인 중 시장이 어떤 요인에 의해 강하게 지배를 받고 있는가에 따라 분석방법과 투자전략도 달라지게 된다. 본 장에서는 증권분석의 의미와 기초적, 기술적 분석방법의 개념을 간단히 설명하고 , 이것이 전장에서 설명한 효율적 시장에 대해서는 어떤 의미를 갖는가를 본다. 다음 증권의 기초적 분석의 전제가 되는 경제분석, 산업분석, 기업분석에 대하여 알아본다. 이어 5장, 6장, 7장에서는 이러한 요인들의 영향을 받는 기업들이 발행하는 개별증권(채권과 주식)의 특성을 분석한다. 그 다음 각 증권의 평가가 어떻게 이루어지며, 이에 따른 투자전략은 무엇인가를 살펴보기로 한다.

# 제 1 절 증권분석의 의의와 체계

## 1.1 증권분석의 의의

일반적으로 투자분석(investment analysis)은 어떤 자산의 가치를 결정하는 과정이라고 정의할 수 있다. 이러한 투자분석의 대상이 증권일 경우, 우리는 이를 증권분석(security analysis)이라고 한다.

흔히 투자분석에서 가장 중요시되는 요인은 그 자산의 기대수익률(expected rate of return)과 위험이다. 따라서 증권분석은 증권에 관련된 여러 가지 정보로부터 그 증권의 기대수익률과 위험을 평가하고자 하는 과정으로, 그 결과 위험에 비하여 상대적으로 높은 수익을 실현할 수 있는 증권 또는 그 투자방법을 발견하고자 하는 것이다.

이러한 증권분석의 목적은 크게 세 가지로 나누어 볼 수 있다. 첫째는 개별증권 및 시장전체의 특성을 추정하기 위한 것이다. 투자자는 단지 어떤 기업의 과거 수익률, 배당정책, 미래에 예상되는 현금뿐만 아니라 전체시장의 동향 등을 신중하게 분석함으로써 보다 효율적인 투자를 할 수 있다. 또한 어떤 증권의 수익 및 위험의 원천을 알아봄으로써 보다 효율적인 투자관리가 가능하다.

둘째는 과소(또는 과대) 평가된 증권을 찾기 위한 것이다. 과소 또는 과대평가된 증권을 찾는다는 것은 곧 다음과 같은 세 가지 가정을 전제로 한 것이다. 즉 어떤 증권의 미래이익 또는 배당 등에 대해 개별 투자자의 예상이 다르고, 또한 이러한 개별투자자의 예상이 보다 정확하며, 마지막으로 이러한 예상이 결국 증권의 가격에 반영이 된다는 것이다. 과소 또는 과대평가된 증권을 찾기 위해서는 그 증권의 내재적 가치(intrinsic value)를 구하여 시장가격과 비교하는 것이 보통이다.

셋째, 증권분석은 개별증권 및 시장특성을 파악한 후 궁극적으로 이를 이용하여 초과이익을 얻기 위한 것이다. 시장의 모든 투자자들이 이와 같은 합리적 투자행동을 할 경우 시장은 증권의 평가 및 자원배분에 있어서 효율적 기능을 수행하게 된다.

## 1.2 증권분석의 기법

증권분석은 크게 두 가지 접근방법으로 이루어진다. 첫번째 방법은 개별증권의 분석을 중심으로 하는 전통적인 개별증권 접근방법이고, 두번째 방법은 효율적 시장을 전제로 포트폴리오의 수익과 위험을 분석하는 현대적인 포트폴리오 접근방법이다. 포트폴리오 분석은 제9장에서 설명하기로 하고 여기서는 우선 개별증권의 분석을 중심으로 한 전통적 투자기법의 개념부터 설명하고 각각에 대해서는 차례대로 살펴보기로 한다. 이러한 전통적 투자기법은 다시 기초적 분석(fundamental analysis)과 기술적 분석(technical analysis)으로 구분할 수 있다.[1)]

### 1. 기초적 분석

*기초적 분석방법이란 증권의 내재적 가치를 구하고, 이것을 시장가격과 비교함으로써 과대 또는 과소평가되어 있는 특정의 증권을 선택하고자 하는 투자기법이다.*

1) 기초적 분석은 시장의 가격에 영향을 주는 수요, 공급요인에 초점을 맞추어 공급부족 또는 공급초과가 가격에 미치는 영향을 분석하고자 하는 기법인 반면, 기술적 분석은 모든 정보는 현재의 가격에 다 포함되어 있다는 전제하에 가격움직임에 영향을 주는 수요, 공급요인보다는 가격의 움직임에만 초점을 맞추어 가격의 예측(방향성 내지 패턴)이 가능한가를 분석하고자 하는 기법이다.

여기서 증권의 내재적 가치란 그 증권의 본질적 요인에 의해 결정되는 것으로 이론적으로 증권의 미래이익을 적절한 수익률로서 자본화한 가치라고 할 수 있다.

이러한 기초적 분석은 증권의 시장가격이 장기적으로 내재적 가치에 접근할 것이라는 가정을 전제로 하고 있다. 따라서 증권의 시장가격이 그 증권의 내재적 가치보다 낮을 때는 그 증권을 매입하고, 반대로 증권의 시장가격이 그 증권의 내재적 가치보다 높을 때는 그 증권을 매각하게 된다.[2)]

이러한 기초적 분석은 전반적인 경제분석을 기초로 산업분석, 기업분석, 그리고 증권자체에 대한 분석의 하향식 접근방법으로 이루어지게 된다.

첫 번째로, 전반적인 시장에 대한 분석이 이루어지며 이는 기업이 활동하고 있는 경제 및 그 환경에 대한 분석을 말한다. 기업은 전반적인 경제환경에 의해 크게 영향을 받으며, 이러한 요인이 그 기업의 수익과 위험을 결정하는 데 중요한 역할을 하기 때문이다.

두 번째는 기업이 속한 산업에 대한 분석으로 증권의 가치에 각 산업이 미치는 영향력은 그 산업의 특성에 따라 다를 것이다. 브릴리(R. Brealey)의 연구[3)]에 의하면 석유산업의 경우 이익변동의 49%가 그 산업의 영향력에 기인한 것이며 산업 전체적으로는 이익변동의 21%가 그 산업의 영향력에 기인한 것이라고 한다.

세 번째는 기업에 대한 분석이다. 어떠한 경우에도 증권분석은 그 증권을 발행한 기업의 분석과 분리시켜 생각할 수는 없다. 즉 증권이란 결국 그것을 발행한 기업의 미래이익, 또는 잔여재산에 대한 청구권을 표시하는 것에 불과하고, 증권에 대한 투자자의 기대는 그 기업에 대한 기대로부터 얻어질 수 있는 것이다.

마지막으로 증권 그 자체에 대한 분석은 그 증권에 포함되어 있는 계약규정을 평가하고 그 증권의 가치 및 그 가치의 실현가능성을 추정하는 것이다.

이와 같이 기초적 분석은 그 기업의 재무상태라든가, 경쟁기업, 경제상황, 기타 증권의 미래가치에 영향을 미칠 수 있는 모든 요인들을 분석 평가함으로써 그 증권의 내재적 가치를 결정하게 된다.

그러나 기초적 분석 과정에서는 현재의 시장가격을 계속적으로 변동하게 하는

---

2) 이와 같이 거래동기가 가치평가의 오류인 가격과 가치의 차이에 근거하여 거래하는 가치거래자(value-based trader)도 있지만, 새로운 정보에 근거한 정보거래자(information-based trader), 현금 확보를 위한 유동성 거래자(liquidity-based trader) 등도 있다. 정보 거래자와 유동성 거래자는 가격보다는 시간을 우선적으로 고려한다.

3) R. Brealey, *An Introduction to Risk and Return from Common Stocks*, Cambridge, Mass: M.I.T. Press, 1969.

예측 불가능한 단기적 변동요인은 일반적으로 고려되지 않는다.

## 2. 기술적 분석

기술적 분석방법이란 증권가격이나 거래량의 추세와 패턴을 분석함으로써 특정의 증권을 선택하고자 하는 투자기법이다. 즉 이미 실현된 과거의 주가 또는 거래량의 변화를 도표에 표시하여 분석하고 그 연장선상에서 주가변동의 추세를 예측하고자 하는 기법이다.[4]

기술적 분석에서는 증권의 가격이 궁극적으로 기업의 경영성과에 의해 결정된다는 것을 인정하고 있으나 단기적인 가격의 변동은 오히려 시장동향이나 증권수급에 영향을 주는 투자가의 심리적 동향에 보다 민감하게 영향을 받는다고 생각하고 있다. 따라서 기술적 분석은 단기적인 가격변동을 예측하여 매입시점 및 매각시점(timing)을 찾아내는 데 그 목적이 있다. 이 경우 흔히 사용되는 분석수단은 증권가격 및 거래량에 관한 도표(chart)이다.

한편, 기술적 분석방법은 증권시장에서 몇 가지 패턴이 반복해서 나타난다는 가정을 기초로 하고 있다. 즉,

*기술적 분석은 과거의 어떤 일정한 패턴이 특정의 결과를 반복적으로 가져 왔다면 미래에도 이와 동일(또는 유사)한 패턴을 보일 경우 동일한 결과가 발생할 가능성이 매우 클 것이라는 가정하에서, 미래의 주가를 예측하고자 하는 분석기법이다.*

그러나 이러한 가정은 논리적인 설명력이 부족한 경험상의 법칙이기 때문에 불합리한 추론의 가능성을 항상 내포하고 있다. 또한 효율적 시장가설이 성립한다면 모든 증권의 가격은 이미 이용할 수 있는 정보를 충분히, 그리고 즉시 반영하고 있는 것이므로 과거의 시계열정보에 의한 기술적 분석방법은 아무런 가치가 없게 된다.

그러나 기술적 분석은 실무적으로 얻어진 과거의 투자경험들을 이용하는 것이기 때문에 투자분석에 적용하기가 쉽다. 또한 여러 개의 증권에 대하여 같은 분석기법을 동시에 적용할 수 있기 때문에 실무적으로 널리 사용되고 있다.

---

4) 기술적 분석은 가격의 움직임에 초점을 맞출 뿐, 해당 주식이 컴퓨터 칩(computer chips)의 주식인지 감자 칩(potato chips)의 주식인지에 대하여는 관심을 두지 않는다.

## 1.3 효율적 시장과 증권분석

일반적으로 효율적 자본시장이란 자본의 수요와 공급이 수익성 원칙에 따라 원활히 연결되는 시장을 가리키지만, 특히 효율적 시장가설에서 말하는 효율성이란 증권투자에 관한 이용가능한 정보가 모든 투자가에게 신속하고도 충분히 전달됨으로써 증권의 가격이 공정하게 형성되는 시장을 의미한다. 그렇다면 이와 같은 의미에서 시장이 효율적일 경우에 개별증권에 대한 투자분석의 유용성은 어떻게 될 것인가?

우선 기초적 분석은 준강형 효율적 시장가설과 서로 대립된다. 만약 자본시장이 효율적일 경우 주가에 영향을 주는 모든 요인은 이미 주가에 반영되어 있기 때문에 시장가격이 곧 그 증권의 내재적 가치와 같다. 따라서 증권의 내재적 가치를 결정하기 위한 기초적 분석은 그 의미가 없어지게 된다. 마찬가지로 기술적 분석은 약형 효율적시장가설과 서로 대립된다. 만약 자본시장이 효율적이어서 가격이 과거의 모든 정보를 이미 반영하고 있다면 과거의 자료에 기초한 기술적 분석은 아무런 가치가 없게 될 것이다.

그러나 시장이 효율적이라고 해서 증권분석의 필요성이 전혀 없다는 것은 아니다. 즉 효율적 시장가설이 기초적 분석기법이나 기술적 분석방법 그 자체를 부정하는 것이 아니라 많은 투자자들이 이러한 분석기법을 적용하여 계속적으로 증권을 평가하고 있기 때문에 모든 정보가 증권가격에 즉시 반영되고 있다[5]는 의미로 해석할 수 있다.

따라서 투자자 또는 투자분석가들이 기본적 분석 방법이나 기술적 분석 방법 등을 적용하여 증권을 평가하더라도 높은 수익을 지속적으로 얻을 수는 없다는 의미가 된다.[6] 즉 효율적 시장이란 증권분석기법 자체의 유용성에 대한 부정이 아니라 비정상적 초과수익을 계속적으로 얻기 위한 개개인의 분석의 유용성을 부

5) Grossman(1976)에 의하면 주가는 강형이나 준강형에서 요구하는 모든 정보를 반영할 수 없다고 주장하였다. 그러나 이는 시장가격 그 자체가 정보를 포함하고 있다는 것을 인식하지 못한 것이다. 주식의 총체적인 수요와 공급에 의해 가격이 결정되고, 각 투자가들의 수요공급은 투자자들이 이용가능한 투자정보를 반영하고 있는 것이기 때문에 가격은 투자자들의 견해들이 집약된 정보를 담고 있다. 시장의 모든 참가자들이 매수, 매도가격으로부터 다른 투자자들의 정보를 추론하고자 한다면 시장가격은 궁극적으로 모든 관련 정보를 반영(fully revealing)하게 되고 이러한 경우 가격은 합리적 균형가격이 될 것이다.

6) 시장이 효율적이라면 지속적으로 시장보다 더 나은 투자성과(beat the market)를 얻기는 어렵다. 그러나 매년 시장보다 더 나은 투자성과를 보이는 투자자들은 많이 있다. 독자들 또한 할 수 있다는 생각을 하고, 대학교수와 같은 생각을 하지마라. 시장을 이길 수 없다고 주장하는 대학교수들은 소형아파트에 살고 있지만, 이러한 주장에 동의하지 않은 사람은 백만장자, 억만장자가 되어 있다는 점을 기억하라. 어느 쪽에 설 것인가는 투자자 스스로 결정할 문제이다.

정하는 것이라고 볼 수 있다.

Learning Cafe 1

## 워렌 버핏의 6단계 투자기준

우리나라에서 외국인 투자자는 높은 수익률을 올리고 있습니다. 외국인투자자 중 투자의 귀재라 불리는 워렌 버핏의 투자대상 선정 기준 6단계는 많이 알려져 있습니다.

1. 시가총액이 전체 상장사의 30%이내인 기업
2. 최근 2년간 자기자본 이익률(ROE) 15% 이상인 기업
3. 매출액 대비 당기 순이익률이 업종 평균 이상인 기업
4. 주당 잉여현금흐름이 1번 통과 종목의 상위 30% 이내인 기업
5. 최근 3년간 평균 시가총액 증가율이 자본총계 증가율 이상인 기업
6. 향후 5년간 잉여현금흐름의 합계가 현 시가총액 이상인 기업 등이다.

지난 2002년 포스코 주식 394만여 주를 사들여 2009년 말까지 약 1조 5000억원의 평가차익을 올린 그의 까다로운 규칙을 통과할 수 있는 우리나라 기업은 몇 개나 될까요? 아쉽게도 2010년 3월 현재 단 한 개의 기업도 해당사항이 없습니다. 5번 단계는 기업이 남은 이익을 쌓아가는 속도보다 주가가 빨리 오르는 기업을 선택하는 것입니다. 대체로 꾸준히 성장세를 유지할 것이라고 전망되는 기업들이 이에 속합니다. 여기까지는 현대모비스 LG생활건강, 글로비스, LS산전, 녹십자, 태광, 휴켐스, GS홈쇼핑, 신세계푸드 등 9개 기업이 통과했습니다. 하지만 6단계까지 통과한 기업은 없었습니다. 워렌 버핏의 마음에 드는 '가치주'는 없었던 것입니다.

워렌 버핏은 포스코 주식을 매수한 후 단 한 주도 처분하지 않았고, 코카콜라 주식을 20년 이상 보유하는 등 유명한 장기투자자입니다. 즉, 적어도 3년 이상을 내다보고 '미래 저평가' 주식을 고르는 것이 그의 규칙인 것입니다. 간단한 원칙이지만 그것이 진리였습니다.

그가 말하는 가치투자란 기업의 내재가치에 비해 주가가 낮은 주식을 산 후 시장이 그 가치를 제대로 평가할 때까지 기다렸다가 판다는 것입니다. 싸게 사서 제 값을 받고 판다는 매우 상식적인 기법이지만 많은 투자자들은 주가가 조금만 올라도 서둘러 주식을 내다 팔곤 합니다. 제값이 얼마인지도 따져보지 않는 것입니다.

혹시 주가가 떨어질지도 모른다는 불안감이 이를 부채질합니다. 버핏은 이런 경험을 11세 때 이미 했습니다. 그가 처음 주식을 산 것은 그의 아버지 하워드 버핏이 운영하던 주식중개회사에서 일하기 시작했던 11세때였습니다. 주당 38.5달러에 산 주식을 얼마 후 40달러에 팔았습니다. 그런데 그 주식은 몇 년 후 200달러까지 값이 치솟았습니다. 워렌 버핏은 그때 장기투자의 중요성을 확실하게 깨달았다고 했습니다.

물론 그가 기업의 내재가치를 알아보는 혜안이 타고난 것만은 아닙니다. 어린 시절부터 동네 도서관에서 부자와 관련된 책을 섭렵했고 기업가치와 주식투자에 대한 지식을 쌓았습니다. 하버드 경영대학원에 떨어진 뒤 들어간 컬럼비아대 경영대학원에선 '가치투자의 아버지'로 불리는 벤저민 그레이엄으로부터 투자기법을 본격적으로 배우기도 했습니다. 그의 또 다른 투자 원칙으로는 자기가 잘 아는 기업의 주식에만 투자한다는 것입니다. 그는 미국 증시를 뜨겁게 달궜던 인터넷 호황 시절에도 자신이 잘 알지 못하는 정보기술(IT)관련 주식에는 일절 투자하지 않았습니다. 버핏의 성공을 본 사람들이 그를 따라하기 시작했습니다. 버핏이 어디에 투자하는지에 촉각을 곤두세우고 따라서 추격매수를 하는 것입니다. 그렇기 때문에 버핏이 샀다고 알려진 주식은 자연히 오를 수 밖에 없었습니다. 이른바 버핏효과가 생긴 것입니다.

출처: 한국거래소.

## 제 2 절 증권의 기초적 분석과정

주가의 움직임을 설명하는 이론에는 크게 전통적 이론(conventional theory of stock prices)과 신뢰성 이론(confidence theory of stock prices)이 있다.

전자의 경우에는 주가는 기업의 미래이익에 영향을 주는 주식시장 외부의 기초적 요인이나 조건들에 의해 결정된다는 주장이다. 이는 투자자들이 이들 기초적 요인의 의미를 옳게 받아들이고 정확하게 평가함으로써 본질적 가치가 그대로 시장에 반영된다는 투자자들의 합리성을 전제로 한 것이다. 반면에 후자의 경우에는 시장이 이러한 기초적 요인들에 대해 정확히 반응하지는 않는다는 주장이다. 즉 기초적 요인 보다는 투자자들의 심리적인 측면을 강조하여, 주가에 영향을 주는 기초적 요인들에 대해 투자자들이 어느 정도의 신뢰성을 갖고 받아들이는가(낙관 또는 비관의 정도)에 따라 주가의 움직임이 달라진다는 주장이다. 이러한 신뢰성 이론은 전통적 이론만으로는 설명될 수 없는 시장의 여러 현상들을 설명하기 위한 목적으로 이용된다.

그러나 일반적으로는 전통적 이론에 따라 주식이나 채권의 본질적 가치(내재적 가치)는 [그림 4-1]에서 보는 바와 같이 그 증권으로부터 기대되는 모든 미래

그림 4-1 증권의 내재적 가치 : 금융자산 가격과 경제적 기대 관계

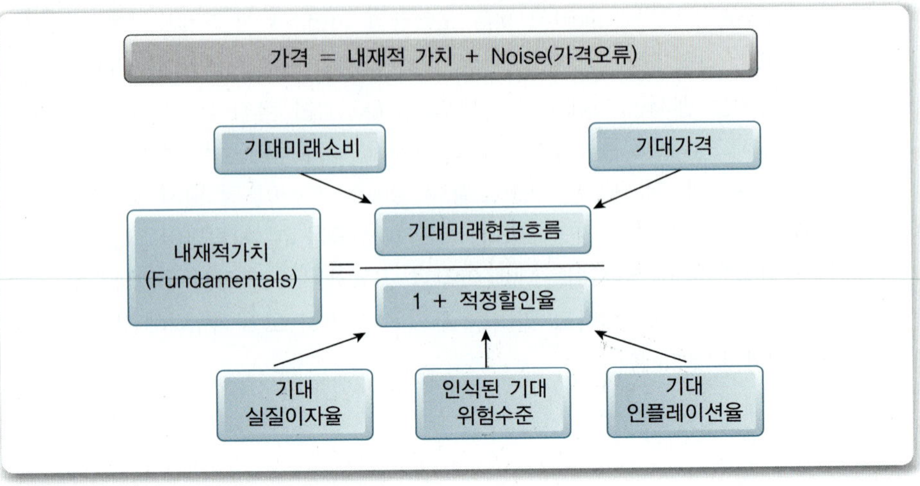


현금흐름의 할인된 현재가치로 설명된다. 이에 따라 주가는 기대현금흐름이나 할인율을 반영해 주는 거시 경제적 요인(macroeconomic fundamentals)에 의해 영향을 받게 된다. 즉, 증권의 기대 미래현금흐름은 상품에 대한 소비지출과 이 상품의 기대되는 가격수준, 그리고 불확실성의 정도에 의해 영향을 받을 것이고, 할인율은 이자율과 인플레이션에 대한 기대치에 의해 영향을 받을 것이다.

그림 4-2 증권의 기초적 분석과정(Macro-Micro analysis)

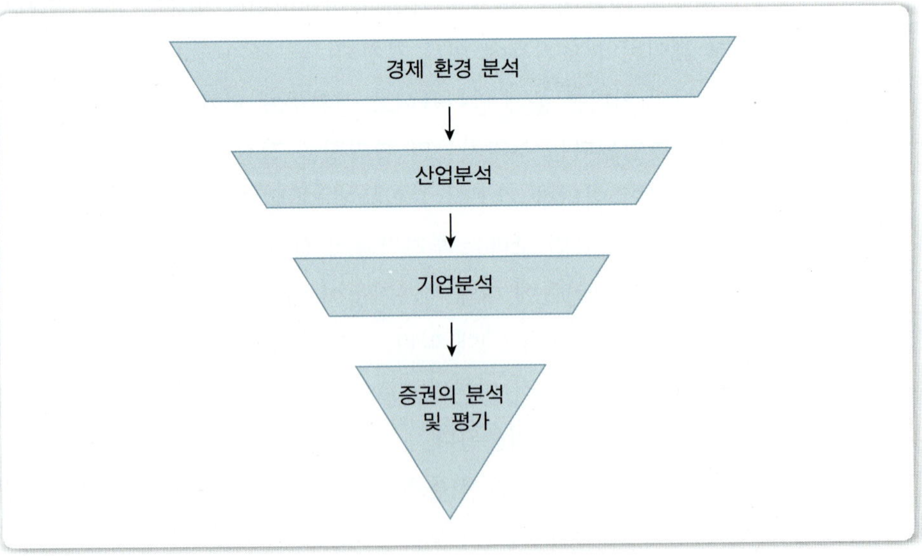

이하에서는 기초적 분석의 일반적 순서에 따라 경제분석[7], 산업분석, 기업분석의 내용 및 방법, 그리고 이들 요인과 주가예측과는 어떻게 관련지을 수 있는가를 설명한다.

## 제 3 절 경제분석

증권에 대한 기초적 분석을 위해 먼저 해야 할 일은 우선 투자하고자 하는 경제환경에 대한 분석이 선행되어야 한다. 이를 위해서는 경제의 현재 상황이 어디에 있고, 또 어떤 방향으로 나갈 것인가를 분석하여야 한다. 다음 이것이 투자에 대해서는 어떤 의미를 갖게 되는가를 알아보아야 한다. 이러한 분석은 기본적으로 어떤 경제 분야에 투자하는 것이 유리한가, 또는 실물자산과 금융자산, 그리고 금융자산 중에서도 주식 또는 단기채권이나 장기채권 중 어디에 투자하는 것이 유리한가를 결정하는 데 도움을 준다.

기업 환경의 일부가 되고 또 기업성과에도 영향을 주는 기초적 요인으로는 경제적 요인(economic fundamentals)과 정치적 요인(political fundamentals)을 고려할 수 있다. 투자자들은 주로 가격에 영향을 주는 이들 기초적 요인들에 근거하여 항상 주가의 추세를 예측하려는 시도를 하게 된다. 여기서는 이들 요인 중 경제적 요인의 분석을 통해 주식시장의 추세와 특정 주식의 가격에 영향을 줄 수 있는 경제활동 내용, 그리고 경제활동의 수준을 측정하는 경기지표의 종류에는 어떠한 것들이 있는가를 알아본다.

### 3.1 경기의 순환과정 및 유형별 특성

흔히 '경기가 좋다 나쁘다' 이야기할 때 경기란 국민경제의 총체적 활동수준을 의미하게 된다. 그리고 이러한 총체적 경제활동수준은 [그림 4-3]에서와 같이 일정한 과정을 거치면서 변화하게 되는 데, 이를 경기의 순환주기 또는 경기의 순

7) 투자분석에 이용되는 경제정보로는 이자율예측, 수익률곡선의 변화, GDP 또는 GNP예측, 경기선행지표, 인구통계적 특성의 변화 등을 관찰하는 것이 포함된다.

환단계(business cycles)라고 부른다. 즉 경기는 [그림 4-3]에서와 같이 경제의 전반적 현상이 호황, 후퇴, 불황 또는 회복의 경기 순환주기(단계) 중 어떤 위치에 있는가를 표현해 주는 용어이다. 이러한 경기는 장기적으로 관찰해보면 회복 활황 후퇴 침체 회복 등의 순환적 움직임을 보이게 되며 이는 여러 가지 요인들에 의해 설명되고 있다[8].

경기는 장기적인 성장추세를 중심으로 오르고 내리기를 반복하는 데 이를 경기순환 또는 경기변동이라고 부른다. 경제활동이 활발하면 경기가 상승하여 정점에 이르고 경제활동이 부진하면 경기가 하강하여 저점에 이르게 된다. 이때 경기의 정점(저점)에서 다음 정점(저점)에 이르기까지의 기간을 순환주기라 하고 이러한 경기의 순환과정은 저점에서 정점까지의 상승국면과 정점에서 저점까지의 하강국면으로 나뉘며 상승국면은 회복기와 확장기로, 하강국면은 다시 후퇴기와 수축기로 나뉜다. 또한 장기추세를 기준으로 하여 윗부분 즉 경기정점을 전후한 기간을 호경기, 아랫부분 즉 경기저점을 전후한 기간을 불경기 또는 침체기라고 부른다.

케인즈의 일반이론과 포스트케인지안에 의하면 실물적 요인과 통화적 요인이 경제의 수급 불균형을 가져오게 되는 데, 이것이 경기순환의 원인이 되는 것으로 설명하고 있다. 특히 힉스(Hicks)는 IS-LM모형을 이용 수요충격(demand shock),

그림 4-3 경기순환주기의 단계별 분류

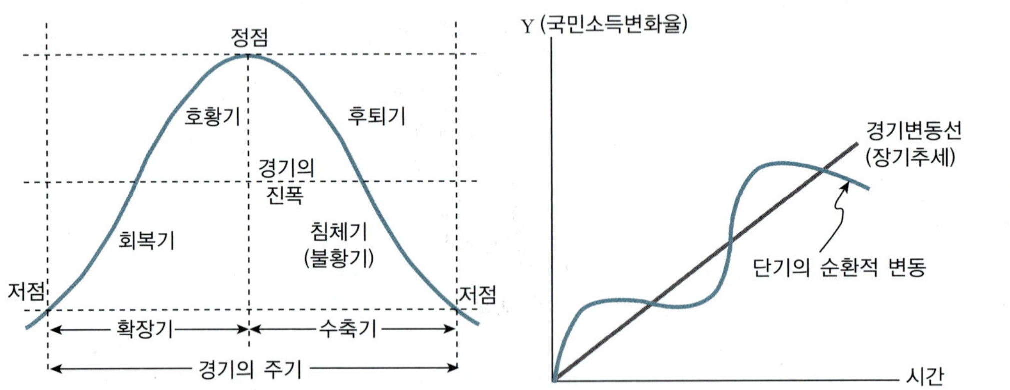


8) 경기의 회복이 어떤 모습으로 이루어지는가를 설명하고자 할 때 V자, U자, L자, W자(또는 double dip형)로 구분하며 이중 V자는 경기회복이 빠른 경우, U자는 경기회복이 느린 경우, L자는 '일본의 잃어버린 10년' 의 경우처럼 좀처럼 경기가 회복되지 않고 장기불황에 빠지는 경우, W자는 좋아졌다 나빠졌다 반복하여 바닥을 두 번 치는(double dip) 경우이다.

그림 4-4 경기의 순환과정과 경기변동의 장기추세

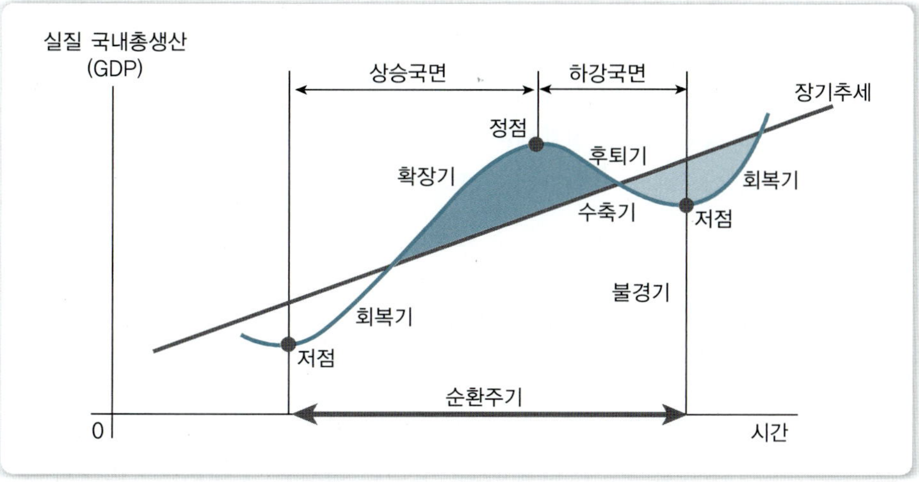


자료: 한국은행.

공급충격(supply shock)에 의해 국민생산, 물가, 고용 등의 경제현상이 어떻게 변화하는가를 설명하고 있다. 즉, 실물적 요인에 의한 경기변동이론에 따르면 기업가들의 미래 경제에 관한 전망여하에 따라 투자심리가 바뀌고, 이것이 국민경제의 총수요변화(demand shock)를 가져오게 된다는 설명이다. 또한 비용함수나 생산함수에 영향을 주는 원자재가격이나 기술수준의 변화도 총공급의 변화(supply shock)를 가져오게 된다는 것이다. 결국 이러한 수요충격, 공급충격이 경제의 수급불균형을 초래하고 이것이 경기순환의 원인으로 작용한다고 설명하고 있다.

이상에서 설명한 경기의 순환과정은 [그림 4-4]에서 보는 바와 같이 확장기와 수축기로 구분하기도 하며, 단기적으로는 경기의 순환주기에 따른 단계별 변동을 보이지만 장기적으로는 일정방향으로의 추세변동을 보이게 된다. 이때 경기의 진폭과 주기는 일정하지 않은 것이 보통이다.[9]

또한 경제활동의 총체적인 수준이 확장기에 있을 때의 경기를 호경기, 수축기에 있을 때의 경기를 불경기라고 부른다.

호경기에서 관찰될 수 있는 경제현상의 일반적 특성을 살펴보면 산업생산, 고용, 기업의 수익(이윤)이 증가하고 통화의 총량은 물론 유통속도가 증가하며 물가는 상승한다. 또한 산업생산은 비내구소비재보다는 내구소비재를 중심으로, 또

9) 케인즈의 일반이론이 나오기 이전에는 10년주기(Juglar cycle), 25년주기(Kondratief cycle) 등의 주기적 순환론이 주장되었으나 오늘날에는 이러한 주기성이 부인되고 있다. 우리의 경우에도 경기순환과정을 보면 경기의 상승국면과 하강국면이 불규칙적이고 비대칭적인 것으로 나타났다.

농업보다는 공업생산을 중심으로 활발히 증가되는 경향이 있다.

반면 불경기에는 이와는 반대의 현상이 일어나게 되며, 경제내의 자동조정 메카니즘에 의해 수급불균형문제가 해소되기 시작하면 경제는 다시 다른 국면으로 이동해가게 되는 것이 일반적인 현상이다. 그러나 1930년대의 공황과 같이 경기가 장기적으로 침체되어 경제내의 자생력만으로는 이런 상황에서 탈출하기 어려울 경우에는 정부의 개입이 불가피한 경우도 있다.

## 3.2 경제전반의 변화를 보여 주는 지표

일반적으로 경제의 총체적인 활동수준을 보여주는 경기는 시간이 지나면서 확장과 수축을 반복하게 된다. 그러면 현재의 경제상황과 미래의 경제상황을 알 수 있는 경제활동의 척도에는 어떠한 것들이 있는가를 보기로 한다. 일반적으로 GNP(또는 GDP)와 같은 경제활동 척도와 주가지수를 비교하여 관찰해 보면 주가의 움직이는 방향과 경제상황과는 일정한 상관관계가 존재함을 알 수 있다. 그러나 주가는 미래의 경제상황에 대한 전망을 반영해 주는 예측치로서 실물경제에 대한 전망을 미리 보여 주는 선행지표의 성격을 갖는다고 볼 수 있다. 따라서 관찰된 현재 및 과거의 경제활동수준에 의해서는 주가를 예측하는 데 아무 도움이 안 된다. 다만 미래의 경제상황에 대한 전망에 따라서 주가의 방향이 결정될 뿐이다.

여기서는 GNP, 그리고 현재의 경기상황(경제형편) 및 미래의 경기예측[10]에 이용되는 경기지표에는 어떠한 것들이 있으며, 이의 대표적인 지표의 내용은 무엇인가를 알아본다.

### 1. GNP(국민총생산)

개별주가의 움직임과 경제전반적인 환경과는 어떠한 관련이 존재하는가 하는 문제는 주가를 분석하고자 하는 사람들의 주요 관심사이다.

미국의 경우 개별기업의 성공정도는 80%정도가 기업 외부의 정치 · 경제적 요

10) 조종사는 눈에 보이지 않는 비행경로를 나침반으로는 비행기의 방향을, 인공수평의라는 계기판으로는 현재의 비행기의 수평상태를 알 수 있다고 한다. 이와 마찬가지로 경제분야에서는 현재의 경기상황과 앞으로의 경기흐름을 예측하는 방법으로 국민소득통계처럼 이미 발표된 경제지표를 이용하는 방법, 경기종합지수나 경기확산지수와 같이 종합경기지표를 새로 작성하는 방법, 기업경기실사지수, 소비자동향지수와 같이 설문조사를 이용하는 방법, 계량모형을 이용하는 방법이 있다.

인이나 시장요인 등에 의해 설명되고 나머지 20%만이 개별기업의 요인에 의해 설명되는 것으로 추정하고 있다. 또 피셔와 머튼(Fisher & Merton;1984)의 연구에 의하면 주가수익률이 다음 연도의 GNP 성장률 변화의 반 이상을 설명해 줄 수 있다는 것을 실증적으로 보여줌으로써, 주가수익률과 미래의 경제 활동수준(GNP)은 높은 상관관계를 보인다는 점을 지적하고 있다.

따라서 미래의 경제상황 전개와 관련지어 주가가 어떻게 움직일 것인가를 예측하고자 하는 투자자나 투자분석가들은, 경제가 어떤 원리와 법칙에 따라 움직이는가를 먼저 이해하여야 한다.

경기의 움직임은 기본적으로 생산(공급) 및 수요의 변화를 보여주는 여러 가지 경제지표(economic indicator)를 분석함으로써 파악될 수 있다. 이를 대표할 수 있는 가장 포괄적인 척도가 바로 GNP로서 이는 경기와 밀접한 관련을 갖는다.[11] 즉 앞에서 살펴본 것처럼 호황시에는 생산 및 수요활동이 활발해지고 그 결과로 경제가 성장을 하게 되고, 불황시에는 반대의 현상이 나타나게 되고 그 결과로 경제성장이 둔화되게 된다. 이처럼 GNP는 한 나라의 모든 경제주체가 일정기간 동안 생산한 상품의 총 가치를 금액으로 환산하여 합계한 수치로서, 각 부문의 생산활동은 물론 소비, 투자, 수출 등의 수요동향까지도 함께 나타내주는 종합지표라고 할 수 있다. 그러나 GNP 통계는 해당년도가 끝난 후 어느 정도의 기간이 경과한 후에 추계가 가능하기 때문에 이를 이용하여 현재의 경기상황이나 미래의 경기전망을 신속하게 판단하기는 어렵다.

따라서 경기동향을 보다 신속히 파악하기 위해서는, GNP의 수준과 변화를 계속 보여주고, 또한 월별로 발표되고 있는 각종 경제지표들에 관한 자료를 이용하여야 할 것이다.

각종 지표를 잘 이용할 경우 수요동향이나 생산동향을 쉽게 파악할 수 있고, 더 나아가 GNP 수치만 이용할 경우보다 주식시장에 관해 더 나은 정보를 얻을 수 있게 된다. 가령 임금이 크게 상승하고 있다면 다른 조건이 동일한 한 수익에 나쁜 영향을 주게 되고 이것이 주가에도 악영향을 미치게 된다고 예상해 볼 수 있을 것이다.

---

11) GNP보다는 실질 GDP가 한 나라의 총체적 경제활동수준을 가장 근접하게 측정해 주는 하나의 변수가 될 수 있지만 Burns와 Mitchell은 고용이나 금융시장변수와 같은 다른 경제활동지표를 살펴보는 것도 중요하다고 생각하였다.

## 2. 부문별 경제지표

'경제활동의 총체적 수준'을 의미하는 '경기'는 여러 가지 경제적 요인들이 서로 얽혀 있기 때문에 GNP 등의 몇몇 지표만으로는 충분히 설명하기 어렵다. 따라서 각 경제부문의 활동상황 내지 현상들을 파악할 수 있는 부문별 경제지표들을 살펴보아야 할 것이다. 고용, 생산, 소비, 투자, 대외, 금융의 분야별 경제지표들을 살펴볼 필요가 있다.

그런데 이러한 모든 지표들이 경기의 움직임과 동일한 시차를 갖고 움직이는 것은 아니다. 경기의 움직임보다 앞서서 움직이는 지표가 있는가 하면 경기의 움직임보다 일정시차를 두고 뒤에 움직이는 지표들도 있다. 따라서 경제지표들은 분석이나 예측에 도움이 될 수 있도록 경기의 주요 전환시점을 기준으로 한 시차에 따라 선행지표, 동행지표, 후행지표로 구분된다. 경기종합지수란 경기변동의 국면 · 전환점과 속도 · 진폭을 측정할 수 있도록 고안된 경기지표의 일종으로, 국민경제의 각 부문을 대표하고 경기 대응성이 양호한 경제지표들을 선정한 후 이를 가공 · 종합하여 작성한다. 이들의 종류와 의미를 설명하면 다음과 같다.

### (1) 경기선행지표(leading indicator)

국민경제의 총체적 활동에 앞서서 움직이기 시작하는 지표로서 향후의 경기동향을 미리 보여주는 지표이다. 이러한 지표들로는 미래의 경제활동수준에 영향을 미치는 지표와 앞으로 일어나게 될 경제현상을 미리 예고해주는 지표들로 구성된다. 따라서 이들은 실제 경기순환에 앞서 변동하는 부문별 개별지표를 가공 · 종합하여 만든 지수로 단기적인 미래의 경기예측에 유용하게 사용된다.

### (2) 경기동행지표(coincident indicator)

현재의 경기상태를 보여주는 지표로서 국민경제 전체의 경기변동과 같은 방향으로 움직이거나 국민경제의 변동 그 자체를 나타내주는 지표들로 구성된다. 이는 실제의 경기순환과 함께 동시에 변동하는 부문별 개별지표를 가공 · 종합하여 만든 지수로 현재의 경기상황을 판단하는 데 이용된다. 경기동행지수는 현재의 경기를 비교적 잘 설명해주며 현재의 경제활동이 얼마만큼 활발하게 이루어지고 있는가를 파악할 수 있을 뿐 아니라 국민경제 전체의 경기동향까지도 파악할 수 있도록 하여 준다.

그림 4-5 경기선행, 경기동행, 경기후행의 시차관계

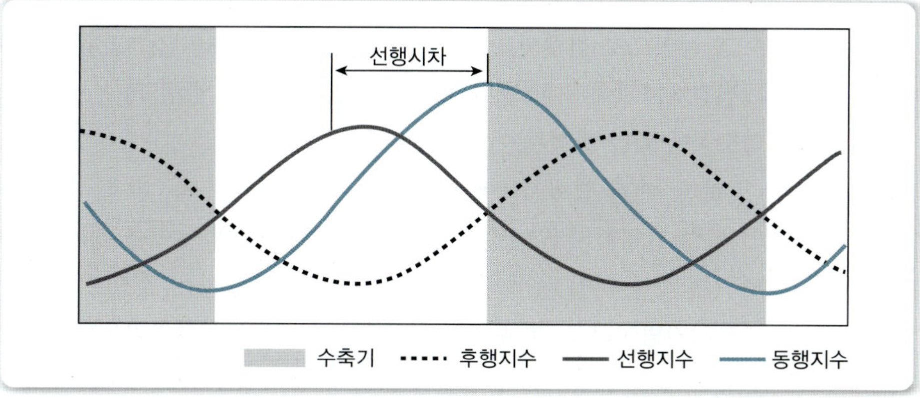


### (3) 경기후행지표(lagging indicator)

실제 경기순환에 후행하여 변동하는 부문별 개별지표를 가공 · 종합하여 만든 지표로서 현재 경기의 사후적 확인에 이용된다. 즉, 국민경제 전체의 경기변동 또는 일반경기의 움직임이 있고 난 후에 비로서 변화하기 시작하는 지표로서 과거의 경기가 어떻게 움직였는가를 사후적으로 확인하는 데 이용된다.

이상에서 설명한 경기종합지수는 경기에 민감한 경제지표들을 선정하여 이를 하나의 지수로 종합함으로써 경기전반의 흐름을 파악하고자 하는 경기지표이다. 그러나 현재의 경기수준을 측정하고 미래의 경기를 예측하기 위한 방법으로는 이 밖에도 경기동향지수, 경기예고지수, 기업가나 소비자를 대상으로 향후 경기전망을 직접 설문조사한 기업실사지수와 소비자실사지수, 그리고 과거의 경험이나 경제이론에 근거한 통계적 계량경제모형 등이 이용될 수 있다.

[그림 4-5]는 경기종합지수의 선행과 후행의 관계를 보여주는 것으로서, 선행지수는 선행시차 만큼 앞서서 동행지수(현재의 경기상황인 경기 정점)의 움직임을 미리 예고해 준다는 것을 보여준다.

## 3.3 경기흐름의 예측

일반적으로 현재의 경기상황을 판단하거나 향후 경기흐름을 예측하는 데에는 개별경제지표에 의한 방법, 종합경기지표에 의한 방법, 설문조사에 의한 방법, 계량모형에 의한 방법 등이 사용된다.

첫째, 개별 경제지표에 의한 방법이란 생산, 투자, 고용, 수출 등 경기의 움직임을 잘 반영한다고 간주되는 개별 경제지표들의 추이를 경기변동이론이나 과거의 경험적인 사실 등에 비추어 종합적으로 판단하는 것으로서 가장 기본적인 경기분석기법이라고 할 수 있다. 이 방법은 부문별로 경기동향을 파악하는 데에는 유용하나 전체 경기의 움직임을 포괄적으로 파악하기 어려울 뿐만 아니라 분석시 개인의 주관에 치우치기 쉽다는 단점이 있다.

둘째, 종합경기지표에 의한 방법은 경제 각 부문의 동향을 잘 반영해 주는 개별 경제지표들을 선정한 후 이를 통계적으로 가공 · 종합한 경기지표(business indicator)로 전반적인 경기의 움직임을 분석하는 방법을 말하는데 현재 주요국에서 활용하고 있는 종합경기지표의 종류에는 경기종합지수(CI), 경기동향지수(DI) 및 경기예고지수(WI) 등이 있다. 그러나 경제구조가 빠르게 변화할 경우 경기지표의 경기대응성이 저하될 가능성이 크므로 적절한 시기에 구성지표나 합성방법 등의 변경을 통해 경기지표를 개편해야 하는 문제점이 있다.

셋째, 설문조사에 의한 방법이란 기업가나 소비자와 같은 경제주체들의 경기에 대한 판단, 전망 및 계획 등이 국민경제에 중대한 영향을 미친다는 경험적인 사실에 바탕을 두고 각 경제 주체들을 대상으로 한 설문조사 결과에 의거 전반적인 경기동향을 파악하는 방법이다. 이 방법은 비교적 손쉽게 경기의 움직임을 판단할 수 있으나 결과치의 해석이 개인의 주관에 좌우될 가능성이 크고 구체적인 경기전환점의 파악이 어렵다는 단점을 가지고 있다.

넷째, 계량모형에 의한 방법은 한나라의 전체적인 경제흐름을 설명할 수 있도록 각 부문별 경제변수들간의 인과관계나 상관관계를 방정식체계로 모형화하고 이를 이용하여 경기를 예측하거나 경제정책의 효과를 체계적으로 분석하는 방법이다. 이 방법은 합리적인 경제이론에 바탕을 두고 있는 데다가 GDP, 물가, 경상수지 등 관심 거시경제변수들의 움직임을 구체적으로 측정할 수 있다는 장점이 있다. 하지만 경제의 여건이나 구조가 크게 바뀌게 되면 경제변수간의 관계가 변하여 계량모형에 의해 추정한 결과의 현실 설명력이 떨어질 가능성이 크다는 한계를 지니고 있다.

이상에서 살펴 본 바와 같이 각 경기분석방법은 나름대로의 한계를 가지고 있기 때문에 현실 경기를 분석할 때에는 어느 특정의 분석방법에 의존하기보다는 가능한 한 다양한 분석 방법을 사용하여 종합적으로 판단할 필요가 있다.

### 1. 개별경제지표

경기의 움직임을 파악하는 개별 경제지표중 가장 대표적인 것으로는 GDP(국내총생산)통계를 들 수 있다. GDP란 한 나라의 모든 경제주체가 일정기간 동안에 생산한 재화와 서비스의 부가가치를 금액으로 환산하여 합계한 것으로 각 부문의 생산활동은 물론 소비, 투자, 수출 등 수요동향까지도 살펴볼 수 있는 종합적인 지표라고 할 수 있다. 그러나 GDP통계는 당해 연도 또는 분기가 끝난 후 상당 기간(약 2~3개월)이 경과한 후에야 추계가 가능하기 때문에 이를 통하여 신속히 현재의 경기상황을 판단하거나 장래의 경기흐름을 예측하기는 어렵다. 따라서 경기동향을 보다 신속히 파악하기 위해서는 가능하면 월별로 발표되는 각종 경제지표들을 이용하여 수요 및 생산의 움직임을 주의 깊게 살펴보아야 한다.

Learning Cafe 2

#### 왜 미국에서는 국내총생산(GDP)를 높게 평가할까?

그린스펀(Alan Greenspan) 연준의장은 1999년 12월 당시 데일리(William M. Daley) 상무장관과 베일리(Martin Bailey) 백악관 경제자문위원회 의장과 함께 국내총생산(GDP) 통계를 편제하는 일을 미국 상무부의 20세기 최대 업적으로 평가하였습니다.

국내총생산 통계는 1930년 대 초 경제학자 쿠즈네츠(Simon Kuznets)에 의해 개발되었습니다. 이 공로로 쿠츠네츠는 1971년 노벨경제학상을 받았습니다. 이 통계가 개발되기전 이었던 대공황 시기에 미국의 루즈벨트(Franklin D, Roosevelt) 대통령과 정책입안자들은 철도 운송량, 철강 생산량 등과 같은 개별 경제지표를 파악하고 있었지만 전체 경제 상황을 알기 어려웠습니다. 그러나 국내총생산 통계를 사용한 이후에는 이 통계가 종합적인 경제상황에 대해 유용한 정보를 제공함에 따라 경제를 분석하고 정책을 결정하기 쉬워졌습니다.

출처: 알기쉬운 경제이야기, 한국은행.

## 2. 종합경기지표

부문별 개별 경제지표들은 경제활동의 한 측면만을 보여주는 지표이기 때문에 국민경제 전체의 경기동향을 파악하기 위해서는 각종 지표들을 종합하여 분석할 필요가 있다. 이에 따라 각국에서는 경기동향을 민감하게 반영하는 주요 개별경제지표들을 선정한 후 이들 지표를 가공, 합성한 종합경기지표를 개발하여 경기의 종합적 진단에 활용하고 있다.

종합경기지표로 경기를 진단한다는 것은 동지표가 지금까지 어떠한 패턴으로 움직여 왔는가를 측정하고 이러한 움직임으로부터 유의적인 규칙성이나 유사성을 찾아내어 현재의 경기상태를 판단하는 한편 가까운 장래의 경기를 유추하여 예측하는 것을 의미한다. 이처럼 종합경기지표가 과거의 경험적인 사실에 근거하고 있기 때문에 구조조정의 진전 등으로 전반적인 경제구조가 변화할 경우 경기지표의 경기반영도가 약화되므로 적절한 시기에 구성지표나 합성방법의 변경 등을 통해 경기지표를 개편해야 한다.

종합경기지표는 작성방법에 따라 여러 형태로 분류될 수 있는데 현재 널리 이용되고 있는 것으로는 경기종합지수(Composite Index; CI)와 경기동향지수(Diffusion Index; DI)가 있다.

우리나라의 대표적인 종합경기지표라고 할 수 있는 경기종합지수는 국민경제의 각 부문을 대표하고 경기 대응성이 높은 각종 경제지표들을 선정한 후 이를 가공·종합하여 작성하고 있는데 통계청에서 1981년 3월부터 매월 편제하여 발표하고 있다. 2012년의 제8차 경기종합지수의 시차별 구성내용 개편에서는 현재 선행지수의 선행시차를 충분히 확보하고(시차성과 시차안정성) 최근의 경기변동을 잘 반영하는 지표(시의성)를 우선 선정하였고 해외 경기변동이 국내경제에 미치는 영향이 큰 점을 감안하여 대외부문 지표를 확대하였다. 최근의 글로벌 경제위기 등으로 인한 경제환경 변화를 반영하고 경기종합지수의 경기설명력 향상을 위해 통계개편을 실시한 결과 경기종합지수의 시차 안정성이 개선되고 선행시차가 확보되어 경기예측력이 제고될 것으로 기대하고 있다.

동 지수의 전월에 대한 증감률이 양(+)인 경우에는 경기상승을, 음(−)인 경우에는 경기하강을 나타내며 그 증감률의 크기에 의해 경기변동의 진폭까지도 알 수 있으므로 동 지수를 통하여 경기변동의 방향, 국면 및 전환점은 물론 변동속도까지도 동시에 분석할 수 있다.

경기종합지수는 또한 기준순환일(경기전환점)에 대한 시차(time lag) 정도에 따라 선행, 동행 및 후행종합지수의 3개군으로 구분되는데 2012년 현재 각 지수의 구성지표 수는 〈표 4-1〉, 〈표 4-2〉, 〈표 4-3〉에서 보는 바와 같이 선행 9개, 동행 7개, 후행 5개로 되어 있다.

선행종합지수는 비교적 가까운 장래의 경기동향을 예측하는 지표로서 건설수주액과 같이 미래의 경제활동 수준에 큰 영향을 미치는 지표나 기계류 내수 출하지수 등과 같이 앞으로 일어날 경제현상을 예시하는 지표들로 구성된다. 동행종합지수는 현재의 경기상태를 나타내는 지표로서 광공업생산지수, 서비스업생산지수, 소매판매액지수 등과 같이 국민경제 전체의 경기변동과 거의 동일한 방향으로 움직이는 지표들로 구성된다. 마지막으로 후행종합지수는 경기의 변동을 사후에 확인하는 지표로서 상용근로자수, 회사채유통수익률, 생산자제품재고지수 등과 같은 지표들로 구성된다.

경기종합지수의 8차 개편 결과 경기선행지수는 선행성이 우수하고 시의성이 있는 자료를 구성지표로 선정하였을 뿐 아니라 해외 경기를 반영할 수 있는 국제원자재가격지수를 추가하였고 순상품교역조건(단가기준) 대신 선행성이 보다 우

**표 4-1 경기선행지표(선행종합지수)의 구성지표(9개)**

| 경제부문 | 지 표 명 | 내 용 | 작성기관 |
|---|---|---|---|
| 고 용 | 구인구직비율 | (신규구인인원÷신규구직자수)×100 | 한국고용정보원 |
| 생 산 | 재고순환지표 | 생산자제품제조업출하 전년동월비 − 생산자제품제조업재고 전년동월비 | 통 계 청 |
| 소 비 | 소비자기대지수 | 경기 · 생활형편 · 소비지출전망 CSI를 평균 | 한국은행 |
| 투 자 | 기계류내수 출하지수 | 설비용기계류에 해당하는 99개품목(선박제외) | 통 계 청 |
| | 건설수주액(실질) | | 통 계 청 |
| 대 외 | 수출입물가비율 | (수출물가지수÷수입물가지수)×100 | 한국은행 |
| | 국제원자재가격지수(역계열) | TRJ/CRB지수(월평균)×기준환율(월평균) | CRB, 서울외국환중개(주) |
| 금 융 | 코스피지수 | 월평균 | 한국거래소 |
| | 장단기금리차 | 국고채유통수익률(월평균) − 무담보콜금리(1일물, 중개거래, 월평균) | 한국은행 |

자료: 통계청.

표 4-2 경기동행지표(동행종합지수)의 구성지표(7개)

| 경제부문 | 지 표 명 | 내 용 | 작성기관 |
|---|---|---|---|
| 고 용 | 비농림어업취업자수 | 취업자수-농림어업취업자수 | 통 계 청 |
| 생 산 | 광공업생산지수 | 광업, 제조업, 전기 · 가스업(대표품목633개) | 통 계 청 |
| | 서비스업생산지수 | 도소매업 제외 | 통 계 청 |
| 소 비 | 소매판매액지수 | 소매업, 자동차판매 중 승용차 | 통 계 청 |
| | 내수출하지수 | 광업, 제조업, 전기 · 가스업(내수용) | 통 계 청 |
| 투 자 | 건설기성액(실질) | | 통 계 청 |
| 대 외 | 수입액(실질) | 수입액(CIF)÷수입물가지수 | 관 세 청 |

표 4-3 경기후행지표(후행종합지수)의 구성지표(5개)

| 경제부문 | 지 표 명 | 내 용 | 작성기관 |
|---|---|---|---|
| 고 용 | 상용근로자수 | | 통 계 청 |
| 생 산 | 생산자제품재고지수 | 광업 · 제조업(대표품목 519개) | 통 계 청 |
| 소 비 | 도시가계소비지출(실질) | 도시가계소비지출÷소비자물가지수 | 통 계 청 |
| 대 외 | 소비재수입액(실질) | 소비재수입액÷소비재수입물가지수 | 관 세 청 |
| 금 융 | 회사채유통수익률 | 잔존기간 3년물의 보증부 사채 단순평균수익률 | 금융투자협회 |

수한 물가기준으로 교체하였다. 경기동행지수는 경기설명력을 높이기 위해 소비부문과 고용부문 지표를 대체하고 생산부문 지표 비중은 축소하였고, 경기후행지수는 시차 안정성을 개선시키고 최근의 경기를 잘 반영하는 지표를 선정하였고 과거의 상용임시근로자수는 선행성을 보이는 것으로 나타나 이를 상용근로자수로 대체하였다.

1980년대 이후 우리나라 경기변동의 기준순환일에 대해 선행종합지수는 약 3~10개월 앞서고 있으며 후행종합지수는 약 3~10개월 뒤에 오고 있는 반면 동행종합지수는 대체로 일치한다는 것을 보여준다.

[그림 4-6]은 향후의 경기국면을 예고해 주는 경기선행지수의 순환변동치의

**그림 4-6 경기선행지수의 순환변동치(선행시차 존재)**

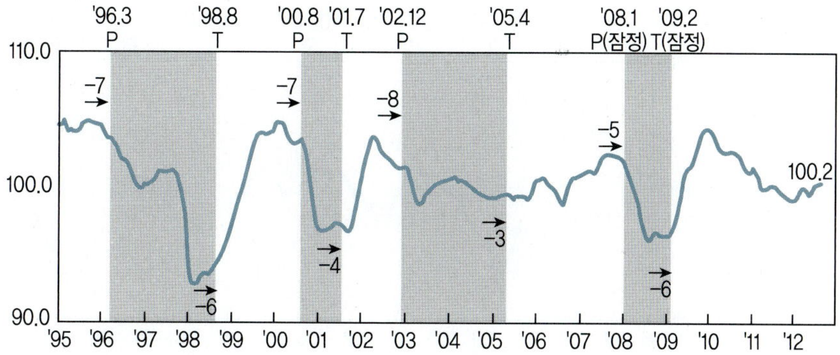


회색부분은 경기 수축기이며, 도표내의 " – " 수치는 기준순환일과의 선행시차(개월 수)를 의미함

주1) ① 기준순환일은 총체적인 경기변동의 전환시점(월)

- 저점: 수축국면의 최종월 또는 확장국면의 시작월
- 정점: 확장국면의 최종월 또는 수축국면의 시작월

② 경기전환점에서의 시차

경기순환일과 비교하여 선행(–), 후행(+) 개월수를 의미함.

자료 : 통계청.

변화를 보여주는 것으로서 정점에 대한 경기예고의 선행시차가 저점에 대한 경기예고의 선행시차보다 상대적으로 길다는 것을 보여준다. 이는 저점의 경기보다는 정점의 경기를 좀 더 미리 예고하여 준다는 것을 의미한다. 한편 [그림 4-7]은 현재의 경기상황을 보여주는 경기동행지수의 순환변동치의 변화를 보여주는 것으로서 시차가 거의 존재하지 않고 대체로 일치하고 있음을 보여주고 있다. [그림 4-6]에서 상단에 표시된 연월인 기준순환일은 총체적인 경기변동의 전환시점(월)으로서 경기가 수축에서 확장국면으로 전환하는 시점인 저점(T)은 수축국면의 최종월 또는 확장국면의 시작월을, 확장에서 수축국면으로 전환하는 시점인 정점(P)은 확장국면의 최종월 또는 수축국면의 시작월을 가르킨다. 경기전환점을 가르키는 기준순환일과의 시차는 경기순환일과 비교하여 선행(–), 또는 후행(+)하는 개월수를 의미한다. 예로 경기순환일 2002.12로부터의 –8은 8개월 정도 앞서서 정점에서 저점으로의 경기전환 신호가 나타난다는 것을 의미한다.

이상에서 살펴 본 바와 같이 종합경기지표에 의한 경기분석은 개별 경제지표에 의한 경기분석에 비해서는 전체 경제의 움직임을 포괄적으로 파악할 수 있는

그림 4-7 경기동행지수의 순환변동치(시차 큰 차이 없음)

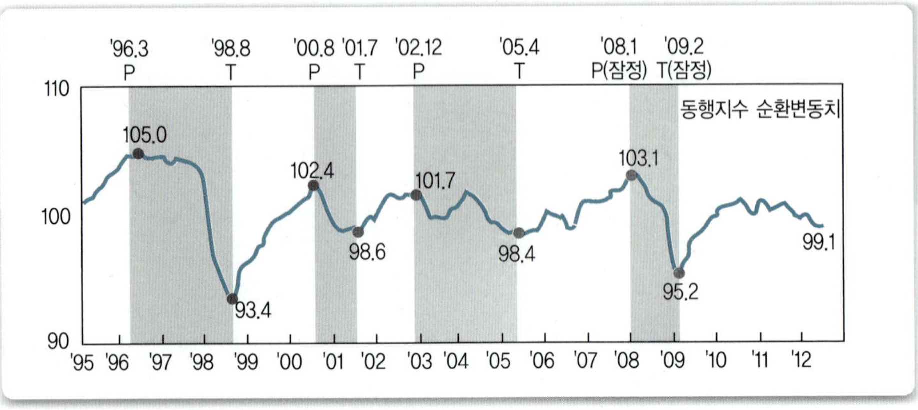


자료: 통계청.

그림 4-8 경기선행지수와 경기동행지수의 시차(time lag) 비교 : 1970-2010

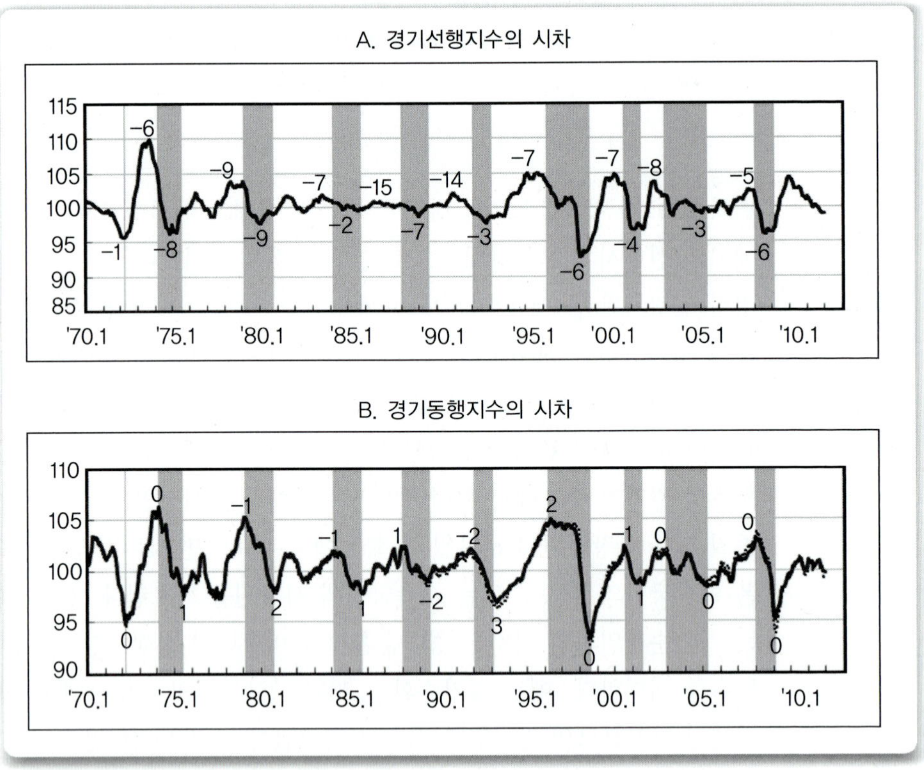

장점이 있기는 하지만 경기지표의 작성 및 해석 등 여러 가지 측면에서 나름대로 한계를 지니고 있다. 따라서 경기동향의 파악과 더불어 경기변동의 원인을 보다 깊이 있게 진단하기 위해서는 종합경기지표에만 의존하기보다는 경기흐름을 올바르게 반영해 주는 개별 경제지표들의 움직임도 주의 깊게 살펴볼 필요가 있다. 개별경제지표들에 대한 체계적인 분석이 가능해질 때 부문별 경기동향을 보다 명확히 파악할 수 있음은 물론 종합적인 경기지표들의 현실경제에 대한 반영도를 제고시킬 수 있는 기반이 마련된다.

## 3. 개별경제주체의 경기판단

경기상황을 판단하고 장래의 경기흐름을 예측하기 위한 경기분석방법중 설문조사방법이 있는데 이는 기업가 · 소비자 등 경제주체들의 경기에 대한 판단, 전망에 관한 설문조사를 통하여 전반적인 경기동향을 파악하는 것으로 기업경기실사지수(Business Survey Index; BSI)와 소비자태도지수(Consumer Sentiment Index; CSI)가 이에 해당된다. 이는 경제주체들이 경기에 대하여 어떤 생각을 가지고 있는가를 보여주는 심리적 지표이다.

기업경기실사지수란 경기에 대한 기업가들의 판단, 예측 및 계획 등이 생산, 매출, 투자 등의 단기적인 경기변동에 중요한 영향을 미친다는 경험적인 사실에 바탕을 두고 설문서를 통해 기업가의 경기동향 판단, 예측 등을 조사하여 지수화한 경제주체의 심리적 지표로서 우리나라에서는 한국은행을 비롯해 산업은행, 무역협회, 전국경제인연합회 등에서 분기(전경련은 월)마다 작성되고 있다.

업종별 기업경기실사지수는 조사결과의 전체 응답업체 중에서 긍정적인 응답(증가 또는 호전)업체 비중과 부정적인 응답(감소 또는 악화)업체 비중의 차를 기초로 하여 다음의 공식에 의해 계산된다.

$$\text{기업경기실사지수} = \frac{(\text{긍정적 응답업체 수} - \text{부정적 응답업체 수})}{\text{전체 응답업체 수}} \times 100 + 100$$ [12]

기업경기실사지수(BSI; business survey index)는 한국산업은행과 전국경제인연합회에서 조사하여 발표하는 수치로서 지수의 범위는 0과 200사이의 값을 보인다. 이 지수가 100이상인 경우 경기를 긍정적으로 보는 업체수가 부정적으로 보는 업체수에 비해 많다는 것을 의미하며 100이하의 경우는 그 반대를 나타낸다.[13]

---

12) 「경기전망 좋음」 응답업체 구성비(%) – 「경기전망 나쁨」 응답업체 구성비(%) + 100

**표 4-4 ESI 구성항목 및 가중치**

| | | 구성항목 | 가중치 | |
|---|---|---|---|---|
| BSI | 제조업 | 수출전망<br>가동률전망<br>자금사정전망 | 0.150<br>0.150<br>0.150 | 0.45 |
| | 비제조업 | 업황전망<br>자금사정전망 | 0.150<br>0.150 | 0.30 |
| CSI | | 가계수입전망<br>소비지출전망 | 0.125<br>0.125 | 0.25 |

자료: 한국은행.

즉, 지수가 0이상 100미만이면 수축기를, 100이상 200 사이의 값이면 확장기를 의미하는 것으로 해석한다. 경기종합지수 이외에 경기상황을 알 수 있는 기업경기실사지수의 원리는 간단하다. 앞으로의 경기상황을 기업인에게 물어보는 것이 가장 정확하고 현실적일 것이다. 그러나 모두가 생각이 같은 것은 아니기 때문에 어떤 사람은 좋아질 것으로 대답하고 어떤 사람은 나빠질 것으로 대답하면 종합적으로 판단하기가 어려울 것이다. "앞으로의 경기가 좋아질 것이라고 생각하십니까? 나빠질 것이라고 생각하십니까?"에 대하여 직접 경제활동에 참여하는 기업인들에게 물어보고 그 답을 지수로 표현한 것이다. 기업경기실사지수의 값은 0에서 200까지의 범위 내에서 움직이게 되며, 전체 응답자들중 좋아질 것이라고 대답한 기업인(긍정적 응답업체수)이 더 많으면 기업경기실사지수는 100보다 높아질 것이고, 나빠질 것이라고 대답한 기업인(부정적 응답업체수)이 더 많으면 기업경기실사지수는 100보다 낮아질 것이다.

한편 소비자 태도지수는 소비자의 경기에 대한 인식이 향후 소비행태에 영향을 미치게 되므로 경기동향 파악 및 예측에 유용한 정보가 된다는 전제하에 소비자의 현재 및 장래의 재정상태, 소비자가 보는 경제전반의 상황과 물가, 구매조건 등에 대해 설문조사를 하고 이를 지수화한 것이다. 동지수는 한국은행에서는 소비자 동향지수라는 이름으로 분기별로 작성되고 있으며 통계청에서는 소비자 평가지수 및 소비자 기대지수라는 이름으로 월별로 작성되고 있다. 소비자 태도지수는 소비주체인 소비자의 경기에 대한 인식을 바탕으로 작성되므로 생산 및 투자주체인 기업가의 경기판단을 중심으로 작성된 기업경기실사지수와는 차이가

13) 업종별 기업경기실사지수를 토대로 산업(제조업, 비제조업)별 BSI = $\sum_{i=1}^{n} w_i \cdot BSI_i$로 측정한다.($w_i$: 각 업종별 GDP 비중, $BSI_i$: 각 업종별 BSI)

날 수 있다. 따라서 양 지수를 종합하여 분석함으로써 기업가와 소비자의 경기에 대한 느낌과 생각을 종합적으로 판단, 경기예측력을 향상시킬 수 있다.

기업경기실사지수 및 소비자 태도지수[14]는 전통적인 경제지표로는 포착하기 어렵지만 단기적 경기변동에는 중요한 영향을 미치는 경제주체의 심리적 변화를 측정하는 것이기 때문에 경제주체의 심리적 변화가 컸던 1998-99년과 같은 변혁기의 경기동향 파악에 보다 유용할 수 있다. 또한 해당분기 지수를 분기내에 조사 · 공표하는 등 여타 경기관련 지표에 비해 속보성면에서도 유용한 점이 있다.

한편 ESI는 BSI 및 CSI 지수(각각 40개 및 9개) 중 경기 대응성이 높은 7개 항목을 선정하여 이들의 표준화지수를 가중평균한 다음 지수의 장기평균이 100, 표준편차가 10이 되도록 재조정하여 산출하며 구성항목 및 가중치는 ESI가 대표적 실물경제지표인 GDP에 대해 높은 설명력과 대응성을 갖도록 〈표 4-4〉와 같이 선정된다.

## 4. 종합주가지수의 경기선행성

우리나라의 경우 통계청에서 발표하고 있는 경기종합지수도 경기를 구성하는 21개의 지표를 선정하고, 경기와의 일치성 내지 시차정도에 따라 선행종합지수, 동행종합지수, 후행종합지수로 나누고 있다. 이러한 경기종합지수는 경기와 밀접한 관련을 갖는 각종 경제지표들의 전월대비 증감율을 가중 평균하여 하나의 지수형태로 표시하게 되며, 전월대비 증감률이 (+)인 경우에는 경기상승을, (−)인 경우에는 경기하강을 의미하게 된다. 또한 그 증감률에 의해 경기변동의 진폭까지도 파악할 수가 있으므로 경기변동의 방향과 그 전환점은 물론 변동속도까지도 분석이 가능하다. 이러한 지표와 각각의 지표를 구성하고 있는 항목들의 내용은 그동안 여러 차례 변경되었으며 이 과정에서 선행지표로서의 종합주가지수는 제외된 적도 있지만 현재는 코스피지수라는 명칭으로 포함되어 있다. 주가라는 것은 투자가들의 미래의 경제상황에 대한 기대를 미리 반영해 준다는 점에서 [그림 4-9]에서와 같이 주식시장의 순환주기(stock market cycle)는 경기의 순환주기(business cycle)보다 앞서서 움직이는 경향이 있다. 따라서 주가지수를 경기 선행지표로 포함시키는 것은 당연하다. 이에 의하면 주식시장의 고점이 경기의 고점

14) 기업과 소비자 모두를 포함한 민간의 경제상황에 대한 심리를 종합적으로 파악하기 위하여 BSI 및 CSI 지수를 가중 합성한 경제심리지수(ESI : Economic Sentiment Index)도 작성하여 발표하고 있다. 만일 ESI가 장기평균인 100을 상회하면 이들 민간의 경제심리가 과거 평균보다 나은 수준임을 의미한다.

그림 4-9 주식시장 순환주기 : 경기 순환주기의 선행성

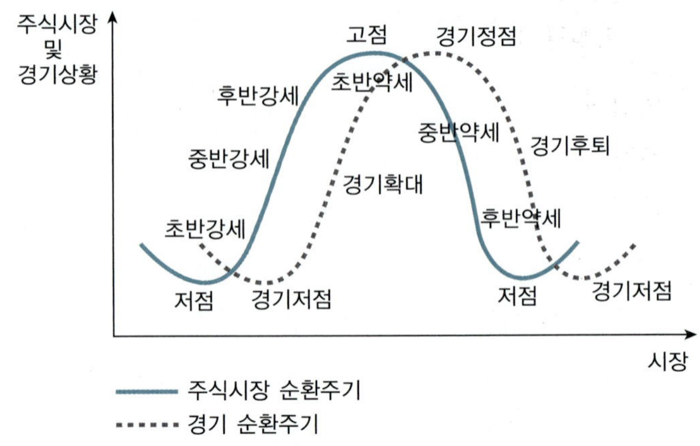


보다 선행하며 경기가 저점을 향해 가면서 경기회복에 대한 기대형성으로 주식시장은 이미 강세시장의 시작(early bull)을 보이게 된다는 것을 볼 수 있다. 또한 경기가 정점을 향해 가면서 경기후퇴에 대한 기대형성으로 경기후퇴가 이루어지기 전에 주식시장은 이미 약세시장이 시작(early bear)되는 것을 볼 수 있다. 이처럼 경기확대의 후반부에 주식시장은 이미 초반 약세시장이 시작되기 때문에 경기와 주식시장 사이의 이러한 시차를 고려하지 못하고 경기상황만을 고려하여 주식을 너무 오래 보유할 경우에는 손실을 보게 될 수도 있다는 점을 시사하여 준다.

## 5. 경제지표의 중요성 및 의의

경제지표는 경제상황이나 주식시장의 향후 방향을 해석함에 있어서 중요한 의미를 갖는다. 따라서 투자자들은 투자결정에 앞서 이들 경기종합지수의 움직임은 물론 이를 구성하고 있는 각 개별경제지표의 움직임을 동시에 살펴보아야 한다. 이는 각각의 경제지표들이 나름대로 주식시장이나 경제에 대해 중요한 의미를 갖고 있기 때문이다. 경제상황에 관한 지표나 사건들의 정보가 공표되면 투자자들은 이들 정보가 주가와 어떤 관련성(relevance)을 갖는가 하는 점과 이들 정보가 믿을만한 신뢰성(reliability)을 갖는가를 확인하고 가격에의 반영여부를 알아야 한다.

예로 향후 실질적인 GNP성장이 예상된다면 현재의 주식시장에 긍정적인 영향을 주게 될 것이다. 그리고 기업의 투자활동증가와 같은 경영활동의 변화에 대한

그림 4-10 주식시장의 영향요인과 주가

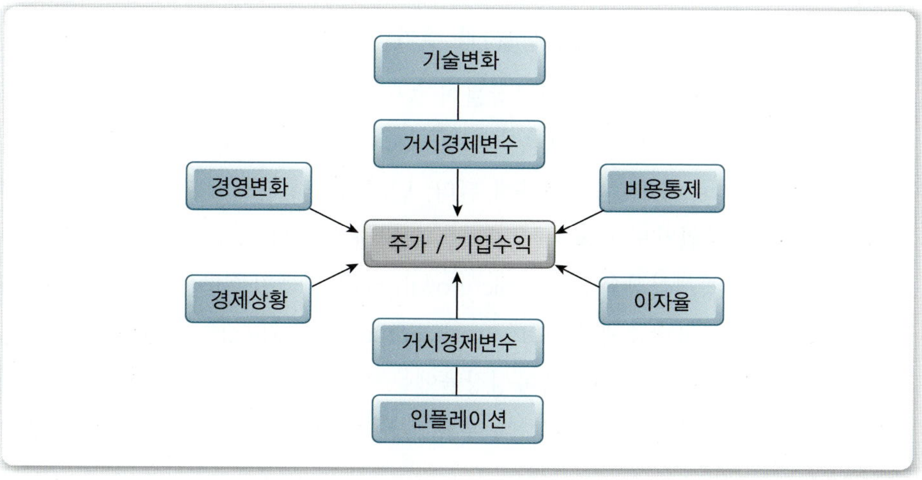


예상도 주식시장에 긍정적인 영향을 미치게 된다. 이외에도 주식시장에 영향을 주는 요인들은 여러 요인들을 생각해 볼 수 있으며 이들 요인과 주가와의 관계를 요약하면 [그림 4-10]과 같이 표현될 수 있다.

또한 앞서 설명된 선행지표들 역시 분석에 유용하게 이용될 수 있다. 즉 이들 경제지표의 증가는 경제상황의 호전을 신호하므로 경제 및 주식시장에 좋은 영향을 주는 것으로 해석될 수 있다. 또한 국제수지 적자나 외환시장에서의 원화의 약세는 증권시장과 경제에 부정적인 영향을 주게 되며, 이자율수준이 높을 경우에도 주식시장에는 나쁜 영향을 주게 된다.

주가의 변화는 부의 효과(wealth effect)를 가져와 소비의사결정에 영향을 주고, 기업의 시장가치 변동에 의해 기업의 투자결정에도 영향을 준다. 주가는 단기적으로는 투기나 비경제적 요인에 의해 움직이기도 하지만, 장기적으로는 기업의 내재가치(intrinsic value)에 따라 변동한다.

그리고 기업이 창출할 미래수익의 현재가치인 기업 내재가치를 결정하는 미래수익 및 할인율은 거시경제변수에 의해 영향을 받으므로 거시경제변수가 주가변동에 중요한 영향을 미치게 될 것이다. 거시경제변수가 주가에 미치는 영향에 대해서는 많은 실증분석결과가 있으며 많은 연구결과들에서 거시경제변수가 주가변동의 대부분을 설명해 주는 유일한 요인은 아니지만 주가변동과 밀접한 관련을 갖는 것으로 나타났다.

따라서 이하에서는 경제지표 뿐 아니라 주요 거시경제변수가 주가에는 어떤 영향을 주게 되는가를 살펴보고자 한다.

### (1) 성장(경제성장률)과 주가

일반적으로 경제성장률이 높아지면 생산, 투자, 고용, 판매, 소득수준이 모두 증가하고 기업의 매출액과 이익도 신장되므로 주식에 대한 투자가치 증가와 수요 증가로 주가는 상승하게 된다. 반면 경제성장률이 감소하거나 둔화되면 주식시장의 분위기도 침체되어 주가는 하락하게 된다.

경제성장률(Economic growth rate)은 국민총생산(GNP; gross naional product) 또는 국내총생산(GDP; gross domestic product)의 전년대비 증가율로 측정하며, 시가로 측정하는 명목성장율에는 물가상승에 의한 영향이 포함되기 때문에 물량의 증가분만을 측정하기 위해 불변가격에 의한 실질성장율로 측정하는 것이 보통이다.

이들은 모두 일정기간 동안 각 경제활동부문이 만들어낸 부가가치가 전년에 비하여 얼마나 증가하였는가를 보기 위한 지표로서 한 나라의 경제가 이룩한 경제의 성과를 측정하는 중요한 척도로 사용된다. GDP기준에 의한 경제성장률은 불변가격에 의하여 국내에서(내외국인에 의하여) 생산된 재화,용역의 최종생산물 합계의 전년대비 증가율을, GNP기준에 의한 경제성장률은 내국인(국내외에서)에 의하여 생산된 재화, 용역의 최종생산물 합계의 전년대비 증가율을 의미하므로 이 수치를 보면 경제의 규모가 실질적으로 얼마만큼 확대되었는가를 알 수 있다.

$$\text{경제성장률}(\%) = \frac{\text{금년도 불변 GDP} - \text{전년도 불변 GDP}}{\text{전년도 불변 GDP}} \times 100$$

GDP기준에 의한 실질 경제성장률의 산식은 위와 같이 표현되고, 이 때의 불변금액은 기준년도에 고정된 가격으로 측정기간 동안의 물량변동분 만을 반영한 금액으로서 이는 측정기간 동안의 시장가격으로 평가된 금액인 경상금액과는 구별된다.

### (2) 통화와 주가

통화는 주식과 함께 주요 금융자산의 하나로써 통화량의 변화는 직접적으로 금융자산간의 균형배분 과정을 통하여, 그리고 간접적으로는 금리, 물가 혹은 성장 등 실물경제의 변화에 영향을 줌으로써 주식시장에도 영향을 미친다.

이처럼 통화와 주식시장의 직접적인 경로는 보유금융자산의 균형적 배분을 추

**표 4-5 통화와 주가의 관계**

| 통화증가가 주가에 미치는 영향 | 기본주장 | 영향 경로 |
|---|---|---|
| ① 유동성 효과 | 주가상승 | 통화공급의 증가 → 이자율(실질이자율)하락→ 주식의 상대적 기대수익률 증가 → 금융적 유통의 증가로 통화의 일부가 주식시장으로 유입→ 주식수요 증가 → 주가상승(금융장세) |
| ② 수익성 효과 | 주가상승 | 통화공급의 증가 → 산업적 유통의 증가 → 기업의 설비투자 증가 → 기업의 수익성 증가 기대 → 주가 상승(실적장세) |
| ③ 위험프리미엄 효과 | 주가하락 | 통화공급의 증가 → 기업 불확실성 증가 → 주식수요 감소 → 주가하락 |

구하는 과정에서 통화 공급의 변화가 주식 수요에 영향을 미치는 과정을 의미하며, 간접적 경로는 통화량의 변화로 인하여 금리나 물가 혹은 성장률의 변화가 초래되거나 또는 기업수익률의 변화가 유발됨으로써 간접적으로 주식 수요(혹은 공급)에 영향을 미치는 과정이다.

통화량의 변화가 주가에 미치는 영향은 정의 효과가 있다는 주장과 부의 효과가 있다는 상반된 주장이 있다.

통화의 범위는 통화를 어떻게 정의하는가에 따라 통화량이 다르게 측정될 것이다. 그러나 기본적으로 통화가 주식시장(특히 주가)에 어떤 영향을 미칠 것인가 하는 점은 공급되는 통화의 변화가 실제에 있어서 〈표 4-5〉의 경로 중 어떤 경로로 나타나는가에 따라 3가지 경우로 나누어 생각해 볼 수 있다.

통화량과 주식시장에 관한 그간의 실증분석은 주가에 관한 연구가 대부분이며, 이를 크게 분류해 보면 이들 사이에 인과관계가 존재하는가를 보는 분석과 통화량의 변화 정보가 주가에 잘 반영되고 있는가를 보는 효율성 분석으로 나누어 볼 수 있다. 이에 관하여 통화와 주가 사이의 직접적 관계를 주장하는 연구(Homa-Jaffe(1971), Sprinkel(1964)), 이자율, 인플레 혹은 기업이익을 통한 간접적 관계를 주장하는 연구(Keran(1971)), 대체 금융자산 경로를 통한 간접적 관계를 주장하는 연구(Ritter-Silber(1989))가 있다. 우리나라의 경우 주식시장과 통화에 관한 이상빈(1987)의 연구에 의하면 통화와 주가 사이에는 상호적 인과관계가 존재하며, 통화량에 관한 모든 이용가능 정보가 주가에 효율적으로 반영되지는 않는 자본시장의 비효율성이 존재함을 주장하고 있다. 일반적으로 통화의 변동이 있으면 이후의 일정 시차 이후에 주가는 변화하는 것으로 알려져 있다.

정(+)의 관계를 주장하는 측에서는 투자자들이 주식을 통화의 대체자산으로 인식하여 통화량이 증가할 경우 주식에 대한 수요가 증가한다고 보고 있다.[15] 다만 이러한 경로에 의한 자산대체효과는 직접적이기는 하지만 통화의 대체자산이 주식 이외에도 채권, 부동산, 귀금속 등 많은 자산이 존재하기 때문에 이들 자산의 가격 움직임에 따라 주가의 변동정도는 달라질 수 있다. 그리고 간접적인 경로에 의해서도 통화량이 주가에 미치는 긍정적 영향을 설명하기도 한다. 즉, 통화량이 증가하면 금리가 하락하여 기업의 금융비용 부담이 감소하고 주식과 대체관계에 있는 채권가격이 상승함으로써 주식에 대한 수요가 증가한다는 주장이다.

반면 부(−)의 관계를 주장하는 측에서는 통화량 증가가 기대 인플레이션율 및 명목금리[16]를 상승시킴으로써 기업의 미래 예상수익을 현재가치로 평가하는 할인율을 상승시켜 주가가 하락한다고 주장한다.

### (3) 물가와 주가

주식이 물가상승에 따른 '인플레이션 헤지' 기능을 수행하는가의 여부에 따라 물가가 주가에 미치는 영향은 다음과 같은 차이를 보인다.

물가는 기업의 수익성과 투자자들의 투자심리에 영향을 주어 주식시장에도 영향을 미친다. 물가가 지속적이고 완만한 안정적 상승을 보이는 경우라면 실물경기의 상승과 함께 가격의 상승분이 매출 및 기업수익성에 반영되고 기업보유자산의 명목가치(자산재평가를 통하여)도 상승하기 때문에 주가는 상승하게 된다. 이때 물가가 상승하는 만큼 주가도 상승한다면 물가상승으로 인한 구매력 감소를 보전받을 수 있게 되는 데 이러한 경우에 주식은 '인플레이션 헤지'(inflation hedge) 기능을 갖는다고 이야기한다. 즉, 주식이 인플레이션에 대한 헤지 기능을 수행하는 시장 상황이라면 물가상승은 곧 주가의 상승으로 이어진다.

그러나 물가가 지속적이고 현저한 폭으로 급격하고 불안정한 상승을 보이는 경우에는 주식은 더 이상 인플레이션 헤지 기능을 수행하지 못한다고 본다. 따라서 투자자들의 투자심리가 주식 등의 금융자산보다는 실물자산을 더 선호하는 쪽으로 바뀌기 때문에 주식투자 수요의 감소로 주가는 하락하게 된다.

또한 일반적 상황은 아니지만 경기가 침체된 상태에서 물가가 오르는 이른바 스태그플레이션(stagflation)하에서는 경기부진으로 인한 기업의 매출 감소 및 수

15) 자산선택접근법에서는 통화가 채권, 주식, 부동산 등 다른 형태의 자산과 마찬가지로 富의 일종으로서 수요되고 이러한 자산들에 대한 수요는 전체적인 富의 크기 및 각 자산의 수익률과 위험에 의해 좌우된다고 설명함.

16) 명목금리 = 실질금리 + 기대 인플레이션율

익성 악화, 물가상승에 따른 투자자들의 실질소득 감소로 나타나 주가를 하락시키게 된다.

### (4) 경기와 주가

호황기에는 주식시장의 투자분위기도 살아나고, 불황기에는 주식시장의 투자분위기도 침체되는 것이 일반적이지만 주가는 경기에 앞서 움직이는 경향이 있다. 이처럼 주가 또는 주가지수는 경기선행지표로서의 역할을 수행하기 때문에 투자가들은 경기의 순환과정을 이해할 필요가 있다. 경기는 확장기와 수축기를 번갈아 가면서 나타나며 확장기는 회복기와 활황기, 수축기는 후퇴기와 침체기로 다시 구분하기도 한다. 그렇다면 이러한 경기의 각 단계별 특성들은 주가와는 어떤 관련을 갖는가를 살펴보자.

우선 경기회복의 시기에는 기업의 생산 및 투자활동이 늘어나기 시작하고 그에 따른 자금조달 필요성에서 증자가 활발해지고, 정부도 금리인하, 금융긴축완화 등의 조치를 통해 기업활동을 촉진시켜 경기회복을 도와주고자 하기 때문에 주가는 상승하게 된다.

경기호황의 시기에는 기업활동이 왕성하여 기업수익성 증가, 기업의 증자를 통한 주식시장 활황의 상황이 어느 정도는 지속되겠지만 정점에 가까워지면서 임금상승율이 생산성을 앞지르고 물가도 상승하게 되어 정부는 물가안정을 위해 금융긴축정책을 다시 사용하게 된다. 이러한 경우 상승국면을 타던 주가는 경기가 정점에 도달하기 전에 다시 하락세로 반전하게 된다.

경기후퇴의 시기에는 기업의 판매감소로 생산이 줄어들고 기업수지가 악화되면서 실업과 기업도산이 증가한다. 주식시장은 이를 반영 투자분위기가 냉각되기 때문에 주가는 하락하게 된다.

경기침체의 시기에는 주가가 바닥상태에 있겠지만, 기업의 자금수요가 감소하였기 때문에 금리는 인하되고, 정부도 경기 부양을 위한 여러 가지 대책들을 내놓게 되는 단계이기 때문에 경기회복에 대한 기대가 다시 살아나 주식시장의 분위기도 침체를 벗어나 상승세로 전환하기 시작한다. 다만 주가는 경기에 앞서 움직이는 선행성을 갖기 때문에 경기의 정점에 도달하기 전에 주가는 하락세로 반전하기 시작하고, 경기의 저점에 도달하기 전에 주가는 상승세로 다시 반전하기 시작한다.

### (5) 경기와 채권수익률 곡선의 변화

경기 순환주기는 크게 확장과 축소로 나뉘며 이는 다시 4단계로 구분하여 살펴 볼 수 있다. 총체적 경제활동수준이 하락하는 경우를 경기축소 또는 경기후퇴라고 부르며 이러한 상태의 정도가 심한 경우를 경기침체라고 부른다. 경기축소의 저점에 도달하면 경제활동은 증가하기 시작한다. 경제활동수준이 증가하는 경우를 경기확장 또는 경기활황이라고 부르며 확장의 정점에 도달한 후에는 경제활동은 다시 하강하기 시작한다. 그리고 경기의 전환점인 정점에서 정점, 또는 저점에서 저점까지를 경기순환주기라고 한다.

채권수익률은 경기순환의 단계에 따라 수익률곡선의 변화가 일어나며 이를 살펴보면 미래의 경제활동이 어떻게 될 것인가에 관한 정보를 얻을 수 있고 투자결정이 어떻게 이루어져야 하는가를 알 수 있다. 따라서 수익률곡선의 변화형태를 이용하여 경기순환을 예측하기도 한다.[17] 우선 1단계인 저점에서 회복의 단계로 이어지는 과정에서는 GNP와 산업생산이 감소하고 생산시설의 이용률도 감소한다. 노동생산성은 증가하고 단위당 인건비는 감소하며 인플레율도 둔화된다. 이자율 하락에 대한 압력이 증가하고, 그 결과 [그림 4-11]에서와 같이 채권수익률은 정의 기울기로 변화하게 된다. 전통적 견해에 의하면 정상적 형태의 수익률 곡선인 우상향의 수익률곡선은 성장하는 건강한 경제를 신호하며, 역의 수익률 곡선인 우하향의 수익률곡선은 경기침체로 접근하고 있거나 적어도 성장률이 둔화

**그림 4-11 경기순환 1 단계: 채권수익률곡선의 변화**

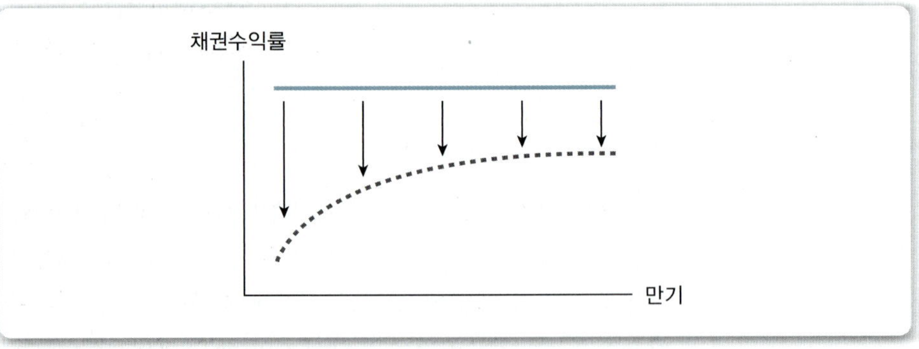


17) 대표적 순환주기인 경기의 순환주기, 주식시장의 순환주기, 이자율의 순환주기는 상호관련성을 갖고 움직인다. 우상향의 정상적 수익률곡선을 기준으로 수익률곡선의 기울기가 보다 가파르게 변화한다면 이는 경기확장과 주식시장의 강세를 예측할 수 있고, 수익률곡선이 우하향의 기울기로 역전되면 경기후퇴와 주식시장의 약세를 예측할 수 있다.

되고 있다는 것을 신호한다.

제 2단계인 회복에서 확장 단계로 가는 과정에서는 이자율 상승의 압력이 시작되고 단기이자율 상승, 장기이자율 하락에 의해 채권수익률곡선은 수평에 가까운 형태를 보이게 된다. 제 3단계인 확장에서 정점으로 가는 과정에서는 경기과열과 경기확장에 따른 인플레이션 억제를 위해 이자율 인상의 압력이 존재하게 될 것이다. 이는 1단계와 정반대의 상황이 될 것이며 채권수익률 곡선은 부(−)의 기울기를 보이게 될 것이다. 제 4단계인 정점에서 수축으로 가는 과정에서는 경기후퇴가 진행되어 이자율은 하락한다. 특히 단기이자율은 하락하고 장기이자율은 상승하여 채권수익률곡선은 수평형으로 되어간다. 이처럼 경제가 경기순환의 단계 중 어떤 단계를 지나고 있는가를 관찰함으로써 채권수익률곡선과 금융시장에 대한 함축된 의미를 얻을 수 있게 된다.

결론적으로 정상적 수익률곡선은 경기확장의 중간단계와 주식시장의 초반, 중반 강세시장에서 관찰되며, 이 보다 수익률곡선이 가파르게 변하는 경우에는 경기후퇴가 끝난 직후 경기확장의 초기단계에서 관찰되며 우하향의 곡선으로 변하는 경우에는 경기침체의 강한 신호로 받아들여진다.

### (6) 금리와 주가

금리와 주가는 정반대의 방향으로 움직이는 경향이 있다. 금리가 오르면 주가는 내리고 금리가 내리면 주가는 오른다.

금리와 주가가 왜 이러한 관계를 갖는가를 보기 위하여 여러 가지의 경우로 생각하여 볼 수 있다. 우선은 다음과 같은 주식평가모형을 고려해 보기로 한다. 이때 주식의 미래현금흐름이 매년 일정하다고 가정하는 경우 주식의 가치는 영구연금의 현재가치를 구하는 공식에 따라 다음과 같은 수식모형으로 단순화하여 표현할 수 있다.

$$\text{주식가격} = \frac{\text{미래현금흐름}}{\text{기대수익률(할인율)}}$$

금리가 오르면 주식의 현재가치 평가모형에서 분모인 투자자들의 주식에 대한 기대수익률(할인율)이 증가하기 때문에 주식가격은 하락하게 되고, 또 분자인 기업의 금융비용 부담(지출) 증가로 기업수익성(미래현금흐름)이 감소하기 때문에 주식가격은 하락하게 된다는 것을 알 수 있다. 뿐만 아니라 주식보유에 따른 기회비용도 증가하게 되어 주가는 하락한다. 이러한 관점에서 보면 주가와 금리는 부

**그림 4-12 금리와 주가의 상관관계**

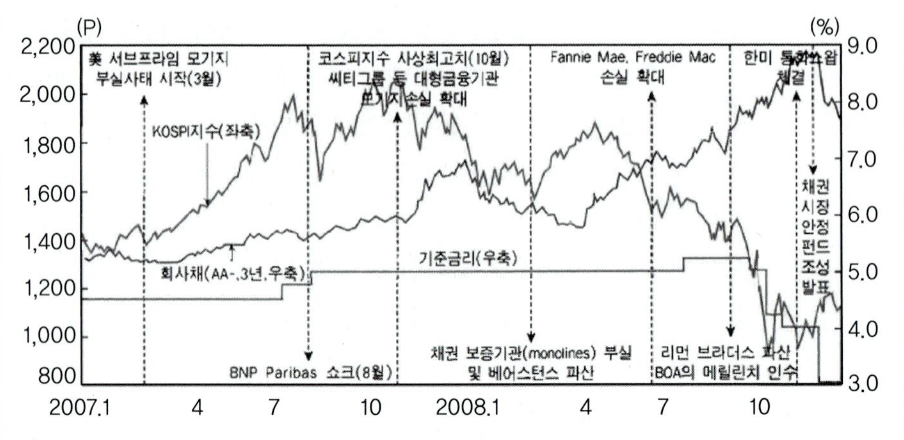


자료: 한국은행.

**그림 4-13 금리와 주가, 채권가격 관계**

| | 주식가격 | 채권가격 |
|---|---|---|
| 이자율 상승 | 하락 | 하락 |
| 이자율 하락 | 상승 | 상승 |

(−)의 관계를 보이게 된다. 그리고 금리는 다른 변수에 비해 주가에 대한 영향이 비교적 일정한 방향으로 나타날 것으로 예상되기 때문에 주식시장은 금리변동에 민감하다고 볼 수 있다.

채권가격도 [그림 4-13]에서와 같이 금리가 오르면 하락하게 된다. 이는 위의 현재가치 평가모형에서 채권(fixed-income security)의 미래현금흐름은 고정되어 있는 반면, 분모인 이자율이 상승하여 채권가격이 하락하는 것이다.

뿐만 아니라 금융자산간의 상호대체성 관계에 의해서도 금리와 주가의 관계를 설명할 수도 있다. 즉, 금리가 하락하면 확정금리가 지급되는 금융자산에 대한 수요보다는 주식으로의 대체투자수요가 증가한다고 보기 때문에 주가가 상승하는 것으로도 볼 수 있다. 그러나 금리는 채권과 같은 금융자산의 수익률을 결정해 주기 때문에 금리가 오르는 경우에는 주식에 대한 대체 금융자산으로서의 채권이

그림 4-14 금리와 물가, 환율, 경기

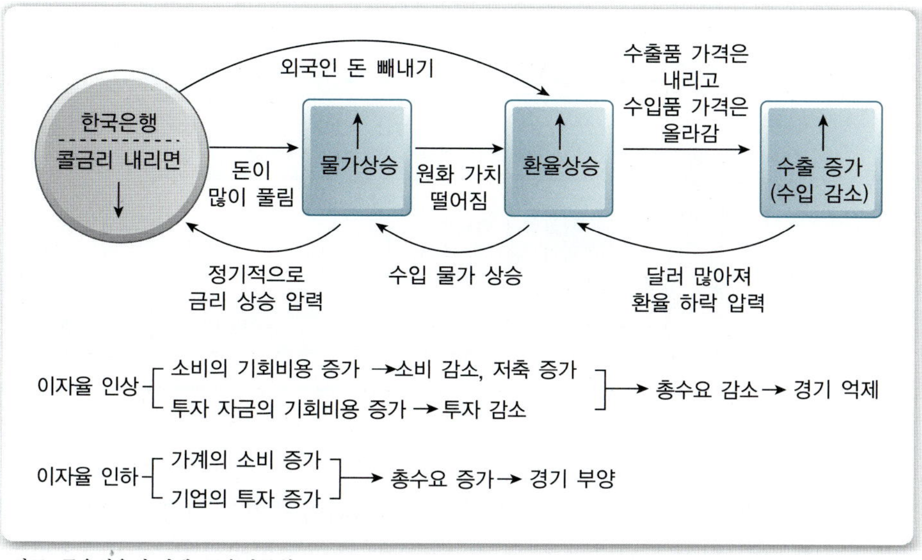


자료: 금융신용의 이해, 금융감독원.

주식보다 더 매력적인 투자 대상이 된다. 보통 금리의 하락과 더불어 물가도 안정되는 경우에는 주가에 보다 더 긍정적인 영향을 주게 된다.

또한 금리의 인상 또는 인하는 물가와 환율에도 영향을 주게 되지만 경기에도 중요한 영향을 미치게 된다. [그림 4-14]에서 보는 바와 같이 금리인하의 과정을 통해 경기가 살아나는 경우 주가에도 긍정적인 영향을 미치게 되고, 반대로 금리 인상은 경기를 억제함으로써 주가를 하락시키는 요인으로 작용하기도 한다.

### (7) 환율과 주가

환율은 통화의 가격, 즉 이종통화간의 교환비율을 의미하며 자국통화기준에 의하여 다음과 같이 공시된다.

$$\text{환율} = \frac{\text{자국통화단위(₩)}}{\text{외국통화단위(\$)}}$$

일반적으로 환율은 외환시장에서 외환에 대한 수급에 의해 결정되며 환율의 인상(평가절하)는 대외적인 수출경쟁력의 증가로 수출이 수입을 초과함으로써 국제수지가 흑자를 보이는 경우에 이루어진다. 이 경우 해외부문으로부터의 추가적인 자금유입이 이루어져 시중의 통화공급(유동성)이 풍부해지기 때문에 주식에

그림 4-15 환율변화가 경제의 각 부문에 미치는 영향

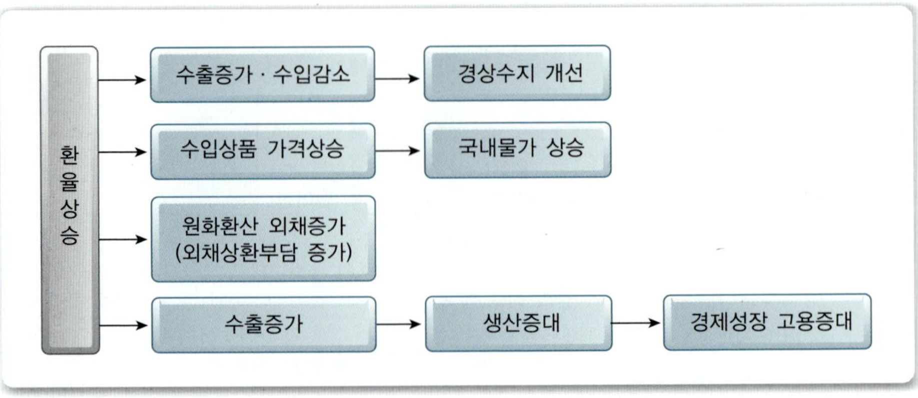


자료 : 한국은행.

대한 매입수요도 증가할 것으로 기대되어 주가를 상승시킨다고 볼 수 있다.

그러나 환율의 인하(평가절상)는 수출기업이나 수출의 비중이 큰 기업들의 상품가격이 상대적으로 비싸져서 수출경쟁력(가격경쟁력)을 떨어뜨리고, 이것이 기업의 채산성을 악화시키기 때문에 주가를 하락시킨다. 국제수지 적자에 따른 환율의 인하는 수출기업의 수출가격 상승으로 수출채산성은 개선되어 주가는 상승하겠지만, 수입기업의 수입가격은 증가하기 때문에 수입채산성은 악화되어 주가에 부정적인 영향을 준다. 가령 원유나 원자재를 수입하여야 하는 기업 입장에서는 환율인상은 원유나 원자재가격의 간접적인 상승을 의미하기 때문에 기업의 채산성이 악화되고 수입액의 증가로 국제수지도 악화되어 경제에 나쁜 영향을 미치기 때문에 주가는 하락하게 된다. 물론 원유나 원자재 가격을 해당 부존자원 국가에서 직접 인상하는 경우에도 동일한 현상을 경험하게 된다.

결국 환율과 주가와의 관계는 환율변동(인상 또는 인하)이 수출 또는 수입 기업의 채산성에 미치는 영향과 시중유동성의 증감에 미치는 영향으로 나누어 어느 것이 더 크게 작용하는 가를 보아야 한다.[18] 환율상승(평가절하)은 기업의 대외경쟁력에 긍정적으로 작용하여 주가상승 요인이 될 수 있기도 하지만 수입물가를 통하여 국내물가 상승을 유발할 뿐만 아니라 국내금리를 상승시키는 요인으로 작

18) 환율변동이 주가에 미치는 영향에 대해서는 외국의 많은 실증분석결과에서 대체로 환율과 주가간에 正(+)의 관계가 나타나고 있는 점에 비추어 환율–주가의 여러 가지 경로 중에서도 대외경쟁력 변동을 통한 경로가 영향력이 가장 큰 것으로 볼 수 있다. 그러나 우리의 경우에는 환율상승기에 주가가 하락하였는 데 이는 수입구조가 경직적이어서 환율상승시 물가상승의 압력을 받게 되고 이것이 금리 상승과 주가 하락으로 이어지게 되는 경로의 영향력이 상대적으로 더 큰 것으로 볼 수 있을 것이다.

용하여[19] 주가에 부정적인 영향을 미치기도 한다. 또한 자본의 이동이 자유로운 상황에서 환율이 오르는 경우에는 환차손을 우려하여 외화가 대량 유출될 경우 통화공급이 축소됨으로써 주가는 하락하는 방향으로 움직일 수 있다. 특히 현재와 같이 주식시장에서 외국인투자자의 영향력이 큰 경우 환율의 인상은 직접적인 주가하락 요인으로 작용하게 될 것이다. 또한 해외부채가 많은 기업의 경우에는 환율의 인상시 자국화폐로 평가한 부채규모가 늘어나게 되어 주가가 하락하는 경우도 생각하여 볼 수 있다.[20]

보통의 경우 환율의 인상은 주가상승, 환율의 인하는 주가하락으로 이어지는 것이 일반적이지만 [그림 4-15]에서 보는 바와 같이 환율의 변화가 각 경제부문에 어떤 내용으로 더 큰 영향을 줄 것인가에 달려 있다고 볼 수 있다.

### (8) 외국인 투자자와 주가

외국인 투자자는 국내투자자와는 다른 입장에서 투자를 하게 된다. 국내 투자자들은 주가의 등락에만 관심을 갖지만 외국인 투자자들은 환율의 변화에도 민감하다.

외국인투자자들의 투자자금이 국내증시로 유입되면 그만큼 주식에 대한 투자수요가 증가하기 때문에 일단은 주가를 상승시키는 요인으로 작용한다. 반면 외국인 투자자들이 보유주식을 처분하여 해외로 자금을 인출하고자 하는 경우에는 주식공급물량의 증가로 주가를 하락시키는 요인으로 작용한다.

이 과정에서 국제간의 단기자금인 핫머니의 유출입에 대하여 토빈세나 외환가변예치제도와 같은 어떠한 규제조치도 취하지 않는다면 이들이 가세할 경우 국내증시의 주가는 더 큰 폭으로 등락할 가능성이 있다.

이상에서 설명한 것처럼 주요 거시경제지표와 주가 사이에는 일반적으로 어떠한 관계가 존재하는가를 요약정리하면 〈표 4-6〉과 같다.

---

19) 환율결정이론중의 하나인 이자율평가이론은 외화를 하나의 금융자산으로 보고 자국의 금융자산(자국화폐)과 타국의 금융자산(외화)이 같은 수익률을 보장하는 완전대체자산이라고 전제하고 있다. 이 경우 다음과 같은 식이 성립하여 환율상승은 국내금리를 상승시키는 요인으로 작용하게 된다.

국내금리 = 해외금리 + 환율의 기대상승률

20) 김용선 · 차진섭(1999), "주가와 거시경제변수간의 관계분석", 조사연구자료, 한국은행.

표 4-6 거시경제지표와 주가(기업가치)

| | |
|---|---|
| **경기변동과 주가** | 주가는 경기 변동보다 먼저 움직인다. 경기가 최고조에 달하기 전에 주가가 먼저 최고조에 도달했다가 하락세를 보이며, 경기가 최악에 있다가 회복하기 시작하면 이미 주가는 상당 수준 오른다. |
| **통화량과 주가** | • 통화량 증대시<br>– 기업 부문 : 자금 확보 → 시설투자 → 수익성 향상 → 주가상승<br>– 민간 부문 : 자금확보 → 일반 투자자 주식 매입 → 주가상승<br>※지나친 통화량 증대 → 물가상승 · 금리상승 → 주가 하락 |
| **금리와 주가** | • 금리 상승시<br>– 기업 부문 : 자금 조달 감소 → 설비 투자 감소 → 수익성 악화 → 주가 하락<br>– 민간 부문 : 예금 비중 증가 → 주식에 대한 선호도 감소 → 주가하락 |
| **물가와 주가** | • 인플레이션(물가 상승) → 돈의 가치 하락 → 주식 매도 → 실물 자산 구입 → 주가 하락<br>• 디플레이션(물가 하락) → 돈의 가치 상승 → 은행 예금, 주식 등 선호 → 주가 상승<br>• 스태그플레이션(물가상승 + 경기 침체 시)<br>– 기업 부문 : 판매 감소 → 수익성 악화 → 주가 하락<br>– 민간 부문 : 소비자 구매력 약화 → 주가 하락<br>※ 구매력 약화 : 동일한 금액으로 이전에 살 수 있었던 상품의 양이 줄어드는 현상 |
| **환율과 주가** | • 환율 인하(평가 절상) → 수출 감소, 수입 증가 → 수익성 악화 → 주가 하락<br>• 환율 인상(평가 절하) → 수출 증가, 수입 감소 → 수익성 향상 → 주가 상승 |
| **원자재가격과 주가** | • 원자재 가격 상승 → 국내 제품 가격 상승 → 판매 저조 → 주가 하락<br>• 원자재 가격 하락 → 국내 제품 가격 하락 → 판매 증대 → 주가 상승 |
| **외국인 투자자와 주가** | • 외국인 투자자 자금 유입 → 주식 수요 증가 → 주가 상승<br>• 외국인 투자자 자금 유출 → 주식 공급 증가 → 주가 하락 |

자료 : 한국거래소.

## 6. 금융시장과 기대치 않던 정보의 역할

경제상황에 관한 예측은 항상 정확한 것은 아니다. 일단 수치가 기대했던 대로 발표되면 가격은 변하지 않을 것이지만 기대와는 다른 정보에 대하여 가격은 신속히 반응할 것이다. 즉, 금융시장은 최초 기대했던 것과는 다른 뉴스나 정보에 대하여 [그림 4-16]에서와 같이 이에 대한 반응을 보이게 될 것이다.

가령 고용상황에 관한 동향보고에서 기대보다 낮은 실업률을 보이는 것으로 나타났다면 이는 기업의 상황이 보다 나아지고, 소비자의 소득과 소비지출이 증

그림 4-16 기대변화에 의한 금융시장 영향

| | 경제성장 기대이상 | 경제성장 기대이하 | 인플레 기대이상 | 인플레 기대이하 |
|---|---|---|---|---|
| 채권가격 | 하락 | 상승 | 하락 | 상승 |
| 주식가격 | 상승 | 하락 | 하락 | 상승 |
| 통화가치 | 상승 | 하락 | 상승 | 하락 |

가하는 등 모든 것이 경제가 좋아질 것이라는 것을 신호하게 될 것이다. 이는 전반적으로 이자율의 상승을 가져오고, 이자율 상승은 곧 채권가격의 하락으로 이어지게 될 것이다. 또한 인플레이션에 관한 보고에 관심을 갖는다면 인플레이션에 관한 기대변화가 국제무역에 영향을 주어 외환시장의 통화가치에도 영향을 미치게 된다.

이처럼 금융시장에서 가격에는 예상된 정보는 이미 반영되어 있지만, 예상치 못한 정보에 대해서는 예상과의 차이가 사후적으로 어떤 양상(기대 이상 또는 기대 이하)을 보이는가에 따라 중요한 변화를 보이게 된다는 점에서 기대하지 않았던 뉴스가 시장을 움직이게 만든다.

## 제 4 절 산업분석

증권의 가치를 분석하기 위한 두번째 단계는 산업의 분석이다. 지금까지는 경제활동의 전반적인 수준이나 움직임을 관찰하고 예측하기 위한 수단으로서 각종 경제지표들의 내용과 그 의미들을 살펴보았다.

그러나 이러한 경제활동에 기여하는 각종 산업들은 그 성장률이나 경제활동에의 전반적인 기여정도가 산업에 따라 차이를 보이게 된다. 즉 어떤 산업은 GNP보다 더 빠른 속도로 성장을 할 뿐 아니라 계속적인 성장이 기대되는 반면, 어떤 산업은 GNP와 비슷한 성장률을 유지하거나 성장을 멈추고 사양화되기도 한다. 가령 철도산업은 2차 대전 이전까지만 해도 주요 운송수단이었지만, 2차 대전 이후 자동차와 항공산업이 운송시장에 새롭게 진입함에 따라 철도산업의 수익은 현저히 감소하기 시작하였다. 따라서 투자자로서 성공하려면 앞서의 경제환경 분석이 이루어진 상태에서 해당 산업이 경제에서 차지하는 중요성을 분석평가하고, 지속적인 성장이나 경쟁력을 갖는 산업에 투자하여야 할 것이다.

산업은 현재의 경제상황과 앞으로의 경제상황에 의해 영향을 받는다. 자동차나 철강산업처럼 경기와 밀접한 관련을 갖는 경우처럼 경기가 호황을 보일 때는 매출이 증가하여 주가도 오르지만, 침체기에는 매출감소로 주가가 하락한다. 반면 경기에 방어적인 대중적인 상품의 산업은 오히려 경기침체기에 사람들의 소비가 보다 신중해져서 대중적인 상품의 구매가 과거에 비해 더 증가한다고 볼 수 있기 때문에 매출이 늘어나고 주가는 상승할 것이다. 또한 경기와의 관련 정도가 매우 낮은 제약 산업이나 필수품 산업은 경제상황에 관계없이 매출에 큰 변화를 보이지 않을 것이다.

따라서 기초적 분석을 위해서는 경제동향에 대한 일반적 분석이 먼저이고 그 다음으로는 이것이 각각의 개별 산업에는 어떤 영향을 미칠 것인가를 분석하기 위한 업종별 경기분석, 해당 업종의 수명주기를 고려한 각 단계의 특성 분석, 그리고 해당 업종(산업)의 경쟁력을 분석하여 주어야 한다.

이를 위해 쿠즈네츠(Kuznets)가 지적한 것처럼 타 산업으로부터의 경쟁압력, 지속적인 기술혁신의 불가능 등의 이유에서 성장률이 가속적으로 증가하는 산업은 없다는 특성을 고려하여야 한다. 뿐만 아니라 산업의 분석단계에서는 산업이 가지고 있는 성장의 단계를 고려해 주어야 한다. 따라서 이하에서는 산업분석 즉, 산업의 경쟁력이나 산업의 성장단계에 따른 수익성 등을 분석하기 위한 모형으로 많이 사용되는 포터(M. Porter)의 다이아몬드 모형, 5가지 경쟁력 모형, BCG 매트릭스 모형, 제품수명주기 모형 들을 살펴보고자 한다.

## 4.1 산업의 성장단계 모형

그로딘스키(Grodinsky)는 산업의 성장 단계를 개척단계, 확장단계, 정체단계로 구분하고 이들 각각의 국면과 산업내 기업들의 특성과는 어떤 관련이 있는가를 분석하였다.

## 1. 개척단계

개척단계(pioneering stage)는 기술진보가 집중적으로 일어나는 단계로서, 주요한 특성으로는 생산의 급속한 증가 및 수요의 급속한 팽창이 일어난다. 많은 기업들이 시장(산업)에 진입하게 되고 이에 따라 경쟁의 증가 및 가격하락으로 선두참가자로서의 기업이익은 줄어들며 효율적인 기업들만 생존하게 된다. 또한 이 단계에서는 가격의 불확실성이 큰 모험사업의 성격을 띠기 때문에 투자자들보다는 투기자들에 의해 자금이 공급되는 경향이 있다.

## 2. 확장단계

확장단계(expansion stage)는 성장률이 전단계보다 다소 둔화되지만 수요는 계속 증가하는 단계로서 가격이나 생산 등에 있어 안정성이 확보되기 시작한다. 소수의 대기업들이 산업을 지배하기 시작하며 산업내 기업의 안정성 등으로 투자의 적정단계로 볼 수 있다.

## 3. 정체단계

정체단계(stagnation stage)는 성장의 마지막 단계로서 다른 대체상품들이 경쟁과 비용을 증가시킴으로써 제품의 수요가 감소하는 단계이다.

그림 4-17 은행산업의 예측모형

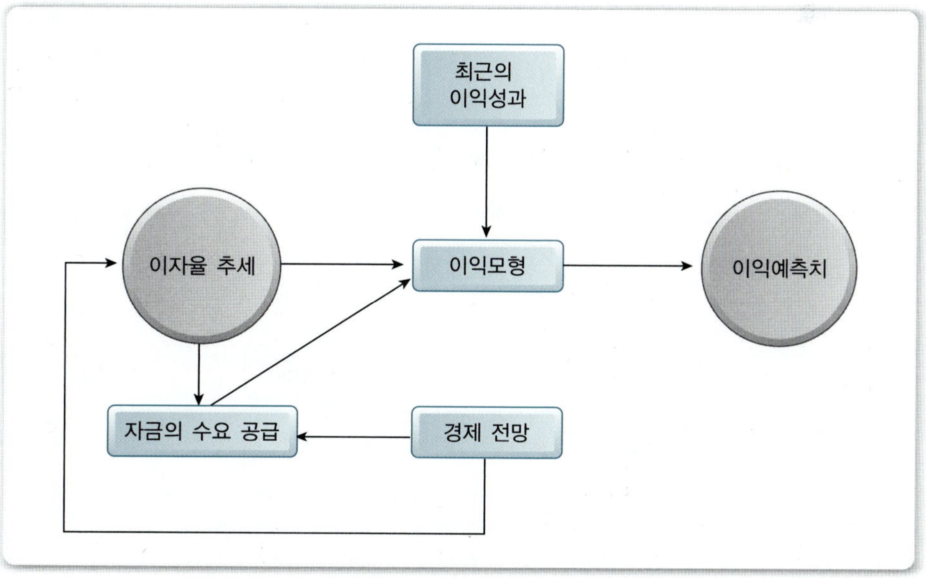

한편 산업분석시 산업의 성장률과 GNP 또는 GNP 구성요인과의 관계를 규명하고자 하는 기본적 이유는 이들 요인이 산업의 미래성장을 예측하는 데 도움이 되기 때문이다. 즉 모든 경제예측은 GNP나 GNP 구성요인들에 대하여 이루어지고 있는 바, 산업의 매출액이 국민소득에 따라 변한다면 특별한 이유가 없는 한 이러한 관계는 미래에도 지속될 것이기 때문이다.

일반적으로 투자자들의 성공여부는 산업과 기업의 미래 매출액과 이익의 크기에 달려있기 때문에 산업의 미래 매출액이나 이익에 관한 합리적인 추정모형이 개발되어야 한다. 이러한 추정이 가능할 경우에만 투자자들은 기업과 산업전체를 비교함으로써 비로서 기업의 이익을 예측할 수 있게 된다.

**그림 4-18 자동차산업의 예측모형**

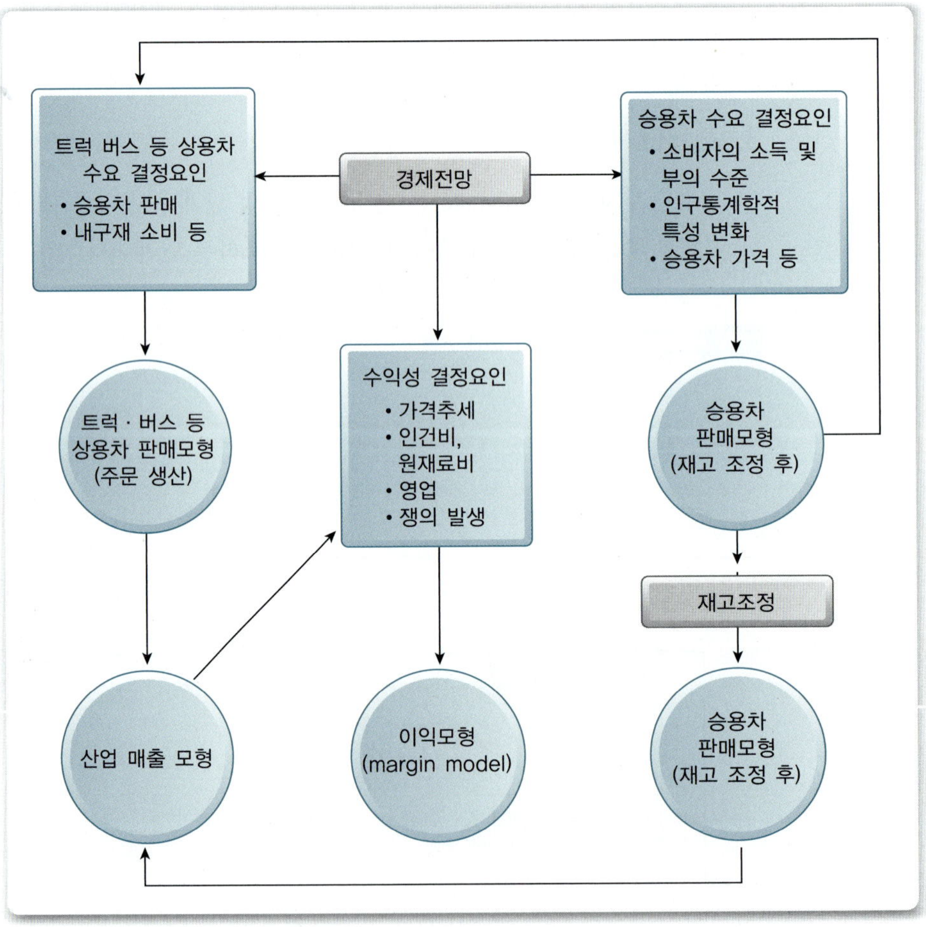


자료: *Industry Evaluation*, The Boston Company, Investment Research & Technology, Inc., 1975.

한 예로써 경제예측과 산업예측의 단계를 거쳐 은행산업과 자동차산업의 순이익 예측을 얻을 때까지의 단순화된 과정을 보이면 [그림 4-17] 및 [그림 4-18]과 같다. 물론 이 과정에서 정부정책의 변화나 기술변화, 노동시장의 여건변화, 인플레기대의 변화 등을 고려해 주어야 한다.

## 4.2 포터의 다이아몬드 모형

기초적 분석 과정에서의 산업분석은 향후 어떤 산업이 보다 큰 투자기회를 제공하여 줄 것인가를 결정하기 위해 산업의 수익성이나 미래 성장가능성을 살펴보고자 하는 데 초점이 맞추어진다. 이에 포터(Michael Porter)는 산업의 수익성을 분석하기 위하여 산업의 경쟁력을 결정하는 5가지 요인을 기준으로 분석하였으며, 산업의 수익성을 분석하는 또 하나의 방법으로는 앞서 언급한 내용처럼 산업의 수명주기[21]를 고려해 주기도 한다.

그림 4-19 포터의 다이아몬드 모형

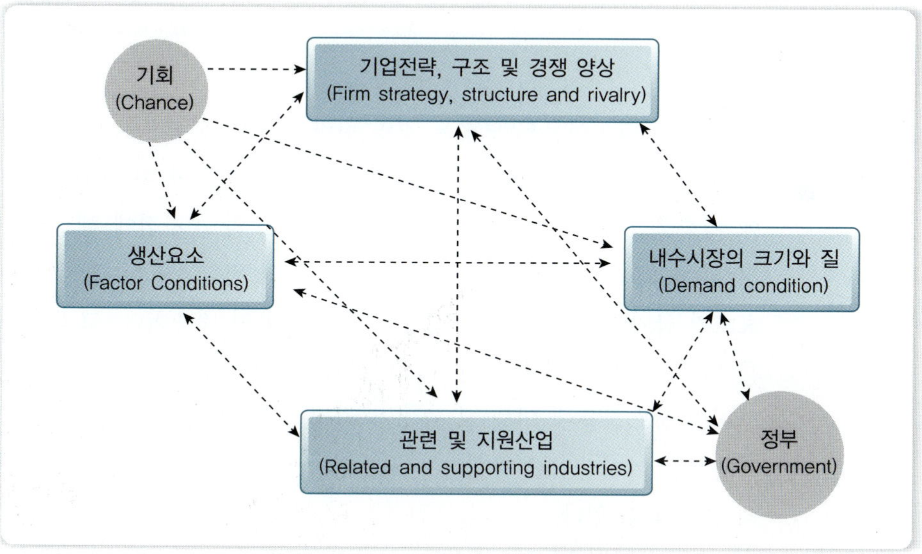


21) 그로딘스키와는 달리 산업의 수명주기를 개척단계, 급성장단계, 성숙단계, 안정(시장포화)단계, 사양(쇠퇴)단계로 구분하여 분석하기도 한다. 이 경우 1, 2단계에서는 수익성의 증가를 보이겠지만 4, 5단계에서는 안정적 수익 또는 감소의 가능성이 있다. 그러나 오늘날의 기업들은 여러 종류의 상품을 생산하는 다품종 기업이기에 제품의 수명주기상 각기 다른 단계에 있는 기업을 분석하고자 하는 경우에는 어려움이 있다.

그림 4-20 포터의 산업분석 모형: 5요인 경쟁력 분석모형(5-forces model)

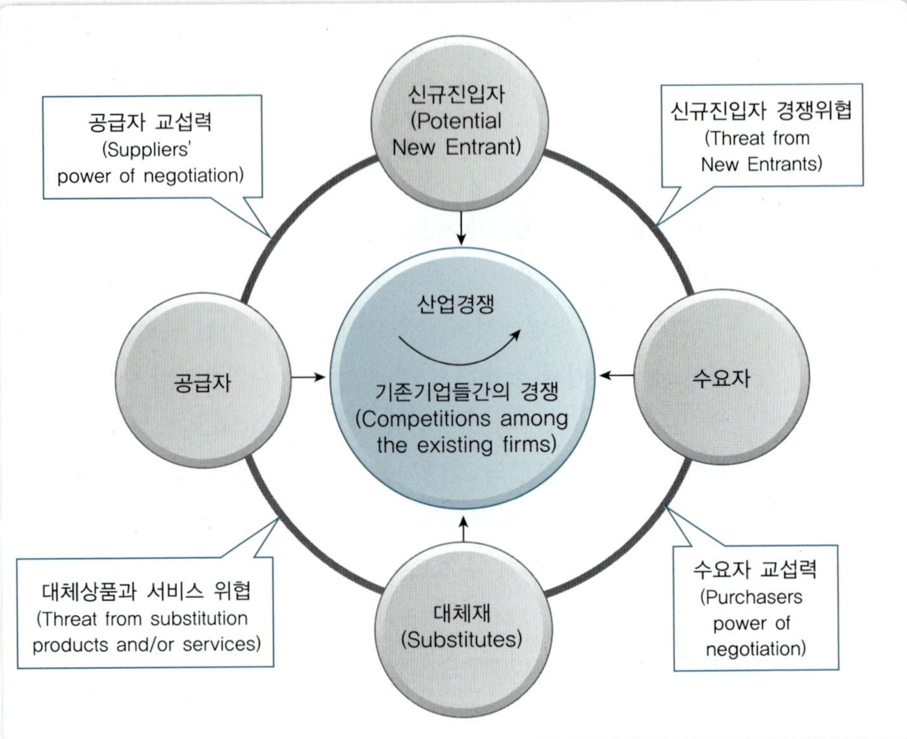


포터의 다이아몬드 모형은 경영 전략 분야의 석학으로 꼽히는 마이클 포터 미국 하버드대 교수가 1990년 개발한 국가경쟁력 분석 이론이다. 국가의 경쟁우위에 영향을 주는 내생 요인으로는 다이아몬드의 꼭지점에 해당하는 생산요소 조건, 수요 조건, 연관 산업, 경영 여건(기업의 전략, 구조, 경쟁상황)이라는 4가지 요소가 국가경쟁력을 좌우한다는 게 그 핵심 적 내용이다. 그리고 경쟁력의 또 다른 원천으로서의 외생 요인으로 기회와 정부의 역할도 중요하지만 이들은 내생요인처럼 상호작용에 의해 그 크기가 결정되지는 않는다고 본다.[22] 이 모델은 국가 차원뿐만 아니라 경쟁주체가 누구인가에 따라 기업, 산업 등 다양한 분야에서 널리 활용될 수 있다.

한편 산업의 경쟁력 모형을 제시한 포터에 의하면 어떤 업종은 참여기업들이 모두 산업전반의 평균 이상의 수익률을 실현하고 있는 반면 어떤 업종은 고유의

22) 조동성의 9요인모형에 의하면 포터가 외부요인으로 분류한 정부를 내부요인으로 분류하고, 정치가와 관료의 역할도 중요함을 강조한 수정모형을 제시하였다.

특성으로 인하여 어려움을 겪는 경우도 있다. 포터는 이것이 산업의 경쟁구조가 다르고 이에 대한 기업의 전략적 대응방식이 다르기 때문이라 보고 산업의 경쟁구조를 형성하여 주는 5가지 경쟁요인(five-forces)들을 열거한 다음, 이들의 관계에 의하여 산업의 경쟁력을 분석하는 산업분석 모형(five- forces model)을 제시하고 있다. 즉, [그림 4-20]에서 보는 바와 같이 신규업자들의 참여위협, 새로운 대체재의 출현 위협(대체상품의 위협요인), 고객들의 시장에서의 영향력(구매자의 경쟁력), 공급업자들의 영향력, 기존 기업들간의 경쟁 정도의 5가지 요인을 들고 이들 요인이 유리한 상태에 있다고 전망되면 해당 산업은 일단 수익성이 있다고 볼 수 있다. 그러나 이러한 결과는 가변적이기 때문에 정기적으로 산업에 대한 전망을 분석할 필요가 있다.

기업의 수익성은 그 기업이 속한 산업의 매력도와 산업내 타 경쟁기업에 비해 경쟁우위를 누릴 수 있는 정도에 의해 결정되고 산업구조가 산업의 경쟁상태(산업내 경쟁양상)를 결정한다. 이때 다섯 가지의 경쟁요인에 의해 특정 산업의 매력도가 결정되는데 이들 요인의 전체적인 강도가 그 산업에서 기업이 평균적으로 요소비용을 상회하는 투자수익을 올릴 수 있는가의 여부를 결정하게 된다.

포터가 언급하는 5가지 경쟁요소는 산업의 전체 구조를 파악해 장기적인 수익잠재력을 판단할 수 있도록 도움을 준다. 사업구조를 수립할 때는 기업과 외부환경의 관계를 검토해야 한다. 기업의 수익성은 산업 내에서의 경쟁력만으로 결정되는 것은 아니며, 산업자체의 수익성도 고려해 주어야 하는데 이는 산업의 구조에 의해 결정된다는 것이다. 산업구조가 어떠한 경쟁행동을 유도하며 산업의 수익성을 결정하는가는 산업조직이론에 의해 설명되며 산업구조의 여러 스펙트럼을 보면 〈표 4-7〉과 같이 분류되다. 이러한 구조적 요인과 이들의 상호작용을 살펴봄으로써 산업내 경쟁행동의 유형과 그에 따른 수익성의 수준을 예측할 수 있

**표 4-7 산업구조의 스펙트럼 분석**

| | 완전경쟁 | 과점 | 복점 | 독점 |
|---|---|---|---|---|
| 산업의 집중도 | 다수의 기업 | 소수의 기업 | 2개의 기업 | 하나의 기업 |
| 진입, 퇴출장벽 | 장벽 없음 | 상당한 정도의 장벽 | | 높은 장벽 |
| 제품차별화 | 동질적 제품 | 제품차별화의 가능성 | | |
| 정보 이용가능성 | 자유로운 정보 흐름의 장애요인 없음 | 불완전한 정보이용의 가능성 | | |

게 된다. 사실상 산업내 경쟁의 강도와 수익성의 수준을 결정하는 산업의 특성은 여러 가지가 있지만 이들 요인을 분류하고 분석하기 위하여 널리 사용되는 일반적인 산업분석의 체계로는 포터의 '다섯 가지 경쟁요인'(five-forces)에 대한 분석 방법이 유용하다.

## 4.3 포터의 산업분석 모형(five-forces model): 5가지 경쟁요인의 분석 틀[23)]

기업의 산업환경 분석에 앞서 산업환경에 영향을 주는 외부의 일반적 환경요인들로는 [그림 4-21]에서 보는 바와 같다. 그리고 산업의 수익성을 결정하는 것은 기본적으로 수요와 경쟁이며 이는 보통 포터의 5가지 경쟁요인의 분석 틀을 이용하여 분석이 이루어진다.

다섯 가지 경쟁요인의 분석 틀에 의하면 산업의 수익성은 경쟁압력(경쟁력)의 5가지 원천(sources)에 의해서 결정된다고 본다. 이들 5가지의 경쟁요인은 대체재와의 경쟁, 신규 진입자와의 경쟁, 기존 경쟁자와의 경쟁과 같은 수평적 경쟁("horizontal" competition)의 3가지 원천과 공급자의 교섭력과 수요자의 교섭력과 같은 수직적 경쟁("vertical" competition)의 2가지 원천을 포함하고 있다. 이들 5가지 경쟁요인 각각의 강도는 앞의 〈표 4-7〉에서 보는 바와 같은 산업구조를 결정하는 여러 구조적 변수에 의해 결정된다.

포터가 주장하는 다섯 가지 경쟁요인들의 강약에 의해 산업 내 잠재적 이윤의

그림 4-21 외부환경분석과 산업분석

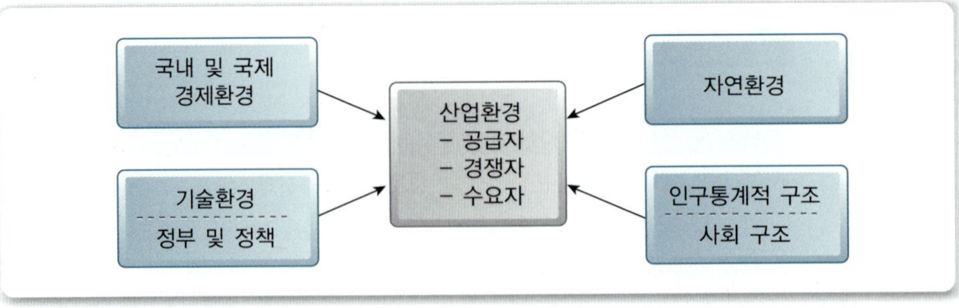


23) M. E. Porter, "Industry Structure and Competitive Strategy," *Financial Analysts Journal* (July-Aug. 1980).

수준이 결정되며, 산업분석을 이용하면 전반적 산업의 경쟁강도 파악이 가능하고 특히 산업 내의 어떤 부분에서 경쟁이 일어나는가를 파악할 수 있다. 그러나 포터의 산업분석 모델의 한계점은 경영자들에게 구체적 전략을 제시하지는 못한다는 점과 특정 시점에서의 고정적인 환경을 분석하기 때문에 산업 내의 경쟁환경이 안정적이고 변하지 않는다는 가정하에서 적용되는 모델이라는 점에 있다. 따라서 끊임없이 변화하는 산업 구조와 경쟁상태를 반영하지는 못한다. 또한 분석 범위가 산업이기 때문에 기업의 특성차이를 고려하지 않는다는 점, 그리고 시장에서의 기업행동이 산업구조에 의해서만 결정된다는 단순한 관점을 보여준다는 점도 포터 모형의 한계점이다.

이제 포터의 산업분석 모형에서의 다섯 가지 경쟁요소를 설명하면 다음과 같으며 이들 경쟁요소의 결정요인들을 살펴보면 〈표 4-8〉과 같이 요약된다.

### (1) 새로운 시장 진입자의 위협

새로운 기업의 진입이 용이할수록 생사를 건 출혈경쟁이 이루어져 수익성은 저하된다. 따라서 새로운 시장진입자의 위협을 제한하는 요인인 진입장벽이 어느 정도인가를 분석하여야 한다. 진입장벽의 유형으로는 주요 브랜드에 대한 로열티, 특정의 구매자 이용 위한 인센티브제도 운영, 산업내의 높은 고정비 부담, 자원의 부족, 기업교체에 따르는 높은 비용부담, 정부의 규제 등이 있는 경우에는 신규 시장진입자의 산업내로의 진입이 용이하지 않을 것이다.

### (2) 공급자의 교섭력

이는 공급자가 얼마만큼 사업에 압박을 가할 수 있는가의 문제이다. 한 공급자가 한 기업의 수익과 거래량에 상당한 영향력을 가진다면 공급자가 상당한 정도의 교섭력을 갖는다고 볼 수 있다. 공급자가 이러한 교섭의 파워를 갖게 되는 이유로는 특정 제품의 공급자가 극히 소수인 경우로 이들에 의해 산업이 지배당하는 경우, 별다른 대체재가 없는 경우, 다른 제품으로 대체할 경우에는 높은 비용을 부담해야 하는 경우, 공급자의 제품이 구매자에게 매우 중요한 경우(해당 제품 없이는 살아갈 수 없는 경우), 공급산업이 수요산업의 경우보다 더 수익성이 높은 경우 등이다.

### (3) 수요자(고객,구매자)의 교섭력

이는 고객인 구매자가 기업에 어느 정도의 힘을 미치는가이다. 한 고객이 기업의 이익과 거래량에 큰 영향을 미치는 상황이라면 고객이 상당한 파워를 갖는 경

**표 4-8 포터의 5가지 경쟁력(five forces)의 구조적 결정요인**

| 포터의 5가지 경쟁요인 | 결정요인(Determinants) | 내용 |
|---|---|---|
| 1.신규 시장진입자의 위협 (New Entrants) | 투자자본 소요규모 | 진입에 많은 비용투자 소요 |
| | 규모의 경제 | 일정규모 이상에서만 효율성 존재 |
| | 절대적 원가우위 | first mover(초기 진입자)로서의 이점 유무 및 지속성 |
| | 제품차별화 | 브랜드 로열티 유무 |
| | 유통채널 접근성 | 유통채널에의 접근 용이성 |
| | 교체비용 | 타 제품으로 교체시 비용부담 정도 |
| | 정부의 제도적 정책 | 진입장벽 내지 보호정책 |
| 2.공급자의 교섭력 (Bargaining Power of Suppliers) | 공급량의 비중 | 공급자 독과점은 교섭력 증가(석유산업) |
| | 원료부품 차별화 정도 | 차별화는 교섭력 증가 |
| | 대체품 존재 유무 | 대체품 부재시 교섭력 증가(전기) |
| | 공급자의 전방 통합능력 | 통합능력 클수록 교섭력 증가, 카르텔, 노조(전방 수직계열화로 고객 직접상대 경쟁능력 존재하는 경우) |
| 3.수요자의 교섭력 (Bargaining Power of Buyers) | 수요자의 가격민감도 | 탄력성 높은 경우 교섭력 제고 위해 구매선 변경 위협 |
| | 수요자의 상대적 교섭력 | 수요자의 구매량, 제품정보력 |
| | 수요자의 후방 통합능력 | 타 공급자 모색, 공급자 브랜드 대신 직접 자체브랜드 제작(후방 수직계열화로 제품 자체생산 잠재능력 존재하는 경우) |
| 4.대체재의 위협 (Threat of Substitutes) | 교체비용 | 기존의 브랜드 로열티 낮을수록, 차별화 정도 작을수록 교체가능성 증가 |
| | 대체품의 가격과 효능 | 가격 대비 성능 높을수록 교체 |
| 5.산업내의 경쟁상황 (Intensity of Rivalry) | 산업집중도 | 경쟁기업의 수 및 규모 |
| | 경쟁기업 유사성 | 유사할수록 경쟁치열 |
| | 제품차별화 | 차별화 낮을수록 경쟁치열 |
| | 고정비 높은 원가구성 | 고정비 회수 위한 가동률제고 유인 상존, 물량공급증가로 가격인하의 경쟁 가능성 |
| | 철수장벽의 유무 | 철수의 난이도(장애요인, 비용) |

우이다. 고객이 파워를 가질 수 있는 요인으로는 구매자가 소수인 경우, 대량 구매를 하는 경우, 고객의 다른 제품으로의 구매교체가 간단한 경우, 제품이 고객에게 큰 중요성을 갖지 않는 경우(해당 제품 없이도 살아갈 수 있는 경우), 고객이 가격에 민감한 경우 등이다.

#### (4) 대체재의 위협(대체재의 이용가능성)

고객의 입장에서 경쟁관계에 있는 대체적 제품이나 서비스로 교체하게 될 가능성은 무엇인가? 교체 비용이 낮다면 이는 기업에 심각한 위협으로 작용할 것이다. 대체의 위협에 영향을 줄 수 있는 요인으로는 대체품의 유사성이다. 가령 커피 가격이 오르면 차와 같은 음료로 교체할 것이다. 따라서 대체재의 유사성이 큰 경우에는 대체재의 공급자를 새로운 진입자로 간주할 수 있다. 가격대비 성능이 좋은 새로운 상품이 나온다면 이는 새로운 위협요인이 된다.

#### (5) 산업내의 기존 기업들간의 경쟁상황

산업내에 있는 기존 기업들의 경쟁의 강도이다. 매우 경쟁적인 산업은 높은 경쟁비용 때문에 이익이 낮을 것인데 그 예로는 비슷한 규모의 기업들이 다수여서 어느 기업도 지배적인 위치에 있지 않은 경우, 경쟁제품이나 서비스간에 큰 차이가 없는 경우, 성장률이 낮은 성숙산업이어서 경쟁자들로부터 고객을 뺏어와야만 하는 상황 등을 들 수 있다.

이러한 5가지 요인에 의한 산업분석을 통해 산업의 잠재적 이익이 결정되지만 해당 산업에서 경쟁하는 기업들간에 산업의 이익이 어떻게 나누어질 것인가의 문제가 남는다. 결국 경쟁우위를 차지하기 위한 싸움에서 기업들이 생존하고 수익을 만들기 위해서는 고객은 누구이고 이들이 원하는 것은 무엇인가 하는 문제와 기업이 경쟁에서 살아남기 위해서는 무엇을 하여야 하는가 하는 경쟁분석을 통해서 주요 성공요인이 무엇인가를 찾아내어야 한다.

## 4.4 산업수명주기(Industry Life Cycle) 모형

제품수명주기 또는 산업수명주기라는 용어는 HBS의 Theodore Levitt에 의해 1965년 최초로 사용되었으며 한 제품이 시장에 처음 등장(도입)하여 시간이 지남에 따라 성장기와 성숙기를 거쳐 쇠퇴하는 일련의 과정을 시장의 규모 및 수익성과 연관지어 직관적으로 표현한 개념이다. 이 모형은 제품 또는 산업의 성숙단계를 분석하는 모형으로 사용된다.

제품수명주기에 의하면 산업내의 어떠한 제품, 혹은 서비스도 그 출시단계에서부터 시작하여 이러한 제품의 순환적 주기로부터 자유로울 수 없기 때문에 궁극적으로는 쇠퇴의 주기를 맞게 되므로 어떠한 제품 혹은 서비스가 시장에 있어 장기적이고 지속적인 현금흐름을 창출하기 위해서는 각 주기에 맞는 전략수립이 필요하다는 주장이다. 특히 각 단계별로 산업내의 기업 수익성, 위험, 매출, 경쟁적 위치 등이 다르기 때문에 이에 대한 분석이 필요하다. 다음에 설명할 기업의 질적분석모형인 BCG 매트릭스에서의 퀘스천마크(물음표)→스타→캐쉬카우→개(dog)로 이어지는 일련의 선순환과정은 다음과 같은 도입기→성장기→성숙기→쇠퇴기로 이어지는 사이클의 제품수명주기와 유사한 점이 있다.

1) 도입기(start-up or introduction stage): 한 제품 , 혹은 서비스가 시장에 처음 출시되는 시기로서 이 시기에는 집중적인 마케팅노력을 통해 해당 제품, 혹은 서비스의 시장인지도를 제고하고 정체성을 확립하기 위하여 노력한다. 매출의 대부분은 제품에 대한 충성도, 혹은 제품의 가치에 대한 확고한 인식에서 비롯된다고 보기 보다는 즉흥적인 구매로부터 발생하게 된다. 이 단계는 1980년대 VCR이나 개인용 컴퓨터, 1990년대 셀폰, 그리고 최근의 스마트폰과 같은 새로운 제품이나 기술로 특징지어지는 시기로서 도입초기에는 누가 산업의 리더가 될지는 확실하지 않은 단계이다. 따라서 이 단계에서 기업은 성패를 예측하기 어렵기 때문에 산업내 특정 기업을 선택하는 데는 상당한 위험이 따른다.

그림 4-22 산업의 수명주기(PLC)

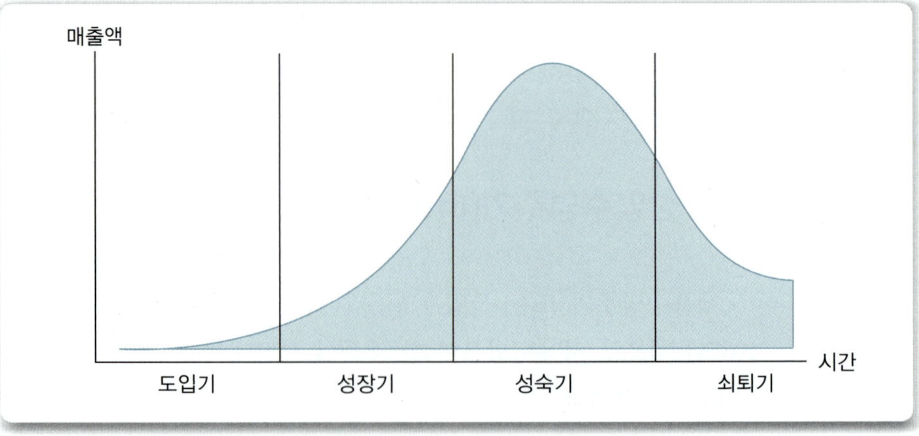

2) 성장기(growth stage): 도입기에서의 집중적 마케팅 노력이 성과를 거두게 되면 제품, 혹은 서비스의 정체성이 확립되기 시작하고 따라서 시장인지도가 상승하기 시작하면서 지속적인 매출이 형성된다. 이 단계에서는 산업내에서의 리더가 출현하기 시작하며 생존기업의 제품, 혹은 서비스에 대한 소비자의 충성도가 상승하면서 고객획득을 위한 비용지출이 감소함으로써 제품의 수익성이 개선되기 시작하면서 안정적 성장을 하게 된다.

3) 성숙기(maturity stage): 성장기가 성공적으로 지속되면 제품, 혹은 서비스가 시장 내에서 지배적 지위를 획득하게 되고 따라서 대다수의 경쟁자는 시장에서 철수하게 된다. 매출 중 신규구매보다는 많은 부분이 재구매로 이루어지므로 성숙기에 진입한 제품, 혹은 서비스는 기업의 주된 수익원으로 기능하게 된다. 제품의 표준화로 가격경쟁이 치열해지고 이윤이 줄어들기 시작하면서 성장이 둔화되기 시작한다. 이 단계에서의 기업들은 캐쉬카우로 특징지어지며 안정적인 현금흐름을 최대한 확보하려는 시기이며 확장을 위한 재투자는 이루어지지 않는다. 이 단계의 예로서 1990년대 중반에 VCR산업은 성숙기를 맞이하게 되고 1990년대 말에 와서는 DVD 플레이어에 그 자리를 내주게 된다.

4) 쇠퇴기(decline stage): 성숙기는 시장으로부터 철수하는 경쟁자들의 수 만큼이나 새로운 경쟁자를 유인하기도 한다. 새로운 경쟁자들이나 완전히 새로운 제품, 서비스의 탄생 혹은 전반적인 경기의 변화 등의 다양한 원인은 제품이나 서비스가 시장에서 쇠퇴하게 되는 원인으로 작용한다. 쇠퇴기에는 제품의 매출이 급격히 감소하므로 이에 부합하는 전략이 수립, 실행되어야 한다.

## 제 5 절 기업분석

기초적 분석의 마지막 세 번째 단계는 증권을 발행한 해당기업의 조건들을 살펴봄으로써 증권가격을 예측하는 방법이다. 대체적으로 기초적 분석방법의 신봉자들은 기업이 건전하다면 증권가격도 상승하게 될 것이라고 믿는다. 이러한 방법에 따라 증권가격을 예측하기 위한 출발점으로서 기업의 배당, 이익, P/E ratio

등의 변화를 살피게 된다. 따라서 기업분석에서는 주로 다음의 내용들을 검토하게 되고 이것들이 기업의 이익과 가격에 미치는 영향을 분석하게 된다.

① 산업내 기업의 경쟁적 위치
② 기업의 이익과 수익성전망
③ 기업운영의 효율성
④ 자본구조 특성
⑤ 현재의 재무상태
⑥ 경영자의 자질

또한 기업이 현재 어떤 상황에 있고 어떻게 운영되는가, 그리고 향후의 기업환경 변화추세에 대한 대응능력을 어느 정도 갖추고 있는가 등을 종합적으로 판단하기 위한 분석수단으로 이용되는 것이 기업경영분석이다.

## 5.1 기업의 양적분석: 재무분석

이는 주로 B/S와 I/S 등의 재무적 자료를 기초로 하며 기업의 수익성, 유동성, 레버리지, 효율성, 성장성 등에 관한 내용들을 살피게 된다. 이때 주로 사용되는 분석도구가 재무비율(financial ratios)인데 이들 주요 재무비율들을 요약하면 〈표 4-9〉와 같다. 개별기업의 내용을 분석하는 것은 현재의 재무상태와 경영성과도 중요하지만 개별기업들의 환경 변화에 대한 대응능력도 중요하다. 이는 기업 환경이 변하면 기업의 대응능력에 따라 미래의 기업수익성이나 성장성에도 영향을 주기 때문이다.

한편, 이러한 재무비율간의 상호관계를 이용함으로써 미래의 주가예측에도 활용할 수 있으며 이러한 관계를 보이면 〈표 4-10〉과 같다.

〈표 4-10〉에서 우측으로부터 좌측방향으로 단계적으로 거슬러 올라가면 재무비율을 이용한 증권가격 예측도 가능해진다. 즉, 주식의 경우 이러한 재무비율을 이용하여 EPS가 추정되면 과거의 P/E(주가 수익비율)에 대한 평균치를 적용하면 평균적인 주가수준의 예측이 가능해진다. 한편 주식투자시 주가수준을 판단하기 위한 지표로 많이 이용되고 있는 P/E ratio의 결정요인[24] 들을 살펴보면 〈표 4-11〉

---

24) 이러한 관계는 다음의 관계식으로부터 얻어진다. Gordon의 항상성장모형으로부터

$$P=\frac{D_1}{r_g-g}=\frac{E\cdot b}{r-g} \quad (\text{단, } E=1\text{주당 이익, } b=\text{배당성향})$$

**표 4-9 주요 재무비율의 요약**

| 분석목표 | 비 율 | 정 의 |
|---|---|---|
| 유동성 비율: 기업의 단기부채 상환능력을 측정 | 유동비율 | 유동자산/유동부채 |
| | 당좌비율 | (유동자산 − 재고자산)/유동부채 |
| 활동성 비율: 기업이 소유하고 있는 자산의 효율적 이용정도 (물적효율성) 측정 | 평균회수시간 | $\frac{\text{매출채권}}{\text{신용매출액/365일(즉, 매출채권회전율)}}$ |
| | 재고자산회전율 | $\frac{\text{매출원가(또는 매출액)}}{\text{평균재고}}$ |
| | 고정자산회전율 | 매출액/고정자산 |
| | 총자산회전율 | 매출액/총자산 |
| 레버리지 비율: 부채의 이용정도(B/S 비율)와 그 상환능력(I/S비율)을 측정 | 부채비율 | 총부채/총자산(= 부채 + 자기자본) |
| | 부채 대자 기자본비율 | 총부채/총자기자본 |
| | 이자보상률 | EBIT/이자비용 |
| | 고정재무비 보상률 | $\frac{\text{EBIT+리스비용}}{\text{(이자비용 + 리스비용 + 세전 감채기금 + 세전우선주배당)}}$ |
| 수익성 비율: 기업의 수익성과 즉 경제적 효율성 정도를 측정 | 매출액 총이익률 | $\frac{\text{매출액}-\text{매출원가(즉, 매출총이익)}}{\text{매출액}}$ |
| | 매출액 순이익률 | $\frac{\text{세후순이익(NI)}}{\text{매출액}}$ |
| | 총자산(투자)수익률 | $\frac{\text{세후순이익}}{\text{총자산}}$ |
| | 자기자본수익률 | $\frac{\text{세후순이익}}{\text{자기자본}}$ |
| 시장가치 비율: P/E ratio 등 시장에서의 평가수준과 비교 | 주가−수익비율 (P/E ratio) | $\frac{\text{1주당 시장가격}}{\text{1주당 이익액}}$ |
| | 시장가치 대 장부가치비율 | $\frac{\text{1주당 시장가격}}{\text{1주당 장부가치}}$ |

$$\therefore \frac{P}{E}=\frac{b}{r-g}$$

또한 성장률 g는 내부유보율$(1-b)$에 수익률인 자기자본이익률 ROE를 곱하여 얻어지므로

$g=ROE(1-b)$가 되고

$ROE=ROA\times L$

따라서

$$\frac{P}{E}=\frac{b}{r-ROA(L)(1-b)}$$

의 함수관계가 성립함을 알 수 있다.

### 표 4-10 주요 재무비율의 종류와 의미

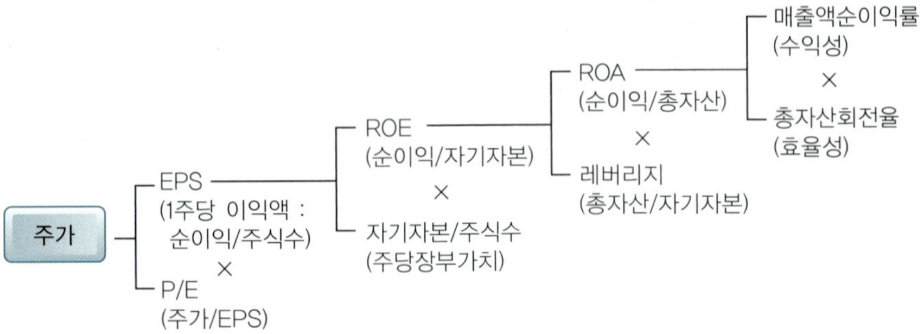


### 표 4-11 P/E의 결정요인

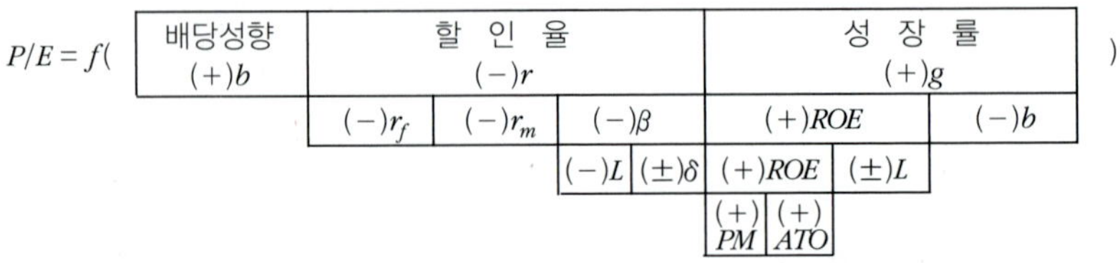


$r_f$ : 무위험수익률
$r_m$ : 시장수익률
$\beta$ : 체계적 위험척도
$L$ : 레버리지승수(총자산/자기자본)
+ : P/E에 긍정적 영향

$\delta$ : 영업위험특성(체계적 위험에 영향을 주는)
PM : 매출액순이익률
ATO : 총자산 회전율

− : P/E에 부정적 영향

과 같이 배당성향($b$), 할인율($r$), 성장률($g$)의 함수가 되며, 이들 각각은 또 다른 요인들의 함수로 차례로 설명될 수 있음을 보여주고 있다.

그러나 재무비율의 유용성은 여기에 그치지 않고 주식의 체계적 위험을 예측하거나, 추정 B/S, 추정 I/S 등의 작성에도 유용하게 이용될 수 있다. 따라서 이러한 모든 요인들이 개별증권의 평가에 있어서도 중요하게 다루어져야 할 것이다.

## 5.2 기업의 질적분석: BCG 모형

기업에 대한 양적 분석수단으로 재무자료를 이용하는 재무비율 분석 이외에 기업내용의 질적 분석수단중의 하나인 BCG 매트릭스(Boston Consulting Group Matrix)는 보스턴 컨설팅 그룹이 기업의 제품개발과 시장전략 수립을 위해 개발한 분석도표이다. 보스턴 컨설팅 그룹은 기업의 제품개발과 시장전략 수립을 위해 세로축에는 기업이 종사하는 각 사업의 성장률을, 가로축에는 각 사업에서 해당 기업의 시장점유율을 도표로 만들어 4개의 분면으로 구성한 다음, 모든 전략사업의 단위를 미래가 불투명한 사업을 물음표(Question Mark), 점유율과 성장성이 모두 좋아 자급자족할 수 있는 사업을 스타(Star), 투자에 비해 수익이 월등한 사업을 캐쉬카우(Cash Cow), 점유율과 성장률이 모두 낮아 청산해야 하는 사업을 개(Dog)로 구분하여 사업내용과 전망을 분석한다.

이 도표는 시장성장률과 상대적 시장점유율을 토대로 각 사업단위의 위치 및 성과를 평가하여 유지, 철수, 확장 여부를 결정하는 전략적 판단을 세울 때 사용한다. 이러한 BCG 매트릭스의 도표에는 다음과 같은 의미를 갖는 Star, Cash Cow, Question Mark, Dog의 네 개의 차원이 존재한다. 이 중에서 특히 Cash Cow를 간단히 정의하면 기업을 대표하는 제품으로서 비록 시장성장률은 낮아 추가적인 투자(자금유출)는 없지만 시장점유율이 높아 지속적인 판매가 이루어지기 때문에 기업에 자금원의 역할을 하는 효자사업 내지는 제품을 말한다.

**그림 4-23 사업포트폴리오 관점에서의 BCG 매트릭스 모형**

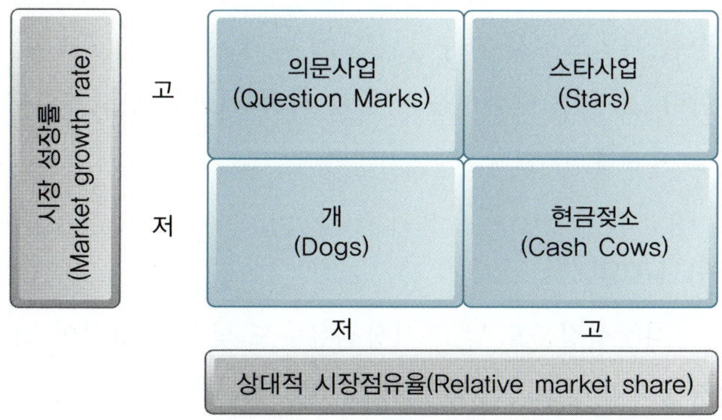

## 1. Star(별)

시장성장률과 시장점유율이 높아 희망적이다. 시장점유율 유지를 위한 적극적인 투자가 필요하나 자금수요가 크다. 따라서 고성장시장에서 높은 점유율을 얻고 있는 사업으로 점유율을 유지하려면 많은 투자가 필요하며 성장가능성이 높은 대신 위험 또한 크다고 할 수 있다. 이 상황에서는 이윤창출보다는 성장을 통한 시장점유율의 제고와 같은 구축전략에 힘써야 한다.

## 2. Cash Cow(현금 젖소)

시장성장률은 낮지만 시장점유율이 높다. 시장성장률 낮아도 시장점유율이 커서 이익이 크지만 시장성장률이 낮으므로 신규투자를 위한 자금이 많이 필요 없다. 성장이 느린 시장에서의 높은 시장점유율을 누리고 있는 사업부로 매우 안정적으로 많은 수익을 올리고 있어 기업의 자금을 창출하는 원천이 된다. 여기에서 얻어지는 자금을 별이나 일부 가능성 있는 문제사업에 투자하게 된다. 현금젖소에 해당하는 경우는 가능한 점유율을 지속적으로 유지하고자 하는 전략을 사용해야 하지만 시장의 성장이 낮아 발전가능성이 적을 때에는 비용을 줄이고 투자를 적게 하면서 최대의 현금을 창출하도록 하고 점진적으로 철수하는 전략을 사용할 수 있다. 캐시 카우는 현금흐름이 좋아서 기업의 자금원 역할을 담당하므로 해당 기업의 중심이 되는 사업이다.

## 3. Question Marks(물음표)

이른바 문제의 사업분야는 시장성장률은 높지만 시장에서의 점유율은 낮은 사업을 지칭한다. 이익을 기대하기 힘들고 장래가 불투명하며 시장점유율 확대를 위한 선택적인 투자 전략이 필요하고 나머지 사업은 철수한다. 전망이 매우 불투명한 사업으로서 가능성 정도에 따라 투자를 늘리거나 철수하는 전략을 사용해야 한다. 경우에 따라서는 비용을 최소화하여 단기간의 수익을 극대화하는 수확전략을 사용할 수 있다.

## 4. Dog(개)

시장성장률도 낮고 시장점유율도 낮아 수익성이 낮고 투자의 필요성도 없으며 경쟁력이 낮고 시장의 전망도 어두워 사업을 철수한다.

결국 BCG매트릭스의 주요 요지는 캐쉬카우에서 돈을 벌어, 문제사업인 퀘스천 마크에 선별적으로 투자하고 전략적 활동을 통해 가능성이 많은 스타(star)로 이동시키는 활동에 경주하는 한편, 캐쉬카우에서 충분한 캐쉬를 뽑아낸 후 개(dog)의 단계에 접어든 사업은 점차적으로 시장에서 빠지는 전략을 사용할 것을 권고하는 내용이다. 결국 기업의 사업내용이 이중 어느 단계에 있는가를 분석하게 되면 미래의 기업 수익성이나 현금흐름 사정을 파악할 수 있는 하나의 방법이 될 수 있을 것이다.

Learning Cafe 3

## '한류'의 다이아몬드 모형을 이용한 산업의 경쟁력 분석

한류는 1990년대 후반 한국 드라마가 중국에서 인기를 얻으면서 중국 언론에서 사용하기 시작한 단어다. 2000년대 이후, 한류는 단편적인 문화상품을 넘어 한국 경제에 지대한 영향을 끼치는 원동력으로 작용하고 있다. 한류의 역량은 새로운 가치 창출과 산업 개발, 국가적으로는 '대한민국'이란 브랜드의 국제적 가치를 높이는 데까지 확대되고 있다.

한류가 일시적 현상에 불과하다는 주장도 있지만 한류의 경쟁력을 따져보면 결코 단편적이고 일시적이지 않다. 이는 그간 한류에 관한 많은 글이 한류를 단편적으로 분석한 탓이 크다. 문휘창 서울대 국제대학원 교수가 'Competitive Strategy in Practice' 코너를 통해 경영 전략 이론의 분석틀과 그 올바른 활용법을 제시한 글에서는 한류의 지속적인 발전 및 파급효과를 일으키는 한류의 경쟁력 요소에 대한 심도 있는 분석을 하였다.

필자는 DBR 77호에 게재된 '산타…로미오…노아의 방주…스토리가 관광이다'에서 한국 관광산업 발전을 위해 스토리텔링을 통한 '창조된 우위'가 중요하다고 강조한 바 있다. 한류도 마찬가지다. 스토리텔링을 통해 새롭게 창조된 '한류'는 국가 경제에 큰 파급 효과를 불러 일으키는 관광 산업의 중요 원동력이 될 것이라는 주장이다.

그는 한류의 경쟁력을 분석하기 위해 마이클 포터 교수의 다이아몬드 모델(Diamond

Model)을 활용해 심도 있는 분석을 한 후 한류에 대한 중요한 시사점을 도출하였다. 한류의 경쟁력을 구성하는 주요 요소를 다이아몬드의 4개 꼭지점의 하위분류로 나누어 생산 조건에는 배우들의 매력적인 외모와 연기력을, 수요 조건에는 시장 크기와 세련도를, 관련 산업(분야)에는 특수 효과 및 투자 비용을, 경영 여건에는 영화나 드라마의 내용 및 경쟁을 변수로 분석했다(그림 1).

그림 1 한국영화 및 드라마의 다이아몬드 모델분석

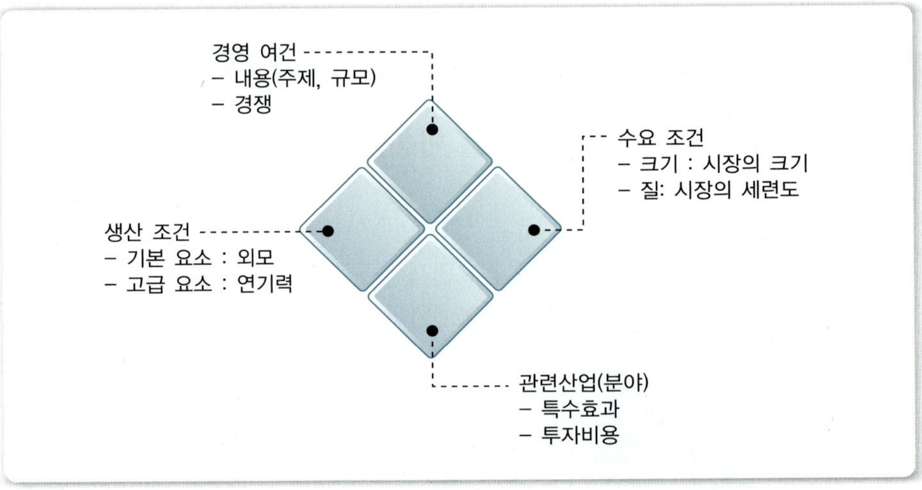


얼마 전 프랑스 파리 한복판에서 이색 시위가 벌어졌다. 300여 명의 프랑스인이 SM엔터테인먼트 소속 가수들의 라이브 콘서트를 연장해 달라며 한국 노래를 부르고 춤을 췄다. 이는 그간 아시아에서만 통한다는 평가를 받기도 했던 한류의 영향력이 예상보다 훨씬 크다는 점을 각인시켜 주는 계기가 됐다. 학계에서도 비슷한 의견이 나오고 있다. 문휘창 서울대 국제대학원 교수는 "마이클 포터 미국 하버드대 교수의 다이아몬드 모델을 통해 한류의 경쟁력을 분석해 보면 한류가 일각의 주장보다 훨씬 높은 차원의 경쟁력과 지속성을 지니고 있음을 알 수 있다"고 평가했다. 그는 다이아몬드 모델을 구성하는 4대 요인, 즉 생산 조건, 수요 조건, 관련 산업 및 분야 조건, 경영 조건으로 한류의 경쟁력을 분석했다.

(1) 생산 조건: 배우들의 외모와 연기력

뉴욕타임스 등 많은 해외 언론은 한류의 경쟁력이 배우들의 외모에서 나온다고 평가한 바 있다. 문 교수는 서울대 국제대학원에 재학하고 있는 한중일 학생을 무작위로 선택해 그들에게 각국에서 제일 유명하다고 생각하는 남자배우들의 이름을 5명씩 적어 달라고 했다. 학생들이 뽑은 배우들의 사진, 나이, 키를 비교해 보니 해외 언론의 언급처럼 실제 한국 배우들이 상대적으로 잘 생기고 키도 컸다.

배우들의 뛰어난 외모보다 더 중요한 건 연기력이다. 연기력은 주관적인 항목이어서 이를 평가할 객관적 기준을 찾기가 쉽지 않다. 하지만 배우들의 연기력이 뛰어나면 국제영화제의 주요 상을 받을 가능성이 높다. 따라서 한류가 부상하던 2002년부터 가장 최근인 2010년까지 세계 4대 영화제인 프랑스 칸, 독일 베를린, 이탈리아 베니스, 러시아 모스크바 영화제에서 주요 부문을 수상한 한중일의 영화를 비교했다. 그 결과 지금까지 한국은 11개의 상을 받았다. 중국 8개, 일본 3개보다 훨씬 많았다.

### (2) 수요 조건: 시장의 크기

한국의 영화 및 드라마 시장은 미국에 이어 세계 2위의 연예 · 오락 산업국인 일본과 비교해도 크게 뒤지지 않는다. 일본은 한국보다 인구가 많지만 1인당 영화관 방문 횟수는 연평균 1.30회로 한국(3.22회)보다 적다. 따라서 영화시장 규모를 놓고 보면 큰 차이가 없다.

사상 최대 수익을 올린 영화 아바타(Avatar)의 세계 각국 수익을 살펴보자. 한국은 1억 500만 달러로 세계 8위였다. 한국보다 상위에 있는 나라인 프랑스(3위), 영국(5위), 러시아(6위)는 모두 주변 국가를 포함한 수익이다(프랑스는 알제리, 모로코, 모나코 및 튀니지를, 영국은 아일랜드와 몰타를, 러시아는 옛 소련 연방국가를 포함했다). 단독 국가의 개념으로 비교해 보면 한국 영화 시장이 매우 크다는 점을 알 수 있다.

그 어느 나라에서 한 달도 채 안 되는 짧은 기간에 총 인구의 5분의 1에 해당하는 사람이 특정 영화를 보는 게 가능하겠는가. 하지만 한국에서는 1000만 명 이상의 관객을 동원하는 영화가 심심찮게 나온다.

### (3) 관련 산업 및 분야: 뛰어난 특수 효과와 많은 투자비

'괴물', '해운대' 같은 영화에서 보듯 이제 특수 효과가 영화의 흥행을 좌우하는 시대다. 한국의 컴퓨터그래픽(CG · Computer Graphic) 회사들은 세계 최대 영화시장인 미국 할리우드의 CG 시장에 진출해 상당한 성과를 냈다. 2009년 기준 한국 CG 회사는 미국 시장의 10%를 점유하고 있다.

막대한 자금을 투자한 블록버스터형 드라마도 많이 생겨나고 있다. 연예, 오락 산업의 대국인 일본과 비교해도 뒤지지 않는 수준이다. 지난해 큰 인기를 끌었던 '추노'에는 150억 원, '아이리스'에는 무려 200억 원이 투입됐다.

### (4) 경영 여건: 치열한 내부 경쟁

한국 드라마의 경쟁은 그야말로 치열하다. 한국 내에서 인기를 끌지 못하는 드라마는 곧바로 종영돼 새로운 드라마로 대체된다. 해외로 수출되기 전 내수시장에서 치열한 검증을 거치므로 경쟁력을 지니지 않을 수 없다.

한국에서는 한 달에 평균 64편의 드라마가 방영된다. 일본 60편보다 많다. 한국과 일본의 프로그램 시청률에서 1위부터 10위까지의 프로그램을 비교해 봐도 마찬가지다. 한국에서는 시청률 톱 10위 프로그램 중 드라마가 무려 7개다. 일본은 겨우 2개다.

한국의 시청률 1위 드라마는 무려 31.8%의 시청률을 기록한다. 반면 일본의 1위 드라마는 겨우 19.8%다. 한국의 시청률 10위 드라마의 17.8%보다 조금 높은 수준이다.

출처: 동아비즈니스리뷰(DBR) 82호(2011년 6월 1일).

## 연습문제

1. 다음을 간단히 설명하라.
   (1) 기초적 분석
   (2) 기술적 분석
   (3) 경기실사지수
   (4) 포터의 산업분석모형
   (5) BCG모형
   (6) 경기

2. 효율적 시장에서 기초적 분석, 기술적 분석방법은 어떠한 의미를 갖는가를 설명하라.

3. 기초적 분석의 과정은 일반적으로 어떠한 순서로 이루어지는가를 설명하라.

4. GNP 등 각종 거시경제지표와 주가와는 어떤 관계가 있는가를 우리나라 주식시장의 경우를 중심으로 살펴보라.
   (1) 통화량과 주가
   (2) 이자율과 주가
   (3) 환율과 주가
   (4) 경기와 주가
   (5) 인플레이션과 주가

5. 경기선행지표의 종류에는 어떠한 것들이 있으며 경기와는 어떠한 관련이 있는가를 설명하라.

6. 주가에 관한 전통적 이론과 신뢰성 이론의 기본적인 차이점을 설명하라.

7. 각종 경제지표의 내용과 의미를 살펴보라.

8. 주가판단을 위한 지표인 P/E ratio에 영향을 주는 요인들에는 어떠한 것들이 있는가를 설명하라.

C·H·A·P·T·E·R 05

# 증권의 평가와 투자분석:
## 채권의 평가 및 기초적 분석

지금 우리가 알고 있는 모습의 채권이 처음 선보인 것은 1692년에 영국이 프랑스와의 나폴레옹 전쟁에서 필요한 돈을 구하기 위해 만든 '연금 공채'가 처음이라고 합니다. 미국은 독립 전쟁 때 전쟁 채권을 처음으로 만들었습니다.

이처럼 국채는 나라가 전쟁 등으로 어려울 때 필요한 돈을 모으기 위해 발행된 경우가 많습니다. 마찬가지로, 1907년 2월 대구에서 처음 시작된 '국채 보상 운동'은 일본의 경제 침략에서 벗어나기 위한 항일 애국 운동이었어요.

천주교 지도자인 서상돈이 당시 광문사라는 인쇄소를 경영하던 김광제 등 16명과 함께 일본이 우리에게 강제로 떠맡긴 1,300만원의 빚을 전 국민의 힘으로 갚을 것을 2,000만 동포의 애국심에 호소했습니다. 결국 이 운동은 실패로 끝났지만, 일제의 경제 침략에 대항하여 우리 힘으로 우리 경제를 일으켜 세우려는 운동으로 평가받고 있습니다.

– 박철의 『금융교육 ABC』 중에서 –

앞 장에서는 개별증권의 투자가치를 분석하기에 앞서 증권을 발행하는 기업의 수익성과 등에 대한 분석과 기업성과에 영향을 줄 수 있는 경제환경이나 산업에 대한 분석 방법을 살펴보았다.

본장에서는 기업이 발행하는 대표적 증권 중의 하나인 채권의 내재가치 파악을 위해 채권투자의 기본 평가모형을 알아보고 채권이 가지고 있는 기본적인 특성들에 관하여 살펴본다. 그 다음 채권투자의 일반적인 성과척도인 채권수익률의 결정요인인 만기 및 위험과의 관계 그리고 채권등급의 평가에 대하여 살펴본다.

채권수익률이 변화함에 따라 채권의 가격이 변동하게 되며 그 변동성의 정도는 채권의 종류에 따라 다르다. 이러한 이자율 변동에 따른 채권가격의 변동성(bond volatility)과 듀레이션 및 볼록성(convexity)의 개념과 측정방법에 관하여는 다음 장에서 상세히 알아보고, 이것이 채권투자관리와 관련하여서는 어떠한 의미를 갖는가도 살펴보고자 한다.

# 제 1 절 채권의 평가와 투자분석

## 1.1 채권평가의 기본모형

채권은 정해진 일정에 따라 이자의 지급 및 원금상환 등에 관한 발행조건이 계약상에 확정 명시되어 있으므로 주식과는 달리 고정수익증권(fixed-income securities) 또는 안정수익증권[1]에 해당한다. 그러나 채권에 위험이 전혀 존재하지 않는 것은 아니다. 회사채의 경우 기업의 영업활동이 침체되거나 도산을 하게 되면 이자지급이 지연되거나 이자 또는 원금을 지급할 수 없는 지급불능위험이 존재하게 된다. 이와는 달리 국공채의 경우에 이자나 원금의 지급불능위험(default risk)은 없다고 볼 수 있지만 인플레이션에 의해 실질적인 투자가치가 감소하는 등의 시장위험은 항상 존재한다. 따라서 채권 역시 일반적으로는 위험증권(risky

1) 대부분의 채권은 발행당시 표면이자율이 고정되어 발행되는 고정금리채권이며 이는 채권의 만기까지 동일하게 적용된다. 그러나 변동금리 채권(floater)은 특정 시점의 이자율이나 물가수준 등의 척도와 연동되어 이자율이 정기적으로 조정된다. 이러한 이자율 변동의 경우 상한이 정해져 있는 경우인 캡(cap)과 하한이 정해져 있는 플로어(floor), 그리고 변동의 기준이 되는 이자율과 반대의 방향으로 이자율을 변화시켜 적용하는 역변동 금리 채권(inverse floater)이 있다.

securities)의 하나라고 볼 수 있다. 이와 같은 채권의 본질가치(내재가치)가 어떻게 평가되는지 그 기본모형부터 설명하고자 한다.

## 1. 채권의 가격결정

채권의 가격은 기본적으로 채권수익률(bond yield), 액면가액(face or par value), 표면이자율(coupon rate) 및 만기(maturity) 등에 의해서 결정된다. 그러나 이 외에도 채권의 지급불능위험이나 이자소득에 대한 세금, 그리고 수의상환 가능성(callability) 여부가 채권의 가격에 영향을 미칠 수 있다.

일반적으로 증권의 가격은 그 증권으로부터 발생되는 미래의 모든 현금흐름을 해당 증권의 적절한 할인율로 자본환원함으로써 구할 수 있다. 즉 증권의 일반적인 평가모형은 다음과 같이 표시될 수 있다.

$$P_0 = \sum_{t=1}^{n} \frac{CF_t}{(1+k_i)^t}$$

단, $P_0$ : 증권의 현재가치
$CF_t$ : 증권의 $t$기간에서의 현금흐름
$k_i$ : 해당 증권 $i$의 할인율

여기서 채권을 소유함으로써 얻을 수 있는 현금흐름에 해당하는 것은 정해진 상환일정에 따라 지급되는 매기간의 이자, 그리고 만기시점에서의 원금상환액인 액면가액($Par$)으로 구성된다. 따라서 위의 일반평가모형을 채권의 가격에 적용하면 다음과 같이 계산된다.

$$P_0 = \frac{C}{(1+y)} + \frac{C}{(1+y)^2} + \frac{C}{(1+y)^3} + \cdots + \frac{C}{(1+y)^n} + \frac{Par}{(1+y)^n}$$
$$= \sum_{t=1}^{n} \frac{C}{(1+y)^t} + \frac{Par}{(1+y)^n}$$

단, $P_0$ : 채권의 현재가치
$C$ : 매기의 이자지급액(coupon $= c \times Par$)
$y$ : 채권의 할인율(채권수익률 또는 시장이자율)
$Par$ : 원금상환액(par value: 액면가액)

여기서 할인율($y$)은 자본시장이 균형상태에 있을 경우 동일한 위험을 갖는 모든 증권에 동일하게 적용되는 시장이자율(market rate of interest)과 같다. 채권의

그림 5-1 **채권위험 분류매트릭스**

| | 정부발행채권 | 비정부발행채권 |
| --- | --- | --- |
| 국내 | 이자율위험<br>인플레이션위험 | 이자율위험<br>인플레이션위험<br>채무불이행위험 |
| 해외 | 이자율위험<br>인플레이션위험<br>통화위험<br>국가위험 | 이자율위험<br>인플레이션위험<br>통화위험<br>국가위험<br>채무불이행위험 |

경우 할인율은 채권수익률이 되며 이는 무위험 실질이자율과 인플레이션 프리미엄의 합(무위험 명목이자율), 그리고 위험프리미엄으로 구성된다. 그리고 채권의 위험은 일반적으로 [그림 5-1]에서 보는 바와 같이 증권의 유형에 따라 인플레이션 위험(구매력손실위험), 통화가치변동 위험(currency risk), 현금흐름 위험, 이자율위험(시장위험)으로 분류할 수 있다. 이중 현금흐름 위험은 다시 국가위험(sovereign risk)과 개별경제주체의 사적인 현금흐름 위험(채무불이행 위험)으로 구분가능하고 채무불이행 위험은 경제상황에 의해 많은 영향을 받게 된다.

한편, 채권수익률이 표면이자율과 같은 경우 그 채권의 가격은 액면가격과 같지만 채권수익률이 표면이자율보다 낮은 경우에는 채권은 할증된(at premium) 가격으로 거래되고 반대로 채권수익률이 표면이자율보다 높은 경우에는 할인된(at discount) 가격으로 거래된다.

채권의 평가모형에서 이자소득은 연금과 같으므로 연금의 현재가치계수가 포함된 식으로 표현하면 위의 식은 다음과 같이 다시 쓸 수 있다. 연금의 현재가치계수는

$$\sum_{t=1}^{n}(1+y)^{-t}=\frac{1}{y}[1-(1+y)^{-n}]$$

이므로 이를 앞의 현재가치 평가모형에 대입하면

$$P=\frac{cPar}{y}[1-(1+y)^{-n}]+Par(1+y)^{-n}$$

가 된다.[2)]

이를 다시 액면가($Par$)를 기준으로 하는 상대적 가격비율로 표시하면 위의 식을 액면가로 나누어 주고($\frac{P}{Par}$), 여기에 100을 곱하여 줌으로써 다음과 같은 형태의 식 $\left(p = \frac{P}{Par} \cdot 100\right)$이 얻어진다.

$$p = 100\frac{c}{y}[1-(1+y)^{-n}] + 100(1+y)^{-n}$$
$$= \frac{c}{y}100 + 100\left(1-\frac{c}{y}\right)(1+y)^{-n}$$

이 식으로부터 만일 $c = y$(단, $c$ =쿠폰이자율)이면 $p = 100$이 되고, $p = 100P/Par$의 관계에서 $p = Par$의 결과가 얻어진다. 따라서 이 채권은 액면채(par bond)가 된다. 마찬가지로 만일 $c < y$이면 $p < 100$, 즉 $P < Par$의 할인채(discount bond)가 된다.[3)] 100에서 $p$를 차감하여 $d$로 놓으면,

$$d = 100 - p = 100\left(\frac{c}{y} - 1\right)[(1+y)^{-n} - 1] > 0$$

이므로 $p$는 100보다 작은 값을 갖게 된다. 또한 $c > y$이면 $d < 0$이 되어 $p > 100$, 즉 $P > Par$이 되어 할증채(premium bond)가 된다는 것을 알 수 있다.

결국 표면이자율과 채권수익률간의 관계에 따라 채권의 발행가격은 〈표 5-1〉과 같이 요약된다.

이제 채권의 가격이 어떻게 결정되는가를 설명하기 위한 예로 국채의 발행조건이 다음과 같다고 하자.

표면이자율 : 11%(액면 1,000원)
원금상환방법 : 1년 만기 일시상환
이자지급방법 : 상환시 일시지급

지금 시장이자율이 10%라고 가정할 때 이 채권의 시장가격을 구해보자. 채권

---

2) 이는 연간 이자지급횟수(compounding frequency) 1회인 경우를 가정한 경우이고, 만일 이자지급횟수가 2회인 경우에는
$P = \frac{cPar}{y}[1-\left(1+\frac{y}{2}\right)^{-2n}] + Par\left(1+\frac{y}{2}\right)^{-2n}$의 형태가 된다.

3) 표면이자가 지급되지 않기 때문에 액면가보다 할인된 가격으로 거래되는 순수할인채와의 구분을 위하여, 이표채이기는 하지만 표면이자율이 시장이자율보다 낮아서 액면가보다도 낮은 가격으로 거래되는 채권을 할인이표채라고 부르기도 한다.

**표 5-1 채권의 발행가격**

| 표면이자율과 채권수익률 관계 | 채권의 발행 |
|---|---|
| 표면이자율($c$) > 채권수익률($y$) | 할증발행($P > Par$) |
| 표면이자율($c$) = 채권수익률($y$) | 액면발행($P = Par$) |
| 표면이자율($c$) < 채권수익률($y$) | 할인발행($P < Par$) |

의 기본 평가모형은 다음과 같다.

$$P_0 = \sum_{t=1}^{n} \frac{C}{(1+y)^t} + \frac{Par}{(1+y)^n}$$

여기서, 예로 든 채권은 $C = 1,000 \times 0.11 = 110$, $Par = 1,000$, $y = 0.10$, $n = 1$ 이므로

$$P_0 = \frac{110}{(1+0.1)} + \frac{1,000}{(1+0.1)} = 1,009.08(\text{원})$$

가 된다. 따라서 이 채권은 표면이자율이 시장이자율보다 크기 때문에($0.11 = c > y = 0.10$) 액면가보다 더 높은 할증채(premium bond)가 된다는 것을 확인할 수 있다.

## 2. 채권의 수익률

채권의 투자성과를 평가하기 위하여 보편적으로 사용되는 척도는 채권의 가격이 아닌 채권수익률(bond yield)이다.[4] 채권수익률은 채권으로부터 얻을 수 있는 현금흐름의 현재가치와 그 채권의 시장가격[5]을 일치시켜 주는 할인율과 같다. 따

4) 채권의 수익률(yield) 척도는 연간이자를 채권가격으로 나누어 산출되는 경상수익률(current yield), 연간이자를 액면가로 나누어 산출되는 표면이자율(coupon yield)도 있으나, 채권투자로부터 투자가들이 기대하는 수익인 표면이자, 표면이자의 재투자수익, 자본이득(손실)을 모두 포함하는 수익률 척도는 채권수익률(만기수익률)이다.

5) 투자자가 채권을 구입하는 시점이 이자지급시기의 사이인 경우, 채권매수자는 채권의 매도자에게 귀속되어야 할 그동안의 경과이자부분(accrued interest)을 계산하여 이를 포함시킨 가격을 지급하여야 한다. 이 때의 경과이자가 포함된 거래가격을 dirty price라고 한다. 그러나 채권가격의 공시는 이자지급시기를 기준으로 하여 공시되기 때문에 경과이자가 포함되지 않은 가격이 되는 데 이를 clean price라고 부른다. 실제로 채권의 거래가 이자지급시기에 맞추어 이루어지지는 않기 때문에 이전의 이자지급시점에서부터 채권거래가 이루어지는 결제시점까지에 해당하는 경과이자는 매도자에게 귀속되어야 할 이자부분으로 이를 고려하여 거래가 이루어진다. 경과이자는 전체 이자지급기간의 일수 중 경과일수의 비율을 표면이자에 곱하여 산출된다.

라서 채권의 수익률은 다음의 식을 만족시켜주는 $y$로 정의된다.

$$P_0 = \frac{C}{(1+y)} + \frac{C}{(1+y)^2} + \frac{C}{(1+y)^3} + \cdots + \frac{C}{(1+y)^n} + \frac{Par}{(1+y)^n}$$
$$= \sum_{t=1}^{n} \frac{C}{(1+y)^t} + \frac{Par}{(1+y)^n}$$

위 식에서 $y$는 해당 채권의 만기까지 평균적으로 얻을 수 있는 채권수익률이라는 점에서 만기수익률(*YTM* : yield to maturity)이라고도 부른다.[6] 만기와 위험이 동일한 채권은 자본시장이 균형상태에 있을 경우 동일한 만기수익률을 갖게 된다.

한편 만기가 긴 채권인 경우에는 앞의 식을 이용하여 채권수익률을 구하는 것이 복잡하므로 비록 근사치이기는 하지만 다음과 같은 간이법이 널리 사용되고 있다.

$$y = \frac{C + (Par - P_0)/n}{(P_0 + Par)/2}$$

즉, 이 식이 의미하는 바 이자와 연평균 자본이득의 합계(분자)를 평균투자액(분모)으로 나누어 줌으로써 채권의 근사치 연평균수익률을 구할 수도 있다.

예로 표면이자율이 10%이고 액면가액이 1,000원인 3년 만기 채권을 950원에 할인 발행할 경우 이 채권의 수익률은 얼마인가 계산해 보면,[7]

$$950 = \frac{100}{(1+y)} + \frac{100}{(1+y)^2} + \frac{100}{(1+y)^3} \frac{1,000}{(1+y)^3}$$

$$\therefore\ y(\text{yield to maturity}) = 0.12(12\%)$$

또는 간이법(간편법)에 의해 계산하면

---

6) 이는 옵션이 내재되지 않은 일반적인 채권에 적용되며, 잔여만기까지 채권을 소유하고, 이자는 채권수익률로 재투자된다는 가정하에 계산된다. 따라서 콜옵션이 행사되는 경우에는 만기대신 옵션이 행사되는 시점까지를 기준으로 가격과 수익률이 결정된다. 이 때의 수익률을 채권수익률 대신 수의상환수익률(yield-to-call)이라고 부른다. 이는 옵션의 최초행사가능시점을 고려한 수익률(yield-to-first-call)이며, 만일 옵션의 행사가능시점이 여러 시점인 경우에는 이를 가정한 yield-to-call을 모두 산출하고 채권수익률과도 비교했을 때 이 중 가장 낮은 수익률을 최저수익률(yield-to-worst)이라고 한다. 풋이나 콜옵션 조항의 삽입으로 인하여 복수의 만기수익률이 계산되면 투자자들은 보수적인 입장에서 가장 낮은 최저수익률을 채권의 기대수익률로 간주한다.

7) 좌변과 우변이 같아질 때가지 이분법(bisection method)이나 뉴튼법(Newton method)을 사용하여 구한다.

$$y = \frac{100 + (1,000 - 950)/3}{(950 + 1,000)/2}$$
$$= 0.12(12\%)$$

가 된다.

채권의 수익률은 투자가가 그 채권에 대한 투자여부를 결정하고자 할 때 투자성과의 기준으로 이용된다. 즉 채권수익률이 동일한 위험을 갖는 다른 자산으로부터 얻을 수 있는 수익률보다 높다면(즉, 채권가격이 과소평가되어 있다면) 이 채권은 유리한 투자대상이 될 수 있지만 그 반대의 경우에는 불리한 투자대상이 된다.

## 3. 콜 수익률과 풋 수익률

일반적인 만기상환 채권이 아닌 수의상환채권(채권발행자의 콜옵션 첨가)이나 상환청구권부채권(투자가의 풋옵션 첨가)의 경우에는 예상되는 중도상환 시점을 만기로 하여 만기수익률(채권수익률)을 계산하여야 한다. 옵션부 채권은 미래의 옵션 행사여부에 따라 만기가 불확실한 채권으로서 해당 채권의 발행계획서상의 상환시점별 예상 상환금액을 만기의 액면가액으로 간주하여 만기수익률을 계산하여 주면 된다. 이때 콜 스케줄에 따라 발행기업이 상환할 것으로 예상되는 시점을 만기로 보고, 예상 상환금액을 액면가액이라고 보아 계산된 채권수익률을 (예상)콜수익률(yield-to-call)이라고 하고, 투자가가 채권의 상환을 요구할 것으로 기대되는 시점을 만기일로 하고 상환청구금액을 만기 액면금액으로 보고 계산된 채권수익률을 (예상)풋수익률(yield-to-put)이라고 부른다.

**[예제]** 만기 4년이고 액면가액이 10,000원, 표면이자율 5%인 채권의 시장가격이 9,653.49원이라고 한다. 상환스케줄이 다음과 같다고 가정할 경우 만기수익률, 콜수익률, 풋수익률을 각각 계산하여라.

| 시점(t) | t = 0 | t = 1 | t = 2 | t = 3 | t = 4 |
|---|---|---|---|---|---|
| 현금흐름 | −9,653.49 | 500 | 500 | 500 | 10,500 |
| 콜 스케줄 | − | − | 10,011.23 | 10,000 | − |
| 풋 스케줄 | − | − | − | 9,949.09 | − |

① 만기수익률:

$$9,653.49 = \frac{500}{(1+y)^1} + \frac{500}{(1+y)^2} + \frac{500}{(1+y)^3} + \frac{10,500}{(1+y)^4} \text{에서 } y = 6.00\%$$

② 콜 수익률:

$$1\text{차행사 예상시}: 9,653.49 = \frac{500}{(1+y)^1} + \frac{500 + 10,011.23}{(1+y)^2}\text{에서 } y = 6.97\%$$

$$2\text{차행사 예상시}: 9,653.49 = \frac{500}{(1+y)^1} + \frac{500}{(1+y)^2} + \frac{500 + 10,000}{(1+y)^3}\text{에서}$$

$$y = 6.30\%$$

③ 풋 수익률:

$$9,653.49 = \frac{500}{(1+y)^1} + \frac{500}{(1+y)^2} + \frac{500 + 9,949.09}{(1+y)^3}\text{에서 } y = 6.14\%$$

## 1.2 채권가격 결정요인

채권의 가격은 앞에서 설명한 것과 같이 여러 가지 요인에 의해 영향을 받는다. 그 주된 요인으로는 채권수익률의 변동, 만기까지의 기간, 표면이자율의 변동, 채무불이행의 위험 등을 들 수 있다. 여기서는 채권수익률, 만기까지의 기간 및 표면이자율의 변동이 각각 채권가격에 어떠한 영향을 미치는가를 차례대로 살펴보기로 한다.

### 1. 채권수익률

채권가격과 채권수익률은 서로 역의 방향으로 변화한다. 앞에서 채권의 가격과 수익률의 관계는 다음과 같이 표시되었다.

$$P_0 = \sum_{t=1}^{n} \frac{C}{(1+y)^t} + \frac{Par}{(1+y)^n}$$

윗 식에서 좌변과 우변을 일치시켜주는 할인율 $y$가 채권의 만기수익률(*YTM*; yield to maturity)이고, 채권의 가격은 표면이자 $C$와 액면가액 $Par$를 채권수익률 $y$로 할인한 현재가치이다. 따라서 채권의 가격은 채권수익률이 높아지면 낮아지고 반대로 채권수익률이 낮아지면 높아지게 된다는 것을 알 수 있다.[8)]

예를 들어 표면이자율이 8%이고 액면가액이 1,000원인 5년 만기채권의 가격과 수익률 사이의 관계를 표시하면 〈표 5-2〉 및 [그림 5-2]에서 알 수 있는 바와 같

표 5-2 채권수익률과 채권가격

| 채권수익률(%) | 채권가격(원) |
|---|---|
| 0 | 1,400.00 |
| 2 | 1,282.81 |
| 4 | 1,178.07 |
| 6 | 1,084.25 |
| 8 | 1,000.00 |
| 10 | 924.18 |
| 12 | 855.81 |

그림 5-2 채권가격-채권수익률 곡선

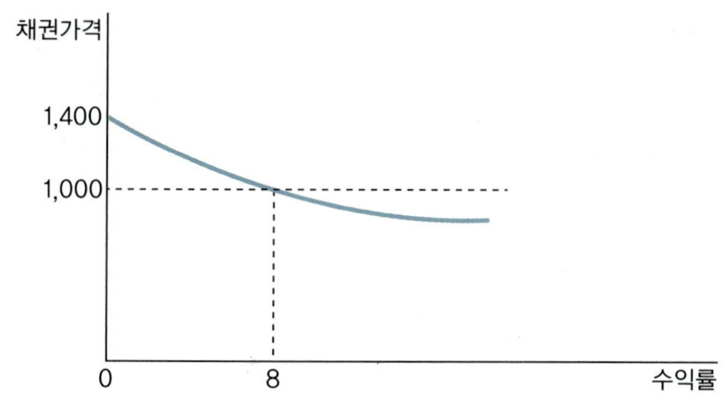


이 채권가격은 채권수익률이 상승함에 따라 낮아진다. 한편 채권수익률이 표면이자율과 같은 경우 채권의 가격은 액면가액과 같아지나 표면이자율이 채권수익률보다 높으면 채권은 할증된(at premium) 가격으로 거래되고 쿠폰이자율이 채권수익률보다 낮으면 할인된(at discount) 가격으로 거래된다.

## 2. 만기까지의 기간

채권가격의 변화는 채권수익률의 변화뿐만 아니라 채권의 만기까지의 기간, 즉 상환기간과도 밀접한 관계가 있다. 일정한 수익률 변화에 대해 채권가격의 변

8) 채권에 콜옵션 조항이 내포된 경우에는 만기전 수의상환권이 행사될 수도 있기 때문에 채권수익률을 측정함은 물론 앞의 공식에서 만기시 가격 대신 콜가격을 대입함으로써 수의상환 수익률(*YTC*; yield-to-call)도 측정해 주어야 한다.

표 5-3 만기별 채권수익률 변화와 채권가격의 변화

| 기간 (만기:년) | 채권수익률 = 4% | | | 채권수익률 = 12% | | |
|---|---|---|---|---|---|---|
| | 가격(원) | 가격변화(원) | 가격변화율(%) | 가격(원) | 가격변화(원) | 가격변화율(%) |
| 1 | 1038.46 | 38.46 | 3.85 | 964.29 | −35.71 | −3.57 |
| 2 | 1075.44 | 75.44 | 7.54 | 932.40 | −67.60 | −6.76 |
| 3 | 1111.00 | 111.00 | 11.10 | 903.93 | −96.07 | −9.61 |
| 4 | 1145.20 | 145.20 | 14.52 | 878.51 | −121.49 | −12.15 |
| 5 | 1178.07 | 178.07 | 17.81 | 855.81 | −144.19 | −14.42 |
| 10 | 1324.44 | 324.44 | 32.44 | 773.99 | −226.01 | −22.60 |
| 20 | 1543.61 | 543.61 | 54.36 | 701.22 | −298.78 | −29.88 |

동폭은 만기가 길어질수록 커진다. 다시 말하면, 일정한 수익률변화에 대하여 단기채권의 가격변동폭보다 장기채권의 가격변동폭이 더 크다.

〈표 5-3〉은 〈표 5-2〉와 같이 표면이자율 8%이고 액면가액이 1,000원인 채권에 대하여 현재의 채권수익률 8%인 상태에서 4%만큼 채권수익률이 상승 또는 하락하는 경우 만기에 따라 채권가격이 어떻게 변화하는지를 예시한 것이다.

채권수익률이 표면이자율과 같은 경우에 채권의 가격은 만기에 관계없이 액면가액과 동일하므로 채권의 가격은 1,000원이다. 그런데 투자자들이 요구하는 채

그림 5-3 만기별 채권가격-채권수익률 곡선

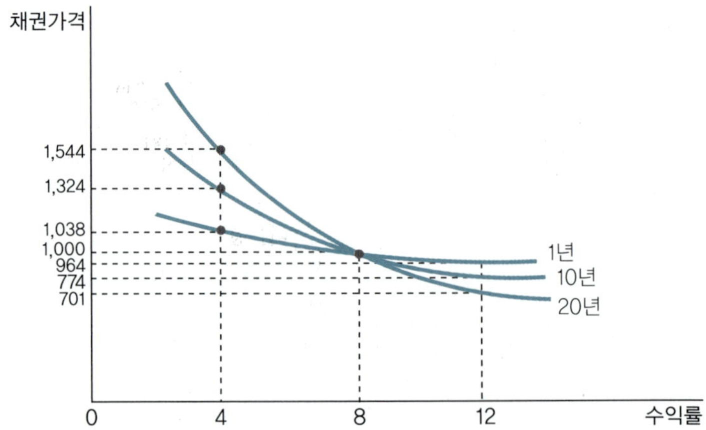

그림 5-4 채권가격의 변화율과 만기 관계

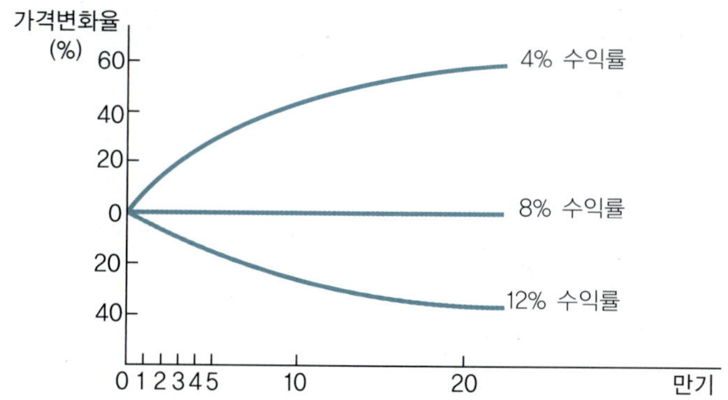


권수익률이 8%에서 4%로 4% 포인트 낮아지는 경우 만기가 긴 채권, 즉 10년, 20년 만기채권의 가격은 만기가 짧은 채권, 즉 1년 또는 2년 만기 채권의 가격보다 큰 폭으로 상승하게 된다. 반대로 채권수익률이 8%에서 12%로 4% 포인트 높아지게 되는 경우 장기채권의 가격이 단기채권의 가격보다 큰 폭으로 하락하게 된다. 이와 같이 장기채권은 단기채권보다 수익률변화에서 오는 가격변동의 위험이 더 크다고 할 수 있다. 이와 같은 관계를 도시한 것이 [그림 5-3]이다.

일정한 수준의 채권수익률 변동에 따른 채권가격의 변화율은 만기까지의 기간에 비례하여 증가하지 않고 체감하면서 증가한다. 예를 들면 〈표 5-3〉에서 채권수익률이 8%에서 4%로 낮아질 경우에 5년 만기의 채권은 17.81%의 가격상승률을 나타내지만 10년 만기의채권은 32.44%의 가격상승률을 보임으로써 5년 만기 채권의 2배에 이르지 못한다. 이는 만기까지의 기간이 채권투자의 위험을 나타내는 데는 적절한 척도가 되지 못한다는 것을 의미한다. 이와 같은 만기와 채권가격 변화율의 관계를 도시한 것이 [그림 5-4]이다.

또한 〈표 5-3〉과 [그림 5-4]에서 동일한 크기(폭)의 채권수익률의 상승과 하락에 따른 채권가격의 하락과 상승폭이 동일하지 않다는 것을 알 수 있다. 예를 들어 5년 만기 채권의 경우 채권수익률이 4% 포인트 상승할 때 그 가격은 14.2% 하락하지만 채권수익률이 같은 크기인 4% 포인트 하락할 때 그 가격은 17.81% 상승하게 된다. 따라서 채권가격의 변화폭은 채권수익률이 상승할 때보다는 하락할 때 더욱 민감하게 반응한다는 것을 알 수 있다.

표 5-4 표면이자율별 채권수익률 변화와 채권가격의 변화(5년 만기 채권의 예)

| 이표율 (쿠폰이자율) | 채권가격 (현재 $y$=8%) | $y$=4%(수익률 하락) | | $y$=12%(수익률 상승) | |
|---|---|---|---|---|---|
| | | 채권가격 | 가격변동율(%) | 채권가격 | 가격변동율(%) |
| 0% | 680.58 | 821.93 | 20.77 | 567.43 | −16.63 |
| 2 | 760.44 | 910.96 | 19.79 | 639.52 | −15.90 |
| 4 | 840.29 | 1,000.00 | 19.01 | 711.62 | −15.31 |
| 6 | 920.15 | 1,089.04 | 18.35 | 783.11 | −14.83 |
| 8 | 1,000.00 | 1,178.07 | 17.81 | 855.81 | −14.42 |
| 10 | 1,079.85 | 1,267.11 | 17.34 | 927.90 | −14.07 |

### 3. 표면이자율

채권가격은 채권수익률과 만기까지의 기간뿐만 아니라 채권의 표면이자율의 변동에 이해서도 영향을 받는다. 표면이자율(또는 쿠폰이자율, 액면이자율)[9]은 채권의 액면가에 대한 이자금액의 비율을 의미한다. 표면이자율이 높을수록 일정한 채권수익률 변동에 대한 채권가격의 변동률은 적어진다.

〈표 5-4〉는 액면가액 1,000원인 5년 만기채권의 가격에 대하여 표면이자율이 어떤 영향을 미치는가를 예시한 것이다. 채권수익률($y$)이 8%에서 4%로 하락하면 모든 채권의 가격은 상승하지만 그 상승률은 표면이자율이 낮은 채권일수록 큰 것을 알 수 있다. 마찬가지로 채권수익률이 8%에서 12%로 상승할 경우에도 표면이자율이 낮은 채권의 가격이 표면이자율이 높은 채권의 가격보다 큰 비율로 하락한다. 이러한 채권의 가격변동에 대한 표면이자율의 영향을 도시하면 [그림 5-5]와 같다. 이 그림에서 채권의 가격변동은 표면이자율이 증가함에 따라 체감적으로 감소한다.

## 1.3 채권가격 정리

채권가격의 변동성과 관련하여 채권이 갖는 일반적 특성을 Malkiel의 정리(Malkiel's theorem)라고 부르며 이는 보통 다음의 다섯 가지 성질을 말한다.

9) 이와는 달리 이자수익률이라고도 하는 경상수익률 개념은 채권투자로부터의 정상적 소득인 이자소득을 채권의 구입가격으로 나누어 측정한 채권의 수익률 중 하나로 이는 주식투자시의 정상적 소득인 배당을 주식가격으로 나누어 측정하는 주식의 배당수익률 개념에 해당한다.

그림 5-5 채권가격변동에 대한 표면이자율 크기의 영향

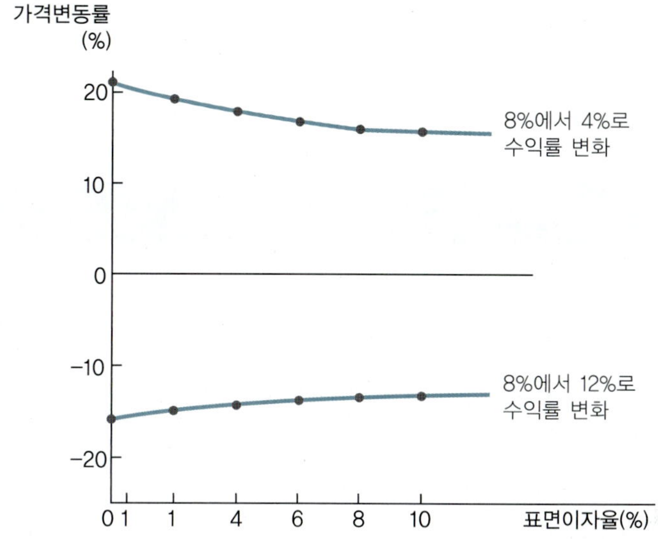


① 채권가격과 채권수익률은 역의 관계가 존재한다(inverse related).

② 채권가격–수익률 관계는 직선이 아닌 곡선의 관계이다(convex relationship). 즉, 수익률 상승의 경우가 동일한 크기의 수익률 하락의 경우보다 수익률(이자율) 변화에 따른 채권가격의 변화 크기가 작다. 즉 동일크기의 이자율 등락에 대하여 비대칭적 가격변화를 보인다.

③ 장기채권의 가격이 단기채권의 가격보다 이자율 변화에 더 민감하다.

④ 채권수익률의 변화에 따른 채권가격의 변화크기는 만기가 증가함에 따라 증가하지만 체감적으로 증가한다.

⑤ 표면이자율이 작은 채권일수록 이자율 위험(interest rate risk)이 크기 때문에 이자율위험은 표면이자율의 크기와는 역의 관계가 존재한다. 즉, 표면이자의 크기가 작은 채권일수록 일정 이자율 변화에 따른 채권가격의 변화크기는 더 크다.

Malkiel의 정리에 의하면 채권가격의 변동성은 이자율 변화와 관련하여 채권의 몇가지 특성들과는 다음의 함수관계가 존재함을 알 수 있다.

채권가격 변동성
= $f$[만기(+; 체감적 증가), 채권수익률(−), 쿠폰이자율(−), 볼록성 (+; 비대칭적변화)]

## 제2절 채권수익률의 기간구조

채권수익률은 채권이 가지고 있는 위험을 부담하는 대가로 투자자가 얻는 수익률이다. 따라서 채권수익률은 채권이 가지고 있는 위험을 반영하는 할인율이며, 위험부담에 대해 투자자가 요구하는 요구수익률이기도 하다. 투자자의 입장에서는 다른 곳에 투자했을 때 얻을 수 있는 수익률만큼 얻을 수 있을 때 채권에 투자하게 되므로 채권수익률은 기회비용의 성격을 갖는다. 다른 곳에 투자했을 때 얻을 수 있는 수익률은 객관적으로 시장이자율이 될 것이다. 그러므로 시장이 균형 상태에 있다면 채권수익률은 시장이자율과 같아지게 된다. 이런 측면에서 채권수익률은 시장의 실세금리를 반영한다는 말을 하게 된다. 채권수익률 또는 이자율은 채권의 만기에 따라 달라진다.

본 절에서는 이자율이 왜 만기에 따라 차이를 보이는가에 초점을 맞추어 살펴보고자 한다. 만기와 이자율의 관계를 채권수익률의 기간구조(term structure of bond yields) 또는 이자율의 기간구조(term structure of interest rate)라고 부른다. 이는 채권수익률의 결정요인 중에서 다른 조건은 모두 같고 만기까지의 기간만이 다를 경우, 만기와 채권수익률과의 관계를 가르키는 말이다. 이자율의 기간구조를 그림으로 표현한 것을 채권수익률 곡선(yield curve)이라고 한다.

### 2.1 채권수익률 곡선

채권수익률 곡선이란 도표상에서 횡축에는 만기까지의 기간을 표시하고, 종축에는 만기수익률을 표시함으로써 일정시점을 기준으로 만기까지의 기간의 차이에 따라 달라지는 각 만기별 채권수익률의 변동상황을 그래프로 나타낸 것(graphical representation)이다. 따라서 수익률곡선을 검토함으로써 채권투자가들은 어떤 만기에서 가장 좋은 수익률을 얻을 수 있는가, 그리고 어떤 만기의 채권에 투자할 것인가에 관한 의사결정에 도움이 되는 정보를 얻을 수 있다. 더욱이 무위험 채권에 대한 만기별 수익률곡선을 작성하는 이외에 위험채권에 대한 수익률곡선을 작성함으로써 만기 연장에 따른 위험을 평가하는 목적으로도 이용될 수 있다. 즉, 만기연장에 따른 수익률차이(스프레드)가 자신의 위험부담에 상응하는 충분한 보상인가를 판단하여 만기연장여부를 결정하는 기준으로 이용될 수 있을 것이다.

[그림 5-6]은 1978년 4월 28일 시점을 기준으로 만기까지의 기간이 서로 다른 미국 재정증권(Treasury bill)의 가격을 기초로 계산된 이자율의 기간구조를 보여주고 있다.

여기서 수익률곡선은 그래프 작성 기준일에 있어 미국 재정증권의 실제 수익률을 사용하여 개략적으로 그려진 것이다. 만기까지의 기간 이외에 수익률에 영향을 미칠 수 있는 다른 특성을 가진 증권은 수익률곡선을 도출하는 과정에서 제외된다.[10)]

그러면 이와 같이 위험이 없는 미국 재정증권의 수익률곡선이 우하향하거나 우상향하며 때로는 수평인 이유는 무엇일까? 수익률곡선의 형태, 즉 채권의 수익률과 서로 다른 만기와의 사이에는 어떠한 체계적인 관련성을 갖는 것일까? 이에 대한 연구는 경제학 분야에서 장 · 단기 금리의 결정문제와 관련하여 오래 전부터 이루어져 왔다.

## 1. 채권수익률곡선의 유형

수익률곡선은 시간에 따라 그 모양이 달라지며 시점에 따라 우상향하는 곡선이 될 수도 있고 좌하향하는 곡선이 될 수도 있다. 그러나 가장 일반적이고 정상적인 형태의 이자율 기간구조는 우상향의 곡선으로 표현된다. 수익률곡선은 경제상황이나 주식시장의 상황(강세 또는 약세)을 예측하기 위한 선행지표로서의 역할도 수행한다. 수익률곡선의 단기부분은 중앙은행의 재량적 의사결정에 의해 직접적인 영향을 받지만, 장기부분은 이에 의해 직접적인 영향을 받지 않는다. 대신 채권시장에서의 인플레이션 기대에 의해 영향을 받는다.

상승형 수익률곡선(ascending yield curve)은 보통의 경우 단기채권은 위험이 작다고 생각하기 때문에 낮은 수익률을 보일 것이고, 장기채권은 만기가 되기 이

---

10) 수익률곡선상에 그려지는 대상 채권은 동일한 위험부담, 동일한 세금부담과 같은 공통적인 특성을 가지고 있어야 한다.

그림 5-6 미국 재정증권(T-bill)의 수익률곡선

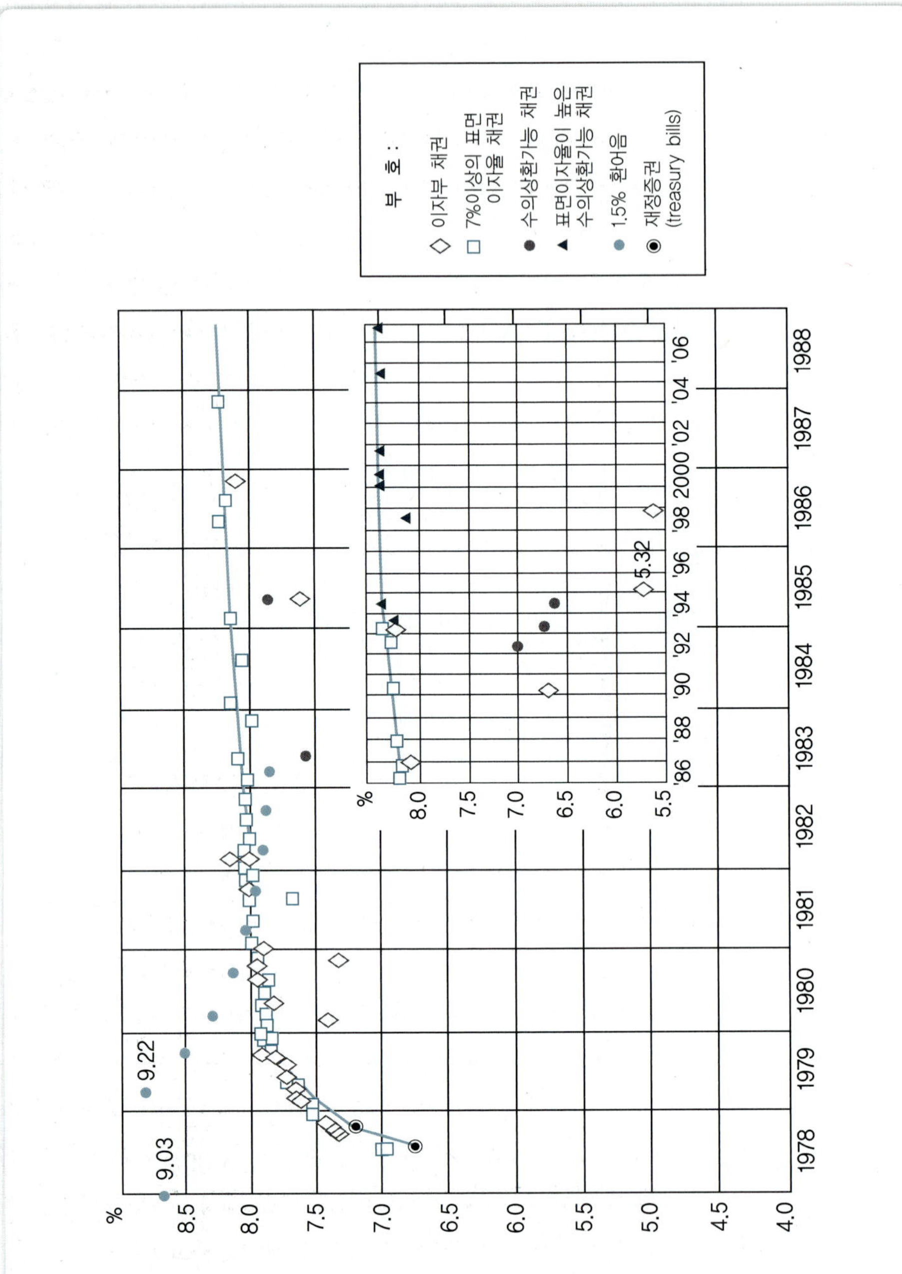

그림 5-7 **상승형의 기간구조** ($_0R_1 < _0R_2 < _1f_2$)

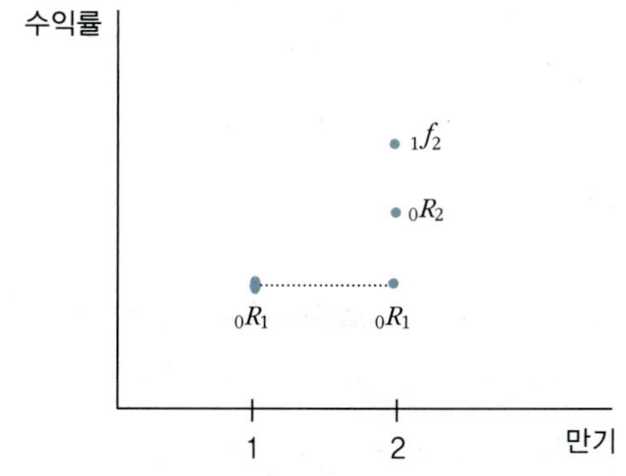


전에 잘못될 위험이 더 많기 때문에 높은 수익률을 보이게 될 것이기 때문이다. 이는 [그림 5-7]과 같이 만기가 길수록 수익률이 증가하는 단저장고형의 수익률 곡선이 얻어진다. 이러한 형태는 현물이자율이 만기가 길어질수록 증가한다는 것을 의미하고 이는 선도이자율과도 관련이 있다. 즉, 2기간 현물이자율($_0R_2$)이 1기간 현물이자율($_0R_1$)보다 크다면 선도이자율($_1f_2$)은 2기간 현물이자율($_0R_2$)보다 더 높아야 한다. 즉 $_0R_1 < _0R_2 < _1f_2$의 관계가 성립하여야 한다.[11)]

이와 같은 형태는 이자율이 안정적이고 인플레율의 큰 변화를 걱정하지 않아도 되는 상태에서 경제가 좋아질 것이라는 기대가 있을 경우에 형성된다. 이는 이러한 경제상황하에서는 투자자들이 장기 투자를 하는 것이 단기 투자를 하는 경우보다 더 높은 수익을 얻을 것이라는 기대를 하기 때문이다. 이는 보통 경기순환의 확장기 중 중간단계 또는 주식시장의 순환주기중 강세시장의 초기 및 중간 단계에서 관찰된다. [그림 5-8]은 우리나라 채권시장에서 국채의 수익률곡선으로 이 기간중에는 대체적으로 상승형곡선을 보여주고 있음을 알 수 있다.

한편 수평형 수익률곡선(flat yield curve)은 모든 수준에서 대체적으로 동일한 수익률을 보일 것이라고 기대하는 경우에 관찰된다. 이는 하락형 수익률 곡선의 경우처럼 경제성장의 둔화 또는 침체가 예상되는 경우에 관찰될 수 있다. 그리고 수익률곡선이 수평형으로 변화하기 시작하면 일반적으로 이는 하락형으로 변화해 갈 가능성이 크다.

---

11) 하강형 곡선의 경우에는 $_0R_1 > _0R_2 > _1f_2$의 관계가 성립하여야 하고, 수평형 곡선의 경우에는 $_0R_1 = _0R_2 = _1f_2$의 관계가 성립하여야 한다.

그림 5-8 우리나라 국채의 수익률곡선 변화추이

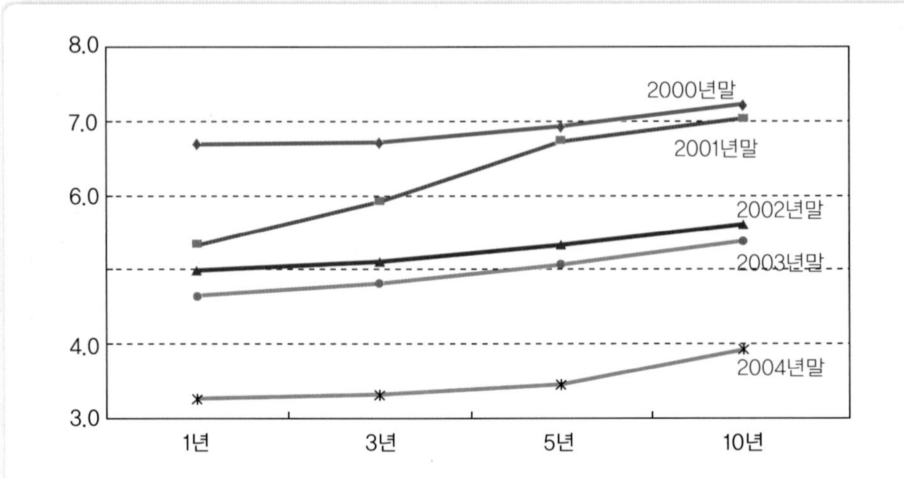


자료: 채권시장 해설, 한국거래소

하락형 수익률곡선(descending yield curve)은 수익률곡선이 역전되어 이른바 단고장저의 우하향 곡선이 되는 경우로 장기 채권수익률이 단기 채권수익률보다 낮은 경우이다. 이는 투자자들이 앞으로의 경기침체 가능성 때문에 미래에는 수익률이 더 낮아질 것이라고 생각한다면 낮은 수익률에도 만족할 것이기 때문이다. 수평형의 경우와는 달리 대부분의 경우 경제상황의 침체 또는 성장 둔화가 나타난다.

고래등형 수익률곡선(humped yield curve)은 이자율이 과거의 표준에 비하여 높다고 생각되는 경우에 관찰된다. 이는 이자율이 단기적으로는 빠르게 상승하지만 이는 일시적인 현상이고, 그 이후의 기간부터는 하락할 것이라고 기대하거나, 또는 미래 이자율에 대한 비대칭적 기대(skewed expectation)를 하는 경우에 이러한 모양의 수익률 곡선이 관찰된다. 또한 각각의 만기별로 분리된 시장에서 수익률곡선의 특정 부분이 단기나 장기에 비해 높은 수익률을 보여주는 경우에도 이러한 수익률곡선의 관찰이 가능하다.

이상에서 설명한 바와 같이 채권수익률곡선의 모양은 미래의 단기이자율에 대하여 투자가들이 어떠한 전망(예상)을 하는가에 따라 [그림 5-9]에서 보는 바와 같은 4가지 유형이 존재한다.

그림 5-9 채권수익률곡선의 유형

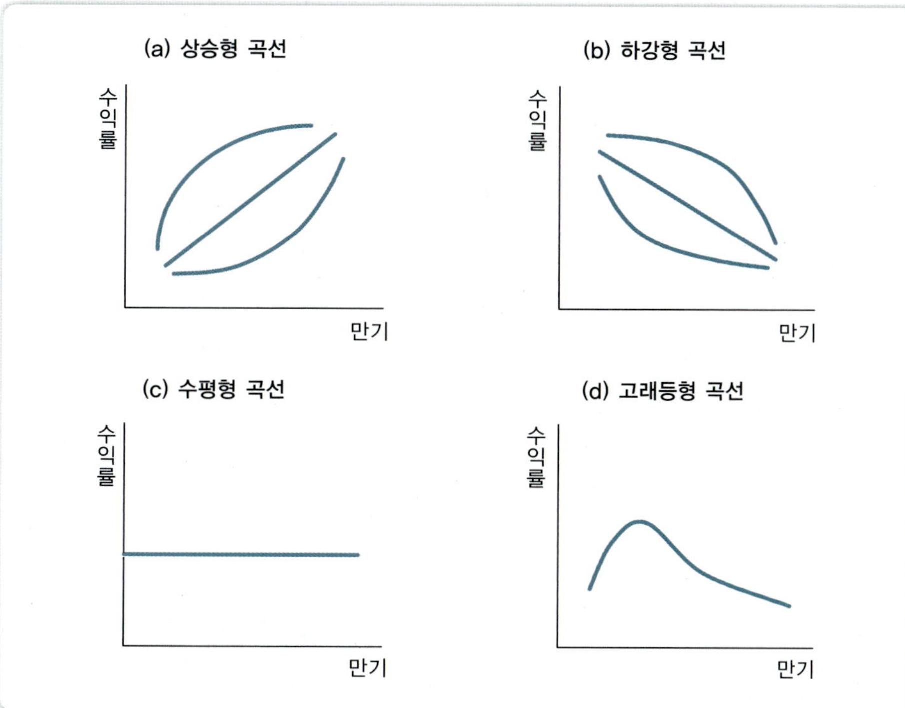


## 2. 채권수익률곡선의 이동

채권투자에 따른 자본의 변화(이득 또는 손실)와 재투자수익은 이자율 수준의 변화에 의해 직접적인 영향을 받게 되기 때문에 향후 이자율이 어떻게 변하는가는 채권투자자들의 중요한 관심사이다.

채권수익률(이자율)은 시간이 지나면서 변화하기 마련이며, 이는 수익률곡선의 변화로 특징지을 수 있다. 이 때 모든 만기의 채권이 동일한 크기로 수익률 변화를 보이기도 하지만 만기별로 수익률의 변화가 다르게 나타날 수도 있다. 전자를 수익률 곡선의 평행적 이동(parallel shift)이라고 하고 후자의 경우를 비평행적 이동(nonparallel shift)이라고 한다. 그러나 중앙은행의 이자율 변경이 단기이자율에는 즉각적인 영향을 주지만, 장기이자율에는 즉각적인 영향을 미치지 않을 수 있기 때문에 평행적 이동보다는 수익률곡선의 모양과 기울기가 변화(shape risk)하는 비평행적 이동이 일반적이다.[12] 비평행적 이동의 경우 정상적 수익률곡선인

12) 일반적으로 수익률곡선은 위로 이동하거나 아래로 이동하는 형태를 취한다. 즉 단기이자율이 상승하는 경우 장기이자율도 일반적으로 상승하고 단기이자율이 하락하면 장기이자율도 하락한다.

그림 5-10 채권수익률곡선의 형태변화(shape risk)

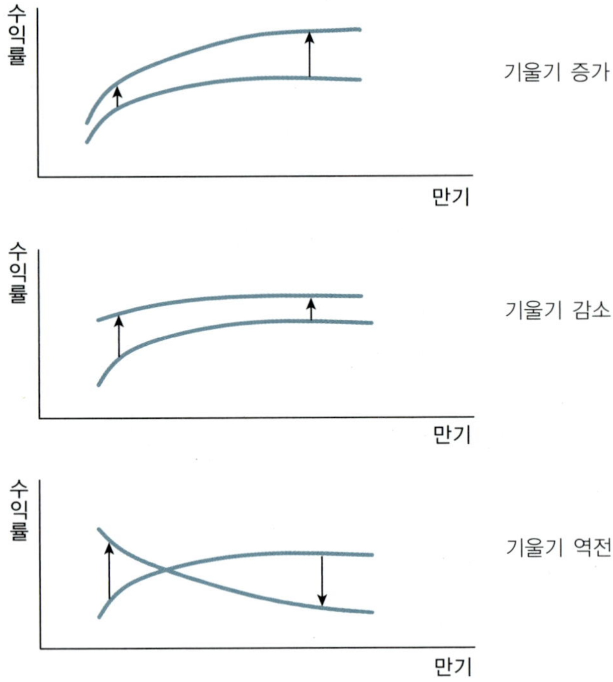


상승형 곡선(단저 장고형 수익률곡선)을 가정한다면 [그림 5-10]에서와 같은 3가지 유형의 변화가 가능할 것이다. 단기이자율보다 장기이자율이 더 많이 증가하여 스프레드가 증가하는 경우(steepening twist), 장기이자율보다 단기이자율이 더 많이 증가하여 스프레드가 감소하는 경우(flattening twist), 단기이자율은 증가하고 장기이자율은 감소하여 단기이자율이 장기이자율보다 더 높게 되는 비정상적인 경우(inversion)이다.

비평행적 이동에는 이 이외에도 고래등 모양의 수익률곡선(humped curve) 형태로의 상향이동인 양(+)의 나비형 이동(positive butterfly shift)과 고래등 모양의 수익률곡선 형태로의 하향이동인 음(-)의 나비형 이동(negative butterfly shift)이 있으며 이를 도시한 것이 [그림 5-11]이다. 만일 이러한 수익률의 변화가 기대되는 경우에는 단기와 장기 채권에만 나누어 투자하는 바벨형(barbell strategy) 전략

---

그런데 경기침체(recession) 시기에는 단기이자율이 장기이자율보다 빠른 속도로 하락하고, 경기확장(expansion) 시기에는 단기이자율이 장기이자율보다 빠른 속도로 상승하는 경향이 있다.

이나 수익률곡선 중 특정 만기부분만을 이용하는 불릿형(bullet strategy)전략을 구사할 수 있는 기회가 될 것이다.

그림 5-11 나비형 이동(butterfly shift)

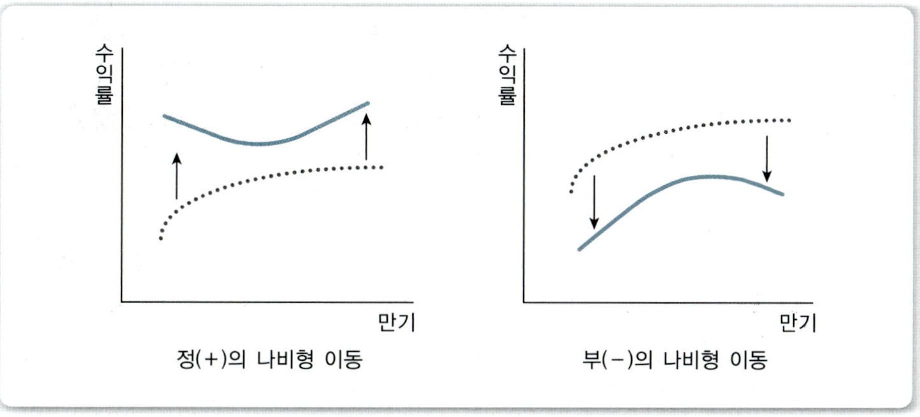


그림 5-12 미 재정증권의 수익률곡선 변화(1995–2003)

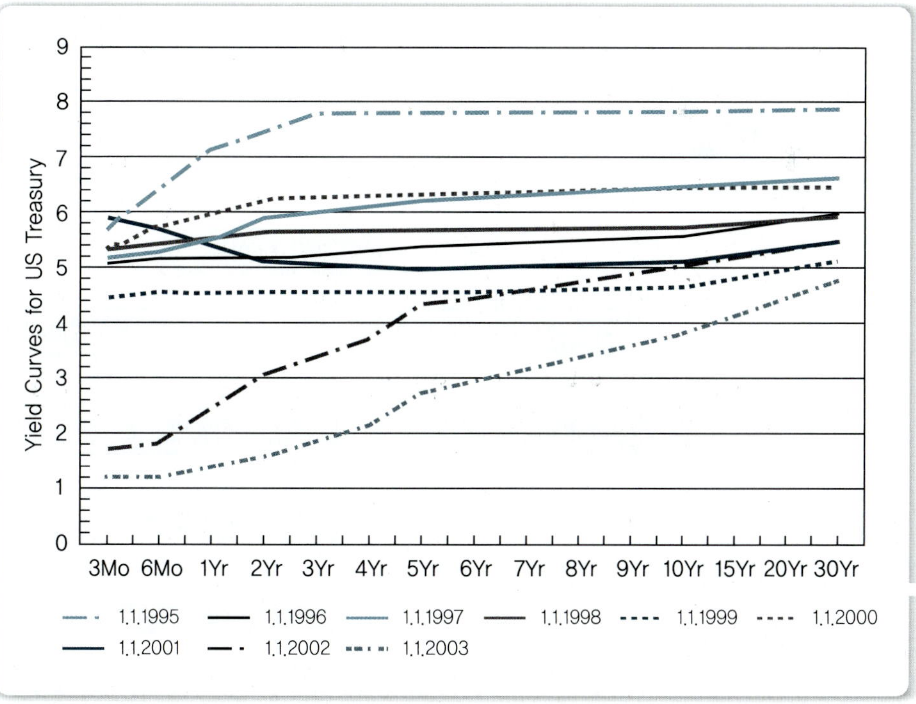


자료: Bloomberg Professional.

이상에서 살펴본 바와 같이 채권수익률(이자율)의 변화는 서로 다른 두 시점에서 수익률곡선의 위치와 모양을 비교함으로써 관찰되며, 위아래로의 평행적 이동(shift), 기울기가 역전되는 형태로의 이동(twist), 그리고 나비형 이동(butterfly)의 3가지 유형이 있다. [그림 5-12]는 미 재무성 채권의 연도별 수익률곡선의 변화를 보여주는 것으로서 상승형 곡선에서 2001년 기울기가 한때 역전된 형태로 이동하였다가 다시 상승형곡선으로 돌아온 것을 확인할 수 있다.

## 2.2 이자율의 기간구조이론

만기에 따른 이자율의 차이, 즉 이자율의 기간구조를 표현해 주는 채권수익률곡선은 여러 가지 형태(모양)로 관찰된다. 그렇다면 수익률곡선이 왜 이러한 여러 형태를 보이게 되는가? 이를 설명하고자 하는 이자율의 기간구조이론은 [그림 5-13]과 같이 크게 두 가지의 주요 이론이 있다. 하나는 시장은 만기에 따라 구분되어 있지 않고 하나의 통합된 시장에서 거래된다는 시각에서 기간구조를 설명하려는 기대이론이다. 또 하나는 시장은 기본적으로 만기에 따라 완전히 분할되어 있고 이 분할된 시장간의 이동은 없다는 시각에서 기간구조를 설명하려는 시장세분화 이론이 있다. 기대이론은 불편기대이론(unbiased expectation theory)과 편의기

그림 5-13 기간구조이론의 유형

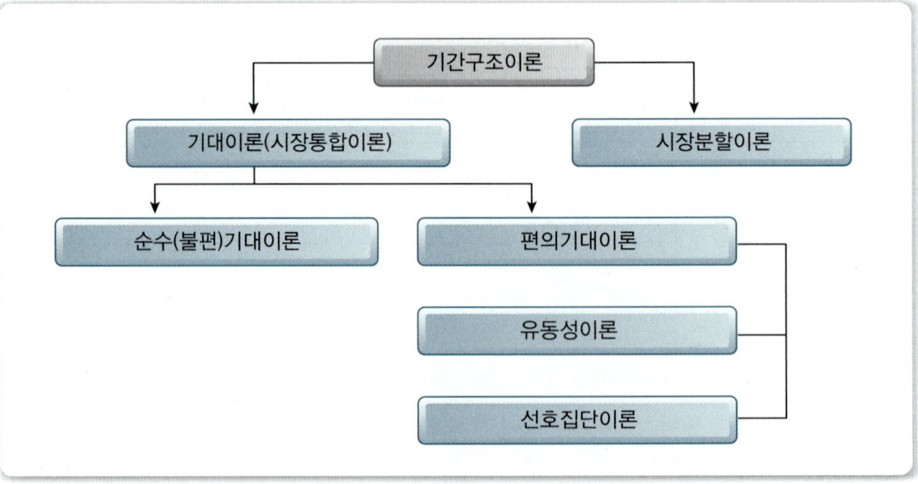


자료: Frank J. Fabozzi, *Valuation of Fixed Income Securities and Derivatives*, New Hope, PA: Frank J. Fabozzi Associates, 1995.

대이론(biased expectation theory)으로 구분된다. 편의기대이론은 미래현물이자율이 기대와 같지 않다고 주장하는 모든 이론들이 여기에 속하며 그 중에서도 유동성이론과 선호집단이론이 그 대표적인 경우라고 볼 수 있다. 결국 기대이론은 불편기대이론, 유동성이론, 선호집단이론의 세 가지[13)]로 세분하여 볼 수 있다. 기대이론은 모두 선도이자율이 미래의 단기이자율에 관한 시장의 기대와 밀접한 관련을 갖는다고 가정한다. 그러나 이 세 가지 이론은 선도이자율에 영향을 주는 다른 요인들이 존재하는가의 여부와 존재한다면 어떻게 영향을 주는가에 대하여 차이를 보이고 있다. 순수기대이론에서는 기대되는 미래의 이자율 이외에는 어떠한 요인도 선도이자율에 영향을 주지 않는다고 주장한다. 그러나 나머지 두 이론인 유동성 이론과 선호집단 이론에서는 선도이자율에 영향을 주는 또 다른 요인들이 존재한다고 주장한다. 이러한 의미에서 나머지 두 이론을 불편기대이론에 대응하는 개념으로 편의기대이론(biased expectation theory)이라고 부르기도 한다.

그러나 이자율 기간구조는 주로 순수기대이론, 유동성이론(기대이론과 증가형 유동성이론의 절충이론), 시장세분화 이론의 3가지 가설에 의해 설명하는 것이 일반적이다.[14)]

여기서는 이러한 이자율 기간구조이론에서 제시하고 있는 몇 가지 가설을 살펴보기에 앞서서 이 가설에서 언급되는 현물이자율과 선도이자율에 대한 개념부터 먼저 설명하기로 한다.

## 1. 현물이자율과 선도이자율

이자율의 기간구조를 이해하기 위해서는 우선 현물이자율(spot interest rate)과 선도이자율(forward interest rate)의 차이를 구분할 수 있어야 한다. 두 이자율 모두 현재시점에서 측정 또는 결정되는 이자율이며, 이 중 일반적인 이자율을 가르키는 현물이자율은 한 마디로 현재 시점에서 측정되는 일정기간동안의 연평균 이자율 곧, 만기까지의 연평균수익률인 채권수익률을 의미한다.

---

13) 분류상 편의적 기대이론이 있기는 하지만 이는 편의(bias)가 없다는 불편기대이론에 대응하는 하나의 대응적 개념에 불과하고 기간구조를 설명함에 있어 그리 널리 이용되는 이론은 아니다. 선호집단이론도 시장분할이론과 그 의미는 유사하지만 선호집단이론에서는 시장을 완전분리된 것이 아니라 하나로 보고 설명한다는 차이점이 있다.

14) 기간구조를 설명하려는 이론에는 이 외에도 이항모형과 평균회귀모형(mean reverting models)이 있다. 이항모형은 연속되는 기간의 이자율 변화를 상승과 하락의 연속적인 이항과정의 결과로 설명하려는 이론이다. 평균회귀모형은 단기이자율들의 장기적인 평균치가 존재할 것이고 실제의 단기이자율은 이 평균을 중심으로 변동하는 행태를 보일 것이라는 주장이다. 따라서 실제의 단기이자율이 장기평균보다 높으면 수익률곡선은 하강형으로 나타날 가능성이 높고, 장기평균보다 낮으면 상승형을 보일 가능성이 높다는 주장이다.

즉, 현재시점에서 자금을 차입할 경우에 현재시점과 미래 상환시점 사이의 기간에 적용되는 연평균 이자율이 현물이자율(spot rate)이 된다. 선도이자율은 현재시점에서 요구하는(결정되는) 미래기간에 적용되는 단기 이자율(short rate)[15]을 말한다. 즉 일정기간 후에 자금이전이 이루어지는 경우를 전제로 현재시점에서 요구되어지는 미래의 일정기간에 적용될 단기이자율이 선도이자율이 된다. 그리고 미래의 기대현물이자율(expected future spot rate)은 미래의 특정시점에 실제로 시장에서 형성될 것으로 기대되는 현물이자율을 의미한다.

이러한 정의에 따라 이자율 관찰시점과 시간경과를 기준으로 현시점의 현물이자율(${}_0R_1$)과 기대되는 미래의 현물이자율(${}_1r_2$), 선도이자율(${}_1f_2$)의 관계를 보이면 [그림 5-14]와 같다.

이 때 기호 ${}_1f_2$에서 앞의 하부첨자 1은 자금을 차입하는 시점, 하부첨자 2는 자금을 상환하는 시점을 나타내 주며 따라서 이는 현재시점에서 요구하는 미래의 1시점과 2시점 사이의 기간에 적용될 선도이자율을 표시한다. 즉, 1년후 적용되는 1년 만기의 선도이자율을 의미한다. 그리고 기호 ${}_{n-1}r_n$에서 하부첨자인 $n-1$은 관찰 시점으로 $n-1$시점에서 관찰한 $n-1$시점과 $n$시점 사이의 한 기간동안에 적용되는 미래의 현물이자율(단기이자율)을 표시한다. 따라서 미래 현물이자율 ${}_1r_2$은 1기간이 경과한 후인 1년후의 미래시점에서 관찰되는 만기 1년의 현물이자율을 의미하고 이는 현재시점에서는 불확실한 확률변수로서 그 시점이 되어야 알 수 있는 값이다.

선도이자율은 만기별 현물이자율이나 채권가격을 알고 있다면 현물이자율의 상호관계를 이용하여 구하거나, 순차적 대입 또는 부트스트랩 방법(recursive or bootstrapping method)[16]에 의하여 구할 수 있다. 가령 1년 만기 채권수익률(현물

---

15) 선도이자율은 미래 두 시점 사이에서 자금을 빌리고 갚는 경우에 적용되는 이자율로서 그 조건은 현재시점에서 선도거래에 의하여 결정되는 이자율이다. 따라서 선도이자율은 시장에서의 선도거래에 의하여 결정되는 시장 선도이자율과 현물이자율의 상호 관계 속에 함축되어 있는 내재 선도이자율이 있다.

16) 이는 1년 만기 이표채의 가격 정보로부터 1년 만기 채권수익률을 먼저 구한 다음, 2년 만기 쿠폰채의 가격으로부터 2년 만기 채권수익률을 순차적으로 구하는 방법이다. 이 과정에서는 이전 단계에서 구한 채권수익률이 순차적으로 대입된다. 그 다음 3년 만기 이표채의 수익률을 구하는 과정에서는 역시 이전 단계에서 구해진 1년, 2년 만기 채권수익률을 채권평가의 기본 모형에 대입하여 구한다. 즉,

$$P_1 = \frac{C + Par}{1 + {}_0R_1}$$

으로부터 먼저 ${}_0R_1$을 구하고 이를 다음의 식에 대입하여 ${}_0R_2$를 구하는 방식이다.

$$P_2 = \frac{C}{1 + {}_0R_1} + \frac{C + Par}{(1 + {}_0R_2)^2}$$

그림 5-14 현물이자율, 미래 현물이자율, 선도이자율 관계

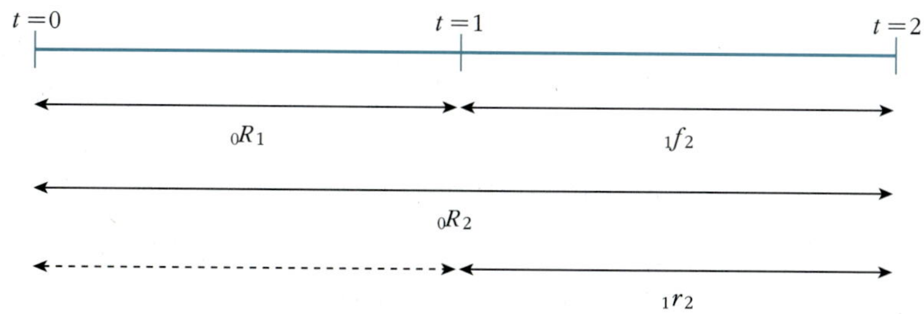


$$(1 + {}_0R_2)^2 = (1 + {}_0R_1)(1 + {}_1f_2)$$

$$\therefore\ {}_1f_2 = \frac{(1 + {}_0R_2)^2}{(1 + {}_0R_1)^1} - 1 = \frac{P_1}{P_2} - 1$$

이자율)과 2년 만기 채권수익률(현물이자율)을 알고 있거나 1년 만기, 2년 만기 순수할인채의 가격($P_1$, $P_2$)을 알고 있다면 기간 2(1시점과 2시점 사이의 기간)에 적용될 선도이자율은 다음의 관계로부터 구할 수 있다.

1원을 2년 동안 투자하는 방법을 예로 들어보자. 1원을 2년 만기 채권에 투자하는 경우의 수익과 1원을 1년 만기 채권에 투자한 다음, 그 수익을 기간 2에 적용될 선도이자율로 1기간 동안 빌려주는 경우의 수익은 같아야 한다는 것이다. 만일 이러한 등식관계가 성립하지 않는다면 차익거래가 발생하게 된다. 가령 $(1 + {}_0R_2)^2 < (1 + {}_0R_1)(1 + {}_1f_2)$의 관계가 성립한다면 ① 2년 동안 ${}_0R_2$의 이자율로 1원의 자금을 차입한 다음, ② 이 자금을 1년 동안 ${}_0R_1$의 이자율로 투자하고 여기에서 생긴 수익을 ${}_1f_2$의 이자율로 1년간 자금을 빌려주거나 투자한다면 ③ 차이금액인 $(1 + {}_0R_1)(1 + {}_1f_2) - (1 + {}_0R_2)^2 > 0$의 확실한 수익을 자기 자금의 투자 없이 얻을 수 있게 된다. 이른바 공짜점심의 차익(arbitrage profit)이 얻어지게 된다. 그러나 공짜 싫어하는 사람은 없기 때문에 차익거래를 통해 두 가지 투자대안의 결과는 궁극적으로는 곧 같아지게 된다. 반대의 관계가 성립하는 경우에도 역시 차익거래가 가능하기 때문에 두 가지 투자대안의 결과는 궁극적으로는 같아지게 된다.

이제 이를 일반화하여 현재시점에서 요구하는 미래기간인 $n$기간($n-1$시점과 $n$시점 사이의 기간)에 적용될 이자율인 선도이자율 ${}_{n-1}f_n$은 다음의 관계식으로부터 구할 수 있을 것이다. 단, 여기서 $P_n$은 $n$년 만기 순수할인채의 가격을, $P_{n-1}$은 $n-1$년 만기 순수할인채의 가격을 의미한다. 일반적으로 $t = (n-1) \sim (n)$기간 기간에 적용될 선도이자율은 다음의 현물이자율 관계로부터 추정할 수 있다. 한편

미래의 기간 $n$에서 실제로 형성될 것으로 기대되는 이자율, 즉 기대현물이자율(expected spot interest rate)은 $E(r_n)$로 표시하기로 한다.

$$_{n-1}f_n = \frac{(1+{}_0R_n)^n}{(1+{}_0R_{n-1})^{n-1}} - 1$$

$$1 + {}_{n-1}f_n = \frac{(1+{}_0R_n)^n}{(1+{}_0R_{n-1})^{n-1}} = \frac{P_{n-1}}{P_n}$$

현물이자율과 선도이자율은 현재시점에서 측정(확정)되지만 미래의 현물이자율은 미래의 특정 시점이 도래하여야만 알 수 있는 이자율이다. 다만 현재시점에서는 현재의 금리수준(단기금리)과 비교하여 미래의 시점별 단기이자율 수준을 예상 또는 기대를 할 뿐이다. 따라서 현재시점에서 관찰되는 선도이자율이 미래시점에서 실제로 형성되는 미래의 현물이자율(future spot interest rate)과 항상 일치하는 것은 아니다. 항상 일치한다고 보는 것이 기대이론이고, 선도이자율안에는 미래의 이자율에 대한 투자가들의 예상뿐만 아니라 미래의 불확실성에 따른 위험을 고려하여 그 위험보상이 포함되어 있기 때문에 일치하지 않는다고 주장하는 것이 유동성 선호이론이다.

여기서 현물이자율과 선도이자율의 차이를 보기 위해 예를 들어보기로 하자. 현재의 1년 만기 현물이자율은 6%이고 지금으로부터 1년 후의 선도이자율은 7%, 2년후의 선도이자율은 8%라고 한다. 이때 액면가액이 1,000원이고 표면이자율이 6%인 3년 만기 채권의 현재가격은 다음과 같이 계산된다(단, 이자는 연말에 지급되는 것으로 가정한다).

우선 이 채권의 현금흐름을 의사결정시계(time horizon)상에서 살펴보면 다음과 같다.

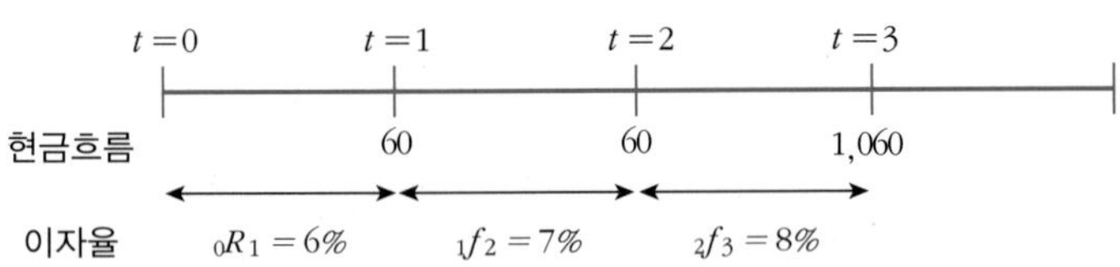


따라서 이 채권의 현재가격은 현재가치 평가모형을 적용하여

$$PV = \frac{60}{(1+0.06)} + \frac{60}{(1+0.06)(1+0.07)} + \frac{1,060}{(1+0.06)(1+0.07)(1+0.08)}$$
$$=974.86(원)$$

가 된다.

## 2. 이자율 기간구조이론 비교

### (1) 불편기대가설

수익률곡선의 변화는 시장의 기대와 일치(unbiased)하여야 한다는 주장이다. 시장의 참가자들이 향후에 이자율이 오를 것이라고 기대한다면 장기 채권수익률은 상승하여야 한다는 주장이다. 즉, 1년 후의 1년 기간 동안 적용될 이자율이 상승할 것으로 예상(기대)한다면, 2년 만기 채권수익률은 이를 반영하여 상승하여야 한다는 것이다.

채권수익률의 기간구조를 설명하는 이론 중에서 가장 대표적인 것이 피셔(Fisher)와 루츠(Lutz) 등에 의해 제시된 불편기대가설(unbiased expectation hypothesis)이다.[17] 이 가설에 따르면 장기채권수익률은 미래의 각 기간 중에 성립될 것으로 예상되는 단기채권수익률, 즉 기대현물이자율의 기하평균과 같다는 주장이다.

선도이자율 = 기대현물이자율

불편기대가설에 의하면 [그림 5-15]에서 보는 바와 같이 선도이자율은 미래시점에 관찰될 현물이자율에 대한 기대치와 동일하다. 즉, 평균적으로 선도이자율

**그림 5-15 불편기대가설: 선도이자율 = 미래의 현물이자율 예측치**

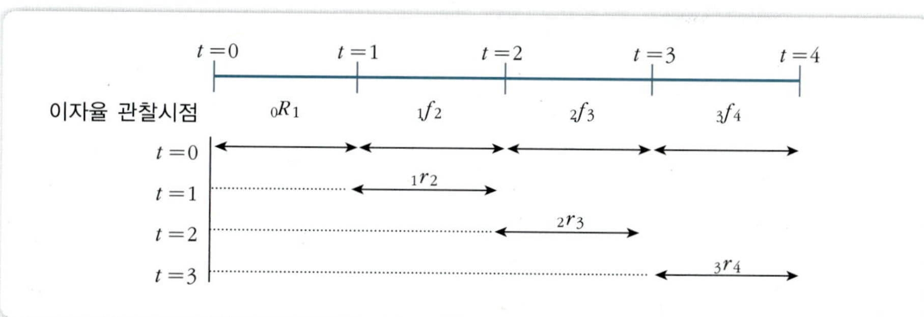


---

17) Irving Fisher, "Appreciation and Interest," *Publication of the American Economic Association*, Vol. Ⅲ(Aug. 1896), pp.23–29; Friedlich A. Lutz, "The Structure of Interest Rates," *Quarterly Journal of Economics*, Vol. LV(Nov. 1940), pp.36~63.

은 시간이 경과하여 해당 시점이 도래하였을 경우 적용되는 현물이자율과 같다는 주장이다.

$${}_{n-1}f_n = E(r_n)$$

따라서 $n$년 만기의 장기채권수익률을 ${}_0R_n$이라고 하고 그 기간 중에 실현될 것으로 예상되는 각 연도의 단기 채권수익률을 각각 $E(r_1)$, $E(r_2)$, $\cdots$ , $E(r_n)$이라고 한다면 $n$년 만기 장기 채권수익률은 다음과 같이 표시된다.

$${}_0R_n = \sqrt[n]{(1+E(r_1))(1+E(r_2))\cdots(1+E(r_n))} - 1$$

단, $E(r_1) = {}_0R_1$

$$(1+{}_0R_n)^n = (1+E(r_1))(1+E(r_2))\cdots(1+E(r_n))$$

한편, 위 식으로부터 미래의 기간 $n$에 적용되는 기대현물이자율은 다음과 같이 계산될 수 있다.

$$E(r_n) = \frac{(1+{}_0R_n)^n}{(1+{}_0R_{n-1})^{n-1}} - 1 = {}_{n-1}f_n$$

단, $E(r_n) \equiv E({}_{n-1}r_n)$

불편기대가설이 갖는 중요한 의미는 수익률 곡선의 형태가 오직 미래의 단기

**그림 5-16 불편기대가설과 채권수익률곡선**

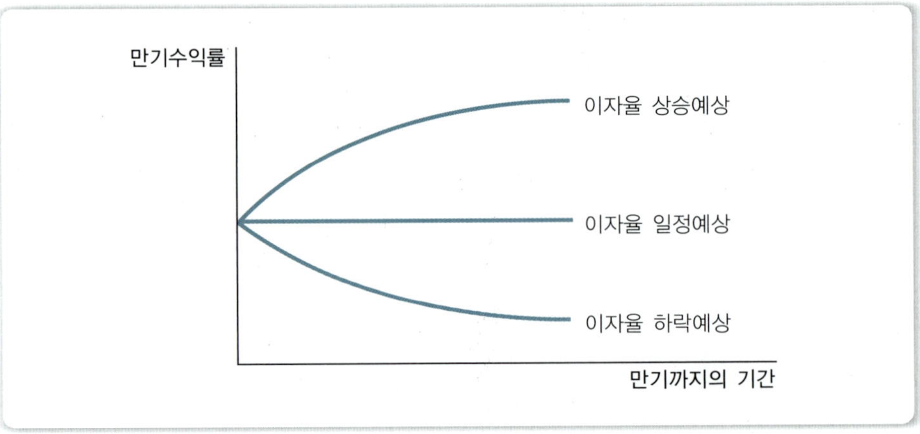

이자율에 대한 투자가의 예상에 의해서만 결정된다는 점이다. 만약 미래의 단기이자율(현물이자율)이 상승할 것으로 예상된다면 [그림 5-16]에서와 같이 수익률곡선은 우상향하는 형태를 갖게 될 것이다. 그러나 미래의 단기이자율이 하락할 것으로 예상된다면 수익률곡선의 형태는 우하향의 모습을 보이게 될 것이다.

예를 들어 현물이자율 및 기대현물이자율이 다음과 같다고 할 경우 불편기대가설에 의해 각 만기별 채권수익률을 구하고 수익률곡선을 그려보기로 하자.

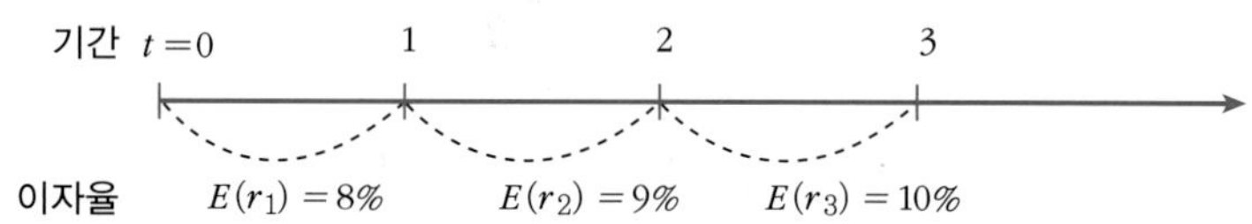


우선 앞의 식을 이용하여 만기별 채권수익률을 구하면 다음과 같다.

① 3년만기 채권수익률(${}_0R_3$)

$$(1+{}_0R_3)^3=(1+0.08)(1+0.09)(1+0.10)$$
$$\therefore\ {}_0R_3=0.0900(9.00\%)$$

② 2년만기 채권수익률(${}_0R_2$)

$$(1+{}_0R_2)^2=(1+0.08)(1+0.09)$$
$$\therefore\ {}_0R_2=0.0850(8.50\%)$$

③ 1년만기 채권수익률(${}_0R_1$)

$$(1+{}_0R_1)^1=(1+0.08)$$
$$\therefore\ {}_0R_1=0.0800(8.00\%)$$

따라서 수익률 곡선은 다음과 같이 우상향의 곡선형태로 나타난다.

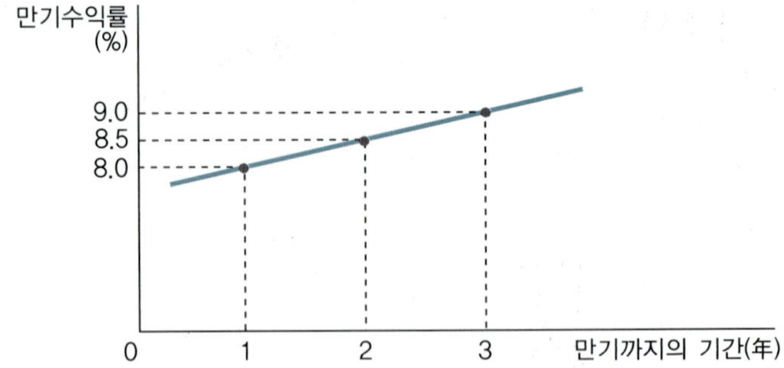


한편, 이러한 불편기대가설이 성립하기 위해서는 다음과 같은 가정들이 만족되어야 한다.

첫째, 모든 투자자는 위험중립형(risk-neutral)이라는 가정이다. 이를 구체적으로 설명하면 투자가는 채권의 만기가 장기일 경우 예상할 수 있는 여러가지 위험이나 현재의 소비에 대한 시차선호(time preference) 등에 대한 보상(premium)을 요구하지 않고 오직 기대수익(expected return)만을 극대화한다는 것이다. 그러나 노이만(Neuman)과 모겐쉬테른(Morgenstern)의 기대효용이론[18]에 의하면 불확실성하의 투자결정기준은 기대수익 이외에도 위험이 포함되므로 불편기대가설은 위험이 높은 장기채권수익률을 과소평가하게 된다.

둘째, 단기채권과 장기채권은 완전대체관계에 있다는 가정이다. 이는 1년만기 채권을 연속해서 10번 투자하는 것과 10년만기 채권에 한번 투자하는 것은 같은 결과를 얻는다고 가정하는 것이다. 만약 두 투자의 결과가 동일하지 않다면 차익거래(arbitrage transaction)가 일어나 장 · 단기채권의 수익률은 곧 균형상태를 이루게 된다는 것이다. 이 가정은 시장분할가설과 정반대가 되는 것으로 증권시장의 운영효율성과 관련이 된다. 만약 증권의 매매에 따른 거래비용이 발생할 경우 장 · 단기 채권의 수익률차이에 따른 차익거래가 항상 발생할 것으로 단정하기는 어렵다.

셋째는 미래의 이자율을 정확하게 예상할 수 있다는 가정이다. 선도이자율이 미래현물이자율의 기대값과 같다는 것은 미래기간의 이자율을 예측가능하다는 것과 같다. 설사 미래의 이자율을 예상할 수 있다고 하더라도 투자자에 따라 그 예상이 다를 수 있다면 장단기 이자율을 결정하는데 이러한 예상의 분포를 고려해야 할 것이다.

---

18) J. V. Neuman and O. Morgenstern, *Theory of Games and Economic Behavior*, 2nd ed., Princeton University Press, 1947, Ch. 1.

예를 들어 증권시장에는 만기별로 네 종류의 순수할인 채권이 발행되고 있고, 수익률이 다음과 같다고 하자. 만약 어떤 투자자가 보유기간 3년 동안 투자하고 싶다면 다음과 같은 세 가지 방법중 한 가지 방법으로 투자가능할 것이고, 각각의 방법에 따라 3년간의 연평균 투자수익률을 구하면 다음과 같다.

| 만기 | 만기수익률 |
|---|---|
| 1년 | 4.0% |
| 2년 | 5.0% |
| 3년 | 6.0% |
| 4년 | 6.5% |

① 1안: 3년 만기 채권에 1회 투자하여 3년간 보유한다.

② 2안: 1년 만기 채권에 ${}_0R_1$, ${}_1f_2$, ${}_2f_3$의 각 기간에 적용되는 이자율로 계속적으로 롤오버(rollover)하면서 3년간 재투자한다.

③ 3안: 4년 만기 채권을 매입한 다음 3년후 시점에서 매각한다.

이를 위해 우선 앞의 4종류 채권의 만기별 채권수익률을 이용하여 각 기간 동안의 선도이자율을 계산하면 다음과 같다.

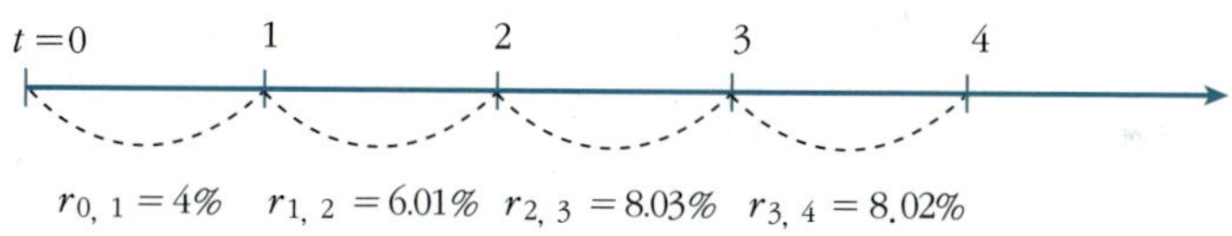


① 3년 만기 채권에 투자할 경우 투자수익률은 만기수익률과 같으므로 6%이다.

② 1년 만기 채권에 계속적으로 재투자할 경우 연평균수익률은 다음과 같다.

$$\sqrt[3]{(1+0.04)(1+0.0601)(1+0.0803)}-1=6\%$$

③ 액면가액이 1,000원인 순수할인채권의 현재가격을 구하면 다음과 같다.

$$\frac{1,000}{(1+0.065)^4}=777.32(\text{원})$$

한편, 이 채권을 3년 후 시점에서 매각할 경우의 가격은 다음과 같다.

$$\frac{1,000}{(1+0.0802)}=925.75(\text{원})$$

따라서 3안의 투자기간 3년 동안의 연평균 수익률을 구하면,

$$777.32 = \frac{925.75}{(1+R)^3}$$

$$R = 6\%$$

가 된다.

### (2) 유동성프리미엄가설

증가형의 유동성 프리미엄 이론(increasing liquidity premium theory)에 의하면 수익률은 두 가지 이유에서 만기가 증가함에 따라 증가한다는 주장이다. 즉, 채권투자가들은 위험회피형이라는 점, 그리고 채권의 가격은 장기채권일수록 수익률의 변동성이 크다는 점이다. 따라서 채권투자가들은 높은 위험의 장기채권 보유에 대하여 위험보상을 받기 위하여 높은 수익률을 요구하게 된다는 주장이다. 이 이론에 의하면 채권수익률곡선은 우상향의 모양을 보이게 된다.[19]

유동성프리미엄가설은 힉스(Hicks, 1939), Culbertson(1957)에 의해 제시된 순수기대이론에 대한 수정이론으로서 이는 기대 · 위험회피가설(expectation and risk aversion hypothesis)이라고도 불리며, 기대가설과 위험회피를 고려한 증가형 유동성 프리미엄이론의 두 가지를 절충한 이론이라고 볼 수 있다.[20]

불편기대가설에서는 모든 투자자들이 미래의 이자율을 확실하게 예측할 수 있다고 가정하고, 또한 위험중립형 투자자를 가정하고 있으나 채권에 대한 위험을 고려할 경우 장기채권은 단기채권에 비해 위험이 크며, 유동성(liquidity)도 작은 것이 보통이다.

이에 따라 투자자들은 만기가 길수록 증가하게 되는 불확실성과 상실하게 되는 유동성에 대하여 추가적인 프리미엄을 요구하게 될 것이다. 따라서 장기채권 수익률은 기대현물이자율에 이러한 위험과 유동성 상실에 따른 프리미엄을 가산한 값의 기하평균과 같다는 것이 유동성프리미엄가설이다.[21] Van Horne(1965)에

19) 미국의 재무성 채권은 보통 30년 만기의 채권이다. 그러나 대부분의 투자자들은 투자기간이 이보다는 단기이다. 이러한 상황에서 투자자들이 장기채권을 보유하여야 하는 경우에는 채권수익률 변화에 따른 가격위험을 부담하는 데 대하여 추가적인 보상을 요구하게 될 것이다. 즉, 유동성 프리미엄이라는 추가적 보상이 주어져야만 할 것이다. 이러한 주장이 맞는다면 채권수익률곡선은 만기에 따라 증가하게 되는 유동성프리미엄을 반영하여 우상향의 기울기를 보이게 되는 것이 일반적 현상이다.

20) J.R. Hicks, *Value and Capital*, 2nd ed., Oxford University Press, 1946, pp.146~147.

21) 엄밀하게 이야기하면 이는 불편기대이론과 유동성 프리미엄이론을 결합한 절충이론(combined theory)으로서 기대와 위험회피를 동시에 고려하여 설명한다. 따라서 이에 의하면 보다 더 많은

그림 5-17 만기와 증가형 유동성 프리미엄

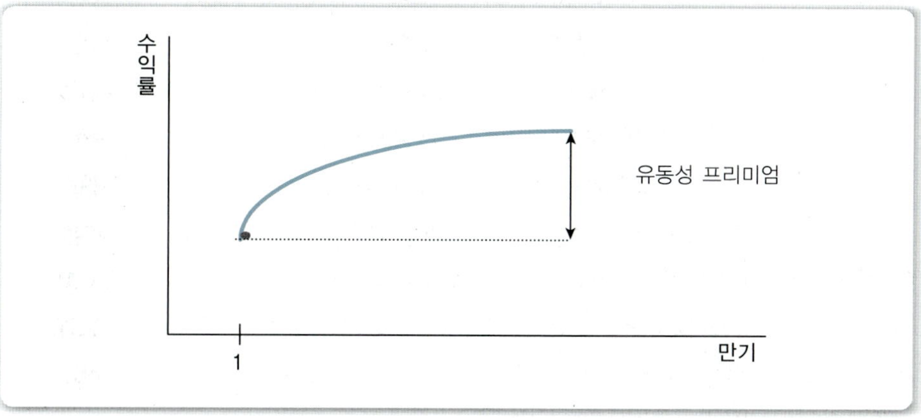


의하면 선도이자율에는 기대현물이자율에 관한 정보 이외에 유동성 프리미엄이 포함되어야 한다고 주장하였다.

선도이자율 = 기대현물이자율 + 유동성 프리미엄

만일 채권의 보유기간 수익률을 2기간모형에 적용한다면 다음과 같다. 여기서 $n$년 만기 순수할인채의 현재가격을 $P_{0,\,n}$, 1년후 시점의 가격을 $P_{1,\,n}$이라고 가정한다.

$$HPR = \frac{P_{1,\,n}}{P_{0,\,n}} - 1 = {}_0R_1 + [{}_1f_2 - {}_1r_2]$$

따라서 기대보유기간수익률은 양변에 기대값을 취하면 다음과 같은 식이 얻어진다.

$$E(HPR) = {}_0R_1 + [{}_1f_2 - E({}_1r_2)]$$

즉, 채권의 기대보유기간 수익률은 1기간 현물이자율에 선도이자율과 기대현물이자율의 차이인 유동성 프리미엄를 합산한 것과 같게 된다. 만일 이 식에서 기

수익률곡선의 형태를 설명할 수 있게 된다. 물론 어떠한 형태의 수익률곡선도 설명이 가능하지만 주로 우상향의 수익률곡선을 예측한다. 이 이론에 의하면 선도이자율은 기대 미래현물이자율에 유동성 프리미엄을 가산해 준 것과 같다는 설명이다. 미래의 현물이자율이 변하지 않는 경우에도 현물이자율은 만기에 따라 증가하는 형태의 설명이 가능하고, 유동성 프리미엄이 만기에 따라 증가하는 경우에도 하락형태의 채권수익률 곡선에 대한 설명이 가능해 진다.

대가설이 성립한다면 선도이자율과 기대현물이자율은 같을 것이고 유동성 프리미엄이론에 의하면 선도이자율은 기대현물이자율에 유동성프리미엄을 합산한 것과 같다. 즉,

$$_{n-1}f_{\text{n}} = E(_{n-1}r_{\text{n}}) + L_n \quad \text{단, } L_n\text{: } n\text{기간의 유동성 프리미엄}$$

한편, 매 기간의 유동성 프리미엄은 만기까지의 기간이 길어질수록 체감적으로 증가한다. 따라서 현재기간을 제외한 다음 기간부터의 매기의 유동성 프리미엄을 $L_2$, $L_3$, ⋯, $L_n$이라고 하면 $n$년 만기 장기채권의 수익률은 다음과 같이 미래의 단기 기대현물이자율에 유동성프리미엄을 가산한 값들의 기하평균으로 표시된다.

$$_0R_n = \sqrt[n]{(1 + E(_0r_1))(1 + E(_1r_2) + L_2)\cdots(1 + E(_{n-1}r_n) + L_n)} - 1$$

$$\text{단, } 0 < L_2 < L_3 \cdots < L_n$$

유동성 프리미엄 가설이 지니는 중요한 의미는 미래의 현물이자율이 일정할 것으로 예상한다고 하더라도 수익률곡선은 만기에 따른 유동성 프리미엄 요구의 영향으로 인하여 우상향하는 형태를 보일 것이라는 점이다. 이를 예를 들어 설명하면 [그림 5-18]과 같다.

이는 수익률곡선이 우상향의 기울기를 보이는 것이 보다 일반적이라는 현실적 증거와도 일치하는 주장이다. 또한 장기채권의 수익률에 유동성 프리미엄이 포함될 경우 만기가 서로 다른 채권을 소유함으로써 기대되는 수익률 또한 동일하지 않게 된다. 이는 선도이자율이 유동성 프리미엄을 포함하게 됨으로써 기대현물이

**그림 5-18 현물이자율 불변 기대하의 상승형 기간구조**

$t=0$ $t=1$ $t=2$ $t=3$ $t=4$

| | | | | |
|---|---|---|---|---|
| 기대현물이자율 | | 0.05 | 0.05 | 0.05 |
| 유동성 프리미엄 | | $L_2$ =0.1 | $L_3$ =0.015 | $L_4$ =0.02 |
| 선도이자율 | | $_1f_2$ =0.06 | $_2f_3$ =0.065 | $_3f_4$ =0.07 |
| 현물이자율 | $_0R_1$ = 0.05 | $_0R_2$ =0.055 | $_0R_3$ =0.058 | $_0R_4$ =0.061 |

그림 5-19 유동성 프리미엄가설과 수익률곡선

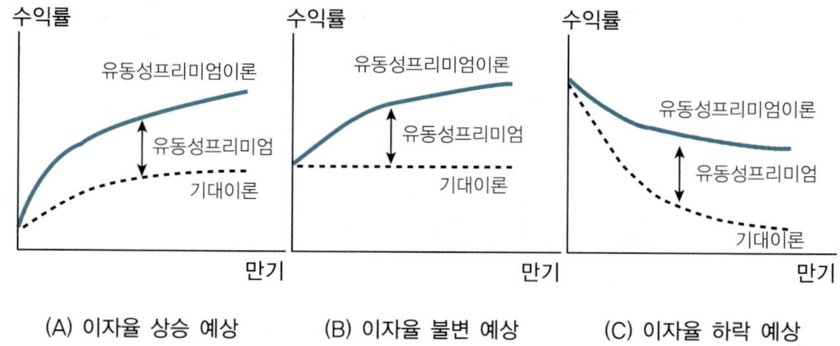


자율과 일치하지 않는다는 것을 의미한다. 따라서 불편기대가설과 달리 만기가 서로 다른 채권들은 완전한 대체재가 될 수 없다. 불편기대가설과 유동성 프리미엄가설을 비교하여 수익률곡선을 나타내면 [그림 5-19]와 같다. 유동성 프리미엄가설하에서 관찰되는 수익률곡선은 순수기대가설하에서 예측된 수익률곡선보다 항상 위에 위치하며, 미래의 이자율이 일정할 것으로 기대하는 경우에도 수익률곡선은 수평이 아닌 우상향의 곡선을 보여준다.

예를 들어 불편기대가설에서의 예를 보자. 각 연도별 유동성 프리미엄은 제1기가 1%, 제2기가 2%, 제3기가 2.8%라고 할 때, 유동성 프리미엄가설에 의해 각 만기별 수익률을 구하고 수익률 곡선을 그려보면 다음과 같다.

① 3년만기 채권수익률($_0R_3$)

$$(1 + {}_0R_3) = \sqrt[3]{(1 + 0.08 + 0.01)(1 + 0.09 + 0.02)(1 + 0.10 + 0.028)}$$
$${}_0R_3 = 0.1092(10.92\%)$$

② 2년만기 채권수익률($_0R_2$)

$$(1 + {}_0R_2) = \sqrt{(1 + 0.08 + 0.01)(1 + 0.09 + 0.02)}$$
$${}_0R_2 = 0.10(10\%)$$

③ 1년만기 채권수익률($_0R_1$)

$$(1 + {}_0R_1) = \ (1 + 0.08 + 0.01)$$
$${}_0R_1 = 0.09(9\%)$$

따라서 수익률곡선은 다음과 같은 우상향의 형태를 보인다.

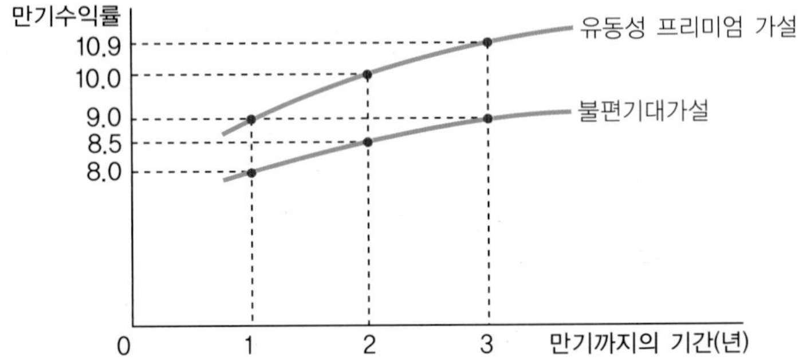


유동성 프리미엄가설은 다음과 같은 두 가지 단점을 가지고 있다.

첫째는 유동성 프리미엄이 만기까지의 기간이 길어질수록 증가한다는 가정에 관한 것이다. 힉스는 투자자는 자본손실위험(capital loss)을 줄이기 위해 단기채권을 수요하고 기업은 투자에 소요되는 자금을 장기에 걸쳐 안정적으로 조달하기를 원하므로 단기채권에 대한 초과수요와 장기채권에 대한 초과공급현상이 발생함으로써 장기채권에 대한 유동성 프리미엄이 존재한다고 가정하고 있다. 그러나 이러한 가정은 채권의 가격위험(자본손실)만을 고려했을 뿐 채권의 재투자 위험(투자수익 위험)은 무시하고 있다. 즉 단기채권에 투자할 경우 자본손실위험은 줄일 수 있지만 투자수익 위험(income risk)은 늘어날 수 있기 때문에 유동성 프리미엄이 반드시 만기까지의 기간에 따라 증가한다고 할 수는 없다는 것이다. 둘째는 불편기대가설과 마찬가지로 미래의 이자율을 정확하게 예측할 수 있다고 하는 비현실적 가정에 관한 것이다. 이는 불편기대가설에서와 동일한 이유로서 비판을 받게 된다.

[예제] 위험중립형 투자자들로 구성된 채권시장에서 현재 만기 1년, 2년, 3년인 무위험 국채의 수익률(현물이자율)이 3.28%, 3.34%, 3.47% 라고 한다. 한편 투자자들이 위험회피형인 경우 투자자는 1년후의 유동성 상실위험에 대하여 0.2%, 2년후의 유동성 상실위험에 대하여 0.4%의 유동성 프리미엄

을 요구한다고 가정하자. 불편기대이론과 유동성 프리미엄이론에 따른 장단기이자율의 관계를 적용하여 선도이자율과 현물이자율을 계산하고 이를 비교하라.

① 불편기대이론(선도이자율 = 미래 기대현물이자율) 적용한 선도이자율:

$$(1+0.0334)^2 = (1+0.0328)(1+{}_1f_2)$$

$$\therefore\ {}_1f_2 = 3.40\%$$

$$(1+0.0.347)^3 = (1+0.0334)^2(1+{}_2f_3)$$

$$\therefore\ {}_2f_3 = 3.73\%$$

② 유동성 프리미엄이론(선도이자율 = 미래기대현물이자율 + 유동성프리미엄) 적용:

ⓐ 선도이자율 계산

$${}_1f_2(L) = 3.40 + 0.2 = 3.60\%$$

$${}_2f_3(L) = 3.73 + 0.4 = 3.77\%$$

ⓑ 현물이자율(채권수익률) 계산

$${}_0R_1 = {}_0f_1 + 0 = 3.28\%(0.0328)$$

$$(1+{}_0R_2)^2 = (1+0.328)(1+0.0360) \qquad \therefore\ {}_0R_2 = 3.44\%$$

$$(1+{}_0R_3)^3 = (1+0.0344)^2(1+0.0377) \qquad \therefore\ {}_0R_3 = 3.67\%$$

| | | 1년 | 2년 | 3년 |
|---|---|---|---|---|
| 현물이자율 | 불편기대이론 | 3.28% | 3.34% | 3.47% |
| | 유동성프리미엄이론 | 3.28% | 3.44% | 3.67% |
| 수익률(수익률곡선)의 차이 | | | 0.10% | 0.20% |
| 유동성프리미엄 | | | 0.20% | 0.40% |

### (3) 시장분할가설

시장분할가설(market segmentation hypothesis)은 채권시장이 투자자들의 만기까지의 기간에 대한 선호에 따라 여러 개의 하위시장(submarket)으로 세분될 수 있다는 가정에 기초하고 있다. 즉 채권시장의 투자자들은 개인, 금융기관, 보험회사 또는 각종 연금 · 기금 등과 같이 여러 가지 이질적인 투자자집단으로 구분될 수 있고, 각 집단들은 그 집단의 제도적 또는 법률적 여건이나 또는 그 집단이 보유하고 있는 자금의 성격이나 운용방식의 차이에 따라 채권투자를 할 때 만기까지의 기간의 장단에 대하여 민감한 선호를 갖고 있다는 것이다.

시장분할가설의 이론적 근거는 투자자들의 헤징행태(hedging behavior)에서 찾을 수 있다. 여기서 헤징이란 자산, 부채의 만기 대응방식에 의한 헤징행태를 말한다. 즉, 일정한 만기의 부채를 갖고 있는 개인 또는 기관이 이자율 변동으로부터 발생하는 위험을 회피할 목적으로 이와 동일 또는 유사한 만기를 갖는 자산에 투자를 하는 것을 말한다. 이러한 헤징행태는 채권투자의 경우에도 그대로 적용될 수 있다. 생명보험회사나 연금 · 기금처럼 장기 부채를 지고 있는 기관투자가들은 만기가 긴 채권(자산)을 선택함으로써 헤징의 효과를 얻을 수 있다. 반면 개인이나 은행들처럼 단기부채로 자금을 조달하는 기관투자자들은 만기가 짧은 채권을 선택하여 헤징을 하고자 할 것이다.

이 가설은 투자자들이 이와 같은 헤징행태를 보일 경우 채권시장은 만기에 따라 몇 개의 시장으로 분리될 것이고, 이렇게 분리된 시장에서 수요와 공급에 의해 채권가격이 형성되고, 그 결과로 채권수익률의 기간구조, 즉 만기에 따른 채권수익률의 차이가 결정된다는 주장이다.

따라서 수익률곡선은 만기별로 서로 체계적인 관련성을 갖지는 않으며 각 하위시장 나름대로의 수익률곡선을 갖게 된다. 그리고 각 하위시장에서의 채권에 대한 수요와 공급의 상태에 따라 단기채권의 수익률이 장기채권의 수익률보다 높을 수도 있고 낮을 수도 있다(그림 5-20).

한편, 이 가설의 타당성 여부는 현실적으로 채권시장이 몇 개의 독립된 하위시

그림 5-20 시장분할가설과 채권수익률곡선

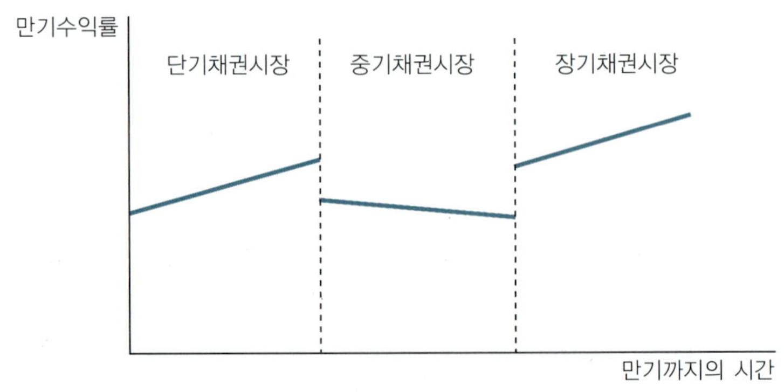

장으로 분리될 수 있는가에 달려 있다고 볼 수 있다. 즉, 만기가 서로 다른 채권간에 대체가능성이 전혀 없거나 적어도 차익거래(arbitrage)의 기회가 존재하지 않는다면 이러한 가설이 성립될 수 있다.

### (4) 선호집단 가설

이자율기간구조를 설명하는 대표적인 이론은 앞에서 설명한 3가지이지만 이외에 유동성 프리미엄이론과 시장분할가설의 절충형태라고 볼 수 있는 선호집단 이론이 있다. 선호집단 이론(preferred habitat theory)은 Modigliani와 Sutch(1966)[22]가 제안한 것으로 투자자들마다 투자의 선호가 다른 수익률곡선의 특정 부분(만기)이 존재한다는 주장이다. 전형적으로 은행은 예금상품과 같은 단기증권으로 자금을 조달하기 때문에 그 자금운용에 있어서도 단기증권에 운용하려는 경향이 있다. 반면 생명보험회사는 주된 부채가 생명보험증권으로서 이는 아주 먼 미래기간에 지급의무가 발생하기 때문에 자금운용에 있어서도 장기증권을 보유하고자 하는 경향이 있다. 이러한 선호의 결과 각 부분 내에서의 채권유형에 대한 수요공급 변화에 따라 수익률곡선의 변화를 가져오게 된다는 설명이다.

그러나 선호집단 이론에서는 투자자들이 특정 만기의 채권구입 선호를 고집하는 것은 아니며, 만일 다른 만기의 채권을 구입하려고 하는 경우에는 높은 수익을 요구한다. 이는 사실상 시장분할이론과 유동성 선호이론의 절충이라고 볼 수 있다. 유동성 선호이론에서처럼 항상 단기를 선호하는 대신 개인의 투자목적에 따라서는 다른 만기를 선호할 수 있다. 시장분할 이론에서의 주장처럼 하나의 선호하는 만기에서 다른 만기로 이동할 의사가 전혀 없는 상황이라기보다는, 높은 이자율의 보상만 주어진다면 다른 만기의 채권을 구입할 의사도 있다는 것이다. 다만 만기가 자신이 선호하는 집단에서 멀어질수록 위험부담을 보상받기 위하여 요구하는 이자율 수준도 높아진다는 주장이다.

유동성 선호이론에서는 만기가 길어질수록 채권 매수자의 위험부담은 증가하여 요구하는 프리미엄도 만기에 따라 증가하게 된다. 그러나 선호집단 이론에 의하면 만기가 짧은 채권이 위험이 더 클 가능성도 있다. 즉, 선호집단이론에서의 위험프리미엄은 만기에 따라 정(+) 또는 부(−)의 값을 가질 수 있다는 주장이다. 이러한 점에서 이는 모든 형태의 수익률곡선에 대한 기간구조 설명이 가능한 이론이다.

---

22) Franco Modigliani and Richard Sutch, "Innovations in Interest Rate Policy," *American Economic Review*(May 1966), pp.178−197.

**표 5-5 이자율(수익률) 기간구조이론 비교**

| 구분 | 시장통합이론 | | 시장분할이론 |
|---|---|---|---|
| | 순수기대이론 | 유동성 프리미엄이론 | |
| 채권수익률 곡선 형태 결정요인 | 투자가의 미래 단기이자율 예상 | 투자가의 미래 단기이자율 예상 및 유동성 프리미엄 크기 | 위험회피 위한 만기일치의 헤지행태: 선호 만기별 채권 수급에 따른 채권가격(수익률) |
| 장단기이자율 관계 | 장기이자율은 단기이자율의 기하평균 | 장기이자율은 단기이자율의 기하평균 | 장단기 이자율 무관(만기별 수급에 의하여 독립적 결정) |
| 선도이자율 (단기이자율) | 기대 현물이자율 | 기대 현물이자율 + 유동성 프리미엄 | 기대 현물이자율과는 무관함 |
| 투자가의 위험태도 | 위험중립 | 위험회피(위험 – 수익 상치관계의 보상 기대) | 위험회피(위험 자체의 회피) |
| 투자가의 의사결정기준 | 수익극대화 | 기대수익 – 위험회피 | 위험회피(위험 = 0) |
| 만기의 중요성 | 장단기 채권은 만기 이외의 다른 차이는 없는 완전대체재 관계 | 만기에 따른 유동성 프리미엄 차이 존재 | 만기에 따른 채권자금조달 또는 운용상의 선호 차이 존재 |

이자율의 기간구조이론을 설명하는 대표적인 이론(주장)들의 중요한 차이점을 비교하면 〈표 5-5〉와 같다.

## 제3절 채권수익률의 위험구조

채권은 원래 지급이자와 원금상환액이 계약상에 명시되어 있어 고정수익증권(fixed–income security)이지만, 이자나 원금상환액이 언제나 계약된 대로 지급되는 것은 아니다. 채권발행주체의 경영위험이나 재무위험 등으로 인하여 이자나 원금을 지급할 수 없게 되는 경우도 많다. 따라서 채권의 수익률 역시 불확실성이 존재한다.

채권수익률의 위험구조(risk structure of bond yield)는 채권 또는 그 발행주체

그림 5-21 채무불이행위험과 채권수익률

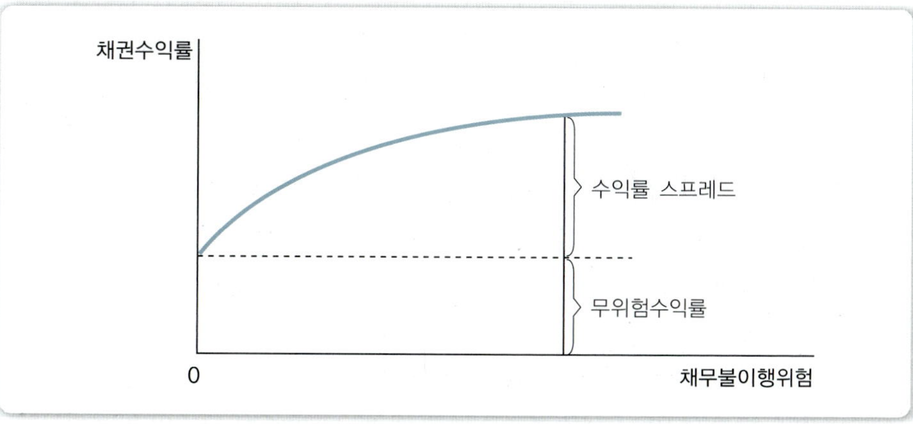


가 지니고 있는 채무불이행의 위험 수준에 따른 채권수익률의 변화를 말한다. 채무불이행의 위험은 일정기간 또는 그 이후의 이자 및 원금을 전혀 지급할 수 없게 되는 완전불이행(complete default)의 위험뿐만 아니라, 이자 및 원금의 일부만을 지급할 수 없게 되거나 지급을 연기하게 되는 부분불이행(partial default)의 위험도 있을 수 있다.

일반적으로 채권수익률은 채무불이행의 위험이 커짐에 따라 체감적으로 증가한다. [그림 5-21]의 수익률곡선은 채권수익률과 채무불이행위험과의 관계를 보여주고 있다.

[그림 5-21]에서 종축의 절편은 무위험수익률을 나타내며, 무위험 채권수익률과 채무불이행의 위험을 갖는 채권수익률과의 차이를 수익률 스프레드(yield spread)라고 부른다. 이러한 수익률 스프레드를 결정하는 요인을 살펴보기에 앞서 약정수익률과 실현수익률의 개념을 먼저 살펴보자.

## 3.1 약정수익률과 실현수익률

채권의 위험을 평가하기 위해서는 채무불이행의 가능성을 고려하여 미래에 실현될 이자 및 원금상환액의 확률분포를 추정하고 채권의 기대수익률(expected yield to maturity)을 계산하여야 한다. 그러나 기대수익률을 계산하기에 앞서 약정수익률(promised yield)과 실현수익률(realized yield)의 차이를 비교해 보자.

약정수익률이란 약정된 이자 및 원금을 모두 회수할 수 있을 경우의 수익률을 말하는 것으로 이자 및 원금상환액의 현재가치와 채권의 시장가격을 일치시켜 주는 할인율과 같다. 그러나 투자자들이 미래에 실제로 회수하게 될 금액이 약정된 금액보다 적어질 가능성은 얼마든지 있다. 채권의 만기 이전에 발행주체가 도산을 한다면 채권자들은 약속된 이자나 원금을 다 받을 수는 없게 되고, 이 경우 투자자들은 약정 수익률보다 낮은 수익률을 얻게 될 것이다.

실현수익률이란 실제로 실현되리라고 예상되는 이자 및 원금상환액의 현재가치와 채권의 시장가격을 일치시켜 주는 할인율을 말한다. 물론 이러한 실현수익률의 값은 언제나 약정수익률보다 같거나 그보다 작게 된다.

예를 들어 액면가격이 1,000원이고 이표율이 10%인 3년 만기채권이 현재 시장에서 952원에 거래되고 있다고 하자. 그런데 이 채권의 발행회사가 계속된 경영부실로 만기에 가서 원금을 전액 상환할 능력이 없고, 그 중 일부인 875원만 상환할 수 있다고 할 때 이 채권의 약정 수익률과 실현수익률을 구해보면 다음과 같다.

① 약정수익률

$$952 = \frac{100}{(1+y)} + \frac{100}{(1+y)^2} + \frac{100}{(1+y)^3} + \frac{1000}{(1+y)^3}$$
$$\therefore y = 12\%$$

② 실현수익률

$$952 = \frac{100}{(1+y)} + \frac{100}{(1+y)^2} + \frac{100}{(1+y)^3} + \frac{875}{(1+y)^3}$$
$$\therefore y = 8\%$$

또한 실현될 것으로 예상되는 이자 또는 원금상환액은 그 채권 또는 발행주체의 위험 정도에 따라 채권 발행당시 약정된 원리금과는 달라질 수 있기 때문에 위험 정도에 따른 여러 가능한 실현수익률들이 위와 같은 방식으로 계산될 수 있을 것이다. 따라서 실현수익률은 채무불이행 정도에 따라 하나의 확률분포를 이루고, 이러한 실현수익률의 확률분포는 [그림 5-22]와 같이 비대칭적인 형태를 보이게 된다. [그림 5-22]에서 보는 바와 같이 실현수익률은 약정수익률에 가까울수록 높은 확률을 갖는 것이 일반적이다.

한편, 채권의 기대수익률은 이러한 확률분포로 표시되어 있는 실현수익률에 대한 기대값을 말한다. 즉 예상되는 각각의 실현수익률에 각각의 확률을 곱하여

그림 5-22 실현수익률의 확률분포

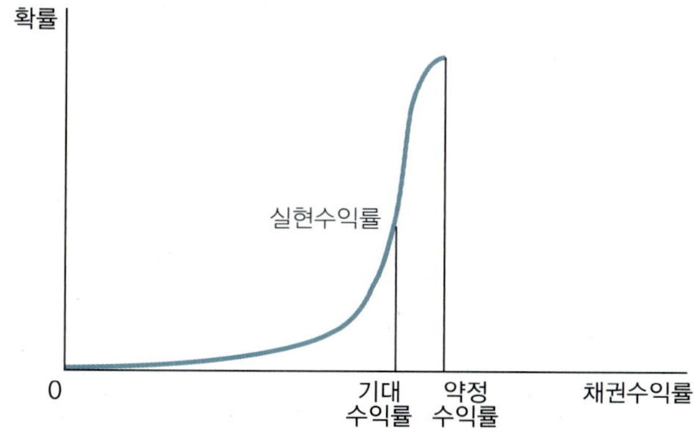


더해 줌으로써 기대수익률을 구할 수 있다. 일반적으로 채무불이행의 위험이 적은 채권은 실현수익률의 확률분포가 약정수익률 부근에서 높은 확률을 갖게 되므로 기대수익률이 약정수익률에 가깝게 되고, 반대로 채무불이행의 위험이 큰 채권은 기대수익률이 약정수익률보다 훨씬 적어지게 된다.

## 3.2 수익률 스프레드

채권의 수익률 스프레드(yield spread)란 일반적으로 위험이 전혀 없는 채권의 수익률과 채무불이행의 위험이 있는 채권수익률과의 차이를 말하는 것으로 위험 프리미엄이라고도 한다.

채권의 경우 위험이 전혀 없는 것으로 간주되는 국공채의 수익률과 지급불능의 위험이 있는 일반 회사채의 수익률은 서로 차이가 있다. 또한 일반 회사채들간에도 채권 또는 그 발행주체가 갖고 있는 위험의 정도에 따라 수익률의 차이가 발생한다. 이는 위험이 높은 채권에 투자하는 투자자들이 위험이 보다 낮거나 또는 위험이 전혀 없는 채권에 투자하는 경우에 비해 높은 위험을 부담하는 대가로서 추가적인 수익을 요구하게 되기 때문이다.

채권의 수익률 스프레드는 약정수익률과 무위험 수익률의 차이로 표시할 수 있다.

수익률 스프레드 = 약정수익률 − 무위험 수익률

일반적으로 투자자들이 인식하는 채무불이행의 위험이 크면 클수록 그 채권의 시장가격은 낮아지고 이에 따라 약정수익률은 높아져서 수익률 스프레드 또한 커지게 된다.

예를 들어 A기업이 발행한 액면가격 1,000원, 표면이자율 10%의 3년 만기 채권이 현재 증권시장에서 952원에 거래되고 있고, 동일한 발행조건을 갖고 있는 정부의 무위험 재정증권은 현재 증권시장에서 1,052원에 거래되고 있다고 하자. 이 경우 A기업 채권의 수익률 스프레드를 구하면 다음과 같다.

채권 A의 약정수익률:

$$952 = \frac{100}{(1+y)} + \frac{100}{(1+y)^2} + \frac{1,100}{(1+y)^3}$$
$$\therefore\ y = 12\%$$

재정증권의 수익률(무위험 수익률):

$$1,052 = \frac{100}{(1+y)} + \frac{100}{(1+y)^2} + \frac{1,100}{(1+y)^3}$$
$$\therefore\ y = 8\%$$

따라서 수익률 스프레드는 다음과 같이 계산된다.

$$12\% - 8\% = 4\%$$

한편, 수익률 스프레드를 구성하는 위험 프리미엄은 크게 두 가지 종류의 위험 프리미엄으로 구분된다. 그 하나는 채무불이행의 가능성 또는 지급불능의 가능성에 대한 프리미엄(default premium)이고 다른 하나는 미래 불확실성에서 기인하는 위험 프리미엄(risk premium)이다. 지급불능가능성에 대한 프리미엄이란 채권의 약정수익률(promised yield)과 기대수익률(expected rate of return)과의 차이를 말하는 것으로 이자나 원금상환 금액의 감소로부터 발생하는 위험에 대한 대가이다. 반면에 위험 프리미엄이란 지급불능의 가능성이 아니라 기대수익의 불확실성에 기인하는 위험에 대한 대가라고 볼 수 있다. 예컨대 채권 A와 B에 있어서 채권으로부터 얻어지는 미래의 현금흐름의 기대값은 같다고 하더라도 그 분산의 크기

그림 5-23 위험채권의 만기수익률 구성

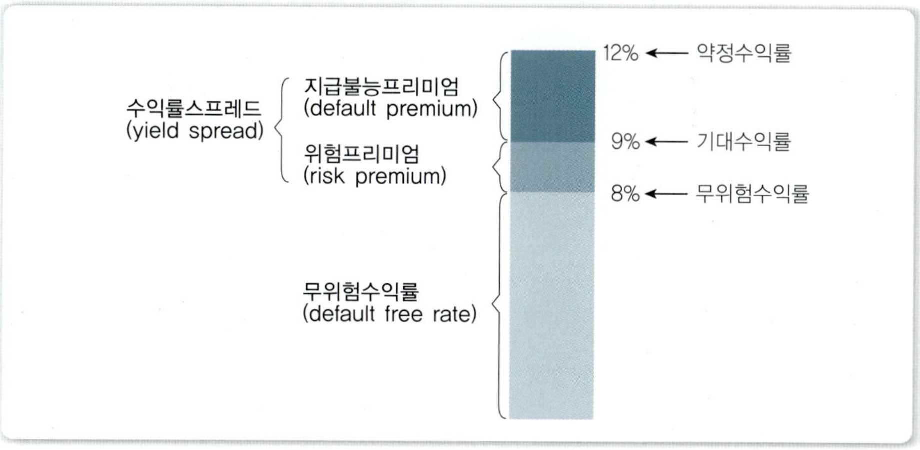


가 다르면 위험이 다르게 마련이다. 따라서 위험프리미엄은 기대수익률과 무위험수익률과의 차이를 의미한다.

예를 들어 어떤 채권의 약정수익률이 12%이나 지급불능의 가능성이 높기 때문에 기대수익률은 9%라고 하자. 또한 동일한 만기를 갖고 있는 무위험채권(default-free bond)의 수익률은 8%라고 한다. 이와 같이 가정할 때 이 채권의 만기수익률은 [그림 5-23]과 같이 구성된다.

따라서 이 채권의 약정수익률 12%는 무위험수익률 8%에 위험 프리미엄 1%(9%-8%)와 지급불능 프리미엄 3%(12%-9%)를 합한 것과 같고, 수익률 스프레드는 4%(12%-8%)가 된다.

## 3.3 채권평정(채권등급평가)

일반적으로 채권의 지급불능위험이 높으면 높을수록 채권의 약정수익률은 보다 높게 설정되고 채권의 시장가격은 보다 낮아진다. 왜냐하면 채권의 약정수익률은 그 채권에 대한 할인율을 의미하고 할인율이 높을수록 채권의 미래 현금흐름의 현재가치는 감소하기 때문이다.

채권은 주식에 비하면 비교적 안정적인 증권이기는 하지만 채권 발행주체의 지급불능 가능성은 채권투자자들의 중요한 고려사항이다. 그러나 시장에는 수많은 종류의 채권들이 거래되기 때문에 개인 투자자들이 이들에 관한 채무불이행

**표 5-6 채권등급의 기호와 의미**

| | 평가기관별 채권등급 | | 투자 적합성 |
|---|---|---|---|
| | Moody's | Standard & Poor's | |
| 가장 높은 등급 | Aaa | AAA | 투자등급 (고급채권) |
| 높은 등급 | Aa | AA | |
| 중간 상위 등급 | A-1,A | A | |
| 중간 등급 | Baa-1,Baa | BBB | |
| 투기등급 | Ba | BB | 투기등급 (정크본드, 또는 고수익채권) |
| 높은 투기등급 | B,Caa | B,CCC,CC | |
| 채무불이행(파산) | Ca,C | D | |

가능성을 평가하기 위해 개별적으로 정보를 수집한다는 것은 어려운 일이다.

따라서 채권의 지급불능위험에 대한 평가는 투자자들보다는 전문적인 증권평정기관(신용평가기관)에 의해 전문적으로 이루어지고 있으며, 이들 평정기관의

**그림 5-24 채권의 신용등급평가요소**

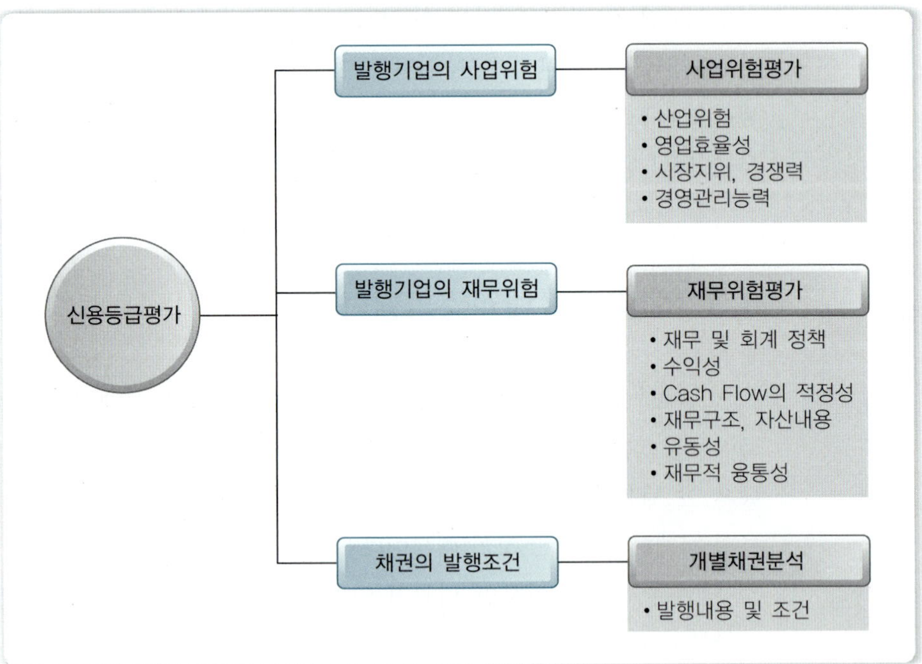


자료: 나이스채권평가.

채권등급 평가결과는 '채무불이행 가능성에 관한 정보'를 시장에 전달하기 때문에 채권가격에 직접적인 영향을 미친다.

채권평정(bond ratings), 즉 채권의 신용등급평가는 1년 이상의 장기자금을 직접금융시장에서 조달하려는 기업이 발행하는 채권에 대하여, 그 원리금 상환능력을 평가하여 채무불이행위험의 정도에 따라 신용등급을 일정 기호의 순서로 부여하는 것을 말한다.

이러한 일들을 전문적으로 수행하는 세계 3대 신용평가기관으로는 무디스(Moody's), 스탠더드 앤 푸어스(Standard & Poor's), 피치(Fitch Ratings)가 있다. 무디스는 1900년 출판업자인 존 무디가 설립한 신용평가기관으로 1929년 대공황 시기에 무디스가 우량판정을 내린 기업들만 살아나면서 세계적 회사로 성장하였다. 스탠더드 앤 푸어스사는 1916년 Poor에 의해 설립되었고 모기업인 맥그로힐의 자회사로서 S&P 지수도 운용하고 있다. 피치는 1913년 존 놀스가 설립하여 1997년 영국의 IBCA와의 합병(Fitch IBCA), 2000년 Duff & Phelps 신용평가기관의 흡수합병으로 현재의 피치(Fitch)사로 다시 태어나 앞의 두 신용평가기관 보다는 점유율, 규모면에서는 열세이지만 세계 3대 신용평가기관에 속한다.

채권평정이 보편화되어 있는 미국의 경우 널리 사용되는 채권평정은 무디사의 채권평정(Moody's bond ratings)과 스탠다드 앤 푸어사의 채권평정(Standard & Poor's bond ratings)으로 그 의미는 〈표 5-7〉과 같다. 무디사의 평정은 채권을 발

**표 5-7 채권등급평정(채권 신용등급 평가)**

| 무디의 평정 | 스탠다드 앤 푸어의 평정 | 의미 | 약정수익률 |
|---|---|---|---|
| Aaa | AAA | 고급채권 | 가장 낮다 |
| Aa | AA | ↓ | ↓ |
| A | A | 중급채권 | |
| Baa | BBB | ↓ | |
| Ba | BB | | |
| Caa | B | | |
| Ca | CCC | | |
| C | CC | 저급채권 | |
| | C | | |
| | D | 지급불능 | |
| | E | 부 도 | 가장 높다 |

행한 기업의 경영실적이나 재무비율 또는 위험의 정도에 따라 Aaa에서 C까지 9개의 등급으로 나뉘어 있고, 스탠다드 앤 푸어사의 채권평정은 국가 위험, 산업특성, 기업의 경쟁력, 동종기업의 수익성 비교와 같은 사업위험과 회계적 투명성, 지배구조, 위험부담능력(risk tolerance), 자금조달정책, 현금흐름 적합성, 자본구조, 자산에 대한 보호조치 정도(asset protection), 단기적 유동성 요인과 같은 재무위험을 평가하여 원리금 지급능력이 우수한 최상위(AAA, AA) 또는 상위(AA, BBB)의 투자적격등급, 원리금 지급능력에 의문이 있거나 상황에 따라 불확실한 투기적 등급(BB이하의 등급)으로 나뉜다. 이 중 AAA는 전반적인 채무상환능력이 최고수준으로 투자위험도가 극히 낮으며, 현 단계에서 합리적으로 예측가능한 장래의 어떠한 환경 변화에도 영향을 받지 않을 만큼 안정적이다는 것을 의미한다. 투자등급중 최하위인 BBB는 전반적인 채무상환능력은 인정되지만 장래 환경변화로 전반적인 채무상환능력이 저하될 가능성은 있음을 의미하고 그 이하의 등급은 투기적 요소가 있는 위험채권임을 의미한다.

우리나라 신용평가회사의 경우에도 S&P사와 유사한 방식으로 채권의 신용등급평가가 이루어지고 있는데, [그림 5-24]와 같이 해당 채권을 발행한 기업의 재무위험과 사업위험을 기본적으로 고려하게 되며, 이 외에도 해당 채권의 발행조건이 중요한 평가요소로 포함된다. 이러한 기준에 따라 회사채의 신용등급은 크게 투자등급과 투기등급의 정크본드로 나뉜다.

채권에 대한 신용등급평가와는 달리 국가에 대한 신용등급을 평가하는 경우에는 정치체제의 안정성과 정통성, 국가안보 등의 정치적 요소, 국제금융시장과의 통합도, 소득수준과 소득의 분포도, 경제성장률, 인플레이션, 외환보유고, 대외채무 상환 경험 등이 고려되어 평가된다.

일반적으로 위험이 높은 채권에 투자하는 투자자들은 위험이 낮은 채권에 투자하는 채권자들보다 더 높은 수익률을 요구하게 될 것이다. 즉 채권수익률은 그 채권의 위험이 증가함에 따라 증가하게 된다. 〈표 5-8〉은 1955년부터 1975년까지 미국에 있어서 채권의 등급과 그에 따른 평균수익률을 보여주고 있으며, 이로부터 채권의 수익률은 채권의 등급이 낮아질수록 높아짐을 확인할 수 있다.

한편, 수익률 스프레드는 채권등급이 일정하다고 해서 항상 일정한 것은 아니다. 일반적으로 등급에 따른 채권수익률의 스프레드는 경기변동에 의해서 영향을 받는데 이는 경기변동에 따라 투자자들의 위험에 대한 태도가 달라지기 때문이다. 경기회복기에는 수익률 스프레드가 작고, 경기 후퇴기에는 스프레드가 커진다. 왜냐하면 낙관적인 분위기가 지배적인 경기회복기에는 일정한 위험에 대해

## 표 5-8 채권등급과 채권수익률

| 채권등급 | 도산의 위험 | 1955~1964 평균수익률 | 1965~1975 평균수익률 | 1955~1975 평균수익률 |
|---|---|---|---|---|
| 장기재정채권 | 전혀없음 | 3.76% | 5.82% | 4.82% |
| AAA회사채 | 매우적음 | 4.13 | 7.06 | 5.61 |
| AA회사채 | 적 음 | 4.25 | 7.29 | 5.78 |
| A회사채 | 보 통 | 4.42 | 7.51 | 5.98 |
| BBB회사채 | 높 음 | 4.93 | 8.06 | 6.49 |

## 그림 5-25 채권등급과 채권 수익률차(수익률 스프레드)

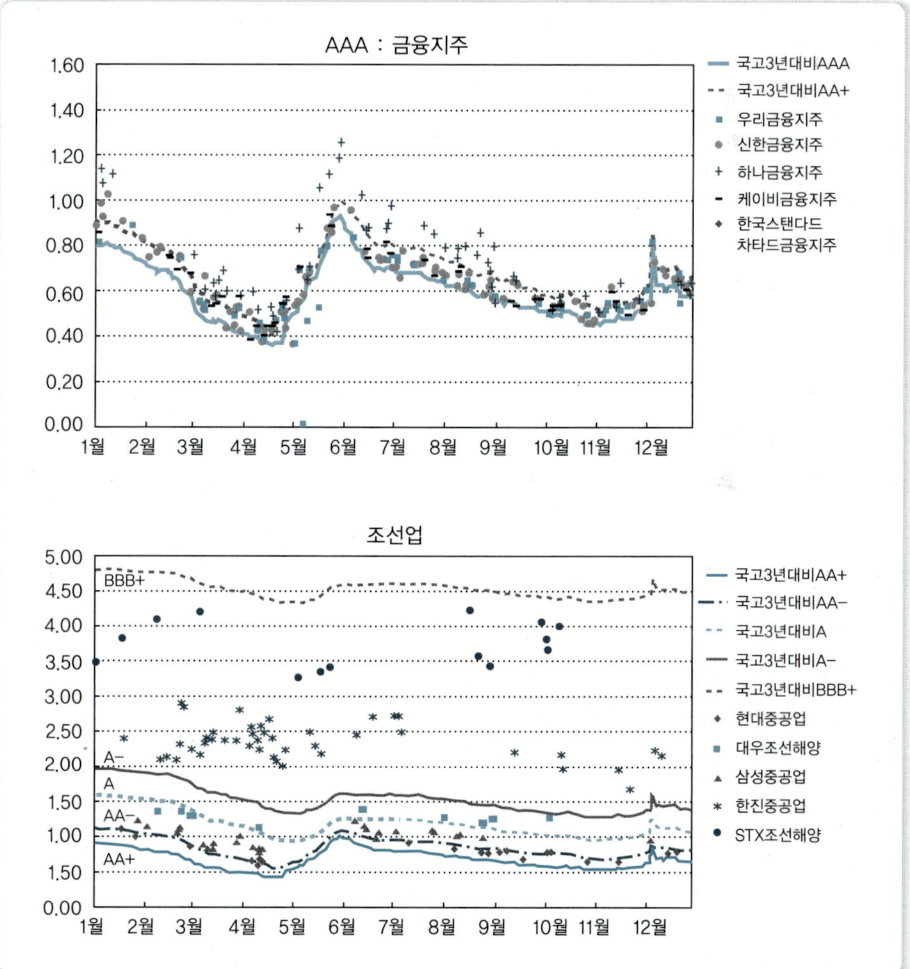


주: 유통수익률은 만기 3년으로 재조정한 수치임(2010년).
자료: 한국금융투자협회, 나이스채권평가.

보다 작은 위험 프리미엄을 요구하지만 경기후퇴기에는 보다 큰 위험 프리미엄을 요구하는 것이 일반적이기 때문이다.

[그림 5-25]는 금융지주회사의 AAA등급과 AA등급 사이의 수익률 스프레드 차이, 그리고 조선업의 AA등급에서 BBB등급 사이의 5등급에 따른 수익률 스프레드의 차이를 보여주고 있다. 등급이 낮을수록 위험의 증가로 수익률 스프레드가 더 크다는 것을 확인할 수 있고 월별로 경제상황이나 시장여건에 따라 스프레드의 크기도 변화함을 보여준다.

# 국가신용등급 분포(2011년)

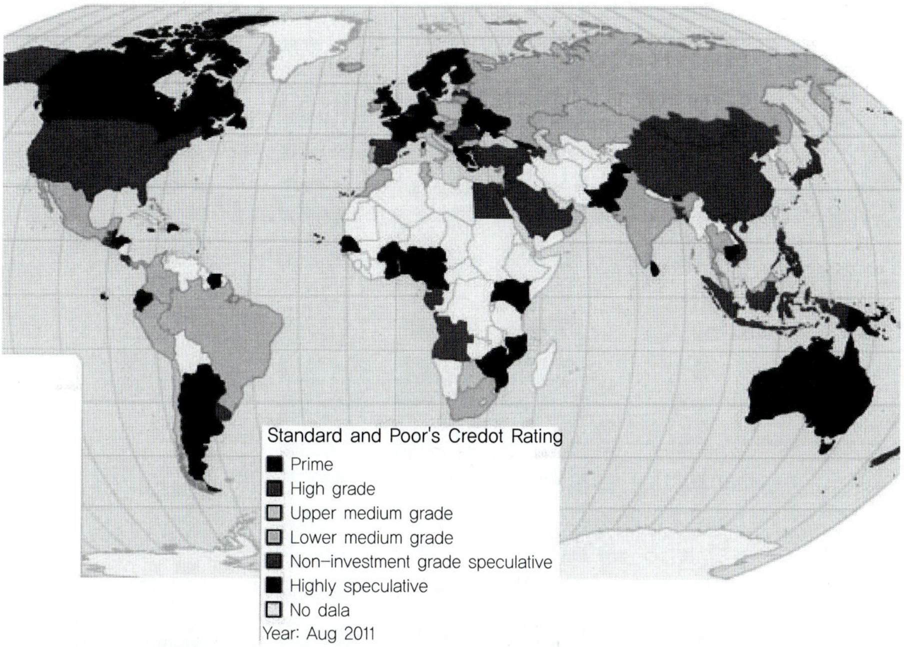


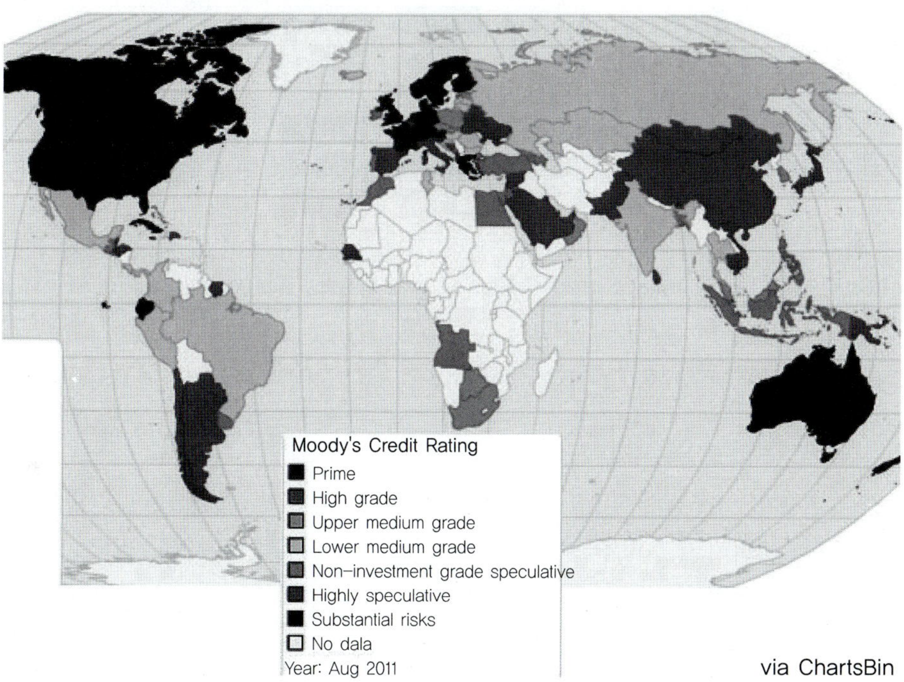


via ChartsBin

Learning Cafe 2

# 장기국채기준 국가신용등급

주요국 국가신용등급 현황 (2012년 8월 27일 현재)

| 장기국채신용등급 | 무디스 | S&P | 피치 |
|---|---|---|---|
| 한국 | Aa3 | A | A+ |
| 미국 | Aaa | AA+ | AAA |
| 캐나다 | Aaa | AAA | AAA |
| 호주 | Aaa | AAA | AAA |
| 브라질 | Baa2 | BBB | BBB |
| 멕시코 | Baa1 | BBB | BBB |
| 아르헨티나 | B3 | B | B |
| 중국 | Aa3 | AA− | A+ |
| 일본 | Aa3 | AA− | A+ |
| 대반 | Aa3 | AA− | A+ |
| 싱가포르 | Aaa | AAA | AAA |
| 인도 | Baa3 | BBB− | BBB− |
| 러시아 | Baa1 | BBB | BBB |
| 독일 | Aaa | AAA | AAA |
| 영국 | Aaa | AAA | AAA |
| 프랑스 | Aaa | AA+ | AAA |
| 이탈리아 | Baa2 | BBB+ | A− |
| 스페인 | Baa3 | BBB+ | BBB |
| 그리스 | C | CCC | CCC |
| 터키 | Ba1 | BB | BB+ |
| 이집트 | B2 | B | B+ |

**신용등급 분류**

- Aaa/AAA 신용도 매우높음
- Aaa/AA 신용도 높음
- A/A 신용도 양호
- Baa/BBB 신용도 적절
- Ba/BB 이행능력 있지만 악화가능
- B/B 투자위험도 높음
- Caa/CCC 위험도 매우높음

출처: 연합뉴스.

## 연습문제

1. 다음을 간단히 설명하라.
   (1) 채권수익률
   (2) 수익률 스프레드
   (3) 수익률곡선(yield curve)
   (4) 현물이자율과 선물이자율
   (5) 약정수익률과 실현수익률

2. 채권수익률의 기간구조에 관한 세 가지 가설을 설명하고 우리 나라의 경우 이 세 가지 가설 중 어떠한 가설이 적용될 수 있겠는가 생각해 보라.

3. 유동성프리미엄의 크기 및 행태에 영향을 미치는 요인에는 어떠한 것들이 있는가 살펴보라.

4. 유동성프리미엄이론이 수익률의 기간구조를 설명한다고 가정하자. 1기간 현물이자율이 5%, 다음 기간의 기대 현물이자율이 7%, 유동성 프리미엄이 2%라고 한다면 기간 2에 적용될 선도이자율은 얼마인가를 계산하라.

5. 다음과 같은 기간구조가 관찰되었다고 가정하자. 이는 어떠한 형태의 채권수익률 곡선과 일치하는 현상인가?

| 만기 | 현물이자율 |
|---|---|
| 1년 | 0.12 |
| 2년 | 0.14 |
| 3년 | 0.05 |
| 4년 | 0.04 |

6. 1년 만기 현물이자율 및 선도이자율은 다음과 같다고 한다. 이때 액면가액이 1,000원이고 표면이자율이 8%인 3년 만기 채권의 가격은 얼마인가? 단, 이자는 매년말 지급된다.

$${}_0R_1 = 7\%,\ {}_1f_2(= r_{1,2}) = 8\%,\ {}_2f_3(= r_{2,3}) = 12\%$$

**7.** 만약 투자가들이 기간 2, 기간 3에 대하여 매년 0.6%의 유동성 프리미엄을 요구한다고 하면 위의 채권가격에 어떠한 영향을 미치게 되는가?

**8.** 현재 정부에서는 다음과 같은 세 가지 종류의 채권을 발행하고 있다.

| 채권 | 액면가액(원) | 만기 | 표면이자율(%) | 시장가격(원) |
|---|---|---|---|---|
| A | 1000 | 1 | 0 | 909.09 |
| B | 1000 | 2 | 10 | 991.81 |
| C | 1000 | 3 | 10 | 977.18 |

(1) 위의 자료를 가지고 현물이자율 및 선도이자율을 구하라.

(2) 앞으로 3년 동안 매년 말에 100만원씩 받게 되는 연금의 현재가치는 얼마인가?

**9.** 액면가격이 1,000원이고 표면이자율이 8%인 2년 만기 회사채의 현재가격은 810원이다. 현재 이 채권의 채무불이행의 가능성은 다음과 같다.

| 1차 년도 이자 | 확률 |
|---|---|
| 80원 | 0.7 |
| 60원 | 0.3 |
| **2차 년도 이자** | **확률** |
| 80원 | 0.5 |
| 70원 | 0.3 |
| 60원 | 0.2 |
| **2차 년도 원금** | **확률** |
| 1,000원 | 0.5 |
| 800원 | 0.5 |

(1) 이 채권을 만기까지 보유하고 있는 경우의 기대수익률을 구하라.

(2) 채무불이행의 프리미엄(default premium)은 얼마인가?

(3) 동일한 조건을 가지고 있는 국채의 가격이 980원일 경우 이 회사채의 위험프리미엄(risk premium)은 얼마인가?

**10.** 현재의 수익률곡선이 우상향한다고 가정할 경우 다음 중 어떤 채권의 만기수익률이 높겠는가?

(1) 15년 만기의 할인채권과 10년 만기의 할인채권

(2) 표면이자율 5%의 10년 만기 채권과 표면이자율의 6%의 10년 만기 채권

**11.** 최근 수년간의 자료를 이용하여 우리나라의 국공채수익률과 회사채수익률 사이의 스프레드가 어떻게 변해왔는지 살펴보라. 만약 회사채가 부(−)의 스프레드를 갖는 경우가 있다면 그 원인은 무엇이라고 생각하는가?

C·H·A·P·T·E·R 06

# 증권의 평가와 투자분석: 채권의 가격변동성과 채권투자전략

국제유가가 급등하여 막대한 규모의 오일머니가 이슬람지역으로 유입되자 이자를 금지하는 이슬람율법에 맞춰 개발된 이슬람은행의 금융상품들이 주목받게 되었는데 그 대표적인 것이 수쿠크(Sukuk) 즉 이슬람국가들이 발행하는 채권이다.

이슬람율법인 사리아(Shariah)는 돈을 빌려주는 대가로 이자를 받는 것을 기생행위 또는 부당이득으로 간주하기 때문에 수쿠크(이슬람채권)는 투자자들에게 이자를 주는 것이 아니라 특정사업(이슬람율법에 반하는 술 · 돼지고기 · 도박 · 담배 · 무기 등의 사업에는 투자 금지)에 투자한 뒤 그를 통해 얻는 수익을 배당금 형태로 지급한다는 점에서 일반 채권과 다르다.

이자에 해당하는 부분은 부동산 등의 실물자산 활용을 통한 배당금 혹은 리스료 형태로 지급하고, 원금은 실물자산을 채권자가 채무자에게 재매입하게 만들거나 일반에 매각하는 방식으로 회수한다. 이는 자산을 담보로 채권을 발행하고, 자산에서 얻는 수익금을 채권 보유자에게 돌려주는 자산담보부증권(ABS)과 원리가 비슷하다.

수쿠크는 기초자산과 발행자, 수익자를 연결하는 구조에 따라 다양한 형태로 발행이 가능한데 AAOIFI(이슬람금융회사를 위한 회계감사기구)는 수쿠크의 종류를 기초자산의 종류에 따라 14가지로 구분한다. 그중 대표적인 것은 실물자산매매 방식인 무라바하(Murabahah), 리스 형식인 이자라(Ijarah), 출자형식인 무샤라카(Musharakah), 신탁금융인 무다라바(Mudharabah)이다.

– 네이버 지식백과에서 –

앞 장에서 채권가격은 이자율변동과는 역의 관계를 가지고 변화하며 그 정도는 채권의 특성에 따라 차이를 보인다는 점을 살펴보았다.

여기서는 우선 이자율변동에 따른 채권가격의 변동성(price volatility)을 측정해주는 척도 중의 하나인 듀레이션(duration)개념에 관하여 알아본다. 그리고 채권의 또 다른 투자특성인 볼록성(convexity)개념에 관하여 알아보고 이것이 채권투자에 있어서는 어떤 의미를 갖게 되는가를 살펴본다. 그 다음 만기, 듀레이션, 볼록성 등 채권의 특성을 이용하는 채권의 투자관리전략에는 어떠한 것들이 있으며 시장을 이기는 적극적 전략이 가능한가를 알아본다.

## 제 1 절 채권가격의 변동성

앞장에서 우리는 이자율이 변함에 따라 채권가격이 변화하게 된다는 점을 살펴보았다. 일반적으로 채권의 가격은 시간이 지나면서 다음의 세 가지 요인에 의해 변화하게 된다.

① 채권발행자의 신용위험(perceived credit risk) 변화(신용등급상승에 의한 가격상승)
② 채권의 만기까지 기간의 변화(만기에 수렴시 할증, 할인채 모두 액면가로 수렴)
③ 시장이자율의 변화(이자율 상승에 따른 가격하락)

본 장에서는 이 중에서도 특히 시장이자율 변화와 관련한 채권가격의 변동성과 그 의미, 측정방법을 중심으로 살펴보고자 한다.

### 1.1 채권의 가격과 채권수익률

Malkiel의 정리에서 이미 설명한 것처럼 채권의 가격은 이자율(채권수익률)과 서로 반대 방향으로 움직인다. 이는 기본적인 채권평가모형에서 채권의 가격은

그림 6-1 채권가격-수익률 관계(내재옵션 없는 경우)

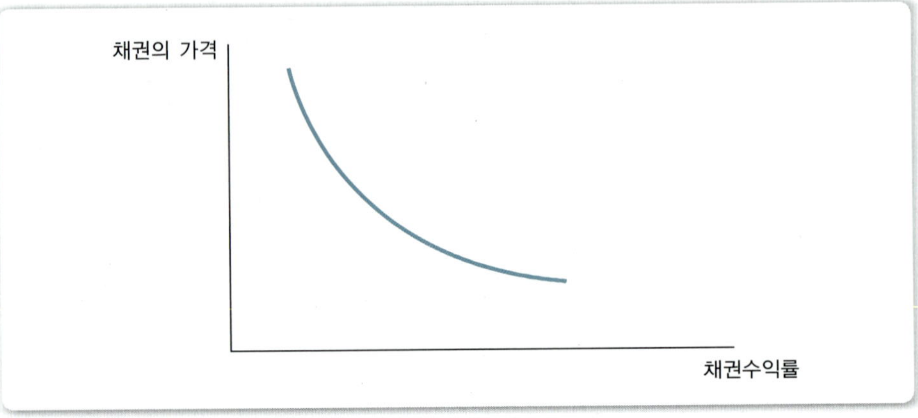


기대되는 미래현금흐름의 할인된 현재가치로 정의되고, 이때 적용되는 분모의 할인율이 곧 채권수익률이라는 사실로부터 쉽게 알 수 있다.

따라서 채권수익률(이자율)이 증가하면 기대현금흐름의 현재가치인 채권의 가격이 하락하고, 반대의 경우에는 채권가격이 상승하게 된다. 이자율 변동에 따른 채권가격의 변동성은 채권수익률곡선에 접하는 접선의 기울기에 의해 측정할 수 있다. 채권가격-수익률의 관계를 도시하면 [그림 6-1]과 같이 직선형이 아닌 볼록형(convex)의 형태를 보이는 것이 일반적이다. 그러므로 듀레이션(또는 수정 듀레이션) 근사치만으로 이자율 변동에 따른 채권가격 변동성(위험)을 측정하게 되면 추정 오차가 발생한다. 이를 보정하기 위하여 볼록성 척도를 함께 고려해 주면 이자율 변동에 의한 채권가격 변동성을 큰 오차 없이 측정할 수 있게 된다. 이러한 볼록성은 후술하게 될 듀레이션 개념과 함께 채권투자에 있어서 중요한 의미를 갖는 개념이다.

## 1.2 채권의 가격변동성

채권수익률이 변하면 채권의 가격은 변화한다. 그러면 채권수익률의 변화가 채권의 가격변동성에 미치는 영향을 보기 위하여 〈표 6-1〉에서와 같이 만기 또는 표면이자율의 크기가 다른 6종류의 가상적인 예를 들어보자.

현재의 채권수익률은 9%을 가정했을 때 〈표 6-1〉의 아래 부분의 표는 수익률

**표 6-1 채권의 유형별 채권가격변동성**

A. 9% 쿠폰 5년 만기 채권의 가격 = 100.0000
B. 9% 쿠폰 25년 만기 채권의 가격 = 100.0000
C. 6% 쿠폰 5년 만기 채권의 가격 = 88.1309
D. 6% 쿠폰 25년 만기 채권의 가격 = 70.3570
E. 0% 쿠폰 5년 만기 채권의 가격 = 64.3928
F. 0% 쿠폰 25년 만기 채권의 가격 = 11.0710
현재의 채권수익률 = 9%

주 : 이자는 반년마다 지급

| 수익률변화 | bp* 변화 | 가격변화율 | | | | | |
|---|---|---|---|---|---|---|---|
| | | 9%/5년 | 9%/25년 | 6%/5년 | 6%/25년 | 0%/5년 | 0%/25년 |
| 6.00% | −300 | 12.80% | 38.59% | 13.47% | 42.13% | 15.56% | 106.04% |
| 7.00% | −200 | 8.32 | 23.46 | 8.75 | 25.46 | 10.09 | 61.73 |
| 8.00% | −100 | 4.06 | 10.74 | 4.26 | 11.60 | 4.91 | 27.10 |
| 8.50% | −50 | 2.00 | 5.15 | 2.11 | 5.55 | 2.42 | 12.72 |
| 8.90% | −10 | 0.40 | 1.00 | 0.42 | 1.07 | 0.48 | 2.42 |
| 8.99% | −1 | 0.04 | 0.10 | 0.04 | 0.11 | 0.05 | 0.24 |
| 9.00%(현재) | | | | | | | |
| 9.01% | 1 | −0.04 | −0.10 | −0.04 | −0.11 | −0.05 | −0.24 |
| 9.10% | 10 | −0.39 | −0.98 | −0.41 | −1.05 | −0.48 | −2.36 |
| 9.50% | 50 | −1.95 | −4.75 | −2.05 | −5.09 | −2.36 | −11.26 |
| 10.00% | 100 | −3.86 | −9.13 | −4.06 | −9.76 | −4.66 | −21.23 |
| 11.00% | 200 | −7.54 | −16.93 | −7.91 | −18.03 | −9.08 | −37.89 |
| 12.00% | 300 | −11.04 | −23.64 | −11.59 | −25.08 | −13.28 | −50.96 |

* 베이시스 포인트(bp; basis point)는 1%의 1/100을 의미함

변화에 따른 각 채권의 가격의 변화율이 어떻게 되는가를 보여주고 있다.

첫째, 채권가격은 수익률의 변화와 반대방향으로 움직이고 있지만 가격변화율은 채권의 종류에 따라 상이하다.

둘째, 채권수익률의 변화폭이 작은 경우(infinitesimal change)에는 수익률의 증가 또는 감소에 관계없이 가격변화율에 큰 차이가 없다(대칭적 변화를 보인다).

셋째, 그러나 채권수익률의 변화폭이 큰 경우에는 채권수익률의 증가 또는 감소에 따른 가격변화율이 상이하다(비대칭적 변화를 보인다).

넷째, 수익률의 일정 크기 변화에 대응하는 채권가격의 변화율은 상승률이 하락률의 경우보다 크다.

이러한 성질은 채권투자자에게 중요한 의미를 갖는다. 즉 채권을 소유하고 있는 투자자의 경우 앞으로의 수익률 하락에 따라 실현할 채권가격상승에 의한 자본이득(capital gains)이 똑같은 크기의 수익률상승에 의한 자본손실(capital losss)보다 크다는 것을 의미하게 된다. 채권가격 변동성에 관한 이러한 네 가지 성질은 채권가격과 수익률의 관계가 직선형이 아닌 볼록한(convex) 형태이기 때문에 발생하게 된다.

## 1. 가격변동성의 영향요인

채권의 가격변동성에 영향을 주는 채권의 주요한 특성으로는 표면이자율과 만기 두 가지 요인이 있다.[1)]

① 채권수익률과 만기가 주어진 상태에서 표면이자율의 크기가 작으면 작을수록 가격의 변동성은 커진다. 이러한 관계는 〈표 6-1〉의 9%, 6%, 0% 표면이자율의 채권을 만기가 같은 상태에서 상호 비교함으로써 알 수 있다.

② 채권수익률과 표면이자율의 크기가 주어진 상태에서는 만기가 길수록 가격의 변동성은 커진다. 이는 〈표 6-1〉에서 표면이자율의 크기는 같으면서 만기만 다른 만기 5년과 25년의 채권을 비교해 보면 알 수 있다.

이러한 특성은 이자율하락을 예상하여 채권가격의 상승이 기대되는 경우에 가격의 상승폭을 극대화시키기 원하는 투자자들은 만기가 길고 표면이자율이 작은 채권(가격변동성이 큰 채권)들로 포트폴리오를 구성해야 한다는 것을 시사해주는 것이다. 반면 이자율의 상승을 예상하는 경우에는 만기가 짧고 표면이자율이 큰 채권(가격변동성이 작은 채권)들로 포트폴리오를 구성해 주어야 가격하락폭을 최소화할 수 있을 것이다.

## 2. 가격변동성의 측정

자금관리자들이나 채권거래자들이 헤징이나 기타의 거래전략을 수행하기 위해서는 채권의 가격변동성을 측정하는 방법을 알아야 한다. 가격변동성의 정도를 측정해 주는 척도에는 다음의 세 가지가 있다.

---

1) 표면이자율과 만기가 같은 상태에서는 채권수익률이 낮은 채권일수록 가격변동성은 커진다.

**표 6-2** 1베이시스 포인트의 수익률 변화에 대응하는 가격변화

| 채권의 종류 | 최초 가격수준 (수익률9%) | 수익률 변화후의 가격수준(9.01%) | 1 베이시스 포인트 수익률 변화에 대응한 가격변화 크기 |
|---|---|---|---|
| 만기 5년, 쿠폰 9% | 100.0000 | 99.9604 | 0.0396 |
| 만기 25년, 쿠폰 9% | 100.0000 | 99.9013 | 0.0987 |
| 만기 5년, 쿠폰 6% | 88.1309 | 88.0945 | 0.0364 |
| 만기 25년, 쿠폰 6% | 70.3570 | 70.2824 | 0.0746 |
| 만기 5년, 제로쿠폰 | 64.3928 | 64.3620 | 0.0308 |
| 만기 25년, 제로쿠폰 | 11.0710 | 11.0445 | 0.0265 |

### (1) 베이시스 포인트의 가격환산치

이는 채권수익률이 1베이시스 포인트 만큼 변화하는 경우 채권가격이 절대 금액으로 어느 정도 변할 것인가를 측정해 주는 척도(price value of a basis point)이다. 즉, 1베이시스 포인트의 채권수익률 변화에 대응하는 채권가격 변화의 절대적 크기가 어느 정도인가에 의해 측정된다. 따라서 상대적인 가격변화율에 의해 변동성을 측정하고자 한다면 이 절대적 가격변화크기를 최초의 채권가격으로 나누어 계산해 주면 된다.

가령 수익률이 1 베이시스 포인트(1%의 1/100) 만큼 변화하는 경우 만기와 표면이자율이 다른 6가지 종류의 채권가격 변화크기를 보면 〈표 6-2〉와 같다.

### (2) 일정 가격변화의 수익률 환산치

이는 위의 경우와는 반대로 일정크기의 가격변화에 대응하는 수익률의 변화크기가 어느 정도인가에 의해 측정된다. 가령 채권의 가격이 X원 만큼 하락하는 경우를 가정하여 채권수익률을 추정한 다음, 변하기 전의 채권수익률과의 차이를 계산해주면 그 차이가 X원 만큼의 가격변화에 대응하는 수익률 값(yield value of a price change)이 된다. 이 경우 가격과 수익률은 역의 관계를 가지고 변화하므로 수익률의 변화 크기가 작을수록 채권가격의 변동성은 크다는 것을 의미하게 된다.

현재 채권수익률이 9%이고 표면이자율 9%인 만기 5년의 재무성 채권과 만기 25년의 재무성채권(액면가 100원 가정)을 예로 들어 설명하여 보자. 이 재무성 채권은 1%의 1/32단위로 거래[2]가 이루어지는 데 최초가격에서 1베이시스 포인트에

2) 1 베이시스 포인트는 재무성 발행 채권중 단기채권인 T-Bill은 1%의 1/100이지만, 중기채권과 장기채권인 T-Note, T-Bond는 1%의 1/32, 그리고 회사채의 경우에는 1%의 1/8단위만큼의 변화를 가리킨다.

해당하는 금액만큼의 가격이 변화한 경우를 가정하여 보자. 그러면 수익률은 9%에서 다음의 표에서 보는 바와 같은 수익률 변화를 보이게 될 것이다. 그 결과 만기가 긴 채권의 수익률 변화가 작은 것으로 나타났는데, 이는 작은 수익률변화에도 동일한 크기의 가격변동이 발생한 것이므로 가격 변동성은 더 크다는 것을 의미하는 것이다.

| 채권의 종류 | 최초가격–1베이시스 포인트 가격 | 가격변화후의 수익률 | 가격변화전의 수익률 | 수익률 변화값 |
|---|---|---|---|---|
| 5년 만기 | 99.96875 | 9.008 | 9.000 | 0.008 |
| 25년 만기 | 99.96875 | 9.003 | 9.000 | 0.003 |

### (3) 듀레이션

채권평가의 기본모형으로부터 옵션의 성격이 내포되어 있지 않은 순수한 채권(option–free bond)의 가격은 다음과 같다.

$$P = \frac{C}{(1+y)} + \frac{C}{(1+y)^2} + \cdots\cdots + \frac{C}{(1+y)^n} + \frac{Par}{(1+y)^n}$$

단, $P$: 채권의 가격
$C$ : 쿠폰 이자의 크기
$y$ : 채권수익률
$Par$: 만기의 액면가액(Par value)
$n$: 만기까지의 기간

채권수익률의 작은 변화(미분)에 대응하는 채권가격의 변화를 1차 도함수의 정의에 따라 수학적으로 표현하면 다음과 같다.

$$\frac{dP}{dy} = \frac{(-1)C}{(1+y)^2} + \frac{(-2)C}{(1+y)^3} + \cdots\cdots + \frac{(-n)C}{(1+y)^{n+1}} + \frac{(-n)Par}{(1+y)^{n+1}}$$

그리고 이를 다시 정리하면 다음과 같은 형태로 다시 쓸 수 있다.

$$\frac{dP}{dy} = -\frac{1}{(1+y)}\left[\frac{1C}{(1+y)} + \frac{2C}{(1+y)^2} + \cdots\cdots \frac{nC}{(1+y)^n} + \frac{nPar}{(1+y)^n}\right]$$

이는 수익률의 작은 변화($dy$)에 대응하여 채권가격의 변화($dP$)가 어느 정도인가를 보여주며, 위 식의 양변을 다시 $P$로 나누어 주면, 상대적 비율(%)로 측정되는 가격의 변화크기 즉, $dP/P$가 어느 정도인가를 보여준다. 즉,

$$\frac{dP}{dy}\frac{1}{P}=-\frac{1}{(1+y)}\left[\frac{1C}{(1+y)}+\frac{2C}{(1+y)^2}+\cdots\cdots\frac{nC}{(1+y)^n}+\frac{nPar}{(1+y)^n}\right]\frac{1}{P}$$

가 된다. 여기에 맥콜리의 듀레이션(Macaulay duration) 정의[3]에 따라 위의 식은 다음과 같이 정리된다.

$$\frac{dP}{dy}\frac{1}{P}=-\frac{1}{(1+y)}\ (\text{맥콜리 듀레이션})$$

이 식으로부터 맥콜리 듀레이션의 의미를 살펴보기 위하여 맥콜리 듀레이션을 제외한 나머지 부분을 전부 좌변으로 옮기면 수익률의 변화율[4]에 대응하는 이자율의 변화율이 되므로 이는 곧 채권가격의 이자율 탄력성 개념이라는 것을 알 수 있고, 부호만 이와 반대(−)인 것을 알 수 있다.

$$\text{맥콜리 듀레이션} \equiv D=-\varepsilon(\text{이자율 탄력성})=-\frac{dP/P}{dy/(1+y)}$$

즉, 듀레이션의 의미는 [그림 6-2]에서 보는 바와 같이 수익률의 변화율에 대응하는 채권가격의 변화율을 의미한다. 따라서 듀레이션이 13년이라는 것은 이자율(수익률)이 1% 감소(증가)하는 경우 채권가격은 13% 증가(감소)한다는 의미가 된다.

한편 맥콜리 듀레이션($D$)을 $1+y$로 나누어준 비율을 수정 듀레이션($D^m$)이라고 부른다.[5]

$$\text{수정듀레이션} \equiv D^m=\frac{D}{1+y}$$

---

3) 이는 뒤의 듀레이션과 채권가격의 탄력성을 참고하기 바람.

4) 탄력성을 정의함에 있어 수익률의 변화율을 채권가치평가의 기본모형에서 분모인 (1+이자율)의 변화율로 정의할 수도 있고 이자율($y$) 자체의 변화율로 정의할 수도 있다. 이 경우에는 본문의 수식 모양과는 차이가 있게 된다. 즉, 탄력성인 $\varepsilon=\frac{dP/P}{dy/y}$로 정의하면 $\varepsilon=-D\frac{y}{1+y}$의 형태가 된다.

5) 연간 이자지급횟수가 $m$회인 경우에는 $\frac{D}{1+\frac{y}{m}}$이 된다.

그림 6-2 듀레이션의 의미

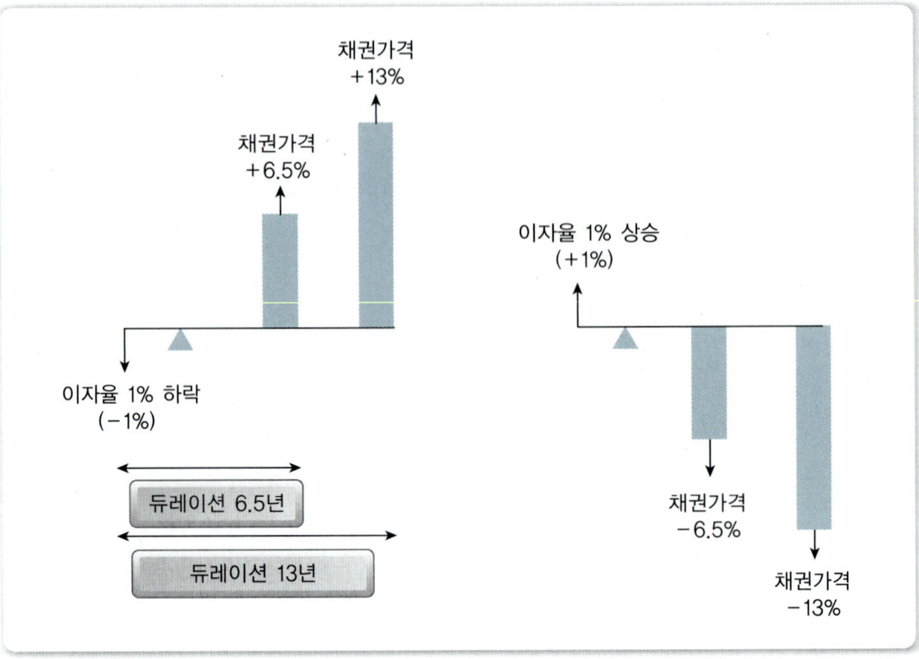


이를 위의 식에 대입하면 수익률 변화($dy$)에 따른 상대적인 가격의 변화율($\frac{dP}{P}$)은 수정 듀레이션에 부(−)의 부호를 붙인 것과 같아진다.[6)]

$$\frac{dP}{dy} \cdot \frac{1}{P} = \frac{dP/P}{dy} = -D^m$$

이제 옵션이 내재되지 않은 일반 채권의 듀레이션과 채권가격 변동성의 관계를 보이면 [그림 6–3]과 같이 요약된다. 여기서 1차 도함수는 앞에서 이미 설명한 채권가격의 기본 평가모형에서 채권가격을 이자율에 대하여 미분한 개념[7)]이다. 그리고 1차 도함수에 부(−)의 부호를 붙여 측정되는 금액듀레이션(dollar duration)은 금액크기의 변화로 표현되는 가격변동성(dollar price volatility)을 의미

6) 수정듀레이션은 만기와 쿠폰이자율의 크기가 다른 채권들간의 비교를 용이하게 하여준다. 즉, 수정 듀레이션이 5년이라는 것은 이자율이 1% 상승(하락)하면 채권가격은 5% 하락(상승)한다는 것을 의미한다.

7) 채권가격은 이자율의 함수로서 이자율 자체의 함수인 $P=f(y)$로 표시하거나 또는 (1+이자율)의 함수인 $P=f(1+y)$로도 표시 가능하다. 전자의 경우로 보면 1차 도함수는 $\frac{dP}{dy}$의 형태이지만 후자의 경우로 보면 $\frac{dP}{d(1+y)}$의 형태가 된다.

하며 이는 수정 듀레이션에 가격을 곱하여도 산출된다.

한편 Frank Fabozzi는 옵션이 내재된 채권(bond with embedded option)이나 만기와 현금흐름의 불확실성이 존재하는 채권의 경우에는 다음과 같은 유효 듀레이션 척도가 더 유용하고 적합하다는 주장을 하였다.

수정 듀레이션은 이자율변동에 따른 채권가격의 변동성을 측정하는 척도이지만 이는 이자율이 변화하는 경우에 채권의 기대 현금흐름은 변화하지 않는다는 가정하에서 측정되는 척도이다. 따라서 옵션이 내재된 채권처럼 이자율 변화에 따라 채권의 기대현금흐름이 변할 수 있는 경우에는 이러한 측정방법은 부적절한 척도이다. 가령 수의상환채권(콜옵션 내재)은 이자율 하락시 채권 발행기업의 조기 상환가능성으로, 그리고 상환청구권부 채권(풋옵션 내재)은 이자율 상승시 높은 이자율로의 재투자 가능성을 고려한 투자자의 조기 상환요구 가능성으로 기대 현금흐름이 변할 수 있다. 이처럼 이자율 변화가 기대현금흐름의 변화를 가져오는 채권의 경우 채권가격 변동성은 이자율 변화를 현재의 이자율수준에서 작은 크기만큼 증가 또는 감소시킬 경우의 채권가격이 어떻게 변화하는가를 측정함으로써 가능해 진다.

옵션이 포함된 채권의 듀레이션은 유효듀레이션(effective duration; $D^{effective}$)이나 옵션조정듀레이션으로 측정 가능하지만 후자의 경우가 더 정교한 측정방법으로 이용된다. 이중 다음의 유효듀레이션은 옵션의 포함 유무에 관계없이 모든 채권의 듀레이션 측정에 근사적으로 적용될 수 있다.

$$D^{effective} = -\frac{\Delta P/P_0}{\Delta r} = \frac{P_- - P_+}{P_0(y_+ - y_-)} = \frac{P_- - P_+}{2(P_0)dy}$$

단, $P_-$ : $x$ 베이시스 포인트 하락에 따른 채권가격 변화
$P_+$ : $x$ 베이시스 포인트 상승에 따른 채권가격 변화
$y_+$ : 최초수익률 $+x$ 베이시스 포인트($\therefore dy = x$)
$y_-$ : 최초수익률 $-x$ 베이시스 포인트($\therefore dy = -x$)
$P_0$ : 최초의 채권가격
$\Delta P$ : $P_+ - P_-$
$\Delta r$ : $y_+ - y_-(= 2dy = 2x)$

가령 만기가 8년이고 표면이자율이 9.5%인 채권의 이자가 반년마다 지급되고, 액면가(100)의 90%가격으로 거래된다면(현재의 채권수익률은 11.44%) 수익률이 현재수익률(최초수익률)을 기준으로 상하 5 베이시스 포인트만큼 변화하는 경우

의 유효 듀레이션은 다음과 같다.

$$D^{effective} = -\frac{90.25 - 89.77}{90(0.1149 - 0.1139)} = 5.33\text{년}$$

이 채권의 맥콜리 듀레이션을 계산하면 5.64년이며, 수정듀레이션은

$$D^{m} = -\frac{5.64}{\left(1 + \frac{0.1144}{2}\right)} = 5.33\text{년}$$

이 된다. 채권가격에 영향을 주는 내재옵션이 없기 때문에 이 경우에는 유효듀레이션과 수정듀레이션이 같아진다.

[예제] 독도기업의 수의상환채권은 현재 980원에 거래되고 있다. 이 채권의 수익률이 0.5% 포인트만큼 상승한다면 채권가격은 930원으로 하락하고, 채권수익률이 0.5%만큼 하락한다면 채권가격이 1,010원으로 상승한다고 할 때 이 채권의 유효 듀레이션을 구하라.

$\Delta r$ = 가정한 이자율의 상승 − 가정한 이자율의 하락
$= 0.5\% - (-0.5\%) = 1.0\% = 0.01$
$\Delta P$ = 이자율 0.5% 상승 가정할 경우의 채권가격 − 이자율 0.5% 하락 가정할 경우의 채권가격
$= 930 - 1{,}010 = -80$

따라서 이 채권의 유효듀레이션

$$D^{effective} = -\frac{\Delta P / P_0}{\Delta r} = -\frac{-80/980}{0.01} = 8.16\text{년}$$

$$\left[\text{또는 } \frac{P_{-} - P_{+}}{2(P_0)dy} = \frac{1{,}010 - 930}{2(980)(0.005)} = 8.16\text{년}\right]$$

이는 현재의 수익률을 기준으로 수익률이 1% 포인트 변화하면 채권가격은 8.16% 변화한다는 것을 의미한다.

그러나 수의상환채권(콜옵션 내재)이나 상환청구권부 채권(풋옵션 내재)[8)]의

그림 6-3 듀레이션과 채권가격 변동성

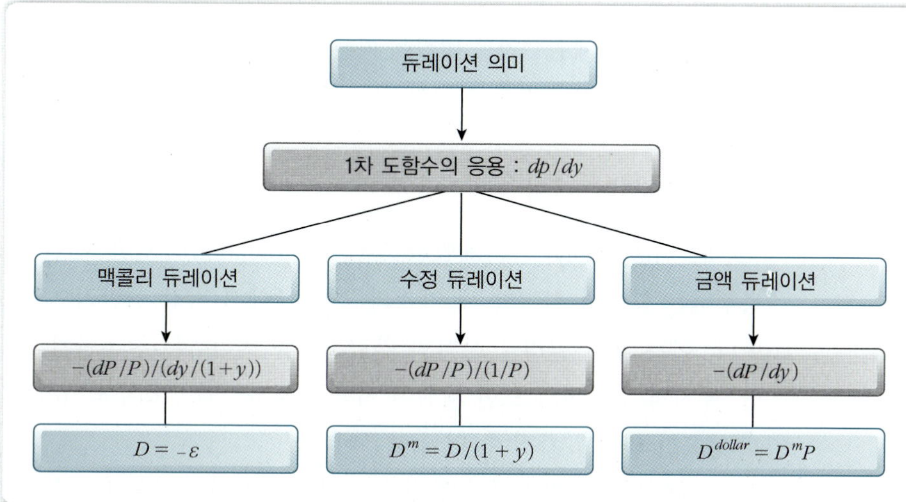


경우에는 옵션을 조정한 후의 채권가격과 수익률관계를 보아야 하고, 이 때의 수익률곡선에 대한 접선의 기울기가 바로 옵션조정 듀레이션($D_{option\ adjusted}$)이 된다. 옵션조정 듀레이션은 다음 식으로 산출된다. 여기서 옵션델타는 옵션가격($C$)을 기초자산의 가격($S$)에 대하여 편미분한 값($\frac{\partial C}{\partial S}$)을 의미한다. 옵션을 조정한 가격과 수익률의 관계를 보고자 하는 경우에 조정된 가격은 옵션부 채권가격에서 옵션가격결정모형을 이용한 옵션가격을 차감하여 주면 된다.

$$D_{option\ adjusted} = -\frac{P_{noncallable\ bond}}{P_{callable\ bond}} \cdot D_{noncallable\ bond}(1 - \text{옵션델타})$$

8) 수의상환채(callable bond)의 소유자는 옵션이 없는 일반채권에 대한 롱포지션과 콜옵션(이자율이 낮은 경우 발행자가 만기전 조기상환권을 행사할 가능성)에 대한 숏포지션의 두 증권을 하나의 패키지로 소유하는 것으로 볼 수 있고, 상환청구권부 채권(puttable option)은 일반채권과 풋옵션(투자자가 만기 이전에 조기상환을 청구할 수 있는 권리의 행사가능성)을 소유하고 있는 것으로 볼 수 있다.

## 1.3 듀레이션과 가격변동성

듀레이션은 채권수익률 변화에 따른 채권가격의 변화정도를 측정해 주는 척도[9]인데, 이것이 채권투자를 하고자 할 경우 어떤 의미를 갖는지를 살펴보자.

### 1. 듀레이션의 의의

맥콜리(Macauly)[10]가 개발한 듀레이션(duration)개념은 채권의 가격변동성을 측정하는 앞에서 설명한 세 가지의 척도 중에서 가장 일반적으로 사용되는 척도이다. 이는 채권 원리금 상환의 완결시점을 의미하는 잔존만기를 나타내고 있지만, 투자자 입장에서 보면 채권에 지출한 투자금액이 회수되기까지의 실제기간이 더 중요한 의미를 가질 수 있기 때문이다.

듀레이션은 이자율변화에 대한 채권가격의 변화율에 (1+이자율)을 곱하여 얻어진다. 이 식에서 분자는 채권가격의 이자율에 대한 1차 도함수에 부(-)의 부호를 붙인 것이고, 이를 다시 채권가격으로 나누어 주면 이자율 변화[11]에 대한 채권가격의 순간적인 변화율이 구해진다.

$$\text{채권가격변화율/이자율변화} = \frac{dP/P}{dy} = \frac{dP}{dy}\frac{1}{P}$$

$$D = \frac{1C/(1+y)^1 + 2C/(1+y)^2 + \cdots\cdots + n(C+Par)/(1+y)^n}{P}$$

듀레이션을 측정하는 방법으로는 ① 화폐의 시간가치 개념을 이용하는 방법과 ② Mayor(1991)가 제시한 공식을 이용하여 계산하는 방법이 있다.

먼저 가장 일반적인 화폐의 시간가치 개념을 적용하여 측정하는 방법은 각각의 기간에, 해당기간에 유입되는 현금흐름의 현재가치가 총가치(채권가격)중에서

---

9) 이 경우 채권수익률의 변화가 평행적 이동을 보여야 하고 만기까지 보유하는 경우를 가정한 것이다. 그리고 옵션이 존재하는 경우의 듀레이션은 일반적인 듀레이션 개념과는 달리 시간의 척도와는 무관한 개념이 된다.

10) Macaulay, F. R., *Some Theoretical Problems Suggested by the Movements of Interest Rates, Bond Yields, and Stock Prices in the United States Since 1856*, New York: NBER 1983.

11) 듀레이션 측정은 모든 만기의 이자율이 동일한 크기만큼 변화한다는 이자율의 평행적 이동을 가정하고 측정된다. 그러나 수익률 곡선상 다른 모든 만기의 이자율은 일정하다고 가정하고 특정 만기의 이자율만 변화시킬 경우의 듀레이션을 측정하는 경우를 key rate duration이라고 한다. 이와 같은 방식으로 측정하면 수익률 곡선상 중요 만기별로 측정되는 여러 개의 듀레이션(duration vectors)이 존재하게 되는 바, 이와 관련하여서는 다음을 참고할 것. Donald Chambers and Willard Carleton, "A Generalized Approach to Duration," *Research in Finance* 7(1988).

차지하는 비중을 가중치($w_t$)로 하여 측정되는 가중평균만기(weight average maturity)라고 할 수 있다. 즉 각 기간 $t$에 해당 기간 $t$에 유입되는 현금흐름의 현재가치를 기준으로 계산된 가중치를 곱하여 합산한 것으로서 위의 식은 다음과 같은 수식으로 다시 표시될 수 있다.

$$D = \sum_{t=1}^{n} t \cdot \frac{CF_t/(1+y)^t}{P} = \sum_{t=1}^{n} t \cdot w_t$$
$$= f(\text{만기}+,\ \text{표면이자율}-,\ \text{채권수익률}-)$$

단, $CF_t$ : $t$시점의 현금흐름 즉, 표면이자($C$)과 액면가액(*par value*)
$P$ : 채권의 시장가격
$y$ : 채권수익률(할인율)
$n$ : 채권의 만기

즉 듀레이션은 다른 조건이 동일하다면 만기와는 비례적 관계에 있고, 표면이자율의 경우에는 그 크기가 클수록 듀레이션이 작아지며, 채권수익률도 듀레이션과 반비례 관계에 있다. 이는 표면이자율이 클수록 빠른 시점의 현금흐름의 현재가치가 차지하는 가중치가 상대적으로 커지게 되며, 채권수익률이 높을수록 늦은 시점의 현금흐름의 현재가치가 차지하는 가중치(비중)이 작아지고 빠른 시점의 현금흐름의 현재가치가 차지하는 가중치가 상대적으로 커지기 때문에 듀레이션은 작아진다.

듀레이션을 측정하는 두번째 방법은 Mayor의 공식을 적용하는 것이다. 액면가 1,000원이고 표면이자율이 6%인 만기 3년의 채권이 973.44원에 거래되고 있다고 할 경우 이 채권의 듀레이션은 공식에 따라 대입하면 다음과 같이 계산된다. 채권수익률은 7%이다.

$$D = \frac{(1+y)}{y} - \frac{(1+y) + n(c-y)}{c[(1+y)^n - 1] + y}$$

$$= \frac{(1+0.07)}{0.07} - \frac{(1+0.07) + 3(0.06-0.07)}{0.06[(1+0.07)3 - 1] + 0.07} = 2.83\text{년}$$

단, $c$ : 쿠폰이자율
$y$ : 채권수익률
$n$ : 만기까지의 기간

그림 6-4 듀레이션의 측정과정(할인율 10% 가정)

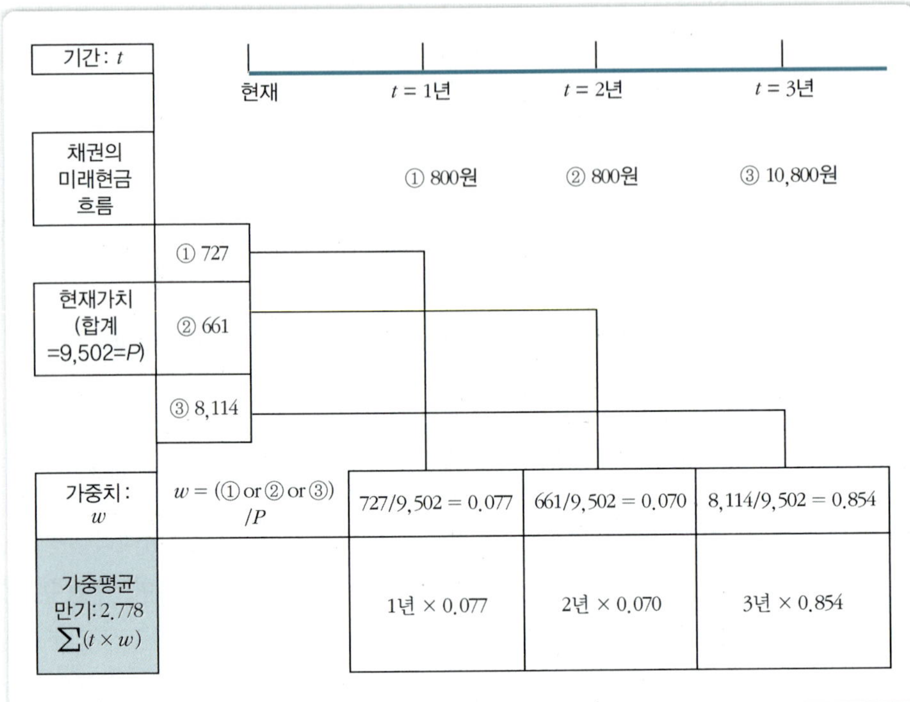


듀레이션은 채권투자자가 전체 이자와 원금을 받기까지 소요되는 가중평균회수기간으로 정의되며, 채권으로부터 발생하는 현금흐름을 통해 투자원금이 회수되는 데 걸리는 가중평균만기이다. 이때 사용되는 가중치는 각 기간별로 발생하는 현금흐름의 현재가치가 투자금액인 채권가격에서 차지하는 비중이 된다. 듀레이션은 채권의 전체 기간중에서 시장이자율이 변화하더라도 채권으로부터 기대하는 수익이 변화하지 않는 단 하나의 시점[12]이 존재하게 되는데 그 시점을 의미한다.

예컨대 액면 10,000원, 표면이자율 8%, 만기 3년인 채권을 9,502원에 매입하였다면 채권의 원리금 상환이 완결되는 기간개념인 잔존만기는 3년이지만, 실제 투자원금을 회수하는 데 걸리는 기간은 맥콜리의 듀레이션이다. 만일 할인율이 10%라고 가정하면 [그림 6-4]에서 보는 바와 같이 이 채권을 9,502원에 구입한 투자

12) 듀레이션의 시점에서는 서로 반대의 방향으로 영향을 주게 되는 ①이자율변화가 가격에 미치는 영향과 ②화폐의 시간가치 개념에 따라 이자의 재투자가 이루어질 경우의 복리이자에 미치는 영향의 크기가 같아짐으로써 전체 투자수익에는 영향을 미치지 않게 된다. 이에 관하여는 뒤의 보론에서 증명한 것을 참고하면 된다.

자의 입장에서는 현재가치를 기준으로 하면 이 금액을 회수하는 데 평균적으로 2.778년(듀레이션)이 걸린다는 것이다. 즉, 각각의 기간(1년, 2년, 3년)에 각 기간의 현금흐름(현재가치 기준)이 전체 투자금액인 9,502원(현재가치)중에서 차지하는 비중을 가중치로 하여 계산한 것이 듀레이션 2.778년이다. 이 채권의 가격은 채권으로부터 발생하는 현금흐름의 총현재가치인 9,502원이며, 이중에서 7.7%(현재가치 기준 727원)는 1년만에 회수되고, 7.0%(661원)는 2년만에 회수되고, 85.4%(8,114원)는 3년만에 회수되므로 투자원금이 전부 회수되는 데는 평균적으로 2.778년이 소요된다는 의미이다. 듀레이션 2.778년 이후의 기간인 0.222년의 기간은 투자금액에 대한 추가적 수익이 발생하는 기간이라고 보면 된다. 따라서 만기가 같은 채권 중에서는 듀레이션이 짧은 채권이 매력적인 채권이 된다.

한편 $N$개의 채권으로 포트폴리오를 구성할 경우에 채권 포트폴리오의 듀레이션은 개별채권의 듀레이션을 가중평균하면 된다. 포트폴리오의 듀레이션을 계산하기 위해서는 먼저 개별 채권들의 듀레이션을 계산한 다음, 여기에 개별채권의 시장가격이 포트폴리오의 총시장가치에서 차지하는 비중을 가중치로 하여 가중평균하면 된다. 즉, 다음의 수식으로 표현할 수 있다.

$$D_p = \sum_{i=1}^{N} \frac{B_i}{P_p} \cdot D_i$$

단, $D_i$ : 개별채권 $i$의 듀레이션
$B_i$ : 개별채권 $i$의 시장가격
$P_p$ : 포트폴리오의 총 시장가치
$D_p$ : 포트폴리오의 듀레이션

예컨대 투자자가 다음과 같은 듀레이션을 갖는 4종류의 채권으로 포트폴리오를 구성한다면 이 채권포트폴리오의 듀레이션은 시장가격을 가중치로 사용하여 다음과 같이 5.4년으로 계산된다.

| 채권 | 시장가치 | 가중치 | 듀레이션 | 가중평균 듀레이션 |
|---|---|---|---|---|
| A | 100,000원 | 0.10 | 4 | 0.4 |
| B | 400,000원 | 0.40 | 7 | 2.8 |
| C | 300,000원 | 0.30 | 6 | 1.8 |
| D | 200,000원 | 0.20 | 2 | 0.4 |
| 합계 | 1,000,000원 | 1.00 | | 5.4년 |

그림 6-5 듀레이션과 현금흐름(가중치)의 균형점

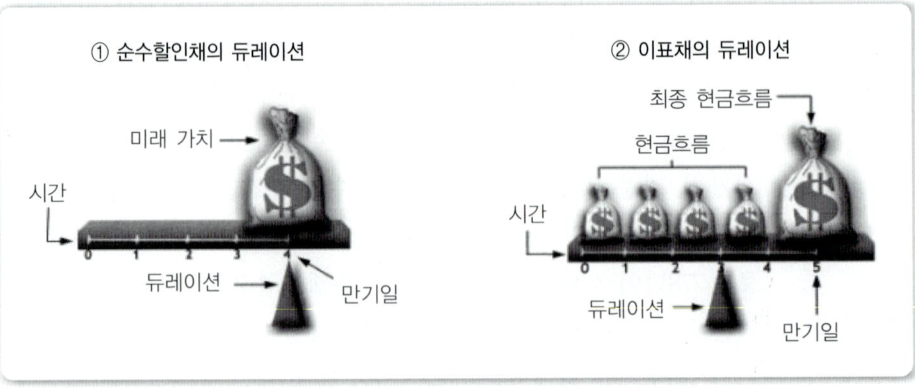


자료: investopedia.com

일반적으로 채권의 듀레이션은 항상 채권의 만기까지의 기간보다 짧거나 같다.[13] 즉 듀레이션이 만기까지의 기간과 같은 경우는 모든 현금흐름이 만기일에만 발생하는 순수할인채(pure discount bond)의 경우이고, 현금흐름이 조기에 많이 회수될수록 기간이 짧은 쪽의 가중치가 상대적으로 커지기 때문에 듀레이션은 짧아진다.[14]

[그림 6-5]에서 보는 바와 같이 듀레이션은 채권 현금흐름의 좌우가 균형을 이루도록 하는 점(Graphically, duration can be thought of as the point where a bond' s cash flows are in balance)으로서 만기 이전 현금흐름이 많을수록 무게균형의 중심점(fulcrum)은 좌측으로 이동한다. 즉, [그림 6-5]에서 보는 바와 같이 채권으로부터 들어오는 현금흐름인 돈 주머니의 좌우가 균형을 이루도록 받쳐주는 받침점은 순수할인채의 경우에는 만기에 들어오는 돈주머니(현금흐름)가 유일하기 때문에 마지막 현금흐름의 바로 밑에서 받쳐 주어야 하지만, 이표채의 경우에는 만기 이전에도 현금흐름의 돈주머니가 있기 때문에 좌우의 현금흐름(가중치)이 균형을 이루는 받침점인 듀레이션은 좌측으로 이동하게 된다. 이로부터 채권으로부터 받게 되는 현금흐름인 돈주머니와 채권에 지급된 금액이 같아지는 점

13) 옵션이 포함되지 않은 일반적인 채권은 만기보다 작거나 같지만 그렇지 않은 경우에는 만기보다 길 수 있다. 가령 옵션의 만기는 비록 1년이어도 듀레이션은 12년이 될 수 있다. 이는 듀레이션을 기간의 개념으로 해석하기 보다는 수익률변화에 대한 가격변화율을 측정하는 가격변동성 척도로 해석하는 것이 보다 타당하다는 것을 시사해 준다. 따라서 옵션의 듀레이션이 12년이라는 것은 수익률이 100 베이시스 포인트(즉 1%) 변화할 경우 옵션가치는 12% 변화할 것이라는 의미가 된다.

14) 감채기금의 적립조항이 있는 경우나 콜옵션 조항이 있어 조기상환 가능성이 있는 경우에는 듀레이션이 더 작아진다.

에서 받침점인 레버가 균형을 유지하기 위해서는 만기(maturity date) 이전 지급되는 표면이자의 현금흐름이 많아질수록 받침점(fulcrum)은 좌측으로 이동하여야 함을 알 수 있다. 즉, 이표채의 듀레이션은 만기시점으로부터 좌측으로 이동하여 만기 보다 짧아지게 된다.

한편 앞에서 설명한 방식에 따라 다음과 같은 특성의 채권에 대한 듀레이션을 계산하면, 가중평균 만기는 2.7287년으로 측정된다. 그리고 이 듀레이션의 의미를 그림으로 표현해 보면 현금흐름(모두 비교가능한 현재가치로 표현)의 좌우 균형을 이루는 지점(받침점 또는 무게 중심점)이 2.72년이라는 것을 보여주고 있다.

표면이자율: 10%(액면가격 1,000원)　　만기수익률: 12%(시장이자율)　　만기: 3년

| 기간 | 현금흐름 | 현재가치계수(12%) | 현재가치 | 가중치 | 가중평균기간 |
|---|---|---|---|---|---|
| 1 | 100 | 0.8929 | 89.29 | 0.0938 | 0.0938 |
| 2 | 100 | 0.7972 | 79.72 | 0.0837 | 0.1674 |
| 3 | 1,100 | 0.7118 | 782.98 | 0.8225 | 2.4675 |
| | | | P = 951.99원 | | D = 2.7287년 |

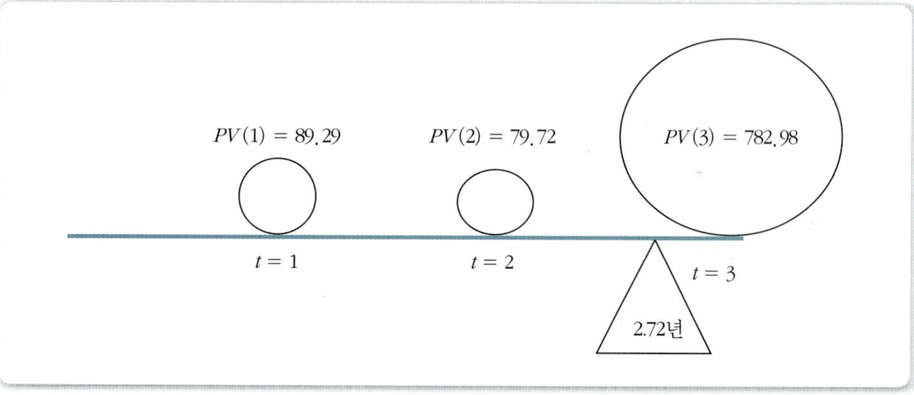


이러한 듀레이션이 갖는 중요한 의미는 채권투자에 따른 현금흐름의 최종지급 시기만을 나타내 주는 만기 개념과는 달리 채권 또는 채권포트폴리오의 이자율 위험을 측정하는 척도가 된다는 것이다. 그리고 금융기관의 경우에는 자산과 부채의 듀레이션을 일치시킴으로써 이자율위험에 대한 면역전략에 적용 가능하다.

일반적으로 채권 또는 채권포트폴리오의 이자율 위험의 척도를 나타내는 이자율 탄력성(interest rate elasticity)은 시장이자율의 변화율에 대한 채권가격 변화율의 비율로서 다음과 같이 정의된다.

$$\varepsilon = \frac{dP/P}{dy/y}$$

여기서 채권가격은 시장이자율과 반대방향으로 움직이게 되므로 이자율 탄력성은 항상 부(−)의 값을 갖는다. 따라서 그 절대값이 크면 클수록 탄력적이다. 이자율 탄력성의 절대값이 큰 채권일수록 일정한 이자율 변동에 대해 큰 폭으로 오르거나 내리게 된다.

이자율 탄력성은 듀레이션과 다음과 같은 관계를 갖는다.[15)]

$$\varepsilon = -D \cdot \frac{y}{1+y}$$

즉, 채권의 이자율 탄력성은 듀레이션과 비례한다. 따라서 채권의 듀레이션을 알고 있으면 그 채권의 이자율 탄력성, 또는 이자율위험을 쉽게 알 수 있다. 실무적으로 채권의 이자율위험을 나타내 주는 척도로는 이자율 탄력성보다는 듀레이션이 널리 사용하고 있다.

듀레이션을 기간개념으로 보기보다는 가격변화율과 관련 있는 척도라고 이해한다면 채권이나 파생증권, 옵션 등의 근사적 듀레이션(approximate duration)을 측정하기 위한 다음의 간편 공식을 적용할 수 있을 것이다.

---

15) 탄력성(ε)의 정의로부터

$$\begin{aligned}\varepsilon &= \frac{dP}{dy}\frac{y}{P}\\ &= \frac{dP}{d(1+y)} \cdot \frac{y}{P}\ [\because dy = d(1+y)]\\ &= \frac{dP}{d(1+y)} \cdot \frac{(1+y)}{(1+y)} \cdot \frac{y}{P}\end{aligned}$$

그런데 $$\frac{dP}{d(1+y)} = \frac{d\left(\sum_{t=1}^{n}\frac{CF_t}{(1+y)^t}\right)}{d(1+y)} = -\sum_{t=1}^{n} t \cdot \frac{CF_t}{(1+y)^{t+1}}$$

가 되므로 이를 대입하면

$$\begin{aligned}\varepsilon &= -\sum_{t=1}^{n} t \cdot \frac{CF_t}{(1+y)^{t+1}} \cdot \frac{(1+y)}{(1+y)} \cdot \frac{y}{P}\\ &= -\sum_{t=1}^{n} t \cdot \left(\frac{CF_t/(1+y)^t}{P}\right) \cdot \frac{y}{(1+y)} = -D \cdot \frac{y}{(1+y)}\end{aligned}$$

가 된다.

$$근사적\ 듀레이션 = \frac{P_{-} - P_{+}}{2(P_0)(dy)}$$

이를 위한 계산절차는 다음과 같다.

① 1단계: 수익률을 작은 베이시스만큼 증가시키고 증가된 수익률하에서의 채권가격을 산출한다. 그리고 이 가격을 $P_{+}$ 라고 정의한다.
② 2단계; 이번에는 수익률을 1단계에서와 같은 크기만큼 감소시키고 감소한 수익률하에서의 채권가격을 산출한다. 그리고 이 가격을 $P_{-}$ 라고 정의한다.
③ 3단계: 수익률 변화 이전의 최초가격 수준을 $P_0$ 라고 정의한다.

이러한 단계에 따라 구해지는 근사적 듀레이션은 1베이시스 포인트의 수익률 변화에 대한 평균 가격변화율(최초의 가격수준과 비교하여)을 나타내 준다. 이 때 $dy$ 또는 $\Delta y$는 수익률의 작은 변화를 표시한다.

예컨대 25년 만기, 표면이자율이 6%, 액면가 100원인 채권이 수익률 9%로 거래되고 있고 이 때의 채권가격은 70.3570이라고 하자. 그러면 이 채권의 듀레이션은 간편 공식에 따라 다음과 같이 계산된다.

① 1단계: 9%에서 9.1%로 수익률이 10베이시스 포인트(0.1%) 증가($\Delta y =$ 0.001)하는 경우의 채권가격을 산출하면 $P_{+} = 69.6164$가 된다.
② 2단계: 9%에서 8.9%로 수익률이 10베이시스 포인트 감소하는 경우의 채권가격을 산출하면 가격수준 $P_{+} = 71.1105$가 된다.
③ 3단계: 최초의 가격수준 $P_0 = 70.3570$이다

따라서 간편법에 의한 근사적 듀레이션은 앞의 공식에 따라 다음과 같이 산출된다.

$$근사적\ 듀레이션 = \frac{P_{-} - P_{+}}{2(P_0)(dy)} = \frac{71.1105 - 69.6164}{2(70.357)(0.001)} = 10.62$$

## 2. 듀레이션의 계산 예

앞에서 설명한 듀레이션(맥콜리의 듀레이션과 수정된 듀레이션)의 개념에 따라 〈표 6-2〉에 예시된 채권들의 듀레이션을 계산하면 〈표 6-3〉과 같다. 현재의 채권수익률은 9%로 가정한다.

이 중에서 듀레이션 계산의 한 예로써 표면이자율이 9%이고 만기 5년, 액면가

100, 반년마다 이자를 지급하는 채권에 대한 듀레이션이 계산되는 과정만을 보이면 〈표 6-4〉와 같다.

**표 6-3 맥콜리의 듀레이션과 수정된 듀레이션**

| 채권 | 맥콜리의 듀레이션(연간 기준)* | 수정 듀레이션(연간 기준) |
|---|---|---|
| 9%/ 5년만기 | 4.13 | 3.96 |
| 9%/25년만기 | 10.33 | 9.88 |
| 6%/ 5년만기 | 4.35 | 4.16 |
| 6%/25년만기 | 11.10 | 10.62 |
| 0%/ 5년만기 | 5.00 | 4.78 |
| 0%/25년만기 | 25.00 | 23.92 |

*연간 이자지급회수가 $m$번인 경우 이를 기준으로 계산된 듀레이션을 연간기준으로 환산해 주려면 듀레이션/$m$으로 계산하면 된다.

**표 6-4 맥콜리 및 수정듀레이션의 계산**

| 기간($t$) | 현금흐름* | 현재가치계수 | 현금흐름의 현재가치 | $t$ × 현금흐름의 현재가치 |
|---|---|---|---|---|
| 1 | $4.50 | 0.9569 | 4.3062 | 4.3062 |
| 2 | $4.50 | 0.9157 | 4.1207 | 8.2415 |
| 3 | $4.50 | 0.8762 | 3.9433 | 11.8300 |
| 4 | $4.50 | 0.8385 | 3.7735 | 15.0941 |
| 5 | $4.50 | 0.8024 | 3.6110 | 18.0551 |
| 6 | $4.50 | 0.7678 | 3.4555 | 20.7331 |
| 7 | $4.50 | 0.7348 | 3.3067 | 23.1470 |
| 8 | $4.50 | 0.7031 | 3.1643 | 25.3146 |
| 9 | $4.50 | 0.6729 | 3.0280 | 27.2526 |
| 10 | $104.50 | 0.6439 | 67.2904 | 672.9044 |
| 총계 | | | 100.0000 | 826.8789 |

*액면가 100을 기준으로 하는 원금 또는 이자지급액

① 맥콜리 듀레이션(반년 기준) = $\frac{826.8789}{100.0000} \fallingdotseq 8.27$

② 맥콜리 듀레이션(연간 기준) = $\frac{8.27}{2} \fallingdotseq 4.13$

③ 수정 듀레이션(연간 기준) = $\frac{4.13}{1.0450} \fallingdotseq 3.96$

## 3. 듀레이션의 성질: 듀레이션과 채권특성과의 관계

일반적으로 이자 지급되는 채권에 대한 듀레이션[16]의 크기는 만기보다 작고 순수할인채의 듀레이션은 만기와 같다. 그러나 순수할인채의 수정 듀레이션은 만기보다는 작다.

또한 채권가격의 변동성에 관한 성질과 수정 듀레이션의 성질은 일치하는데, 만기가 길수록 채권가격의 변동성이 커지므로 만기가 길수록 수정 듀레이션의 크기는 커진다.

또한 표면이자율이 작을수록 가격변동성은 커지고 수정 듀레이션도 커진다.

수정 듀레이션의 또 다른 성질은 채권수익률이 증가(감소)함에 따라 수정 듀레이션은 감소(증가)하게 된다. 이상에서 설명한 듀레이션과 채권의 특성과의 관계를 도시한 것이 [그림 6-6]이다.

한편 순수할인채, 액면채, 영구채, 모기지 채권[17]의 듀레이션을 보면 〈표 6-5〉와 같고, 순수할인채와 이표채 중 액면, 할증, 할인채(할인이표채)의 표면이자 수준에 따른 듀레이션과 만기의 관계를 보이면 [그림 6-7]과 같다.

할증채와 액면채는 만기가 증가함에 따라 듀레이션이 증가하지만 궁극적으로는 영구채의 듀레이션에 수렴한다. 반면 할인채의 경우에는 만기가 증가함에 따라 듀레이션이 긴 만기의 일정시점에서 일단은 극대수준이 되었다가, 영구채의

그림 6-6 듀레이션과 쿠폰 및 채권수익률의 관계

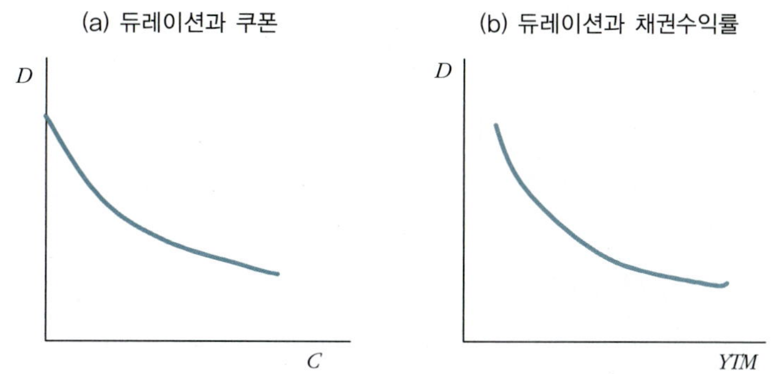


16) 특별한 언급이 없는 한 여기서의 듀레이션은 맥콜리 듀레이션을 의미한다.
17) 이는 순수연금의 현금흐름 패턴과 유사하다고 볼 수 있다.

**표 6-5** 특정 유형의 채권가격 변동성 측정

| 채권의 유형 | 듀레이션 |
|---|---|
| 순수할인채 | $n$ |
| 액면채 | $(1+y)[1-(1+y)^{-n}]/y$ |
| 영구채(perpetuity) | $(1+y)/y$ |
| 모기지 채권(fixed annuity) | $[(1+y)/y]-n/[(1+y)^n-1]$ |

**그림 6-7** 듀레이션과 만기: 수익률과 쿠폰이자율 고정

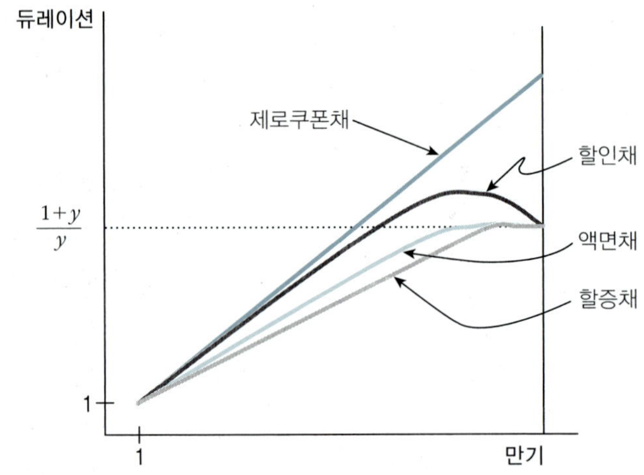


듀레이션$\left[\frac{(1+y)}{y}\right]$에 도달할 때까지 다시 감소하는 형태이다. 이표채 중에서 변동성이 가장 큰 위험채권은 만기가 길고 표면이자가 작은(deep discount bond) 채권이며 가격변동성이 가장 큰 채권은 순수할인채임을을 알 수 있다.

## 4. 수정 듀레이션과 가격의 변화율

수정 듀레이션($D^m$)과 수익률 변화($dy$)에 따른 채권가격의 변화율($\frac{dP}{P}$)과의 관계는 다음과 같이 표시된다.

$$\frac{dP}{dy}\cdot\frac{1}{P}=-\frac{1}{1+y}D=-D^m(\text{단, } D\text{는 맥콜리 듀레이션})$$

**표 6-6 수정 듀레이션과 가격변화율 추정**

| 수익률의 변화 | 수정듀레이션 이용한 변화율 추정치 | 실제 가격변화율 | 차이(오차) |
|---|---|---|---|
| 작은 변화의 경우 (9%→9.01%) | −(10.62)(+0.0001) = 0.0106(즉, 1.06%) | −0.11% | 0.95% |
| 큰 변화의 경우 (9%→11%) | −(10.62)(+0.02) = −21.24% | −18.03% | 3.21% |

이러한 관계로부터 양변에 $dy$를 곱하면

$$\frac{dP}{P} = -D^m \cdot dy$$

의 관계가 얻어진다. 이는 수익률 변화에 대한 채권가격의 변화율($\frac{dP}{P}$)을 측정하는 데 이용된다.

이러한 관계를 예를 들어 설명해 보자. 〈표 6-1〉에서 액면 100, 표면이자율 6%, 만기 25년인 채권이 70.3570(수익률 9%)에 거래되고 있고 이 채권의 수정듀레이션은 앞의 공식에 따라 10.62년이다. 이제 수익률이 9%에서 11%로 큰 변화(200 베이시스 포인트)를 보이는 경우 채권가격의 변화율이 각각 어떻게 계산되는지, 실제 가격변화율과는 어떤 차이가 있는지를 보면 〈표 6-6〉과 같이 요약된다.

이처럼 수익률의 변화가 클 경우에는 수정 듀레이션을 이용한 채권가격의 변화율 추정치는 오차가 커지게 된다. 이는 [그림 6-8]의 (a)에서 보는 바와 같이 접선의 기울기인 1차도함수 $\frac{dP}{dy}$는 수익률의 작은 변화에 대응하는 절대적 크기의 가격변화를 의미하는 금액 듀레이션(dollar duration)으로 나타나게 되며, 수익률 변화에 대한 가격의 변화크기를 측정하는 데 이용된다. 듀레이션만을 이용한 가격의 추정치는 항상 실제의 가격(볼록한 곡선상의 값)보다 작게 되며 이는 앞서의 수치적 예에서도 이미 살펴보았다.

또한 그림 (b)에서 처럼 수익률의 작은 변화($y^{-1}$ 또는 $y^{+1}$)의 경우에는 접선(금액 듀레이션)을 이용하여 측정하더라도 가격변화의 추정치와 실제가격의 변화 사이에는 큰 차이를 보이지 않지만, 수익률의 변화가 클 경우($y^{-2}$ 또는 $y^{+2}$)에는 이들 사이에 큰 차이를 보이게 된다.

이는 그림에서 보듯이 채권의 가격−수익률의 실제 관계가 볼록한 형태의 곡선으로 그려지기 때문이며, 볼록성(positive convexity)이 큰 채권일수록 듀레이션 오

그림 6-8 듀레이션 오차

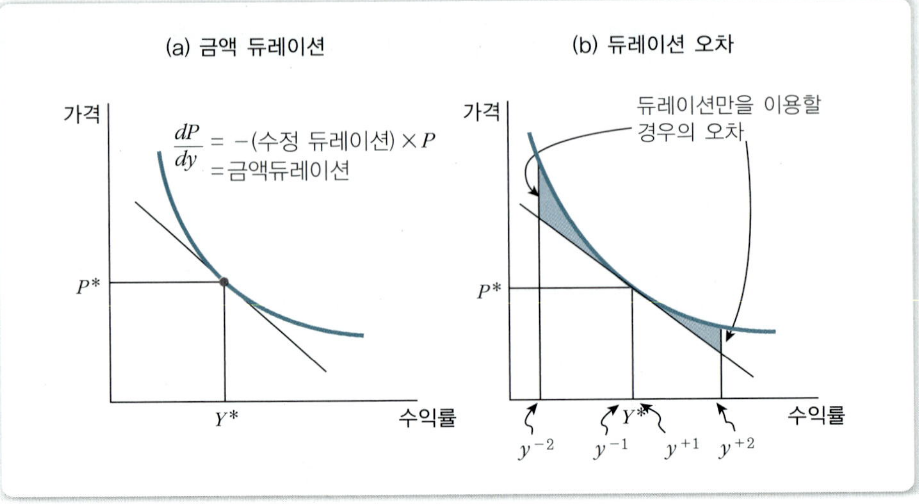


차의 크기는 늘어나게 된다. 이러한 듀레이션 오차를 줄이기 위한 방법으로 흔히 듀레이션은 물론 볼록성(convexity)까지 함께 고려하여 가격변화를 추정하게 된다.

## 4.4 볼록성과 가격변동성

채권가격과 수익률의 관계는 앞의 [그림 6-1]에서와 같이 직선형이 아닌 볼록한 형태의 곡선으로 표현된다. 볼록성(convexity)은 수익률 변화에 따른 듀레이션의 변화율을 측정해 주는 척도로서 채권투자시 듀레이션과 함께 중요한 개념으로 이용된다. 볼록성 개념은 1970년대 월가의 경제학자이자 퀀트인 Stanley Diller가 처음 언급한 개념으로서 볼록성은 수익률의 등락여부에 관계 없이 수익에 항상 긍정적 영향을 미친다.

### 1. 볼록성의 의의

앞에서 우리는 수익률 변화에 따른 채권가격의 변화를 듀레이션만을 이용하여 측정하였다. 그러나 채권가격-수익률 관계는 앞에서 볼록형의 곡선관계(convex relationship)를 보이기 때문에 직선형의 관계식(듀레이션은 1차 도함수의 의미가 포함되어 있어 접선의 기울기인 직선을 가정)으로 가정하고 가격변화율을 추정하면 오차가 존재하게 된다.

따라서 좀 더 정확한 가격변화율을 추정하기 위해서는 아래의 수학적인 테일러연산(Taylor expansion series)과정[18]에서 볼록성의 개념(2차 도함수 의미 포함됨)을 포함하고 있는 2번째 항까지도 고려해 주어야 추정 오차를 줄일 수 있다.

$$dP = \frac{dP}{dy} \cdot dy + \frac{1}{2}\frac{d^2P}{dy^2} \cdot (dy)^2 + \text{오차항(3차 이상의 항)}$$

여기서 양변을 $P$로 나누어주면 채권가격의 변화율이 계산된다.

$$\begin{aligned}\frac{dP}{P} &= \frac{dP}{dy} \cdot \frac{1}{P} \cdot (dy) + \frac{1}{2}\frac{d^2P}{dy^2} \cdot \frac{1}{P} \cdot (dy)^2 + \frac{\text{오차항}}{P} \\ &\fallingdotseq -D^m \cdot (dy) + [\text{볼록성 척도}] \cdot (dy)^2\end{aligned}$$

이 식에서 첫 번째 항은 수정 듀레이션의 1차 도함수(기울기)를 포함하고 있고, 두 번째 항에는 곡선의 볼록성 정도를 측정해주는 2차 도함수(곡률)가 포함되어 있음을 알 수 있다.

여기서 2차 도함수를 가격으로 나누어준 값을 볼록성(convexity)이라고 부르며 이는 볼록성으로 인한 가격의 변화율을 측정해 준다.

$$\text{볼록성}(convexity) = \frac{1}{2} \cdot \frac{d^2P}{dy^2} \cdot \frac{1}{P}$$

$$\text{단, } \frac{d^2P}{dy^2} = \frac{1}{P}\sum_{t=1}^{n}\frac{t(t+1)C}{(1+y)^{t+2}} + \frac{n(n+1)Par}{(1+y)^{n+2}}$$

그리고 볼록성만에 의한 가격의 변화율은

---

18) 함수 $Y=f(X)$의 값을 $X$값 가까이에 있는 어떤 임의의 점($a$)을 중심으로 도함수에 의해 평가하고자 할 때 적용되는 개념이다. 이때 그 차이인 $X-a=h$로 놓으면 테일러 정리에 의해

$$f(X) \equiv f(a+h) = f(a) + f'(a) \cdot h + \frac{f''(a) \cdot h^2}{2!} + \frac{f'''(a) \cdot h^3}{3!} + \cdots$$

가 성립한다. 따라서 이자율 변화전의 채권가격은 $P(y)$, 이자율이 $dy$만큼 변화한 후의 채권가격은 $P(y+dy)$의 함수로 표시 가능하므로 다음과 같아진다.

$$\begin{aligned}dP &= P(1+y) - P(y) = P'(y) \cdot dy + \frac{1}{2!}P''(y)(dy)^2 + \text{(3차 이상의 항)} \\ &= \frac{dP}{dy} \cdot dy + \frac{1}{2}\frac{d^2P}{dy^2}(dy)^2 + \text{(3차 이상의 항)}\end{aligned}$$

**표 6-7 채권 종류별 볼록성 계산**

| 채권(액면가 = 100) | 2차 도함수 | 볼록성(convexity) |
|---|---|---|
| 9%/ 5년 만기 | 7,781.02 | 9.73 |
| 9%/25년 만기 | 64,288.42 | 80.36 |
| 6%/ 5년 만기 | 7,349.45 | 10.42 |
| 6%/25년 만기 | 51,476.26 | 91.46 |
| 0%/ 5년 만기 | 6,486.30 | 12.59 |
| 0%/25년 만기 | 25,851.93 | 291.89 |

**표 6-8 볼록성 계산의 예(9%, 5년 만기 채권 볼록성 = 9.73)**

표면이자율 = 9.00%
만기 = 5년
수익률 = 9.00%
가격 = 100

| 기간($t$) | 현금흐름($CF$)* | $\frac{1}{(1.045)^{t+2}}$ | $t(t+1)CF$ | $\frac{t(t+1)CF}{(1.045)^{t+2}}$ |
|---|---|---|---|---|
| 1 | $4.50 | 0.876296 | 9 | 7.866 |
| 2 | 4.50 | 0.838561 | 27 | 22.641 |
| 3 | 4.50 | 0.802451 | 54 | 43.332 |
| 4 | 4.50 | 0.767895 | 90 | 69.110 |
| 5 | 4.50 | 0.734828 | 135 | 99.201 |
| 6 | 4.50 | 0.703185 | 189 | 132.901 |
| 7 | 4.50 | 0.672904 | 252 | 169.571 |
| 8 | 4.50 | 0.643927 | 324 | 208.632 |
| 9 | 4.50 | 0.616198 | 405 | 249.560 |
| 10 | 104.50 | 0.589663 | 11,495 | 6,778.186 |
| 총계 | | | 12,980 | 7,781.020 |

*액면가 100에 대한 원금 또는 이자지급액
① 2차 도함수 = 7,781.02
② 볼록성(반년 기준: m = 2) = $\frac{7781.020}{100.0000} \times \frac{1}{2} = 38.9051$
③ 볼록성(연간 기준) = $\frac{38.9051}{4} = 9.73$

$$\frac{dP}{P} = (\text{볼록성}) \cdot (dy)^2$$

으로 계산된다.

이제 이러한 관계식에 따라 〈표 6-1〉에서 보인 채권에 대한 볼록성을 계산하면 〈표 6-7〉과 같고, 이 중 한 가지 채권을 선택하여 그 계산과정을 보인 것이 〈표 6-8〉이다.[19)]

한편 볼록성의 척도도 다음과 같은 근사적 방식에 의한 추정이 가능하고, 앞서의 근사적 듀레이션 계산 예에 사용한 채권에 적용한다면 볼록성 척도는 183.3이 된다. 다음의 근사적 볼록성 척도는 유효 볼록성 척도로서 옵션 유무에 관계없이 모든 채권에 적용될 수 있다. 일반적인 볼록성의 측정방법은 이자율 변화가 채권의 기대현금흐름에 미치는 영향을 고려하지 않기 때문에 적절한 척도가 되지 못한다. 따라서 이자율 변화가 기대현금흐름에 미치는 영향을 고려하여 새로운 채권가격($P_+$, $P_-$)[20)]을 평가해 준다면 다음의 공식은 모든 채권에 적용 가능하다.

$$\begin{aligned}\text{근사적 볼록성 척도} &= \frac{P_+ + P_- - 2P_0}{(P_0)(dy)^2} \\ &= \frac{71.1105 + 69.6164 - 2(70.3570)}{70.3570(0.001)^2} \\ &= 183.3\end{aligned}$$

## 2. 듀레이션 및 볼록성을 이용한 가격변화율 추정

이자율 변화로 인한 채권가격의 변화율은 듀레이션과 볼록성 개념을 모두 고려하면, 보다 정확하게 추정될 수 있다. 그러나 이는 옵션이 내재되지 않은 일반채권(option-free bond)의 경우처럼 이자율 변화에 따른 기대현금흐름의 변화가 없다는 가정하에서 측정되는 표준적인 척도(standard duration, standard convexity)이다. 따라서 옵션이 내재된 채권(bond with an embedded option)의 경우에는 이자율 변화가 채권의 기대 현금흐름에 미치는 영향을 고려하여 옵션을 조정한 유효듀레이션(effective duration) 및 유효볼록성(effective convexity)을 측정하여 고려해 주어야 한다. 이를 비교하여 보이면 〈표 6-9〉와 같다.

이제 이러한 방식으로 가격변화율을 측정할 경우 앞서 예로 든 표면이자율

---

19) 연간 이자지급횟수가 $m$인 경우의 볼록성을 연간기준으로 환산해주려면 $m^2$으로 나누어주면 된다.
20) 수의상환채권의 가격(기업이 콜옵션 매입) = 일반채권 가격 − 콜옵션 가격, 상환청구권부 채권가격(기업이 풋옵션 발행) = 일반채권가격 + 풋옵션 가격으로 평가한다.

**표 6-9** 근사적 듀레이션과 볼록성

| 간편 공식(공통적 적용) | | 표준 듀레이션-볼록성 척도 | 유효 듀레이션-볼록성 척도 | 비 고 |
|---|---|---|---|---|
| 근사적 듀레이션 | $\frac{P_- - P_+}{2(P_0)(dy)}$ | 이자율 변화에 따른 기대현금흐름의 불변을 가정(옵션이 내재되지 않은 채권)한 가격의 평가($P_+$, $P_-$) 적용(일반적 경우) | 이자율 변화에 따른 기대현금흐름의 변화 가능성을 고려(옵션이 내재된 채권)한 가격의 평가($P_+$, $P_-$) 적용 | 옵션이 내재된 채권의 경우에는 표준척도와 유효척도의 차이 존재 |
| 근사적 볼록성 | $\frac{P_+ + P_- - 2P_0}{(P_0)(dy)^2}$ | | | |

**표 6-10** 듀레이션-볼록성 고려한 가격변화율 추정

| 수익률의 변화 | 수정 듀레이션: (1) | 볼록성: (2) | 추정에 의한 가격변화율: (1) + (2) | 실제 가격변화율 | 차이 |
|---|---|---|---|---|---|
| 수익률 증가 (9%→11%) | +(10.62)(0.02) = −0.2124(21.24%) | (볼록성) × $(dy)^2$ = (91.46)$(0.02)^2$ =0.0366 | −21.24 + 3.66 = −17.58% | −18.03% | 0.45% |
| 수익률 감소 (9%→7%) | −(10.62)(−0.02) = +0.2124(21.24%) | (볼록성)×$(dy)^2$ =(91.46)$(-0.02)^2$ =0.0366(3.66%) | +21.24 + 3.66 = 24.90% | 25.46% | 0.56% |

6%, 만기 25년인 채권의 가격변화율이 어떻게 되는가를 살펴보자. 이때 이 채권의 수정 듀레이션과 볼록성 척도는 각각 10.62, 91.46으로 이미 앞에서 계산되었다. 그렇다면 수익률이 큰 변화(9%에서 11%로의 증가 또는 9%에서 7%로의 감소)를 보일 경우[21] 볼록성(convexity)까지 고려한 채권의 가격변화율과 〈표 6-1〉에서의 실제 가격변화율을 비교하면 〈표 6-10〉과 같이 요약된다.

이 예에서 보는 바와 같이 수익률의 변화가 크더라도 볼록성 척도까지 추가적으로 고려해 주게 되면 추정가격이 실제의 가격변화에 보다 근접하게 됨을 알 수 있다.

## 3. 볼록성의 성질

듀레이션과 수익률은 같고 볼록성만 다른 두 종류의 채권 A, B가 있다고 하자. 이때 채권 B의 볼록성이 채권 A의 경우보다 크다고 하자.

21) 수익률의 변화가 작을 경우에는 볼록성으로 인한 가격변화의 식인 볼록성×$(dy)^2$에서 $(dy)^2$=(수익률의 작은변화)$^2$가 되어 0에 접근하므로 볼록성으로 인한 오차는 거의 존재하지 않는다.

**그림 6-9 볼록성의 비교**

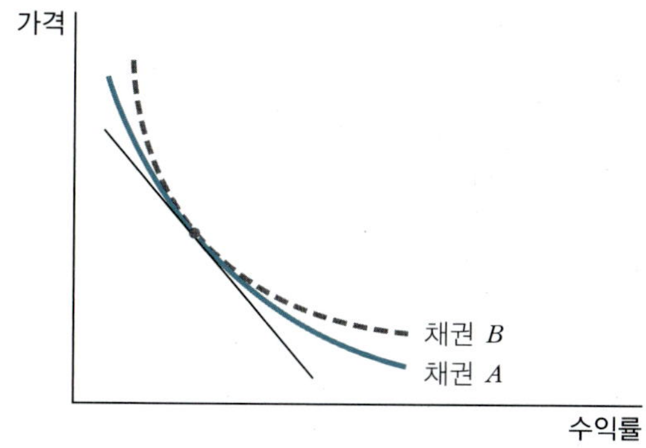


**그림 6-10 수익률변화에 따른 듀레이션의 변화(로그 변환)**

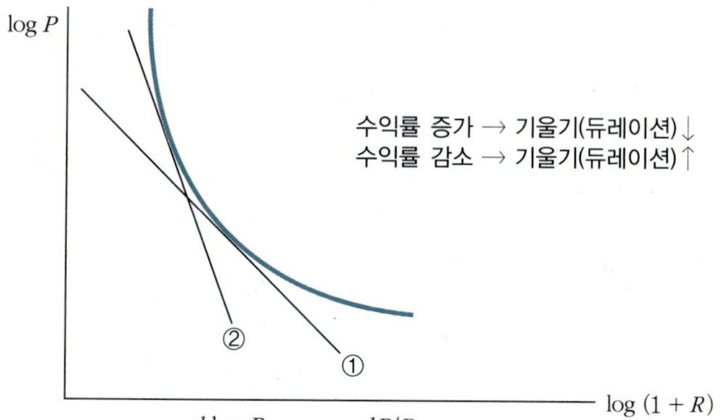


$$\text{기울기} = \frac{d \log P}{d \log(1+R)} = \frac{dP/P}{dR/(1+R)} = -D$$

그렇다면 [그림 6-9]에서 볼 수 있듯이 시장이자율(수익률)의 변화에 관계없이 채권 B의 가격이 A의 경우보다 높게 될 것이다. 따라서 수익률이 증가하면 채권 B의 자본손실이 A의 경우보다 작고 수익률이 하락할 경우에도 채권 B의 자본이득이 A의 경우보다 크게 된다. 그리고 시장이 효율적이라면 이러한 특성을 반영하여 채권 B의 가격은 A의 경우보다 높게 형성될 것이다. 그러나 수익률의 변화폭이 작은 경우에는 채권 B의 채권 A에 대한 잇점은 그리 크지 않기 때문에 가격은 큰 차이를 보이지 않을 것이다.

그림 6-11 볼록성과 듀레이션의 관계

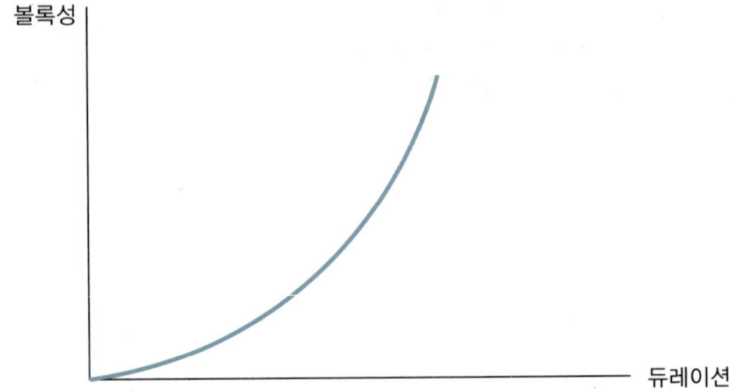


채권의 볼록성이 갖는 일반적인 성질은 다음의 네 가지로 요약될 수 있다.

① 채권수익률이 증가(감소)함에 따라 채권의 볼록성은 감소(증가)한다. 이러한 성질을 정(+) 또는 양의 볼록성(positive convexity)이라고 하며 수익률이 증가할 경우 채권가격은 하락하고 듀레이션의 감소에 의해 가격하락은 둔화된다. 반대로 수익률이 하락하면 듀레이션이 증가하여 채권의 가격변화율은 가속적으로 증가한다. 이는 [그림 6-10]에서 수익률이 증가함에 따라 접선의 기울기가 완만해 진다는 사실에서 이러한 성질을 알 수 있다.
다시 말해 듀레이션에 의한 가격변동폭은 1차 미분값으로 음의 기울기를 보이지만 수익률증가에 따라 그 기울기가 체감하므로, 2차 미분값인 볼록성은 양의 값을 갖는다. 따라서 볼록성에 따른 채권가격 변동폭의 미세조정은 수익률 상승시에는 듀레이션만에 의해 측정되는 가격하락폭을 축소시키는 방향으로, 수익률 하락시에는 듀레이션만에 의해 측정되는 가격상승폭을 확대시키는 방향으로 그 크기의 조정이 이루어진다.

② 수익률과 만기가 같은 경우에는 표면이자율의 크기가 작을수록 채권의 볼록성(convexity)은 커진다. 이는 앞의 볼록성이 계산된 표에서 만기가 5년인 채권 중 순수할인채와 표면이자율이 9%인 채권의 볼록성을 비교해 보면 알 수 있다.

③ 수익률과 수정 듀레이션이 같은 경우에는 표면이자율이 작을수록 볼록성은 작아진다.

그림 6-12 볼록성 프리미엄

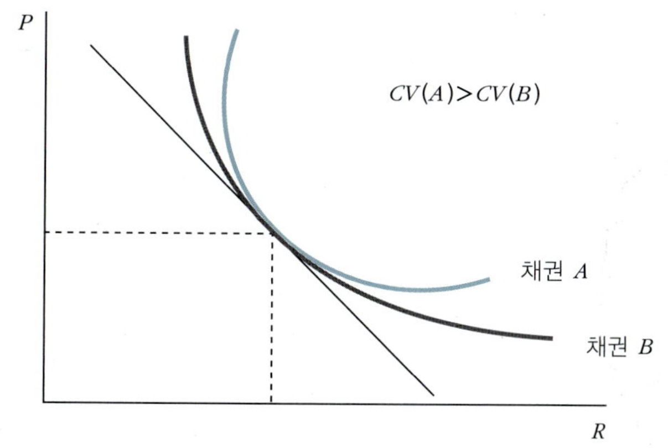


④ 채권의 볼록성은 [그림 6-11]에서와 같이 듀레이션이 증가함에 따라 체증적으로 증가한다. 따라서 투자자들이 듀레이션이 두 배나 큰 채권과 스왑을 했을 경우 볼록성은 두 배 이상 증가한다는 것을 의미한다.

## 4. 볼록성 프리미엄

듀레이션과 수익률은 같고 볼록성만 다른 두 채권의 경우에 볼록성이 큰 채권은 볼록성이 작은 채권에 비해 상대적으로 높은 가격이 형성되는 데 이를 볼록성 프리미엄이라고 부른다.

[그림 6-12]에서 채권수익률의 변화에 관계 없이 볼록성이 큰 채권 A의 가격이 볼록성이 작은 채권 B의 가격보다 더 높게 형성되어 있다. 이는 볼록성이 큰 채권일수록 채권수익률이 상승하는 경우의 가격하락폭은 상대적으로 작고, 채권수익률이 하락하는 경우의 가격상승폭은 상대적으로 더 크기 때문에 볼록성 프리미엄이 존재한다. 일반적으로 시장의 변동성이 크면 이 볼록성 프리미엄의 크기는 증가하고 시장이 안정적일수록 볼록성 프리미엄의 크기는 감소한다.

# 제 2 절 채권의 투자관리전략

일반적으로 채권은 주식에 비해 소극적이고 장기적인 투자대상이라고 할 수 있다. 왜냐하면 채권에 대한 투자는 미래의 소득흐름이 계약에 의해 정해져 있으므로 이자율의 변동만 예측할 수 있다면 비교적 용이하게 관리할 수 있고 만기가 정해져 있기 때문이다. 그러나 채권투자의 경우에도 이자율 변동에 따르는 가격위험과 재투자위험은 항상 존재하므로 이자율 변동에 대응하는 투자관리전략이 필요하다. 여기서는 채권투자전략에 대해 살펴보기로 한다. 채권투자전략은 채권투자수익에 영향을 주는 3가지 요인인 이자수익, 자본이득(또는 손실), 이자의 재투자수익에 영향을 미치는 요인들의 움직임을 예상하고 이에 적극적 또는 소극적으로 대응하는 투자전략이다.

## 2.1 소극적 채권투자전략

소극적 채권투자전략은 채권시장이 효율적이라는 전제하에 채권가격은 이미 공정하게 결정된 가격이라고 보기 때문에, 투자자들은 잘 분산된 채권포트폴리오를 구성함으로써 채권투자위험을 줄이고자 노력하는 위험최소화의 투자전략이다. 시장이 효율적인 경우 투자자는 미래 예측능력이나 우월한 정보분석능력을 갖고 있지 못하며 시장의 평균보다 더 나은 투자수익을 얻을 수 없다고 생각한다. 이러한 상황에서는 위험이 수반되는 큰 수익보다는 시장의 평균수익에 만족하면서 유동성이나 안전성에 더 큰 비중을 두는 소극적 투자전략을 사용하게 된다.

### 1. 만기전략

채권투자전략에 있어 만기는 중요한 의미를 갖고 있다. 앞에서 설명한 바와 같이 채권의 만기가 변화하면 채권의 가격탄력성이 변화한다. 즉 일정한 이자율 변동에 대하여 단기채권의 가격탄력성보다 장기채권의 가격탄력성이 크다. 또한 만기가 길어짐에 따라 채권 자체의 질적 변동이 있을 수 있다. 다시 말하면 만기가 길어짐에 따라 채권등급이 저하될 가능성도 존재한다.

만기전략은 수익률곡선 전략이라고도 하며, 만기에 따른 채권의 이러한 특성을 고려하여 채권수익률 곡선상 어떤 만기의 채권들로 포트폴리오를 구성할 것인가

에 관한 의사결정을 말한다. 이에는 래더형, 바벨형, 불릿형의 3종류 전략이 있다

그러나 만기전략에 있어서 장기채권이 단기채권보다 가격 탄력성이 높다고 해서 투자위험(채권가격 변동성) 또한 반드시 높다고 할 수는 없다. 만약 단기이자율의 변동이 장기이자율의 변동보다 크다면 비록 채권의 만기가 짧다고 하더라도 가격변동폭은 장기채권보다 클 수가 있다. 즉, 채권수익률곡선의 변화형태도 중요한 고려요인이다. Jones(1991)[22]는 1979년부터 1990년까지의 자료를 분석한 결과 채권수익률을 결정하는 중요한 요인은 수익률곡선의 변화 유형이라는 증거를 제시하였고 특히 수익률곡선의 평행적 이동과 비평행적 이동(twist)이 채권수익률의 91.6%를 설명하여 준다는 것을 확인하였다.

### (1) 래더형 만기전략

래더형 만기전략(laddered maturity strategy)은 보유채권의 만기범위를 정해두고 그 범위 안에서 각 만기일의 채권에 균등하게 투자하는 방법이다. 이는 이자율변화가 단기채와 장기채에 미치는 영향이 상반되므로 만기별로 채권을 균등하게 보유함으로써 가격변동에 따른 위험을 분산시키고 유동성을 확보하려는 투자전략이다. 예를 들면 1년 만기 채권부터 5년 만기 채권까지 각 만기별로 20%씩 투자함으로써 만기변동에 따르는 위험을 줄인다는 것이다.

이 전략에 따르면 1년후 1년 만기 채권의 상환자금은 다시 5년 만기채권에 재투자함으로써 원래의 채권포트폴리오의 만기구조가 그대로 유지되도록 한다. 한편 채권을 일부 매각하는 경우에도 모든 만기의 채권을 같은 비율로서 매각함으로써 평균만기를 그대로 유지할 수 있다.

래더형 만기전략의 장점은 평균수익률이 상대적으로 높다는 것이다. 일반적으로 단기채권보다는 장기채권의 수익률이 높고, 따라서 만기상환자금을 다시 최장기채권에 재투자한다는 것은 그 시점에 있어서 가장 수익률이 높은 자산에 그 자금을 운용하는 것이 되기 때문이다. 또 래더형 만기전략은 미래의 이자율을 예측하고자 하는 노력이 필요 없이 만기가 도래한 단기의 상환자금이 기계적으로 최장기 채권에 재투자되는 것이므로 투자관리가 용이하다.

그러나 이자율의 동향을 고려하지 않고 최단기 채권의 만기시점에서 재투자가 반복적으로 이루어지므로 투자의 효율성은 다소 떨어질 수도 있다.

22) Frank J. Jones, "Yield Curve Strategies," *Journal of Fixed Income*, September 1991, pp.43~48.

### (2) 바벨형 만기전략

단기채는 수익성은 낮지만 유동성은 높고 위험이 적다는 장점이 있다. 반면 장기채는 수익성은 높지만 유동성은 낮고 위험은 크다. 따라서 단기채권과 장기채권을 적절히 혼합하여 포트폴리오를 구성하면 단기채와 장기채의 장점이 잘 조화를 이루어 유동성과 수익성을 동시 확보할 수 있다.

바벨형 만기전략(barbell maturity strategy)은 래더형 만기전략과는 달리 단기채권과 장기채권에만 투자하고 그 중간에 있는 중기채권에는 투자하지 않는 방법이다. 이 전략은 중기채권은 장기채권에 비하여 표면이자율 및 가격상승에 의한 이익이 적고 또한 단기투자 채권만큼 가격하락에 대하여 강하지 않기 때문에 제외한다는 것이다. 이 전략은 시장이자율이 오르게 되면 장기채권의 가격은 하락하나 단기채권의 상환자금을 오른 이자율로 재투자함으로써 그 손실을 보전할 수 있고, 반대로 이자율이 떨어지게 되면 재투자수익 감소에 따른 손실을 장기채권의 자본이득으로 보전 할 수 있다는 것이다.

이 바벨형 만기전략의 장점은 이자율의 변동을 예측하여 장 · 단기채권의 투자비율을 변화시킴으로써 보다 높은 수익을 얻을 수 있다는 것이다. 그러나 바벨형 만기구성을 계속 유지하기 위해서는 단기채권의 계속적인 전환 외에도 기간이 경과함에 따라 중기 채권화하는 채권을 매각하여 계속적으로 장기채권으로 교체하여야 하므로 많은 거래비용이 발생하게 된다.

### (3) 불릿형 전략

바벨형 전략은 포트폴리오를 구성하는 채권의 만기를 두 개의 극단적인 만기에 집중되도록 포트폴리오를 구성하는 전략이고, 래더형 전략은 각각의 만기에 거의 동일한 금액을 투자하여 포트폴리오를 구성하는 전략이다.

반면 불릿형 전략(bullet strategy)은 포트폴리오를 구성하는 채권의 만기를 수익률곡선상 특정의 만기에 집중되도록 포트폴리오를 구성하는 전략이다.

이들 3가지 만기전략은 수익률곡선이 변화함에 따라 다른 성과를 보여주며, 주로 수익률곡선의 변화 유형과 변화크기에 따라 달라진다.

## 2. 채권면역전략

채권은 주식에 비하면 비교적 안정적인 투자대상이기는 하지만 [그림 6-13]에서와 같이 다른 금융자산과 마찬가지로 투자위험을 내포하고 있다. 이 중 분산투자

그림 6-13 채권투자의 위험

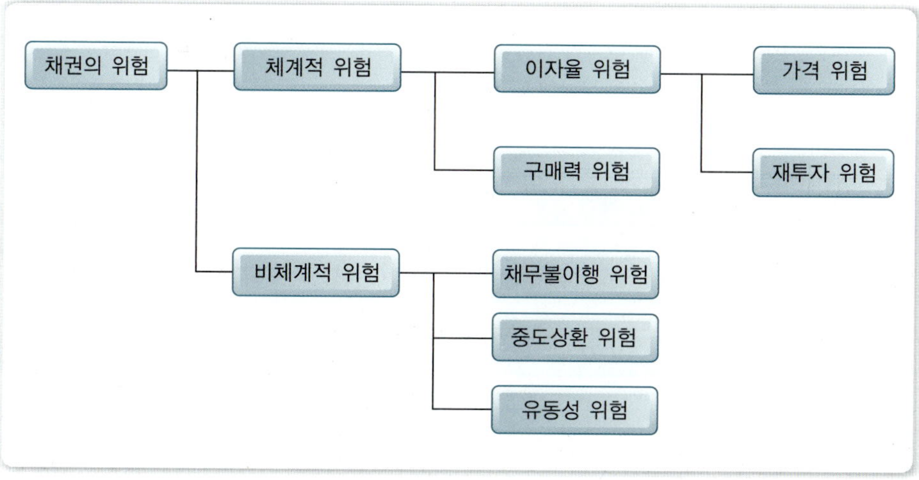


에 의해 제거가 가능한 비체계적 위험도 있지만 분산투자에 의해 제거할 수 없는 체계적 위험이 있으며 체계적 위험으로는 이자율 위험과 구매력 위험이 있다. 채권면역전략은 이러한 채권투자의 위험 중에서 이자율위험을 헤지하는 거래기법이다.

채권투자자들은 투자기간중 이자율이 변화하는 경우 두 가지 종류의 위험(mixed blessing or offseting tendency)에 노출된다. 이자율 변화가 채권의 시장가치에 미치는 가격위험(price risk)과 기간중에 들어오는 이자의 재투자수익 크기에 미치는 영향(reinvestment risk)이다. 투자기간보다 긴 만기의 채권을 소유하는 경우에는 만기전 모든 시점에서의 채권 시장가치는 수익률의 역의 함수가 되기 때문에 가격위험에 노출되고 만기가 투자기간과 정확히 일치하는 경우라면 이러한 가격위험은 부담하지 않는다.[23] 그러나 이자율변화로 인한 재투자수익 위험은 이후의 모든 기간에 걸쳐 만기기간까지 영향을 미치게 된다.[24]

시장이자율이 상승하는 경우 채권가격은 하락하지만, 높아진 시장이자율로 이자를 재투자하므로 재투자수익(interest on interest) 증가에 의해 상쇄된다. 시장이자율이 하락하는 경우에도 [그림 6-14]에서 보는 바와 같이 채권가격과 재투자수익에 상반된 영향을 미친다. 채권면역전략은 이러한 상반된 영향의 크기를 일치시켜 완전히 상쇄되도록 하는 채권투자전략의 하나이다.

23) 만기시점에서 채권가격은 액면가액이 되고 이는 수익률과는 독립적이기 때문이다.
24) 재투자위험은 채권투자를 포함하여 투자기간 이전에 현금흐름을 발생시키는 어떠한 증권과도 관련이 있는 위험이다.

그림 6-14 이자율변화와 채권면역

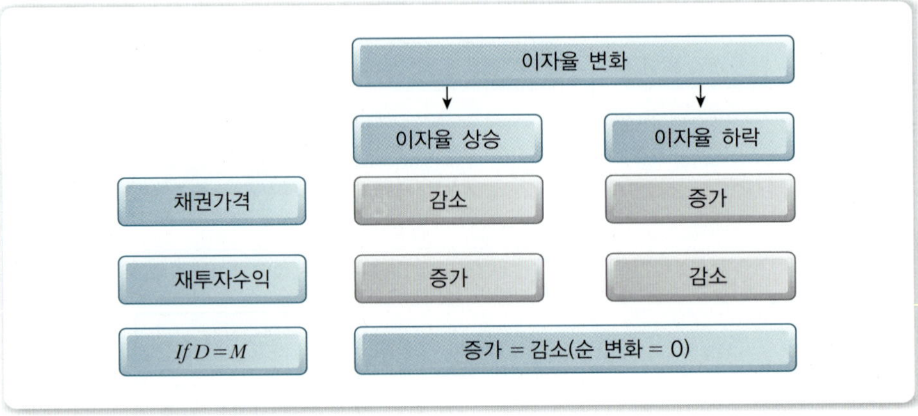


채권의 가격은 시장이자율의 함수로 이자율이 변하게 되면 채권의 가격도 변화하게 된다. 이 경우 채권을 매각할 때 투자자가 실제로 받게 되는 채권의 가격은 매입당시에 예상했던 가격과 다르게 된다. 다시 말해 시장이자율이 변하게 되면 채권의 만기구조, 채권의 매각시기 등에 따라 투자자가 실제 실현하게 되는 수익률은 채권을 매입할 당시의 기대수익률보다 클 수도 있고 작을 수도 있다. 이와 같이 채권보유기간중의 시장이자율 변화로 인한 채권가격변동의 가능성인 가격위험과 이자수익을 재투자하는 경우에 발생할 수 있는 재투자위험을 우리는 이자율위험(interest rate risk)이라고 한다. 물론 채권의 표면이자율에 따라 정기적으로 지급받는 이자수익을 재투자할 때 이자율이 하락하면 기존에 얻던 재투자수익을 얻지 못할 위험이 있지만 채권가격은 이와는 반대로 상승한다. 따라서 가격위험과 재투자위험은 이자율변화에 따라 그 효과가 서로 상쇄되기는 하지만 완전히 상쇄되지는 않기 때문에 투자자들은 이자율 위험을 부담하게 된다. 채권면역은 바로 이들 두 효과를 완전히 상쇄시킴으로써 이자율위험을 제거하고자 하는 채권투자전략을 말한다.

채권면역(bond immunization)이란 이자율 위험을 제거하기 위한 투자전략으로서 앞으로 시장이자율에 어떠한 변화가 있더라도 채권매입 당시에 기대했던 채권수익률과 동일 또는 비슷한 수익률을 얻기 위한 투자방법이다. 이런 의미에서 채권면역은 듀레이션 개념을 이용한 방어적 · 수동적 채권투자전략으로서 채권(또는 채권포트폴리오)의 듀레이션($D$)과 투자자가 원하는 투자기간($M$)이 정확히 일치하도록 포트폴리오를 구성해 주기만 하면 된다.

그림 6-15 **채권면역의 효과: 듀레이션과 누적 채권투자가치**

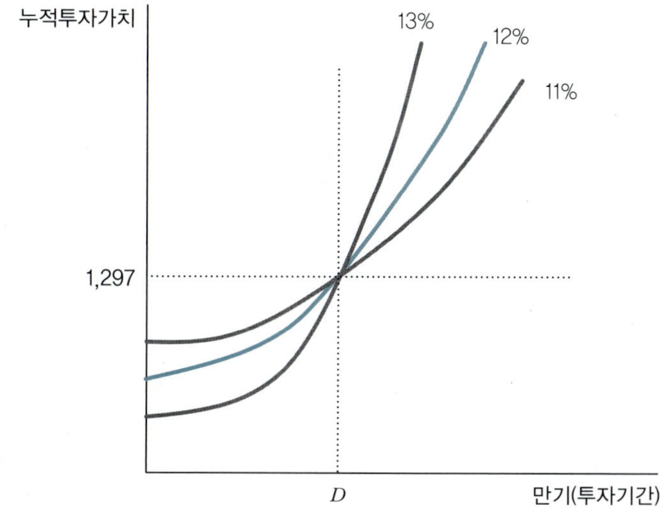


일반적으로 채권에 투자할 경우 시장이자율의 변화는 채권의 가격에 미치는 영향과 재투자수익에 미치는 영향이 서로 상반되어 나타나고, 이들은 모두 듀레이션과 함수관계에 있다. 채권면역은 이자율의 변화가 채권투자가치에 미치는 두 가지 상반되는 효과를 중화시키는 방법이라고 할 수 있다. 이때 사용되는 수단이 바로 앞에서 설명한 채권의 듀레이션 개념이다.

채권수익률은 채권투자가치의 성장률을 의미하기 때문에 이자율의 변화가 없는 한 투자가치는 이 비율로 증가해 갈 것이다. 만일 듀레이션이 2.7287년이고 최초의 채권수익률이 12%인 어떤 채권의 경우 수익률(이자율)이 11%로 하락하거나 13%로 증가한다면 이는 채권투자가치에 영향을 주게 될 것이고 이러한 수익률변화에 따른 채권투자가치를 듀레이션 기간($D$)을 중심으로 살펴보면 [그림 6-15]와 같이 도시된다. 듀레이션 근처의 투자기간에서 살펴보면(duration window) 채권투자가치는 큰 변화가 없지만, 투자기간이 이러한 듀레이션으로부터 멀어지게 되면 투자가치의 성장률은 최초의 성장률과는 큰 차이를 보이게 되어 최종적인 투자가치, 즉 투자자의 최종적인 부의 크기는 달라진다는 것을 알 수 있다.

채권면역의 방법을 설명하기에 앞서 우선 이자율의 변화가 채권의 투자가치에는 어떠한 영향을 미치는가 예를 들어 살펴보기로 하자. 지금 액면가격이 1,000원이고 표면이자율이 10%인 3년 만기 채권을 2년 후에 처분한다고 가정할 때 시장

**표 6-11 채권투자가치**

| 시장이자율 | 재투자수익 | 채권처분가격 | 총투자가치 |
|---|---|---|---|
| 5% | 205원* | 1,048원** | 1,253원 |
| 10 | 210 | 1,000 | 1,210 |
| 15 | 215 | 957 | 1,172 |

* $100 + 100(1 + 0.05) = 205$
** $1,100/(1 + 0.05) = 1,048$

이자율의 변동에 따른 채권의 투자가치는 처분시점인 2년 후를 기준으로 평가할 때 〈표 6-11〉과 같아진다.

〈표 6-11〉에서 시장이자율이 5%에서 10%, 15%로 상승할 때 이자의 재투자수익은 205원, 210원, 215원으로 늘어나지만, 채권의 처분가격은 할인율의 상승으로 인하여 1,048원, 1,000원, 957원으로 하락한다는 것을 알 수 있다. 반대로 이자율이 하락하게 되면 이자의 재투자수익은 줄어들지만 채권의 처분가격은 높아지게 된다.

이는 또 채권의 소유기간(time horizon)이 길어짐에 따라 채권의 시장가치의 변화에 의한 영향보다는 이자의 재투자수익 변화에 의한 영향이 더 커진다. 따라서 소유기간의 길이는 가격효과와는 부(−)의 함수관계, 재투자수익효과와는 정(+)의 함수관계를 보이게 되므로 이들 두 효과가 같아지는 균형점인 소유기간의 길이가 존재하게 되는 데, 이것이 바로 채권의 듀레이션이 된다.

이러한 관계를 예를 들어 설명하여 보기로 한다. 〈표 6-12〉는 표면이자율이 10%인 30년 만기채권을 액면가(1,000원)에 구입한 투자자의 입장에서 시장이자율

**표 6-12 채권의 소유기간과 채권가격위험 및 재투자수익위험 변화**

| 채권소유 기간 | 채권판매 가격 | 시장가격 손실 | 이자 지급 | 이자의 재투자 수익(10%) | 이자의 재투자 수익(12%) | 재투자수익 증가분 | 누적효과 |
|---|---|---|---|---|---|---|---|
| 1 | 838.39 | 161.61 | 100 | 2.50 | 3.00 | 0.50 | −161.11 |
| 5 | 842.38 | 157.62 | 500 | 128.89 | 159.04 | 30.15 | −127.47 |
| 10 | 849.54 | 150.46 | 1,000 | 653.30 | 839.28 | 185.98 | 35.52 |
| 15 | 862.35 | 137.65 | 1,500 | 1,821.94 | 2,452.91 | 632.97 | 495.32 |
| 20 | 885.30 | 114.70 | 2,000 | 4,039.99 | 5,738.10 | 1,698.11 | 1,583.41 |
| 25 | 926.40 | 73.60 | 2,500 | 7,967.40 | 12,016.77 | 4,049.37 | 3,975.77 |
| 30 | 1,000 | 0.00 | 3,000 | 14,679.19 | 23,656.34 | 8,977.15 | 8,977.15 |

이 10%에서 12%로 상승하는 경우에 이러한 관계가 존재함을 보여주고 있다. 이 채권은 5년과 10년 사이에서 순변화의 누적효과가 0이 되는 듀레이션이 존재할 것이라는 것을 알 수 있다.

이와 같이 시장이자율의 변동에 따른 채권가격과 재투자수익의 상반된 변화는 듀레이션을 이용함으로써 거의 상쇄시킬 수 있다. 즉 채권 또는 채권포트폴리오의 **듀레이션**을 투자자가 계획하고 있는 **투자기간**과 일치시킴으로써 이자율위험을 거의 대부분 제거할 수 있다. 그 이유는 채권의 투자기간이 듀레이션과 같아질 때 앞에서 설명한 두 가지 상반된 효과가 거의 상쇄되기 때문이다.[25)]

한편, 여러 가지 채권으로 구성된 채권포트폴리오의 듀레이션은 개별채권들의 만기수익률이 같을 경우 각 개별채권의 듀레이션을 시장가치에 의한 구성비율로 가중평균하여 계산한다. 따라서 그 구성비율을 달리함으로써 적절한 듀레이션을 구할 수도있다. 그러나 시장이자율이 변하게 되면 듀레이션 역시 달라지게 되므로 그 이후에 일어나는 이자율 변동으로 인한 위험은 완전히 제거할 수 없게 된다. 따라서 일단 이자율이 변하면 채권의 듀레이션을 다시 계산하여 채권 포트폴리오의 구성비율을 조정하여야 한다.

예를 들어 앞서 듀레이션 계산을 위해 예로 든 표면이자율 10%(액면가격 1,000원), 시장이자율 12%, 만기 3년인 채권(듀레이션=2.7287년)의 예에서 시장이자율이 12%에서 11%로 하락하였다고 하자. 이 경우 이 채권을 듀레이션과 같은 기간인 2.7287년 동안 보유한다고 가정하는 경우 투자자의 부에 미치는 영향을 살펴보자.

우선 시장이자율이 12%인 경우 투자계획기간이 끝나는 $t = 2.7287$시점에서 투자자의 손에 쥐어지는 투자자의 부를 구해보면 다음과 같이 이자의 재투자수익과 채권의 처분가격의 합으로 구해진다.

① 이자의 재투자수익:

$$100(1 + 0.12)^{1.7287} + 100(1 + 0.12)^{0.7287}$$
$$= 122.02 + 108.61 = 230.63\text{원}$$

25) 이에 관하여는 본장의 부록을 참고하기 바람. 따라서 듀레이션은 채권가격위험과 재투자수익의 위험 크기가 서로 균형을 이루는 기간개념을 측정하는 좋은 지표로 사용될 수 있다. 시간이 경과함에 따라 이자의 재투자수익 변화가 채권의 수익률에 미치는 영향은 증가하지만, 채권가격의 변화가 채권의 수익률에 미치는 영향은 감소하기 때문에 상반된 영향의 누적효과가 0이 되는 기간인 듀레이션이 존재하게 된다.

② 채권의 처분가격:

$$\frac{1,100}{(1+0.12)^{0.2713}} = 1,066.69(\text{원})$$

③ 투자자의 부: ① + ②

$$230.63 + 1,066.69 = 1,297.32(\text{원}) \fallingdotseq 1,297$$

한편, 시장이자율이 11%로 변할 경우 $t = 2.7287$에서의 투자자의 부는 다음과 같다.

① 이자의 재투자수익:

$$100(1+0.11)^{1.7287} + 100(1+0.11)^{0.7287}$$
$$= 119.77 + 107.90 = 227.67\text{원}$$

② 채권의 처분가격:

$$\frac{1,100}{(1+0.11)^{0.2713}} = 1,069.29(\text{원})$$

③ 투자자의 부: ① + ②

$$227.67 + 1,069.29 = 1,296.96(\text{원})$$

즉, 시장이자율이 변하는 경우라 하더라도 투자자의 부는 약 1,297원으로 변화가 없음을 알 수 있다(수치상의 약간의 차이는 계산과정에서의 rounding error임). 이러한 관계는 [그림 6-15]에서 보는 바와 같이 듀레이션과 투자기간이 일치하는 지점에서는 이자율 수준의 변화에 관계 없이 최종적인 투자자의 부(누적투자가치)는 1,297원으로 동일함을 확인할 수 있다.

### 3. 만기보유전략

소극적 투자전략 중 가장 단순한 전략으로 채권을 매입하여 만기까지 보유하는 전략으로 투자시점에서 투자수익이 확정되는 전략이다. 복리채, 단리채, 할인채의 경우 만기까지 보유시 매입당시의 채권수익률이 투자수익률로 확정된다. 이표채의 경우도 이자의 재투자수익률 변동에 대한 고려를 할 수 있지만 만기까지 보유시 대체적으로 매입당시 채권수익률과 비슷한 투자수익률을 얻을 수 있다. 이는 수익률이 비교적 안정적인 금융시장에서 금융기관들이 시장평균 수익률을 얻고자 할 경우 선호되는 전략이다.

### 4. 인덱스펀드 전략

채권투자의 성과가 채권지수를 따라가도록 채권포트폴리오를 구성하는 전략으로 채권시장을 대표하는 채권지수의 성과를 복제하려는 거래전략이다. 그러나 복제대상 채권의 종목이 많을 뿐 아니라 이를 시장가치 비율대로 구성하는 것도 현실적으로는 어려운 문제가 있다. 주식처럼 거래가 활발하게 이루어지는 것도 아니기에 적정가격을 구하기도 어렵고 만기의 단축에 따른 채권포트폴리오의 재구성도 어려운 문제이다. 따라서 채권을 여러 특성으로 나눈 다음, 각 부분을 대표하는 일부 채권을 추출하는 방법으로 인덱스펀드를 구성하게 되지만 이와 같이 구성된 채권포트폴리오와 채권지수 사이에는 추적오차의 문제가 발생하게 된다. 이는 채권포트폴리오 구성에 의해 비체계적 위험은 제거할 수 있지만 체계적 위험은 줄이지 못하기 때문에 시장 전반의 수익률을 따라가게 되는 소극적 투자전략에 속한다. 이러한 전략은 인덱스 편입종목의 물량부족이나 인덱스 위주의 편입(투자)을 하다 보면 고수익종목 포기로 인한 기회비용이 발생할 수도 있다.

### 5. 현금흐름 일치전략

채권에서 발생하는 현금흐름을 채권투자를 위해 조달된 부채의 현금흐름과 일치시키거나 상회하도록 채권포트폴리오를 구성하는 전략이다. 그러나 현금흐름이 일치하는 채권을 구하기 어렵거나 부채의 현금흐름이 복잡할 경우에는 채권선택의 현실적 어려움도 따른다.

## 2.2 적극적 채권투자전략

적극적 채권투자전략은 채권시장이 비효율적이라는 전제하에서 시장평균보다 더 나은 투자성과('beat the market')를 얻기 위한 거래전략들을 의미한다. 비효율적 시장 상황하에서는 투자자들은 미래 예측능력이나 우월한 정보분석능력을 통해서 시장의 평균보다 더 나은 투자성과를 얻을 수 있다고 생각하며 위험을 감수하더라도 투자수익을 극대화하기 위한 거래전략을 사용하고자 한다. 이 경우 투자자들은 미래의 이자율, 수익률의 변동성, 수익률간의 스프레드 등 채권가격에 영향을 주는 여러 요인들을 예측하여 수익을 극대화하고자 하는 채권운용전략을 사용하게 된다.

일반적으로 적극적인 채권투자전략에서 이익의 가능성은 두 가지의 원천에서 얻어진다. 첫째는 채권시장 전체의 움직임을 예상하고자 하는 이자율 예측이고, 둘째는 채권시장에서의 상대적인 가격결정의 오류(mispricing), 즉 과대 또는 과소평가된 채권을 확인하는 일이다. 이러한 분석기법에 의해 비정상적인 초과수익을 얻으려면 분석자의 정보나 통찰력이 시장보다 더 나아야만 할 것이다. 이처럼 채권시장에 대해 투자자가 소유하는 정보가 가치있는 정보가 되려면 시장보다 더 나은 차별적 정보가 되어야 한다.

## 1. 수익률 예측전략

향후 수익률의 하락으로 채권가격의 상승이 예상되면 채권을 저가에 매수하고, 수익률 하락시 채권가격이 상승할 경우 매각함으로써 가격차이의 이익을 취하거나 또는 수익률의 상승으로 채권가격 하락이 예상되는 경우에 보유하는 채권을 매도하거나 소유하지 않은 채권을 공매도하고 나중에 재매입함으로써 높은 수익을 기대하는 거래전략이다. 그러나 이자율 예측이 빗나가는 경우의 손실위험을 부담하여야 한다.

## 2. 스왑전략

스왑(swap), 즉 채권교체전략(bond swap)이란 현재 보유하고 있는 채권을 보다 더 나은 투자성과를 얻기 위하여 다른 채권으로 교체하는 것을 말한다. 여기서 스왑전략이란 채권의 수익률, 만기, 세금, 미래의 시장이자율 등 채권가격에 영향을 주는 요인들을 고려하여 현재 보유하고 있는 채권을 수익성이 높은 다른 채권, 즉 향후 수익률 하락이 예상되거나 그 하락의 폭이 클 것으로 예상되는 채권으로 교체하는 것을 의미한다. 이러한 스왑거래는 주로 독점적 정보를 이용하여 단기적인 이득을 얻기 위하여 이루어지며 증권시장이 효율적일 경우에는 더 나은 초과수익을 얻을 수 없다. 스왑거래의 종류는 매우 다양하나 흔히 이용되는 스왑거래는 이자율예상 스왑, 채권등급 스왑, 세금 스왑 등이 있다.

### (1) 이자율예상 스왑

이자율예상 스왑(interest rate anticipation swap)은 앞으로의 시장이자율 변화에 따른 채권수익률의 변화를 예상하여 수익성이 높은 채권으로 교체하는 것을 말한다. 일반적으로 미래에 이자율이 하락할 것으로 예상된다면 만기가 짧고 표면이자율이 높은 채권을 매각하고 만기가 길고 표면이자율이 낮은 채권을 매입하는 것이다.[26] 만기가 길고 표면이자율이 낮은 채권일수록 이자율 하락시 가격상승으로 인한 이익의 폭이 커지기 때문이다. 한편 미래에 이자율이 상승할 것으로 예상되는 경우에는 물론 그 반대의 스왑 거래가 가능하다. 이는 이자율 상승시 가격하락으로 인한 손실의 폭이 작아지기 때문이다.

이는 [그림 6-16]에서 보는 바와 같이 듀레이션과 탄력성의 관계($\varepsilon = -D$)로부터 채권가격의 변화 크기($\Delta P$)는 듀레이션, 이자율 변화 크기, 채권가격 수준의

**그림 6-16 이자율 예상 스왑전략 : 듀레이션과 탄력성 관계 이용**

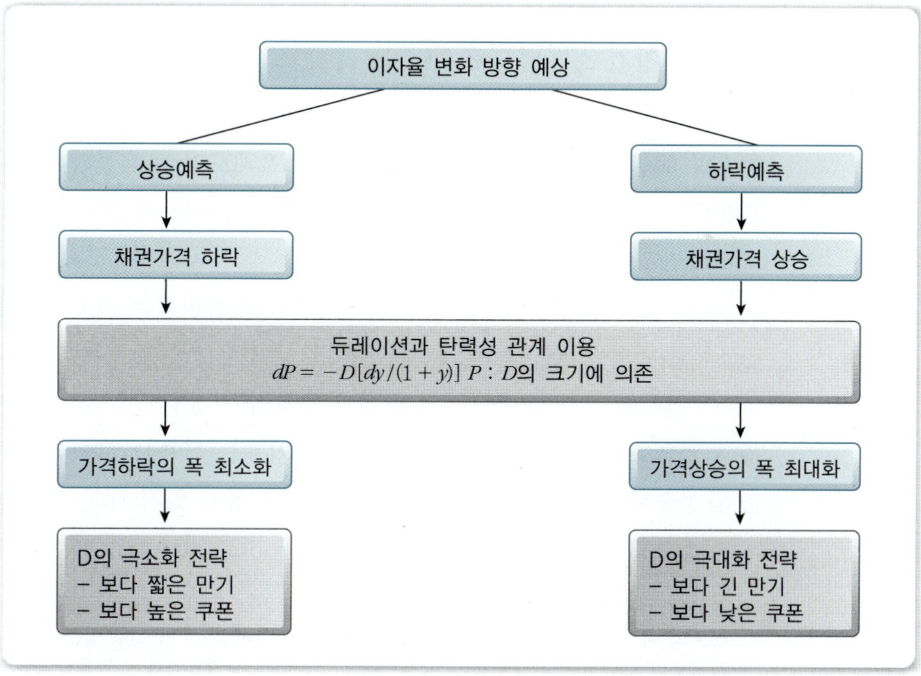


26) 이자율예상에 따른 채권포트폴리오의 전략으로 고려할 수 있는 방법으로는 이자율 상승을 예상한다면 채권포트폴리오의 듀레이션을 줄임으로써 손실을 최소화하는 방안과 채권선물을 매도하는 방법, 그리고 고정금리를 지급하고 변동금리를 수취하는 스왑계약을 미리 체결하여 두는 방법이 있다. 물론 이자율이 이러한 예상과는 다를 위험이 있기 때문에 이는 적극적인 채권운용(투자) 전략에 속한다. 이자율 하락을 예상한다면 이와 반대되는 전략을 취하면 된다.

3가지 요인에 의존하지만, 이자율과 채권가격은 시장에서 결정되는 요인으로 통제불가능 요소이고, 결국 투자자가 선택할 수 있는 의사결정변수는 듀레이션의 크기이기 때문에 이를 조정해 줌으로써 채권가격의 변화크기인 자본이득 또는 자본손실의 크기를 미리 조정할 수 있을 것이다. 그리고 이미 앞에서 살펴본 바와 같이 듀레이션은 만기에 비례하고 표면이자율의 크기에는 반비례하기 때문에 가격상승폭을 극대화하려면 듀레이션을 극대화하고, 듀레이션을 극대화하려면 만기가 긴 채권, 표면이자가 작은 채권들로 채권포트폴리오의 구성 종목을 교체하는 전략을 구사하여야 할 것이다.

그러나 이자율예상 스왑은 이자율이 예상했던 것과는 다르게 움직일 경우에는 그 변동폭에 비례하여 손실을 볼 수 있기 때문에 매우 위험이 큰 투기적인 전략이라고 할 수 있다. 따라서 이자율을 예상한 채권투자전략중 이자율예상 스왑전략의 경우보다 더 효율적으로 듀레이션을 조정해 주는 방법은 금리선물을 이용하는 방법이다. 즉 금리선물의 매입은 듀레이션을 증가시키고, 금리선물의 매도는 듀레이션을 감소시킨다.[27)]

### (2) 시장간 스프레드 스왑

채권은 그 발행조건이나 채무불이행위험과 같은 질적인 차이로 인하여 여러 종류의 채권들 사이에는 수익률 차이인 스프레드가 존재한다. 그런데 이러한 스프레드는 항상 일정한 크기를 유지하는 것이 아니라 경기와 밀접한 관련을 가지고 스프레드가 변화한다.

일반적으로 경기가 호황에서 불황 국면으로 전환되는 경우 이자율은 하락하고 신용등급이 높은 채권과 낮은 채권사이의 수익률 스프레드는 확대되는 경향이 있다. 이 경우와 같이 스프레드의 확대가 예상되는 경우 수익률이 높은 채권에서 낮은 채권으로 교체하는 것이 유리하다. 그 이유는 신용등급이 낮은 채권의 수익률은 급상승하여 가격이 큰 폭으로 하락할 가능성이 있기 때문이다. 반대로 수익률

---

27) 채권포트폴리오의 관리자는 듀레이션을 기준으로 자신의 투자성향 및 목적에 따라 듀레이션을 조정할 수 있으나, 듀레이션은 채권가격과 수익률간의 비선형성을 고려하지 못한다. 채권포트폴리오의 비선형성의 정도는 볼록성(convexity)으로 나타낼 수 있으며, 양(+)의 볼록성은 채권포트폴리오의 보유자에게 유리하게 작용한다. 이와 같은 채권가격과 수익률간의 볼록성 때문에 금리상승시 가격하락폭보다 금리하락시 가격상승폭이 더 크게 되며, 듀레이션을 통해 추정한 채권가격변동과 실제의 채권가격변동의 차이가 커진다. 문제는 채권의 볼록성은 표면이자율이 낮을수록, 수익률이 낮을수록, 만기가 길수록 크기 때문에 아무런 대가 없이 포트폴리오의 볼록성을 증가시킬 수는 없다. 그러나 채권옵션의 매수는 양의 볼록성, 매도는 음의 볼록성을 갖기 때문에 펀드관리자는 향후 금리 방향 및 변동성 예측에 따라 채권옵션을 이용하여 보유 채권포트폴리오의 볼록성을 조정할 수가 있다.

스프레드가 축소될 것으로 예상되는 경기호황의 국면에서는 수익률이 높은 채권으로 종목을 교체하는 것이 유리하다.

시장간 스프레드 스왑(intermarket spread swap) 또는 이종채권간 스왑(질적 스왑)은 서로 다른 채권종목간의 수익률 차이인 스프레드의 변화 즉, 스프레드가 일시적으로 확대 또는 축소되었다가 시간이 지나면서 다시 원래의 상태로 돌아오는 채권의 특성을 이용하여 더 나은 수익을 얻고자 하는 스프레드 거래전략이다. 즉 스프레드가 점차적으로 확대 또는 축소되는 시점을 파악하여 두 채권들간의 교체매매를 계속하여 나아감으로써 투자수익을 극대화하고자 하는 전략이다. 이 경우 중요한 것은 교체매매의 시점과 방법, 그리고 원래의 상태로 돌아오기까지의 소요시간인 조정기간(workout period)이다. 일반적으로 채권의 교체매매 방법은 ① 수익률 격차인 스프레드가 확대되는 경우에는 수익률이 낮은 종목에서 높은 종목으로 교체하고 ② 수익률 격차인 스프레드가 축소되는 경우에는 수익률이 높은 종목에서 낮은 종목으로 교체한다.

이는 특정의 시점에서 두 채권의 수익률이 상대적으로 더 하락할 것으로 예상되는 채권을 매수하는 거래전략이다. 수익률이 비교대상 두 종류의 채권 모두 하락하는 상황에서 수익률의 하락폭이 더 큰 채권의 가격 상승폭이 더 크기 때문이다. 따라서 [그림 6-17]에서 수익률의 격차인 스프레드가 확대되는 $t+1$시점에서는 $B$채권을 $A$채권으로 교체($A$채권 매입)하고, 축소되는 $t+2$시점에서는 $A$채권에서 $B$채권으로 교체($B$채권 매입)하며 또 다시 스프레드가 확대되는 $t+3$시점에서는 $B$채권을 $A$채권으로 다시 교체($A$채권 매입)하는 전략을 취한다. 가령 회사채와 국채 사이의 현재 스프레드가 정상적인 경우보다 너무 넓어서 향후 축소가

**그림 6-17 스프레드변화 이용한 채권교체매매 전략**

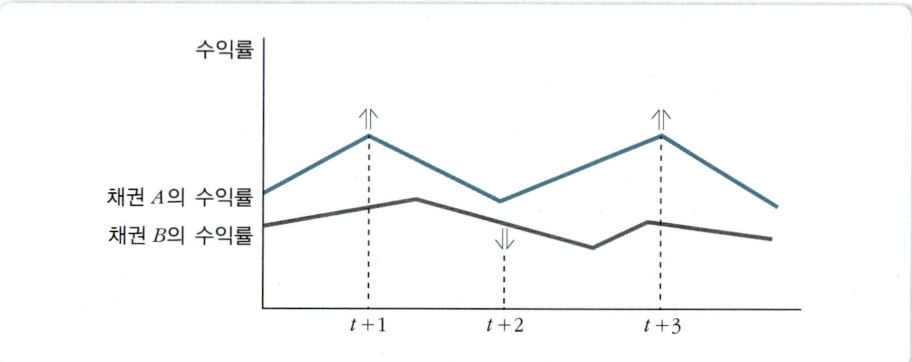

예상된다면, 투자자는 국채에서 회사채로 종목을 교체할 것이다. 이는 정상적인 수익률 차이(스프레드)로 회복되는 과정에서 회사채의 수익률이 국채보다 더 큰 폭으로 하락하게 되고 그에 따라 채권가격의 상승폭은 회사채의 경우가 더 클 것으로 기대되기 때문에 회사채 종목으로 미리 교체를 해 두는 것이 국채를 그대로 보유하고 있는 경우보다 더 나은 투자성과를 얻게 된다. 물론 스프레드의 차이가 과거의 수준보다 더 확대되어 있는 것이 회사채 채무불이행 위험의 증가와 같은 그럴만한 이유로 인한 것은 아닌지 주의 깊게 확인하여야 할 것이다.

가령 10년 만기 국채와 10년 만기 회사채(Baa등급) 사이의 현재 스프레드는 3%이지만 과거의 스프레드가 2%에 불과하였다면 스프레드 축소를 예상하여 투자자는 국채를 매도하고 회사채로 교체매입하고자 할 것이다.

### (3) 채권등급 스왑

채권등급 스왑(quality swap)이란 예상되는 경제환경의 변화에 따른 투자위험을 조정할 목적으로 등급이 서로 다른 채권간에 교체를 하는 경우를 말한다. 일반적으로 경기가 호황에서 불황으로 전환될 때는 이자율의 하락과 함께 등급이 서로 다른 채권간의 수익률 스프레드는 커지게 된다. 이 경우에는 만기가 길고 채권의 등급이 높은, 즉 위험이 낮은 채권으로 교체하는 것이 바람직하다. 이자율이 하락하면 모든 채권의 수익률도 하락하게 되므로 채권의 가격은 상승하게 된다. 그러나 등급이 낮은 채권의 경우 가격상승효과는 수익률 스프레드의 증가에 의해 그 효과가 어느 정도 상쇄되지만 등급이 높은 채권은 이러한 상쇄효과가 없기 때문에 보다 큰 자본이득을 기대할 수 있다.

한편 경기가 불황에서 호황으로 접어들 때는 반대로 만기가 짧고 등급이 낮은 채권으로 교체하는 것이 유리하다.

### (4) 세금 스왑

세금 스왑(tax swap)이란 세금부담을 줄이기 위해 세율이 다른 채권간의 교체를 말한다. 세금을 고려할 경우 투자자가 얻는 실질소득은 세금을 공제한 후의 소득이 된다. 따라서 채권에 있어서도 세율이 다를 경우 세후수익률을 기준으로 투자를 결정하여야 한다.

채권의 경우 세금부담여부에 따라 과세대상채권(taxable bond)과 비과세채권(tax-free bond)으로 구분할 수 있고, 과세대상채권의 경우에도 이자소득세율과 자본소득세율이 서로 다른 경우가 대부분이다.

이와 같은 세금 스왑은 개인과 법인, 그리고 소득의 종류와 그 수준에 따라 적용세율이 달라지기 때문에 가능하다. 예를 들면 과세대상소득이 많은 개인투자자나 한계법인세율이 높은 기관투자자의 경우에는 비과세채권에 투자를 함으로써 세금절약효과(tax shield)를 얻을 수 있으므로 실질적인 수익률은 증가하게 된다. 또한 채권의 이자소득세와 자본소득세가 다를 경우 채권의 성격에 따라 세후수익률은 달라진다. 대부분의 경우 이자소득세율이 자본소득세율보다 높은 것이 일반적이므로 세전수익률이 같은 경우 이표채(coupon bond)보다는 할인채(discount bond)의 세후수익률이 높게 된다. 그리고 세율의 차이에 의한 세후수익률의 차이 이외에도 자본소득세는 세금연기효과(tax deferral effect)가 있어 유리하다. 즉 이자소득세는 이자를 받을 때마다 세금이 부과되나 자본소득세는 채권을 매각할 때까지 세금이 부과되지 않는다(tax deferral).

### (5) 동종채권간 대체스왑(substitution swap)

표면이자율, 잔존만기, 채권등급 등이 거의 동일한 두 채권(nearly identical substitute)의 가격은 동일해야 함에도 불구하고 일시적으로 두 채권이 서로 다른 가격으로 거래되고 있는 경우에 상대적으로 가격이 높은(수익률이 낮은) 채권을 매도하고 가격이 낮은(수익률이 높은) 채권은 매입함으로써 두 채권의 가격 차이만큼 이익을 얻고자 하는 거래전략이다.

가령 만기 20년, 표면이자율 8%인 현대차의 채권은 수익률 8.05%가 되도록 가격이 형성되어 있고, 만기 20년, 표면이자율 8%인 기아차 채권은 수익률 8.15%가 되도록 가격이 형성되어 있으며 두 채권의 신용등급은 같다고 가정하자. 그러면 두 채권의 가격이 다르게 형성되어야 할 이유가 없을 것이기 때문에 가격이 높은 현대차 채권을 매도하고 가격이 낮은 기아차 채권으로 교체 매입하는 대체스왑의 거래를 하는 경우에 추가적 이익을 얻게 된다.

### (6) 수익률획득 스왑

수익률획득 스왑(pure yield pickup swap)은 단순히 보다 높은 수익률의 채권을 보유함으로써 수익을 증가시키는 거래방법이다. 수익률곡선이 일반적인 우상향의 모습을 보인다면 현재보다 만기가 긴 장기의 채권으로 교체하면 된다. 이는 장기채권으로 갈수록 그 속에 포함되어 있는 기간프리미엄을 얻기 위한 시도라고 볼 수 있을 것이다. 이 경우에도 보유기간중에 수익률곡선이 상향 이동(shift up)하여 가격이 하락하는 경우의 이자율위험은 부담하여야 한다.

### (7) 신용등급 스왑(credit swap)

신용등급의 개선이 예상되어지는 채권으로 종목을 교체하는 전략으로서 신용등급의 상승이 예상되는 채권으로 종목을 교체하는 credit upside swap과 신용등급의 하락이 예상되는 채권을 매도하는 credit defense swap이 있다. 보통 투자등급과 투기등급 사이에서의 신용등급 변화시에 수익률 또는 가격이 큰 변화를 보이게 된다.

## 3. 채권수익률곡선 타기전략(riding the yield curve)

이는 채권수익률의 차이를 이용하는 적극적인 채권투자방법이다. 이는 채권수익률의 곡선이 우상향의 기울기를 보이고 있고, 투자기간중 수익률곡선의 형태가 변하지 않는다고 예상할 경우에만 유효한 방법이다. 즉 시간이 경과하면 이에 따라 채권의 만기는 단축될 것이고, [그림 6-18]에서와 같이 만기단축에 따른 채권수익률의 하락으로 채권가격은 상승하기 때문에 자본이득을 취할 수 있다. 이 전략에는 수익률곡선상의 롤링 효과와 쇼울더 효과가 존재한다. 채권투자자가 예상되는 채권수익률 곡선상 어떤 부분을 탈 것인가의 문제는 만기의 차이에 따른 채권수익률의 가격변동성 차이까지 고려하여 어떤 효과가 수익률 하락에 따른 채권가격상승의 폭이 더 큰 가를 따져보아야 할 것이다.

가령 10년 만기채권을 구입하여 만기까지 보유한다면 주어진 만기수익률을 얻게 되지만 1년 경과후 이 채권을 매도하고 다시 동일한 10년 만기채권으로 갈아탄

그림 6-18 수익률곡선 타기전략: 곡선상의 롤링 효과와 쇼울더 효과

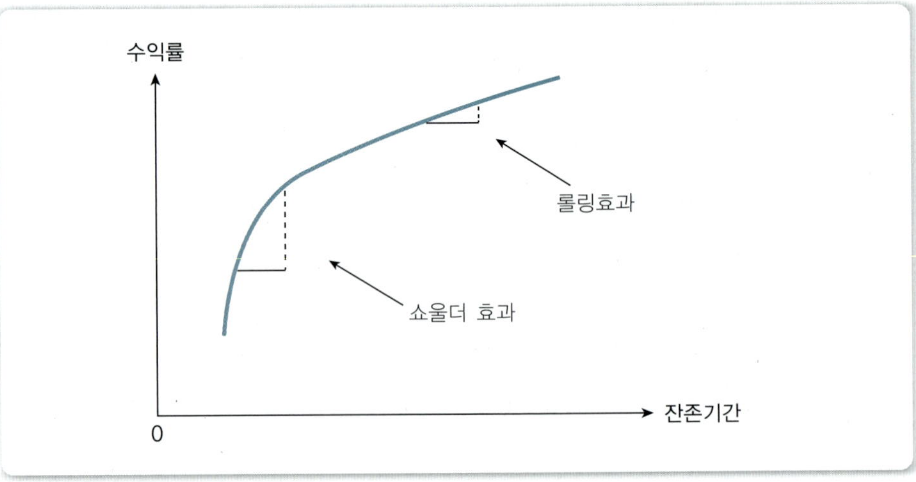

후에, 또다시 1년 보유후 매도하는 방법을 반복적으로 시행한다면(rollover) 채권 보유에 따른 이자소득 이외에도 10년 만기 채권의 1년 경과후 채권수익률 하락에 따른 채권가격 상승에 의해 자본이득(시세차익)도 반복적으로 얻을 수 있다. 그러나 수익률 하락폭(가격상승폭)이 큰 쇼울더 효과를 이용하는 것이 반드시 롤링 효과를 이용하는 것보다 항상 높은 투자수익을 보장하는 것은 아니다. 이는 만기에 따라 일정 수익률변동에 따른 가격변동성이 각각 다르기 때문이다. 즉 쇼울더효과는 단기채권에서 클지 모르지만 수익률변동에 따른 채권가격의 변동성은 만기가 짧은 채권보다는 만기가 긴 채권에서 더 크기 때문이다.

① 롤링효과(rolling effect)

향후 금리수준이 일정하다고 예상하는 경우에도 기간구조이론에서 설명한 유동성프리미엄의 존재 때문에 채권수익률곡선은 보통 우상향의 기울기 형태로 나타난다. 따라서 시간 경과에 따른 잔존만기의 단축으로 수익률은 마치 곡선상을 따라 굴러내리는(rolling) 것처럼 하락하게 되고 그에 따라 채권가격은 상승하게 되는 데, 이처럼 잔존만기의 단축으로 곡선상을 따라 수익률이 하락함으로써 채권가격이 상승하는 현상을 롤링효과라고 부른다.

② 쇼울더효과(shoulder effect)

일반적으로 채권수익률 곡선상 잔존만기에 따라 서로 인접하고 있는 만기별 채권수익률의 격차는 일정하지 않다. 특히 수익률곡선타기 전략 중 쇼울더효과는 동일한 수익률곡선상에서 시간이 경과함에 따라 잔존만기가 단축되는 데, 잔존만기의 단축에 따른 수익률의 하락폭이 동일하지 않고 만기가 짧은 쪽의 채권에 대한 수익률 하락폭이 만기가 긴 쪽의 채권에 대한 수익률 하락폭보다 더 크다는 사실을 유리하게 이용해보려는 투자전략에 속한다, 즉, 현재의 수익률 곡선상에서 1년이 경과하게 되면 10년 만기의 채권은 9년만기의 채권으로, 2년 만기의 채권은 1년 만기의 채권으로 만기단축이 일어나는 데 [그림 6-18]에서 보는 바와 같이 일반적인 우상향의 채권수익률곡선의 경우를 가정할 경우 만기가 짧은 쪽 채권의 수익률 하락폭은 급한 기울기를 보이는 반면, 만기가 길어질수록 그 기울기가 완만한 모습을 보여 수익률의 하락폭이 상대적으로 작은 것을 알 수 있다. 이는 마치 왼쪽 어깨 부분처럼 보이는 단기채로 갈수록 극단적인 수익률의 하락폭이 관찰되는 데 수익률곡선타기 전략에서 이러한 큰 폭의 수익률 하락현상을 쇼율더 효과라고 부른다.

## 4. 상황적응 면역전략

채권포트폴리오의 목표수익을 정해놓고 초과수익을 얻는 유리한 환경하에서는 적극적인 투자전략을 구사하고, 상황이 불리해지는 경우에는 채권면역전략으로 전환하는 적극적 전략과 소극적 전략의 혼합전략이다.

# [부록] 듀레이션과 채권면역

이를 수학적으로 증명해 보이면 다음과 같다.

투자자의 투자기간(holding period)이 끝나는 최종시점($h$)에서의 부(terminal wealth;W)는 만기전 청산시점($h$)까지의 총이자수입($I$)와 만기전 처분시 받게 될 청산가치(liquidation value; $L$)의 합이 된다. 즉,

$$W = I + L \tag{1}$$

가 되고 $I$와 $L$은 각각 다음과 같이 표현할 수 있다.

매기간 정기적으로 받게 되는 이자수익($C$)을 이자율 $y$로 $h$시점까지 재투자한다고 가정하면, 총이자수입($I$)은

$$I = C(1+y)^{h-1} + C(1+y)^{h-2} + \cdots + C(1+y) + C \tag{2}$$

가 되어 이자율이 변화하면 이자수익(재투자수익)의 크기에는 정(+)의 영향을 미치게 된다$\left(\frac{\Delta I}{\Delta y} > 0\right)$.

한편 만기전 청산가치($L$)는 청산시점 이후에 들어오는 모든 미래현금흐름의 총현재가치가 되므로

$$L = \frac{C}{(1+y)} + \frac{C}{(1+y)^2} + \frac{C}{(1+y)^3} + \cdots + \frac{C}{(1+y)^{n-h}} + \frac{par}{(1+y)^{n-h}} \tag{3}$$

단, $Par$는 만기에 받게 되는 액면가액(par or face value), $n$은 만기

가 되어 이는 위의 경우와는 반대로 이자율이 변하게 되면 청산가치의 크기에는 부(−)의 영향을 미치게 된다$\left(\frac{\Delta I}{\Delta y} < 0\right)$.

따라서 (2)식과 (3)식의 합인 투자자의 부가 이자율 변화에 관계없이 일정하도록 하기 위해서는 $\frac{\Delta W}{\Delta y} = 0$이 항상 성립하는 조건을 찾아야 한다.

한편 (2)식과 (3)식을 (1)식에 대입하고 양변을 $(1+y)^h$로 나누어 주면

$$\frac{W}{(1+y)^h} = \frac{C}{(1+y)} + \frac{C}{(1+y)^2} + \cdots + \frac{C+par}{(1+y)^n}$$

가 되고 채권수익률이 $y$이라고 하면 위 식의 우변은 곧 채권의 가격($P$)와 동일하게 된다. 따라서

$$W = (1+y)^{h} \cdot P$$

여기서 이자율의 변화에 대한 부의 변화를 보기 위해 $W$를 $y$에 관해 편미분하면

$$\begin{aligned}\frac{dW}{dy} &= h(1+y)^{h-1} \cdot P + (1+y)^{h} \cdot \frac{dP}{dy} \\ &= (1+y)^{h}\left[\frac{dP}{dy} + h\frac{P}{(1+y)}\right]\end{aligned}$$

그런데 $\dfrac{dP}{dy} = -D \cdot \dfrac{P}{(1+y)}$이므로 [본문 중 듀레이션과 탄력성관계로부터]

$$\begin{aligned}\frac{dW}{dy} &= (1+y)^{h}\left[-D \cdot \frac{P}{(1+y)} + h \cdot \frac{P}{(1+y)}\right] \\ &= P(1+y)^{h-1}(h-D)\end{aligned}$$

의 관계가 도출된다.

그러므로 이자율 $y$에 관계없이 다음의 관계가 존재함을 알 수 있다.

$$\text{if } D = h;\ \frac{dW}{dy} = 0$$

$$D > h;\ \frac{dW}{dy} < 0$$

$$D < h;\ \frac{dW}{dy} > 0$$

## 연습문제

**1.** 다음을 간단히 설명하라.

(1) 듀레이션과 수정 듀레이션

(2) 볼록성(convexity)

(3) 이자율 예상스왑

(4) 채권면역

(5) 사다리형 채권전략

(6) 채권평정

(7) 수익률차(스프레드)

(8) 수익률곡선타기 전략

**2.** 듀레이션과 이자율 탄력성과는 어떤 관계가 있는가를 설명하라.

**3.** 다음의 특성을 갖는 채권에 관하여 물음에 답하라.

| 액면가격: 1,000원<br>연간이자지급액: 60원<br>만기수익률: 7%<br>만기: 3년 |
|---|

(1) 맥콜리의 듀레이션을 계산하라.

(2) 수정듀레이션을 계산하라.

(3) 수익률이 6.5%로 하락할 경우 듀레이션개념을 이용하여 채권가격의 변화크기를 계산하라.

(4) 채권의 실제가격 변화크기를 계산하고 (3)에서 계산된 결과와 비교하라. 만일 차이가 존재한다면 그 이유는 무엇이라고 생각하는가?

(5) 볼록성(convexity)에 의한 채권의 가격변화 크기를 계산하라.

(6) 듀레이션과 볼록성을 동시에 고려해 준다면 채권가격의 변화크기는 얼마가 될 것인가? 이를 (4)의 결과와 비교해 보라.

**4.** 어떤 투자자가 다음과 같은 두 개의 순수할인채에 투자하고 있다고 가정하자.

채권 A는 1년후 100원을 지급하기로 한 채권으로서 현재의 채권시세는 56.93원, 채권 B는 2년후 1,100원을 지급하기로 한 채권으로서 이 채권의 시세는 943.07원이라고 한다(순수할인채란 동일한 채권으로부터 얻어지는 현금흐름을 각각 분리하여 거래하는 경우로서 실제로 이 채권은 액면가 1,000원, 쿠폰 이자율 10%, 만기 2년인 채권으로 생각할 수 있음).

(1) 각 채권의 채권수익률을 계산하라.
(2) 각 채권의 듀레이션을 계산하라.
(3) 두 채권포트폴리오의 가중평균수익률을 계산하라.
(4) 두 채권포트폴리오의 가중평균 듀레이션을 계산하라.
(5) 두 채권포트폴리오의 실제수익률은 얼마나 될 것인가?
(6) 두 채권포트폴리오의 실제의 듀레이션을 계산하라.

**5.** 다음과 같은 4종류의 채권이 있고 이들은 모두 연간 1회 이자가 지급되며 채권수익률은 15%가 되도록 거래되고 있다고 하자.

(1) 각 채권의 가격을 구하라.
(2) 각 채권의 듀레이션을 구하라.(맥콜리 듀레이션)
(3) 수익률 변화에 가장 민감한 채권은 어느 것인가?
(4) 2년후 2,000원을 상환하여야 하는 기업이 이자율 위험을 걱정하여 이자율 변동에 영향을 받지 않고 이 금액을 상환하기 위해 채권면역이 되는 채권포트폴리오를 현재시점에서 구성해 두려고 한다. 채권 $A$, $B$, $C$, $D$의 가치가 $V_A$, $V_B$, $V_C$, $V_D$라고 할 때 이러한 목적을 달성하기 위한 필요조건의 수식은 어떻게 되는가를 설명하라.
(5) 2년후 2,000원을 상환하여야 할 기업이 이를 위해 지금 채권투자를 해 두고자 한다. 이자율 변화에 영향을 받지 않고 이 금액을 상환하기 위해서는 $A$채권과 $D$채권에 얼마만큼을 투자하여야 하는가?

| 기간별 현금흐름 | 채권 A | 채권 B | 채권 C | 채권 D |
|---|---|---|---|---|
| 1 | 100 | 50 | 0 | 0 + 1,000 |
| 2 | 100 | 50 | 0 | 0 |
| 3 | 100 + 1,000 | 50 + 1,000 | 0 + 1,000 | 0 |

**6.** 표면이자율이 10%인 10년 만기채권의 가격은 98.72원, 표면이자율이 8%인 10년 만기채권의 가격은 85.89원이다. 액면가는 모두 100원이라고 가정한다. 시장이 효율적이라면 10년 만기 할인채의 가격과 현물이자율을 구하라.

**7.** 채권 *A*와 채권 *B*에 대하여 다음 물음에 답하라. 단 이자는 연 2회 지급하는 것으로 가정한다.

| | 채권 A | 채권 B |
|---|---|---|
| 쿠폰 | 8% | 9% |
| 만기수익률 | 8% | 8% |
| 만기(년) | 2 | 5 |
| 액면가액 | 100 | 100 |
| 채권가격 | 100 | 104.055 |

(1) 수익률의 1 베이시스 포인트 변화에 대응하는 가격변화크기를 계산하라.
(2) 맥콜리 듀레이션을 구하라.
(3) 수정듀레이션을 구하라.
(4) 수익률이 20 베이시스 포인트 변화하는 경우 근사적 공식을 적용하여 듀레이션을 구하고 이를 (2)에서 측정한 듀레이션과 비교하라.
(5) 볼록성을 계산하라.
(6) 근사적 공식을 적용하여 볼록성을 측정하고 이를 (5)에서 구한 볼록성 척도와 비교하라.
(7) 이자율이 100 베이시스 포인트 증가하는 경우 실제의 채권가격을 구하라.
(8) 듀레이션을 이용하여 이자율이 100 베이시스 증가하는 경우의 채권가격을 추정하라.

**8.** 다음 2종류의 채권중 25 베이시스 포인트의 이자율 변화에 대한 금액 가격변동성은 어느 것이 더 큰가를 설명하라.

| | 채권가격 | 수정 듀레이션 |
|---|---|---|
| 채권 *A* | 100 | 6년 |
| 채권 *B* | 80 | 7년 |

**9.** 다음 중 가격변동성이 가장 큰 채권은 어느 것인지 설명하라. 채권수익률은 동일하다고 가정한다.

| | 표면이자율(%) | 만기(년) |
|---|---|---|
| *A* | 8 | 9 |
| *B* | 10 | 11 |
| *C* | 11 | 12 |

**10.** 표면이자율 11%, 만기 18년, 액면가 1,000원인 채권의 13년후의 첫 번째 콜옵션 행사가격은 액면가와 같고, 5년후의 풋옵션 행사가능시점에서의 풋옵션 행사는 액면가로 이루어진다고 가정하고 다음에 답하라. 단, 이 채권의 시장가격은 1,169원이라고 한다.

(1) 이 채권의 만기수익률이 9.077%임을 보이라.

(2) 이 채권의 수의상환수익률(yield to first par call)이 8.793%임을 보이라.

(3) 이 채권의 상환청구권부 수익률(yield to put)이 6.942%임을 보이라.

(4) 이 채권의 콜옵션 스케줄(행사가능시기와 행사가격)이 다음과 같다. 그리고 이 채권은 5년후에만 풋옵션 행사가 가능하고 첫 번째 액면가로의 콜옵션 행사시 수익률은 8.535%라고 할 때 이 채권의 최저수익률(yield to worst)은 얼마인가?

① 8년후 콜옵션 행사가능, 행사가격 1,055원

② 13년후 콜옵션 행사가능, 행사가격 1,000원

C·H·A·P·T·E·R 07

# 증권의 평가와 투자분석:
## 주식의 평가 및 분석

유진 파마 교수가 한 Dart-throwing Chimpanzee 실험의 결과는 놀라웠다. 어떤 시기는 침팬지의 포트폴리오가 더 높은 수익률을 거두고, 어떤 시기는 펀드매니저가 더 높은 수익률을 거뒀던 것, 한 마디로 별 차이가 없었던 것이다. 이런 충격적인 결과에 효율적 시장 지지자들은 기세 등등해졌고, 특히 머튼 맬키엘 프린스턴대 교수는 원숭이와 펀드매니저의 종목 선정 능력에는 별 차이가 없다며 독설을 했다.

그러나, 이 시험에 대한 다른 해석을 내리는 목소리가 나왔다. 주가의 형성 자체가 시장 펀드매니저들과 투자자들에 의해 이루어진다는 점을 지적했다. 즉, 침팬지가 다트를 던져 맞춘 그 종목의 가격 자체가 치열하게 경쟁하는 펀드매니저들의 거래에 의해 이루어지므로, 실제로 침팬지 vs 펀드매니저가 아니라, 펀드매니저 vs 펀드매니저의 대결이라는 것이다. 만약, 모든 펀드매니저들이 시장에서 퇴장하고, 펀드매니저 1명과 침팬지 1마리가 붙으면, 펀드매니저가 이긴다는 논리다. 앞서 말한 스티글리츠와 같은 논리였다.

그러자, 이제 완전한 효율적 시장이 존재한다는 주장을 하는 학자는 거의 없다. 또한, 완전히 비효율적이라고 하는 학자들도 거의 없다. 논쟁은 이제 시장이 효율적이다 아니다가 아니라, 얼마만큼 효율적이냐로 모아졌다.

–금융위원회, '알기쉬운 금융정책' 중에서–

일반적으로 시장에서의 주가수준이라는 것은 시장참가자, 즉 투자자들의 미래 상황들에 대한 예상을 반영하는 기대의 복합적 산물이라고 볼 수 있다. 따라서 주가가 오르고 내릴 경우에는 그러한 현상적 측면만을 볼 것이 아니라, 어떠한 요인들이 주가변화를 유발하고 있는가 하는 본질적 요인을 분석하여야 할 것이다. 즉 도표(chart)에 나타나는 가시적 지표의 관찰도 중요하지만 장기적으로는 기업의 내용을 알 수 있는 본질적 가치의 분석이 무엇보다도 중요하다.

따라서 전장에서의 채권 평가 및 분석에 이어 본 장에서는 먼저 주식(보통주)의 투자가치를 분석하기 위한 전통적인 투자분석기법으로서의 기본적 분석(fundamental analysis)방법을 살펴본 다음에 실무적으로 많이 이용되는 기술적 분석(technical analysis)방법에 대하여 살펴보기로 한다. 한편 이들 개별 자산들의 조합을 의미하는 포트폴리오 분석방법에 관한 이론은 제9장에서 다루고자 한다.

## 제 1 절 주식의 평가 및 기본적 분석

### 1.1 주식의 평가요인

주식은 다른 증권에 비해 높은 수익을 얻을 수 있는 가능성이 높은 반면에 또한 위험도 크다.[1] 채권은 이자 및 원금상환액이 확정되어 있지만 주식의 배당(dividend)이나 자본이득(capital gain)은 기업의 영업성과나 경제여건, 시장상황 등 여러 가지 요인에 따라 달라진다.

따라서 주식의 가치는 어떤 주식을 소유함으로써 얻을 수 있는 미래수익의 크기와 그 위험에 따라 결정된다. 즉 주가는 주식투자로부터 얻을 수 있는 미래수익을 적절한 할인율로 자본화(capitalize)한 값으로서 미래수익의 현재가치를 나타낸다. 이와 같은 주가는 기업의 수익이나 배당 등과 같은 수익창출능력을 기초로 계산된 가치이므로 그 주식의 내재가치(intrinsic value), 또는 수익가치라고 한다.

한편, 주식의 가치는 수익가치 이외에 자산가치(asset value)로도 평가할 수 있

1) 여기서 주식이란 보통주(common stock)의 개념으로 사용하기로 한다. 우선주(preferred stock)는 법률상으로는 보통주와 같이 자기자본으로 간주되나 보통주와는 달리 확정배당을 받는다는 점에서 자기자본보다는 타인자본의 성격이 강하다.

다. 주식의 자산가치는 기업의 순자산가치(총자산−총부채)를 주식수로 나눈 것이다. 그러나 자산가치는 관행적인 회계처리기준에 따라 산출되는 장부가액을 기초로 계산이 될 뿐만 아니라 자산의 유기적 결합에 의한 시너지효과를 무시하고 있기 때문에 기업의 경제적인 가치를 나타낼 수 없다.

한편, 기본적 분석에 의한 주식의 가치를 평가함에 있어서 이익을 기준으로 할 것인가, 또는 배당을 기준으로 할 것인가에 따라 이익설과 배당설로 구분된다. 이익설은 주주의 청구권은 보통주 이익의 전부이며 그것을 배당 또는 사내유보로 어떻게 배분하는가의 문제는 중요한 것이 아니라고 주장한다. 따라서 주식평가의 기준은 1주당 이익이 되어야 한다는 것이다. 반면에 배당설은 주식을 소유함으로써 실제적으로 얻을 수 있는 현금흐름은 미래의 배당이므로 1주당 배당을 기준으로 주식을 평가하여야 한다는 것이다.

이와 같은 이익설과 배당설 중에서 어떠한 주장이 더 타당한 것인가 대해서는 논의의 여지가 있으나 이익의 재투자에 의한 배당의 성장 또는 주가의 상승을 고려할 경우 그 결과는 결국 같아질 것이다. 다음 절에서는 이러한 배당평가모형과 이익평가모형에 대해 우선 살펴보고 모딜리아니와 밀러의 주식평가모형에 대해 살펴보기로 한다.

## 1.2 주식평가의 기본모형

주식의 가치는 그 주식을 소유함으로써 얻을 수 있는 미래수익의 흐름을 적절한 할인율로 자본화한 가치라고 할 수 있다. 이를 식으로 나타내면 다음과 같다.

$$주가 = \sum_{t=1}^{\infty} \frac{CF_t}{(1+k_e)^t}$$

단, $CF_t$ : 기간 $t$의 수익
$k_e$ : 할인율(요구수익률)

위 식에서 $CF_t$는 주당이익 또는 주당배당의 흐름이 될 수 있다는 것을 앞서 설명하였다. 한편 $k_e$는 할인율로서 주식투자자가 그 주식의 위험을 고려하여 요구하게 되는 수익률이다.

## 1. 배당평가모형

고든(Grodon)은 주식의 가치는 미래의 주당배당을 적절한 할인율로 자본화한 가치로 볼 수 있다고 하였다.[2] 즉 투자자가 주식투자로부터 얻을 수 있는 소득의 구체적인 형태는 미래의 배당이라는 것이다.

예를 들어 어떤 주식을 $n$년 동안 소유하고 그 주식을 $n$년 후에 매각한다고 한다면 주식의 가치는 다음과 같다.

$$P_0 = \frac{d_1}{(1+k_e)} + \frac{d_2}{(1+k_e)^2} + \cdots + \frac{d_n}{(1+k_e)^n} + \frac{P_n}{(1+k_e)^n}$$

$$= \sum_{t=1}^{n} \frac{d_t}{(1+k_e)^t} + \frac{P_n}{(1+k_e)^n}$$

단, $d_t$ : 기간 $t$기의 주당배당

$P_0$, $P_n$ : 주식의 가격

한편, $n$년 후의 주식가치 $P_n$은 그 이후의 배당흐름의 $n$시점에서의 현재가치이므로 다음과 같이 표시할 수 있다.

$$P_n = \frac{d_{n+1}}{(1+k_e)} + \frac{d_{n+2}}{(1+k_e)^2} + \frac{d_{n+3}}{(1+k_e)^3} + \cdots + \frac{d_\infty}{(1+k_e)^\infty}$$

위의 두 번째 식을 첫 번째 식에 대입하면 다음과 같이 정리된다.

$$P_0 = \sum_{t=1}^{n} \frac{d_t}{(1+k_e)^t} + \frac{d_{n+1}/(1+k_e) + d_{n+2}/(1+k_e)^2 + \cdots + d_\infty/(1+k_e)^\infty}{(1+k_e)^n}$$

$$= \frac{d_1}{(1+k_e)} + \frac{d_2}{(1+k_e)^2} + \cdots + \frac{d_n}{(1+k_e)^n} + \frac{d_{n+1}}{(1+k_e)^{n+1}} + \cdots + \frac{d_\infty}{(1+k_e)^\infty}$$

$$= \sum_{t=1}^{\infty} \frac{d_t}{(1+k_e)^t}$$

위 식들을 종합해보면 결국 배당모형에 의한 주가는 향후 예상되는 현금배당뿐만 아니라 매매차익까지도 모두 고려하고 있다는 것을 알 수 있다. 또한 이러한 매매차익은 주식매각시점 이후의 배당흐름의 증가에 기인하며 이는 곧 기업의 성장률에 관한 정보를 내포하고 있다고 보아야 할 것이다.

---

2) M.J. Gordon, *The Investment, Financing and Valuation of the Corporation*, Irwin Inc., 1962, Ch.6-14.

한편, 위의 식에서 기업의 배당성향(payout ratio)이 일정하고 기업자산의 평균수익률이 일정한 경우, 그 기업의 순이익과 주당배당은 일정한 비율로 영속적으로 성장하게 된다. 고든은 이러한 가정을 기초로 이른바 항상성장모형(perpetual growth model)을 도출하였다.

이제 고든의 배당모형을 도출하기에 앞서 변수를 다음과 같이 정의하기로 한다.

$e$ : $t$시점의 주당순이익($EPS$)
$d$ : $t$시점의 주당배당금($DPS$)
$b$ : 사내유보율 $[1 - DPS/EPS]$
$r$ : 재투자수익률(평균수익률)
$g$ : 성장률($g = b \cdot r$)

이와 같이 변수를 정의할 경우 기간 $t$의 주당배당금($d_t$) 및 주당순이익($e_t$)은 다음과 결정된다.

$$\begin{aligned} d_t &= e_t(1-b) \\ e_t &= e_0(1+b \cdot r)^t \\ &= e_0(1+g)^t \end{aligned}$$

두 번째 식을 첫 번째 식에 대입하면 다음과 같이 정리된다.

$$\begin{aligned} d_t &= e_0(1-b)(1+b \cdot r)^t \\ &= e_0(1-b)(1+g)^t \end{aligned}$$

이 식을 앞의 $P_0$ 식에 대입하면 주가는 다음과 같이 결정된다.

$$\begin{aligned} P_0 &= \sum_{t=1}^{\infty} \frac{CF_t}{(1+k_e)^t} \\ &= \sum_{t=1}^{\infty} \frac{e_0(1-b)(1+g)^t}{(1+k_e)^t} \\ &= \sum_{t=1}^{\infty} \frac{d_0(1+g)^t}{(1+k_e)^t} \end{aligned}$$

이 식에서 주가는 무한등비급수의 합으로 표시되므로 공식을 이용하여 간단히 하면 다음과 같이 된다.

$$P_0 = \frac{d_0(1+g)}{(1+k_e)} \cdot \frac{1}{1-\left(\frac{1+g}{1+k_e}\right)}$$

$$= \frac{d_1}{k_e - g}$$

결국 고든의 배당평가모형에서 주가는 기대배당금($d_1$)과 그 기업의 위험조정할인율($k_e$) 그리고 기업의 배당정책($b$) 및 재투자수익률($r$)에 의해 정해지는 기업의 성장률($g$)에 의해 결정됨을 알 수 있다. 그러면 여기서 예를 들어 이 모형을 이용하여 주식가격을 평가해 보자.

지금 $K$기업의 당기말 주당순이익은 250원으로 예상된다. 이 기업은 매년 순이익의 40%를 현금으로 배당하고 있고 재투자수익률은 15%라고 한다. 한편, 이 기업의 주식에 대한 투자자들의 요구수익률이 13.5%라고 할 때 이 기업의 주식가격을 구해보면 다음과 같다.

성장률 $g = (1 - 0.4) \times (0.15) = 0.09$
주당배당금 $d_1 = 250 \times 0.4 = 100$

따라서 주가는 다음과 같다.

$$P_0 = \frac{d_1}{k_e - g}$$

$$= \frac{100}{0.135 - 0.09}$$

$$= 2{,}000(\text{원})$$

## 2. 이익평가모형

주식의 평가요인으로 주당이익을 중요시하는 이익설에 의하면 주가는 미래에 예상되는 주당이익흐름을 적절한 할인율로 자본화한 가치이다.

예를 들어 어떤 주식을 $n$년 동안 소유하고 그 주식을 $n$년 후에 매각한다고 한다면 주식의 가치는 다음과 같이 된다.

$$P_0 = \frac{e_1}{(1+k_e)} + \frac{e_2}{(1+k_e)^2} + \cdots + \frac{e_n}{(1+k_e)^n} + \frac{P_n}{(1+k_e)^n}$$

$$= \sum_{t=1}^{n} \frac{e_t}{(1+k_e)^t} + \frac{P_n}{(1+k_e)^n}$$

단, $e_t$ : 기간 $t$기의 주당이익
$P_0, P_n$ : 주식의 가격
$k_e$ : 요구수익률

한편, 이 식에서 매기의 주당이익이 일정($e_1 = e_2 = \cdots = e_n = e$)하고 기업의 영업활동이 영속적(즉, $n = \infty$)이라고 가정하면 $P_0$는 다음과 같이 된다.

$$P_0 = \frac{e}{(1+k_e)} + \frac{e}{(1+k_e)^2} + \cdots + \frac{e}{(1+k_e)^n} + \frac{e}{(1+k_e)^\infty}$$

$$= \frac{e}{(1+k_e)} \cdot \frac{1}{1 - \frac{1}{(1+k_e)}}$$

$$= \frac{e}{k_e}$$

이와 같이 주식의 평가요인으로 주당이익을 강조하는 이익설의 이론적 배경은 주당이익 중에서 일부가 배당되고 그 나머지가 사내에 유보되어 재투자될 경우, 그 재투자이익이 주가에 미치는 영향을 고려하여야 한다는 데 있다. 그러나 고든의 배당모형에서는 이러한 유보이익의 재투자에 의한 이익의 증가 또는 주가의 상승효과가 배당의 성장을 통하여 실현되는 것으로 보고 있으므로 결국 이익모형과 배당모형은 동일한 결과를 가져다주는 것으로 볼 수 있다.

## 3. 할인율 및 성장률의 결정

앞의 주식평가모형에서 주식의 가치는 주당이익(또는 주당배당)과 할인율 그리고 성장률에 의해 결정됨을 알 수 있다. 여기서는 할인율 및 성장률의 결정요인에 대해서 살펴보기로 한다.

### (1) 할인율

일반적으로 할인율이란 화폐의 시간가치(time value of money)를 반영해주는 척도로서 무위험수익률과 위험의 대가(risk premium)로 구성된다. 주식평가모형에서 할인율은 곧 투자자가 그 주식에 대해서 요구하는 최소한의 수익률(minimum required rate of return)로서 그 주식의 위험에 따라 달라진다. 즉 위험이 높은 주식에 대해서 투자자는 그 위험에 대한 대가로 높은 수익률을 요구하게 되므로 할인율 또한 높아지게 되며, 반대로 위험이 낮은 주식에 대한 할인율은 낮아지게 된다. 이러한 위험조정할인율(risk adjusted discount rate)은 뒤에서 설명할 자본자산가격결정모형(*CAPM*)을 이용하여 쉽게 구할 수 있다. 즉 어떤 주식 $i$에 대해 투자자들이 요구하는 수익률 $k_e$는 *CAPM*에 의해 다음과 같이 결정된다.

$$k_e^i = R_f + [E(R_M) - R_f] \cdot \beta_i$$

단, $k_e^i$ : $i$주식의 할인율(요구수익률)

$R_f$ : 무위험수익률

$E(R_M)$ : 시장수익률

$\beta_i$ : $i$주식의 베타계수(체계적 위험)

이 식에서 주식에 대한 할인율은 무위험수익률($R_f$)과 위험의 시장가격, 그리고 그 주식의 위험을 나타내는 베타계수($\beta_i$) 등 세 가지 요인에 의해 결정됨을 알 수 있다.

이러한 세 가지 요인 중에서 무위험수익률, 위험의 가격 등은 시장에서 결정되어 모든 주식에 동일하게 적용되나 베타계수는 그 주식 또는 기업의 체계적 위험에 따라 결정된다. 특정 주식의 베타계수 결정에 영향을 미치는 요인은 그 주식을 발행한 기업의 영업위험(business risk)과 재무위험(financial risk)이다. 일반적으로 영업레버리지가 높거나 제품다각화의 정도가 낮을수록 영업위험은 높아지며 영업위험이 높을수록 베타계수는 커진다. 렙(B. Lev)에 의하면 어떤 기업자산의 베타계수는 그 기업을 구성하고 있는 각 생산부문의 베타계수의 가중평균이라고 한다.[3] 이 경우 기업자산의 베타계수라는 것은 자기자본만으로 이루어진 기업의 베타계수를 말하는 것으로 만약 자본구조가 변하면 그 기업의 자기자본에 대한 베타계수도 변하게 된다. 즉, 기업이 자기자본 이외에 부채를 사용하게 되면 그 기업의 재무위험이 증가하여 자기자본의 베타계수 역시 커지게 된다. 하마다(R. Hamada)에 의하면 자기자본(주식)의 베타계수와 자본구조 사이에는 다음과 같은 관계가 있다고 한다.[4]

---

3) B. Lev, "On the Association between Operating Leverage and Risk," *Journal of Financial and Quantitative Analysis*, June 1974.

4) R. Hamada, "The Effects of the Firm' s Capital Structure on the Systematic Risk of Common Stock," *Journal of Finance*, May 1972.

$$\beta_L = \beta_U \left[1 + (1 - t_C)\frac{B}{S}\right]$$

단, $\beta_L$ : 부채사용기업의 자기자본의 베타계수
$\beta_U$ : 자기자본만으로 구성된 기업의 베타계수
$B$ : 부채의 시장가치
$S$ : 자기자본의 시장가치
$t_C$ : 법인세율

따라서 다른 조건이 일정한 경우 어떤 주식의 베타계수가 높으면 높을수록 투자자들은 보다 높은 수익률을 요구하게 되고 따라서 주식의 가격은 낮아지게 된다.

### (2) 성장률

앞에서 설명한 고든의 배당평가모형에서 성장률(growth rate)이 주식가치에 매우 중요한 영향을 미친다는 것을 알 수 있다. 여기서 성장률 $g$는 기업의 재투자수익률과 사내유보율을 곱한 것으로, 그 기업이 미래에도 항상 일정한 자본구조를 유지하고 또한 기업의 배당성향 역시 일정하게 유지할 경우에만 가능한 것이다. 그러나 만약 기업의 재투자수익률이나 배당성향 또는 자본구조가 바뀌게 되면 성장률 $g$도 바뀌게 된다. 따라서 단순히 과거의 주당순이익의 기록을 이용하여 미래의 성장률을 예측할 수도 있다. 즉,

$$e_t = e_0(1 + g)^t$$

에서 양변에 자연대수(natural log)를 취하면 다음과 같은 회귀방정식을 얻을 수 있다.

$$ln\, e_t = ln\, e_0 + t \cdot ln(1 + g)$$

즉 이 식을 회귀분석하면 기업의 미래성장률을 추정할 수 있다. 그러나 성장률 $g$가 고든의 배당평가모형에서 가정하는 것처럼 미래의 모든 기간에 걸쳐 항상 일정한 것은 아니므로 과거자료를 이용하여 미래의 장기적인 성장률을 정확히 예측한다는 것은 어려운 일이라고 할 수 있다.

# 제 2 절 *MM*의 주식평가모형

주식의 가치를 결정하는 데 있어서 이익을 기준으로 할 것인가 또는 배당을 기준으로 할 것인가 하는 문제는 앞에서 설명한 것처럼 오래 전부터 많은 논란이 되어 왔다. 그러나 모딜리아니(F. Modigliani)와 밀러(M. H. Miller)는 그들의 논문에서 완전자본시장과 확실성을 전제로 주가는 배당정책과 관련이 없다는 사실을 증명하였다. 여기서는 이러한 모딜리아니 · 밀러(이하에서는 줄여서 *MM*이라고 한다)의 주식평가모형을 중심으로 배당정책과 주가의 관계를 살펴보기로 한다.

## 2.1 *MM*의 주식평가모형

*MM*은 주가는 기업이 소유하고 있는 자산의 수익력과 그 투자정책에 의해서 결정되며, 이러한 수익력의 과실이 어떻게 분배되는가 하는 것은 단순히 지엽적인 문제에 불과하다고 주장하였다. *MM*은 그들의 이론을 제시하기에 앞서 다음과 같은 가정을 하고 있다.[5)]

① 자본시장은 완전하다. 즉 세금과 거래비용이 존재하지 않으며 투자에 필요한 모든 정보가 평등하게 주어진다.

② 모든 투자자는 단지 부의 증가를 원하며, 그 형태가 현금배당이든 자본이득이든 무차별하다.

③ 모든 투자자는 기업의 미래의 투자계획 및 그 이윤에 대해 확실히 알고 있다. 즉 완전확실성을 가정한다.

이와 같은 가정 하에서 현재시점($t = 0$)에서의 주식의 가치는 기말에 지급되는 배당과 그때의 주가를 합한 금액의 현재가치와 같다. 즉, 주가는 단일기간(single period)을 가정할 때 다음과 같은 식으로 표시될 수 있다.

$$P_0 = \frac{d_1 + P_1}{(1 + k_{e1})}$$

---

5) F. Modigliani and M. H. Miller, "The Cost of Capital, Corporate Finance and The Theroy of Investment," *American Economic Review*, XLV, No. 3, 1958.

여기서 할인율 $k_{e1}$은 완전확실성을 가정하고 있기 때문에 보유기간 동안의 무위험수익률과 같다.

한편, 이 식에 $t=0$시점에서의 발행주식수 $n_0$을 곱해줌으로써 기업주식의 총가치를 구할 수 있다.

$$V_0 = \frac{D_1 + n_0 \cdot P_1}{(1 + k_{e1})}$$

단, $V_0(=n_0 \cdot P_0)$ : 기업주식의 총가치

$D_1(=n_0 \cdot d_1)$: 기업의 총배당금

여기서 $n_0 \cdot P_1$이 반드시 $V_1$이 되지 않는 이유는 이 기간 중 기업이 투자자금을 조달하기 위하여 신주를 발행할 경우 양자는 서로 같지 않을 수도 있기 때문이다.[6] 따라서 $V_1$은 다음과 같은 식으로 정의할 수 있다.

$$V_1 = n_0 \cdot P_1 + m_1 \cdot P_1$$

단, $m_1$ : 신주발행수($n_1 = n_0 + m_1$)

이 식을 정리하여 위의 $V_0$식에 대입함으로써 다음과 같은 기업평가모형을 얻을 수 있다.

$$V_0 = \frac{D_1 + V_1 - m_1 \cdot P_1}{(1 + k_{e1})}$$

우리는 이 식에서 총배당금($D_1$)의 크기와 신주발행수($m_1$)가 기업주식의 총가치를 결정하는 요소임을 알 수 있다. 여기서 $MM$은 기업의 신주발행액($m_1 \cdot P_1$)은 기업이 계획하고 있는 투자액($I_1$)과 기업의 순이익총액($X_1$)에 의해 결정된다고 보았다.

$$m_1 \cdot P_1 = I_1 - (X_1 - D_1)$$

즉, 신주발행액은 기업이 계획하고 있는 투자액에서 그 기간의 순이익 중 배당으로 지급하지 않고 사내에 유보하고자 하는 이익을 차감한 것과 같다는 것이다.

6) $MM$은 분석의 편의를 위하여 기업은 필요한 자금을 모두 주식(자기자본)을 발행하여 조달한다고 가정하고 있다. 따라서 기업의 가치가 곧 주식의 가치가 된다.

위의 두 식을 요약하면 결국 다음과 같은 식을 얻을 수 있다.

$$V_0 = \frac{D_1 + V_1 - [I_1 - (X_1 - D_1)]}{(1 + k_{e1})}$$
$$= \frac{X_1 - I_1 + V_1}{(1 + k_{e1})}$$

여기서 현재시점에서의 기업가치($V_0$)는 그 기간 동안 예상되는 이익($X_1$)과 투자소요액($I_1$) 그리고 그 기간말의 기업가치($V_1$)의 함수임을 알 수 있다.

한편, 이 식은 그 기간을 확장할 경우에도 그대로 적용될 수 있다. 즉 똑같은 방법으로 $t = 1$, $t = 2$, …시점에서의 기업의 가치를 구하면 다음과 같다.

$$V_1 = \frac{X_2 - I_2 + V_2}{(1 + k_{e2})}$$

$$V_2 = \frac{X_3 - I_3 + V_3}{(1 + k_{e3})}$$

이와 같은 논리를 적용하여 우리는 기업의 현재가치를 일정기간에 걸친 이익과 투자지출의 흐름과 그 기간 후의 기업가치의 함수로 표시할 수 있다. 즉 $V_1$, $V_2$, …을 $V_0$식에 대입함으로써 다음과 같은 기업평가모형을 얻을 수 있다.

$$V_0 = \frac{X_1 - I_1}{(1 + k_{e1})} + \frac{1}{(1 + k_{e1})}\left[\frac{X_2 - I_2}{(1 + k_{e2})} + \frac{V_2}{(1 + k_{e2})}\right]$$
$$= \frac{X_1 - I_1}{(1 + k_{e1})} + \frac{X_2 - I_2}{(1 + k_{e1})(1 + k_{e2})} + \frac{X_3 - I_3}{(1 + k_{e1})(1 + k_{e2})(1 + k_{e3})} +$$
$$\frac{V_3}{(1 + k_{e1})(1 + k_{e2})(1 + k_{e3})} + \cdots$$

여기서 할인율 $k_{e1}$, $k_{e2}$, $k_{e3}$, …이 일정($k_e$)하다고 한다면 위 식의 $V_t$ 대신에 $(X_{t+1} - I_{t+1} + V_{t+1})/(1 + k_e)$를 계속 대입함으로써 다음과 같은 일반적인 기업평가모형을 얻을 수 있다.

$$V_0 = \sum_{t=1}^{T-1} \frac{X_t - I_t}{(1 + k_e)^t} + \frac{V_T}{(1 + k_e)^T}$$

그러나 여기서 $T$가 무한히 커지면 $V_T/(1 + k_e)^T$는 0에 접근하기 때문에 $V_0$는 다음과 같이 된다.

$$V_0 = \sum_{t=1}^{\infty} \frac{X_t - I_t}{(1 + k_e)^t}$$

따라서 1주당 가격은 다음과 같이 표시될 수 있다.

$$P_0 = \sum_{t=1}^{\infty} \left[\frac{X_t - I_t}{(1 + k_e)^t}\right] \Big/ n_0$$

이 식은 매우 의미 있는 결과를 제시고 있다. 즉, 기업(또는 주식)의 가치는 그 기업의 이익과 투자흐름의 함수일 뿐 배당을 비롯한 다른 아무것과도 관련이 없다는 것이다.

## 2.2 배당과 자본이득의 무차별성

주식평가이론에서 배당설과 이익설의 차이는 결국 투자자의 부의 증가를 어느 시점을 기준으로 인식하는가의 차이에 있다. 즉 배당설은 현금배당이 이루어진 시점을 기준으로 하는 반면에, 이익설은 이익의 실현시점을 기준으로 하고 있다. 그러나 만약 투자자가 현재시점에서 현금배당의 형태로 이루어지는 부의 증가나 또는 미래시점에서 자본이득의 형태로 실현되는 부의 증가에 대해 무차별하다면 주가는 배당의 지급시기와 관련없이 이익의 실현시점을 기준으로 평가될 수 있다. *MM*은 기업의 자금조달에 제약이 없을 경우 배당이든 자본이득이든 투자자에게는 차이가 없다는 것을 다음과 같이 증명하였다.

우선 앞의 식 $m_1 \cdot P_1 = I_1 - (X_1 - D_1)$은 다음과 같이 정리할 수 있다.

$$X_1 + m_1 \cdot P_1 = I_1 + D_1$$

이 식의 좌변은 기업자금의 공급측면을, 우변은 기업자금의 수요측면을 나타내고 있다. 여기서 만약 기업이 순이익($X_1$)만으로 자금수요를 모두 충당할 수 있다면 위 식은 다음과 같이 된다.

$$X_1 = I_1 + D_1$$

이와 같이 기업이 신주를 발행하지 않는 경우 기업가치 $V_1$은 다음과 같이 나타낼 수 있다.

$$V_1 = n_0 \cdot P_1$$

그런데 이 기업이 배당정책을 변경하여 배당을 증가시키게 되면 순이익만으로는 자금의 공급이 부족할 것이므로 신주를 발행하여 자금을 조달하여야 한다. 이 경우 기업가치 $V_1$은 다음과 같이 나타낼 수 있다.

$$V_1 = (n_0 + m_0) \cdot P_1$$

*MM*이론에 의하면 위 두 식에서의 기업가치는 동일하다. 왜냐하면 기업의 가치는 그 기업의 자본조달방법, 즉 자본구조와 관계없이 기업자산의 수익성과 투자정책에 의해 결정되기 때문이다. 물론 위의 두 식에서 기업가치는 동일하지만 발행주식수가 다르므로 개별주식의 가격은 서로 다르다.

$$P_1 = \frac{V_1}{n_0}$$

$$P_1' = \frac{V_1}{n_0 + m_1}$$

즉 위 식에서 $P_1$과 $P_1'$를 비교하면 $P_1$이 $P_1'$보다 크다. 한편, 기업의 배당정책 변경 전의 총배당액을 $D_1 = n_0 \cdot d_1$이라고 하고, 배당정책 변경 후의 총배당액을 $D_1' = n_0 \cdot d_1'$라고 하면 총배당액의 증가는 $n_0(d_1' - d_1)$가 된다. 이는 신주발행에 의한 자본조달액 $m_1 \cdot P_1'$와 같아야 하므로 다음과 같은 식이 성립된다.

$$P_1' \cdot m_1 = n_0(d_1' - d_1)$$

한편, $P_1 = V_1/n_0$, $P_1' = V_1/(n_0 + m_1)$에서 다음과 같은 식을 유도할 수 있다.

$$P_1'(n_0 + m_1) = P_1 \cdot n_0$$
$$P_1' \cdot m_1 = n_0(P_1 - P_1')$$

이 식과 위의 식을 연결하여 다음과 같은 관계를 얻는다.

$$n_0(d_1' - d_1) = n_0(P_1 - P_1')$$
$$(d_1' - d_1) - (P_1 - P_1') = 0$$

이 관계식이 의미하는 것은 1주당 배당의 증가는 결국 주가의 하락, 즉 자본손실에 의하여 완전히 상쇄된다는 것이다. 즉 주식투자자는 배당을 적게 받으면 그만큼 자본이득이 늘어나고, 반대로 배당을 많이 받으면 그만큼 자본이득이 감소하므로 기업의 배당정책은 투자자의 실질적인 부에는 아무런 영향을 미치지 못한다는 것이다.

## 2.3 불확실성하의 배당과 주가

지금까지 설명한 *MM*의 모형은 완전확실성을 가정하였다. 그러나 배당과 주가의 관련설을 주장하는 사람들에 의하면 미래에 불확실성이 존재할 경우 기업의 배당정책은 주가에 영향을 미칠 수 있다고 한다. 예를 들면 고든(Gordon)은 배당으로 지급된 현금이 기업 내에 유보되어 재투자되는 현금보다 더 확실하기 때문에 배당정책이 매주 중요하다고 주장한다.[7] 즉 투자자들은 위험을 싫어하기 때문에 배당으로 지급된 현금이 유보된 현금보다 더 큰 가치를 갖는다는 것이다.

그러나 *MM*은 불확실성이 존재할 경우에도 배당과 주가의 무관련이론에는 변함이 없다고 주장하였다. 이러한 *MM*의 주장을 증명하기 위해 지금 두 개의 기업 *A*, *B*를 가정하기로 한다. 두 기업의 이익 및 투자흐름은 확률변수로 표시되지만 모든 기간에 걸쳐 크기는 같다고 하자.

| 기 간 | 이 익 흐 름 | 투 자 흐 름 |
|---|---|---|
| $t=1$ | $\tilde{X}_{A1} = \tilde{X}_{B1}$ | $I_{A1} = I_{B1}$ |
| $t=2$ | $\tilde{X}_{A2} = \tilde{X}_{B2}$ | $I_{A2} = I_{B2}$ |
| $t=3$ | $\tilde{X}_{A3} = \tilde{X}_{B3}$ | $I_{A3} = I_{B3}$ |
| | | |
| $t=T$ | $\tilde{X}_{AT} = \tilde{X}_{BT}$ | $I_{AT} = I_{BT}$ |

또한 두 기업의 총배당은 $t=1$ 시점에서만 다르고 그 이후의 기간에 걸쳐서는

7) M. J. Gordon, *The Investment, Financing and Valuation of the Corporation*, Irwin Inc., 1962, Ch. 6~14.

동일하다고 가정한다. 이와 같이 모든 조건이 동일하고 $D_1$만 차이가 나는 경우 두 기업의 주식을 소유함으로써 발생하는 현금흐름 $C_{A1}$과 $\tilde{C}_{B1}$은 다음과 같다.

$$\tilde{C}_{A1} = \tilde{D}_{A1} + \tilde{V}_{A1} - m_{A1} \cdot \tilde{P}_{A1}$$
$$\tilde{C}_{B1} = \tilde{D}_{B1} + \tilde{V}_{B1} - m_{B1} \cdot \tilde{P}_{B1}$$

한편, 앞의 $m_1 \cdot P_1 = I_1 - (X_1 - D_1)$의 관계에서 각 기업의 신주발행액은 다음과 같다.

$$m_1 \cdot \tilde{P}_{A1} = \tilde{I}_{A1} - (\tilde{X}_{A1} - \tilde{D}_{A1})$$
$$m_1 \cdot \tilde{P}_{B1} = \tilde{I}_{B1} - (\tilde{X}_{B1} - \tilde{D}_{B1})$$

이 관계를 각각 위의 $C_{A1}$과 $C_{B1}$식에 대입함으로써 주주들의 현금흐름은 다음과 같이 된다.

$$\tilde{C}_{A1} = \tilde{X}_{A1} - \tilde{I}_{A1} + \tilde{V}_{A1}$$
$$\tilde{C}_{B1} = \tilde{X}_{B1} - \tilde{I}_{B1} + \tilde{V}_{B1}$$

이 식에서 $\tilde{X}_{A1} = \tilde{X}_{B1}$ 그리고 $\tilde{I}_{A1} = \tilde{I}_{B1}$이므로 기업의 가치 $V_{A1}$과 $V_{B1}$이 동일한 경우 두 주식의 현금흐름이 같게 되고 따라서 그 주식의 현재가치도 같게 된다. 그런데 $V_{A1}$과 $V_{B1}$은 미래에 예상되는 이익과 투자, 그리고 배당에 의해 결정되고 두 기업의 이익, 투자 및 배당은 앞서 똑같은 것으로 가정하였으므로 두 기업의 가치 또한 차이가 없어야 할 것이다. 즉 불확실성하에서도 배당정책은 주가와 관련이 없다는 것을 알 수 있다.

## 2.4 *MM*이론에 대한 평가

앞에서 설명한 *MM* 이론은 배당이 주가에 큰 영향을 미친다는 전통적인 믿음에 커다란 충격을 주었다. 그 결과 많은 학자들이 *MM* 이론에 대하여 반론을 제기하기에 이르렀는데, 이러한 반론은 주로 *MM* 의 가정을 중심으로 하여 배당과 주가의 관련성을 주장하는 것이다. 즉 불확실성의 존재, 배당의 정보효과, 현재소득에 대한 선호, 그리고 자본시장의 불완전성으로 인하여 배당과 주가는 결코 무관하지 않다는 것이다.

## 1. 불확실성의 존재

현금배당은 주주의 미래 불확실성에 대한 불안을 제거하기 때문에 일반투자자들은 유보이익보다 배당을 더 선호한다는 것이다. 이는 곧 숲속의 많은 새보다 손안에 잡힌 한 마리의 새가 더 낫다(bird-in-the-hand)는 견해이다. 즉, 기업이 배당을 하지 않고 이익을 유보하는 경우 그 결과는 미래의 주가에 반영이 되지만 미래의 주가는 불확실하기 때문에 언제, 어느 정도의 자본이득을 얻을 수 있는지 확실하게 예측할 수 없다는 것이다. 고든에 의하면 투자자들이 느끼는 불확실성의 크기는 현금소득의 실현시점이 늦어질수록 더욱 커지기 때문에 미래의 현금흐름에 대한 할인율 또한 커지게 된다.[8] 따라서 현재의 배당을 줄이고 유보이익에 의한 자본조달을 늘이는 경우 가까운 미래의 배당은 줄고 먼 미래의 배당은 증가하겠지만 할인율 또한 상승하기 때문에 주가는 하락하게 된다는 것이다.

## 2. 배당의 정보효과

배당의 정보효과(information content of dividends)란 배당이 기업의 수익성에 관한 정보를 전달하여주는 역할을 함으로써 주가에 영향을 미친다는 것을 의미한다. 예를 들어 장기적으로 안정적인 배당을 실시하고 있던 기업이 배당정책을 변경하게 되었다면 이는 경영진이 기업의 미래수익성의 변화를 투자자들에게 알려주고 있는 것으로 해석할 수 있으며, 이때 주가는 배당의 변화에 의하여 영향을 받게 된다.

그러나 배당의 정보효과는 배당의 변화 그 자체가 주가에 영향을 주는 것으로 해석되어서는 안 된다는 것이 *MM*의 주장이다. 즉, 배당의 변화는 주당이익의 변화에 대한 예측지표에 불과한 것으로 주가를 결정하는 본질적인 요인은 기업의 수익력이며 배당은 이 수익력의 수준을 알려주는 정보로서의 역할을 할 뿐이라는 것이다.

## 3. 당기소득의 선호

앞에서 *MM*은 투자자들은 배당과 자본이득에 대해서 무차별하다고 주장하였

---

8) M.J. Gordon, "The Savings, Investment, and Valuation of a Corporation," *Review of Economics and Statistics*, Vol. 44(Feb. 1982), pp. 37~51.

다. 그러나 전통적 이론에서는 투자자들은 일반적으로 당기소득(current income)을 더 선호하기 때문에 장래의 자본이득보다 현재의 소득인 배당을 더 선호하게 된다고 보고 있다. 즉 사내유보에 의해 얻어지는 예상 자본이득은 투자자의 입장에서 본다면 우회적이며 또한 시장의 불확실성을 반영하고 있는 반면 배당은 안정적이고 확실하다. 또한 자본이득을 현금소득화하기 위해서는 일부 주식을 매각하여야 하며 이 경우 거래비용이 발생한다는 것도 배당을 선호하는 이유가 될 수 있다.

그러나 *MM*은 이와 같은 견해에 대해 이른바 '고객효과(clientele effect)'를 들어 이를 반박하고 있다. 즉, 투자자들은 그들 각각의 기호에 따라 배당성향이 다른 주식을 선호하게 된다는 것이다. 예를 들면 자산가치의 증식을 원하는 젊은 투자자집단은 현재의 배당은 낮으나 장래에 높은 자본이득을 가져다주는 주식을 보다 선호할 것이고, 배당수입으로 생활을 영위하는 투자자들은 장래의 자본이득보다는 배당을 보다 선호할 것이다. 따라서 이와 같은 선호는 투자자의 기호일 뿐이며 시장 전체적으로 보면 상쇄되어 결국 배당과 자본이득에 대해서 투자자는 무차별하게 된다는 것이다.

## 4. 시장의 불완전성

앞에서 *MM*은 그들의 모형을 도출하기에 앞서 완전자본시장을 가정하고 있다. 그러나 현실적으로 자본시장은 세율의 차이, 발행비용 및 거래비용의 존재로 인하여 불완전하며, 이로 인하여 배당은 주가에 영향을 미칠 수 있다.

우선 세율에 있어서 개인에 부과되는 개인소득세는 소득의 원천에 따라 달리 부과된다. 만일 배당소득세율이 자본소득세율보다 높으면 투자자들은 배당보다 자본이득을 선호할 것이며, 그 반대의 경우에는 배당을 보다 더 선호할 것이다. 또한 *MM*이론에 의하면 배당이 증가할 경우 신주발행 등 외부금융에 의하여 조달하는 것을 전제하고 있으나 이때 신주발행비용 등 제비용이 발생하는 경우에는 이익의 유보에 의하여 자금을 조달하는 것이 투자자들에게 보다 유리할 것이다.

한편 증권을 매매할 때 거래비용이 발생하는 경우에도 투자자들은 자본이득보다는 배당을 선호하게 된다. 왜냐하면 투자자들이 자본이득을 현금소득으로 실현하기 위해서는 자본이득만큼의 일부 주식을 시장에 매각하여야 하므로 거래비용이 발생하지만 배당을 받는 경우에는 거래비용이 발생하지 않기 때문이다.

## 제 3 절 주가의 기술적 분석

지금까지 우리는 주식의 가치를 평가하기 위한 모형에 대해 살펴보았다. 이러한 주식평가모형은 미래이익을 적절한 할인율로서 자본화함으로써 그 주식의 내재가치를 구하고자 하는 기본적 분석방법의 하나라고 할 수 있다. 여기서는 주식가격의 변동을 예측하기 위한 방법으로서 기술적 분석에 대해서 설명하기로 한다.

### 3.1 다우이론

기술적 분석의 효시는 다우이론(Dow theroy)에서 찾아볼 수 있다. 다우이론이란 월스트리트 저널(The Wall Street Journal)의 설립자였던 다우(Dow)에 의해 제시된 일련의 기술적 분석의 방법을 체계화한 이론을 말한다.

다우이론은 주가평균을 이용하여 전반적인 주가변동의 추세를 예측하고자 하는 것이다. 이를 위해 다우는 주가의 움직임을 다음과 같은 세 가지 유형으로 구분하고 있다.

첫째는 일일변동(daily fluctuation)으로서 매일의 단기적인 변동이며, 둘째는 중간변동 또는 2차변동(intermediate trend or secondary movement)으로서 보통 2주

그림 7-1 주가의 주변동 및 2차변동

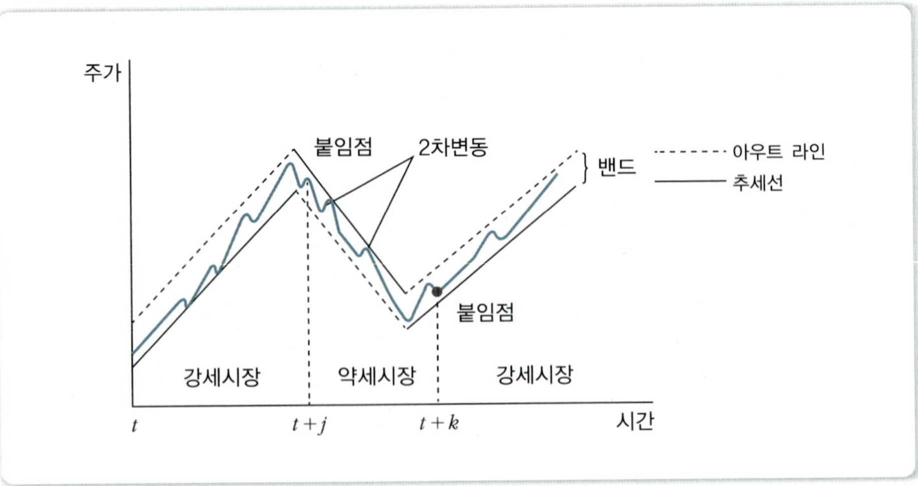

내지 수개월간에 걸쳐 계속되는 주가의 움직임이고, 셋째는 주변동(primary trend)으로서 1년 내지 2년 이상 계속되는 주가의 장기적인 추세를 말한다.

[그림 7-1]은 다우이론을 설명하기 위하여 선도표를 예시한 것이다. 그림에서는 주변동과 2차변동을 표시하고 있다.

[그림 7-1]에서 주가의 주변동은 $t$시점부터 $t+j$시점 이전의 최고가격의 시점에 이르기까지 상승추세를 나타내다가 $t+j$시점을 지나면서 하락추세를 나타내기 시작하여 $t+k$시점 이전의 최저가격 시점에 이르기까지 이러한 추세는 계속된다. 여기서 다우이론은 어떤 주변동에서 다른 주변동으로 바뀌게 되는 시기를 알리는 신호를 포착하는 데 그 주된 목적이 있다.

다우이론에서 이러한 주변동의 전환을 알려주는 신호는 [그림 7-1]에 표시된 것과 같은 불임점(abortive point)이다. 주변동이 상승추세에서 하락추세로 바뀌게 되는 경우 불임점은 그림에서와 같이 2차변동의 최고점이 선행하는 최고점보다 낮은 때를 가리키고, 반대로 주변동이 하락추세에서 상승추세로 바뀌게 되는 경우 불임점은 2차변동의 최저점이 선행하는 최저점보다 높은 때를 가리킨다.

한편, 증권시장에서 주가가 장기적인 상승추세에 있을 때 이를 강세시장(bull market)이라고 하고, 반대로 장기적인 하락추세에 있을 때 이를 약세시장(bear market) 이라고 부른다. 다우이론에 의하면 강세시장과 약세시장은 다음과 같은 세 가지의 국면을 계속하게 된다고 한다.

우선 강세시장의 제1국면은 선견이 있는 소수의 투자자만이 비관적인 다수의 매도자로부터 주식을 매입하려고 하는 시기이다. 거래는 활발하지 않으나 단기간이라도 가격이 오르면 거래량도 증가하는 경향을 보인다. 제2국면은 투자자들이 시장에 대해서 신뢰성을 갖기 시작하고 기업의 영업성적의 개선전망에 따른 투자수익의 증가가 일반투자자들의 관심을 끌며 거래량이 증가하기 시작하는 시기이다. 또한 제3국면은 일반 대중투자자가 증권시장에 몰려들어 증권시장이 가열되는 시기이다. 주가상승 및 신주발행이 두드러지고 투기가 성행하기도 한다. 이때는 우량주보다는 오히려 저가주에 인기가 집중되고 따라서 투자가치를 무시한 고주가가 형성된다.

한편, 약세시장의 제1국면은 위에서 설명한 강세시장의 제3국면으로부터 출발한다. 즉 선견이 있는 소수의 투자자는 주가가 비정상적으로 상승하고 있다는 것을 감지하고 주식을 매각하기 시작한다. 거래량은 높은 수준에 있지만 주가는 반등하는 경향을 보이면서도 하락한다. 일반 대중투자자는 기대한 만큼의 투기이윤을 얻지 못하고 시장을 불신하기 시작한다. 제2국면은 공황의 국면이다. 매수주문은 점차로 줄어들며 매도주문이 늘어나기 시작한다. 주가의 하락이 급속히 이루어지며 투매현상에 의해 거래량도 크게 증가한다. 이후 상당기간 동안 조정국면을 거치다가 제3국면에 접어든다. 이 기간 동안 기업의 영업성적은 악화되고 주가의 하락은 상당기간 동안 지속된다. 공황기간 중에 주식을 산 투자자들이 체념을 하고 주식을 팔기 시작하는 시기이다. 이때 저가주는 강세시장에서의 상승분을 거의 상실하고 우량주는 약간의 매기가 있어 그 가격은 아주 느리게 하락한다. 이와 같이 약세시장은 악재가 모두 주가에 반영된 다음에 비로소 끝이 나고 다시 강세시장으로 접어들게 된다.

이와 같이 다우이론에서는 주가가 어떤 관성을 가지고 움직이고 있다고 생각하고, 이러한 주가의 장기적인 추세를 포착하고자 하는 것이다. 그러나 실제로 다우이론을 적용하는 데 있어서는 이러한 주변동과 중간변동을 명확하게 구분하기가 힘들다. 또한 다우이론을 비롯한 기술적 분석방법은 증권투자에 따르는 위험을 전혀 고려하지 않고 있기 때문에 분산투자의 여부 및 그 방법에 관한 정보를 전혀 제공해 주지 못한다. 따라서 합리적인 투자선택은 기술적 분석의 범위를 벗어난다고 할 수 있다.

## 3.2 도표에 의한 분석

다우이론이 소개된 이후 여러 가지 기술적 분석의 기법들이 개발되었다. 이러한 기술적 분석의 기법들은 주로 도표(chart)를 작성하고 이를 해석함으로써 평균수익률 이상의 초과수익을 실현할 수 있는 투자기법을 발견하는 데 그 목적이 있다. 여기서는 도표에 의한 기술적 분석의 기법을 살펴보기로 한다.

### 1. 도표의 종류

기술적 분석에 있어서는 일반적으로 다음과 같은 세 가지 종류의 도표가 이용된다.

① 선도표(line chart): 선도표는 시간에 따라 변화하는 주가를 선으로 연결하여 주가변동의 추이를 표시한 것이다. 예를 들면 매일매일의 종가나 증권시장의 주가지수를 선으로 연결한 것이 선도표이다.

② 봉도표(bar chart): 봉도표는 일정기간 동안의 주가변동을 수직의 막대모양

그림 7-2 도표의 종류

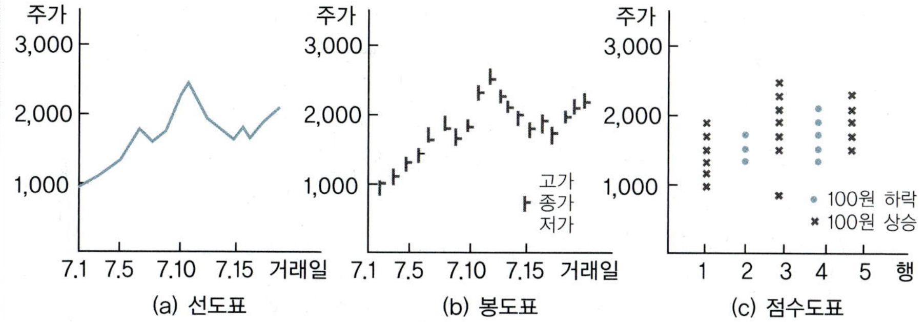


으로 표시한 것으로 작성방법에 따라 미국식(bar chart)과 일본식(candle chart)으로 나누어진다.

③ 점수도표(point and figure chart): 점수도표는 매일매일의 주가변화를 그대로 나타내는 것이 아니라 일정한 가격변동의 폭 또는 단위를 정해놓고 가격이 그 단위만큼 변동할 때마다 일정한 기호로서 가격변동의 방향과 크기를 그려가는 것이다. 일반적으로 점수도표는 다른 도표와는 달리 주가변동의 추세의 전환점을 확인하는 데 주안점을 둔 방법이다.

이 중에서 가장 널리 사용되는 도표는 봉도표이다. [그림 7-2]는 이러한 세 가지 형태의 도표를 예시한 것이다.

## 2. 패턴 분석

기술적 분석은 주가의 변화를 도표화하여 주가변동의 추세 또는 경향을 알고자 하는 것이다. 이와 같이 주가의 변화를 도표화할 경우 주가변동은 일정한 패턴을 지니게 된다. 패턴분석(pattern analysis)이란 이러한 주가변동의 패턴을 분석해서 주식가격이 오를 것인가 또는 내릴 것인가를 판단하고자 하는 것이다.

[그림 7-3]은 이러한 주가변동패턴의 몇 가지 유형을 예시한 것이다. 이러한 패턴 중에서 주가가 상승할 것이라고 예상되는 강세패턴은 ① 대칭삼각형, ② 상승삼각형, ⑧ 머리 · 어깨형 등이다. 반대로 주가가 하락할 것이라고 예상되는 약세패턴은 ③ 하강삼각형, ⑤ 하강쐐기형, ⑥ 하강깃발형, ⑦ 머리 · 어깨형 등이다. 그리고 ④ 지지 · 저항형은 전형적인 보합상태를 나타내는 패턴이다.

그림 7-3 패턴의 유형

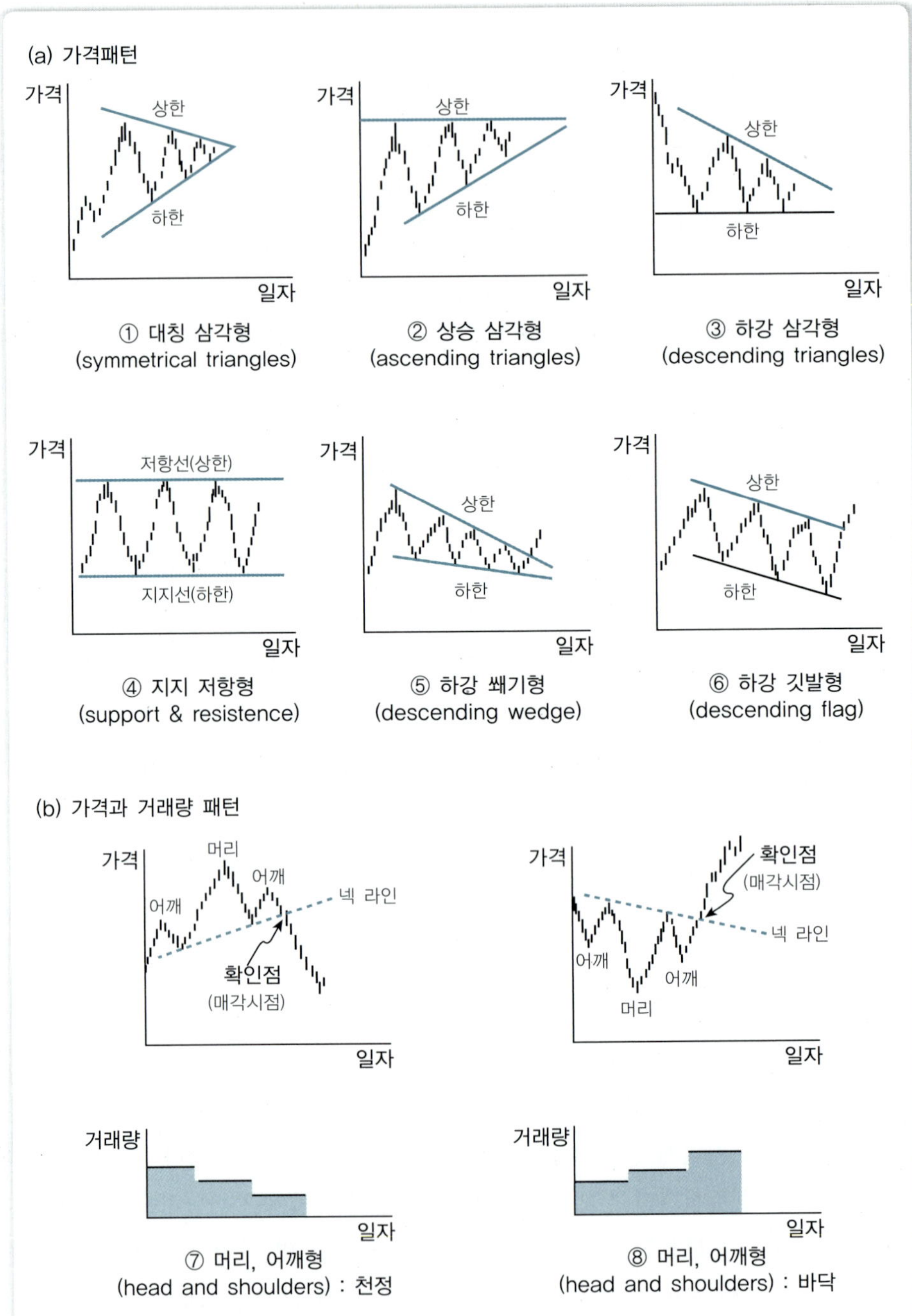

(a) 가격패턴
가격
상한
하한
일자
① 대칭 삼각형
(symmetrical triangles)
② 상승 삼각형
(ascending triangles)
③ 하강 삼각형
(descending triangles)
저항선(상한)
지지선(하한)
④ 지지 저항형
(support & resistence)
⑤ 하강 쐐기형
(descending wedge)
⑥ 하강 깃발형
(descending flag)
(b) 가격과 거래량 패턴
머리
어깨
넥 라인
확인점
(매각시점)
거래량
⑦ 머리, 어깨형
(head and shoulders) : 천정
⑧ 머리, 어깨형
(head and shoulders) : 바닥

한편, 강세패턴이나 약세패턴은 이러한 패턴의 형상이 서로 바뀌어져 나타나는 경우 강세패턴은 약세패턴이, 약세패턴은 강세패턴이 된다. [그림 7-3]에서도 ② 상승삼각형과 ③ 하강삼각형, 그리고 ⑦ 머리 · 어깨형과 ⑧ 머리 · 어깨형은 그 패턴이 서로 바뀌어 나타난 것이라고 할 수 있다.

한편, 도표분석이 갖고 있는 문제점은 이러한 여러 가지 도표를 어떻게 해석할 것인가 하는 것이다. 도표는 사후적으로 볼 때 약세시장과 강세시장을 분명히 구분할 수 있지만 도표를 가지고 미래의 가격동향을 예측할 때는 서로 다른 해석이 언제나 가능하다. 이는 기술적 분석이 체계적인 논리에 의하여 이루어지는 것이 아니라 분석가의 경험과 직관에 크게 의존하고 있기 때문이라고 할 수 있다.

## 3.3 기타의 기술적 분석방법

기술적 분석은 앞에서 설명한 것과 같은 도표분석을 중심으로 이루어지고 있으나 그 밖에도 여러 가지 투자기법이 사용되고 있다. 그 중에서도 비교적 널리 사용되고 있는 분석기법에는 단주이론, 시장의 폭, 상대적 강도분석, 거래량분석, 이동평균분석 등이 있다.

### 1. 단주이론

단주(odd-lot)란 증권거래소에서 통상적으로 매매되는 거래단위 수에 미달되는 주식을 말한다.[9] 이러한 단주는 장외시장(over-the-counter market)에서 거래된다. 단주의 거래는 일반적인 거래보다 높은 거래수수료가 발생하기 때문에 전문적인 투자자들은 이를 피하고 단주거래의 대부분은 한정된 자금을 가진 소액의 아마추어 투자자들에 의해 이루어진다.

단주이론(odd-lot theory)이란 반대의견의 이론(theory of contrary opinion)에 속하는 기법으로서 단주거래의 동향으로부터 시장가격의 변화를 예측할 수 있다는 이론이다. 즉 단주를 거래하는 아마추어 투자자들의 시장에 대한 예측은 대체로 그릇된 경우가 많으므로 이들이 투자하는 방향과 반대로 생각하면 된다는 것이다. 예를 들면 아마추어 투자자들이 주식을 매입하면 매각하고, 그들이 매각을

9) 우리나라의 경우 거래소시장에서는 주식가격이 50,000원 미만의 주식은 10주 단위로 거래할 수 있고 50,000원 이상의 주식은 1주 단위로 거래할 수 있다. 코스닥시장에서는 주식가격과 상관없이 1주 단위로 거래를 할 수 있다.

**표 7-1** 시장의 폭의 계산

| 일 자 | 상승종목수 | 하락종목수 | 등락차 | 시장의 폭 |
|---|---|---|---|---|
| 5월 6일 | 150 | 80 | 70 | 70 |
| 7일 | 120 | 95 | 25 | 95 |
| 8일 | 70 | 100 | -30 | 65 |
| 9일 | 50 | 130 | -80 | -15 |
| 10일 | 80 | 120 | -40 | -55 |

하면 주식을 매입하면 된다는 것이다.

한편, 단주이론은 소액투자자들이 그릇된 판단을 함으로써 손해만 보게 된다는 가정에 기초하고 있으나 이러한 가정은 이론적인 타당성이 없으며 또한 항상 적용될 수 있는 이론이라고 보기도 어렵다.

## 2. 시장의 폭

시장의 폭(breath-of-market)이란 증권시장 전체적으로 작용하는 주가의 상승세 또는 하락세의 강도를 말한다. 시장의 폭을 계산하는 가장 간단한 방법은 〈표 7-1〉과 같이 일정 기준일 이후부터 전일의 종가에 비해 오른 종목 수에서 내린 종목의 수를 뺀 것(등락차)을 매일 누계함으로써 계산할 수 있다.

이와 같이 계산된 시장의 폭을 선도표로 그린 것을 등락선(advance-decline line)이라고 한다. 이 등락선이 아래로 꺾이면 약세시장의 시작을 의미하고 위로 꺾이면 강세시장의 시작을 의미하는 것으로 해석된다. 〈표 7-1〉에서는 5월 9일에 증권시장이 약세시장으로 접어들고 있음을 나타내고 있다.

## 3. 상대적 강도분석

증권시장에서의 주가의 변동 상황을 살펴보면 어떤 주식의 가격은 경제상황의 변화나 시장의 변화에 대하여 민감하게 반응하는데 비하여 다른 주식은 그렇지 못한 경우가 있다. 즉 어떤 주식의 가격은 강세시장에서는 다른 주식보다 빠른 속도로 상승하고 약세시장에서는 보다 빠른 속도로 하락한다.

이와 같이 개별주식의 가격이 시장전체의 움직임이나 경제동향에 대하여 다른 주식에 비하여 민감하게 움직이는 정도를 상대적 강도(relative strength)라고 한다. 이러한 개별주식의 상대적 강도는 오랫동안 변하지 않는 경향이 있으므로 상대적

표 7-2 주식 A의 상대적 강도

| 연도 | 주식 A의 연평균주가 (A) | 전자주의 연평균주가 (B) | 시장전체의 연평균주가 (C) | 상대적 강도 | | |
|---|---|---|---|---|---|---|
| | | | | A/B | A/C | B/C |
| 2010 | 9,000 | 5,100 | 6,300 | 1.78 | 1.44 | 0.81 |
| 2011 | 10,800 | 5,400 | 7,500 | 2.00 | 1.44 | 0.72 |
| 2012 | 21,600 | 6,000 | 8,550 | 3.60 | 2.53 | 0.70 |

강도가 높은 주식에 투자를 함으로써 높은 수익을 얻을 수 있다는 것이다.

어떤 주식이나 산업의 상대적 강도를 찾아내기 위하여 자주 사용되는 것은 특정한 비율이다. 〈표 7-2〉는 현재 전자산업에서 빠른 속도로 성장하고 있는 A기업의 상대적 강도를 예시한 것이다.

〈표 7-2〉에서 전자주의 연평균 주가에 대한 주식 A의 연평균 주가의 비율은 2010년의 1.78에서 2011년에 2.0으로 증가하였지만 전자산업 평균이 전체시장에 비해 약세였기 때문에 주식 A는 전체시장에 비해 특별한 강도를 나타내지 못하였다. 그러나 2011년에서 2012년 사이에 A주식은 그 산업에 대해서 그리고 시장에 비해서 상당한 강도를 보여주고 있다. 또한 그 기간 동안 전자산업은 시장과 비슷한 비율로 성장했음을 알 수 있다.

이와 같은 상대적 강도의 개념은 뒤에서 설명할 주식의 체계적 위험을 나타내는 베타계수와 유사한 의미를 갖고 있다. 즉 베타계수가 1보다 큰 증권의 가격은 증권시장 전체의 가격변동률보다 크게 변동한다. 따라서 상대적 강도가 큰 주식은 그만큼 큰 위험을 포함하고 있는 것이라고 할 수 있다.

## 4. 거래량분석

기술적 분석에서는 증권의 가격과 마찬가지로 증권의 거래량(volume of trade)을 분석함으로써 증권시장 전체나 또는 어떤 특정 주식의 가격의 추세를 예측하기도 한다. 즉 기술적 분석에서 거래량은 투자자들의 분위기나 투자심리를 나타내는 것으로 보고 있다.

기술적 분석가들은 주가가 상승할 때 거래량이 증가하면 시장 전체의 동향은 강세시장으로 향하고 있고, 반대로 주가가 하락할 때 거래량이 증가하면 약세시장을 지향하고 있는 것으로 해석한다. 한편, 주가가 상승하거나 하락할 때 거래량이 감소하면 주가변동의 추세는 전환된다고 본다.

## 5. 이동평균분석

이동평균분석은 미세한 주가의 변동을 제외하고 시장전체의 방향전환의 강도를 결정하고자 하는데 그 목적이 있다. 이동평균(moving average)이란 일정한 기간 동안의 주가를 단순 평균한 것으로 매일매일 가장 최근 날짜의 주가가 추가되고 이동평균의 첫 번째 날짜의 주가가 제외되게 된다. 이동평균 중에서 가장 널리 사용되는 것은 200일 이동평균이다. 즉 어떤 일자의 200일 이동평균은 그 이전의 200일 동안에 이루어진 주식의 가격 또는 지수의 평균으로 구한다. 따라서 이동평균선은 주가의 미세한 변동은 제거되며 급격한 기복은 완화된다.

[그림 7-4]는 이러한 이동평균을 예시한 것으로 실선으로 표시되어 있는 것이 실제주가의 변동이고 점선으로 표시되어 있는 것이 이동평균선이다.

그림에서 주식매입의 신호로 간주되는 것은 ① 이동평균선이 하락하다가 하락을 멈추거나 상승하기 시작한 때에 주가가 그 이동평균선을 돌파하여 상승하는 경우, ② 주가가 상승세의 이동평균선 아래로 내려가는 경우, ③ 이동평균선보다 위에 있던 주가가 이동평균선에 닿지 않을 만큼 떨어졌다가 다시 상승하기 시작하는 경우 등이다.

반대로 주식매각의 신호로 간주되는 것은 ④ 이동평균선이 상승하다가 상승을 멈추거나 하락하기 시작한 때에 주가가 그 이동평균선 아래쪽으로 떨어지는 경우, ⑤ 주가가 하락추세의 이동평균선을 상향 돌파하는 경우, ⑥ 이동평균선의 아래쪽에 있던 주가가 이동평균선에 닿지 않을 만큼 상승하였다가 다시 하락하기 시작한 경우 등이다.

그림 7-4 이동평균선의 법칙

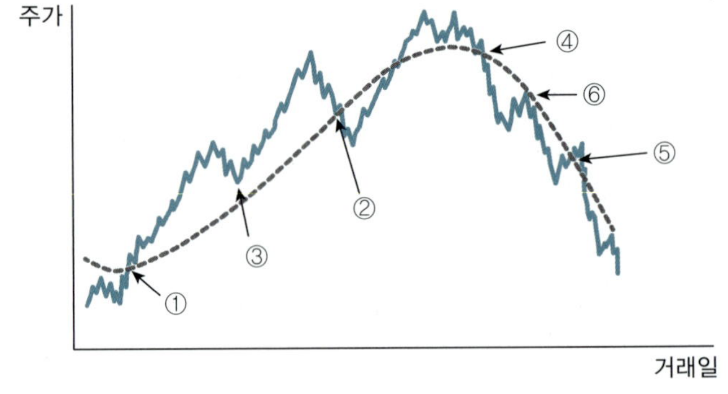

한편, 이동평균의 기간은 증권시장의 특성이나 투자자의 투자목적에 따라 달라질 수 있다. 시장의 주가변동의 주기가 짧거나 투자자가 단기적인 차익을 목적으로 하는 경우에는 보다 짧은 기간의 이동평균을 이용하는 것이 바람직할 것이다.

Learning Cafe 1

## 팔기만 하면 올라 속터지는 개미

'개인은 마이너스의 손인가.' 지난달 말부터 이어진 증시 반등의 단물은 외국인과 기관에 돌아갔다. 반등 분위기에서 소외된 개미투자자들 속은 타들어가고 있다. 사들인 종목들 수익률은 부진한 반면 팔아치운 종목 주가는 일제히 올랐기 때문이다. 24일 한국거래소에 따르면 증시가 본격적으로 상승세를 타기 시작한 지난달 25일 이후부터 이달 23일까지 유가증권시장에서 개인은 7조4,800억원을 팔아치웠다. 주로 전기전자(IT)와 자동차, 화학, 건설 등 경기민감주를 집중적으로 내던졌다. 반대로 락앤락, 호텔신라, NHN, 오리온 등 경기방어주를 집중적으로 매수했다.

'KODEX 인버스'에도 3,178억원을 쏟아부으며 주가 하락에 적극적으로 베팅하는 모습을 보였다. 외국인은 IT와 자동차, 화학 등 경기민감주를 집중 매수했고, 게임, 유통 등 경기방어주는 팔았다. 결과는 개인들의 참패였다.

개인이 판 종목은 일제히 상승한 반면 사들인 종목은 하락했다. 유가증권시장에서 개인 순매도가 집중적으로 이뤄진 20개 종목은 모두 주가가 상승한 것으로 나타났다. 평균 주가 상승률은 12.6%로 같은 기간 코스피 상승률 9.7%를 웃돌았다. 개인이 가장 많이 팔아치운 삼성전자와 현대차는 각각 11% 이상 올랐고, SK이노베이션과 LG전자도 각각 18.9%와 19.6% 급등했다. 현대중공업, 삼성중공업 등도 10% 이상 올랐다. 개인들 순매수 상위 10개 종목 수익률은 −1.9%로 코스피 상승 흐름 속에서도 부진을 면치 못했다. 가장 많이 매집한 락앤락은 주가가 2.4% 하락했고, NHN은 제자리걸음을 했다. 만도와 에스엘은 각각 4%와 15% 하락했다. 코스닥에서도 마찬가지다. 코스닥 시장은 개인투자 비중이 90%에 달해 개인 영향력이 상대적으로 큼에도 불구하고 개인이 손댄 종목은 부진하고 개인이 던진 종목의 주가는 급등세를 탔다. 같은 기간 코스닥시장에서 순매도 상위 20개 종목 평균 주가상승률이 24.6%에 달해 같은 기간 코스닥 평균 상승률(9.9%)을 2배가량 웃돌았다. 성광벤드, 게임빌, 셀트리온 등은 개인이 많이 순매도한 종목이다. 이들 종목은 5월에서 6월까지 부진한 흐름을 보이다 개인이 매도세로 돌아선 이후부터 10~20% 급등했다. CJ오쇼핑, CJ E&M, 젬백스, 컴투스, 씨젠 등 개인이 적극적으로 매도한 종목도 기관과 외국인의 러브콜을 받았고 주가는 10%에서 최고 50%까지 올랐다. 개인들이 팔면 오르고 개인이 사면 내리는 현상은 어제 오늘 일은 아니다. 여전히 개인 수익률이 부진을 면치 못하는 이유는 '많이 떨어진 종목이 오를 것' 이라는 막연한 기대감 때문이라고 전문가들은 지적하고 있다.

최현재 동양증권 연구원은 "가격이 낮은 종목은 그럴 만한 이유가 있음에도 개인들은 '싸다' 고 생각하는 반면 주가가 오르는 종목은 '비싸다' 고 접근하는 게 문제"라며 "막연한 기술적 반등을 노리는 투자전략을 자제하고 실적과 수급을 신중히 고려해 종목을 선택해야 한다"고 조언했다.

출처: 매일경제, 2012. 8. 24.

# 제4절 인플레이션과 세금효과

## 4.1 인플레이션과 채권수익률

인플레이션이 증권의 수익에는 어떠한 영향을 미치는가 하는 문제는 경제학에서 오래전부터 연구되어 왔다. 특히 1970년대의 석유파동 이후 전세계적으로 높은 인플레이션을 경험하게 됨에 따라 많은 투자자들이 인플레이션이 채권수익률이나 주식가격에 미치는 영향에 대해서 관심을 갖게 되었다. 여기서는 우선 이러한 인플레이션이 채권수익률에 미치는 영향에 대해서 살펴보기로 한다.

### 1. 명목수익률과 실질수익률

증권의 기대수익률(expected rate of return)이란 증권투자로부터 얻어지는 미래수익의 현재가치와 증권의 시장가격을 일치시켜 주는 할인율과 같다. 채권의 경우 미래수익은 매년 받게 되는 이자와 만기에 받게 되는 원금상환액이 될 것이다.

이와 같이 증권을 보유함으로써 얻게 되는 기대수익률이란 일반적으로 명목수익률(nominal rate of return)을 의미한다. 왜냐하면 증권투자로부터 발생하는 미래의 현금흐름은 인플레이션에 의한 화폐가치의 변동을 고려하고 있지 않기 때문이다. 그러나 인플레이션이 예상될 경우 미래의 현금흐름은 그 화폐가치의 변동을 고려하여 평가되어야 한다.

실질수익률(real rate of return)이란 이와 같이 인플레이션에 의한 화폐가치변동을 고려하여 계산된 수익률을 말한다. 일반적으로 인플레이션이 예상될 경우, 미래에 얻게 되는 현금수입액의 구매력(purchasing power)은 현재보다 감소될 것이며, 따라서 증권의 실질수익률은 명목수익률보다는 낮아지게 된다.

## 2. 피셔효과와 채권수익률

피셔(I. Fisher)는 일찍이 명목이자율은 실질이자율과 예상인플레이션율의 합으로 이루어진다는 이론을 제시한 바 있는데, 이를 흔히 피셔효과(Fisher effect)라고 한다. 이러한 피셔효과는 채권의 수익률 결정에도 그대로 적용될 수 있다. 예를 들어 지금 1년 만기 채권을 보유한 투자자는 1년 후에 투자금액에 대한 실질이자와 함께 물가상승에 대한 보상도 동시에 요구하게 될 것이다. 따라서 이 채권의 명목수익률은 다음과 같이 된다.

$$(1 + R) = (1 + r)(1 + \alpha)$$

단, $R$ : 명목수익률
$r$ : 실질수익률(자본의 한계생산성)
$\alpha$ : 인플레이션율

위 식을 정리하면 다음과 같이 된다.

$$R = r + \alpha + r \cdot \alpha$$

여기서 $r \cdot \alpha$는 $r$과 $\alpha$가 매우 작은 값이므로 0에 가깝다. 따라서 명목수익률 $R$은 다음과 같이 나타낼 수 있다.

$$R = r + \alpha$$

여기서 미래의 불확실성을 가정할 때 윗식은 다음과 같이 표시할 수 있다.

$$E(R) = E(r) + E(\alpha)$$

즉, 채권의 기대명목수익률은 기대실질수익률과 기대인플레이션율의 합이 된다는 것이다. 이것은 곧 채권의 기대실질수익률(expected real rate of return)은 기대명목수익률(expected nominal rate of return)에서 기대인플레이션율(expected rate of inflation)을 차감한 것과 같다는 것이다.

$$E(r) = E(R) - E(\alpha)$$

한편, 피셔는 어느 한 시점에서의 금융자산의 가치는 미래현금흐름의 할인된 총계로서 이때 할인율은 명목이자율을 기대인플레이션율을 가지고 조정한 것이라고 주장하였다. 이러한 피셔이론이 의미하는 것은 어떤 금융자산의 기대명목수익률은 기대실질수익률과 기대인플레이션율로 구성되며 기대실질수익률은 기대인플레이션율의 영향을 받지 않는다는 것이다. 예를 들면 위의 관계식에서 기대인플레이션율 $E(\alpha)$가 1% 상승하면 기대명목수익률 $E(R)$도 1% 상승하고, 따라서 채권의 기대실질수익률 $E(r)$은 기대되는 인플레이션의 영향을 받지 않는다는 것이다.

한편, 이러한 피셔효과가 현실적으로 적용되는가의 여부는 실증적 연구에 의존할 수밖에 없다. 그러나 만약 피셔효과가 의미하는 것처럼 1대1의 대응관계가 성립하지 않는다면 채권의 실질수익률은 기대인플레이션율의 영향을 받게 될 것이다. 또한 피셔효과는 예상된 인플레이션의 영향을 설명하고 있는 것이지, 예상되지 않은 인플레이션까지 고려하고 있는 것은 아니다. 예상되지 않은 인플레이션이 일어날 경우 채권의 실질수익률은 하락하게 될 것이다.

## 4.2 인플레이션과 주식가격

주식은 그 실질가치가 인플레이션율과는 독립적인 실물자본(physical capital)에 대한 소유권을 나타낸다. 따라서 오랜 전부터 경제학자들은 주식을 인플레이션 헤지(inflation hedge)의 수단으로 간주해 왔다. 여기서 인플레이션 헤지란 인플레이션으로 인한 화폐가치 하락에서 오는 자산상의 손실을 보상 · 방지하기 위한 매매 또는 투자행위를 말한다. 따라서 어떤 증권의 실질수익률이 인플레이션율과 무관할 경우, 즉 피셔의 이론이 성립하는 경우 이 증권은 인플레이션 헤지의 수단이 될 수 있다.

이와 같이 주식이 인플레이션 헤지의 수단이 될 수 있는가에 대해서는 많은 논의가 이루어져 왔다. 전통적인 견해에 의하면 주식투자가 인플레이션 헤지로서의 기능을 갖고 있다고 주장한다. 즉 채권과 같은 고정수익증권은 인플레이션의 진행에 따라 명목소득의 구매력이 하락하게 되는 반면, 주식의 경우에는 인플레이션의 진행에 따라 그 가치 및 배당 등이 상승하여 부의 실질구매력(real purchasing power of wealth)을 그대로 유지하게 된다는 것이다. 즉, 인플레이션이 진행되면 물가수준의 상승에 따라 기업의 이익 역시 증가하고 이익의 증가는 배당의 증가 및 주식가치의 증가를 가져와 주주는 소득의 증가 및 자산가치의 증가를 동시에 얻을 수 있다는 것이다. 특히 예상하지 못한 인플레이션이 일어날 경우 주주는 그 회사의 채권자들의 부를 희생하여 이익을 얻게 된다고 본다.

그러나 인플레이션과 주가에 관한 최근의 연구들에 의하면 주식이 인플레이션 헤지의 수단이 될 수 있다는 전통적인 견해에 대하여 상당히 회의적인 결과를 보이고 있다. 자퍼와 만델커(Jaffe and Mandelker)에 의하면 주식수익률과 인플레이션율을 회귀분석한 결과 주식수익률과 인플레이션율은 부의 상관관계를 갖는 것으로 나타났다.[10] 또한 넬손(Nelson)과 보디(Bodie)도 주식수익률과 인플레이션율 사이에는 부(−)의 상관관계가 있다는 사실을 발견하였다.[11]

이와 같이 주식수익률과 인플레이션율 사이에 부의 관계가 존재하는 이유에 대해서 파마(E.F. Fama)는 주식수익률과 실물경제활동 사이에는 정의 상관관계가 존재하지만 인플레이션과 실물경제활동 사이에는 부의 상관관계가 존재하기 때문에 이러한 결과가 나타나게 된 것이라고 주장하고 있다.

한편, 게스커와 롤(R. Geske and R. Roll)은 인플레이션이 주가에 영향을 미치는 것이 아니라 주가의 움직임이 인플레이션의 변화를 가져온다고 주장하였다.[12] 즉, 주식가격의 하락은 경제활동이 침체되리라는 신호가 되며, 따라서 세입의 감소에 따른 정부의 적자예산 편성으로 인플레이션이 발생하게 된다는 것이다. 다시 말해서 주가의 움직임은 인플레이션의 기대에 부(−)의 방향으로의 수정이 이루어지도록 한다는 주장이다.

---

10) J. Jaffe and G. Mandelker, "The 'Fisher Effect' for risky assets: an empirical investigation," *Journal of Finance*, 1976, pp. 447~458.

11) C. Nelson, "Inflation and rate of return on common stocks," *Journal of Finance* (May 1976), pp. 471~483; Z. Bodie, "Common stocks as a hedge against inflation," *Journal of Finance*(May 1976), pp. 459~470.

12) R. Geske and R. Roll, "The Fiscal and Monetary Linkage between Stock Returns and Inflation," *Journal of Finance* (March 1983), pp. 1~33.

## 4.3 증권투자와 세금효과

모든 투자자들은 투자를 결정할 때 각종 세금이 현금흐름에 미치는 영향을 고려하여야 한다. 다시 말하면, 모든 투자는 세후현금흐름(after tax cash flow)을 기준으로 결정되어야 한다. 그러나 모든 투자자와 모든 형태의 소득에 대해 모두 동일한 세율이 적용되는 것은 아니기 때문에 투자결정에 세금을 고려하는 문제는 매우 복잡하다. 예를 들면 이자나 배당소득에 적용되는 세율과 증권의 자본이득에 적용되는 세율은 서로 다르다. 우리나라의 경우 일반 소액주주의 배당소득에 대해서는 소정의 세율을 적용하여 원천징수하고 대주주의 배당소득에 대해서는 종합소득에 합산되어 과세되지만 자본이득에 대해서는 세금이 부과되지 않는다. 또한 이자소득에 대해서는 일반 소득세율이 적용되나 세금우대상품이나 비과세상품에 대해서는 차등과세하고 있다. 이와 같이 적용되는 세율이 다를 경우 세후현금흐름은 다음과 같이 표시될 수 있다.

$$E(ATC) = (1 - \tau_y)\, E(Y) + (1 - \tau_g)\, E(G)$$

단, $E(ATC)$ : 세후현금흐름

$E(Y)$ : 이자 및 배당소득

$E(G)$ : 자본이득

$\tau_y,\ \tau_g$ : 일반소득세율과 자본이득 세율($\tau_y > \tau_g$)

그러면 여기서 채권투자에서의 세금효과를 구체적으로 알아보기 위하여 다음과 같이 두 종류의 채권과 투자자가 있다고 하자. 즉 첫 번째 채권은 만기가 1년이

**표 7-3 채권의 현금흐름**

| 증 권 | 세 전 현금흐름 | 세후현금흐름 (세율 24%) | 세후현금흐름 (세율 55%) |
|---|---|---|---|
| 과세채권 | | | |
| ① 이자 | 100,000 | 76,000 | 45,000 |
| ② 원금 | 1,000,000 | 1,000,000 | 1,000,000 |
| 비과세채권 | | | |
| ① 이자 | 60,000 | 60,000 | 60,000 |
| ② 원금 | 1,000,000 | 1,000,000 | 1,000,000 |

**표 7-4** 주식의 현금흐름

a) 세전 현금 흐름

| 증권 | 매수가격 | 투자주식수 | 연간총배당 | 매도가격 | 자본이득 | 세 전<br>순현금흐름 |
|---|---|---|---|---|---|---|
| ABC주식 | 4,000원 | 250주 | 225,000원 | 4,100원 | 25,000원 | 1,250,000원 |
| XYZ주식 | 2,500 | 400 | 50,000 | 3,000 | 200,000 | 1,250,000 |

b) 세후 현금 흐름

| 증권 | 배당소득 | 배당소득세 | 세 후<br>배당소득 | 자본이득 | 세 후<br>순현금흐름 |
|---|---|---|---|---|---|
| ABC주식 | 225,000원 | 90,000원 | 135,000원 | 25,000원 | 1,160,000원 |
| XYZ주식 | 50,000 | 20,000 | 30,000 | 200,000 | 1,230,000 |

고 표면이자율이 10%인 과세채권이고, 두 번째 채권은 만기가 1년이고 표면이자율이 6%인 비과세채권이다. 또한 첫 번째 투자자의 개인소득세율은 24%이고 두 번째 투자자의 개인소득세율은 55%라고 한다. 위의 투자자가 1,000,000원을 각기 다른 채권에 투자한다고 가정할 경우 현금흐름은 〈표 7-3〉과 같다.

〈표 7-3〉에서 세율이 24%인 투자자는 과세채권을 매입하는 것이 유리한 반면 세율이 55%인 투자자는 비과세채권을 매입하는 것이 유리하다는 것을 알 수 있다. 한편, 위의 두 종류의 채권을 비교할 때 개인소득세율이 40% 이상인 모든 투자자는 비과세채권을 매입하는 것이 유리하고 그 이하인 투자자는 과세채권을 매입하는 것이 유리하다는 것을 알 수 있다.

다음에는 주식투자에서의 세금효과를 알아보기 위하여 〈표 7-4〉와 같은 두 종류의 주식에 1,000,000원을 투자한다고 가정하자. 이때 투자자의 배당에 대한 소득세율은 40%이고 자본이득에 대한 세금은 없다고 가정한다.

〈표 7-4〉에서 두 주식의 세전현금흐름은 동일하지만 세후 현금흐름은 동일하지 않다는 것을 알 수 있다. 즉 ABC주식은 XYZ주식에 비하여 높은 세율이 적용되는 배당소득이 많으므로 세후현금흐름은 XYZ주식보다 적다. 따라서 다른 조건이 같을 경우 투자자들은 ABC주식보다 XYZ주식을 더 선호하게 될 것이다.

## 연습문제

1. 다음을 간단히 설명하라.
   (1) 수익가치와 자산가치
   (2) 배당평가모형
   (3) 이익평가모형
   (4) 항상성장모형
   (5) 배당의 정보효과
   (6) 단주이론
   (7) 피셔효과
   (8) 패턴분석
   (9) 이동평균선

2. 주식평가모형에서 할인율 및 성장률을 결정하는 요인들에 대해서 설명하라.

3. 자본시장이 불완전할 경우, 즉 거래비용이나 세금 등이 존재할 때 기업의 배당정책은 주가에 어떠한 영향을 미칠 것인가?

4. M기업은 연말에 주당 300원씩의 배당을 실시할 계획이다. 한편, M기업의 배당은 매년 4%씩 성장할 것으로 기대된다. M기업의 주식과 동일한 위험을 갖는 주식의 기대수익률이 12%라고 가정할 때 M주식의 적절한 가격을 구하라.

5. S기업은 매년 이익의 40%를 배당으로 지급하고 있고 나머지는 재투자되어 15%의 이익을 얻고 있다. S주식과 동일한 위험을 갖고 있는 주식의 기대수익률은 12%이다. 이 경우 S기업의 주당이익의 성장률은 얼마로 예상되는가? S주식의 총수익률 중 자본이득에 의한 것과 배당에 의한 것은 얼마인가?

6. 자동차를 제조판매하고 있는 F기업은 현재 주당 100원의 배당을 지급하고 있으며 주당이익은 300원이다. 이 기업의 배당(이익)은 앞으로 10년 동안 매년 20%씩 성장할 것으로 기대되며 그 이후 이 기업의 이익은 일정할 것으로 예상된다. 이 주식에 대한 투자자들의 요구수익률이 10%라고 가정할 때 F주식의 가격을 구하라.

**7.** 다음 자료를 기초로 시장의 폭을 계산하고 증권시장이 약세시장에서 강세시장으로 전환되는 시점을 찾아보아라.

| 일 자 | 상승종목수 | 하락종목수 | 일 자 | 상승종목수 | 하락종목수 |
|---|---|---|---|---|---|
| 5 | 90 | 270 | 9 | 280 | 100 |
| 6 | 80 | 250 | 11 | 250 | 80 |
| 7 | 160 | 120 | 12 | 180 | 135 |
| 8 | 235 | 100 | 13 | 150 | 160 |

C·H·A·P·T·E·R 08

# 불확실성과 투자의사결정

제1절 불확실성과 확률분포

제2절 투자선택의 대상

제3절 불확실성하의 선택이론

제4절 불확실성과 기대효용이론

만일 실제로 신이 존재하지 않는다고 하면 당신이 경건한 삶을 살든, 죄악으로 가득한 삶을 살든, 결과는 그리 달라지는 게 없다(신의 존재나 부재에 대한 베팅은 중요하지 않다). 그러나 실제로 신이 있다고 가정해 보라. 신앙적으로 성스러운 삶을 거부하는 것으로 신의 존재를 부정하는 쪽에 건다면 영원한 저주라는 리스크를 감수하여야 한다 반면에 신이 존재한다는 쪽에 거는 승자는 구원받을 가능성을 갖게 된다. 그렇다고 하면 영원한 지옥보다는 구원이 나을 것이 분명하므로 신이 존재한다는 데 근거한 행동을 택하는 쪽이 올바른 결정일 수밖에 없다. 만일 신이 존재한다면, 신이 존재한다고 내기를 건 당신은 모든 것을 얻는 것이다. 혹시 신이 존재하지 않더라도 당신은 아무런 손해도 보지 않는다.

– 파스칼의 내기논증(Pascal's Wager) –

개인이나 기업의 모든 의사결정은 미래가 불확실한 상황에서 이루어지게 된다. 그러나 이러한 의사결정도 미래에 관한 완전무지(perfect ignorance)의 상태에서 이루어지기보다는 미래에 대한 어떤 기대(expectations)나 예상(anticipation)을 갖고 이루어지는 것이 보통이다. 그렇다면 경제주체들로 하여금 어떤 특정한 상황에 대한 기대를 형성하게 해주는 것은 무엇인가? 그것은 경제주체에게 어떤 종류의 정보가 주어지는가에 달려있다. 물론 불확실성하에서 주어지는 정보는 확정적 정보라기보다는 상황에 따라 예상될 수 있는 여러 가지 결과와 각각의 확률값이 함께 주어지는 확률적 정보(확률분포)가 일반적이다. 결국 불확실성하의 의사결정은 확률적 정보 → 기대변화 → 의사결정이라는 일련의 과정으로 이루어진다. 이와 같이 기대(expectations)[1)]는 모든 불확실성하의 경제적 의사결정에 있어서 중요한 역할을 수행한다.

증권투자를 하는 투자자들에게도 미래의 상황이 불확실하기는 마찬가지이다. 즉 투자자들은 투자에 따른 미래의 수익률이 정확히 얼마가 될 것인가를 미리 알 수는 없다. 그러나 미래에 실현될 가능한 수익률의 확률분포는 과거의 수익률 자료를 이용함으로써 어느 정도 추정이 가능하다. 물론 확률분포가 시간에 따라 큰 변화를 보여 안정적이지 못하다면 과거자료를 이용한 확률분포는 의사결정의 기초가 되는 미래의 확률분포를 예측하는 데는 아무런 도움을 주지 못하게 된다.

따라서 투자론에서는 시간이 경과하더라도 확률분포는 큰 변동이 없이 비교적 안정적이라 전제하고 분석하는 것이 보통이다.

이러한 전제하에서 본장에서는 우선 불확실성하의 확률적 정보인 확률분포와 확률에 관한 기초개념들을 설명한다. 그 다음 불확실성하에서 일반적 투자선택의 대상이 되고 있는 투자수익, 투자위험의 분석과 측정방법에 관해 설명하고자 한다. 그리고 이를 기초로 하여 불확실성하에서 적용되는 여러 선택이론에 관하여 살펴보기로 한다.

---

1) 특히 거시경제학과 재무경제학 분야에서 중요한 역할을 한다. 즉 소비의사결정이나 투자의사결정 그리고 통화공급 등에는 기대가 어떠한 영향을 미치며 또한 자산의 가격(이자율, 환율 등)결정에는 어떤 영향을 미칠 것인가 하는 것들이 이들 분야에서의 관심분야이다.

## 제 1 절 불확실성과 확률분포

### 1.1 불확실성과 정보

불확실성하에서 어떤 의사결정을 하기 위해서는 이에 필요한 정보가 어떤 형태로든 주어져야 한다.

이처럼 정보(information)는 불확실성과 직접적인 관련을 갖는다. 이때 불확실성하에서 주어지는 정보의 일반적 형태로는 예상되는 모든 가능한 결과가 확률변수로 정의되고, 또 각각의 결과가 나타날 수 있는 객관적 가능성 또는 주관적 확신의 정도는 확률이라는 개념을 이용하여 정의된다.

#### 1. 확률변수와 확률

일반적으로 불확실성하에서 이루어지는 모든 행동이나 불확실한 사건들의 가능한 결과들은 상황에 따라 여러 가지 값을 보일 수 있다. 또한 각각의 결과치가 나타날 가능성에 대해 어느 정도의 확신을 갖고 있는가 하는 확률값도 주관적 또는 객관적으로 부여할 수 있다. 가령 간단한 예로써 주사위 던지기를 한다고 할 경우 가능한 결과치를 $X$라고 놓을 경우 $X$값은 상황에 따라 1, 2, 3 ,4, 5, 6 중 어느 하나로 나타날 것이다. 또한 베르누이의 불충분 이유의 원리에 따라 특별한 이유가 없는 한 각각의 수치가 나타날 확률은 모두 동일한 1/6이 된다. 이때 예의 주사위 던지기에서처럼 어떤 불확실한 사건의 결과(uncertatin outcome) $X$와 같은 변수를 확률변수라고 부른다.

여기서 확률변수의 모든 가능한 결과에 대해 확률을 정의하는 방식은 고전적 확률이론, 상대도수이론, 주관적 확률이론의 세 가지 방법이 있다. 이 중 고전적 확률이론은 특별한 이유가 없는 한 모든 가능한 결과가 나타날 확률은 동일하다는 주장이다. 이에 따라 동전의 앞면이 나타날 확률은 1/2, 주사위 던지기에서 특정 눈금이 나올 확률은 1/6 등이 바로 그러한 예에 속한다. 그 다음 상대도수이론은 반복적인 실험관찰이 가능할 경우 $n$번 시행에서 특정의 결과가 $x$번 나타났다고 하면 그 특정결과가 나타날 확률은 $x/n$으로 정의하는 방법이다. 그리고 주관적 확률이론은 앞서의 두 방법에 의해서도 확률을 정의할 수 없는 경우에 주관적인 판단이나 경험에 의해 확률을 정의하는 방법이다. 가령 복싱경기에서 특정선수가 이길 확률이라든가 비가 올 확률 등을 계산해야 하는 경우가 이에 속한다.

## 2. 확률분포

그러면 이러한 불확실성하의 확률변수 $X$에 관한 모든 확률적 정보는 확률분포라는 이름으로 다음과 같은 두 가지 방식에 의해 표현할 수 있게 된다.

첫째는 다음의 표에서와 같이 각각의 가능한 결과치와 그에 상응하는 확률값을 대응시킨 이른바 확률함수로 표현할 수 있다. 이는 그림에서와 같이 그래프에 의해서도 표현될 수 있다

| 결과치 | 확률 ($P$) |
|---|---|
| $X=1$ | $P(X=1)=1/6$ |
| $X=2$ | $P(X=2)=1/6$ |
| $X=3$ | $P(X=3)=1/6$ |
| $X=4$ | $P(X=4)=1/6$ |
| $X=5$ | $P(X=5)=1/6$ |
| $X=6$ | $P(X=6)=1/6$ |

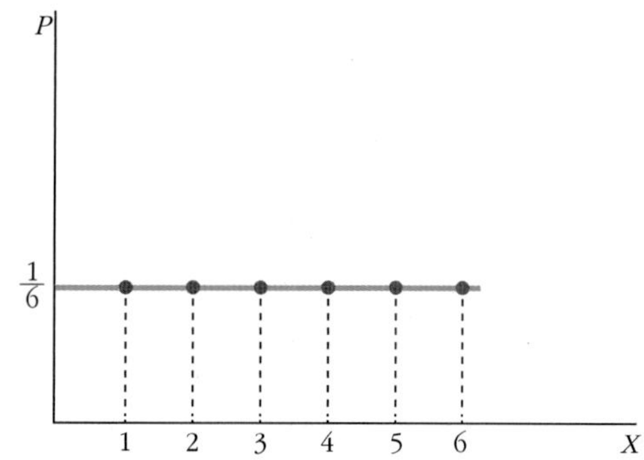


둘째는 누적확률분포(cumulative probability distribution)를 이용하여 확률분포를 표현할 수도 있다. 이는 확률변수 $X$가 특정의 어떤 결과치 $x$보다 작거나 같을 확률을, 즉 $P(X<x)$로서 다음과 같이 $X<x$인 모든 결과치의 확률값을 누적시켜 합산하면 된다. 이 경우에는 $X$가 $x$이하가 되는 모든 확률값을 누적 합산한 것이므로 이를 가리켜 이하( 'less than' ) 누적확률분포라고 부른다.

이와는 반대로 $X$가 $x$이상이 되는 모든 확률값을 누적 합산한 경우를 가리켜 이상( 'more than' ) 누적확률분포라고 부른다. 이하 누적확률분포는

$$P(X \leqq x_n) = \sum_{i=1}^{n} P(X=x_i)$$
$$= P(X=x_1) + P(X=x_2) + \cdots\cdots + P(X=x_n)$$

이를 위한 주사위 던지기의 예를 적용시켜 보면,

$$P(X \leq 1) = 1/6$$
$$P(X \leq 2) = 1/6 + 1/6 = 2/6$$

그림 8-1 이하누적확률분포

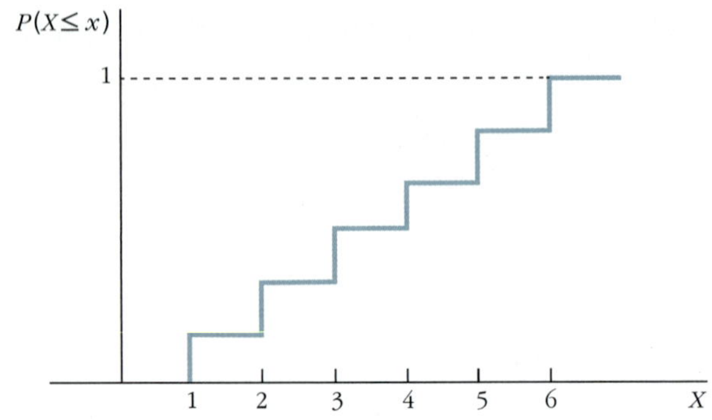


$$P(X \leq 3) = 1/6 + 1/6 + 1/6 = 3/6$$

$$\vdots$$

$$P(X \leq 6) = 1/6 + 1/6 + 1/6 + 1/6 + 1/6 + 1/6 = 1$$

가 되고 이를 그래프로 그리면 [그림 8-1]과 같다. 이러한 개념은 뒤의 확률지배에 의한 의사결정기준에서 이용된다.

## 3. 불확실성과 기대

불확실성하에서 경제주체들은 합리적 의사결정에 앞서 미래에 관한 어떤 견해를 형성하게 된다. 이처럼 주어진 현재의 상황에서 미래에 대해 예상되는 견해를 기대(expectations)라고 한다. 그런데 이러한 기대의 특성은 불확실성의 특성에 달려있고 불확실성의 특성은 보통 확률적으로 표현된다. 그 결과 현재의 상황과 의사결정, 그리고 사건에 따라 미래의 성과는 하나의 확률분포로 표현할 수 있게 된다. 따라서 미래는 전혀 알 수 없는 완전무지의 상황이 아니라, 확률적으로는 알 수 있는(probabilistically knowable) 상황이 되며, 이로써 가능한 성과에 대한 선호정도와 각각의 확률을 고려해 줌으로써 의사결정을 내릴 수 있게 된다.

그렇다면 이러한 확률분포를 근거로 하여 경제주체들의 기대는 어떻게 형성되며 합리적인 기대란 무엇이며 이는 어떻게 형성되는가?

합리적 기대에 관한 정의는 여러 가지 개념으로 표현될 수 있다. Muth(1961)는 기대치가 관련경제이론이 예상하는 결과와 같을 경우를 합리적이라고 정의하고

그림 8-2 투자수익률의 확률분포곡선

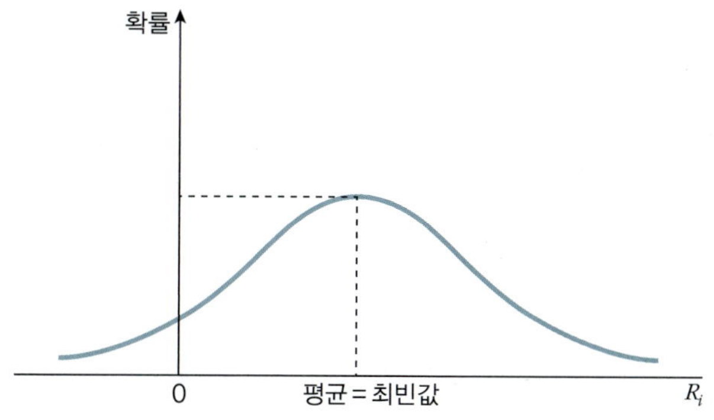


있다. 또한 이를 수학적으로 표현하면 경제주체가 평가하는 확률분포가 객관적 확률분포와 일치하는 경우를 말한다. 따라서 주관적인 기대치가 평균적으로는 실제의 값과 같게 되는 경우를 합리적 기대라고 한다. 합리적 기대가설은 결국 경제주체들이 정보를 어떻게 이용하고 자신의 기대를 어떻게 수정해 가는가에 달려있다고 할 수 있다. 이에 의하면 경제주체들은 이용가능한 정보를 모두 이용할 뿐 아니라 이를 옳게 이용한다는 것이 전제되어야 한다. 그리고 과거의 정보에만 의존하지 않고 미래는 물론 이용가능한 모든 정보를 이용하여 자신의 기대를 수정해 나간다는 주장이다. 즉, 어떤 확률변수에 대한 합리적 기대치는 확률분포에 대한 수학적 기대치와 같다고 보는 것이 합리적 기대가설의 요점이다.

이러한 주장이 타당하다면 경제주체인 투자자들의 기대형성도 아래의 확률분포곡선 중 가장 높은 확률(빈도수)을 보이는 결과치(최빈수)일수록 실현가능성이 가장 높기 때문에 이를 근거로 해서 이루어진다고 볼 수 있다. 그런데 다음에서 살펴보게 될 정규분포의 경우에는 좌우 대칭형태의 분포가 되므로 최빈값이 곧 평균과 같게 되어 투자자들의 기대(expectations)는 확률분포의 수학적 기대치로 이루어지게 된다.

## 1.2 정규분포

위의 주사위던지기의 예에서는 확률변수의 값들이 1, 2, 3, … 등의 이산(불연속)변량의 형태로 나타난다. 그러나 많은 확률변수의 경우에는 이들 수치 사이에

**그림 8-3 정규분포곡선**

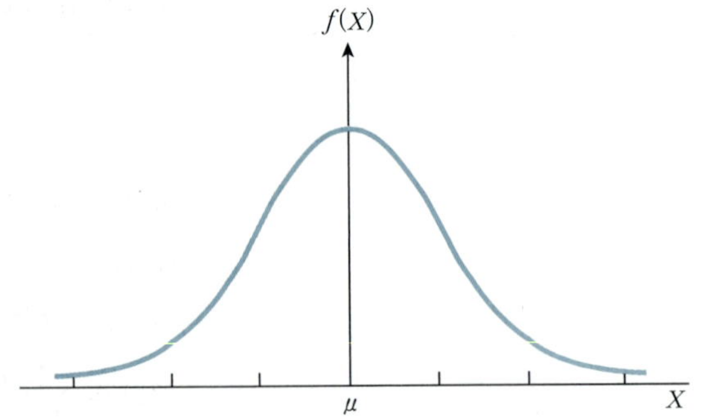


있는 어떠한 값들도 나타날 수 있는 연속확률변수의 형태를 보이는 것이 보통이다. 이러한 연속확률변수에 대한 확률분포는 확률의 크기에 따라 여러 가지 모양으로 그려질 수 있을 것이다. 그러나 통계적인 추론(추측)을 위해 이용되는 표본분포의 이론적 기초가 되고 있다는 점에서, 그리고 현실의 많은 현상들에서 실제로 관찰되는 대부분의 분포가 이에 가장 가깝다는 점에서 좌우가 대칭인 종모양의 정규분포가 가장 많이 이용되고 있다.

[그림 8-3]은 이러한 정규분포의 기본적인 모양을 보여 주고 있으며 이러한 분포가 갖는 기본적인 속성으로는 다음의 네 가지 성질을 들 수 있다.

① 종모양의 형태를 갖는다.
② 분포의 좌우가 대칭을 이룬다.
③ 분포의 평균은 중심에 의치하며 따라서 중위수(median), 최빈수(mode)와도 같은 값을 갖는다.
④ 분포의 양쪽 끝은 횡축과 만나지 않는다.

한편 이러한 정규분포의 확률을 정의하는 확률밀도함수는 다음과 같이 표시된다.

$$f(X) = \frac{1}{\sigma\sqrt{2\pi}} e^{-\frac{1}{2}\left[\frac{X-\mu}{\sigma}\right]^2}$$

단, $\mu = E(X)$

이 함수로부터 알 수 있는 하나의 중요한 사실은 정규분포의 경우에는 모수인 평균과 분산(또는 표준편차)의 정보만으로 곡선의 모양이 완전히 설명된다는 점이다.

## 1.3 확률분포의 요약정보

불확실성하에서 확률분포로 표현되는 정보는 위에서 설명한 확률분포표나 그래프를 통해서도 분포의 모양(자료의 특성)을 한눈에 관찰할 수 있다. 그러나 이들 자료를 전부 관찰하지 않더라도 분포의 특성을 보다 정확하고 완전히 설명해줄 수 있는 몇 가지의 통계적인 척도(수치)에 의해 요약 표현할 수 있다. 더욱이 이러한 요약 통계치는 위의 표나 그래프에서 얻을 수 있는 정보보다 더 정확한 정보를 제공할 뿐만 아니라 이를 이용함으로써 더 빠르고 나은 의사결정도 가능하게 한다. 그 기본적인 수단으로 활용되고 있는 것이 다음에 설명하게 될 네 가지의 기본적인 통계적 척도이다. 이는 마치 미인대회에서 미인들의 몸매를 몇 가지 수치(신장, 바스트, 웨이스트, 히프, 체중)로 표현하는 것에 비유될 수 있다. 즉, 이 수치를 보면 그 미인을 보지 않더라도 그 미인의 몸매가 연상되어 비교가 가능한 것처럼 어떠한 모양의 확률분포도 이러한 통계적인 척도만 있으면 분포의 모양을 완전히 설명할 수 있게 된다. 이하에서는 분포의 특성을 요약해서 보여주는 수치인 통계적 척도(summary statistics)에 관하여 알아본다.

### 1. 중심화경향치 – 평균 또는 기대값

확률변수 $X$가 보여주는 가능한 여러 결과치들의 분포는 크고 작은 것들이 다양하게 분포되어 있는 것이 보통이다. 그러나 이러한 분포도 대체적으로 어떤 하나의 값을 중심으로 집중되어 모여 있는 경향을 관찰할 수 있다. 이때 이러한 값 또는 수치(numerical measures)를 자료 전체를 대표하는 중심화 또는 집중화경향치라 부르고 이러한 척도로는 흔히 평균(기대값)이 가장 많이 사용된다. 이는 확률변수 $X$의 모든 가능한 결과치 $x$에 각각의 확률값을 가중치로 하여 전부 합산해 준 가중평균치가 된다. 이때 어떤 임의의 확률변수에 대한 기대값을 표시하는 기호로는 $E(\cdot)$의 연산기호를 사용한다.

$$\text{평균(기대값)} = E(X) = \sum_i x_i P(X = x_i)$$

따라서 주사위 던지기의 경우 평균은 다음과 같이 계산된다.

$$E(X) = 1 \cdot \frac{1}{6} + 2 \cdot \frac{1}{6} + 3 \cdot \frac{1}{6} + 4 \cdot \frac{1}{6} + 5 \cdot \frac{1}{6} + 6 \cdot \frac{1}{6}$$
$$= 3.5$$

## 2. 분포도: 분산 또는 표준편차

앞에서 설명한 평균은 우리가 관찰하는 자료에 대한 분포의 중심이 어디에 위치하고 있는가를 보여주는 것이므로 자료의 특성을 설명해 주는 데는 부족함이 있다. 따라서 이러한 정보 이외에도 자료가 위의 평균값을 중심으로 얼마만큼 좁게 또는 넓게 분포되어 있는가를 아는 것도 중요하다. 이는 평균에 대한 신뢰성 정도뿐만 아니라 분포의 모양에 관한 정보를 제공해 주는데 이에 관한 대표적인 척도로는 분산이나 이의 제곱근인 표준편차가 많이 이용되고 있다.

이들은 모두 같은 정보를 제공해 주지만 앞서의 평균과 측정단위가 같다는 잇점 때문에 표준편차가 더 자주 이용된다. 즉, 측정하고자 하는 대상의 측정단위가 주가수익률일 때 평균과 표준편차의 계산결과는 모두 주가수익률이 되지만 분산의 경우에는 그 계산결과가 주가수익률의 제곱으로 표시된다.

물론 최대값과 최소값의 차이로 계산되는 범위(range)도 분포도를 측정해 주지만 그 사이에 분포되어 있는 값들이 어떻게 분포되어 있는가에 관한 정보는 제시해 주지 못한다. 따라서 분포도의 척도로 많이 이용되고 있는 분산(variance) 또는 표준편차는 각각의 관찰치들이 위의 중심화경향치인 기대값으로부터 평균적으로 얼마만큼 떨어져 있는가로 측정된다. 이를 위해 어떤 임의의 확률변수에 대한 분산을 $Var(\cdot)$의 기호로 표시하며 다음과 같이 계산한다. 즉, 각각의 관찰치가 기대값과 어느 정도의 거리를 유지하고 있는가 하는 차이(편차)의 제곱에 각각의 확률을 가중치로 하여 모두 합산해 준 가중평균으로 계산된다.

$$\text{분산} = Var(X) = \sum_i (x_i - E[X])^2 P(X = x_i)$$
$$= E(x_i - E[X])^2$$
$$= E(X^2) - [E(X)]^2$$

또한 기대값의 연산기호인 $E(\cdot)$를 이용하여 표시하면 이는 각각의 관찰치와 평균과의 차이에 대한 기대값이 되므로 위의 두 번째 식과 같이 표시되기도 한다. 그리고 두 번째 식에서 괄호 안의 식을 전개한 다음 기대값을 취하여 정리하면 세

번째 형태의 식이 된다.

따라서 위의 주사위 던지기의 경우 분산은 다음과 같이 계산된다.

$$Var(X) = \frac{1}{6}(1-3.5)^2 + \frac{1}{6}(2-3.5)^2 + \frac{1}{6}(3-3.5)^2 + \frac{1}{6}(4-3.5)^2 + \frac{1}{6}(5-3.5)^2 + \frac{1}{6}(6-3.5)^2 = 2.92$$

또한 표준편차(standard deviation)는 $\sigma_x$의 기호로 표시하며 정의에 따라 분산의 제곱근으로 계산되기 때문에

$$표준편차 = \sigma_x = \sqrt{2.92} = 1.71$$

가 된다

## 3. 비대칭도

평균이나 분산 이외에 분포의 모양에 관한 추가적인 정보를 제공해 주는 수치 또는 척도가 이제 설명할 비대칭도(measures of skewness)와 다음에 설명할 첨도(measures of kurtosis) 이다. 그러나 위에서 살펴본 바와 같이 정상적인 모양의 정규분포에 있어서는 위의 두 가지 수치(이를 두 가지 파라미터라고 부른다)인 평균

**그림 8-4 확률분포의 비대칭도**

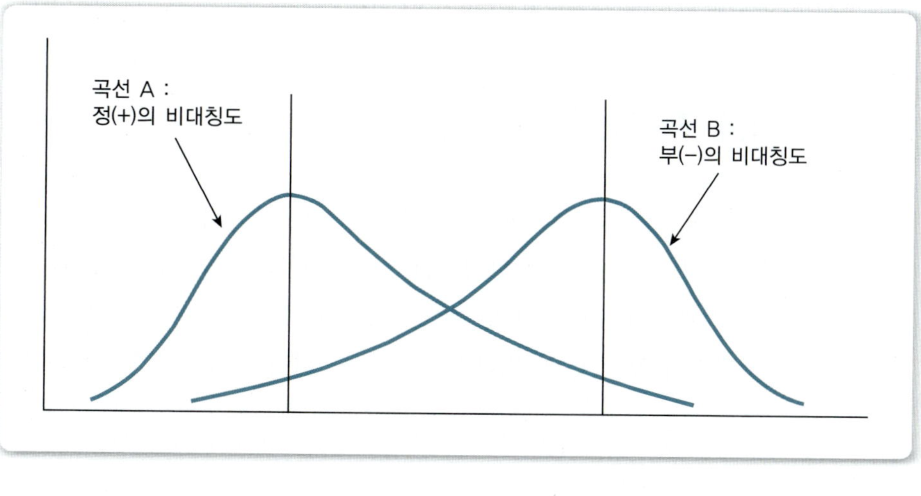

그림 8-5 첨 도

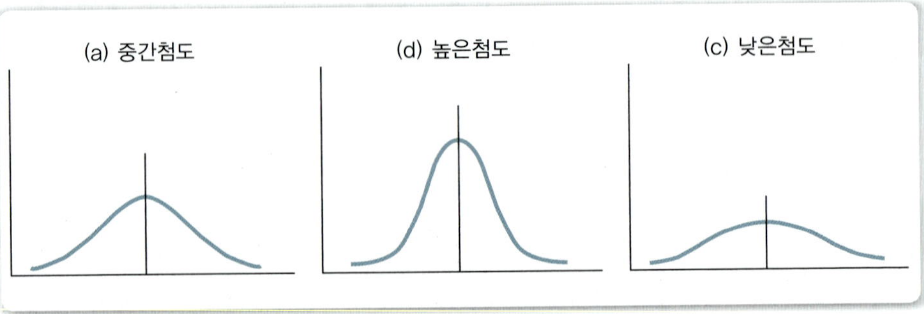


과 분산만으로 분포의 모양에 관한 정보를 완전히 설명할 수 있다. 정규분포 이외의 비정상분포의 모양을 설명하는 데는 두 가지 파라미터 이외에 추가적인 척도가 필요하게 된다. 따라서 여기서는 이에 관한 개념을 설명하고자 한다.

비대칭도는 [그림 8-4]와 같이 분포의 정점에서 밑으로 내려 그린 수직선을 중심으로 좌우가 대칭을 이루지 못하고 한쪽 방향으로 치우쳐 있는 경우를 말한다. 이처럼 분포가 좌 또는 우로 어느 정도 치우쳐 있는가를 측정해 주는 척도가 비대칭도이다.

### 4. 첨 도

이는 [그림 8-5]에서와 같이 분포의 모양이 정규분포에 비해 얼마만큼 뾰족하게 또는 낮게 되어 있는가를 측정해 주는 척도이다. 첨도는 높낮이에 따라 높은 첨도(leptokurtic), 보통첨도(mesokurtic), 낮은 첨도(platykurtic)[2]로 구분은 하고 있지만 분석에는 그다지 많이 사용되지 않는 개념이다.

## 1.4 확률변수의 관계

서로 다른 두 개의 확률변수를 $X$, $Y$라고 할 때 이들 두 변수 사이의 상호관계를 분석하는 통계적인 방법에는 상관분석과 회귀분석의 두 가지 방법이 있다.

상관분석은 단순히 두 개의 확률변수가 서로 독립적으로 변하는가 아니면 상호관련이 있는가, 또 있다면 어느 정도 밀접한 관련이 있는가를 분석하는 방법이

2) 여기서 lepto, meso, platy는 각각 영어의 slender, intermediate, broad or flat의 의미를 갖고 있다.

고, 회귀분석은 이들 두 변수 사이의 인과관계(causality)를 선형의 관계식으로 규정하여 이들 두 변수의 관계를 설명하려는 방법이다. 가령 IQ라는 확률변수($X$)와 성적이라는 확률변수($Y$)의 관계, 강우량($X$)과 농작물 수확량($Y$)과의 관계, 기업의 수익성($X$)과 주가수익률($Y$)과의 관계 등이 이러한 분석대상이 될 수 있다.

## 1. 상관분석

확률변수 $X$, $Y$의 상호관계를 측정하기 위한 통계적인 척도로는 공분산과 상관계수가 있다.

공분산은 $Cov(X,\ Y)$ 또는 $\sigma_{x,y}$의 기호로 표시되며 각각의 관찰치에서 평균을 차감한 값들을 서로 곱한 다음 두 관찰치가 동시에 일어날 확률(이를 결합확률이라고 한다)을 가중치로 곱해서 합산한 값이 된다. 즉,

$$\text{공분산} = Cov(X,\ Y) = \sum_i (x_i - E[X])(y_i - E[Y])P(X = x_i,\ Y = y_i)$$

가 되고 이를 기대치( · )의 연산기호를 사용하여 표시하면 각각의 평균과의 차이를 곱한 것의 기대값이 되므로 다음과 같이 표시된다. 또한 괄호 안의 식을 전개하여 기대값을 취하여 정리하면 두 번째 식의 형태가 된다.

$$\begin{aligned} Cov(X,\ Y) &= E[(x_i - E\{X\})\ (y_i - E\{Y\})] \\ &= E(XY) - E(X)E(Y) \end{aligned}$$

그러나 이러한 공분산의 척도는 관찰치의 측정단위(가령 ㎝인가 ㎞인가)가 무엇인가에 따라 공분산의 크기가 달리 계산되는 단점이 있다. 따라서 측정단위에 관계없이 일관성 있는 척도가 계산되도록 하기 위하여 위의 공분산을 각각의 표준편차로 나누어 줌으로써 표준화시킨 척도가 상관계수이다.

이러한 상관계수는 $Corr(X,\ Y)$ 또는 $\rho_{x,y}$ ( 'Rho' 라고 읽는다)의 기호로 표시되며 위의 정의에 따라 다음과 같이 계산된다.

$$Corr(X,\ Y) = \frac{Cov(X,\ Y)}{\sqrt{Var(X)} \times \sqrt{Var(Y)}}$$

또한 이처럼 표준화시킨 상관계수의 크기는 측정단위에 관계없이 항상 $-1 \leq \rho \leq 1$의 값을 갖게 되며 크기에 따른 각각의 의미를 보면 [그림 8-6]과 같다.

그림 8-6 상관계수

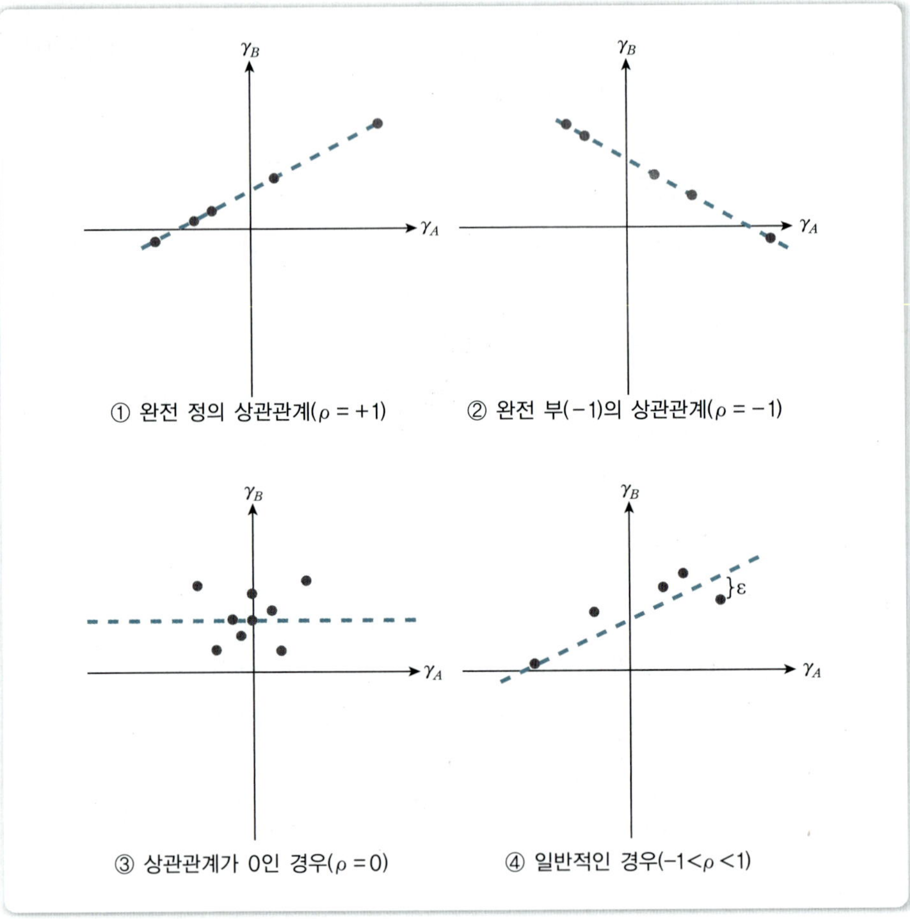


① 완전 정의 상관관계: 추정된 직선의 기울기가 (+)이고 모든 점들이 직선상에 존재하는 경우

② 완전 부의 상관관계: 추정된 직선의 기울기가 (−)이고 모든 점들이 직선상에 존재하는 경우

③ 상관관계가 0인 경우: 추정된 직선의 기울기가 0이고 점들이 흩어져 분포되어 있어 상관관계를 발견할 수 없는 경우

④ $-1 < \rho < 1$의 일반적인 경우: 점들이 추정된 직선을 중심으로 직선 가까이에 밀집되어 분포될수록 높은 상관관계(기울기에 따라 1 또는 −1)을 보임. 특히 이것은 뒤에 설명하게 될 포트폴리오 투자분석 때 위험감소효과와 관련하여 중요한 의미를 갖게 된다.

## 2. 회귀분석

이번에는 두 개의 확률변수가 상관관계가 있을뿐더러 인과관계(즉 어느 것이 원인변수이고 결과변수인가)까지 알고 있을 경우 이들 두 변수 사이의 관계를 선형의 관계식으로 추정하여 설명하려는 방법이다.

즉 원인변수를 $X$, 결과변수를 $Y$라고 하면 다음과 같은 직선의 관계식으로부터 $X$값이 주어질 경우 그에 상응하는 $Y$값의 결과를 얻어내는 방법이다.

$$\tilde{Y} = a + b\tilde{X} + \tilde{e}$$

따라서 관건은 그림에서처럼 $X-Y$평면상에 $X$, $Y$ 실제값들의 분포를 보여주는 산포도(scatter diagram)를 그렸을 때 이들 두 변수 사이의 관계를 가장 잘 설명해 주는 직선의 식을 추정하여야 한다. 이를 위해서는 보통 추정하고자 하는 회귀직선의 식에 의해 예측된 값($\hat{Y}$)과 실제의 값($Y$) 사이의 차이를 최소화시킬 수 있는 이른바 최소자승법(OLS: ordinary least squares method)에 의한 추정방식이 적용된다.

이러한 OLS에 의한 회귀직선의 추정과정은 다음과 같이 요약된다.

먼저 산포도상의 $X-Y$관계를 가장 잘 보여 줄 수 있는 직선의 식은 목측(eye fitting)에 의해서는 무수히 많이 그려질 수 있을 것이다. 그러나 좀 더 정확히 분석을 하자면 이러한 직선들 중에서 $X-Y$평면상에 있는 점들과의 거리를 최소로 하면서 통과하는 직선은 오직 하나가 존재할 것이다. OLS추정방식은 바로 이러한

**그림 8-7 회귀직선의 식 추정**

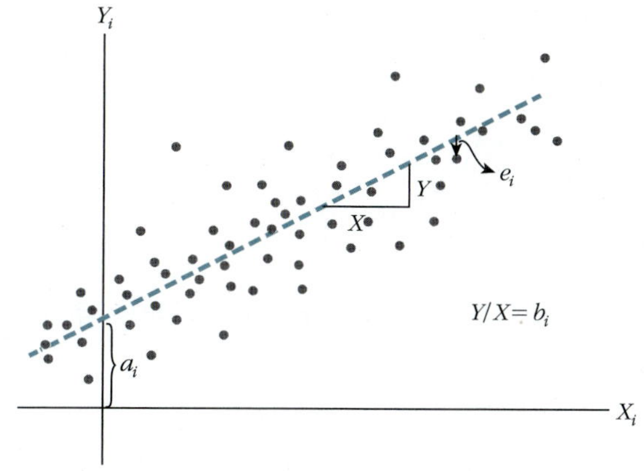

직선의 절편($a$)과 기울기계수($b$)를 구하기 위한 방법으로서 다음과 같은 두 가지 방식으로 추정된다.

### (1) 2차식의 최적화과정

실제의 값($Y_i$)과 회귀직선에 의한 추정치($\hat{Y}_i$) 사이의 거리, 즉 잔차의 제곱($e_i^2$)에 대한 합을 최소화하기 위한 다음의 최적화과정에 의한 결정방법이다. 즉,

$$\underset{a,b}{Min} \sum_{i=1}^{n} e_i^2 = \sum_i (Y_i - \hat{Y}_i)^2 = \sum_i (Y_i - a - bX_i)^2 \equiv S$$

로 놓은 다음 이를 만족하는 1차 조건으로부터

$$\partial S / \partial a = \sum 2(-1)(Y_i - a - bX_i) = 0$$
$$\partial S / \partial b = \sum 2(-X_i)(Y_i - a - bX_i) = 0$$

의 관계가 얻어진다. 이를 정리하면,

$$\sum Y_i = na + b\sum X_i$$
$$\sum X_i Y_i = a\sum X_i + a\sum X_i^2$$

의 관계가 얻어진다. 이로부터

$$b = \frac{n\sum X_i Y_i - (\sum X_i)(\sum Y_i)}{n\sum X_i^2 - (\sum X_i)^2}$$
$$a = \overline{Y_i} - b\overline{X_i}$$

그런데 계산을 보다 간편히 하기 위해서는 $Y_i$와 $X_i$값 대신 평균과의 차이, 즉 편차의 형태로 표시하면

$$b = \frac{\sum (X_i - \overline{X_i})(Y_i - \overline{Y_i})}{\sum (X_i - \overline{X_i})^2}$$

가 되고 다시 분모, 분자를 $n-1$로 나누어 주게 되면, 공분산과 분산의 정의에 따라

$$b = \frac{Cov(X_i,\ Y_i)}{Var(X_i)}$$

이 된다.

### (2) 공분산기법

독립변수와는 상관관계가 높고 잔차항과는 독립적인 관계에 있는 임의의 어떤 변수(instrumental variable)를 선택하여 위식의 양변에 있는 변수들과의 공분산을 취하는 방법이 있다.

즉, 한 예로 독립변수($X_i$) 그 자체를 도구변수로 사용하여 양변에 이 변수와의 공분산을 취하면

$$\begin{aligned} Cov(X_i,\ Y_i) &= Cov(a + bX_i + \tilde{e}_i,\ X_i) \\ &= Cov(bX_i,\ X_i) + Cov(\tilde{e}_i,\ X_i) \end{aligned}$$

여기서 $Cov(X_i,\ X_i) = Var(X_i)$이고 통계적인 가정에 의해 독립변수($X_i$)와 전차항($e_i$)은 독립적이므로 $Cov(e_i,\ X_i) = 0$이 된다. 따라서 위의 관계식은

$$Cov(X_i,\ Y_i) = bVar(X_i)$$

이 되어 구하고자 하는 기울기 계수는

$$b = \frac{Cov(X_i,\ Y_i)}{Var(X_i)}$$

가 된다.

또한 절편의 계수는 식의 양변에 기대값을 취하고 정리하면

$$a = E(Y_i) - bE(X_i) = \overline{Y_i} - b\overline{X_i}$$

가 관계로부터 얻어진다.

이에 따른 회귀직선의 구체적인 적용 예로서는 본 장의 제2절에 있는 증권특성선의 추정과정에서 설명하고자 한다.

### 3. 확률변수의 평균, 분산에 관한 연산법칙

여기서는 확률변수를 변환시킬 때 새로운 확률변수에 대한 기대값(평균)와 분산을 계산하고자 할 경우에 적용되는 몇 가지 기본 법칙을 소개하고자 한다.

① $X$를 확률변수, $a$를 임의의 상수라고 하면

$$E(aX) = aE(X),\ E(X + a) = E(X) + a$$

② 두 개의 확률변수 $X$, $Y$의 합에 대한 기대값은 각각의 기대값을 합한 것과 같다.

$$E(X + Y) = E(X) + E(Y)$$

③ 확률변수 $X$에 임의상수 $a$를 더한 값에 대한 분산은 확률변수 $X$의 분산과 같다.

$$Var(X + a) = Var(X)$$

④ 확률변수 X에 임의의 상수 a를 곱한 값의 분산은 상수의 제곱에 확률변수의 분산을 곱해준 것과 같다.

$$Var(aX) = a^2 Var(X)$$

## 제 2 절 투자선택의 대상

불확실한 상황하에서 이루어지는 모든 투자행위에는 기본적으로 두 가지 주요 특성, 즉 기대수익률과 위험이 존재하게 된다. 따라서 어떤 자산에 대한 투자분석을 하기 위해서는 우선 이러한 두 가지 특성을 확인하고 그것들을 어떻게 측정 또는 계산할 것인가를 결정하여야 한다. 여기서는 이에 대한 기초적인 개념들을 분석하기로 한다.

## 2.1 투자수익

투자에 따라 예상되는 현금흐름은 이자, 배당, 자본이득(또는 손실) 등 여러 가지 형태를 취하게 되며 그 크기를 확실히 알 수는 없다. 따라서 불확실성하에서 투자자들은 자신의 투자행위에 따라 실현될 미래의 현금흐름이 미래에 실현될 여러 가지 상태에 따라 어떻게 나타날 것인가를 보여주는 확률분포를 고려하여야 한다. 이러한 미래의 현금흐름에 관한 확률분포가 추정되면 이를 대표하는 평균 또는 기대값을 투자에 따른 수익으로 간주하게 된다. 이와 같은 확률분포의 기대값 또는 평균은 각 상태별로 예상되는 현금흐름과 그에 대응하는 확률값을 곱하여 합해 주면 된다.

$$E(\tilde{C}_{t+1}) = \sum_{t=1}^{n} \tilde{C}_{t+1,s} \cdot P_s$$

단, : $E(\tilde{C}_{t+1})$ : $t+1$시점에서 현금흐름의 기대치

$\tilde{C}_{t+1,s}$ : $t+1$시점에서 상태 $s$가 발생할 경우 실현되는 현금흐름

$P_s$ : 상태 $s$가 일어날 확률

한편, 이러한 현금흐름에 의한 투자수익(return on investments)은 보통 수익률(rates of returns)의 형태로 표시되어 비교되는 것이 일반적인데 투자수익률의 계산방법에는 다음과 같이 세 가지가 있다.

### 1. 보유기간수익률

가령 투자자가 $t$시점에서 어떤 자산을 매입하고 $t+1$시점까지 보유한다면 이 기간 중에 이 투자자가 실현하게 될 보유기간수익률(holding period return: HPR)은

$$\tilde{R}_{t+1} = \frac{\tilde{C}_{t+1} - C_t}{C_t} = \frac{\tilde{C}_{t+1}}{C_t} - 1$$

이 된다.

여기에서 $\tilde{C}_{t+1}$은 $t$기간 말에 실현될 현금흐름으로서 보통주나 우선주의 경우에는 배당($d_{t+1}$)과 $t+1$시점에 있어서 주식의 종가($P_{t+1}$)의 합이 되고, 채권투자의 경우에는 표면이자($C_{t+1}$)와 채권의 종가($P_{t+1}$)의 합이 된다. 또한 $C_t$는 $t$시점에서의 주식, 채권의 매입가격이 된다. 따라서 주식 또는 채권투자에 따른 단일기간의 보

유기간수익률은 각각 다음과 같이 계산된다.

$$\text{주식}: R_{t+1} = \frac{d_{t+1} + P_{t+1} - P_t}{P_t}$$

단, $R_{t+1}$ : $t$에서 $t+1$시점까지의 보유기간 수익률
$d_{t+1}$ : $t$에서 $t+1$시점에서 지급되는 배당
$P_{t+1}$ : $t+1$시점에서의 주가
$P_t$ : $t$시점에서의 주가

$$\text{채권}: R_{t+1} = \frac{c_{t+1} + P_{t+1} - P_t}{P_t}$$

단, $c_{t+1}$ : $t$에서 $t+1$시점에서 지급되는 이자
$P_{t+1}$ : $t+1$시점에서의 채권가격
$P_t$ : $t$시점에서의 채권가격

## 2. 산술평균 · 기하평균수익률

앞의 단일기간에 대한 수익률은 다기간의 수익률(multi-period rates of return)로 쉽게 확장될 수 있다. 가령 주식을 1년 동안 보유함으로써 얻어지는 수익률은 연속되는 12개월의 월간수익률(monthly return)들의 곱으로도 볼 수 있을 것이다.

일반적으로 최초에 투자된 현금흐름을 $C_0$, 최종적으로 실현되는 현금흐름을 $C_T$라고 하면 $C_0$와 $C_T$는

$$C_T = C_0(1+R_1)(1+R_2) + \cdots + (1+R_T) = C_0(1+R_G)^T$$

단, $R_1, R_2, \cdots, R_T$ : 각 기간별 수익률
$R_G$ : $t$기간 동안 평균수익률

의 관계가 성립하게 되어 각 기간별 수익률로부터 실현될 평균수익률 $R_G$는 다음과 같이 계산된다. 여기서 $R_G$를 기간별 수익률의 기하평균(geometric mean) 이라고 한다.

$$\begin{aligned} R_G &= \sqrt[T]{C_T/C_0} - 1 \\ &= \sqrt[T]{(1+R_1)(1+R_2)\cdots(1+R_T)} - 1 \end{aligned}$$

**표 8-1 주식의 월별종가 및 수익률**

| 월 | 종가(원) | 월간수익률(%) |
|---|---|---|
| 2012. 1 | 10,000 | |
| 2012. 2 | 8,000 | -20 |
| 2012. 3 | 11,200 | 40 |
| 2012. 4 | 10,000 | -10.71 |

한편, 평균수익률은 편의상 기간별 수익률의 산술평균(arithmetic mean)으로 표시할 수도 있는데 이의 계산은 다음과 같이 된다. 이는 엄격한 의미에서 $T$기간의 평균수익률로 보기는 어렵다.

$$R_A = \frac{R_1 + R_2 + \cdots + R_T}{T}$$

〈표 8-1〉은 이러한 방법에 의해 계산된 어떤 주식의 월간수익률을 예시한 것이다.

$$\text{산술평균수익률}(R_A) = \frac{-0.2 + 0.4 - 0.1071}{3} = 3.1\%$$

$$\text{기하평균수익률}(R_G) = \sqrt[3]{(1-0.2)(1+0.4)(1-0.1071)} - 1 = 0\%$$

한편, 위의 수익률 공식에서 $d_{t+1}$, $P_{t+1}$, $C_{t+1}$ 등에 관한 불확실성의 존재는 수익률 $R$의 불확실성을 가져온다. 이 경우 수익률이 각 상태별로 계산되고 각 상태가 발생할 확률을 알 수 있다면 평균적으로 예상되는 기대수익률은 다음과 같이 계산할 수 있다.

$$E(R_i) = \sum_{s=1}^{n} p_s R_s$$

단, $E(R_i)$ : $i$자산의 기대수익률
$R_s$ : $s$상태에서의 $i$자산의 수익률
$p_s$ : $s$상태가 발생할 확률
$n$ : 가능한 상태의 수

[그림 8-8]은 이러한 관계를 이용, 특정 주식에 투자했을 경우를 가상하여 투자자가 평균적으로 얻을 수 있는 수익률을 계산한 것이다.

**그림 8-8** 주식투자 수익률 곡선

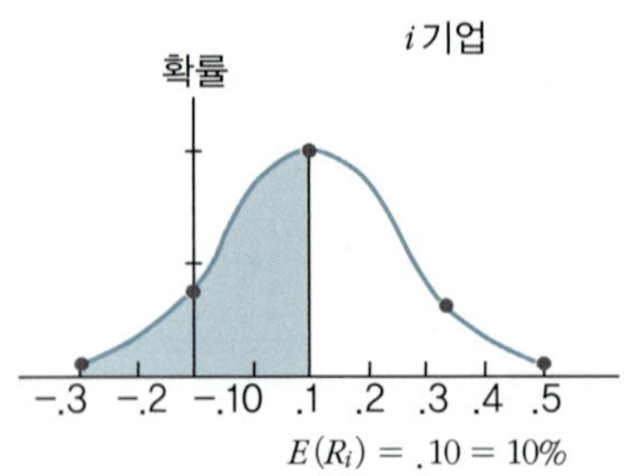


| $S$ | $P_s$ | $R_s$ |
|---|---|---|
| 1 | .1 | .5 = 50% |
| 2 | .2 | .3 = 30% |
| 3 | .4 | .1 = 10% |
| 4 | .2 | −.1 = −10% |
| 5 | .1 | −.3 = −30% |
| | 1.0 | |

$$E(R_i) = \sum_{s=1}^{5} PsRs = .10 = 10\%$$

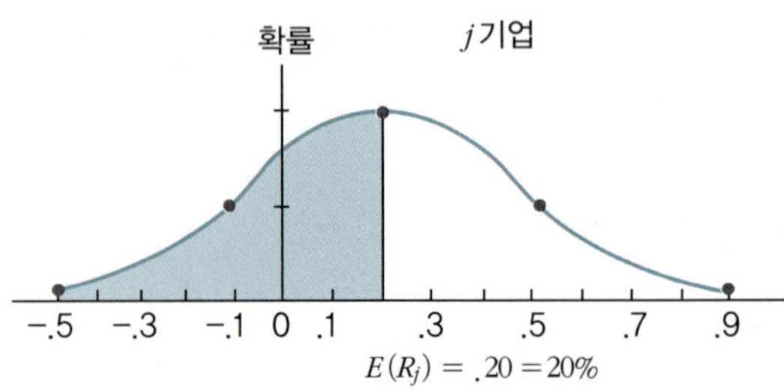


| $S$ | $P_s$ | $R_s$ |
|---|---|---|
| 1 | .1 | .9 = 90% |
| 2 | 2.5 | .5 = 50% |
| 3 | .3 | .2 = 20% |
| 4 | .25 | −.1 = −10% |
| 5 | .1 | −.5 = −50% |
| | 1.0 | |

$$E(R_j) = \sum_{s=1}^{5} PsRs = .20 = 20\%$$

## 2.2 투자위험

앞 절에서는 투자에 따른 수익률의 확률분포로부터 평균수익률 또는 기대수익률의 계산방법을 설명하였다. 여기서는 먼저 투자위험(risk in investment)의 정의와 그 측정방법을 설명한 다음 이러한 위험의 원천이 어디에서 오는가를 설명한다. 이어 투자자산의 총위험을 비체계적 위험과 체계적 위험으로 구분하고 각각에 대하여 설명한다.

### 1. 위험의 정의 및 측정

많은 사람들은 위험에 관하여 논할 때 사전적 정의(diytionary definition) 에 따라 "손실 또는 재난의 가능성"이라고 이야기하는 경우가 많다. 그러나 투자이론에서 사용되는 위험은 실제로 실현되는 수익률과 평균적으로 기대했던 수익률과의 차이로 정의된다. 따라서 평균 미만의 가능성뿐만 아니라 평균이상의 가능성도 위험으로 간주되며 실현되는 수익률이 기대수익률과 항상 일치할 경우에만 그 자

그림 8-9 수익률의 확률분포

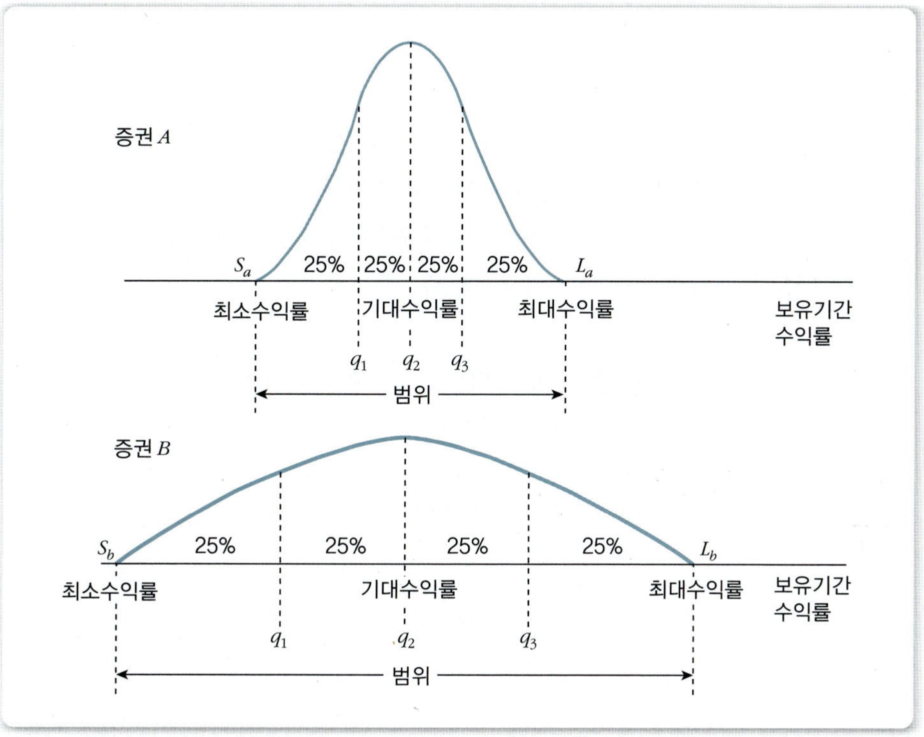


산은 위험이 없는 투자가 된다.

[그림 8-9]는 2개의 증권 $A$, $B$에 대해 보유기간수익률의 가상적인 확률분포를 표시한 것이다. 여기서 기대수익률은 $A$, $B$ 두 증권이 동일하지만 동일하다고 볼 수 없다. 즉, 증권 $B$의 수익률이 $A$의 경우보다 평균을 중심으로 더 넓게 분포되어 있음을 알 수 있다. 이때 투자자들의 상대적인 위험의 정도에 관하여 보다 정확한 표현을 하려면 위험의 계량적인 측정이 필요하게 된다. 따라서 수익률의 측정도 중요하지만 수익생성과 관련하여 발생하는 불확실성 또는 위험을 정확히 측정하는 것 또한 투자분석에서 매우 중요하다.

이러한 위험을 측정하는 통계적 척도로는 여러 가지 방법이 있을 수 있다. 그러나 수익률의 분포가 유한분산을 갖는 종모양의 대칭분포, 즉 정규분포(normal distribution)에 의해 설명될 수 있다는 가정 하에 수익률의 분산(variance) 또는 분산의 제곱근인 표준편차(standard deviations)가 수익률의 위험 또는 불확실성을 대변(proxy)하는 척도로 가장 많이 이용된다.[3] 이에 여기서는 표준편차 또는 분산

3) 이 외에도 반분산(semi-variance), 범위, 비대칭도(skewness) 등이 위험의 척도로 쓰인다.

의 계산방법과 포트폴리오 분석, 특히 포트폴리오의 위험분석에서 중요한 의미를 갖는 공분산의 측정과 그 의미를 살펴보기로 한다.

### (1) 분산 또는 표준편차

투자위험을 기대값(평균)과 실제결과 사이의 평균적인 차이로서 보통 통계적인 분산 또는 표준편차에 의해 측정된다.

이는 실제의 수익률들과 평균수익률의 차이(deviations)를 제곱한 다음 확률을 가중치로 평균한 값과 같다. 즉

$$\sigma_j^2 = \sum_{i=1}^{n} p_i [R_i - E(R_i)]^2 = E(R_i^2) - [E(R_i)]^2$$

단, $\sigma_j^2$ : 자산 $j$의 분산

$p_i$ : 각각의 수익률이 발생할 확률

$R_i$ : 실현가능한 수익률

$E(R_j)$ : 자산 $j$의 기대수익률

$\sigma_j$ : 자산 $j$의 표준편차

실제에 있어서 위험의 적절한 척도로서 이러한 분산(또는 표준편차)의 사용에 대한 이론적 정당성은 정규분포에만 한정되는 것은 아니다. 수익률의 분포가 유한분산을 갖는 대칭분포이거나 투자자의 위험회피가 2차형 효용함수로 표시될 수 있는 한 분산 또는 표준편차가 여전히 위험의 적절한 척도로 활용될 수 있다.[4)]

〈표 8-2〉는 이러한 정의에 따라 수익률의 분산을 계산하는 과정을 예시한 것이다.

계산결과 증권 A의 분산(표준편차)이 증권 B의 분산(표준편차)보다 크기 때문에 증권 A의 위험이 증권 B의 위험보다 크다고 말할 수 있다. 즉, 증권 A의 수익률분포가 증권 B의 경우보다 평균수익률을 중심으로 보다 넓게 분포되어 있다고 할 수 있다.

4) 실제로 파마(Fama)는 보통주의 월간수익률은 정규분포에 가깝다는 실증적 증거를 제시하였다. 2차형 효용함수에 대해서는 후술한다.

**표 8-2 수익률분산의 예**

증권 A

| 수익률($R_i$) | 확률($p_i$) | $\tilde{R}_i^2$ | $\tilde{R}_i^2 \times p_i$ | $\tilde{R}_i \times p_i$ |
|---|---|---|---|---|
| 0.25 | 0.10 | 0.0625 | 0.00625 | 0.025 |
| 0.11 | 0.20 | 0.0121 | 0.00242 | 0.022 |
| 0.02 | 0.35 | 0.0004 | 0.00014 | 0.007 |
| −0.04 | 0.20 | 0.0016 | 0.00032 | −0.008 |
| −0.16 | 0.15 | 0.0256 | 0.00384 | −0.024 |

$E(\tilde{R}^2) = 0.01297$

$E(\tilde{R}) = 0.022$

$\sigma^2(\tilde{R}) = E(\tilde{R}^2) - [E(R)]^2 = 0.01249$

$\sigma(\tilde{R}) = 0.1118$

증권 B

| 수익률($R_i$) | 확률($p_i$) | $\tilde{R}_i^2$ | $\tilde{R}_i^2 \times p_i$ | $\tilde{R}_i \times p_i$ |
|---|---|---|---|---|
| 0.25 | 0.10 | 0.0025 | 0.00025 | 0.005 |
| 0.02 | 0.80 | 0.0004 | 0.00032 | 0.016 |
| −0.10 | 0.10 | 0.0100 | 0.00100 | −0.010 |

$E(\tilde{R}^2) = 0.00157$

$E(\tilde{R}) = 0.011$

$\sigma^2(\tilde{R}) = E(\tilde{R}^2) - [E(R)]^2 = 0.00145$

$\sigma(\tilde{R}) = 0.038$

### (2) 공분산

공분산(covariance)은 임의의 두 개의 확률변수가 있을 때 이들 두 변수가 어느 정도 선형관계(linear dependence)를 갖고 함께 또는 반대방향으로 움직이는가를 측정하는 척도이다. 이는 두 개의 변수, 가령 확률변수인 두 주식의 수익률들의 변화가 독립적이라면 공분산은 0이며 같은 방향으로 움직이면 공분산은 정(+)의 값을 갖고 반대방향으로 움직이면 공분산은 부(−)의 값을 갖게 된다.

이러한 척도는 여러 증권으로 구성되는 포트폴리오의 위험에 절대적인 영향을 미치기 때문에 포트폴리오분석에서 매우 중요한 의미를 갖는다. 공분산은 통계적으로 다음과 같이 계산된다.

표 8-3 공분산의 계산 예

| 연도 | $R_{1i}$ | $(R_{1i}-\bar{R}_1)$ | $R_{2i}$ | $(R_{2i}-\bar{R}_2)$ | $(R_{1i}-\bar{R}_1)\times(R_{2i}-\bar{R}_2)$ | $R_p$ (동일 가중치) |
|---|---|---|---|---|---|---|
| 1 | 5 | −10 | 25 | 10 | −100 | (5+25)/2=15 |
| 2 | 15 | 0 | 15 | 0 | 0 | (15+15)/2=15 |
| 3 | 25 | 10 | 5 | −10 | −100 | (25+5)/2=15 |
| | $E(R_1)=15$ | | $E(R_2)=15$ | | −200 | $E(R_p)=15$ |

$$\text{공분산 } \sigma_{12}=Cov(R_1,\ R_2)=\sum_{i=1}^{n}\frac{(R_{1i}-\bar{R}_1)(R_{2i}-\bar{R}_2)}{n}=\frac{-200}{3}=-67$$

$$\text{상관계수 } \rho_{12}=\frac{Cov(R_1,\ R_2)}{\sigma_1\cdot\sigma_2}=\frac{-67}{8.2\times 8.2}=-1$$

$$\begin{aligned}\sigma_{12}&=E[\tilde{R}_1-E(R_1)][\tilde{R}_2-E(R_2)]\\&=\sum_{i=1}^{n}p_i[R_{1i}-E(R_1)][\tilde{R}_{2i}-E(R_2)]\end{aligned}$$

단, $\sigma_{12}$ : 1증권과 2증권의 공분산
$\tilde{R}_1$ : 1증권의 수익률(확률변수)
$\tilde{R}_2$ : 2증권의 수익률(확률변수)
$p_i$ : $i$ 상태가 나타날 확률
$R_{1i}$ : 1증권의 $i$ 상태에서의 수익률
$R_{2i}$ : 2증권의 $i$ 상태에서의 수익률
$E(R_1)$ : 1증권의 기대수익률
$E(R_2)$ : 2증권의 기대수익률

〈표 8-3〉은 이러한 관계식에 따라 공분산을 계산하는 과정을 예시한 것이다.

위의 계산과정에서 공분산은 분산과 마찬가지로 %의 제곱으로 표시되기 때문에 해석이 용이하지가 않다. 따라서 해석을 용이하게 하기 위해서는 공분산을 표준화하는 것이 유용할 것이다. 즉 공분산을 두 증권의 각각의 표준편차의 곱으로 나누어줌으로써 상관계수라는 표준화된 척도가 얻어지며, 이는 앞서 설명된 공분산의 성질과 같으나 단지 그 값의 크기가 $-1\leq\rho_{12}\leq 1$의 범위에서 결정된다는 점이 다르다.

이 예에서 상관계수는 −1에 접근할수록 포트폴리오를 구성할 경우 위험분산 능력(risk-reducing potential)이 커지게 된다.

여기서 한 예로 1증권과 2증권에 동일한 투자가중치를 적용(동일금액 투자)할 경우 포트폴리오 수익률은 어떠한 분포를 갖는가 보자. 〈표 8-3〉에서 보는 바와 같이 두 개의 증권을 동일한 가중치로 결합하여 포트폴리오를 구성함으로써 수익률은 매 기간 일정함(15%)을 알 수 있다. 다시 말해서 이러한 증권들을 결합함으로써 수익률은 어느 기간이건 같은 수준을 유지하여 위험이 완전히 제거되었다. 따라서 개별증권 그 자체만 볼 때는 위험이 존재하지만 다른 증권과 결합될 때는 위험이 크게 감소될 수 있다. 이처럼 증권 상호간의 상관계수가 포트폴리오의 위험에 어떠한 영향을 주게 되는가에 관하여는 다음 장의 포트폴리오분석에서 상세히 다루기로 한다.

## 2. 위험의 원천

투자에 따른 현금흐름의 불확실성은 수익률의 불확실성을 가져온다. 따라서 투자수익률의 위험은 현금흐름의 변화가 어떠한 요인들에 의해 영향을 받는가를 살펴봄으로써 그 원인을 찾아볼 수 있다. 이에 대하여 여러 가지 요인들을 생각해 볼 수 있지만 여기서는 일반적으로 중요하게 인식되는 네 가지 주요 원인에 대해서 살펴보기로 한다.

### (1) 이자율위험

이는 예상치 못한 이자율 변화에 따라 야기되는 수익률의 변동성(variability)을 의미한다. 이자율 변화는 모든 증권에 직접적으로 영향을 주고 대부분 모든 증권에 같은 영향을 미친다. 이는 증권의 가치가 증권의 현금흐름의 현재가치가 된다고 볼 수 있기 때문이다. 여기서 시장이자율은 현재가치계산과정에서 할인율의 중요 요소이기 때문에 모든 증권의 가격은 이자율변화와 역관계를 유지하면서 변동하게 된다. 이 경우 장기증권이 단기증권보다 이자율 변화에 대해서 더 큰 가격변동을 보이게 된다. 이는 제6장 채권의 가격변동성에서 이미 자세히 다룬 바 있다.

### (2) 구매력위험

이는 인플레이션으로 인해 생기는 구매력 감소의 위험을 의미한다. 일반적으로 명목수익률은 실질수익률과 투자기간 중 예상되는 인플레이션 프리미엄에 의해 구성된다. 즉, 명목수익률과 실질수익률 사이에는 다음의 관계가 성립하게 된다.

$$X_t = \frac{1 + r_t}{1 + (\Delta P/P)_t} - 1$$
$$\cong r_t - (\Delta P/P)_t$$

단, $X_t$ : 실질수익률
$r_t$ : 명목수익률
$(\Delta P/P)_t$ : 가격변화율

일반적으로 인플레이션율은 시간에 따라 변하는데 투자자들은 이와 같은 인플레이션율의 변화를 항상 예상할 수 있는 것은 아니다. 그 결과 증권의 실현된 수익률에는 예상치 못한 인플레이션이라는 추가적 요인이 존재할 수 있다.

한편, 증권의 기대수익률은 다음 공식에 의해 계산된다.

$$\text{증권의 기대수익률} = \frac{\text{보유기간중 현금흐름} + (P_1 - P_0)}{P_0}$$

여기서 증권의 기대수익률은 명목수익률을 나타내며, 인플레이션이 일어나면 실질수익률은 변하지 않고 명목수익률만 변하게 된다. 즉 채권과 같이 소득이 고정되어 있는 투자대상의 경우 인플레이션이 일어나도 명목수익률이 고정되어 있다면 결과적으로 실질수익률은 감소되는 것이다. 이와 같이 인플레이션이 예상될 경우 실질수익률의 감소가 보상되도록 조정될 수 있는 유일한 방법은 시장에서 증권의 가격이 하락을 함으로써 명목수익률이 상승하는 경우이다. 증권의 가격하락은 앞의 식에서 분자는 일정하므로 분모가 감소되어 기대수익률의 상승을 가져오게 되기 때문이다. 인플레이션율의 예상치 못한 감소의 경우에도 분모의 가격상승을 통해 수익률 감소를 가져오게 된다. 따라서 인플레이션이 일어나면 고정금리부 유가증권의 가격은 큰 폭으로 움직이는 것이 보통이다.

반면, 보통주와 같이 현금흐름에 탄력성이 있는 경우에는 예상치 못한 인플레이션을 보상하기 위해 가격이 크게 조정되지는 않는다. 주식의 경우 분자인 현금흐름 항이 인플레이션율을 상쇄시킬 수 있기 때문이다. 물론 이 경우 현금흐름의 증가는 제품의 가격조정능력이나 수익성을 향상시키기 위한 비용의 고정화 등이 전제된다.

여기서 인플레이션이 금융자산의 구매력에 미치는 영향을 분석하기 위하여 2006년 1월 1일에 연리 3%의 복리로 1,000,000원의 예금을 하고 2010년 12월 31일에 원리금을 찾는 투자자의 경우를 예로 들어보자. 이 투자자가 2010년 말에 받게

**표 8-4 소비자 물가지수** (2010 = 100)

| 연도 | 소비자물가지수(CPI) | 상대가격 |
|---|---|---|
| 2005 | 86.14 | 1.16 |
| 2006 | 88.07 | 1.14 |
| 2007 | 90.30 | 1.11 |
| 2008 | 94.52 | 1.06 |
| 2009 | 97.13 | 1.03 |
| 2010 | 100.00 | 1.00 |
| 2011 | 104.00 | 0.96 |

자료: 통계청, 2012.

되는 원리금 합계액은 $1,000,000 \times (1.03)^5 = 1,159,274$원이 될 것이다. 그러나 〈표 8-4〉의 소비자 물가지수에 의하면 2010년 말 1원의 가치는 2006년의 구매력으로 환산하면 0.86원임을 알 수 있다. 따라서 2010년 말에 소비하게 될 1,159,274원은 2006년 1월 1일에 소비할 수 있었던 1,000,000원의 구매력을 가지 못하게 된다. 즉,

$$\text{2006년 초의 구매력} = 1,159,274 \times 0.86$$
$$= 996,976 < 1,000,000$$

결국 이러한 저축구좌(savings account)를 가지고 있는 투자자는 2006년 초의 구매력을 기준으로 할 때 3,024원의 구매력 손실을 보게 되는데, 이는 연간 이자율 3%는 이 기간 중에 실질적인 구매력을 충분히 유지하는데 불충분하다는 것을 뜻한다. 따라서 이 경우 이자율은 인플레이션에 맞게 높게 조정이 되어야 한다.

### (3) 영업위험

영업위험은 기업의 특성에 의해 야기되는 영업현금흐름의 불확실성으로 정의된다. 이와 같은 영업위험은 기업이 얻게 되는 영업이익의 분포에 의해 측정될 수 있다. 즉, 영업이익의 변동성이 클수록 영업위험은 크고 작을수록 영업위험은 작다. 증권을 평가할 때 영업위험을 하나의 주요 요인으로 포함시키는 것은 영업이익이 투자자들이 기대하는 현금흐름에 직접 영향을 미치기 때문이다. 실제로 영업이익이 불안하게 나타날 때 보통주의 경우 자본손실을 가져올 수 있으며 극단

적인 경우에는 도산에 의해 모두 손실을 볼 수도 있다. 한편, 채권의 경우는 영업위험의 존재가 기업의 이자지급능력에 나쁜 영향을 줄 수 있어 영업이익의 변동성이 크게 되면 채무불이행의 가능성이 나타난다.

기업의 영업위험의 본질은 다음 예에서 찾아볼 수 있다. 예를 들어 어떤 기업이 경쟁적인 시장에서 한 가지 제품만을 생산하고 있으며, 이 제품의 가격이 단위당 10원이고 단위당 변동비(variable cost)가 6원이며 고정비용으로 1,000만원이 투하되어 있다고 하자. 이 경우 이 기업의 영업이익은 판매량에 따라 달라지며 판매량은 현재 확실히 알 수 없으며 확률분포를 가지고 변하게 된다. 이 경우 판매량이 250만 단위를 넘지 않으면 기업은 손실을 보게 되며, 250만 단위를 능가하게 되면 정(+)의 영업이익을 얻게 된다. 이와 같이 기업의 영업활동과 관련된 위험은 판매량의 불확실성에 기인한 것이며 따라서 판매량의 분산이 곧 기업의 영업위험의 크기를 결정하게 된다. 이 예에서 영업이익은 다음 식으로 표현된다.

$$\text{영업이익} = 4\overline{Q} - 1{,}000\text{만원}$$

단, $\overline{Q}$ : 판매량

이때 영업이익의 분산, 즉 영업위험은 다음 식으로 표시된다.

$$\text{영업위험} = 16\sigma^2(\overline{Q})$$

이러한 영업위험의 척도로는 영업레버리지도(degree of operating leverage: DOL)가 사용된다.[5)]

규모가 작고 고정비부담이 커서 영업레버리지가 크고 경기순환에 매우 민감한 기업들은 영업위험이 큰 것이 보통이다. 그러나 규모가 크고 이익이 안정적인 패턴을 보이는 기업들은 영업위험이 낮다. 따라서 전자의 경우에 더 많은 위험보상이 이루어진다.

### (4) 재무위험

재무위험은 기업의 자금조달에 있어서 부채를 사용함으로써 생기는 위험으로 정의되는데, 이는 보통 부채비율(부채/자기자본)에 의해 측정된다. 부채가 존재한다는 것은 고정금융비용을 지급할 의무를 갖는 것을 의미하는데, 기업의 이익은

---

5) 이필상,「재무관리」, 박영사, p. 312 참조.

**표 8-5 재무위험의 예시**

| | 순수자기자본조달 | | | 일부부채조달 | | |
|---|---|---|---|---|---|---|
| | ← 40% → | | ← 40% → | ← 40% → | | ← 40% → |
| 영업이익(EBIT) | 600 | 1,000 | 1,400 | 600 | 1,000 | 1,400 |
| (−)이자 | 0 | 0 | 0 | 200 | 200 | 200 |
| 세전이익(EBT) | 600 | 1,000 | 1,400 | 400 | 800 | 1,200 |
| (−)세금(40%) | 240 | 400 | 560 | 160 | 320 | 480 |
| 세후순이익(EAT) | 360 | 600 | 840 | 240 | 480 | 720 |
| EPS(EAT/주식수) | 2.40 | 4.00 | 5.60 | 2.40 | 4.80 | 7.20 |
| | ← 40% → | | ← 40% → | ← 50% → | | ← 50% → |

이러한 의무를 충분히 이행치 못할 가능성이 나타날 수 있다.

이는 주주 및 채권자들에게 불리한 영향을 주며 더욱이 고정금융비용과 관련된 이익변동성의 증가는 주주들의 투자로부터 기대하는 수익의 불확실성을 증가시키게 된다. 따라서 부채를 사용하는 기업의 보통주주는 이러한 위험을 부담하게 되어 이에 대한 보상으로 보다 높은 수익률을 요구하게 된다.

재무위험의 예는 부채를 사용함으로써 주주의 주당이익(EPS)이 어떻게 변화하는지를 살펴보는 것이다. 어떤 기업이 이자 및 세금공제이익(EBIT)이 1,000이 될 것으로 예상하고 있다고 하자. 이 기업이 완전히 자기자본으로 구성될 경우와 필요자금의 1/3을 부채로 조달할 경우 EBIT의 변화에 따라 EPS가 어떻게 변화하는지 보자. 이 기업의 총자산은 3,750이며, 완전히 자기자본일 경우 150주(1주당 주가 25)의 보통주로 구성된다. 한편 1/3을 부채로 조달할 경우 부채는 1,250이며 자기자본은 2,500(100주)이 되며, 부채의 표면이자율을 16%라고 하자. 이 경우 EBIT가 1,000에서 ±400만큼 변화할 경우 EPS의 변화는 〈표 8-5〉와 같다. 완전히 자기자본만 사용할 경우 EBIT의 40% 변화에 따라 EPS도 40%만큼 변화하였다. 그러나 동일한 조건하에서 일부 부채를 사용할 경우 40%의 EBIT의 변화에 대해 EPS는 50%만큼 변화하였다. 이는 결국 단지 자본구조의 차이에 의해서만 EBIT의 변화에 따른 EPS의 변화폭, 즉 분산이 커졌다는 것이다. 이와 같은 위험을 재무위험이라고 하며 재무위험의 척도로는 재무레버리지도(degree of financial leverage: DFL)가 사용된다.[6]

---

6) 상게서, p. 135 참조.

## 3. 위험과 증권특성선

지금까지 위험원천에 따라 각 증권의 위험특성도 상이하게 나타나며 이에 따라 위험보상도 다르게 나타남을 설명하였다. 일반적으로 총위험은 분산투자에 의해 제거가 불가능한 체계적 위험과 제거가 가능한 비체계적 위험으로 나뉜다. 여기서 제거가 불가능한 체계적 위험만이 적절한 위험척도로 고려되어 시장에서 적절한 보상이 이루어지게 된다. 한편, 이와 같은 체계적 위험과 비체계적 위험은 증권특성선(security characteristic line)이라 불리는 통계적 수단(statistical tool)을 이용하면 그 측정이 가능하게 된다. 즉 선형(1차) 회귀모형 형태인 증권특성선을 가정함으로써 총위험이 체계적, 비체계적 위험으로 구분될 수 있다. 이는 곧 다음의 1차 회귀방정식과 같이 개별증권의 수익률변동은 시장전체의 수익률변동에 의해 선형적으로 설명된다고 가정함으로써 위험의 분해가 가능해진다. 뿐만 아니라 개별증권의 위험특성까지도 알 수 있게 된다.

$$\tilde{R}_{it} = a_i + b_i\tilde{R}_{mt} + \tilde{e}_{it}$$

단, $a_i$ : 회귀방정식의 절편
$b_i$ : 회귀방정식의 기울기
$e_i$ : 잔차항($Cov(R_m, e_i) = 0$, $E(e_i) = 0$)

이 식에서 개별증권의 총변동성(총위험)은 시장수익률($R_m$)변동과 관련하여 공통적으로 변화하는 위험부분과 그 자산만이 가지고 있는 고유의 위험부분으로 구성된다고 볼 수 있다. 이처럼 증권특성선은 자산고유의 위험부분은 분산투자를 통해 제거되고, 남는 것은 오직 시장과 관련된 위험뿐이라는 기본개념 하에서 개별자산의 수익률과 시장수익률 사이의 관계를 위와 같이 선형의 회귀방정식 형태로 표시하게 된다.

[그림 8-10]은 바로 이러한 관계를 도시한 것이다. 이 식에서 측정된 기울기 $b$는 시장수익률변동과 관련하여 개별증권의 수익률변동이 어느 정도 민감한 반응을 보이는가를 측정해 주는 계수이므로 체계적 위험의 척도가 되며, $e_i$의 분산은 개별자산 고유의 특성에 의해 나타나는 비체계적 위험이 된다. 이 경우 증권특성선은 개별증권의 수익률 변화를 시장수익률이라는 공통의 요인에 의해 설명해주기 때문에 개별증권에 대한 시장모형(market model)이라고도 불린다. 그러면 실제로 이와 같은 증권특성선은 어떻게 추정되는가를 보기로 하자.

그림 8-10 증권특성선

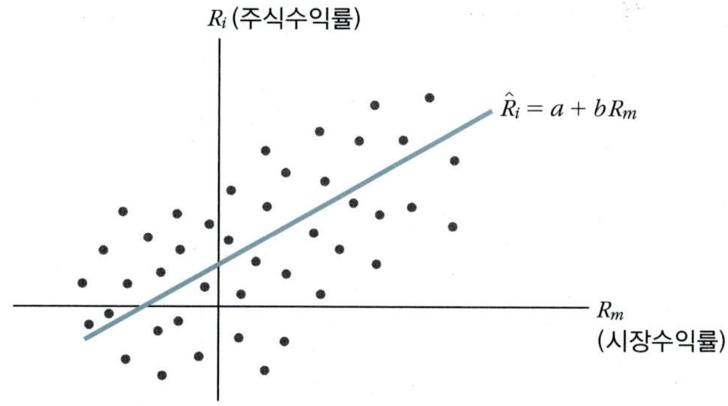


### (1) 증권특성선의 추정

우선 동일한 기간 $t$에 대응하는 시장수익률 $R_{mt}$와 개별자산의 수익률 $R_{it}$를 〈표 8-6〉과 같이 배열한다. 그 다음 이들 자료를 이용 회귀방정식 $R_{it} = a_i + b_iR_{mt} + e_{it}$의 계수 $a_i$와 $b_i$를 최소자승법(OLS)에 의해 추정한다.

이는 [그림 8-10]에서와 같이 한 쌍의 대응되는 $R_i$와 $R_m$의 점들을 $R_i - R_m$ 평면상에 표시하여 산포도(syatter diagram)를 그렸을 경우 $R_i$와 $R_m$ 사이에는 어떠한 선형의 회귀모형이 존재하는가를 추정하는 과정이다. 사실상 이들 점들 사이의 관계를 나타내 주는 직선들은 무수히 그려질 수 있을 것이다. 그러나 최소자승법(OLS)은 이들 직선들 중에서도 추정치인 $\hat{R}_i$과 실제의 관찰치인 $R_i$ 사이의 거리 $e_i^2$, 즉 잔차의 제곱들의 합인 $\sum e_i^2$을 극소화시키는 직선의 $a$와 $b$의 값을 결정하

표 8-6 회귀모형의 추정

| 보유기간($t$) | 개별자산 수익률($R_{it}$) | | 시장수익률($R_{mt}$) | |
|---|---|---|---|---|
| | 자료 | 보유기간 수익률 | 자료 | 보유기간 수익률 |
| 1 | | $= R_{i1}$ | | $= R_{m1}$ |
| 2 | | $= R_{i2}$ | | $= R_{m2}$ |
| 3 | $\frac{P_{i,\ t+1} - P_{it} + d_{it}}{P_{it}}$ | $= R_{i3}$ | $\frac{P_{m,\ t+1} - P_{mt} + d_{mt}}{p_{mt}}$ | $= R_{m3}$ |
| ⋮ | | ⋮ | | ⋮ |
| $n$ | | $= R_{in}$ | | $= R_{mn}$ |

회귀모형 : $R_{it} = a_i + b_iR_{mt} + e_{it}$

표 8-7 (주)고려의 보유기간 수익률

| 보유기간($t$) | 주식수익률 ($R_{it}$) | 시장수익률 ($R_{mt}$) | 보유기간($t$) | 주식수익률 ($R_{it}$) | 시장수익률 ($R_{mt}$) |
|---|---|---|---|---|---|
| 1 | .1347 | −.0297 | 11 | .1282 | .0459 |
| 2 | −.1276 | −.0389 | 12 | .1883 | .0576 |
| 3 | −.0068 | −.0029 | 13 | −.0328 | .0066 |
| 4 | −.1096 | −.0179 | 14 | −.0932 | .0390 |
| 5 | −.4077 | −.1798 | 15 | −.0312 | .0750 |
| 6 | .3247 | .1702 | 16 | −.0482 | −.0486 |
| 7 | .0294 | .1024 | 17 | −.2703 | −.0579 |
| 8 | .2000 | .0970 | 18 | .2315 | .0393 |
| 9 | −.1190 | .0016 | 19 | .4541 | −.0925 |
| 10 | .2297 | .0059 | | | |

그림 8-11 증권특성선의 추정

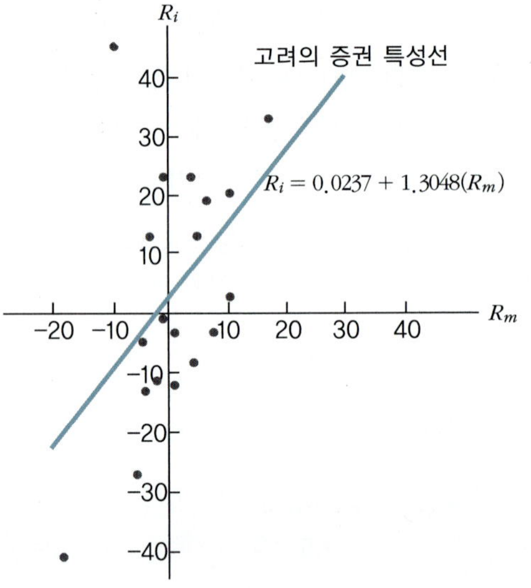


여기서
$\bar{R} = 0.0355$
$\bar{R}_m = 0.0091$
$Var(R_i) = 0.0421$
$Cov(R_i, R_m) = 0.0076$
$Var(R_m) = 0.0058$

따라서

$$b = \frac{Cov(R_i, R_m)}{Var(R_m)} = 1.3048$$

$$a = \bar{R}_i - b\bar{R}_m = 0.0237$$

는 방법이다. 이 방법에 의하면 $a$와 $b$값의 추정은 최적화과정[7]에서 결정된다.

이제 한 예로 증권특성선이 추정되는 과정을 보면〈표 8-7〉 및 [그림 8-11]과

7) 상게서, pp. 248~250 참조.

같다.

〈표 8-7〉은 주식회사 고려의 지난 20개월 동안의 주가와 배당에 관한 자료를 기초로 한 보유기간수익률(월간 수익률)과 각각의 기간에 대응하는 시장지수의 수익률이다. 또한 앞에서 이미 설명된 회귀직선을 추정하는 방식에 따라 이들 $R_i$, $R_m$관계에 대한 산포도(scatter diagram)와 증권특성선을 그리고 회귀계수 $a$, $b$를 추정하면 [그림 8-11]과 같다.

### (2) 증권특성선의 의미

개별자산 또는 개별증권의 위험특성을 설명해주는 $i$자산의 증권특성선은 다음과 같이 표시된다.

$$R_i = a_i + b_i R_m$$

여기서 $a_i$는 알파계수(alpha coefficient)로서 증권특성선의 절편이 시장이 안정적이어서 시장주가의 변화가 없을 경우, 즉 $R_{mt} = 0$일 경우 $i$자산수익률의 추정치가 된다. 또한 $b_i$는 베타계수(beta coefficient)로서 증권특성선의 기울기를 나타내며 다음과 같이 정의된다.

$$b_i = \frac{Cov(R_i,\ R_m)}{\sigma_m^2}$$

여기서 베타계수는 분산불가능한 체계적 위험의 척도로 사용되며 베타값이 1보다 작으면 그 자산은 방어적 자산(defensive asset)으로서 수익률이 시장수익률의 변동보다 작은 변화를 보인다는 것을 의미한다. 반면 베타값이 1보다 큰 자산의 경우는 공격적 자산(aggressive asset)으로서 평균적으로 볼 때 시장수익률의 변동보다 이 자산의 수익률이 더 큰 변동을 보이게 됨을 의미한다.

[그림 8-12]는 기울기, 즉 베타값이 상이한 증권특성선들로서 이러한 관계를 도시한 것이다.

그림 8-12 베타수준이 상이한 증권특성선

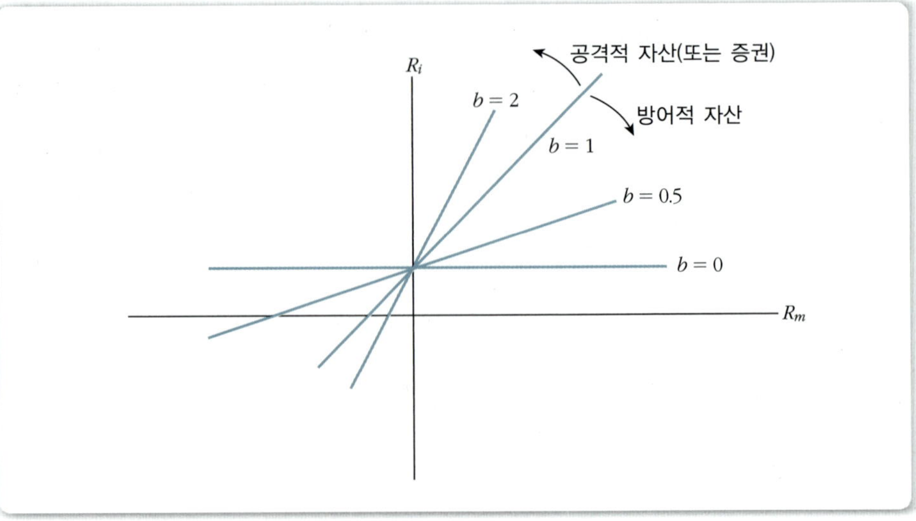


### (3) 위험의 분해

통계적으로 어떤 자산의 총위험은 수익률의 분산에 의해 측정된다는 점은 이미 설명되었다. 그런데 이러한 총위험의 척도는 앞서의 증권특성선 또는 시장모형을 이용하게 되면 시장과 관련되어(market-related) 나타나는 체계적 위험부분과 기업고유의 특성을 반영하는 비체계적 위험(회귀분석에서는 잔차분산)부분으로 분해할 수 있다. 즉,

$$
\begin{aligned}
Var(\tilde{R}_i) &= i\text{자산의 총위험} \\
&= Var(a_i + b_i\tilde{R}_m + \tilde{e}_i) \\
&= Var(b_i\tilde{R}_m) + Var(\tilde{e}_i) \\
&= b_i^2(\tilde{R}_m) + Var(\tilde{e}_i) \\
&= \text{체계적 위험} + \text{비체계적위험}
\end{aligned}
$$

여기서 총위험 중 체계적 위험의 비율은 증권특성선의 결정계수(coefficient of determination)인 $R^2$에 의해 측정되며, 비체계적 위험의 비율은 $1 - R^2$이 된다. 즉,

$$
\frac{\text{비체계적 위험}}{\text{총위험}} = \frac{Var(\tilde{e}_i)}{Var(\tilde{R}_i)} = 1 - R^2
$$

$$
\frac{\text{체계적 위험}}{\text{총위험}} = \frac{b_i^2 Var(\tilde{R}_m)}{Var(\tilde{R}_i)} = R^2
$$

표 8-8 위험의 분해

| 구 분 | (주)고려의 주식 |
|---|---|
| 총위험 : $Var(R_i) = (1/19)\sum(R_i - \bar{R}_i)^2$ | 0.0421 |
| 체계적 위험 : $b_i^2 Var(R_m)$ | 0.0099 |
| 비체계적 위험 : $Var(e_i)$ | 0.0322 |
| 베타계수 : $b_i$ | 1.3048 |
| 체계적 위험의 비율 : $R^2$ | 0.2340 |

이 된다.

앞의 예에서 회귀직선의 결정계수 $R^2$이 0.234이었다고 할 경우 주식회사 고려 주식의 총위험, 체계적 위험, 비체계적 위험의 양과 총위험 중 체계적 위험이 차지하는 비율, 그리고 분산투자에 의해 제거가능한 위험의 비율은 〈표 8-8〉과 같이 계산될 것이다.

따라서 이 주식의 총위험 중 포트폴리오 분산투자에 의해 제거가능한 위험의 비율은 76.6%$(1-R^2)$가 됨을 알 수 있다.

## 제 3 절 불확실성하의 선택이론

미래에 대하여 일반적으로 불확실성이라 함은 어떠한 결과가 발생할 것인가를 확실히 알 수 없는 상황하에서 실현가능한 여러 결과에 대해 주관적 또는 객관적 확률분포를 추정하여 이를 바탕으로 의사결정을 하는 경우를 말한다. 그러면 이러한 불확실성 상황하에서 투자자들은 어떠한 선택행동을 보일 것인가? 본 절에서는 이에 대하여 상세히 분석하기로 한다.

### 3.1 투자의 불확실성과 의사결정

불확실성하의 의사결정결과는 가능한 결과 또는 성과("payoffs")에 대한 확률분포로 나타난다. 즉, 의사결정대안이 $a_1$, $a_2$이고 미래의 상태가 $S_1$, $S_2$ 두 가지인 경우, 가능한 성과를 $x$라고 하면 이러한 불확실성하의 의사결정결과는 다음과 같은 행렬형태(matrix form)로 표현할 수 있다.

| 의사결정 \ 상태 | $S_1$ | $S_2$ |
|---|---|---|
| $a_1$ | $x_{11}$ | $x_{12}$ |
| $a_2$ | $x_{21}$ | $x_{22}$ |

불확실성하에서의 의사결정에 대한 기초적 이해를 돕기 위해서 우선 다음과 같은 갬블의 성격을 알아보자.

가령 동전던지기의 결과(동전의 앞면과 뒷면)에 따라 성과가 지급되는 갬블(gamble)의 기회가 A, B 두 사람에게 주어졌다고 하자. 그리고 동전의 앞면이 나오면 A가 B에게 10원을 지급하고 뒷면이 나오면 이번에는 B가 A에게 10원을 지급한다고 하자, 그러면 이러한 의사결정상황은 앞에서의 행렬형태(matrix form)로 보이면 아래와 같다.

A의 의사결정 상황

| 의사결정 \ 상태 | $S_1$(앞) | $S_2$(뒤) |
|---|---|---|
| $a_1$(gamble) | −10 | 10 |
| $a_2$(no gamble) | 0 | 0 |

B의 의사결정 상황

| 의사결정 \ 상태 | $S_1$(앞) | $S_2$(뒤) |
|---|---|---|
| $a_1$(gamble) | 10 | −10 |
| $a_2$(no gamble) | 0 | 0 |

이때 각각의 의사결정에 따른 성과는 〈표 8-9〉와 같이 요약할 수 있다.

**표 8-9 갬블의 성과와 의사결정**

| 의사결정 | 성과(payoff) |
|---|---|
| A의 의사결정: | |
| 1.갬블을 택하는 경우 | 10 또는 −10 |
| 2.갬블을 택하지 않는 경우 | 0 |
| B의 의사결정 | |
| 1.갬블을 택하는 경우 | −10 또는 10 |
| 2.갬블을 택하지 않는 경우 | 0 |

**표 8-10 갬블의 성과와 확률**

| 갬블을 택하는 경우($V$) | | 갬블을 택하지 않는 경우($W$) | |
|---|---|---|---|
| 성 과 | 확 률 | 성 과 | 확 률 |
| 10 | 0.5 | 0 | 0.5 |
| −10 | 0.5 | 0 | 0.5 |

여기서 $A$, $B$가 의사결정을 하기 위해서는 각각의 경우에 따른 성과뿐만 아니라 각각의 경우가 발생할 확률에 관한 정보가 추가적으로 필요하다. 그런데 동전의 형태가 정상적이라면 동전의 앞과 뒤가 나올 확률은 1/2로 동일하게 기대될 것이다. 그러면 앞의 의사결정에 따른 가능성은 확률과 함께 〈표 8-10〉과 같이 표시할 수 있다.

위의 선택에서 갬블을 선택하지 않는 경우에는 성과가 항상 동일하므로 위험이 존재하지 않지만 갬블을 택할 경우에는 성과가 결과(동전의 앞 또는 뒷면)에 따라 분산(spread)되어 나타나기 때문에 위험을 수반한 의사결정이 된다. 위험을 수반하는 불확실성하의 의사결정은 일반적으로 이와 같은 성격을 갖는 갬블에 대

**표 8-11 갬블의 예**

| 갬블 $X$ | | 갬블 $Y$ | | 갬블 $Z$ | |
|---|---|---|---|---|---|
| 성 과 | 확 률 | 성 과 | 확 률 | 성 과 | 확 률 |
| 10 | 0.99 | 10 | 0.01 | 20 | 0.5 |
| −10 | 0.01 | −10 | 0.99 | −20 | 0.5 |

한 의사결정으로 볼 수 있다. 그러면 이 갬블($V$)에 추가하여 갬블 $X$, $Y$, $Z$들을 고려해 보자

〈표 8-11〉의 $X$와 $Y$는 〈표 8-10〉의 $V$와 가능한 결과들의 범위는 동일하지만 각각의 경우가 발생할 가능성 또는 확률은 $V$와는 다르다는 것을 알 수 있다. 먼저 $X$의 경우는 갬블을 택하는 사람에게 유리한 방향으로 확률이 변화하여 이길 가능성이 더욱 확실해졌다. 따라서 $V$의 경우와 같이 성과가 우연에 의존할 가능성은 줄어들고 오히려 예측가능성이 보다 증가함으로써 가능한 결과들의 변동성(variability) 정도는 감소한 경우이다. $Y$의 경우도 갬블을 택하는 사람에게 불리한 방향으로 확률이 바뀌었다는 점을 제외하고는 $X$의 경우와 동일하다. 또한 $Z$와 $V$를 비교하면 각각의 경우가 발생할 확률은 동일하지만 $Z$의 경우 가능한 결과들의 범위가 증가하여 위험이 큰 갬블이 되었다.

결국 이러한 위험이 내포되어 있는 여러 가지 의사결정대안들 중 투자자들은 어떤 대안을 선택하는가를 설명하는 것이 불확실성하의 선택이론이다. 이러한 선택이론을 설명하기에 앞서서 여기서는 우선 위험을 고려하고 있지 않은 의사결정기준(decision rule)으로서 기대가치기준(expected value rule)을 설명한다. 그리고 이러한 기준은 위험을 싫어하는 위험회피형 개인들의 경우에는 합리적인 의사결정기준이 될 수 없음을 이른바 '성피터스버그의 모순'(St. Petersburg paradox)을 이용하여 설명하기로 한다. 그 다음 이러한 모순을 해결하기 위한 의사결정기준으로서 제시된 평균-분산기준(mean-variance rule)과 확률지배기준(stochastic dominance) 등에 의한 의사결정방법들을 알아본다. 다음 절을 달리하여 4절에서는 불확실성하에서의 합리적 선택행동을 기술하고 있는 일반공리체계를 설명하고 이로부터 유도되는 기대효용이론을 설명한다. 이어서 합리적인 투자자의 일반적 속성인 위험회피를 이러한 효용함수와 연관시켜 설명한다.

### 1. 기대가치기준

기대가치기준(expected-value rule)에 의한 의사결정방법을 설명하기 위해 우선 다음의 6가지 대안들에 대한 선택의 문제를 예로 들어보자. 〈표 8-12〉는 여러 가지 투자안의 성과와 확률을 예시한 것이다.

여기서 $A$안의 경우를 제외하고는 모두 상태에 따라 성과(payoff)가 달라지는 위험한 대안(risky alternative)들이다. 이때 기대가치기준에 의해 선택을 한다는 것은 평균적으로 기대되는 결과를 유일한 선택기준으로 사용하는 것이다. 이는 결국 대안들 중 기대가치(expected value: $EV$)가 가장 큰 대안의 순으로 선택을 한

**표 8-12 투자안의 성과와 확률**

| A | | B | | C | | D | | E | | F | |
|---|---|---|---|---|---|---|---|---|---|---|---|
| 성과 | 확률 | 성과 | 확률 | 성과 | 확률 | 성과 | 확률 | 성과 | 확률 | 성과 | 확률 |
| 10 | 0.5 | 0 | 0.5 | 5 | 0.5 | 0 | 0.4 | 0 | 0.6 | 1 | 0.5 |
| 10 | 0.5 | 20 | 0.5 | 15 | 0.5 | 20 | 0.6 | 20 | 0.4 | 21 | 0.5 |
| $EV_A = 10$ | | $EV_B = 10$ | | $EV_C = 10$ | | $EV_D = 12$ | | $EV_E = 8$ | | $EV_F = 11$ | |

다는 것이다. 예의 경우 다음의 식을 이용하여 기대가치의 순서를 정하면,

$$EV = \sum_i p_i X_i$$

단, $EV_j$ : 대안 $j$의 기대가치
$p_i$ : 결과 또는 성과 $X_i$의 확률
$X_i$ : 화폐금액으로 표시된 결과 또는 성과

기대가치기준에 의한 선호순서는,

$$D > F > A = B = C > E$$

가 될 것이다.

그러나 실제에 있어서는 이러한 6가지 대안이 주어졌을 경우 기대가치는 동일하지만 $A$가 $B$, $C$보다 선호되는 경향이 있고 $B$보다는 $C$가 선호되는 경향이 있다. 그리고 기대가치기준에 의하면 $F$가 $A$보다 선호되지만 오히려 $A$를 선호하는 경우도 있을 수 있다. 이처럼 기대가치기준에 의해 예측되는 것과는 다른 행동을 보이는 것은 의사결정자의 불합리한 행동을 의미하는 것이 아니라 각 대안에 내포되어 있는 위험(risk), 즉 기대와는 다른 가능성을 고려하지 않음으로써 나타나는 현상이다.

## 2. 성피터스버그의 모순(St. Petersburg paradox)

18세기 스위스 수학자이며 물리학자인 베르누이(Bernoulli)는 성피터스버그에 있는 러시아 아카데미에서 위험을 고려하지 않는 기대가치기준에 의한 의사결정은 다음과 같은 문제점이 생긴다는 것을 지적하였다.

예를 들어 어느 동전던지기 게임에서 첫 번째 시행에서 동전의 앞면(heads)이 나타나면 2달러를 받고 게임은 끝나고 두 번째 시행에 가서 앞면이 나타나면 $2^2$달러를 받고 게임이 끝난다. 이와 같은 방식으로 앞면이 나타날 때까지 동전던지기의 시행은 계속되며, 만일 $n$번째 시행에서야 비로소 동전의 앞면이 나타나게 되면 $2^n$달러를 받고 게임은 끝나게 된다고 하자. 그러면 문제는 이러한 게임에 참가하기 위하여 참가자가 지불하고자 하는 금액은 과연 얼마가 되어야 할 것인가이다. 이는 개인에 따라 차이가 있을 수 있지만 어느 누구도 이러한 게임에 대해 10달러 이상은 지불하지 않을 것이라는 것이다.

한편, 이 갬블의 기대가치를 구해 보면 〈표 8-13〉과 같다. 〈표 8-13〉으로부터 이 게임의 기대가치는

$$EV = 2\left(\frac{1}{2}\right) + 2^2\left(\frac{1}{2}\right)^2 + 2^3\left(\frac{1}{2}\right)^3 + \cdots + 2^n\left(\frac{1}{2}\right)^n + \cdots$$
$$= 1 + 1 + 1 + \cdots = \infty$$

이 경우 기대가치가 무한대이므로 게임의 참가비는 무한대라고 생각할 수 있다. 그러나 실제로 참가자들은 불과 몇 달러만을 지급하고자 하게 되는데 이러한 모순을 가리켜 성피터스버그의 모순(St. Petersburg paradox)이라 부른다. 이와 같은 모순이 나타나는 이유는 단순한 기대가치기준은 게임에 포함되어 있는 위험을 무시하고 있기 때문이다.

따라서 이 모순에서 나타나는 적은 금액의 게임 참여가격(small entry price)은 예상되는 결과의 변동성(variability) 때문에 기대가치는 비록 같게 주어지더라도 의사결정은 얼마든지 달라질 수 있다는 것을 지적해 주는 것이다. 일반적으로 대부분의 사람들은 위험이 큰 것보다는 위험이 작은 것을 선호하게 된다. 그러나 이

**표 8-13 동전던지기의 성과와 확률**

| 성 과 | 확 률 | 시행횟수<br>(H: 앞면, T: 뒷면) | |
|---|---|---|---|
| 2 | 1/2 | H | 1회 |
| $2^2$ | $(1/2)^2$ | TH | 2회 |
| $2^3$ | $(1/2)^3$ | TTH | 3회 |
| ⋮ | ⋮ | ⋮ | |
| $2^n$ | $(1/2)^n$ | TT⋯H | $n$회 |

는 결코 사람들이 위험을 선택하지 않는다는 것을 의미하지는 않으며 그것은 위험에 대한 태도에 따라 다르게 나타난다. 그러면 이제 불확실성하의 의사결정문제는 이와 같은 위험이 의사결정에 어떻게 고려될 수 있는가의 문제로 귀착되며 이에 대한 해결방안들 중의 하나가 평균-분산기준에 의한 의사결정방법이다.

## 3.2 불확실성하의 의사결정기준

투자자들이 직면하는 기본적인 문제는 불확실한 두 대안 $X$, $Y$ 사이의 선택의 문제라고 볼 수 있다. 이때 투자자가 기대효용의 극대화를 추구하고 또 효용함수를 알고 있을 경우 $X$의 기대효용이 $Y$의 기대효용보다 크다면 당연히 $X$가 $Y$보다 선호될 것이다. 이처럼 기대효용기준은 불확실한 대안들을 비교하여 의사결정을 내리기 위한 유용한 분석수단임에는 틀림없다. 그러나 이 기준을 적용시켜 의사

**표 8-14 불확실성하의 의사결정기준**

| 의사결정 기준 | 선호함수의 표현 | 주장자 |
|---|---|---|
| 2 파라미터기준 | $U=U$[최빈값(mode), 범위]<br>$U=U$[평균, 분산]<br><br><br><br><br>$U=U$[평균, 반분산] | Lange(1943)<br>Fisher(1906)<br>Hicks(1933)<br>Luts(1951)<br>Markowitz(1952)<br>Tobin(1958)<br>Markowitz(1970) |
| 사전식 기준 | $U=U[P(x>\hat{x}), \cdots]$<br>단, $P(x>\hat{x})$는 $x$가 재난수준 $\hat{x}$를 초과할 확률 | Cramer(1970)<br>Roy(1952)<br>Haussmann(1968) |
| 기대효용 기준 | $U=E[U(X)]$ | Cramer(1728)<br>Bernoulli(1738)<br>von Neumann & Morgenstern(1947) |
| 확률지배 기준 | 1차 확률지배: $U$[평균]<br>2차 확률지배: $U$[평균, 분산]<br>3차 확률지배:<br>$U$[평균, 분산, 비대칭도] | |

결정을 하기 위해서는 개인의 효용함수에 대한 정확한 형태와 모양에 관한 정보를 알고 있어야 한다. 그런데 개인의 효용함수를 실제로 관찰하기는 어렵다. 오히려 이보다는 효용함수나 확률분포가 갖는 일반적인 속성 내지 특성을 찾아내고 이를 이용해서 의사결정을 내리는 것이 보다 현실적이다. 이런 견지에서 그 선택의 결과가 일반적인 기대효용극대화행동과도 일치하면서 이에 대한 대안으로서 제시되는 대표적인 의사결정기준이 평균-분산기준과 확률지배기준이다.

물론 불확실성하에서의 의사결정기준으로 〈표 8-14〉에서 보는 것처럼 여러 가지 기준들이 제시되고 있다. 이 중에서도 특히 평균-분산기준(Mean-Variance criterion)은 기대효용기준에 대한 실용적 대안으로서 마코위츠(Markowitz, 1952), 토빈(Tobin, 1958) 등이 포트폴리오분석에 적용한 이후 가장 많이 이용되고 있는 두 개의 파라미터 기준이다.

① 두 파라미터기준(two parametric criterion): 선택의 대상이 되고 있는 확률변수의 분포를 두 개의 파라미터, 즉 수익($K_1$)과 위험($K_2$)을 이용하여 표현하고 이러한 두 파라미터에 대한 효용함수를 평가하여 의사결정을 내리는 방법이다. 이때 수익과 위험을 측정해 주는 방식에 따라 여러 기준이 제시될 수 있으나 가장 많이 이용되는 수단은 수익의 경우에는 평균 또는 기대값, 위험의 경우에는 분산이나 표준편차가 이용된다(평균-분산기준). 따라서 이 기준에 의한 선호함수는 다음과 같이 두 개의 파라미터에 관한 함수로 표현하여 의사결정이 이루어진다.

$$U=U(K_1,\ K_2)$$

② 사전식 기준(lexicographic criterion): 이는 예컨대 부의 수준이 의사결정자가 원하는 어떤 임의의 일정수준(disaster level)을 초과하게 될 확률 크기를 평가하여 의사결정을 하는 방법이다. 가령 기업의 목표가 여러 개 있을 경우 이중에서 신생기업의 경영자는 생존(survival)을 가장 중시한다면 이러한 확률이 극대화되는 투자안을 선택하게 된다. 위의 기준이 모두 위험-수익 사이의 대체관계를 고려하고 있는 것과는 달리 여기서는 고려해야 할 기준이 여러 개 존재할 때(우선적으로 고려되어야 할 기준이 있음을 전제) 어떤 하나의 기준에서 결정이 되고 나면 그 다음 순서의 기준은 고려하지 않고 의사결정을 내리는 방식이다. 이는 사전(lexicon)을 찾는 방식과 유사하다는 점에서 이러한 이름이 붙여졌다. 즉 찾고자 하는 단어가 A부분에서 찾아

지면 그 다음의 B부분은 고려되지 않는 경우와 유사하다고 볼 수 있다.

③ 기대효용기준(expected utility criterion): 이는 기말의 부(wealth)에 대한 확률분포를 효용지수의 확률분포로 변형시켜 그 지수의 기대값인 기대효용이 극대가 되도록 의사결정을 내리는 방식이다.

④ 확률지배기준(stochastic dominance): 기대효용기준은 확률분포뿐 아니라 효용함수에 관한 정보가 있어야 한다. 반면 확률지배기준은 효용함수를 모르더라도 효용함수의 일반적인 속성만을 평가하여 이를 의사결정에 반영시켜 주는 방법이다.

## 1. 사전식 기준

사전식 선호이론은 Roy에 의해 전개되었으며 그 후 여러 학자들에 의해 불확실성하에서의 의사결정으로 확장되었다.

이제 가장 단순한 예로서 의사결정자가 A, B 두 종류의 상품을 고려한다고 하자. 이때 $(a,b)$, $(a',b')$는 각각 상품의 수량을 표시한다고 하자. 이 경우 사전식 선호에 의한 의사결정은 다음과 같은 의미를 갖게 된다.

$$(a,b) > (a',b') \text{ iff } a > a'$$
$$\text{또는 } a = a',\ b > b'$$

이 예에서 보는 바와 같이 우선은 순서에 따라 상품 A에 관한 결정이 이루어진다. 여기서도 결정이 나지 않을 경우에 한해서만 그 다음 순서로서 상품 B에 대한 선호관계가 고려된다. 이러한 선호이론의 가장 기본적인 특성으로는 여러 가지 기준 또는 목표들을 고려할 때 이들 사이에는 대체성이 존재하지 않는다고 보는 것이다. 가령 배우자를 선택함에 있어서 다음과 같이 여러 가지기준을 생각할 수 있겠지만 개인의 가치관에 따라 다음의 순서로 선호한다고 가정해 보자.

(미모수준, 학력수준, 성격, 재산정도,⋯)

따라서 이 경우에도 이들 사이에는 대체관계가 존재하지 않는다고 가정한다. 그러면 이러한 의사결정자는 우선 미모에 가장 큰 의미를 부여하기 때문에 미모가 빼어나다면 학력이나 성격이나 재산 등에 구애되지 않고 그 배우자를 선택하게 된다는 의미가 된다. 다만 미모가 동일할 경우에 한해서 두 번째의 기준이 고려되게 된다.

그러나 이보다는 평균-분산기준 등 대체관계를 고려한 의사결정기준이 가장 많이 이용된다. 따라서 이하에서는 대체관계가 고려되는 선택이론들에 관하여 살펴보고자 한다.

## 2. 평균-분산기준

기대가치와 위험을 동시에 고려하여 의사결정을 하는 대표적인 방법이 평균-분산기준(mean-variance criteria)에 의한 의사결정방법이다.

평균-분산기준에 의한 의사결정이 어떻게 이루어지는가를 설명하기 위해 〈표 8-15〉와 같은 네 가지 위험대안들을 고려해 보기로 하자.

표 8-15 위험대안의 종류

| 대 안 | 위 험 | 기대가치 |
|---|---|---|
| *A* | 저 | 고 |
| *B* | 고 | 저 |
| *C* | 고 | 고 |
| *D* | 저 | 저 |

여기서 일반적으로 투자자들의 기본적 성향은 위험을 회피하고자 하며 기대가치는 보다 큰 것을 선호한다고 전제하자. 그렇다면 의사결정자는 당연히 *A*를 *B*, *C*, *D*보다 선호하고 *C*를 *B*보다 선호하며 *D*를 *B*보다 선호하게 된다. 그러나 이러한 평균-분산기준에 의한 의사결정기준은 모든 대안들의 선호순서를 정하지는 못한다. 가령 *C*와 *D*를 비교해 볼 때 위험기준에 의하면 *D*가 선호되지만 기대가치기준에 의하면 *C*가 선호되어 선호순서를 정할 수 없게 된다. 이때 평균은 기대값으로 계산되며 위험을 측정하기 위한 통계적 수단으로는 범위(range)가 사용될 수도 있으나 이는 각각의 값들이 가질 수 있는 확률을 고려하고 있지 못하기 때문에 일반적으로는 표준편차나 그 제곱인 분산으로 측정된다.

예를 들어 〈표 8-16〉과 같은 분포를 갖는 투자안 *A*의 위험과 평균을 구하면 다음과 같다.

**표 8-16 투자안 A의 성과분석의 예**

| 성 과($X_i$) | 확 률($P_i$) |
|---|---|
| 10 | 1/3 |
| 20 | 1/3 |
| 30 | 1/3 |

$$EV_A = \sum_i p_i X_i = \frac{1}{3}(10) + \frac{1}{3}(20) + \frac{1}{3}(30) = 20$$

한편 위험을 측정하는 표준편차는 다음과 같다.

$$\sigma_A = \left[\sum_i p_i (X_i - \bar{X})^2\right]^{1/2}$$
$$= \left[\frac{1}{3}(10-20)^2 + \frac{1}{3}(20-20)^2 + \frac{1}{3}(30-20)^2\right]^{1/2} = 8.165$$

그러면 여기서 앞의 네 가지 대안들은 구체적으로 어떤 확률분포를 갖는가를 살펴보자.

[그림 8-13]에서 먼저 $A$와 $D$는 낮은 위험수준을 반영하는 동일한 형태를 가지며 가능한 값들이 중심값 주위에 집중되어 있다. 그러나 두 분포의 기대가치 또는 중심값은 상이하여 $A$의 기대가치가 더 높다. 또한 $B$와 $C$는 높은 위험을 반영, 동일한 형태를 보이고 있으며, $B$안의 경우에는 기대가치가 낮고 $C$안의 경우에는 높은 기대가치를 중심으로 퍼져 있다. 이와 같은 분포들은 앞서의 분류와 잘 일치하고 있음을 알 수 있다.

이상에서 살펴본 바와 같이 평균-분산기준은 의사결정자가 의사결정에 따른 가능한 결과들과 그 확률추정이 가능하다는 것이 전제되어야 한다. 그러나 이러한 추정치는 평균-분산기준의 적용을 위해 필요한 정보이지만 이에 따라 모든 대안들의 선호순서를 정할 수 있는 것은 아니다. 그러나 평균-분산정보는 일반적으로 투자자들의 행동을 분석하고 기업을 평가하는 데 매우 유용하게 사용되고 있다.

그림 8-13 투자안의 확률분석

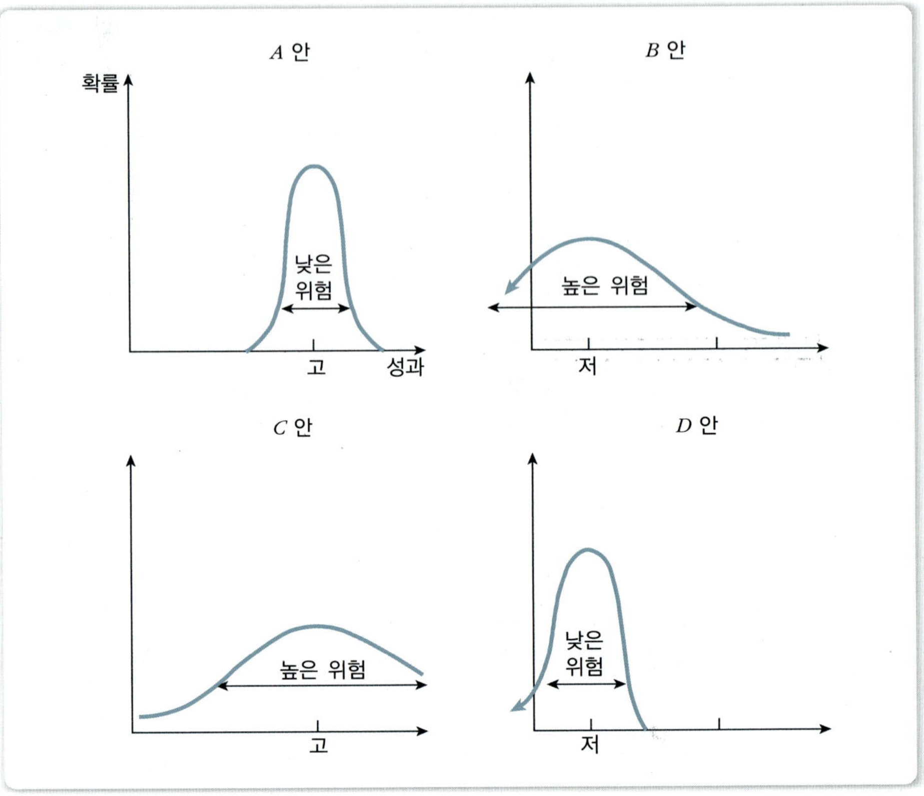


## 3. 확률지배

지배기준을 적용시켜 의사결정을 하고자 할 경우에는 크게 성과지배기준(outcome dominance)과 확률지배기준(stochastic dominance)의 두 가지 방식이 있다. 이 중 전자의 방법은 불확실한 두 대안의 선택문제가 있을 때, 어떤 한 대안에서 얻어질 수 있는 최악의 성과라 할지라도 그 성과치가 다른 대안에서 얻어질 수 있는 가장 좋은 성과보다 항상 크거나 같은 경우 앞의 대안을 선호하는 것이다. 또 다른 경우로는 미래에 생길 수 있는 두 대안의 특성은 동일하지만 그에 따른 성과는 차이를 보일 경우에 적용된다. 이때는 각 상태별로 성과를 비교(outcome by outcome comparison)하여 다른 성과에 있어서는 차이가 없어도 적어도 한 가지 성과에 있어서만큼은 어떤 한 대안이 다른 대안보다도 나을 경우 앞의 대안을 선호하게 된다.

그러나 이러한 기준은 각 성과가 어느 정도의 가능성을 갖고 일어날 것인가 하는 확률은 고려해 주고 있지 못한 단점이 있다. 이에 따라 가능한 성과는 물론 각각의 성과에 대한 확률(누적확률)을 고려하여 의사결정을 내리는 방식이 확률지배기준이다.

### (1) 확률지배기준의 의의

확률지배(stochastic dominance)기준은 평균–분산기준처럼 일반적인 위험회피형 투자자들에게 적용될 수 있는 또 하나의 의사결정기준으로서 누적확률분포를 이용하여 의사결정이 이루어진다. 이 기준은 효용함수로부터 계산되는 특정의 수치값을 비교하기보다는 현실적으로 효용함수를 관찰하기 어렵기 때문에 그것의 일반적인 특성(단조증가성, 오목성)만을 갖고 투자자들의 모든 효용함수를 특징화시켜 의사결정을 내리는 방법이다. 따라서 이 방법은 효용함수에 대한 구체적인 규정이 없이도 효용함수가 갖고 있는 일반적 속성만을 적용시켜 의사결정을 내리게 된다.

그렇다면 사람들의 일반적 속성을 반영해 주는 대체적인 의사결정기준은 무엇인가? 확률지배기준은 이에 대해 기본적으로 다음 두 종류의 효용함수를 전제하고 이러한 확률지배기준에 의한 의사결정이 곧 기대효용기준과 일치하게 된다는 점을 설명하고 있다. 즉 합리적인 사람들의 기본속성(불포화만족, 위험회피성향)을 반영해 주는 일반적인 효용함수로서 증가형 효용함수(classes of increasing functions)와 증가형인 동시에 오목한 형태의 효용함수(classes of increasing concave functions)를 전제하고 있다.

앞에서 우리는 확률분포의 요약정보(요약통계치)를 설명하면서 이는 마치 미인대회에서 미인들의 몸매를 몇 가지 수치로 비교 · 평가하는 경우와 유사함을 설명하였다. 이 경우 사람들은 이러한 수치의 크기를 비교하여 어떤 의사결정을 내리게 되는 데 이때에도 몸매를 표현해 주는 수치들에 대해 가령 가슴사이즈는 클수록, 허리 사이즈는 작을수록 좋다는 식의 어떤 기본적인 선호를 사람들은 가지고 있다. 마찬가지로 확률변수의 분포모양을 설명해 주는 척도에 대해서도 사람들은 기본적인 선호를 가지고 있어서 이를 이용하여 의사결정을 내리게 된다. 이에 따라 확률지배기준에서 적용되는 분포의 특성치에 대한 사람들의 기본적인 선호태도를 살펴보면 다음과 같다. 즉, 다른 조건이 동일하다면

| 의사결정자의 특성 | 효용함수의 형태 |
|---|---|
| 평균에 대한 선호 | $U'(w) > 0$ |
| 분산에 대한 회피 | $U''(w) < 0$ |
| 정의 비대칭도에 대한 선호 | $U'''(w) > 0$ |

가 되고 이러한 특성을 반영한 두 대안 사이의 비교는 누적확률분포를 이용함으로써 가능하다는 것이 확률지배의 주장이다.

### (2) 확률지배의 적용

이 기준 또한 평균-분산기준의 경우와 같이 모든 대안들의 선호순서를 완벽하게 결정지을 수 있는 것은 아니다. 그러나 이는 [그림 8-13]과 같은 연속적이고 대칭적인 분포가 아니더라도 불연속적(discrete)이고 비대칭적인 어떠한 형태의 확률분포를 갖는 대안들의 평가에도 적용될 수 있다. 이러한 점에서 비교적 일반적인 의사결정기준으로 인식된다. 확률지배기준에 의한 의사결정은 투자자(소비자)들의 선호행동에 관하여 점차적으로 제한적이고 강한 가정을 부여함으로써 의사결정을 확정시키는 것인데, 이 기준은 가정이 하나씩 추가됨에 따라 1차, 2차, 3차로 나뉘는 것이 보통이다.

1차 확률지배(first-order stochastic dominance: FSD)에서는 작은 것보다는 보다 많은 부를 선호하게 된다($U'(w) > 0$)는 투자자들의 행동을 가정한다. 2차 확률지배(second-order stochastic dominance: SSD)에서는 투자자들은 보다 많은 부를 선호할 뿐 아니라 위험을 싫어하는 위험회피(risk aversion)의 행동($U''(w) < 0$)을 가정하게 된다. 또한 3차 확률지배(third-order stochastic dominance: TSD)에서는 앞서의 두 가지 가정 이외에 투자자들이 위험을 싫어하는 정도, 즉 절대위험회피(absolute risk aversion: ARA 또는 $R_A$)가 부의 수준이 증가함에 따라 감소한다.($U'''(w) > 0$)[8]는 사실을 추가적으로 고려하여 의사결정을 내린다. 이 중에서도 1차 확률지배기준은 증가형(한계효용이 0보다 큰) 효용함수를 갖는 모든 투자자들의 선호순서를 결정해 준다.

이는 두 대안의 확률변수에 대한 기대효용을 비교하지 않더라도 두 대안의 누적확률분포에 의해 선호순서를 결정하게 되면 기대효용을 비교하는 경우와 동일

8) 부($w$)의 함수로 표시되는 효용함수가 $U(w)$로 주어질 때, $R_A(w) = -\frac{U''(w)}{U'(w)}$ 의 정의로부터 $R_A'(w) = \left(\frac{U''(w)}{U'(w)}\right)^2 - \left(\frac{U'''(w)}{U'(w)}\right)$가 되므로 $R_A(w)$가 부의 감소함수($R_A'(w) < 0$)가 되기 위해서는 첫 번째 가정에 따라 $U'(w) > 0$이므로 결국 $U'''(w) > 0$이 되어야 한다.

한 결과를 얻을 수 있다는 것이다. 즉, 확률변수 $X$의 누적확률이 확률변수 $Y$의 누적확률보다 모든 경우에 있어서 작거나 같다면(이하 누적확률) $X$가 $Y$보다 선호되고 이는 동시에 $X$의 기대효용이 $Y$의 기대효용보다 일관성 있게 크다는 것을 의미한다.

또한 2차 확률지배기준의 경우에도 마찬가지이다. 즉 누적확률분포의 차이에 대한 1차 적분의 크기에 의해 선호순서를 결정하게 되면 이는 곧 체감적으로 증가하는 효용함수(non-decreasing concave utility function)를 갖는 위험회피형 투자자가 선택하게 될 의사결정결과와 같게 된다는 것이다. 즉, 2차 확률지배에 의해 $X$가 $Y$보다 선호된다면 $X$의 기대효용이 $Y$의 기대효용보다 크다는 의미가 된다.

3차 확률지배기준의 경우에도 마찬가지 이야기를 할 수 있다. 다만 이 경우에는 체감적으로 증가하는 효용함수의 형태일 뿐 아니라 $U''' > 0$, 즉 정의 비대칭도(positive skewness)를 선호하는 투자자들에게 적용되는 의사결정이 된다.

### (3) 확률지배의 적용 예

여기서는 복잡한 수학적 설명은 피하고 1차 확률지배를 이용한 의사결정의 경우를 [그림 8-14]에 도시되고 있는 대안들의 분포를 예로 들어 설명을 하고자 한다.

먼저 1차 확률지배를 이용한 의사결정을 설명하기 위하여 대안 $A$와 $D$의 분포를 [그림 8-14]와 같이 동일 평면상에 도시하고 각각의 분포에 대응하는 이하 누적확률분포("less than" cumulative distributions)[9]를 그 아래의 그림과 같이 도시한다. 그런데 $A$와 $D$의 확률분포를 비교하면 분포의 모양이 동일하여 위험수준은 같지만 $A$가 $D$의 경우 보다 높은 수준의 기대값을 중심으로 분포되어 있기 때문에 $A$가 $D$보다는 선호되는 것을 쉽게 알 수 있다. 한편 누적확률분포를 이용한 의사결정기준인 확률지배를 적용시키기 위해 [그림 8-14]의 위에 있는 확률분포에 대응하는 이하 누적확률분포를 그리면 $A$의 누적분포가 $D$의 누적분포보다 항상 작거나 같다는 것을 보여주고 있다. 이것은 기대값을 계산함에 있어서 $D$의 경우에는 $A$의 경우보다 낮은 결과치에 높은 확률(가중치)이 부여된다는 의미가 되므로 결과적으로 $D$의 기대값이 $A$의 기대값보다 작다는 것을 의미한다. 따라서 일반적으로 작은 것(부의 수준)보다는 많을 것을 선호하는 투자자의 입장에서 적용시킬 수 있는 1차 확률지배는 다음과 같이 요약될 수 있다. 즉 어떤 상황하에서도 모든 가능한 결과에 대해 따져볼 때 어떤 임의의 결과치보다 작을 확률(통계적으

9) 이하 누적확률분포는 어떤 결과가 일정한 값 이하가 될 확률을 의미한다.

그림 8-14 1차 확률지배

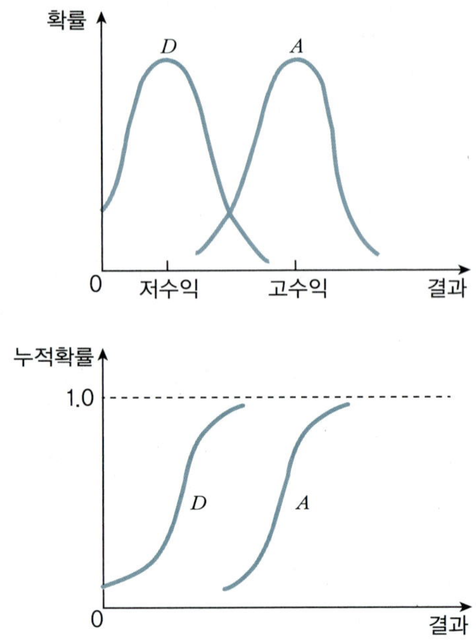


로는 이하 누적확률)이 항상 작거나 같은 대안이 큰 대안의 경우보다 선호된다는 것을 의미한다. 이는 예의 *A*, *D* 두 대안에 대한 선택문제에 있어서 *A*의 이하 누적확률분포가 *D*의 경우보다 항상 작거나 같으면 대안 *A*가 대안 *D*를 지배한다. 즉 *A*가 *D*보다 선호된다.

이를 구체적인 수치의 예를 들어 투자안 *A*, *B*의 확률분포, 즉 미래상황에 따른 투자결과가 〈표 8-16〉과 같이 주어질 경우 위의 1차 확률지배를 적용한다면 어떤 대안이 선호될 것인가? 이를 위해 투자안 *A*, *B*에 대한 이하 누적확률분포를[10] 하나하나 따져보면 〈표 8-17〉과 같고 이를 그림으로 보이면 [그림 8-15]와 같다. 이 예의 구체적인 수치에서 보듯이 모든 결과치(수익) 즉 7에서 12까지 모두 따져볼 때 항상 *A*의 대안이 *D*의 대안보다 어떤 임의의 결과치 이하가 될 누적확률이 항상 작거나 같다는 것을 알 수 있다. 따라서 수익이 일정수준 이하가 될 누적확률이 항상 작거나 같다는 것을 알 수 있다. 따라서 수익이 일정수준 이하가 될 누적확률은 *A*가 *B*보다 항상 작거나 같기 때문에 1차 확률지배기준에 의하면 투자

10) 불확실한 사건의 모든 가능한 결과치와 그에 상응하는 각각의 확률값이 주어질 경우 이하 누적확률분포는 가장 작은 결과치의 확률부터 누적합산시키는 방법이다. 이에 관하여는 본장의 제1절을 참고.

### 표 8-17 투자안의 확률분포

| 투자안 $A$ | | 투자안 $B$ | |
|---|---|---|---|
| 결과 | 확률 | 결과 | 확률 |
| 10 | 1/3 | 11 | 1/3 |
| 12 | 1/3 | 9 | 1/3 |
| 8 | 1/3 | 7 | 1/3 |

### 표 8-18 투자안의 이하 누적확률분포

| 결과(수익) | 이하 누적확률(수익이 일정수준 이하가 될 확률) | | | |
|---|---|---|---|---|
| | 투자안 $A$ | | 투자안 $B$ | |
| | 확률 | 누적확률 | 확률 | 누적확률 |
| 7 | 0 | 0 | 1/3 | 1/3 |
| 8 | 1/3 | 1/3 | 0 | 1/3 |
| 9 | 0 | 1/3 | 1/3 | 2/3 |
| 10 | 1/3 | 2/3 | 0 | 2/3 |
| 11 | 0 | 2/3 | 1/3 | 1 |
| 12 | 1/3 | 1 | 0 | 1 |

### 그림 8-15 이하 누적확률분포와 1차 확률지배

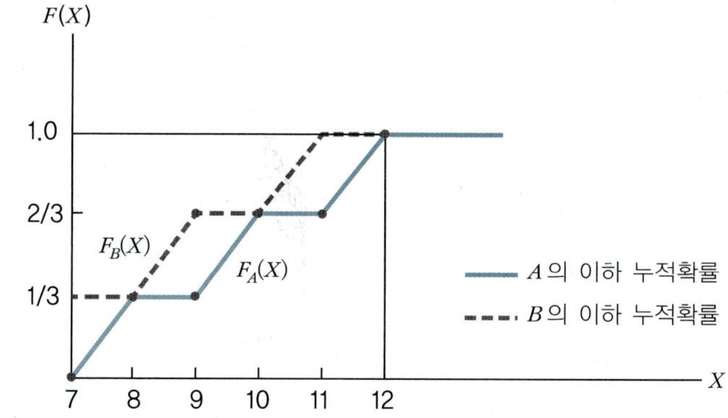

안 $A$가 투자안 $B$보다 선호된다. 이상에서 살펴본 바와 같이 확률지배는 일반적 속성을 갖는 어떠한 형태의 효용함수에도 적용될 수 있는 의사결정기준이 된다.

## 제 4 절 불확실성과 기대효용이론

기대효용이론은 불확실성하의 경제적(합리적) 선택행위를 설명하기 위한 이론적 도구로서 일반적인 의사결정기준으로 이용된다.

일반적으로 소비자들이 선택하는 소비와 그에 따라 얻어지는 심리적 만족감 사이에는 정(+)의 함수관계가 존재하게 되는데, 이러한 관계를 효용함수라고 정의한다. 이와 같은 효용함수는 투자활동의 경우 이로부터 얻어지는 부의 수준의 함수로 표시될 수 있다. 물론 만족의 척도로 사용되는 효용은 추상적 개념이기 때문에 보거나 만질 수 있는 것이 아닐 뿐 아니라 효용 한 단위(utils)가 어느 정도의 만족을 포함하고 있는지 알 수는 없다.

그러나 ① 소비 · 투자결정을 포함한 모든 일상적인 의사결정에 있어서 만족에 대한 주관적인 느낌의 정도가 분명 다르다는 점, 그리고 ② 만족과 선택행동 사이에는 정의 함수관계가 존재한다는 사실을 이용하여 사람들의 경제행위를 분석하고 이에 따라 나타나는 시장행태를 설명하게 된다. 여기서는 일반적인 투자환경인 불확실성하에서의 합리성(rationality), 즉 합리적 선택행동을 가정하는 일반공리체계들을 살펴본다. 그 다음 투자자들의 이러한 합리적 선택행동을 일관성 있게 설명해 줄 수 있는 수단인 효용함수(선호함수)가 이러한 공리체계(선호행동에 관한 가정)로부터 어떻게 유도되는가를 살펴본다.

### 4.1 합리적 선택행동의 가정—일반공리체계

불확실성하에서 투자자들의 합리적인 선택행동을 설명하기 위한 대표적인 효용이론이 폰노이만과 모겐쉬테른(Von Neuman & Morgenstern)에 의해 제시된 기대효용이론이다.[11] 이 이론에 따르면 투자자들이 다음의 다섯 가지 기준 또는 가정

11) J. Von Neuman, and O. Morgenstern, *Theory of Games and Economic Behavior*, Princeton University

에 따라 행동을 할 경우에는 합리적인 선택행동으로 간주되며 이때의 투자자행동은 기대효용기준에 의해 의사결정을 하는 것과 동일하게 된다는 주장이다. 즉, 투자자에게 확률분포로 주어지는 여러 가지 상호배타적인 대안 또는 행동이 있을 경우에 각 개인은 마치 각각의 가능한 대안들 중 최대 기대효용(maximum expected utility)을 얻을 수 있는 대안을 선택하는 것처럼 행동하게 된다는 것이다.

그렇다면 불확실성하에서의 인간의 합리성 또는 합리적 선택행동이란 구체적으로 어떤 경우를 말하는가? 그 기준이 되는 것이 바로 이제 설명하게 될 일반공리체계라고 불리는 다음 다섯 가지의 가정을 충족시키는 인간의 행태로 정의된다. 여기서는 우선 이에 관한 내용들을 살펴본다. 그 다음 이러한 공리체계 하에서는 소비자들의 선호관계를 일관성 있게 표시해 주는 수단으로서 효용함수가 존재하게 되며 불확실성하에서는 이것이 곧 기대효용이 된다는 것을 차례로 설명한다.

일반적으로 불확실성하에서 합리적인 선택이론을 전개하기 위하여 우선 다음의 공리체계를 가정한다.

① 공리 1-비교가능성(comparability): 두 개의 대안(alternative) $x$와 $y$에 대하여 $x$를 $y$보다 선호한다 함은 기호로 $x > y$라 쓰고, $x$보다 $y$를 선호한다 함은 $x < y$로 쓰며, $x$와 $y$는 서로 무차별하다 함은 $x \sim y$로 쓴다. 공리 1은 어느 소비자에게 주어진 모든 대안에 대하여 그 소비자는 모든 대안을 서로 비교하여 선호를 항상 표시할 수 있다는 것을 뜻한다. 예를 들어 어느 소비자에게 $x$와 $y$의 두 대안이 주어졌을 경우 그 소비자는 $x > y$, 또는 $x < y$, 또는 $x \sim y$중의 하나로 항상 표시할 수 있어야 한다. $x$나 $y$에 대하여 전혀 아는 바가 없어 비교할 수가 없다고 하면 이는 공리 1에 어긋난다.

② 공리 2-이행성(transitivity): 이 공리는 소비자의 선택행동은 일관성이 있어야 함을 뜻한다. 가령 어느 소비자에게 $x$, $y$, $z$ 세 개의 대안이 주어졌을 경우 $x > y$ 및 $y > z$이면 그 소비자는 $x > z$이어야 한다. 또는 $x \sim y$ 및 $y \sim z$일 경우 $x \sim z$임을 뜻한다. 흔히 소비자에게 이 공리에 맞지 않는 행동이 나타날 수 있다. 예로 어느 청년이 세 숙녀 $A$, $B$, $Y$를 비교한다고 하자. $A$를 $B$보다 선호하고 $B$를 $Y$보다 선호하다고 해서 이 청년은 $A$를 $Y$보다 꼭 선호한다고 볼 수는 없기 때문이다.

③ 공리 3-독립성(independence): 어느 두 결과 $x$와 $y$는 서로 배타적인 결과 $z$에 대하여 다음 관계가 성립한다.

---

Press, 1947.

$x \sim y$이면 $G(x, z ; \alpha) \sim G(y, z ; \alpha)$

단, $G(x, z ; \alpha)$는 $x$를 얻게 될 확률이 $\alpha$, $z$를 얻게 될 확률이 $1-\alpha$인 불확실한 대안, $G(y, z ; \alpha)$는 $y$를 얻게 될 확률이 $\alpha$, $z$를 얻게 될 확률이 $1-\alpha$인 불확실한 대안.

즉, 제3의 결과 $z$가 어떠한 결과이든 간에 $x$와 $y$가 무차별한 관계에 있다면 $x$ 및 $y$를 얻게 될 확률이 같은 이상 두 개의 불확실한 대안은 무차별하다.

④ 공리 4–계속성(continuity): 세 개의 대안 $x$, $y$, $z$에 대하여 $x > y \gtrsim z$ 또는 $x \gtrsim y > z$이면, 다음의 관계가 성립하는 확률 $\alpha(y)$가 항상 유일하게 존재한다.

$$y \sim G(x, z ; \alpha(y))$$

이 관계를 그림으로 보이면 다음과 같다.

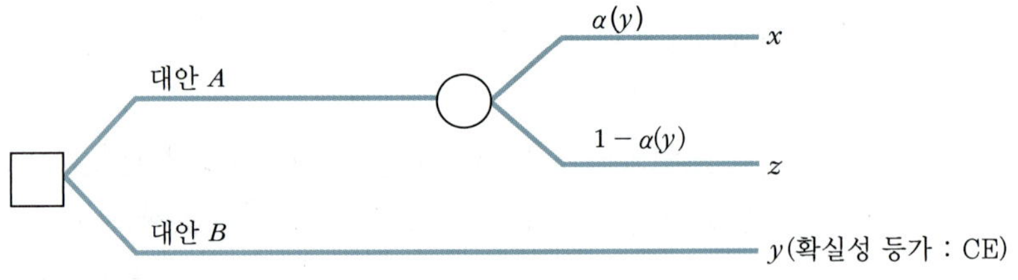


즉, $x$와 $z$의 결합으로 얻어지는 불확실한 결과를 선택했을 때(대안 $A$) 느끼는 만족과 확실한 값 $y$를 선택했을 때(대안 $B$) 느끼는 만족이 같아질 수 있는 확률 $\alpha(y)$가 항상 유일하게 존재한다는 것을 의미한다. 이러한 확률 $\alpha(y)$값은 1에서 0까지의 수치를 차례로 변화시켜 가다보면 $y$와 만족수준이 같다고 주관적으로 느끼는 무차별점이 반드시 어딘가에 존재하게 된다. 가령 $\alpha(y) = 1$이라면 대안 $A$은 $x$의 결과를 얻게 되고 $x \gtrsim y$의 관계이므로 대안 $A$가 대안 $B$보다 선호된다. 이번에는 $\alpha(y) = 0$이라면 대안 $A$은 $z$의 결과를 얻게 되고 $y \gtrsim z$의 관계에 있으므로 대안 $B$가 대안 $A$보다 선호된다. 따라서 대안 $A$과 대안 $B$가 선호에 있어서 차이가 없게 되는 확률 $\alpha(y)$가 0과 1 사이의 범위에서 항상 존재하게 된다는 것을 알 수 있다.

이때 y는 불확실한 대안 $G(x, z ; \alpha(y))$의 확실성등가(certainty equivalent)라고 부른다. 여기서 $x \gtrsim y \gtrsim z$이면 $x \sim y \sim z$인 경우 위의 식을 성립시키는 $\alpha(y)$가 유

일하지 않을 수 있다.

⑤ 공리 5-단조성(monotonicity): 어느 세 개의 대안 $x$, $y$, $z$에 대하여 $x \gtrsim y \gtrsim z$, $x \gtrsim u \gtrsim z$이며 공리 4에 의하여 다음의 관계식을 만족하는 유일한 $\alpha(y)$ 및 $\alpha(u)$가 존재한다고 하자.

$$y \sim G(x,\ z\ ;\ \alpha(y))$$
$$u \sim G(x,\ z\ ;\ \alpha(u))$$

이러한 관계를 그림으로 보이면 다음과 같다.

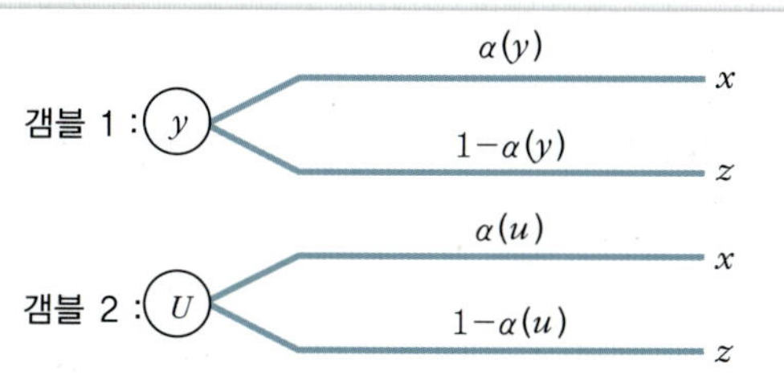


그러면 확률 $\alpha(y) \geq \alpha(u)$이면 $y \gtrsim u$가 된다. 즉, 두개의 불확실한 대안(갬블)의 성과는 $x$와 $z$로 동일하고 다만 $x$, $z$가 일어날 확률이 다를 경우에 사람들은 어떤 대안을 선택할 것인가? 이는 예에서 $x$가 $z$보다 더 선호되는 것이므로 더 선호하는 것($x$)을 얻게 될 확률이 큰 불확실한 대안 $G(x,\ z\ ;\ \alpha(y))$에 대한 확실성등가($y$)가 더 크므로 이를 선호하게 된다.

따라서 $\alpha(y)$, $\alpha(u)$의 크기는 $y$와 $u$의 선호관계를 보여주는 선호척도 또는 효용척도로 이용될 수 있다.

## 4.2 기대효용기준

위에서 설명된 가정들은 불확실성하의 의사결정기준인 기대효용정리(expected utility theorem)를 유도하기 위한 투자자들의 행동에 관한 가정이다. 이중 가정(공리) 1, 2는 선호순서에 관한 가정이고 3, 4, 5는 선호순서를 정할 때 투자자들의 합리성(rationality)에 관한 가정이다. 따라서 투자자들의 행동이 이러한 가정과 일치한다면 투자자들의 선택행동은 다음과 같은 기대효용정리에 따른 의사결정결과와 동일하게 된다.

① 소비자의 선호체계를 일관성 있게 보여주는 함수관계 $\alpha(\cdot)$가 존재한다. 여기서 $\alpha(\cdot)$를 효용을 표시하는 일반적인 기호 $U(\cdot)$로 다시 쓸 수 있으므로 $x \gtrless y \Leftrightarrow U(x) \gtrless U(y)$를 만족하는 $U(\cdot)$가 존재한다는 중요한 결과를 얻게 된다.

② 선택해야 할 불확실한 대안들이 존재할 경우 소비자의 선호를 일관성 있게 보여주는 $U(\cdot)$는 각각의 가능한 결과에서 얻어지는 효용지수 $U_1$, $U_2$, $\cdots$의 기대값인 기대효용이 된다. 따라서 불확실한 대안들에 대한 의사결정은 이처럼 계산되는 기대효용의 크기에 의해 이루어진다. 즉,

$U[G(x, y; \beta)] = \beta U(x) + (1-\beta)U(y)$가 된다.

이와 같은 ① 및 ②가 갖는 중요한 의미는 위의 공리체계하에서 기대효용(expected utility)을 극대화시킴으로써 불확실성에서 어떠한 다른 요소(예를 들면 분산)에 관계없이 소비자의 선호를 최적화시킬 수 있다는 점이다.

## 4.3 효용함수(효용곡선)의 유도

위의 기대효용정리로부터 불확실한 대안들의 확실성등가를 정해주는 확률 $\alpha(\cdot)$가 효용척도 또는 선호척도로 항상 이용될 수 있음을 보았다.

따라서 모든 불확실한 대안의 확실성등가에 대응하는 효용지수 $\alpha(\cdot)$가 항상 정해질 수 있고 이러한 효용지수(척도)의 크기에는 의사결정자의 위험에 대한 태도가 이미 반영되어 나타난다. 이제 이러한 과정을 설명하기 위하여 다음과 같은 두 개의 선택대안을 가정한다. 이 중 대안 A는 10만원을 받을 확률이 $\alpha$, 아무 대가도 받지 못한 확률이 $1-\alpha$인 갬블이다.

이때 확률 $\alpha=1$이면 대안 $A$의 결과는 확실하게 10만원을 받게 되므로 대안 B의 확실성등가가 10만원보다 작으면 당연히 $A$를 선택할 것이다. 이번에는 $\alpha=0$이고 확실성등가$=0$이라면 $A$, $B$에 대해 무차별한 선호를 보일 것이다. 그러나 문제는 $0<\alpha<1$의 값을 보일 때 확실성등가를 어느 정도로 평가할 것인가 하는 점이다. 예를 들어 $\alpha=0.5$이고 확실성등가$=50{,}000$원으로 주어진다면 일반적으로

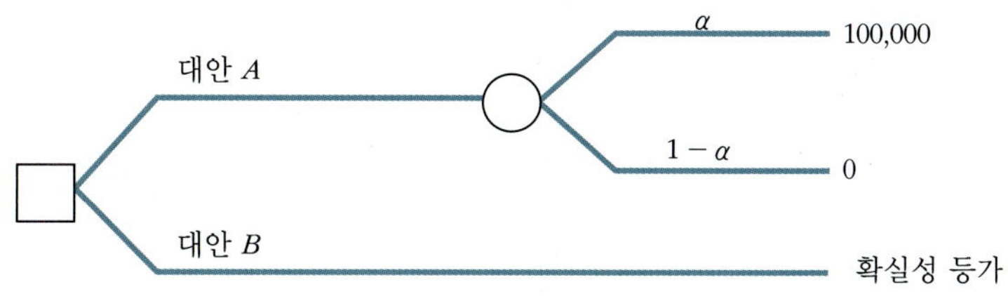


$A$, $B$ 두 대안 사이에서 어떠한 선호태도를 보일 것인가를 관찰하게 되면 그 사람의 위험에 대한 태도를 발견할 수 있게 된다. 이때 불확실한 대안 $A$의 기대값은 50,000원($0.5 \times$ 10만 $+ 0.5 \times 0$)이지만 위험부담을 싫어하는 사람은 확실한 대안 $B$의 50,000원을 더 선호하게 될 것이다. 그러나 확실성등가의 크기를 점점 줄여서 25,000원으로 주어지는 순간 두 개의 대안 사이에서 무차별한 선호태도를 보인다면 위의 대안 $A$(기대값 50,000)에 대한 확실성등가는 [그림 8-16]의 점 $A$에 대응하는 횡축의 값 25,000원이 된다는 것을 알 수 있다. 이처럼 위험을 싫어하는 사람(위험회피자)의 경우에는 확실성등가(*CE*)의 크기가 불확실한 대안으로부터 얻어지는 기대값(*EV*)보다 작게 되며 위험을 싫어하는 정도가 큰 사람일수록 그 차이도 커지게 된다. 이는 [그림 8-16]에서 곡선의 모양이 위쪽을 향해 더욱 휘어진 형

**그림 8-16 효용함수의 유도**

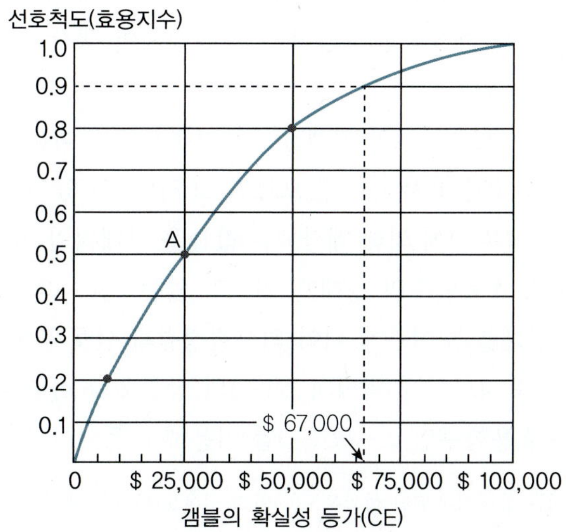

**그림 8-17 위험태도와 효용함수의 형태**

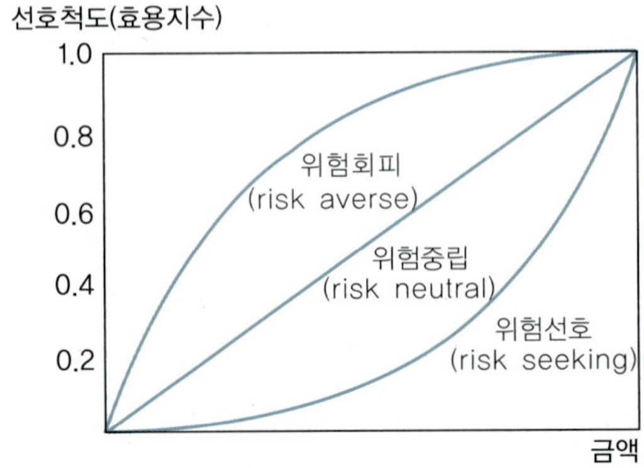


| 구분<br>위험태도 | 효용함수의 형태 | 확실성등가와<br>기대값의 관계 | 함수의 형태 |
|---|---|---|---|
| ① 위험회피형 | 오목형(concavity) | $CE < EV$ | 체감적 증가($U''(w) < 0$) |
| ② 위험중립형 | 직선형(linearity) | $CE = EV$ | 단순증가($U''(w) = 0$) |
| ③ 위험선호형 | 볼록형(convexity) | $CE > EV$ | 체증적 증가($U''(w) > 0$) |

태로 나타나게 된다는 것을 의미한다. 따라서 이와 같은 과정을 통해 각각의 확실성등가에 대응하는 효용지수들의 궤적을 보여주는 [그림 8-17]의 효용곡선이 얻어지게 된다. 그리고 곡선의 만곡의 정도(degree of curvature)는 위험을 싫어하는 정도(위험회피도)를 반영하고 있음을 알 수 있다. 따라서 의사결정자의 위험에 대한 태도를 효용곡선(효용함수)과 관련지어 생각해 보면 [그림 8-17] 아래 같이 요약할 수 있다.

또한 효용지수의 기대값, 즉 기대효용을 이용한 선호체계는 [그림 8-16]에서와 같이 0과 1 사이의 값으로만 표시할 수 있는 것은 아니다 이러한 효용함수 $\alpha(\cdot) = U(\cdot)$에 의해 계산되는 값들은 상대적인 선호순서의 크기만을 나타내주기 때문에 효용함수의 형태가 변하지 않는 정(+)의 1차 변환을 시키더라도 동일한 선호관계를 보여주게 되어 의사결정결과(선호체계)에는 아무런 영향을 주지 않게 된다. 즉, $U(\cdot)$에 임의의 정(+)의 상수 $b$를 곱한 후 임의의 상수 $a$를 더해준 새로운 효용함수인 $a + bU(\cdot)$를 이용해도 동일한 선호순서를 보여주게 된다.[12] 즉,

12) 이는 상대적온도인 섭씨온도(C)와 화씨온도(F)의 관계에 비유될 수 있다. 즉 $F = 32 + \frac{9}{5}C$의 관계로부터 똑같은 온도를 섭씨와 화씨온도로 측정할 수 있게 된다.

$$E[a+bU(w)] \gtreqless E[a+bU(w')]$$
$$\Leftrightarrow E[U(w)] \gtreqless E[U(w')],\ b>0$$

의 관계가 항상 성립하게 된다. 이는 첫 번째 식의 좌우 변에서 $a$를 차감해주고 이를 다시 $b$로 나누어주면 두 번째 식이 얻어짐을 쉽게 알 수 있다.

## 4.4 위험에 대한 태도와 의사결정

앞에서 폰노이만과 모겐쉬테른은 일정한 공리체계하에서 여러 가지 가능한 결과들에 대한 효용의 가중평균으로 계산되는 기대효용의 극대화가 불확실성하에서의 합리적인 선택기준이 된다는 것을 설명하였다. 즉,

$$E[U(w_i)] = \sum_i p_i U(w_i)$$

단, $p_i$ : 상태 $i$가 발생할 확률
$U(w_i)$ : 상태 $i$에서 얻어지는 부 $w$에 대한 효용

에 의해 계산되는 기대효용을 이용하여 선택행위를 분석할 수 있다. 가령 내일 야유회를 갈 것인가($a_1$), 그냥 집에 있을 것인가($a_2$)에 관한 의사결정을 내리고자 할 경우 각각의 상황에 따른 만족(효용)의 크기가 다음 표와 같다고 가정하자. 단, 이 경우 우천 시에도 강행한다고 가정한다.

| 상태($S$) / 의사결정행위($a$) | $S_1$(비가 안 옴) | $S_2$(비가 옴) |
|---|---|---|
| $a_1$ | 1 | 1/4 |
| $a_2$ | 1/2 | 1/2 |

그리고 기상대의 예보에 의하면 내일 비가 올 확률 50%, 비가 오지 않을 확률이 50%라고 한다. 이 경우 기대효용극대화를 의사결정기준으로 사용한다면 $a_1$, 즉 야유회를 갈 경우의 기대효용($1\times0.5+1/4\times0.5=5/8$)이 $a_2$, 즉 집에 있을 경우의 기대효용($1/2\times0.5+1/2\times0.5=4/8$)보다 크기 때문에 $a_1$을 선택하게 된다는 것이다.

이와 같은 기대효용기준은 앞서 설명된 기대가치기준과는 달리 위험을 감안한

다는 장점이 있다. 이는 기대가치기준에서는 단순히 화폐가치의 가중평균으로 계산되는 기대가치에 의해 의사결정을 하기 때문에 개인의 위험에 대한 태도를 고려하고 있지 않지만, 기대효용기준하에서는 효용값 그 자체에 위험에 대한 태도가 이미 반영되어 계산되기 때문이다.

그런데 효용함수의 형태와 투자자들의 위험에 대한 태도와의 관계는 이미 앞에서 살펴보았다. 따라서 여기서는 위험에 대한 태도에 따라 의사결정이 어떻게 이루어지는가를 각각의 경우별로 나누어 설명하고자 한다. 이를 위해 다음과 같은 게임의 기회가 이들에게 주어진다고 할 경우 각각 어떠한 의사결정을 내리게 되는가를 수치적인 예를 통해 살펴보자. 이를 위해 현재의 부의 수준이 50,000원인 어떤 투자자에게 20,000원을 얻을 확률이 1/2, 같은 금액을 잃게 될 확률이 1/2인 공정게임(fair game)의 기회가 주어졌다고 가정하기로 한다.

## 1. 위험중립형 투자자

위험에 대해 중립적인 태도를 취하는 사람은 효용함수의 형태가 [그림 8-18]에서와 같이 직선형으로 표현된다는 것을 이미 앞에서 살펴보았다. 따라서 이 경우에는 [그림 8-18]에서 보는 바와 같이 게임을 받아들임으로써 얻어지는 기대효용과 현재의 부에 대한 효용이 동일함을 알 수 있다. 즉, 갬블을 택했을 때 기대효용은

$$E(U) = \frac{1}{2}U_1 + \frac{1}{2}U_2$$

가 되고, 갬블을 택하지 않을 경우에는 확실한 효용

$$U = U^*$$

가 된다. 효용함수가 선형이므로

$$E(U) = U^*$$

이다.

따라서 이 투자자는 게임을 선택하든 선택하지 않던 무차별한 관계에 있게 된다. 이와 같이 효용함수가 선형인 투자자를 위험중립형 투자자(risk-neutral investor)라고 한다. 이때 만일 게임의 기대화폐가치가 정의 값을 갖는다면 이러한

그림 8-18 위험중립형과 공정게임

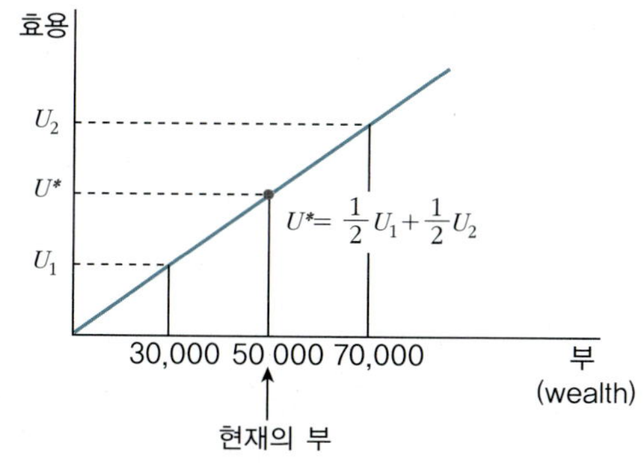


게임을 받아들이게 될 것이다. 따라서 선형의 효용함수를 갖는 투자자들은 기대 화폐가치를 선택기준으로 사용할 수도 있다.

## 2. 위험회피형 투자자

위험을 싫어하는 투자자(risk averter)의 경우에는 [그림 8-19]에서와 같이 원점에 대하여 오목한 형태의 효용함수(concave utility function)로 표현된다. 이러한 유형의 투자자는 이 게임에 참가하면 이길 경우 점 $B$로 효용수준이 주어지고 질 경우에는 점 $C$로 효용수준이 주어진다. 한편, 1/2씩의 확률을 갖는 이 투자안의 기대효용은 $B$, $C$의 중간인 $A$에서 그 값이 결정된다. 이때 이러한 게임의 기대 효용수준인 $U_3$는 효용함수상의 $E$점에 대응하는 효용수준과 같음을 알 수 있다. 이 효용수준과 현재의 부의 수준에 대응하는 점 $D$의 효용을를 비교하면 이 게임을 택하지 않는 것이 유리함을 알 수 있다. 이는 게임을 택하지 않음으로써 얻어지는 효용수준(점 $D$)이 게임을 택한 결과 얻어지는 기대효용(점 $E$)보다 크기 때문이다. 여기서 점 $E$의 효용수준은 사실상 50,000원보다 적은 확실한 부(예로 42,500원)의 효용과 동일함을 알 수 있다. 따라서 이러한 유형의 투자자는 게임을 택하는 경우나 42,500원의 확실한 부를 갖는 경우에 대해 무차별한 행동을 보이게 된다. 이때 점 $E$에 대응하는 금액 42,500원을 게임의 확실성등가(certainty equivalent)라 부르며 게임을 택한다 할 때 기대화폐가치 50,000원과 확실성등가인 42,500원의 차이인 7,500원은 이 투자자가 위험을 회피하기 위하여 그 대가로 지급하고자 하는 위험대가로 해석된다.

그림 8-19 위험회피형과 공정게임

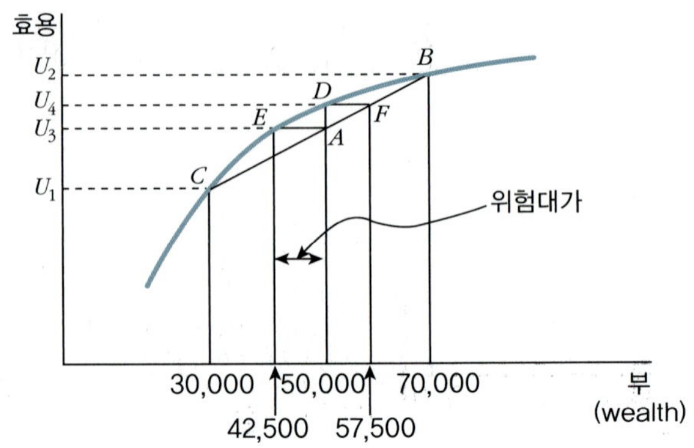


한편, 여기서 게임의 확률이 변화되어 기대화폐가치가 57,500원이 된다고 가정하자. 그러면 그림에서 보는 바와 같이 게임을 택하지 않을 때 확실한 화폐가치 50,000원에 대한 효용(*D* 점)과 기대화폐가치 57,500원에 대한 기대효용(*F* 점)이 같아진다. 이렇게 볼 때 게임의 기대값이 57,500원을 초과하여 그 기대효용이 확실한 화폐가치 50,000원에 대한 효용보다 클 경우에만 게임을 택하게 될 것이다. 위의 분석에서와 같이 오목형태의 효용함수를 갖는 투자자를 위험회피형이라고 부른다. 이는 투자자가 위험을 전혀 부담하려고 하지 않는다는 것을 의미하는 것이 아니다. 오히려 이 예에서 보는 바와 같이 불확실한 투자에 참여함으로써 생기는 위험을 충분히 보상해 줄만큼의 기대수익이 제공되면 그러한 위험부담을 기꺼이 택하게 된다.

## 3. 위험선호형 투자자

위험을 즐기는 사람의 경우에는 위험을 싫어하는 사람의 경우와는 달리 반대의 방향으로 곡선의 모양이 휘게 되어 [그림 8-20]에서와 같이 원점에 대하여 볼록한 형태의 효용함수(convex utility function)로 표현된다. 이 경우에는 게임을 택했을 때 나타나는 기대효용수준 $U_3$(*A*점)가 게임을 택하지 않은 상태에서 확실한 화폐가치 50,000원의 효용수준인 $U_4$(*D* 점)보다 크다.

이러한 현상이 나타나는 것은 이 투자자가 위험을 선호하기 때문이다. 따라서 이와 같이 볼록한 형태의 효용함수를 가진 투자자를 위험선호형 투자자(risk lover)라고 한다. 그림에서 *E* 점의 효용은 *A*점의 효용과 같으므로 *E* 점은 확실성등

그림 8-20 위험선호형과 공정게임

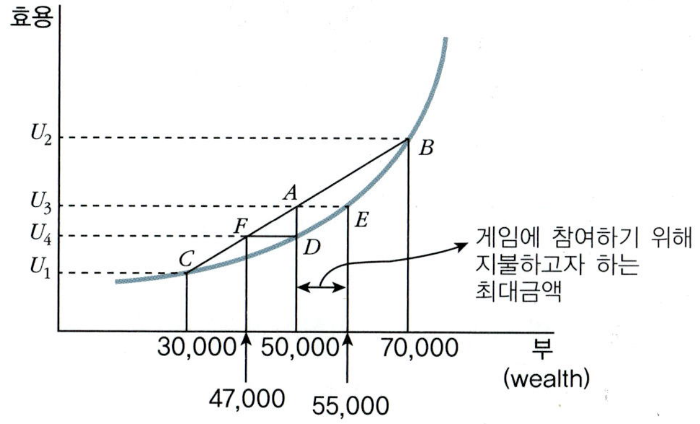


가를 나타내 주는 점이 된다. 이 경우 해당되는 확실성등가는 55,000원이 되는데 현재의 부 50,000원보다 5,000원이 많다. 여기서 위험대가로 해석되는 차이 5,000원은 이 위험선호형 투자자가 게임에 참가하기 위해 기꺼이 지불하고자 하는 최대금액으로 볼 수 있다.

한편, 게임을 택하지 않은 경우의 효용($D$점)과 기대효용이 같아지는 점 $F$에서의 화폐가치를 47,000원이라 할 때, 이러한 유형의 투자자는 그 기대값이 47,000원을 초과하는 한 게임에 계속 참가하고자 할 것이다.

이제 예를 들어 확률분포가 〈표 8-19〉와 같이 주어지는 $A$, $B$, $C$ 세 개의 투자안이 갑[$U(R) = 100R - 50R^2$], 을[$U(R) = 100R$], 병[$U(R) = 100R + 50R^2$] 세 명의 투자자에게 동일하게 주어졌을 때 이들의 투자안 $A$, $B$, $C$에 대한 선호순서는 기대효용에 따라 〈표 8-20〉과 같이 결정된다.

표 8-19 투자안의 특성

| 투자안 | 확률 | 수익률($R$) | E(R) | σ |
|---|---|---|---|---|
| $A$ | 0.5 | −3% | $E(R_A)$ = 3% | $\sigma_A$ = 6% |
| | 0.5 | 9% | | |
| $B$ | 0.5 | 0 | $E(R_B)$ = 3% | $\sigma_B$ = 3% |
| | 0.5 | 6% | | |
| $C$ | 1.0 | 3% | $E(R_C)$ = 3% | $\sigma_C$ = 0% |

**표 8-20 투자안(자산)의 기대효용 계산**

| 투자자 | 자산 A | 자산 B | 자산 C | 선호순서 |
|---|---|---|---|---|
| 갑(위험회피형) | $EU(A)=2.775$* | $EU(B)=2.91$ | $EU(C)=2.955$ | $C>B>A$ |
| 을(위험중립형) | $EU(A)=3$ | $EU(B)=3$ | $EU(C)=3$ | $C\sim B\sim A$ |
| 병(위험선호형) | $EU(A)=3.225$ | $EU(B)=3.09$ | $EU(C)=3.045$ | $A>B>C$ |

$$*EU(A)=U(R)p_i=\sum U(-0.03)(0.5)+U(0.09)(0.5)$$
$$=[100(-0.03)-50(-0.03)^2](0.5)+[100(0.09)-50(0.09)^2](0.5)=2.775$$

지금까지 편의상 투자자를 위험회피형, 위험중립형, 위험선호형 등으로 나누어 설명했다. 그러나 실제로 투자자들의 행위를 관찰해 보면 위험회피와 위험선호행동이 동시에 존재하는 경우도 있다. 예를 들어 갬블(gamble)을 하는 소비자가 위험(insuranye)에 가입된 자동차를 타고 다니거나 혹은 보험에 든 집에서 살고 있는 경우가 이에 해당된다. 전통적인 견해에 따르자면 화폐소득의 한계효용은 계속 감소한다는 주장이다. 이 가설은 투자자가 위험회피형이라는 것만을 설명할 뿐 갬블과 보험이 동시에 한 개인에게서 관찰되는 현상은 설명해 주지 못한다. 이에 대해 제본스와 마샬(Jevons and Marshall) 등 신고전파 경제학자들은 갬블은 효용극대화 행동에 의해 설명할 것이 아니라 단지 갬블 그 자체의 선호로 인한 행동으로 설명해야 한다는 주장으로 이 문제를 다루고자 하였다.

이에 대해 프리드만 사베지(Friedman-Savage)[13]는 [그림 8-21]과 같은 특별한

**그림 8-21 프리드만 사베지의 효용함수**

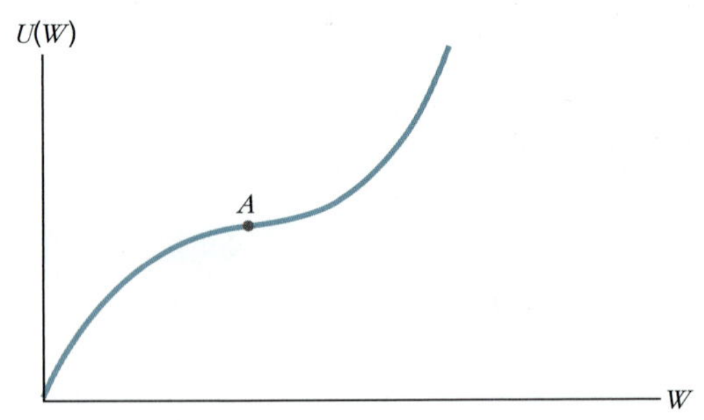


13) M. Friedman, and L. Savage, "The Utility Analysis of Choices Involving Risk" *Journal of Political Economy*, August 1948.

형태의 효용함수를 가정함으로써 이에 대한 설명을 시도하였다 이에 따르면 처음에는 한계효용이 감소하는 위험회피영역의 효용함수를 보인 다음 ($A$점까지) 다시 한계효용이 증가하는 위험선호영역의 효용함수를 갖는다는 것이다($A$점 이후의 부분). 이에 따라 한계효용이 감소하는 부분에서는 위험회피현상이 나타나 보험을 들게 되고, 한계효용이 증가하는 부분에서는 위험선호현상이 나타나 갬블을 하게 된다고 설명한다.

## 4.5 위험회피와 효용의 무차별곡선

일반적으로 투자자들은 위험회피형이라 볼 수 있다. 이는 시장에서 형성되는 증권의 수익률은 위험이 높을수록 높게 형성된다는 사실로 부터 입증된다. 즉, 위험이 높을수록 투자자들은 높은 위험대가를 요구하게 되어 수익률이 높게 형성되는 것이다. 이 현상은 곧 증권에 대하여 위험과 수익 사이에 상치관계(trade-off)가 존재한다는 것을 의미한다.

그러면 여기서 이러한 위험대가와 무차별곡선과는 어떤 관계가 있는가를 설명해 보기로 한다. 투자자들이 투자의 결정요인으로 수익과 위험만을 고려한다고 할 경우 효용함수는 다음과 같이 표시될 수 있다.

$$U = [E(r),\ \sigma]$$

단, $E(r)$ : 투자에서 기대되는 수익의 기대값
$\sigma$ : 기대되는 수익의 표준편차(위험)

여기서 투자자들의 효용, 즉 기대효용은 불포화만족(nonsatiation)의 가정에 따라 수익(또는 부의 수준)의 크기가 증가할수록 증가하게 된다. 반면 일반적인 투자자들은 위험을 싫어하기 때문에 표준편차나 분산으로 측정되는 위험이 커질수록 기대효용은 감소하게 된다. 이러한 두 가지 성질을 이용하면 기대효용을 일정수준으로 유지시킬 경우 기대수익과 위험 사이에는 정의 상치관계가 존재함을 알 수 있다. 따라서 기대효용수준이 같은(무차별한) 기대수익과 위험을 나타내는 점들의 궤적을 보여주는 무차별곡선은 [그림 8-22]와 같이 우상향의 기울기를 보이게 된다.[14)]

14) 이러한 관계는 다음과 같은 2차형 효용함수를 가정함으로써 쉽게 유도될 수 있다.

그림 8-22 무차별곡선도

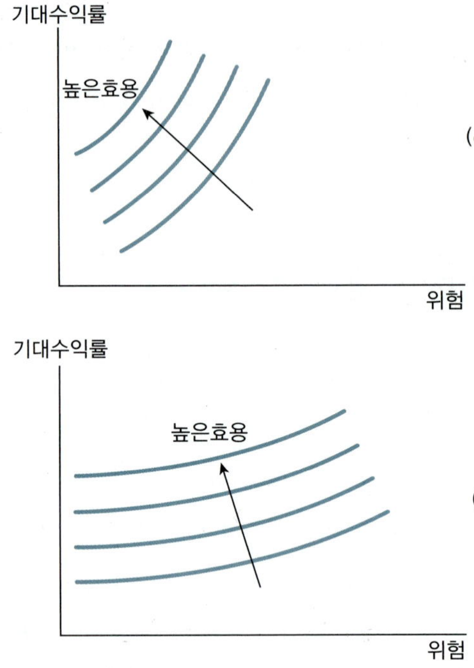


---

$$U(r) = ar + br^2,\ \mathrm{b} < 0$$

이때 $r \leq -\dfrac{a}{2b}$인 경우 이러한 효용함수는 일반적인 위험회피의 성향을 보여준다. 따라서 이에 대한 기대효용은 양변에 기대값을 취하여

$$\begin{aligned} E[U(r)] &= aE(r) + bE(r^2) = aE(r) + b[\sigma^2 + \mu^2] \quad \text{단, } E(r) = \mu \\ &= a\mu + b\mu^2 + b\sigma^2 \end{aligned}$$

가된다. 또한 위험회피형 투자자의 경우에는 기대수익($\mu$)과 효용은 (+)의 관계, 위험과 효용의 관계는 (−)의 관계를 보인다. 즉,

$$\frac{dE[U(r)]}{d\mu} = a + 2b\mu > 0,\ \mu \leq -\frac{a}{2b} \qquad ①$$

$$\frac{dE[U(r)]}{d\sigma^2} = b < 0 \qquad ②$$

따라서 기대효용이 같은 동일한 무차별곡선상에서는 다음 관계가 성립함을 알 수 있다.

$$\frac{d\sigma^2}{d\mu} = \frac{(a + 2b\mu)}{b} > 0$$

가 되고

$$\frac{d}{d\mu}\left(\frac{d\sigma^2}{d\mu}\right) = -2 < 0$$

따라서 평균($\mu$)과 분산($\sigma^2$)의 관계는 $\mu$가 증가함에 따라 $\sigma^2$은 체감적으로 증가하는 형태임을 알 수 있다.

물론 좌측상방에 위치하는 무차별곡선일수록 같은 위험에 대해서 높은 수익률을 나타내므로 보다 높은 수준의 총효용을 나타내준다. [그림 8-22] (a)의 경우 무차별곡선이 매우 급한 경사를 갖는데 이는 위험이 조금만 증가해도 요구수익률이 크게 증가한다는 것을 뜻한다. 이는 투자자의 위험회피도가 상대적으로 매우 크다는 것을 말하며 이런 형태의 무차별곡선을 갖는 자를 보수적 투자자(conservative investor)라고 부른다. 반면에 [그림 8-22] (b)의 경우는 경사가 매우 완만하여 이는 위험이 크게 증가하여도 요구수익률의 증가는 비교적 작은 경우이다. 이러한 투자자는 (a)의 경우보다는 위험을 비교적 덜 싫어하는 특성을 가진 투자자로서 공격적 투자자(aggressive investor)라고 부른다.

## 4.6 위험회피와 부(wealth)의 수준과의 관계

일반적으로 투자자들은 위험부담하기를 싫어한다. 그런데 이처럼 위험을 싫어하는 정도는 효용곡선의 형태에 반영되어 있음을 이미 앞에서 설명하였다. 즉 앞의 [그림 8-23]에서 위험을 싫어하는 사람들의 효용곡선을 보면 $A$, $B$ 두 점을 잇는 직선 위쪽으로 굽어져 있으며 위험을 더욱 싫어하는 사람일수록 굽어짐의 정도(degree of curvature)가 더욱 커진다. 이는 [그림 8-23]에서 효용함수가 어느 정도 오목한가(degree of concavity)에 따라 위험회피정도가 다르다는 것을 의미한다.

그림 8-23 오목성(concavity)과 위험회피의 관계

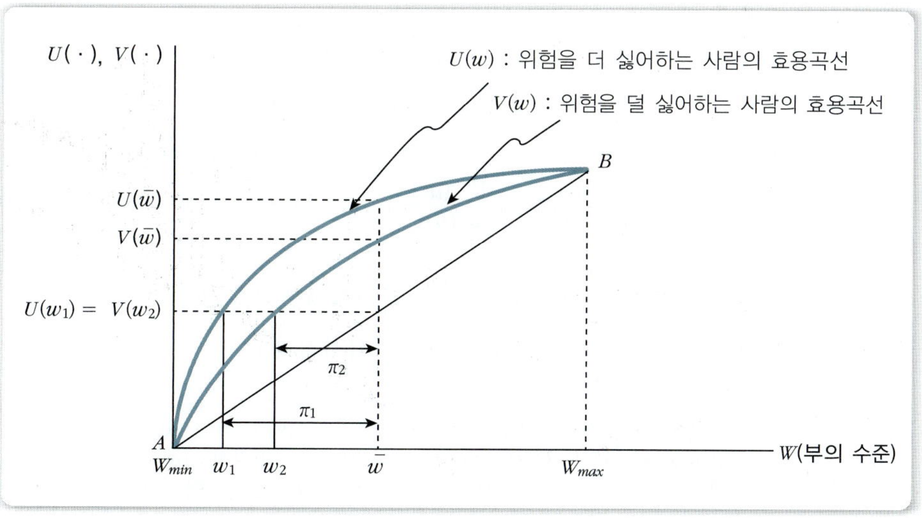

[그림 8-23]에서 위험을 더 싫어하는 사람의 효용함수일수록 더 많은 위험보상($\pi_1 = \bar{w} - w_1 > \bar{w} - w_2 = \pi_2$)를 요구하게 되고, 이는 위험을 회피하기 위해서는 더 많은 것을 포기할 준비가 되어 있다는 의미가 된다.

따라서 이런 사람일수록 확실성에 더 큰 가치를 부여하는 사람이다. 그렇다면 [그림 8-23]에서 보듯이 위험회피도가 큰 사람일수록 오목한 정도(concavity)가 커지게 되는데 이는 수학적으로 2차도함수인 $U''(w)$의 크기에 의해 측정된다.

그러나 문제는 위험회피도의 척도로서 단순히 2차도함수를 이용할 수 없다는 점이다. 즉

$$-U''(w) > -V''(w) \quad ①$$

의 관계가 존재한다고 해서 $V$보다 더 위험을 싫어한다고 말할 수는 없다.

이는 효용함수 $U(\cdot)$ 또는 $V(\cdot)$는 정(+)의 선형변환을 시켜도 선호관계에는 변화를 가져오지 않지만 2차 도함수의 크기는 변화시킬 수 있다. 가령 효용함수 $U$를 변화시키면

$$U_1(w) = a + bU(w),\ b > 1 \quad ②$$

가 된다. 이때 위험회피도(오목성의 정도)는

$$U_1''(w) = bU''(w)$$

로 측정되어 갑자기 전보다 $b$배만큼 더 위험을 싫어하는 사람으로 변하게 됨을 알 수 있다.

따라서 이러한 문제점을 해결하기 위하여 통상 ①의 양변을 각각의 1차 도함수 $U'(w)$, $V'(w)$로 나누어 준 다음의 값을 비교하여[15)]

$$-\frac{U''(w)}{U'(w)} > -\frac{V''(w)}{V'(w)} \quad ③$$

가 성립할 경우 $U$가 $V$보다 더 위험회피적이라고 이야기하게 된다. 이렇게 조정해 줌으로써 ②와 같이 1차 변환을 시키더라도

---

15) 위험회피형 투자자의 효용함수(오목형)이기 때문에 $U''(w) < 0$, $V''(w) < 0$이고 또한 한계효용은 항상 0보다 크므로 $U'(w) > 0$, $V'(w) > 0$이 된다. 따라서 전체적인 부호를 (+)로 만들어주기 위해 (−)부호를 취했으며 절대적인 위험회피의 크기를 비교해 주게 된다.

$$-\frac{bU''(w)}{bU'(w)}=-\frac{U''(w)}{U'(w)}>-\frac{V''(w)}{V'(w)}$$

가 되어 ③의 관계에는 영향을 주지 못함을 알 수 있다. 그렇다면 이제 이러한 위험회피의 정도와 투자자들의 부(소득)의 수준과는 어떠한 관계에 있으며, 또 소득이 증가할수록 위험자산에 대한 투자수요는 어떻게 변할 것인가를 차례로 살펴보기로 한다.

## 1. 절대위험회피와 위험자산에의 절대적 투자금액

위험회피의 정도를 측정해 주는 지표로는 크게 절대위험회피계수(ARA; absolute risk aversion)와 상대위험회피계수(RRA; relative risk aversion)가 있으며 이는 각각 $R_A(w)$, $R_R(w)$의 기호로 표시해 준다.

이 중 절대위험회피계수인 $R_A(w)$는 위에서 설명한 바와 같이 위험회피의 정도인 오목성(concavity)의 정도를 일관성 있게 측정해 주기 위해 다음과 같이 정의된다. 이때 $R_A(w)$의 크기가 큰 사람일수록 위험을 더 싫어하는 사람에 속한다.

$$R_A(w)=-\frac{U''(w)}{U'(w)}$$

여기서 $R_A(w)$는 부호에 따라 일반적으로 다음과 같은 의미를 갖게 됨을 알 수 있다.

| 위험태도 | 효용함수의 형태 | $R_A$(w) |
|---|---|---|
| 위험회피형 | 오목형[$U''(w)<0$] | $R_A(w)>0$ |
| 위험중립형 | 직선형[$U''(w)=0$] | $R_A(w)=0$ |
| 위험선호형 | 볼록형[$U''(w)>0$] | $R_A(w)<0$ |

한편 $R_A(w)$는 $w$의 함수인데 부($w$)의 수준이 증가함에 따라 $R_A(w)$의 크기는 어떻게 변할까? 또 각각의 의미는 무엇일까?

이에 관하여는 〈표 8-21〉에 요약 표시되어 있다. 즉, 〈표 8-21〉에서 알 수 있듯이 부($w$)의 수준이 늘어날수록 절대위험회피 [$R_R(w)$]가 감소한다는 것은 부자가 될수록 위험부담능력(risk tolerance)[16]이 증가하게 되고 이는 곧 위험자산에의

16) 이는 절대위험회피계수의 역수로써 정의된다.

즉, 위험부담능력 $=-\frac{U'(w)}{U''(w)}$가 된다.

절대적인 투자금액이 증가하게 됨을 의미한다. 이는 수학적으로는 $R_A(w)$을 부의 수준 $w$에 대해 1차 미분해 준 값$\left[\frac{dR_A(w)}{dw}\right]$의 부호를 따져주면 된다.

## 2. 상대위험회피와 위험자산에의 상대적 투자비율

위에서 정의된 절대위험회피계수는 일반적으로 위험회피의 정도를 측정해주는 척도로 사용된다. 그러나 $R_A(w)$가 갖고 있는 하나의 단점은 그 크기가 일반적으로 부의 수준을 측정해 주는 측정단위에 따라서 다르게 계산된다는 점이다.

가령 한 예로써 다음의 효용함수를 가정하여 살펴보자.

$$U(w) = ln(w),\ w > 0$$

따라서 이러한 형태의 효용함수를 갖는 사람의 한계효용은

$$U'(w) = \frac{1}{w} > 0$$

$$U''(w) = -\frac{1}{w^2} < 0$$

가 되어 위의 절대위험회피계수의 정의에 따라

$$R_A(w) = -\frac{U''(w)}{U'(w)} = \frac{1}{w}$$

이 된다는 것을 알 수 있다.

그러나 이 예에서 부($w$)의 수준을 달러단위로 측정해 준다면 ($w$가 1달러인 경우) $R_A(w) = 1$이 되지만, 센트로 측정해 준다면 $R_A(w) = 1/100 = 0.01$이 되어 다르게 계산됨을 알 수 있다.

따라서 측정단위에 관계없이 일관성 있는 값을 계산해 내기 위하여 다음과 같이 상대위험회피계수를 정의한다.

$$R_R(w) = -\frac{U''(w)}{U'(w)} \cdot w = w \cdot R_A(w)$$

따라서 위의 예를 여기에 적용시키면 측정단위에 관계없이 항상 $R_R(w) = 1$이 된다.

표 8-21

| 조 건 | $ARA(w)$의 성질 | 효용함수의 예 | 투자행태 |
|---|---|---|---|
| 절대위험회피의 증가 | $ARA'(w) > 0$ | $w - cw^2$ | 위험자산에의 절대적 투자금액 감소 |
| 절대위험회피의 불변 | $ARA'(w) = 0$ | $-e^{-cw}$ | 투자금액 불변 |
| 절대위험회피의 감소 | $ARA'(w) < 0$ | $ln\, w$ | 투자금액 증가 |

표 8-22

| 조 건 | $RRA(w)$의 성질 | 효용함수의 예 | 투자행태 |
|---|---|---|---|
| 상대위험회피의 증가 | $RRA'(w) > 0$ | $w - bw^2$ | 위험자산에의 상대적 투자비율 감소 |
| 상대위험회피의 불변 | $RRA'(w) = 0$ | $ln\, w$ | 투자비율 불변 |
| 상대위험회피의 감소 | $RRA'(w) < 0$ | $-e^{2w^{-1/2}}$ | 투자비율 증가 |

한편 $R_R(w)$는 부의 수준이 늘어남에 따라 어떻게 변화하고 또한 각각의 의미는 무엇인지는 〈표 8-22〉에 요약되어 있다. 가령 한 예로써 부의 수준이 늘어남에 따라 $R_R(w)$이 증가한다는 것은 상대위험회피도가 증가한다는 의미가 되고, 이는 곧 위험자산에의 상대적 투자비율이 감소한다는 것을 의미한다.

이상의 *ARA*, *RRA*에 관한 실증적인 증거로는 여러 가지가 있다. 우선 *ARA*에 관한 견해는 직관적으로 생각할 때 부자가 될수록 위험자산에의 투자금액이 증가한다고 볼 수 있기 때문에 *ARA*는 부가 증가함에 따라 감소한다고 볼 수 있다. 이에 대해서는 프랜드와 블룸(Friend & Blume), 그리고 코헨(Cohen) 등에 의해 입증된 바 있다. 그러나 *RRA*에 대해서는 일치된 견해를 보이고 있지 못한다. 즉 프랜드와 블룸은 *RRA*가 일정하다고 주장한 반면 코헨 등은 감소한다고 보았고 또 라타네(Latan ) 등의 연구에 의하면 *RRA*가 증가한다고 보고 있다.[17]

이상에서 살펴본 효용함수는 비록 추상적인 개념이긴 하지만 투자자의 행동을 이해하고 증권의 수익과 위험 사이의 관계에 관한 모형을 구성하는 데 도움을 줄 수 있다. 실제에 있어서 대부분의 실증적 증거들은 위험회피형 효용함수가 증권

17) I. Friend, and M. Blume, "The Demand for Risky Assets," *American Economic Review*, December 1975: R. Cohen, W.G. Lewellen, R. C. Lease, G.G. Schlarbaum, "Individual investor Risk Aversion and Investment Portfolio Composition," *Journal of Finance*, May 1975; H. Latan, "Income Velocity and Interest Rates: A Pragmatic Approach," *Review of Economics and Statistics*, 1960.

시장에서 지배적임을 보여주고 있고 그 결과 위험과 기대수익 사이의 관계는 정(+)의 관계로 나타나고 있다.

그러나 실제의 가격형성과정은 복잡하고 미래에 대한 투자자의 기대도 동일하거나 정태적(static)이지 못하다. 또한 증권의 가격결정과 관련된 정보라는 것도 항상 유동적이기 때문에 증권의 평가라는 것은 끊임없이 변하는 이들 조건에 대한 연속적인 조정과정으로 나타난다. 이렇게 볼 때 불확실성하에서 투자자들의 행동에 대한 연구결과는 아직 확정적이라 하기 어렵다. 따라서 향후 계속적인 연구가 필요하다.

## 연습문제

**1.** 다음을 간단히 설명하라.

(1) 확률변수

(2) 상관분석

(3) 회귀분석

(4) 성피터스버그의 모순

(5) 평균-분산기준

(6) 확률지배기준

(7) 기대효용기준

(8) 절대위험회피계수(ARA)

(9) 위험회피형

**2.** 수익과 위험의 상치관계(trade-off)란 무엇인가?

**3.** 고려화학 주식회사는 석유화학제품을 생산하고 있다. 이 회사는 유가가 변함에 따라 그 이익이 큰 폭으로 변화하고 있다. 고려화학 주식회사의 주식을 보유하고 있는 투자자는 그의 경험에 비추어 유가의 변화와 이에 따르는 자신의 수익률을 다음 표와 같이 예상하고 있다. 이 경우 이 투자자의 투자에 대한 기대수익률과 위험을 계산하라. 또 확률분포를 그려 보아라.

| 상 태 | 확 률 | 수익률 |
|---|---|---|
| 유가 하락 | 0.15 | 0.20 |
| 유가 상승 | 0.15 | −0.20 |
| 유가 불변 | 0.70 | 0.10 |

**4.** 우리나라 증권시장의 성과는 종합주가지수로 표시된다. 다음은 2011년의 종합주가지수를 월별로 나타내고 있다.

| 2011. 1 | 2011. 2 | 2011. 3 | 2011. 4 | 2011. 5 | 2011. 6 | 2011. 7 |
|---|---|---|---|---|---|---|
| 2,070 | 1,939 | 2,107 | 2,192 | 2,142 | 2,101 | 2,133 |
| **2011. 8** | **2011. 9** | **2011. 10** | **2011. 11** | **2011. 12** | **2012. 1** | |
| 1,880 | 1,770 | 1,909 | 1,848 | 1,826 | 1,956 | |

(1) 2011년 1년 동안의 보유기간 수익률은 얼마인가?

(2) 1년 동안의 시장성과에 대한 월별수익률의 산술평균과 기하평균을 구하라.

(3) 산술평균과 기하평균 수익률의 차이는 얼마인가? 이들의 관계를 설명하라.

**5.** 위험이란 무엇이며 그 원천에는 어떠한 것이 있는지 설명하라.

**6.** 위험의 척도에는 어떠한 것이 사용되는지 설명하라.

**7.** 다음은 안암산업과 신촌공업의 11년간의 주가를 보이는 것이다. 이를 기초로 두 기업의 수익률의 분산, 표준편차, 공분산, 상관계수를 구하라.

(단위: 천원)

| 기업 \ 연도 | 01 | 02 | 03 | 04 | 05 | 06 | 07 | 08 | 09 | 10 | 11 |
|---|---|---|---|---|---|---|---|---|---|---|---|
| 안암산업 | 55 | 64 | 53 | 50 | 62 | 78 | 73 | 63 | 61 | 68 | 74 |
| 신촌공업 | 34 | 28 | 42 | 48 | 40 | 42 | 44 | 50 | 48 | 42 | 49 |

**8.** 다음은 서울주식회사의 주식에 대한 수익률과 시장지수를 나타낸다. 이를 기초로 증권특성선을 추정하고 투자주식회사의 총위험을 구하라. 또 서울(주)의 체계적 위험과 비체계적 위험을 구하고 이를 시장모형의 결정계수와 관련하여 설명하라.

| 구분 \ 연도 | 01 | 02 | 03 | 04 | 05 | 06 |
|---|---|---|---|---|---|---|
| (주) 서 울 | −0.095 | −0.055 | 0.064 | −0.044 | 0.082 | −0.025 |
| 시장수익률 | −0.004 | −0.044 | −0.019 | −0.009 | 0.051 | −0.031 |
| **구분 \ 연도** | **07** | **08** | **09** | **10** | **11** | **12** |
| (주) 서 울 | −0.114 | 0.096 | −0.188 | 0.107 | −0.040 | −0.028 |
| 시장수익률 | 0.051 | −0.001 | −0.117 | 0.014 | −0.001 | 0.004 |

**9.** 확실성하의 의사결정과 불확실성하의 의사결정의 목적과 그 공리체계의 차이를 설명하라.

**10.** 평균-분산 무차별곡선을 얻기 위해 필요한 조건을 설명하라.

**11.** 위험선호형 투자자의 무차별곡선의 대체적인 모양을 도시하라.

**12.** $A$는 현재 5,000만원의 부를 가지고 있으며, 그의 효용함수 $U(w) = ln(w)$이다. $A$는 $B$와 자동차 경주를 해서 이길 경우 1,000만원을 받고 질 경우에는 1,000만원을 주어야 한다.

(1) 이 경주를 할 경우 $A$의 기대효용을 구하라.

(2) 이 경주에 대한 $A$의 확실성등가를 계산하라. 만약 125만원을 주고 보험에 들 경우 이 게임의 위험이 완전히 없어진다면 $A$는 보험에 들겠는가?

(3) $A$가 이 경주에 참가하여 진 후 그의 부는 4,000만원으로 줄어들었다. 이 경우 $B$가 다시 똑같은 경주를 제의할 경우 $A$의 기대효용과 확실성등가를 구하라.

(4) 이 경우 125만원의 보험료를 지불함으로써 위험이 완전히 제거된다면 $A$는 보험에 들겠는가?

**13.** $K$주식과 종합주가지수의 월별수익률의 결합확률분포(joint probability distribution)가 다음과 같다고 하자.

| $K$주식의 수익률 | 시장수익률 | | |
|---|---|---|---|
| | −0.03 | 0.001 | 0.01 |
| −0.02 | 0.20 | 0.04 | 0.01 |
| 0.01 | 0.13 | 0.06 | 0.01 |
| 0.04 | 0.02 | 0.03 | 0.50 |

(1) $K$주식과 시장수익률의 기대치와 분산을 구하라.

(2) $K$주식과 시장수익률의 상관계수를 구하고, $K$주식의 베타계수를 산출하라.

(3) $K$주식의 체계적 위험의 크기를 구하라.

(4) 시장수익률의 변화에 의해 K주식의 수익률의 변화가 설명되는 비율은?

**14.** 고려기업은 다음과 같은 미래현금흐름을 갖는 두 투자안을 고려하고 있다.

| 투자안 A | | 투자안 B | |
|---|---|---|---|
| 확 률 | 현금흐름 | 확 률 | 현금흐름 |
| 0.2 | 4,000만원 | 0.4 | 0 |
| 0.6 | 5,000만원 | 0.2 | 5,000만원 |
| 0.2 | 6,000만원 | 0.4 | 10,000만원 |

고려기업은 현재 8,000만원의 고정부채를 가지고 있다고 하자. 이때 주주들의 유한책임(limited liability)이 인정된다면 주주들은 어떤 투자안을 택하게 되는가? 유한책임이 없다면 고려기업은 어떤 투자안을 선택하겠는가? 평균-분산기준 및 1차 확률지배기준에 의해 평가하라.

**15.** 증권의 수익률이 정규분포를 이룬다고 가정하고 각 경우에 대해 1차 확률지배를 이용하여 포트폴리오 $A$와 포트폴리오 $B$를 비교하라.

| 1 | 2 | 2 |
|---|---|---|
| $\sigma_A > \sigma_B$ | $\sigma_A = \sigma_B$ | $\sigma_A < \sigma_B$ |
| $E_A = E_B$ | $E_A > E_B$ | $E_A < E_B$ |

**16.** $U(w) = -e^{-aw}$의 효용함수에 대하여

(1) a > 0임을 가정하고 함수를 도시하라.

(2) 불포화만족조건을 만족시키는가? 위험회피의 정도는 어떤가?

(3) 이 효용함수는 절대위험회피가 감소하는가?

(4) 상대위험회피는 일정한가?

C·H·A·P·T·E·R 09

# 포트폴리오이론

"분산투자는 자신이 무지함으로 인해 손해를 보지 않으려고 하는 행동일 뿐이다. 자신이 무엇을 하고 있는지 아는 사람은 그럴 필요가 없다."

－Warren Buffett－

리스크관리라는 재정적 형태와 크게 상관있는 문제는 아니지만 상인들은 일찍이 리스크를 분산시키기 위해서는 투자대상을 분산해야 한다는 것을 배웠다. 셰익스피어의 베니스의 상인에 등장하는 안토니오(Antonio) 역시 그 점을 잘 알고 있었다(1막 1장).

나는 어떤 하나의 투자가치가 있다고 해서,
그 하나에 내 모든 재산을 쏟아 붓지는 않지.
올해 제법 운 좋게 흐르고 있다 해도 말이야.
그렇기 때문에 나는 슬픔을 모르고 장사를 하지.

－Peter L. Bernstein의 'Against The Gods(신을 거역한 사람들)' 중에서－

제1장에서는 투자의 개념과 투자결정시 고려하여야 할 두 가지 주요 특성인 위험-수익의 상치관계에 대하여 설명하였다. 또한 투자수단인 여러 종류의 증권이 거래되고 있는 증권시장이 어떻게 구성되고 운영되는가에 대해서도 살펴보았다. 특히 시장에서의 모든 정보는 가격에 즉시 반영되기 때문에 과대 또는 과소평가된 증권은 존재하지 않는다는 시장의 효율성 개념에 대해서도 살펴보았다. 따라서 여기서는 증권시장이 이처럼 효율적으로 운영된다는 전제하에, 투자수익을 극대화하고 위험을 극소화시킬 수 있는 효율적 시장 하에서의 투자분석기법인 현대적인 포트폴리오 분석방법에 관하여 살펴보고자 한다.

투자자들의 기본적인 경제행위는 의사결정상황에 따라 다음 두 가지 경우로 집약된다.

① 확실성하의 소비-투자선택이론(intertemporal choice theory): 현재소득 중 얼마만큼을 소비하고 저축할 것인가에 관한 의사결정문제로서 시간의 차이에 따른 화폐의 시간가치를 고려한 경제적 의사결정행위를 분석(economics of time)

② 불확실성하의 소비-투자선택이론(portfolio choice theory): 저축을 통해 축적된 자금을 어떤 형태의 자산으로 나누어 보유할 것인가에 관한 의사결정문제로서 불확실성, 즉 위험의 차이를 고려한 경제적 의사결정행위를 분석(economics of uncertainty)

이 중 1952년 마코위츠에 의해 소개되기 시작한 포트폴리오 선택이론은 투자의 불확실성이 존재하는 경우 이에 초점을 맞추어 투자위험을 효율적으로 관리하기 위한 기법으로 발전되었다. 이 이론은 '위험을 싫어하는 합리적인 투자자들이라면 불확실성하에서 마땅히 어떠한 투자선택행동을 보이는 것이 바람직한가' 하는 최적포트폴리오의 선택문제를 다루고 있는 규범적 성격의 이론(normative theory)이라고 할 수 있다. 이때 투자자의 주요 관심사는 어떻게 하면 위험부담을 극소화하면서 높은 수익률을 얻을 수 있는 가에 집중될 것이다. 따라서 투자자들은 각 증권의 위험-수익 특성을 관찰한 다음 이러한 증권들로 결합되는 포트폴리오들을 구성하는 기법을 연구해야 한다. 무엇보다도 포트폴리오이론의 주요 공헌이라고 할 수 있는 것은, 첫째 금융(증권)시장을 통한 위험분산의 필요성과 그 방법을 소개하였다는 점, 둘째 위험분산을 위해 오래 전부터 인식되어 왔던 "계란을 하나의 바구니에 담지 말고 여러 바구니에 나누어 담으라"는 투자격언을 이론적으로 정리하여 위험자산의 분산보유방법을 소개하였다는 점, 그리고 셋째로는 다음 장에서 다루게 될 샤프(1963) 등에 의해 제시된 위험자산의 가격결정모형(CAPM)을 유도하기 위한 이론적 기초가 되었다는 점을 들 수 있다.

본 장에서는 우선 포트폴리오이론의 기초개념과 분산투자에 의한 위험감소원리를 설명한다. 그 다음 포트폴리오분석을 위한 기본적인 분석체계를 확립한 마코위츠모형의 내용을 살펴보고자 한다. 이어 효율적 포트폴리오의 개념을 알아보고 포트폴리오의 위험-수익은 개별자산의 위험-수익과 어떻게 다른가를 살펴보기로 한다. 그리고 실제적인 문제로서 포트폴리오의 위험-수익특성을 평가하고 효율적 포트폴리오들의 집합을 찾아내는 방법을 설명한다.

## 제1절 포트폴리오이론의 기초

확실성하에서의 투자는 단순하다. 가장 높은 수익을 제공하는 하나의 자산을 선택하면 된다. 그러나 불확실성하에서는 수익뿐만 아니라 위험도 중요한 투자의 사결정의 변수가 된다. 따라서 투자자들은 위험을 줄이기 위한 노력으로 하나의 증권에 집중적으로 투자하기보다 투자자금을 여러 증권에 나누어 투자하는 이른바 포트폴리오 행동을 보이는 것이 일반적이다. 투자자들이 이와 같은 투자행동을 보이는 것은 위험의 분산이 가능해 지기 때문이다.

포트폴리오(portfolio)라 함은 넓은 의미로는 둘 이상의 자산의 결합방식을 의미하나 여기서는 좁은 의미로 해석하여 복수증권의 조합 또는 결합방식을 의미하는 용어로 사용하기로 한다.

이와 같이 여러 증권의 집합으로 이루어지는 포트폴리오는 또 하나의 새로운 형태의 증권으로 볼 수 있기 때문에 이 또한 위험-수익 두 가지의 기본적인 투자특성에 의해 설명될 수 있다.

포트폴리오이론은 합리적인 위험회피형 투자자 즉, 개인적으로 수용가능한 위험수준에 상응하는 기대포트폴리오수익을 극대화하고자 하는 투자자들의 최적포트폴리오 구성문제를 다루는 이론이다. 반면 다음 장에서 다루어질 자본시장이론은 이러한 투자자들의 의사결정행동의 결과가 증권의 가격결정관계(위험-수익관계)에 대하여 어떠한 의미를 갖는가를 다룬다. 이들 두 이론은 모두 투자위험을 규정하고 측정하며, 투자수익과 위험의 관계를 전개하는 틀을 제공하여 준다는 점에서 매우 중요한 이론이다.

## 1.1 투자선택의 기준

전장에서 설명한 기대효용이론에 따르면 불확실성하에서 각 개인은 여러 가지 가능한 소비-투자결정과 관련된 기대효용을 검토하여 기대효용이 극대화되는 대안을 선택한다. 이때 불확실성이란 완전무지의 상태를 말하는 것은 아니며 미래의 정확한 결과는 알 수 없겠지만 적어도 각각의 가능한 상황별 결과치들은 확률분포의 형태로 추정할 수 있는 경우를 말한다.

그러나 의사결정이란 관점에서 볼 때 각각의 가능한 소비-투자결정에 따른 모든 확률분포를 상세히 검토한다는 것은 불가능한 일일 뿐 아니라 실질적인 관점에서도 기대효용모형 그 자체는 소비자행동에 대하여 관찰할 수 있거나 또는 검증할 수 있는 내용을 갖는 명제를 제시해 주지는 못한다. 이러한 이유 때문에 기대효용기준에 대한 현실적 대안이 될 수 있는 의사결정기준이 필요하게 된다.

### 1. 평균-분산기준으로의 단순화

따라서 투자자들의 이러한 기대효용 극대화 행동과도 일치하면서 모형을 보다 실용적이고 경제적인 내용을 갖도록 하기 위해서는 추가적인 가정이 필요하다. 즉, 불확실성하에서 주어지는 정보(확률분포)를 일일이 비교하기보다는, 분포의 모양에 관한 특성을 설명해 주는 몇 가지의 대표적인 통계적 척도만을 측정하고 이를 비교함으로써 의사결정과정을 보다 단순화시킬 수 있다. 이는 마치 미인대회에서 미인들의 몸매를 몇 가지 신체적 특성치에 의해 비교 평가하는 경우에 비유될 수 있다.

사실상 앞서의 확률분포를 고려한 기대효용의 극대화문제는 포트폴리오수익률의 확률분포가 8장에서 설명된 정규분포의 모양을 할 경우 불확실한 포트폴리오 수익률들에 대한 투자자의 선호관계는 평균과 분산이라는 두 가지의 통계적 요약척도로 표시할 수 있게 된다. 이 경우 이들 두 수치의 크기만을 비교하여 평가함으로써 의사결정문제가 단순화될 수 있다.

즉, 확률분포가 정규분포를 이룬다고 가정하면 여러 자산(증권)을 결합한 포트폴리오의 수익률 분포도 2 모수(two parameters) 분포가 되어 각각의 평균과 분산(또는 표준편차) 기준에 의해 분포가 완전히 설명된다. 이에 따라 평균과 분산이 투자자 선호의 합리적인 기준으로 사용될 수 있게 된다.

또한 투자자의 선호(investor preference)가 2차형 효용함수(quadratic utility function)로 주어질 경우에도 포트폴리오 수익률의 평균과 분산기준에 의한 포트폴리오 의사결정이 가능하게 된다. 이는 2차형 효용함수에서 1차 항의 기대치는 기대수익률, 2차 항의 기대치는 분산의 특성을 나타내어 결국 기대효용을 기대수익률과 분산의 함수로 표시할 수 있기 때문이다. 결국 이와 같은 평균-분산(표준편차) 기준에 의한 포트폴리오분석이 가능하도록 하기 위해서는 다음의 두 가정 중 적어도 하나가 성립하여야 한다.

첫째, 투자대상인 포트폴리오수익률의 확률분포가 다음과 같은 함수로 표시되는 정규분포가 되어야 한다. 즉,

$$f(R)=\frac{1}{\sigma\sqrt{2\pi}}e^{-\frac{1}{2}\left[\frac{R-E(R)}{\sigma}\right]^2}=f[E(R),\sigma]$$

단, $E(R)$ : 기대수익률
$\sigma$ : 표준편차
$R$ : 수익률

둘째, 투자자들의 효용함수가 다음과 같이 한계효용이 체감하는 모양의 2차형 효용함수가 되어야 한다. 즉,

$$U(R)=aR-bR^2(a,\ b\text{는 } a>0,\ b>0 \text{ 상수})$$

이 경우, 불확실성하에서의 효용극대화는 기대효용극대화와 동일하므로 위 식을 다음과 같이 쓸 수 있다.

$$\begin{aligned}E[U(R)] &= aE(R)-bE(R^2)\\ &= aE(R)-b[\sigma^2+\{E(R)^2\}]\ (\text{단, } \sigma^2=E(R^2)-[(E(R)]^2)\\ &= f[E(R),\sigma^2]\end{aligned}$$

즉, 기대효용은 기대수익률과 분산의 함수로 표시된다.

한편, 위의 2차형 효용함수를 도시해보면 [그림 9-1]과 같이 위험회피형의 형태로 나타난다. 따라서 2차형 효용함수의 가정은 한계효용이 체감하는 비교적 현실적인 가정으로 볼 수 있다.

그림 9-1 2차형 효용함수

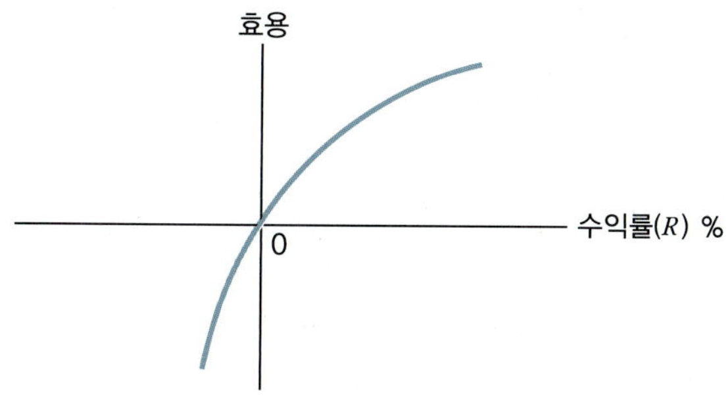


## 2. 포트폴리오의 수익과 위험(평균-분산) 측정

그러면 이제 포트폴리오의 두 가지 기본 속성인 기대수익률과 위험의 계산방법과 그 의미를 설명해 보자.

### (1) 포트폴리오의 기대수익률

불확실성하에서 포트폴리오의 기대수익률은 포트폴리오를 구성하고 있는 개별자산(증권)의 기대수익률에 개별자산에의 투자비율을 곱한 가중평균의 개념으로 계산한다.

먼저 개별자산의 수익률은 불확실성하에서 확률변수로 주어지며 이러한 $N$개의 개별자산으로 결합되는 $N$자산 포트폴리오의 수익률도 확률변수가 되고, 이는 각 개별자산의 수익률에 그 자산에 대한 투자비율들을 가중평균하여 다음과 같이 계산한다.

$$\widetilde{R}_p = \omega_1\widetilde{R}_1 + \omega_2\widetilde{R}_2 + \cdots + \omega_N\widetilde{R}_N$$

단, $\omega_i$ : $i$ 자산에의 투자비율
$\widetilde{R}_i$ : $i$ 자산의 수익률
$\widetilde{R}_p$ : 포트폴리오의 수익률

따라서, 포트폴리오 수익률의 기대값은 위 식의 양변에 기대값 연산기호 $E(\cdot)$를 취함으로써 각 개별자산의 기대수익률에 대한 가중평균으로 구해진다. 즉,

**표 9-1** 증권의 위험과 수익

| | 증권 1 | 증권 2 |
|---|---|---|
| 기대수익률 | 0.15 | 0.05 |
| 분　산 | 0.20 | 0.15 |
| 표준편차 | 0.4472 | 0.3873 |

$$E(\widetilde{R}_p) = \omega_1 E(\widetilde{R}_1) + \omega_2 E(\widetilde{R}_2) + \cdots + \omega_N(\widetilde{R}_N)$$
$$= \sum_{i=1}^{N} \omega_i E(\widetilde{R}_i)$$

따라서 포트폴리오의 기대수익률에 대해 각 개별자산이 기여하는 부분은 개별자산 자체의 기대수익률이 된다.

예를 들어 〈표 9-1〉의 두 증권을 생각해 보자. 어떤 투자자가 투자자금의 30%를 증권 1에 투자하고 70%를 증권 2에 투자할 경우 이 포트폴리오의 기대수익률은 다음과 같이 계산된다.

$$E(\widetilde{R}_p) = \omega_1 E(R_1) + \omega_2 E(R_2)$$
$$= (0.3)(0.15) + (0.7)(0.05) = 0.08$$

만약 증권 1에 투자자금의 50%, 증권 2에 50%를 투자하는 경우 포트폴리오의 기대수익률을 계산하면 다음과 같다.

$$E(R_p) = (0.5)(0.15) + (0.5)(0.05) = 0.10$$

### (2) 포트폴리오의 위험

포트폴리오의 위험은 사전에 투자자가 기대하였던 기대수익률과 사후적으로 실현하는 실제수익률과의 평균적인 차이를 의미한다. 따라서 포트폴리오 수익률의 위험은 $\widetilde{R}_p$가 $E(\widetilde{R}_p)$보다 크게 되는 상향적 편차(upside deviations)의 크기와 보다 낮을 가능성이 있는 하향적 편차(downside deviations)의 크기를 동시에 고려한 분산(dispersion) 또는 이의 제곱근인 표준편차로 측정된다. 이는 나중에 실제로 실현되는 실제의 수익률들이 사전에 예상했던 수익률과는 평균적으로 얼마만큼의 차이를 보이는가를 측정해 주는 척도로서 다음과 같은 통계적 분산으로 측정된다. 즉, 분산은 실제수익률과 기대수익률간의 편차의 제곱에 대한 가중평균으로서 다음과 같이 쓸 수 있다.

$$\begin{aligned}\sigma_p{}^2 &= E[R-E(R_p)]^2 \\ &= E[\{\sum_{i=1}^{N} w_i R_i - \sum_{i=1}^{N} w_i E(R_i)\}^2] \\ &= E[\{\sum_{i=1}^{N} w_i (R_i - E(R_i))\}\{\sum_{j=1}^{N} w_j (R_j - E(R_j))\}] \\ &= E[\sum_{i,j=1}^{N} w_i w_j (R_i - E(R_i))(R_j - E(R_j))] \\ &= \sum_{i,j=1}^{N} w_i w_j \sigma_{ij}\end{aligned}$$

한편, 이러한 포트폴리오 수익률의 분산은 또한 다음과 같은 형태로 쓸 수도 있다.

$$\sigma^2(R_p) = \sum_{i=1}^{N} w_i Cov(\widetilde{R}_i, \widetilde{R}_p)$$

여기서 $Cov(\widetilde{R}_i, \widetilde{R}_p)$는 $i$번째 자산의 수익률과 이 $i$자산을 포함하고 있는 포트폴리오 수익률과의 공통적인 변화(comovement) 정도를 측정하는 척도이다. 위의 식으로부터 우리는 포트폴리오 $p$의 전체위험에 대한 $i$자산의 기여분(contribution)은 공분산, 즉 $Cov(R_i, R_p)$가 되고 따라서 포트폴리오 $p$ 전체 안에서의 증권 $i$의 상대적 위험은

$$\frac{Cov(R_i, R_p)}{\sigma^2(R_p)} = \beta_{ip}$$

로 측정할 수 있다. 이러한 관계는 포트폴리오이론에서 중요한 개념으로서 전체 포트폴리오 $p$에 대한 자산 $i$의 위험공헌은 분산이 아닌 공분산 $Cov(R_i, R_p)$에 의해 측정되어야 한다는 것을 말해 주고 있다. 즉, 개별자산의 총위험(분산) 중 나머지 위험은 포트폴리오를 구성함으로써 제거된다는 것을 의미한다.

〈표 9-1〉의 두 증권의 사이의 공분산을 0.07이라고 하고 증권 1에 30%, 증권 2에 70%의 투자비율로 구성된 포트폴리오의 위험은 다음과 같이 계산된다.

$$\begin{aligned}\sigma^2(R_p) &= \sum_{i=1}^{N} \sum_{j=1}^{N} w_i w_j \sigma_{ij} \\ &= w_1^2 \sigma_1^2 + w_2^2 \sigma_2^2 + 2 w_1 w_2 \sigma_{12}\end{aligned}$$

그림 9-2 포트폴리오의 위험

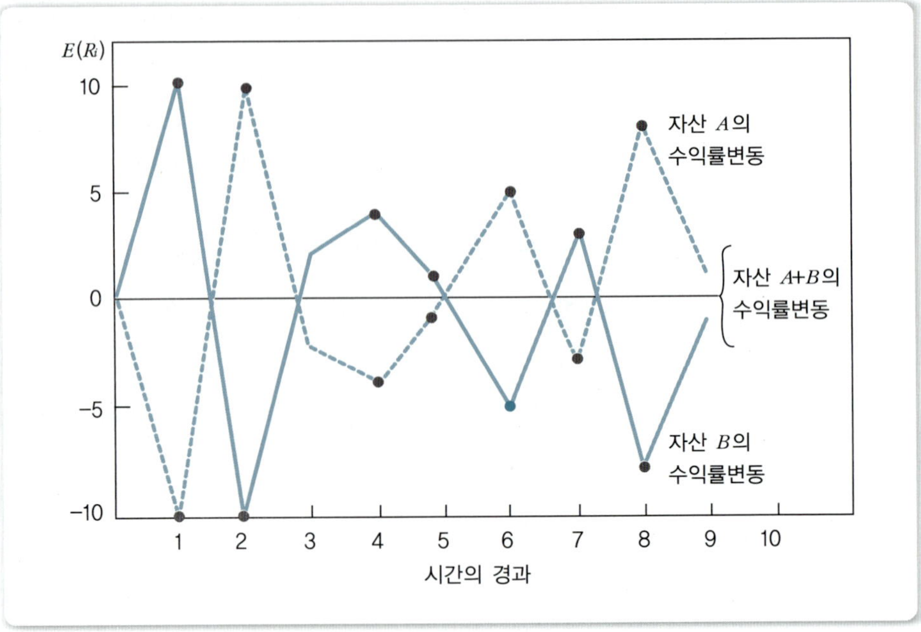


$$= (0.3)^2(0.2) + (0.7)^2(0.15) + 2(0.3)(0.7)(0.07)$$
$$= 0.1209$$

여기서 이 포트폴리오의 위험 0.1209는 증권 1의 위험 0.2, 증권 2의 위험 0.15보다 작은 것에 유의하여야 한다.

앞의 식에서 포트폴리오의 위험은 기대수익률의 계산과 같이 개별자산의 위험을 단순히 가중평균하여 계산되지는 않는다. 이는 포트폴리오를 구성할 경우 한 자산의 위험의 일부가 다른 자산의 위험에 의해 상쇄될 수 있기 때문이다.

이에 대한 극단적인 한 예로서 [그림 9-2]와 같이 A자산의 수익률이 변함에 따라 B자산의 수익률은 정확히 반대방향으로 동일한 크기만큼 변한다고 하자. 이 경우 A자산의 수익률 변동은 다른 자산의 수익률 변동에 의해서 정확히 상쇄되어 두 자산을 결합할 때 전혀 위험이 나타나지 않는다. 따라서 각 자산을 개별적으로 보면 위험이 존재하고 있지만 이들을 1/2씩 결합했을 경우에는 위험이 전혀 없는 포트폴리오 구성도 가능하게 됨을 알 수 있는데 일반적으로 이들 결합되는 자산 사이의 상관계수가 낮을수록 이러한 위험감소효과는 커지게 된다.

예를 들어 어떤 투자자에게 미래의 자연상태에 따라 다음과 같은 수익률의 분포를 보이는 두 종류의 투자안이 있다고 가정하자. 그리고 발생가능한 상태는 두 가지 경우로서 그 확률은 동일하다고 가정한다.

이제 이 투자자가 소유하고 있는 자금을 어떤 사업에 투자할 것인가를 결정하기 위하여 이들 두 사업을 비교하면 소금제조의 경우는 평균수익률이 30%로 우산제조의 40%보다는 낮은 수준이다. 그러나 투자의 위험도를 비교하면 소금제조는 최저 10%의 수익률이 보장되어 있으나 우산제조의 경우는 비가 안 오면 20%의 손해까지 보게 되어 소금제조에 대한 투자가 훨씬 작은 위험도를 갖는 것을 알 수 있다. 이때 이 투자자가 위험을 극히 싫어하는 사람이라면 소금제조에 투자할 것이고 투기적인, 즉 위험을 기꺼이 감수하고자 하는 투자자들이라면 우산제조에 투자하여 100%의 수익률을 한 번 기대해 볼 수도 있을 것이다.

| 자연의 상태 | 발생확률 | 수익률 | |
|---|---|---|---|
| | | 소금제조 | 우산제조 |
| 비 올 경우 | 1/2 | 10% | 100% |
| 개일 경우 | 1/2 | 50% | -20% |

그러나 이는 일반적으로 합리적인 투자자에게서 관찰되는 행태로 볼 수 없다. 이 예에서 합리적인 투자자라면 소유하고 있는 자금을 적절히 나누어 분산 투자할 경우 훨씬 더 바람직한 투자를 실현할 수 있다. 가령 이 투자자가 소유하고 있는 자금의 3/4은 소금제조에, 나머지 1/4의 자금은 우산제조에 분산시켜 투자한다고 가정하자. 그러면 이와 같은 분산투자에서 오는 수익률은 자연의 상태에 따라 다음과 같이 될 것이다.

| 수익률 / 자연의 상태 | 소금제조(3/4) | 우산제조(1/4) | 합 계 |
|---|---|---|---|
| 비 올 경우 | 10%×3/4 = 7.5% | 100%×1/4=25% | 32.5% |
| 개일 경우 | 50%×3/4 = 37.5% | -20%×1/4=-5% | 32.5% |

위와 같이 분산투자를 행하게 되면 비가 오는 경우이건 개는 경우이건 자연의 상태에 관계없이 항상 32.5%의 수익률을 얻게 되어 전혀 위험부담이 없는 투자가 된다. 즉, 포트폴리오 구성을 통한 분산투자를 적절히 행함으로써 위험을 완전히 제거시킨 동시에 상당히 높은 수준의 수익률을 얻게 되는 것이다. 이와 같이 분산투자는 위험감소를 가져오는 효과를 지니며, 둘 이상의 투자자산을 적절한 비율로 결합할 경우에도 이와 동일한 원리에 따라 위험저감효과를 가져온다.

그림 9-3 지배원리와 효율적 포트폴리오

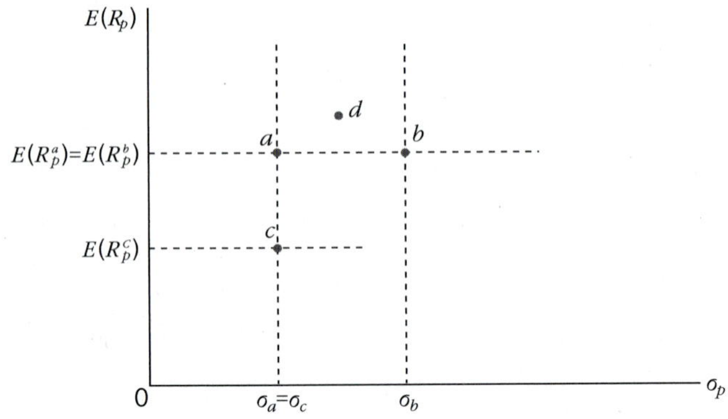


## 1.2 포트폴리오 효율성과 지배원리

효율성이란 사전적 정의에 따르면 최소한의 낭비(minimum of waste)로 바람직한 결과를 얻어내는 것으로 설명되고 있다. 그러면 이러한 효율성(portfolio efficiency)의 개념이 투자관리에는 어떻게 적용될 수 있는가? 그것은 부의 극대화를 추구하는 위험회피형 투자자에게는 추구하고자 하는 수익(기대수익률)이 바람직한 결과가 되고 회피하고자 하는 위험은 낭비라고 볼 수 있다. 이에 따르면 결국 불확실성하에서의 포트폴리오 관리자의 주요 기능은 투자비율을 달리함에 따라 얼마든지 구성할 수 있는 여러 포트폴리오의 위험-수익특성에 대한 분석을 먼저 행한다. 그 다음 효율적인 포트폴리오들만을 투자대상으로 고려하고 비효율적인 포트폴리오들은 고려대상에서 제외시킴으로써 투자의 효율성을 제고시키는 일이다.

여기서 투자의 효율성을 얻기 위한 효율적 포트폴리오의 선택기준은 지배원리(dominance principle)라는 개념을 적용시킴으로써 설명될 수 있다. 지배원리에 따르면 ① 기대수익률이 동일한 포트폴리오들 중에서는 위험이 가장 작은 포트폴리오가 다른 포트폴리오를 지배하게 되고, 즉 다른 포트폴리오보다 선호되고, ② 위험이 동일한 포트폴리오들 중에서는 기대수익률이 가장 큰 포트폴리오가 여타의 포트폴리오를 지배하게 되어 결국 이러한 조건에 맞는 포트폴리오만이 효율적 포트폴리오로 남게 된다는 것이다. 이것이 바로 포트폴리오 선택이론을 전개하기 위한 기본원리이다.

이제 이 지배의 원리를 적용시켜 효율적 포트폴리오를 찾아내는 과정을 예를 들어 설명해보기로 하자. [그림 9-3]에서 투자자에게 위험-수익특성이 각기 다른 점 $a$, 점 $b$, 점 $c$로 표시되는 세 개의 포트폴리오가 선택의 대상으로 주어졌다고 하자. 우선 포트폴리오 $a$와 포트폴리오 $b$를 비교하면, 이 투자자의 기대수익률 수준은 같지만[$E(R_p^a)=E(R_p^b)$] 위험이 $a$가 $b$보다 더 작기 때문에($\sigma_a < \sigma_b$) 포트폴리오 $a$가 더 효율적이다. 따라서 포트폴리오 $b$는 고려 대상에서 제외된다.

마찬가지 방법으로 포트폴리오 $a$와 $c$를 비교해 보면,

$$E(R_p^a) > E(R_p^c), \quad \sigma_a = \sigma_c$$

의 관계에 있기 때문에 이 경우 또한 포트폴리오 $a$가 $c$를 지배하게 된다. 결국 이 투자자는 $a$를 최적의 포트폴리오로 선택하게 된다.

한편, 이 투자자에게 추가적으로 점 $d$에서와 같은 포트폴리오가 선택의 대상으로 주어졌다고 하자. 이 경우 $a$와 $d$를 비교하면 $a$는 위험이 낮은 대신 기대수익률도 낮다. 그러나 $d$는 위험이 어느 정도 높은 대신 기대수익률도 높다. 따라서 어느 것도 다른 것의 지배를 받지 않는 경우가 된다. 이렇게 되면 $a$와 $d$ 모두 효율적인 포트폴리오라고 볼 수 있는데, 이 경우 투자자의 최적포트폴리오 선택은 투자자의 위험선호 즉 위험회피의 정도에 따라 달리 결정된다. 즉, $a$와 $d$ 중 투자자의 위험부담능력 정도에 따라 더 선호하는 것을 택하게 된다.

이와 같은 효율적인 포트폴리오들을 전부 위험-수익 평면상에 표시하면 각각의 위험수준에서 최대의 수익을 제공해 주는 점들의 궤적이 되는데 이를 효율적 투자기회선(efficient frontier)이라고 부른다. 이러한 효율적 투자기회선상의 점들로 표시되는 포트폴리오들 중에서 투자자들은 자신의 위험회피 정도에 따라 하나의 점으로 표시되는 최적포트폴리오를 선택하게 된다.

## 제 2 절 포트폴리오 분산투자

불확실성하에서의 위험회피형 투자자들은 일반적으로 기대되는 수익률(expected return)과 실제로 실현되는 수익률과의 차이(deviations)를 극소화함으로써 위험을 줄이고자 하는 분산투자행동을 보이게 된다. 분산투자는 수익률이 서로 밀접한 관련을 갖고 있지 않는 여러 증권에 나누어 투자하는 것을 의미한다. 이러한 투자행동의 기본적인 아이디어는 투자자가 보유하는 포트폴리오가 하나 또는 몇 개의 증권에서 발생할 수 있는 부(−)의 수익률에 의해 큰 영향을 받지 않도록 보호하자는 데 있다.

이하에서는 이러한 투자행동을 위한 단순한 분산투자와 효율적 분산투자로 나누어 그에 따른 위험감소의 효과를 알아본다.

### 2.1 단순한 분산투자

일반적으로 가장 손쉽게 할 수 있는 '분산투자의 방법'은 증권들을 무작위적인 방법으로 선택하여 포트폴리오에 포함되는 구성증권의 수를 증가시키는 방법이다. 이와 같이 단순한 분산투자 (simple diversification)에 대해서는 많은 연구가 있었으며 이들은 모두 비교적 적은 수, 즉 10~20개의 증권만으로도 효과적인 위험분산이 충분히 가능하다는 것을 보여주고 있다. 그 이상의 분산투자는 오히려 거래비용만을 증가시킬 뿐 아니라 위험감소의 효과도 극히 작기 때문에 필요 이상의 지나친 분산투자(superfluous diversification)가 된다.

이제 이와 같은 방식의 분산투자에 따른 위험분산(위험저감)의 과정을 포트폴리오 수익률의 위험, 즉 분산의 공식으로부터 살펴보고자 한다. 우선 $N$개의 자산으로 구성된 포트폴리오의 분산은 앞에서 이미 설명한 바와 같이 다음과 같이 분산을 표시하는 항과 공분산을 표시하는 항의 합으로써 정의된다.

$$\sigma^2(R_p) = \sum_{i=1}^{N} w_i^2 \sigma_i^2 + \sum_{i=1}^{N} \sum_{\substack{i=1 \\ j \neq i}}^{N} w_i w_j \sigma_{ij}$$

여기서 만약 투자자가 각 증권에의 투자비율을 동일한 비율($1/N$)로 하여 포트폴리오를 구성한다고 가정하면, 포트폴리오의 위험은 다음과 같다.

$$\sigma^2(R_p) = \frac{1}{N^2} \sum \sigma_i^2 + \frac{1}{N^2} \sum \sum_{j \neq i} \sigma_{ij}$$

이 식에서 개별증권의 분산 중 가장 큰 값을 $V$라고 놓으면 이 식에서의 첫 번째 항은 다음의 관계로 다시 쓸 수 있다.

$$\frac{1}{N^2} \sum \sigma_i^2 \leq \frac{1}{N^2} \sum_{i=1}^{N} V = \frac{N \cdot V}{N^2} = \frac{V}{N}$$

여기서 포트폴리오 구성증권의 수 $N$이 무한히 증가하게 되면 이 항은 0에 접근한다. 즉,

$$\lim_{N \to \infty} \frac{V}{N} = 0$$

한편, $\bar{\sigma}_{ij}$를 증권들 상호간의 공분산에 대한 평균이라고 놓으면 두 번째 항은 $N(N-1)$개의 $\bar{\sigma}_{ij}$이 존재하는 것으로 볼 수 있어 다음과 같이 된다.

$$\frac{1}{N^2} \sum_{i \neq j} \sum \sigma_{ij} = \frac{1}{N^2} N(N-1)\sigma_{ij}$$

그러면 다음의 식에서 많은 수(∞)의 증권으로 포트폴리오를 구성하여 잘 분산시키게 되면 공분산만이 위험 척도로 남게 되고 나머지는 모두 제거됨을 알 수 있다.

$$\lim_{N \to \infty} \sigma^2(R_p) \leq \lim_{N \to \infty} \left(\frac{V}{N} + \frac{N^2}{N^2}\bar{\sigma}_{ij} - \frac{N}{N^2}\bar{\sigma}_{ij}\right) = \bar{\sigma}_{ij}$$

여기서 분산가능한 위험(분산항)을 비체계적 위험(unsystematic risk)이라고 하고, 분산불가능한 위험(공분산항)을 체계적 위험(systematic risk)이라고 부른다.

그러면 얼마만큼의 증권을 포트폴리오에 포함시키면 비체계적 위험이 거의 제거될 수 있는가? 이에 대해 에반스(Evans)[1)]는 그의 연구에서 15~20개의 증권으로 구성된 포트폴리오의 위험이 시장포트폴리오(시장에서의 전종목으로 구성된 포트폴리오)의 위험에 거의 접근하고 있다는 사실을 확인하고 있다.

한편, 시장포트폴리오는 체계적 위험만을 포함한다고 볼 수 있기 때문에 결국

---

1) John Leslie Evans, "Diversification and the Reduction of Dispersion: An Empirical Analysis," (Ph.D. dissertation, *Graduate School of Business Administration*, University of Washington, 1968).

표 9-2 포트폴리오 구성증권의 수와 포트폴리오의 위험감소

| 포트폴리오 구성주식수 | 총위험(%) | 포트폴리오 총위험에 대한 비율 | |
|---|---|---|---|
| | | 체계적 위험 | 비체계적 위험 |
| 1 | 20.54 | 57.98 | 42.02 |
| 2 | 16.22 | 73.43 | 26.57 |
| 3 | 14.79 | 80.53 | 19.47 |
| 4 | 14.07 | 84.65 | 15.35 |
| 5 | 13.64 | 87.32 | 12.68 |
| 6 | 13.35 | 89.21 | 10.79 |
| 7 | 13.14 | 90.64 | 9.36 |
| 8 | 13.00 | 91.62 | 8.38 |
| 10 | 12.63 | 94.30 | 5.70 |
| 15 | 12.49 | 95.36 | 4.64 |
| 20 | 12.34 | 96.52 | 3.48 |
| 50 | 12.08 | 98.59 | 1.41 |
| 100 | 11.9963 | 99.29 | 0.71 |
| 1,000 | 11.91863 | 99.93 | 0.07 |
| 시장포트폴리오 | 11.91 | 100.00 | 0.0 |

그림 9-4 단순분산투자에 의한 위험감소효과

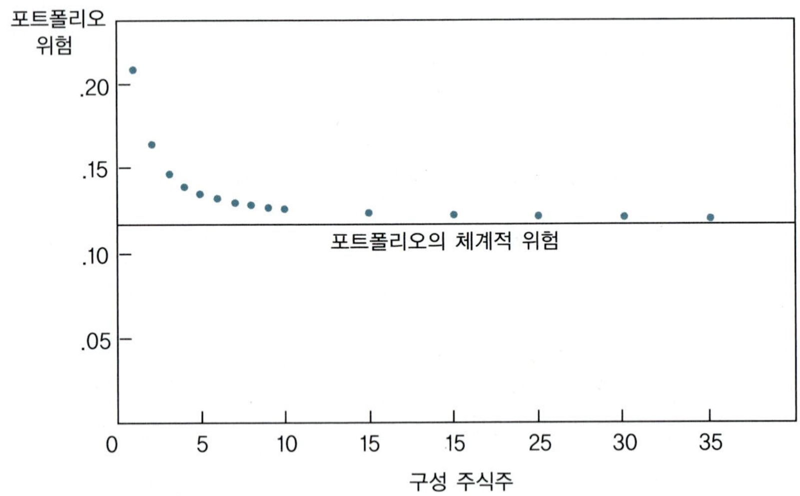

15~20개의 증권으로 포트폴리오를 구성할 경우 비체계적 위험은 거의 전부 제거될 수 있다는 것을 의미한다. 〈표 9-2〉와 [그림 9-4]는 이러한 단순한 분산투자자 보여주는 비체계적 위험의 감소효과를 보여주고 있다. 여기서 단순한 분산투자는 위험증권들 사이의 상관관계를 고려하지 않고 포트폴리오를 구성하기 때문에 뒤에 설명할 마코위츠(Markowitz)의 분산투자보다는 일반적으로 위험의 감소효과가 작게 나타난다.

에반스의 연구에 이어 파마(Fama)[2]도 뉴욕주식거래소(NYSE)의 50개 주식을 무작위로 선택하여 포트폴리오를 구성했을 때의 위험감소효과를 보인 바 있다. 그의 연구에 의하면 10~15개의 증권으로 포트폴리오를 구성할 경우 분산투자의 효과는 거의 달성될 수 있음을 보이고 있다. 즉, 10~15개의 증권으로 구성된 포트폴리오의 표준편차는 모든 증권의 평균공분산에 거의 접근하게 되어 체계적 위험만이 남게 된다는 것을 알 수 있다.

## 2.2 마코위츠의 분산투자

마코위츠의 분산투자 또는 효율적 분산투자는 단순한 분산투자의 방법과는 달리 포트폴리오를 구성하는 개별자산 상호간의 상관계수를 분석하여 상관계수가 가능한 한 작은 자산들을 우선적으로 결합 또는 조합함으로써 최선의 위험분산효과를 얻고자 하는 포트폴리오 투자기법 중의 하나이다. 이 경우 결합되는 두 자산간의 상관계수가 낮을수록 위험감소의 효과는 더욱 커진다. 이를 설명하기 위해 우선 포트폴리오의 가장 단순한 형태인 2개의 자산으로 포트폴리오를 구성할 경우 투자비율과 상관계수의 크기가 포트폴리오의 위험에 미치는 효과(portfolio effects on risk)를 살펴보고자 한다. 그 다음 이를 일반화시켜서 $N$개의 자산으로 구성된 포트폴리오의 경우를 분석한다.

### 1. 2자산 포트폴리오

두 개의 자산으로 포트폴리오(two-asset portfolio)를 구성할 경우 그에 따른 포트폴리오의 기대수익률은 각 자산에의 투자비율을 가중치로 하여 개별증권들의 수익률을 가중평균함으로써 계산된다. 즉,

---

2) E.F. Fama, *Foundations of Finance*, New York: Basic Books, 1976.

$$E(R_p) = \omega_1 E(R_1) + \omega_2 E(R_2)$$

단, $\omega_1, \omega_2$ : 자산 1, 2에의 투자비율
$E(R_1), E(R_2)$ : 자산 1, 2의 기대수익률

가 된다.

한편, 이러한 포트폴리오의 위험, 즉 분산은

$$\sigma_p^2 = E[\widetilde{R}_p - E(R_p)]$$
$$= \omega_1^2 \sigma_1^2 + \omega_2^2 \sigma_2^2 + 2\omega_1\omega_2\sigma_{1,2}$$

가 된다.

여기에 공분산 $\sigma_{1,2} = \rho_{1,2}\sigma_1\sigma_2$, $\omega_2 = 1-\omega_1$의 관계를 대입하면,

$$\sigma_p^2 = E[R - E(R_p)]^2$$
$$= \omega_1^2 \sigma_1^2 + (1-\omega_1)^2 \sigma_2^2 + 2\omega_1(1-\omega_1)\rho_{1,2}\sigma_1\sigma_2$$

단, $\sigma_1, \sigma_2$ : 자산 1, 2의 표준편차
$\rho_{1,2}$ : 자산 1과 2 사이의 상관계수

가 된다.

앞의 식에서 포트폴리오의 위험은 극단적인 경우, 즉 상관계수가 완전 정(+)의 상관관계($\rho_{1,2} = +1$)를 갖는 경우를 제외하고는 $\sigma_1$, $\sigma_2$의 가중평균($\omega_1\sigma_1 + \omega_2\sigma_2$) 보다는 항상 작게 되며 상관계수가 작을수록 포트폴리오 구성에 따르는 위험감소효과는 더욱 커지게 된다. 즉, 2자산 포트폴리오의 위험

$$\sigma_p = \sqrt{\omega_1^2\sigma_1^2 + \omega_2^2\sigma_2^2 + 2\omega_1\omega_2\rho_{1,2}\sigma_1\sigma_2}$$

이고, 여기서 $-1 \leq \rho \leq 1$ 범위의 값을 갖게 되므로 $\sigma_p$는 $\rho_{1,2} = 1$일 때 최대값이 되고 $\rho_{1,2} = -1$일 때 최소값이 된다. 따라서 $|w_1\sigma_1 - w_2\sigma_2| \leq \sigma_p \leq w_1\sigma_1 + w_2\sigma_2$의 값을 갖게 된다.

이제 한 예로 〈표 9-3〉과 같은 위험-수익의 특성을 갖는 2개의 자산 $A_1$, $A_2$로 포트폴리오를 구성할 경우 투자비율과 상관계수의 크기가 포트폴리오 위험에 미

**표 9-3** 증권의 수익률과 위험의 예

| 자산＼자산의 특성 | $E(R_i)$ | $\sigma_i$ |
|---|---|---|
| $A_1$ | 30% | 30% |
| $A_2$ | 10% | 10% |

치는 효과를 분석해 보자. 여기서 상관계수의 크기는 완전 정($\rho=+1$) 또는 완전 부($\rho=-1$)의 상관계수를 갖는 경우 그리고 아무런 상관관계를 갖지 않는 경우($\rho=0$)로 나누어 살펴본다.

〈표 9-4〉는 $A_1$ 및 $A_2$에 대한 투자비율을 여러 가지로 변경시킬 때 각각의 경우 포트폴리오의 기대수익률[$E(R_p)$]과 포트폴리오 위험($\sigma_p$)을 계산한 것이다. 다음 〈표 9-4〉에서 제시된 [$E(R_p)$]와 $\sigma_p$의 관계를 도시한 것이 [그림 9-5]이다.

[그림 9-5]에서 상관계수 $\rho_{1,2}=+1$인 경우 포트폴리오 기대수익률과 위험은 선형관계로 나타남을 알 수 있는데, 이는 수익이 증가하면 위험도 같은 속도로 증

**표 9-4** 투자비율 · 상관계수에 따른 포트폴리오의 위험과 기대수익률

| $\omega_1$ | $\omega_2$ | $\rho_{1,2}=+1$인 경우 | | $\rho_{1,2}=0$인 경우 | | $\rho_{1,2}=-1$인 경우 | |
|---|---|---|---|---|---|---|---|
| | | $E(R_p)$ | $\sigma_p$ | $E(R_p)$ | $\sigma_p$ | $E(R_p)$ | $\sigma_p$ |
| 1.00 | 0.0 | 30.0% | 30.0% | 30.0% | 30.0% | 30.0% | 30.0% |
| 0.90 | .10 | 28.0 | 28.0 | 28.0 | 27.0 | 28.0 | 26.0 |
| 0.80 | .20 | 26.0 | 26.0 | 26.0 | 24.1 | 26.0 | 22.0 |
| 0.70 | .30 | 24.0 | 24.0 | 24.0 | 21.2 | 24.0 | 18.0 |
| 0.60 | .40 | 22.0 | 22.0 | 22.0 | 18.4 | 22.0 | 14.0 |
| 0.50 | .50 | 20.0 | 20.0 | 20.0 | 15.8 | 20.0 | 10.0 |
| 0.40 | .60 | 18.0 | 18.0 | 18.0 | 13.4 | 18.0 | 6.0 |
| 0.30 | .70 | 16.0 | 16.0 | 16.0 | 11.4 | 16.0 | 2.0 |
| 0.20 | .80 | 14.0 | 14.0 | 14.0 | 10.0 | 14.0 | 2.0 |
| 0.10 | .90 | 12.0 | 12.0 | 12.0 | 9.5 | 12.0 | 6.0 |
| 0.2 | .95 | 11.0 | 11.0 | 11.0 | 9.6 | 11.0 | 8.0 |
| 0.1 | .99 | 10.2 | 10.2 | 10.2 | 9.9 | 10.2 | 9.9 |
| 0 | 1.00 | 10.0 | 10.0 | 10.0 | 10.0 | 10.0 | 10.0 |

단, $E(R_p) = \omega_1 E(R_1)+\omega_2 E(R_2)$

$\sigma_p=\sqrt{\omega_1^2\sigma_1^2+\omega_2^2\sigma_2^2+2\omega_1\omega_2\rho_{1,2}\sigma_1\sigma_2}$

그림 9-5 상관계수와 위험분산 효과

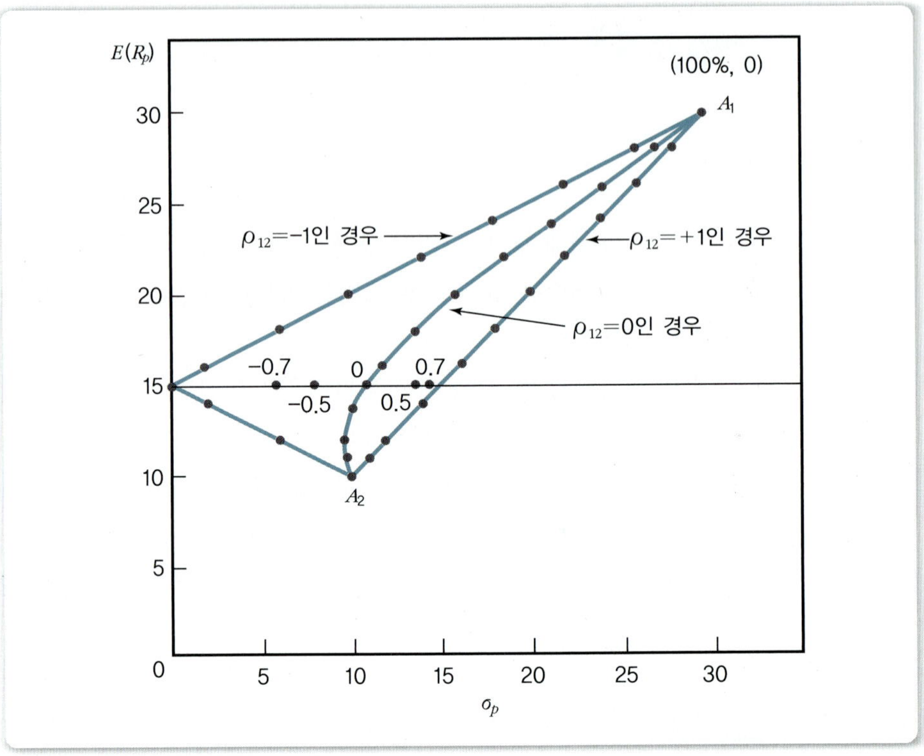


가되어 위험분산효과가 없다는 것을 뜻한다.

한편, 상관계수 $\rho_{1,2}=0$인 경우 기대수익률과 위험의 관계곡선이 왼쪽으로 휘어져 나타나는 것을 볼 수 있는데, 이는 기대수익률이 증가할 때 위험은 그보다는 낮은 속도로 증가하여 위험분산효과가 있음을 나타내는 것이다.

일반적으로 상관계수가 작을수록 이와 같은 위험분산효과는 커지게 되는데, 극단적으로 $\rho_{1,2}=-1$인 경우 포트폴리오 위험이 영으로 나타나기도 한다.

여기서 $\rho_{1,2}=-1$인 경우 곡선이 한쪽으로 휜 정도가 극단적인 경우로서 두 개의 연결된 선분형태로 나타난다. 일반적으로 두 투자자산의 상관계수가 $-1<\rho_{1,2}<+1$인 경우의 투자기회집합의 모양은 극단적인 상관계수($-1$ 또는 $+1$)일 때의 투자기회선을 나타내는 직선들이 이루고 있는 삼각형의 내부에 오목형(concave)의 곡선으로 표시된다.

한편, 상관계수가 $+1$인 경우 두 자산의 수익률은 완전히 같은 방향으로 실현되며, $-1$인 경우는 완전히 반대방향으로 그리고 0인 경우는 서로 무관하게 실현

그림 9-6 상관계수와 수익률분포

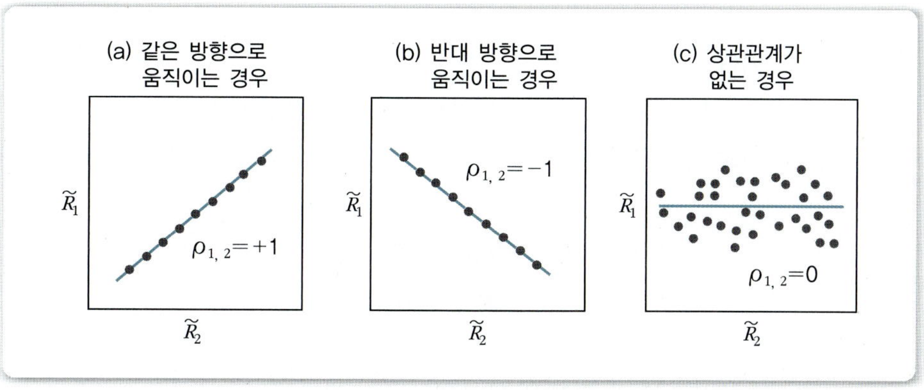


되는데 이를 도시한 것이 [그림 9-6]이다.

상관계수가 주어진 상태에서는 두 자산에의 투자비율을 조정함으로써 위험수준이 가장 적은 2자산 포트폴리오의 구성이 가능하다. 위험회피형 투자자들은 이러한 최소분산포트폴리오(minimum variance portfolio: MVP)의 구성방법에도 관심을 가질 수 있다.

이는 위험척도인 분산 즉, $\sigma_p^2$을 극소화하는 투자비율 $\omega_1$, $\omega_2$를 구함으로써 가능하다. 이를 위하여 $\sigma_p^2$을 $\omega_1$에 관하여 1차 미분하여 0으로 놓은 다음(극소화의 1차조건), $\omega_1$에 관하여 정리하면 다음의 결과가 얻어진다.

$$\frac{\partial\sigma_p^2}{\partial\omega_1}=2\omega_1\sigma_1^2+2(1-\omega_1)\sigma_2^2+2\rho_{12}\sigma_1\sigma_2-4\omega_1\rho_{12}\sigma_1\sigma_2=0$$

$$\omega_1^*=\frac{\sigma_2^2-\rho_{12}\sigma_1\sigma_2}{\sigma_1^2+\sigma_2^2-2\rho_{12}\sigma_1\sigma_2}$$

$$\omega_2^*=1-\omega_1^*$$

여기서 특히 상관계수가 완전 부의 상관계수($\rho_{12}=-1$)를 보이는 경우에는 위험이 전혀 없는 포트폴리오의 구성이 가능하게 되는데 이때의 투자비율은 위의 식으로부터 다음과 같이 간단하게 구해진다. 즉, $\rho_{12}=-1$을 대입하여 정리하면,

$$\omega_1^*=\frac{\sigma_2^2+\sigma_1\sigma_2}{\sigma_1^2+\sigma_2^2+2\sigma_1\sigma_2}=\frac{\sigma_2(\sigma_1+\sigma_2)}{(\sigma_1+\sigma_2)^2}=\frac{\sigma_2}{\sigma_1+\sigma_2}$$

또한

$$\omega_2^* = \frac{\sigma_1}{\sigma_1 + \sigma_2}$$

이다.

예를 들어 과거 5년 동안의 현대(HD)와 삼성(SS) 주식의 월간수익률자료를 기초로 계산된 분산과 공분산 그리고 각각의 월평균 수익률이 다음과 같다고 하자.

기대수익률: $E(R_{HD}) = 0.021$

$E(R_{SS}) = 0.010$

분산-공분산 행렬 :

| | HD | SS |
|---|---|---|
| 현대(HD) | 0.004 | 0.001 |
| 삼성(SS) | 0.001 | 0.004 |

이때 이 두 기업의 주식으로 구성되는 포트폴리오들 중 위험이 가장 작은 포트폴리오(MVP)를 구성하기 위한 각 주식에의 투자비율을 구하면 다음과 같다.

$$\omega_1^* = \frac{0.004 - 0.001}{0.004 + 0.004 - 2(0.001)} = 0.429$$

$$\omega_1^* = 1 - \omega_2^* = 0.571$$

그리고 이러한 투자비율로 구성되는 포트폴리오의 기대수익률과 위험은 다음과 같이 계산된다.

$$E(R_p) = (0.429)(0.021) + (0.571)(0.010)$$
$$= 0.0147$$

$$\sigma_p^2 = (0.429)^2(0.004) + (0.0571)^2(0.004)$$
$$+ 2(0.429)(0.571)(0.001)$$
$$= 0.0025(\sigma_p \fallingdotseq 0.050)$$

이 경우 효율적 투자기회선(efficient frontier)은 [그림 9-7]과 같이 도시된다. 이는 주어진 위험수준에서는 극대의 수익을 제공하고, 주어진 기대수익 수준에서는 위험이 극소가 되는 포트폴리오들로서 효율적 투자기회선(HD-SS)상에 위치한 포트폴리오(frontier portfolies)들 중에서도 위험이 가장 작은 최소분산포트폴리오를 표시하는 $M$점 상부에 위치하는 곡선으로 표현된다.

즉, 이 그림에서 M-SS를 연결하는 점선 부분에 위치하는 포트폴리오들도 두 주식에의 투자비율을 달리함으로써 구성 가능한 포트폴리오들이기는 하지만, 앞서 설명한 포트폴리오 효율성기준에 의하면 이는 효율적인 포트폴리오가 되지 못한다. 왜냐하면 동일한 위험수준에서 기대수익률이 더 높은 포트폴리오들이 M-HD곡선상에 존재하기 때문이다. 즉, M-SS곡선상의 포트폴리오들은 M-HD곡선상의 포트폴리오들에 의해 지배를 받게 되므로 포트폴리오 효율성 기준에 따라 합리적인 고려대상에서는 제외되고 결국 남는 부분이 효율적 투자기회선(프론티어)이 된다.

## 2. *N*자산 포트폴리오

위의 2자산 포트폴리오의 위험-수익에 관한 분석은 일반적으로 $N$자산의 경우에도 똑같이 적용될 수 있다. 다만 $N$개의 자산으로 포트폴리오(N-asset portfolio)를 구성할 경우, 포트폴리오의 수익률은 다음과 같이 행렬(matrix)의 형태로도 표현할 수 있다.

$$E(R_p)=R'X$$

그림 9-7 효율적 투자기회선(프론티어)의 예

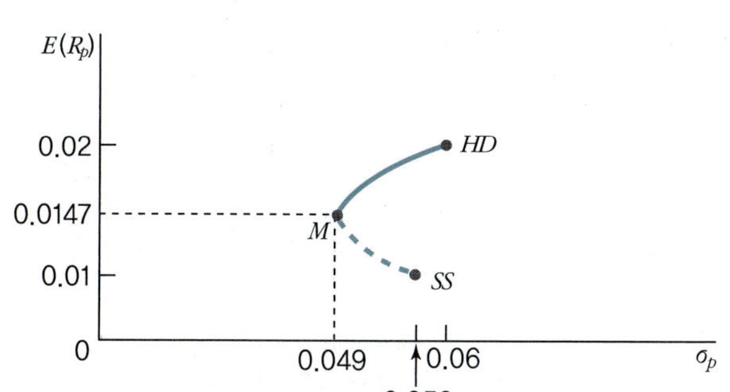

단, $R'$ : 기대수익률의 $1 \times N$의 행백터(row vector), 즉

$[R_1, R_2, \cdots, R_N]$

$X$ : 투자비율의 $N \times 1$의 열벡터(column vector), 즉

$$\begin{bmatrix} \omega_1 \\ \omega_2 \\ \vdots \\ \omega_N \end{bmatrix}$$

그리고 위험, 즉 분산도 다음과 같이 행렬의 형태로 표현할 수 있다.

$$Var(R_p) = X' CX$$

단, $C$ : 분산 공분산의 $N \times N$ 행렬, 즉

$$\begin{bmatrix} \sigma_{11} & \sigma_{12} & \cdots & \sigma_{1N} \\ \sigma_{22} & \sigma_{22} & \cdots & \sigma_{2N} \\ \vdots & \vdots & & \\ \sigma_{N1} & \sigma_{N2} & \cdots & \sigma_{NN} \end{bmatrix}$$

따라서 포트폴리오 수익률의 분산은 위의 식을 전개하면 개별증권들의 분산($\sigma_i^2$)과 다른 증권들과의 공분산($\sigma_{ij}$)의 함수로 설명됨을 알 수 있다. 한 예로 $N$=2일 경우의 분산은 다음과 같이 계산된다.

$$Var(R_p) = [\omega_1 \quad \omega_2] \begin{bmatrix} \sigma_{11} & \sigma_{12} \\ \sigma_{21} & \sigma_{22} \end{bmatrix} \begin{bmatrix} \omega_1 \\ \omega_2 \end{bmatrix}$$

$$= \omega_1^2 \sigma_{11} + \omega_2^2 \sigma_{22} + 2\omega_1 \omega_2 \sigma_{12}$$

이때 $N$ 자산으로 구성되는 투자기회집합도 상관계수가 −1과 1 사이의 값을 갖는 일반적인 경우에는 이들 모든 자산을 감싸 안는 오목한(concave) 형태의 투자기회집합을 보이게 된다.

## 제 3 절 포트폴리오 분석과 효율적 투자기회선

투자자가 포트폴리오 분석을 하는 궁극적인 목표는 자신의 위험-수익특성에 맞는 최적포트폴리오를 선택하는 것이며, 이를 위해 선행되어야 할 가장 중요한 일은 효율적인 포트폴리오들의 집합을 찾아내는 일이다. 본 절에서는 이와 같은 효율적인 포트폴리오들의 투자기회집합을 어떤 방법으로 찾게 되는가를 살펴보고자 한다.

우선 효율적인 포트폴리오를 찾아내기에 앞서서 시장에서 거래되는 모든 개별증권들에 대한 위험-수익분석이 선행되어야 한다. 그 다음 상이한 위험-수익특성을 갖는 개별증권들을 가지고 포트폴리오를 구성하여 보고, 앞에서 설명한 지배의 원리를 적용시켜 효율적인 포트폴리오들만을 찾아낸다.

이와 같이 구해진 효율적 포트폴리오들은 여타의 비효율적인 포트폴리오들을 지배하게 됨은 물론, 위험의 분산이 이루어지지 않은 개별자산들도 이러한 효율적 포트폴리오에 의해 지배를 당하게 된다. 이는 앞에서 살펴본 바와 같이 개별자산에의 집중투자(concentration)와는 달리 포트폴리오 분산투자를 할 경우에는 분산투자에 따른 위험감소의 이득(gains from diversification)이 존재하기 때문이다. 일반적으로 위험-수익의 평면상에 도시되는 효율적 투자기회선은 앞의 분산투자에서 살펴본 바와 같이 상관계수가 −1과 1 사이의 값을 갖는 경우 원점에 대하여 오목한(concave) 형태로 그려진다.[3]

여기서는 우선 포트폴리오의 체계적인 분석방법을 처음으로 소개한 마코위츠(1952)의 완전 공분산모형을 이용한 분석방법을 설명한다. 그 다음 마코위츠의 복

3) 평균 분산기준에 의한 포트폴리오 모형에 있어서 효율적 투자기회선이 오목형(concavity)이 되는 것은 다음의 사실로부터 알 수 있다. 포트폴리오의 수익률(확률변수)은 각 개별자산의 수익률(확률변수)의 가중평균이 된다.

$$\widetilde{R}_p = X_i \widetilde{R}_i + X_j \widetilde{R}_j \qquad 0<X<1$$

이때 포트폴리오의 기대수익률은 $R_i$와 $R_j$의 기대수익률의 단순한 가중평균(선형결합)이지만 포트폴리오 수익률의 표준편차는 $R_i$와 $R_j$의 표준편차의 단순한 가중평균(선형결합)보다 항상 작거나 같다. 즉

$$E(R_p) = X_i E(R_i) + X_j E(R_j)$$

$$\sigma_p^2 = \sqrt{X_i^2 \sigma_i^2 + X_j^2 \sigma_j^2 + 2X_i X_j \rho_{ij} \sigma_i \sigma_j} \le X_i \sigma_i + X_j \sigma_j$$

이다. 여기서 $\sigma_p$는 ① $i$나 $j$ 중 하나가 무위험자산이거나 ② $\widetilde{R}_i$와 $\widetilde{R}_j$ 사이에 완전한 선형관계($\rho_{ij}$= 1 or −1)가 있는 경우에 한하여 등식이 성립한다. 일반적으로 포트폴리오 위험은 두 점을 연결하는 직선보다 항상 좌측에 위치한다.

잡한 분석과정에서 요구되는 정보의 양을 대폭적으로 줄여 보다 단순화시킬 수 있는 지수모형(index model)을 이용한 분석방법을 설명하고자 한다.

## 3.1 마코위츠 모형[4)]

### 1. 가 정

마코위츠(Markowitz)는 효율적인 포트폴리오 집합을 유도하기 위하여 우선 다음과 같은 가정을 이용했다.

가정1: 투자자들은 증권의 두 가지 특성인 기대수익률과 분산에만 관심을 갖는다.

가정2: 투자자들은 위험회피형(risk aversion)으로서 보다 많은 수익과 보다 적은 위험(less risk)을 선호한다.

가정3: 투자자들은 지배의 원리에 의해 효율적인 포트폴리오들을 보유하고자 한다.

가정4: 투자자들은 수익률의 확률분포에 대해 동일한 기대를 한다. 따라서 모든 투자자들에게 동일한 효율적 투자기회선이 존재할 수 있다.

### 2. 효율적 투자기회선의 유도

이러한 가정하에서 마코위츠는 효율적 투자기회선을 유도하기 위해 다음과 같이 요약될 수 있는 포트폴리오 분석모형을 개발하였다.

첫째, 투자자들은 수익성의 척도로서 포트폴리오의 기대수익률을 사용하고 위험의 척도로서 포트폴리오의 분산을 사용한다.

둘째, 합리적 투자자들은 효율적 포트폴리오를 보유하고자 한다. 따라서 주어진 위험수준하에서는 기대수익률을 극대화하고, 주어진 기대수익률 수준에 대해서는 위험을 극소화한다.

셋째, 각 증권에 대한 기대수익률, 분산 그리고 공분산(또는 상관계수)정보를

4) 마코위츠의 포트폴리오 분석모형은 증권 또는 포트폴리오의 중요한 특성이 기대수익률과 분산에 의해 측정되는 위험임을 나타내 주는 평균-분산모형이다. 그런데 실제로는 세금(tax status)이나 시장성 등의 다른 특성 또한 중요하게 고려되어야 할 것이다. 그러나 여기서는 분석의 편의상 고려대상에서 제외되었다.

적절히 분석하여 효율적인 포트폴리오들을 찾아낼 수 있다.

넷째, 위의 사실들에 입각한 효율적 포트폴리오의 구성은 다음의 최적화과정을 통하여 구할 수 있다. 이 수학적 최적화는 포트폴리오 효율성을 얻기 위해 각각의 개별증권에 배분되어야 할 투자자금의 비율을 결정해 준다. 이는 2차계획법(quadratic programming)으로 그 목적함수 및 제약조건은 다음과 같다.

$$\underset{X_1, X_2, \cdots X_N}{Min} \; Var(R_p) = \sum_{i=1}^{N} \sum_{j=1}^{N} X_i X_j \sigma_{ij}$$

$$= \sum_{i=1}^{N} X_i^2 \sigma_i^2 + \sum_{i=1}^{N} \sum_{j=1}^{N} X_i X_j \sigma_{ij}$$

$$s.t. \; E(R_p) = \sum_{i=1}^{N} X_i E(R_i) = R^*$$

$$\sum_{i=1}^{N} X_i = 1$$

여기서 $X_i$, $X_j$는 $i$ 또는 $j$ 증권에의 투자비율을 나타내며, $R^*$는 일정수준의 기대수익률을 나타낸다. 위 식의 해는 닫힌해가 존재하지만 너무 복잡한 관계로 여기서는 생략한다.

이 경우 $N$개의 증권으로 포트폴리오 분석을 할 경우 필요한 정보의 양과 종류는 $N$개의 기대수익률, $N$개의 분산 그리고 $N(N-1)/2$개의 공분산 또는 상관계수가 된다. 위와 같은 최적화과정을 수익률의 크기 $R^*$를 연속적으로 변화시켜가면서 각각의 수익률에 대응하는 최소분산의 포트폴리오들을 얻을 수 있는데 이러한

그림 9-8 효율적 투자기회선(efficient frontier)

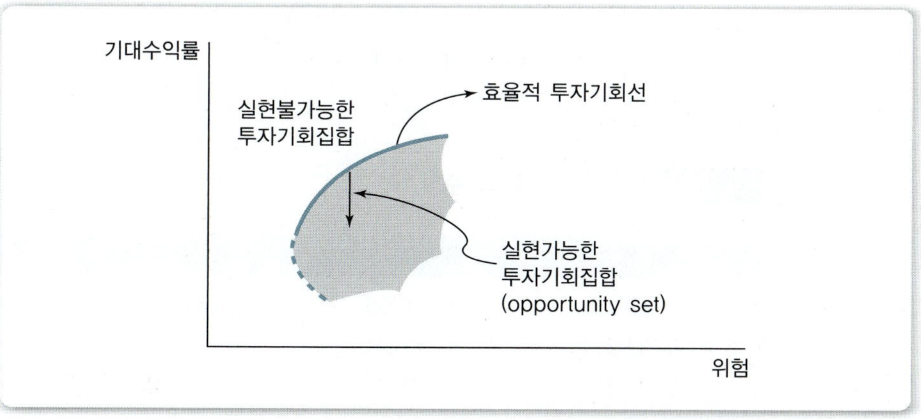

포트폴리오의 수익률 위험의 궤적을 도시한 것이 [그림 9-8]이다. 여기서 이러한 궤적들 중 정(+)의 기울기를 갖는 효율적 투자기회선 상에서는 일반적인 위험 수익의 상치관계가 성립함을 알 수 있다(증가함수형태).

### 3. 효율적 투자기회선의 예

예를 들어 기대수익률이 0.06, 0.08, 0.12인 세 증권으로 포트폴리오를 구성한다고 하자. 이때 세 증권의 분산 공분산행렬이 〈표 9-5〉와 같다고 할 경우 효율적 투자기회선은 어떻게 구해지는지를 살펴보자.

우선 이 세 개의 증권으로 구성되는 포트폴리오가 0.1의 기대수익률을 얻기 위하여 감수하여야 하는 최소의 위험수준은 얼마가 되겠는가? 효율적 투자기회선이란 이와 같이 일정한 수익률을 얻기 위해 감수하여야 하는 최소한의 위험수준을 나타낸다. 이는 달리 말하면 일정수준의 위험 하에서 얻을 수 있는 최대한의 기대수익률을 나타내는 것이다. 따라서 위의 세 증권으로 구성된 포트폴리오의 효율적 투자기회선 중 기대수익률이 0.1이 되는 점을 구하기 위해서는 다음 식을 만족시켜야 한다.

$$Min\ \sigma_p^2 = X_1^2\sigma_1^2 + X_2^2\sigma_2^2 + X_3^2\sigma_3^2 + 2X_1X_2\sigma_{12} + 2X_2X_3\sigma_{23} + 2X_3X_1\sigma_{31}$$
$$\text{subject to}\quad X_1E(R_1) + X_2E(R_2) + X_3E(R_3) = 0.1$$
$$X_1 + X_2 + X_3 = 1$$

이 식에 앞의 예의 실제 수치를 대입하여 다시 쓰면,

$$Min\ \sigma_p^2 = 0.05X_1^2 + 0.07X_2^2 + 0.09X_3^2 + 0.02X_1X_2 + 0.042X_2X_3 + 0.02X_3X_1$$
$$\text{subject to}\quad 0.06X_1 + 0.08X_2 + 0.12X_3 = 0.1$$
$$X_1 + X_2 + X_3 = 1$$

**표 9-5 증권의 위험과 수익**

| 증 권 | 증 권 1 | 증 권 2 | 증 권 3 |
|---|---|---|---|
| 증 권 1 | $\sigma_{11}=0.05$ | $\sigma_{12}=0.01$ | $\sigma_{13}=0.01$ |
| 증 권 2 | $\sigma_{21}=0.01$ | $\sigma_{22}=0.07$ | $\sigma_{23}=0.02$ |
| 증 권 3 | $\sigma_{31}=0.01$ | $\sigma_{23}=0.02$ | $\sigma_{33}=0.09$ |

이다. 이를 풀기 위해 제약식으로부터

$$X_3 = 1 - X_1 - X_2$$

이를 다른 제약식에 대입하여 정리하면,

$$X_2 = \frac{1-3X_1}{2}, \quad X_3 = \frac{1+X_1}{2}$$

이다. $X_2$, $X_3$를 목적식에 대입하여 정리하면,

$$\sigma_p^2 = 0.18X_1^2 - 0.06X_1 + 0.05$$

이다. 이를 극소화시키기 위해 $X_1$에 관해 미분하여 0으로 놓으면,

$$\frac{d\sigma_p^2}{dX_1} = 0.36X_1 - 0.06 = 0$$

에서 $X_1^* = \frac{1}{6}$을 얻는다. 이를 다시 위의 식에 대입하면,

$$X_2^* = \frac{1}{4}, \quad X_3^* = \frac{7}{12}$$

이다. 이때 포트폴리오의 기대수익률과 위험은 다음과 같이 계산된다.

$$E(R_p) = \frac{1}{6}(0.06) + \frac{1}{4}(0.08) + \frac{7}{12}(0.12) = 0.1$$

$$\sigma_p^2 = \left(\frac{1}{6}\right)^2(0.05) + \left(\frac{1}{4}\right)^2(0.07) + \left(\frac{7}{12}\right)^2(0.09) +$$

$$2 \cdot \frac{1}{6} \cdot \frac{1}{4}(0.01) + 2 \cdot \frac{1}{4} \cdot \frac{1}{12}(0.01) + 2 \cdot \frac{7}{12} \cdot \frac{1}{6}(0.01)$$

$$= 0.045$$

$$\sigma_p = 0.2121$$

즉 기대수익률 0.1을 얻기 위해서 감수하여야 하는 최소한의 위험수준은

그림 9-9 효율적 투자기회선의 예시

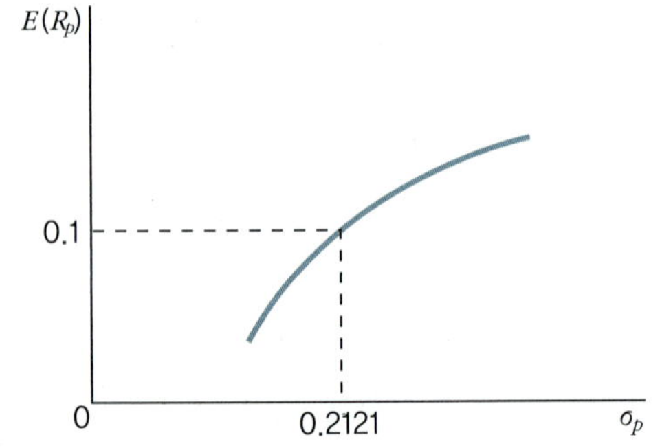


0.2121이며, 이때 포트폴리오 구성은 투자자금의 $\frac{1}{6}$을 증권 1에, $\frac{1}{4}$을 증권 2에, $\frac{7}{12}$을 증권 3에 투자하여야 한다. 이러한 방식으로 기대수익률 수준을 0.2, 0.3, 0.05 등으로 변화시켜 같은 과정을 반복함으로써 [그림 9-9]와 같은 효율적 투자기회선을 얻을 수 있다.

이와 같이 효율적 투자기회선이 결정되면 투자자들의 문제는 이들 포트폴리오들 중에서 효용을 극대화하는 포트폴리오를 선택하는 것인데, 이는 앞에서 설명된 투자자의 효용함수의 형태에 따라 다르게 결정된다. 즉, 위험회피도가 큰 투자자는 효율적 투자기회선상의 아랫부분에서 투자하여 적은 양의 위험을 부담하고 비교적 낮은 기대수익률을 얻게 된다. 위험회피도가 작은 투자자는 이와는 반대로 높은 위험과 높은 수익을 갖는 포트폴리오를 선택하게 된다.

## 3.2 단순화된 지수모형

포트폴리오 분석을 위하여 마코위츠모형을 이용하려면 투자자들은 관심을 갖는 증권의 수익률에 대한 평균과 분산, 그리고 증권 상호간의 공분산을 모두 추정해야 한다. 따라서 마코위츠모형은 현실적으로 많은 수의 증권을 포함시켜야 하는 포트폴리오 선택문제에 있어서 효율적 투자기회선을 찾아내기 위해 너무 많은 양의 정보가 필요하게 된다. 이 때문에 포트폴리오 분석의 실용적 문제를 해결하는 데는 그 유용성이 비교적 적다는 것이 단점으로 지적되었다. 그러나 다행히 개별증권의 기대수익률은 주식시장 또는 경제활동 전반의 어떤 지수의 움직임과 관련지어 설명될 수 있다는 가정을 함으로써 필요한 정보의 양을 크게 줄일 수 있었다. 지수모형은 이러한 가정에 기초하여 마코위츠모형(Markowitz model)에 대한 실용적인 대안으로서 제시된 것이다. 즉, 지수모형(index model)은 개별증권 수익률 상호간의 상관관계가 주로 모든 증권에 영향을 주는 어떤 공통요인으로 인하여 생기게 된다고 가정함으로써 많은 수의 공분산을 다루어야 하는 마코위츠모형의 어려움을 해결할 수 있다. 이와 같은 지수모형은 크게 나누어 단일지수모형(single index model)과 다지수모형(multi index model)이 있다.

## 1. 단일지수모형

샤프(Sharpe)에 의해 처음 제시된 이 모형의 기본 개념은 모든 증권은 시장 전반적인 변화에 의해 크든 작든 영향을 받게 된다는 것이다. 즉, 일반시장지수가 상승하게 되면 일반적으로 개별주식들도 이러한 시장변동에 반응하여 같이 상승하는 경향이 있으며, 또한 반대로 일반시장지수가 하락할 때는 주식들도 그에 따라 같이 하락하게 된다고 가정한다. 여기서 더 나아가 이 모형은 이러한 일반시장변동 혹은 시장요인이 모든 주식에 영향을 주는 유일한 체계적 요인이라 보고 그 나머지 요인들은 개별주식에만 영향을 주는 요인들이라고 가정하고 있다. 이에 따라 이 모형을 시장모형(market model)이라고 부른다.

이러한 단일지수모형 또는 시장모형은 어떤 증권 또는 포트폴리오의 수익률을 종속변수 $R_i$로 하고, 시장을 대표하는 어떤 시장지수의 수익률을 독립변수 $R_m$으로 하여 다음과 같은 단순한 선형회귀식으로 표시된다.

$$R_{it}=\alpha_i+\beta_i R_{mt}+e_{it}$$

단, $\alpha_i$ : 회귀직선의 절편
$\beta_i$ : 회귀직선의 기울기
$e_{it}$ : 잔차수익률(*residual return*), 여기서 $E(e_{it})=0$이고
$Cov(R_m, e_i)=0$이다.

이 식에서 $\beta_i$는 $R_{it}$와 $R_{mt}$ 사이의 산포도(scatter diagram) 관계로부터 추정되는 회귀직선의 기울기계수로서 이는 개별증권의 수익률이 시장수익률의 변동에 따라 얼마만큼 민감한 반응을 보일 것인가를 측정하는 척도로서의 의미를 갖게

된다.

따라서 만일 위에서 기울기계수 $\beta_i$가 1보다 크면 $R_{it}$가 시장보다 더 민감하게 변한다는 것을 뜻하며, 1보다 작으면 시장보다 덜 민감하게 변한다는 것을 뜻한다. 예를 들어 $R_{it}$=1.3이라는 것은 $i$증권 또는 $i$포트폴리오가 시장의 변동보다 30% 더 민감하다는 것을 의미하며 $\beta_i$=0.7이라는 것은 $i$증권 또는 $i$포트폴리오가 시장의 변동보다 30% 덜 민감하게 반응한다는 것을 의미한다. 가령 $\beta_i$=1.3일 경우 시장수익률이 10% 상승하면 $i$증권의 수익률은 13% 상승하게 되며, 시장수익률이 20% 하락하면 $i$증권의 수익률은 26% 하락하게 된다는 것이다. 절편인 $\alpha$값은 민감도 $\beta_i$가 0일 때 증권 또는 포트폴리오의 수익률이 얼마가 되어야 하는가를 나타내 준다. 이 경우 $\alpha>0$이라면 이는 투자자에게 주어지는 벌과금(penalty)을 나타낸다. 마지막으로 오차항 $e_i$는 이 모형에 의해 확인되지 않고 있는 요인들로부터 생기는 예상치 못한 잔차수익률로서 어떠한 값도 취할 수 있는 확률적 성격을 띠며 장기적으로 보면 그 평균값은 0이 된다. 또한 증권들의 잔차수익률 사이에는 상관관계가 없다고 가정하기 때문에 일단 증권에서 시장요인이 제거된다면 증권 상호간에는 상관관계가 존재하지 않아야 한다.

이러한 단일지수모형의 특성을 이용하여 개별증권 $i$의 기대수익률을 구하면 다음과 같다.

$$
\begin{aligned}
E(\tilde{R}_i) &= E[\alpha_i + \beta_i \tilde{R}_m + e_i] \\
&= \alpha_i + \beta_i E(R_m)
\end{aligned}
$$

이는 곧 증권의 수익률이 ① $\alpha$값으로 표시되는 시장과는 관련이 없는 증권 특유의 수익률 부분과 ② $\beta_i E(R_m)$으로 표시되는 시장과 관련된 수익률 부분으로 구성된다는 것을 알 수 있다.[5] 따라서 증권의 위험을 측정하는 통계적 수단인 수익률의 분산도 다음과 같이 시장과 관련된 부분과 증권 고유의 부분과의 합으로 표시된다.

$$
Var(R_p) = \beta_i Var(R_m) + Var(e_i)
$$

총위험 = 시장관련위험+증권고유의 위험

5) 잔차수익률은 단일지수모형의 특성으로부터 평균값이 0이기 때문에 이 식에서는 나타나지 않고 있다.

여기서 시장관련 위험은 모든 증권에 공통적이기 때문에 체계적 위험(systematic risk)이라고 하며, 증권 고유의 위험은 그 증권 특유의 요인으로 발생하는 것으로서 비체계적 위험(unsystematic risk)이라고 부른다.[6)]

한편, 포트폴리오의 기대수익률은 개별증권의 기대수익률을 가중평균을 한 것이므로,

$$\begin{aligned} E(R_p) &= \sum_{i=1}^{N} X_i E(R_i) \\ &= \sum_{i=1}^{N} X_i [\alpha_i + \beta_i E(R_m)] \\ &= \sum_{i=1}^{N} X_i \alpha_i + \sum_{i=1}^{N} X_i \beta_i E(R_m) \end{aligned}$$

의 관계가 얻어진다. 여기서 $\alpha_p = \sum X_i \alpha_i$와 $\beta_p = \sum X_i \beta_i$로 정의하면 앞의 식은

$$E(R_p) = \alpha_p + \beta_p E(R_m)$$

가 된다.

또한 포트폴리오의 위험은 시장관련위험과 개별증권고유의 위험의 함수로 다음과 같이 유도된다.

$$\begin{aligned} Var(R_p) &= Var\left[\sum_{i=1}^{N} X_i R_i\right] \\ &= Var\left[\sum_{i=1}^{N} X_i (\alpha_i + \beta_i R_m + e_i)\right] \\ &= \sum_{i=1}^{N} X_i^2 \beta_i^2 Var(R_m) + \sum_{i=1}^{N} \sum_{\substack{j=1 \\ j \neq i}}^{N} X_i X_j \beta_i \beta_j Var(R_m) + \sum_{i=1}^{N} X_i^2 Var(e_i) \\ &= \sum_{i=1}^{N} \sum_{j=1}^{N} X_i X_j \beta_i \beta_j Var(R_m) + \sum_{i=1}^{N} X_i^2 Var(e_i) \\ &= \left(\sum_{i=1}^{N} X_i \beta_i\right)\left(\sum_{j=1}^{N} X_j \beta_j\right) Var(R_m) + \sum_{i=1}^{N} X_i^2 Var(e_i) \end{aligned}$$

따라서 투자자의 포트폴리오 위험은 다음과 같다.

---

6) 이 위험은 분산투자에 의해 제거될 수 있기 때문에 분산가능위험(diversifiable risk)이라고도 부른다.

$$Var(R_p)=\beta_p^2 Var(R_m)+\sum_{i=1}^{N} X_i^2 Var(e_i)$$

여기서 투자자가 $N$개의 증권에 동일한 비율, 즉 $X_i=1/N$로 투자한다고 가정하면, 포트폴리오의 위험은

$$Var(R_p)=\beta_p^2 Var(R_m)+\frac{1}{N}\left(\sum_{i=1}^{N}\frac{1}{N} Var(e_i)\right)$$

가 된다.

여기서 마지막 항은 포트폴리오에서의 평균잔차위험에 $1/N$을 곱한 것으로서 포트폴리오 구성증권의 수가 커짐에 따라 그 크기가 감소하게 된다는 것을 알 수 있다. 이와 같이 잔차위험은 여러 증권에 분산투자를 함으로써 제거될 수 있기 때문에 비체계적 위험 또는 분산가능위험이라 한다. 따라서 포트폴리오 구성증권의 수가 증가하더라도 제거될 수 없는 위험은 $\beta_p$항과 관련된 위험에 한한다. 이에 따라 위험분산 효과를 최대한으로 가져오는 효율적 포트폴리오의 위험은

$$\sigma_p=(\beta_p^2\sigma_m^2)^{\frac{1}{2}}=\beta_p\sigma_m=\sigma_m\left[\sum_{i=1}^{N} X_i\beta_i\right]$$

가 된다.

이러한 관계로부터 우리는 포트폴리오 위험에 대하여 $\beta_i$의 의미를 확인할 수 있다. 즉, 개별증권의 위험은 시장모형에 따라 $\beta_i^2\sigma_m^2$이 된다. 여기서 포트폴리오 구성증권의 수가 커짐에 따라 $\sigma_{e_i}^2$이 포트폴리오 위험에 미치는 영향은 0에 접근하게 된다. 즉, $\sigma_{e_i}^2$은 분산가능위험이다. 그러나 개별증권의 체계적 위험인 $\beta_i^2\sigma_m^2$은 증권의 수 $N$이 증가해도 감소하지 않는다. 따라서 $\beta_i$가 개별증권의 분산불능위험의 척도가 된다. 또한 이는 포트폴리오 위험에 대해 개별증권이 공헌하는 척도가 된다.

이제 한 예로 4개의 주식으로 동일비율에 의해 포트폴리오를 구성한다고 할 경우 단일지수모형을 이용한 포트폴리오의 수익과 위험을 계산하는 과정을 보자.

단, 시장수익률($E(R_m)$)은 15%, 시장수익률의 분산($Var(R_m)$)은 324%$^2$이라고 가정한다.

여기서 〈표 9-6〉은

$$E(R_p)=\sigma_p+\beta_p E(R_m)$$

**표 9-6 포트폴리오의 위험과 수익-단일지수모형**

| 증권($i$) | 가중치($X_i$) | $\alpha_i$ | $\beta_{im}$ | $Var(e_i)$ |
|---|---|---|---|---|
| A | 0.25 | 0 | 1.20 | 446 |
| B | 0.25 | 0 | 1.09 | 653 |
| C | 0.25 | 0 | 0.89 | 579 |
| D | 0.25 | 0 | 0.89 | 310 |
| 포트폴리오 | 1.00 | 0 | 1.02 | $124\%^2$ |

$$Var(R_p)=\beta_p^2 Var(R_m)+\sum_{i=1}^{4} X_i^2 Var(e_i)$$

의 공식을 이용하여 기대수익과 위험을 계산하였다.

$$E(R_p)=\alpha_p+\beta_p E(R_m)$$
$$=0+1.02(15\%)=15.3\%$$
$$Var(R_p)=\beta_p^2 Var(R_m)+\sum_{i=1}^{4} X_i^2 Var(e_i)$$
$$=(1.02)^2(324)+124^2=461\%^2$$

여기서 $Var(R_m)$을 $324\%^2$라고 가정하면 $\alpha_i$의 가중평균인 $\alpha_p=0$이므로[7] 포트폴리오의 수익률 15.3%는 전적으로 시장과 관련된 수익률이며, 또한 포트폴리오의 위험구성 중 증권고유의 위험들의 가중평균인 $124\%^2$은 포트폴리오 구성증권의 수가 증가됨에 따라 분산가능한 비체계적인 위험이다.

## 2. 다지수모형

단일지수모형의 경우에는 시장요인(market factor)이 개별증권에 영향을 미치는 유일한 요인이라고 가정한다. 그러나 이러한 시장요인 이외에 개별증권수익률에 영향을 미치는 다른 집단적(group) 요인들이 존재할 수 있다. 이러한 요인들을 수익률의 설명요인들로 추가한 것이 바로 다지수모형이다. 즉, 다지수모형(multi index model)은 단일지수모형에서 시장 이외에 개별증권의 수익률에 영향을 미치는 지수들을 추가시켜 여러 지수(multi index)에 의해 수익률을 설명해 보려는 것

7) 절편인 $\alpha_i$는 특별한 의미를 갖기 않기 때문에 계산의 편의상 0으로 놓았다.

이다. 가령 시장요인 이외에 추가적으로 성장, 경기순환, 안정, 에너지 등 네 개의 지수가 증권의 수익률들을 공통적으로 설명해 준다고 가정하면 이 경우 다지수모형은 다음과 같다.

$$R_i = \alpha_i + \beta_{im} R_m + \beta_{ig} R_g + \beta_{ic} R_c + \beta_{is} R_s + \beta_{ie} R_e + e_i$$

단, $R_m$ : 시장요인
$R_g$ : 성장요인(growth factor)
$R_c$ : 경기순환요인(cyclical factor)
$R_s$ : 안정요인(stable factor)
$R_e$ : 에너지요인(energy factor)

여기서 $\alpha$계수와 $\beta$계수는 단일지수모형의 경우와 동일한 의미를 갖는다. 즉, $\alpha$값은 시장이나 다른 지수와는 관련이 없는 수익률부분을 의미하며 $\beta$계수는 각각의 지수가 개별증권수익률에 어느 정도의 영향을 주게 되는지를 나타내 준다.

이러한 다지수모형을 이용할 경우 개별증권의 기대수익률과 위험은 단일지수모형의 경우와 같이 다음과 같이 표현할 수 있을 것이다.

$$E(R_i) = \alpha_i + \beta_{im} E(R_m) + \beta_{ig} E(R_g) + \beta_{ic} E(R_c) + \beta_{is} E(R_s) + \beta_{ie} E(R_e)$$

$$Var(R_i) = \beta_{im}^2 Var(R_m) + \beta_{ig}^2 Var(R_g) + \beta_{ic}^2 Var(R_c) + \beta_{is}^2 Var(R_s) + \beta_{ie}^2 Var(R_e) + Var(e_i)$$

또한 같은 논리로 포트폴리오의 위험과 수익은 다음과 같다.

$$E(R_p) = \alpha_p + \beta_{pm} E(R_m) + \beta_{pg} E(R_g) + \beta_{pc} E(R_c) + \beta_{ps} E(R_s) + \beta_{pe} E(R_e)$$

$$Var(R_p) = \beta_{pm}^2 Var(R_m) + \beta_{pg}^2 Var(R_g) + \beta_{pc}^2 Var(R_c) + \beta_{ps}^2 Var(R_s) + \beta_{pe}^2 Var(R_e) + \sum_{i=1}^{N} X_i^2 Var(e_i)$$

여기서 분산가능위험인 $\sum X_i^2 Var(e_i)$의 부분은 포트폴리오 구성증권의 수가 증가함에 따라 줄어들게 된다.

예를 들어 위와 같이 증권의 수익률에 공통적으로 영향을 미치는 다섯 가지 요인의 기대수익률 및 분산이 〈표9-7〉과 같을 경우 네 개의 증권으로 구성되는 포

**표 9-7 요인별 기대수익률과 분산**

| 요인 | 기대수익률($E(R)$) | 분산($Var(R)$) |
|---|---|---|
| 시장요인 | 15% | $324\%^2$ |
| 성장요인 | 1 | 137 |
| 경기순환요인 | −2 | 193 |
| 안정요인 | −1 | 149 |
| 에너지요인 | 2 | 94 |

**표 9-8 포트폴리오의 위험과 수익 - 다지수모형**

| 증권($i$) | 투자비율 ($X_i$) | $\alpha_i$ | $\beta_{im}$ | $\beta_{ig}$ | $\beta_{ic}$ | $\beta_{is}$ | $\beta_{ie}$ | $Var(e_i)$ |
|---|---|---|---|---|---|---|---|---|
| $A$ | 0.45 | 0 | 1.20 | 0.98 | −0.62 | −0.20 | −0.28 | 233 |
| $B$ | 0.05 | 0 | 1.09 | −0.26 | 0.98 | −0.29 | −0.24 | 448 |
| $C$ | 0.10 | 0 | 0.89 | −0.41 | −0.60 | 0.74 | −1.58 | 385 |
| $D$ | 0.40 | 0 | 0.89 | −0.63 | −0.32 | −0.21 | 1.24 | 81 |
| $P$ | 1.00 | 0 | 1.04 | 0.15 | −0.42 | −0.11 | 0.30 | $65\%^2$ |

트폴리오의 위험과 수익은 다지수모형을 이용할 경우 〈표 9-8〉에서와 같이 계산될 수 있다.

$$E(R_p)=\alpha_p+\beta_{pm}E(R_m)+\beta_{pg}E(R_g)+\beta_{pc}E(R_c)+\beta_{ps}E(R_s)+\beta_{pe}E(R_e)$$
$$=0+1.04(15\%)+0.15(1\%)+(-0.42)(-2\%)$$
$$+(-0.11)(-1\%)+(0.30)(2\%)$$
$$=17.3\%$$
$$Var(R_p)=\beta_{pm}^2Var(R_m)+\beta_{pg}^2Var(R_g)+\beta_{pc}^2Var(R_c)+\beta_{ps}^2Var(R_s)$$
$$+\beta_{pe}^2Var(R_e)+\sum_{i=1}^{4}X_i^2Var(e_i)$$
$$=(1.04)^2(324)+(0.15)^2(137)+(-0.42)^2(193)+(-0.11)^2(194)$$
$$+(0.30)^2(94)+65^2=460\%^2$$

물론 투자비율을 달리함에 따라 네 개의 증권으로 구성되는 다른 포트폴리오들의 수익 및 위험도 동일한 방법으로 계산될 수 있을 것이다.

## 3.3 효율적 투자기회선의 구성과 세 모형의 비교

지금까지 살펴본 바와 같이 지수모형은 포트폴리오의 위험과 수익의 원천에 관한 견해를 제시해 줄 뿐 아니라 효율적 포트폴리오들의 집합인 효율적 투자기회선의 구성을 용이하게 해준다. 이는 지수모형이 증권 상호간의 공분산관계(또는 상관계수)를 보다 단순하게 표현해 줄 수 있는 방법을 제시해 주기 때문이다. 또한 이러한 단순화는 완전공분산을 이용하는 마코위츠의 포트폴리오선택모형을 사용할 때 필요한 정보의 양과 비교해볼 때 필요한 정보의 양을 크게 줄일 수 있다.

〈표 9-9〉는 100개의 증권으로 포트폴리오를 형성한다고 할 경우에 마코위츠 모형과 두 개의 지수모형 사이에 필요한 정보의 양을 비교한 것이다. 〈표 9-9〉에서 포트폴리오 분석을 하고자 할 경우 단일지수모형을 이용하면 필요한 정보의 양이 가장 많이 줄어들게 됨을 알 수 있다. 이는 시장수익률의 위험(분산)과 기대수익률에 관한 추정치가 추가적으로 필요하기는 하지만 분석대상인 개별증권 각각에 대해서는 오직 3개의 추정치, 즉 증권고유의 수익률 부분인 $\alpha_i$, 시장변동에 대한 민감도의 척도인 $\beta_i$, 그리고 잔차수익률($e_i$)의 분산만을 필요로 한다. 따라서 $N$개의 증권으로 포트폴리오를 구성한다 할 경우 모두 $3N+2$개의 추정치가 분석에 필요하게 된다.

가령 어떤 투자자가 100개의 주식으로 포트폴리오를 구성하는 경우를 생각해 보자. 〈표 9-9〉에 나타난 바와 같이 마코위츠 모형을 이용하면 5,150개나 되는 추정치가 분석에 필요하다. 이 경우에 일반적으로 $N$개의 증권으로 포트폴리오를 만든다 할 경우 필요한 정보의 수는 수익률 $N$개, 분산 $N$개, 공분산 $\frac{N(N-1)}{2}$개를 필요로 하여 모두 $2N+N(N-1)/2$개가 된다. 그러나 단일지수모형을 이용하게 되면 302개의 추정치만으로도 분석이 가능하게 된다. 물론 다지수모형을 이용할 경우

**표 9-9 포트폴리오 선택모형과 정보의 양**

| 포트폴리오 선택모형 | 필요한 정보 | | | |
|---|---|---|---|---|
| | 수익률 | 분산 | 공분산 | 총계 |
| 마코위츠(Markowitz) | 100 | 100 | 4,950( $\frac{99\times100}{2}$ ) | 5,150 |
| 단일지수(single index) | 101 | 101 | 100(100×1) | 302 |
| 다지수(5 index의 경우) | 105 | 105 | 100(100×5) | 710 |

에도 정보의 양을 크게 줄일 수는 있지만 단일지수모형만큼 줄일 수는 없다. 이는 여러 가지 지수에 대한 수익률과 분산의 추정치가 추가로 필요한 이외에 각 개별 증권에 대해 7개의 추정치, 즉 $\alpha_i$와 시장반응도의 척도 $\beta_m$, 시장 이외의 지수들에 대한 반응 척도인 $\beta_g$, $\beta_c$, $\beta_s$, $\beta_e$ 그리고 잔차수익률의 분산 $Var(e_i)$가 필요하기 때문이다. 즉, 이 경우에 $N$개의 주식으로 구성되는 일반적인 포트폴리오의 경우를 생각하면 $7N+10$개의 추정치가 필요하게 된다. 100개의 주식으로 포트폴리오를 구성한다면 710개의 추정치가 분석에 필요하게 된다.

이와 같이 개별증권들의 수익률, 분산, 공분산의 추정치가 구해지면 효율적 포트폴리오의 집합은 앞서 설명한 최적화모형을 풀어 쉽게 도출할 수 있다. 이때 6%, 7%, 8% … 등 원하는 수익률의 수준을 변화시켜 나가면서 주어진 수익률수준에서 포트폴리오의 위험을 극소화시키는 투자종목의 선택 및 각 종목에의 투자비율이 결정되게 된다.

이러한 방법을 따르게 되면 [그림 9-10]에서와 같은 효율적 포트폴리오들의 궤적이 얻어지게 된다. 이 그림에서 보면 일반적으로 위험수준이 높아질수록 세 모형에 의한 효율적 투자기회선은 서로 접근하게 된다. 또한 포함되는 증권의 수 ($N$=75 → 150)가 증가하면 같은 기대수익률수준에서 위험이 적은 보다 효율적인 투자기회선(more efficient frontier)을 얻을 수 있다.

그림 9-10 효율적 프론티어의 도시

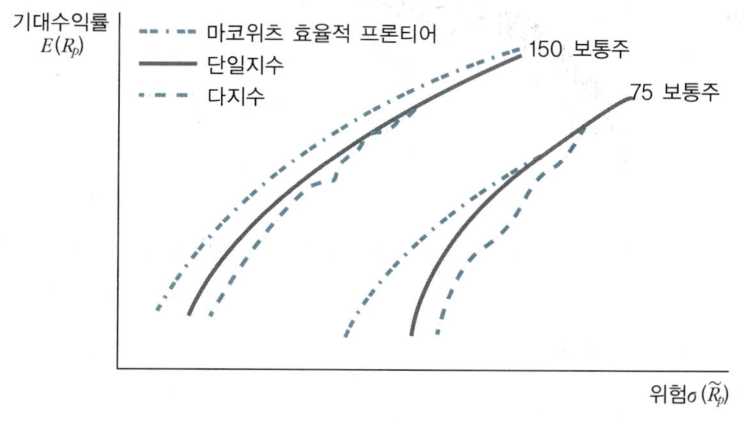


자료: K.J. Cohen and J.A. Pogue, "An empirical evaluation of alternative portfolio selection models," *Journal of Business* (April): 180.

## 제 4 절 투자자균형과 최적포트폴리오의 선택

그러면 앞서의 포트폴리오 분석방법에 따라 효율적 투자기회선이 얻어졌다고 할 경우에 투자자들은 효율적 투자기회선 위에 존재하는 수많은 효율적 포트폴리오들 중에서 어떠한 포트폴리오를 선택하게 될 것인가?

이는 투자자들이 선택의 기준인 위험과 수익에 대하여 어떠한 선호태도를 보이는가에 달려 있을 것이다. 한편, 투자자의 위험에 대한 선호관계는 8장에서 이미 설명한 바와 같이 보통 효용함수 또는 무차별곡선에 의해 설명된다. [그림 9-11]의 (b)는 투자자의 기대수익률-위험에 대한 선호관계를 나타내는 무차별곡선의 형태이다. 물론 이 무차별곡선이 높을수록 높은 효용을 나타낸다. 또한 무차별곡선의 기울기는 투자자의 위험-수익의 한계대체율 또는 위험회피도를 나타낸다. 여기서 투자자들의 효용을 극대화시키는 최적 포트폴리오의 선택, 즉 투자자균형은 [그림 9-11]에서 보는 바와 같이 투자의 대상인 오목형(concave)의 효율적 투자기회선(efficient frontier)과 투자자의 선호관계를 표시하는 볼록형(convex)의 무차별곡선(indifference curve)이 접하는 접점(tangency point)에서 결정된다.

이러한 접점은 효율적 투자기회선상의 포트폴리오들 중에서 가장 높은 무차별곡선과 접하는 투자자의 효용극대화점으로서 최적 포트폴리오가 된다.

여기서 모든 투자자들에게 주어지는 효율적 투자기회선은 동일하더라도 무차별곡선의 기울기, 즉 투자자들의 위험회피 정도에 따라 최적포트폴리오의 선택은 달라짐을 알 수 있다. [그림 9-12]는 이러한 위험회피정도에 따른 최적포트폴리오의 차이를 보여주고 있는데 무차별곡선의 기울기가 가파른 보다 위험회피적인 투자자의 최적포트폴리오일수록 선택되어지는 위험-수익수준도 낮아진다는 것을 설명해 주고 있다. 결국 포트폴리오선택은 이용가능한 투자기회에 대하여 투자자들이 어떠한 위험선호태도를 갖는가에 달려 있으며 따라서 투자자들의 위험선호태도를 알지 못할 경우에는 최적 선택의 설명이 불가능하게 된다.

결국 지금까지의 설명을 기초로 하여 일반적인 포트폴리오선택과정의 기본내용을 요약해 보면 다음과 같다.

① 우선 투자자들이 투자대상으로 고려하고 있는 자산(증권)의 종류를 결정한다.

② 그 다음 각각의 자산에 대한 특성(위험과 수익)을 분석하고 측정한다.

그림 9-11 투자자균형과 최적포트폴리오

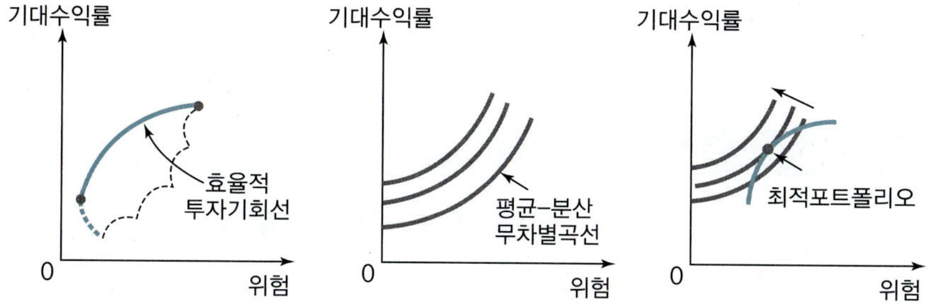


(a) 투자선택의 대상 (b) 투자자의 선호 (c) 투자자균형

③ 이들 자산들에 대한 투자비율을 달리하여 여러 가지 포트폴리오를 구성한다.

④ 이렇게 구성된 포트폴리오의 위험과 수익특성을 분석하고 측정한다.

⑤ 최적화기법에 의해 각각의 위험수준에서 기대수익이 극대화되는 포트폴리오의 구성방법들만을 최종적으로 고려한다.

⑥ 투자자 자신의 위험부담능력을 고려하여 그 위험수준에서 최대의 수익률을 가져다주는 포트폴리오를 최종 선정한다.

그러나 무위험자산이 포함될 경우에는 토빈(Tobin)의 분리정리(separation

그림 9-12 위험회피의 정도와 최적포트폴리오

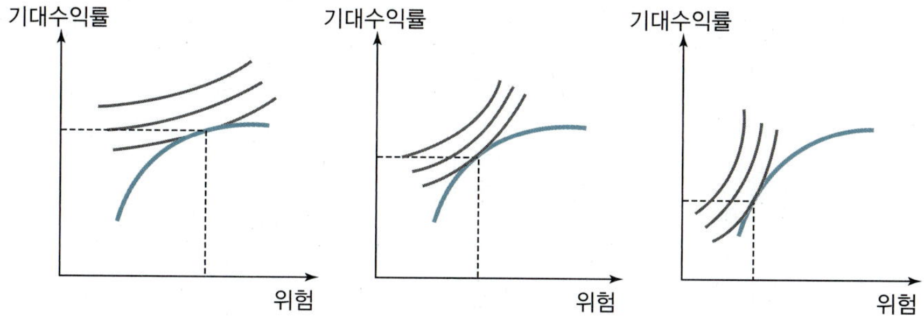


(a) 위험회피도가 낮은 투자자 (b) 위험회피도가 보통인 투자자 (c) 위험회피도가 높은 투자자

theorem)에 따라 투자자의 선호에 관계없이 위험자산만으로 구성되는 최적의 포트폴리오는 시장포트폴리오가 된다. 이에 대하여는 다음 장에서 자세히 다루기로 한다.

## Learning Cafe 1

### 포트폴리오와 분산투자

**포트폴리오와 분산 투자 "달걀을 한 바구니에 담지 말라."**

포트폴리오(portfolio)는 원래 간단한 서류 가방이나 자료 수집철을 뜻하는 말이다. 금융에서는 금융 회사나 개인이 보유하고 있는 금융 자산의 목록을 뜻하는 말로 사용되는데, 투자의 위험을 줄이기 위해서 기관이나 개인이 다양한 자산에 분산하여 투자한다는 의미를 지닌다.

'금융 포트폴리오 이론 정립'으로 1981년 노벨 경제학상을 수상한 제임스 토빈은 이를 쉽게 설명해 달라는 기자들의 요구에 이렇게 말했다. "달걀을 한 바구니에 담아서는 안 됩니다. 바구니를 떨어뜨리면 모든 것이 끝장이기 때문입니다."

이 말은 다음날 '예일대 경제학 교수, 달걀을 한 바구니에 담지 말라로 노벨상 수상'이라는 헤드라인으로 전 세계의 신문을 장식했다.

〈자료 : 한국경제, 2010. 10. 5.〉

자산 관리의 기본적인 목적은 필요한 시기에 사용할 수 있는 충분한 양의 자금을 마련하는 것이다. 이를 위해서는 안정적으로 높은 수익을 올릴 수 있는 투자의 대상을 선택하여 자산을 관리해야 한다. 이는 각 금융 자산이 가지고 있는 안전성, 수익성, 유동성을 고려해야 한다는 것을 뜻한다.

자신이 투자한 금융 자산의 가치가 안전하게 보호될 수 있다면 안전성이 높다고 말할 수 있다. 수익성은 투자한 금융자산으로부터 얻는 이익을 뜻한다. 어떤 금융 상품이 안전하면서 수익성까지 높다면 누구나 그 상품에 투자하려고 할 것이다. 그러나 일반적으로 수익성이 높은 금융 자산일수록 위험이 크다고 알려져 있다. 따라서 여유 자금을 특정한 금융 자산에 집중시키지 말고 안전성과 수익성 모두를 고려하여 여러 상품들에 분산하여 투자하는 것이 필요하다.

출처: 금융감독원(http://fssblog.com/140170437609).

## 연습문제

**1.** 다음을 간단히 설명하라.

(1) 포트폴리오

(2) 지배의 원리

(3) 마코위츠의 분산투자

(4) 최소분산포트폴리오(MVP)

(5) 효율적 투자기회선

(6) 지수모형

**2.** $x$와 $y$의 관계가 다음과 같을 경우 $x$와 $y$가 완전히 부(−)의 방향으로 상관관계를 가짐을 증명하라.

$$y = a+bx, \quad b<0$$

**3.** 고려기업과 서울기업의 주식으로부터 얻게 되는 수익률이 각각의 시장상태에 따라 다음과 같은 분포를 갖는다고 하자.

| 상태 | 확률 | 고려기업 주식 | 서울기업 주식 |
|---|---|---|---|
| 매우 호황 | 0.2 | 18 | 0 |
| 호　황 | 0.2 | 5 | −3 |
| 평상 수준 | 0.2 | 12 | 15 |
| 불　황 | 0.2 | 4 | 12 |
| 매우 불황 | 0.2 | 6 | 1 |

(1) 두 기업 수익률의 평균, 분산 및 공분산을 계산하라.

(2) 두 기업의 주식으로 구성되는 포트폴리오의 투자비율을 다음과 같이 변화시킬 때 각각의 경우에 대한 평균, 분산을 계산하라.

| 기업 | 투자비율 | | | | | | |
|---|---|---|---|---|---|---|---|
| 고려기업 | 125 | 100 | 75 | 50 | 25 | 0 | −25 |
| 서울기업 | −25 | 0 | 25 | 50 | 75 | 100 | 125 |

(3) 최소분산 포트폴리오를 구하고 그 기대수익률과 분산을 계산하라.

(4) 고려기업에의 투자비율이 75%인 포트폴리오를 포트폴리오 A라 하고, 25%

인 포트폴리오를 포트폴리오 B라고 할 경우 두 포트폴리오의 공분산은?

(5) 최소분산포트폴리오와 포트폴리오 A 및 포트폴리오 B와의 공분산을 계산하라.

**4.** 마코위츠(Markowitz)모형과 단일지수 및 다지수모형을 설명하고 비교하라.

**5.** 고려기업, 서울기업, 연세기업 및 종합주가지수의 12개월 동안의 월별 수익률이 다음과 같을 때 단일지수모형을 사용하여 다음을 계산하라.

| 월 \ 증권 | 고려 | 서울 | 연세 | 종합주가지수 |
|---|---|---|---|---|
| 1 | 12.05 | 25.20 | 31.67 | 12.23 |
| 2 | 15.27 | 2.86 | 15.82 | 5.99 |
| 3 | −4.12 | 5.45 | 10.58 | 2.41 |
| 4 | 1.57 | 4.56 | −14.43 | 4.48 |
| 5 | 3.16 | 3.72 | 31.98 | 4.41 |
| 6 | −2.79 | 10.79 | −0.72 | 4.43 |
| 7 | −8.97 | 5.38 | −19.64 | −6.77 |
| 8 | −1.18 | −2.97 | −10.00 | −2.11 |
| 9 | 1.07 | 1.52 | −11.51 | 3.46 |
| 10 | 12.75 | 10.75 | 5.63 | 6.16 |
| 11 | 7.48 | 3.79 | −4.67 | 2.47 |
| 12 | −0.94 | 1.32 | 7.94 | −1.15 |

(1) 각 주식의 $\alpha$계수

(2) 각 주식의 $\beta$계수

(3) 각 주식의 잔차의 표준편차

(4) 각 주식과 시장과의 상관계수

(5) 시장의 평균수익률

(6) 시장수익률의 분산

**6.** 포트폴리오를 구성하는 데 있어서 개별증권의 분산보다 공분산이나 상관계수가 더욱 중요하다. 그 이유를 설명하라.

**7.** 다음과 같은 특성을 갖는 증권을 고려해 보자.

| 증권 | 기대수익률 | 수익률의 표준편차 |
|---|---|---|
| $A$ | 10.2% | 6.0% |
| $B$ | 14.5 | 11.0 |
| $C$ | 16.0 | 18.0 |
| $D$ | 6.7 | 0.0 |

각 증권의 수익률들의 상관계수는 다음과 같다고 하자.

$$\rho_{BC}=0.0,\ \ \rho_{AB}=0.0,\ \ \rho_{AC}=0.0$$

(1) 증권 $A$와 $B$로 포트폴리오를 구성할 때 기대수익률 13.5%를 얻기 위해 감수하여야 하는 최소한의 포트폴리오 위험은?

(2) 증권 $A$와 $C$로 포트폴리오를 구성할 때 기대수익률은 13.5%를 얻기 위한 최소한의 위험은?

(3) (1)과 (2)의 포트폴리오 중에서 위험회피형 투자자가 선호하게 되는 것은? 그 이유는?

(4) 증권 $D$와 다른 증권들의 수익률과의 상관계수는?

(5) 증권 $A$, $B$, $C$로 포트폴리오를 구성할 때 기대수익률 13.5%를 얻기 위한 최소한의 위험은 얼마인가? 단, $A$와 $D$의 투자비율이 같다고 한다. 이 포트폴리오와 (1)의 포트폴리오 중 어느 것이 바람직한가?

**8.** 포트폴리오의 분산에 대한 정의를 사용하여 어떤 주식 100주를 보유하고 동시에 100주를 매각한 경우 위험이 없음을 증명하라.

**9.** $R_1$과 $R_2$를 증권 1과 2의 수익률이라고 하자. $E(R_1)=0.03$, $E(R_2)=0.08$, $Var(R_1)=0.02$, $Var(R_2)=0.05$, $Cov(R_1, R_2)=-0.01$이라 할 때 다음 물음에 답하라.

(1) 평균-분산 평면 위에 투자기회집합을 도시하라.

(2) 위험을 최소화하기 위한 증권 1에의 투자비율은?

(3) 증권 1에 50%를 투자할 경우 포트폴리오의 평균과 분산은?

10. 효율적 투자기회선(efficient frontier)을 설명하라.

11. 효율적 포트폴리오의 특성을 설명하라.

12. 체계적 위험과 비체계적 위험을 설명하라.

13. 문제 5의 각 주식에 대해 분산가능위험과 분산불가능위험을 계산하라.

14. 단순한 분산투자기법과 마코위츠(Markowitz)의 분산투자와의 차이를 설명하라.

C·H·A·P·T·E·R 10

# 자본시장이론

탈러를 선두로 한 일단의 경제학자들은 '행태금융' 이라고 명명한 새로운 연구 영역을 개척함으로써 합리성 모델이 갖는 결점에 대응하여 왔다. 행태금융은 투자자들이 때로는 냉철한 계산을 하고, 때로는 감정적 충동에 굴복하면서 리스크(위험)와 수익 사이를 타협해 나가는 방법을 분석하는 학문이다. 합리성과 비합리성의 이러한 혼합된 결과는 바로 이론적 모델이 예측하고 있는 성과를 지속적으로 이끌어내지 못하는 자본시장 그 자체라고 할 수 있다.

– Peter L. Bernstein의 'Against the Gods(신을 거역한 사람들)' 중에서 –

자본시장이론(capital market theory)은 자본시장에서 위험자산들의 평가가 어떻게 이루어지는가를 설명하고자 하는 이론이다. 즉, 자본시장이 균형상태에 있을 때 위험자산의 가격(또는 수익률)과 위험 사이에는 어떠한 관계가 있는가를 설명하고자 하는 이론이다.

제9장에서 설명된 마코위츠의 포트폴리오이론은 불확실성하에서 투자자들의 포트폴리오 선택을 위한 기초적 이론으로서 투자자들은 위험분산을 위해 어떻게 행동해야 하는가를 보여주는 규범적(normative) 이론이었다. 반면, 본 장에서 다루고자 하는 자본시장이론은 시장이 균형상태에 있고 투자자들이 앞서 설명한 포트폴리오 선택행동을 한다고 가정하면 위험자산은 어떻게 평가되어지는가를 설명하는 실증적(positive) 이론이라고 할 수 있다. 즉, 투자자들이 마코위츠가 제시한 방식대로 포트폴리오 분산투자행동을 한다고 가정하면 이는 ① 위험자산(증권)의 가격결정 행태, ② 투자자들이 기대하는 위험-수익관계, 그리고 ③ 증권의 적절한 위험척도는 무엇인가에 대하여 여러 가지 의미를 시사해 주게 된다. 본 장에서는 이러한 문제들에 관하여 보다 명백하고 구체적인 해답을 제시하는 일반균형모형(general equilibrium model)으로서의 자본자산가격결정모형(capital asset pricing model; *CAPM*)을 살펴보기로 한다.

따라서 본 장에서는 우선 *CAPM*의 기본가정들을 살펴보고 두 개의 서로 다른 균형모형인 ① 자본시장선(*CML*)과, ② 증권시장선(*SML*)이 각각 어떻게 유도되며 그 의미와 차이는 무엇인가를 알아본다. 다음 이러한 이론모형이 현실적인 자본시장의 가격결정행태를 얼마만큼 잘 설명하여 주는가를 보기 위해 *CAPM*의 실증적 검증방법과 그에 따른 실증적 증거의 결과를 제시한다. 이어 마지막 절에서는 *CAPM*(*SML*)과는 다른 가정에서 출발하고 있으나 기본적으로는 *CAPM*의 경우처럼 위험-수익 상치관계를 선형관계(linear relationship)로 설명하고 있는 차익거래가격결정모형(*APM*)을 소개하고자 한다.

## 제 1 절 자본시장선과 시장균형

전장에서 우리는 위험자산들만을 가지고 포트폴리오를 구성하는 경우 투자선택의 대상으로서 오목형(concave)의 효율적 투자기회선(efficient frontier)이 얻어짐을 살펴보았다. 또한 투자자의 선호인 위험회피정도를 반영하는 무차별곡선의 형태(기울기)에 따라 최적포트폴리오의 선택이 어떻게 달라지는가를 설명하였다.

그러나 실제에 있어서 소비자(투자자)들은 소비 후 남는 여유자금을 운영함에 있어서 위험자산뿐만 아니라 국 · 공채나 정기예금과 같은 무위험자산(risk-free assets)에도 일부 투자하여 포트폴리오를 구성하는 것이 일반적이다. 따라서 전장에서 설명한 포트폴리오 선택이론은 현실적인 한계를 갖는다고 볼 수 있다.

이에 본 절에서는 우선 시장에 무위험자산이 존재하게 될 경우 마코위츠의 효율적 투자기회선이 어떻게 변화하게 되는가를 보고자 한다. 그 다음 시장에 참여하는 투자자들이 모두 동일한 투자기회집합(opportunity set)을 이용하고, 이들 투자대상에 대하여 동일한 기대(homogeneous expectiations)와 평가를 한다고 가정하는 경우, 시장 전체적으로 자본시장선(capital market line: *CML*)이라 불리는 선형의 효율적 투자기회선이 유도됨을 보인다. 이어 모든 투자자들이 이러한 *CML*을 따라 포트폴리오 의사결정을 한다고 전제할 때 시장균형 하에서 모든 개별증권 또는 포트폴리오의 위험-기대수익관계가 어떻게 규정되는가를 살펴본다.

## 1.1 무위험자산의 존재와 효율적 투자기회선

위험자산들만으로 포트폴리오를 구성할 경우에는 전장에서 살펴본 바와 같이 효율적 투자기회선은 오목형(concave)이 된다. 그러나 무위험자산을 포함시켜 포트폴리오 분석을 하게 되면 자본시장선이라 불리는 선형(linear)의 효율적 투자기회선이 존재하게 되어 투자자들의 위험태도를 고려하지 않고도 시장균형의 설명이 가능하게 된다.[1)]

### 1. 무위험자산을 포함하는 포트폴리오 분석

투자자들이 포트폴리오분석을 하게 되는 1차적인 목적은 효율적인 포트폴리오들의 집합, 즉 효율적 투자기회선을 확인하는 데 있다. 이제 무위험자산이 존재하여 투자자들이 무위험수익률로서 차입과 대출이 가능하다고 할 경우 효율적 투자기회선(efficient frontier)이 어떻게 변하는가 보자.

1) 무위험자산이 존재하지 않을 경우에는 효율적 투자기회선이 오목형이 되어 투자자들의 위험선호태도에 따라 위험자산에 대한 수요, 즉 최적포트폴리오가 달라진다. 즉 투자자들의 위험태도를 모를 경우에는 위험자산의 수요를 알 수가 없다. 그러나 무위험자산이 존재할 경우에는 Tobin의 분리정리에 따라 이에 관계없이 위험자산에 대한 수요함수를 도출할 수 있게 된다.

**그림 10-1 무위험자산의 존재와 효율적 투자기회선**

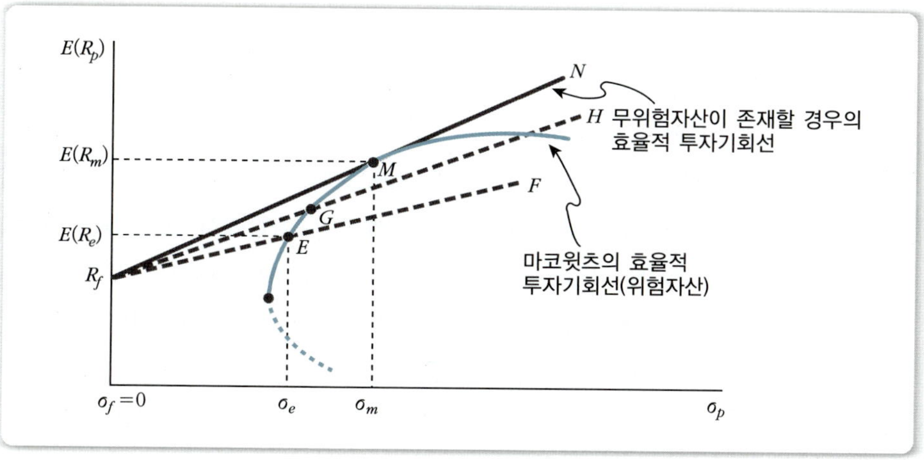


우선 어느 투자자가 마코위츠의 투자기회선상에 있는 하나의 위험포트폴리오 $E$(그림 10-1 참조)와 무위험자산 $R_f$를 결합시켜 무위험자산을 포함한 새로운 포트폴리오를 만든다고 하자. 그러면 이러한 무위험자산을 포함한 포트폴리오의 수익률과 위험은 앞서 유도한 공식을 이용하여 다음과 같이 계산될 것이다.

$$E(R_p) = xR_f + (1 - x)E(R_e)$$
$$Var(R_p) = x^2 Var(R_f) + (1 - x)^2 Var(R_e) + 2x(1 - x)\rho_{fe}\sigma_f\sigma_e$$
$$= (1 - x)^2 Var(R_e)$$

단, $R_f$ : 무위험자산의 수익률
$\sigma_f$ : 무위험자산의 표준편차
$x$ : 무위험자산에의 투자비율
$\rho_{fe}$ : 위험포트폴리오와 무위험자산의 상관계수
$E(R_e)$: 위험포트폴리오의 기대수익률
$\sigma_e$ : 위험포트폴리오의 표준편차

여기서 두 번째 식으로부터 $x = 1 - \sigma_p/\sigma_e$가 되어 이를 첫 번째 식에 대입하여 무위험자산을 포함한 포트폴리오의 기대수익률 $E(R_p)$와 위험인 $\sigma_p$의 관계로 정리하면,

$$E(R_p) = R_f + \left[\frac{E(R_e) - R_f}{\sigma_e}\right] \cdot \sigma_p$$

의 선형관계가 얻어진다. 이제 이를 위험-수익평면상에 도시하면 [그림 10-1]의 직선 $R_fEF$와 같다.

한편, 이는 무위험자산과 위험포트폴리오(risky portfolio) $G$를 결합하는 투자기회선 $R_fGH$에 의해 지배를 당하는데(같은 위험에서 보다 높은 수익), 이러한 과정을 계속할 때 마코위츠의 효율적 투자기회선상 $M$점과 무위험자산 $R_f$의 결합에서 오는 투자기회선 $R_fMN$이 가장 효율적인 투자기회선이 된다는 것을 알 수 있다. 따라서 직선 $R_fMN$은 무위험자산이 존재할 경우 투자자들이 새로이 직면하게 되는 효율적 투자기회선이 된다.[2] 여기서 직선 $R_fMN$의 방정식은 앞의 수식으로부터,

$$E(R_p) = R_f + \left[\frac{E(R_m) - R_f}{\sigma_m}\right] \cdot \sigma_p$$

단, $\sigma_m$ : 포트폴리오 $M$의 위험(표준편차)

가 된다. 이 식을 우리는 자본시장선(capital market line; $CML$)이라 부른다.

## 2. 최적포트폴리오의 선택

그러면 투자자들은 자신의 효용을 극대화시키기 위해 이러한 선형의 효율적 투자기회선상 어떤 점에서 최적포트폴리오를 구성하게 되는가? 이는 전장의 투자자균형에서 설명한 바와 같다. 즉, 투자자의 위험-수익에 대한 선호태도를 반영해 주는 무차별곡선의 형태(기울기)에 따라 무위험자산과 위험포트폴리오 $M$에의 투자비율(결합비율)이 직선 $R_fMN$상에서 결정된다. 따라서 투자자의 최적포트폴리오 결정은 [그림 10-2]에서 보는 바와 같이 선형(linear)의 효율적 투자기회선과 볼록형(convex)의 무차별곡선이 접하는 접점 $T$가 된다. 여기서 접점 $T$는 일반적으로 $R_f$와 $M$ 사이에 위치하게 되는데, 이는 자금의 일부를 무위험이자율로 대출을 하고 나머지 자금을 위험자산 $M$을 매입하는데 사용하게 된다는 것을 의미한다. 이 경우 자금의 일부를 대출에 사용한다는 의미에서 $T$를 대출포트폴리오(lending portfolio)라고 부른다.

---

2) 즉, 지배의 원리에 따라 직선 $R_fMN$상에 위치하는 모든 점들은 각각의 위험수준에서 가장 높은 기대수익률을 제공해 주기 때문이다.

그림 10-2 최적포트폴리오의 선택

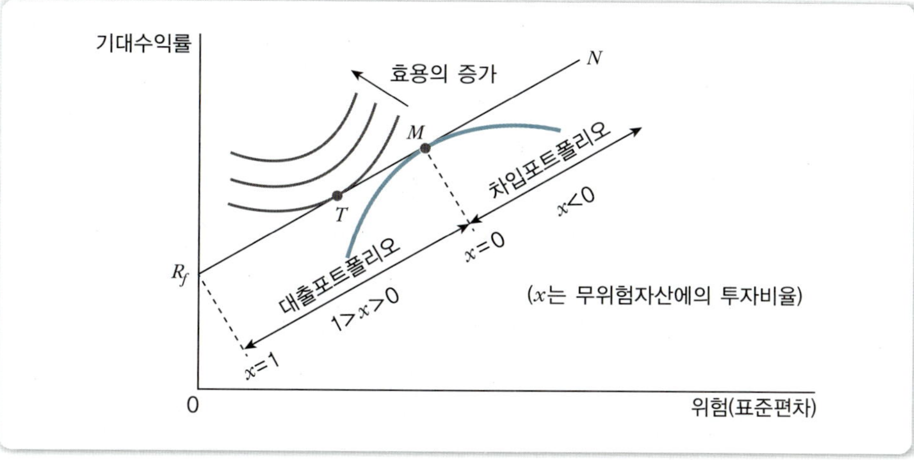


또한 접점 $T$가 $M$점 이상에 위치할 경우도 있는데 이는 자금의 일부를 무위험 수익률로 차입한 후 원래의 자금과 합하여 전액을 위험포트폴리오 $M$에 투자하는 것을 의미한다. 이 경우 위험 포트폴리오 $M$에 자금을 차입하여 투자를 한다는 의미에서 $T$를 차입 포트폴리오(borrowing portfolio)라고 부른다.[3] 어떻든 여기에서 일반적으로 우리가 알 수 있는 것은 효율적 투자기회선과의 접점이 $R_f$에 접근할수록 무위험자산에의 투자비율이 커지고 $R_f$에서 멀어질수록 위험자산에의 투자비율이 더 커진다는 점이다.

## 1.2 동일한 기대와 시장포트폴리오

개인투자자의 관점에서 보면 앞서의 분석은 자산의 위험과 위험-수익관계를 측정하기 위한 적절한 방법을 제시해준다. 그러나 이러한 분석결과는 ① 자산의 위험이 특정의 개인투자자에게 최적인 특정 포트폴리오와 관련하여 상대적으로 측정되고, ② 효율적 투자기회선이 개인투자자들마다 서로 다른 주관적 추정치로 서로 다를 수 있다. 그런데 시장균형 하의 자산가격결정모형은 개별증권이나 포트폴리오에 대한 위험-수익관계를 시장 전체적인 수준에서 하나의 공통적인 의미를 갖도록 발전시키는 데 그 목적이 있다. 따라서 시장 전체적인 수준에서 모든

3) 이러한 경우를 흔히 재무레버리지(financial leverage)를 갖는 경우라고 하며 따라서 레버리지 포트폴리오라고도 부른다.

투자자에게 공통적인 타당성과 의미를 갖는 일반적인 위험-수익관계를 유도할 필요성이 있다.

이를 위해서 모형에 대한 추가적인 제한으로써 시장 전체적으로 투자자들이 동일한 기대(homogeneous expectations)와 동일한 투자기회집합[4]을 갖는다고 가정한다. 이 경우 단 하나의 효율적 투자기회선이 모든 투자자에게 적용되며 이에 따라 시장균형이 쉽게 설명될 수 있다. 이와 같이 모든 투자자들이 동일한 기대를 갖는다고 가정하면 앞에서 설명한 위험 포트폴리오 $M$은 모든 투자자에게 동일한 위험 포트폴리오로서 특별한 의미를 갖는데 이를 시장포트폴리오라고 한다.

그러면 이러한 시장포트폴리오(market portfolio)는 시장균형 하에서 어떻게 구성될 것인가? 시장포트폴리오 $M$은 시장에 존재하는 모든 위험자산들의 총시장가치 중에서 개별자산(총시장가치)가 차지하는 비율을 가중치(투자비율)로 하여 구성된다.[5] 즉,

$$x_{im} = \frac{p_i Q_i}{\sum_{i=1}^{N} p_i Q_i},\ i = 1,\ 2,\ \cdots\ N$$

단, $p_i$ : 자산(증권) $i$의 시장가격
$Q_i$ : 자산(증권) $i$의 발행주식수
$N$ : 시장에 존재하는 위험자산의 수
$x_{im}$ : 시장 포트폴리오 $M$ 중 $i$자산(증권)에의 투자비율
$\left(\sum_{i=1}^{N} x_{im} = 1\right)$

가 된다. 가령 현대자동차 발행주식의 총시장가치가 시장 전체 주식의 총시장가치의 10%가 된다면 시장포트폴리오에 투자되는 자금 중에 10%는 현대자동차 주식을 매입하여야 한다. 만일 이러한 관계가 성립하지 않는다면 시장포트폴리오 $M$의 구성비율과 일치할 때까지 시장가격의 조정이 나타난다.

한편, 시장포트폴리오의 구성비율 $x_{im}$은 위의 식으로부터 투자자의 선호나 기대에 관계없이 모든 투자자에게 동일하다는 것을 알 수 있다. 또 한 가지 무위험자산을 포함한 최적 포트폴리오 선택과 관련하여 중요한 사실은 투자자들은 투자

4) 동일한 기대란 위험증권들의 수익률에 대한 기대수익률, 분산, 공분산에 대해 모든 투자자들이 인식을 같이한다는 것을 의미하며, 동일한 투자기회집합이란 이용가능한 자산들이 모든 투자자에게 동일하게 주어진다는 것을 의미한다.

5) 이를 균형 포트폴리오의 정리(balanced portfolio theorem)라고 하며, 이에 관한 자세한 설명은 이필상, 「재무론」(박영사) 참조.

자금을 시장포트폴리오 $M$과 무위험자산에 나누어 투자해야만 한다는 규범적 의미를 시사하지는 않으며, 다만 동일한 기대를 가정한다면 실증적 명제로서 투자자들이 그와 같이 나누어 투자하게 될 것이라는 점을 보여주는 것이다.

## 1. 자본시장선

앞 절에서 설명한 바와 같이 무위험자산이 존재하고 투자자들의 동일한 기대를 가정한다면 위험 포트폴리오인 접점 $M$은 모든 투자자들에게 동일한 시장 포트폴리오가 된다. 따라서 시장균형 하에서는 모든 효율적 포트폴리오들은 무위험자산과 시장포트폴리오의 결합으로 구성된다. 그 결과 [그림 10-3]과 같이 선형의 효율적 투자기회선이 존재하는데, 이는 시장균형 하에서의 위험-수익 상치관계(trade-off)를 설명해주기 때문에 자본시장선이라고 불린다. 또한 여기서 무위험자산과 시장포트폴리오의 여러 가지 결합방식에 있어서 기대수익률과 위험 사이에 일정한 정(+)의 선형관계가 존재함을 보여주는데($CML$의 기울기) 이를 위험에 대한 시장가격으로 해석할 수 있다.

[그림 10-3]에서 자본시장선의 식은

$$E(R_p) = R_f + \left[\frac{E(R_m) - R_f}{\sigma_m}\right] \cdot \sigma_p$$

단, $E(R_p)$ : 효율적 포트폴리오의 기대수익률

$\sigma_p$ : 효율적 포트폴리오의 위험척도

$E(R_m)$ : 시장포트폴리오의 기대수익률

$\sigma_m$ : 시장포트폴리오의 위험

가 된다.[6]

---

6) 자본시장선은 시장에서 무위험자산 $R_f$와 시장포트폴리오 $M$으로 구성되는 모든 효율적 투자기회를 나타내 주는 직선이다. 여기서 자본시장선상 임의의 포트폴리오를 $p$라 할 때 이 포트폴리오의 기대수익률 $E(R_p)$와 분산 $Var(R_p)$는 다음과 같다.

$$E(R_p) = (1 - x)R_f + xE(R_m)$$

단, $x$ : 시장포트폴리오에의 투자비율

$$Var(R_p) = \sigma_p^2 = x^2\sigma_m^2 \text{ (또는 } \sigma_p = x\sigma_m)$$

두 번째 식에서 $x = \sigma_p/\sigma_m$을 얻어 첫 번째 식에 대입하여 정리하면 다음과 같이 자본시장선의 식이 얻어진다.

$$E(R_p) = R_f + \left[\frac{E(R_m) - R_f}{\sigma_m}\right] \cdot \sigma_p$$

그림 10-3 자본시장선과 위험의 시장가격

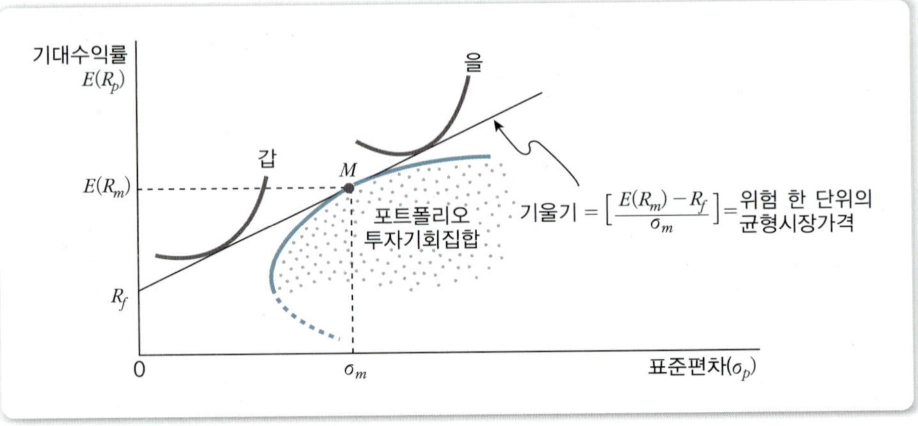


여기서 자본시장선의 기울기인 $\left[\frac{E(R_m)-R_f}{\sigma_m}\right]$는 위험 한 단위의 균형시장가격으로서 위험 한 단위 '$\sigma_m$'에 대해 시장에서 보상되는 기대수익률 $[E(R_m)-R_f]$, 즉 위험보상(risk premium)을 의미하게 된다.

또한 [그림 10-3]에서 보는 바와 같이 투자자들의 위험-수익의 교환비율인 한계대체율(marginal rate of substitution; *MRS*)은 무차별곡선에 대한 접선의 기울기로서 여기서는 자본시장선의 기울기와 일치하고 있다. 여기서 자본시장선은 또 포트폴리오 투자기회집합에도 접하고 있음을 알 수 있다.

이 경우 자본시장선의 기울기는 균형 하에서 객관적으로 결정되는 위험-수익의 교환비율, 즉 한계변형률(marginal rate of transformation; *MRT*)의 의미를 갖는다. 결국 균형 하에서 투자자들의 한계대체율은 한계변형률과 같고 이는 다시 자본시장선의 기울기와 일치하게 되어 다음의 관계가 성립하게 된다.

$$CML\text{의 기울기} = \text{위험의 시장가격} = \frac{E(R_m)-R_f}{\sigma_m}$$
$$= MRS_{\text{갑}} = MRS_{\text{을}} = MRT$$

이상의 결과로부터 모든 투자자들은 그들의 무차별곡선의 형태에 관계없이 시장에서 결정되는 위험의 가격(price of risk)이 적용된다는 것을 알 수 있다. 바로 이러한 이유 때문에 경영자들은 불확실성하에서 개인주주들의 선호를 고려하지 않고도 시장에서 형성된 위험가격만을 기준으로 하여 모든 재무적 의사결정을 내릴 수 있게 된다는 중요한 의미를 시사해 주게 된다.

한편, 자본시장선이 수직축과 만나는 절편은 무위험수익률로서 이는 단순히 시차에 따른 화폐의 시간가치를 반영하는 시간의 가격(price of time)으로서 투자자들이 투자를 위해 현재의 소비를 유보하는 것에 대한 보상으로 간주할 수 있다.

예를 들어 시장수익률의 평균치가 17%, 위험(표준편차)이 10%로 예상되고 무위험수익률로 볼 수 있는 은행의 정기예금이자율이 8%라고 하자. 이때 위험이 20%로 추정되는 효율적 포트폴리오의 요구수익률은 *CML*에 따라 다음과 같이 계산될 수 있다. 즉,

$$
\begin{aligned}
E(R_p) &= R_f + \left[\frac{E(R_m) - R_f}{\sigma_m}\right] \cdot \sigma_p \\
&= 0.08 + \left[\frac{0.17 - 0.08}{0.1}\right] \cdot 0.2 \\
&= 0.08 + 0.9 \times 0.2 = 0.26(26\%)
\end{aligned}
$$

가 된다. 이는 화폐의 시간가치를 고려한 시간의 가격(무위험수익률) 8%와 위험한 단위당 시장가격 0.9에 표준편차로 측정된 위험의 양 20%를 곱하여 얻은 위험의 시장가격 18%를 합한 것이 된다.

## 2. 분리의 정리

전절에서 우리는 모든 투자자들은 무위험자산과 시장포트폴리오로 구성되는 자본시장선상에서 효율적 포트폴리오를 선택하게 된다는 것을 설명하였다. 이는 결국 위험자산의 최적포트폴리오는 개인투자자들의 위험에 대한 태도 차이에 관계없이 시장포트폴리오 $M$으로 결정되며, 이는 $M$포트폴리오 구성비율 그 자체는 모든 투자자들에게 있어서 동일하다는 것을 의미한다. 다만 개인의 선호구조 또는 위험에 대한 태도는 $R_f$와 $M$의 구성에서 고려되는데 위험에 대한 회피도가 클수록 $R_f$에 대한 투자비율이 커진다. 이와 같이 위험자산의 포트폴리오가 투자자의 선호구조와 무관하게 되는 현상을 토빈의 분리정리(Tobin's separation theorem)라고 부른다.

이와 같은 분리정리에 따라 개인의 투자결정과정을 정리하면 다음의 2단계로 분리해 볼 수 있다.

① 우선 위험자산의 최적포트폴리오를 결정한다. 이는 개인의 위험선호구조(risk preference structure)와 관계없이 시장포트폴리오 $M$으로 결정된다.

② 다음 개인의 위험선호구조에 따라 무위험자산과 시장포트폴리오의 최적결

합을 결정한다.

### 3. 자본시장선과 비효율적 포트폴리오의 가격결정

자본시장선(*CML*)에 따르면 효율적 포트폴리오의 위험척도는 수익률의 표준편차($\sigma_p$)가 되며 이들 위험과 기대수익률 사이에는 선형관계가 존재한다. 따라서 자본시장선은 이 선상에 존재하지 않는 비효율적인 포트폴리오나 개별자산들에 대해서는 적절한 위험척도와 위험-수익관계를 설명해 주지 못하고 있다.

가령 [그림 10-4]의 *CML*상에 존재하지 않는 점 *B*, *C*, *D*와 같은 비효율적인 자산이나 포트폴리오들에 대해서는 위험-수익 사이의 균형관계를 어떻게 설명할 수 있을 것인가? 이들 점은 모두 *CML*상의 점 *A*와 동일한 기대수익률을 갖지만 위험은 높기 때문에 비효율적이라고 볼 수 있다.

이와 같은 비효율적인 자산들의 가격은 어떻게 결정되는가를 보기 위해서는 전장에서 설명된 포트폴리오 분산투자에 대한 이해가 있어야 한다. 즉, 비효율적인 자산이나 포트폴리오의 총위험은 분산가능위험과 분산불능위험으로 구성되어 있다. 이 중 분산가능위험은 분산투자를 통해 비용의 큰 부담 없이 제거시킬 수 있기 때문에 시장에서는 이 분산가능위험부분에 대해서는 위험보상을 제공하지 않게 된다. 그러므로 분산불능위험(undiversifiable risk)만이 비효율적인 자산들의 가격을 결정하는 유일한 요인이 된다. 따라서 비효율적인 자산을 평가할 때에는 이들에 대한 적절한(relevant) 위험척도가 수익률의 분산이 아니고 다른 척도가 되어야 함을 시사해 주는 것이다. 결론적으로 이야기하면 이는 다음 절에서 설명되

그림 10-4 비효율적 포트폴리오의 가격결정

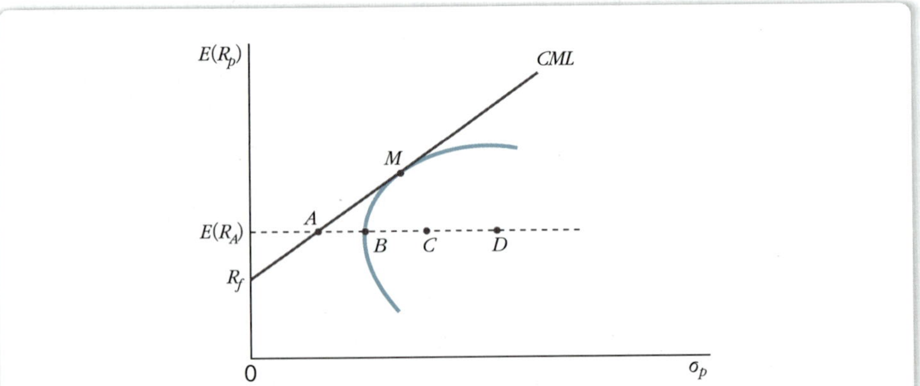

는 바와 같이 개별자산의 수익률과 시장포트폴리오 수익률 사이의 공분산(분산불가능한 체계적 위험)이 위험의 적절한 척도가 된다는 것을 보임으로써 해결될 수 있다.

이에 따라 샤프(Sharpe, 1964), 린트너(Lintner, 1965), 모신(Mossin, 1966) 등은 비효율적인 자산의 형태로서 개별증권이나 포트폴리오의 수익률을 결정하는 증권시장선(security market line; *SML*) 모형을 개발하였다.

이는 효율적이든 비효율적이든 모든 개별자산과 포트폴리오에 포괄적으로 적용될 수 있는 모형으로서 베타($\beta$)라는 체계적 위험의 척도를 이용하여 위험-수익의 균형관계를 선형관계로 설명한다. 따라서 *CML* 보다는 *SML*이 보다 일반적인 모형이라는 점에서, 흔히 자본자산가격결정모형(capital asset pricing model; *CAPM*)이라고 한다. 이제 이에 대하여 상세히 분석하기로 한다.

## 제 2 절 자본자산가격결정모형

전장에서 설명된 포트폴리오 이론에 의하면 투자자들은 평균-분산기준에 의한 포트폴리오 의사결정을 하게 되고 시장균형 하에서는 모든 위험회피형 투자자들은 자본시장선상에 존재하는 효율적 포트폴리오를 선택하게 된다.

그러면 이러한 효율적 포트폴리오(efficient portfolio)를 보유하고자 하는 모든 투자자들의 행동이 자본시장의 가격형성과정에는 어떠한 영향을 주게 되는가? 이에 대하여 전절에서 살펴본 자본시장선은 효율적 포트폴리오에 대한 위험-수익 관계만을 설명해 줄 뿐 비효율적인 포트폴리오나 개별자산에 대한 위험과 기대수익률 사이의 관계는 설명해 주지 못하고 있다.

따라서 여기서는 효율적이든 비효율적이든 모든 개별자산과 포트폴리오에 적용되는 균형 하에서의 기대수익률과 위험 사이의 일반적 관계를 보여주는 자본자산가격결정모형(capital asset pricing model; *CAPM*)을 유도한다. 다음, 이 모형이 현실의 자본시장에서 증권의 가격(또는 수익률) 행태를 어느 정도 잘 설명할 수 있고 또 예측가능한가에 대한 실증적 검증을 살펴보기로 한다.[7]

---

7) 현대 자본시장이론에서 불확실성하의 자본자산가격결정을 설명하려는 일반균형모형(general equilibrium model)으로는 두 가지 접근방법이 있다. 즉, 마코위츠(1952, 1959) 이후의 평균-분산모

## 2.1 증권시장선

자본자산가격결정모형(*CAPM*) 또는 증권시장선(*SML*)은 ① 규범적 이론으로서 기대효용을 극대화하려는 위험회피형 투자자의 투자행동을 분석하는 포트폴리오 이론과, ② 실증적 이론으로서 이러한 투자자들의 행동이 증권의 가격 및 수량에 어떠한 의미를 주게 되는가를 검토하는 자본시장이론의 결합으로 얻어진다. 다시 말해서 *CAPM*은 모든 투자자들이 포트폴리오이론에서 가정하는 바와 같은 투자행동을 보인다면, 이것이 자본시장에 대해서는 어떠한 의미를 갖게 되는가를 분석함으로써 도출된다.

### 1. *SML*의 가정

샤프, 린트너, 모신 등[8] 에 의해 개발된 *SML*(security market line)은 투자자들의 효율적인 포트폴리오 선택행동이 과연 위험자산의 균형가격결정에 있어서 어떠한 의미를 갖게 되는가를 규명한 모형이다. 이는 투자자와 자본시장에 대해 다음과 같은 가장 이상적인 세계(financial utopia)를 가정하고 전개된다.

---

형(mean variance model)과 애로우(1953), 드브루(1959)의 상태선호모형(state preference model)이 그것이다. 이들 방법은 모두 피셔의 이자율이론에 관한 연구를 불확실성의 세계로 일반화시킨 것이다. 그러나 여기서 상태 선호에 의한 접근방법은 평균-분산에 의한 접근방법에 비해 보다 일반적인 이론이지만 실증적인 검증이 어렵다. 본 절에서는 평균-분산모형인 자본자산가격결정모형을 설명한다. 상태선호모형에 관하여는 이필상, 「재무론」(박영사)을 참고하기 바람.

8) 이러한 평균-분산기준에 의한 시장균형모형의 연구들에 관한 자세한 내용들은 다음 논문들을 참고할 것.

| 연구자 | 연월 | 발표논문 |
|---|---|---|
| Sharpe | 9/64 | "Capital Asset Prices: A Theory of Market Equilibrium Under Conditions of Risk" (*Journal of Finance*) |
| Lintner | 2/65 | "The Valuation of Risk Assets and the Selection of Risky Investments in Stock Portfolios and Capital Budgets" (*Review of Economics and Statistics*) |
| Lintner | 12/65 | "Security Prices, Risk, and Maximal Gains from Diversification" (*Journal of Finance*) |
| Sharpe | 12/66 | "Security Prices, Risk, and Maximal Gains from Diversification:Reply" (*Journal of Finance*) |
| Mossin | 10/66 | "Equilibrium in a Capital Asset Market" (*Econometrica*) |
| Fama | 2/68 | "Risk, Returh and Equilibrium:Some Clarifying Comments"(*Journal of Finance*) |

이들 논문들은 공통적으로 다음과 같은 문제들을 검토하고 있다.

① 포트폴리오의 위험과 수익 사이의 균형관계

② 시장균형 하에서의 포트폴리오 선택행동이 함축하고 있는 개별증권의 위험척도

③ 개별증권의 위험과 수익 사이의 균형관계

### (1) 투자자들의 행동에 관한 가정

① 투자자들은 위험회피형(risk averters)으로서 위험부담에 대해 보상을 기대한다. 이러한 투자자들의 효용함수에 따르면 효용은 부가 증가함에 따라 증가하나($\partial U(W)/\partial W > 0$) 증가율은 감소한다($\partial^2 U(W)/\partial W^2 < 0$).

② 모든 투자자들은 동일한 의사결정시계(same time horizon)를 가지며 의사결정기말에 얻어지는 기말(terminal wealth)의 기대효용을 극대화하고자 한다. 이에 따라 *CAPM*은 단일기간을 전제로 한 모형이다.

③ 투자자들은 거래되는 모든 위험자산의 기대수익과 위험의 추정에 있어서 동일한 기대(homogeneous expectation)를 갖는다. 따라서 모든 투자자들은 동일한 효율적 투자기회선을 인식하게 된다.

④ 자산의 수익률들이 결합정규분포(joint normal distribution)를 하거나 투자자의 선호가 2차형 효용함수로 표시될 수 있다. 따라서 투자자들의 선호는 포트폴리오 수익률들에 대한 평균과 분산의 정보만으로 요약 정의될 수 있다.

### (2) 시장에 관한 가정

① 완전자본시장(perfect capital market)의 가정

(i) 거래비용이 존재하지 않는다(no transaction costs).

(ii) 모든 자산은 완전히 세분화하여 거래될 수 있다(perfect divisibility).

(iii) 모든 자산의 양은 고정되어 있다.

(iv) 투자자들은 자산의 가격에 개별적으로 영향을 줄 수 없는 가격순응자(price takers)이다.

② 무위험자산(risk-free asset)이 존재하며 모든 투자자들은 이러한 무위험수익률로의 차입과 대출에 아무런 제한이 없다.

③ 투자자들은 모든 정보를 비용을 들이지 않고 입수할 수 있다. 즉 투자자들은 시장에서의 가격결정에 관련된 모든 정보를 잘 알고 있다(well-informed).

④ 세금은 존재하지 않으며 시장은 균형상태에 있다.

## 2. *SML*의 유도

샤프(Sharpe, 1964)는 투자자들이 효율적 포트폴리오로서 자본시장선(*CML*)상에서 무위험자산과 시장포트폴리오를 결합한다면 위험자산들의 최적 포트폴리오인 시장포트폴리오 안에 포함되어 있는 임의의 위험자산 *I*의 가격은 어떻게 결정

되는가를 규명함으로써 $SML$ 를 유도하였다. 여기서는 이와 같은 샤프의 유도를 설명한다.[9)]

이를 위해 [그림 10-5]에서와 같이 시장포트폴리오 $M$과 위험자산 $I$로 구성되는 어떤 포트폴리오를 고려해보면 이의 기대수익률과 위험은 다음과 같이 계산될 것이다.

$$E(R_p) = x_i E(R_i) + (1 - x_i) E(R_m)$$
$$\sigma_p = \sqrt{x_i^2 \sigma_i^2 + (1 - x_i)^2 \sigma_m^2 + 2x_i(1 - x_i)\sigma_{im}}$$

단, $x_i$ : 위험자산 $I$에의 투자비율
$E(R_m)$ : 시장포트폴리오의 기대수익률
$\sigma_{im}$ : I자산과 시장포트폴리오의 공분산

여기서 시장포트폴리오 $M$ 안에는 위험자산 $I$도 이미 포함되어 있기 때문에 $x_i(>0)$는 위험자산 $I$에 대한 초과수요, 즉 시장포트폴리오 $M$ 안에서 $I$자산에 배분되는 균형시장 가중치보다 큰 수요를 나타내준다. 여기서 위험자산 $I$에의 투자비율 $x_i$가 변함에 따른 기대수익률과 표준편차의 변화를 알기 위해 $E(R_i)$ 및 $\sigma_i$를 $x_i$에 대해서 각각 미분하면,

$$\partial E(R_p)/\partial x_i = E(R_i) - E(R_m)$$
$$\partial \sigma_i/\partial x_i = \frac{2x_i\sigma_i^2 - 2\sigma_m^2 + 2x_i\sigma_m^2 + 2\sigma_{im} - 4x_i\sigma_{im}}{2\sqrt{x_i^2\sigma_i^2 + (1 - x_i)^2\sigma_m^2 + 2x_i(1-x_i)\sigma_{im}}}$$

을 얻는다. 여기서 $x_i = 0$이면 자산 $I$는 이제 총시장가치의 비율로 보유되며, 따라서 $I$자산에의 초과수요는 0이 되어 시장균형이 성립하게 된다. 이것이 샤프가 $SML$을 유도하는 과정에서 사용한 핵심적인 개념이다. 즉 [그림 10-5]에서 $x_i = 0$일 경우에는 곡선 $IMI'$의 접선의 기울기와 $CML$의 기울기를 같게 놓을 수 있는데,[10)] 이에 따라 어떤 임의의 위험자산 $I$의 균형기대수익률에 관한 식이 유도된다. 그러면 우선 $x_i = 0$일 때 곡선 $IMI'$의 접선의 기울기를 구하면,

---

9) Mossin 등 다른 형태의 유도는 이필상, 「재무론」 참조.

10) 이는 투자기회집합(opportunity set) $IMI'$에 대한 한계변형률(marginal rate of transformation; $MRT$)과 시장에서 형성되는 수익과 위험의 한계대체율(marginal rate of substitution; $MRS$)이 같게 되는 것을 의미한다.

그림 10-5 시장포트폴리오와 위험자산 $I$의 투자기회집합

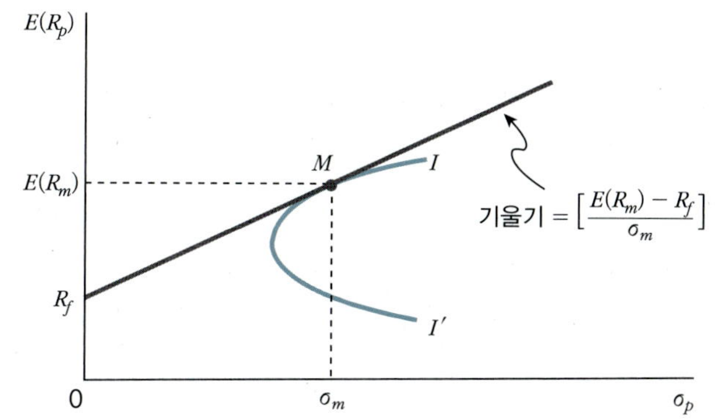


$$\partial E(R_p)/\partial \sigma_p = \frac{\partial E(R_p)/\partial x_i}{\partial \sigma_p/\partial x_i} \Big| x_{i=0} = \frac{E(R_i) - E(R_m)}{(\sigma_{im} - \sigma_m^2)/\sigma_m}$$

가 된다. 한편, $M$점에서의 $CML$의 기울기는

$$\frac{E(R_m) - R_f}{\sigma_m}$$

이다. 결국 $x_i = 0$, 즉 시장균형 하에서는 위의 두 식이 같게 된다. 두 식을 같게 놓고 $E(R_i)$에 관해 정리하면 다음과 같은 증권시장선($SML$) 또는 자본자산가격결정모형($CAPM$)의 식이 유도된다.

$$\begin{aligned} E(R_i) &= R_f + [E(R_m) - R_f]\frac{\sigma_{im}}{\sigma_m^2} \\ &= R_f + \left[\frac{E(R_m) - R_f}{\sigma_m}\right]\rho_{im}\sigma_i (\text{여기서 } \sigma_{im} = \rho_{im}\sigma_i\sigma_m) \end{aligned}$$

이 식은 어떠한 임의의 위험자산 $I$의 수익률을 표시하는데 여기서 위험척도는 $CML$에서와 같이 표준편차가 아니라 개별자산의 수익률과 시장포트폴리오 수익률 사이의 공분산인 $\sigma_{im}$이 된다.

한편, 여기서 위험척도인 공분산 $\sigma_{im}$을 시장전체의 위험 $\sigma_m^2$에 대한 상대적 비율로 표시한 위험척도 $\sigma_{im}/\sigma_m^2$을 그 증권이나 포트폴리오의 베타($\beta_i$)로 정의하게 되는데 이는 시장모형(market model)에서 $R_i$를 $R_m$에 대해 회귀분석을 한 식의 베타

그림 10-6 증권시장선($SML$)

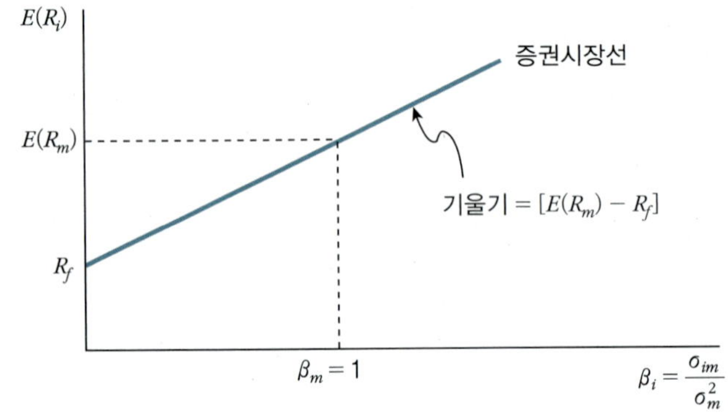


계수와 동일하다.[11] 그러므로 위의 $SML$ 식을 이처럼 정의되는 $\beta_i$를 이용하여 다시 정리하면 다음의 선형관계식을 얻는다[그림 10-6].

$$E(R_i) = R_f + [E(R_m) - R_f]\beta_i$$

단, $E(R_i)$ : 자산 $i$ 또는 포트폴리오 $i$의 기대수익률

$\beta_i(=\sigma_{im}/\sigma_m^2)$ : $i$자산의 체계적 위험(분산불능위험)

$E(R_m)$ : 시장포트폴리오의 기대수익률

그러면 이러한 균형 하의 위험-수익관계식을 이용하여 시장균형 하에서 개별 증권의 기대수익률이 어떻게 설명되는가를 예를 들어 설명해 보기로 하자.

또한 실제의 수익률이 이러한 균형관계를 벗어날 경우 어떠한 과정에 의해 균형으로 다시 회복되는가를 보기로 하자.

예로서 무위험수익률($R_f$)이 9%이고 기대시장수익률($E(R_m)$)이 12%, 표준편차로 측정된 시장위험($\sigma_m$)이 3%인 시장상황을 고려해 보자. 여기서 $U$증권의 수익률은 시장수익률과 0.00045의 공분산을 갖는다면 이 증권의 체계적 위험(베타계수)은

$$\beta_i = \frac{\sigma_{im}}{\sigma_m^2} = \frac{0.00045}{0.0009} = 0.5$$

11) 이와 같은 관계에 따라 $SML$을 실증적으로 검증하는 데 있어서는 흔히 시장모형을 이용하여 베타계수($\beta_i$)를 계산해 준다.

그림 10-7 *SML*과 증권가격의 결정

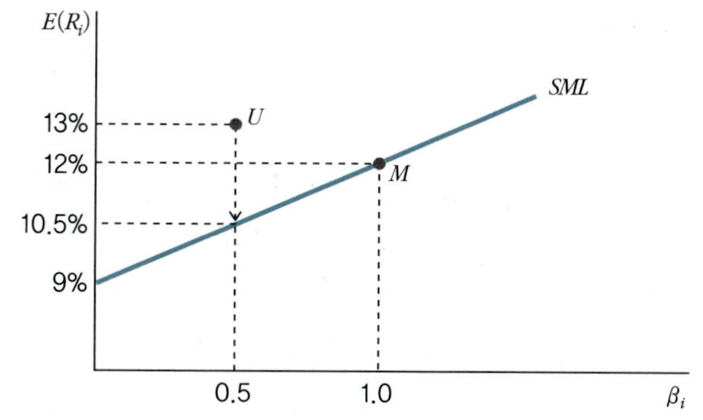


로 계산된다. 따라서 이 증권의 기대수익률은 *SML* 에 따라

$$
\begin{aligned}
E(R_i) &= R_f + [E(R_m) - R_f]\beta_i \\
&= 0.09 + (0.12-0.09)\times 0.5 \\
&= 0.105\ (10.5\%)
\end{aligned}
$$

가 되어야 할 것이다.

그런데 시장에서 현재 이 증권의 수익률이 13%가 되도록 가격이 형성되어 있다면 이 증권은 가격이 과소평가(undervalued)되어 있어 이 증권에 대한 수요가 증가하고 가격이 상승하여 수익률이 하락하는 일련의 과정을 통해 다시 *SML*상으로 균형을 회복하게 될 것이다[그림 10-7].

## 3. *SML*과 *CML*의 비교

그러면 *SML* 과 *CML* 의 차이점은 무엇인가? 실제로 *CML* 과 *SML* 은 동일한 시장균형을 다른 모습으로 설명하고 있는 것에 불과하다고 볼 수 있다. 즉 *CML* 은 효율적 포트폴리오들만의 위험-수익관계를 설명하기 위해 사용될 수 있다는 점에서 제한적인 유용성(limited usefulness)을 갖는 반면, *SML* 은 효율적이든 비효율적이든 관계없이 모든 위험자산의 위험-수익관계를 설명해 주는 데 이용될 수 있다는 점에서 보다 일반적일 뿐이다.

그렇다면 구체적으로 *SML* 과 *CML* 은 어떠한 관련을 갖고, 또 차이점은 무엇인가를 보기로 한다.

*SML*에 의하면 개별증권(포트폴리오)의 체계적 위험은 개별증권(포트폴리오)과 시장포트폴리오 사이의 상관계수에 개별증권(포트폴리오)의 표준편차를 곱함으로써 구해진다($\rho_{pm}\sigma_p$). 따라서 완전히 분산투자된 효율적 포트폴리오의 경우에는 시장포트폴리오와 동일한 *CML*상에 위치하기 때문에 시장포트폴리오와 완전 정(+)의 상관관계($\rho_{pm} = +1$)를 보여[12] $\rho_{pm}\sigma_p = \sigma_p$가 된다. 이처럼 *SML*의 경우에는 개별자산이나 완전히 위험분산이 이루어지지 않은 비효율적인 포트폴리오들을 고려하여 $\rho_{pm}\sigma_p$를 위험의 척도로 사용하고 있는 반면 *CML*은 완전분산투자를 전제로 하여 $\sigma_p$를 위험의 척도로 사용하고 있다는 차이점이 있다.

일반적으로 개별증권이나 완전히 분산투자되지 못한 비효율적인 포트폴리오의 경우 체계적 위험과 총위험은 같지 않게 된다. 이는 개별증권이나 이들 포트폴리오가 시장과 완전한 상관관계를 보이지 않기 때문이다($\rho_{pm} < 1$). 그러나 시장과의 공분산이나 상관관계를 위험척도로 사용하고 있는 *SML*은 이와 같이 완전 분산되지 못한 증권이나 포트폴리오들의 경우에도 위험-수익관계를 합리적으로 설명해줄 수 있는 유용한 모형이 된다. 한편, 이러한 *SML*식을 다음과 같이 초과수익의 형태로 다시 정리해 보면,

$$\text{초과수익률} = E(R_i) - R_f = \left[\frac{E(R_m) - R_f}{\sigma_m}\right]\rho_{im}\sigma_i$$

가 되어 개별증권 또는 포트폴리오의 초과수익률은 체계적 위험($\rho_{im}\sigma_i$)에 선형적으로 비례한다는 것을 보여주고 있다. 여기서 우변의 비례계수는 위험의 시장가격이 되는 것을 쉽게 알 수 있다. 한편, 이 식에서 *CML*상의 모든 점들은 시장포트폴리오와 완전 정의 상관관계를 갖는다는 것을 감안하여 $\rho_{im}=1$을 대입하면 아래와 같은 *CML*의 식이 된다. 이런 의미에서 *CML*은 *SML*의 특별한 경우로 볼 수 있다.

$$E(R_p) = R_f + \left[\frac{E(R_m) - R_f}{\sigma_m}\right]\sigma_p$$

단, $E(R_p)$ : 효율적 포트폴리오의 기대수익률
$\sigma_p$ : 효율적 포트폴리오의 위험

---

12) 효율적 포트폴리오($R_p$)는 무위험자산($R_f$)과 시장포트폴리오($R_m$)의 선형결합[$\tilde{R}_p = xR_f + (1-x)\tilde{R}_m$]이므로 $\tilde{R}_p$와 $R_m$의 상관계수는,

$$Corr(R_p, R_m) = \frac{Cov[xR_f + (1-x)R_m, R_m]}{(1-x)\sigma_m \cdot \sigma_m} = \frac{(1-x)\sigma_m^2}{(1-x)\sigma_m^2} = 1$$

이 된다.

그림 10-8 *CML*과 *SML*의 비교

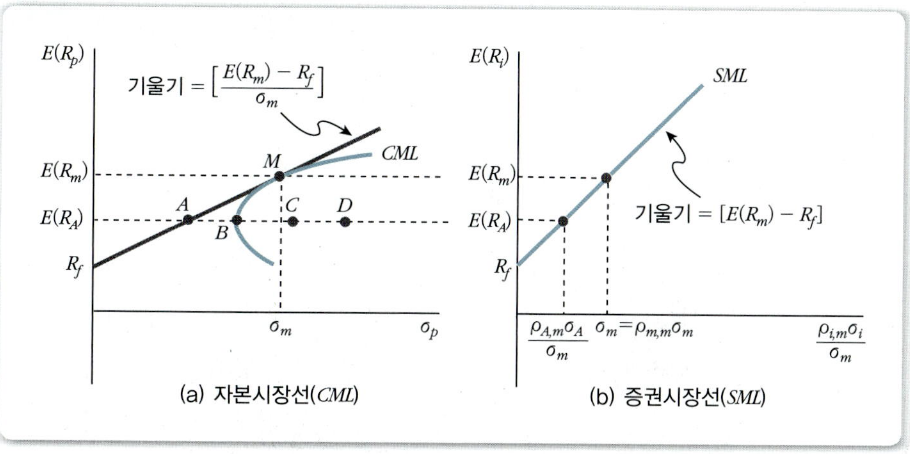


[그림 10-8]은 *CML*과 *SML*을 연결시켜 위험과 기대수익률 사이의 관계를 보여주고 있다. 그림 (a)에서 보듯이 자산 *A*, *B*, *C*, *D*는 표준편차로 측정되는 총위험은 서로 다르지만 동일한 기대수익률을 보여주고 있다. 그러나 (b)에서는 이들 4개의 자산들이 *SML* 상에서는 모두 한 점에 위치하게 된다는 것을 보여주고 있다. 이는 4개의 자산이 모두 동일한 체계적 위험, 즉 $\beta_A = \beta_B = \beta_C = \beta_D$가 되어 동일한 기대수익률을 갖게 된다는 것을 의미한다. 따라서 (a)에서 서로 다른 총위험을 갖는다는 사실은 기대수익률의 차이를 설명하는 데는 별 의미가 없다. 그것은 위험 척도로서의 총위험(즉, 표준편차 또는 분산)에는 가격형성에 영향을 미치지 못하는 분산가능위험을 포함하고 있기 때문이다.

포트폴리오위험과 개별증권위험의 차이에 대한 이해를 돕기 위해 다음 연구를 살펴 보기로 하자. 모디글리아니와 포그(Modigliani & Pogue, 1974)는 1945년과 1970년 사이의 기간 동안 Bayside Cigar의 주식과 100개의 무작위로 추출된 보통주식으로 구성된 포트폴리오에 대해 각각 평균수익률과 수익률의 표준편차를 구하였다. 그 결과 Bayside Cigar주식의 연평균수익률은 5.4%였다. 그리고 표준편차는 7.26%였다.

반면, 100개의 주식으로 구성된 포트폴리오의 연평균수익률은 10.9%였고 표준편차는 4.45%로 계산되었다. 일반적으로 잘 분산된 포트폴리오의 표준편차는 개별증권 하나의 표준편차보다 더 작다고 생각할 수 있고 또 실증결과도 이를 보여주고 있다. 그러나 또한 위험-수익의 상치관계에 따라 보다 더 위험한 증권은 더 높은 수익률을 가져야 함을 우리는 알고 있다. 따라서 만약 표준편차가 개별증권

**표 10-1** 수익률과 위험(1945~1970)

| | 연평균수익률 | 표준편차 |
|---|---|---|
| 100-stock portfolio | 10.9% | 4.45% |
| Bayside Cigar | 5.4% | 7.26% |

자료: F. Modigliani and G. Pogue, "An Introduction to Risk and Return," *The Financial Analysts Journal*, March/April 1974, 71.

위험을 표시하는 적절한 척도라면 이 회사의 주식은 포트폴리오의 그것보다 더 높은 수익을 보여야 할 것이다. 그러나 실제결과는 Bayside Cigar의 표준편차, 즉 위험이 더 높음에도 불구하고 수익률은 포트폴리오의 수익률보다 더 낮게 관찰되고 있다. 이는 개별증권의 위험을 측정할 때 표준편차는 위험의 적절한 척도가 될 수 없다는 것을 시사해 주는 것이다.

## 2.2 시장모형과 체계적 위험척도

일반적으로 개별증권은 분산투자에 의해 제거할 수 없는 위험부분, 즉 체계적 위험(systematic risk) 이외에 분산가능한(diversifiable) 비체계적 위험을 가지고 있다. 여기서 증권의 총위험을 체계적 위험과 비체계적 위험으로 구분할 필요가 있다. 이러한 구분을 계량화하기 위하여 흔히 샤프의 시장모형(market model; *MM*)이 이용된다. 이 모형에 의하면 어떤 개별증권 $i$의 수익률은 시장지수(market index), 즉 시장수익률($R_m$)과의 공통적인 변화(common covariation)를 통해서만 다른 증권과 관련을 갖게 된다고 가정하고 있다.[13] 이는 수학적으로 시장수익률과의 선형함수에 잔차항($\varepsilon_{it}$)을 더한 다음의 형태로 표시된다.

$$\tilde{R}_{it} = \alpha_i + \beta_i \tilde{R}_{mt} + \tilde{\varepsilon}_{it}$$

이 식에서 $i$증권의 총위험은 수익률의 분산 즉 $Var(R_i)$로 측정되므로

$$Var(R_i) = \sigma_i^2 = Var(\alpha_i + \beta_i R_{mt} + \varepsilon_{it})$$

13) Fama(1973, 1976)는 2변량 정규분포(bivariate normal distribution)를 가정하여 $i$자산의 수익률과 시장수익률 사이에 선형의 실증적 관계를 유도하였다.

그림 10-9 체계적 위험과 비체계적 위험

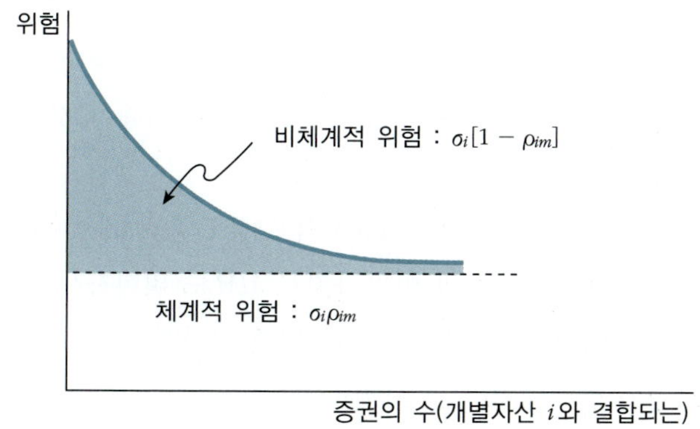


$$= \beta_i^2\sigma_m^2 + \sigma_{\varepsilon_i}^2$$

으로 분해된다. 따라서 증권의 총위험은 체계적 위험부분인 $\beta_i^2\sigma_m^2$과 비체계적인 위험부분인 $\sigma_{\varepsilon_i}^2$의 합으로 구성되어 있음을 알 수 있다.

한편 개별증권의 총위험 중 체계적 위험과 비체계적 위험수준을 결정하는 것은 ① 개별증권의 총위험인 표준편차의 크기($\sigma_i$)와, ② 이 증권의 시장포트폴리오 수익률과의 상관계수의 크기($\rho_{im}$)가 된다. 여기서 위험분산과 관련하여 중요한 것이 상관계수 $\rho_{im}$의 크기인데, 이 상관계수가 낮다는 것은 위험의 대부분이 비체계적 위험이고 상관계수가 높다는 것은 위험의 대부분이 체계적 위험이라는 것을 뜻한다. 일반적으로 개별증권 $i$가 다른 증권과 함께 결합될 때 나타나는 비체계적 위험의 감소현상은 [그림 10-9]에서와 같이 나타난다.

그런데 *CAPM*(*SML*의 관계식)은 투자자들의 포트폴리오 분산투자행동을 전제로 하여 유도되었기 때문에 위험의 적절한 척도는 이러한 분산투자행동에 의해서도 제거할 수 없는 체계적 위험이 된다. 따라서 이하에서는 이러한 체계적 위험척도 $\beta_i$의 측정방법, $\beta_i$의 특성과 의미, 그리고 $\beta_i$에 영향을 주는 요인 등에 관하여 알아본다.

## 1. MM과 CAPM

앞에서 이미 설명된 *CAPM*의 관계식(*SML*)은 다음의 형태로 표현할 수 있다.

$$E(R_i) = R_f + [E(R_m) - R_f] \cdot \beta_i$$
$$= (1 - \beta_i)R_f + \beta_i E(R_m)$$

이 식에 의하면 개별증권의 평균수익률은 무위험자산과 시장포트폴리오로 구성되는 포트폴리오의 수익률과 같게 되고, 이때 시장포트폴리오에 대한 투자비율은 $\beta$와 같게 된다는 것을 의미한다.

*CAPM*과 샤프(Sharpe; 1963)의 시장모형(market model; *MM*)을 혼동하는 경우가 있다. 이는 *CAPM*과 마찬가지로 *MM*도 위험자산의 평균수익률을 어떤 하나의 시장요인(single market factor)에 대한 선형함수로 표현하고 있기 때문이다. 즉, 시장모형의 양변에 기대값을 취하면

$$E(R_i) = a_i + b_i E(R_m)$$

가 된다. 이들 두 식을 비교하면 두 모형의 수학적 구조는 유사하다는 것을 볼 수 있다. 그러나 중요한 차이점은 *CAPM*과는 달리 *MM*은 어떤 경제적 이론에 근거하여 도출된 모형이 아니다. 다만 효율적인 포트폴리오구성에 사용되는 자료의 양을 줄이기 위해서 개발된 통계적 모형에 불과하다. 그 결과 시장모형에서의 시장요인은 어떠한 주식시장의 지수가 되어도 관계없지만 *CAPM*에 있어서의 시장포트폴리오는 이론적으로 정의되는 바와 같이 모든 위험자산을 포함하는 가치가중지수(value-weighted market index)가 되어야 한다. 이러한 점에서 *MM*은 언제든지 검증이 가능하지만 *CAPM*의 경우에는 Roll[14] 이 지적한대로 시장포트폴리오가 확인되지 않는 한 검증이 불가능하게 된다. 또한 시장모형에서의 절편은 어떠한 값이라도 취할 수 있으나 *CAPM*의 경우에는 그 크기가 무위험수익률이 되어야 한다고 구체적으로 정의되어 있다.[15]

## 2. 시장모형을 이용한 $\beta$추정

### (1) 개별증권의 체계적 위험

그렇다면 흔히들 시장모형을 회귀분석하여 얻어지는 $\beta$계수(기울기계수)를 *CAPM*을 검증하기 위한 체계적 위험척도로 사용하는 이유는 무엇인가?

---

14) 이에 관하여는 Roll의 비판(1979)을 참고하기 바람. R. Roll, "A Critique of the Asset Pricing Theory's Tests," *Journal of Financial Economics*, March 1979, pp.129~176.

15) *CML*과 *SML*은 기대수익에 대한 예측모형이지만 시장모형(*MM*)은 과거의 자료를 설명하기 위한 기술적 모형이다. 즉, 시장모형은 기대수익이 얼마가 되어야 하는가를 예측하는 모형이 아니다.

$$\tilde{R}_{it} = \alpha_i + \beta_i \tilde{R}_{mt} + e_i$$

단, $R_i$ : 개별증권의 수익률
$R_m$ : 시장지수의 수익률
$\beta_i$ : 기울기 계수
$e_i$ : 잔차항

그 이유는 *MM*에서의 시장요인(market factor)이라는 것이 *CAPM*에서 정의하고 있는 시장포트폴리오와 같거나 또는 시장포트폴리오와 큰 차이를 보이지 않는 어떤 시장 대용지수(proxy)가 존재할 경우에는 두 식에서의 $\beta_i$는 같은 의미를 갖기 때문이다. 즉, 시장모형을 표현해 주는 위의 식에서 $\beta_i$ 는 다음의 *SML* 식에서의 체계적 위험 $\beta_i$ 와 동일하게 된다는 것을 최소자승법(ordinary least squares; *OLS*)에 의해 보일 수 있다.

$$\begin{aligned} E(R_i) &= R_f + \left[\frac{E(R_m) - R_f}{\sigma_m}\right]\rho_{im}\sigma_i \\ &= R_f + [E(R_m) - R_f]\frac{\rho_{im}\sigma_i\sigma_m}{\sigma_m^2} \\ &= R_f + [E(R_m) - R_f]\frac{\sigma_{im}}{\sigma_m^2} \\ &= R_f + [E(R_m) - R_f]\beta_i \end{aligned}$$

이를 위해 우선 앞의 시장모형을 $\varepsilon_{it}$에 관하여 정리하면,

$$\tilde{\varepsilon}_{it} = \tilde{R}_{it} - \alpha_i - \beta_i \tilde{R}_{mt}$$

가 된다. 여기서 잔차항($\varepsilon_{it}$)의 분산은

$$\begin{aligned} Var(\varepsilon_{it}) &= E[(R_{it} - \alpha_i - \beta_i R_{mt}) - (\bar{R}_i - \alpha_i - \beta_i \bar{R}_m)]^2 \\ &= E[(R_{it} - \bar{R}_i) - \beta_i(R_{mt} - \bar{R}_m)]^2 \\ &= \sigma_i^2 - 2\beta_i Cov(R_{it}, R_{mt}) + \beta_i^2\sigma_m^2 \end{aligned}$$

가 된다.

다음 최소자승법에 따라 잔차의 제곱의 합($\sum_{t=1}^{n}\varepsilon_{it}^2$)을 극소화하는 기울기계수 $\beta_i$

를 구하기 위해 $\sigma^2_{\varepsilon_i}\left(=\dfrac{\sum\varepsilon_i^2}{T-2}\right)$을 $\beta_i$에 관하여 미분한 후 0으로 놓으면,

$$\partial\sigma^2_{\varepsilon_i}/\partial\beta_i = -2Cov(R_{it},\ R_{mt}) + 2\beta_i\sigma^2_m = 0$$

이 되고 이를 $\beta_i$에 관하여 풀면,

$$\hat{\beta}_i = \frac{Cov(R_{it},\ R_{mt})}{\sigma^2_m} = \frac{\sigma_i\rho_{im}}{\sigma_m}$$

가 되어 *SML* 식의 $\beta_i$와 동일함을 알 수 있다. 따라서 시장모형의 기울기계수가 *SML*(*CAPM*)의 실증검증과정에서 베타계수로 사용될 수 있다.

### (2) 포트폴리오의 체계적 위험

*SML*의 가장 중요한 공헌은 체계적 위험이라는 합리적인 개별자산의 위험척도를 제시하였다는 점이다. 그러면 여러 개의 개별증권으로 포트폴리오를 형성할 경우 포트폴리오의 체계적 위험 $\beta_p$와 개별증권들의 체계적 위험 $\beta_i$와는 어떠한 관계가 있는가? 결론부터 이야기하면 $\beta_p$는 개별증권의 $\beta_i$를 가중평균한 것과 같아진다. 즉,

$$\beta_p = \sum_{i=1}^{N} w_i\beta_i$$

가 성립한다. 이 관계식은 다음과 같이 유도될 수 있다. 우선 포트폴리오의 기대수익률은 개별증권의 기대수익률에 대한 가중평균, 즉

$$E(R_p) = \sum_{i=1}^{N} w_i E(R_i)$$

가 된다. 한편 *SML*의 식인 $E(R_i) = R_f + [E(R_m) - R_f]\beta_i$의 관계를 이 식에 대입하면,

$$\begin{aligned} E(R_p) &= \sum_i w_i[R_f + (E(R_m) - R_f)\beta_i] \\ &= \sum_i w_i R_f + \sum_i w_i\beta_i[(E(R_m) - R_f)] \\ &= R_f + \beta_p[(E(R_m) - R_f)] \quad (\text{단, } \sum_i w_i = 1) \end{aligned}$$

가 된다. 즉 포트폴리오의 $\beta_p$는 개별증권의 $\beta_i$의 가중평균($\sum w_i\beta_i$)이 된다는 것을 알 수 있다. 간단한 예로 개별증권의 체계적 위험이 각각 $\beta_1 = 0.80$, $\beta_2 = 0.60$, $\beta_3 = 1.20$, $\beta_4 = 1.70$, $\beta_5 = 0.90$으로 주어지는 5개의 증권에 동일한 금액을 투자한다면 이 포트폴리오의 체계적 위험은

$$\begin{aligned}\beta_p &= \sum_i w_i\beta_i \\ &= 1/5[0.80 + 0.60 + 1.20 + 1.70 + 0.90] \\ &= 1.04\end{aligned}$$

가 된다.

## 3. 체계적 위험의 특성 조정방법

회귀분석에 의해 체계적 위험을 측정하기 위해서 우선 수익률을 측정해야 한다. 이때 *CAPM*은 단일기간에 적용되는 모형이기 때문에 일간, 주간, 월간, 연간 등 수익률의 측정기간(return interval)을 먼저 정해야 한다. 다음 각각의 기간에 대응하는 시장지수를 선정해 주어야 하며 이는 시장포트폴리오에 가장 가까운 대용지수가 되어야 한다. 이때 수익률은 배당을 포함한 총수익률에 기초하여 계산되는 것이 원칙이나 경우에 따라서는 가격변화만을 고려하여 수익률을 계산해 주기도 한다. 다음 문제는 체계적 위험을 추정하기 위해 사용되는 전체 시계열 자료기간의 길이를 어느 정도로 하는 것이 바람직한가 하는 것이다. 이는 보통 5년의 기간(time horizon)이 가장 많이 이용된다. 또 한 가지 문제는 거래가 자주 일어나지 않는 주식의 경우 비거래(nonsynchronous trading)기간의 수익률을 어떻게 계산해 주어야 하는가 하는 것이다.

이 경우 보통 거래가 없는 날은 무시하거나 그 사이의 값들에 대해서는 평균한 수익률을 대신 사용하는 두 가지 방법이 많이 이용된다. 그러나 어떤 방법을 사용하든 비거래일이 많을수록 $\beta$값은 실제보다 과소평가된다. 따라서 $\beta$계수를 추정하는 과정에서는 거래가 잘 이루어 지지 않는 소형주식들에 대해서는 이러한 측정오차를 조정해 주어야 한다. 이에 대한 해결방법을 제시한 것이 Dimson,[16) ]Scholes와 Williams[17)] 의 조정기법이다.

16) Dimson, E., "Risk Measurement When Shares are Subject to Infrequent Trading," *Journal of Financial Economics*, June 1979, pp.197~226.

17) Scholes, M. and J. Williams, "Estimating Beta from Nonsynchronous Data," *Journal of Financial Economics*, December 1977, pp.309~327.

미래의 $\beta$를 예측함에 있어서는 이러한 요인 외에도 다음과 같은 특성들을 고려해 주면 더 나은 추정이 가능해진다.

### (1) 체계적 위험의 평균회귀특성(regression tendency)

Blume(1975)[18]에 의하면 $\beta$는 시간이 흐름에 따라 모든 $\beta$의 평균값인 1을 향해 접근해 가는 경향이 있음을 발견하였다. 따라서 미래기간에 있어서 적용될 $\beta$를 예측할 때는 이러한 특성을 고려하여 조정해 주어야 한다. 즉 $\beta > 1$인 경우에는 $\beta$ 값이 1을 향해 감소해 가는 경향이 있고 $\beta < 1$인 경우에는 1을 향해 증가해 가는 경향이 일반적으로 존재하게 되는데 이를 $\beta$의 회귀특성이라고 한다.

Blume은 이를 다음의 식으로 조정해 주고 있다. 이 식에 의하면 $\beta < 1$인 값을 대입하면 이후 기간의 $\beta$는 이전 기간의 $\beta$보다 커지고, $\beta > 1$인 값을 대입하면 이후 기간의 $\beta$는 이전 기간의 보다 작아지도록 조정된다.

$$\beta_{t+1} = 0.35 + 0.62\beta_t$$

단, $\beta_t$ : 이전기간($t$)의 자료를 이용하여 추정된 $\beta$
$\beta_{t+1}$ : 이후기간($t+1$)의 $\beta$ 예측치

### (2) 체계적 위험의 영향요인

과거의 수익률자료를 이용하여 체계적 위험을 예측할 때 회귀특성뿐만 아니라 체계적 위험에 영향을 주는 기타 요인들을 고려해 주어야 한다. 여기서는 다음의 몇 가지 중요한 경우를 살펴본다.

#### 1) 기업고유의 기본적 요인

우선 Hamada(1972)[19]에 의하면 재무레버리지가 큰 주식일수록 $\beta$값이 커지고 따라서 주가의 변동성이 커진다는 것이다. 구체적으로는 다음과 같은 관계가 성립함을 이론적으로 도출하였다.

$$\beta^L = \beta^U\left[1 + \frac{B}{S}(1-t)\right]$$

18) M. E. Blume, "Betas and Their Regression Tendencies," *Journal of Finance*, June 1975, pp.785~795.

19) R. S. Hamada, "The Effect of the Firm's Capital Structure on the Systematic Risk of Common Stocks," *Journal of Finance*, May 1972, pp.435~452.

단, $B$ : 부채의 시장가치
$\beta^L$ : 부채를 사용하는 기업의 보통주 체계적 위험
$S$ : 자기자본의 시장가치
$\beta^U$ : 부채를 사용하지 않는 기업의 보통주 체계적 위험
$t$ : 법인세율

이 식에 의하면 부채를 많이 사용할수록 부채비율 $B/S$가 증가하여 보통주의 체계적 위험이 증가한다는 것을 알 수 있다.

한편 Rosenberg와 Marathe(1975)는 $\beta$에 영향을 주는 요인으로 현금흐름의 분산, 이익의 분산, *EPS*의 성장, 기업규모, 배당수익률, 부채비율 등 기업고유의 특성요인을 지적하고, 이를 고려하여 의미 있는 조정을 해주고 있다.

### 2) 산업요인

Rosenberg 등은 또 이러한 기업고유의 특성 이외에 그 기업이 속해 있는 산업에 의해서도 영향을 받게 된다는 점을 보이고 있다. 즉, 산업별로 $\beta$값의 크기에는 큰 차이가 존재함을 발견하였다. 따라서 이러한 요인도 $\beta$를 예측하는 데 이용되어야 한다는 점을 지적하였다.

## 4. 체계적, 비체계적 위험의 의미

그러면 여기서 비체계적 위험과 체계적 위험이 실제적으로 어떤 의미를 갖는가 보기로 하자.

비체계적 위험(unsystematic risk)은 기업 그 자체나 또는 시장전체가 아닌 그 기업이 속해 있는 특정분야(sub-sector)에만 영향을 주는 위험(diversifiable risk)이다. 이러한 유형의 위험은 시장포트폴리오와는 관련이 없는 확률적 변동에 의해 나타나는 것이다. 일반적으로 자산수익률의 확률적 변동은 시장과 독립적일 경우, 다른 많은 자산들과의 결합과정에서 상쇄되어 없어지게 된다. 이에 따라 모든 비체계적 위험은 완전히 효율적인 포트폴리오를 보유할 경우에 제거될 수 있다. 그런데 실제에 있어서는 거래비용 등 때문에 이처럼 완전히 효율적인 포트폴리오를 보유하기는 현실적인 어려움이 있다. 그러나 포트폴리오 구성증권의 수가 15~20개 정도만 되어도 비체계적 위험의 대부분이 제거될 수 있다는 실증적 증거에 따라 많은 수의 증권이 아니더라도 거의 효율적인(almost efficient) 포트폴리오의 구성이 가능하다.

이에 반하여 체계적 위험(systematic risk)은 시장변동과 관련되어 나타나는 수익률의 확률적 변동으로서 분산투자에 의해서 제거될 수 없는 분산불능위험이다. 이러한 위험은 정부의 정책이나 인플레이션, 경기침체 등 시장 전체에 영향을 주는 경제적 환경으로부터 발생한다.

## 2.3 *SML*의 가정완화(*SML*의 일반화)

*SML*의 유도는 가장 이상적인 완전한 자본시장을 가정하고 있다. 그러면 이와는 일반적으로 다른 자본시장의 현실적 요인을 감안할 때 *SML*은 어떠한 의미를 갖게 되는가? 여기서는 몇 가지 가정의 완화에 따른 *SML*의 의미 변화를 분석한다. 이는 뒤에 설명하는 실증결과의 분석에 보다 나은 의미를 부여하기 위한 것이다.

### 1. 대출이자율과 차입이자율의 불일치

일반적으로 자금을 대출할 때 받게 되는 대출이자율에 비해 자금을 차입할 때 지급하는 차입이자율이 높다. 이는 대출과 차입을 주선하는 금융기관들이 자체이윤을 확보하기 위하여 일정한 스프레드(spread)를 유지하기 때문이다.

이와 같이 차입이자율이 높을 경우 자본시장선은 선형관계로 표시될 수 없다. [그림 10-10] (a)에서와 같이 직선 $R_L L R_L^*$는 투자자들이 무위험 대출이자율 $R_L^*$로 대출과 차입이 전부 가능할 경우의 자본시장선이 된다. 그러나 이 이자율로의 차입이 불가능하다면 직선의 $L$점 우측부분은 자본시장선이 될 수 없다. 왜냐하면 $L$점

그림 10-10 자본시장선($R_L \neq R_B$)

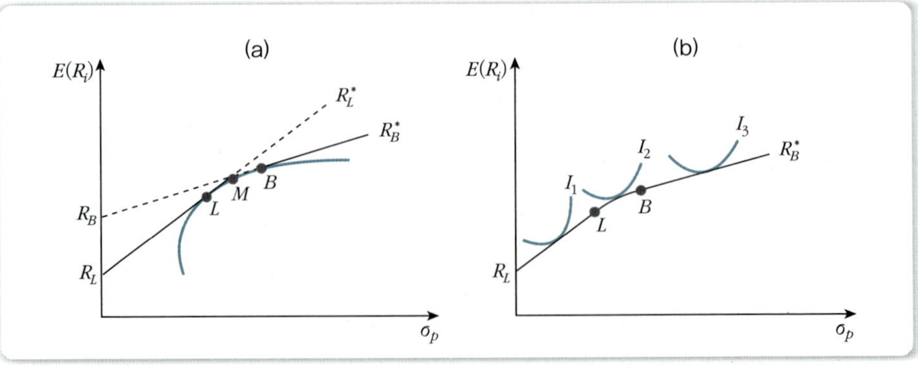

우측부분에서 포트폴리오를 선택할 경우 자금의 일부를 차입해야하기 때문이다. 그러면 무위험 차입이자율 $R_B$를 기준으로 자본시장선을 그릴 경우 직선 $R_BBR_B^*$가 얻어지는데 여기서 차입영역은 점 $B$의 우측 직선부분에 해당한다. 따라서 대출이자율과 차입이자율이 차이가 있을 경우에는 앞서 분석한 시장포트폴리오 $M$과 같은 하나의 효율적 위험포트폴리오가 존재하지 않는다. 대신 접점의 포트폴리오 $L$과 $B$ 사이에 오목형(concave)의 자본시장선 $R_LLBR_B^*$상에 무수히 많은 포트폴리오가 효율적 위험포트폴리오로 존재하게 된다. 이에 따라 효율적 투자기회선은 $R_LLBR_B^*$로 이어지는 형태가 된다.

한편, 곡선형태의 자본시장선 부분은 차입이자율과 대출이자율 사이의 스프레드가 커지면 커질수록 커진다. 따라서 시장의 불완전도가 커서 대출이자율과 차입이자율의 차이가 클 때 *SML*의 의미는 크게 변하게 된다. [그림 10-10]의 (b)는 이와 같은 효율적 투자기회선이 주어질 때 효용극대화를 이루는 최적포트폴리오의 선택을 도시한 것이다.

## 2. 제로베타 포트폴리오

이제 가정을 더욱 완화하여 무위험자산이 존재하지 않는다고 하자. 이 경우에 블랙(Black)은 시장포트폴리오와의 공분산이 0이 되는 제로베타 포트폴리오(zero-beta portfolio) 개념을 이용하여 다음과 같은 2요인모형(two factor model)을 유도함으로써 *SML*이 성립할 수 있음을 보였다.[20)]

그림 10-11 제로베타 포트폴리오와 *CML*

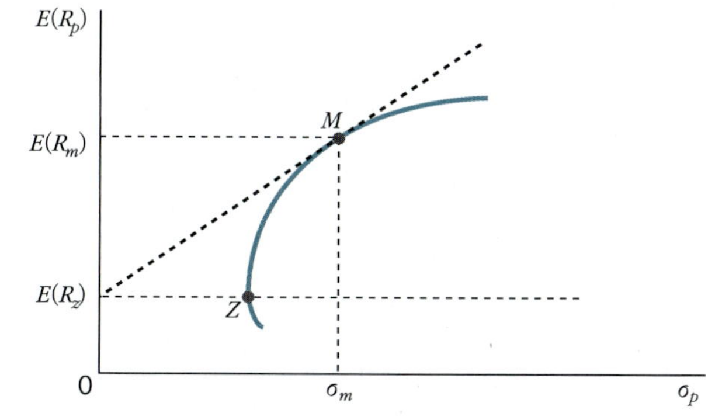


20) 이러한 관계는 앞서의 샤프의 *SML*을 유도하는 과정과 동일하다. 다만 유도하는 과정에 있어서 $R_f$

$$E(R_i) = E(R_z) + [E(R_m) - E(R_z)]\beta_i$$

단, $E(R_z)$ : 제로베타 포트폴리오의 기대수익률

[그림 10-11]은 이러한 제로베타모형을 도시한 것으로서 포트폴리오 $z$와 시장 포트폴리오를 결합함으로써 완전한 선형의 *SML*이 얻어질 수 있음을 보이고 있다. 즉, 증권의 기대수익률은 여전히 체계적 위험과 선형관계를 갖는다. 다만 절편이 $R_f$에서 $E(R_z)$로 기울기가 $E(R_m) - R_f$에서 $E(R_m) - E(R_z)$로 바뀐다.

여기서 이 직선의 절편인 $E(R_z)$는 무위험수익률 $R_f$보다 높은 수준에 위치하게 될 것이다($E(R_z) > R_f$).[21] 또한 이처럼 절편이 보다 높게 나타난다는 사실은 직선의 기울기가 무위험자산이 존재하는 경우보다 더 작다는 것을 의미하게 된다 $[E(R_m) - E(R_z) < E(R_m) - R_f]$.

즉, 위험에 대한 대가가 낮아진다는 것을 의미한다. [그림 10-12]는 이러한 관계를 도시한 것이다. 지금까지의 실증적 검증결과들에 따르면 위험대가의 평가에 있어 단순한 *SML*보다는 이와 같이 수정된 제로베타형 *SML*이 현실을 더 잘 설명해 줄 수 있다고 제시되고 있다.[22]

**그림 10-12 제로베타모형과 증권시장선(*SML*)**

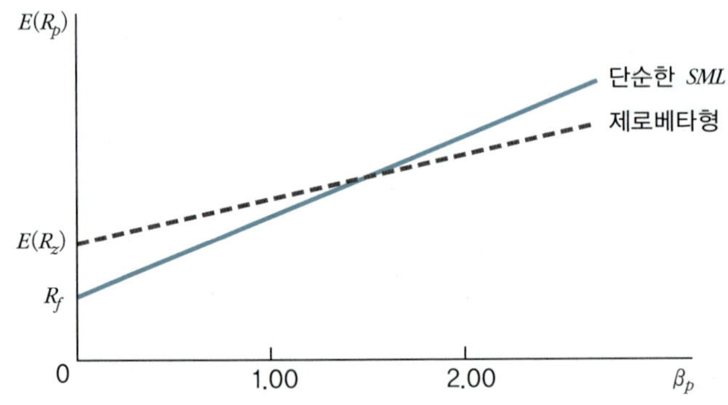


를 $E(R_Z)$로 대체하기만 하면 된다.

21) 제로베타 포트폴리오는 시장과의 공분산, 즉 상관관계는 0이지만 분산이 0인 무위험자산과는 달리 어느 정도의 분산(some variance)을 갖는다고 볼 수 있다. 이에 관한 자세한 설명은 Eugene F. Fama의 *Foundations of Finance*, pp.291~292 참조.

22) Fisher Black, "Capital Market Equilibrium with Restricted Borrowing," *Journal of Business*, Vol.45, No.3(July 1974), pp.444~455.

그림 10-13 세금의 존재와 *CML*

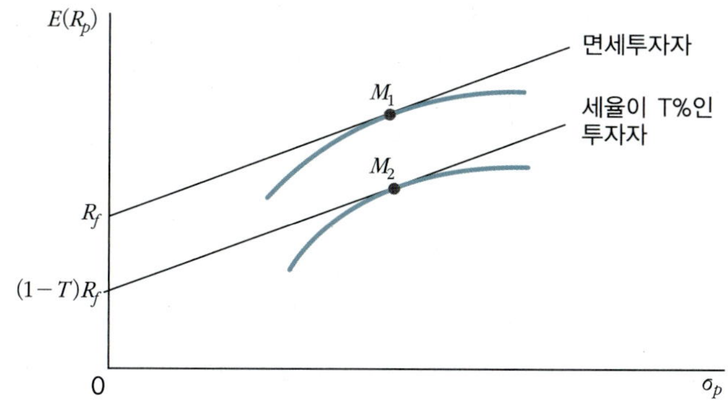


## 3. 세금의 존재

현실적으로 투자자들은 상이한 세율이 적용되는 투자자 집단일 뿐 아니라 투자소득을 어떠한 형태(배당, 자본이득 등)로 받는가에 따라서도 세율차이가 존재할 수 있다. 따라서 세금고려 전의 최적포트폴리오가 세율이 다른 투자자들에게 반드시 최적포트폴리오가 되는 것은 아니다. 일반적으로 세금이 부과되는 경우 각 투자자들은 세금고려 후 효율적 포트폴리오들의 집합을 확인하고 시장포트폴리오와 무위험수익률을 연결하여 효율적 투자기회선을 얻는다.

[그림 10-13]은 세율이 *T*%인 투자자와 세금이 면제된 투자자에 대한 효율적 투자기회선의 차이를 보여주고 있다.

## 4. 다기간(multi-period)의 문제

*CAPM*의 유도는 단일기간투자를 전제로 한다. 그러나 투자는 실제로 다기간(multi-period)에 걸쳐 이루어지는 것이 보통이다. 이에 머튼(Merton, 1973)은 *SML*을 다기간모형으로 일반화시켰다. 머튼에 의하면 무위험수익률이 다기간에 걸쳐 일정하지 않고 확률적으로 변하기 때문에 투자자들은 투자기회집합의 변화로 인한 위험에 직면하게 된다는 것이다. 따라서 투자자들은 펀드(fund)를 셋으로 나누어 투자하게 된다고 설명한다.

즉 투자자들은 무위험자산, 시장포트폴리오, 그리고 무위험자산의 불리한 변화에 대한 헤지로서 사용되는 제3의 포트폴리오 *N*에 나누어 투자한다. 이렇게 되면 *CAPM*은 세 펀드의 함수로 다음과 같이 표시될 수 있다.[23)]

$$E(R_i) = R_f + \delta_1[E(R_m) - R_f] + \delta_2[E(R_N) - R_f]$$

단, $R_i$, $R_f$ : 증권 $i$와 무위험자산의 순간적인 수익률

$R_N$ : 무위험자산과 부(−)의 상관관계를 갖는 제3의 포트폴리오 $N$의 수익률

$\delta_1$ : 시장포트폴리오와 관련된 체계적 위험

$\delta_2$ : $N$포트폴리오와 관련된 체계적 위험

### 5. 시장지수의 잘못된 사용

*CAPM*이 규정하고 있는 시장포트폴리오는 시장에 존재하는 모든 위험자산(주식, 채권, 실물자산, 인적자본 등)을 포함하고 있다. 그러나 현실적으로 이러한 엄밀한 의미의 시장포트폴리오를 확인할 수는 없다. 따라서 이를 대신할 수 있는 대용포트폴리오(proxy portfolio)가 현실적으로 사용되는 것이 보통이다. 그러므로 *CAPM*의 실증 검증결과들은 이러한 한계를 고려하여 매우 조심스럽게 해석되어야 한다.

## 제 3 절 CAPM의 검증과 결과

모형(model)이라는 것은 현실 그 자체라기보다는 현실의 단순화(simplification of reality)를 통해 현실경제에 함축되어 있는 어떤 의미를 찾아내고 설명하자는데 그 목적이 있다. *CAPM* 역시 여러 가지 가정 하에서 자본시장에서 현실적으로 나타나는 위험자산의 가격결정을 단순화시킨 모형이다. 이와 같은 모형의 타당성을 검토하기 위해선 현실을 얼마만큼 잘 설명해 줄 수 있는가 하는 설명능력과, 또한 모형설정을 위한 가정들이 얼마만큼 현실에 잘 부합되는가를 검증해야 한다. 본 절에서는 *CAPM*이 증권시장에서의 실제의 가격결정과정을 얼마만큼 잘 설명해 줄 수 있는가를 검토하기 위해 이 모형에 대한 실증분석에 대하여 설명한다. 이를 위해서 우선 *CAPM*의 선형관계식을 실증적으로 검증하는 방법을 설명한 다음, 현실의 시장자료(market data)와 *CAPM*(*SML*의 관계식)으로 설명되는 위험−수익관

23) R.C. Merton, "An Intertemporal capitalasset pricing model," *Econometrica* 41(September 1973), pp.867~887.

계가 어느 정도 잘 부합되는가를 살펴본다.

## 3.1 위험-수익관계의 검증

*CAPM*(이론적인 *SML*)이 증권시장의 실제의 가격결정관계(위험 수익관계)를 어느 정도 잘 설명해 줄 수 있는가를 보기 위해서는 먼저 *CAPM*에 함축되어 있는 기본적인 내용이나 의미가 무엇인가부터 알아야 한다.

앞에서 설명한 바와 같이 *CAPM*은 무위험자산의 존재여부에 따라 다음과 같은 2가지 유형의 선형모형으로 표시될 수 있다. 즉, 무위험자산이 존재할 경우에는

$$E(R_i) = R_f + [E(R_m) - E(R_z)]\beta_i$$

가 되고 무위험자산이 존재하지 않을 경우에는 제로베타 포트폴리오를 이용하여

$$E(R_i) = E(R_z) + [E(R_m) - E(R_z)]\beta_i$$

이 유도된다.

이로부터 *CAPM*검증에서 다루어져야 할 기본적인 내용은 다음의 네 가지 가설로 요약된다.

① 선형성에 관한 가설(linearity hypothesis)
  - 기대수익과 체계적 위험 사이에는 선형의 관계가 존재한다.

② 정의 상치관계에 관한 가설(positive trade-off hypothesis)
  - 기대수익과 체계적 위험 사이에는 정(+)의 관계가 존재한다. 따라서 저위험-저수익, 고위험-고수익의 관계를 보여주는 우상향의 기울기(upward sloping)를 갖는다.

③ 잔차위험에 관한 가설(residual risk hypothesis)
  - 기대수익은 체계적 위험($\beta$)에 의해서만 설명되며 나머지 비체계적 위험과는 아무런 관련을 갖지 않는다.

④ 무위험자산의 존재에 관한 가설(risk-free security hypothesis)
  - 투자자들은 무위험수익률(이자율)로의 차입과 대출에 대해 아무런 제한이 없다. 즉, 실증적 검증식에서의 절편은 무위험수익률 와 일치한다.

그러나 Roll(1977)에 의하면 진정한 의미의 시장포트폴리오(true market portfolio)가 효율적일 경우에는 ①, ②, ③의 가설의 내용이 모두 포함되어 있고 또 ④의 가설내용은 시장포트폴리오가 효율적이라는 사실과 동시에 검증(joint test)되어야 함을 보여주고 있다.

따라서 이러한 네 가지 가설은 시장포트폴리오가 평균-분산기준에 의해 효율적이라는 하나의 결합가설로 볼 수 있다.

## 3.2 사전적 기대모형과 사후적 실증모형

### 1. 페어게임의 효율적 시장과 사후적 검증모형

*CAPM*에서 위험과 수익 사이의 관계는 선형관계로 설명되어진다. 이 모형에 대한 실증분석 때 가장 큰 문제로 제기되는 것이 위험과 수익이 과거의 자료를 이용할 수 없는 사전적(ex-ante)인 의미의 기대모형이라는 것이다.

따라서 *CAPM*을 검증하기 위해서는 우선 사전적 형태(ex-ante form)로 되어 있는 이 모형을 현실적으로 관찰 가능한 자료를 이용할 수 있도록 사후적 형태(ex-post form)로 변형시켜야 한다. 이를 위해서 흔히 공정게임(fair game)을 가정한다. 즉, 공정게임의 효율적 시장 하에서는 장기간에 걸쳐 평균적으로(on the average) 실현되는 수익률(realized return)은 기대수익률과 같아지기 때문에 어느 누구도 초과수익을 지속적으로(consistently) 얻을 수는 없다고 가정한다.

일반적으로 개별증권의 수익률은 다음과 같이 쓸 수 있다.

$$\tilde{R}_{it} = E(R_{it}) + \beta_i[\tilde{R}_{mt} - E(R_{mt})] + \tilde{\varepsilon}_{it}$$

이 식의 양변에 기대치(experctation)를 취해 보면 평균적으로 실현되는 수익률은 기대수익률과 같아짐을 알 수 있다.

$$E(\tilde{R}_{it}) = E(\tilde{R}_{it})$$

즉, 투자자들은 평균적으로 기대했던 수익률을 얻는 공정게임을 하게 된다.이 때 $R_{it}$ 및 $R_{mt}$는 $i$자산과 시장포트폴리오 $m$의 $t$시점에서 실현되는 확률변수로 나타나는 수익률이며, $\varepsilon_{it}$는 확률적 잔차항으로서 $Cov(\varepsilon_{it}, \varepsilon_{it-1}) = 0$의 조건을 만족시켜야 한다.

또한 잔차항의 기대값은 0이 되며 $[R_{mt} - E(R_{mt})]$항과 독립적이라 가정한다. 그러면 위의 *CAPM* 으로부터 얻어지는 $E(R_i) = R_f + [E(R_m) - R_f]\beta_i$를 이 식에 대입하여 정리하면, 기대값의 연산부호 $E(\cdot)$는 모두 없어지고

$$R_{it} - R_{ft} = \alpha_i + \beta_i[R_{mt} - R_{ft}] + \varepsilon_{it}$$

단, $\alpha_i$는 상수로서 회귀분석을 위한 절편으로 추가됨.

의 관계가 얻어진다. 이 식에서는 모든 변수가 관찰된 사후적 자료를 이용하여 추정될 수 있음을 알 수 있다. 이러한 *CAPM* 의 검증에는 공정게임의 시장 효율성이 전제되어 있다는 것을 알 필요가 있다.

## 2. CAPM의 실증검증식

*CAPM* 은 사전적 기대모형(ex ante model)이기 때문에 이를 검증하기 위해서는 기본적으로 다음의 두 가정이 전제되어야 한다.

첫째, *MM* (시장모형)에 의해 수익률의 형성과정을 설명해 주고 있는 통계적 모형이 안정적이다. 따라서 *MM* 을 회귀분석하여 얻어지는 기울기 계수인 $\beta$의 추정치가 기간에 관계없이 안정적인 값을 갖는다.

둘째, 사후적으로 관찰되는 수익률은 사전적 수익률의 분포에서 얻어지는 표본관찰치(sample observations)이다. 이는 가격이 투자자들의 합리적 기대(rational expectations)에 따라 형성되는 상황인 정보의 효율성이 성립할 경우 가능하게 된다.

따라서 이러한 가정이 성립하게 되면 위의 관계식을 이용하여 *SML* 의 실증검증식은 다음과 같이 표현될 수 있다.

$$\overline{R}_{it} - \overline{R}_{ft} = \gamma_0 + \gamma_1\hat{\beta}_i + \varepsilon_{it}$$

단, $\overline{R}_{it} - \overline{R}_{ft}$ : $i$ 자산 또는 포트폴리오의 초과수익률(종속변수)

$\hat{\beta}_i$ : 추정된 베타계수(독립변수 또는 설명변수)

*CAPM* 이 맞는다면 기본적으로 우리는 다음과 같은 특성을 발견할 수 있을 것이다.

(i) 절편 $\gamma_0$는 0과 유의적인 차이를 보여서는 안 된다.

(ii) $\gamma_1$의 추정치 $\hat{\gamma}_1$는 $[R_{mt} - R_{ft}]$와 유의적인 차이가 나서는 안 된다. 만일 이들의 차이가 유의적이면 *SML*은 잘못 규정되고 있으며, 따라서 잔차분산과 같은 다른 요인들이 추가적인 설명요인으로 포함되어야 한다.

한편 *CAPM*에 대한 실증적 검증들은 블룸과 프렌드(1970, 1973), 블랙, 젠센, 숄즈(1972), 밀러와 숄즈(1972), 파마와 맥베드(1973) 등에 의해 이루어졌는데 이들의 결론은 *CAPM*의 타당성을 인정하는 방향으로 기울고 있다.

## 3.3 검증절차와 결과

위에서 유도한 *CAPM*의 검증식은 흔히 시계열검증이나 2단계의 횡단면 검증절차에 따라 검증이 이루어진다.

여기서는 시계열검증의 대표적인 연구라 할 수 있는 블랙, 젠센과 숄즈(Black, Jensen & Scholes; 이하 BJS라 칭함)의 분석과 횡단면검증의 대표적인 연구라 할 수 있는 파마와 맥베드(Fama & Macbeth; 이하 FM이라 칭함)의 분석을 소개하고 그 검증절차 및 결과를 설명한다.[24)]

### 1. 시계열다중회귀분석

블랙, 젠센과 숄즈(BJS)는 다음과 같은 시계열모형을 이용하여 *CAPM*을 검증하였다. 여기서 이용되는 시계열자료는 검증기간 각 시점별 수익률을 모든 증권에 대하여 구한 것이다. 이와 같은 시계열자료를 이용하여 다중회귀분석을 함으로써 변수들을 동시에 추정하는 방법을 시계열다중회귀분석이라 한다. 이들은 또한 잔차분산과 측정오차 문제를 줄이기 위해 개별증권을 결합하여 여러 종류의 포트폴리오를 구성한 다음 이들 포트폴리오 수익률을 이용하여 모형을 검증하였다.

$$R_{pt} - R_{ft} = \alpha_p + \beta_p [R_{mt} - R_{ft}] + \varepsilon_{it}$$

단, $R_{pt}$ : 기간 $t$의 포트폴리오수익률

---

24) F. Black, M.C. Jensen, and M. Scholes, "The Capital Asset Pricing Model: Some Empirical Tests," in Jensen, ed., *Studies in the Theory of Capital Markets*, New York: Praeger, 1972; Eugene Fama and J. MacBeth, "Risk, Return, and Equilibrium: Empirical Tests," *Journal of Political Economy* (May/June 1973), pp.607~636.

$R_{ft}$ : 기간 $t$의 무위험수익률
$R_{mt}$ : 기간 $t$의 시장수익률

시계열자료(time series data)를 이용하여 이 식을 추정하였을 때 *CAPM*에 의하여 증권의 수익률이 설명된다면 우선 회귀계수인 $\alpha_p$가 0과 의미 있는 차이를 보이는가의 여부를 파악하기 위해서 $\alpha_p$의 표준오차를 이용하는 통계적 $t$검증을 실시하게 된다. 이와 더불어 모든 포트폴리오에 걸쳐 초과수익률($R_{pt}-R_{ft}$)과 체계적 위험($\beta_p$) 사이에 선형관계가 발견되어야 한다. 이 경우 측정오차와 잔차 문제를 줄이기 위해 포트폴리오를 구성할 경우 정보의 손실(data reduction)을 가져올 수 있기 때문에 BJS는 포트폴리오 구성에 있어 다음과 같은 일정한 규칙을 적용하였다. 즉, 포트폴리오를 구성할 때 체계적 위험척도인 베타가 수익률에 미치는 영향을 보다 효과적으로 평가하기 위해서 우선 모든 개별증권들을 베타값의 크기순으로 배열한다. 다음 베타값의 크기에 따라 전체 표본증권들을 10%씩 나누어 10개의 10분위 포트폴리오(10 decile portfolios)를 구성한다. 이 경우 베타값이 큰 증권들 10%를 취한 다음 동일한 가중치(equally weighted)에 의해 포트폴리오를 구성하고 같은 방법으로 그 다음으로 베타값이 큰 증권들 10%를 취하는 형식으로 해서 최종적으로는 베타값들이 가장 작은 증권들 10%로 마지막 10번째 포트폴리오를 구성하게 된다. 다음, 이와 같이 얻어지는 포트폴리오수익률의 시계열자료를 이용하여 앞의 모형에 대한 회귀분석을 실시한다. 〈표 10-2〉는 이러한 방법에 따라 *NYSE*에 상장된 증권들을 대상으로 1931~1965년의 기간에 걸쳐 *CAPM*을 검증한 검증결과의 요약이다.

이 결과에 따르면 포트폴리오 번호 1, 2, 9와 같은 양극단에 있는 포트폴리오의 경우 이외에는 $\alpha_p$가 대체적으로 0에 가깝고 $t$통계량도 0과 유의적인 차이를 보이지 않고 있다.

여기서 또한 알 수 있는 것은 베타값과 평균 초과수익률이 동일한 순서를 유지한다는 것인데, 이는 두 변수 간에 전반적인 선형관계를 뒷받침하는 것이다. 이렇게 볼 때 이 연구결과는 *CAPM*의 타당성을 전반적으로 인정하는 것이 된다. 이 결과에서 특기할 사항은 베타값이 1보다 큰 포트폴리오의 $\alpha_p$는 일관성 있게 부의 값을 갖는 반면 베타값이 1보다 작은 포트폴리오의 $\alpha_p$는 정의 값을 갖는다는 것인데, 이는 결과적으로 제로베타 *CAPM*의 타당성을 인정해 주는 것으로 해석될 수 있다. 이러한 관계를 설명하기 위해 제로베타 *CAPM*을 검증모형의 형태로 쓰면,

**표 10-2** 시계열 자료의 위험-수익관계(1931~1965)

| 포트폴리오 | $\beta_p$ | 평균초과수익률($R_p - R_f$) | $\alpha_p$ | $t(\alpha_p)^*$ |
|---|---|---|---|---|
| 10 | 1.56 | 2.13 | -.08 | -.43 |
| 9 | 1.38 | 1.77 | -.19 | -1.99 |
| 8 | 1.25 | 1.71 | -.06 | -.76 |
| 7 | 1.16 | 1.63 | -.02 | -.24 |
| 6 | 1.06 | 1.45 | -.05 | -.89 |
| 5 | 0.92 | 1.37 | .06 | .79 |
| 4 | 0.85 | 1.26 | .05 | .70 |
| 3 | 0.75 | 1.15 | .08 | 1.18 |
| 2 | 0.63 | 1.09 | .20 | 2.31 |
| 1 | 0.50 | 0.91 | .20 | 1.86 |
| 시장 | 1.00 | 1.42 | 0.00 | 0.00 |

* 추정치 $\alpha_p$의 $t$ 통계량

자료: F. Black, M.C. Jensen, and M. Scholes, "The Capital Asset Pricing Model: Some Empirical Tests," in Jensen, ed., *Studies in the Theory of Capital Markets*, New York: Praeger, 1972.

$$R_{it} = R_{zt} + \beta_i(R_{mt} - R_{zt}) + \varepsilon_{it}$$

가 되고 여기에 $\beta_i(R_{mt} - R_{zt})$를 $\beta_i(R_{mt} - R_{ft})$ 로 바꾸어 주면,

$$R_{it} = (R_{zt} - R_{ft})(1 - \beta_i) + \beta_i(R_{mt} - R_{ft}) + \varepsilon_{it}$$

가 된다. 만일 제로베타형 *CAPM*이 증권의 가격(또는 수익률)을 잘 설명해 주고 있다면 절편은 다음의 값을 가져야만 할 것이다.

$$\alpha_i = (R_{zt} - R_{ft})(1 - \beta_i)$$

여기서 $R_{zt}$는 $R_{ft}$보다 크다.[25] 이때 베타값($\beta_i$)이 1보다 크면 절편인 $\alpha_i$가 부의 값을 갖게 되고, 베타값이 1보다 작을 경우에는 절편 $\alpha_i$가 정의 값을 갖게 된다. 그러므로 위의 검증결과는 단순한 *CAPM*보다 제로베타형 *CAPM*이 위험-수익관

25) 제로베타포트폴리오는 무위험자산과는 달리 자체분산(위험)을 내포하고 있어 $R_{zt}$가 $R_{ft}$보다 크게 관찰된다.

그림 10-14 평균초과수익률(월간)과 체계적 위험 사이의 관계(1931~1965)

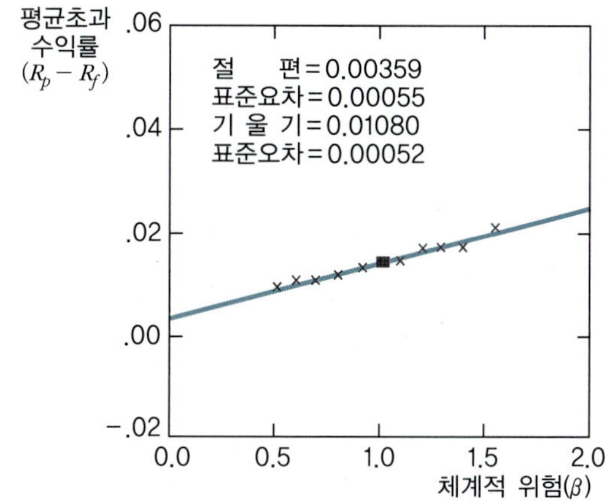


계를 더 잘 설명해 준다고 볼 수 있다. 한편 [그림 10-14]는 10개 포트폴리오의 평균수익률과 이들 포트폴리오베타 사이의 관계를 도시한 것이다.

이를 보면 위험(베타)과 수익률 사이에는 높은 상관관계($R^2 = 0.98$)가 존재하며 위험-수익 사이에 정의 선형관계를 반영, 우상향의 기울기(upward-sloping)를 보이고 있다.

## 2. 2단계의 횡단면분석

사후적으로 관찰되는 자료를 이용할 경우 *CAPM*이 제시하는 실증적인 증권시장선(empirical *SML*)은 다음과 같은 형태의 선형회귀방정식이 된다. 즉,

$$\overline{R_i} = \gamma_0 + \gamma_1 \hat{\beta}_i + \tilde{\varepsilon}_i$$

단, $\overline{R_i}$ : $i$자산 또는 포트폴리오의 평균수익률
$\hat{\beta}_i$ : 시장모형을 이용하여 추정된 $i$자산 또는 포트폴리오의 베타계수

이 회귀방정식은 다음의 2단계로 나누어 추정될 수 있다.

우선 개별자산과 시장포트폴리오의 수익률에 관한 시계열자료를 이용하여 시장모형에 적용시킴으로써 $\hat{\beta}_i$를 추정한다. 다음 이와 같이 추정된 $\hat{\beta}_i$를 앞의 식을

그림 10-15 *CAPM*(*SML*)의 추정

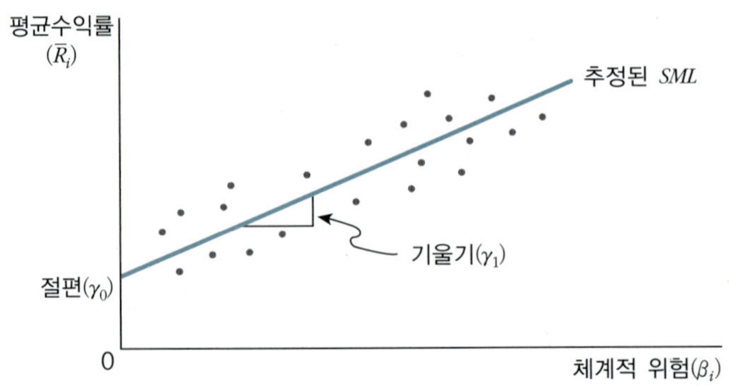


이용하여 모든 증권에 걸쳐 횡단면회귀분석을 실시함으로써 절편$(\gamma_0)$과 기울기$(\gamma_1)$의 값을 추정한다. 이와 같이 우선 개별자산에 대한 시계열자료를 이용한 회귀분석을 실시하여 주요 설명변수(여기서는 $\beta_i$)를 추정한 다음, 다시 이 변수를 이용하여 횡단면분석을 행하는 검증방법을 2단계의 횡단면검증이라 한다. 이 경우 모형이 맞는다면 추정된 절편 $\hat{\gamma}_0$는 이론적인 *CAPM*의 정의에 따라 무위험수익률과 같아야 하고 기울기 $\hat{\gamma}_1$은 검증기간 동안 시장포트폴리오의 위험보상인 $(\bar{R}_m - \bar{R}_z)$와 같아야 한다. 한편, 이러한 검증을 제로베타 모형에 대하여 행할 경우 절편 $\gamma_0$는 제로베타 포트폴리오의 평균수익률 $\bar{R}_z$와 같아야 하고 기울기 $\hat{\gamma}_1$은 $[\bar{R}_m - \bar{R}_z]$와 같아야 한다. 따라서 관찰된 무위험수익률과 시장의 위험보상(블랙의 *CAPM*에서는 $\bar{R}_z$와 $[\bar{R}_m - \bar{R}_z]$)이 추정된 $\hat{\gamma}_0$와 $\hat{\gamma}_1$에 접근한다면 이는 곧 *CAPM*의 타당성을 입증하는 증거가 된다.

파마와 맥베드(FM)는 이와 같은 횡단면적 검증방법에 의하여 *CAPM*을 검증하였다. 이 방법은 BJS의 다중회귀분석에 비해 편의(bias)문제가 생기지 않으며 잔차분산의 영향에 대한 검증까지 가능하다는 이점이 있다. FM의 *CAPM* 검증은 다음의 검증절차를 거친다.

먼저 검증기간 이전 5년 동안(FM의 경우 1929~1935)의 월간수익률을 이용하여 상장증권 전체의 베타값을 계산한다. 다음 계산된 베타값의 크기순으로 20개의 포트폴리오를 구성하고 20개 포트폴리오 각각에 대하여 검증기간 동안 월간수익률을 계산한다(FM의 경우 검증기간 1935~1968년 동안 각 포트폴리오마다 402개의 월간수익률을 계산). 그리고 계산된 20개 포트폴리오의 월간 수익률을 이

**표 10-3 횡단면다중회귀분석결과(1935~1968)**

| 변수 | 계수 | $t$ – 통계량 |
|---|---|---|
| $\gamma_0$ | .0020 | .55 |
| $\beta_p$ | .0014 | 1.85 |
| $\beta_p^2$ | –.0026 | –.86 |
| $\sigma_p$ | .0516 | 1.11 |

자료: Eugene F. Fama and James D. MacBeth, "Risk, Return and Equilibrium:Empirical Tests," *Journal of Political Economy* (May/June 1973), pp.622~623.

용하여 다음 모형에 대하여 횡단면회귀분석을 실시한다.

$$R_p = \gamma_0 + \gamma_1\beta_p + \gamma_2\beta_p^2 + \gamma_3\sigma_p + \mu_p$$

이는 포트폴리오 월간수익률을 종속변수로 하고 체계적 위험인 $\beta_p$, $\beta_p^2$ 그리고 잔차위험($\sigma_p$)을 독립변수(설명변수)로 한 다중회귀분석(multiple regression)이다. 만일 CAPM이 증권의 가격(또는 수익률)을 설명해 주는 적절한 모형이라고 하면 평균적으로 볼 때 $\beta_p$의 계수인 $\gamma_1$은 위험–수익에 대한 일반적인 정의 상치관계를 반영하여 정의 값을 갖게 될 것이다. 동시에 잔차위험 변수 $\sigma_p$의 계수인 $\gamma_3$는 체계적 위험 이외의 요인들은 수익률 설명에 있어서 중요하지 않다는 점을 반영하여 0이 되어야 한다. 또한 베타제곱의 계수인 $\gamma_2$는 위험–수익관계의 선형성(linearity)을 입증하기 위하여 0이 되어야 할 것이다. 그리고 단순형 *CAPM*과 제로베타형 *CAPM* 중 어느 것이 위험–수익관계를 더 잘 설명하는가를 평가하기 위해서는 절편($\gamma_0$)과 베타에 대한 계수($\gamma_1$)의 크기를 검토해 볼 수 있을 것이다.

〈표 10–3〉은 1935~1968년의 402개월에 걸쳐 실시된 앞 식의 회귀분석결과를 요약한 것이다. 여기서 계수는 각 월별 횡단면 회귀분석 결과 얻어진 402개 계수값들의 평균이다. $t$ 통계량은 이 기간 중 각 월별 계수값들의 유의수준을 나타낸다. 이의 계산은 예를 들어 절편의 경우 표준편차(standard deviation)가 $S(\gamma_0)$로 표시된다면 $t$ 통계량은 $\gamma_0$를 $S(\gamma_0)$로 나누어 계산된다[$t = \gamma_0/S(\gamma_0)$]. 여타의 변수들에 대해서도 동일한 방법으로 계산된다. 그 결과 베타항의 계수는 5% 수준에서 유의적인 정의 값을 가지며 기타의 변수들은 0과 유의적인 차이가 없음을 나타내고 있다. 이는 기타의 비체계적 위험요인은 수익률 설명에 도움을 주지 못할 뿐 아니라 이 기간 중 위험–수익관계가 정의 선형관계를 보인다는 것을 시사해 준다.

**표 10-4** 위험-수익관계(1935~1968)

| 변수 | 계수 | $t$ - 통계량 |
| --- | --- | --- |
| $\beta_p$ | 0.0085 | 2.57 |
| $\gamma_0$ | 0.0061 | 3.24 |
| $\gamma_0 - R_f$ | 0.0048 | 2.55 |

〈표 10-4〉는 이러한 결과에 따라 베타만을 설명변수로 이용한 단순회귀분석결과로서 위험-수익관계의 형태에 관해 보다 나은 추정이 가능하게 된다. 즉, 검증결과에 따르면 절편값과 실제의 무위험수익률 사이의 차이인 $\gamma_0 - R_f$가 정의 유의적 차이를 보이며 따라서 베타항의 계수인 $\gamma_1$이 이 기간 중 실제로 실현된 위험보상인 $R_m - R_f$보다 작다는 것을 보여주고 있다. 이러한 사실은 단순형 *CAPM*보다는 제로베타형 *CAPM*이 현실의 위험-수익관계를 더 잘 설명해줌을 시사해주는 것이다.

## 3.4 시장포트폴리오의 역할

지금까지 우리는 *CAPM*을 검증하기 위한 대표적인 두 가지 연구방법을 소개하였다(BJS와 FM). 검증기간과 검증방법론상의 차이에도 불구하고 이들은 위험수익 사이에 정의 선형관계가 존재하며 체계적 위험 이외의 요인들은 수익률에 중요한 영향을 미치지 않는다는 결과들을 보여주고 있다. 여기서 이와 같은 *CAPM*의 타당성과 관련하여 가장 중요한 역할을 하게 되는 시장포트폴리오에 대하여 음미해 볼 필요가 있다.

롤(Roll)에 의하면 이론적으로 시장포트폴리오는 투자자들의 부를 구성하는 모든 자산으로 구성하되 그 구성비율은 시장가치를 가중치로 해야 하며, 이와 같은 시장포트폴리오가 사전적으로(ex ante) 효율적일 때에 한해서 *CAPM*이 성립한다는 것이다. 그러나 문제는 현실적으로 그러한 정의를 충족시켜주는 시장포트폴리오는 확인될 수 없다는 것이다. 실제 *CAPM*의 검증에 있어서는 원래 의미의 시장포트폴리오 대신 대용지수(proxy index) 또는 대용 포트폴리오(proxy portfolio)가 사용된다.

롤(Roll)은 이와 같은 대용지수의 사용은 개별증권이나 포트폴리오의 체계적 위험의 잘못된 추정을 가져오고, 따라서 *CAPM*의 부적절한 추정을 가져올 수 있으며 이는 사전적으로 효율적인 시장포트폴리오가 무엇인가를 확인함으로써만 피할 수 있다고 주장한다. 이어서 롤은 이러한 포트폴리오의 확인이 현실적으로 불가능하기 때문에 *CAPM*은 검증될 수 없으며, 이에 따라 *CAPM*을 이용한 포트폴리오 성과의 측정도 불가능하다는 것이다. 그러나 이러한 롤의 비판이 실제로 중요한가 하는 것은 명백하지 않다. 이는 여러 지수를 이용한 검증결과들이 시장지수의 선택에 관계없이 대부분 위험-수익관계를 확인시켜주기 때문이다. 즉, 여러 가지 형태의 시장 포트폴리오 대용지수를 사용하였음에도 불구하고 이와 같이 일관된 결과를 나타낸다는 것은 시장 전체가 어느 정도는 *CAPM*에 따라 움직이고 있다는 확신을 주는 것으로 볼 수 있다. 어떻든 시장포트폴리오의 대용은 *CAPM*의 정확한 검증에 한계점을 던져주는 것은 사실이다. 이러한 시장포트폴리오의 대용 이외에도 *CAPM*의 검증은 세금, 거래비용 등을 무시하고 있다. 투자자들 사이의 소득세율의 차이, 배당소득과 자본이득에 적용되는 세율차이, 거래비용 등의 존재는 실증적으로 관찰된 위험-수익관계와 이의 이론적 관계 사이의 차이를 가져올 수 있다. 이외에도 사후적 관찰자료를 갖고 사전적인 가설을 검증하는 데서 부딪치는 어려움 등 때문에 실증적 검증결과가 *CAPM*이 갖는 기본적 의미(basic implications)를 얼마만큼 입증(support)해 주는가 하는 것에는 상당한 제한이 따를 수 있다.

끝으로 한 가지 지적되어야 할 중요한 사실은 자본시장의 효율성(efficiency)과 *CAPM*의 실증적 타당성(empirical validity)은 동시에 검증되어야 할 분리될 수 없는 결합가설의 검증(joint hypothesis test)이라는 점이다. 이 경우 *CAPM*의 실증적 타당성이 입증되면 시장은 정보면에서 효율적이라는 것을 동시에 입증해 준다. 그러나 *CAPM*을 기각하는 검증이 반드시 시장이 비효율적이라는 것을 의미하지는 않는다. 시장효율성에 의하면 모든 이용가능한 관련정보가 증권의 가격에 즉각적이고 편의가 없도록(quickly and unbiasedly) 충분히 반영되어질 것을 요구한다. 그러나 이것이 곧 *CAPM*이 시장에서 위험-수익의 균형관계를 설명해 주는 적절한 모형이라는 것을 의미하지는 않는다. 즉 *CAPM*이 비록 타당치 못하더라도 자본시장은 효율적일 수 있다.

## 제4절 CAPM의 현실적 이용

*CAPM*은 불확실성하에서 금융자산의 위험이 어떻게 측정되고 가격(수익률)이 어떻게 결정되는가를 설명해 주는 균형이론이므로 불확실성과 관련된 의사결정 시 위험문제를 다루는 매우 유용한 도구로 사용될 수 있을 것이다. 그런데 *CAPM*은 여러 가지 가정을 전제로 하기 때문에 모형의 유용성에 한계가 있을 수 있으므로 주의를 요한다는 것은 두 말할 나위가 없다. 불확실성하에서 의사결정을 하는데 있어서 *CAPM*의 적용분야는 광범위하지만 여기서는 대표적인 몇 가지 경우를 예로 들어 *CAPM*이 실제로 어떻게 활용될 수 있는가를 보이고자 한다.

### 4.1 자본예산

*CAPM*(*SML*)에 따라 결정되는 수익률은 투자자들에 의해 요구되는 필요수익률이므로 기업입장에서는 자본비용으로 해석된다. 따라서 자본예산결정 때 위험을 고려한 적합한 할인율로 이용할 수 있다. 특히 *SML*에 의해 결정되는 위험대가(risk premium)은 투자안들이 갖는 위험을 적절히 평가할 수 있게 함으로써 불확실성하의 자본예산(capital budgeting)에서 가장 중요한 문제를 해결하고 있다. 그러면 이와 같은 *SML*의 이용을 설명하기 위해 기업확장계획의 일환으로 여러 가지 투자안을 고려하고 있는 어느 기업의 자본예산문제를 예로 들어보자.

〈표 10-5〉는 각 상태별 발생확률과 시장포트폴리오의 수익률 그리고 이 기업

**표 10-5 K기업의 투자안**

| 상태($s$) | 확률($P_s$) | 시장수익률 ($R_m$) | 투자안의 수익률($R_i$) | | | |
|---|---|---|---|---|---|---|
| | | | # 1 | # 2 | # 3 | # 4 |
| 1(공황) | 0.1 | −0.15 | −0.30 | −0.30 | −0.09 | −0.05 |
| 2(침체) | 0.3 | 0.05 | 0.10 | 0.10 | 0.01 | 0.05 |
| 3(회복) | 0.4 | 0.15 | 0.30 | 0.30 | 0.05 | 0.10 |
| 4(활황) | 0.2 | 0.20 | 0.40 | 0.40 | 0.08 | 0.15 |

$\overline{R}_m = \sum_{S=1}^{4} P_s R_m = 0.10 \quad \overline{R}_1 = 0.20 \quad \overline{R}_2 = 0.14 \quad \overline{R}_3 = 0.03 \quad \overline{R}_4 = 0.08$

**표 10-6** 분산과 공분산의 계산

| s | 시장포트폴리오의 분산 ($Var(R_m)$) | 공분산 $Cor(R_i, R_m)$ # 1 | # 2 | # 3 | # 4 |
|---|---|---|---|---|---|
| 1 | 0.00625 | 0.0125 | 0.0110 | 0.0030 | 0.00325 |
| 2 | 0.00075 | 0.0015 | 0.0036 | 0.0003 | 0.00045 |
| 3 | 0.00100 | 0.0020 | 0.0032 | 0.0004 | 0.00040 |
| 4 | 0.00200 | 0.0040 | 0.0052 | 0.0010 | 0.00140 |
| | $\sigma_m^2 = 0.01$ | $\sigma_{1m} = 0.02$ | $\sigma_{2m} = 0.023$ | $\sigma_{3m} = 0.0047$ | $\sigma_{4m} = 0.0055$ |

의 각 투자안에 대한 상태별 수익률을 요약하고 있다. 각 투자안들의 투자지출액은 동일하며 무위험수익률은 5%이고 기업전체의 *WACC*[26]는 10%, $\beta$값은 1이라고 가정한다. 이 기업이 이들 투자안들을 위해 충분한 자금의 조달이 가능하다고 가정할 경우 어떠한 투자안이 선택되어야 하겠는가?

우선 주어진 자료로부터 각 투자안의 체계적 위험 $\beta_i$를 계산하기 위하여 시장포트폴리오의 분산과 각 투자안의 시장과의 공분산을 계산하면 〈표 10-6〉과 같다.

한편, *CAPM*, 즉 *SML* 의 관계식

$$E(R_i) = R_f + [E(R_m) - R_f)]\beta_i$$

에서 $E(R_m) = 0.1$, $R_f = 0.05$를 대입하면, 투자안 $i$의 요구수익률은

$$E(R_i) = 0.05 + [0.10 - 0.05]\beta_i$$

**표 10-7** 요구수익률과 초과수익률의 계산

| 투자안 | $\beta_i = \frac{\sigma_{im}}{\sigma_m^2}$ | 요구수익률(①) $E(R_i) = 0.05 + 0.05\beta_i$ | 기대수익률(②) | 초과수익률(①-②) 및 투자결정 |
|---|---|---|---|---|
| # 1 | 2.00 | 0.1500 | 0.200 | + 0.05 > 0 채택 |
| # 2 | 2.30 | 0.1650 | 0.140 | − 0.025 < 0 기각 |
| # 3 | 0.47 | 0.0735 | 0.030 | − 0.0435 < 0 기각 |
| # 4 | 0.55 | 0.0775 | 0.080 | + 0.0025 > 0 채택 |

26) *WACC* : 가중평균자본비용(weighted average cost of capital)의 약자.

그림 10-16 *SML*과 투자안의 투자결정

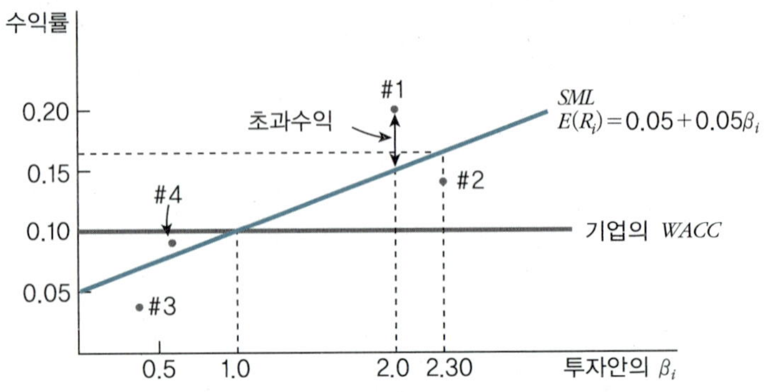


가 된다.

이에 따라 각 투자안의 요구수익률을 구하고 각 투자안의 기대수익률을 비교하면 〈표 10-7〉과 같다.

[그림 10-16]은 *SML*과 〈표 10-7〉의 계산을 그림으로 표시한 것이다.

[그림 10-16]에서 *SML*은 각 투자안에 대하여 위험을 고려한 투자자들의 요구수익률을 나타낸다. 따라서 투자안의 수익률이 *SML*선보다 높게 나타나면 그 투자안은 요구수익률 이상의 수익성을 갖는 것이므로 채택되어야 한다. 따라서 투자안 #1과 #4가 채택되어야 한다. 투자안 #2와 #3은 요구수익률 이하의 수익성을 가지므로 당연히 기각되어야 한다. 그런데 여기서 만일 기업의 *WACC*를 그대로 투자결정기준으로 이용한다면 이와는 달리 투자안 #4는 기각되고 투자안 #2는 채택되는 오류가 나타난다. 이는 기업의 *WACC*는개별 투자안의 위험을 고려하지 않고 있기 때문이다. 투자안 #4의 경우 기업 전체의 *WACC*(10%)보다 낮은 수익률이 기대되는데도 불구하고 채택되어야 하는 이유는 이와 동일한 위험을 갖는 투자안들에 대한 시장의 요구수익률 7.75%보다 0.25% 높은 8%의 수익률이 기대되기 때문이다. 반면 투자안 #2는 기업의 *WACC*보다 더 높은 수익률이 기대되지만 그 투자안이 갖고 있는 위험에 상응하는 충분한 보상을 투자자에게 제공해 주지 못하기 때문에 기각되어야 한다.

## 4.2 위험증권의 평가

유가증권 또는 기타 자산의 현재가격은 기대되는 미래의 현금흐름을 위험조정할인율에 의해 할인한 현재가치의 합으로 표시된다.[27] 이에 따라 단일기간을 가정할 경우 개별증권의 내재가치는

$$P_i^0 = \frac{E(P_i^1)}{1 + E(R_i)}$$

단, $P_i^0$ : $i$증권의 내재가치($t = 0$)
$E(P_i^1)$ : $i$증권의 미래가치($t = 1$)
$E(R_i)$ : $i$증권의 위험조정할인율

로 표시할 수 있다.

그런데 여기서 위험조정할인율은 *SML* 을 이용하여

$$E(R_i) = R_f + [E(R_m) - R_f)]\beta_i$$

을 얻는다. 이 식을 $P_i^0$식에 대입하면 위험조정할인율에 의한 내재가치평가 공식은

$$P_i^0 = \frac{E(P_i^1)}{1 + R_f + [E(R_m) - R_f)]\beta_i}$$

가 된다.

예를 들어 $i$증권의 1기간 후 기대되는 현금흐름이 1,000원, 무위험수익률 10%, 기대되는 시장수익률 17% 그리고 이 증권의 $\beta$값은 1.5라고 하자. 그러면 이 증권의 내재가치는

$$P_i^0 = \frac{1,000}{1 + 0.10 + [0.17 - 0.10)] \times 1.5} = 829.88\text{원}$$

이 된다. 만일 $i$증권의 시장가격이 내재가치인 829.88원보다 작으면 이 증권을 매입하여야 할 것이고 이보다 크면 보유하고 있는 증권을 매각하여야 할 것이다.

한편, 여기서 유가증권의 내재가치는 기대현금흐름에서 위험보상을 차감한 확실성등가(certainty equivalents)를 무위험수익률로 할인하여 평가할 수도 있다.

---

27) 이필상, 「재무관리」 참조.

여기서 확실성등가는 다음과 같이 구한다.

우선 $\beta_i$의 정의에 따라,

$$\beta_i = \frac{Cov(R_i, R_m)}{\sigma_m^2}$$

또한 $i$증권의 단일기간수익률은

$$R_i = \frac{P_i^1 - P_i^0}{P_i^0} = \frac{P_i^1}{P_i^0} - 1$$

이 된다. 이 식을 위의 $\beta_i$ 식에 대입하면,

$$\beta_i = \frac{Cov[P_i^1/P_i^0 - 1, R_m]}{\sigma_m^2} = \frac{1}{P_i^0}\frac{Cov[P_i^1, R_m]}{\sigma_m^2}$$

이 된다. 이 식을 앞서 얻은 평가식

$$P_i^0 = \frac{E(P_i^1)}{1 + R_f + [E(R_m) - R_f]\beta_i}$$

에 대입하면,

$$P_i^0 = \frac{E(P_i^1) - \lambda Cov(P_i^1, R_m)}{1 + R_f}$$

단, $\lambda = [E(R_m) - R_f]/\sigma_m^2$

을 얻는다. 이 식에서 분자가 $P_i^1$의 확실성등가(기대치 − 위험보상금액)임을 쉽게 알 수 있다.

앞의 예의 경우 두 평가식을 같게 놓으면,

$$P_i^0 = \frac{E(P_i^1)}{1 + R_f + [E(R_m) - R_f]\beta_i} = \frac{E(P_i^1) - \lambda Cov(P_i^1, R_m)}{1 + R_f}$$

$$829.88 = \frac{1,000}{1.255} = \frac{1,000 - \lambda Cov(P_i^1, R_m)}{1.10}$$

이 된다. 여기서 위험보상금액은

$$\lambda Cov(P_i^1,\ R_m) = 87.13\text{원}$$

이 된다.

이는 결국 기대현금흐름이 1,000원이고 $\beta$값이 1.5인 불확실한 현금흐름과 위험이 없는 현금흐름 912.87원(기대치 1,000원－위험보상 87.13원)이 동일하다는 것을 의미한다.

## 4.3 자기자본비용의 계산

주식의 $\beta$값은 시장모형을 이용하여 쉽게 추정될 수 있다. 여기서 일단 주식의 $\beta$값이 추정되면 *SML*을 이용, 자기자본비용을 추정할 수 있게 된다.

한 예로 시장모형을 이용하여 구한 H기업 보통주의 $\beta$값이 어느 기간 동안 1.4로 추정되었고 이 기간 중 무위험수익률은 10%, 시장의 위험보상$[E(R_m)-R_f]$이 6.1%였다고 하자. 그러면 이 기업의 자기자본비용(보통주비용) $k_e$는 *SML*을 이용하여 다음과 같이 추정될 수 있다.

$$\begin{aligned} k_e &= R_f + [E(R_m) - R_f]\beta_e \\ &= 0.1 + [0.161 - 0.10]1.4 = 0.1854 \end{aligned}$$

이 관계를 그림으로 표시한 것이 [그림 10-17]이다.

**그림 10-17** *SML*과 자기자본비용

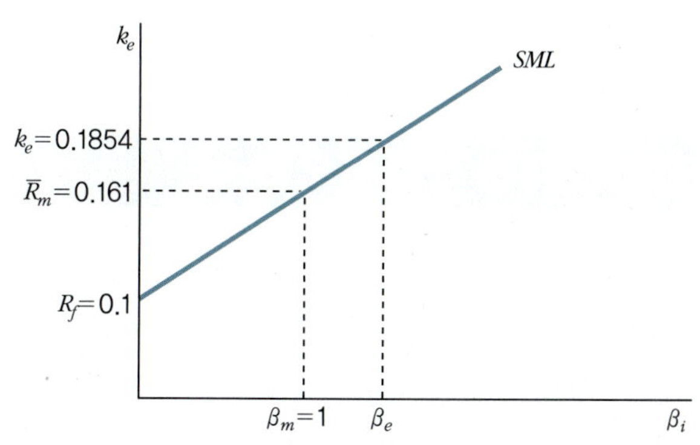

한편 보통주의 요구수익률인 자기자본비용 $k_e$에는 기업의 영업위험과 재무위험에 대한 위험프리미엄이 함께 포함되어 있다. 이중 영업위험은 고유의 영업활동에 따른 위험이며, 재무위험은 기업이 부채를 이용하여 자금을 조달함으로써 보통주 소유자에게 돌아가는 추가적 위험을 말한다. 재무위험은 부채가 기업의 일정 현금흐름에 대해 우선적인 청구권을 갖기 때문에 발생한다.

재무레버리지의 변화가 위험과 수익에 미치는 영향을 보기 위하여 *CAPM*의 기본식을 이들 두 개의 효과로 분리하는 것이 보다 유용할 것이다.

$$\begin{aligned} k_e &= E(R) = R_f + [E(R_m) - R_f]\beta \\ &= R_f + \underbrace{\beta^u [E(R_m) - R_f]}_{\text{(영업위험 프리미엄)}} + \underbrace{(\beta - \beta^u)[E(R_m) - R_f]}_{\text{(재무위험 프리미엄)}} \end{aligned}$$

단, $\beta^u$ : 부채를 사용하지 않는 기업의 보통주 위험
$\beta$ : 부채를 사용하는 기업의 보통주 위험

위의 예에서 H기업에 적용되는 세율이 40%이고, 부채와 자기자본의 크기가 동일하다면 앞서 설명된 Hamada 공식에 의해

$$\beta^L = \beta = \beta^u\left[1 + \frac{B}{S}(1 - t)\right]$$

$$\therefore \beta^u = \frac{1.4}{1 + 1 \times (1 - 0.4)} = 0.875$$

가 된다. 그러므로 영업위험 프리미엄은 5.3%(0.875 × 6.1%)이고 재무위험 프리미엄은 3.20% [(1.4 − 0.875) × 6.1%]가 됨을 알 수 있다.

## 제 5 절 차익거래가격결정모형

1976년 로스(Ross)에 의해 개발된 자본자산의 차익거래가격결정모형(*APM*)은 그 동안 자본시장균형이론의 핵심적 역할을 해온 *CAPM*보다 일반적인 모형이라는 점에서 그 중요성이 크게 인식되고 있다. 1952년 마코위츠에 의해 처음 제시된

포트폴리오 선택이론은 지금까지 가장 널리 받아들여지고 있는 투자이론이다. 그 후 샤프(1964), 린트너(1965), 모신(1966) 등에 의해 자본시장의 완전성과 투자자들의 규범론적 행동을 가정한 후 금융자산의 균형가격결정을 설명하는 *CAPM*으로까지 발전하였다.

*CAPM*의 현실적 적용가능성에 관한 실증적 검증은 그동안 많은 학자들에 의해 이루어졌으나 여기에 의미를 부여하는 데 있어서는 회의가 일기 시작했다. 대표적으로 롤(Roll)[28]은 *CAPM*검증에 관한 그의 비판(Roll' s critique)이라는 논문에서 진정한 시장포트폴리오 대신 대용지수(proxy)를 사용하는 그 동안의 *CAPM* 검증들은 대용지수의 효율성을 검증하는 것에 불과하며 *CAPM* 그 자체를 검증한 것은 아니라는 점을 지적하였다. 따라서 *CAPM*에서 정의되고 있는 진정한 의미의 시장포트폴리오가 이론적으로는 정의 가능하지만 현실적으로는 관찰될 수 없기 때문에 *CAPM*의 검증은 근본적으로 불가능하다는 주장을 하게 된다. 이와 같이 *CAPM*의 현실적 타당성에 대하여 회의가 일기 시작하자 로스는 검증가능한 대안으로서 시장포트폴리오가 가격결정과정에서 특별한 역할을 하지 않는 차익거래가격결정이론(arbitrage pricing theory: *APT* 또는 arbitrage pricing model: *APM*)을 제시하게 되었다.[29] 본 절에서는 시장균형성립에 있어서 중요한 개념인 차익거래의 개념을 설명하고 이를 기초로 차익거래가격결정모형이 어떻게 유도되는가를 설명한다. 다음 *APM*의 검증 및 경제적 의미를 살펴본다.

## 5.1 *APM*의 의의 및 유도

### 1. 일물일가의 법칙과 차익거래

*APM* 또는 *APT*는 시장균형 하에서 일반적으로 성립되는 일물일가의 법칙(law of one price)에 기초하여 금융자산의 균형가격결정을 설명해 보고자 하는 새로운 접근방법이다. 즉, 상품시장에서 동일한 상품은 상이한 가격으로 판매될 수 없으며 만일 상이한 가격으로 거래되고 있다면 이를 알고 있는 차익거래자(arbitrageur)는 싼 곳에서 상품을 매입하는 동시에 비싼 곳에서 매각하는(buying low and

28) R. Roll, "A Critique of the Asset Pricing Theory' s Tests," *Journal of Financial Economics*, March 1977, pp. 129~176.

29) 시장지수 하나의 요인에 의해 수익률을 설명하고자 하는 *CAPM*과는 달리 이는 다요인 가격결정모형으로서 차익거래의 개념을 적용하여 유도된 모형이라는 점에서 차익거래가격결정모형이라고 부른다.

selling high) 이른바 차익거래활동(arbitrage transactions)을 통해서 일물일가의 법칙이 성립할 때까지 무한한 정(+)의 이득을 취할 수 있게 된다. *APT*의 이론적 근거는 바로 이러한 시장균형 하에서의 차익거래실현 불가능조건(no arbitrage profit conditions)을 적용시켜 유도되는 것이다.

상품에 관한 일물일가의 법칙을 증권에 적용시켜 본다면 동일한 위험특성(일물)을 갖는 증권들은 동일한 기대수익률(일가)을 가져야만 한다는 의미가 될 것이다.

한 예로서 동일한 위험을 갖는 두 자산의 수익률이 $\tilde{r}_1$ 및 $\tilde{r}_2$의 확률변수로 나타난다고 하자. 그러면 차익거래를 통한 차익, 즉 공짜점심(free lunch)의 기회가 더 이상 존재하지 않는 시장균형의 상태에 있다면 두 자산으로부터 기대되는 수익률은 당연히 같아야만 할 것이다[즉, $E(r_1)=E(r_2)$]. 그러나 만일 두 자산의 기대수익률이 다르게 형성되어 $E(r_1)>E(r_2)$이 되어 있다고 하자. 그러면 부를 극대화하고자 하는 투자자들은 당연히 자산 2를 공매[30](short sales)하는 동시에 그 수익을 갖고 자산 1에 투자함으로써 위험부담이 없을 뿐 아니라(동일한 위험의 자산을 사고 팜) 자기 자금의 투자도 없는 조건(이러한 자산결합을 차익거래 포트폴리오라고 함)에서 정의 기대수익[$E(r_1)-E(r_2)>0$]을 취할 수 있게 된다. 그러나 시장이 완전하다면 차익거래의 기회로 자산 1에 대한 수요가 증가하게 되어 자산 1의 가격상승(즉, 수익률 하락)을 가져와 결국 이와 같은 초과이익의 발생은 사라지고 균형상태에서 두 자산의 기대수익률은 다시 같아지게 된다.

결국 이와 같은 차익거래과정에 의해 시장균형이 성립된다고 가정하고 증권의 가격결정모형을 유도한 것이 바로 로스(Ross)의 *APM*이다.

## 2. *APM*의 의의 및 이론적 유도

그러면 여기서 위에서 설명한 차익거래 개념을 이용하여 *APM*이 어떻게 유도되는가를 보기로 한다. 같은 종류의 토마토라 할지라도 그것이 봄에 재배된 것인지 가을에 재배된 것인지 구별하려면 토마토의 색깔과 당도(sweetness)를 보면 거의 확실히 알 수 있다고 한다. 이때 색깔 및 당도는 토마토의 특성(재배시기에 대한)을 설명해 주는 주요 설명요인(explanatory factor)이 된다. 또 영욕의 보석인 다이아몬드의 가치(가격)도 다음과 같이 CARAT(크기), CUT(연마), COLOR(색상),

30) 공매는 어떤 증권에 대하여 시장에서 형성되는 보상과 동일한 보상을 해 준다는 전제하에 투자자가 그 증권을 발행하여 파는 행위로 정의된다. 사실상 이와 같은 투자행위는 일반투자자에게 허용되는 경우는 흔하지 않다. 그러나 증권시장에서 스페셜리스트(specialist)들의 행위가 이에 해당하며 차익거래이익의 발생을 없애 준다.

CLARITY(투명도)의 이른바 4C에 의하여 결정된다고 한다.

$$다이아몬드의\ 가치 = f(\text{CARAT, CUT, COLOR, CLARITY})$$

이와 마찬가지로 증권시장에서 거래되는 유가증권의 수익률도 시장수익률 하나의 요인이 아닌 여러 개의 설명요인으로 설명될 수 있다고 보는 것이 *APM*의 기본적인 개념이자 의의이다.

예로 자본시장에서의 증권의 수익률은 기대되지 않았던 인플레이션 및 생산량의 변화를 조사하면 알 수 있다고 할 경우, 인플레이션 및 생산량변화가 증권수익률의 설명요인이 될 것이다. 이에 따라 일반적으로 개별증권 $i$의 수익률 $\tilde{R}_i$는 $k$종류의 요인 $\tilde{F}_1, \tilde{F}_2, \cdots, \tilde{F}_k$에 의하여 다음과 같이 선형적으로 설명된다는 $k$ 요인에 의한 수익생성모형을 가정한다.[31)]

증권의 수익률 :

$$\tilde{R}_i = E(\tilde{R}_i) + b_{i1}\tilde{F}_1 + \cdots + b_{ik}\tilde{F}_k + \tilde{\varepsilon}_i$$

단, $\tilde{R}_i$ : 증권의 확률적 수익률
$E(\tilde{R}_i)$ : $i$증권의 기대수익률
$b_{ik}$ : $i$증권의 $k$요인에 대한 민감도
$F_k$ : 고려중인 모든 증권에 공통적으로 영향을 미치는 요인
$\varepsilon_i$ : 잔차

다음, 시장은 완전경쟁적인 자본시장을 가정하며 모든 투자자들은 $k$요인모형($k$-factor model)에 의하여 모든 증권의 수익률이 설명된다는 동일한 기대(homogeneous expectation)를 갖는다고 가정한다. 또한 잔차 $\varepsilon_i$는 $k$요인들의 변화 및 다른 증권의 잔차와 독립적임을 가정한다. 이때 $b_{i1}, b_{i2}, \cdots, b_{ik}$는 $i$증권의 각 요인에 대한 체계적 위험으로 볼 수 있으며, $\varepsilon_i$는 $k$요인들과 무관하게 실현되는 비체계적 위험이라고 볼 수 있다. 이러한 완전시장 및 동일한 기대의 가정 하에서 자본시장이 균형상태에 있을 경우 투자자들이 구성하는 포트폴리오 중 ① 포트폴리오 형성시 부의 변화가 영이고, ② 위험이 영인 포트폴리오는 당연히 영의 수익

31) Chen, Roll and Ross(1980)은 이들 요인으로 산업생산, 스프레드, 이자율 및 수익률곡선, 인플레이션의 예상치 않은 변화라는 4가지의 경제적 요인을 예로 들었다. Nai-fu Chen, Richard Roll, and Stephen A. Ross, "Economic Forces and the Stock Market: Testing the APT and Alternative Asset Pricing Theories," *Journal of Business*(July 1980), pp.383~403.

률을 평균적으로 얻게 될 것이다. 이러한 포트폴리오를 차익거래포트폴리오(arbitrage portfolio)라고 부르며, 이는 다음과 같은 방법으로 만들 수 있다.

우선 이러한 차익거래 포트폴리오를 만들 때 부의 변화가 영이어야 하므로 이는 일부 증권을 매도하여 그 대금으로 다른 증권을 매입하는 것이 되어야 할 것이다. 증권 $i$에의 투자비율을 $w_i$라 하고 $n$개 증권의 지분을 변화시켜 차익거래포트폴리오를 만든다면 이 조건이 뜻하는 바는

$$\sum_{i=1}^{n} w_i = 0$$

이 된다. 다음, 차익거래 포트폴리오는 위험이 영이 되는 조건이 또한 성립되어야 하는데, 이는 포트폴리오 구성비율인 $w_i$를 결정함에 있어서 ① 각 요인에 대한 체계적 위험($b_{ij}$)의 합이 영이 되도록 하는 동시에 ② 증권의 수인 $n$을 다수로 하여 비체계적 위험도 제거되도록 포트폴리오를 구성하면 될 것이다. 즉, 각 개별요인에 대하여 우선

$$\sum_{i} w_i b_{ij} = 0, \ \forall j, \ j = 1, \ 2, \ \cdots, \ k$$

의 조건을 성립시켜 각 요인별 체계적 위험은 영이 되도록 하며, 다음 $n$의 수를 크게 하여 위험분산(risk diversification)효과에 의하여 비체계적 위험인 $\sum_{i} w_i \tilde{\varepsilon}_i$는 영에 접근시킨다. 이렇게 되면 체계적, 비체계적 모든 위험이 없는 상태의 포트폴리오가 된다. 이와 같이

$$\sum_{i=1}^{n} w_i = 0, \ \sum_{i} w_i b_{ij} = 0, \ n_i = \text{다수}$$

의 조건을 만족하는 $w_i$를 선택하여 포트폴리오를 만들면 이러한 차익거래 포트폴리오의 수익률($R_p$)은 다음과 같이 될 것이다. 우선,

$$\tilde{R}_p = \sum_{i=1}^{n} w_i \tilde{R}_i = \sum_{i=1} w_i E(\tilde{R}_i) + \sum_{i} w_i b_{i1} \tilde{F}_1 + \cdots + \sum_{i} w_i b_{ik} \tilde{F}_k + \sum_{i} w_i \tilde{\varepsilon}_i$$

가 되고 이를 다시 정리하면,

$$\tilde{R}_p = \sum_{i=1} w_i E(\tilde{R}_i) + \tilde{F}_1 \sum_i w_i b_{i1} + \cdots + \tilde{F}_k \sum_i w_i b_{ik} + \sum_i w_i \tilde{\varepsilon}_i$$

가 된다. 여기서 우선 투자증권의 수 $n$을 크게 하면 비체계적 위험의 분산효과에 의해 잔차항인 $\sum_i w_i \tilde{\varepsilon}_i \approx 0$이 된다. 다음 차익거래 포트폴리오의 무위험(체계적) 조건인 $\sum_i w_i b_{ij} = 0,\ \forall j,\ j = 1,\ 2,\ \cdots,\ k$를 대입하면, 결국

$$\tilde{R}_p = \sum_i w_i E(\tilde{R}_i) = \text{상수}$$

가 된다.

한편, 이렇게 만든 차익거래 포트폴리오의 균형시장에서의 수익률은 영이므로, 결국

$$\tilde{R}_p = \sum_i w_i E(\tilde{R}_i) = 0$$

이 된다. 이것이 영이 안되면 자본지출이 없고($\sum_i w_i = 0$), 위험을 전혀 부담하지 않고도($\sum_i w_i b_{ij} = 0,\ \sum_i w_i \tilde{\varepsilon}_i = 0$) 무한한 이득을 취할 수 있다는 것이 될 것이다. 지금까지 차익거래 포트폴리오의 조건에 대하여 설명하였는데, 이를 다시 요약하면,

$$\sum_i w_i = 0$$

$$\sum_i w_i b_{ij} = 0,\ \forall j,\ j = 1,\ 2,\ \cdots,\ k$$

$$R_p = \sum_{i=1} w_i E(\tilde{R}_i) = 0$$

이 된다. 이 수식 조건 중에서 첫 번째 식에 임의의 상수 $\lambda_0$을 양변에 곱하고, 두 번째 식에 역시 임의의 상수 $\lambda_1,\ \lambda_2, \cdots,\ \lambda_k$을 곱하여 전개한 다음 이를 모두 합하면,

$$\begin{aligned}
&\lambda_0(w_1 + w_2 + w_3 + \cdots + w_n) = 0 \\
&\lambda_1(w_1 b_{11} + w_2 b_{21} + w_3 b_{31} + \cdots + w_n b_{n1}) = 0 \\
&\lambda_2(w_1 b_{12} + w_2 b_{22} + w_3 b_{32} + \cdots + w_n b_{n2}) = 0 \\
&\vdots
\end{aligned}$$

$$
\begin{array}{l}
+)\ \underline{\lambda_k(w_1 b_{1k} + w_2 b_{2k} + w_3 b_{3k} + \cdots + w_n b_{nk}) = 0} \\
\quad w_1(\lambda_0 + \lambda_1 b_{11} + \lambda_2 b_{12} + \cdots + \lambda_k b_{1k}) + \\
\quad w_2(\lambda_0 + \lambda_1 b_{21} + \lambda_2 b_{22} + \cdots + \lambda_k b_{2k}) + \\
\qquad \vdots \\
\quad w_n(\lambda_0 + \lambda_1 b_{n1} + \lambda_2 b_{n2} + \cdots + \lambda_k b_{nk}) = 0
\end{array}
$$

그 다음 이와 같은 합을 위의 세 번째 식인

$$
\sum_{i=1} w_i E(\tilde{R}_i) = w_1[E(\tilde{R}_1)] + w_2[E(\tilde{R}_2)] + \cdots + w_n[E(\tilde{R}_n)] = 0
$$

과 비교하면, 다음과 같은 관계식을 성립시키는 $\lambda_0$, $\lambda_1$, $\lambda_2, \cdots$, $\lambda_k$가 항상 존재함을 알 수 있다. 즉,

$$
\begin{array}{l}
E(\tilde{R}_1) = \lambda_0 + \lambda_1 b_{11} + \lambda_2 b_{12} + \cdots + \lambda_k b_{1k} \\
E(\tilde{R}_2) = \lambda_0 + \lambda_1 b_{21} + \lambda_2 b_{22} + \cdots + \lambda_k b_{2k} \\
\qquad \vdots \\
E(\tilde{R}_n) = \lambda_0 + \lambda_1 b_{n1} + \lambda_2 b_{n2} + \cdots + \lambda_k b_{nk}
\end{array}
$$

이와 같이 시장균형 하에서 차익거래 포트폴리오의 수익률은 영이라는 조건을 이용하면 일반적으로 증권 $i$의 기대수익률은

$$
E(\tilde{R}_i) = \lambda_0 + \lambda_1 b_{i1} + \lambda_2 b_{i2} + \cdots + \lambda_k b_{ik}
$$

의 선형모형이 된다는 것을 알 수 있는데, 이 모형을 우리는 *APM* (arbitrage pricing model)이라고 부른다. 결국 *APM*은 개별증권 $i$의 기대수익률이 그 증권의 수익률의 각 요인에 대한 민감도(sensitivity) 또는 체계적 위험($b_{ij}$)의 선형함수로 표시될 수 있다는 것을 말해준다. 이때 각 민감도 $b_{ij}$의 계수인 $\lambda_j$는 $j$요인에 대한 위험대가(risk premium)로 해석될 수 있다.

## 3. *APM*과 *CAPM*

그러면 여기서 이와 같이 유도된 *APM*은 *CAPM*과 어떤 관계를 갖는지 살펴보자. 위에서 유도된 *APM*에서 시장에 무위험자산이 존재할 경우 무위험자산은 모든 요

인들과의 민감도가 영이 될 것이다. 따라서

$$E(\tilde{R}_i) = \lambda_0 = R_f$$

이 관계식을 위 식에 대입하여 *APM*을 다시 쓰면,

$$E(\tilde{R}_i) = R_f + \lambda_1 b_{i1} + \lambda_2 b_{i2} + \cdots + \lambda_k b_{ik}$$

가 된다.

한편, $k$요인 중 어느 한 요인 $j$와의 민감도가 1이며($b_{ij} = 1$) 모든 다른 요인과의 민감도가 영인 자산(또는 포트폴리오) $i$를 가정하여 기대수익률을 $\overline{\delta}_j$라고 하면 위의 *APM*으로부터,

$$\overline{\delta}_j = E(\tilde{R}_i) = R_f + \lambda_j b_{ij} = R_f + \lambda_j$$

그러면 위험의 대가 $\lambda_j = \overline{\delta}_j - R_f$의 값을 갖는다.

이를 다시 대입하면,

$$E(\tilde{R}_i) = R_f + [\,\overline{\delta}_j - R_f\,] b_{ij}$$

가 된다. 이와 같은 위험대가의 계산을 $j = 1, 2, \cdots, k$의 모든 요인에 적용시키면 다음과 같은 *APM*을 얻는다.

$$E(\tilde{R}_i) = R_f + [\,\overline{\delta}_1 - R_f\,] b_{i1} + [\,\overline{\delta}_2 - R_f\,] b_{i2} + \cdots + [\,\overline{\delta}_k - R_f\,] b_{ik}$$ [32)]

이때 시장의 모든 증권 수익률(또는 가격)은 시장포트폴리오 1개의 요인에 의해 설명이 가능하다고 하자. 그러면

$$E(\tilde{R}_i) = R_f + [\,\overline{\delta}_m - R_f\,] b_{im}$$

---

32) 증권 $i = 1, 2, \cdots, n$의 수익률의 벡터가 결합정규분포를 가지며 각 요인이 서로 orthonormal 하게끔 일차변형(linear transformation)되었다고 할 경우 $b_{ij}$는 다음과 같다.

$$b_{ij} = Cov(R_i, \delta_j)/Var(\delta_j)$$

여기서 $\bar{\delta}_m$은 $M$(시장포트폴리오)요인과 민감도(sensitivity)가 1이며 다른 요인과의 민감도가 영인 자산의 기대수익률인데, 시장에는 다른 요인이 존재하지 않으므로 시장포트폴리오의 기대수익률 $E(R_m)$ 그 자체가 된다. 한편, $b_{im}$은 증권 $i$의 시장포트폴리오와의 민감도이므로 증권의 베타($\beta_i$)로 해석되어(정규분포를 가정), 결국

$$E(\tilde{R}_i) = R_f + [E(R_m) - R_f]\beta_i$$

의 *CAPM*을 얻게 된다. 따라서 *CAPM*은 *APM*모형에서 설명요인이 하나인 경우에 해당하는 하나의 특별한 경우로 해석될 수 있다.

## 5.2 *APM*의 검증과 결과

*APM*은 *CAPM*에 비해 매우 일반적인 자산평가모형으로 볼 수 있으며, 그 이유를 사용된 가정들과 관련시켜 요약하면, *APM*은 ① 개별자산의 수익률의 분포나 투자자의 효용함수에 대하여 어떤 특별한 가정도 요구하지 않으며(반면 *CAPM*의 경우는 수익률의 정규분포 혹은 2차형 효용함수를 가정), ② 균형수익률이 *CAPM*(단일요인모형)과는 달리 여러 요인에 의해 설명될 수 있고(다요인모형), ③ *CAPM*의 검증을 위해서는 시장포트폴리오의 확인이 전제되지만 *APM*에서는 시장포트폴리오가 위험자산의 평가과정에서 특별히 고려되지 않기 때문에 자산평가에 시장전체의 위험자산을 모두 고려할 필요는 없으며, 따라서 어떤 소규모의 자산집합을 고려대상으로 하여 일물일가의 법칙을 적용하는 것만으로도 설명이 가능하다는 이점이 있다. 이러한 장점을 갖는 *APM*은 주로 통계학의 요인분석(factor analysis)기법을 적용하여 많은 실증검증이 시도되고 있다. 그러나 *APM*의 실증검증에서 크게 회의를 느끼고 있는 것은 통계적 기법을 적용하여 검증한 결과 찾아지는 각 요인들이 과연 실제적으로 어떠한 의미를 갖는 요인들인지 확인하기가 어렵다는 점이다. 따라서 *APM*은 통계적으로는 검증이 가능하지만 증권가격의 변동에 대하여 경제적으로 의미 있는 요인들로 설명하기는 어렵다는 단점이 있다.

## 1. APM의 검증내용과 검증절차

1960년대 이래 현재에 이르기까지 CAPM이 포트폴리오분석을 위한 가장 보편적인 분석도구인 것은 주지의 사실이다. 그러나 70년대 말 이후 이의 타당성에 관한 많은 비판이 제기되었다. 특히 CAPM의 경우에는 시장에 존재하는 모든 위험자산들을 고려하여야 하기 때문에 실증적인 검증이 어렵다는 점이 지적되었으며 이에 검증 가능한 하나의 대안으로서 APM이 제시된 것이다. 그러면 이론적으로 유도된 APM이 어느 정도 위험자산의 가격결정관계를 보다 잘 설명해 줄 수 있는가 하는 것은 현실의 자료를 이용한 실증검증의 문제로 귀착될 것이다. 따라서 APM의 실증적 검증은 주로 다음의 두 가지 사실에 초점을 맞추어 실시된다.

(1) 불확실성하의 현실경제에서 위험자산의 수익생성과정(return generating process)을 설명해 주는 공통요인(common factors)의 수는 어느 정도가 적절한가?

(2) 사후적으로 관찰되는 가격결정관계는 수익률–수익생성요인간의 관계에 대해 사전적 · 이론적으로 도출되는 선형관계(approximately linear)로 어느 정도 설명될 수 있는가?

이에 여기서는 이러한 관계를 규명하기 위하여 실시되는 일반적인 검증절차를 요약해 보면 다음과 같다.

① 검증대상인 주식표본 전체를 몇 개의 소집단으로 분류하고 이들 각 집단의 주식들에 대한 일간수익률(daily data) 또는 월간수익률(monthly data)의 시계열자료(time series data)를 수집한다.

② 이들 수집된 수익률의 시계열자료를 이용하여 공분산행렬(covariance matrix) 또는 상관계수행렬(correlation matrix)을 작성함으로써 이들 수익률 상호간의 공변화(covariation)를 나타내주는 상관관계 구조를 파악한다.

③ 위의 공분산행렬에 통계적인 요인분석기법(factor analysis)을 적용하여 공통요인의 수를 확인하고 각 주식의 이들 공통요인에 대한 민감도(factor loadings)를 추정한다.

즉, 다음의 식에서 공통요인 $F_1 \cdots F_k$를 확인하고 이에 대한 개별자산의 민감도 $b_{i1} \cdots b_{ik}$를 추정한다.

$$R_{it} = a_i + b_{i1}F_1 + b_{i2}F_2 + \cdots + b_{ik}F_k + e_{it}$$

단, $F_k$ : $k$ 공통요인

$b_{ik}$ : $k$요인에 대한 $i$자산의 민감도
$a_i$ : 상수항

④ 전 단계에서 구한 개별주식의 요인민감도(factor loadings)가 개별주식의 기대수익률 변화를 어느 정도 선형관계로 설명할 수 있는가를 회귀분석을 통해 검토한다. 이때 각 요인과 관련하여 추정된 위험보상의 크기(계수)와 그 계수의 통계적 유의성을 측정한다. 즉, 다음의 회귀방정식에서 위험보상 $\lambda_1 \cdots \lambda_k$를 추정하고 이 모형의 설명력을 측정한다.

$$\overline{R_i} = \lambda_0 + \lambda_1 b_{i1} + \lambda_2 b_{i2} + \cdots + \lambda_k b_{ik} + \mu_i$$

단, $\overline{R_i}$ : $i$자산의 평균수익률
$b_{ik}$ : $i$자산의 $k$요인에 대한 민감도
$\lambda_k$ : $i$자산의 $k$요인에 대한 위험보상
$\lambda_0$ : 상수항

## 2. *APM*의 검증결과

이와 같은 절차에 따라 이루어지는 지금까지의 *APM*에 관한 실증적 검증결과들을 살펴보면 두 가지의 상반된 결과를 보이고 있다. 즉 게르(Gehr), 롤과 로스(Roll & Ross), 첸(Chen)[33] 등의 연구결과들은 *APM*의 타당성을 지지하는 반면 라인가눔(Reinganum)[34]의 연구결과는 *APM*을 지지하지 않고 있다. 그러나 이러한 결과들은 *APM*검증에 있어서 불완전한 또는 부분적인 검증에 그치고 있는데, 이는 *APM*의 명확한 검증을 위해서는 반드시 검토되어야 할 몇 가지 가정들을 검증하지 않고 있기 때문이다. 이 가정들은 *APM*을 유도하는 과정에서는 필요치 않았으나 시계열자료를 이용한 *APM*의 실증검증을 하는 과정에서는 필요한 가정들이다. 이 가정들을 요약하면 다음과 같다.

① 증권수익률에 대한 평균과 공분산이 시간의 경과에도 불구하고 안정적이다.

② 증권수익률은 공통요인들에 의해 특징지을 수 있는데 이러한 요인구조는

---

33) A. Gehr, Jr., "Some Tests of the Arbitrage Pricing Theory," *Journal of the Midwest Finance Association*, 1975, pp. 91~105; R. Roll and S. Ross, "An Empirical Investigation of the Arbitrage Pricing Theory," *The Journal of Finance*, December 1980, pp. 1073~1103; N.F. Chen, "Arbitrage Asset Pricing: Theory and Evidence," Unpublished Ph D. thesis, UCLA, Graduate School of Management, 1981.

34) M.R. Reinganum, "The Arbitrage Pricing Theory: Some Empirical Results," *The Journal of Finance*, May 1981b, pp. 313~321.

어떠한 기간에 적용해도 동일하다.

③ 공통요인에 대한 민감도계수 $b_{ik}$는 시간의 경과에도 불구하고 안정적이다.

그러나 이들 가정은 *APM*의 실증검증과정에서 명확히 규명되지 않기 때문에 *APM* 검증 이전에 그 타당성이 주의 깊게 검토되어야 한다. 따라서 *APM*의 검증은 차익거래가격결정이론과 이를 검증하기 위해 사용되는 방법론(methodology)의 타당성에 관한 동시적 검증(joint test)이라고 할 수 있다.

## 5.3 *APM*과 *CAPM*의 비교

차익거래가격결정이론(*APM* or *APT*)은 자본자산가격결정모형(*CAPM*)의 경우보다 일반적인 가정 하에서 위험자산의 가격결정을 설명하는 새로운 균형이론이다. *CAPM*의 경우에는 시장에 존재하는 모든 위험자산을 포함하는 시장포트폴리오 하나의 요인(one-factor model)에 의해서만 수익률이 설명된다고 주장하는 반면, *APM*의 경우에는 여러 개의 공통요인들(multi-factor model)이 수익률을 설명해줄 수 있다고 가정하고 있다. 특히 *APM*의 경우 많은 자산들이 가정된 요인구조에 따라 수익이 생성된다고 전제하고는 있지만 모든 자산을 고려하여야 할 것을 요구하지는 않는다. 따라서 시장포트폴리오가 특별한 역할을 하게 되는 *CAPM*의 경우와는 달리 *APM*은 인적자본(human capital)과 같이 거래되지 않는 자산 등의 행태에 관심을 두지 않고도 어떠한 증권들에 대해서도 적용될 수 있다는 이점이 있다. 그러나 *CAPM*은 *APM*과 상호 모순되는 이론이 아니며 단지 *APM*의 경우보다 더 엄격한 가정 하에서 유도된 것으로서 *APM* 모형에서 설명요인이 하나인 특별한 경우로 해석될 수 있다.

*APM*은 *CAPM*의 경우와 같이 ① 완전한 자본시장과, ② 투자자들의 동일한 기대(homogeneous expectations)라는 동일한 가정 하에서 유도되고 있다. 그러나 다음과 같은 가정들과 관련해서 *APM*이 *CAPM*보다 더 일반적인 위험자산의 가격결정모형이라고 볼 수 있을 것이다.

① *APM*은 *CAPM*의 경우와 달리 단일기간의 의사결정시계(투자기간)를 가정하지 않으며 따라서 다기간의 경우로 쉽게 확장될 수 있다.

② *CAPM*은 2모수모형을 유도해내기 위하여 투자자의 선호(preference)가 2차형 효용함수로 주어지거나 투자대상의 확률분포가 정규분포일 것을 가정하고 있으나 *APM*은 이에 대해 특별한 가정을 하고 있지 않다.

③ *CAPM*의 경우에는 시장포트폴리오가 투자자들의 유일한 합리적 투자대상으로 고려되기 때문에 중요한 역할을 하지만 *APM*의 경우에는 모든 자산을 고려할 필요 없이 어떠한 소규모의 자산집합에 대해서도 적용 가능하므로 시장포트폴리오가 특별한 역할을 하지 않는다.

④ 따라서 *APM*의 경우에는 *CAPM*의 경우 부딪치게 되는 시장포트폴리오의 확인문제를 피할 수 있으며, 이러한 점에서 *CAPM*의 검증 가능한 대안으로서 *APM*이 사용된다.

⑤ *APM*은 무위험수익률로의 차입과 대출에 관하여 아무런 제한을 두고 있지 않다. 이와 같은 이점을 갖고 있는 *APM*은 통계적인 요인분석기법을 이용하여 많은 검증이 시도되고 있다.

그러나 이러한 기법을 적용하여 얻어지게 되는 각각의 공통요인들이 어떠한 경제적 의미를 갖게 되는가를 설명하기는 어렵다는 점에 *APM*의 근본적인 문제점이 있다. 이 밖에도 요인분석을 통해 *APM*을 검증할 경우 그러한 기법 자체가 갖는 문제점으로서 다음의 것들이 지적될 수 있다. 즉, ① 요인분석(factor analysis)에 의해 얻어지는 요인들의 부호는 아무런 논리적 의미를 갖지 않으며, ② 요인민감도($b_{ik}$)와 요인에 대한 위험보상($\lambda_k$)의 크기는 임의적이다. ③ 공통요인들이 모든 표본집단에 대하여 동일한 순서로 추출된다는 보장이 없다. 따라서 어떤 표본집단에서의 한 요인은 다른 표본집단에서 제3의 요인이 될 수 있다.

이상에서 살펴본 바와 같이 *APM*은 현실적인 경제적 의미를 제공하는 데 있어 *CAPM*에 비해 취약하다고 볼 수 있다. 그러나 이와 같은 문제점들이 개선된다면 *CAPM*에 비해 보다 일반적인 자산가격결정모형으로 정착될 수도 있을 것이다. 따라서 앞으로 이에 관한 많은 실증적 연구와 더불어 이론의 개선에 대한 연구가 진행되어야 할 것이다.

Learning Cafe 1

## 차익거래, 즉 공짜점심은 어떻게 얻을까?

'대중의 반역(The Revolt of the Masses)'을 쓴 스페인 철학자 호세 오르테가이가세트(José Ortega y Gasset, 1883-1955)는 "런던에서 싸게 산 정보를 스페인에서 비싸게 팔았다"고 말했다. 그가 런던의 살롱들을 드나들며 들은 이야기를 스페인 독자들에게 전달한 것은 두 나라 사이의 정보 격차를 이용한 일종의 차익거래(arbitrage)였다.

### 차익거래는 본능이다

차익거래라고 하면 골치 아픈 경제이론이나 어려운 금융기법만 떠올리는 이들이 많다. 하지만 이는 첨단 금융공학 기술을 구사하는 헤지펀드(hedge fund) 매니저들의 전유물이 아니다. 공짜점심(free lunch)을 바라는 모든 사람들이 거의 본능적으로 찾아내는 것이다.

재규어 씨가 유럽 출장에서 돌아오는 길에 고급 와인을 들고 들어와 국내 레스토랑에 비싸게 팔려는 것도, 기러기 엄마로 미국에 간 카푸친 씨 부인이 유명 의류를 우편으로 부쳐 국내 옷 가게에 넘기려는 것도, 피라냐 씨가 같은 일을 하면서도 아마존식품보다 많은 연봉을 받을 수 있는 정글전자로 옮기려는 것도, 정글전자가 노동집약적인 조립공장을 한국보다 임금이 싼 동남아로 이전하려는 것도 본질적으로 차익거래라 할 수 있다. 똑같은 와인이나 옷, 동질적인 노동이 다른 값에 팔릴 때, 다시 말해 일물일가의 법칙(law of one price)에 따르지 않을 때 차익거래의 기회를 발견하는 것은 복잡한 경제이론으로 무장하지 않아도 가능한 일이다.

하지만 경제학자나 금융전문가들이 말하는 차익거래는 보다 엄밀하게 정의된 용어다. 차익거래는 같은 자산이 다른 시장에서 다른 가격에 거래될 때 이 자산을 동시에 사고 팔아 확실한 이익을 남기는 것이다. 같은 자산이 정글시장에서는 높은 값에, 판도라시장에서는 낮은 값에 팔린다면 정글시장에서 이 자산을 공매도 (short-selling)하면서 그 대금으로 판도라시장에서 같은 자산을 사들이는 게 전형적인 차익거래의 방식이다.

주식이나 채권, 통화, 선물, 옵션, 금, 밀을 비롯한 온갖 자산들이 다 차익거래의 대상이 될 수 있다. '같은 자산이 정글시장과 판도라시장에서 다른 값에 거래된다'고 할 때 '같은 자산'이라는 말은 경우에 따라 조금 다른 의미가 될 수도 있다. 예를 들어 정글전자와 판도라금융은 다른 기업이지만 두 회사 주식에서 얻는 현금흐름(cash flow)이 완전히 일치한다면 같은 자산으로 볼 수 있다.

'다른 시장'이라는 말도 지리적으로 떨어져 있는 시장을 뜻할 수도 있고, 현물-선물시장처럼 시간적으로 다른 시장을 의미할 수도 있다. 정글전자 주식의 선물시장 가격을 현재가치(present value)로 따져본 값이 현물시장의 시세와 다르다면 차익거래의 기회를 잡을 수 있다.

이런 차익거래에 비용과 위험이 따른다면 진정한 공짜점심이라고 할 수 없다. 순수한 차익거래는 아무런 위험부담 없이(risk-free) 전혀 비용을 들이지 않고(no cost) 이익을 얻는 것이다. 이런 이익을 얻으려면 자산을 사고 파는 일을 동시에(simultaneously) 수행해야 한다. 매매시점이 다르면 그 새 자산의 값이 오르내릴 위험에 노출되기 때문이다. 따라서 미국에서 옷을 싸게 사서 한국에서 비싸게 파는 카푸친 씨 부인의 거래는 진정한 차익거래라고 할 수 없다. 옷을 사서 보관하고 운송하는 데 밑천이 들고 사고 파는 시점 사이에 옷값이 크게 떨어질 위험 부담도 있기 때문이다.(진정한 차익거래는 무자본 투입, 무위험 부담)

**공짜점심 기회는 얼마나 오래 열려 있을까?**

'공짜점심 같은 건 없다(There ain't no such thing as a free lunch)'는 말은 경제학의 가장 중요한 화두 가운데 하나다. (이는 'TANSTAAFL'이라는 줄임 말까지 있을 정도로 많이 회자되는 말이다.) 실제로 공짜점심을 얻는 건 매우 어려운 일이다. 얼핏 보면 공짜점심처럼 보여도 숨은 기회비용(opportunity cost)이 있는 경우가 많다. 어떤 개인이나 기업은 별 위험부담 없이 차익을 얻더라도 그 때문에 사회 전체적으로는 상당한 비용을 치러야 하는 경우도 많다.

시장이 완벽한 균형(equilibrium) 상태에 이르렀을 때는 아무런 비용과 리스크 없는 공짜점심을 찾을 수 없을 것이다. 물론 차익거래의 기회를 찾을 수 없다고 해서 시장가격이 반드시 자산의 기본적인 가치를 충실히 반영하는 가장 합리적인 수준에 있다고 단언할 수는 없다. 자산시장에 거품이 끓어오르는 비이성적 과열(irrational exuberance)이 나타나는 시기에도 차익거래 기회를 잡기는 결코 쉽지 않다. 예를 들어 거품이 지나치다는 걸 뻔히 안다 하더라도 아파트를 공매도하기는 매우 어렵다.

누군가가 어렵게 차익거래 기회를 찾아내더라도 이는 금세 사라지고 말 것이다. 가격 차이가 얼마나 빨리 사라지는가를 보면 시장의 효율성(market efficiency)을 가늠할 수 있다.

출처 : 장경덕, 정글경제 특강.

## 연습문제

**1.** 다음을 간단히 설명하라.

(1) 자본시장선(*CML*)

(2) 증권시장선(*SML*)

(3) 대출포트폴리오

(4) 시장포트폴리오

(5) 토빈의 분리정리

(6) 체계적 위험과 비체계적 위험

(7) 차익거래 포트폴리오

(8) 차익거래가격결정모형(*APM*)

**2.** 자본자산가격결정모형(*CAPM*)의 기본적인 가정과 마코위츠의 포트폴리오이론의 가정을 비교하라.

**3.** 자본시장의 균형을 설명함에 있어서 투자자들의 동일한 기대(homogeneous expectation)가 갖는 의미는 무엇인가?

**4.** 자본시장선(*CML*)과 증권시장선(*SML*)의 차이점은 무엇인가?

**5.** 개별자산의 위험척도로서 표준편차(분산)가 갖는 의미를 설명하라.

**6.** 마코위츠의 효율적 투자기회선(efficient frontier)은 무위험자산이 존재할 경우에 어떻게 변하는지 설명하라.

**7.** *CAPM*의 대표적인 검증방법 두 가지를 설명하라. 한국자본시장을 대상으로 이루어진 연구결과에는 어떠한 것들이 있는지 살펴보자.

**8.** 2011년 1월부터 2011년 12월까지의 기간 중 $A$, $B$, $C$ 3 주식의 월평균 수익률과 분산 및 공분산에 관한 정보가 다음과 같이 주어졌다.

| 주식 | $E(R_i)$ | $\sigma_i^2$ | $\sigma_{AB}$ | $\sigma_{AC}$ | $\sigma_{BC}$ |
|---|---|---|---|---|---|
| A | 0.20777 | 0.0037013 | 0.0013351 | | |
| B | 0.010358 | 0.0035439 | | 0.0015715 | |
| C | 0.0079215 | 0.0032073 | | | 0.0007954 |

투자자의 효용을 극대화하는 최적포트폴리오의 구성비율이 $w_A = 0.70$, $w_B = 0.20$, $w_C = 0.10$이라고 할 때 이 포트폴리오의 기대수익률과 위험을 계산하라. 또한 3주식에 동일한 금액을 투자할 경우의 포트폴리오 수익률과 위험은 얼마인가?

**9.** 자본시장에서 투자자들이 동일한 기대를 한다고 가정할 때 투자자들은 투자자금을 무위험자산과 시장포트폴리오에 나누어 투자하게 된다. 이제 시장에는 갑, 을, 병 3명의 투자자와 A, B, C 3종류의 주식만이 존재한다고 가정하고 이들이 투자할 수 있는 자금은 각각 100만원, 40만원, 10만원이며 각 주식의 가격 및 발행주식수는 다음과 같다고 한다. 한편 투자자들의 위험에 대한 태도에 따라 위험자산과 무위험자산에의 투자비율은 다음과 같다고 한다.

**표 1 가격 및 주식수**

| 주식 | 가격 | 발행주식수 |
|---|---|---|
| A | 10,000원 | 600만주 |
| B | 12,000원 | 1,000만주 |
| C | 8,000원 | 250만주 |

**표 2 투자비율**

| 투자자 | 시장포트폴리오 | 무위험자산(%) |
|---|---|---|
| 갑 | 50 | 50 |
| 을 | 80 | 20 |
| 병 | 130 | −30 |

이 때 투자자들의 위험자산에의 총투자금액을 구하고 이들 투자자들의 $A$, $B$, $C$ 3주식에 대한 투자금액을 각각 구하라.

**10.** $K$군은 위험 및 수익에 관한 정보가 다음과 같은 두 개의 증권 A, B($\sigma_{AB}$=-0.001)로 포트폴리오를 구성하려고 한다.

| | 증권 A | 증권 B |
|---|---|---|
| 기대수익률 | $E(R_A) = 0.15$ | $E(R_B) = 0.10$ |
| 위 험 | $\sigma_A = 0.05$ | $\sigma_B = 0.04$ |

(1) 선형(직선)의 효용함수를 갖는 위험중립형 투자자의 최적포트폴리오를 구성하라.

(2) 두 증권으로 구성되는 포트폴리오들 중에서 위험이 가장 적은 포트폴리오를 구하고 효율적 투자기회선을 도시하라.

**11.** 두 증권 $A$, $B$의 수익률 사이에는 완전 부의 상관관계가 존재하고 $A$, $B$ 수익률의 분산은 0.0064, 0.0081이라고 한다. 이제 투자자가 두 증권을 결합하여 위험이 전혀 없는 포트폴리오를 구성하고자 할 경우 각각의 증권에는 얼마만큼씩 투자하여야 하는가? 이때의 기대수익률과 위험을 계산하라.

**12.** *APM*과 *CAPM*을 비교설명하라.

**13.** *CAPM*을 설명하기 위해 BJS가 사용한 포트폴리오 구성기법을 설명하라

**14.** 미래의 경기전망에 따라 다음과 같은 세 가지 상황이 발생할 가능성이 있으며, 각각의 상황이 발생할 가능성은 동일한 것으로 예상된다. 또한 이러한 상황에서 얻을 수 있는 특정 증권 $A$와 시장포트폴리오 그리고 무위험 재정증권의 수익률이 다음과 같이 추정되었다.

| | 낙관적 상황 | 현상유지 | 비관적 상황 |
|---|---|---|---|
| 확률 | 1/3 | 1/3 | 1/3 |
| 시장포트폴리오 수익률 | 20% | 15% | −5% |
| 증권 A의 수익률 | 25% | 20% | 10% |
| 재정증권의 수익률 | 7% | 7% | 7% |

(1) 자본시장선(*CML*)의 관계식을 구하라.

(2) 재정증권과 시장포트폴리오에 동일한 금액을 투자했을 경우 포트폴리오 기대수

익률과 위험은 얼마나 되는가?

(3) 증권시장선($SML$)의 관계식을 구하고 도시하라.

(4) 증권 $A$의 체계적 위험($\beta_A$)을 계산하라. 이 증권은 공격적 자산인가 아니면 방어적인 자산인가?

(5) 증권 $A$의 기대수익률을 계산하고 $SML$에 기초한 증권 $A$의 요구수익률을 계산하라. 또한 이 증권의 가격이 어떻게 변할 것인지를 설명하라.

**15.** $A$, $B$ 두 기업의 수익률의 확률분포가 다음과 같다.

| 상태($S$) | 확률($P_i$) | 기업 $A$ | 기업 $B$ |
|---|---|---|---|
| 1 | 0.1 | −0.05 | −0.10 |
| 2 | 0.4 | 0.10 | 0.15 |
| 3 | 0.3 | 0.25 | 0.10 |
| 4 | 0.2 | 0.30 | 0.18 |

기업 $A$의 총투자자산은 기업 $B$의 3배 규모인 76억 원이다. 이제 두 기업 $A$와 $B$를 합병하여 새로운 기업 $C$를 설립한다고 한다. 각 기업 A, $B$의 지분은 합병 전의 총자산가치의 비율과 같다고 한다.

(1) 합병 전 $A$, $B$ 두 기업의 기대수익률과 표준편차는?

(2) 합병 전 $A$, $B$ 두 기업 수익률 사이의 상관계수와 공분산은?

(3) 기업 $C$의 기대수익률과 표준편차는?

**16.** 자본시장선상 임의의 효율적 포트폴리오에 대한 체계적 위험은 시장포트폴리오에의 투자비율과 어떠한 관계에 있는지를 설명하라.

**17.** 시장수익률의 분산 $\sigma_m^2 = 0.8528$이고 3종류의 주식의 체계적 위험($\beta_i$)과 분산이 다음과 같다고 할 경우 각 주식의 체계적 위험과 비체계적 위험의 양을 계산하라. 그리고 각 주식에 포함되어 있는 분산가능한 위험의 양이 총위험 중에서 차지하고 있는 비율을 계산하라.

| 주 식 | $\beta_i$ | $\sigma_i^2$ |
|---|---|---|
| 1($i$ = 1) | 1.31 | 4.0 |
| 2($i$ = 2) | 1.06 | 1.0 |
| 3($i$ = 3) | 0.73 | 1.0 |

**18.** $K$증권의 체계적 위험을 측정하기 위하여 이 증권에 대한 30개월 동안의 월간 수익률과 시장수익률에 관한 자료를 조사한 결과 다음과 같은 값들을 얻었다.

$$E(R_t) = 0.0449,\ \sum_{t=1}^{30}(R_{kt} - E(R_k))^2 = 0.1015$$

$$E(R_m) = 0.0660,\ \sum_{t=1}^{30}(R_{mt} - E(R_m))^2 = 0.1160$$

$$\sum_{t=1}^{30}(R_{kt} - E(R_k))(R_{mt} - E(R_m)) = 0.0754$$

(1) 이 기간 중 $K$증권의 체계적 위험은 얼마인가?

(2) $K$ 증권특성선의 절편(계수)에 대한 추정치는 얼마인가?

(3) $K$ 증권특성선의 관계식은?

(4) 이 증권특성선의 설명능력은 어느 정도인가?

(5) 증권 $K$의 총위험과 체계적 위험의 크기는 얼마인가? 이 $K$증권의 총위험 중에서 제거가능한 위험의 비율은 얼마인가?

**19.** 무위험수익률로의 자금 차입과 대출이 자유로운 시장상황 하에서 다음의 정보가 주어졌다.

$E(R_m) = 16\%$

$R_f = 8\%$

$\sigma_m = 4\%$

(1) 무위험자산에만 투자할 경우 기대수익률과 표준편차는?

(2) 시장포트폴리오에만 투자할 경우 기대수익률과 표준편차는?

(3) 시장포트폴리오와 무위험자산에 각각 50%씩을 투자할 경우 기대수익률과 표준편차는?

(4) 시장포트폴리오에 200% 투자할 경우 이 포트폴리오의 기대수익률과 표준편차는? 단 자기자금 이외에 추가적인 자금은 무위험이자율로 차입한다.

(5) 기대수익률과 표준편차를 나타내는 평면 위에 자본시장선($CML$)을 도시하고, (1), (2)의 점들을 표시하라.

**20.** 위험자산의 기대수익률을 설명하는 시장균형 관계식은 다음의 두 가지 형태가 존재한다.

① $E(R_i) = R_f + [E(R_m) - R_f]\beta_i$

② $E(R_p) = R_f + \left[\dfrac{E(R_m) - R_f}{\sigma_m}\right]\sigma_p$

여기서 $R_f = 0.06$, $E(R_m) = 0.12$, $\sigma_m = 0.03$으로 추정되었다.

(1) 어떠한 자산들이 식 ①로 표현되는 기대수익률을 갖는지를 설명하라.

(2) 어떠한 자산들이 식 ②로 표현되는 기대수익률을 갖는지를 설명하라.

(3) 식 ①과 식 ②에서 위험의 시장가격은 얼마인가? 그리고 시장가격의 단위는?

(4) 체계적 위험이 1.2인 위험자산의 균형 하에서의 기대수익률은?

(5) 자기자금의 50%는 무위험자산에 투자하고 나머지 50%는 시장포트폴리오에 투자할 경우 이 포트폴리오의 균형 하에서의 기대수익률은?

(6) (5)의 포트폴리오의 위험(표준편차)은?

**21.** $CAPM$이 균형가격을 설명해주는 정확한 모형이라고 가정하자. 그리고 증권 $A$의 경우 무위험수익률을 초과하는 기대수익률이 20%이고 베타계수는 1.6이다. 한편 증권 $B$의 경우에는 베타계수가 0.48이다.

(1) 증권 $B$의 균형 하에서 기대초과수익률은 얼마인가?

(2) 증권 $A$, $B$에 동일한 비율로 투자할 경우 이 포트폴리오의 베타계수와 기대초과수익률은 얼마인가?

(3) 시장포트폴리오의 기대초과수익률은 얼마인가? 그 의미는?

(4) 시장포트폴리오와 완전 정의 상관관계를 갖는 어떤 임의의 포트폴리오의 표준

편차가 9%이다. 시장포트폴리오의 표준편차가 6%라고 할 때 이 포트폴리오의 기대초과수익률은 얼마인가?

(5) 증권 $A$, $B$에 동일한 비율로 투자한 포트폴리오의 총위험(표준편차)은 12%라고 한다. 이 포트폴리오의 체계적 위험과 비체계적 위험의 비율을 계산하고 이 포트폴리오가 잘 분산된 포트폴리오인지를 설명하라.

**22.** 공통요인이 하나인 *APM*의 경우 가격결정관계는 다음 그림과 같이 기대수익률과 요인에 대한 체계적 위험 사이의 선형관계로 도시된다.

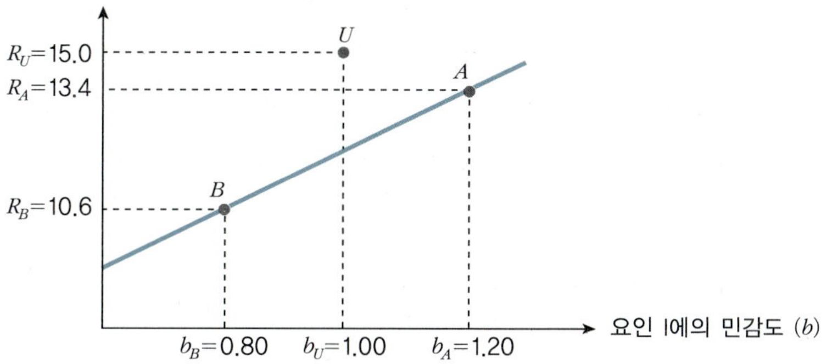


여기서 점 $A$, $B$, $U$는 분산가능위험은 포함되어 있지 않는 3개의 포트폴리오로서 위험은 각각 $b_A = 1.20$, $b_B = 0.80$, $b_U = 1.00$이다. 그리고 포트폴리오 $A$, $B$는 각각의 위험수준에 상응한13.4%와 10.6%의 정당한 수익률을 얻고 있다. 반면 포트폴리오 $U$는 위험수준 이상의 수익률을 얻고 있다. 이러한 상황에서 무위험 차익거래과정에 의한 가격조정과정을 설명하라.

**23.** 무위험자산의 수익률은 8%, 시장포트폴리오의 기대수익률과 위험(표준편차)은 각각 20%와 10%로 추정된다.

(1) 증권시장선(*SML*)을 구하고 이를 도시하라.

(2) 다음 사업들의 타당성을 평가하라.

| | 기대수익률 | 표준편차 | 시장과의 상관계수 |
|---|---|---|---|
| 사업 A | 0.05 | 0.20 | −0.5 |
| 사업 B | 0.20 | 0.30 | 0.8 |
| 사업 C | 0.10 | 0.10 | 0.5 |

(3) 이와 같이 평가할 수 있는 근거는 무엇인가?

**24.** $A$기업의 경영자는 $B$기업의 인수를 고려하고 있으며 합병에 따른 규모의 경제나 독점력은 없다고 가정한다. 경영자는 $B$기업의 주식 전부를 매입하고자 하며 그 매입금액은 $A$기업의 가치와 동일한 금액이 지출될 것으로 예상된다. 무위험수익률은 10%이고 다른 정보는 다음과 같다.

| 기 업 | $IRR = \bar{R}$ | $\sigma$ | 상관계수($\rho$) |
|---|---|---|---|
| $A$ | 0.14 | 0.20 | $\rho_{AM} =$ 0.2 |
| $B$ | 0.22 | 0.20 | $\rho_{BM} =$ 0.8 |
| 시장($M$) | $E(R_m) = 0.20$ | 0.10 | $\rho_{AB} = -0.9$ |

(1) $A$기업의 가치는 적절하게 평가되고 있는가?

(2) 합병 후 기업의 기대수익률과 표준편차는 얼마인가?

(3) $B$기업을 인수할 경우 $A$기업의 주주들이 자본이득을 실현하게 될 것인지 분석하라.

**25.** 증권 $i$에 관한 2지수모형이 다음과 같이 설정되었다.

$$\tilde{R}_i = \alpha_i + \beta_{iA}\tilde{R}_A + \beta_{iB}\tilde{R}_B + e_i$$

단, $i$ : 1, 2, ⋯, $N$(증권의 수)
$R_A$, $R_B$ : 증권 $i$의 수익률의 변화요인

(1) 계수 $\beta_{iA}$와 $\beta_{iB}$의 의미는 무엇인가?

(2) 이러한 모형이 갖는 유용성은 무엇인가?

(3) $N$개의 증권으로 포트폴리오를 구성할 경우 이 포트폴리오의 평균수익률과 위험(분산)을 계산하기 위해 필요한 정보의 양은 얼마인가?

**26.** 증권의 수익률이 다음과 같은 요인모형에 의해 생성된다고 가정하자.

$$R_i = E_i + b_{i1}F_1 + b_{i2}F_2 + e_i$$

또한 다음의 특성을 갖는 세 개의 포트폴리오가 관찰되었다고 하자.

| 포트폴리오 | $E_i$ | $b_{i1}$ | $b_{i2}$ |
|---|---|---|---|
| $A$ | 12.0 | 1 | 0.5 |
| $B$ | 13.4 | 3 | 0.2 |
| $C$ | 12.0 | 3 | −0.5 |

이 자료를 이용하여 균형수익률을 설명해주는 차익거래가격선의 식을 구하라.

**27.** 주식수익률의 결정에 영향을 주는 공통요인으로서 두 개의 경제적 요인이 확인되었다고 한다. 한편 증권 $A$, $B$와 무위험증권이 이들 두 개 요인에 대해 갖는 민감도가 다음과 같이 추정되었다.

| 증권($i$) | $b_{i1}$ | $b_{i2}$ | $E_i$ |
|---|---|---|---|
| $A$ | 0.5 | 0.8 | 16.2% |
| $B$ | 1.5 | 1.4 | 21.6% |
| 무위험증권 | 0 | 0 | 10.0% |

(1) 어느 투자자가 증권 B를 공매(short selling)하여 50만원을 얻어서 본래의 자기자금 100만원과 합하여 150만원을 증권 $A$에 투자한다고 한다. 이때 구성되는 포트폴리오의 각 요인에 대한 민감도를 계산하라.

(2) 요인 1에 기대되는 위험보상(factor premium)은 얼마인가?

(3) 요인 2에 기대되는 위험보상(factor premium)은 얼마인가?

(4) 요인 1에의 민감도는 1이고 요인 2에의 민감도는 0이 되는 증권 $A$, $B$의 결합방법은?

C·H·A·P·T·E·R 11

# 옵션의 평가 및 투자전략

[창] 29:15 라반이 야곱에게 이르되 네가 비록 나의 생질이나 어찌 공으로 내 일만 하겠느냐 무엇이 네 보수겠느냐 내게 고하라

[창] 29:16 라반이 두 딸이 있으니 형의 이름은 레아요 아우의 이름은 라헬이라

[창] 29:17 레아는 안력이 부족하고 라헬은 곱고 아리따우니

[창] 29:18 야곱이 라헬을 연애하므로 대답하되 내가 외삼촌의 작은 딸 라헬을 위하여 외삼촌에게 칠 년을 봉사하리이다

[창] 29:19 라반이 가로되 그를 네게 주는 것이 타인에게 주는 것보다 나으니 나와 함께 있으라

옵션은 성경의 창세기에 나오는 라반과 야곱의 계약관계에서 기원되었다고 알려져 있다.

옵션(option)이란 미리 약정한 조건으로 특정자산을 사거나 팔 수 있는 권리를 말하는 것으로서, 투자자에게 유리할 경우에만 행사되는 일종의 조건부청구권이라고 할 수 있다.

옵션의 거래는 오래 전부터 이루어지고 있었으나 1973년 4월 미국의 시카고 옵션거래소(Chicago Board of Options Exchange;CBOE)가 문을 연 이후 그 거래가 급격히 증가하였으며, 이에 따라 옵션의 가격결정에 관한 이론도 급속한 발전을 가져왔다. 우리나라에서도 1997년 KOSPI200 주가지수에 대한 옵션이 도입된 이래 미국달러옵션, 개별주식옵션 등이 거래되고 있으며, 1999년 이후 우리나라 파생상품거래는 세계에서 가장 활발한 것으로 나타나고 있다〈표 11-1〉. 특히 우리나라 주가지수 옵션거래량은 수년 동안 세계에서 가장 많은 것으로 보고되고 있다.

옵션은 위험을 헤지(hedge)하는 가장 기본적인 수단으로서 뿐만 아니라 투자전략상 다양하게 사용될 수 있으며, 일반적인 계약관계에 광범위하게 적용될 수도 있다.

여기서는 옵션의 개념 및 기본적인 투자전략에 대해서 살펴보고 다음으로 옵션의 균형가격결정모형에 대해 설명하기로 한다. 이어 가격결정모형이 주식 및 기타 옵션의 성격을 갖는 증권에 어떻게 적용될 수 있는가 보기로 한다. 마지막으로 옵션들을 이용하여 포트폴리오의 투자가치가 일정수준 미만으로 떨어지지 않

**표 11-1 2011년 글로벌 파생상품시장 거래현황**

| 순위 | 거래소(국가) | 2010년(백만계약) | 2011년(백만계약) |
|---|---|---|---|
| 1 | KRX(한국) | 3,749 | 3,928 |
| 2 | NSE(인도) | 1,616 | 2,200 |
| 3 | EUREX(독일/스위스) | 1,897 | 2,043 |
| 4 | CME(미국) | 1,656 | 1,804 |
| 5 | CBOE(미국) | 1,115 | 1,152 |
| 6 | NYSE LIFFE(유럽) | 1,223 | 1,148 |
| 7 | RTS(러시아) | 624 | 1,083 |
| 8 | CBOT(미국) | 924 | 1,038 |
| 9 | NASDAQ OMX PHLX(미국) | 847 | 983 |
| 10 | MCX-SX(인도) | 885 | 850 |

자료 : 한국금융투자협회.

도록 보호해 줄 수 있는 포트폴리오 보험전략을 설명한다.

# 제 1 절 옵션의 개요

## 1.1 옵션의 의의

옵션(option)이란 특정 자산을 미래 일정 기일 또는 일정 기일내에 일정한 가격으로 사거나 팔 수 있는 권리를 의미하며, 옵션의 가격(option premium)이란 이러한 권리에 대한 대가를 말한다.

옵션거래의 대상이 되는 자산을 기초자산(underlying asset)이라고 하며, 권리행사가 가능한 일정 기일을 만기일(expiration date)라고 한다. 또한 권리를 행사하여 사거나 팔 때 적용하게 되는 미리 정해 놓은 가격을 행사가격(exercise price or striking price)이라고 한다. 살 수 있는 권리를 콜옵션(call option)이라고 하며, 팔 수 있는 권리를 풋옵션(put option)이라고 한다. 즉, 콜옵션은 지정된 날짜(내)에 미리 약정된 가격으로 기초자산을 일정수량 매입할 수 있는 권리를 말하며, 풋옵션은 기초자산을 일정수량 매도할 수 있는 권리를 말한다.

옵션은 권리이므로 옵션보유자가 자신에게 유리한 경우에만 행사하면 된다. 예를 들어 콜옵션의 경우 기초자산의 시장가격이 행사가격보다 낮으면 콜옵션을 행사하여 행사가격을 지불하고 그 자산을 매입하는 것보다 시장에서 직접 매입하는 것이 유리하므로 콜 옵션의 권리는 행사되지 않을 것이다. 그러나 이와는 반대로 행사가격이 시장가격보다 낮을 경우 콜옵션의 소유자는 권리를 행사하여 싼 가격으로 기초자산을 매입하는 것이 유리하게 된다.

한편, 풋 옵션은 기초자산을 팔 수 있는 권리이므로 기초자산의 시장가격이 행사가격보다 낮으면 그 권리를 행사하여 시장가격보다 비싼 가격으로 주식을 팔 것이다. 반대로 행사가격이 시장가격보다 낮을 경우에는 시장에서 직접 시장가격으로 파는 것이 유리하므로 풋 옵션은 행사되지 않을 것이다. 이와 같이 옵션은 기초자산의 시장가격에 따라 권리 행사 여부가 결정되는 조건부 청구권의 전형적인 형태라고 할 수 있다.

이처럼 옵션보유자는 자신에게 유리한 방향으로 기초자산의 가격이 움직일 경

Learning Cafe 1

## 소설속의 옵션

『장인님! 인젠 저……?

내가 이렇게 뒤통수를 긁고, 나이가 찼으니 성례를 시켜 줘야 하지 않겠느냐고 하면 대답이 늘,

이 자식아! 성례구 뭐구 미처 자라야지!?

하고 만다.

이 자라야 한다는 것이 내가 아니라 장차 내 아내가 될 점순이의 키 말이다.

내가 여기에 와서 돈 한푼 안 받고 일하기를 삼년 하고 꼬박 일곱달 동안을 했다. 그런데도 미처 못자랐다니까 이 키는 언제야 자라는겐지 짜장 영문 모른다. 일을 좀더 잘해야 한다든지 혹은 밥을(많이 먹는다고 노상 걱정이니까) 좀 덜 먹어야 한다든지 하면 나도 얼마든지 할 말이 많다. 하지만 점순이가 아직 어리니까 더 자라야 한다는 여기에서 어째 볼 수 없이 그만 벙벙하고 만다.

이래서 나는 애초 계약이 잘못된 걸 알았다. 이태면 이태, 삼 년이면 삼년, 기한을 딱 작정하고 일을 했어야 할 것이다.』

－김유정의 〈봄봄〉 중에서－

옵션은 데릴사위제(서옥제)라는 계약관계에 그대로 적용될 수 있다. 앞서 인용된 창세기와 김유정의 '봄봄'을 옵션으로 해석하면

기초자산 : 라헬, 점순이

만기일 : 7년, 점순이가 클 때까지

행사가격 : 만기일까지 일한 임금

인 콜옵션이 된다

우에만 그 권리를 행사하게 된다. 그러나 옵션매도자의 경우에는 매매상대방이 권리행사를 요구할 경우 상대방의 요구에 반드시 응하여야 한다. 따라서 옵션매도자는 권리를 가지는 것이 아니라 상대방의 요구가 있을 때 응해야만 하는 의무를 가진다.

콜옵션 및 풋옵션은 만기일전 행사가능여부에 따라 유로피언 옵션(European option)과 아메리칸 옵션(American option)으로 나뉘어진다. 유로피언 옵션은 만기일에 한해서 권리를 행사할 수 있는 반면 아메리칸 옵션은 만기일 전 언제라도 옵션 소유자의 의사에 따라 권리 행사가 가능한 옵션을 말한다.[1] 동일한 조건이라면

아메리칸 옵션이 유로피언 옵션보다 선택의 폭이 넓으므로 더 가치가 크다.

거래소나 장외시장에서 거래되는 옵션 이외에도 투자의사결정 또는 자금조달 의사결정 등 기업의 의사결정과정에서 경영선택권은 옵션의 개념적 틀을 그대로 적용할 수 있다. 이를 실물옵션(real option)이라고 한다. 예를 들어 주택구입에 관련된 옵션이나 자동차의 구입과 관련된 옵션 등을 포함하는 다양한 형태의 비매매옵션을 통틀어 실물옵션이라고 한다. 그러나 좁은 의미의 실물옵션이란 투자연기선택권, 투자철수선택권, 성장기회선택권, 유연성선택권, 단계적 선택권 등 실물투자 의사결정 옵션을 말한다.[2)]

옵션의 매도자는 최종거래일에 행사가격으로 매도 또는 매수할 수 있는 권리를 매수자에게 부여하고, 그 대가로 매수자로부터 프리미엄을 수수한다. 권리보유자인 매수자는 반대매매, 권리행사, 권리포기 중에서 자유롭게 선택할 수 있지만, 의무부담자인 매도자는 자신의 의무를 소멸시키는 방법으로 반대매매만 선택할 수 있다. 반대매매란 옵션의 매수자는 동일한 옵션을 매도하고, 옵션의 매도자는 동일 옵션을 매수하는 거래를 말한다.

## 1.2 옵션의 종류

옵션은 기초자산에 따라 상품옵션과 금융옵션으로 나뉜다.

상품옵션(commodity option)은 농산물, 축산물, 광산물, 임산물 등 일반 상품을 기초자산으로 거래되는 옵션을 말한다. 금융옵션(financial option)은 금융자산을 기초자산으로 하는 옵션으로 지수옵션, 금리옵션, 통화옵션, 주식옵션, 선물옵션, 스왑션 등이 있다.

지수옵션(index option)은 주가지수를 기초자산으로 하여 거래되는 옵션을 말한다. 우리나라에서는 1997년 KOSPI200 주가지수를 대상으로 처음 옵션거래가 이루어졌다. 미국의 S&P100, S&P500, NYSE Composite 등의 주가지수와 일본의 Nikkei225 등의 주가지수가 옵션거래의 기초자산으로 사용되고 있다. 주가지수는 매입하거나 매도하는 것이 불가능하므로 주가지수에 일정 승수를 곱해 금액화하여 거래한다. 예를 들어 현재 KOSPI200지수가 260.00포인트라고 하자. 그리고 만

1) Bermudan option은 아메리칸옵션과 유러피안옵션이 결합된 옵션의 형태로 옵션만기일 이전에 미리 정한 몇몇 시점에서만 행사가 가능한 옵션이다.

2) "파생상품시장론", 이필상 감수, 조용대 저, 「금융경제연수사」, p. 306 인용.

기까지 기간이 3개월이고, 행사가격 250.00포인트인 12월물 KOSPI200 콜옵션의 가격(옵션 프리미엄)이 12.0포인트라면

옵션의 가격(금액) = 12.0포인트 × 500,000원 = 6,000,000원이 된다.[3)]

이 콜옵션을 만기일까지 보유한 경우 만기일 KOSPI200지수가 265포인트가 되었다면 만기일에 (265 − 250) × 500,000원 = 7,500,000원의 이득을 실현하게 된다. 이와 같이 지수 1포인트당 금액화를 위해 곱하는 금액을 옵션승수라고 한다.

통화옵션(foreign currency option)이란 각국의 통화를 일정한 가격에 사거나 팔 수 있는 권리를 말한다. 한국거래소에서는 미국달러옵션이 거래되고 있으며, 외국의 거래소에도 달러, 엔, 파운드, 유로화 등에 대한 통화옵션이 활발하게 거래되고 있다. 통화옵션거래는 거래소에 상장되어 거래되기도 하고 장외시장(over-the-counter market)을 통하여 개별적으로 거래되기도 한다.

금리옵션(interest rate option)은 금리자산, 주로 채권을 기초자산으로 하는 옵션을 말한다. 금리자산이란 이자율의 변동에 따라 그 가치가 변화하는 자산으로서 미국 재무성에서 발행하는 증권(T-Bill, T-Note, T-Bond)이나 양도성예금증서(CD), GNMA 채권, 우리나라의 국고채 등이 그 예이다. 재정채권(T-Bond)이나 재정어음(T-Note)에 대한 옵션은 그 권리의 행사시에 반드시 증권이 인도되어야 하며, 재정증권(T-Bill)에 대한 옵션은 결제가 이루어지는 주에 새로 발행된 증권이 인도되어야 한다.

선물옵션(futures option)은 파생상품인 선물계약(futures contract)을 대상으로 거래가 이루어지는 옵션을 말한다. 여기서 선물계약이란 미래의 일정한 날짜에 미리 정한 가격으로 어떤 상품이나 증권을 사고 팔기로 하는 합의를 의미한다.[4)] 선물옵션보유자는 이러한 선물계약을 사거나 팔 수 있는 권리를 갖게 되는 것으로서 선물옵션을 행사하게 되면 옵션발행자는 옵션보유자에게 선물계약의 현재가격과 행사가격의 차이에 해당하는 금액을 지불하면 된다.

스왑션(swaption)은 스왑과 옵션의 결합된 형태로서 변동금리의 지급의무가 있는 거래당사자가 금리가 특정수준을 상회하거나 하회하게 될 때 변동금리 지급의무를 고정금리 지급의무로 전환할 수 있는 권리가 부여되어 있는 스왑거래를 말한다.

---

3) 2012년 3월 9일 이후 상장된 KOSPI200 주가지수옵션의 옵션승수는 50만원이다. 이전의 옵션승수는 10만원이었다.

4) 선물계약의 의미 및 종류에 대한 자세한 설명은 제12장을 참조하기 바란다.

## 1.3 옵션의 손익구조

옵션거래의 손익은 기초자산의 가격 변화에 따라 달라지고, 여기에 따라 옵션의 가격이 변화한다.

### 1. 콜옵션의 손익구조

3개월 후 고려기업의 주식을 10,000원에 살 수 있는 권리, 즉 콜옵션을 1,000원에 매입하였다고 할 경우 손익을 살펴보자. 만약 만기일에 시장에서 고려기업의 주가가 10,000이라면 시장에서 얼마든지 10,000원에 주식을 살 수 있으므로 콜옵션의 권리는 의미가 없어 행사되지 않는다. 이 경우 옵션으로부터의 손익은 옵션프리미엄 1,000원을 손해보게 된다. 또 만기일 주가가 11,000원이라면 콜옵션의 권리를 행사, 고려기업의 주식을 10,000원에 매입하여 시장에서 11,000원에 매도함으로써 1,000원의 이익을 실현할 수 있지만 옵션프리미엄 1,000원을 차감하면 손익은 0이 된다. 만기일 주가가 12,000원이면 콜옵션을 행사하여 2,000원의 이익을 얻게 되지만 옵션프리미엄을 차감하면 1,000원의 순이익을 얻을 수 있다. 이와 같이 콜옵션을 매입한 경우 만기일 주가가 상승하면 이익이 증가하게 된다. 반대로 만기일 주가가 9,000원이 되면 시장에서 9,000원에 살 수 있는 주식을 콜옵션의 권리를 행사하여 10,000원에 매입하지는 않을 것이므로 콜옵션은 행사되지 않으며, 옵션프리미엄 1,000원만큼 손해를 보게 된다. 결국 만기일 주가가 행사가격 10,000이하가 될 경우에는 콜옵션은 행사되지 않고 옵션프리미엄만큼 손해를 보게 된다. 이를 나타낸 것이 〈표 11-2〉와 [그림 11-1]이다.

표 11-2 콜옵션 매입의 순손익

| 만기일주가 | 손 익 |
|---|---|
| 8,000 | −1,000 |
| 9,000 | −1,000 |
| 10,000 | −1,000 |
| 11,000 | 0 |
| 12,000 | 1,000 |
| 13,000 | 2,000 |

그림 11-1 콜옵션 매입의 경우 손익

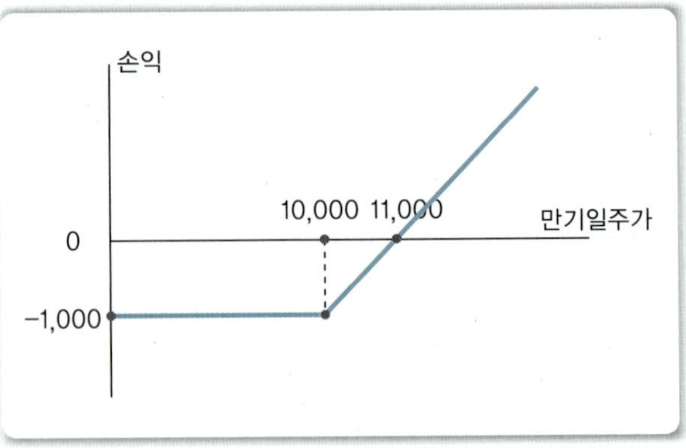

**표 11-3 콜옵션 매도의 경우 순손익**

| 만기일주가 | 손 익 |
|---|---|
| 8,000 | 1,000 |
| 9,000 | 1,000 |
| 10,000 | 1,000 |
| 11,000 | 0 |
| 12,000 | −1,000 |
| 13,000 | −2,000 |

**그림 11-2 콜옵션 매도의 경우 손익**

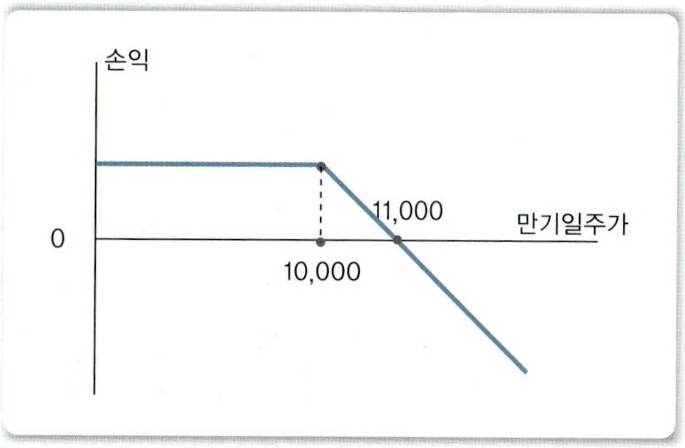


결국 콜옵션을 매입한 경우 손익은 만기일의 주가($S_T$)와 행사가격($K$)의 차이와 0(행사하지 않을 경우 콜옵션의 손익) 중 큰 값이되며, 여기에서 옵션프리미엄($c$)을 차감하면 순손익이 된다. 즉 콜옵션의 매입의 순손익은 $Max[0, S_T - K] - c$이다.

한편, 위의 예에서 콜옵션을 매도한 투자자의 입장을 생각해 보자. 만기일 주가가 10,000원 또는 10,000원 이하일 경우 콜옵션 매입자는 권리를 행사하지 않을 것이므로 콜옵션 매도자는 콜옵션 프리미엄 1,000원의 이득을 향유하게 된다. 그러나 만기일 주가가 11,000원이 되면 콜옵션 매입자가 권리를 행사할 것이므로 콜옵션 매도자는 시장에서 11,000원짜리 주식을 10,000원에 팔아야 하므로 1,000원의 손해를 보지만 콜옵션프리미엄 1,000원과 상쇄되어 순손익은 0이된다. 만기일 주가가 12,000원이 되면 시장에서 12,000원짜리 주식을 10,000원에 팔아야 하므로 2,000원의 손해를 보게 되고 옵션프리미엄을 감안하면 1,000원의 순손실이 발생하게 된다. 이를 나타낸 것이 〈표 11-3〉, [그림 11-2]이다.

콜옵션 매도자는 상대방이 권리를 행사할 경우 $K - S_T$의 손실을 보게 되며, 권리를 행사하지 않을 경우 0의 손익을 얻으므로 둘 중 작은 값을 가지게 된다. 여기에 콜옵션프리미엄을 더하면 콜옵션매도자의 순손익은 $Min[0, K - S_T] + c$이다.

콜옵션 매입자와 매도자의 손익을 살펴보면 어느 한 쪽이 이득 본만큼 다른 쪽은 손실을 보게 되어 옵션시장이 제로섬게임(zero−sum game)임을 알 수 있다.

## 2. 풋옵션의 손익구조

3개월 후 고려기업의 주식을 10,000원에 팔 수 있는 권리, 즉 풋옵션을 500원에 매입한 투자자를 생각해 보자. 만약 만기일에 주가가 10,000원이라면 시장에서

10,000원에 매각할 수 있으므로 풋옵션은 의미가 없어진다. 만기일 주가가 9,500원이라면 이 투자자는 시장에서 9,500원인 고려기업의 주식을 매입한 다음 풋옵션의 권리를 행사하여 10,000원에 매각함으로써 500원의 이득을 얻을 수 있다. 물론 풋옵션 매입을 위한 프리미엄 500원을 차감하면 순손익은 0이 된다. 같은 논리로 만기일 주가가 9,000원이 된다면 옵션으로부터 1,000원의 이득을 얻어 옵션프리미엄 500원을 차감하면 500원의 순이득을 얻게 된다. 이와 같이 주가(기초자산의 가격)가 하락할수록 풋옵션으로부터의 이득은 커진다. 반면에 만기일의 주가가 행사가격인 10,000원 이상이 되면 풋옵션의 권리를 이용하여 10,000원에 매각하는 것보다 시장에서 10,000원이상의 가격으로 매각가능하므로 풋옵션을 행사하지 않게 된다. 이를 나타낸 것이 〈표 11-4〉, [그림 11-3]이다.

풋옵션 매입자는 권리를 행사할 경우 $K - S_T$의 이익을 얻거나 권리를 행사하지 않을 경우 0의 이익을 얻으므로 둘 중 큰 값을 선택하게 된다. 여기에 풋옵션프리미엄($p$)를 차감하면 순손익이 된다. 즉 $Max[0, K - S_T] - p$가 된다.

위의 예에서 풋옵션을 매도한 투자자입장에서 손익을 살펴보면 만기일 주가가 10,000원이상일 경우에는 풋옵션 매입자가 권리를 행사하지 않을 것이므로 옵션프리미엄만큼 순이득이 발생한다. 그러나 만기일 주가가 9,500원이라면 옵션매입자가 권리행사를 요구하게 되어 시장에서 9,500원짜리 주식을 10,000에 팔고자 할 것이며, 옵션매도자는 이에 응할 의무가 있다. 따라서 500원의 손실이 발생하게 되는데 옵션프리미엄 수익 500원을 상쇄시키면 순손익은 0이 된다. 만기일 주가가 9,000원이 되면 옵션매입자가 권리행사를 요구하게 되어 옵션매도자는 시장에서 9,000원짜리 주식을 10,000원에 매입하여야 한다. 따라서 옵션으로부터 1,000원의

**표 11-4 풋옵션 매입의 경우 순손익**

| 만기일주가 | 손 익 |
|---|---|
| 8,500 | 1,000 |
| 9,000 | 500 |
| 9,500 | 0 |
| 10,000 | −500 |
| 10,500 | −500 |
| 11,000 | −500 |

**그림 11-3 풋옵션 매입의 순손익**

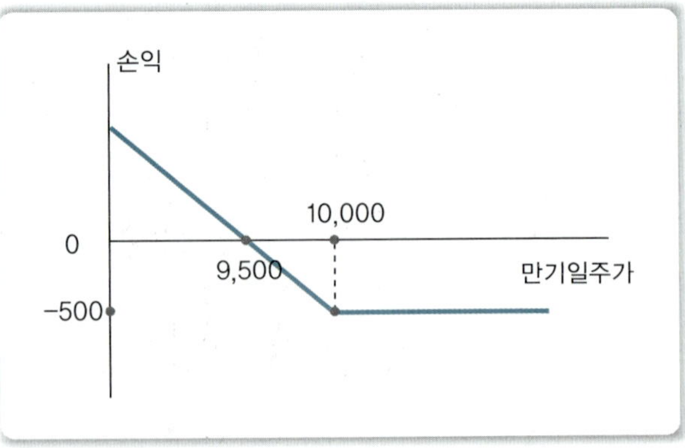

표 11-5 풋옵션 매도의 경우 순손익

| 만기일주가 | 손 익 |
|---|---|
| 8,500 | -1,000 |
| 9,000 | -500 |
| 9,500 | 0 |
| 10,000 | 500 |
| 10,500 | 500 |
| 11,000 | 500 |

그림 11-4 풋옵션 매도의 손익

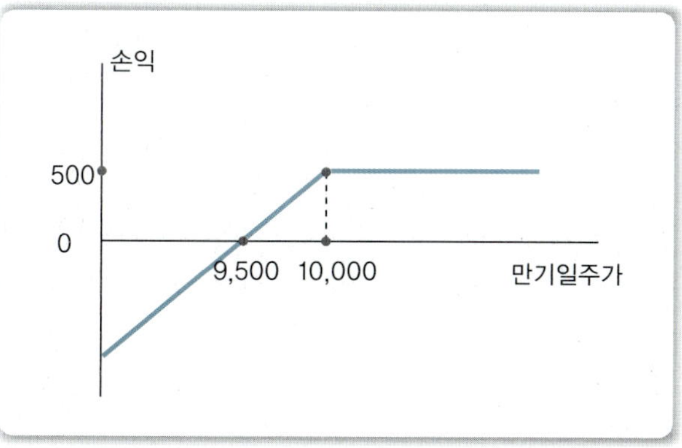


손실이 발생하게 되고, 여기에 옵션프리미엄을 감안하면 500원의 순손실을 보게 된다. 이를 나타낸 것이 〈표 11-5〉, [그림 11-4]이다.

풋옵션 매도자는 상대방이 권리행사를 하게 될 경우 $S_T - K < 0$의 손실을 보게 되거나 상대방이 권리행사를 하지 않을 경우 0의 손익을 얻게 되는 데, 선택은 풋옵션 매입자가 하게 되므로 둘 중 작은 값을 가지게 된다. 여기에 풋옵션 프리미엄 수익을 더하면 풋옵션 매도자의 순손익을 얻게 된다. 즉, $Min[0, S_T - K] + p$의 순손익을 얻게 된다. 풋옵션의 매입자와 매도자의 손익도 어느 한 쪽이 이득을 얻게 되면 다른 한 쪽은 그만큼 손해를 보게 되므로 옵션시장이 제로섬게임(zero-sum game)임을 보여주고 있다.

Learning Cafe 2

## 주문실수와 옵션대박

8일 증권업계에 따르면 이날 오전 B사는 풋62.5를 매도하려다 콜62.5 매도로 콜과 풋이 뒤바뀌어 주문이 나간 것. 동시호가에서 콜62.5가 0.01포인트(1000원)에 체결됐으나 이후 곧바로 7.4포인트(74만원)까지 오름에 따라 주문실수 순간을 포착, 콜을 매수했던 측은 740배의 수익을 얻었던 것이다.

이 주문실수로 B증권은 70억원에 상당하는 손실을 본 것으로 알려지고 있다. B증권의 선물옵션팀은 D증권에서 이적해온 멤버들로 그동안 높은 수익률을 올리며 회사 수익에 기여해왔던 것으로 알려졌다. 단 한번의 실수로 명성에 먹칠을 하게 된 것. 이 증권사 상품운용담당 상무는 "지금 거래소를 통해 진상을 파악중"이라며 "현재 아무말도 할 게 없다"고 말했다.

한편 주문실수순간을 포착, 엄청난 수익률을 올린 곳은 S증권 창구를 통해 주문을 낸 외국계 A사 등인 것으로 확인됐다. A사는 비정상적인 주문을 걸러내는 시스템을 활용, 실수주문을 잡아낸 것으로 알려졌으나 확인되지는 않고 있다.

한편 증시관계자들은 이같은 주문실수가 드물지 않게 발생하고 있다며 주문 창구를 맡는 증권사들의 시스템 보완이 필요하다고 입을 모았다. 모 투자자문 사장은 "외국 증권사들처럼 일정범위를 벗어나는 가격이나 수량 등 비정상적인 주문에 대해서는 다시 한번 주문을 확인하는 인공지능 시스템의 도입이 시급하다"고 말했다.

출처: 머니투데이 인터넷 뉴스.

### 3. 옵션의 가치

옵션과 선물 등은 기초자산의 가격에 따라 그 가치가 변동하게 되어 파생금융상품이라고 부르는데, 옵션의 가치는 기초자산의 가격과 밀접하게 관련되어 있다.

앞서 살펴본 바와 같이 콜옵션은 기초자산의 가격이 행사가격보다 높으면 당장 행사함으로써 기초자산의 가격($S$)과 행사가격($K$)의 차이, 즉 $S-K>0$ 만큼의 이득을 얻을 수 있다. 이와같이 당장 행사할 경우 양(+)의 이득을 얻을 수 있는 옵션을 내가격옵션(in-the-money option : ITM option)이라고 한다. 반대로 당장 행사할 경우 손실을 보게 되는 옵션을 외가격옵션(out-of-the-money option : OTM option)이라고 한다. 또 현재 기초자산의 가격과 행사가격이 같을 경우, 당장 행사할 경우 손익이 0이 되는 옵션을 등가격옵션(at-the-money option : ATM option)이라고 한다.[5] 이를 정리한 것이 〈표 11-6〉이다.

물론 ITM 옵션의 가격은 OTM 옵션의 가격보다 비싸다. 그렇다면 옵션의 가치

표 11-6 ITM, OTM, ATM

| 구 분 | call | put |
|---|---|---|
| ITM | $S>K$ | $S<K$ |
| OTM | $S<K$ | $S>K$ |
| ATM | $S=K$ | $S=K$ |

5) 기초자산의 가격과 행사가격의 차이가 커서 당장 행사하게 되면 그 손익이 매우 큰 경우 deep ITM, deep OTM이라고 한다. 또한 기초자산의 가격과 행사가격이 정확히 일치하지는 않지만 거의 비슷한 경우를 near the money option(NTM)이라고 하며, 이는 ATM과 동일한 것으로 간주한다.

또는 가격은 어떻게 구성되는가? 옵션의 가치는 내재가치(intrinsic value)와 시간가치(time value)로 구성된다. 즉,

옵션의 가치 = 내재가치 + 시간가치

내재가치 또는 본질가치는 옵션을 당장 행사할 경우 얻을 수 있는 가치를 말한다. ITM 상태의 콜옵션이라면 기초자산의 현재가격과 행사가격의 차이, 즉 $S-K$가 내재가치가 될 것이며, 풋옵션의 경우에는 행사가격에서 기초자산의 현재가격을 차감한 $K-S$가 내재가치가 된다. 내재가치가 0보다 크면 ITM 옵션이 된다. OTM 옵션과 ATM 옵션의 내재가치는 0이다.

옵션의 시간가치는 만기일까지의 남은 기간 동안 기초자산의 가격변동에 의해 이득을 볼 수 있는 가능성 때문에 가지는 가치로서 만기일까지 남은 기간이 길수록 커진다. 옵션의 시간가치는 일종의 기대값으로 최저값은 0이며, 유리한 경우에만 행사하면 되므로 음(−)의 값을 가지지는 않는다. 따라서 OTM 옵션이나 ATM 옵션의 경우 내재가치는 0이더라도 시간가치가 양(+)의 값을 가지므로 만기일까지 기간이 남아있는 한 옵션의 가치는 양(+)의 값을 가진다.

## 1.4 옵션시장의 조직 및 운영

현대적 의미의 옵션거래는 1970년 이후 미국의 장외시장을 중심으로 산발적인 주식옵션거래가 이루어지면서 시작되었다. 그러나 장외시장을 통한 옵션거래는 거래비용이 많이 들 뿐만 아니라 유통시장(secondary market)이 발달되어 있지 않아서 그 거래량이 미미하였으며, 본격적인 옵션거래가 시작된 것은 1973년 조직화된 옵션시장이 설립되고 난 이후부터라고 할 수 있다.

### 1. 옵션거래기관

#### (1) 옵션거래소

최초의 조직화된 옵션시장은 1973년 4월 문을 연 시카고 옵션거래소(Chicago Board of Option Exchange;CBOE)이다. 이후 옵션거래는 1975년 아메리칸 증권거

래소(American Stock Exchange;AMEX)와 필라델피아 증권거래소(Philadelphia Stock Exchange;PSE), 1976년 퍼시픽 증권거래소(Pacific Stock Exchange) 등에서도 시작되었고, 이후 뉴욕 증권거래소(New York Stock Stock Exchange;NYSE)에서도 옵션거래가 시작되었다. 이처럼 옵션은 조직화된 옵션거래소뿐 아니라 주식이나 선물거래소에서도 거래되고 있다. 이들 시장은 대체적으로 거래소가 제 기능을 하는데 필요한 시장의 깊이와 연속성, 그리고 유동성을 갖추고 있다. 옵션거래소가 성공적으로 발전해 갈 수 있느냐의 관건은 옵션매수자와 매도자들에 의한 옵션계약의 창출과 거래소를 통해 언제든지 이를 처분할 수 있는 기회를 투자자들에게 제공해주는 유통시장의 존재에 달려 있다.

### (2) 옵션청산소

유통시장에서 유동성이 확보되기 위해서는 무엇보다 거래의 안전성과 거래대상의 표준화가 전제되어야 한다.

옵션청산소는 옵션발행기관으로서 옵션매수자와 매도자의 중간에서 중요한 역할을 수행한다. 즉 매수자에 대해서는 매도자로서, 또 매도자에게는 매수자로서의 역할을 각각 수행함으로써 거래가 원활히 이루어질 수 있도록 한다. 이렇게 함으로써 거래상대방의 신용상태를 직접 확인하지 않더라도 옵션거래에 따른 재정상의 안정성을 청산소가 대신 보장해 줄 수 있다. 즉, 콜옵션매수자가 옵션을 행사할 경우 콜옵션의 매도자가 해당증권의 인도의무를 항상 이행하도록 청산소가 보증해주게 된다. 물론 풋옵션의 경우에도 마찬가지 역할을 하게 된다.

한편, 옵션청산소의 회원은 일반적으로 중개회사가 되며 이들은 청산소에 대하여 옵션거래가 원활히 이루어지도록 하는 책임을 진다. 만일 콜옵션 매수자가 권리를 행사하려면 브로커에게 이 사실을 통보하게 되고 이를 통보받은 브로커는 청산소에 이를 알리게 된다. 그 다음 청산소는 해당 옵션을 발행한 브로커를 선정하게 되고 이 브로커는 옵션발행자로서 해당증권을 인도해야 할 고객에게 상대방의 권리행사 사실을 통지해 줌으로써 거래가 종료된다.

## 2. 옵션계약의 표준화

옵션계약은 만기일, 행사가격, 옵션이 행사될 수 있는 기초자산의 수량 등을 표준화하여 대량의 거래가 가능하도록 함으로써 유동성을 높여주고 있다. 우리나라에서 거래되는 옵션은 KOSPI200옵션, 개별주식옵션, 미국달러옵션 등이 있는데 이 중 KOSPI200옵션의 명세표를 보면 〈표 11-7〉과 같다.

### 표 11-7 KOSPI200 옵션의 상품명세표

| 구 분 | 명 세 |
|---|---|
| 기초자산 | • 코스피200지수 |
| 거래단위 | • 코스피200옵션가격 × 50만(거래승수) |
| 결제월 | • 최근 연속 3개월 및 3, 6, 9, 12월 |
| 상장결제월 | • 6월 이내의 4개 결제월 |
| 행사가격의 설정 | • 각 결제월의 최초 상장시 행사가격 설정방법<br>① 최근 3개월 : 2.5포인트 간격으로 ATM 1개, ITM 6개, OTM 6개<br>② 최원월(분기물) : 5포인트 간격으로 ATM 1개, ITM 3개, OTM 3개<br>• 지수 변동에 따라 항상 ATM 기준으로 상하 6개(최원월 분기물은 3개)가 되도록 추가 설정<br>• 최원월의 분기물이 최근 3개월 연속월에 해당하는 경우에는 2.5포인트 간격의 행사가격 추가 설정 |
| 가격의 표시 | • 프리미엄(포인트) |
| 호가가격단위 | • 프리미엄 3 이상 : 0.05 포인트<br>• 프리미엄 3 미만 : 0.01 포인트 |
| 최소가격변동금액 | • 프리미엄 3 이상 : 25,000원(50만원 X 0.05)<br>• 프리미엄 3 미만 : 5,000원(50만원 X 0.01) |
| 거래시간 | • 09:00 ~ 15:15 (최종거래일 09:00 ~ 14:50) |
| 최종거래일 | • 각 결제월의 두 번째 목요일(공휴일인 경우 순차적으로 앞당김) |
| 최종결제일 | • 최종거래일의 다음 거래일 |
| 권리행사 | • 최종거래일에만 가능(European 형) |
| 결제방법 | • 현금결제 |
| 가격제한폭 | • 기초자산 기준가격 대비 ±15%에 해당하는 옵션이론가격 |
| 단일가격경쟁거래 | • 개장시(08:00 ~ 09:00) 및 거래종료시(15:05 ~ 15:15) |
| 필요적 거래중단 (circuit breakers) | • 선물가격 / 현물가격 급변시 선물거래 일시중단 |

Learning Cafe 3

## Witching Day

두 마녀가 찾아오는 날, 더블위칭데이(Double Witching Day)는 선물과 옵션의 만기일이 겹치는 날입니다. '더블(double)'은 선물과 옵션이라는 2개의 파생상품이 겹쳐 있다는 뜻이고, '위칭(witching)'은 마법 또는 주술행사라는 뜻으로, 선물과 옵션의 만기일이 겹치면 어떤 변화가 일어날지 예측할 수 없기 때문에 붙여진 이름입니다.

세 마녀가 찾아오는 날, 트리플위칭데이(Triple Witching Day)는 주가지수선물, 주가지수옵션, 개별주식옵션의 세가지 파생금융상품의 만기가 겹치는 날을 말합니다. 이 날이 되면 마치 세명의 마녀에게 혼을 빼앗기듯 주가가 들락날락하는 경우가 많아 이런 이름이 붙었습니다.

그러나 일반적으로 파생금융상품을 거래할 때 보통 주식과 연계해서 거래하는 경우가 많아 기관투자가들은 파생금융상품과 현물주식 가운데 비싼 것을 팔고 싼 것을 사들여 위험 부담을 줄이고, 대신 차익을 보는 거래를 하게 되는데, 이 때 파생금융상품과 연계해 사 놓은 주식은 만기일이 닥쳐 청산이 행해지기 전에 다시 매물로 나오는 경우가 있습니다. 이 경우 차익 거래를 위해 임시로 사들였던 주식들이 증권시장에 쏟아져 나오면서 주가가 예상하지 못한 방향으로 흐르는데, 이처럼 파생금융상품의 만기가 겹치는 날 주가가 출렁이는 것을 빗대어 만들어진 용어입니다.

네 마녀가 찾아오는 날, 쿼드러플위칭데이(Quadruple Witching Day)는 네 가지의 파생상품의 만기일이 겹치는 날입니다. 이 날에는 주가가 장이 끝날 때까지 요동쳐서 마치 마녀가 장난을 치는 것과 같다고 하는 데에서 이름이 유래되었습니다. 쿼드러플위칭데이는 3, 6, 9, 12월의 두번째 목요일에 발생하는데, 개별 주식 옵션, 선물 그리고 주가 지수 옵션, 선물 등의 네 파생상품이 이 날 만기가 되기 때문입니다. 우리나라에서는 개별주식선물이 2005년에 도입된 후로 쿼드러플위칭데이가 생겨났다고 합니다.

출처: 이트레이드 증권[파이팅 프로젝트] 경제용어.

## 1.5 옵션의 기능

옵션거래가 표준화되고 옵션청산회사(option clearing corporation)제도가 도입되어 옵션의 유통시장이 형성됨에 따라 옵션의 거래량도 급격히 증가하였다. 1985년의 경우 시카고 옵션거래소의 거래량을 기초 주식수로 환산해보면 뉴욕 증권거래소의 거래량을 능가하는 날이 많았다. 또한 거래되고 있는 옵션의 기초주식수도 시카고 옵션거래소가 160개 종목, 아메리칸 증권거래소가 140개 종목, 필라델피아 증권거래소가 90개 종목, 그리고 뉴욕증권거래소가 10개 종목에 달하고 있었다.

이와 같이 옵션의 거래가 증가하고 있는 이유는 옵션이 투자자에게 다양한 투자기회를 제공하기 때문이라고 할 수 있다. 즉 옵션은 투자자에게 주식이나 채권과는 다른 형태의 투자기회를 제공하게 된다. 이러한 옵션의 투자기회는 크게 기초주식에 관한 것과 옵션 그 자체에 관한 것으로 나누어 볼 수 있다.

첫째, 옵션은 주식투자의 레버리지를 증가시키기 위한 수단으로 사용될 수 있다. 즉 옵션은 훨씬 적은 비용으로 주식투자와 동일한 포지션을 취할 수 있다. 예를 들어 현재 Air Pd주식의 가격은 $\$46\frac{1}{8}$이고, 행사가격이 \$50인 3개월 후 만기가 되는 콜옵션의 가격은 $\$1\frac{1}{8}$이라고 하자. 만약 Air Pd주식 100주를 직접 매입한다면 그 비용은 \$4,612.5가 들지만 이에 대한 옵션을 100단위 매입할 경우에는 \$112.5의 비용이 소요될 것이다. Air Pd주식의 가격이 옵션의 만기일에 $\$52\frac{1}{8}$로 상승할 경우 주식 및 옵션으로부터 얻을 수 있는 수익률은 각각 다음과 같다.

$$\text{주식수익률} : \frac{(5,212.5 - 4,612.5)}{4,612.5} \times 100 = 13\%$$

$$\text{옵션수익률} : \frac{(5,212.5 - 5,000 - 112.5)}{112.5} \times 100 = 89\%$$

이와 같이 옵션거래는 주식에 비해서 높은 레버리지를 얻을 수 있다는 특징이 있다.

둘째, 옵션은 불리한 가격변동에 대한 헷징의 수단으로 사용될 수 있다. 일반적으로 주식에 투자를 할 경우 주가가 오르면 높은 수익을 얻을 수 있지만, 반대로 주가가 내리면 큰 손실을 볼 수도 있다. 이에 비해 콜옵션을 매입하면 급격한 주가변동의 위험에 대해 보호를 받을 수 있게 된다. 어떤 투자자가 \$4,612.5를 가지고 투자를 한다고 할 경우 이 투자자는 Air Pd 주식을 100주 매입하거나 또는 Air Pd 콜옵션을 \$112.5에 매입하고 그 나머지 \$4,500를 무위험자산에 투자할 수도 있다. 이때 무위험자산의 수익률이 연 10%라고 가정하자. 이 경우 주가가 $\$52\frac{1}{8}$로 상승할 경우 주식투자와 옵션 및 무위험자산 투자로부터 얻을 수 있는 이익은 다음과 같다.

$$\text{주식투자 이익} : \left(\$52\frac{1}{8} - 46\frac{1}{8}\right) \times 100 = \$600$$

$$\text{옵션 및 무위험자산 투자이익} : \left(\$52\frac{1}{8} - 50\right) \times 100 = \$212.5$$[6)]

즉, 주가가 오를 경우에는 옵션에 투자하는 것보다 직접 주식에 투자하는 것이 높은 이익을 얻을 수 있다. 그러나 만약 주가가 $\$42\frac{1}{8}$로 하락할 경우 주식투자와 옵션 및 무위험자산 투자로부터 발생하는 손실은 다음과 같다.

---

6) 옵션의 행사가격 $\$50 \times 100 = \$5,000$이고, 옵션가격이 $1\frac{1}{8} \times 100 = 112.5$이며, 무위험수익이 $4,500 \times 0.1 \times 1/4 = 112.5$이므로 옵션과 무위험자산에 투자하는데 소요되는 비용은 $\$5,000 + \$112.5 - \$112.5 = \$5,000$이다. 이를 주당평균투자비용으로 환산하면 $\$5,000 \times 1/100 = \$50$이다.

주식투자 손실 : $(\$46\frac{1}{8} - 42\frac{1}{8}) \times 100 = \$400$

옵션 및 무위험자산 투자 손실 : $\$112.5 - 112.5 = 0$

즉, 주가가 내릴 경우에는 직접 주식에 투자하는 것보다 옵션에 투자하는 것이 손실을 줄일 수 있다.

셋째, 옵션은 주식보유(long position)나 공매(short selling) 등의 포지션을 헷지하기 위한 수단으로 사용될 수 있다. 예를 들어 어떤 투자자가 Air Pd 주가가 내릴 것으로 예상하고 현재 $\$46\frac{1}{8}$의 가격으로 100주를 공매(short sale)하였다고 하자.[7] 이때 예상대로 Air Pd의 주가가 $\$42\frac{1}{8}$로 하락하였다면 이 투자자는 $400(=4,612.5 − 4,212.5)의 이익을 얻을 수 있지만, 만약 주가가 $\$52\frac{1}{8}$로 상승한다면 $600(= 5,212.5 − 4,612.5)의 손실을 보게 된다. 그러나 이러한 가능성에 대비하여 100주 공매와 동시에 Air Pd 주식에 대한 콜옵션을 100단위 매입하는 헤지를 한다면 손실을 $500 (= 600 − [(5,212.5 − 5,000) − 112.5])로 감소시킬 수 있다. 한편, 주식을 보유하고 있는 투자자는 풋 옵션을 매입함으로써 주가 하락시 예상되는 손실을 줄일 수도 있다.

마지막으로 옵션은 기초주식의 가격에 대한 예상과는 관계없이 옵션 그 자체로서 투기의 대상이 될 수 있다. 옵션은 기초주식이나 기초주식의 다른 옵션과 관련하여 균형가격에서 이탈될 수도 있다. 이 경우 투자자는 옵션을 이용하여 위험을 거의 부담하지 않고 높은 수익을 얻을 수도 있다.

## 제 2 절 옵션투자전략

앞에서 옵션은 투자자에게 주식이나 채권과는 다른 형태의 투자기회를 제공해 준다고 한 바 있다. 이는 투자자가 옵션을 주식이나 기타 다른 증권과 여러 가지 방법으로 결합함으로써 자기가 원하는 여러 가지 형태의 이익을 얻을 수 있게 된다는 것이다. 본 절에서는 옵션을 이용한 투자전략 및 그 이익의 형태에 대해서

7) 공매란 현재 보유하고 있지 않은 증권을 매각하는 행위를 말하는 것으로 대주거래라고도 한다. 일반적으로 공매에 필요한 증권은 증권회사나 증권금융회사로부터 일정기간 동안 차입하게 되는데 주식매입 자금의 융자와 함께 신용거래의 한 형태를 이룬다.

살펴보고자 한다. 설명의 편의를 위해 주식옵션을 가정하고 설명하기로 한다. 여기서 설명할 네 가지 포지션은 동일한 주식을 기초로 발행되는 콜과 풋, 그리고 그 기초주식을 이용한 가장 단순한 형태의 투자전략으로서 그 이익의 형태는 만기일에 있어서의 주가($S_T$)의 함수로 표시되고 있다. 분석의 편의를 위해 수수료나 기타 거래비용은 무시하기로 한다.

## 2.1 순수포지션

순수포지션(naked position or uncovered position)은 단순히 하나의 증권을 매입 또는 공매하는 것으로,[8] 예를 들면 주식을 매입(long stock)하거나, 또는 공매(short stock)하는 것, 콜옵션을 매입(long call)하거나 또는 발행(written call or short call)하는 것 등이다. 우선 주식을 매입하거나 공매할 경우 기대할 수 있는 이익의 형태는 [그림 11-5]와 같다.

현재의 주가($S$)로 주식을 매입한 경우 주가가 상승하면 상승한 만큼 이익이 발생하고 주가가 하락하면 하락한 만큼 손실이 발생하므로 손익의 변화는 주가변화에 정비례하는 45° 선으로 나타나게 된다. 한편, 주식을 공매한 경우에는 주가가 상승할수록 비례적으로 손실이 증가하고 주가가 하락할수록 이익이 증가하게 되

그림 11-5 순수 주식 포지션

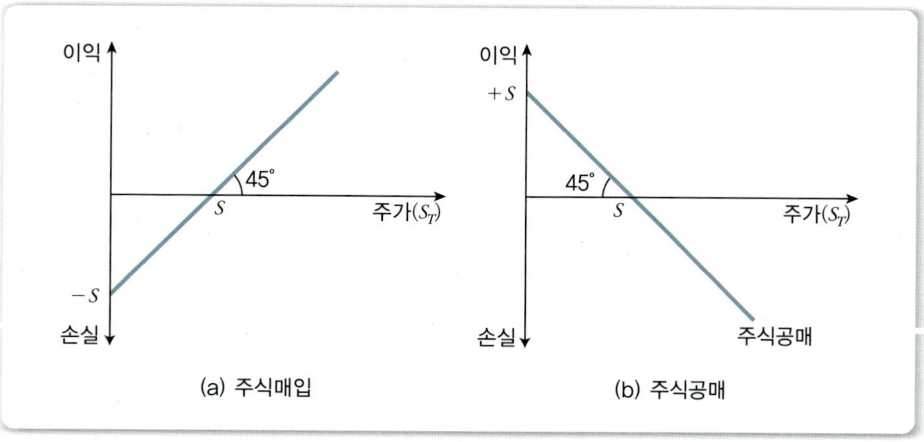


8) 보유주식(long stock)을 매도하는 것은 공매와는 달리 주식에 대해 가지고 있는 롱 포지션이 없어지는 것으로 숏 포지션과는 다르다.

**그림 11-6 순수 콜 포지션**

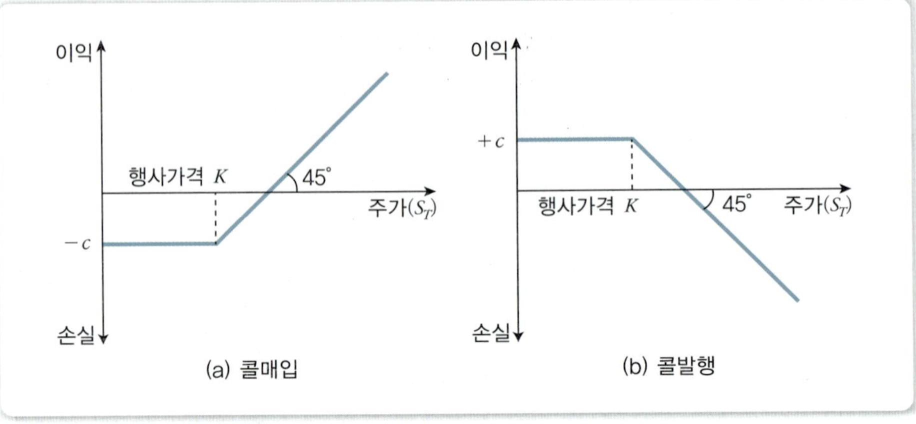


어 손익의 변화는 음(−)의 기울기를 갖는 45° 선으로 나타나게 된다.

콜옵션을 매입하거나 발행할 경우 이익의 형태는 앞서 설명한 [그림 11-1], [그림 11-2]와 같다. 이를 일반적으로 표현하면 [그림 11-6]과 같다.

콜옵션 매입의 경우 만기일 주가 $S_T$가 행사가격 $K$보다 높으면 옵션을 행사함으로써 주가가 오르는 것 만큼 이익이 늘어나므로 손익은 45° 선으로 표현된다. 콜옵션의 프리미엄을 $c$라고 하면 순손익은 $(S_T - K) - c$가 된다. 반면 $S_T$가 $K$보다 낮을 경우 옵션은 행사되지 않을 것이므로 $S_T$와 관계없이 $c$만큼 손해를 보게 된다. 콜옵션을 발행한 경우의 손익은 매입하는 경우와 반대로 나타나게 된다.

풋옵션을 매입하거나 발행할 경우 이익의 형태는 [그림 11-7]과 같다.

**그림 11-7 순수 풋 포지션**

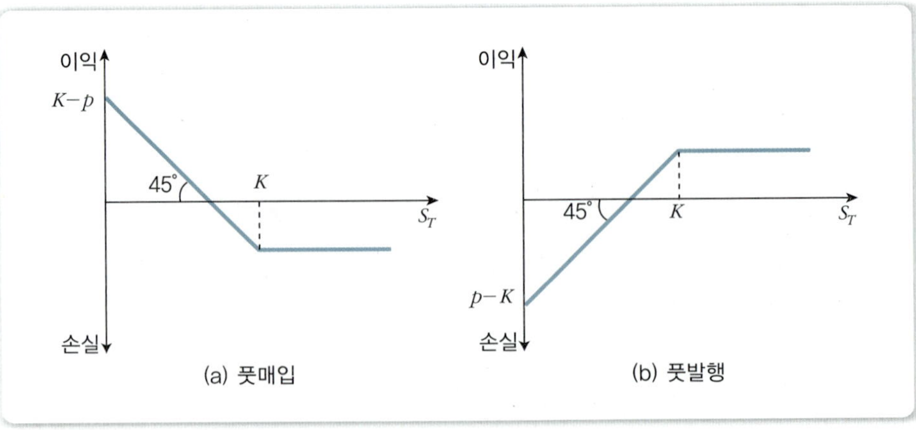

풋옵션을 매입하거나 발행한 경우 손익은 앞서 예를 들어 설명한 [그림 11-3], [그림 11-4]와 같다. 이를 일반화하면 [그림 11-7]과 같다. 풋옵션을 매입할 경우 $S_T$가 $K$보다 높으면 옵션을 행사하는 것보다는 기초주식을 시장에서 직접 매도하는 것이 유리하므로 이 투자자는 풋옵션의 매입가격($p$)을 손해보게 된다. 반면, $S_T$가 $K$보다 낮을 경우에는 옵션을 행사함으로써 $(K-S_T)$만큼의 이익을 얻을 수 있다. 풋을 매입하는 데 $p$를 지불하였으므로 순손익은 $(K-S_T)-p$가 된다. 한편, 풋옵션을 발행한 경우에는 매입하는 경우와 반대로 나타나게 된다.

## 2.2 헤지포지션

헤지포지션(hedge position)은 주식에서의 손실을 옵션이 보전하거나 또는 옵션에서의 손실을 주식이 보전할 수 있도록 기초주식과 옵션을 결합하는 것이다. 즉, 어떤 투자자가 주식을 보유하고 있을 경우에는 콜옵션을 발행하거나 풋옵션을 매입하고, 반대로 주식을 공매하였을 경우에는 콜옵션을 매입하거나 풋옵션을 발행하는 방법이다.

기초주식을 매입하고 주가하락의 위험을 헤지하기 위해 콜옵션을 매도하는 포지션을 커버된 콜(covered call)이라고 하고, 주식을 매입하는 동시에 풋옵션을 매입하는 헤지포지션을 보호적 풋(protective put)이라고 한다.

고려기업의 주식을 10,000에 매입하고 동시에 행사가격이 10,000이고 만기가 3개월 후인 고려기업 주식에 대한 콜옵션을 1,000원에 매도하였다면 커버된 콜 포지션을 구성할 수 있다. 이를 나타낸 것이 〈표 11-8〉과 [그림 11-8]이다.

표 11-8 커버된 콜의 손익

| 만기일 주가 | 주식손익 | call 손익 | 총손익 |
|---|---|---|---|
| 8,000 | −2,000 | 1,000 | −1,000 |
| 9,000 | −1,000 | 1,000 | 0 |
| 9,500 | −500 | 1,000 | 500 |
| 10,000 | 0 | 1,000 | 1,000 |
| 10,500 | 500 | 500 | 1,000 |
| 11,000 | 1,000 | 0 | 1,000 |
| 12,000 | 2,000 | −1,000 | 1,000 |

그림 11-8 커버된 콜

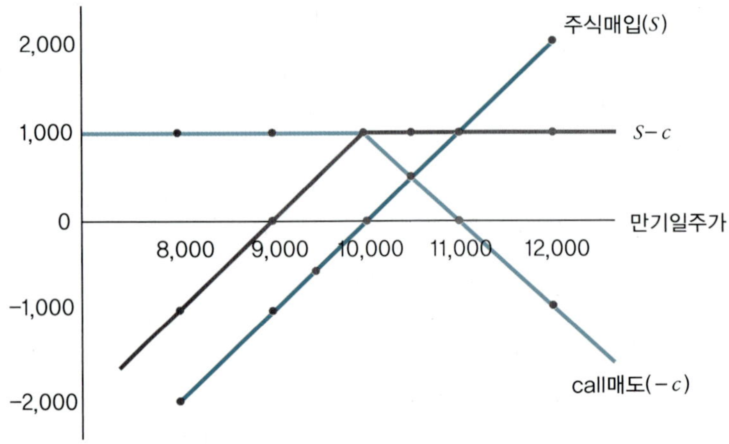


한편, 고려기업 주식을 10,000원에 매입하고 동시에 행사가격이 10,000원이고 만기일이 3개월후인 동 주식에 대한 풋옵션을 500원에 매입하는 보호적 풋 포지션의 손익을 나타내면 〈표 11-9〉와 [그림 11-9]와 같다.

[그림 11-8], [그림 11-9]에서 헤지포지션의 손익은 주식과 옵션으로부터의 손익을 수직적으로 합한 것이다. 이러한 헤지포시션은 풋을 발행하거나([그림 11-8]) 콜을 매입할 경우([그림 11-9])의 손익의 형태와 동일하다. 이와 같이 1개의 주식에 대해 1개의 옵션을 결합하는 1대 1헤지 이외에도 헤지비율을 변화시킴으로써 새로운 이익의 형태를 얼마든지 만들어 낼 수 있다.

표 11-9 보호적 풋의 손익

| 만기일 주가 | 주식손익 | put 손익 | 총손익 |
|---|---|---|---|
| 8,500 | −1,500 | 1,000 | −500 |
| 9,000 | −1,000 | 500 | −500 |
| 9,500 | −500 | 0 | −500 |
| 10,000 | 0 | −500 | −500 |
| 10,500 | 500 | −500 | 0 |
| 11,000 | 1,000 | −500 | 500 |
| 11,500 | 1,500 | −500 | 1,000 |

[그림 11-10]은 헤지비율의 변화에 따른 새로운 이익의 형태를 나타낸 것이다.

그림 11-9 보호적 풋

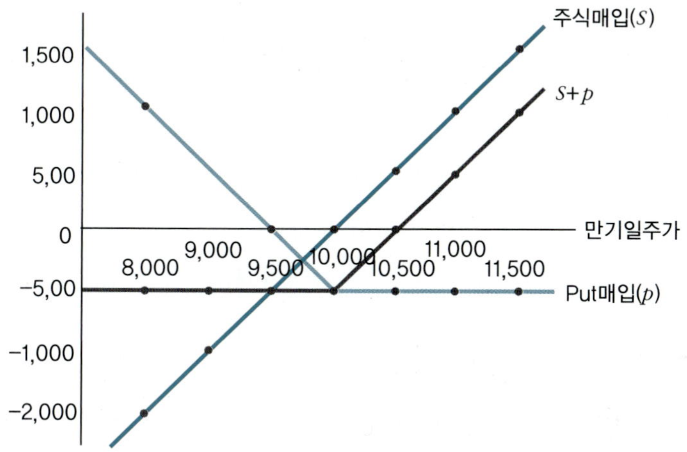


그림 11-10 기타 헤지포지션

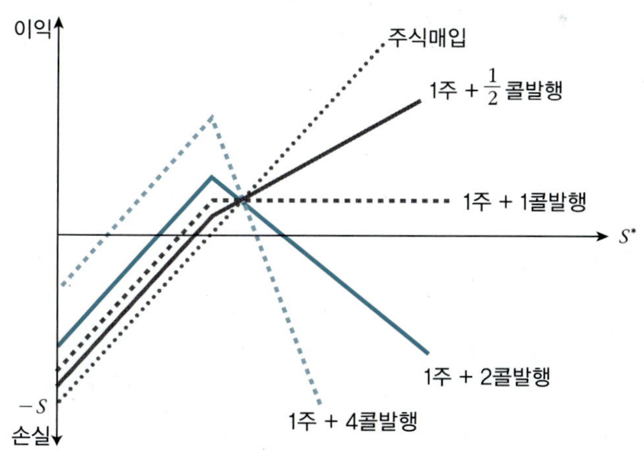

## 2.3 스프레드

스프레드 포지션(spread position)은 동일한 기초주식을 대상으로 하는 동일한 클래스(콜 또는 풋)의 옵션 중에서 행사가격 또는 만기일이 서로 다른 옵션을 하나는 매입하고 다른 하나는 발행하는 것이다. 이때 두 옵션의 가격 차이를 스프레드라고 한다.

스프레드는 콜옵션으로 구성되면 콜 스프레드, 풋옵션으로 구성되면 풋 스프레드라고 한다. 〈표 11-10〉은 미국의 옵션가격 시세표를 나타내고 있다. 일반적으로 옵션가격시세표는 세로(수직)방향으로 행사가격이, 가로(수평)방향으로 만기일이 다른 옵션의 가격이 표시된다.

시세표를 기준으로 행사가격이 서로 다른 옵션으로 구성되면 수직스프레드, 만기일이 서로 다른 옵션으로 구성되면 수평스프레드, 행사가격과 만기일이 모두 다른 옵션으로 구성되면 대각스프레드가 된다. 이외에도 버터플라이 스프레드 등 옵션의 매입, 매도량의 비율을 달리하는 다양한 형태의 스프레드가 구성될 수 있다. 여기선 기본적인 몇가지 스프레드에 대해 간단히 살펴보기로 한다.

### 1. 수직스프레드

수직스프레드(vertical spread)는 동일한 기초주식에 대하여 행사가격이 다른 두개의 옵션을 하나는 매입하고 동시에 하나는 매도하는 것을 말한다. 수직스프레드는 가격의 방향성에 대해 투자하는 전략으로서 기초자산의 가격 상승 가능성이 클 것으로 예상될 때 구성하는 수직강세스프레드(vertical bull spread)와 기초자산의 가격이 하락할 가능성이 클 때 구성하는 수직약세스프레드(vertical bear

**표 11-10 옵션가격시세표**

| Option & Close | Strike Price | Calls-Last | | | Puts-Last | | |
|---|---|---|---|---|---|---|---|
| | | Oct | Nov | Dec | Oct | Nov | Dec |
| Blkbst | $12\frac{1}{2}$ | r | $3\frac{1}{4}$ | $3\frac{3}{4}$ | r | r | $\frac{1}{4}$ |
| $15\frac{3}{4}$ | 15 | $1\frac{1}{4}$ | $1\frac{1}{2}$ | $1\frac{7}{8}$ | $\frac{1}{4}$ | $\frac{5}{8}$ | 1 |
| $15\frac{3}{4}$ | $17\frac{1}{2}$ | $\frac{1}{4}$ | $\frac{1}{2}$ | $\frac{3}{4}$ | $1\frac{7}{8}$ | r | $2\frac{1}{4}$ |
| $15\frac{3}{4}$ | 20 | s | s | $\frac{1}{2}$ | s | s | $4\frac{1}{4}$ |

그림 11-11 수직강세스프레드

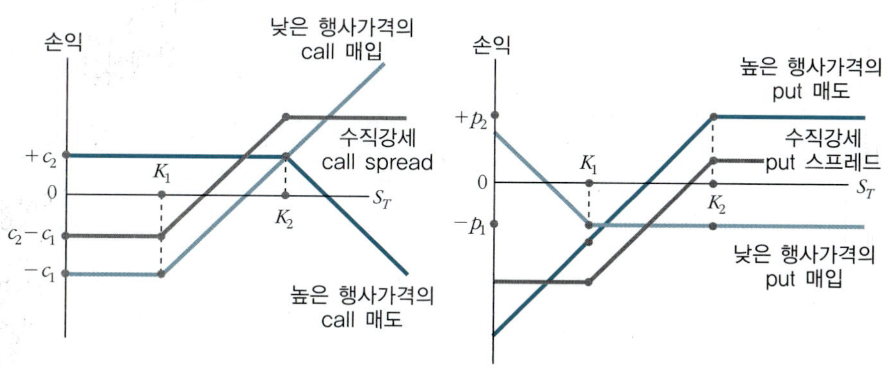


(a) 수직강세콜스프레드 (b) 수직강세풋스프레드

spread)로 나뉜다. 수직강세스프레드는 행사가격이 낮은 옵션은 매입하고 동시에 행사가격이 높은 옵션을 매도함으로써 구성할 수 있다. 콜옵션으로 구성되는 수직강세스프레드와 풋옵션으로 구성되는 수직강세스프레드를 나타낸 것이 [그림 11-11]이다. 여기서 , $K_1$, $K_2$는 행사가격이다.

시장이 적어도 상승보다는 하락확률이 더 높다고 예상될 때 취하는 전략으로서 행사가격이 높은 옵션을 매입하는 대신 행사가격이 낮은 옵션 매도하는 것을 수직약세스프레드라고 한다. 수직약세스프레드를 나타낸 것이 [그림 11-12]이다.

그림 11-12 수직약세스프레드

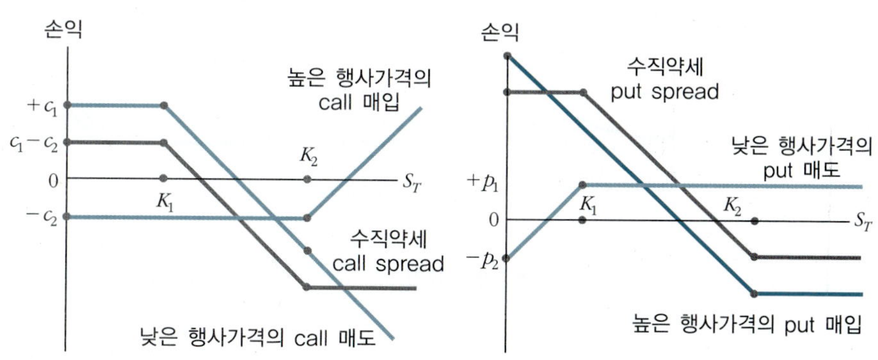


(a) 수직약세콜스프레드 (b) 수직약세풋스프레드

## 2. 수평스프레드

수평스프레드(horizontal spread)는 동일한 기초주식에 대하여 만기일이 서로 다른 두 개의 옵션을 하나는 매입하고 다른 하나는 발행하는 것으로 시간 스프레드(time spread/ calendar spread)라고도 한다.

동일옵션에 대해 근월물 옵션은 매도하고 원월물 옵션은 매입하는 것을 수평스프레드를 매입한다고 한다. 일반적으로 옵션의 시간가치는 시간이 경과함에 따라 감소하게 되는 데 이를 시간가치 잠식현상(time value decay)이라고 한다. 그런데 시간가치 잠식현상은 만기에 가까워질수록 빠른 속도로 감소하게 된다. 따라서 근월물의 시간가치 감소가 원월물의 시간가치 감소보다 크게 발생하므로 비교적 가격변동이 적은 시장에서 소폭의 이익을 목표할 때 구성하는 전략이다.

반대로 동일 옵션에 대해 근월물 옵션은 매입하고 원월물 옵션은 매도하는 전략을 시간스프레드를 매도한다고 한다. 이 경우에는 수평스프레드를 매입하는 경우와 정반대의 손익을 보이게 되는데, 시간가치 감소측면에서는 손실이지만 가격변화가 클 경우 이득을 볼 수 있다. 이와 같이 수평스프레드는 가격의 방향성에 대한 투자전략이 아니라 가격의 변동성에 대한 투자전략이다. [그림 11-13]은 콜옵션에 대한 시간스프레드를 매입 또는 매도하는 경우를 나타내고 있으며, 풋옵션에 대해서도 수평스프레드의 구성이 가능하다.

그림 11-13 수평스프레드

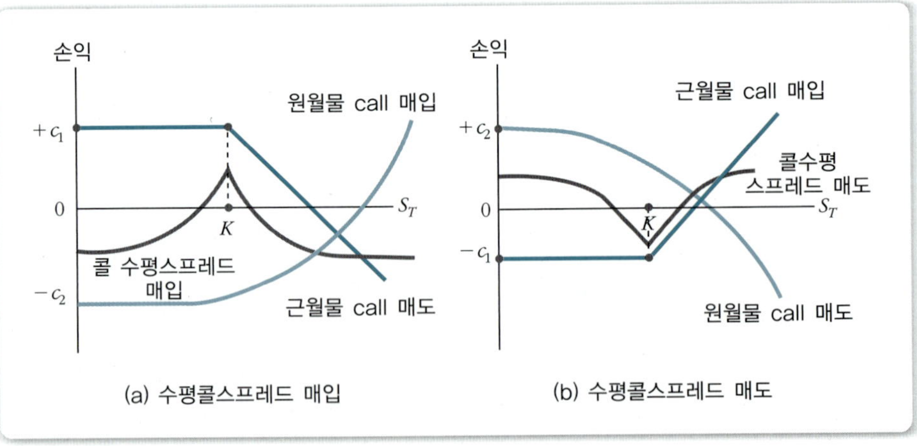

그림 11-14 나비스프레드와 샌드위치스프레드

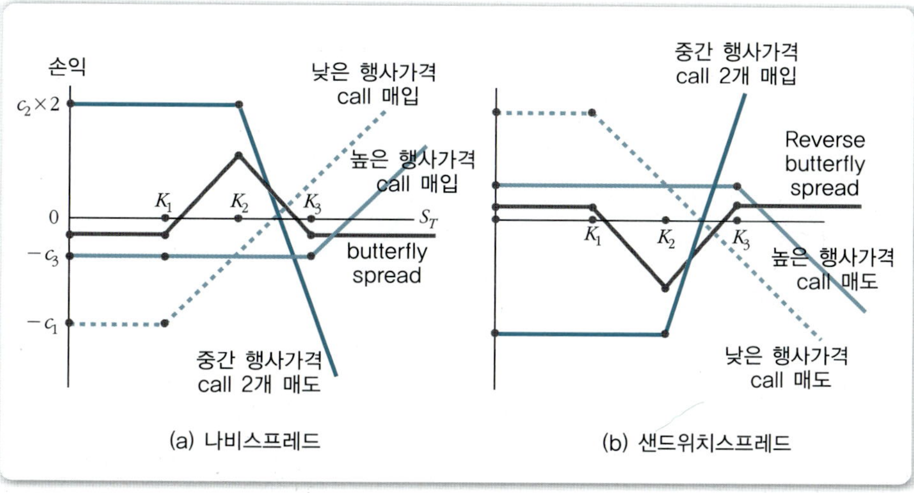


## 3. 나비스프레드와 샌드위치스프레드

나비스프레드(butterfly spread)는 행사가격이 각각 다른 세 개의 옵션 중에서 가장 낮은 행사가격($K_1$)과 가장 높은 행사가격($K_3$)을 가진 옵션을 매입하고 동시에 중간 행사가격($K_2$)을 가진 옵션 2단위를 매도하는 포지션을 말한다. [그림 11-14]의 (a)는 콜옵션으로 구성되는 나비스프레드를 나타낸다. 나비스프레드 역시 가격변화가 크지 않은 경우 이익을 실현하는 변동성 투자전략 중의 하나이다.

나비스프레드와 정반대 포지션을 샌드위치스프레드(reverse butterfly spread/sandwich spread)라고 한다. 샌드위치스프레드는 가장 낮은 행사가격과 가장 높은 행사가격을 가진 옵션을 매도하는 대신 중간 행사가격을 가진 옵션을 2단위 매입하는 포지션이다. 이 포지션은 기초자산의 가격변화가 클 경우 이득을 실현하는 변동성 투자전략에 해당된다. [그림 11-14]의 (b)는 샌드위치스프레드를 나타내고 있다.

## 4. 비율스프레드와 백스프레드

스프레드를 구성하는 옵션의 매입과 매도 포지션의 양적 비율을 비대칭적으로 구성하는 경우가 비율스프레드(ratio spread)와 백스프레드(back spread)이다. 비율스프레드는 매도한 옵션의 수가 매입한 옵션의 수보다 많게 구성하게 되는 데, 예를 들어 행사가격이 낮은 콜옵션을 1단위 매입하는 동시에 행사가격이 높은 콜

그림 11-15 비율스프레드

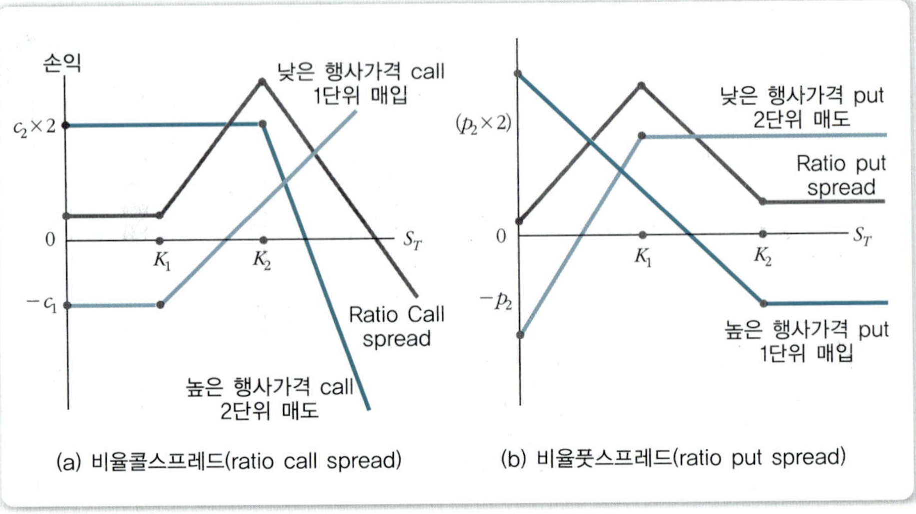


옵션을 2단위 매도하는 포지션을 말한다. 비율스프레드나 백스프레드는 투자자의 장세 전망과 위험선호도에 따라 매입단위수와 매도단위수의 비율을 다양하게 구성할 수 있다. [그림 11-15]는 비율스프레드를 보유주고 있는 데, 비율콜스프레드(ratio call spread)는 기초자산의 가격이 상승보다는 하락 기조를 유지하면서 변동성이 크지 않을 것으로 예상될 때 구성하는 것이 유리할 것이다. 투자자가 위험을

그림 11-16 백스프레드

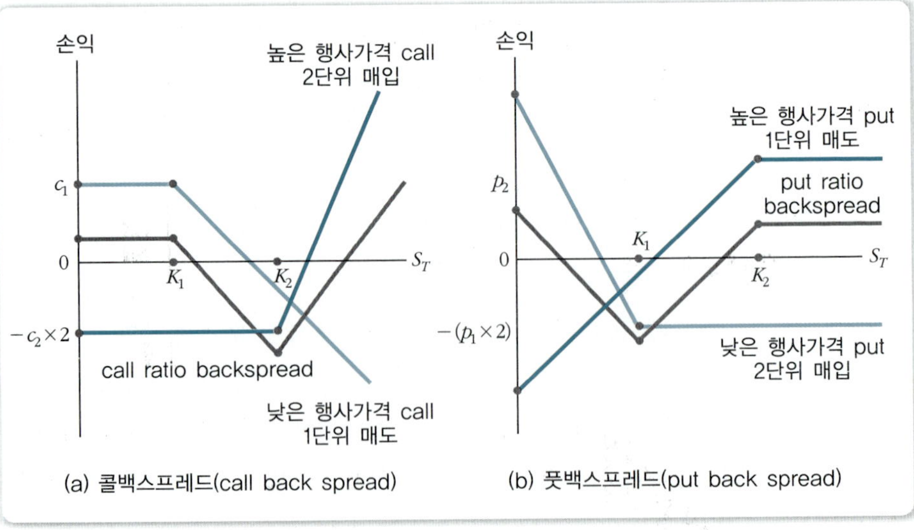

선호하게 될수록 매입과 매도의 비율을 더욱 비대칭적으로 구성하게 된다.

백스프레드(back spread)는 매입한 옵션의 수가 매도한 옵션의 수보다 많다는 점에서 비율스프레드와 차이를 보일 뿐이다. 예를 들어 행사가격이 낮은 콜옵션을 1단위 매도함과 동시에 행사가격이 높은 콜옵션 2단위를 매입하는 포지션을 말한다. [그림 11-16]은 각각 콜과 풋으로 구성된 백스프레드를 나타낸다.

## 2.4 콤비네이션

콤비네이션(combination)이란 동일한 기초주식에 대해서 발행된 서로 다른 형태의 옵션(클래스가 다른 옵션)을 동시에 매입하거나 또는 동시에 발행하는 것이다. 콤비네이션은 가격의 상승 또는 하락에 대해 투자하는 방향성 투자전략이 아니라 기초자산의 가격변동이 클 것인지 작을 것인지에 대해 투자하는 가격변동성에 대한 투자전략으로 사용된다.

콤비네이션은 스트래들(straddle), 스트립(strip), 스트랩(strap), 스트랭글(strangle), 가우트(gout) 등으로 나뉜다. 이는 콜과 풋의 결합비율을 달리하거나 옵션의 상태가 다른 옵션을 결합하여 구성하게 되는데 주로 가격변동성에 대한 투자전략이다.

### 1. 스트래들

다른 조건이 동일한 콜옵션과 풋옵션을 동시에 매입하거나 매도하는 전략을 스트래들(straddle)이라고 한다. 스트래들을 매입하는 전략은 콜옵션과 풋옵션을 동시에 매입하는 것이며, 스트래들 매도전략은 콜옵션과 풋옵션을 동시에 매도하는 것이다. 스트래들 매입의 경우에는 주가의 변동이 비교적 클 것이라고 예상될 때 취하는 전략이며, 스트래들 매도는 반대 전략이 된다. [그림 11-17]은 스트래들 매입과 매도를 나타내고 있다.

그림 11-17 스트래들

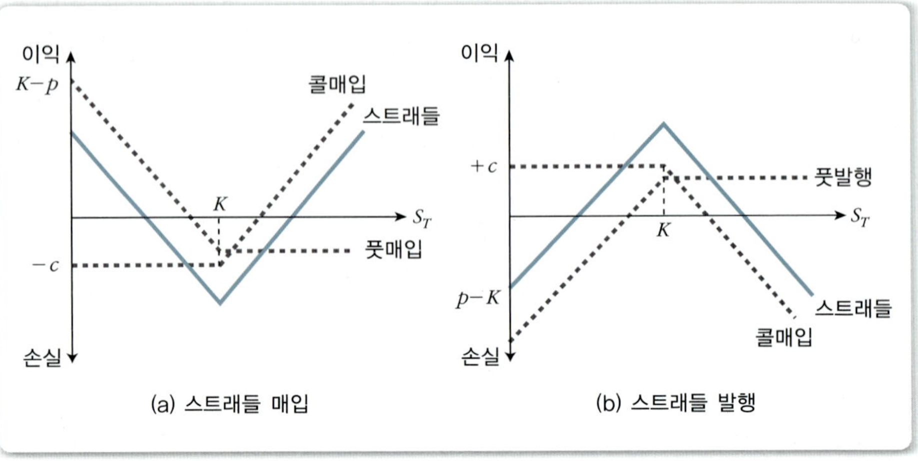


(a) 스트래들 매입 (b) 스트래들 발행

## 2. 스트립과 스트랩

스트립(strip)은 1단위의 콜옵션과 2단위의 풋옵션을 결합하는 것으로 스트래들의 일종이다. 다만 스트래들에 비해 손익구조가 가파르게 나타나므로 투자자의 위험에 대한 태도에 따라 결합비율을 달리할 수도 있다.

[그림 11-18]은 스트립을 보여주고 있다. 스트립 매입포지션은 1단위의 콜을 매입함과 동시에 2단위의 풋을 매도하는 것이며, 스트립 매도포지션은 1단위의 콜을 매도함과 동시에 2단위의 풋을 매입하는 것이다. 두 경우 모두 주가가 행사가격

그림 11-18 스트립

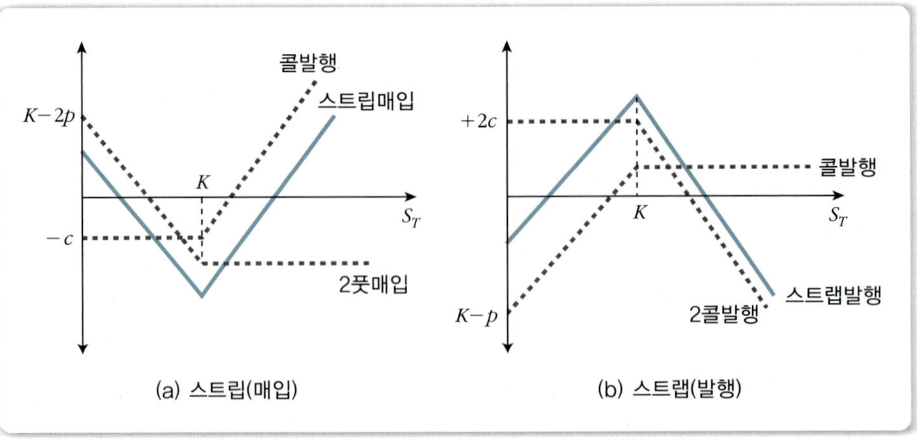


(a) 스트립(매입) (b) 스트랩(발행)

그림 11-19 스트랩

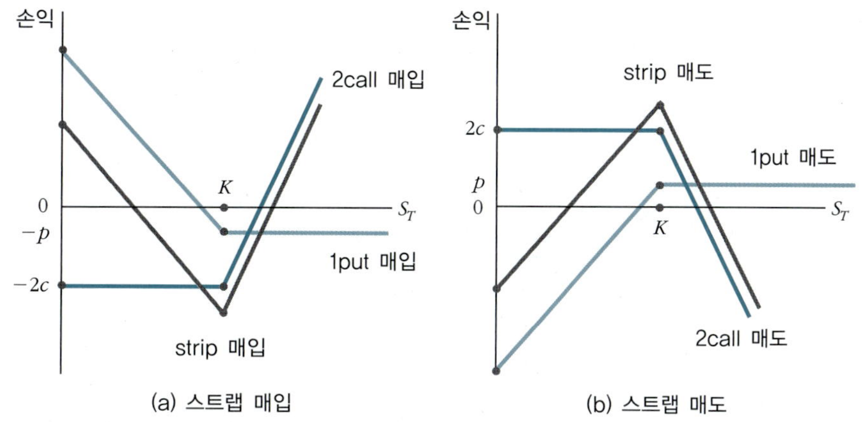


이하로 하락하는 경우 주가 변화에 비해 손익은 2배의 속도로 빠르게 변화한다.

스트립 역시 변동성 투자전략이며, 다만 주가하락에 대한 손익의 변화에 대해 수용할 수 있는 태도를 가진 투자자들이 취할 전략이다.

스트랩(strap)은 2단위의 콜옵션과 1단위의 풋옵션을 결합하는 것으로서 스트립과 결합비율만 다르다.

스트랩은 스트립과 달리 주가가 상승할 때 주가변화에 비해 손익이 2배의 속도로 변화한다. 이 역시 가격변동성 투자전략이며, 가격상승에 따른 가파른 손익구조에 대해 수용할 수 있는 태도를 가진 투자자가 취할 수 있는 전략이다. [그림 11-19]는 스트랩 포지션을 나타내고 있다.

## 3. 스트랭글과 가우트

스트랭글(strangle)은 외가격옵션(OTM option)으로 구성되는 스트래들의 일종이다. 즉, OTM상태의 콜옵션과 풋옵션을 매입하거나 매수하는 것을 말한다. [그림 11-20]은 스트랭글 포지션을 나타내고 있다.

두 옵션이 모두 외가격옵션이므로 콜옵션은 행사가격이 높은 옵션($K_2$)이 되며, 풋옵션은 행사가격이 낮은 옵션($K_1$)이다. OTM 상태의 콜옵션을 매입하고 동시에 OTM상태의 풋옵션을 매입하는 것을 스트랭글을 매입한다고 한다. 이는 주가의 변화가 클 것으로 예상될 때 이득을 취할 수 있는 전략이며, 반면에 스트랭글을 매도하는 경우에는 주가의 변화가 적을 것으로 예상할 때 취하는 전략이다.

그림 11-20 스트랭글

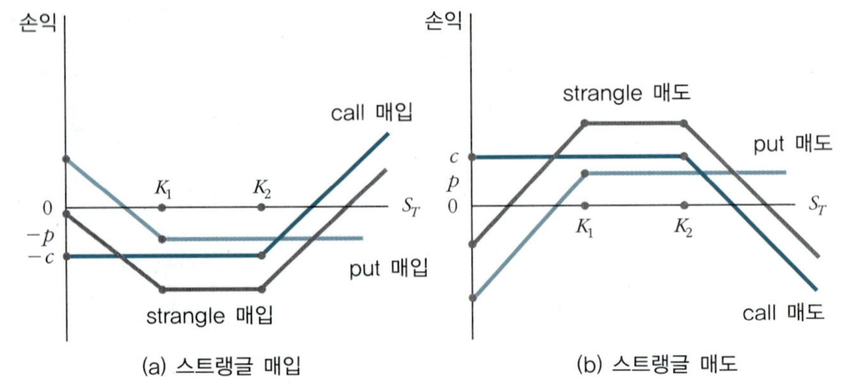


스트랭글 매입포지션은 외가격옵션으로 구성하므로 포지션을 구성하는 비용이 저렴하며, 손해를 일정하게 한정할 수 있는 잇점이 있지만 큰 폭의 가격변화가 있을 경우에는 이득을 볼 수 있다.

가우트(gout)는 스트랭글과 달리 내가격옵션(ITM option)으로만 구성되는 포트폴리오이다. 즉, ITM상태의 콜옵션과 ITM상태의 풋옵션을 동시에 매입 또는 매수하는 것이다. [그림 11-21]은 가우트를 매입 또는 매도하는 것을 도시한 것이다.

두 옵션 모두 ITM옵션이므로 콜옵션은 행사가격이 낮은 옵션($K_1$)이며, 풋옵션

그림 11-21 가우트

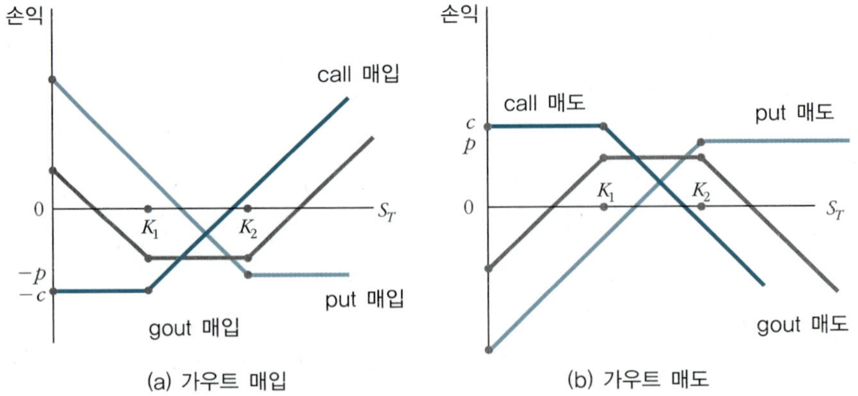

은 행사가격이 높은 옵션($K_2$)이다. 가우트 역시 변동성 투자전략으로 가우트 매입 포지션은 주가변동이 비교적 클 것으로 예상될 때 취할 수 있는 전략이다. 이 포지션은 ITM옵션으로 구성되므로 포트폴리오 구성비용이 비교적 비싸다. 두 옵션의 행사가격의 차이가 적은 옵션들로 포트폴리오를 구성한다면 이득을 얻을 기회가 늘어날 것이다.

## 4. 합성포지션

옵션과 다른 옵션 또는 선물(futures)을 결합하면 다른 종류의 옵션이나 선물포지션을 만들어낼 수 있다.[9] 이를 합성포지션(synthetic position)이라고 한다.

합성옵션(synthetic option)은 옵션과 선물을 결합하여 다른 종류의 옵션을 만들어내는 전략이다. 선물을 매입함과 동시에 동일자산에 대한 풋옵션을 매입함으로써 콜옵션을 매입한 것과 동일한 결과를 얻을 수 있으며, 선물을 매도함과 동시에 콜옵션을 매입하면 풋옵션을 매입한 것과 동일한 현금흐름을 얻을 수 있다. 이를 그림으로 나타낸 것이 [그림 11-22]이다.

[그림 11-22]의 (a)를 보자. 선물의 가격이 행사가격($K$)과 동일하다고 하자. 이 선물을 매입하고 풋옵션을 매입하면 만기일에서 주가의 변화에 따라 〈표 11-11〉과 같은 손익을 보이게 된다.

만기일에서 포트폴리오의 현금흐름에서 풋옵션 매입비용 $p$를 차감하면 포트

그림 11-22 합성옵션

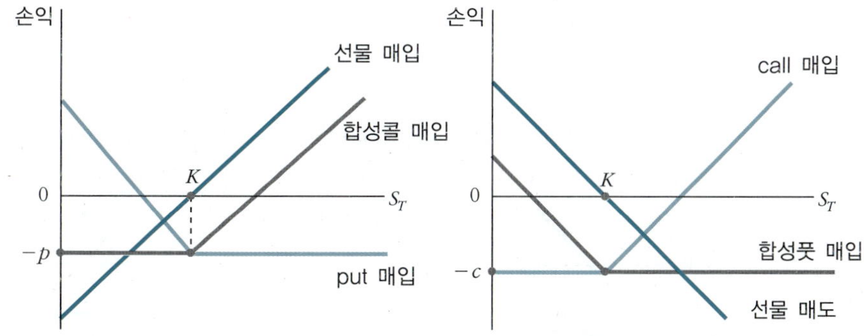


(a) 합성콜(synthetic call) 매입

(b) 합성풋(synthetic put) 매입

9) 선물에 대해서는 12장을 참조할 것.

**표 11-11 합성 콜의 만기일 현금흐름**

| 구 분 | 만기일 | |
|---|---|---|
| | $S_T > K$ | $S_T \leq K$ |
| 선물매입(선물가격:$K$) | $S_T - K$ | $S_T - K$ |
| 풋옵션 매입($p$) | 0 | $K - S_T$ |
| 포트폴리오 손익 | $S_T - K$ | 0 |

폴리오의 순손익이 되는데, 이는 옵션프리미엄이 $p$인 콜옵션을 매입한 것과 같은 손익구조를 보인다. 합성풋에 대해서도 동일한 원리가 적용될 것이다.

한편, 동일한 조건의 콜옵션을 매입하고 풋옵션을 매도하면 선물을 매입한 것과 같은 효과를 얻을 수 있다. 이러한 포지션을 합성선물(synthetic futures)이라고 한다. 반대로 풋옵션을 매입하고 콜옵션을 매도하면 선물을 매도한 것과 같은 결과를 얻을 수 있다. 이를 그림으로 표현하면 [그림 11-23]과 같다.

행사가격이 $K$이고 다른 조건이 모두 동일한 콜옵션을 매입하고 풋옵션을 매도하면, 만기일에 주가변화와 관계없이 항상 동일한 현금흐름을 얻게 된다. 따라서 이 포트폴리오는 무위험포트폴리오가 되는 것이다. 이를 나타낸 것이 〈표 11-12〉이다. 여기에 포트폴리오 구성비용, $p - c$를 차감하면 손익이 되는 데, [그림 11-22]의 (a)와 같은 손익구조를 보인다. 여기서 합성선물의 가격은 $K - p + c$가 된다.

지금까지 설명한 여러 가지 투자전략에 따른 손익의 형태는 다음과 같은 가정

**그림 11-23 합성선물**

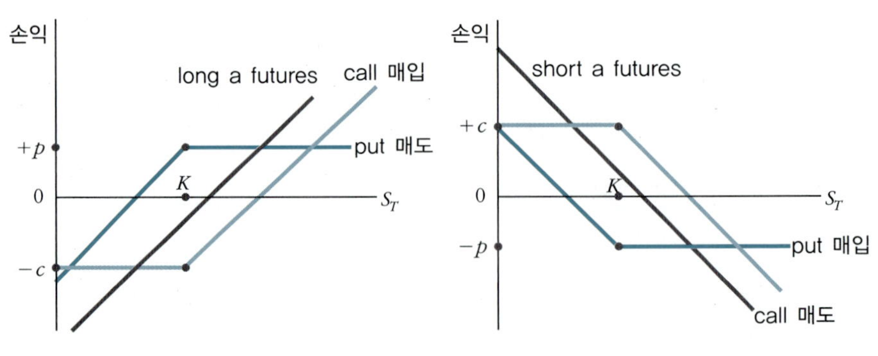


(a) 합성선물(synthetic futures) 매입 (b) 합성선물(synthetic futrues) 매도

**표 11-12 합성 콜의 만기일 현금흐름**

| 구 분 | 만기일 | |
|---|---|---|
| | $S_T > K$ | $S_T \leq K$ |
| 콜옵션 매입($-c$) | $S_T - K$ | 0 |
| 풋옵션 매도($p$) | 0 | $-(K - S_T)$ |
| 합성선물($p - c$) | $S_T - K$ | $S_T - K$ |

을 전제로 하고 있는 것이다.

첫째는 각 투자전략에 따른 포지션이 옵션의 만기일까지 유지된다는 가정이다. 그러나 각 포지션에는 옵션을 매입(long option)하는 경우뿐만 아니라 옵션을 발행(short option)하는 경우도 포함되어 있으므로 반드시 만기일까지 옵션이 행사되지 않으리라는 보장이 없다. 예를 들어 아메리칸 옵션은 만기일 이전의 어느 날짜에서도 행사될 수 있다.[10)]

둘째는 주식이 포함될 경우 옵션의 만기일 이전에는 배당이 지급되지 않는다는 가정이다. 그러나 만약 배당이 지급되면 그 금액을 더하거나, 주식을 공매한 경우에는 빼주어야 한다.

셋째는 옵션의 이익 및 손실은 그 포지션에 투자된 화폐의 시간가치를 고려하지 않고 있다는 것이다. 즉 투자는 현재시점에서 이루어지지만 그 이익(손실)은 만기일이 도래하여야 실현되기 때문이다. 화폐의 시간가치를 고려해 주기 위한 방법으로는 그 투자액을 무위험채권에 투자했을 경우의 무위험수익과 관련하여 이익 및 손실을 계산하는 방법도 있을 수 있다.

10) 아메리칸 콜 옵션도 배당이 없는 경우에는 만기일 이전에 행사되지 않는다. 설명은 3.2참조.

# 제 3 절 옵션가격의 결정요인과 범위

## 3.1 옵션가격의 결정요인

앞에서 우리는 옵션거래로부터 얻어지는 손익이 만기일에서의 기초자산의 가격 변동에 따라 어떻게 달라지는가를 살펴보았다. 이와 같이 기초자산의 가격은 옵션의 가격을 결정하는 가장 중요한 요인 중의 하나이다. 옵션가격에 영향을 미치는 요인에는 기초자산의 가격 이외에도 행사가격, 만기일, 기초자산수익률의 분산, 시장이자율 등이 있다. 여기서는 유로피언 콜옵션과 유로피언 풋옵션을 중심으로 이러한 요인들이 옵션가격에 미치는 영향을 살펴보기로 한다.

먼저 옵션의 대표적인 형태로 거래되고 있는 유로피언 콜옵션의 경우 옵션의 가격은 다른 조건이 동일할 경우 기초자산의 가격이 높으면 높을수록 옵션의 가격은 상승한다. 왜냐하면 현재 기초자산의 가격이 높을수록 만기일이 도래했을 때 기초자산의 가격이 행사가격보다 높을 확률이 크기 때문이다. 만기일에서의 콜옵션의 가치는 만기일에서의 기초자산의 가격에서 행사가격을 차감한 정의 값, 즉 $C = Max[0, S_T - K]$와 같다.

둘째로, 콜옵션의 가격은 행사가격이 낮을수록 높아진다. 그 이유는 행사가격이 낮을수록 만기일에 기초자산의 시장가격이 행사가격보다 높아질 가능성이 크기 때문이다. 한편, 현재의 기초자산의 가격이 행사가격보다 낮은 경우에도 콜옵션은 가치를 가지는데, 이것은 만기일 이전에 기초자산의 시장가격이 행사가격보다 높아질 수 있는 가능성이 있으면 옵션은 유효하기 때문이다.

셋째로, 콜옵션의 가격은 만기가 길수록 상승한다. 그 이유는 만기가 길수록 만기일의 기초자산가격이 현재의 기초자산의 가격보다 높아질 가능성이 커지기 때문이다. 또한 만기일에 지급하게 될 행사가격의 현재가치가 작아지게 되기 때문이다. 한편, 만기일까지의 기간이 무한한 주식옵션의 가격은 현재 주식의 가격과 동일하다. 왜냐면 만기일까지의 기간이 무한할 경우 만기일에 지급되는 행사가격의 현재가치는 0에 가깝기 때문이다.

넷째로, 콜옵션의 가격은 기초자산의 가격 또는 수익률의 분산이 클수록 높아진다. 기초자산가격의 분산이 크다는 것은 기초자산의 가격이 크게 상승하거나 크게 하락할 가능성이 높다는 것을 의미하므로 만기일의 기초자산가격이 행사가격보다 높으면 콜옵션의 이익은 그만큼 커지고 반대로 낮으면 옵션을 행사하지 않으면 되기 때문이다.

마지막으로, 콜옵션의 가격은 시장이자율이 상승할수록 높아진다. 왜냐하면 시장이자율이 상승하면 미래에 지급하게 될 행사가격의 현재가치를 감소시켜 콜옵션의 이익을 증가시키는 효과를 가져오기 때문이다.

지금까지 설명한 옵션가격의 결정요인을 종합하면 콜옵션의 가격은 다음과 같은 함수로 표시될 수 있다.

$$C = f(S, K, \sigma^2, T, r)$$

단, $S$ : 기초자산의 현재가격
$K$ : 행사가격
$\sigma^2$ : 주식수익률의 분산
$T$ : 만기일까지의 기간
$r$ : 시장이자율

또한 콜옵션과 이들 요인과의 관계는 다음과 같다.

$$\frac{\partial C}{\partial S} > 0,\ \frac{\partial C}{\partial K} < 0,\ \frac{\partial C}{\partial \sigma^2} > 0,\ \frac{\partial C}{\partial T} > 0,\ \frac{\partial C}{\partial r} > 0$$

한편, 이들 요인들은 콜옵션과 마찬가지로 풋옵션의 가격에도 영향을 미친다. 이들 다섯 가지 요인들이 유로피언 풋옵션의 가격에 미치는 영향을 살펴보면 다음과 같다.

첫째로, 모든 조건이 동일한 경우 현재의 기초자산의 가격이 높으면 높을수록 풋옵션의 가격은 낮아지게 된다. 왜냐하면 현재 기초자산의 가격이 높을수록 만기일이 도래했을 때 행사가격이 기초자산의 가격보다 높을 확률은 줄어들기 때문이다. 만기일에서 풋옵션의 가치는 행사가격에서 만기일의 주식가격을 차감한 정의 값, 즉 $P = max[0, K - S_T]$와 같다.

둘째로, 풋옵션의 가격은 행사가격이 높을수록 상승한다. 왜냐하면 행사가격이 높을수록 만기일에 행사가격이 주식의 시장가격보다 높아질 가능성이 크기 때문이다.

셋째로, 풋옵션의 가격과 만기일과의 관계는 확정할 수 없다. 만기일까지의 기간이 풋옵션의 가격에 미치는 영향은 두 가지 경로로 볼 수 있다. 먼저 만기일까지의 기간이 많이 남아 있을수록 기초자산의 가격이 행사가격보다 낮아질 가능성은 커지므로 만기일까지의 기간이 길수록 풋옵션의 가격은 상승한다. 그러나 풋옵션은 미래에 행사가격을 수수하고 기초자산을 매각하는 것인데, 만기일까지의 기간이 길수록 미래에 수령하게 될 행사가격의 현재가치가 감소하게 된다. 따라서 두 가지 효과 중 어느 것이 더 크냐에 따라 전자가 크다면 만기일이 멀수록 풋옵션의 가격은 상승하지만 후자의 효과가 크다면 만기일이 멀수록 풋옵션의 가격은 하락하게 될 것이다. 특히, 아메리칸 풋옵션의 경우에는 옵션을 미리 행사함으로써 얻을 수 있는 이자소득 때문에 그 관계가 더욱 명확하지 않다.

넷째로, 기초자산의 가격 또는 수익률의 분산이 클수록 풋옵션의 가격은 상승한다. 왜냐하면 기초자산가격의 분산이 크다는 것은 주가 상승뿐만 아니라 주가 하락의 가능성도 클 수 있으므로 이익을 볼 수 있는 가능성이 높아지기 때문이다.

마지막으로, 풋옵션의 가격은 시장이자율과 반대방향으로 움직인다. 시장이자율이 상승할 경우 행사가격의 현재가치는 감소되므로 풋옵션의 이익은 감소되는 효과를 가져오게 된다.

따라서 풋옵션의 가격 $P$는 다음과 같은 함수로 표시될 수 있다.

$$P = f(S, K, \sigma^2, T, r)$$

그리고 풋옵션과 이들 요인과의 관계는 다음과 같다.

$$\frac{\partial P}{\partial S} < 0,\ \frac{\partial P}{\partial K} > 0,\ \frac{\partial P}{\partial \sigma^2} > 0,\ \frac{\partial P}{\partial T} \gtreqless 0,\ \frac{\partial P}{\partial r} < 0$$

지금까지 설명한 콜옵션 및 풋옵션의 가격과 다섯 가지 가격결정요인들의 관계를 요약하면 〈표 11-13〉와 같다.

**표 11-13 옵션가격의 결정요인**

| 가격요인 | 요인이 증가(상승)한다면 | |
|---|---|---|
| | *C* | *P* |
| 1. 기초자산의 가격 | ↑ | ↓ |
| 2. 행사가격 | ↓ | ↑ |
| 3. 만기일까지의 기간 | ↑ | ? |
| 4. 주식가격의 분산 | ↑ | ↑ |
| 5. 시장이자율 | ↑ | ↓ |

옵션의 가격은 위에 설명한 다섯 가지의 기본적인 요인 이외에도 그 기초자산의 또 다른 특성이라든가 법적 · 제도적 요인에 의하여 영향을 받을 수 있다. 예를 들어 기초자산가격의 기대성장률이라든가 투자가들의 위험에 대한 태도, 세금 등은 옵션의 가격결정에 어느 정도 영향을 미칠 수 있는 요인들이다. 그러나 이들이 옵션가격의 직접적인 결정요인은 아니므로 독립된 결정변수로 볼 수는 없다.

## 3.2 옵션가격의 범위

앞에서 옵션의 가격은 기초자산의 가격, 행사가격, 만기일까지의 기간, 기초자산가격 또는 수익률의 분산, 시장이자율 등에 의해서 결정된다는 것을 설명하였다. 그런데 옵션의 가격은 차익거래가 없는 균형 하에서 일정한 범위 내에서 결정되게 된다.[11] 옵션가격이 이론적으로 가지는 범위에 대해서 콜옵션과 풋옵션으로 나누어 살펴보자.

### 1. 콜옵션의 가격 범위

첫째로, 콜옵션의 가격은 부(−)가 될 수 없다. 즉, $C \geq 0$이다. 왜냐하면 옵션이란 그 소유자에게 유리한 경우에만 행사될 수 있는 권리이기 때문이다.

둘째로, 콜옵션의 가격은 기초자산의 가격보다 낮다. 즉, $S \geq C$이다. 만약 $C > S$라면 투자자는 기초자산을 $S$에 매입하고 그 기초자산에 대하여 콜옵션을 발행하여 $C$에 매각함으로써 $(C-S)$만큼의 무위험차익거래의 이익(arbitrage profit)을 얻을 수 있게 된다.

셋째로, 콜옵션의 가격은 기초자산가격에서 행사가격을 무위험수익률로 할인한 값을 차감한 값보다 크다. 즉 $C \geq S - KB(T)$이다. 여기서 $B(T)$는 $T$기간 후에 액면가격 1을 지급하는 무위험 할인채권의 현재가격을 의미한다. 이러한 관계는 균형하에서는 차익거래의 기회가 존재하지 않는다는 가정을 전제로 다음과 같이 증명할 수 있다.[12]

---

11) R. C. Merton, 1973. b. "Theory of Rational Option Pricing," *Bell Journal of Economics and Management Science* 4, pp.141~183.

12) 차익거래(arbitrage transaction)란 추가적인 투자나 추가적인 위험부담없이 이익을 얻을 수 있는 거래를 말한다. 균형상태에서 차익거래의 기회는 존재하지 않는다.

**표 11-14 콜옵션가격의 범위**

| 포트폴리오 | 현재의 가치 | 만기일의 가치 | |
|---|---|---|---|
| | | $S_T \geq K$ | $S_T < K$ |
| $A$ | $C+KB(T)$ | $(S_T-K)+K$ | $K$ |
| $B$ | $S$ | $S_T$ | $S_T$ |
| $A-B$ | $C-S+KB(T)$ | 0 | $K-S_T>0$ |

두 개의 포트폴리오 $A$, $B$가 있다고 하자.

A: $C$를 지불하고 콜옵션을 매입하는 동시에 $KB(T)$만큼의 무위험채권을 매입한다.

B: $S$를 지불하고 주식을 매입한다.

이러한 포트폴리오를 구성할 경우 포트폴리오의 가치는 〈표 11-14〉와 같다.

〈표 11-14〉에서 보면 만기일의 가치는 포트폴리오 $A$가 포트폴리오 $B$보다 항상 크거나($S_T<K$의 경우) 같다($S_T>K$의 경우). 따라서 차익거래의 기회가 존재하지 않기 위해서는 포트폴리오 $A$의 현재가치가 포트폴리오 $B$의 현재가치보다 크거나 같아야 한다. 즉, $C-S+KB(T)\geq 0$이어야 한다. 이를 정리하면 $C\geq S-KB(T)$가 된다.

한편 아메리칸옵션의 가격은 유로피언 옵션의 가격보다 크거나 같다. 이는 아메리칸 콜옵션은 유로피언 콜옵션과는 달리 만기일뿐만 아니라 그 이전에도 언제든지 그 권리를 행사할 수 있는 옵션이기 때문이다. 즉, 다음의 관계가 성립한다.

$$C^A \geq C^E \geq S-KB(T)$$

여기서 $C^A$는 아메리칸 콜옵션의 가격, $C^E$는 유로피언 콜옵션의 가격이다. 현재 시점에서 아메리칸 콜옵션을 행사할 경우 옵션의 가치는 $C=Max[0,\ S-K]$가 된다. 그러나 지금으로부터 $t$기간 후에 이 옵션을 행사할 경우 옵션의 가치는 $C=Max[0,\ S-KB(t)]$가 되므로 당장 행사하는 것보다 더 큰 가치를 갖게 된다. 따라서 아메리칸 콜옵션의 경우에도 기초자산의 가격에 특별한 변화가 예상되지 않는 한 만기일 이전에 행사되지 않는 것이 일반적이다. 따라서 아메리칸 콜옵션도 유

그림 11-24 콜옵션의 가격범위

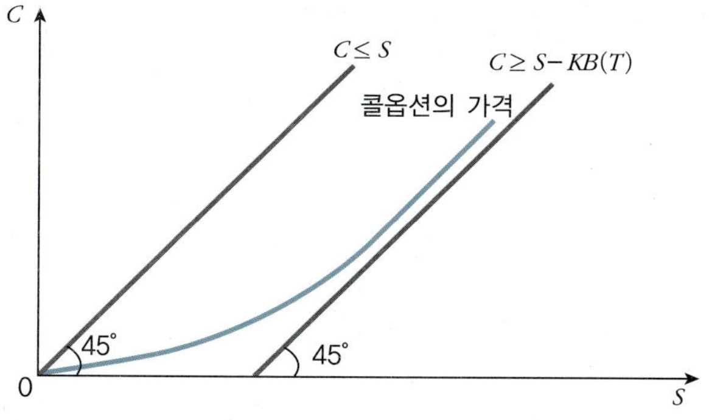


로피언 콜옵션과 동일한 가격을 갖는다고 볼 수 있다.

지금까지 설명한 세 가지 조건을 종합하면 콜옵션의 가격은 [그림 11−24]과 같은 범위내에서 형성되게 될 것이다.

또한 다른 조건이 일정한 상태에서 옵션의 가격은 기초자산가격의 증가함수이므로 콜옵션의 가격은 그림에서와 같이 우상향하는 곡선으로 나타나게 된다. 이러한 곡선의 구체적인 함수관계를 표시하는 것이 바로 옵션가격결정모형이다.

## 2. 풋옵션가격의 범위

한편, 풋옵션도 콜옵션과 마찬가지로 일정한 범위내에서 그 가격이 결정되게 된다.

첫째로, 풋옵션의 가격역시 부(−)가 될 수 없다. 즉, $P \geq 0$이다. 왜냐하면 풋옵션도 콜옵션과 마찬가지로 그 보유자에게 유리할 경우에만 행사할 수 있는 권리이기 때문이다.

둘째로, 풋옵션의 가격은 행사가격보다 작다. 즉, $P \leq K$이다. 만약 $P > K$일 경우 투자자는 풋옵션을 발행하여 매각함으로써 적어도 $(P-K)$의 차익거래의 이익을 얻을 수 있게 된다.

셋째로, 풋옵션의 가격은 행사가격을 무위험수익률로 할인한 값에서 현재의 기초자산의 가격을 차감한 값보다 크다. 즉, $P \geq KB(T) - S$이다. 이러한 관계는 균형하에서는 차익거래의 기회가 존재하지 않는다는 가정을 전제로 다음과 같이 증명될 수 있다.

표 11-15 풋옵션가격의 범위

| 포트폴리오 | 현재의 가치 | 만기일의 가치 | |
|---|---|---|---|
| | | $S_T > K$ | $S_T < K$ |
| $A$ | $KB(T) - P$ | $K$ | $K - (K - S_T)$ |
| $B$ | $S$ | $S_T$ | $S_T$ |
| $A - B$ | $KB(T) - S - P$ | $K - S_T < 0$ | 0 |

두 개의 포트폴리오 $A$, $B$가 있다고 하자.

A: $P$를 받고 풋옵션을 발행하여 매각하는 동시에 $KB(T)$만큼의 무위험채권을 매입한다.

B: $S$를 지불하고 주식을 매입한다.

이러한 포트폴리오를 구성할 경우 포트폴리오의 가치는 〈표 11-15〉와 같다.

〈표 11-15〉에서 보면 포트폴리오 $A$의 만기일의 가치가 포트폴리오 $B$의 만기일의 가치보다 항상 작거나($S_T > K$의 경우) 같다($S_T < K$의 경우). 따라서 차익거래의 기회가 존재하지 않기 위해서는 포트폴리오 A의 현재가치가 포트폴리오 $B$의 현재가치보다 작거나 같아야 한다. 즉, $KB(T) - S - P \leq 0$이어야 한다. 이를 정리하면 $P \geq KB(T) - S$가 된다.

한편, 아메리칸 풋옵션은 현재시점에서 당장 행사를 하면 $K$를 받을 수 있지만

그림 11-25 풋옵션의 가격곡선

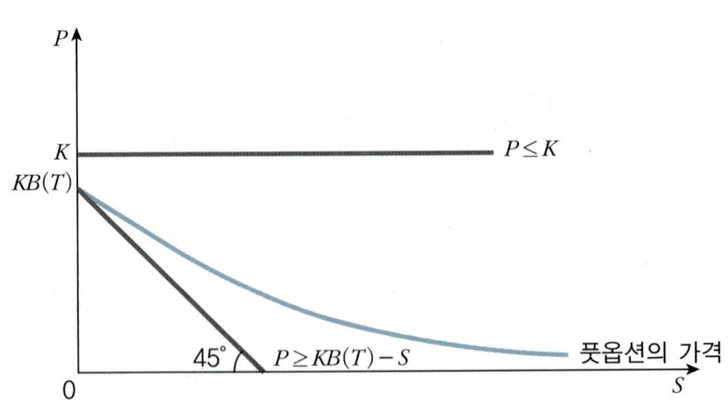

지금으로부터 $t$기간 후에 행사를 하면 $t$기간 후에 $K$를 받게 되어 그 현재가치는 $K$보다 작은 $KB(t)$가 된다. 따라서 아메리칸 풋옵션은 아메리칸 콜옵션과는 달리 만기일 이전에 미리 행사되는 것이 일반적이다. 또한 이러한 이득 때문에 아메리칸 풋옵션은 유로피언 풋옵션보다 더 높은 가격을 갖게된다.

이와 같은 조건들을 종합하면 풋옵션의 가격은 [그림 11-25]와 같은 범위내에서 형성되게 될 것이다. 다른 조건이 일정한 상태에서 풋옵션의 가격은 기초자산가격의 감소함수이므로 풋옵션의 가격은 결국 그림에서와 같이 우하향하는 곡선으로 나타나게 된다.

이와 같은 풋옵션의 가격결정모형은 콜옵션과 풋옵션과의 관계를 이용하여 구할 수 있다. 다음에서는 콜옵션과 풋옵션의 균형관계에 대해서 살펴보기로 한다.

## 3.3 풋과 콜의 평가

동일한 기초주식과 만기 및 행사가격을 가지고 있는 콜옵션과 풋옵션의 가격은 균형하에서 일정한 관계를 갖는데, 이러한 관계를 풋 · 콜 평가(put-call parity)라고 부른다. 즉, 풋 · 콜의 평가는 유로피언 옵션에 대해서 시장균형상태에서 풋옵션과 콜옵션의 가격이 가지는 관계를 말한다.

콜옵션과 풋옵션의 관계를 살펴보기 위해 한 단위의 주식과 이 주식을 일정한 가격에 매각할 수 있는 한 단위의 풋옵션을 매입 · 보유하고, 동시에 그 주식에 대하여 동일한 행사가격을 갖는 콜옵션을 발행 · 매도하는 포트폴리오를 구성한다고 하자.

먼저 이러한 포트폴리오를 구성할 경우 투자자가 현재 지불하게 되는 투자액은 다음과 같다.

| | |
|---|---|
| 주식의 매입가격 | $S$ |
| 풋옵션의 매입가격 | $P$ |
| 콜옵션의 발행가격 | $-C$ |
| 포트폴리오의 가치 | $S+P-C$ |

한편, 만기일에 실현될 수 있는 상황은 주가가 행사가격보다 낮은 경우(즉, $S_T < K$)와 주가가 행사가격보다 높거나 같은 경우(즉 , $S_T \geq K$)로 나누어 생각해 볼

수 있다.

먼저 $S_T < K$, 즉 주가가 행사가격보다 낮을 경우 포트폴리오의 가치는 다음과 같다.

| | |
|---|---|
| 주식가격 | $S_T$ |
| 콜옵션의 가치<br>(행사되지 않음) | 0 |
| 풋옵션의 가치 | $K - S_T$ |
| 포트폴리오의 가치 | $K$ |

다음 $S_T < K$, 즉 주가가 행사가격보다 높을 경우 포트폴리오의 가치는 다음과 같다.

| | |
|---|---|
| 주식가격 | $S_T$ |
| 콜옵션의 가치<br>(매수자가 행사) | $-(S_T - K)$ |
| 풋옵션의 가치 | 0 |
| 포트폴리오의 가치 | $K$ |

결과적으로 위와 같은 포트폴리오를 구성할 경우 주가가 어떻게 변동하든간에 만기일에서의 포트폴리오의 가치는 언제나 $K$가 된다. 이와 같이 주식과 옵션을 적절히 결합함으로써 위험이 전혀 없는 무위험헤지포트폴리오(riskless hedge portfolio)를 구성할 수 있으며, 이러한 포트폴리오의 수익률은 자본시장이 균형상태에 있을 때 무위험수익률과 같아야 한다.

무위험포트폴리오의 원래 투자액은 $(S + P - C)$이고 만기일에서의 가치는 $K$이므로 다음과 같은 관계식이 성립하게된다.

$$S + P - C = \frac{K}{(1 + R_f)^T}$$

단, $R_f$ : 단위기간동안의 무위험수익률

13) 무위험수익률 $R_f$ 가 연속복리수익률(continous compounding rate)일 경우 풋 · 콜 평가의 관계는 다음과 같이표시될 수 있다.

$P = C - S + Ke^{-R_f T}$ 단, $e$는 자연대수의 밑수.

앞의 식을 $P$에 관하여 정리하면 다음과 같이 된다.[13)]

$$P = C - S + \frac{K}{(1+R_f)^T}$$

이러한 관계식을 우리는 풋 · 콜 평가라고 부른다. 이 식에서 $S$는 기초주식의 현재가격이고 $K$는 옵션계약에 의해 결정되는 행사가격되며, $R_f$ 는 시장에서 외생적으로 주어지는 변수이므로 풋옵션의 가격은 콜옵션의 가격만 알면 쉽게 계산할 수 있다.

한편, 무위험헤지포트폴리오의 만기일 현금흐름은 결과적으로 액면금액이 $K$인 무위험 순수할인채권을 매입하는 것과 같은 효과를 갖게 된다. 이러한 채권의 현재가격을 $B\left(=\frac{K}{(1+R_f)^T}\right)$로 표시하면 위의 식은 다음과 같이 표시될 수도 있다.

$$P = C - S + B$$

이러한 무위험헤지포트폴리오의 이익의 형태는 [그림 11-26]과 같다.

그림 11-26 무위험헤지포트폴리오

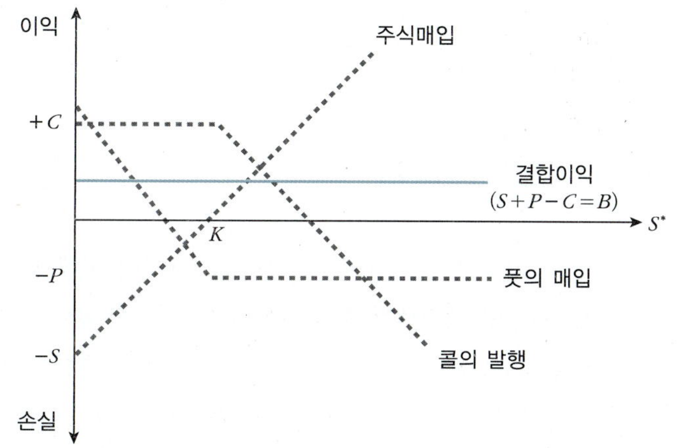

## 제 4 절 옵션가격결정모형

앞에서 우리는 옵션가격을 결정하는 몇 가지 중요한 변수들과 옵션가격의 범위에 관한 일반적인 전제조건에 대해서 살펴 보았다. 그러나 이러한 관계들은 옵션가격에 관한 정확한 관계를 규정하는 것이 아니라 각 변수들이 옵션의 가격에 어떠한 방향으로 영향을 미치는가를 나타내는 데 불과하다. 본절에서는 옵션의 균형가격결정에 관한 구체적인 공식을 유도하고 분석하기로 한다.

옵션의 가격결정에 관한 연구는 오래 전부터 이루어져 왔으나 최초의 만족할 만한 옵션의 균형가격결정모형은 1973년 블랙과 숄즈(Black and Scholes)에 의해 제시되었다.[14] 그리고 같은 해 머튼(Merton)은 이들의 모형을 여러 가지 방법으로 확장한 모형을 제시하였고,[15] 이후 이들의 논문을 기초로 옵션의 가격결정에 관한 많은 학문적 연구가 이루어졌다.

그러나 옵션가격결정모형을 유도하기 위하여 블랙·숄즈와 머톤이 사용한 수학적 기법은 매우 어렵고, 그 경제적 의미가 불명확한 것이었다. 이에 사프(W. Sharpe)는 간단한 수학을 사용하여 동일한 결과를 유도할 수 있는 방법을 제시하였고, 이에 따라 콕스, 로스, 루빈스타인(Cox, Ross, and Rubinstein) 등은 보다 간단한 방법을 이용하여 옵션가격결정모형을 도출하기에 이르렀다.[16]

여기서는 옵션의 균형가격을 설명하는 가장 단순한 모형인 이항분포모형과 가장 먼저 개발되어 널리 사용되고 있는 블랙과 숄즈의 모형을 소개하기로 한다.

### 4.1 이항분포모형

옵션의 가격은 만기일에 기초자산의 가격이 어떻게 변동하느냐에 따라 달라진다. 기초자산의 가격변동에 대해 어떠한 가정을 하는가에 따라 옵션의 가격이 달라지게 된다는 것이다. 기초자산의 가격변동에 대한 가정은 여러 가지 형태로 설정될 수 있지만 가장 단순한 것이 기초자산의 가격변동이 이항분포(binomial

14) F. Black and M. Scholes, "The Pricing of Options and Corporate Liabilities," *Journal of Political Economy* 81 (May/June 1973), pp.258~282.

15) R. C. Merton, "Theory of Rational Option Pricing," *Bell Journal of Economics and Management Science* 4(Spring 1973), pp.141~183.

16) J. C. Cox, S. A. Ross, and M. Rubinstein, "Option Pricing: A Simplified Approach," *Journal of Financial Economics* 7 (Sep. 1979), pp.229~263.

distribution)를 따른다고 하는 것이다.[17)]

결과가 단 두 가지로만 나타나는 시행(trial)을 베르누이 시행(Bernoulli trial)이라고 한다. 예를 들어 동전을 던졌을 때 나오는 앞면과 뒷면, 자격시험의 결과가 성공과 실패 등 두 가지 결과 중 하나가 나타나는 것을 말하며, 주가가 상승 또는 하락, 두 가지 중 하나가 나타난다고 가정하는 것도 베르누이 시행이라고 할 수 있다.

베르누이 시행을 반복하여 특정 결과가 나타나는 횟수를 확률분포로 나타낸 것이 이항분포이다. 가령 동전을 10회 던져 6번 앞면이 나올 확률, 3번 앞면이 나올 확률 등이다.

옵션가격결정모형 중 이항분포모형은 주가가 이항분포를 따른다고 가정하는 것이다. 이 모형은 옵션의 만기일까지 기간이 단일기간인 경우와 여러 기간인 경우로 나눈다.

## 1. 단일기간모형

옵션의 만기일까지 기간을 한 기간으로 간주하고, 이 기간 중에 주가는 상승 또는 하락의 두 가지 중 하나가 나타나는 베르누이분포를 가진다고 가정하는 것이 단일기간모형(single period model)이다.

먼저 이항분포모형에 의하면 유로피언 콜옵션의 가격이 어떻게 결정되는지 살펴보자. 예를 들어 고려기업의 주가가 [그림 11-27]과 같은 이항분포를 가진다고 가정하자. 고려기업의 현재 주가는 100원이며, 옵션의 만기일에서 주가는 상승하거나 하락하게 되는데 주가가 상승할 경우 현재에 비해 10% 상승(주가 상승 시 승수 $u = 1.1$)하고, 하락할 경우에는 현재에 비해 8% 하락(주가 하락 시 승수 $d = 0.92$)한다고 가정한다. 여기서 주가가 상승할 확률($q$)은 0.5라고 하자. 그리고 이

**그림 11-27 단일기간의 주가분포**

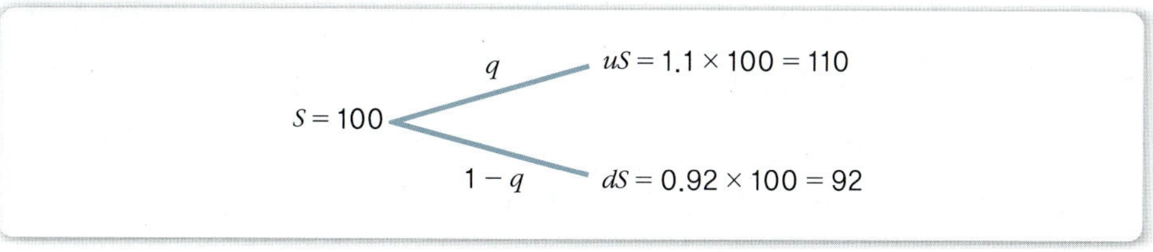


17) 이하에서는 설명의 편의를 위해 기초자산을 주식으로 하는 주식옵션을 가정한다.

그림 11-28 단일기간의 콜옵션가치

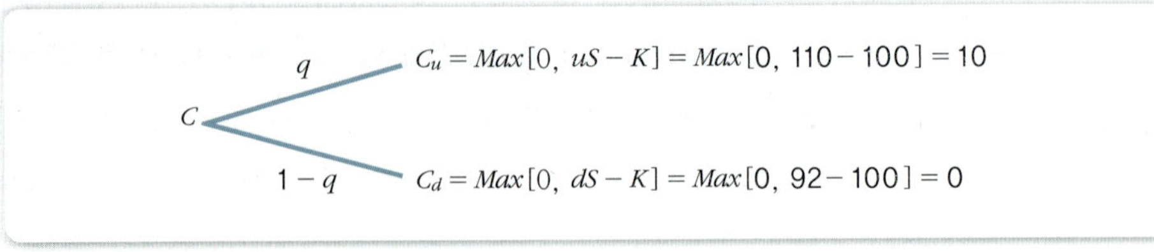


그림 11-29 헤지포트폴리오

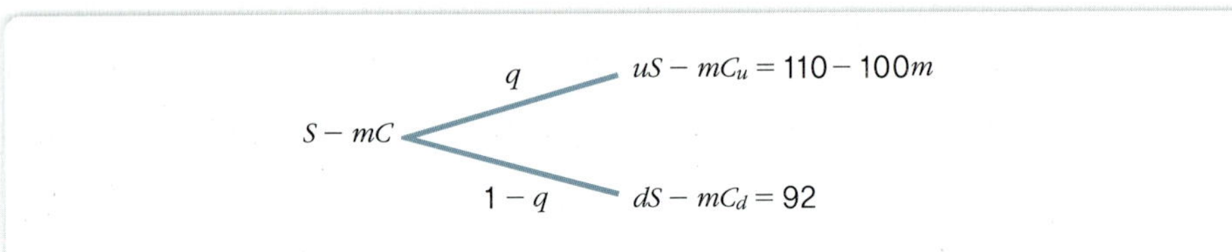


주식에 대해 행사가격이 100원인 콜옵션이 발행되었다고 하자.

주가가 이항분포를 따를 경우 행사가격 $K = 100$인 콜옵션의 기말에서의 가치는 [그림 11-28]과 같다.

[그림 11-28]에서 $C_u$는 주식가격이 오를 경우 기말의 옵션가치를 나타내고 $C_d$는 주식가격이 내릴 경우 기말의 옵션가치를 나타낸다.

콜옵션의 가격 $C$는 주식과 콜옵션을 가지고 무위험헤지포트폴리오(risklree hedge portfolio)를 구성할 때 그 수익률은 균형상태에서 무위험수익률과 같게 된다는 일반균형조건으로부터 구할 수 있다. 1단위의 주식을 매입하고 그 주식에 대한 $m$단위의 콜옵션을 발행하여 매도할 경우 헤지포트폴리오의 가치는 [그림 11-29]와 같이 된다.

이러한 헤지포트폴리오의 기말의 가치가 주가변동에 관계없이 동일하다면 이 포트폴리오의 위험은 영(0)이 될 것이이며, 이 포트폴리오는 무위험헤지포트폴리오가 된다. 따라서 무위험헤지포트폴리오를 구성하기 위하여 발행하여야 할 콜옵션의 수는 다음과 같다.

$$uS - mC_u = dS - mC_d$$

$$m = \frac{S(u - d)}{C_u - C_d}$$

**표 11-16 무위험헤지포트폴리오의 가치**

| 헤지포트폴리오 | 현재 가치 | 기말의 가치 | |
|---|---|---|---|
| | | 주가상승 | 주가하락 |
| 주식매입 | 100 | 110 | 92 |
| 1.8콜 발행 | −1.8 | −1.8 × 10 | 0 |
| 합계 | 20 − 1.8C | 92 | 92 |

위의 예에서 무위험헤지포트폴리오를 구성하기 위해 매도하여야 하는 콜옵션의 수, 즉 헤지비율은 다음과 같이 계산된다.

$$m = \frac{100(1.1 - 0.92)}{10 - 0} = 1.8$$

즉, 위의 예에서는 1단위의 주식을 매입하고 1.8단위의 콜옵션을 발행함으로써 무위험 헤지 포트폴리오를 구성할 수 있다. 이 경우 무위험헤지포트폴리오의 기말의 가치는 〈표 11-16〉과 같다.

한편, 무위험헤지포트폴리오의 수익률은 균형상태에서 무위험수익률과 같아야하므로 기말의 가치는 현재가치에 $R(= 1 + \text{무위험이자률})$을 곱한 것과 같아야 한다.

$$R(S - mC) = uS - mC_u$$

따라서 콜 옵션의 현재가치는 다음과 같이 나타낼 수 있다.

$$C = \left[C_u\left(\frac{R-d}{u-d}\right) + C_d\left(\frac{u-R}{u-d}\right)\right]/R$$

여기서 $p$를

$$p = \frac{R-d}{u-d}, \; 1 - p = \frac{u-R}{u-d}$$

로 놓으면 윗 식은 다음과 같이 간단히 될 수 있다.

$$C = [pC_u + (1-p)C_d]/R$$

위 식을 보면 콜옵션의 가치는 $C_u$가 나타날 확률이 $p$이고 $C_d$가 나타날 확률이 $1-p$인 미래현금흐름을 무위험이자율로 할인한 것과 같다. 할인율이 무위험이자율이므로 현금흐름은 위험이 없는 것으로 간주할 수 있다. 따라서 분자의 현금흐름이 무위험한 것처럼 만들어 주는 확률 $p$를 헤지확률(hedge probability)이라고 한다. 헤지확률은 주가의 상승확률 $q$와는 아무런 관계가 없다.

위의 예에서 무위험수익률을 6%라고 가정하면 콜옵션의 가격은 다음과 같이 계산 될 수 있다.

$$C=\left[C_u\left(\frac{R-d}{u-d}\right)+C_d\left(\frac{u-R}{u-d}\right)\right]/R$$

$$=\left[10\left(\frac{1.16-0.92}{1.1-0.92}\right)+0\left(\frac{1.1-1.06}{1.1-0.92}\right)\right]/1.06$$

$$=7.3375\text{원}$$

동일한 과정을 풋옵션에 대해서도 적용할 수 있다. 위의 예에서 고려기업 주식에 대해 행사가격 100원인 유로피언 풋옵션이 발행되었다고 하자. 주가가 이항분포를 따른다면 풋옵션의 만기일(기말) 가치는 [그림 11-30]와 같아진다.

여기서 무위험 헤지포트폴리오를 구성하기 위해 고려기업 주식 1주를 매입하고 동시에 $n$단위의 풋옵션을 매입한다면 이 포트폴리오의 만기일 가치는 [그림

그림 11-30 풋옵션의 만기일 가치

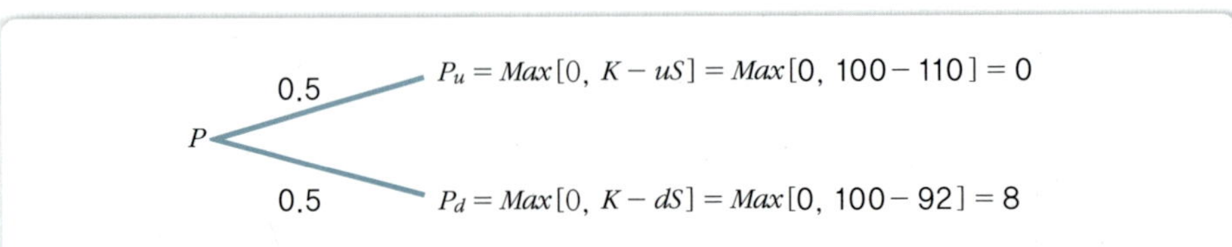


그림 11-31 풋옵션을 이용한 헤지포트폴리오

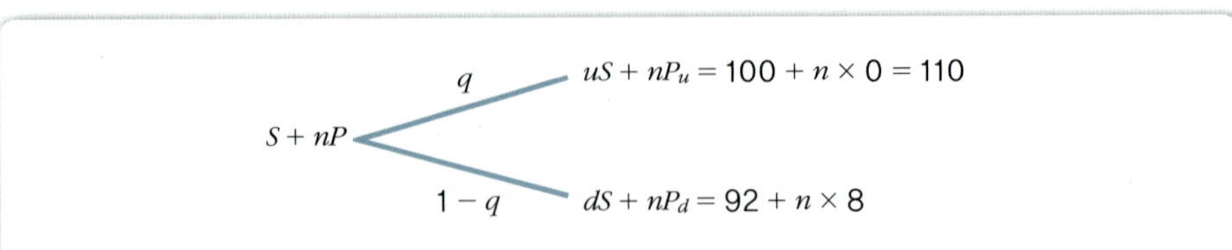

11-31]과 같아진다.

이 포트폴리오가 무위험헤지포트폴리오가 되기 위해서는

$$92 + 8n = 110, \ n = 2.25$$

가 되면 된다. 즉, 주식 1주를 매입하고 동시에 풋옵션 2.25단위를 매입하면 무위험헤지포트폴리오를 구성할 수 있다.

차익거래의 기회가 없는 균형상태에서 무위험헤지포트폴리오는 무위험수익률만큼만 수익을 획득하여야 하므로

$$(S + nP)(1 + R_f) = uS + nP_u = dS + nP_d$$
$$(100 + 2.25P) = 110$$
$$\therefore P = \frac{40}{9}$$

이다. 즉, 균형상태에서 풋옵션의 가격은 $\frac{40}{9}$이다.

## 2. 다기간 모형

지금까지는 옵션만기일까지의 기간을 단일기간으로 가정하고 옵션의 가격이 어떻게 결정되는가 살펴보았다. 단일기간모형은 주가의 상승과 하락이 한번 발생하는 베르누이 시행과 같다.

이제 이 모형을 확장하여 주가의 상승과 하락이 여러 번 반복적으로 발생하는 상황을 고려해 보자. 먼저 옵션만기일까지 기간을 두 기간으로 가정할 경우 이항분포모형에 의해 옵션가격이 어떻게 결정되는지 살펴보자.

앞서의 예를 그대로 사용하여 콜옵션의 가격이 어떻게 결정되는지를 살펴보기 위해서 두 기간 동안 주가 변화와 그에 따른 콜옵션의 가치변화를 나타내면 [그림 11-32]와 같다.

그림 11-32 주가와 옵션가격의 변화(2기간 모형)

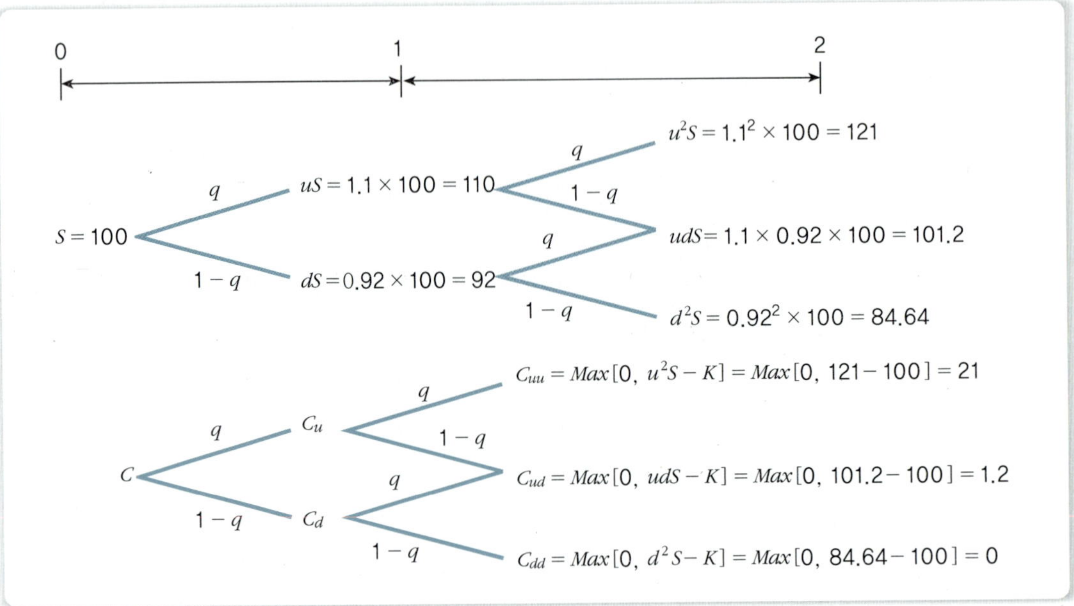


여기서 단일기간의 옵션가격결정모형을 이용하여 $C_u$ 및 $C_d$ 를 구할 수 있다.

$$C_u = [pC_{uu} + (1-p)C_{ud}]/R$$
$$C_d = [pC_{du} + (1-p)C_{dd}]/R$$

$C_u$ 및 $C_d$ 의 값을 다시 단일기간의 옵션가격결정모형에 대입함으로써 옵션의 가치는 다음과 같이 표시될 수 있다.

$$C = [p^2C_{uu} + p(1-p)C_{ud} + (1-p)pC_{du} + (1-p)^2 C_{dd}]/R^2$$

위의 예에서

$$p = \frac{R-d}{u-d} = \frac{1.06 - 0.92}{1.1 - 0.92} = \frac{7}{9},\ 1-p = \frac{2}{9}$$

이다. 따라서

$$C_u = \frac{\left[\frac{7}{9} \times 21 + \frac{2}{9} \times 1.2\right]}{1.06} = 15.66, \ C_d = \frac{\left[\frac{7}{9} \times 1.2 + \frac{2}{9} \times 0\right]}{1.06} = 0.88$$

이를 단일기간모형을 이용하여 콜옵션의 가격을 계산하면

$$C = \frac{\left[\frac{7}{9} \times 15.66 + \frac{2}{9} \times 0.88\right]}{1.06} = 11.675$$

가 된다.

이와 같이 2기간을 가정할 경우 옵션가격결정모형은 단일기간모형을 반복하여 적용한 결과로서 단일기간모형을 이항전개하여 얻을 수 있다. 또한 윗 식에서 콜옵션의 가치는 2기간 후의 기대이익을 무위험수익률로 할인한 값과 같다는 것을 알 수 있다.

마찬가지로 2기간 모형을 $T$기간의 경우로 일반화하면 콜옵션의 가치는 $T$기말의 각각의 최종적인 이득을 그 헤지확률로 곱하여 더한 후 그 기간에 대한 무위험수익률로 할인한 값과 같다. 즉,

$$\mathrm{C} = \left\{ \sum_{n=0}^{T} \frac{T!}{(T-n)!n!} p^n (1-p)^{T-n} \cdot Max[0,\ u^n d^{T-n} S - K] \right\} / R^T$$

단, $T$ : 총기간의 수
$n$ : 주가상승회수

가 된다.

이상의 결과는 옵션의 가격결정과 관련하여 몇가지 중요한 사실을 시사하여 주고 있다.

첫째, 옵션의 가치는 주가상승 또는 하락의 확률($q$)과는 무관하게 결정된다는 것이다. 즉, 투자자들이 다른 변수에 대해 동일한 예측을 하고 있다면, 주가가 오르거나 내릴 확률에 대해 서로 다른 예상을 하고 있더라도 콜옵션의 균형가격이 존재할 수 있다.

둘째, 옵션의 가치는 투자자들의 위험에 대한 태도와는 무관하게 결정된다는 것이다. 위의 식을 도출하는 데 있어서 투자자의 행동과 관련하여 필요한 가정은 단지 보다 많은 부를 선호한다는 것뿐이다. 따라서 투자자가 위험을 회피하는지

선호하는지는 옵션가격에 영향을 미치지 않는다.

셋째, 옵션의 가치를 결정하는 확률변수는 기초주식의 가격뿐이라는 것이다. 즉, 옵션의 가치는 시장포트폴리오와 같은 다른 자산이나 포트폴리오의 가격과는 무관하다.

이항분포모형은 그 기간을 무한히 분할해 나갈 때 블랙과 숄즈의 연속적 시간 모형으로 확장될 수 있다.[18] 다음에서는 블랙과 숄즈의 옵션가격결정모형에 대하여 살펴보기로 한다.

## 4.2 블랙 · 숄즈의 모형

앞에서 설명한 이항분포모형은 주가의 변동이 항상 이항분포를 따른다는 매우 단순화된 가정을 기초로 옵션의 균형가격을 도출하고 있다. 이에 블랙과 숄즈(Black & Scholes)는 주가의 변동을 연속적으로 랜덤 워크(random walk)에 따라 변화하는 위너과정(wiener process)로 가정하고 옵션의 균형가격결정모형을 도출하였다.[19]

여기서 위너과정이란 확률변수의 값이 시간적으로 독립된 정규분포이며 또한 연속적으로 변화하는 확률과정(stochastic process)을 말한다. 이와 같이 주가가 위너과정을 따를 경우 주가의 변화율은 다음과 같이 설명된다.

$$\frac{dS}{S} = \mu dt + \sigma dz$$

$dt$는 시간의 변화, $\mu$는 $dt$ 동안의 평균수익률, $\sigma$는 $dt$ 동안의 수익률의 표준편차, 그리고 $dz$는 표준정규분포를 갖는 확률변수를 나타낸다.

한편, 투자자는 주식을 매입하고 동시에 콜옵션을 적절히 발행함으로써 그 가치가 주가와 독립적인 무위험헤지포트폴리오를 구성할 수 있다. 매입하는 주식의 수를 $Q_S$, 매도하는 콜의 수를 $Q_C$ 라고 하면 헤지포트폴리오의 가치($V_H$)는 다음과 같다.

---

18) 이러한 이항모형의 확장에 대해서는 다음을 참조하기 바란다. T. E. Copeland and J. F. Weston, *Financial Theory and Corporate Policy*, 2nd ed., Addison Wesley, 1983, pp.253~255.

19) F. Black and M. Scholes, "The Pricing of Options and Corporate Liabilities," *Journal of Political Economy*, May/June 1973, pp. 637~659.

$$V_H = SQ_S + CQ_C$$

전미분을 이용하여 헤지포트폴리오의 가치의 변화를 구하면 다음과 같다.

$$dV_H = Q_S dS + Q_C dC$$

여기서 옵션의 가격은 주가의 함수이고 주가는 위너과정을 따르기 때문에 옵션가격의 변화는 다음과 같은 확률미분방정식으로 표시될 수 있다.

$$dC = \frac{\partial C}{\partial S}dS + \frac{\partial C}{\partial t}dt + \frac{1}{2}\frac{\partial^2 C}{\partial S^2}\sigma^2 S^2 dt$$

따라서 헤지포트폴리오의 가치의 변화는 윗 식을 대입하여,

$$dV_H = Q_S \cdot dS + Q_C\left[\frac{\partial C}{\partial S}dS + \frac{\partial C}{\partial t}dt + \frac{1}{2}\frac{\partial^2 C}{\partial S^2}\sigma^2 S^2 dt\right]$$

가 된다.

한편, 앞에서 언급한 무위험헤지포트폴리오를 만들기 위해서는 주식과 옵션의 결합비율을 주가의 변동에 따라 계속적으로 조정해주어야 한다.

즉 기초자산인 주식의 가치변화와 옵션의 가치변화가 정확히 상쇄될 수 있도록 주식 1주를 매입보유할 경우, 콜옵션 몇 단위를 매도할 것인가를 계속적으로 결정해야 한다.

[그림 11-33]는 이러한 무위험헤지포트폴리오의 구성방법을 나타내고 있다.

[그림 11-33]의 $R$점에서와 같이 주가가 $S_0$일 경우 무위험헤지포트폴리오를 구성하기 위해서는 주식 1주를 매입할 때마다 곡선 $C$의 $R$점에서의 접선의 기울기 $\frac{\partial C}{\partial S}$의 역수 $\left(\frac{1}{\partial C/\partial S}\right)$와 같은 수의 콜옵션을 매도하면 된다. 왜냐하면 매입된 주식의 가격이 $\Delta S$만큼 변할 때 매도된 $\frac{1}{\partial C/\partial S}$단위의 콜옵션의 가치의 변화는 $\Delta S$와 같게 되기 때문이다.

$$\Delta C\frac{1}{\partial C/\partial S} = \Delta S\frac{\partial C}{\partial S}\frac{1}{\partial C/\partial S} = \Delta S$$

따라서 헷징을 하고자 하는 옵션거래자의 입장에서 가장 관심을 보이는 것은

그림 11-33 헤지비율의 조정

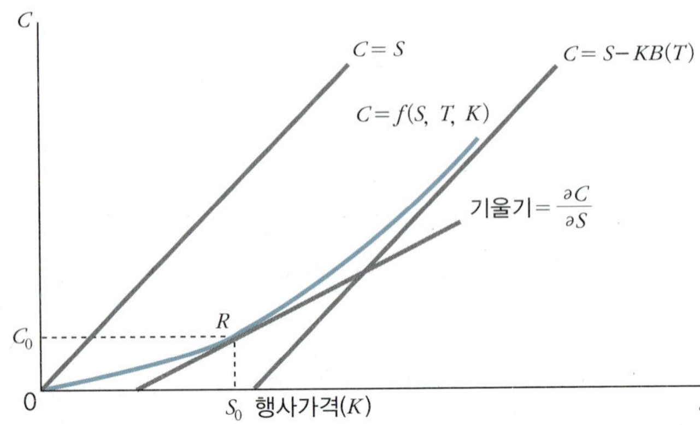


기초자산의 가격변화와 이에 대한 옵션의 가격변화가 어떤 관계에 있는가 하는 점에 있다.

이러한 관계를 측정해 주는 척도가 바로 접선의 기울기로 표시되는 옵션델타(option delta)이다. 옵션델타의 크기(접선의 기울기)는 기초자산(주식)의 가격이 행사가격보다 큰가 또는 작은가에 따라 〈표 11-17〉에서와 같이 0과 1 사이의 값을 갖게 된다.

그런데 위와 같이 구성된 무위험 헤지포트폴리오의 수익률은 균형하에서는 무위험수익률과 같게 될 것이다. 즉,

$$\frac{dV_H}{V_H} = R_f dt$$

위의 식들에 $Q_S = 1$, $Q_C = \dfrac{1}{\partial C / \partial S}$ 을 대입하여 정리하면 다음과 같은 옵션의 가치변화를 나타내는 미분방정식을 얻을 수 있다.

표 11-17 옵션델타의 변화범위

| 옵션의 상태 | 옵션델타($\Delta$) |
|---|---|
| In-the-money option(ITM) | 0.5~1.0 |
| At-the-money option(ATM) | 0.5 |
| Out-of-the money option(OTM) | 0~0.5 |

$$\frac{\partial C}{\partial t} = R_f C - R_f S \frac{\partial C}{\partial S} - \frac{1}{2} \frac{\partial^2 C}{\partial S^2} \sigma^2 S^2$$

이 미분방정식에 옵션가격의 범위를 나타내는 $C = Max[0,\ S - K]$라는 경계조건을 도입하여 그 해를 구하면 다음과 같은 옵션가격결정모형을 얻을 수 있게 된다.

$$C = SN(d_1) - Ke^{-R_f T}N(d_2)$$

$$\text{단, } d_1 = \frac{\ln(S/K) + R_f T}{\sigma\sqrt{T}} + \frac{1}{2}\sigma\sqrt{T}$$

$$d_2 = d_1 - \sigma\sqrt{T}$$

여기서 $N(d)$는 표준정규분포의 누적확률로서 평균 0과 표준편차 1을 갖는 표준정규분포에서 $d$보다 작은 편차가 발생할 확률을 나타낸다.

예를 들어 현재의 주가가 $50이고 행사가격이 $45인 3개월 만기인 콜옵션의 가격을 구해보기로 하자. 무위험수익률이 6%이고 주가의 분산은 20%로 추정되었다고 가정한다. 또한 이 주식에 대한 배당이나 기타 자본배분은 없다고 가정한다. $d_1$과 $d_2$는 다음과 같이 계산된다.

$$d_1 = \frac{\ln(50/45) + (0.06)(0.25)}{\sqrt{0.2}\sqrt{0.25}} + \frac{1}{2}\sqrt{0.2}\sqrt{0.25}$$

$$= 0.65$$

$$d_2 = d_1 - \sigma\sqrt{T} = 0.65 - \sqrt{0.2}\sqrt{0.25}$$

$$= 0.4264$$

$N(d)$는 [그림 11-34]와 같이 표준정규분포에서의 누적확률을 나타내는 것이므로 표준정규분포표를 이용하여 그 값을 구할 수 있다.

$$N(d_1) = \int_{-\infty}^{0} f(z)dz + \int_{0}^{0.65} f(z)dz$$

$$= 0.5 + 0.242 = 0.742$$

$$N(d_2) = \int_{-\infty}^{0} f(z)dz + \int_{0}^{0.4264} f(z)dz$$

$$= 0.5 + 0.1651 = 0.6651$$

그림 11-34 **표준정규분포**

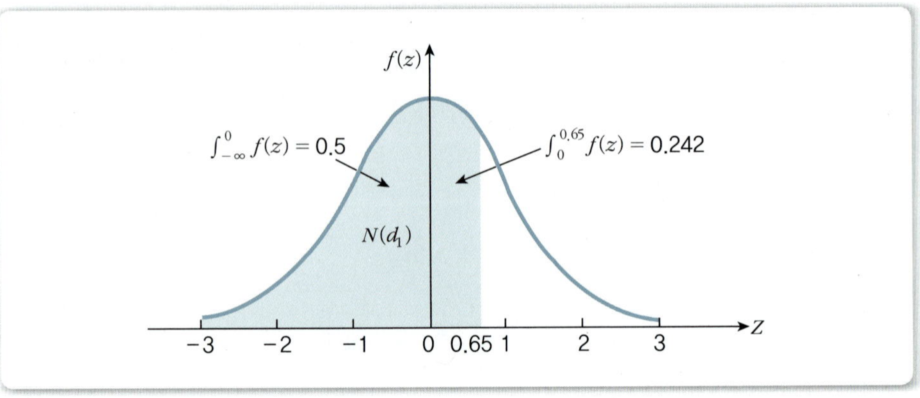


따라서 콜옵션의 가격은 다음과 같이 계산된다.

$$
\begin{aligned}
C &= 50(0.742)-(45)e^{(-0.06)(0.25)}(0.6651) \\
&= 37.10 - 29.48 \\
&= 7.62(\$)
\end{aligned}
$$

이와 같이 블랙 · 숄즈의 모형에서 옵션의 가치는 주식가격과 행사가격의 직접적인 함수임을 알 수 있다. 즉, 주식가격이 상승하면 옵션의 가치도 증가하며 행사가격이 증가하면 옵션의 가치는 감소한다. 그리고 무위험수익률, 만기일까지의 기간, 그리고 주식가격의 분산도 할인가치나 누적확률을 변화시킴으로써 옵션의 가치에 영향을 미치고 있음을 알 수 있다.

한편, 블랙과 숄즈의 옵션가격결정모형은 거래비용 · 세금 등이 존재하지 않는 완전자본시장을 전제로 하고 주가의 분포가 위너과정에 따르며 주식에 대한 배당 등 자본의 분배가 이루어지지 않는다는 가정하에서 도출된 것이다. 그러나 이러한 가정을 현실성 있게 완화할 경우에도 블랙 · 숄즈의 모형은 유효한 옵션가격결정으로 평가되고 있다.

Learning Cafe 4

## 블랙(F. Black)과 숄즈(M. Scholes) 이야기

2008년 세계적인 경제위기의 주범으로 가장 많이 회자되는 것이 바로 서브프라임과 그것의 이론적 토대를 만들어준 금융공학(Financial engineering)이다.

실제 금융공학은 수학적인 도구와 경영 · 경제 · 산업공학 등의 이론을 융합시켜 주식과 채권, 원자재 등의 현물시장과 선물, 파생시장을 분석하는 분야다. 금융공학이 발달하면서 특정한 기초자산을 근거로 수없이 많은 선물과 파생상품이 쏟아져 나왔다. 특히 금융공학은 90년대 이후 냉전 종식으로 미국의 우주개발에 대한 투자가 감소하면서, 물리학자들이 금융계로 몰려들어 급속히 발전했다고 한다.

금융공학의 발전에 가장 핵심적인 기여를 한 것은 바로 1973년에 발표된 블랙숄즈(Black-Scholes) 방정식이다. 이 방정식은 일본 이토(Ito) 교토대 교수의 확률미적분이론을 이용해 옵션의 가격을 계산한 모델이다.

이토 교수는 공기 중에 피어오르는 연기나 물 위를 떠다니는 꽃가루와 같은 불규칙한 운동을 수학적으로 설명해 냈는데, 블랙숄즈 모형은 이토 이론을 응용한 특정한 방정식을 통해 옵션과 같은 금융상품의 가격결정 원리를 풀어냈다. 이 과정에서 블랙숄즈는 물리학의 열 방정식을 기초로 확률론적인 방법으로 해(解)를 구했다고 한다.

이 모형이 등장한 이후 월가에는 수없이 많은 파생상품이 쏟아져 나왔고, 투자은행들은 한동안 천문학적인 수익을 올렸다. 1980년대에는 노벨상 수상자와 수학자, 물리학자 등이 직접 헤지펀드의 효시가 된 LTCM(Long-Term Capital Management)을 만들기도 했다.

숄즈는 파생상품을 발전시켜 금융의 영역을 크게 넓힌 기여로 97년 노벨경제학상을 받았다. (그러나 블랙은 안타깝게도 95년 암으로 사망해 사후에는 노벨상을 수여하지 않는 전통에 따라 수상하지 못했다. 대신 숄즈와 헤지펀드를 같이 만든 머튼(Merton) 교수가 공동 수상했다.)

결국 블랙숄즈 방정식으로 파생상품의 가치평가가 가능하게 됐으며, 이에 따라 옵션을 부여한 상품도 세상에서 빛을 보게 된 것이다. 이 방정식 하나로 지난 십여 년간 월스트리트는 역사상 최대 호황을 누렸고, 미국은 세계의 금융 산업을 제패했었다.

출처: 정갑영 연세대 교수, 매경이코노미 제1506호(09.05.20일자) 기사에서 편집.

## 제 5 절 옵션가격결정모형의 응용

이제까지 설명한 옵션가격결정모형은 비단 옵션의 가격을 평가하는 데 이용될 수 있을 뿐만 아니라 옵션과 유사한 성격을 갖는 다른 자산의 가치를 평가하는 데에도 적용될 수 있다. 여기서는 부채를 사용하고 있는 기업의 자기자본과 전환사채 및 신주인수권부사채의 평가에 옵션가격결정모형이 어떻게 적용될 수 있는가 간단히 살펴보기로 한다.

### 5.1 자기자본의 평가

블랙과 숄즈는 그들의 논문에서 부채를 사용하고 있는 기업의 주식은 그 기업의 총자산에 대한 콜옵션으로 볼 수 있음을 시사한 바 있다. 기업이 사용하고 있는 사채가 만기일에 액면금액을 상환하는 순수할인사채(pure discount bond)일 경우에, 주주는 사채를 발행할 때 기업의 모든 자산을 사채권자에게 팔고 그 대신 사채의 만기일에 액면가격으로 그 기업을 다시 사들일 수 있는 옵션을 가지는 것으로 생각할 수 있다는 것이다. 이 경우 옵션의 기초자산은 기업의 총자산이 되고 행사가격은 사채의 액면가격이 된다는 것이다.

사채의 만기일에 기업의 총자산 가치($V^*$)가 사채의 액면가격($B^*$)보다 클 경우 주주는 옵션을 행사하여 그 초과분($V^* - B^*$)에 대한 소유권을 획득하게 되지만, 반대로 사채의 만기일에 기업의 총자산의 가치가 사채의 액면가격보다 작을 경우에는 주주들은 옵션을 행사하지 않게 된다. 이때 주식의 가치는 0이 되는데, 이는 주주의 유한책임(limited liability) 때문이다.

따라서 사채의 만기일에서의 자기자본가치는 다음과 같이 정의할 수 있다.

$$S^* = Max[0,\ V^* - B^*]$$

이와 같이 기업의 자기자본은 유로피언 콜옵션으로 볼 수 있기 때문에 자기자본의 현재가치, 즉 주주의 부는 옵션가격결정요인인 기업의 가치($V$), 부채의 액면가격($B^*$), 기업가치의 분산($\sigma_V^2$), 사채의 만기일까지의 기간($T_B$), 그리고 시장이자율(무위험이자율: $R_f$) 등의 함수로 표시될 수 있다.

$$S = f(V,\ B^*,\ \sigma_V^2,\ T_B\ ,\ R_f)$$

콜옵션의 성질로부터 다음과 같은 관계가 성립하게 된다.

$$\frac{\partial S}{\partial V} > 0,\ \frac{\partial S}{\partial B^*} < 0,\ \frac{\partial S}{\partial \sigma_V^2} > 0,\ \frac{\partial S}{\partial T_B} > 0, \frac{\partial S}{\partial R_f} > 0$$

블랙과 숄즈의 옵션가격결정모형을 적용하여 기업의 자기자본의 가치를 구하면 다음과 같다.

$$S = VN(d_1) - B^* e^{-R_f T_B} N(d_2)$$

$$\text{단, } d_1 = \frac{\ln(V/B^*) + R_f T_B}{\sigma_V \sqrt{T_B}} + \frac{1}{2}\sigma_V \sqrt{T_B}$$

$$d_2 = d_1 - \sigma_V \sqrt{T_B}$$

기업의 부채의 가치는 기업의 가치에서 자기자본의 가치를 차감한 것과 같으므로,

$$B = V - S$$

가 된다.

예를 들어 어떤 기업의 현재가치가 50억원이고 이 기업의 자산에 대한 수익률의 표준편차가 12%로 추정되고 있다고 하자. 이 기업은 현재 액면금액 40억원의 3년만기 할인사채를 발행하고 있으며, 무위험수익률은 10%라고 한다. 이때 이 기업의 자기자본 및 부채의 현재가치를 구해보자.

먼저 $d_1$, $d_2$를 계산하면 다음과 같다.

$$d_1 = \frac{\ln(50/40) + (0.10)(3)}{(0.12)(\sqrt{3})} + \left(\frac{1}{2}\right)(0.12)(\sqrt{3}) = 2.62$$

$$d_2 = 2.62 - (0.12)(\sqrt{3}) = 2.41$$

다음, $N(d_1)$, $N(d_2)$를 계산하면 다음과 같다.

$$N(d_1) = 0.5 + 0.4956 = 0.9956$$
$$N(d_2) = 0.5 + 0.4920 = 0.9920$$

위의 결과를 블랙 · 숄즈의 옵션가격결정모형에 대입하면 자기자본 및 부채의 현재가치는 다음과 같이 계산된다.

$$\begin{aligned} S &= (50)(0.9956) - e^{(-0.1)(3)}(40)(0.9920) \\ &= 20.38(\text{억원}) \\ B &= V - S = 50 - 20.38 \\ &= 29.62(\text{억원}) \end{aligned}$$

## 5.2 전환사채의 평가

전환사채(convertible bond)란 소유자의 의사에 따라 그 기업의 보통주식으로 전환할 수 있는 권리가 주어진 채권을 말한다. 전환사채는 법률적으로 서로 다른 두 개의 권리를 동시에 보유하게 되는데, 그 하나는 만기일까지의 원리금의 청구권이고 다른 하나는 주식으로 전환할 수 있는 전환권(conversion privilege)이다.

어떤 시점에 있어서 전환사채의 성격은 일반사채가치나 전환가치보다 높게 형성된다.[20] 이는 전환사채가 일반사채로서 미래의 이자지급 및 원금상환에 대한 청구권을 가지고 있을 뿐만 아니라 주식으로서의 전환권 역시 가지고 있기 때문이다. 전환권은 일정기간내에 일반채권으로서의 가치를 포기하고 주식을 취득할 수 있다는 점에서 아메리칸 콜옵션과 같은 성격을 가지고 있다. 전환가치(conversion value)는 전환권을 행사하여 보통주로 전환할 경우 전환사채가 가지는 가치로서 현재의 주가에 전환율(conversion ratio)을 곱한 것이다. 전환율은 전환사채 액면 단위당 전환할 수 있는 보통주식수를 말한다.

전환가치가 일반사채가치보다 높다면 채권소유자는 전환권을 행사하여 이익을 얻을 수 있고, 그렇지 못한 경우에는 전환권을 포기하고 일반채권으로서의 권리만을 행사할 것이다. 따라서 전환권의 가치는 그 주식의 콜옵션의 가격에 전환율을 곱한 것과 같게 되며 전환프리미엄(convertible premium)이라고 부른다.

20) 여기서 일반사채(straight bond)가치란 전환사채와 다른 조건은 모두 동일하고 전환권만 없는 채권의 가치를 말한다.

그림 11-35 전환가치와 전환프리미엄

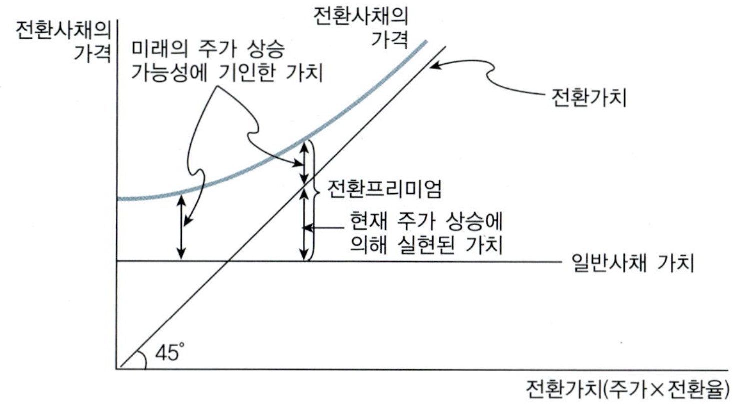


따라서 전환사채의 가치는 [그림 11-35]에서와 같이 일반사채가치에 전환프리미엄을 합한 것과 같다.

[그림 11-35]에서 전환프리미엄은 전환가치가 증가함에 따라 증가함을 알 수 있다. 만약 주식가치가 매우 낮으면 채권보유자가 전환권을 행사함으로써 이익을 얻게 될 가능성, 즉 전환가치가 일반사채가치를 능가할 가능성은 매우 적기 때문에 전환프리미엄은 매우 낮다. 그러나 미래에 전환가치가 일반사채 가치를 능가할 가능성이 조금이라도 존재하는 한 전환프리미엄은 0보다 크다. 이는 옵션의 시간가치와 같은 것이다.

한편, 주가가 높은 수준일 경우 전환프리미엄은 높게 책정된다. 주가가 높으면 당장 전환권을 행사함으로써 전환가치가 일반사채 가치를 초과하는 부분(옵션의 내재가치)만큼 이익을 얻을수 있을 뿐만 아니라 미래에 주가상승의 가능성이 여전히 존재하기 때문이다.

이와 같이 전환사채의 가격은 일반사채 가치에 옵션의 성격을 갖는 전환프리미엄을 가산하여 평가할 수 있으나, 실제로 전환사채의 가격은 이론적 가격과 차이가 있을 수 있다. 그 이유는 첫째로 전환사채의 전환권이 유로피언 콜옵션이 아니라 아메리칸 콜옵션에 가깝다는 것이다. 즉, 전환권의 행사는 어느 특정시점에 한정되는 것이 아니라 만기일 이전까지의 일정한 기간 동안으로 약정된다. 둘째로 전환사채는 전환가격이 시간이 흐름에 따라 높아지는 경우가 허다하다. 전환권의 행사시기에 따라 전환가격이 달라지는 것은 옵션의 행사가격이 행사시기에 따라 달라지는 것과 같은 의미를 갖는 것이다. 그리고 셋째로 전환사채는 기업의 현금배당으로부터 보호받지 못한다. 만일 전환시기 이전에 현금배당이 이루어지면 주가는 그만큼 하락하게 될 것이며, 그 결과 전환가치 및 전환프리미엄도 하락하게 된다. 이밖에도 전환권의 행사가 기업의 자본구조를 변화시키고 결과적으로 주가의 변동을 초래할 것이라는 점에서 전환사채의 평가는 더욱 어렵게 된다.

그러나 기본적으로 전환사채는 콜옵션의 성격을 내포하고 있으므로 현재의 주가가 높을수록, 전환시기가 보다 길수록, 주식수익률의 분산이 클수록 그 가격은 상승하게 된다.

## 5.3 신주인수권의 평가

신주인수권부사채(bond with stock purchase warrant)란 일정한 기간내에 약정된 가격으로 주식을 매입할 수 있는 권리가 포함된 채권을 말한다. 신주인수권부사채는 주식인수권(warrant)이 채권의 보통주로의 전환권이 아니라 신주의 매입권을 의미한다는 점에서 전환사채와 다르다. 즉 신주인수권부사채를 가지고 있는 투자자가 주식인수권을 행사할 때는 약정된 매입대금을 기업에 납입하고서 주식을 인수하게 된다. 따라서 주식인수권은 기업이 발행하는 아메리칸 콜옵션과 같다고 할 수 있다.

주식인수권이 일반적인 콜옵션과 다른 점은 주식인수권이 행사될 경우 그 기업의 발행주식수가 늘어나서 주주들의 지분이 희석화(dilution)될 수 있다는 것이다. 이와는 달리 콜옵션의 행사는 단지 유통시장에서의 주식거래에 불과하다.

주식인수권에는 분리불능인수권(nondetachable warrant)과 분리가능인수권(detachable warrant)이 있다. 분리불능인수권은 인수권이 사채에 결부되어 있는 경우로서 그 채권의 소유자만이 권리를 행사할 수 있으며, 그 사채가 상환되면 인수권도 자동적으로 회수된다. 반면에 분리가능인수권은 사채로부터 분리되어 주식거래소나 장외시장에서 거래된다.

우리나라의 신주인수권부사채는 기업이 유상증자를 할 때 약정된 신주인수비율에 의하여 구주주와 마찬가지로 신주인수권을 부여하고 있다.

신주인수권부사채의 가격은 이론적으로 일반사채가치에 신주인수권의 가치를 합한 것과 같다. 여기서 신주인수권의 가치는 주식인수권의 행사로 인하여 늘어나게 되는 발행주식수와 기업자산가치의 증가를 고려하여 결정되어야 한다.

예를 들어 기업이 $n$개의 보통주와 새로 발행되는 주식을 $K$의 가격을 지불하고 매입할 수 있는 $m$개의 유로피언 주식인수권(European warrants)만을 발행하고 있다면 기업의 가치는 다음과 같이 표시할 수 있을 것이다.

$$V = nS + mW$$

단, $W$ : 주식인수권의 현재가치
$S$ : 보통주 가격

한편, 주식인수권이 만기일에 행사될 경우 그 총가치는 다음과 같다.

$$mW^{*} = \left(\frac{m}{n+m}\right)(V^{*} + mK) - mK = \left(\frac{m}{n+m}\right)(V^{*} - nK)$$

따라서 만기일에 있어서 신주인수권의 가치는 다음과 같다.

$$W^{*} = \left(\frac{1}{n+m}\right)(V^{*} - nK)$$

한편, $n$개의 주식만을 발행하고 있는 기업의 주식에 대한 콜옵션과 신주인수권과의 관계는 다음과 같다.[21)]

$$W = \left(\frac{1}{1+\lambda}\right)C$$

단, $\lambda = m/n$

## 제 6 절 포트폴리오보험전략

불확실성하에서 잘 분산된 포트폴리오를 보유하고 있는 투자자들은 시세변화로 인한 포트폴리오의 투자가치변화에 관심을 갖게 된다.

21) 이에 대한 자세한 유도과정은 J. C. Cox & M. Rubinstein, *Options Market*, Prentice-Hall, 1985, pp.392~399 참조 바람.

투자자들은 주식시장이 상승세를 탈 경우에는 그에 따른 자본이득의 가능성(upside potential)을 극대화하고자 할 것이며, 반대로 주식시장이 하락세를 보일 경우에는 가치하락으로 인한 자본손실의 가능성(down side risk)을 극소화하고자 할 것이다. 이러한 성격의 거래 예로는 기관투자자인 투자신탁의 경우 포트폴리오의 일정비율은 주식이 아닌 채권에 투자함으로써 주가변동에 관계없이 일정수익(이자수익)을 확보하고자 하는 경우에서 찾아볼 수 있다. 그러나 최근에는 옵션이나 선물과 같은 새로운 금융상품의 거래를 이용할 경우에도 일정한 이자수익과 같은 성격의 쿠션기능을 얻을 수 있게 되었다.

포트폴리오 보험(portfolio insurance) 또는 보호(protection)전략은 바로 이러한 목적에 부응하여 포트폴리오의 투자가치가 일정수준(원하는 수준) 미만으로 밑돌지 않도록 보호수단을 제공할 수 있는 위험헷징기법이다.

따라서 포트폴리오 보험은 위험을 헤지하기 위하여 어떠한 금융자산을 이용할 수 있는가에 따라 크게 다음의 세 가지 경우로 분류해 볼 수 있다.

## 6.1 풋옵션의 매입

주식가격하락에 따른 손실을 보상해 주는 보험증권을 발행하는 보험회사가 존재한다면, 보험증권을 직접 매입함으로써 위험으로부터 보호를 받을 수 있을 것이다. 그러나 이러한 종류의 보험증권을 발행하는 회사는 없기 때문에 다른 수단을 강구해야 한다.

그 하나의 방법이 주가지수 또는 개별주식에 대한 풋옵션을 직접 매입함으로써 보험증권을 사는 경우와 동일한 효과를 얻을 수 있게 된다.

[그림 11-36]의 (c)는 풋옵션을 이용했을 경우 포트폴리오 투자가치가 어떻게 되는가를 보여주고 있다. 즉 포트폴리오 가치가 일정수준(100) 이상일 경우에는 이득은 그대로 가지면서 일정 수준(floor)이하로는 밑돌지 않도록 하는 방법이다. 이처럼 풋옵션은 포트폴리오 가치하락으로부터 보호수단을 제공한다는 점에서 보호적 풋(protective put)이라고 부른다.

그러나 풋옵션을 이용한 포트폴리오보험은 보험 또는 보호의 대상이 되고 있는 포트폴리오와 옵션의 기초자산인 주가지수가 완전한 상관관계를 가질 경우에만 100% 보험효과를 얻을 수 있다는 한계가 있다.

그림 11-36 풋옵션을 이용한 포트폴리오보험

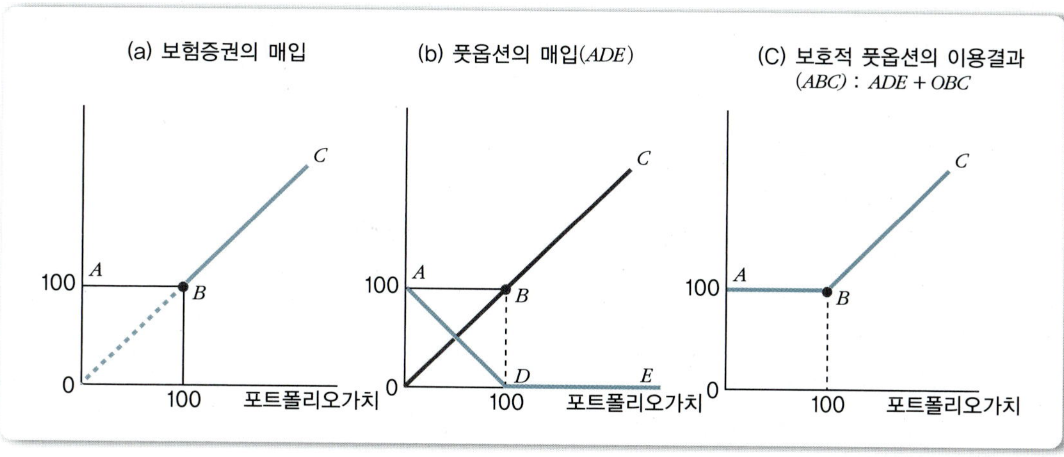


## 6.2 동적자산배분전략

보험증권이나 풋옵션의 이용에 한계가 있다면 두번째로 고려할 수 있는 방법은 포트폴리오와 무위험자산에 대한 투자자금의 배분을 시장상황에 따라 수시로 조정해주는 방법이다. 이는 다음의 두 가지 원리에 기초하여 이루어지며, 기본적으로는 옵션가격결정이론(풋-콜 평가)에 근거하여 주식과 무위험자산에의 투자비율을 조정해줌으로써 옵션과 똑같은 효과를 만들어 내는 것이다(synthetic put option).

첫째, 주식과 이자가 지급되는 무위험채권으로 함께 포트폴리오를 구성함으로써, 주식만으로 포트폴리오를 구성할 경우와는 달리 이자소득이 주가하락에 따른 손실을 줄이기 위한 하나의 쿠션(limited cushion)역할을 수행할 수 있다.

둘째, 주가가 하락하면 주식을 지속적으로 처분하고 그 수익으로 무위험채권을 사들임으로써 포트폴리오 손실을 더욱 줄일 수 있고, 이자에 의한 쿠션기능도 증가한다. 물론 주식시장의 전망이 좋아질 경우에는 100% 주식으로만 포트폴리오를 구성했을 때보다 이득이 줄어들 것이다. 그러나 주가가 상승하기 시작하면 이제는 쿠션으로서의 필요성이 줄어든 채권을 처분하고 주식을 다시 사들임으로써 주가상승에 따른 이득도 얻을 수 있게 된다.

이와같은 동적자산배분(dynamic asset allocation)에 의한 포트폴리오 보험전략을 설명하기 위하여 [그림 11-37]의 예를 살펴보자. 여기서 미래의 발생가능한 상

그림 11-37 동적자산배분전략

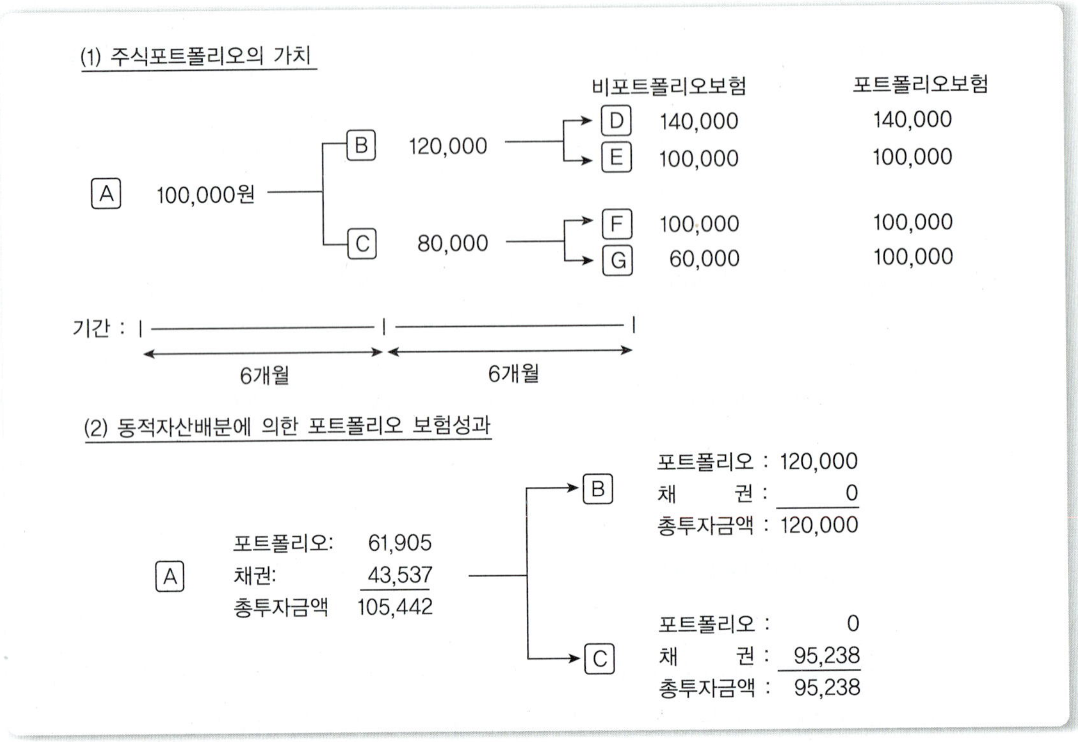


태가 주가상승과 주가하락의 두 가지 경우뿐이라고 가정한다.

[그림 11-37]의 (1)에서 보는 바와 같이 포트폴리오의 가치는 처음 100,000원에서 6개월후에는 각각 120,000원(주가상승의 경우)과 80,000원(주가하락의 경우)으로 등락하게 된다고 가정하자. 이때 전자의 경우에는 다시 6개월 후의 최종가치가 각각 140,000원과 100,000원으로 기대된다고 가정한다. 후자의 경우에는 80,000원에서 각각 100,000원과 60,000원의 수준으로 가치가 변화될 수 있다고 가정한다.

이 경우 투자자가 최종적인 투자가치를 최소한 100,000원 이상의 수준으로 유지하기를 원한다면 어떠한 투자전략이 가능한가를 살펴보자.

우선 6개월이 경과하여 상태 *B*가 나타난다면 포트폴리오에 120,000원을 투자하면 최종상태가 *D*일 경우 140,000원, *E*일 경우 100,000원을 실현할 수 있다. 즉, 목표한대로 최종투자가치를 100,000원 이상으로 유치할 수 있게 된다. 상태 B가 실현되었을 경우 120,000원의 자금을 제공해 주는 처음의 투자전략으로 우리의 목표를 달성하기에 충분하다는 것을 알 수 있다.

그러나 문제는 상태 *C*가 나타날 경우 상태 *F*에서 100,000원, 그리고 상태 *G*에서도 100,000원을 확실하게 얻을 수 있는 투자전략이 필요한 것이다.

동적자산배분전략에서는 주가가 하락함에 따라 무위험 채권에의 투자비율을 높여가게 된다. 무위험채권의 수익률이 6개월에 5%라고 가정하면, 원하는 상황은 최종시점의 6개월전 시점에서 채권에 95,238원 $\left(\frac{100,000}{1.05}\right)$의 투자가 이루어지면 될 것이다. 그리고 상태 $C$에서 95,238원의 수익을 가져다 줄 수 있도록 하기 위해서는 최초 시점에서 어떠한 투자전략이 이루어져야 할 것인가를 살펴보면 될 것이다.

[그림 11-37]의 (2)에서는 상태 $B$, $C$에서 필요한 금액과 투자를 보여주고 있다. 따라서 남은 문제는 이러한 일련의 연속되는 상황을 충족시키기 위해서 $A$시점에서의 최초 투자가 어떻게 이루어져야 할 것인가를 보여주고 있다.

최초로 포트폴리오에 투자된 1원은 상태 $B$가 실현될 경우 1.2원이 되고 따라서 $P$원만큼 투자되면 투자가치가 $1.2P$로 성장하게 될 것이다.

반대로 상태 $C$가 실현될 경우에는 1원은 0.8원으로 줄게 되어 $P$원만큼을 포트폴리오에 투자했을 경우 투자가치는 $0.8P$로 감소하게 된다.

그리고 채권에 $X$만큼 투자한다고 하면 6개월 후의 투자가치는 이자율이 5%이므로 $1.05X$가 될 것이다.

따라서 주식포트폴리오에 $P$만큼 투자하고 동시에 무위험채권에 $X$만큼 투자함으로써 상태 $B$가 실현될 경우 120,000원, 상태 $C$가 실현될 경우 95,238원을 제공해 줄 수 있는 투자금액 $P$와 $X$를 계산해 주면 될 것이다. 즉

$$1.2P + 1.05X = 120,000\text{원}$$
$$0.8P + 1.05X = 95,238\text{원}$$

의 조건을 만족시키는 $P$와 $X$의 크기를 계산하면 포트폴리오 $P$에 61,905원, 채권에 43,537원 모두 105,442원의 투자가 이루어지면 된다는 것을 알 수 있다.

## 6.3 주가지수선물의 매각

앞서 설명한 바와 같이 주식을 팔고 무위험채권을 사들이는 대신 주가지수선물을 매각할 경우에도 동일한 효과를 보다 낮은 비용에 의해 얻을 수 있다.

가령 주가지수 선물을 매각한 후 주가가 하락하였다면 주식포트폴리오의 가치가 하락하여 손실을 보겠지만 이는 주가지수선물 매각에 따른 이득에 의해 상쇄될 것이기 때문에 주식포트폴리오의 투자가치가 보호를 받게 된다.

이 과정에서 이자와 같은 쿠션역할을 하는 것이 주가지수 선물거래(반대거래에 의한 현금결제)에 의해 얻어지는 이득이 된다. 이러한 선물의 개념에 관해서는 다음 장에서 설명하기로 한다.

## 연습문제

**1.** 다음 용어를 간단히 설명하라.

(1) 기초자산

(2) 행사가격

(3) 금리옵션

(4) 선물옵션

(5) 가격스프레드

(6) 스트래들

(7) 스트립

(8) 스트랩

(9) 풋-콜 평가

(10) 무위험헤지포트폴리오

(11) 전환프리미엄

(12) 가격인수권

**2.** 만약 어떤 주식의 위험이 증가한다면 그 주식에 대한 콜옵션의 가격은 어떻게 변할 것인가? 또한 풋옵션의 가격은 어떻게 변할 것인가? 그 이유는?

**3.** 일반적으로 아메리칸 옵션이 유로피언 옵션보다 더 높은 가치를 갖는 이유를 설명하라. 또한 어떠한 경우에 아메리칸 옵션이 만기일 이전에 행사될 수 있는가?

**4.** 만약 주가가 크게 오르지 않으면 크게 내릴 것으로 예상되는 경우 적절한 옵션 투자전략에는 어떠한 것이 있는가? 그 반대로 주가가 보합세를 유지할 것으로 예상되는 경우에 적절한 옵션 투자전략에는 어떠한 것이 있는가?

**5.** 동일한 기초주식에 대하여 1단위의 콜과 1단위의 풋을 동시에 발행하여 매도할 경우 주가와 손익의 관계를 도시하라(단, 다른 조건은 모두 동일하다고 가정한다). 만약 기초주식 가격의 분산이 증가할 것으로 예상되는 경우 이 전략은 바람직한가?

**6.** 동일한 주식에 대해 콜옵션 1단위를 매입하고, 풋옵션 1단위를 매도하는 경우 주가와 손익과의 관계를 도시하라. 주식가격의 분산이 증가할 것으로 예상될 때 이 전략은 바람직한가?

**7.** 다음 자료를 가지고 블랙숄즈의 모형을 이용하여 3개월 만기의 유로피언 콜 옵션의 가격을 구하라.

$S = \$47$, $K = \$45$, $R_f = 0.05$, $\sigma = 0.40$

**8.** 현재의 주가가 $28이고, 주가의 분산이 0.5인 경우 행사가격이 $40이고 만기가 6개월인 유로피언 콜옵션의 가격은 얼마인가? 단, 무위험수익률은 6%이다.

**9.** 기초주식의 가격이 $20이고 그 가격의 분산이 0.36인 경우 행사가격이 $20인 유로피언 풋옵션의 가격은 얼마인가? 단, 이 옵션은 6개월 후에 만기가 되며 무위험수익률은 8%이다.

**10.** 2013년 2월 7일 현재 *M*주식에 대한 콜옵션의 가격은 다음과 같다. 이 옵션의 만기일은 다같이 2013년 7월이다.

| 행사가격 | 옵션가격 |
|---|---|
| $50 | $\$7\frac{1}{2}$ |
| 60 | 3 |
| 70 | $1\frac{1}{2}$ |

이러한 옵션을 가지고 다음과 같은 포지션을 갖는 버터플라이 스프레드를 구성하였다.

콜 1주 매입(행사가격 $50)
콜 2주 발행(행사가격 $60)
콜 1주 매입(행사가격 $70)

(1) 만기일에 있어서 스프레드의 가치를 구하라.
(2) 위와 같은 스프레드를 구성하기 위하여 필요한 투자금액은 얼마인가?
(3) 만약 $50옵션과 $70옵션의 가격만을 알고 있을 경우 $60옵션의 가격을 어느 정도 예측할 수 있는가?

**11.** 2013년 2월 3일 현재 *C*주식에 대한 콜옵션(만기 9월, 행사가격 $55)의 가격은 $4.375이고 동일한 조건의 풋옵션의 가격은 $6이다. *C*주식의 현재가격은 $53이고 무위험수익률은 연 12.6%이다.

(1) *C*주식에 대한 풋옵션의 적절한 가격은 얼마인가?

(2) *C*회사는 2013년 9월 이전에 세 차례의 배당을 실시할 예정이다. 이러한 배당이 (1)에서의 풋옵션 가격과 실제의 풋옵션 가격의 차이를 설명할 수 있다고 생각하는가? 그 이유는?

(3) 만약 *C*주식의 가격이 매우 낮은 수준으로 떨어진다면 풋옵션의 소유자는 만기일 이전에 옵션을 행사할 것인가? 그 이유는?

**12.** 어떤 기업의 총가치는 현재 $5,000,000이라고 한다. 이 기업은 현재 액면가격 $4,000,000의 10년 만기 순수할인 사채를 발행하고 있다. 이 기업자산의 수익률의 분산은 0.5이고 현금배당은 없다.

(1) 무위험수익률이 5%일 때 자기자본 및 부채의 현재가치를 구하라.

(2) 만약 예기치 않은 인플레이션으로 인하여 무위험수익률이 5%에서 10%로 상승하였다면 자기자본 및 부채의 현재가치는 어떻게 달라지는가?

(3) 이러한 무위험수익률의 상승은 주주와 채권자 중 누구에게 유리한가?

**13.** *J*사는 10년후 만기가 되는 이자율 5%의 전환사채를 발행하고 있다. 이 전환사채의 액면가격은 $1,000로서 1좌당 25주(전환가격 $40)의 *J*사 주식을 매입할 수 있다. 동일한 조건의 일반사채의 수익률은 5%이며 *J*사 주식에 대한 배당은 주당 $2이다.

(1) 현재 *J*사의 주식이 $30에 거래되고 있을 때 이 전환사채의 최저가격은 얼마인가?

(2) 이 전환사채의 가격이 $1,200라고 할 때 *J*사 주식의 가격은 어떻게 결정될 것인가?

(3) 현재 *J*사의 주식이 $60에 거래되고 있고 전환사채의 가격이 $1,700라고 할 때 전환프리미엄은 얼마인가?

**14.** *D*사가 발행한 주식인수권은 단위당 6주의 *D*사 주식인수권이 부여되어 있다. *D*사 주식은 현재 주당 $25에 거래되고 있고 주식인수권의 행사가격은 $20이다. *D*사 주식인수권은 현재 $40에 매매되고 있다. 이 주식인수권에 대해 투자자들이

지불하고 있는 전환프리미엄은 얼마인가?

**15.** 포트폴리오 보험전략의 종류에는 어떠한 것들이 있는가를 설명하라.

**16.** 주식 *A*의 가치는 2년 후 \$30 또는 \$50의 가치를 갖게 되며 각각의 확률은 1/2이라고 한다. 이 주식에 대한 콜과 풋의 행사가격은 \$40이고 옵션의 만기는 2년후가 된다고 하자. 콜의 현재시장가격은 \$5, 할인율(무위험수익률)은 8%이고, 투자자는 위험중립형이라고 가정할 때 다음에 답하라.

(1) 주식의 현재가격은 얼마인가?

(2) 풋옵션의 현재가치는 얼마인가?

(3) 이러한 옵션에 대한 스트래들전략의 수익성과는 어떻게 되며, 이때 이러한 투자전략의 수익률은?

C·H·A·P·T·E·R 12

# 선물거래와 위험헷징

약관의 벼락부자 반복창은 부(富)를 이룬 지 불과 2년 만에 빈털터리가 됐다. 충남 서천의 내로라하는 땅부자 최만영은 전북 군산 앞바다에 몸을 던졌다. 이들에게는 공통점이 있었다. 바로 미두(米豆)취인소의 단골고객이었다.

미두, 글자 그대로 쌀과 콩을 말한다. 미두취인소는 현물 없이 일정기간을 두고 쌀과 콩의 거래가 가능한, 오늘날 선물거래소와 유사한 시스템이었다. 명목상으로는 쌀 공정거래 시장이었지만 실제로 쌀은 거의 거래되지 않는다. 사람들은 단지 미래의 쌀 가격을 예측해 사고 팔았다. 값의 10%만 있으면 거래에 참여할 수 있어 적은 돈으로도 막대한 이익을 얻을 수 있었다. 물론 이론적으로는 그랬다.

결국 미두거래소는 대박을 노리는 미두꾼들로 인산인해를 이루지만 대부분 이익을 못 내고 패가망신을 당했다. 일종의 '제로섬 게임'인 미두시장에서 이익을 본 것은 일찍이 선물거래 논리에 눈을 뜬 일본 상인들이었다.

일본 상인들은 1896년 인천을 시작으로 군산, 부산 등 개항장이 있는 곳에 계획적으로 미두취인소를 설립했다. 당시 '땅은 동양척식주식회사에 현금은 미두취인소에' 수탈된다는 말이 있을 정도였다. 마치 카지노처럼 합법적으로 조선인들의 부를 강탈하기 위한 수단으로 미두시장이 활용된 것은 아니었을까?

－KBS 역사스페셜 '미두열풍'을 소개한 국민일보 쿠키뉴스에서 발췌(2012. 2. 22)－

기업은 영업활동을 계속하는 과정에서 여러 가지 형태의 위험에 노출된다. 기업의 위험은 크게 영업위험과 재무위험으로 나뉜다. 기업의 정상적인 영업활동에 수반되는 위험을 영업위험이라 하고 자본조달 및 운용과 관련하여 수반되는 위험을 재무위험이라 한다. 특히 환위험을 포함한 기업의 재무가격변동인 재무위험과 원자재 가격변동으로 인해 발생하는 영업위험 등은 기업에 미치는 영향이 매우 커서 이를 회피하기 위한 여러 가지 노력이 경주되고 있다.

본장에서는 위험헷징의 가장 효과적인 방법이라고 할 수 있는 선물거래를 설명한다. 우선 선물거래란 무엇인가를 살펴보고 선물시장의 조직 및 운영을 설명한다. 이어 선물거래의 위험헤지(risk hedge) 기능에 대하여 분석하고 선물의 가격이 어떻게 결정되는지를 설명한다.

# 제 1 절 선물거래의 의의와 발달

선물거래(futures transaction)란 무엇이고 어떻게 해서 생겨났으며, 또 이와 유사한 성격을 지니고 있는 기존의 선도거래(forward transaction)와는 어떠한 차이점이 있는가? 본절에서는 이러한 선물거래의 기초적 사항에 대해 알아본다.

## 1.1 선물거래의 의의 및 유형

### 1. 선도거래

선물거래는 선도거래에서 유래되었기 때문에 선도거래와 유사한 점이 많다. 따라서 선물거래를 정의하기 위해서는 먼저 선도거래가 무엇인가부터 알아야 할 필요가 있다. 선도거래는 거래당사자인 매수자(buyer)와 매도자(seller) 사이에 거래대상이 되는 특정의 상품을 현재시점에서 합의한 가격으로 미래의 특정시점에서 인도할 것을 약정하는 두 당사자간의 계약이다. 선도거래는 미래에 가서 현물과 대금을 교환한다는 것 이외에는 현물거래(spot transaction)와 동일하다. 이러한 선도거래는 일정한 장소 없이 여러 가지 통신수단을 이용하여 거래당사자 쌍방간에 이루어지는 사적 거래이다.

그림 12-1 선도거래의 손익

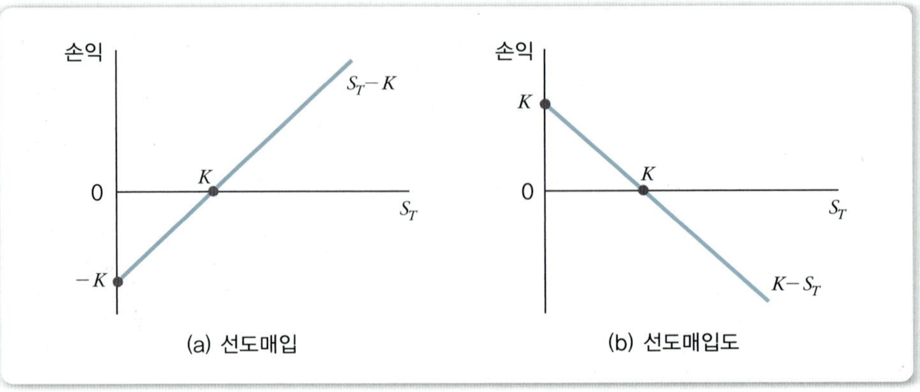


여기서 거래대상이 되는 상품을 기초자산, 상품인수도가 이루어지는 미래 일정시점을 만기일, 미리 정한 가격을 선도가격(forward price)이라고 한다.

선도거래의 대표적인 예로는 은행과 은행 또는 고객간에 미리 정해진 환율로 거래하는 선물환거래를 들 수 있다. 아울러 입도선매 및 우리나라의 무, 배추 등 농산물에 대한 '밭떼기' 거래도 선도거래의 일종으로 볼 수 있다.

선도거래는 미래 현물가격의 변화에 따라 그 손익이 결정된다. 이런 의미에서 선도거래도 파생상품의 일종이다. 선도거래의 손익을 도시하면 [그림 12-1]과 같다.

만기일의 현물가격을 $S_T$, 선도가격을 $K$라고 하면 선도계약을 매입한 경우에는 만기일에 $S_T - K$의 이득을 얻게 된다. 반대로 선도계약을 매도한 경우에는 선도가격에서 만기일의 현물가격을 차감한 만큼, 즉 $K - S_T$만큼의 이득을 얻게 된다.

## 2. 선물거래

선도거래가 실수요자 당사자간의 사적거래의 성격을 띤다면, 선물거래는 모든 조건이 표준화된 상품에 대해서 조직화된 거래소를 통하여 미리 정한 가격으로 일정기일 후에 인수도하기로 하는 거래이다. 여기서 인수도할 때 적용되는 가격이 선물가격이다. 선물계약은 유통시장이 형성되어 수시로 계약의 체결과 반대매매가 가능하며, 선물거래는 매일매일의 선물가격에 따라 이익과 손해를 청산하기 때문에 일일청산절차(daily settlement procedure)가 이루어지는 선도거래의 연속적인 형태라고 할 수 있다.

선물거래의 손익 역시 선도거래와 기본적으로 동일하다. 선물거래는 일일결제제도 때문에 매일매일 손익이 발생하지만 매일의 손익을 만기일까지 누적하면 결국 선도거래에서 만기일 현물가격의 변화에 따라 발생하는 손익과 같은 결과를 얻게 된다. 따라서 선물거래의 손익변화도 [그림 12-1]과 동일한 모양을 보인다.

선물거래는 계약의 만기이전에 반대매매를 행하거나 또는 만기일에 현물을 실제 인수도함으로써 계약이행이 이루어지는 거래형태로서 옵션과도 유사한 특성을 지니고 있다. 그러나 옵션의 경우에는 유리할 경우에만 행사되는 권리이기 때문에 투자성과는 한쪽 방향으로의 가격변동 위험에만 노출되지만, 선물의 경우에는 투자성과가 양쪽방향으로의 가격변동위험(downside and upside risk)에 노출되

Learning Cafe 1

### 선물거래와 제로섬(zero-sum)

하루 수익률 200%. 밀 가격 급등세로 해외선물에서 잭팟이 터졌다. 시카고 상품거래소(CBOT) 밀 선물 최소증거금은 대략 1500~1600달러로 국내 선물사마다 조금씩 다르다. 최소증거금을 입금한 고객은 밀 선물 1계약을 구매할 수 있다.

5일 (현지시간) 러시아의 수출중단 조치로 9월만기 밀이 가격제한폭(60센트)까지 치솟았다. 4일 종가에 9월만기 밀 선물을 한 계약 매수한 고객이 이날 종가에 포지션을 청산했다면 수익은 부쉘당 60센트. 밀, 옥수수, 대두는 1계약당 5000부쉘이다.

즉 5일 하루동안에만 1계약당 3000달러(60센트×5000)를 벌어들일 수 있었다는 얘기다. 3000달러의 수익을 내기 위해 투자한 증거금은 1500달러 남짓. 하룻밤에 수익률 200%의 비결이 여기에 있다.

하지만 대가가 큰 만큼 희생도 크다. 양방향 거래가 가능한 선물은 수익과 동일하게 손해가 날 수 있다. 전일 종가에 9월만기 밀 선물을 한 계약 매도한 고객이 있다면 결과는 끔찍할 수밖에 없다.

하루만에 3000달러의 손실. 증거금으로 잡힌 1500달러의 2배를 손해봤으니 되레 돈을 물어줘야한다. 말하자면 원금도 다 날리고 추가로 돈을 더 내야한다는 얘기다. 그래도 몇몇 선물사는 강제청산제도가 있어 증거금의 80%이상 손실이 발생하면 거래를 강제로 청산해주기도 한다.

지금의 밀 가격을 거품으로 여기고 함부로 선물 매도계약을 체결했다가는 순식간에 큰 손실을 볼 수 있다는 얘기다. 실제로 한 선물사 관계자는 최근 밀값 급등세가 꺾일 것으로 본 투자자들이 섣불리 매도계약을 체결했다가 강제청산된 사례가 적지 않다고 귀띔했다.

출처: 아시아경제 2010.8.5. 기사.

는 권리인 동시에 의무이기도 하다. 즉 옵션은 비대칭적 수익성과를, 선물은 대칭적 수익성과의 분포를 보여준다.

## 3. 선물거래대상 자산

선물거래 또한 옵션과 같이 가격변동위험을 줄이기 위한 헷징 목적으로 이루어지기 때문에 가격변동이 큰 자산(상품)을 대상으로 하여 계약이 이루어지는 것이 보통이다. 거래되는 대상 상품의 종류에 따라 선물거래의 종류는 무수히 많이 존재한다. 이를 크게 분류하면 상품선물과 금융선물 두 가지 유형으로 나눌 수 있다.

상품선물은 농산물, 축산물, 임산물, 광산물 등 원자재는 물론이고 날씨[1] 등 매우 다양한 상품들을 대상으로 거래가 이루어지고 있다.

금융선물은 외환을 거래대상으로 하는 통화선물, 이자율변동에 따라 가치가 변화하는 금리자산을 대상으로 하는 금리선물, 개별주식을 대상으로 하는 주식선물, 주식포트폴리오의 위험을 헤지하기 위한 주가지수선물, 물가변동의 위험을 헤지하기 위해 소비자물가지수를 대상으로 하는 선물거래[2] 등이 있다.

금융선물시장(financial futures market)은 금융자산의 가격위험을 헷징(hedging)하는 수단으로서 가장 널리 사용되고 있다. 원래 선물시장은 상품선물을 주거래 대상으로 하였으나 최근 금융시장의 급성장과 함께 금융선물이 선물시장을 주도하고 있다. 1977년 미국의 선물시장에서 거래된 금융선물계약의 수는 605,000건에서 1982년 28,825,112건으로 급격히 증가하였으며, 모든 선물거래의 약 25.65%를 차지하고 있는 것으로 나타났다.

금융선물계약(financial futures contract)은 일정금액의 특정 금융자산을 미래 일정 시점에 미리 정한 가격으로 사거나 팔고자 하는 계약이다. 이는 미래에 발생하게 될 금융자산의 가격이나 이자율의 변화에 관계없이 현재의 가격이나 이자율로 고정(lock in)시키는 것을 목적으로 한다.

이러한 금융선물시장은 상품(commodity)가격과 마찬가지로 가격변화가 심하

---

1) 날씨파생상품은 옵션과 스왑 등의 형태로 장외에서 거래되다가 1999년 시카고상업거래소(CME)에 세계 최초로 기온에 대한 선물과 옵션계약이 상장되었다. 이는 미국, 유럽, 캐나다, 일본 등의 세계 주요도시에서 거래되고 있는데, 도시마다 날씨가 달라 국가가 아닌 도시별로 거래되고 있다. 한편, 날씨파생상품에서 주로 이용하는 지표는 난방지수인 HDD(heating degree days)와 냉방지수인 CDD(cooling degree days)가 있다.

2) 미국노동성이 매월 발표하는 소비자물가지수(CPI-W)를 대상으로 이 지수에 $1,000의 승수를 곱하여 거래하는데, 1985년 NYBOT(New York Board of Trade) 산하 뉴욕의 커피 · 설탕 · 코코아 거래소(Coffee, Sugar, Cocoa Exchange : CSCE)에 상장되어 거래되고 있다.

**표 12-1 주요 선물거래 대상 상품**

| 구 분 | | 세부 품목 | 주요 거래소 |
|---|---|---|---|
| 상품선물 | 농산물 | 밀, 옥수수, 대두, 원당, 면화, 고무, 코코아, 커피, 설탕, 오렌지주스 등 | Chicago Board of Trade (CBOT)<br>New York Board of Trade (NYBOT) |
| | 축산물 | 생우, 생돈, 치즈, 우유 등 | Chicago Mercantile Exchange (CME) |
| | 임산물 | 목재, 합판, 펄프 등 | |
| | 광산물 | 구리, 알루미늄, 아연, 니켈, 주석, 납 등 비철금속과 철, 코발트, 몰리브덴 등 | London Metal Exchange(LME) |
| | | 금, 은, 백금, 팔라듐 등 귀금속 | London Metal Exchange(LME)<br>Tokyo Commodity Exchange (TOCOM)<br>New York Mercantile Exchange (NYMEX) |
| | | 원유, 가스오일, 휘발유, 등유 등 | New York Mercantile Exchange (NYMEX)<br>Intercontinental Exchange(ICE) |
| | 기타 | 날씨 | Chicago Mercantile Exchange (CME) |
| 금융선물 | 통화 | ¥, €, US$, £ 등 외국환 | Chicago Mercantile Exchange (CME), Korea Exchange(KRX), Tokyo Commodity Exchange (TOCOM), London International Financial Futures Exchange(LIFFE) |
| | 금리자산 | 유로달러, T-Bond, T-Note, Swap 등 | |
| | 주가지수 | S&P500, DJIA, KOSPI200, Nikkei225, FTSE 등 | |
| | 주식 | 개별주식 | |
| | 기타 | 옵션, 소비자물가지수 등 | |

게 발생함에 따라 자생적으로 출현하게 된 것이다. 1975년 CBT는 처음으로 GNMA증서[3] (Government National Mortage Association certificate)를 상장하였으며, 이것이 성공을 거두게 되자 CME(Chicago Mercantile Exchange)의 산하기관인 IMM(International Monetary Market)에서 90일 만기의 재정증권(T-Bill)을 상장하기에 이르렀다. 이후 IMM은 3개월만기 유로달러 정기예금과 3개월만기의 양도성 예금증서를 상장하게 되었으며, 이후 금융선물은 미국을 주축으로 영국, 캐나다, 호주, 홍콩 등에서 활발히 거래되고 있다.

세계의 주요 선물거래 대상 상품과 선물거래소를 나열한 것이 〈표 12-1〉이다.

3) 뒤에 금융선물계약의 종류에서 설명.

## 4. 선물계약과 선도계약의 비교

선물거래메카니즘에 대해서는 선도거래와 비교함으로써 더욱 이해하기 쉽다. 선도거래의 가장 큰 취약점은 매매당사자간의 신용에 의해 거래된다는 점이며, 항상 신용위험(credit risk)이 존재한다. 즉, 계약불위행의 위험이 상존한다는 것이다. 이런 점을 보완한 것이 선물거래이다. 선물거래는 신용위험을 줄이는 수단으로 청산소(clearing house), 증거금제도, 일일결제제도 그리고 포지션한도(position limit)[4] 등을 도입하고 있다.

선물계약은 매매쌍방이 가격을 미리 정하여 미래에 인수도(결제)하기로 한다는 점에서는 선도계약이나 마찬가지이다. 그러나 계약조건에 있어서 선도계약은 매매쌍방간에 다양하게 결정되지만 선물계약의 경우에는 모든 계약조건이 표준화되어 있다는 점에서 양자는 큰 차이를 보인다. 이러한 표준화 때문에 선물계약을 매입한 사람은 다른 사람에게 계약기간 중이라도 매도할 수 있으며, 매도한 사람도 계약기간 중에 다른 사람으로부터 동일한 계약을 매입할 수 있게 된다. 이렇게 함으로써 가격변화의 위험을 서로 다른 사람에게 전가할 수 있는 신축성을 갖게 되는 것이다. 선물계약과 선도계약의 차이를 구체적으로 비교하면 다음과 같다.

먼저, 선물계약은 표준화된 계약에 대해 허가된 특정거래소에서만 거래가 이루어지는 반면, 선도계약은 매입자와 매도자 상호간의 합의에 의해 계약조건을 임의로 정할 수 있으며, 거래장소도 제한이 없다.

둘째, 일반적으로 선도계약은 실수요자들 사이의 거래가 대부분이므로 만기일에 가서 인도 및 대금지불이 이루어지거나 선물계약은 상품의 실제인수도가 이루어지는 경우가 극히 적다.

셋째, 선도계약은 매매당사자간의 직접거래이므로 계약당사자의 신용을 고려하여야 하지만 선물계약은 계약의 이행이 청산소에 의해 보증되므로 거래에 따른 위험이 거의 없다.

넷째, 선물시장은 선도시장보다 시장의 유동성이 높고 또한 가격이 공개된 호가방식(open outcry)에 의해 결정되므로 가격조작의 가능성이 적다.

다섯째, 선물계약의 경우에는 매일 청산 또는 결제가 이루어지는데 비해 선도계약은 만기일에만 결제가 이루어진다.

여섯째, 선물계약은 투기(speculation)의 비중이 높으므로 대개의 경우 관계당

4) 한 개인이나 회원이 비결제상태로 보유할 수 있는 선물계약고의 최대한도. 선물시장의 과열을 막기위해 선물을 매입하거나 매도하는 경우, 한 가지 품목에 대해서 혹은 다수의 품목을 종합하여 설정된다.

**표 12-2 선물거래와 선도거래의 비교**

| | 선물거래 | 선도거래 |
|---|---|---|
| 거 래 방 법 | 공개경쟁입찰방식 | 거래당사자가 직접계약 |
| 경 제 적 기 능 | 연속적 헷징기능 | 불연속 헷징기능 |
| 시 장 형 태 | 조직화된 거래소 | 전세계에 걸친 전화망 또는 텔렉스 등 통신수단 |
| 시 장 성 격 | 완전경쟁시장 | 불완전경쟁시장 |
| 시 장 참 가 자 | 누구나 자유롭게 참가가능, 투기도 환영, 시장참가자 다수 | 한정된 수의 실수요자 중심 |
| 가 격 형 성 | 매일 형성 | 계약시 단 한번 형성 |
| 거 래 조 건 | 표준화되어 있음 | 고객의 요구에 따라 조정 |
| 이 행 보 증 | 청산회사가 보증 | 거래당사자의 신용도에 좌우 |
| 인 도 조 건 | 1% 미만 실물인도 | 99% 이상 실물인도 |
| 보 증 금 | 초기증거금과 유지증거금을 납부 | 원칙적으로 없음<br>거래시 필요에 따라 징수 |
| 가 격 변 동 제 한 | 1일 최대변동 제한있음 | 제한 없음 |

국이나 거래소의 강력한 규제가 수반되나 선도계약의 경우에는 주로 시장의 자율적 규제에 맡겨지고 있다.

이를 요약한 것이 〈표 12-2〉이다.

## 5. 선물시장 참가자

선물시장에는 크게 두 가지 형태의 시장참가자가 있다. 헤저(hedger)와 투기자(speculator)가 그것이다. 헷징(hedging)은 원자재의 가격 변화나 이자율, 환율의 변화에 따르는 위험을 감소시키기 위해 현물시장에서의 현재 포지션이나 기대되는 포지션과 반대되는 포지션을 선물시장에서 취함으로서 달성된다. 일반적으로 금융자산의 가격과 이자율은 역관계에 있다. 채권을 보유하고 있는 투자자는 이자율이 오르면 가격이 떨어지므로 손해를 보게 될 것이다. 이 경우 투자자는 현물시장에서 채권을 보유하고 있으므로 롱포지션(long position)에 있다고 한다. 이 투자자가 이자율 상승에 따르는 위험을 줄이기 위해서는 선물시장에서 해당 채권을 기초자산(underlying asset)으로 하는 선물계약을 매도하면 된다. 이때 이 투자자는 선물시장에서 숏포지션(short position)에 있다고 한다. 이 거래의 결과 이자율이 상승하면 현물시장에서는 채권의 가격이 떨어지므로 손해를 보게 되지만 선물시장에서는 숏포지션 상태이므로 이득을 보게 된다. 따라서 손해와 이득이 상계되어 이자율의 변화에 따르는 위험을 줄이게 되는 것이다. 이와 같은 헤저로서 선물시장에 참가하는 사람은 주로 금융기관, 자금을 조달하려는 기업, 연금기금의 관리자, 수출업자, 투기은행, 원자재 보유자(농산물, 임산물, 축산물, 광산물 등의 생산자) 등이다.

투기자들은 상품의 가격 또는 이자율이나 환율의 상대적 변화나 절대적인 변화로부터 이득을 얻기 위해 현물시장의 포지션에 관계없이 선물시장에서 포지션을 취하는 사람들이다. 이러한 투기거래는 크게 차익거래, 스프레드, 포지션트레이드 등 세 가지 형태로 분류된다. 차익거래(arbitrage)는 현물 및 선물가격이 단기적으로 비합리적으로 형성(이론가격과 괴리)될 경우 이를 이용하여 무위험이익을 얻기 위한 거래이다. 또한 스프레드(spread)는 서로 다른 선물계약들 사이의 가격 차이를 이용하여 이득을 얻으려는 거래이며, 포지션 트레이드(position trade)는 선물계약에 롱포지션이나 숏포지션을 취함으로써 이자율이나 환율이 변할 때 이득을 얻으려는 거래행태이다.

헤저와 투기자들은 선물시장의 효율적 운영에 필수적인 요소인데, 투기자들은 시장에 유동성을 제공하여 헤저로 하여금 어려움 없이 거래를 할 수 있게 한다.

Learning Cafe 2

### 원유가격과 선물투기

오늘날 원유(crude oil) 가격은 고전적인 수요–공급 법칙에 따라 만들어지지 않는다. 유가는 영미권 4대 메이저 석유회사들은 물론이고 복잡한 금융시장 시스템에 의해 지배된다. 현재 원유가의 60%는 대형 은행(trader banks)과 헤지펀드들이 주도하는 순수한 의미의 투기(speculation)에 따른 것이다. 석유 생산량은 최고점에 이른 뒤 줄어든다는(peak oil) 신화와 무관하다. 유가는 석유와 그 가격에 대한 지배와 관련된 것이다.

런던과 뉴욕에서 이뤄지는 국제 석유거래는 유가 결정 게임에 있어 결정적인 역할을 한다. 뉴욕상업거래소(NYMEX)와 런던국제(석유)거래소 선물시장(ICE Futures)은 국제 유가의 표준가격을 좌우하고 있다. 서부 텍사스산 중질유(WTI)와 북해산 브렌트유라는 두 원유에 대한 선물(先物, futures)계약을 통해서다.

NYMEX, ICE보다 나중에 생긴 석유거래 시장인 두바이 상품거래소(DME)는 NYMEX의 자식뻘 쯤 되는 곳인데, 제임스 뉴섬 NYMEX 회장은 DME의 이사이며, 영국인과 미국인들이 DME의 요직을 차지하고 있기 때문이다.

북해산 브렌트유는 스팟계약(시점 필요에 따라 특정 원유를 판매자와 수요자간에 거래하는 현물 계약)과 장기계약(1년 이상 기간 동안 일정 물량을 정기적으로 인도하는 계약)을 통해 국제석유시장에서 매일 생산되는 대부분의 원유에 대한 값을 매기는 데 활용된다.

서부 텍사스산 중질유(WTI)는 역사적으로 미국산 원유 가격을 형성하는 것 이상의 의미를 가지고 있다. 즉, 미국에서 거래되는 석유 선물가의 토대가 될 뿐만 아니라, 미국 석유 생산량 산출의 중요한 기준이기도 하다.

여기까지는 좋다. 공식적인 얘기들이다. 그러나 오늘날의 유가 결정 과정은 매우 불투명해서, 골드만삭스나 모건스탠리 같은 몇몇 대형 석유 거래 은행들만이 누가 석유 선물이나 파생상품을 사고 파는지 알고 있다. 선물이나 파생상품은 이 낯설고 새로운 '페이퍼 오일'의 세계에서 실제 유가를 결정한다. 지난 10년에 걸쳐 석유 선물시장에서는 파생상품들이 당국의 감독을 받지 않은 채 거래되는 기법이 발달했다. 현재의 투기성 유가 버블은 그에 따라 생겨난 것이다.

석유 선물거래와 런던 · 뉴욕에서의 선물 계약이 등장한 이후 유가 결정권은 석유수출국기구(OPEC)에서 월스트리트의 손으로 넘어갔다. '꼬리가 몸통을 흔드는(wag the dog)' 전형적인 사례다.

* 'wag the dog'이란 꼬리가 몸통을 흔든다는 얘기로 기초자산에서 유례된 파생상품이 기초자산의 움직임에 영향을 미치는 것을 말한다.

출처: 프레시안 2008.7.5. 기사 편집.

## 1.2 선물거래의 기원 및 발전

선물거래의 기원[5]에 대해서는 여러 가지 주장이 있으나 정설로 규정된 것은 없다. 현재 선물거래가 가장 발달되어 있는 미국의 경우 1691년 뉴욕에 최초로 상품거래소가 설립된 후 어느 정도 체계적으로 거래가 행해지기 시작했다. 이후 1800년대 초에 이르러 곡물이나 가축 등의 농산물 생산업자들은 농산물을 팔고자 하는 시점에서 수요와 공급간의 심한 불균형으로 인해 매년 커다란 손해를 입고 있음을 자각하게 되었다. 즉, 생산량이 과잉인 해에는 다음 해의 재생산을 위한

5) 선물거래의 아이디어는 오래 전부터 있어 왔다고 볼 수 있지만 제도적으로 거래되기 시작한 것은 그리 오래되지 않았다. 오래 전부터 농부들은 올 겨울에는 충분한 난방유를 확보할 수 있을 것인지가 항상 걱정거리였다. 막상 겨울이 되면 가격이 오르지만 지금은 가격이 괜찮다고 생각하는 경우에 지금 일부를 사서 이를 몇 달후에 인도받을 수 있다면 좋겠다는 생각을 할 것이다. 이러한 경우 선도나 선물거래 방식은 이에 대한 하나의 해결책이 될 수 있다. 선물거래의 기원을 성경에서 찾는다면 요셉이 바로왕의 꿈을 해석하는 과정에서 나온다. 즉 왕이 꾼 꿈의 내용은 흉년에 대비해서 풍년일 때에 옥수수를 저장하였다가 이를 흉년에 인도하면 된다는 내용이다.

준비마저 할 수 없을 정도로 가격이 형편없이 낮아 생산물을 그냥 길거리나 강에 버리는 경우가 많았으며, 생산량이 부족한 해에는 가격이 상승하여 농산물 가공업자나 소비자는 생업에 지장을 받기에 이르렀다. 특히 시카고(Chicago)에서는 저장과 운송수단이 미비되어 농산물 유통실태가 악화일로를 걷고 있었다. 이러한 상황하에서 농산물의 생산자나 가공업자 및 소비자들의 손실가능성을 부분적으로나마 없애고, 상품수요의 균형을 통한 가격안정을 도모함으로써 이들의 불만족을 해소시키기 위해 자생적으로 등장한 것이 선도계약(forward contract)이다. 선도계약의 실시와 더불어 농산물의 생산자와 소비자는 각각 매매 대상자를 확실히 찾을 수 있게 됨으로써 어느 정도의 피해는 줄일 수 있게 되었다. 이러한 선도계약의 관행이 지속되고 있는 가운데 1848년 시카고상품거래소(Chicago Board of Trade : CBOT)가 탄생하게 되었다. 이 거래소의 초창기에는 선도계약뿐만 아니라 현물계약도 동시에 거래되었다. 선도계약은 미래 일정시점에 어떤 상품을 인도할 것을 조건으로 그 상품의 인도수량, 등급, 인도장소 및 인도가격 등에 관하여 구체적으로 매매쌍방이 협약을 맺는 것을 의미한다. 이 계약은 매매쌍방간의 협약이기 때문에 미리 약속한 조건들에 대해 매매쌍방은 이를 반드시 지켜야 할 의무가 있게 된다. 즉, 매도자는 약정한 조건에 맞는 상품을 인도하여야 하고 매입자는 그 약정된 상품을 반드시 인수하여야 한다. 만일 쌍방간의 어느 한쪽이라도 그 의무를 이행치 않을 때에는 미리 정해 놓은 분쟁조정 및 제재의 절차에 따라 문제를 해결하게 된다. 그러나 시간이 흐름에 따라 점차적으로 생산자와 소비자는 선도계약의 시행만으로는 생산물의 예기치 못한 가격변동에 따르는 위험을 회피할 수 없다는 것을 인식하게 되었다.

일단 선도계약을 체결함으로써 상품의 생산자는 가격하락에 대한 위험은 회피할 수 있다. 이는 미래의 가격이 어떻게 변동되든지 현재 시점에서 미리 약정된 가격으로 팔 수 있기 때문이다. 그러나 그 상품의 가격이 미래에 상승될 경우 선도계약을 맺지 않았더라면 더 높은 가격으로 팔 수 있기 때문에 손해를 보게 된다. 이처럼 선도계약은 매매쌍방간의 의무를 수반한 것이어서 그 성격상 계약자체의 신축성(flexibility) 또는 유동성이 없다. 이러한 신축성의 결여 때문에 선도계약의 활용만으로는 예기치 못한 가격변동의 위험을 회피하는 데 한계가 있다. 따라서 상품의 생산자나 가공업자 및 소비자들은 상품의 가격위험(price risk)을 보다 신축적으로 전가시킬 수 있는 메카니즘을 필요로 하게 되었다. 이에 부응하여 발전된 거래형태가 바로 선물계약(futures contract)이다.

우리나라에서 선물시장은 1974년 「조달기금법」과 「동법시행령 주요물자 해외

선물거래관련규정」 공포하고, 1987년 「외국환관리규정」에 해외 금융선물거래 이용 근거 규정을 마련함으로써 선물거래의 토대를 구축하게 되었다. 1995년에 「선물거래법」이 제정되었으며, 1996년 5월 주가지수선물이 증권거래소에 최초로 상장되었다. 1997년 7월에는 주가지수옵션이 추가로 상장되게 되었으며, 1998년 「선물거래법」 시행령, 해외선물거래에 관한 규정이 뒤늦게 개정되었다. 1999년 한국선물거래소(KOFEX)가 거래를 개시하여 CD금리선물, 미국달러선물, 금선물, 미국달러옵션이 거래를 시작하게 되었다. 2005년에는 증권거래소와 한국선물거래소를 한국증권선물거래소로 통합하여 기존 주가지수선물 등에 스타지수선물, 23개 주식옵션, ELS 등을 신규상장하였다. 2009년 「자본시장과 금융투자업에 관한 법률」에 따라 한국거래소로 명칭을 변경하고, 유가증권시장(stock market)은 'KRX유가증권시장(KRX KOSPI Market)' 으로 코스닥(KOSDAQ) 시장은 'KRX 코스닥 시장(KRX KOSDAQ Market)' 으로, 선물시장(Futures Market)은 'KRX 파생상품시장(KRX Derivatives Market)' 으로 변경되었다.

Learning Cafe 3

### 세계 최초의 선물거래소, 도지마 쌀 거래소

현재까지는 세계 최초의 선물거래는 일본 오사카의 도지마 쌀 거래소에서 이루어졌다는 데에 대해서 큰 이견이 없다.

도쿠가와 막부[6]는 중앙정부를 강화하고 지방 제후들의 세력 확장을 막기 위한 방법으로 지방제후들의 자녀를 볼모로 잡아 이들을 매년 6개월 동안 지금의 도쿄인 '에도'에 강제로 살도록 하였다. 일종의 상수리제도였다. 일부 볼모들 중에는 체류 경비가 떨어져 곤란을 겪는 일이 생겨났고, 자금을 조달하기 위한 방법으로 가을에 수확하면 쌀을 주겠다는 증서인 '물표'를 발행하여 생활비를 조달해 사용했다. 이러한 물표 거래를 주도하게 된 것이 당시 도쿠가와를 도와 천하를 통일하는 데 도움을 준 상인 요도야 조안이었으며, 요도야 조안의 쌀가게가 자연스럽게 물표를 거래하는 장소가 되었다. 그가 오사카 인근의 도지마로 근거지로 옮기면서 일본 최초의 상품거래소인 '도지마 쌀 거래소'가 탄생하게 되었다.

6) 도쿠가와 막부는 일본의 전국시대를 끝내고 완전히 일본을 통일한 도쿠가와 이에야스가 1603년에 에도(지금의 도쿄)에 수립한 무신정권을 말한다.

## 제2절 선물시장의 조직 및 운영

앞서 우리는 선물계약이 왜 필요하게 되었으며 어떻게 발전되어 왔는지를 살펴보았다. 본 절에서는 선물계약이 거래되는 선물시장은 어떻게 조직되어 있으며, 거래는 어떻게 이루어지는지에 대해 살펴보기로 한다. 세계적으로 많은 선물시장이 존재하고 있고, 각각의 시장마다 약간의 제도상이 차이는 있으나 기본적인 성격은 유사하므로 여기서는 주로 CBOT(Chicago Board of Trade)를 중심으로 알아보기로 한다.

### 2.1 선물시장의 구조

선물거래를 성립시키기 위한 거래조직은 크게 거래소(exchange)와 청산소(clearing house) 및 중개회사(commission house)로 나뉜다. 선물거래를 하고자 하는 투자자는 중개회사를 통해 선물거래소에서 거래가 가능하며, 선물거래에 대한 결제를 담당하는 청산소의 회원을 통해 결제를 하게 된다. [그림 12-2]는 선물시장의 기본 구조를 나타내고 있다.

#### 1. 선물거래소

선물거래는 주식의 거래와는 달리 선물계약의 장외거래를 인정하지 않고 있

그림 12-2 선물시장의 구조

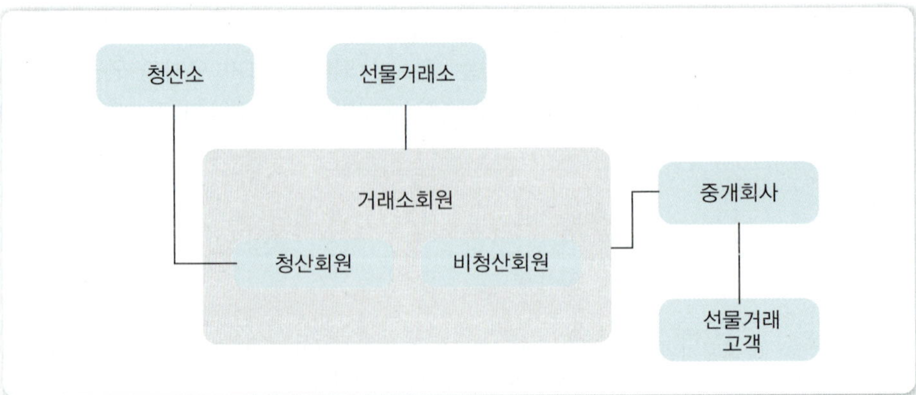

다. 따라서 선물계약은 지정된 거래소(exchange)내에서만 거래가 가능하다. 거래소는 선물거래에 참여하고자 하는 사람들의 자발적인 단체로서 대부분 비영리회원조직으로 되어 있었으나 21세기 들어 대부분 주식회사형태로 탈바꿈하고 있다. 그러나 여전히 회원조직을 고수하고 있으며, 선물거래소는 개별회원들이 납부한 분담금과 거래수수료가 주요 수입원이다. 거래소의 회원은 자기의 계정으로 직접 거래소 장내에서 거래에 참여할 수 있으며, 거래시 지불하게 되는 수수료 감면혜택이 있다. 또한 일반고객의 거래를 대행해주고 대가로 수수료를 얻게 된다.

회원을 기능면에서 분류하면 중개회사의 고용거래원과 장내거래원(floor trader)으로 구분된다. 장내거래원은 다시 장내브로커와 투기자로 분류된다. 중개회사의 고용거래원은 비회원 또는 일반 고객으로부터 수수료를 받고 거래주문을 장내브로커(floor broker)에게 중개하는 역할을 수행하며, 장내거래원은 일반고객의 주문과 자신의 거래를 함께 수행하는 자이다. 장내브로커는 거래소 장내에 있지 않은 회원의 거래나 중개회사로부터의 주문을 수행하고 수수료를 받는다. 또한 장내거래원은 청산기능의 수행자격에 따라 청산회원과 비청산회원으로 구분되는데, 청산회원은 청산소와 직접거래 가능한 회원이며, 자신의 거래와 고객의 거래에 대한 청산업무를 수행하는 외에도 비청산회원 및 그의 고객을 위해 자금의 결제를 행하게 된다. 그러므로 비청산회원은 신속한 자금의 결제를 위해 다수의 청산회원에게 거래계정을 개설하는 것이 상례이다.

## 2. 청산소

선물거래조직의 또 하나의 중요한 조직이 청산소(clearing house)이다. 청산소는 거래소의 부속기관 또는 독립된 기관으로 존재하면서 거래소에서 행해진 모든 선물계약의 청산에 대해 책임을 진다. 청산소는 선물거래의 거래량이 증가함에 따라 회원들간의 거래를 공정하게 하고 신속하게 관리할 목적으로 비영리회원조직으로 설립되었다. 청산소에서는 청산회원만이 직접 청산업무를 할 수 있는데, 청산회원은 모두 거래소의 회원이지만 거래소 회원이라고 모두 청산회원이 되는 것은 아니다. 청산회원은 청산소에 신청서를 제출하고 소정의 절차를 거쳐 청산회원자격을 취득하게 된다. 청산회원은 회원명의로 거래된 모든 계약을 이행할 책임을 지게 되므로 그 자격요건은 매우 엄격하다.

모든 거래소에 부설 또는 독립된 기관으로 존재하는 청산소는 거래소의 청산기구로서 거래소에서 체결된 모든 선물계약을 청산하고 계약의 이행을 보증한다. 선물거래가 성립되면 즉시 매매쌍방 사이에 청산소가 개입하여 거래를 둘로 분리

그림 12-3 청산소의 역할

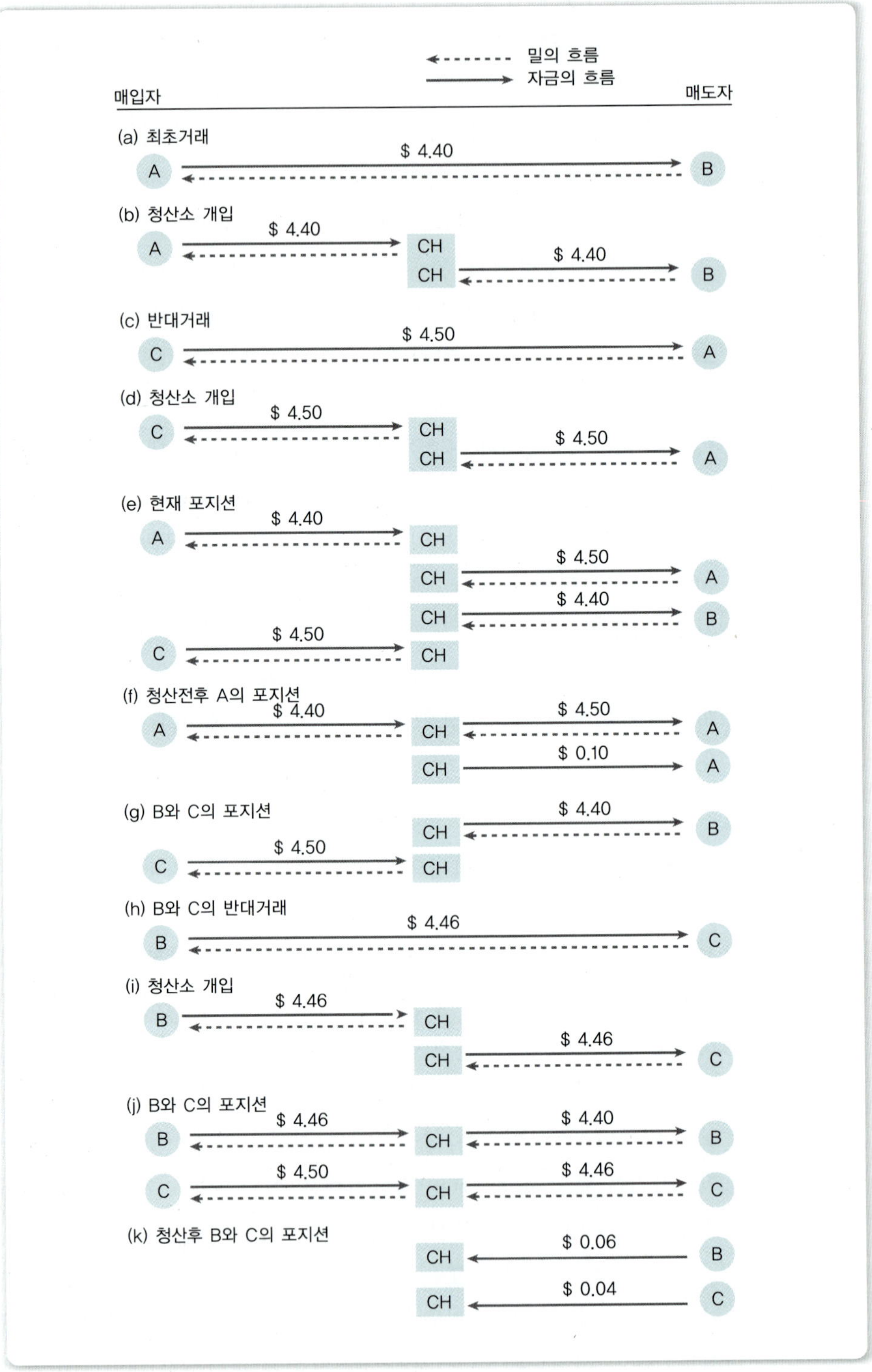

함으로써 이 거래가 더 이상 거래당사자간의 관계로 존재하지 않게 된다. 그러므로 청산소는 모든 매입자에게는 매도자의 역할을, 모든 매도자에게는 매입자의 역할을 수행한다.

청산소의 역할을 예를 들어 설명하면 [그림 12-3]과 같다. 최초의 투자자 *A*가 매도자 *B*로부터 밀을 부셸(bushel)[7]당 $4.40에 매입하기로 계약을 체결하면(a), 청산소가 개입하여 양자를 분리시킨다(b). 즉, *A*는 청산소로부터 밀을 부셸당 $4.40에 매입한 것이 되고 *B*는 청산소에 밀을 부셸당 $4.40에 매도하기로 계약한 것이 된다. 며칠 후 *A*는 *C*에게 부셸당 $4.50에 매도하는 계약을 체결하면(c), 이때에도 즉시 청산소가 개입하여 거래를 분리시킨다(d). 지금까지의 거래자의 포지션은 (e)와 같이 나타낼 수 있다. 이때 *A*는 청산소와 실물의 인수도 절차 없이 거래차액인 부셸당 $0.10만을 청산소로부터 받고 시장을 떠나게 된다(f). *B*와 *C*도 실제로 밀을 인도하거나 수도하기 싫은 경우 *B*는 시장에서 다시 밀 선물계약을 매입하고 *C*는 다시 밀 선물계약을 매도하면 되는데(h), 이때에도 청산소가 개입하여(i) 양자의 포지션을 정리하여(j) 청산은 *B*로부터 부셸당 $0.06, *C*로부터 부셸당 $0.04를 회수하여 청산소는 균형을 이루게 된다. 이러한 선물거래의 청산원리를 볼 때 선물에서의 포지션을 결제일 전에 청산하고자 할 경우 당초의 매매상대방과는 관계없이 반대거래에 의해 자신의 포지션을 청산할 수 있는 것이다. 즉, 청산소의 존재로 선물시장은 개인 간의 시장이 아닌 개인과 청산소와의 시장이 되므로 모든 시장참가자들은 선물시장에서의 진퇴가 자유로워지고 계약의 이행이 보증되므로 거래량이 늘어나게 되고 효율성이 증대된다.

앞서 설명한 바 있지만 청산소의 기능은 선물거래의 신용위험을 거의 제거하게 되는 매우 중요한 기능이다. 이와 같이 신용위험이 감소 내지는 제거되지 않았다면 선물시장의 발전은 이루어지지 않았을 것이다.

청산소는 청산기능 외에 인수도 기능을 행한다. 선물거래의 대부분은 반대거래에 의해 청산되지만 선물거래의 약 1%의 정도는 현물 인수도에 의해 청산된다. 청산소는 청산소 자체가 현물을 인수도 하지 않고 선물매도자가 적격한 선물매입자에게 현물을 인도하고 수령할 수 있는 메카니즘을 제공하게 된다.[8]

선물계약의 인도(delivery)는 선물매도자가 반대매매를 했을 때에 비해 이득이 크면 일어나게 될 것이다. 즉, 선물가격에서 인도비용을 차감한 것이 만기일에서

---

7) 과일, 곡물 등의 중량 단위로서 1 부셸은 소맥(밀), 대두의 경우 27.2kg(60파운드), 옥수수의 경우 25.4kg(58파운드)이다. 또한 영국에서는 1부셸이 28.1kg, 미국에서는 27.2kg으로 사용되고 있다.
8) 선물거래의 인수도절차는 매우 복잡하다. 이는 본서의 범위를 넘어섬으로 자세히 기술하지 않는다. 관심있는 독자는 전문서적 참조바람.

현물가격을 상회하게 되면 인도가 발생할 것이다.

### 3. 선물중개회사

선물거래의 메카니즘에서 빠뜨릴 수 없는 거래조직이 선물중개회사(commission house 또는 futures commission merchant)이다. 선물거래에 있어서 거래행위는 오직 회원에 한하므로 일반투자자들이 선물을 거래하기 위해서는 중개회사를 통하여야 한다. 선물거래에 있어서 중개회사는 자신의 명의로 다른 회원 또는 비회원인 일반투자자를 위하여 선물거래를 대행해 주고 대가로 수수료를 받게 되는데, 그들은 자신이 고용하는 거래소의 회원을 통해 투자자들의 주문을 수행하게 된다. 이러한 중개회사는 최선을 다해 고객에게 가장 유리하도록 주문을 수행하며, 고객을 대신하여 인수도를 행하며 청산을 하는 등 고객의 계좌를 관리하게 된다. 또한 중개회사는 투자자들에게 선물시장에 대한 정보를 제공하며, 등록대리인(registered representative)과 투자자를 접촉시켜 투자자로 하여금 투자계획을 세우는 데 도움을 주게 된다.

## 2.2 거래절차와 주문

### 1. 선물거래절차

거래소의 회원이 아닌 투자자가 선물거래를 하기 위해서는 다음과 같은 과정을 거치게 된다. [그림 12-4]는 이러한 선물거래의 절차를 도시한 것이다.

(1) 계좌개설: 선물거래를 하고자 하는 사람은 먼저 선물중개회사에 거래계좌를 개설하여야 한다. 이를 위해서 중개회사의 등록대리인과 상담한 후 중개회사가 제시하는 상호 권리와 책임을 명시한 문서에 서명하고, 보증예탁금신고서(customer security deposit statement)를 제출하는 동시에 보증예탁금을 예치하면 된다.

(2) 매매주문: 계좌를 개설한 후 고객은 중개회사의 등록대리인에게 거래의 가격, 종목, 만기(delivery month), 계약건수, 주문의 유효기간 등을 기록한 주문서를 제출한다. 주문의 종류에 대해서는 뒤에서 자세히 설명한다.

(3) 매매성립: 고객의 주문을 받은 중개회사는 거래소 장내에 설치되어 있는 출장소에 전화 또는 텔렉스로 주문의 내용을 통보하게 되며, 이를 통보받은 중개

그림 12-4 선물거래의 거래절차

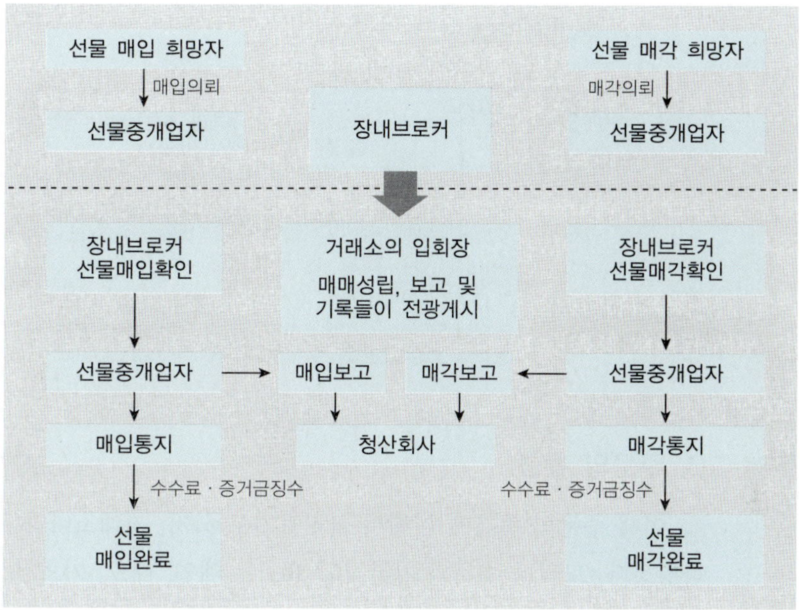


회사의 회원은 주문내용을 주문표에 기재하고, 타임스템프로 접수시간을 확인한 후 링(ring) 또는 피트(pit)라고 불리우는 입회장소의 장내브로커에게 제출한다. 장내브로커는 일정한 수신호와 공개발성에 의해 주문내용을 표시하고 이에 상응하는 거래상대자를 찾게 되는데, 이때 다른 장내 브로커가 주문내용을 수락하면 매매계약이 성립한다. 이를 공개호가방식(open outcry)에 의한 거래방식이라고 한다. 일단 거래가 성립되면 장내브로커는 거래성립시간, 인도시기, 거래가격, 거래수량, 거래대상 등을 서로 확인하고 거래확인카드(confirmation card)를 작성하게 되며, 동석하고 있는 입회장조사원(pit observer)은 위의 거래명세를 기록해 둔다.

한편, 중개회사는 매매확인서를 우송하여 거래가 성립되었음을 고객에게 알리는 동시에 청산소에 거래를 통보하고 거래의 이행을 보증하기 위하여 고객의 증거금에서 거래 잔고에 대한 증거금상당액을 인출해 초기증거금에 충당한다.

(4) 결제: 선물거래의 결제는 대부분 상대거래에 의해 이루어지는데, 거래를 담당하는 청산회원의 해당거래포지션이 대체결제됨으로써 종결된다.

이러한 선물거래절차는 전산매매방식이 도입됨으로써 매우 단순화되었다. 우리나라는 [그림 12-5]와 같은 전산매매방식을 사용하고 있다.

그림 12-5 전산매매방식

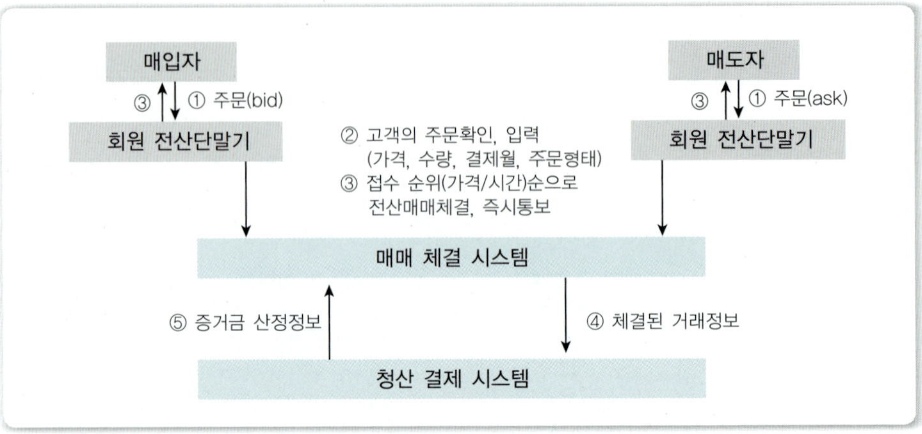


## 2. 주문의 유형

이제 주문의 종류에 대해서 살펴보기로 하자. 거래소마다 주문의 유형도 매우 다양하다. 그러나 주문의 기본적인 요소는 매입, 매도, 기초자산, 계약의 수, 결제월(만기), 가격, 주문유효기간 등이다.

### (1) 시장가주문

주문의 가장 일반적인 형태는 시장가주문(market order)이다. 시장가주문이란 현재 시장에서 형성된 가격으로 선물을 매매하려는 주문으로 가능한 빨리 가장 유리한 가격으로 거래하고자 하는 주문방식이다. 시장가주문은 주문 즉시 집행이 가능하지만 주문이 진행되는 과정에서 가격변화가 발생할 수 있으므로 매매체결가격이 희망주문가격과 다를 수 있다. 예를 들어 선물중개회사가 5단위의 T-Bill 선물을 시장가로 매입해 달라는 주문을 받았다고 하자. 그 시점에서 매수호가(bid price)가 89.65이고 매도호가(ask price)가 89.70이라면 89.70의 가격에 매입하게 된다.

### (2) 지정가주문

지정가주문(limit order)은 특정가격이나 그 가격보다 좋은 가격(or better)으로 매매하고자 할 때 사용하는 주문이다. 따라서 매수지정가주문(limit order to buy)은 현재의 시장가격보다 낮게 지정될 것이고 매도지정가주문(limit order to sell)은 현재의 시장가격보다 높게 지정되는 것이 일반적이다. 예를 들어 6월이 만기인 T-Bill 선물을 89.14에 매도지정가주문을 냈다고 하자. 이는 가격이 89.14이상인 경우에만 매도하고 그렇지 않은 경우에는 주문이 실행되지 않는다. 주문의 유효기간이 정해지지 않을 경우에는 당일에만 유효하다고 보고 당일에 주문이 체결되지 못하면 그 주문은 자동으로 취소된다.

### (3) MIT주문

시장주문과 지정가주문의 특성을 결합한 것이 MIT(market if touched)주문이다. 이 주문은 시장가격이 특정가격에 도달하면 그 당시 가장 유리한 가격으로 매매하라는 주문이다. 즉, 지정가는 주문이 유효하게 하는 역할을 담당하게 되며, 시장가격이 지정가에 도달하면 시장가주문이 되는 것이다. 매수주문은 시장가격이 특정가격 이하가 되면 시장가 주문이 되고, 매도주문은 시장가격이 특정가격 이상이 되면 시장가 주문이 된다.

예를 들어 90일 만기의 T-Bill의 현재 시장가격이 91.00이라고 하자. 어떤 투자자가 90.00에 매수 MIT 주문을 냈다고 하자. 이 주문을 받은 브로커가 가격변화를 살펴보고 있다가 가격이 90.00으로 형성된 것을 보고 시장가주문을 낸 결과 90.00은 그 날의 최소가로 기록되었으며, 가격이 반등하여 90.05로 T-Bill 선물계약을 매수하게 되는 경우를 MIT주문이라고 한다.

MIT 매수(도)주문은 현재 시장가격보다 낮(높)은 가격으로 주문하게 되며, 시장가격이 반전되기 전에 극단적인 수준까지 가리라 믿고 그 가격수준에 도달하자마자 거래하고자 하는 기술적 분석가들이 이용하는 방법이다.

### (4) 특정가주문

특정가주문(stop order or stop loss order)은 시장가격이 특정가격(stop price)에 이르면 시장가주문이 되는 주문된다는 점에서는 MIT와 비슷하다.

MIT주문은 매수(도)주문을 낼 때 현재 시장가격보다 낮(높)은 가격을 지정하여 주문하지만 특정가주문에서 매수주문(buy stop order)은 특정가격이 현재 시장가격보다 높게 주문하게 되며, 매도주문(sell stop order)은 특정가격이 시장가격보다 낮도록 주문하게 된다. 예를 들어 T-Bill 선물을 89.00에 매입한 투자자가 있다고 하자. 현재 시장가격이 90.00이다. 이 투자자는 향후 선물가격이 더욱 상승하여 추가적인 이득을 기대하고 있다. 그러나 선물가격이 하락하면 이익이 감소하게 되는데 0.50포인트의 이익은 확보하고 싶다. 이 경우 투자자는 89.50에 T-Bill 선물을 특정가 매도주문을 내게 된다. 이와 같이 특정가 매도주문은 시장가격보다 낮은 가격으로 주문을 내게 되며, 시장가격이 상승하면 주문이 실행되지 않다가 시장가격이 하락하여 89.50에 이르면 특정가주문은 시장가주문으로 바뀌게 된다. 거래한 결과 89.49에 매도되었다면 0.49포인트의 이익을 확보할 수 있게 된다.

한편, 밀선물을 $5.00/bu에 공매한 투자자가 있다고 하자. 현재 밀선물의 가격이 $3.00/bu이라면 이 투자자는 $2.00/bu의 이득을 얻고 있다. 그러나 이 투자자는 앞으로 밀선물의 가격이 더욱 하락할 것으로 예상하고 있다. 그러나 예상과 달리 손실이 발생할 수 있으므로 이에 대비해 $5.50/bu에 특정가 매수주문을 낼 수 있다. 이 경우 투자자의 예상과 달리 밀선물가격이 $5.50/bu에 이르면 밀선물을 매수하여 손실을 $0.50/bu로 제한할 수 있다. 이와 같이 특정가주문은 손실을 제한하거나 이미 확보된 이익을 일정한 정도 보호할 때 또는 새로운 포지션을 취하고자 할 때 이용된다.

특정가주문의 경우 주문의 유효기간은 취소할 때까지이다. 이를 GTC (good till cancelled) 주문이라고 한다.

특정가주문은 지정가주문과 결합될 수 있다. 이를 역지정가주문(stop limit order)이라고 하는데 시장가격이 특정가격(stop price)에 도달하면 시장가주문이 아니라 지정가주문으로 바뀌게 된다. 이 경우 특정가격과 지정가(limit price)를 다르게 할 수도 있다.

예를 들어 현재 T-Bill선물의 시장가격이 88.80이라 하고, 투자자가 89.50을 특정가격으로 89.70보다 좋은 가격으로 매수해 달라는 역지정가매수주문을 냈다고 하자. 이 주문을 받은 브로커는 현재로서는 시장가격이 싸지만 주문을 체결할 수 없으며, 선물가격이 특정가격(stop price)인 89.50에 이르면 지정가주문으로 바뀌어 89.70이나 더 낮은 가격으로 매수하게 된다.

### (5) 스케일주문

여러 개의 주문을 낸 다음 다른 주문의 체결여부에 따라 달라지는 복잡한 주문의 형태가 있는데 가장 일반적인 형태가 스케일주문(scale order)이다. 이 주문은 첫번째 주문이 체결되는 가격과 관련하여 일정한 가격변화에 따라 추가적으로 매수하거나 매도하려는 주문이다. 예를 들어 시장가주문에 의해 3월 만기의 T-Bill 선물계약을 두 단위 매입하고 10포인트 떨어지면 다시 두 단위를 매입하고 다시 10포인트 떨어지면 두 단위를 추가적으로 매입하려는 주문을 낸 경우를 생각해 보자. 시장주문에 의해 89.90에 두 단위를 매입한 경우 주문은 지정가주문으로 바뀌어 89.80이 되면 두 단위를 매입하고 89.70이 되면 다시 두 단위를 매입하게 되어 총 6단위를 매입하게 된다. 이러한 형태의 주문을 스케일 주문이라고 한다. 물론 첫 주문을 지정가주문으로 시작할 수도 있다. 즉, 90.00에 지정가매수주문을 내고 10포인트 내릴 때마다 두 단위씩 총 8단위를 매입하라는 스케일주문을 냈다고 하자. 이 경우 첫 두 단위를 89.98에 매입하였다면 89.88, 89.78, 89.68이 되면 각각 두 단위씩 추가로 매입하게 된다.

### (6) 선택주문

다른 주문의 상태에 따라 주문의 성격이 달라지는 주문으로 선택주문(alternative order)이 있다. 이는 별개의 두 주문을 낸 다음 한 주문이 체결되면 다른 주문은 자동적으로 취소되는 주문이다. 이 주문은 손실을 극소화하기 위해서나 이득을 보전하기 위해 사용된다.

### (7) 스프레드주문

스프레드주문(spread order)은 동시에 다른 선물계약을 사고 파는 주문이다. 예를 들어 3월 만기의 T-Bill선물과 6월 만기의 T-Bill선물의 가격차가 50포인트 이하라면 3월 만기의 선물 2단위를 매입하고 6월 만기의 선물 2단위를 매도하라는 주문이 스프레드 주문이다. 이러한 주문은 투기자들에게 사용되는데 투기자들의 거래유형에 대해서는 다음 절에서 상세히 살펴보기로 한다.

### (8) 스위치주문

스위치주문(switch order)이란 현재의 포지션을 결제월(delivery month)이 달라지도록 이동시키는 주문이다. 가령 한 투자자가 3월 만기의 T-Bill선물을 보유하고 있는데 3월 만기의 선물과 6월 만기의 선물의 가격차가 10포인트 이하라면 3월 만기의 선물을 매도하고 6월 만기의 선물을 매입하라는 주문을 내는 경우를 스위치주문이라고 한다. 스위치주문과 스프레드주문과의 차이는 전자가 현재 포지션을 취하고 있는데 비해 후자는 포지션이 없는 상태에서 두 거래를 동시에 행하는 것이다.

### (9) 조건부지정가주문

조건부지정가주문(conditional limit order)는 주문이 시장에 도달된 때에는 지정가호가로 체결되나 장중에 거래가 성립되지 않으면 장종료 동시호가에는 시장가호가로 전환하게 된다.

### (10) 최유리지정가주문과 최우선지정가주문

최유리지정가주문(best limit order)은 수량만 지정하는 호가 형태로 호가가 시장에 도달할 때 가장 유리하게 집행할 수 있는 가격을 지정한 것으로 간주하는 주문으로서 시장가주문과 지정가주문의 성격을 동시에 가진다. 매수자입장에서 최유리 지정가는 호가접수시점에서 가장 낮은 매도호가이며, 매도자의 최유리 지정가는 호가접수시점에서 가장 높은 매수호가가 된다.

최우선지정가주문도 최유리지정가주문과 같이 수량만 지정하는 호가형태로 시장에 도달할 때 가장 빨리 집행될 수 있는 가격을 지정한 것으로 간주하는 주문방식이다. 매수자입장에서 최우선 지정가는 호가접수시점에서 가장 높은 매수호가가 되며, 매도자 입장에서 최우선 지정가는 호가접수시점에서 가장 낮은 매도호가가 된다.

### (11) 유효기간에 따른 주문유형

모든 주문은 별도 지정이 없는 한 주문 당일 거래 종료 시까지 유효한 당일주문(day order)이다. 이에 반해 취소할 때까지 유효한 GTC(good till cancelled)주문도 있다.

한편, 특정 시간이나 특정시간대에 한하여 실행되도록 하는 time-of-the-day order, 하루의 거래시간 중에서 지정된 시간 이전까지만 유효한 off-at-a-specific-time order도 있다. FOK(fill-or-ill)주문은 주문한 수량 전체에 대해 주문가격에 체결될 수 있으면 주문을 체결하되 일부만 체결할 수 있다면 주문 자체를 취소하는 주문이며, IOC(immediate or cancel)주문은 호가접수시점에 매매계약을 체결할 수 있는 수량에 대해서는 거래를 성립시키고 나머지는 자동으로 취소하게 되는 주문방식이다.

개시주문은 시장이 개시할 경우에만 유효하며, 종료주문은 폐장할 시점에만 유효한 주문이다.

## 2.3 금융선물의 가격표시방법

상품선물의 가격표시방법은 현물시장과 같지만 금융선물의 경우에는 현물시장과 다른 점이 있다. 금융선물은 거래되는 형태에 따라 다음의 두 가지의 가격표시방법을 갖는다.

## 1. 단기금리 선물계약

단기금융자산을 기초자산으로 하여 발행된 금융선물계약은 IMM의 재정증권계약, LIFFE(London International Financial Futures Exchange)의 파운드화 정기예금계약(sterling deposit contract) 및 IMM과 LIFFE의 유로달러 계약 등이 있다. 이 경우 선물가격의 표시는 (100 − 이자율)로 표시하는데, 이는 이자율과 금융자산의 가격이 서로 역의 관계에 있기 때문이다. 따라서 이자율이 높으면 높을수록 선물가격은 떨어지게 된다. 예를 들어 3월 만기의 T-Bill선물가격이 86.50으로 표시되면 이는 3월이 되면 이자율이 13.5%가 될 것이라는 것을 의미하고 있는 것이며, 가격이 86.25로 떨어졌다면 (100 − 86.25) = 13.75%로 이자율이 상승할 것이라는 의미를 가지는 것이다. 한편, 모든 거래소는 최소가격변동폭(minimum price movement)을 정해 놓고 있는데 이를 "틱(tick)"이라고 부르며, 단기금융선물의 경우에는 1%의 100분의 1 또는 1베이시스 포인트(basis point)가 된다. 거래의 편의를 위해 틱값(tick value)의 크기를 같도록 정하고 있는데, 틱값은 틱의 크기에 계약의 액면가액을 곱한 것으로 달러 표시 금리선물(interest rate futures)은 액면이 $1,000,000이고 파운드의 경우에는 £250,000이다. 3개월 만기 유로달러 금리선물의 경우 틱의 크기는 3개월 이자율의 0.01%이고 틱값은 $25(= 0.0001 × 3/12 × $1,000,000)이다. 예를 들어 한 투자자가 3개월 만기의 유로달러 선물계약 10단위를 84.15에 매입하고 열흘 후 동 선물의 가격이 84.05로 하락하였다면 이 투자자의 손실은 10단위 × 10틱 손실(84.05 − 84.15) × 틱당 $25[9] = $2,500가 된다.

## 2. 장기금리 선물계약

장기금리계약이란 20년 만기의 T-Bond, GNMA 증권, LIFFE의 길트계약(gilt contract)[10] 등과 같이 장기금융자산을 기초증권으로 하는 선물계약을 말한다. 장기금리선물의 경우 가격표시방법은 현물시장의 가격표시방법과 같으며, 이 경우 거래소가 정한 표준 표면이자율과 표준 만기를 갖는 금융자산의 가격을 표시한다. 예를 들어 길트계약의 경우 20년 만기의 12% 표면이자율을 지급하는 길트를 기준으로 하여 액면가에 대한 퍼센트로 표시된다. 2018년 12월 만기인 길트계약의 가격이 99-16이라면 이는 표면이자율 12%, 20년 만기의 길트 액면 £100에 대해 시장에서 £$99\frac{16}{32}$를 지불하겠다는 것이다. CBOT의 재무성채권(Treasury bond)

9) 0.0001 × 3/12 × $1,000,000 = $25

10) 길트란 영국에서 발행되는 20년 만기의 장기채권으로 계약단위는 £50,000임.

의 경우에는 표면이자율 8%, 20년 만기의 재정채권을 기준으로 하고 있으며, GNMA증권의 경우에는 표면이자율 8% 만기 30년인 증권을 기준으로 12년 후 미리 원리금을 상환하는 것으로 가정 하여 가격을 표시하게 된다. 최소가격변동폭은 1%의 1/32이며, 틱값은 선물계약 액면에 틱의 크기를 곱하면 된다. LIFFE의 20년 만기 길트계약의 경우 틱의 크기는 1%의 1/32이며 틱값은 £15.625(=1/32×0.01×£50,000)이다. 또 20년 만기 재정채권의 경우 틱의 크기는 1%의 1/32이며 틱값은 $31.25(=1/32×0.01×$100,000)이다. 예를 들어 한 투자자가 길트계약을 97-28의 가격으로 5단위 매입하고 1개월 후 가격이 98-06으로 상승한 경우 총이득은 5단위×10틱 이득{(98-06)-(97-28)}×£15.625(틱값)=£781.25가 된다.

## 2.4 선물거래제도

### 1. 거래규격

선물거래의 대상이 되는 자산은 농산물, 원자재와 같은 상품과 금융자산 등 복잡다기하다. 따라서 선물거래 대상자산마다 거래방법은 차이를 보이고 있다. 어떤 선물거래소이건 거래대상 상품에 대한 표준규격과 거래절차, 거래방법 등 제반사항을 공시하고 있으며, 장외거래는 인정하지 않고 있다. 예를 들어 1988년 1월 10일 A씨가 5월 만기의 대두선물 한 단위를 $5.87에 매입하였다고 하자. 이 때 거래대상품목은 대두이며, 부셀당 가격은 $5.87이다. 이때 계약단위는 5,000 부셀이 된다.

계약단위(contract size)는 각 거래소별로 각 상품별로 차이가 있는데 표준등급을 기준으로 하고 있다. 예를 들면 T-Bond는 $100,000를 계약단위로 하고 있는데, 표면이자율 8%, 잔존기간 20년인 표준물을 상장하고 있다. 옥수수와 대두는 CBOT에서 5,000부셀이 계약단위인데 MACE(Mid America Commodity Exchange)의 경우에는 1,000 부셀을 계약단위로 하고 있다. 이 거래소의 옥수수와 대두의 표준등급은 No.2 yellow corn과 No.2 yellow soybean이다.

위 계약의 경우 인수도월은 5월이며, 이를 결제월(delivery month)이라고 한다. 결제월 역시 거래소마다 상품별로 차이가 있다. 예를 들어 금의 결제월은 IMM에서는 3, 6, 9, 12월이고 CBOT에서는 2, 4, 5, 6, 7, 8, 10, 12월이다. 결제월이 다르면 같은 상품이라도 별개의 종목으로 취급되며, 당해년도 결제월이 지나면 자동적으로 다음년도의 결제월에 해당하는 종목이 상장되어 거래된다. 흔히 선물계약을 결제월에 따라 9월물, 12월물과 같이 호칭한다.

위에서 대두선물거래의 경우 호가단위는 ₵/bu이다. 호가단위란 선물계약 한 단위당 가격의 표시방법으로서 앞서 금리선물에 대해서는 살펴보았다. KCBT (Kansas City Board of Trade)의 Value Line Index의 경우 V-L 지수에 의해 가격이 표시되고 IMM의 영국 파운드화는 $0.001/£이다.

한편, 거래소별로 상품별로 최소가격변동폭(minimum price fluctuation)을 설정하여 거래가 신속하게 이루어지도록 하고 있다. 최소가격변동폭을 틱(tick)이라고 하는데, CBOT의 옥수수와 대두의 틱은 ₵0.25이므로 계약단위당 틱값은 ₵0.25 × 5,000bu. = $12.50이다.

한편, 선물거래에 있어서 각 거래소는 전일종가를 기준으로 각 상품별로 일일 최대가격변동폭(maximum daily price limit)을 설정하고 있는데, 급격한 가격변동

**표 12-3 금융선물의 계약조건**

| 선물계약 | 거래소 | 계약규모 | 가격표시 지수 | 최소가격 변화 | 틱값 | 일일가격 제한폭 |
|---|---|---|---|---|---|---|
| Value Line Indes | KCBT | V-L index × $500 | V-L index points | .05 | $25.00 | 없음 |
| New York Stock Exchange Composite Index | NYFE | NYSE index × $500 | NYSE index points | .05 | $25.00 | 없음 |
| Certificates of Deposit. Domestic | IMM | $1,000,000 | 100 minus CD rate | 1 basis pt. | $25.00 | 80pts. |
| GNMA (CDR) | CBT | $1,000,000 (@8%) | % of par | 1/32 of 1point | $31.25 | 64/32 |
| Eurodollar (3-month time deposit) | IMM | $1,000,000 | 100 minus Eurodollar time deposit rate | 1 basis pt. | $25.00 | 100pts |
| Treasury Bills (90-Day) | IMM | $1,000,000 | 100 minus T-bill dis-count rate | 1 basis pt. | $25.00 | 60pts |
| Treasury Bonds | CBT | $100,000 (@8%) | % of par | 1/32 of 1point | $32.25 | 64/32 |
| Treasury Notes | CBT | $100,000 (@8%) | % of par | 1/32 of 1point | $32.25 | 64/32 |

에 따른 혼란을 방지하고 투자자를 보호하기 위한 것이다. 이는 우리나라 주식시장의 상한가, 하한가와 같은 것으로 가격제한폭 내에서만 거래가 가능하다. CBT의 T-Bond와 대두에 대한 최대가격변동폭은 각각 $\frac{64}{32}$포인트와 30¢이다. 가령 T-bond의 전일종가가 90-00이라면 오늘 가격의 변동폭은 88-00과 92-00 사이가 된다. 따라서 계약단위당 최대가격변동폭은 $100,000 × 64/32% = $2,000이 된다. 그러나 주가지수선물에 대해서는 일일최대가격변동폭이 설정되어 있지 않은데, 그 이유는 증권시장에서의 주가지수변동이 곧 주가지수선물의 가격에 반영되어야 할 필요가 있기 때문이다. 〈표 12-3〉은 세계주요선물거래소에서 적용하고 있는 금융선물계약의 계약조건을 나타내고 있다.

한국거래소(KRX)에 상장된 선물상품을 보면, KOSPI200 선물, 스타지수선물, 25개 기업에 대한 개별주식선물[11], 3년, 5년, 10년 국채선물, 미국달러선물, 엔-유

**표 12-4 KOSPI200선물의 거래조건**

| 구 분 | 명 세 |
|---|---|
| 기초자산 | 코스피200지수 |
| 거래단위 | 코스피200선물가격 × 50만(거래승수) |
| 결제월 | 3, 6, 9, 12월 |
| 상장결제월 | 1년 이내의 4개 결제월 |
| 가격의 표시 | 코스피200선물 수치(포인트) |
| 호가가격단위 | 0.05 포인트 |
| 최소가격변동금액 | 25,000원 (50만원 × 0.05) |
| 거래시간 | 09:00 ~ 15:15 (최종거래일 09:00 ~ 14:50) |
| 최종거래일 | 각 결제월의 두 번째 목요일(공휴일인 경우 순차적으로 앞당김) |
| 최종결제일 | 최종거래일의 다음 거래일 |
| 결제방법 | 현금결제 |
| 가격제한폭 | 기준가격 대비 상하 ± 10% |
| 단일가격경쟁거래 | 개장시(08:00~09:00) 및 거래종료시 (15:05~15:15) |
| 필요적 거래중단(Circuit Breakers) | 선물가격/현물가격 급변시 선물거래 일시중단 |

11) 주식시장에 상장되어 있고 유통주식수가 1,000만주 이상, 소액주주수가 10,000명 이상, 1년간 총거래대금이 5,000억원 이상인 보통주식 중에서 시가총액과 재무상태 등을 감안하여 선정한 25개 기업이 발행한 주식을 기초자산으로 하는 선물상품이다. 25개 기업은 2013년 1월 현재 KB금융지주, 삼성전자, 이마트, 신한금융지주, SK텔레콤, 우리금융지주, LG전자, 엘지디스플레이, KT, 케이티

로선물, Gold선물, 돈육선물, 미니금선물 등이 있다. 이 중 KOSPI200 선물의 거래 조건을 보면 〈표 12-4〉와 같다.

## 2. 증거금

파생상품(선물,옵션)거래는 신용위험이 상존하고 있어 결제이행을 위한 담보가 항상 필요하다. 이에 회원 및 거래소는 파생상품시장의 변화 등 여러 가지 요소를 체계적으로 고려하여, 각 참가자별 보유 포지션(위험 노출액)에 상응하는 액수의 금전 등을 징수함으로써, 거래상대방의 계약불이행 위험에 대비하는데 이러한 제도가 증거금제도이다.

증거금은 개시증거금, 유지증거금, 추가증거금 등으로 대별된다.

개시증거금(initial margin)은 선물거래를 하기 위해 고객의 계좌에 예치되어야 하는 금액으로 각 거래소별, 각 상품별로 차이가 있다.[12] 대개 미국의 경우에는 5%~10% 정도의 개시증거금이 요구된다. 초기증거금이라고도 한다.

유지증거금(maintenance margin)은 선물거래계좌를 유지하는 데 필요한 최소 잔고를 의미하며, 초기증거금의 약 70% 정도가 일반적이다. 선물거래는 매일매일 결제를 하는 독특한 청산제도를 가지는데 이를 일일청산(marking to market)이라고 한다. 선물거래에 의해 발생하는 매일매일의 손익은 증거금계좌에서 일일 정산되는데, 손실이 누적되어 계좌의 증거금잔고가 유지증거금 수준을 미달할 경우에는 계약이행을 담보할 수 없다고 판단하여 추가적인 자금의 납부를 요구하게 된다. 이를 마진콜(margin call)이라고 한다.

여기서 추가적으로 납부하는 자금을 추가증거금(additional margin, variation margin)이라고 하며, 일반적으로 추가증거금은 초기증거금 수준에 이르도록 요구된다. 반대로 일일정산 결과 이익이 누적되어 계좌잔고가 초기증거금 수준을 초과할 경우 초과된 부분을 초과증거금(excess margin)이라고 하며, 인출가능하다.

예를 들어 90일 만기인 T-Bill선물계약의 경우를 살펴보자. IMM에서 이 선물 한 단위($1,000,000)당 개시증거금은 $2,000이고 유지증거금의 수준은 $1,500이다. 〈표 12-5〉는 각 거래일별 선물가격의 변화에 따른 증거금 변화를 나타내고 있다.

---

앤지, 포스코, 하나금융지주, 한국전력공사, 현대중공업, 현대자동차, 기아자동차, 대우증권, 대한항공, 두산인프라코어, 삼성물산, SK하이닉스, 현대제철, GS건설, NHN, SK이노베이션 등이다.

12) 한국에서는 고객이 거래소회원에 납입하여야 하는 위탁증거금과 거래소회원이 거래소에 납부하는 거래증거금으로 나뉘며, 상품별로 큰 차이가 있다. 증거금은 '기초자산의 가격 또는 수치가 일정한 수준으로 변동하는 경우에 발생할 수 있는 최대순손실상당액' 수준이어야 한다. 증거금 산출시 적용하는 증거금률은 원칙적으로 해당 기초자산의 가격변동성을 고려하되, 파생상품별 특성이나 시장상황 등의 제반 사정을 감안하여 결정된다.

표 12-5 증거금의 변화

| 거래일 | 가격 | 증거금계정 | 손익 | 추가증거금 |
|---|---|---|---|---|
| 1 | 85.00 | $2,000 | – | |
| 2 | 84.88 | 1,700 | –$300 | |
| 3 | 84.68 | 1,200 | –500 | $800 |
| 4 | 84.68 | 2,000 | – | – |
| 5 | 84.78 | 2,250 | +250 | –250 |

제1일, 개시증거금 $2,000를 예치하고 90일 만기의 T–Bill선물계약을 매입하였다. 이때 매입가격은 85.00이었다. 제2일, 가격이 84.88로 12포인트 하락함으로써(12 × $25 = $300)의 손실을 보게 되었다. 따라서 증거금은 $1,700로 떨어졌지만 유지증거금 수준 $1,500를 상회하므로 증거금요구(margin call)는 없다. 제3일, 가격이 더욱 떨어져 (20 × $25 = $500)의 손실을 보게 되고 증거금이 $1,200로 떨어져 유지증거금수준 이하로 떨어지게 됨에 따라, 개시증거금 수준을 유지하기 위해 $800의 추가증거금이 요구된다(margin call). 제5일에는 가격이 상승하여 증거금이 $2,250에 이르고 있는데 이 경우 $250의 자금(초과증거금)을 인출할 수 있다.

증거금의 수준은 거래소마다 상품마다 포지션별로 다르게 정해지는데 그 운용원리는 같다. 영국의 LIFFE의 경우에는 유지증거금의 개념이 사용되지 않고 개시증거금 이하로 증거금 수준이 내려가면 증거금 요구를 하게 된다. 이 경우는 초기증거금과 유지증거금이 같다고 볼 수 있다. 증거금은 투자자가 취하는 포지션에 따라서도 달라진다. 스프레드(spread) 포지션이란 결제월만 다른 동일한 선물계약에 대해 동시에 롱포지션(long position)과 숏포지션(short position)을 취하는 경우이다. 이러한 스프레드 포지션의 경우 개시증거금은 롱 또는 숏 어느 한 포지션의 경우보다 절반 이하이다. IMM의 T–Bill 스프레드의 경우 개시증거금은 $400, 유지증거금은 $200에 불과하다.

개시증거금은 현금 또는 유가증권으로 예치하여야 하는데, 유가증권이 이자를 파생시키는 T–Bill과 같은 경우 투자자는 이에 대한 이자를 받을 수 있다. 그러나 추가증거금의 경우에는 현금으로 예치하는 것을 원칙으로 하고 이자파생증권에 대한 이자도 받을 수 없다.

## 2.5 금융선물의 종류

금융선물거래의 대상이 되는 금융자산은 각기 나름대로의 특성을 가지고 있으며, 이에 따라 거래대상의 표준 규격이 달라진다. 한국에서 거래되고 있는 주가지수선물(stock index futures)뿐만 아니라 미국에서 주로 거래되고 있는 재정증권(T−Bill), 재정어음(T−Note), 재정채권(T−Bond), 기업어음(commercial paper;CP), 양도성예금증서(certificates of deposit;CD), GNMA증권 등에 대해서 선물계약의 성격을 살펴보기로 한다.

### 1. T−Bill 선물계약

재정증권(T−Bill)은 증권의 만기일에 미국연방정부가 증권의 소유자에게 일정금액을 지불하기로 약속하는 증서이다. 이는 만기일에 가서 증권의 액면금액을 받게 되는 순수할인채권(pure discount bond)이다. 현재 재정증권은 최소 액면 \$10,000가 발행되며, 이 이상은 \$5,000의 배수로 발행된다. 재정증권의 만기는 91일, 182일 및 1년짜리가 있으며, 실제 만기는 공휴일에 따라 1, 2일 달라질 수 있다. 재정증권의 가격표시는 매수호가(bid price)와 매도호가(ask price) 및 채권균등수익률(bond equivalent yield)로 표시된다. 매수호가와 매도호가는 은행할인율(bank discount yield : BDY)로 표시되며 은행할인율은 다음과 같이 계산된다.

$$BDY = \frac{\frac{(F-P)}{DM} \times 360}{F}$$

여기서, $DY$ : 은행할인률
$F$ : 액면가액
$P$ : 시장가격
$DM$ : 만기까지의 일수

이다. 한편, 재정증권과 동일한 채권이 가지는 수익률을 나타내는 채권균등수익률(BEY)은 다음 식으로 표시된다.

$$BEY = \frac{\frac{(F-P)}{DM} \times 365}{P}$$

은행할인률과 채권균등할인율의 계산에서 전자는 1년을 360일로 하고 후자는 365일로 계산하였으며, 분모는 각각 액면가액과 시장가격이다. 윗식에서 분모는 각각 투자한 금액을 나타내는데, 은행할인률은 액면가액을 투자했을 때의 수익률을 나타내고 있으며, 채권균등할인률은 투자자가 매입한 가격에 대한 투자수익률을 나타내고 있다. 실제로 투자자들은 액면가를 투자하는 것이 아니라 실제 매입가격을 투자하게 되므로 채권균등할인률이 더 좋은 수익률의 평가지표가 된다. 한편 일반적으로 순할인채권의 가격은 다음 식으로 계산된다.

$$P = \frac{F}{(1+r)^t}$$

여기서, $r$ : 만기수익률(yield to maturity)
$t$ : 만기까지의 기간

은행할인율, 채권균등할인율, 만기수익률은 서로 약간씩 다르지만 수익률을 계산하는 입장에 따라서 달라질 수 있는 것이다.

이와 같은 재정증권에 대한 선물계약의 단위당 계약 크기는 IMM에서 $1,000,000이며, IMM지수에 의해 가격표시된다. IMM지수는 다음과 같이 계산된다.

$$\text{IMM지수} = 100 - \text{재정증권수익률} \times 100$$

예를 들어 90일 후 만기가 되는 재정증권의 수익률이 6.00%라면 IMM지수는 94.00이 되고, 이 선물의 가격은 $985,000[13]이다. 재정증권 선물계약의 최소가격변동폭(tick)은 1/100%이며, 이때 변하게 되는 선물계약 한 단위의 가치는 $25가 됨을 앞서 언급한 바 있다. 재정증권선물계약은 만기까지 90일이 남은 재정증권의 인도를 요구하고 있는데, 91일이나 92일 후에 만기가 되는 재정증권의 인도로 결제될 수도 있다. 재정증권 선물계약의 결제월은 3, 6, 9, 12월이다(IMM).

## 2. 기업어음 선물계약

기업어음(commercial paper : CP)은 신용이 좋은 대규모 기업이 발행하는 무담보 순수할인약속어음이다. 일반적으로 기업어음의 액면은 $100,000에서

13) $1,000,000 - \frac{(90 \times 0.06 \times 1,000,000)}{360} = \$985,000$

$5,000,000사이이며 만기는 30일에서 270일 사이이다. 기업어음의 가격표시방법은 재정증권과 같다.

기업어음 선물계약은 CBT에 상장되어 있는데 IMM지수와 같은 방법으로 가격표시된다. 즉, 은행할인율이 12.43%라면 선물가격은 (100 − 12.43 = 87.57)로 표시된다. 두 계약 모두 틱은 1베이시스 포인트(1/100 %)이며 틱값은 $25이다. 기업어음 선물계약의 경우 인도가능한 기업어음은 S&P A−1 등급이고 Moody's 등급 B−1이며, CBT가 승인한 것이어야 한다. 또한 만기가 30일 또는 90일보다 짧은 기업어음의 인도는 가능하다. 그러나 이 경우 선물의 매도자가 인도하게 되는 가격은 30일 또는 90일 만기인 것으로 계산된다. 예를 들어 결제가격이 87.50이라고 할 경우 은행할인율은 12.5%이다. 90일 만기인 기업어음 선물계약의 만기일이 도래하여 90일 만기인 기업어음을 인도하여야 하지만 45일 만기인 기업어음뿐이 없다고 할 경우 선물의 매도자는 상당한 손실을 보게 된다. 만기 90일인 어음을 인도할 경우 인도가격은

$$P = 1{,}000{,}000 - \frac{(90 \times 0.125 \times 1{,}000{,}000)}{360} = \$968{,}750$$

이다. 즉, $968,750가 선물매도자가 인도하여야 할 금액이다. 그러나 45일 만기인 어음을 인도할 경우 선물매도자가 실제 인도하게 되는 가치는

$$\$984{,}375 = 1{,}000{,}000 - \frac{(45 \times 0.125 \times 1{,}000{,}000)}{360}$$

이다. 이와 같이 이자율이 일정할 경우 만기가 짧으면 짧을수록 기업어음의 가치는 커진다. 따라서 가능한 한 만기가 긴 기업어음을 인도하는 것이 저렴하다.

### 3. 재정어음 및 채권 선물계약

재정어음(T−Note)과 재정채권(T−Bond)은 만기를 제외하고는 똑같다. 이 증권들은 둘다 반년마다 이자가 지급되고 만기에 원금이 지급되는 것으로서 미국 재무성(Department of Treasury)에서 발행된다. 따라서 채무불이행위험이 거의 없다는 의미에서 무위험증권으로 간주되며, 일정한 조건으로 수의상환가능한 것이 대부분이다. 재정어음의 경우 1~10년의 만기를 가지며, 재정채권은 10년 이상의 만기를 가진다. 이 증권들의 표면이자율은 매우 다양하다. 재정어음이나 재정채권의 가격표시는 앞서 언급된 바와 같이 1%의 1/32로 표시된다. 예를 들어 84−12로 가

격이 표시되었을 경우 가격은 액면가의 $84\frac{12}{32}$%이다. 만약 액면가가 $1,000라면 가격은 $843.75(= 0.84375 × 1000)라는 것이다. 한 단위의 재정채권이나 재정어음을 취득하기 위해서는 매도호가와 동시에 최근 이자지급일로부터 매매일 사이에 발생한 이자를 지급하여야 한다.

예를 들어 1982년 4월 1일 현재 2010년 11월 15일이 만기이고 12.75%의 표면이자를 지급하는 재정채권을 매입하는 경우를 생각해 보자. 이 채권은 6개월에 한 번씩 이자가 지급되며 5월 15일과 11월 15일에 이자가 지급된다고 하자. 1982년은 평년이므로 반년은 181일이 된다. 또한 지난번 이자지급일인 1981년 11월 15일로부터 137일이 경과하였다. 액면 $1,000를 가정할 경우 이자율이 12.75%라면 반년 동안에 지급되는 이자지급액은 $63.75이다. 따라서 채권의 현재 보유자가 오늘까지 보유한 137일 동안의 발생이자는 지급되어야 한다. 발생이자는 다음 산식으로 구해진다.

$$\text{발생이자} = \frac{\text{최종이자지급일로부터 경과일수}}{\text{이자지급기간일수}} \times \text{이자지급액}$$

따라서 발생이자는

$$\text{발생이자} = \frac{137}{181} \times 63.75 = \$48.25$$

이다. 즉, 재정채권을 획득하기 위해서는 매도호가(ask price)에 발생이자를 추가한 금액을 지불하여야 한다.

재정어음 선물계약은 인도일로부터 4~6년 사이에 만기가 되는 액면 $100,000인 비수의상환 재정어음을 인도하여야 한다. 이 선물계약은 표면이자율이 8%인 재정어음의 인도를 요구하지만 표면이자가 다른 재정어음도 적절한 수정을 한 다음 인도가 가능하다. 재정어음선물계약의 가격표시는 재정어음과 같으며, 액면이 $100,000이므로 가격이 82−17이라면 실제 선물가격은 $82,531.25(100,000 × $82\frac{17}{32}$%)이다. 틱은 1%의 1/32이며, 틱값은 $31.25이다. 재정채권의 경우에는 인도일로부터 15년 이후에 만기가 되는 재정채권을 인도하여야 한다는 것 이외에는 재정어음과 같다. 재정어음과 재정채권 선물계약에 대해 인도가 가능한 증권은 만기와 표면이자율이 다양하다. 따라서 인도되는 증권의 가격이 다르므로 이를 조정하여야 하는데, 만기와 표면이자율이 다른 증권을 인도할 경우 전환율에 의해 그 가치가 조정된다.

## 4. GNMA 선물계약

주택자금의 차입자로부터 담보은행이 담보를 모아 담보풀(mortgage pool)을 만들고 이 담보풀을 기초로 증권을 발행할 수 있다. 이러한 증권을 매입하는 사람은 주택자금의 공급자가 되며 이때 발행되는 증권을 GNMA 증권이라 한다. 주택자금의 차입자가 제공하는 담보가 일정한 지역내의 주택담보이고 차입자의 상환기간이나 이자율이 같도록 담보풀을 구성한 다음 담보은행은 GNMA(Government National Mortgage Association)의 승인과 보증을 받아 증권을 발행하게 된다. 이와 같이 GNMA의 보증을 받는 증권이므로 이를 GNMA 증권이라고 한다. GNMA 증권(GNMA certificates)의 최소액면은 $2,500이며, 가격표시는 액면 100에 대한 비율을 32분율로 재정채권이나 재정어음의 표시방법과 같다. 일반적으로 특정 담보풀의 담보제공자는 12년째 말에 원금을 모두 상환하고 첫번째 월별 원리금 상환은 증권발행 45일 후부터 매월 행하게 하고 있다. 따라서 GNMA 증권의 수익률은 다음 식으로 계산된다.

$$V_t = \frac{\sum_{t=1}^{n}\left(\frac{M}{(1+k)^t} + \frac{P_i}{(1+k)^{144}}\right)}{(1+k)^{1/24}}$$

여기서, $V$ : 담보가치

$M$ : $t$번째 달의 상환액

$P$ : 12년 말의 원금잔액

$k$ : GNMA 수익률

이때 $(1+k)^{1/24}$는 처음 15일간의 이자를 조정해 준다.

GNMA 선물계약은 30년 만기의 단일형 담보에 의해 발행되는 액면 $100,000, 표면이자율 8%인 GNMA증권을 표준으로 하고 있으며, 이때 원리금은 12년째 말에 선급되는 것으로 가정한다. GNMA 선물계약의 가격표시는 현물시장에서의 표시방법과 같다. CBT는 전일 결제가격의 상하로 $\frac{64}{32}$%의 일일가격제한폭을 두고 있으며, 틱은 $\frac{1}{32}$%로 계약단위당 $31.25이다.

## 5. CD 선물계약

양도성예금증서(negotiable certificates of deposit ; CD)는 일정한 금액의 정기예금을 나타내는 증서로서 만기와 이자율이 명시되어 있다. 일반적으로 CD의 액면은 $1,000,000 이상이며, 액면은 은행과 예금주와의 협약에 의해 결정된다. 이와 함께 만기와 이자율도 협정에 의해 결정되는데, 만기는 최소 14일에서 1년까지이다. CD는 은행의 주요 자금조달원이 되고 있다. CD시장은 규모가 거대하고 시장참가자의 수가 많으며 발행자의 신용도가 높아 선물거래에 적합하다.

CBT의 경우 CD선물계약은 기본 거래단위가 $1,000,000이다. 인도가능한 CD는 인도 후 6개월 이내에 만기가 되어야 하며, 고정금리로 발행된 것에 한한다. CD선물계약의 가격표시는 재정증권에 사용된 IMM 지수와 동일한 방법으로 이루어진다. 즉,

$$\text{지수} = 100 - \text{수익률} \times 100$$

이다. 가격의 최소변화폭(틱)은 1베이시스 포인트이며, 이는 계약 단위당 $25에 해당한다. 일일가격제한폭은 60포인트로 계약단위당 $1,500이며, 상하로 $3,000만큼 변할 수 있다.

## 6. 주가지수 선물계약

주가지수선물계약(stock index futures contract)은 특정 주가지수를 기초자산으로 하여 일정기간 후에 주가지수의 가치에 상당하는 금액을 인수도하기로 약정한 계약이다. 주가지수선물계약은 세계의 여러 거래소에 상장되어 거래되고 있는데 대표적인 몇 개만 살펴보기로 한다.

KCBT(Kansas City Board of Trade)에서는 1982년 Value Line 주가지수를 상장하여 처음으로 주가지수 선물거래를 시작하였다. Value Line(V–L) 주가지수는 Value Line 투자회사가 선정한 1,700개 주가의 기하평균으로 매 3분마다 계산된다. 가격표시는 V–L지수에 500을 곱하여 표시하며, 결제월은 3, 6, 9, 12월이다. 이 주가지수선물의 개시증거금은 투기자의 경우 $6,600, 헤저의 경우 $3,000이고 유지증거금은 투기자의 경우 $2,000, 헤저의 경우 $1,500이다. 이 증거금수준은 선물계약 중에서 가장 높다.

CME(Chicago Mercantile Exchange)는 S&P 500주가지수를 기초자산으로 하고

있으며, 지수에 100을 곱하여 가격을 표시한다. 또, NYFE(New York Futures Exchange)는 NYSE의 1,525개 주식의 가중평균인 NYSE주가지수에 500을 곱하여 거래하고 있으며, CBT에서는 다우존스 30 산업평균(Dow Jones 30 Industrial Average)에 60을 곱하여 거래하고 있다. 한국의 KOSPI200선물에 대해서는 〈표 12-3〉을 참조하면 될 것이다.

## 2.6 선물거래의 규제

선물거래에 대한 일반의 잘못된 인식과 거래소 회원들의 불공정거래 때문에 선물거래에 대한 규제의 필요성이 대두되었다. 미국의 경우 1884년부터 1953년까지 의회에 상정된 선물거래를 제한하는 법안이 330건이 될 정도로 여러 가지 불공정거래가 나타났고 이에 따라 규제의 필요성이 점증하게 되었다.

미국의 선물거래에 대한 기본법은 상품거래소법(Commodity Exchange Act)인데, 이 법은 1922년의 곡물선물법(Grain Futures Act)을 보완하기 위하여 1936년에 제정되었다. 상품거래소법이 제정된 후 선물거래량의 증가와 거래상품의 다양화가 진행되어 상품거래소법이 충분한 규제기능을 수행할 수 없게 되자 1974년 상품거래소법을 전면 개정하여 CFTC법(Commodity Futures Trading Commission Act)을 제정하였다. 동법에 의해 정부의 독립된 기관으로 CFTC를 설립하여 선물시장에 대한 모든 문제를 관리, 감독 및 규제하게 되었다. CFTC의 설치목적은 선물시장의 헷징기능의 보호, 가격조작의 방지 및 고객보호에 있다. 이를 위해 CFTC는 선물시장에서 일어나는 모든 활동에 대한 배타적인 사법권을 가지고 두 가지 형태로 규제를 가하고 있다. 첫째는 상품거래소의 활동에 대한 규제이고, 둘째는 고객에 대한 수탁책임을 지는 개인에 대한 규제이다.

CFTC법에 의하면 모든 거래소는 CFTC의 승인을 받도록 되어 있으며, 선물거래요원은 CFTC에 등록을 하고 CFTC가 실시하는 시험을 통과하여 자격요건을 갖추도록 하고 있다. 상장을 위해서는 해당상품에 대한 선물거래가 국가이익에 반하지 않으며, 경제활동에 도움이 된다는 것을 증명할 수 있어야 한다. 그리고 계약의 조건 및 거래요건에 관한 거래소의 조례 및 규칙은 CFTC의 승인을 받아야 한다. 뿐만 아니라 CFTC는 특정거래소, 개인 또는 상품에 대해 기소할 수 있는 권한을 가지고 있으며, 비상시 정상적인 거래를 위해 필요한 행동을 취하도록 거래소에 지시할 수 있는 권한도 가지고 있다.

한편, CFTC는 CFTC법의 목적을 달성하기 위해 다음과 같은 업무를 수행한다. 먼저, 시장거래자와 가격 및 가격에 영향을 미치는 수요와 공급에 대한 감시, 감독 및 분석을 행한다. 둘째, CFTC는 거래소의 모든 규정, 절차 및 조례를 승인하도록 되어 있으므로 이들의 경쟁에 대한 효과, 법 목적의 달성정도, 정상적인 영업활동의 반영정도 등을 계속적으로 검토한다. 셋째, 거래중개인, 장내브로커, 선물거래 자문인, 옵션거래인 등은 CFTC에 등록하여야 하고 CFTC 또는 법정대리인이 행하는 재정조사를 받아야 한다. 넷째, 특정산업에 있어서 경쟁의 상태 및 역할을 평가하고 그 개선방향을 찾아내기 위한 연구조사활동을 한다. 다섯째, 선물거래의 중요한 기능 및 CFTC의 역할을 일반에게 홍보하기 위한 교육을 실시한다. 여섯째, 법규위반을 찾아내고 위반자를 기소함으로써 법규를 준수하도록 강제한다. 일곱째, 법규위반에 의해 발생하는 손해에 대한 클레임을 받고 이를 검토한다. 손해에 대한 배상청구는 법규위반이 발생한 2년 이내에 신청하여야 하며, 배상청구절차는 조정과 법정절차에 의한다. CFTC는 분쟁당사자간의 중재역할을 담당하여 조정하는 역할을 수행한다.

이와 같은 정부의 규제 및 감독 이외에도 거래소에는 자체의 규제조항을 두고 있다. 이는 정부의 규제가 변화하는 경제 환경에 적응하기에 비탄력적이고 비효율적인 경우가 많으므로 규제의 탄력성을 높이기 위한 것이다. 각 거래소의 규정은 거래소마다 조금씩 다르나 주로 거래소와 CFTC와의 관계와 당해 거래소에서 거래될 수 있는 상품의 조건 및 고객을 보호하기 위한 규정들이다.

우리나라에서는 선물, 옵션과 같은 파생상품거래에 대한 규제는 '자본시장과 금융투자업에 관한 법률' 에 따라 금융위원회에서 총괄하고 있다. 2009년부터 시행된 '자본시장과 금융투자업에 관한 법률' 은 종전의 증권거래법과 선물거래법, 간접투자자산운용업법, 신탁업법, 종합금융회사에 관한 법률, 한국증권선물거래소법 등 자본시장과 관련된 6개 법률을 통합하여 제정된 법률로서 금융위원회는 모든 금융투자업에 대한 감독, 규제 권한을 가지고 있다.

## 제3절 선물시장의 기능

선물시장은 투자자들에게 미래의 약정된 시점까지 자산의 인도 및 대금지급을 이연시켜 거래할 수 있는 기회를 제공해 줌으로써 여러 가지 유익한 경제적 기능을 수행하게 된다. 여기서는 선물시장에 의해 수행되고 있는 경제적 기능을 살펴본 다음 가장 중요한 위험헷징에 대해 상세히 설명하기로 한다.

### 3.1 선물시장의 경제적 기능

#### 1. 위험의 이전

선물시장은 가격변동에 의해 자신이 부담하게 될 위험을 회피할 목적으로 시장에 참가하는 헤저(hedger)로부터, 보다 큰 이익을 얻을 가능성을 기대하면서 위험을 감수하고자 하는 투기자(speculator)에게로 위험을 이전시키는 수단을 제공한다.

헤저들은 선물시장에서 현물시장과 반대 포지션을 취함으로써 현물시장에서 직면하는 위험을 회피할 수 있다. 이 과정을 통해 헤저로부터 투기자에게로 위험이 이전되게 된다.

선물시장의 위험이전(risk shift)의 기능은 가격확인 또는 예측의 기능과 밀접한 관련을 갖는다. 즉, 선물가격을 검토함으로써 시장이 미래의 상품가격을 얼마로 예측하고 있는가를 확인할 수 있다. 미래에 상품의 실제가격이 현재 시장에서 예측하고 있는 가격과 다르게 나타날 가능성을 회피하고자 한다면, 선물계약의 체결을 통해 미래에 필요한 상품의 가격을 미리 확정할 수 있게 된다. 이는 예상치 못한 가격변동의 위험을 선물시장을 이용하여 회피할 수 있다는 것을 의미한다. 특히 선물시장을 이용함으로써 투입요소의 가격(원가)에 관한 위험이 제거될 경우 투자자들은 자금을 투자하고자 하는 의욕(willingness)이 커지게 된다. 따라서 선물시장을 통한 위험 이전의 기능은 자본형성(capital formation)을 용이하게 해주기도 한다.

#### 2. 미래의 가격추정

미래의 소비 및 투자계획, 자금조달계획 등을 수립함에 있어서 소요되는 자산들의 미래가격을 미리 알 수만 있다면 계획의 수립이 상당히 용이해질 것이다. 선물가격은 시장참가자들이나 일반인들에게 미래가격의 추정치에 관한 정보를 미리 제공한다. 선물가격은 단순히 어떤 개인의 추정치가 아니라 특정상품의 미래가격에 대해 많은 시장참가자들의 견해가 집약되어 있는 가격으로 볼 수 있다. 따라서 선물가격이 시사하는 미래가격의 추정치를 기초로 계획수립을 보다 용이하고 적절하게 할 수 있다.

### 3. 현물시장의 유동성증가

선물시장을 이용하면 적은 금액으로 현물을 확보하는 것이 가능하며, 선물거래가 현물거래를 수반하게 됨으로 선물거래가 활발해지고 현물시장의 유동성도 늘어나게 될 것이다. 더불어 선물시장은 현물시장의 가격형성에 안정성을 제공하여 현물시장의 유동성을 증가시키는 데 도움이 되기도 한다.

### 4. 현물시장의 유연성증가

선물시장을 이용하면 재고유지가 필요하지 않으며, 나중에 필요하다면 당초의 결정을 번복할 수 있는 유연성이 있다. 이는 미래시점에서 소요될 원자재 등을 유리하게 확보하게 함으로써 경영활동의 효율성과 탄력성을 제고하게 된다.

## 3.2 선물계약을 이용한 위험 헷징

선물시장에서 투자자들이 선물계약을 이용하여 행할 수 있는 거래의 종류는 기본적으로 헷징(hedging), 투기(speculation), 차익거래(arbitrage) 및 스프레드(spread) 등 네 가지가 있다. 여기서는 먼저 위험회피를 거래동기로 하고 있는 헤저들의 거래를 중심으로 분석하고, 투기와 차익거래, 스프레드에 대해서는 이후에 설명하기로 한다.

### 1. 헷 징

헷징(hedging)은 현재시점에서 미래의 가격을 고정(lock in)시킴으로써 일정기간 동안의 가격변동위험을 제거하는 경제적 활동으로 정의된다. 이는 현재 또는 앞으로 예상되는 현물시장에서의 포지션으로부터 발생하는 가격변동위험을 상쇄시키기 위하여, 현물시장과는 반대되는 포지션을 선물시장에서 취함으로써 가능

표 12-6 기본적인 헷징전략(선물과 옵션의 비교)

| 현물포지션 | 선물포지션 | 옵션포지션 | |
|---|---|---|---|
| | | Put | Call |
| long | short | long | short |
| short | long | short | long |

하다. 이 경우 현물시장에서 계획된 매입이나 매도가 실제로 일어나기 전에 선물에 대한 포지션은 반대거래에 의해 청산되는 것이 보통이다. 이러한 헷징활동을 하는 동기에 대하여는 몇 가지 견해가 있는데, 그 중 대표적인 견해는 헷징은 위험감소나 제거(risk reduction)를 목적으로 이루어지거나 또는 이익획득을 목적(profit motives)으로 이루어진다는 것이다.

헷징은 선물시장에서 취하는 포지션이 매입(long)인가 매도(short)인가에 따라 매입헤지(long hedge)와 매도헤지(short hedge)로 분류되며, 선물계약을 통한 위험의 커버(헤지) 정도에 따라 완전헤지(perfect hedge)와 불완전헤지(imperfect hedge)로 구분된다. 또한 거래대상 자산의 선물시장이 존재하지 않을 경우, 그 자산과 밀접한 상관관계를 갖는 다른 대체자산의 선물을 이용하여 헤지하는 것을 교차헤지(cross hedge)라고 한다.

일반적으로 선물시장을 이용한 헷징전략은 현물시장에서의 포지션에 따라 달라지며 이를 옵션을 이용할 경우와 비교해 보면 〈표 12-6〉과 같다.

### (1) 매도헤지

매도헤지(short hedge)는 현물을 보유하고 있을 경우 현물가격이 하락하게 되면 손실이 발생하게 되는데, 이러한 위험을 회피하기 위해 선물시장에서 선물을 매도하는 것을 말한다. 헤지는 현물과 선물가격이 같은 방향으로 움직일 것이라는 것을 전제한다. 예상대로 현물의 가격이 하락하면 현물시장에서 손실이 발생하지만 선물가격도 하락하게 되므로 비싼 가격에 매도한 선물을 반대매매를 통해 청산함으로써 선물시장에서 이득이 발생하게 된다. 이와 같이 현물시장의 손실을 선물시장에서 이득으로 상쇄시킴으로써 완전히 또는 부분적으로 (totally or partially) 위험을 전가시킬 수 있게 된다[그림 12-6].

예를 들어 보자. 2012년 3월 20일 현재 어떤 투자자가 보유하고 있는 포트폴리오 중에서 액면가 $100,000의 재정채권(T-bond)을 2개월 후 매각할 계획을 세우

그림 12-6 매도헤지(이자율 상승, 가격하락 예상)

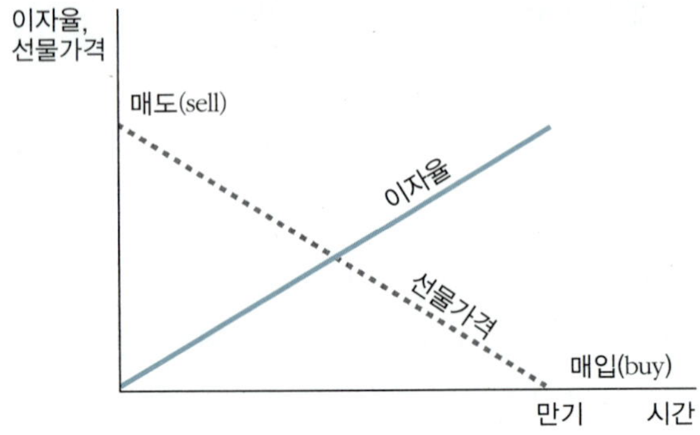


고 있다고 하자. 그러면 이 투자자는 이 기간 중 이자율 상승(채권가격 하락)위험에 노출되게 된다. 이 투자자는 그 위험으로부터 투자가치를 보호하기 위한 한 방법으로서 선물계약을 체결할 수 있다.[14] 즉, 현물포지션(long)을 상쇄시키기 위하여 채권선물 1단위의 매도포지션(short)을 취해둔 다음 2개월 후 반대매매를 통해 청산한다. 이때 현물가격과 선물가격이 완전히 평행적인 관계를 유지하면서 변화하면 완전 헤지가 가능하게 된다. 〈표 12-7〉은 이러한 과정을 요약한 것이다.

〈표 12-7〉의 거래과정에서 투자자는 예상대로 이자율이 상승했기 때문에 현물시장에서는 채권 액면의 $3\frac{12}{32}$%만큼의 손실을 보게 된다. 반면, 선물시장에서는 이자율의 상승으로 선물가격이 하락하였기 때문에 투자자는 선물매도 당시 받았던 것보다 더 낮은 가격을 지급하고 선물을 재매입함으로써 현물시장의 기회손실과 같은 크기의 이득을 본다. 따라서 현물시장의 손실과 선물시장의 이득이 정확히 상쇄되어 보유하고 있던 T-Bond의 가격을 고정시킨 효과를 보게 된다. 이와 같이 위험이 완전히 제거된 경우를 완전헤지(perfect hedge)라고 한다.

한편, 동일한 시점에서 현물가격과 선물가격의 차이를 베이시스(basis)라고 한다.

$$\text{베이시스} = \text{현물가격(spot price : s)} - \text{선물가격(futures price : f)}$$

14) 또 하나의 방법으로는 현물시장에서 채권을 즉시 매각하고 그 자금(판매대금)을 2개월 동안 저축성예금(time deposit)에 투자한 다음 선도시장(forward market)에서 이 채권에 대한 매도계약을 체결할 수도 있다. 그러나 선물시장을 이용하면 이러한 불편을 덜고 또한 거래비용도 낮을 뿐만 아니라 채무불이행위험도 없다.

**표 12-7 매도헤지의 예**

| | 현물시장(s) | 선물시장(f) | 베이시스(s-f) |
|---|---|---|---|
| 12년 3월 20일 | 투자자가 표면이자율 $8\frac{1}{4}$%, 만기 2000년 5월, 공시가격이 95-16인 채권(T-bonds) \$100,000 소유 | 94-24의 가격으로 채권(T-bonds) 선물계약 1단위 매도 | $\frac{24}{32}$ $=\left(95\frac{16}{32}-94\frac{24}{32}\right)$ |
| 12년 5월 20일 | 위의 채권을 92-04의 가격으로 매도 | 91-12의 가격으로 위의 선물계약 1단위 매입(반대매매) | $\frac{24}{32}$ $=\left(92\frac{4}{32}-91\frac{12}{32}\right)$ |
| 손익 | 기회손실 $\left(3\frac{12}{32}\right.$ 또는 \$3,375$\left.\right)$** | 이익 $\left(3\frac{12}{32}\right.$ 또는 \$3,375$\left.\right)$ | 베이시스의 변화 = 0 |

* 재정채권, GNMA 등은 32 베이시스 포인트 단위로 가격이 공시됨.

**$\$100,000 \times 3\frac{12}{32}\% = \$3,375$

헤지가 시작되는 시점의 베이시스를 개시베이시스(initial basis)라고 하고, 헷지가 종료되는 시점의 베이시스를 커버베이시스(terminal basis)라고 한다. 위 예에서와 같이 개시베이시스와 커버베이시스가 동일하여 헤지기간동안 베이시스의 변화가 없는 경우 완전헤지가 이루어진다. 이와같이 선물을 이용한 헤지의 효과는 베이시스의 변화와 밀접한 관련을 가지고 있다.

한편, 투자자의 예상과 반대로 이자율이 하락한 경우 현물시장에서는 이득을 보지만 선물시장에서는 선물매도 당시보다 더 높은 가격을 지급하고 재매입함으로써 손실을 보게 되어, 결과적으로는 현물시장의 이득을 전부 또는 부분적으로 상쇄시키게 되는 결과를 가져온다. 이러한 상황 하에서 투자자는 이자율 변화에 대한 투자가치의 보호라는 헷징목적은 달성했지만 헷징을 하지 않았을 경우에 오히려 보다 나은 결과를 가져올 수 있다.[15)]

만약, 5월 20일 현물가격은 92-04로 하락하였지만 선물가격은 92-00로 더 작은 폭으로 하락하였다고 해보자. 이 경우 현물시장에서의 기회손실은 $3\frac{12}{32}$%이지만 선물시장의 이득은 $2\frac{24}{32}$%가 된다. 따라서 전체적으로는 기회손실이 $\frac{20}{32}$% 발

15) 현물시장에서의 손익은 기회손익인 반면에 선물시장에서의 손익은 실제 발생하는 손익이다. 이러한 점에서 헷징을 하지 않는 것이 나은 결과일 수 있을 것이다. 그러나 이익고정 또는 원가고정이라는 헷징의 기본 목적을 달성하였다는 점을 고려한다면 헷징이 그릇된 결과만은 아니다.

생하게 된다. 그러나 이 결과는 헤지를 하지 않았을 경우 발생하는 손실 $3\frac{12}{32}$%를 $\frac{20}{32}$%로 감소시키는 불완전헤지를 달성하는 것이 된다. 이 때 개시베이시스는 $\frac{24}{32}$%이지만 커버베이시스는 $\frac{4}{32}$%로 베이시스의 변화는 $-\frac{20}{32}$%가 되는 데 이 것이 전체 손익과 일치하게 된다.

### (2) 매입헤지

매입헤지(long hedge)는 현물시장에서 현재는 숏포지션(short position)상태에 있지만 앞으로 상품을 보유하여야 할 경우 향후 가격이 상승하게 되면 손실을 입게 될 때, 이러한 위험에 대비하여 선물시장에서 선물을 매입함으로써 헤지를 하게 되는 것을 말한다. 이 역시 현물과 선물이 같은 방향으로 움직인다고 전제한다면, 현물시장에서 가격상승에 따른 손실을 선물시장에서 가격상승에 따른 이득으로 상쇄시키고자 하는 것이다[그림 12-7].

예를 들어 〈표 12-8〉을 보자. 3개월 후 $1,000,000의 자금을 투자하고자 하는 연금기금의 관리자가 이자율 하락과 그에 따른 투자수익의 감소를 예상하여 GNMA증권의 현재 수익률로 투자수익을 고정(lock in)시키고자 한다고 하자. 이를 위해 이 투자자는 선물시장에서 단위당 액면가 $100,000의 GNMA 선물계약 10단위를 매입한 다음 현물시장에서의 투자를 기다리게 된다. 이렇게 함으로써 위험을 헤지할 수 있게 되는 것이다. 3개월 후 자금이 이용 가능하여 현물시장에서 투자를 실제로 할 때 예상대로 이자율이 하락하였다고 하자. 그 결과 GNMA 가격의

그림 12-7 매입헤지(이자율 하락, 가격상승 예상)

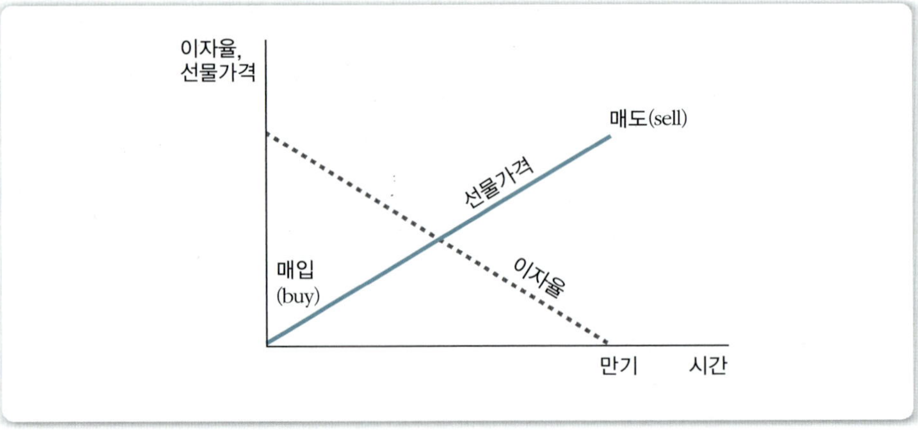

**표 12-8 매입헤지의 예**

**A. 베이시스의 변화가 헤저에게 유리한 경우**

| | 현물시장($s$) | 선물시장($f$) | 베이시스($s-f$) |
|---|---|---|---|
| 현재시점 | 연금기금의 관리자가 82-08의 가격으로 공시된 GNMA 증권의 현재 수익률 10.4%를 고정(lock-in)시키고자 함. | 84-24의 가격으로 GNMA 선물계약 10단위* 매입 ($817,500) | 16/32 |
| 3개월 후 | 위의 증권을 86-24의 가격으로 $1,000,000어치 매입(수익률 9.75%) | 86-16의 가격으로 위의 선물계약 10단위 매도 (계약가격 $865,000) | 8/32 |
| 결과 | 기회손실 (4-16 포인트 또는 $45,000) | 이익 (4-24 포인트 또는 $47,500) | 베이시스의 축소(8/32 또는 $2,500 순이익) |

*GNMA 선물계약 1단위는 $100,000

**B. 베이시스의 변화가 헤저에게 불리한 경우**

| | 현물시장($s$) | 선물시장($f$) | 베이시스($s-f$) |
|---|---|---|---|
| 현재시점 | GNMA공시가격 82-08 | 84-24의 가격으로 GNMA 선물계약 매입 (계약가격 $817,500) | 16/32 |
| 3개월 후 | 위의 증권을 86-24의 가격으로 매입 | 86-04의 가격으로 위의 선물계약 10단위 매도 (계약가격 $861,205) | 20/32 |
| 결과 | 기회손실 (4-16 또는 $45,000) | 이익 (4-12 포인트 또는 $43,750) | 베이시스의 확대(4/32 또는 $1,250 순손실) |

상승으로 현물시장에서는 기회손실 $45,000가 발생한다. 반면, 선물시장에서는 현물가격과 같은 비율로 선물가격이 상승함으로써 선물매도에 따른 이익이 발생하게 되어 현물시장에서의 기회손실을 상쇄시킬 수 있게 된다.

〈표 12-8〉에서 이들 두 결과의 위험감소효과는 상이하지만 이자율 변화에 따라 발생하는 $45,000의 기회손실이 선물시장을 이용한 헤지에 의해 현저히 줄어들었기 때문에 두 결과 모두 성공적인 것으로 간주할 수 있다. 여기서도 헷징의 결과는 베이시스의 변화와 직접적으로 연계되어 있음을 알 수 있다.

헤저가 선물포지션을 설정하는 방식은 자신의 기대(expectations)를 고려하여 결정하는지 여부에 따라 일상적인 헤저(routine hedger)와 선택적인 헤저(selective hedger)로 구분해 볼 수 있다. 일상적인 헤저는 현물시장에서 현재 및 계획된 모든 포지션에 대해 자동적으로 헤지하는 경우이다. 따라서 가격변동에 관한 기대를 하거나 그 기대치를 이용할 필요가 없이 모든 포지션을 헤지하게 되며, 심지어 가격변동이 유리한 방향으로 변할 수 있을 경우에도 무조건 헤지를 하게 된다.

반면, 선택적인 헤저는 미래의 가격변동에 관한 기대 또는 기대치에 근거하여 선물포지션을 설정하는 경우이며, 따라서 가격(이자율)변화가 거래자 자신에게 불리하게 예상될 경우에만 헤지를 하게 된다.

### (3) 교차헤지

교차헤지(cross hedge)는 헤지되는 자산과 헤지수단으로 이용되는 자산이 상이한 경우로써 헤지되는 자산의 현물포지션과 이 자산의 가격과 높은 상관관계를 갖는 다른 자산에 대해 반대의 선물포지션을 취하는 것이다. 이는 주로 다음의 세 가지 이유에서 이용된다.

① 가격변동위험은 현저히 크지만 그 자산에 대한 선물시장이 존재하지 않는 경우
② 현재 헤지를 원하는 자산에 대한 선물시장의 유동성(liquidity)이 크지 못한 경우
③ 상이한 자산에 대한 선물을 이용하는 것이 동일자산에 대한 선물을 이용하는 경우보다 더 좋다고 판단되는 경우

교차헤지에 있어서 중요한 것은 선물가격이 투자자가 헤지하고자 하는 자산의 현물가격과 높은 상관관계(highly correlated)를 갖는 자산이 존재하여야 한다는 점이다.

## 2. 헤지비율의 결정

투자자들이 위험에 노출된 자산의 위험헤지를 위하여 현물자산 한 단위에 대하여 필요로 하는 선물계약의 단위 수를 헤지비율이라 한다. 헤지비율은 일반적으로 상품의 특성에 따라 그리고 베이시스의 변화 형태에 따라 다르게 된다. 헤지비율(hedge ratio)을 $N$이라고 할 때 손실을 완전히 상쇄시켜 주는 완전헤지는 다음의 관계식으로 표시될 수 있다.

$$\Delta p_i + \Delta p_j \cdot N = 0$$

단, $\Delta p_i$ : 헤지되는 자산 $i$ 한 단위의 가치변화

$\Delta p_j$ : 선물계약 $j$ 한 단위 가치변화

$N$ : 선물계약의 단위수($i$ 자산 1단위를 헷지하기 위한)

즉, 완전헤지에 도달하는 방법은 헤지되는 자산의 가치변화와 헤지를 위해 이용되는 선물계약의 가치변화를 일치시키는 것이다. 그러나 이와 같은 접근방법은 일반 상품선물에서는 유용하게 적용가능하지만 헤지되는 자산과 헤지를 위해 이용되는 자산 사이에 여러 가지 제약조건이 존재한다. 특히 금리선물의 경우 헤지되는 자산과 선물자산의 표면이자율과 만기가 같다는 등의 매우 제한된 가정하에서만 유용하다.

이보다 광범위한 유용성을 갖는 금리자산의 헤지비율의 결정방법으로 제시된 것이 가격민감도전략(price sensitivity strategy ; PS)이다.[16] 이 방법은 헤지되는 자산(증권)과 헤지를 위해 이용되는 자산 사이의 표면이자율과 만기 차이를 감안한다는 점[17] 에서 전통적인 헤지비율의 결정보다 진일보한 것이지만 이 모형 또한 채권수익률곡선(yield curve)이 수평이고 이자율변화가 극히 적을 경우에만 완전헤지를 가져온다는 단점이 있다.

또 하나의 효과적인 헤지비율을 계산하는 방법으로 살로만 브라더스사(Saloman Brothers, Inc.)에 의해 개발되어 이용되고 있는 회귀식에 의한 헤지비율의 결정(regression determined hedge ratio)[18]을 들 수 있다. 그러나 이 방법 역시 여러 가지로 변화하는 상황하에서 완전헤지를 가져오는 헤지비율의 결정문제는 아직 해결하지 못하고 있다.

---

16) P.Bacon and R. Williams, "Interest Rate Futures:New Tools for the Financial Manager," *Financial Management* (Spring 1976), pp. 32~38; Robert W. Kolb and Raymond Chiang, "Improving Hedging Performance Using Interest Futures," *Financial Management*(Autumn 1981), p.77.

17) 현물 포지션의 1단위 헷지에 필요한 선물계약의 수는 다음과 같이 계산된다.

$$N = \frac{R_j p_i D_i}{R_i F p_j D_j}$$

단, $R_j$ : 1 + 선물이자율

$R_i$ : 1 + $i$자산의 기대만기수익률

$Fp_j$ : 선물계약 1단위의 가격

$p_i$ : 헤지기간 말에서 $i$ 자산의 기대가격

$D_i$ : 헤지기간 말에 기대되는 $i$자산의 듀레이션

$D_j$ : 헤지기간 말에 기대되는 선물계약을 위한 기초자산 $j$의 듀레이션

18) 이는 다음의 3단계로 이루어진다.

① 선물계약의 수익률 변동(yield volatility)에 대한 헤지되는 자산의 수익률 변동의 비율을 회귀분석을 이용하여 결정한다. 예로 헤지되는 자산(증권) B의 12베이시스 포인트 변화가 선물계약 A의 10베이시스 포인트 변화와 일치한다면 수익률변동성의 비율(relative yield volatility)은 1.2 대 1이 된다.

② 수익률의 1 베이시스 포인트에 해당하는 헤지되는 자산(증권)과 헤지에 이용되는 자산의 가치

### 3. 상품선물에 대한 최적헤지비율

헤지비율은 현재 현물포지션에 대해 헤지를 하기 위해 필요한 선물계약 단위수이다. 앞서 살펴본 바와 같이 선물을 이용하여 헤지를 하면 현물가격의 변화에 관계없이 투자자가 목표로 하는 매도가격이나 매입가격을 달성할 수 있다. 그러나 이것은 이론적으로만 가능한 것이지 현실적으로 완전헤지는 거의 불가능하다. 그렇다면 투자자들은 선물을 이용하여 위험을 최소화하고자 할 것이다. 이와 같이 위험을 최소화하고자 할 경우의 헤지비율을 최적헤지비율(optimal hedge ratio)이라고 한다.

이제 $Q_S$를 현물의 수량, $Q_F$를 선물의 수량이라 하자. 어떤 투자자가 $Q_S$만큼의 현물에 대해 포지션을 가지고 있으며, 이 위험을 헤지하기 위해서 $Q_F$만큼의 선물을 이용한다고 하자. 현물가격을 $P_S$, 선물가격을 $P_F$라고 하면 이 투자자가 구성한 포트폴리오의 가치는 다음과 같다.

$$V_H = Q_S P_S + Q_F P_F$$

이때 보유하고 있는 상품의 현물가격의 변동크기와 선물가격의 변동크기가 같다면, 즉 베이시스가 일정하게 유지된다면 완전헤지가 가능하다. 그러나 대부분의 경우 현물가격과 선물가격의 변동이 정확히 일치하지는 않는다. 이제 현물가격과 선물가격의 표준편차를 각각 $\sigma_S$, $\sigma_F$라고 하고, 현물가격과 선물가격의 상관계수를 $\rho_{SF}$라고 하면 이 투자자가 구성한 헤지포트폴리오(hedge portfolio)의 위험은 다음과 같다.

$$\sigma_H^2 = Q_S^2\sigma_S^2 + Q_F^2\sigma_F^2 + 2Q_S Q_F \rho_{SF}\sigma_S\sigma_F$$

---

변화를 결정한다.

가령,

A에 대한 1베이시스 포인트당 가치변화 = 0.055
B에 대한 1베이시스 포인트당 가치변화 = 0.061

이라고 가정하면 A의 수익률 1베이시스 포인트는 금액으로 환산하면 0.55의 가치변화를 가져오며, B의 경우에는 ①에서 계산한 수익률변동의 비율 × 0.061 = 1.2 × 0.061 = 0.0732의 가치변화를 가져오게 된다.

③ 다음과 같이 헤지비율을 결정한다.

$$\text{헤지비율} = \frac{\text{헤지되는 자산(증권)의 가치변화}}{\text{선물계약의 가치변화}} = \frac{0.0732}{0.055} = 1.33$$

따라서 이 예에서는 자산(증권) 1.33단위를 헤지하기 위하여 1단위의 선물계약이 필요하게 된다.

헤지포트폴리오의 위험을 최소화하기 위해 $Q_F$로 양변을 미분하여 0으로 놓으면

$$\frac{\partial \sigma_H^2}{\partial Q_F} = 2Q_F\sigma_F^2 + 2Q_S\rho_{SF}\sigma_S\sigma_F = 0$$

이다. 여기서

$$Q_F^* = -Q_S\frac{\rho_{SF}\sigma_S\sigma_F}{\sigma_F^2}$$

이다. 즉, 현물포지션의 양이 $Q_S$인 경우 선물의 수량을 위와 같이 결정하면 위험을 최소화시킬 수 있다는 것이다. 위 식에서 부호가 (−)인 것은 선물포지션은 현물포지션과 반대포지션을 택해야 함을 의미한다. 즉, 현물에서 매입포지션이라면 선물에서는 매도포지션, 현물에서 매도포지션이라면 선물에서는 매입포지션을 취해야 함을 나타낸다.

결국 헤지비율은 현물가격과 선물가격의 표준편차와 두 가격사이의 상관계수에 의해 결정된다. 여기서 선물계약은 표준화되어 있으므로 $Q_F$를 선물계약단위당 수량으로 나누어 주면 최적헤지를 위한 선물계약 단위 수를 산정할 수 있다.

위의 방법과 같은 논리를 가지고 있는 또 다른 방법으로 최적헤지비율을 구해보자. 투자자의 현물포지션이 $V_S$(현물의 가치)이고, 이를 헤지하기 위해 단위당 $V_F$의 가치를 가지는 선물계약 $h$단위를 이용한다고 한다면, 이 투자자가 구성한 헤지포트폴리오의 가치는 다음과 같다.

$$V_H = V_S + hV_F$$

$S_0$를 현재시점의 현물가격, $S_T$를 헤지 종료시점인 $T$시점의 현물가격, $F_0$를 현재시점의 선물가격, $F_T$를 헤지 종료시점의 선물가격이라고 하면 이 포트폴리의 수익률은 다음과 같다.

$$R_H = \frac{S_T - S_0 + h(F_T - F_0)}{S_0} = R_S + \frac{F_0}{S_0} \times h\frac{(F_T - F_0)}{F_0}$$

$$= R_S + \frac{F_0}{S_0} \times h \times R_F$$

현재시점에서 선물거래에 투하하는 자금은 전혀 없으므로(증거금이 없다고 가

정) 헤지포트폴리오를 구성하기 위해서 투하되는 자금은 현물가격뿐이다. 그리고 투자수익은 현물가격의 변화로부터의 손익과 선물가격변화에 따른 손익이다. 현물거래의 수익률 $R_S = \dfrac{S_T - S_0}{S_0}$이고, 선물거래의 수익률 $R_F = \dfrac{F_T - F_0}{F_0}$이므로 포트폴리오의 수익률은 위식과 같다.

포트폴리오의 위험은 포트폴리오의 수익률의 분산과 같으므로

$$\sigma_H^2 = \sigma_S^2 + \left(\frac{F_0}{S_0}\right)^2 h^2\sigma_F^2 + 2\frac{F_0}{S_0}h\sigma_{SF}$$

이다. 위험을 최소화하는 헷지비율 $h$를 구하기 위하여 위 식을 미분하여 0으로 놓으면

$$\frac{\partial\sigma_H^2}{\partial h} = 2\left(\frac{F_0}{S_0}\right)^2 h\sigma_F^2 + 2\frac{F_0}{S_0}\sigma_{SF} = 0$$

이다. 여기서 $h$를 구하면

$$h = \frac{S_0}{F_0} \times \frac{\sigma_{SF}}{\sigma_F^2} = \frac{S_0}{F_0} \times \frac{\rho_{SF}\sigma_S\sigma_F}{\sigma_F^2}$$

이다.

## 4. 주가지수선물의 헤지비율

주가지수선물은 다른 선물과는 달리 기초자산의 물리적 형태가 존재하지 않으므로, 만기일의 결제는 현금으로만 이루어진다. 우리나라 선물시장에서 거래되는 주가지수선물인 KOSPI200에 대해서는 지수 1포인트당 50만원을 곱한 금액으로 결제하도록 규정되어 있다.

만일 어느 투자자가 주가지수를 100 포인트에 매입하여 103 포인트에 매도하였다면, 이 투자자는 3포인트만큼 이익을 얻었으므로 1,500,000(= 3포인트 × 500,000)원의 금액을 받게 된다.

개별주식이나 주식으로 구성된 포트폴리오의 위험을 헤지하기 위해서는 주가지수선물을 이용하게 된다. 헤지의 전제는 현물가격과 선물가격이 같은 방향으로 변화한다는 것이다. 그런데 다른 선물거래와는 달리 개별주식이나 포트폴리오의 가격변화가 주가지수선물의 가격변화와 같은 방향으로 변화한다는 보장이 없는

것이다.

앞서 상품선물의 최소분산헤지비율을 그대로 적용하여 주가지수선물을 이용할 경우 헤지비율을 계산하면 다음 식으로 나타난다.

$$h = \frac{S_0}{F_0} \times \frac{\sigma_{SF}}{\sigma_F^2} = \frac{S_0}{F_0} \times \frac{\rho_{SF}\sigma_S\sigma_F}{\sigma_F^2}$$
$$= \frac{S_0}{F_0}\beta_{SF}$$

이다. 여기서 $\beta_{SF}$는 현물로 보유하고 있는 주식포트폴리오와 주가지수와의 민감도를 나타낸 것이다. 만약 주가지수선물거래의 대상이 되는 지수와 시장포트폴리오가 동일하다면 $\beta_{SF}$는 체계적 위험의 척도가 될 것이다. 일반적으로 주가지수는 시장의 추세를 반영하는 것이므로 시장포트폴리오의 대용치로 사용하는 경우가 많다. 따라서 $\beta_{SF}$를 체계적 위험의 척도 $\beta_S$로 보는 것이 일반적이다.

만약 어떤 투자자가 현재 자신의 포트폴리오의 베타가 $\beta_S$인데 주가지수선물을 이용하여 포트폴리오의 베타를 $\beta_H$로 조정하고 싶다고 하자. 헤지포트폴리오의 수익률은

$$R_H = R_S + \frac{F_0}{S_0} \times h \times R_F$$

이므로

$$Cov(R_H,\ R_m) = Cov(R_S,\ R_m) + h\left(\frac{F_0}{S_0}\right)Cov(R_F,\ R_m)$$

이 성립한다. 양변을 $Var(R_m)$으로 나누면

$$\frac{Cov(R_H,\ R_m)}{Var(R_m)} = \frac{Cov(R_S,\ R_m)}{Var(R_m)} + h\left(\frac{F_0}{S_0}\right)\frac{Cov(R_F,\ R_m)}{Var(R_m)}$$

이고, 이는

$$\beta_H = \beta_S + h\left(\frac{F_0}{S_0}\right)\beta_F$$

이다. 여기서 주가지수선물이 시장포트폴리오와 동일하다면 $\beta_F = 1$이므로

$$b = \left(\frac{S_0}{F_0}\right)(\beta_H - \beta_S)$$

이다. 즉, 목표로 하는 베타를 달성하기 위하여 $b$단위의 선물을 매입 또는 매도하면 된다. $b$의 부호가 양(+)이면 주가지수선물을 매입하고, $b$의 부호가 (−)이면 주가지수선물을 매도하면 된다.

다음의 예를 통해 주가지수선물을 이용하여 헤지하는 과정을 살펴보자.

$A$씨는 현재 다음과 같은 주식포트폴리오를 보유하고 있다.

| 주식 | 보유량 | 주가 | $\beta$계수 | 시장가격(비중) |
|---|---|---|---|---|
| 고려전자 | 5,000주 | 10,000 | 0.8 | 50,000,000 (40%) |
| 서울건설 | 10,000주 | 5,000 | 2.0 | 50,000,000 (40%) |
| 공주증권 | 5,000주 | 5,000 | 1.4 | 25,000,000 (20%) |
| 합계 | | | | 125,000,000 (100%) |

현재 선물시장에서 거래되고 있는 KOSPI200 지수는 120포인트이며 지수 1포인트당 500,000원의 금액을 곱한 가격으로 거래가 이루어진다.

이때 $A$씨가 보유하고 있는 주식의 가격하락 위험을 회피하기 위해서는 주가지수선물을 이용할 수 있다. 베타계수를 고려하지 않고 단순히 현물포지션에 대한 선물포지션의 비율로 헤지비율을 결정하는 경우 $A$씨의 헤지비율은 주가지수선물 2.083단위 매도로 결정된다.

$$\frac{125,000,000}{120 \times 500,000} = 2.083$$

그러나 보유하고 있는 포트폴리오의 베타계수(전체 포트폴리오 베타의 가중평균인 1.4)를 고려하게 되면 최적헤지비율은 선물 2.916단위 매도가 된다.

$$\frac{125,000,000}{120 \times 500,000} \times 1.4 = 2.916$$

위의 두가지 방법으로 헤지한 경우 고려전자, 서울건설, 공주증권의 주가가 각각 9,500원, 4,800원, 4,700원으로 하락하고 주가지수선물 지수도 115 포인트로 하락한 경우의 헤지 결과를 비교해 보면 다음과 같다.

| 주식 | 보유량 | 주가 | 시장가격(비중) |
|---|---|---|---|
| 고려전자 | 5,000주 | 9,500 | 47,500,000 |
| 서울건설 | 10,000주 | 4,800 | 48,000,000 |
| 공주증권 | 5,000주 | 4,700 | 23,500,000 |
| 합계 | | | 119,000,000 |

현물포지션에서의 손실은 6,000,000원이 된다. 이때 베타를 고려하지 않고 주가지수 선물을 120포인트에 2.083단위 매도한 경우와 베타를 고려하여 2.916단위를 매도한 경우 선물시장에서의 이익을 비교해 보면 다음과 같다.

$$(120 - 115) \times 500,000 \times 2.083 = 5,207,500$$
$$(120 - 115) \times 500,000 \times 2.916 = 7,290,000$$

2.916단위를 매도한 경우의 이익이 7,290,000원이 되어 현물포지션의 손실액 6,000,000원을 차감해도 1,290,000원의 이익을 얻을 수 있게 된다. 물론 이 예는 가상적인 수치이며, 실제 주식포트폴리오의 가치변화는 주가지수선물 지수의 변동과 베타계수만큼 비례하여 움직이므로 보다 완전한 헤지가 가능해지게 된다.

## 5. 헤지의 결과

헤지에 따라 나타날 수 있는 가능한 결과들은 현물가격과 선물가격의 변화방향과 그 크기에 따라 상이하게 나타난다.

〈표 12-9〉는 이러한 관계에 따라 매입헤지, 매도헤지의 모든 가능한 헤지 결과를 요약한 것이다.

(1) 완전헤지: 현물시장가격과 선물가격이 동일한 방향으로 동일한 크기만큼 변하여 현물시장에서의 손실(이득)이 선물시장에서의 이득(손실)에 의해 완전히 상쇄 제거된다.

(2) 과도보상헤지(overcompensating hedge): 현물가격과 선물가격이 같은 방향으로 움직이나 선물가격의 변화가 현물가격의 변화보다 큰 경우이다. 따라서 헤지를 한 결과 선물가격의 변화가 현물가격의 변화를 초과하는 만큼 순이득 또는 순손실을 얻게 된다. 즉 현물시장에서의 승자(패자)가 헤지 때문에 전체적으로는 패자(승자)가 되는 경우이다.

(3) 과소보상헤지(undercompensating hedge): 가격은 같은 방향으로 움직이지

**표 12-9 헤지상황의 분류**

| 헤지의 유형 | 가격변동 | | 결과 | | | |
|---|---|---|---|---|---|---|
| | | | 매도헤지("long" in spot) | | 매입헤지("short" in spot) | |
| | s (현물 가격) | f (현물 가격) | 헤지를 하지 않을 경우 (unhedged position) | 헤지를 할 경우 (hedged position) | 헤지를 하지 않을 경우 (unhedged position) | 헤지를 할 경우 (hedged position) |
| ① 완전 헤지 | (↑)<br>↓ | (↑)<br>↓ | 손실<br>(이익) | 손익없음<br>(손익없음) | 이익<br>(손익) | 손익없음<br>(손익없음) |
| ② 과도보상 헤지 | (↑)<br>↓ | (↑)<br>↓ | 손실<br>(이익) | 이익<br>(손실) | 이익<br>(손실) | 손실<br>(이익) |
| ③ 과소보상 헤지 | (↑)<br>↓ | (↑)<br>↓ | 손실<br>(이익) | 헤지를 하지 않는 경우 보다 작은 손실 | 이익<br>(손실) | 헤지를 하지 않는 경우 보다 작은 이익 |
| | | | | 헤지를 하지 않는 경우 보다 작은 이익 | | 헤지를 하지 않는 경우 보다 작은 손실 |
| ④ 최악의 헤지 | (↑)<br>↓ | ↑<br>(↓) | 손실<br>(이익) | 헤지하지 않는 경우보다 더 큰 손실 | 이익<br>(손실) | 헤지하지 않는 경우보다 더 큰 이익 |
| | | | | 헤지하지 않는 경우보다 더 큰 이익 | | 헤지하지 않는 경우보다 더 큰 손실 |
| ⑤ 중립적 헤지 | (↑)<br>↓ | △(△) | 손실<br>(이익) | 헤지하지 않는 경우와 동일한 손실 | 이익<br>(손실) | 헤지하지 않는 경우와 동일한 이익 |
| | | | | 헤지하지 않을 경우와 동일한 이익 | | 헤지하지 않을 경우와 동일한 손실 |
| ⑥ 확정적 헤지 | △(△) | (↑)<br>↓ | 손익없음<br>(손익없음) | 이익<br>(손실) | 손익없음<br>(손익없음) | 손실<br>(이익) |

* 괄호안은 가격변동의 방향이 반대일 경우의 결과표시(↓: 가격하락, ↑: 가격상승, △: 가격불변)

만 선물가격의 변화가 현물가격의 변화보다 작은 경우로서 현물시장에서 손실(이득)을 본 패자(승자)는 그 가격 차이만큼 여전히 손실(이득)을 보게 된다. 그러나 그 손실(이득)의 크기는 줄어든다.

(4) 최악의 헤지(aggravating hedge): 현물가격과 선물가격이 반대방향으로 움직이게 되어 헤지를 한 결과 오히려 추가적인 손실 또는 이익을 가져오는 경우이다.

또한 현물가격이나 선물가격 중 하나는 안정수준을 유지하나 다른 가격이 변하는 경우 헤지 결과는 다음과 같이 분류될 수 있다.

(5) 중립적 헤지(neutral hedge): 선물가격이 변하지 않는 경우로서 현물가격의 변화방향이 곧 헤지 결과를 결정하게 되며 헤지에 따른 거래비용만 발생시킨다.

(6) 확정적 헤지(determining hedge): 현물가격이 변하지 않는 경우로서 헤지의 결과는 선물가격의 변화방향에 의존한다.

## 3.3 선물거래의 유형 – 투기, 차익거래 및 스프레드거래

### 1. 투 기

투기(speculation)는 일정기간 중의 가격변동으로부터 이득(profit)을 취할 목적으로 어떤 포지션을 매도(매입)하고 나중에 매입(매도)하는 것을 의미한다. 헤지는 항상 현물과 선물의 두 시장에서 연결거래를 수반하는 반면 선물에 대한 투기는 선물시장에서만 포지션을 취하게 된다. 보통 투기자들은 자신들이 시장보다 가격예측력이 뛰어나 가격변화로부터 이득을 취할 수 있다는 기대 속에서 선물거래를 하게 된다.

선물시장은 헷징을 주요 기능으로 하지만 다음의 이유에서 투기적 거래에 매우 적합하다고 볼 수 있다.

① 투자자금과 거래비용(수수료 및 예치증거금에 묶여 있는 이자)은 매우 작은 반면 이익의 기회는 매우 크다.
② 증권을 보유하지 않고도 투기가 가능하다.
③ 가격변동에 대한 기대가 바뀌면 포지션을 반대매매에 의해 언제든지 즉각 청산할 수 있는 유연성(flexibility)이 있다.

헤지는 위험을 다른 사람에게 전가시키고자 하는 것이다. 따라서 위험을 떠맡아줄 상대방이 필요한데 이러한 역할을 하는 것이 투기이다. 이와 같은 측면에서 투기는 가격안정, 유동성증가 및 정보효율성의 증가 등 여러 가지 경제적 공헌을 하고 있다. 그러나 투기가 현물 및 선물시장에 미치는 영향에 대해서는 부당이득의 취득, 시장교란 등 부정적인 견해도 크다. 다만 분명한 것은 투기가 선물시장에서 필수적이라는 점이다. 이는 투기거래가 없이는 선물계약에 대한 수요가 창출되지 않아 위험헤지거래가 성립되지 않기 때문이다.

Learning Cafe 4

## 선물 투기 대박

상반기 선물 거래를 통해 700%가 넘는 수익률을 기록한 개인투자자가 탄생했다.

5일 한국선물거래소에 따르면 동작구에 사는 37세 회사원 A씨는 국채선물만으로 783%(연 1,566%)의 수익률을 기록했다. A씨는 선물거래소 개장 초기부터 선물시장에 참여해 왔으며 올 2월부터 본격적인 거래에 나서서 이 같은 고수익률을 기록한 것으로 알려졌다. 그는 최초 8,000만원으로 선물 거래를 시작, 그간 출금한 금액을 제외하고도 현재 3억원 이상의 예탁 잔고를 보유하고 있다.

특히 A씨는 특히 지난 2월초 거래선물회사에서 실시한 투자게임에서 최다거래량 기록과 함께 850%(연 1,700%)의 고수익률을 기록하기도 했다.

법인 중에서는 달러선물을 거래한 B 금융기관이 287%(연 574%)의 수익률을 기록한 것으로 알려졌다.

한편 선물거래소 조사에 따르면 선물거래를 통해 상반기 150%(연 300%)이상의 수익률을 기록한 투자자들이 속출했다. 안양시와 남양주시에 거주하는 30대 C씨와 D씨도 각각 국채선물 거래에서만 396.5%(연 793%)와 352.8%(연 705.6%)의 수익률을 각각 달성했다. 경기도 일산의 E씨와 부산 동래구의 F씨도 각각 국채선물과 달러선물에 투자해 347%(연 708%)와 228%(연 456%)의 수익률을 거두었다.

환율변동성을 활용한 달러선물에서도 G모씨(41세, 서울 강서구)는 549.8%(연 1099.6%)의 수익률을 기록했으며, 거래가 부진한 코스닥50선물에서도 대구에 거주하는 H모씨가 142%(연 284%)의 수익률을 거두었다.

출처: 머니투데이 2009. 12. 27 기사.

### 2. 차익거래

차익거래(arbitrage transaction)는 두 개의 상이한 시장(현물시장과 선물시장)에서 동일 증권(자산)에 대해 서로 상반된 포지션을 동시에 취하는 것을 의미한다. 차익거래를 하게 되는 동기는 두 시장의 일시적인 가격 차이를 이용하여 이익을 얻고자 하는 것이다. 즉, 일시적으로 현물가격과 선물가격이 이론적인 관계 또는 균형관계를 이탈하게 될 경우 이를 이용하여 이득을 취하고자 하는 것이다. 이때 투기와는 달리 가격변동에 대한 기대는 필요치 않다. 현물시장과 선물시장 사이의 차익거래는 두 시장 사이의 가격을 일치시키는 효과를 가져오기 때문에 매우 중요한 의미를 갖게 된다.

현물과 선물가격이 일정범위를 벗어나 차익거래의 기회가 발생할 때 프로그램 매매가 작동하게 된다.

## 3. 스프레드

스프레드(spread)는 관련 선물계약(related futures contracts)을 동시에 매입·매도함으로써 이득을 취하는 거래로 일종의 투기로 볼 수 있다.

스프레드 거래자(spreader)는 두 계약 사이의 가격차이가 자신에게 유리하게 변할 것이라는 기대에 입각하여 행동한다. 이에 따라 매입된 계약의 가격이 매도된 계약의 가격보다 더 크게 상승하거나 또는 더 작게 하락하면 이득을 취하게 된다. 스프레드 거래에 따른 위험은 투기의 경우보다는 작으나 차익거래의 경우보다는 크다. 그리고 스프레드 거래에 따른 이익은 거래자가 얼마만큼 상대가격변화를 잘 예측할 수 있는가에 달려 있다. 스프레드는 대상계약에 따라 다음 세 가지 유형이 존재한다.

(1) 결제월간 스프레드(interdelivery spread): 동일한 선물계약에 대해 결제월(delivery months)만 상이한 두 개의 선물을 매입·매도하는 거래이다.

(2) 상품간 스프레드(intercommodity spread): 동일한 결제월을 갖는 상이한 상품을 매입·매도하는 경우이다. 가령 동일한 결제월을 가지는 대두(soybean)선물을 매입하는 동시에 대두유(soybean oil)선물을 매도하는 것이다.

(3) 시장간 스프레드(intermarket spread): 동일한 상품이 상이한 시장(거래소)에서 거래될 경우 그 가격 차이를 이용하여 이익을 취하고자 거래하는 경우이다.

이러한 스프레드는 차익거래가 현물가격과 선물가격의 균형관계를 복원시키는 역할을 하는 것처럼 관련 선물들 간의 가격 이탈을 균형관계로 복원시켜 주어 가격기능을 제고시킨다.

이상에서 우리는 선물시장에서 이루어지는 네 가지 유형의 거래에 대해 살펴보았다. 이 중 스프레드, 차익거래 및 투기거래는 이익을 위해 거래가 이루어지지만 헷징은 이익의 동기(profit motives)보다는 위험감소동기(risk reduction motives)에 의해서 거래가 이루어지는 것이 보통이다.

제4절 선물가격결정

## 4.1 현물가격의 결정

선물가격은 현물가격과 매우 밀접한 관계를 가지고 변화한다. 따라서 현물가격이 어떻게 변화하는지를 살펴볼 필요가 있다. 현물가격은 해당상품의 현재 및 미래의 수요와 공급에 의해 결정된다. 또 상품마다의 특성에 따라 수요와 공급의 패턴이 다르므로 현물가격의 변화패턴도 다르게 나타난다. 특히 농산물과 같은 계절성이 큰 상품은 수확기에는 가격이 하락하다가 시간이 경과함에 따라 가격이 상승하게 된다. 이와 같은 가격상승의 가장 중요한 요인은 보유비용(carrying cost)이다. 현물보관에 따른 보유비용에는 창고비용, 보험료, 감모손실, 기회비용, 재고이득 등이 포함된다. 여기서 기회비용은 현물을 매입하는 대신 그 자금으로 다른 곳에 투자한다면 얻을 수 있는 최대이득을 말하는 것으로서 당해 기간 동안의 투자자의 요구수익률로 생각할 수 있다. 또 재고이득은 재고를 보유함으로써 미래의 급격한 수요증가에 대비할 수 있는 이득으로써, 즉 품절에 대비할 수 있는 이득이므로 음(−)의 비용이다.

이와 같은 보유비용을 고려하면 미래 $T$시점후의 기대현물가격은 현물가격에 보유비용을 더한 것과 같다. 즉, $T$시점후의 미래가격

$$E(S_T) = S_0 + {}_0W_T$$

와 같아야 한다. 여기서 $S_0$는 현물가격, ${}_0W_T$는 현재 시점부터 $T$시점까지의 보유비용이다. 따라서 현물가격은 미래 기대현물가격에서 보유비용을 차감한 것과 같다. 즉,

$$S_0 = E(S_T) - {}_0W_T$$

이다.

## 4.2 보유비용모형

선물의 가격을 결정하는 데는 두 가지 접근방법이 있다. 먼저, 보유비용과 재고이득을 기초로 선물가격을 결정하는 방법이다. 이 방법의 핵심은 선물계약을 매입한다는 것은 현물을 매입하여 인수도 시점까지 보관하는 것과 동일한 효과를 가진다는 것이다. 따라서 선물가격은 현물가격에 보유비용과 재고이득을 반영하여 결정되어야 한다는 것이다. 또 다른 접근방법은 위험프리미엄에 기초를 둔 CAPM과 같은 가격결정모형이다.

상품선물의 가격을 결정하는 방법은 주로 보유비용모형을 사용한다. 선물의 가격은 차익거래의 이익이 존재하지 않는 균형 하에서 이론적으로 선물포지션을 보유하는 경우와 현물을 보유하는 경우의 비용차이에 의해 계산할 수 있다. 선물포지션을 보유하는 경우는 현물을 매입하여 만기까지 보유하는 경우에 비해 비용이 절감된다(비용이 절감된다는 것은 증거금을 고려할 경우이고, 만약 증거금이 없다면 선물보유에 따르는 비용은 0이 된다). 그러나 현물을 직접 매입하면 만기까지 상품을 보관해야 하므로 이에 따른 비용이 발생하게 된다. 미래의 일정 시점에 상품이 필요한 사람은 선물매입포지션을 보유하거나 직접 상품을 매입, 보관하는 두 가지 방법을 사용할 수 있는데, 시장이 균형인 상태라면 이 두 방법에 따르는 비용은 같아야 한다. 그러므로 선물가격과 현물가격 사이에는 다음의 식이 성립한다.

> 선물가격 = 현물가격 + 보유비용(cost of carry)
> 보유비용 = 기회비용 + 창고료 + 보험료 + 감모손실 + 운송비용 − 재고 보유이득

예를 들어 6개월 후에 밀 100톤이 필요한 제분업자가 있다고 하자. 밀 100톤의 현물가격은 $10,000이고, 시장이자율이 연리 10%이며, 100톤에 대한 창고보관료와 보험료 등 보관비용이 $200가 소요된다고 하자. 6개월 후에 밀 100톤을 조달하는 방법으로 다음 두 가지 모두 가능하다.

① 현재 밀 100톤을 매입하여 6개월 동안 보관하는 방법
② 6개월 후 만기가 되는 밀 선물 100톤을 매입하는 방법

여기서 ②는 6개월 후에 현재의 선물가격을 지불하면 된다. 반면에, ①은 현물

그림 12-8 차익거래

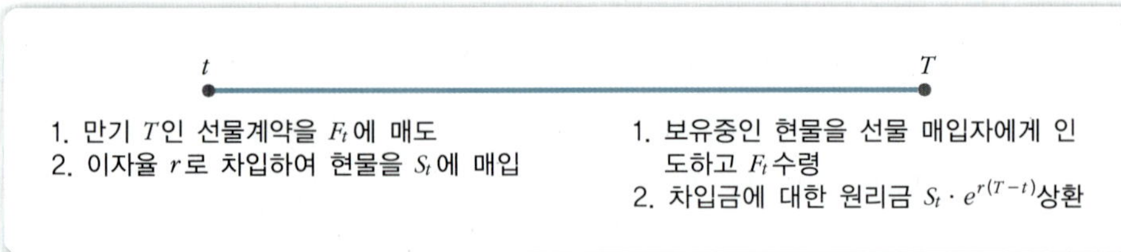


가격 $ 10,000을 차입하여 현물을 매입하여 보관한다면 6개월 동안의 이자비용, $\$10,000 \times 0.1 \times \frac{6}{12} = \$500$, 보관비용 $200 등 $700의 보유비용이 발생한다. 따라서 동일한 효과를 얻는 두 방법의 비용은 동일하여야 하므로 선물가격 = $\$10,000 + \$700 = \$10,700$가 되어야 한다.

보유비용은 현물보유비용이 보유수익보다 크면, 양(+)의 값을 가지며, 반대의 경우에는 음(−)의 값을 가지게 된다. 보유비용이 양(+)의 값을 가지면 선물가격이 현물가격보다 커지게 되며 이러한 상태를 정상시장(normal market)이라고 한다. 반면에 보유비용이 음(−)의 값을 가지게 되면 선물가격보다 현물가격이 더 커진다. 이러한 상태를 역조시장(inverted market)이라고 한다.

선물가격을 결정하는 논리로 시장이 균형상태에 이르면 차익거래의 이득은 존재할 수 없다는 무차익거래조건(no arbitrage condition)이 적용될 수 있다.

거래비용과 세금 등 시장의 마찰요인이 없으며, 차입이자율과 대출이자율이 동일하다고 가정하자. [그림 12-8]과 같이 시점 $t$에서 만기 $T$인 선물을 $F_t$에 매도하는 동시에 이자율 $r$로 차입하여 현물을 $S_t$에 매입하여 보유해보자.

이 투자자는 매입한 현물로 선물인도에 응할 수 있어 전혀 위험이 없으며, 차입에 의해 자금을 조달하였으므로 자기자금의 추가적인 투하도 없다. 따라서 무위험포트폴리오가 된다.

만기일이 도래하면 보유 중인 현물을 선물매입자에게 인도하여 $F_t$를 받고, 차입금 $S_t$에 대한 원리금을 상환하게 된다. 원리금은 이자가 연속 복리로 계산된다면 $S_t e^{r(T-t)}$가 된다.[19] 이 경우 만기일에서 얻게 되는 순이익은

$$F_t - S_t e^{r(T-t)}$$

---

19) 단순히 복리로 계산된다면 $S_t(1+r)^{T-t}$이다.

가 된다. 시장균형상태에서는 자기자금의 투하도 없고 추가적인 위험부담도 없이 차익거래의 이익을 얻을 수 없으므로 순이익은 0이 되어야 한다.

따라서 $t$ 시점의 선물가격

$$F_t = S_t e^{r(T-t)}$$

가 된다. 여기에 이자비용(기회비용)이외에 보유비용(${}_tW_T$)이 존재한다면 선물가격

$$F_t = S_t e^{r(T-t)} + {}_tW_T$$

가 된다.

## 4.3 베이시스

베이시스(basis)는 현물가격($s$)과 선물가격($f$)의 차이를 말한다. 즉,

$$\text{베이시스} = \text{현물가격}(s) - \text{선물가격}(f)$$

이다. 베이시스는 보유비용(carrying cost)과 부호만 반대일 뿐 그 크기는 같다. 동일한 상품에 대해 만기가 다른 선물이 존재하는 경우 베이시스는 통상 현물가격에서 최근월물 선물의 가격을 차감한 것이며, 근월물 선물가격에서 원월물 선물가격을 차감한 것 역시 스프레드(spread)라고도 한다.

앞서 살펴본 바와 같이 헷징의 결과는 현물가격의 등락에 의해 결정되는 것이 아니라 베이시스의 변화에 좌우된다. 따라서 효율적인 헷징을 위해서는 베이시스에 영향을 미치는 요인들에 주목할 필요가 있다.

베이시스에 영향을 미치는 가장 근본적인 요인은 보유비용이며, 이자율, 배당수익률, 보관비용, 보험료 등이 해당될 것이며, 이는 매우 광범위하고 다양한 형태를 띠게 될 것이다.

선물가격은 시간이 경과함에 따라 미래현물가격에 수렴하게 된다. 따라서 [그림 12-9]와 같이 선물계약의 만기가 가까워질수록 베이시스는 점점 감소하여 0에 수렴하게 된다.

그림 12-9 선물가격과 현물가격의 변화와 베이시스

만약, 선물의 만기일에 선물가격과 현물가격이 동일하지 않으면, 차익거래의 이익이 발생하게 되므로 만기일에서 선물가격과 현물가격은 일치하여야 한다.

[그림 12-9]에서 보는 바와 같이 베이시스는 시간이 경과함에 따라 계속 변화하게 된다. 개시베이시스와 커버베이시스가 다른 경우에는 베이시스의 변화가 발생하고 헤지의 순손익이 변화하게 된다. 이와 같이 베이시스변화에 따라 순손익이 변화하게 되는 것을 베이시스위험(basis risk)라고 한다.

현물포지션의 위험을 이전 또는 전가시키기 위해 선물을 이용하여 헤지를 하게 되는 거래자는 새로운 유형의 위험인 베이시스위험(basis risk)에 직면하게 된다. 그러나 일반적으로 현물가격의 변동폭보다는 현물가격과 선물가격의 차이인 베이시스의 변화가 더 작기 때문에 헤지의 결과 상당한 위험감소 효과를 가져올 수 있는 것이다.

## 4.4 금융선물의 가격결정

금융선물의 경우에는 상품선물과는 달리 현물의 보관에 따른 창고료, 보험료, 운송비용, 감모비용 등은 발생하지 않는다. 다만 현물을 매입하여 만기까지 보관하는 경우 자금투자에 따른 기회비용만 발생하며, 동시에 현물 보유에 따른 이익의 기회가 동시에 존재하게 된다.

금융선물의 경우에도 다음과 같은 차익거래를 통해 선물가격이 어떻게 결정되는지를 살펴볼 수 있다. 현재시점에서 현물을 매입하고 동시에 선물을 매도한 후 인도시점인 $T$시점에서 현물을 매도하고 선물을 매입하는 거래를 하면, 가격변동에 따른 위험은 완전히 제거될 수 있으며 기회비용만 발생하는 포트폴리오의 구성이 가능하다. 이와 같은 차익거래의 이득은 다음과 같다.

$$\begin{aligned}\text{차익거래의 이득} &= \text{선물거래의 이득} + \text{현물거래의 이득} - \text{이자비용} \\ &= (F_0 - F_T) + (S_T - S_0) - [S_0(1 + R_f)^T - S_0]\end{aligned}$$

위 식에서 세 번째 항은 현물매입대금의 $T$시점에서의 미래가치에서 현물가격을 차감한 것으로써 $T$기간 동안의 이자비용이다. 균형상태에서 차익거래의 이득은 0 이어야 하고, 인도시점에서 선물가격과 현물가격은 동일하므로

$$F_0 = S_0(1 + R_f)^T$$

가 된다. 위 식이 의미하는 바를 살펴보면 다음과 같다.

① 선물가격은 현물가격의 미래가치와 같다.
② 무위험수익률이 높을수록 선물가격이 높아지고, 선물가격과 현물가격의 차이인 basis도 커진다.
③ 인도시기가 다른 두 선물가격 사이의 관계를 파악할 수 있다.

다른 조건이 동일하고 인도시기까지의 기간이 $T_1$인 선물과 $T_2(T_1 < T_2)$인 금융선물이 있다고 하자. 각각의 선물의 가격은 다음과 같다. 즉,

$$F_{T_1, 0} = S_0(1 + R_f)^{T_1},\ F_{T_2, 0} = S_0(1 + R_f)^{T_2}$$

이다. 두 식의 양변을 각각 나누면

$$\frac{F_{T_1, 0}}{F_{T_2, 0}} = \frac{S_0(1 + R_f)^{T_1}}{S_0(1 + R_f)^{T_2}}$$

$$F_{T_2, 0} = F_{T_1, 0}(1 + R_f)^{T_2 - T_1}$$

이다.

## 4.5 주가지수선물의 가격결정

주가지수선물의 경우에도 현물로 주식을 보유하는 경우 창고료, 보험료, 감모손실 등 보관비용은 발생하지 않지만 기회비용은 발생할 수 있고, 기회이득을 얻을 기회도 있다. 기회비용은 현물보유에 따른 투자금액의 이자비용이고, 기회이득은 배당을 받을 수 있다는 것이다.

주가지수선물의 이론적 가격을 알아보기 위해 다음과 같은 차익거래를 고려해 보자. 인도일까지의 기간이 $T$인 주가지수선물이 존재하고, 연간 시장이자율이 $i$, 주식에 대한 시장의 평균배당수익률이 $d$라고 하자.

현재시점에서 현물(주식 : 이론적으로는 주가지수를 구성하는 모든 주식들이 포함된 포트폴리오)을 매입하고, 주가지수선물을 매도한 후 $T$시점에서 현물을 매도하고 주가지수선물을 매입하는 차익거래를 하는 경우 차익거래의 이득은 다음과 같다.

$$\begin{aligned}\text{차익거래의 이득} &= \text{선물거래의 이득} + \text{현물거래의 이득} + \\ &\quad \text{기회이득} - \text{기회비용} \\ &= (F_0 - F_T) + (S_T - S_0) + S_0 \cdot d \cdot \frac{T}{365} - S_0 \cdot i \cdot \frac{T}{365}\end{aligned}$$

자본시장이 균형이라면 차익거래의 이득은 0 이고, 만기일에서 현물가격과 선물가격은 동일하므로

$$F_0 = S_0\left[1 + (i - d) \times \frac{T}{365}\right]$$

이다.

이 식의 의미를 살펴보면

① 이자율이 상승하면 주가지수선물가격은 상승한다.

② 동일한 조건이라면 만기가 길어질수록 주가지수선물가격은 상승한다.

③ 시장의 평균배당률이 상승하면 주가지수선물가격은 하락한다.

## 4.6 통화선물의 가격결정

통화선물의 가격결정을 설명하는 것은 환율의 국제평가이론 중 이자율평가이론(interest rate parity)이다. 완전시장을 가정하고 환율은 자국통화표시법에 의해 외국통화 한 단위당 자국통화의 가치로 표현된다고 하자. 한국에 있는 투자자가 1원의 자금을 $T$일 동안 투자할 것을 고려하고 있다. 현재 한국의 연간이자율은 $i_d$이고, 미국의 연간이자율은 $i_f$, 미 달러에 대한 환율이 $S_0$이며, $T$일 후 인도되는 달러선물에 대한 선물환율이 $F_0$라고 하자.

만약, 이 투자자가 1원을 한국에서 투자한다면 $T$일 후의 현금흐름은 다음과 같다.

$$₩\left(1 + i_d \cdot \frac{T}{365}\right)$$

또 이 투자자가 1원을 미국에서 투자하는 경우 다음과 같은 과정을 거쳐 $T$일 후의 현금흐름을 계산할 수 있다.

① 미국에서 투자하기 위해 1원을 외환시장에서 달러($)로 교환하면 $\$\frac{1}{S_0}$를 얻는다.
② $\$\frac{1}{S_0}$을 미국에서 투자하면 얻게 될 $T$일후 예상현금흐름 : $\$\frac{1}{S_0}\left(1 + i_f \cdot \frac{T}{365}\right)$
③ 동시에 달러화 선물을 매도하면 $T$일후 환율변동에 관계없이 확실하게 얻게 되는 금액은 다음과 같다.

$$₩\frac{1}{S_0}\left(1 + i_f \cdot \frac{T}{365}\right)F_0$$

완전시장이라면 미국과 한국에서 투자한 결과는 같아야 한다. 만약 한국에서 투자한 후의 현금흐름이 미국에서 투자한 결과보다 크다면 미국의 자금이 한국으로 유입되며, 이에 따라 환율이 하락하게 되고(원화가치 상승), 한국의 통화량이 증가하므로 한국의 이자율이 하락하게 되어 균형으로 접근해 가게 된다. 반대의 경우에는 반대의 현상이 나타나게 된다. 따라서 균형이라면 한국과 미국에서의 투자수익이 같아야 하므로

$$1 + i_d \cdot \frac{T}{365} = \frac{F_0}{S_0}\left(1 + i_f \cdot \frac{T}{365}\right)$$

이다. 따라서

$$F_0 = S_0 \left[ \frac{1 + i_d \cdot \frac{T}{365}}{1 + i_f \cdot \frac{T}{365}} \right]$$

가 성립하게 된다. 통화선물의 경우 선물가격의 의미를 좀 더 명확히 하기 위해 선물의 인도일을 1년으로 한다면

$$F_0 = S_0\left(\frac{1 + i_d}{1 + i_f}\right)$$

가 성립한다. 이 식을 다시 정리하면

$$\frac{F_0}{S_0} = \left(\frac{1 + i_d}{1 + i_f}\right)$$

가 된다. 양변에 똑 같이 1을 빼고 정리하면

$$\frac{F_0 - S_0}{S_0} = \frac{i_d - i_f}{1 + i_f}$$

이 된다. 여기서 외국의 이자율 $i_f$가 0이라고 가정하면

$$\frac{F_0 - S_0}{S_0} = i_d - i_f$$

이다. 좌변을 선물환 프리미엄(premium) 또는 디스카운트(discount)라고 하는 데, 좌변의 분자 $F_0 - S_0$를 스왑레이트(swap rate)라고 한다. 좌변은 미래선물이자율이 현물이자율에 비해 얼마나 상승 또는 하락하는지의 비율을 나타내는 데, 선물환율이 현물환율에 비해 상승한다는 것은 자국통화의 가치가 하락하게 되는 것을 말한다. 이 경우를 선물환 디스카운트라고 하고 선물환율이 현물환율에 비해 하락하는 경우 자국통화의 가치가 상승하게 되는 것으로 이때를 선물환 프리미엄이

라고 한다.

결국 통화선물의 가격은 두 국가 사이의 이자율의 차이에 의해서 결정된다는 것이다.

## 4.7 선물가격과 기대현물가격

선물가격은 미래에 기대현물가격과 불가분의 관계에 있다. 미래 가격변화에 따라 선물거래의 손익이 결정되기 때문에 선물가격에는 미래현물가격에 대한 기대가 반영되어 있다. 그렇다면 구체적으로 선물가격과 미래기대현물가격과는 어떤 관계에 있는가? 여기에 대해서는 여러 가지 가설이 제시되어 있다. [그림 12-10]은 이러한 가설들을 요약하여 보여주고 있다.

### 1. 기대가설

순수기대가설(pure expectations hypothesis) 또는 불편기대가설(unbiased expectations hypothesis)이라고 하는 기대가설(expectations hypothesis)은 선물가격이 미래 기대현물가격(expected spot price)과 평균적으로 일치한다는 것이다. 즉,

그림 12-10 선물가격과 기대현물가격

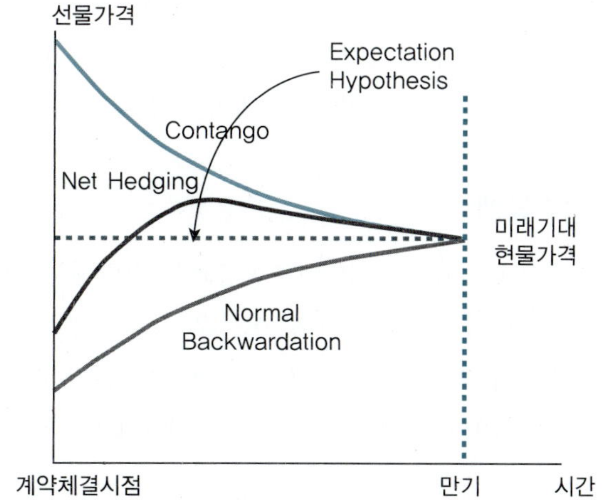

$$F_0 = E(S_T)$$

여기서 $F_0$는 현재 선물가격, $E(S_T)$는 만기일 $T$시점에서 기대되는 현물가격이다. 이 가설에 의하면 선물가격이 미래의 현물가격을 정확하게 예측할 수 있다는 것이다.

기대가설은 투자자들이 위험중립형이며, 기대가치 극대화를 선택기준으로 하고 있다고 가정하고 있다. 그러나 투자자들은 일반적으로 위험회피형이다. 먼 미래에 인도되는 선물계약은 위험이 크므로 선물가격은 기대현물가격보다 낮아야 할 것이다. 따라서 위험중립형 투자자를 가정한 기대가설에서는 선물가격이 과대평가되는 경향이 있다.

## 2. 역조현상

역조현상(normal backwardation)은 케인즈(J. M. Keynes)와 힉스(J. R. Hicks) 등에 의해 제시된 가설로 헤저(hedger)들은 대부분 현물시장에 재고를 보유하고 있다는 것이다. 이 경우 매입헤지보다는 매도헤지의 수요가 많아지게 되어 헤저집단은 매도초과포지션 상태에 있게 된다. 이러한 매도초과포지션(매도초과수요)에 대하여 위험을 부담하고 선물을 매입해 줄 상대방이 필요한 데 투기자들이 이 역할을 담당하게 된다.

투기자들은 자신들이 부담하는 위험에 대해 위험대가(위험프리미엄)를 요구하게 될 것이다. 따라서 선물가격이 미래현물가격보다 위험프리미엄만큼 낮아야 한다. 이와 같이 선물가격이 기대현물가격보다 낮게 결정되는 시장의 상태를 역조현상이라고 한다. 이 가설에 의하면 선물가격이 기대현물가격보다 낮으며, 선물계약의 만기일이 가까워짐에 따라 위험프리미엄이 적어지고 선물가격이 상승하게 되어 만기일에서는 현물가격과 같아진다.

## 3. 인수유예

인수유예(contango)는 역조현상과는 정반대로 헤저집단의 대부분이 미래에 상품을 필요로하는 사람들이며, 이들은 선물시장에서 매입헤지(long hedge)를 하고자 함으로써 헤저들은 전체적으로 매입초과포지션 상태에 있게 된다. 이 경우 헤저들의 선물매입에 대응하여 선물을 매도할 집단이 필요하게 되는데 이런 역할을 담당하는 것이 투기자 집단이다.

투기자들은 위험부담에 대한 위험프리미엄을 요구하게 될 것이며, 따라서 선물가격이 기대현물가격보다 높아야 선물을 매도하게 될 것이다. 여기서 선물가격은 기대현물가격에 위험프리미엄을 더한 것과 같아지게 되는 데 이러한 상태를 인수유예라고 한다.

선물가격은 만기까지 계속 하락하여 만기일에서 현물가격에 수렴하게 된다.

## 4. 순헷징이론

순헷징이론(net hedging theory)은 상품의 재고량이 많은 수확기에는 선물매도헤지의 수요가 선물매입헤지의 수요보다 많고, 상품의 재고량이 적은 비수확기에는 선물매입헤지의 수요가 선물매도헤지의 수요보다 많다는 것으로 역조현상과 인수유예가 혼합되어 있다.

특히, 농산물의 경우 수확기에 헤저집단은 선물시장에서 매입수요보다 매도수요가 많은 매도초과포지션 상태에 있게 되는데, 여기에 대응하여 선물을 매입해 주게 될 투기자들은 자신들이 부담하는 위험에 대해 프리미엄을 요구하게 될 것이다. 따라서 선물가격은 프리미엄만큼 기대현물가격보다 낮아야 한다.

반면, 농산물의 수확기가 지나 시간이 경과하면 농산물의 재고량이 감소하게 된다. 따라서 농산물 가공업자들은 농산물을 안정된 가격에 확보하기 위해(제조원가를 고정시키기 위해) 선물시장에서 선물을 매입하는 헤지를 하고자 할 것이다. 농산물 비수확기에 헤저는 집단적으로 매입초과포지션 상태에 있게 되며, 선물을 매도해 줄 집단이 필요하다. 선물시장에서 매도포지션을 취하는 투기자 집단은 부담하는 위험에 대한 프리미엄을 요구하게 되어 높은 가격으로 선물을 매도하고자 한다. 결국 농산물의 비수확기에는 선물가격이 기대현물가격보다 높은 상태가 된다.

종합하면, 상품의 재고량이 많은 수확기에는 선물가격이 미래기대현물가격보다 낮다가 시간이 경과하여 상품의 재고량이 감소하는 비수확기에는 선물가격이 미래기대현물가격을 상회하게 된다. 그러나 만기일에 가까워짐에 따라 선물가격은 미래 기대현물가격에 수렴하게 된다.

Learning Cafe 5

## 슈퍼 콘탱고(super contango)

근월물(近月物) 가격이 원월물(遠月物) 가격보다 낮은 콘탱고(contango) 현상으로 인해 석유 사재기가 극성을 부리고 있다. 생산업체와 정제업체들이 향후 유가 상승을 기대하고 석유를 저장해두고 있는 것이다.

12일(현지시간) 마켓워치에 따르면 뉴욕상품거래소(NYMEX) 선물시장에서 거래되는 석유의 인도지점(delivery point)인 미국 오클라호마주 쿠싱 지역의 석유 재고는 지난 한 달 동안 40% 증가, 4년 만에 최고 수준을 기록했다.

이는 콘탱고가 최근 확대된 데 따른 현상으로 풀이된다. 이날 NYMEX에서 거래된 석유 2월물 가격은 배럴당 37.59달러로, 7월물 가격보다 15달러 낮았다.

콘탱고는 선물시장에서 종종 발생한다. 그러나 최근에는 비정상적인 수준까지 확대됐다는 게 전문가들의 설명이다. 이른바 슈퍼 콘탱고 다.

이처럼 콘탱고가 확대되는 것은 향후 유가 상승에 대한 전망 때문이다. 현재 유가는 지난해 7월 대비 100달러 이상 하락한 상태지만, 전세계 각국의 경기부양책으로 글로벌 경기가 살아나면 석유 가격이 다시 상승할 것이란 기대감이다.

에너지 조사기관 WTRG이코노믹스의 제임스 윌리엄스 이코노미스트는 "근월물 가격이 원월물 가격보다 낮다는 것은 아비트리지를 통해 리스크 없이 수익을 올릴 수 있다는 것을 의미한다"고 말했다.

지금 석유를 저장해 뒀다가 나중에 파는 것만으로도 손쉽게 차익실현을 할 수 있다는 설명이다. 이러한 이유 때문에 석유 사재기에는 생산업체와 정제업체는 물론 일부 투자자들도 가세하고 있다.

이에 따라 쿠싱의 석유 저장고는 포화상태에 이르렀다. 3,400만 배럴의 석유를 저장할 수 있는 저장고는 이미 3,218만2,000배럴이 찼다. 콘탱고가 더 확대돼 석유를 쌓아두고 싶어도 저장 공간이 없다는 의미다.

석유 사재기는 전국적으로 성행하고 있다. 미국 내 전체 상업용 석유 재고는 지난 2일 현재 3억2,540만 배럴로, 전주 대비 670만배럴 증가한 것으로 집계됐다.

출처: 이데일리 2009.1.13. 기사.

## 연습문제

**1** 선물계약과 선도계약을 비교하라.

**2.** 거래소회원과 청산소회원과의 관계는 무엇이며, 각각의 기능은 무엇인가?

**3.** 청산소의 역할을 설명하라.

**4.** 지정가주문을 설명하고 그 필요성을 설명하라.

**5.** 특정가주문과 지정가주문을 비교하라. 또 특정가주문의 필요성을 설명하라.

**6.** 스케일주문과 선택주문을 설명하라.

**7.** 초기증거금이 $2,000이고 유지증거금이 $1,500라고 할 때 다음 표의 빈칸을 채워라. 단, 거래대상증권은 계약단위 $1,000,000인 재정증권 선물계약이다.

| 거래일 | 가격 | 증거금 | 손익 | 추가증거금 |
|---|---|---|---|---|
| 1 | 90.00 | $2,000 | | |
| 2 | 89.85 | | | |
| 3 | 89.68 | | | |
| 4 | 89.97 | | | |
| 5 | 89.77 | | | |

**8.** 어떤 투자자가 IMM에서 3월이 결제월인 재정증권 선물계약 두 단위를 88.50에 사서 10일 후 88.72에 팔았을 때 득실을 계산하라.

**9.** 주가지수선물에 대한 증거금은 다른 선물계약과 다르다. 왜 다른가?

**10.** 선물시장의 경제적 기능을 설명하라.

**11.** B씨는 88년 11월 1일 현재 15년 만기, 표면이자율 $8\frac{3}{8}$%인 재정채권을 10단위 $100만어치 보유하고 있다. 현재 이 채권은 현물시장에서 82-17에 거래되고 있으며, 재정채권 선물은 80-09에 거래되고 있다. 89년 3월 3일 현재 동 채권은 현물시장에서 70-26, 선물계약은 66-29로 떨어졌다면 88년 11월 1일 어떠한 헷징을 해야했으며 그 결과는?

**12.** 매도헤지, 매입헤지, 교차헤지를 설명하라.

**13.** 헤지비율의 결정방법을 설명하라.

**14.** 과도보상헤지와 과소보상헤지란 무엇인가?

**15.** 베이시스란 무엇이며, 베이시스의 헤지결과에 대한 영향을 설명하라. 베이시스와 보유비용간의 관계를 설명하라.

**16.** 차익거래와 스프레드거래를 설명하고 투기거래와 비교하라.

C·H·A·P·T·E·R 13

# 투자관리 및 성과평정

## 펀드의 기원 - 향신료와 오스만 투르크 그리고 대항해

르네상스시대 빵과 고기로 식단을 꾸리던 중세 유럽의 식단은 매우 단조로웠다고 합니다. 조미료라고는 소금밖에 없었으니 음식의 맛은 단 두가지 '짜거나 싱겁거나'...그러던 유럽의 음식문화가 다양해지기 시작한 것은 대륙을 넘어온 아시아 향신료 때문이라고 합니다.

그런데 강력한 군사력을 과시하며 지중해 동부를 점령해버린 오스만제국의 등장으로 유럽과 아시아를 잇는 육로 무역로는 굳게 닫혀버립니다.

이에 포르투갈을 필두로 유럽 열강들은 대항해시대를 열게 됩니다. 소금 · 황금 · 상아 · 노예 등의 무역에도 관심이 있었지만 동시에 아프리카 대륙 내지는 아시아의 어디엔가 있다고 믿은 전설적인 그리스도교왕 프레스터 존의 나라를 발견하여 그들과 동맹을 맺어 이슬람교도의 우세를 꺾으려 한 정치 · 종교적인 의도도 강하게 작용하였지요.

그런데 대항해를 하기 위해서는 어마어마한 자금이 소요되었습니다. 배를 구입하고 운용하는 자금도 문제가 되겠지만 망망대해에서 해적들로부터 보호하기 위한 군수물자와 비상시 전투인원 등 군수자금도 준비해야했기에 개인이 부담하기엔 너무 부담스러웠을 겁니다. 유명한 바스코다가마는 국가의 든든한 지원이 있었기에 아프리카를 넘나드는 항해를 할 수 있었습니다.

그러나 당시 국가의 지원을 받은 이들만 항해무역을 한 것은 아닙니다. 일반상인들도 항해무역을 하게 되었는데, 이때 자금조달 수단이 바로 공동투자자금인 펀드(fund)입니다.

무역을 준비하는 상인들은 투자자를 모집하여 자금을 마련하고, 항해를 통해 아시아나 아프리카로부터 향신료, 노예, 기타 원자재 등을 확보하여 큰 이익을 얻게 됩니다. 당시 투자자들의 투자비율에 따라 이익을 나눠가지는 모습은 다수의 투자자 공동자금으로 목돈을 만들어 투자하고 수익을 나눠 갖는 현재 펀드의 원리와 전혀 다를 바가 없습니다. 단지 현대의 펀드투자는 세분화되고, 금융회사, 금융기법 및 인터넷의 발달을 통해 많이 발전되었습니다.

대항해시대 항해무역을 통해 유럽의 식단이 풍요로워졌듯이 현대의 우리도 금융회사의 펀드를 통해 다양한 투자상품들을 만나볼 수 있게 되었습니다.

－http://annapurna516.tistory.com의 원문 편집－

앞서 포트폴리오 이론에서 포트폴리오의 구성과 위험의 분산 기능에 대해 설명하였다. 1950년대 초 마코위츠(Markowitz)에 의해 제시된 포트폴리오 이론은 그동안의 투자관리 개념을 포트폴리오 관리의 개념으로 확장시키는 데 기여를 하면서 투자관리에 큰 변화를 일으키게 된다. 포트폴리오 관리는 개인투자자들이 직접 할 수도 있지만 전문적으로 관리 운영하는 대표적인 기관이 투자신탁이다.

포트폴리오 관리과정은 [그림 13-1]에서 보는 바와 같이 사후적 성과평가와 조정 및 피드백의 순환구조로 되어 있는 연속적이고 체계적인 과정이다. 이 과정은 투자자의 투자목적, 선호나 제약 등을 확인하여 이에 맞는 적절한 투자정책이나 전략을 수립하는 것에서부터 시작된다. 그 다음으로는 자본시장이나 개별자산에 대한 전망을 토대로 최적의 투자자산조합(금융 및 실물자산)을 선택하기 위해 시장에서 이러한 전략을 실행하는 단계이다. 그 다음으로는 시장 상황, 상대적 자산가치, 투자자 자신의 상황 등의 변화를 계속적으로 관찰함으로써 중요한 변화를 반영하여 포트폴리오를 적절히 수정하거나 조정하는 순환과정으로 구성된다. 이 과정은 그 구체적인 운영과정이나 방식에 있어서는 차이가 있을 수 있지만 그 과정 자체는 모든 관리자에게 공통적이라고 할 수 있다.

그림 13-1 투자관리의 순환과정

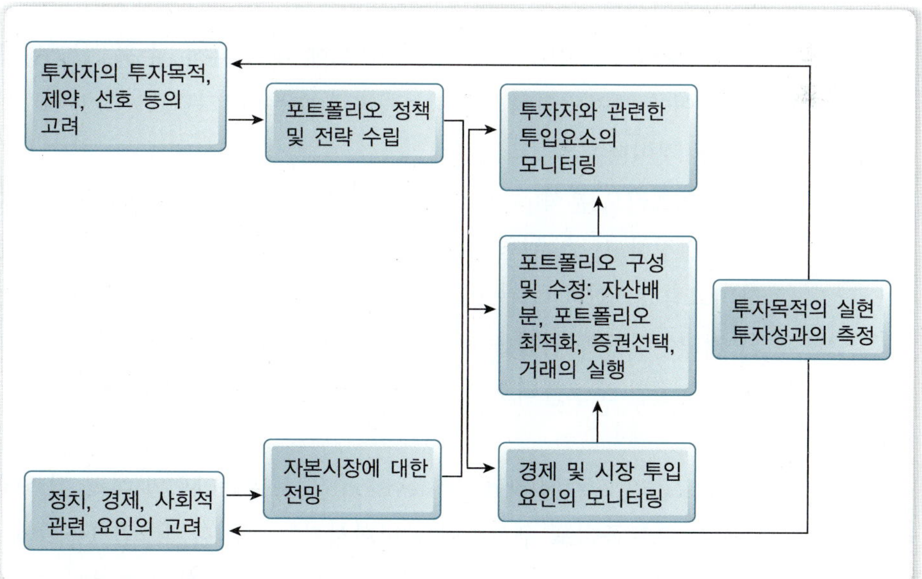


자료: Warren, Gorham & Lamont, *Managing Investment Portfolios*, Edited by John L. Maginn and Donald L. Tuttle. 2nd Edition(1990).

본 장에서는 투자관리의 과정과 유형 및 기법에 대해 살펴보고, 이를 전문적으로 행하는 투자신탁의 기능과 종류 및 그 투자성과에 대해 살펴본다. 또한 포트폴리오의 투자성과는 비교기준이나 기대와 관련하여 어떻게 평가하는지 그 기법에 대해 자세히 살펴보고, 투자자문업에 대해 설명하기로 한다.

## 제 1 절 투자관리

투자관리란 자금이 관리되는 과정을 말한다. 투자관리는 적극적일 수도 있고 소극적인 방법에 의해 행해질 수도 있다. 또한 명시적인 절차에 따르기도 하고 묵시적으로 관리될 수도 있으며, 통제 가능한 경우도 있고 통제 불가능한 경우도 있다. 이와 같이 투자관리의 접근방법은 매우 다양하다. 본 절에서는 일반적인 투자관리가 어떠한 절차에 의해 이루어지는지를 살펴보기로 한다.

### 1.1 투자관리 과정

투자관리는 일반적으로 포트폴리오에 대한 분석, 수정, 성과평정의 과정을 거친다. 이를 투자관리의 3대 기능이라고 하는데 [그림 13-2]의 (a), (b), (c)는 이를 도시한 것이다.

포트폴리오 분석(portfolio analysis)은 관리대상 포트폴리오의 위험과 기대수익률을 결정하고, 그 위험과 수익률이 투자자의 기호에 적합한지를 판단하는 것이다. [그림 13-2]의 (a)는 이 과정을 보이고 있다. 현재 구성되어 있는 포트폴리오의 기대수익률과 위험을 추정하여 투자자(개인, 기관 등)의 속성과 비교분석함으로써 추정된 포트폴리오의 기대수익률과 위험 및 투자자에의 적합성을 판단하게 된다.

포트폴리오 수정(portfolio revision)은 포트폴리오의 분석 결과에 따라 목적에 맞도록 포트폴리오 구성증권을 변화시키는 것이다. [그림 13-2]의 (b)는 이 과정을 도시한 것으로서 포트폴리오의 기대수익과 위험을 추정한 다음, 투자자의 속성과 거래비용을 고려하여 추가될 증권을 매입하고 제외시킬 증권을 매각한다.

그림 13-2 투자관리

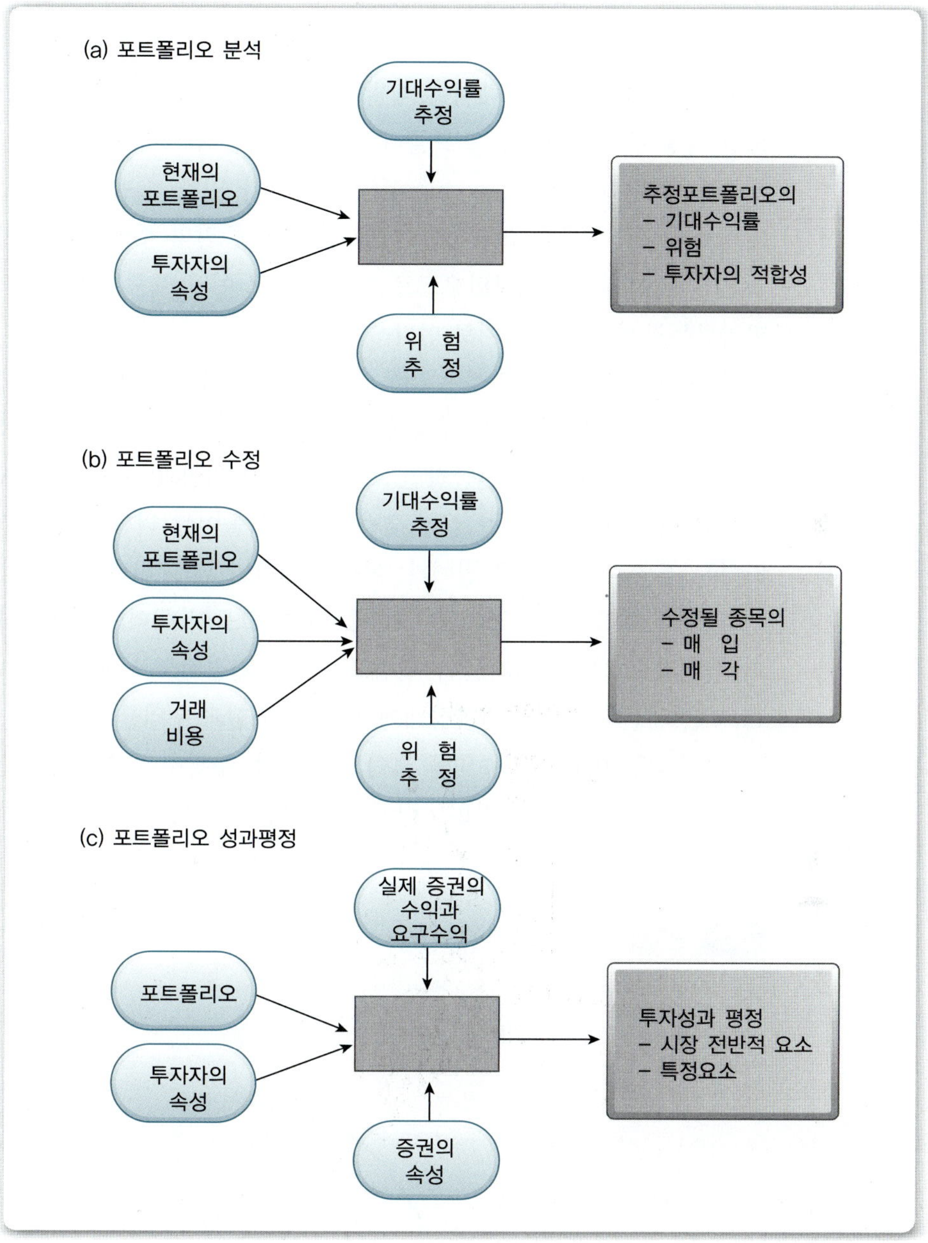


다음은 포트폴리오의 성과를 평정하는 단계로 포트폴리오의 실제 성과를 계산하고 그 성과를 이루게 된 요인들을 분석한다. [그림 13-2]의 (c)는 이 과정을 도시하고 있는데, 투자자의 속성을 고려하고 실제수익률을 계산한 다음 포트폴리오

구성증권의 속성을 고려하여 전반적인 포트폴리오의 성과를 평가하고 그 요인을 분석한다.

포트폴리오의 분석과 수정을 위해서는 포트폴리오의 수익률과 위험에 대한 추정이 필요하다. 이를 위해서는 개별증권의 기대수익과 위험의 측정이 요구된다. 또한 특정 투자자에 대한 포트폴리오의 적합성을 평가하기 위해서는 투자자의 납세현황, 위험회피도(risk aversion)를 알 필요가 있다. 아울러 포트폴리오 수정을 위해서는 거래비용도 고려하여야 할 것이다. 증권의 수익률과 위험을 파악하는 것은 앞서 자세히 살펴보았으므로 논외로 하고 여기서는 투자자의 속성을 어떻게 파악하는지에 중점을 두기로 한다.

투자자의 속성을 파악하는 것은 곧 그 투자자의 위험과 수익에 대한 태도를 관찰하는 것이다. 투자자들이 위험을 수용할 수 있는 정도인 위험포용도(risk tolerance)[1)]가 커질수록 전반적인 포트폴리오의 위험과 수익은 커야만 할 것이다. 그러나 더 큰 수익을 얻기 위해 투자자가 받아들이는 위험이 어느 정도인지를 파악하는 것은 매우 어려운 일이다. 이를 측정하기 위해 채권과 주식이 결합될 경우의 위험과 수익률을 투자자들에게 제시하고 그들이 어떠한 결합상태를 선호하는지 살펴봄으로써 투자자들의 위험포용도를 간접적으로 파악할 수 있다. [그림 13-3]은 채권과 주식의 결합상태에 따라 그 위험과 수익률을 나타낸 것이다.

수직축은 기대(평균)수익을 보이고 있으며, 수평축은 수익의 분산을 나타내고 있다. [그림 13-3]에서 점 B는 장기회사채에의 투자를 나타내며 점 S는 보통주에

그림 13-3 위험포용도의 추정

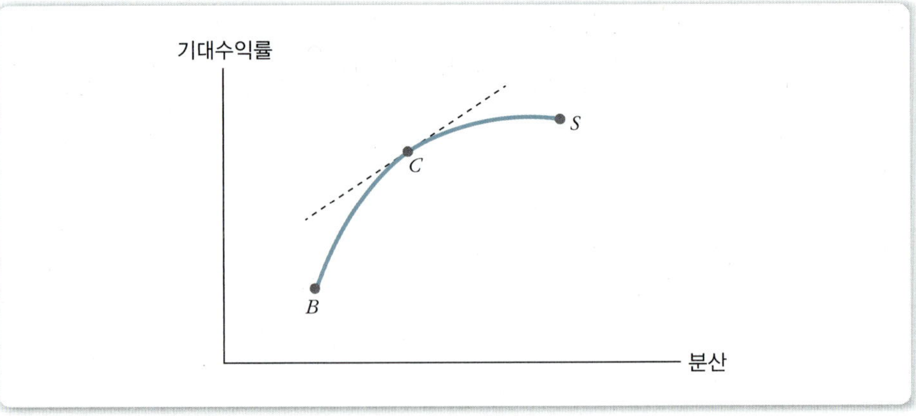


1) 위험회피도(degree of risk aversion)와 대칭되는 개념임.

그림 13-4 일정위험포용도

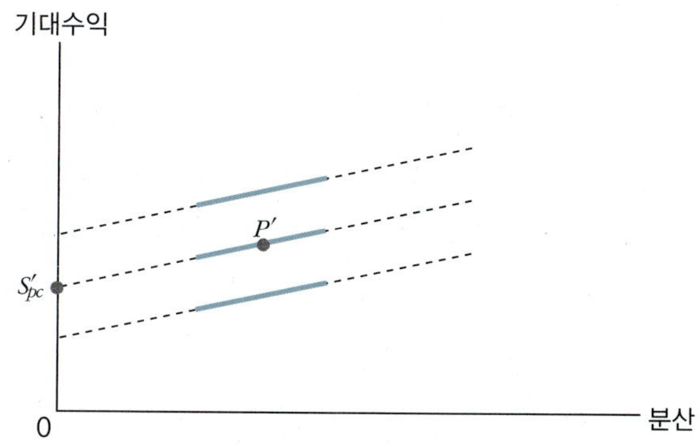


의 투자를 나타내고 있다. 점 B와 S 사이는 채권과 주식의 결합을 나타내고 있다. 이제 어떤 투자자가 점 C를 선택하였다고 하자. 이 경우 이 투자자의 무차별곡선의 기울기는 점 C에서 BCS곡선에 접하는 접선의 기울기와 같을 것이다. 이는 BCS곡선으로 주어지는 투자기회선 중 점 C에서 이 투자자는 극대의 효용을 얻게된다고 가정한 것이다. 그러나 여기서 우리가 투자자의 무차별곡선에 대해 아는 것은 한 점 C에서의 기울기뿐이다. 그러므로 투자자의 무차별곡선의 모양을 추정하기 위해서는 가정이 필요하다. 일반적으로 이때 취해지는 가정은 투자자에 의해 선택된 C점 근처에서 투자자는 일정위험포용도(constant risk tolerance)를 가진다고 하는 것이다. 여기서 위험포용도란 한 단위 수익을 더 얻기 위해 감수하는 위험의 양으로 정의되며, 이것이 어느 범위에서 일정하다는 것은 수익-위험평면상 무차별곡선의 기울기가 일정하다는 뜻으로 이는 곧 무차별곡선이 그 범위에서 직선이라는 것을 뜻한다. 이를 그림으로 표현한 것이 [그림 13-4]이다.

[그림 13-4]에서 실선으로 나타낸 부분이 [그림 13-3]의 C점 근처의 영역이며, 이 영역에서 투자자는 일정위험포용도를 보이는 것으로 가정한 것이다. [그림 13-4]는 분산과 기대수익을 축으로 하여 무차별곡선을 도시한 것으로서 위험포용도가 일정한 영역에서 직선으로 평행하게 나타나 있다. 이러한 형태의 무차별곡선은 다음 식으로 나타낼 수 있다.

$$E_p = S_{pc} + \lambda_c V_p$$

여기서 $E_p$: 포트폴리오의 기대수익

$V_p$ : 포트폴리오의 분산
$\lambda_c$ : 투자자 c의 위험회피도
$S_{pc}$ : 무차별곡선의 수직절편

[그림 13-4]에서 무차별곡선이 모든 영역에서 직선이라면 $S'_{pc}$는 무차별곡선상의 다른 포트폴리오의 확실성등가(certainty equivalent)인 수익률을 나타낸다. 따라서 [그림 13-4]의 포트폴리오 $P'$은 이 투자자에게 위험이 없이 $S'_{pc}$의 기대이익을 제공하는 포트폴리오와 동일한 가치를 가지는 것이다. 그러나 위험이 전혀 없는 영역까지 무차별곡선이 직선으로 나타난다고 가정할 아무런 이유가 없으므로 $S'_{pc}$를 단순히 투자자 $c$의 효용을 극대화시키는 무차별곡선의 높이의 척도로 해석하는 것이 타당하다. 이런 의미에서 $S_{pc}$를 적합성이라 하고, 위의 식을 다시 쓰면,

$$S_{pc} = E_p - \lambda_c V_p$$

적합성 = 기대수익 − 위험

이다. 이 식은 투자자 $c$에 대한 포트폴리오 $p$의 적합성이 위험조정수익률(risk adjusted return)과 같다는 것을 의미한다. 여기서 투자자의 위험회피도와 포트폴리오의 위험이 크면 클수록 포트폴리오에 대한 투자자의 적합성은 줄어들게 된다.

투자자의 위험회피도는 한 단위의 위험(분산)을 더 감수하는 대가로 요구하게 되는 기대수익의 양을 말하는데, 위험포용도($T_c$)는 한 단위의 수익을 더 얻기 위해 기꺼이 감수하는 위험(분산)의 양을 말한다. 따라서

$$\lambda_c = \frac{1}{T_c}$$

여기서 $T_c$는 투자자 $c$의 위험포용도이며,

$$S_{pc} = E_p - \frac{V_p}{T_c}$$

이다. 예를 들어 〈표 13-1〉의 두 포트폴리오를 생각해 보자.

**표 13-1 포트폴리오의 위험과 수익**

| 포트폴리오 | 기대수익률 | 표준편차 | 분산 |
|---|---|---|---|
| A | 14% | 20% | 400(%$^2$) |
| B | 19 | 30 | 900 |

**표 13-2 위험에 대한 투자자의 태도**

| 투자자 | 위험포용도 | 위험회피도 |
|---|---|---|
| 1 | 80 | $\frac{1}{80}=0.0125$ |
| 2 | 100 | $\frac{1}{100}=0.01$ |
| 3 | 120 | $\frac{1}{120}=0.00833$ |

그리고 위험에 대한 태도가 〈표 13-2〉와 같은 세 명의 투자자를 생각해 보자. 투자자 1의 포트폴리오 $A$, $B$에 대한 적합성을 계산해보면,

$$S_{A1}=14-\frac{400}{80}=9.00$$

$$S_{B1}=19-\frac{900}{80}=7.75$$

이므로 위험포용도가 비교적 적은 투자자 1에게는 위험이 적은 포트폴리오 $A$가 적합하다. 같은 방식으로 투자자 2와 3에 대한 두 포트폴리오의 적합성을 살펴보면,

$$S_{A3}=14-\frac{400}{120}=10.67$$

$$S_{B3}=19-\frac{900}{120}=11.50$$

$$S_{A2}=14-\frac{400}{100}=10.00$$

$$S_{B2}=19-\frac{900}{100}=10.00$$

이다. 따라서 투자자 3에게는 포트폴리오 $B$가 적합하며, 투자자 2에게는 두 포트폴리오 모두 적합하다고 판단된다.

## 1.2 투자관리의 유형

투자관리의 유형(style)은 크게 소극적 관리(passive management)와 적극적 관리(active management)로 나눌 수 있다. 소극적 관리란 거의 변화없이 오랜 기간 동안 증권을 보유하는 경우로서 소극적 관리자들은 증권시장이 효율적인 것으로 전제하고 시장에서 초과수익을 얻으리라고 기대하지 않는다.

반면, 적극적 관리자들은 때때로 증권이 잘못 평가된 경우가 있다고 믿으며, 증권시장이 효율적이라고 믿지 않는다. 이들은 그들이 추정한 위험과 수익이 시장의 공통된 의견과 다르다고 믿는 것이다. 따라서 계속 포트폴리오를 구성 · 조정하여 초과이익을 추구한다.

### 1. 소극적 투자관리

소극적 관리자는 시장의 위험과 기대이익에 대한 추정치를 모든 투자자들의 일치된 견해로 보고 자기도 이를 받아들여 시장포트폴리오(market portfolio)와 무위험자산을 적절히 결합하여 투자하게 된다. 물론 이때 두 포트폴리오를 어떻게 결합하느냐는 투자자의 위험회피도에 따라 달라질 것이다.

[그림 13-5]에서 점 $T$는 무위험자산의 수익률을 나타내며, 점 $M$은 모든 투자자가 시장의 일치된 위험과 기대수익에 대한 추정치를 사용하였을 경우의 시장포트폴리오이다. 직선 $TM$상의 모든 점들은 $T$와 $M$의 결합상태를 나타내고 있다. 여기서 어떤 투자자의 무차별곡선이 그림과 같이 주어졌을 경우 점 $P$는 이 투자

그림 13-5 소극적 투자관리

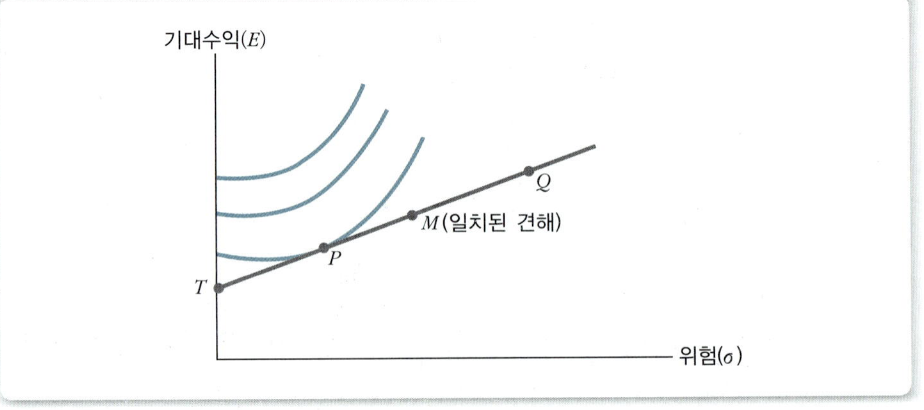

자의 위험과 수익에 대한 태도를 고려할 경우 최적의 선택이 되는 것이다. 물론 다른 투자자는 극단적으로 무위험자산만을 보유하거나 시장포트폴리오만을 보유하는 경우도 있을 것이다. 즉, 직선 $TM$의 연장선 $MQ$ 선상의 한 점에서 투자를 결정하는 투자자는 무위험수익률로 자금을 차입하여 시장포트폴리오를 보유하는 것이다. 따라서 소극적 관리란 위험의 회피여부와는 무관한 것이며, 시장의 일치된 견해를 따라 투자를 행하는 것이다.

소극적 관리의 경우 투자자의 포트폴리오의 구성은 투자자의 기호 변화와 시장포트폴리오의 위험과 수익에 대한 일치된 견해가 바뀜에 따라 변화하게 된다. 소극적 관리에 있어서는 시장 전체의 위험과 수익에 대한 모든 투자자들의 일치된 견해가 무엇인지를 보다 정확히 파악하는 것이 매우 중요하다. 이것은 적극적인 투자자에게는 중요한 정보의 하나에 불과하지만 소극적인 투자관리를 하는 경우에는 중요한 정보의 모든 것이다. 경제전반에 걸친 불확실성이 증가할 경우 증권의 가격은 시장포트폴리오의 위험과 수익이 모두 증가하는 방향으로 조정될 것이다. 이때 위험단위당 수익의 크기는 어떻게 변화하는지를 보이는 것이 [그림 13-6]이다.

[그림 13-6]의 (a)에서 시장전체에 대한 전망이 점 $M$으로 주어졌다고 하자. 그러면 소극적인 투자관리자들은 무위험수익률을 나타내는 점 $T$와 점 $M$을 결합하여 증권을 보유하게 된다. 이제 예상치 못했던 사건이 발생하여 투자자들의 시장수익과 위험에 대한 견해가 바뀌어 시장포트폴리오가 점 $M'$로 바뀌었다고 하자. 이때 위험단위당 초과수익(기대수익 − 무위험수익률)은 변하지 않으므로(기울기

**그림 13-6 시장의 위험과 수익률의 변화**

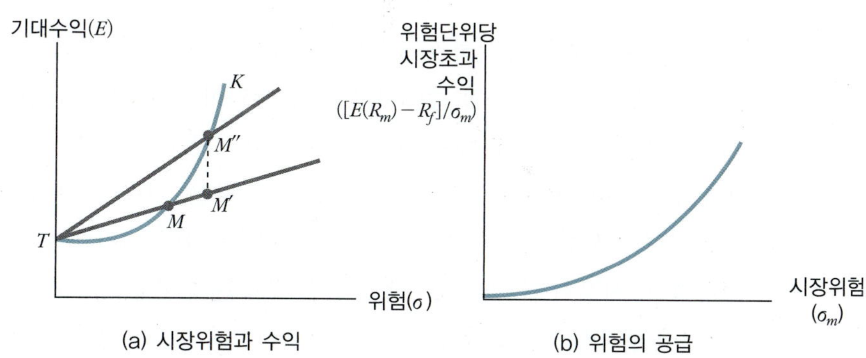


(a) 시장위험과 수익 (b) 위험의 공급

가 일정) 모든 투자자들은 위험과 수익이 변화 전과 동일하도록 증권을 보유하고자 할 것이다. 즉, 변화 전에 보유했던 *M*점으로 돌아가고자 할 것이다. 따라서 모든 투자자들은 현재 보유하고 있는 위험이 큰 증권을 매도하려고 할 것이다. 그러나 아무도 이를 매입하지 않을 것이므로 위험증권(risky security)의 가격은 떨어지고 기대수익률은 상승하게 된다. 결국 시장포트폴리오는 기울기가 좀 더 가파른 직선 위의 한 점 *M″*과 같은 점에서 결정된다. [그림 13-6]의 (a)에서 곡선 TMM″K는 이와 같은 시장포트폴리오의 변화를 나타내는 것이다. 물론 이때 투자자들의 위험에 대한 태도는 변화하지 않은 것으로 가정하고 있으며, 사회전체적으로 투자자들의 위험에 대한 태도가 변한다면 시장포트폴리오의 궤적은 바뀔 수 있다. 그러나 사회전체적인 위험에 대한 태도의 변화는 경제적인 불확실성의 변화보다 그 크기가 적고 빈번하지 않을 것이다.

[그림 13-6]의 (b)는 (a)의 시장포트폴리오의 변화에 따라 다르게 나타나는 위험단위당 프리미엄(premium)을 나타내는 것으로 위험을 한 단위 감수하는 대신 요구하게 되는 초과수익의 변화를 설명해 준다. 이를 위험부담의 공급곡선(supply curve of risk bearing)이라고 한다. [그림 13-6]의 (a)의 곡선 TMM″K와 (b)는 시장포트폴리오의 위험이 변화할 경우 그 기대수익이 체증적으로 변화하게 됨을 보이는 것이다.

## 2. 적극적 투자관리

소극적 투자관리자는 시장의 일치된 견해를 추정하여 이를 정확한 것으로 받아들인다. 물론 적극적인 투자관리자의 경우에도 시장의 견해를 추정하지만 이를 정확한 것으로 생각지 않고 자기 자신의 견해를 정확한 것으로 판단하여 포트폴리오를 구성하게 된다. 적극적인 투자관리란 관리자의 견해가 시장의 공통된 견해보다 정확하다고 판단하여 좋은 투자성과를 달성하고자 하는 것이다. 즉, 비정상적인 투자성과를 달성하는 것이다. 이러한 비정상적인 초과수익을 실현하기 위해서는 위험이 같은 증권 중에서도 보다 수익이 높은 증권을 선택하거나 적절한 시점에서 증권의 위험수준을 바꾸는 전략을 사용하여야 한다. 전자를 종목선택(securities selection)이라고 하며, 후자와 같은 전략을 투자시점포착(market timing)이라고 한다. 투자시점포착은 시장이 호황인 기간에는 위험이 큰 증권을 보유하고, 시장이 불황인 경우에는 위험이 작은 증권을 보유하는 전략이다.

이제 투자시점을 포착하고자 하는 적극적 투자관리자의 투자관리를 설명해 보자. [그림 13-7]에서 점 *M*은 시장의 위험과 수익률에 대한 일치된 견해를 나타내

그림 13-7 적극적 투자관리

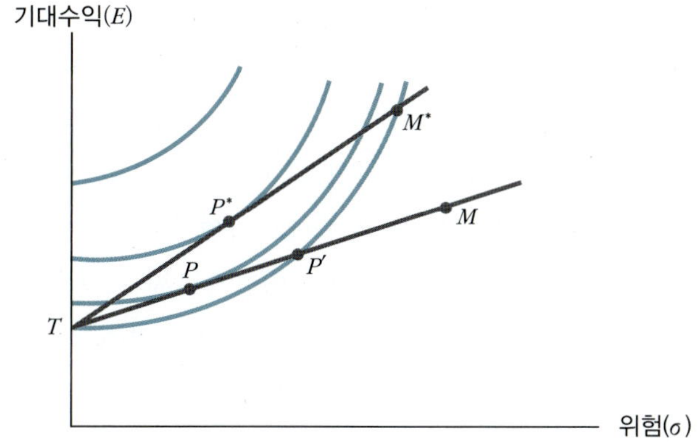


는 것으로 위험에 대한 수익이 비교적 낮을 것으로 예상하고 있다. 반면 $M^*$는 적극적인 투자관리자의 견해로서 비교적 위험에 대한 수익이 클 것으로 예상한다.

점 $P^*$는 이 투자관리자가 선택한 포트폴리오로서 무위험자산과 시장포트폴리오를 각각 50%씩 보유하는 점이라고 하자. 실제로 이 투자관리자의 견해가 옳았다면 아무 문제가 없을 것이다. 그러나 시장의 일치된 견해 $M$이 정확했다면 어떻게 되는지 보자. 시장의 일치된 견해가 정확하다면 점 $P$에서 포트폴리오를 구성하여야 했을 것이다. 이 경우 무위험자산은 30%, 시장포트폴리오는 70%라고 하자. 그러면 적극적 투자관리자의 포트폴리오 구성은 잘못된 것이며, 시장에 대한 전망은 부정확한 것이다. 시장포트폴리오가 $M$일 경우 이 투자관리자는 사실상 포트폴리오 $P'$(무위험자산 : 시장포트폴리오= 50 : 50)을 선택한 것이다. 따라서 $P$점에서 보다 낮은 효용을 얻게 된다. 이와 반대로 시장의 견해가 잘못되고 이 투자자의 견해가 옳은 것으로 판명되면 보다 초과수익을 얻게 된다. 이러한 유형의 적극적인 투자자는 시장의 일치된 견해와 그 자신의 위험에 대한 태도가 변화하지 않더라도 자신의 견해가 바뀌면 포트폴리오의 구성을 바꾸게 된다. 이와 같은 포트폴리오 구성의 변화는 투자자의 위험에 대한 태도에 따라 다르겠지만 그 변화는 빈번하고 폭이 상당히 큰 것이 보통이다.

이제 기술적인 방법으로 시장에서 비정상적인 초과수익을 얻고자 하는 적극적인 투자관리기법에 대해서 알아보자. 이러한 방법으로는 시장의 순환주기를 이용하는 불변금액법(constant dollar plan)과 불변비율법(constant ratio plan), 가변비율법(variable ratio plan)과 비용평균법(dollar cost averaging) 등이 있다.

### (1) 불변금액법(constant dollar plan)

주식에의 투자금액을 일정하게 두고 포트폴리오의 가치변화를 채권이 흡수하도록 하는 것이다. 포트폴리오내의 주가가 상승하면, 주식에의 투자금액이 일정하도록 일부 주식을 매도하고 그 매각대금으로 채권을 매입하게 된다. 반대로 주가가 하락하면 채권의 일부를 매도하여 주식을 매입하게 된다. 이와 같은 방법으로 주식을 비쌀 때 팔고 쌀 때 매입함으로써 초과수익을 얻고자 하는 것이다.

그러나 이 방법은 다음과 같은 결점을 가지고 있다. 첫째, 일정금액을 주식에 투자한다는 것은 전적으로 임의적인 것이다. 둘째, 시장이 장기간 상승하거나 하락할 경우 이 방법에 의한 투자성과는 매우 미미하다. 셋째, 이러한 방법을 이용할 수 있는 시장변화의 패턴이 잘 나타나지 않는다. 넷째, 거래수수료를 고려하지 않았다. 만약 빈번한 거래가 이루어진다면 거래수수료가 상당히 클 것이다.

### (2) 불변비율법(constant ratio plan)

이 방법은 주식과 채권에의 투자비율을 일정하게 유지하는 것이다. 주가가 오르면 일정한 비율을 유지하도록 주식을 매각하고 채권을 매입한다. 반대로 채권의 가격이 상승하거나 주식의 하락 폭보다는 작게 하락할 경우 채권을 매각하고 주식을 매입하게 된다. 이는 시장의 변화에 대한 예측없이 가격이 쌀 때 사서 가격이 비쌀 때 매각하고자 한 것이다. 이 방법의 성패는 언제 어떻게 포트폴리오의 구성을 변화시키느냐에 달려 있다.

불변비율법은 시장이 무작위로 변할 때 적은 이득을 얻을 수 있으며, 시장에 대한 예측이 필요 없다는 이점이 있다. 그러나 포트폴리오의 구성을 재조정하는 시점이 임의적이며, 최적비율이 얼마인지 하는 것도 임의적인 것이다.

### (3) 가변비율법(variable ratio plan)

이 방법은 주식과 채권에의 투자비율을 일정하게 유지하는 대신에 주가가 기대 이상으로 상승하면 주식에의 투자비율을 감소시키고 기대 이상으로 하락하면 주식의 비율을 증가시킨다. 이를 위해서는 비율을 조정할 시점을 포착하여야 하므로 추세선(trend line)과 시장지수의 움직임을 예측하여야 한다. [그림 13-8]에서 굵은 선은 추세선을 나타내고 상하로 투자비율을 변화시킬 범위가 표시되어 있다.

추세선은 과거 주가지수의 움직임을 바탕으로 회귀분석에 의해 추세를 추정하

그림 13-8 가변비율법

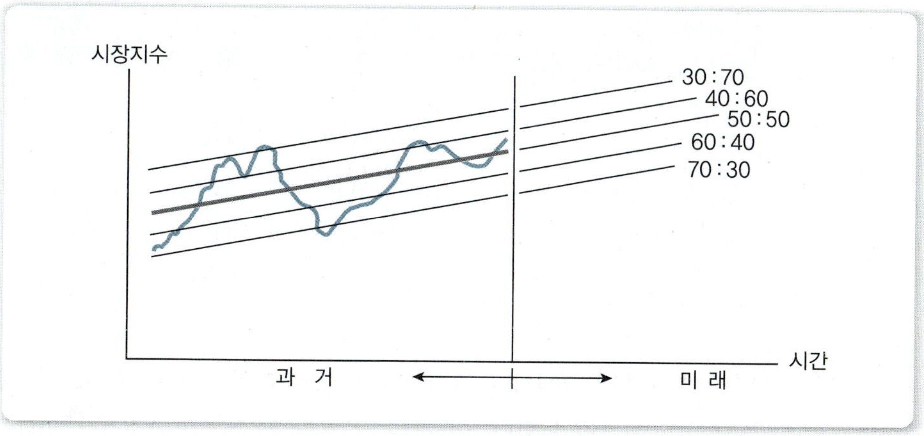


고, 외삽법(extrapolation)에 의해 미래 주가지수를 예측한다. 만약 주가지수가 추세선을 따른다면 주식과 채권의 비율을 50:50으로 하고 주가지수가 추세선 위로 한 범위 이상 상승하면 주식:채권의 비율을 40:60, 두 범위 이상 상승하면 30:70으로 한다. 반대로 주가지수의 변화가 추세선 이하로 내려갈 경우 범위에 따라 주식:채권의 비율을 60:40, 70:30으로 조정하게 된다. 불변비율법은 예측을 피하기 위해 고안된 것이지만 가변비율법은 예측된 추세선을 기초로 하고 있다. 만약 주가가 예측한 것보다 많이 하락하면 주식에의 투자비율을 극대화함으로써 장기적으로 약세시장(bear market)이 지속될 경우 자본손실(capital loss)이 매우 클 수 있다. 따라서 가변비율법은 정확한 예측이 전제되어야 한다.

가변비율법의 단점은 빈번한 거래로 거래수수료가 많이 발생할 수 있다는 것이다. 그러므로 때에 따라서는 단순히 매입한 후 보유하고 있는 것이 더 높은 수익을 보장할 수 있다. 이러한 단점 외에 추세선 상하의 범위를 설정하는 것이 임의적이라는 약점을 가지고 있다.

### (4) 비용평균법(dollar cost averaging)

이는 일정한 기간에 일정한 금액을 투자하는 것이다. 따라서 주가가 상승하면 매입되는 주식 수가 줄어들고 주가가 하락하면 주식 수가 늘어나게 된다. 그러므로 주당평균가격보다 주당평균비용이 낮다. 예를 들어 주당 90원과 100원 사이를 변화하는 주식에 매 기간마다 1,000원씩 투자하는 경우를 생각해보자.

〈표 13-3〉에서 기간 1에 1,000원으로 구입할 수 있는 주식수는 (1,000/100 =

**표 13-3 비용평균법**

| (1) 기간 | (2) 시장가격 | (3) 매입주식수 | (4) 매입주식총수 | (5) 총투자액 | (6) 주당평균비용 | (7) 평균시장가격 |
|---|---|---|---|---|---|---|
| 1 | 100 | 10 | 10 | 1,000 | 100 | 100 |
| 2 | 90 | 11.1 | 21.1 | 2,000 | 94.7 | 95 |
| 3 | 100 | 10 | 31.1 | 3,000 | 96.4 | 96.6 |
| 4 | 90 | 11.1 | 42.2 | 4,000 | 94.7 | 95 |
| 5 | 100 | 10 | 52.2 | 5,000 | 95.9 | 96 |

10)주이다. 기간 2에서는 주가가 90원으로 하락하여 1,000원으로 매입할 수 있는 주식 수는 11.1주가 된다. 이 경우 두 기간 동안의 평균주가는 (100 + 90)/2 = 95가 되고 주당 평균매입비용은 (2,000/21.1 = 94.7)이 된다. 다시 기간 3에 주가가 100원으로 상승하였다면 10주를 매입하게 된다. 이때 지금까지 매입한 주식의 평균주가는 (100 + 90 + 100)/3 = 96.6이 되고, 주당 평균매입비용은 (3,000/31.1 = 96.4)가 된다. 이런 방법으로 기간 5까지 투자할 경우 주당평균매입비용은 주당평균가격보다 항상 낮다. 표의 (6)번 칸과 (7)번 칸이 이를 보이고 있다.

이러한 비용평균법은 단순히 주기적으로 투자하는 방법에 불과하며, 어떠한 주식에 투자해야 하는지를 설명하지 않고 있다. 따라서 약세에 있는 주식을 선택하게 될 경우 나쁜 결과를 초래할 가능성이 크다. 이 방법을 이용하는 투자자가 평균수익 이상의 수익률을 보이는 주식을 선택할 경우 매입 후 보관(buy and hold)하는 방법보다 높은 수익을 얻을 수 있다. 그러나 이는 비용평균법을 이용하여 발생한 것이 아니라 종목선택을 잘 했기 때문이라 보아야 할 것이다.

적극적인 투자관리의 또 다른 형태가 투자종목의 선택(security selection)이다. 투자종목선택을 적극적으로 시도하는 관리자의 경우 시장전체에 대해서는 일치된 견해를 정확한 것으로 받아들이지만 개별증권의 가격에 대해서는 나름대로 판단한다. 일반적으로 증권의 가격은 내재가치를 기초로 성립된다. 그러나 종목선택에 적극적인 투자자는 과대평가나 과소평가된 증권을 식별할 수 있다고 믿는다. 이들은 과대평가된 증권에 대해서는 시장에서 추정된 것보다 수익률이 더 낮을 것이라고 보고, 과소평가된 증권에 대해서는 시장에서 추정된 것보다 수익률이 더 높을 것이라고 보는 것이 일반적이다. 또 이러한 유형의 투자자들은 시장에서 추정된 위험이 잘못되었다고 보기도 한다. 어떤 경우든지 종목선택에 적극적인 투자자의 경우 소극적인 투자자보다 과대평가된 증권을 적게 보유하고 과소평가된 증권을 많이 보유하게 된다.

이제 시장의 공통된 견해를 시장포트폴리오라고 보고 종목선택에 적극적인 투자자가 과대 또는 과소평가된 종목을 시장포트폴리오에 추가하여 보유하는 경우를 생각해 보자. 시장포트폴리오에 추가로 투자될 경우 비체계적 위험이 증가되며, 만약 추가로 투자된 종목이 실제로 과대 또는 과소평가된 종목이라면 기대수익은 증가하게 될 것이다. 이를 그림으로 나타낸 것이 [그림 13-9]이다.

[그림 13-9]에서 점 $M$과 $T$는 시장포트폴리오와 무위험자산에 대한 전망을 나타낸다. 소극적 투자자는 1선상의 한 점에서 투자하게 될 것이다. 그러나 종목선택에 적극적인 투자자는 시장포트폴리오에 추가로 과대 또는 과소평가된 증권을 선택하여 투자하게 된다. 실제로 추가된 종목이 과대 또는 과소평가되었다면 위험과 수익이 모두 증가하게 된다. 이 점을 $M+B$라고 하자. 적극적인 투자자는 $M+B$점과 점 $T$를 결합하여 2선상의 한 점에서 투자하게 된다. 명백히 시장기회선이 상승하였으므로 투자자의 만족이 증가하고 있다. 이와 같이 추가된 종목의 투자성과가 좋다면 추가된 종목에의 투자량을 $B$로 한정하지 말고 두 배, 세 배로 늘리면 더 좋은 결과를 얻을 수 있지 않겠는가? 물론 그렇게 하면 기대수익은 증가하지만 동시에 위험도 증가하게 된다. 더욱이 위험은 비체계적인 위험이 포함되기 때문에 기대수익의 증가보다 빠른 속도로 증가하게 된다. 이와 같이 $B$만큼의 추가투자금액을 증가시킬 경우 위험과 수익의 관계가 [그림 13-9]에서 효율적 프론티어 상부에 실선으로 나타나 있다. 시장포트폴리오 이외에 추가 투자분을 두 배로 늘렸을 경우 점 $M+2B$로 나타나는데 이는 1선상의 점이므로 소극적 투자

**그림 13-9 증권의 최적 선택**

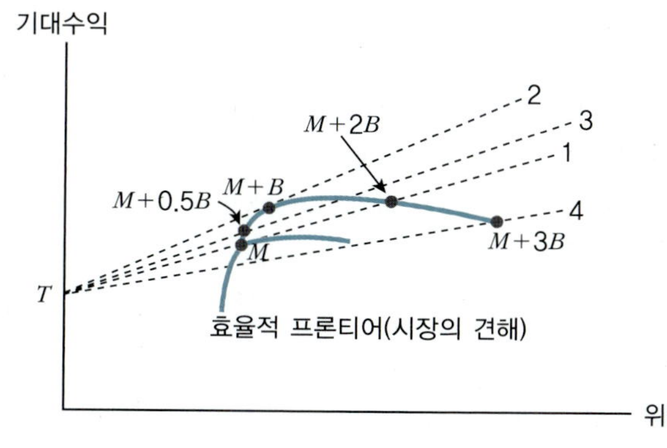

자보다 나아질 것이 없다. 추가투자분이 세 배로 증가할 경우 점 $M+3B$가 얻어지는데, 이는 1선 이하로 내려가므로 소극적인 투자보다 더 나쁜 결과를 가져오게 된다. [그림 13-9]와 같이 위험이 수익보다 빠르게 증가할 경우 종목선택에 적극적인 투자자는 $M+B$와 $T$를 결합하여 투자하는 것이 최선이 될 것이다.

이상에서 살펴본 바와 같이 소극적인 투자관리자의 경우 시장이 효율적이라고 전제하고 시장의 일치된 견해를 따라 투자한다. 그러나 적극적인 투자관리자는 투자시점을 포착하여 위험수준을 변화시키거나 과대 또는 과소평가된 종목을 보유함으로써 초과수익을 얻고자 한다. 투자시점을 포착하여 포트폴리오의 위험을 변경시키고자 하는 적극적인 투자자는 시장전체에 대한 공통된 견해와는 다른 자기 자신의 시장에 대한 견해를 반영하고, 종목선택에 적극적인 투자자는 시장전체의 전망에 대해서는 소극적 투자자와 일치하나 스스로가 과대 또는 과소평가된 종목을 식별할 수 있다는 것이다.

## 1.3 포트폴리오의 수정

[그림 13-1]의 (b)는 포트폴리오의 수정과정을 보이고 있다. 포트폴리오의 수정(portfolio revision)의 목적은 수정에 드는 비용을 뺀 후 포트폴리오의 적합성을 높이는 것이다. 포트폴리오의 수정이란 기존의 포트폴리오보다 낮은 위험 또는 높은 기대수익을 얻기 위해 포트폴리오의 구성을 변경시키는 것이다. 앞서 우리는 포트폴리오의 적합성에 대해서 설명한 바 있다. 거래비용을 뺀 순적합성(suitability net of transaction costs)은 다음 식으로 표시된다.

$$NS_{pc} = E_p - \frac{V_p}{T_c} - C_p$$

여기서 $E_p$ : 포트폴리오의 기대수익률

$V_p$ : 포트폴리오 수익률의 분산

$C_p$ : 포트폴리오 수정에 발생하는 거래비용

$T_c$ : 투자자의 위험포용도

$NS_{pc}$ : 포트폴리오의 투자자 $c$에 대한 순적합성

여기서 한계순적합성(marginal net suitability)의 개념을 도입해 보자. 증권 $i$의

한계순적합성($MNS_{pc}$)은 증권 $i$의 보유량을 소량 변화시킬 때 포트폴리오 $p$의 순적합성의 변화이다. 이는 수학적으로 다음과 같이 표시된다.

$$MNS_{ip} = \frac{\partial NS_{pc}}{\partial x_i}$$

여기서 $x_i$는 포트폴리오 $p$에 투자된 증권 $i$의 비율이다.

$$\begin{aligned} MNS_{ip} &= \frac{\partial E_p}{\partial x_i} - \frac{1}{T_c}\frac{\partial V_p}{\partial x_i} - \frac{\partial C_p}{\partial x_i} \\ &= E_i - \frac{1}{T_c}\frac{\partial V_p}{\partial x_i} - c_i \end{aligned}$$

여기서 $E_i$는 $x_i$의 변화에 따른 포트폴리오 기대수익률의 변화, $c_i$는 $x_i$의 변화에 따르는 거래비용의 변화이다.

공분산의 정의에 의해

$$\frac{\partial V_p}{\partial x_i} = 2CV_{ip}$$

여기서 $CV_{ip}$는 포트폴리오의 수익률과 증권 $i$`의 수익률의 공분산이다.

따라서 증권 $i$의 포트폴리오 $p$에 대한 한계순적합성

$$MNS_{ip} = E_i - 2CV_{ip} / T_c - c_i$$

이다. 예를 들어 1,000원 짜리 포트폴리오가 10%의 순적합성을 가지고 있다고 가정하자. 만약 8%의 한계순적합성을 가진 증권 $i$를 1원에 매각하고 12%의 한계순적합성을 가진 증권 $j$를 매입하였다면 포트폴리오의 순적합성은 다음과 같이 증가될 것이다.

$$\begin{aligned} 1{,}000 \times 10.0\% &= 10{,}000 \\ -1 \times 8.0\% &= \quad -8 \\ +1 \times 12.0\% &= \underline{\quad +12} \\ & \quad 10{,}004 \end{aligned}$$

$$NP_{pc} = \frac{10{,}004}{1{,}000} = 10.004\%$$

그림 13-10 **최적 스왑규모**

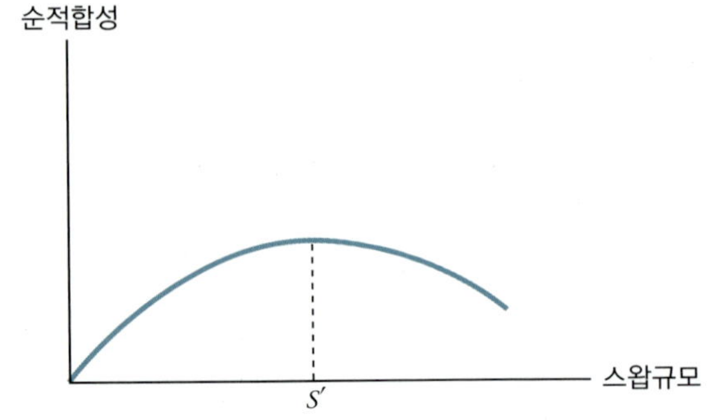


이다. 일반적으로 한 증권이 다른 증권보다 높은 한계순적합성을 가진다면 한계적합성이 높은 증권을 매입하고 낮은 증권을 매각하는 스왑(swap)에 의해 포트폴리오의 한계순적합성은 높아진다. [그림 13-10]은 스왑의 크기와 순적합성의 관계를 도시한 것이다.

그림에서 순적합성을 극대화시키는 최적의 스왑규모가 존재하는 것을 알 수 있는데, 이는 스왑규모가 커짐에 따라 위험이 같이 증가할 수 있기 때문이다. 따라서 가능하다면 $S'$만큼 두 증권을 스왑하는 것이 바람직하다. 만약 이것이 불가능하다면 가능한 한 많이 스왑하는 것이 포트폴리오의 순적합성을 높이게 될 것이다.

포트폴리오를 구성하고 있는 개별증권의 한계순적합성을 계산하는 것은 비교적 쉬운 일이다. 이를 계산한 후 가능한 스왑의 크기를 파악한 다음 최적 스왑규모를 결정한다. 포트폴리오의 수정은 이러한 과정을 거쳐 이루어지는 데, 이 다음에 한계순적합성이 다시 계산되고 같은 과정이 되풀이된다.

## 제 2 절 투자신탁

지금까지 포트폴리오의 가장 중요한 기능인 위험의 분산에 대해 많은 이론적 설명을 해왔다. 그러나 실제로 포트폴리오를 구성하는 데는 많은 자금과 노력 등 어려움이 수반된다. 그러므로 자금규모가 적거나 전문적인 기술을 보유하지 못한 개인의 경우에는 포트폴리오의 구성이 결코 쉽지만은 않다. 이와 같은 개인투자자들의 투자관리의 어려움을 대신해서 포트폴리오의 구성과 운영을 전문으로 담당하는 것이 투자신탁이다. 본 절에서는 포트폴리오 구성과 운영에 관한 실체를 투자신탁을 통해 알아보기로 한다.

## 2.1 투자신탁의 의의 및 기능

투자신탁(investment trust)은 개인이 직접 유가증권을 보유 · 운영하는 대신에 전문적인 투자자에게 유가증권의 투자운용을 의뢰하는 제도이다. 투자신탁의 구체적 형태는 국가마다 그 발전과정과 경제 환경에 따라 차이는 있지만 다음과 같은 공통점을 가지고 있다.

첫째, 투자신탁은 불특정다수의 투자자로부터 자금을 모아 유가증권 및 부동산 등에 투자한다. 일반적으로 유가증권의 소액매매는 상대적으로 높은 거래비용을 수반한다. 투자신탁은 소액자금을 모아 대규모 거래를 행함으로써 거래비용을 절감할 수 있는 규모의 경제(economies of scale)를 달성할 수가 있다.

둘째, 투자신탁은 전문적인 투자관리자(professional management)의 자금운용을 전제로 하고 있다. 유가증권에의 투자는 고도의 지식과 전문적인 기술을 필요로 한다. 즉, 국내외의 경제동향, 투자대상산업 및 관련 산업의 성장성과 전망, 기업의 수익 및 위험의 평가 및 분석 등 전문적인 지식과 풍부한 경험이 요구되는 것이다. 그러나 대부분의 개인은 이러한 전문지식이 없거나 경험이 없으며, 투자분석에 필요한 시간도 부족한 것이 사실이다. 이에 투자신탁은 전문지식과 투자경험을 겸비한 포트폴리오 관리자를 고용함으로써 정보의 수집, 증권의 분석 및 투자관리에 있어 규모의 경제를 실현하게 된다.

셋째, 투자신탁은 자금의 운용에 있어서 유가증권에 대한 분산투자(diversification)를 원칙으로 하고 있다. 투자신탁은 소액투자자들의 자금을 모아 투자한 결과를 투자자들의 지분에 비례하여 재배분한다. 따라서 분산투자를 하지 않음으로써 이익이 크게 발생하였을 경우에는 문제가 되지 않으나 손실이 크게 발생하였을 경우에는 큰 문제가 제기될 수 있는 것이다. 그러므로 투자신탁은 유가증권의 종류를 다양하게 하고, 같은 유가증권에서도 산업별 · 기업별로 여러 종목에 대해서 분산투자를 하게 된다. 또한 국제분산투자를 통해 더욱 위험을 감소시키기 위해 노력하게 된다.

넷째, 투자신탁은 기업의 지배를 목적으로 하지 않고 수익자(beneficiary)의 이익을 우선 목표로 하고 있다.

이와 같은 성격을 가지는 투자신탁은 다음과 같은 경제적인 기능을 수행한다.

첫째, 투자신탁은 개인의 금융자산축적에 기여한다. 금융시장에서 개인의 투자결정은 개별금융자산의 수익과 위험의 관계 및 개인적인 선호에 따라 결정된다. 그러나 개인의 포트폴리오 구성과 그 운용에는 거래비용, 정보 및 투자관리에 한계가 있다. 투자신탁은 개인의 투자선호에 맞도록 유동성과 안정성 및 수익성이 높은 다양한 증권을 발행하고 있다. 따라서 투자신탁은 금융산업의 다양화를 통해 개인의 투자선택의 기회를 넓히고 금융자산선호를 증가시키게 된다. 이러한 투자신탁의 기능은 사회 전체적으로 저축의 증가를 유도하고 개인의 금융자산축적을 신장시키며, 증권의 대중화를 촉진시켜 기업이익을 사회에 균등 배분하는 수단이 된다.

둘째, 투자신탁은 소액투자자들의 영세자금을 동원하여 산업자금화함으로써 기업의 자금조달을 원활하게 하고 국가나 다른 금융기관의 자금조달을 용이하게 한다. 투자신탁은 발행시장에 적극적으로 참여하여 자금조달원으로서 기능하며, 계속적인 증권의 발행을 통하여 일반대중의 증권투자를 유도, 증권의 수요를 확충함으로써 자금조달을 원활하게 하는 것이다.

셋째, 투자신탁은 기관투자자로서 유통시장에서 물량의 조정과 가격조정을 통하여 증권시장의 안정에 기여한다. 증권시장에 유가증권이 과잉 공급되었을 경우 이를 흡수하고 초과수요가 있을 때에는 유가증권을 공급함으로써 물량조정을 행하게 된다. 투자신탁은 또한 주가가 상승할 경우 보유주식을 매각하고 주가가 하락할 경우 매입함으로써 주가의 급격한 변화를 흡수하는 완충작용을 수행한다.

## 2.2 투자신탁의 종류

투자신탁은 각국에서의 발전 형태에 따라 여러 가지 형태가 있으며, 계약형(contractual type)과 회사형(corporate type)으로 대별된다.[2)]

계약형 투자신탁은 위탁자(truster)와 수탁자(trustee) 및 수익자(beneficiary)간의 신탁계약을 기초로 성립되는 신탁제도로서 영국에서 발전되어 우리나라와 일

2) 「자본시장과 금융투자업에 관한 법률」에 의하면 투자신탁은 집합투자업에 속한다. 집합투자업자의 대표적인 것이 투자신탁회사, 자산운용사, 증권투자회사 등이다.

Learning Cafe 1

## 펀드 수탁고 300조원 돌파

2012년 우리나라 펀드 수탁고가 300조원을 넘어섰다. 이는 우리나라 1년 예산과 같은 금액이다.

4일 금융투자협회에 따르면 전체 펀드 순자산은 전년말 대비 30조2,000억원 증가한 307조6,000억원을 기록했다. 주식형펀드의 지속적인 환매에도 전체 펀드시장에는 10조6,000억원의 자금이 순유입됐다. 이는 자산평가액 상승과 더불어 채권형펀드와 부동산펀드 등 대체상품들로 자금이 유입됐기 때문이다.

올해 국내주식형펀드 시장에서는 11조5,000억원의 자금이 순유출됐다. 반면 코스피 상승으로 자산평가액이 10조3,000억원 증가해 순자산은 1,000억원 감소에 그쳤다. 해외 주식형펀드 시장에서는 총 3조8,000억원의 자금이 순유출됐으나 해외투자자산가치 상승으로 순자산 감소는 1조1,000억원으로 축소됐다.

채권형 펀드 시장에서는 채권혼합형과 채권펀드에 각각 1조970억원, 2조2,440억원이 유입되며 총 2조2,000여억원이 순유입됐다. 국내 채권형펀드에 2,000억원이 순유입됐고, 해외 채권형펀드에 2조원의 자금이 몰렸기 때문이다.

해외채권형펀드 수탁고는 5조2,000억원으로 전년말 대비 2조2,000억원 증가했다. 이는 저금리기조에 따른 채권자산가치 상승과 하반기 이머징마켓 투자가 주목받은데 따른 것으로 풀이된다.

또 파생상품펀드와 부동산펀드에도 각각 3조8,290억원, 3조원이 순유입된 점도 수탁고 증가에 큰 몫을 담당했다.

아울러 단기 부동화 현상으로 머니마켓펀드(MMF)에 7조9,780억원 규모의 자금이 몰리는 등 대체상품들로 자금이 유입된 점도 펀드시장을 키우는데 일조했다.

유형별 비중은 주식형 펀드가 28.0%로 가장 높은 것으로 나타났고, 이어 MMF(20.8%), 채권형펀드(15.4%), 파생상품펀드(10.3%) 순으로 집계됐다.

출처: 경제투데이 기사, 2013.1.4.

본에서 채택되고 있다. 위탁자는 투자신탁을 설정하여 일반투자자들에게 수익증권을 발행, 매출하고 그 자금을 유가증권에 투자하여 관리 운용한다. 한편, 수탁자는 위탁자와의 신탁계약에 의하여 위탁자의 지시를 받아 신탁재산의 보관 및 출납을 담당한다. 또한 수탁자는 수익증권의 발행을 인증하고 배당 및 이자지급이나 증권에 관련된 사무 처리를 대행하고, 대가로 위탁자로부터 위탁수수료를 받게 된다. 수익자는 수익증권(beneficiary certificate)을 매입하여 자금을 제공하는 일반투자자로서 투자수익 및 매매운용수익의 분배청구권을 가지며, 신탁기간 만료 후에는 원금을 상환받게 된다.

계약형 투자신탁은 다시 원본(투자신탁원금)의 추가설정여부에 따라 단위형 투자신탁(unit investment trust)과 기금형 투자신탁(trust fund)으로 나뉘어진다.

단위형 투자신탁은 투자자로부터 일정액의 자금을 모아 펀드(fund)를 설정하면 각각의 펀드는 일정기간 동안 독립적으로 운용 관리된다. 이때 각각의 펀드를 단위로 상이한 수익증권이 발행되는데, 각 종류의 수익증권은 그것이 속하는 단위에 대해서만 수익의 청구권을 가지게 된다. 일단 설정된 각 단위의 펀드는 원본의 추가는 불가능하지만 해약에 의한 원본의 감소는 가능하다. 단위형은 일정한 계약기간을 가지며, 그 기간이 지나면 각 단위는 해소된다.

기금형은 단위의 구별이 없이 투자신탁의 원금이 전체로 하나의 기금을 구성하며, 이에 대해 한 종류의 수익증권이 발행된다. 기금형의 경우 처음에 펀드를 설정할 때 수익증권을 발행하고 투자자의 요구에 따라 언제든지 수익증권을 추가 발행하거나 환매함으로써 펀드의 추가설정 및 해약이 가능하다. 수익증권의 추가 발행이나 환매에 적용되는 가격은 해당 시점에서 펀드의 순자산가치(net asset value : NAV)를 기준으로 산정된다. 기금형의 경우 계약기간이 없으며, 수익자는 펀드의 증감에 따라 그 펀드 전체에 대해 비례적 청구권을 갖게 된다.

한편, 회사형 투자신탁은 투자신탁 자체가 주식회사가 된다. 즉, 주식회사 형태의 투자회사(investment company)를 설립하고 일반투자자들은 투자회사의 주식을 매입하여 그 회사의 주주가 된다. 회사형 투자신탁은 미국에서 발전된 투자신탁제도로서 투자회사를 통해 주식의 추가 발행과 환매가 자유로운 개방형(open-end fund)과 추가발행과 환매가 허용되지 않는 폐쇄형(closed-end fund)이 있다.

폐쇄형 투자회사는 다른 기업들과 마찬가지로 유통시장에서 그 주식의 매입과 매출이 이루어지고 주식의 가치가 수요와 공급에 의해 결정된다. 그러나 일반적으로 폐쇄형 투자회사는 발행된 이후에는 추가적으로 주식을 공급하거나 환매(repurchase)하지 않는다.

폐쇄형 투자회사의 주식의 가치는 두 가지로 결정된다. 하나는 유통시장에 상장되어 거래되고 있는 주식의 시장가치(market price)이며, 다른 하나는 순자산가치(net asset value)이다. 예를 들어 순자산가치를 설명해 보자. 투자회사가 10만주의 주식을 주당 100원에 일반투자자들에게 판매하였다고 하자. 이때 투자신탁자금은 모두 1,000만원이 되는데 이를 모두 주식에 투자하였다고 가정하자. 즉, 투자회사의 관리자는 A, B, …, Z회사의 주식을 분산하여 매입하였다고 하면, 투자회사의 주식을 매입한 각 투자자는 펀드매니저(fund manager)가 구성한 포트폴리오의 총가치의 일부분을 소유한 것과 같은 것이다. 이제 투자회사의 포트폴리오의 가치가 시장가치로 1,500만원이 되었다면 투자회사의 주식의 가치는(1,500만/10만) = 150원이 될 것이다. 이를 순자산가치라 한다. 이렇게 계산되는 순자산가치와 투자회사의 주식의 시장가치는 일반적으로 상이한 값을 보인다.

폐쇄형투자회사의 특수한 형태의 투자신탁이 이중폐쇄형펀드(dual closed-end funds)이다. 이는 주식을 발행할 때 성격이 서로 다른 두 가지 형태의 주식을 발행하며, 펀드의 기간을 미리 정하는 펀드이다. 즉, 투자회사가 설립될 때 이익주(income share)와 자본주(capital share)가 동일한 액수로 발행된다. 이익주주는 만기일까지 회사가 가진 포트폴리오로부터 나오는 배당과 이자수입을 받게 되고, 만기일에 가서는 주식액면가액과 투자회사 포트폴리오의 가치 중에서 작은 것을 받게 된다. 또한 펀드가 운용되고 있는 기간에는 정해진 최소배당금(minimum dividend payment)을 받게 되어 있으며, 최소배당금에 미달하는 경우에는 미달금액이 기간 말의 청구권에 포함된다. 이중펀드가 끝나기 전에 자본주주는 거의 아무 것도 받지 못하지만 펀드가 끝나는 시점에서 이익주주들의 청구권이 모두 계상된 다음 잔여청구권을 가진다. 펀드는 기간이 끝나면 청산되어 현금으로 주주들에게 배분되거나 일반적인 폐쇄형 투자회사나 개방형 투자회사로 전환될 수도 있다. 이러한 이중펀드의 경우 투자자들은 포트폴리오 관리자의 행동에 제약을 가하는 경우가 있다. 이는 각각의 주주들의 이해가 상충되기 때문이다. 예를 들어, 투자회사의 관리자가 포트폴리오의 총가치는 변함이 없고 그 위험이 증가하도록 포트폴리오를 구성한다면 포트폴리오의 성과에 따라 제한된 청구권을 가지는 이익주주의 위험 또한 증가하게 된다. 이는 이익주주의 가치를 감소시키는 결과를 가져오는 반면, 포트폴리오의 총가치는 변함이 없으므로 자본주주의 가치를 증가시키게 된다. 이와 반대로 포트폴리오의 위험이 감소하도록 포트폴리오를 운용한다면 반대의 결과가 발생하게 될 것이다. 따라서 포트폴리오의 관리자가 투자회사의 위험을 변화시킴에 따라 이익주주와 자본주주의 가치가 변하게 되므로 주주들은 관리자의 행동을 제약하게 되는 것이다.

개방형 투자회사(open-end investment company)는 그 주식이 처음 발행된 후에도 계속적으로 매매될 수 있는 투자신탁이다. 이는 투자자의 요구에 따라 언제든지 주식을 발행하고 환매를 행함으로써 투자회사의 자본금은 수시로 증감된다. 주식을 환매할 경우 투자회사의 포트폴리오에 있는 증권을 매각할 수도 있으며,

Learning Cafe 2

### 우리나라의 뮤추얼펀드

신문의 주식시세표에는 '증권투자회사사부' 라는 란이 있다.

증권투자회사사부는 뮤추얼펀드(증권투자회사) 주주들의 환금성을 보장하기 위해 1999년 2월에 신설된 것으로, 현재 우리나라에 도입되어 있는 뮤추얼펀드는 중도환매가 불가능한 폐쇄형이기 때문에 이들을 상장시켜 매매를 할 수 있도록 한 것이다. 뮤추얼펀드의 상장요건은 상장신청일 현재 자본금 800억원 이상, 주주 수가 1,000명 이상이어야 하며, 공모를 통해 매출의 30% 이상이 분산되어 있어야 한다. 뮤추얼펀드 중에서 자본금이 800억원 이상인 것은 유가증권시장에, 그 미만인 것은 코스닥시장에 등록되어 있다.

우리나라에서는 미래에셋자산운용이 운용하는 '미래에셋 KOSPI200 인덱스펀드(KOSPIDER)' 가 1999년 2월 9일, 2부시장의 증권투자회사사부에 처음 상장이 되었다.

출처: 네이버 지식백과.

반대로 신주를 발행하여 그 자금으로 포트폴리오에 새로운 증권을 포함시킬 수도 있다. 개방형 투자회사는 주식을 판매할 때 판매비용을 포함시키느냐의 여부에 따라 무부하펀드(no-load fund)와 부하펀드(load fund)로 나뉘어진다. 무부하펀드란 주식을 순자산가치로 판매하는 경우이며, 부하펀드란 브로커나 다른 판매조직을 이용할 경우 발생하는 비용을 순자산가치에 부가하여 판매하는 경우이다.

이상에서는 투자신탁의 종류를 그 펀드의 성격에 따라 살펴보았다. 이제 펀드를 구성하는 증권의 종류에 따라 투자신탁을 분류해 보자.

보통주펀드(common stock fund)는 주로 보통주에만 투자하는 펀드로서 채권이나 우선주 등을 포함하는 펀드와 대조를 이룬다. 보통주 펀드는 성장주에만 투자한다든지 또는 특정산업의 주식이나 특정지역에 있는 기업의 주식에만 투자하는 등 중점투자종목이 다른 여러 가지 종류가 있으며, 이는 투자자들의 기호나 희망에 따라 설정되는 것이다.

지수펀드(index fund)란 시장성과(market performance)와 연계되도록 설정된 투자신탁이다. 즉, 특정 주가지수에 의해 대표되는 전반적인 시장성과와 같은 성과를 달성할 수 있도록 특별히 구성된 포트폴리오이다. 이러한 의미에서 이 펀드는 시장펀드(market fund)라고도 한다. 이 펀드는 주식의 경우에만 한정되지 않고 채권시장의 지수에 맞추어 구성되는 채권지수펀드(bond index fund)도 있으며,

국제분산투자에 맞추어 국제주가지수펀드(international stock index fund)의 구성도 시도되고 있다.

ETF(exchange traded fund)는 지수펀드를 일반회사의 주식처럼 거래소에 상장하여 거래하는 것이다. ETF는 상장지수집합투자기구 집합투자증권이라고 불리는데 KOSPI200과 같은 특정 지수 및 특정자산의 가격 움직임과 수익률이 연동되도록 설계된 펀드로서 거래소에 상장되어 주식처럼 거래(유통)되는 펀드를 말한다. 주식의 성격을 갖추게 된 ETF는 개별주식의 장점인 매매 편의성과 인덱스 펀드의 장점인 분산투자, 낮은 거래비용을 가지고 있으며, 투명성도 높은 편이다. ETF는 추종하는 지수에 따라 여러 형태가 존재하는 데 시장전체지수를 추종할 수도 있고, 특정 업종에 속해 있는 섹터(sector)만을 추종할 수도 있으며, 또는 시장의 테마를 형성하는 종목군을 대상으로 구성될 수도 있다. 이외에도 지수가 하락할 경우 이득을 얻는 인버스(inverse) ETF, 지수가 1% 상승하면 펀드의 가치가 1%이상 비례적으로 상승하는 레버리지(leverage) ETF 등이 있다.

균형펀드(balanced fund)는 보통주와 고정수익증권을 결합한 포트폴리오에 투자하는 것이다. 고정수익증권에는 국채, 회사채, 전환사채, 우선주 등이 포함된다. 이 펀드는 특정 증권에 자금의 투하를 집중시켜 포트폴리오를 제약하지 않고 다양한 증권에 균형이 이루어지도록 투자를 결정하는 것이다. 따라서 주식시장 외부에 분산투자를 하는 것이며, 주식과 고정수익증권의 비율은 펀드의 성격에 따라 달라진다.

채권펀드(bond fund)는 가장 적은 위험으로 고수익을 얻기 위해 여러 가지 채권에 투자하는 것이다. 채권펀드는 등급이 높은 회사채에만 투자를 하는 경우, 등급이 다른 여러 가지 채권에 투자하는 경우 등 펀드마다 투자전략이 다를 수 있다. 미국의 경우 세제상의 이점을 이용하기 위해 지방채펀드(municipal bond fund)가 설립된 바도 있다.

MMF(money market fund)는 단기금융상품에 집중 투자해 단기 실세금리의 등락이 펀드 수익률에 신속히 반영될 수 있도록 한 초단기공사채형 상품이다. 즉 고객의 돈을 모아 주로 금리가 높은 CP(기업어음), CD(양도성예금증서), 콜 등 단기 금융상품에 집중 투자하여 여기서 얻는 수익을 되돌려주는 실적배당상품이다. 고수익상품에 운용하기 때문에 다른 종류보다 돌아오는 수익이 높은 게 보통이다. MMF는 가입 및 환매가 자유롭고, 환매수수료가 없으며, 만기가 따로 정해져 있지 않다. 이는 유동성과 안정성을 원하는 투자자들에게 분산된 포트폴리오를 제공해 주고 있다.

Learning Cafe 3

## 무자비한 헤지펀드(Hedge Fund)

1949년 알프레드 존스(Alfred Winslow Jones)에 의해 등장한 헤지펀드는 1997년 우리나라 외환위기를 초래한 원인 중의 하나로 지목되고 있는 무차별 투자, 절대 수익을 추구하는 사모 펀드(private fund)이다.

헤지펀드는 다수의 투자자를 대상으로 하는 뮤추얼 펀드와는 달리, 소수의 전문 투자자나 고액 자산가들을 보통 100명 미만으로 모아 파트너십(partnership)을 결성한 후에 카리브해의 버뮤다제도와 같은 조세회피 지역에 거점을 설치하고 자금을 운영한다.

뮤추얼펀드가 주식, 채권 등 비교적 안전성이 높은 상품에 투자하는 데 반해 헤지펀드는 주식이나 채권만이 아니라 파생상품에 원자재, 부동산까지 돈이 된다면 그 무엇도 가리지 않고 적극적으로 투자를 한다.

헤지펀드 관리자들이 수익을 얻기 위한 방법들은 매우 다양하다. 주식시장이 오를 때는 융자를 통한 투자(leveraging)를, 내림세일 때는 외상으로 주식을 빌려 바로 판 후 더 낮은 가격으로 주식을 사서 외상을 갚고 남은 차액을 이익금으로 가져가는 공매( short sales)를 응용하기도 한다.

또한 주식을 가격이 쌀 때 사고 비쌀 때 파는(timing) 투자방법에, 서로 반대 방향으로 움직이는 산업군(industrial segmentation)의 주식을 골라 투자하는 방법, 컴퓨터 프로그램으로 주식을 매입하는 방법, 같은 주식이나 채권 또는 환율이 지역 마다 차이가 나는 점을 이용하여 싼 곳에서 사다가 비싼 곳에다가 파는 방법(arbitrage)도 사용된다.

두 회사의 합병 시 일반적으로 합병기업이 피합병기업의 주가를 올리기 때문에 합병 후 합병기업의 가치가 떨어지는 점을 이용하여 피합병기업 주식을 사고 합병되는 것이 확실할 때 합병기업의 주식을 공매하는 방법(merger arbitrage) 등도 사용된다.

그 외에도 장래성 있는 중소기업에 증권전환 혜택을 주는 채권 투자방법(convertible arbitrage), 헤지펀드만을 골라서 투자하는 방법(fund of funds)등 일일이 열거하기 힘들 정도로 세상에 존재하는 거의 모든 투자전략을 사용해 시장이 급락하더라도 일정한 수익을 낼 수 있도록 설계하고 운용한다.

출처: 세계파이낸스 기사, 일부 편집.

Learning Cafe 4

### 애플(Apple)이 세계에서 가장 큰 헤지펀드의 주인

애플은 전세계에서 가장 높은 수익을 창출하고 있을뿐만 아니라, 전세계에서 가장 큰 규모의 헤지펀드를 보유하고 있는 것으로 밝혀졌다. Zero Hedge의 기사에 따르면, 네바다주에 소재한 Braeburn Capital은 애플이 보유한 현금을 운용하는 특수 목적으로 설립이 되었고, 현재 $117B (130조원)을 운용하고 있다고 한다. 이 펀드 규모는 헤지펀드로 가장 큰 규모로 알려진 Bridgewater ($100B) 보다도 큰 규모이다. 애플은 Braeburn Capital을 통해서 세금을 가장 적게 낼 수 있는 방식을 찾아내는 것과 공시의무를 피해갈 수 있는 방식을 찾는 것이 주요한 운용 전략이라고 한다.

출처: http://techneedle.com.

## 제 3 절 투자성과평정

투자관리의 마지막 단계는 투자성과의 평정이다. 투자성과를 결정하는 요인은 [그림 13-11]에서 보는 바와 같이 자산배분[3] 전략이 거의 대부분을 차지하는 것으로 나타났다. 이는 자신의 부를 여러 유형의 자산에 어떻게 배분할 것인가가 투자종목의 선택이나 투자시기의 선정보다 훨씬 더 중요한 투자의사결정이라는 것을 시사해 주는 것이다.

한편 [그림 13-1]의 (c)는 투자관리의 과정을 보여주고 있다. 포트폴리오의 투자성과를 평가하는 것이란 적당한 자산이 적당한 시점에 투자되었는지를 평가하고 이 자산들이 얼마나 잘 분산되어 있는지를 평가하는 것이다. 이러한 과정은 포트폴리오의 분석과 수정 및 평정을 포괄하는 의미를 가지는 것이다. 즉, 투자성과 평정이란 자산의 선택과 투자시점 및 분산의 정도를 평가하는 것이다. 자산의 선택과 투자시점의 평가는 위험의 수준에 맞는 수익률을 결정하여 포트폴리오의 위

3) 자산배분과정은 분산투자와는 다른 개념이다. 포트폴리오 분산투자는 일단 자산배분이 이루어진 상태에서 개별증권의 위험인 기업고유의 위험을 줄이기 위해서 각각의 자산집단내에서 가능한 한 많은 수의 증권에 투자하는 과정이다.

그림 13-11 투자성과 결정요인

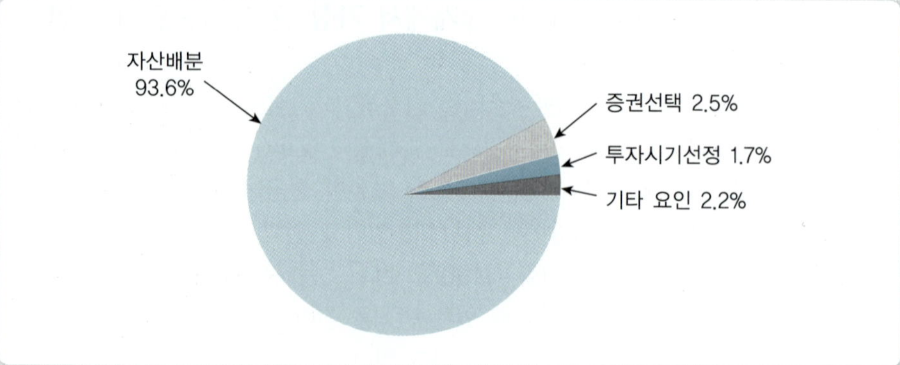


자료: "Determinants of Portfolio Performance" by Gary P. Brinson, L. Randolph Hood, and Gilbert L. Beebower, *Financial Analysts Journal*, July–August 1986.

험 및 수익률과 비교함으로써 가능하다.

효율적으로 분산된 포트폴리오는 체계적 위험(systematic risk)만을 가지게 됨을 제9장에서 살펴본 바 있다. 따라서 포트폴리오가 얼마나 잘 분산되었는지를 살피기 위해서는 포트폴리오의 체계적 위험을 계산함으로써 알 수 있을 것이다. 본 절에서는 이러한 투자성과의 평정기법을 살펴보기로 한다.

## 3.1 자본시장선을 이용한 평가

자본자산가격결정모형(capital asset pricing model ; *CAPM*)은 포트폴리오나 개별 증권의 투자성과(performance)를 평가하는 데 있어 그 기초가 된다. 앞서 우리는 *CAPM*의 도출과정을 살펴본 바 있다. *CAPM*의 핵심은 균형상태에서 잘 분산된 포트폴리오는 효율적 프론티어(efficient frontier)상에 존재하게 되며, 무위험자산이 존재하는 경우 합리적인 투자선택은 시장포트폴리오(market portfolio)와 무위험자산을 결합하여 보유하는 것이다. 이러한 투자기회선을 자본시장선(capital market line ; *CML*)이라 한다. *CML*은 포트폴리오가 효율적으로 분산되어 있고, 무위험수익률로 차입과 대출이 가능할 경우의 균형조건을 나타내는 것이다. 이와 함께 증권시장선(security market line ; *SML*)은 기대수익률과 위험과의 상치관계에 중점을 두는 것으로서 *CML*과는 달리 개별자산, 효율적인 포트폴리오, 비효율적인 포트폴리오 등 모든 자산의 가격결정을 설명하는 모형이다. *SML*은 효율적으로 분산된 정도와 관계없이 무위험수익률(risk-free rate)로 차입과 대출이 자유로울 경우의 위험과 기대수익간의 균형관계를 설명하는 것이다.

*CML*은 사전적인(ex ante) 모형이다. 즉, 기대수익과 위험과의 관계에 있어서 투자자들의 기대를 나타내는 모형이다. 그러므로 투자성과를 평가하기 위한 사후적인(ex post) 모형으로의 전환이 필요하다. 그러나 과거의 관찰치들 또한 과거 어느 시점에서 투자자들의 기대를 반영하는 것으로 볼 수 있으므로 사전적인 모형을 사후적인 모형으로 그대로 해석할 수 있을 것이다.

잘 분산된 포트폴리오(well-diversified portfolio)는 시장수익률에 비례하여 수익을 얻을 수 있으므로 다음과 같은 식을 쓸 수 있다.

$$\left[\frac{E(R_p)-R_f}{\sigma_p}\right]=\left[\frac{E(R_m)-R_f}{\sigma_m}\right]$$

이를 다시 정리하면 자본시장선을 나타내는 식이 된다.

$$E(R_p)=R_f+\left[\frac{E(R_m)-R_f}{\sigma_m}\right]\sigma_p$$

여기서 $E(R_p)$ : 포트폴리오의 기대수익률
$R_f$ : 무위험수익률
$E(R_m)$ : 시장포트폴리오의 기대수익률
$\sigma_m$ : 시장포트폴리오의 표준편차
$\sigma_p$ : 포트폴리오의 표준편차

사전적인 *CML* 모형을 사후적인 실증적인 *CML*로 전환하는 것은 기대수익률 대신 실제 과거수익률을 대치함으로써 가능하다. 따라서 실증적인 *CML*은 다음 식으로 주어진다.

$$\overline{R}_p=\overline{R}_f+\left[\frac{\overline{R}_m-\overline{R}_f}{\sigma_m}\right]\sigma_p$$

여기서 $\overline{R}_p$ : 포트폴리오 수익률의 평균
$\overline{R}_f$ : 무위험수익률의 평균
$\overline{R}_m$ : 시장포트폴리오수익률의 평균
$\sigma_m$ : 시장포트폴리오의 실제수익률의 표준편차
$\sigma_p$ : 포트폴리오의 실제수익률의 표준편차

이다.

샤프(Sharpe)는 *CML*을 모형화하였을 뿐만 아니라 잘 분산된 포트폴리오의 성과평정의 척도로서 *CML*의 기울기를 사용하였다.[4] 이 기울기를 변동성에 대한 투자보수비율(reward-to-variability ratio : *RVAR*)이라고 한다. 변동성에 대한 투자보수비율은 한 단위의 위험을 감수하는 대가로 얼마나 많은 초과수익(=포트폴리오의 수익률-무위험수익률)을 얻는지를 나타낸다. 샤프에 의한 변동성에 대한 기대투자보수비율을 식으로 쓰면,

$$RVAR = \frac{E(R_p) - R_f}{\sigma_p}$$

이고 실증적 모형으로 전환하면,

$$RVAR = \frac{\overline{R}_p - \overline{R}_f}{\sigma_p}$$

이다. 윗 식에서 분자는 포트폴리오의 초과수익의 양을 나타내고 분모는 위험의 양을 나타낸다. 이는 흔히 위험조정수익률(risk-adjusted return)이라고 하는데 변동성에 대한 투자보수비율을 나타내는 *CML*의 기울기와 비교하여 이 비율이 높으면 높을수록 포트포리오의 투자성과가 좋은 것으로 판단하게 된다.

[그림 13-12]의 *A*, *B* 두 포트폴리오를 생각해보자. *B*는 *A*보다 위험도 높고 수익률도 높다. 그러면 어느 포트폴리오가 더 좋은 성과를 보이고 있는지를 살펴보자.

기본적으로 샤프의 투자성과에 대한 척도는 투자기회선(investment opportunity curve)의 기울기로 나타난다. 따라서 투자기회선의 기울기가 크면 클수록 더 좋은 성과를 보이는 것이다. [그림 13-12]에서 $\overline{R}_f AA'$과 $\overline{R}_f$BB′은 투자기회선을 나타내고 있다. 이 경우 포트폴리오 *A*는 포트폴리오 *B*보다 우위에 있는 포트폴리오이다. 이는 *A*가 위험이 낮기 때문만은 아니다. 무위험수익률로 차입이 자유롭다면 차입에 의해 자금을 빌어 포트폴리오 *A*에의 투자비율을 높임으로써 $\overline{R}_f AA'$선상의 *A*″점으로 이동할 수 있다. *A*″점의 위험은 *B*점의 위험과 같지만 더 높은 수익을 얻게 된다. 따라서 투자기회선 $\overline{R}_f AA'$선상의 모든 자산의 조합은 $\overline{R}_f$BB′ 선상의 모든 자산의 조합보다 우위에 있는 것이다. 따라서 투자기회선의 기울기가 높을수록 좋은 투자가 되는 것이다.

---

4) W. F. Sharpe, "Mutual Fund Performance," *Journal of Business*, 1966.

그림 13-12 자본시장선과 투자기회선

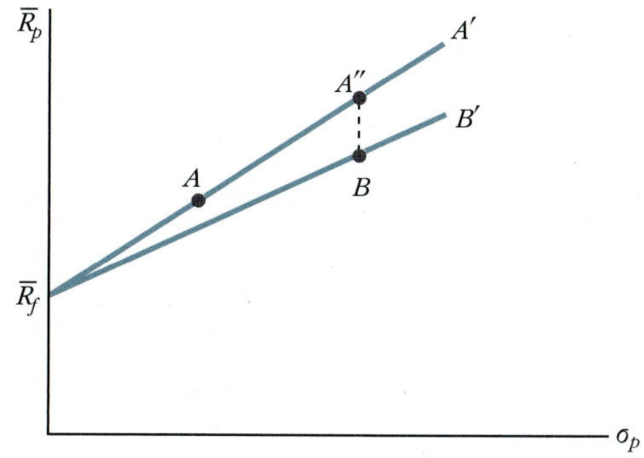


이러한 변동성에 대한 투자보수비율은 포트폴리오의 분산정도를 파악하기 용이하다. 즉, 잘 분산된 포트폴리오의 투자기회선의 기울기는 잘 분산되지 못한 포트폴리오의 기울기보다 크다. 따라서 *RVAR*은 분산의 정도와 매입시점 및 자산선택의 적정성을 평가하는 기준이 된다. 그러나 *RVAR*은 분산의 정도와 매입시점의 선택 및 자산선택의 각각에 대한 성과를 구분할 수 없다는 단점이 있다.

샤프의 변동성에 대한 투자보수비율을 이용한 투자성과평정의 예를 들어보자.

표 13-4 미국 뮤추얼펀드 투자성과(1966~1980)

| 포트폴리오 | 수익률 | 표준편차 | 베타계수 |
|---|---|---|---|
| 1 | 0.0905 | 0.1732 | 0.883 |
| 2 | 0.0490 | 0.2218 | 1.032 |
| 3 | 0.0745 | 0.1488 | 0.727 |
| 4 | 0.1199 | 0.2123 | 0.982 |
| 5 | 0.0805 | 0.1581 | 0.849 |
| 6 | 0.0459 | 0.1734 | 0.920 |
| 7 | 0.1162 | 0.1816 | 0.930 |
| 8 | 0.1184 | 0.1885 | 0.788 |
| 9 | 0.0782 | 0.2020 | 1.031 |
| 10 | 0.0876 | 0.1945 | 0.907 |
| 시장지수 | 0.0810 | 0.1823 | 1 |
| 무위험 T-Bill 수익률 | 0.0637 | – | – |

〈표 13-4〉는 1966년부터 1980년까지 미국의 10개 뮤추얼펀드(mutual fund)의 수익률과 위험에 대한 자료이다.[5] 편의상 포트폴리오의 이름을 숫자로 표시한다. 이 경우 각각의 포트폴리오의 변동성에 대한 투자보수비율은 다음과 같이 계산된다.

$$RVAR_1 = (0.0905 - 0.0637)/0.1732 = 0.155 \cdots\cdots (4)$$
$$RVAR_2 = (0.0490 - 0.0637)/0.2218 = -0.066 \cdots\cdots (9)$$
$$RVAR_3 = (0.0745 - 0.0637)/0.1488 = 0.073 \cdots\cdots (7)$$
$$RVAR_4 = (0.1199 - 0.0637)/0.2123 = 0.265 \cdots\cdots (3)$$
$$RVAR_5 = (0.0805 - 0.0637)/0.1581 = 0.106 \cdots\cdots (6)$$
$$RVAR_6 = (0.0459 - 0.0637)/0.1734 = -0.103 \cdots\cdots (10)$$
$$RVAR_7 = (0.1162 - 0.0637)/0.1816 = 0.289 \cdots\cdots (2)$$
$$RVAR_8 = (0.1184 - 0.0637)/0.1885 = 0.290 \cdots\cdots (1)$$
$$RVAR_9 = (0.0782 - 0.0637)/0.2020 = 0.072 \cdots\cdots (8)$$
$$RVAR_{10} = (0.0876 - 0.0637)/0.1945 = 0.123 \cdots\cdots (5)$$

*RVAR*에 의해 포트폴리오의 투자성과를 평정한 결과 포트폴리오 8이 가장 좋은 성과를 보이고 있으며, 포트폴리오 6이 가장 나쁜 성과를 보이고 있는 것으로 나타났다. ( ) 안의 숫자는 순위를 나타낸다.

## 3.2 증권시장선을 이용한 평가

자본시장선을 이용한 투자성과의 평정은 잘 분산된 포트폴리오를 전제로 하고 있다. 그러나 증권시장선을 이용할 경우에는 위험분산의 정도에 관계없이 어떠한 형태의 자산이라도 그 성과를 평가할 수 있다. *CAPM*에 의하면 어떤 자산의 기대수익률은 시장포트폴리오의 기대수익률에 비례한다. 이를 식으로 표현하면,

$$\left[\frac{E(R_i) - R_f}{\beta_i}\right] = \left[\frac{E(R_m) - R_f}{\beta_m}\right]$$

이고 이를 정리하면 증권시장선의 식이 된다.

---

5) F. K. Reilly, *Investments*, CBS College Publishing, 1982.

$$E(R_i) = R_f + [E(R_m) - R_f]\beta_i$$

여기서 $E(R_i)$ : 자산 $i$의 기대수익률

$R_f$ : 무위험수익률

$E(R_m)$ : 시장포트폴리오의 기대수익률

$\beta_i$ : 자산 $i$의 체계적 위험

이를 사후적인 모형인 실증적 증권시장선으로 변형하면,

$$\overline{R_i} = \overline{R_f} + [\overline{R_m} - \overline{R_f}]\beta_i$$

여기서 $\overline{R_i}$ : 자산 $i$의 평균수익률

$\overline{R_f}$ : 무위험수익률의 평균

$\overline{R_m}$ : 시장포트폴리오의 평균수익률

$\beta_i$ : 자산 $i$의 체계적 위험

이다.

이러한 *SML*을 이용한 투자성과평정의 척도에는 트레이너(Treynor)[6]와 젠센(Jensen)[7]에 의해 개발된 두 가지가 있다.

트레이너(Treynor)는 샤프(Sharpe)와는 달리 표준편차보다 베타(beta)에 의해 투자성과를 평가하는 지표를 사용하였다. 이를 체계적 위험에 대한 투자보수비율(reward-to-volitality ratio ; RVOL)이라고 한다. 체계적 위험에 대한 투자보수비율은 감수하는 위험과 초과수익과의 관계를 나타내고 있는데, 이때 위험의 척도가 베타가 되는 것이다. 이 비율이 크면 클수록 주어진 위험수준에서 초과수익(포트폴리오의 수익률-무위험수익률)이 더 크다는 것이다.

[그림 13-13]은 두 자산 $X$, $Y$에 대한 투자기회선을 나타내고 있다. 자산 $X$는 자산 $Y$보다 우위에 있다. 즉, 자산 $X$와 무위험자산과의 결합에 의한 포트폴리오는 자산 $Y$와 무위험자산과의 결합보다 지속적으로 더 좋은 성과를 얻을 수 있다는 것이다. 그림에서 $X'$은 자산 $X$와 무위험자산을 결합한 경우인데, 이때의 위험이 자산 $Y$의 위험과 같다. 그러나 수익률은 자산 $Y$보다 더 높게 나타나고 있다. 다시 말해서 투자기회선 $X'XX''$선상의 모든 투자기회는 투자기회선 $YY''$선상의

6) J. L. Treynor, "How to Rate Management of Investment Funds," *Harvard Business Review*, 1965.
7) M. C. Jensen, "The Performance of Murual Funds in the Period 1945~1964," *Journal of Finance*, 1968.

그림 13-13 증권시장선과 투자기회선

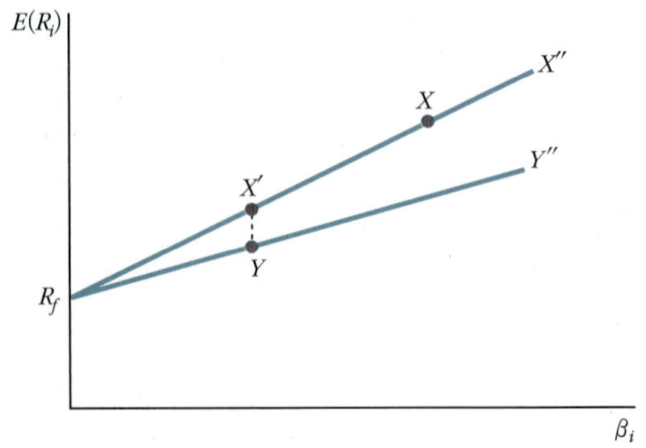


투자기회보다 우위에 있다는 것이다.

이제 트레이너의 투자성과지표를 식으로 쓰면, 체계적 위험에 대한 투자보수 비율은 다음과 같다.

$$RVOL = \frac{\overline{R_i} - \overline{R_f}}{\beta_i}$$

이는 흔히 위험조정수익률(risk adjusted return)이라고 한다. *RVOL*은 베타에 의해 측정된 위험 한 단위당 실현된 초과수익의 양을 나타낸다. *RVOL*은 모든 자산을 평가할 수 있으므로 적절하게 자산을 선택했는지를 판단할 수 있는 지표가 된다. 자산선택을 평균보다 잘했을 경우 그 자산의 성과는 *SML*보다 위에 있게 될 것이다. 반대로 자산선택을 잘못했을 경우에는 자산의 성과가 *SML* 아래에 위치하게 될 것이다. 이것이 *RVAR*과 다른 점이다. 〈표 13-4〉의 자료를 사용하여 각 포트폴리오의 *RVOL*을 계산하면,

$$RVOL_1 = (0.0905 - 0.0637)/0.883 = 3.035 \cdots\cdots (4)$$
$$RVOL_2 = (0.0490 - 0.0637)/1.032 = -1.424 \cdots\cdots (9)$$
$$RVOL_3 = (0.0745 - 0.0637)/0.727 = 1.486 \cdots\cdots (7)$$
$$RVOL_4 = (0.1199 - 0.0637)/0.982 = 5.732 \cdots\cdots (2)$$
$$RVOL_5 = (0.0805 - 0.0637)/0.849 = 1.979 \cdots\cdots (6)$$
$$RVOL_6 = (0.0459 - 0.0637)/0.920 = -1.935 \cdots\cdots (10)$$

$$RVOL_7 = (0.1162 - 0.0637)/0.930 = 5.645 \cdots\cdots\cdots\cdots(3)$$

$$RVOL_8 = (0.1184 - 0.0637)/0.788 = 6.942 \cdots\cdots\cdots\cdots(1)$$

$$RVOL_9 = (0.0782 - 0.0637)/1.031 = 1.406 \cdots\cdots\cdots\cdots(8)$$

$$RVOL_{10} = (0.0876 - 0.0637)/0.907 = 2.635 \cdots\cdots\cdots\cdots(5)$$

이다. 여기서 괄호안의 수치는 순위를 나타낸다. 트레이너의 체계적 위험에 대한 투자보수비율에 의해 포트폴리오의 투자성과를 평가한 결과 포트폴리오 8이 가장 좋은 성과를 보이는 것으로 나타났으며, 포트폴리오 6이 가장 나쁜 결과를 보이고 있다. 트레이너의 방법에 의한 결과와 샤프의 방법에 의한 결과를 비교하여 보면 포트폴리오 4와 7이 순위바꿈을 한 이외에는 큰 차이는 없는 것으로 나타나고 있다.

한편, 젠센의 성과척도 역시 증권시장선을 이용하였다는 점에서는 트레이너와 공통점을 가지고 있다. 젠센(Jensen)은 자산의 위험이 주어졌을 경우 실증적 증권시장선을 이용하여 그 자산이 얻을 수 있는 수익률을 예측한 다음, 실제수익률과 비교하여 그 성과를 평가하는 것이다. 실증적 증권시장선을 이용한 예측수익률은 다음 식으로 표시된다.

$$\overline{R_i^*} = \overline{R_f} + [\overline{R_m} - \overline{R_f}]\beta_i$$

이를 실제 실현된 수익률과 비교하여 젠센의 성과척도를 표시하면,

$$J = \overline{R_i} - \overline{R_i^*}$$

여기서 $J$ : 젠센의 성과척도
$\overline{R_i}$ : 실제 실현된 수익률
$\overline{R_i^*}$ : 예측된 수익률

이다. 균형상태에서 실제수익률과 예측수익률의 차이는 0과 같아야 한다. 만약 그 차이가 정(+)의 값을 보인다면, 이는 시장의 불균형이 존재한다든지 또는 불완전성이 존재하여 포트폴리오 관리자들이 이를 이용하였다고 볼 수 있다는 것이다. 한편, 젠센의 성과척도는 다음과 같은 방법으로도 도출이 가능하다. 실증적 증권시장선은 다음과 같은 잔차항을 가진다.

$$R_{pt} - R_{ft} = (R_{mt} - R_{ft})\beta_p + e_{pt}$$

여기서 $R_{pt}$ : $t$기간의 포트폴리오 수익률
$R_{ft}$ : $t$기간의 무위험수익률
$\beta_p$ : 포트폴리오의 체계적 위험
$R_{mt}$ : t기간의 시장포트폴리오의 수익률
$e_{pt}$ : 잔차항

이를 시계열회귀식의 형태로 바꾸면,

$$R_{pt} - R_{ft} = \alpha_p + [R_{mt} - R_{ft}]\beta_p + e_{pt}$$

포트폴리오의 성과는 $\alpha_p$(알파계수)에 의해 측정된다. 이는 젠센의 성과척도와 동일하다. 이와 같이 젠센의 성과척도는 실제로 실현된 위험프리미엄(realized risk premium)이 포트폴리오의 체계적 위험에 기초하여 예측되는 위험프리미엄과 의미있는 차이를 보이는지를 평가하는 것이다. 앞 식에서 $\alpha_p$가 0이라면 자본시장이 균형상태에 있다는 것이며, $\alpha_p$가 정(+)의 값을 가지면 투자성과가 좋은 것이며, $\alpha_p$가 부(−)의 값을 보이면 투자성과가 나쁘다는 것이다. 이제 〈표 13-4〉에서 주어진 자료의 젠센 성과척도를 계산하면 다음과 같다.

$$J_1 = 0.0905 - (0.0637 + (0.081 - 0.0637) \times 0.883) = 1.151 \cdots (5)$$
$$J_2 = 0.0490 - (0.0637 + (0.081 - 0.0637) \times 1.032) = -3.253 \cdots (8)$$
$$J_3 = 0.0745 - (0.0637 + (0.081 - 0.0637) \times 0.727) = -0.290 \cdots (7)$$
$$J_4 = 0.1199 - (0.0637 + (0.081 - 0.0637) \times 0.982) = 3.921 \cdots (3)$$
$$J_5 = 0.0805 - (0.0637 + (0.081 - 0.0637) \times 0.849) = 0.216 \cdots (6)$$
$$J_6 = 0.0459 - (0.0637 + (0.081 - 0.0637) \times 0.920) = -3.371 \cdots (10)$$
$$J_7 = 0.1162 - (0.0637 + (0.081 - 0.0637) \times 0.930) = 3.642 \cdots (4)$$
$$J_8 = 0.1184 - (0.0637 + (0.081 - 0.0637) \times 0.788) = 4.682 \cdots (2)$$
$$J_9 = 0.0782 - (0.0637 + (0.081 - 0.0637) \times 1.031) = -3.366 \cdots (9)$$
$$J_{10} = 0.0876 - (0.0637 + (0.081 - 0.0637) \times 0.907) = 8.161 \cdots (1)$$

젠센의 성과척도에 의한 결과를 보면 앞서 샤프와 트레이너에 의한 성과평가와 거의 비슷한 결과를 보이지만 약간의 차이가 있는 것으로 나타난다. 앞서 가장 좋

은 성과를 보이는 포트폴리오는 포트폴리오 8이었는데 이 경우에는 포트폴리오 10이 가장 좋은 성과를 보이고 있다. 포트폴리오 10은 샤프와 트레이너의 경우에는 다섯번째의 성과를 보였었다. 젠센의 결과에 의하면 가장 좋은 성과가 나쁜 포트폴리오는 앞에서의 결과와 같이 포트폴리오 6이다.

## 3.3 기타 투자성과 평정기법

앞서 살펴본 투자성과 평정기법을 통합하여 그 분석범위를 확충한 것이 파마(Fama)이다.[8)] 파마는 초과수익(excess return)을 가장 근본적인 투자성과평가의 지표로 제시하였다. 초과수익을 계산하는 식은 다음과 같이 주어졌다.

$$ER_i = \overline{R_i} - \overline{R_f}$$

여기서 $ER_i$ : 자산 $i$의 초과수익률
$\overline{R_i}$ : 자산 $i$의 평균수익률
$\overline{R_f}$ : 평균 무위험수익률

이다. 파마가 제시한 초과수익에 의한 성과척도는 자산의 평균수익률에서 무위험수익률을 뺀 것으로 가장 단순한 방법이며, 위험을 고려하지 않았지만 투자성과에 대한 단서를 제공해 준다. 〈표 13-4〉의 자료를 이용하여 파마의 성과지표를 계산해 보면 다음과 같다.

$ER_1 = 0.0905 - 0.0637 = 0.0268$ ····· (4)
$ER_2 = 0.0490 - 0.0637 = -0.0147$ ····· (9)
$ER_3 = 0.0745 - 0.0637 = 0.0108$ ····· (8)
$ER_4 = 0.1199 - 0.0637 = 0.0562$ ····· (1)
$ER_5 = 0.0805 - 0.0637 = 0.0168$ ····· (6)
$ER_6 = 0.0459 - 0.0637 = -0.0178$ ····· (10)
$ER_7 = 0.1162 - 0.0637 = 0.0525$ ····· (3)
$ER_8 = 0.1184 - 0.0637 = 0.0547$ ····· (2)

8) E. F. Fama, "Components of Investment Performance," *Journal of Finance*, June 1973.

$$ER_9 = 0.0782 - 0.0637 = \quad 0.0145 \cdots\cdots\cdots\cdots\cdots\cdots\cdots\cdots\cdots (7)$$

$$ER_{10} = 0.0876 - 0.0637 = \quad 0.0239 \cdots\cdots\cdots\cdots\cdots\cdots\cdots\cdots\cdots (5)$$

이 결과를 보면 위험을 고려하지 않음으로 인해 앞서 샤프, 트레이너, 젠센의 결과와 상당한 차이를 보이고 있다.

한편 파마는 불완전한 분산투자의 손실을 측정함으로써 투자관리자의 자산선택능력(selective capability)을 평가하는 기법을 제시하였다. 이 방법으로 두 가지를 제시하였는데, 총선택능력(total selective capability)과 순선택능력(net selective capability)이다. 앞서 살펴본 투자성과지표들은 성과의 순위를 결정하는 데는 유용하지만 얼마나 적절하게 자산을 선택했느냐에 대한 성과평정에는 도움이 되지 못했다.

총선택능력(total selective capability ; TS)은 젠센에 의한 성과척도와 같다. 주어진 위험수준에서 시장이 예측한 수익률보다 실제 실현된 수익률이 높다면 포트폴리오 전체적인 선택은 잘 되었다고 볼 수 있는 것이다. 따라서 젠센의 성과지표가 곧 총선택능력을 평가하는 지표가 된다.

순선택능력(net selective capability ; NS)은 포트폴리오의 베타계수가 이론적인 값이 될 수 있도록 자산을 선택할 수 있는 능력을 말한다. 순선택능력이 우수한 투자관리자는 비체계적 위험이 완전히 분산되어 체계적 위험만 남도록 자산을 선택할 수 있는 것이다. 만약 포트폴리오가 완전히 분산되어 있다면 그 위험은

$$\sigma_p = \beta_p \sigma_m$$

이다. 여기서 $\sigma_p$는 포트폴리오의 표준편차, $\beta_p$는 포트폴리오의 체계적 위험, $\sigma_m$은 시장포트폴리오의 표준편차이다. 그러나 일반적으로 비체계적인 위험을 완전히 제거할 수는 없으므로 다음과 같은 부등식이 성립하게 된다.

$$\sigma_p > \beta_p \sigma_m$$

즉, 완전히 분산되지 못한 포트폴리오의 위험은 완전히 분산된 포트폴리오의 위험보다 크다는 것이다. 위의 식을 이용하여 완전히 분산된 경우 포트폴리오의 이론적인 체계적인 위험은 다음 식으로 표현된다.

$$\beta_T \equiv \frac{\sigma_p}{\sigma_m}$$

여기서 $\beta_T$는 이론적으로 정당한 포트폴리오의 체계적 위험을 나타낸다. 정의에 의해 $\beta_T < \beta_p$이다. 이는 포트폴리오가 완전히 분산된 경우 비체계적 위험은 완전히 제거되어 $\beta_T$와 같은 이론적인 체계적 위험만이 남게 된다는 것이다. 이런 관점에서 순선택능력은 실현된 실제수익률과 이론적인 베타계수에 의해 예측된 수익률과의 차이로 정의될 것이다. 이를 수식으로 표현하면,

$$NS = \overline{R_p} - [R_f + (\overline{R_m} - \overline{R_f})\beta_T]$$

이다. 〈표 13-4〉의 자료를 이용하여 각각의 포트폴리오의 순선택능력을 계산하면 다음과 같다.

$$NS_1 = 0.0905 - \{0.0637 + (0.081 - 0.0637) \times (0.1732/0.1823)\} = 0.0104$$

이와 같은 방법으로 다른 포트폴리오의 $NS$를 계산하면,

$NS_2 = -0.0357$ $NS_3 = -0.0033$ $NS_4 = 0.0361$

$NS_5 = 0.0018$ $NS_6 = -0.0343$ $NS_7 = 0.0353$

$NS_8 = 0.0368$ $NS_9 = -0.0047$ $NS_{10} = 0.0054$

이다.

이상에서 살펴본 선택능력의 개념을 이용하여 불완전한 분산투자로 인해 발생하는 손실을 계산할 수 있다. 포트폴리오 $p$가 실제로 부담하게 되는 체계적 위험이 $\beta_p$라고 할 때 이 포트폴리오가 얻을 수 있는 수익률은 다음 식으로 계산되는데, 이를 실제위험에 대한 수익(return for actual risk ; RAR)이라고 한다.

$$RAR = (\overline{R_m} - \overline{R_f})\beta_p$$

즉, 실제로 부담하는 위험만이 문제가 되므로 부담하는 위험수준에 시장의 위험프리미엄을 곱하여 실제위험에 대한 수익을 계산한다. 〈표 13-4〉의 포트폴리오에 대한 $RAR$은 〈표 13-5〉에 계산되어 있다.

그러나 만약 포트폴리오가 완전히 분산되어 비체계적 위험이 전혀 없다면 포

표 13-5 불완전분산투자의 손실

| 포트폴리오 | RAR | RPD | IDL |
|---|---|---|---|
| 1 | 0.0153 | 0.0164 | 0.0011 |
| 2 | 0.0178 | 0.0210 | 0.0032 |
| 3 | 0.0126 | 0.0141 | 0.0015 |
| 4 | 0.0170 | 0.0201 | 0.0031 |
| 5 | 0.0147 | 0.0150 | 0.0003 |
| 6 | 0.0159 | 0.0164 | 0.0005 |
| 7 | 0.0161 | 0.0172 | 0.0011 |
| 8 | 0.0136 | 0.0179 | 0.0043 |
| 9 | 0.0178 | 0.0191 | 0.0013 |
| 10 | 0.0157 | 0.0185 | 0.0028 |
| 시장지수 | 0.0173 | 0.0173 | – |

트폴리오의 총위험은 모두 체계적 위험만으로 구성될 것이다. 따라서 그 포트폴리오가 이론적으로 정당한 위험만을 가지게 될 것이다. 이와 같이 포트폴리오가 완전히 분산되었을 경우에 이 포트폴리오가 얻게 되는 수익을 완전분산에 대한 수익(return for perfect diversification ; RPD)이라고 하고 다음 식으로 표시된다.

$$RPD = (\bar{R}_m - \bar{R}_f)\beta_T$$

다시 말해서 포트폴리오가 완전히 분산된 경우 체계적 위험은 $b_T$가 되고, 이것만이 그 포트폴리오의 수익률에 영향을 미치게 된다는 것이다. 〈표 13-4〉의 포트폴리오에 대한 $RPD$는 〈표 13-5〉에 요약되어 있다.

이제 불완전한 분산투자를 함으로써 얼마나 손실을 입게 되는지를 보자. 앞서 언급된 바와 같이 완전히 분산된 포트폴리오는 거의 없다. 포트폴리오의 위험과 수익률이 $CML$ 선상이나 $SML$ 선상에 위치하는 것은 거의 우연에 가까운 일이다. 그렇지만 이와 같이 불완전한 분산투자로 발생하는 손실은 다음과 같이 계산될 수 있다.

$$IDL = RPD - RAR$$

Learning Cafe 5

## 국내 펀드 순위

한 펀드평가회사가 국내 297개 펀드에 대해 순위를 인터넷에 공시한 내용이다. 구성증권의 유형, 추적지수의 유형에 따라 3년 동안의 누적수익률을 발표한 자료이다.

| NO | 펀드명 | 소유형 | 순자산액<br>운용규모 | 3년 | 유형<br>초과 |
|---|---|---|---|---|---|
| 1 | 삼성 KODEX자동차 상장지수[주식] | 기타인덱스 | 572<br>572 | 88.97 | - |
| 2 | 대신 GIANT현대차그룹 상장지수형[주식] | 기타인덱스 | 270<br>270 | 84.33 | - |
| 3 | KB밸류포커스자(주식)클래스A | 일반주식 | 1 ,623<br>15,162 | 70.70 | 58.31 |
| 4 | 삼성중소형FOCUS 1[주식](A) | 중소형주식 | 1,649<br>2,961 | 69.33 | 34.72 |
| 5 | 한국투자중소밸류(주식)(A) | 중소형주식 | 100<br>242 | 54.37 | 19.76 |
| 6 | 한국투자KINDEX삼성그룹주SW 상장지수(주식) | 기타인덱스 | 448<br>448 | 50.60 | - |
| 7 | 삼성KODEX에너지화학상장지수[주식] | 기타인덱스 | 215<br>215 | 48.02 | - |
| 8 | 알리안츠Best중소형자[주식](C/C 1) | 중소형주식 | 49<br>2,747 | 47.56 | 12.95 |
| 9 | 프랭클린템플턴포커스자(주식)Class C-F | 일반주식 | 532<br>2,823 | 47.09 | 34.70 |
| 10 | 현대현대그룹플러스 1[주식]종류A | 테마주식 | 1,359<br>2,178 | 44.27 | - |
| 11 | 삼성퇴직연금액티브 자 1[주식] | 일반주식 | 130<br>130 | 42.74 | 30.35 |
| 12 | 한국밸류10년투자 1(주식)(C) | 일반주식 | 7,526<br>8,219 | 41.63 | 29.25 |
| 13 | 골드만삭스코리아 자 1[주식](A) | 일반주식 | 150<br>527 | 40.28 | 27.89 |
| 14 | 삼성당신을위한코리아대표그룹 1[주식](A) | 일반주식 | 9,298<br>15,562 | 39.78 | 27.39 |
| 15 | 마이트리플스타[주식]_AlassA | 일반주식 | 1,010<br>2,015 | 39.29 | 26.91 |
| 16 | 미래에셋코리아컨슈머자 1(주식)종류C-A | 테마주식 | 271<br>580 | 38.83 | - |
| 17 | 한국밸류10년투자장기주택마련 1(주식)(C) | 일반주식 | 252<br>365 | 38.82 | 26.43 |
| 18 | 삼성당신을위한신연금ACTIVE전환자 1[주식] | 일반주식 | 278<br>278 | 38.27 | 25.89 |
| 19 | 동양중소형고배당 1(주식)ClassC | 중소형주식 | 1,246<br>1,686 | 38.12 | 3.51 |
| 20 | 삼성클래식연금전환자 1[(주식)] | 일반주식 | 250<br>250 | 38.03 | 25.65 |

출처: http://www.funddoctor.co.kr/ , 2012.12.31. 기준, 단위 : 억원, %, %p

불완전분산손실(imperfect diversification loss ; IDL)은 완전분산에 의해 얻을 수 있는 수익률에서 실제위험에 대한 수익률을 차감함으로써 얻을 수 있다. 〈표 13-4〉의 포트폴리오에 대한 *IDL*은 〈표 13-5〉에 요약되어 있다.

이상에서 살펴본 바와 같이 투자자들은 흔히 분산투자를 행하고 있으므로 자본시장선이나 증권시장선을 이용한 투자성과의 평정이 타당한 것으로 받아들여졌다. 그러나 롤(Roll)은 증권시장선을 이용하는 한 투자성과의 평가는 불가능한 것이라고 주장하였다.[9)]

롤에 의하면 사후적(ex post)으로 효율적인 시장지수를 사용하여 증권시장선과의 수직거리에 의해 투자성과를 평가한다면 어떠한 증권도 비정상적인 수익률을 보이지 않을 것이며, 사후적으로 비효율적인 시장지수를 사용하여 투자성과를 평가할 경우 투자성과의 순위는 선택된 비효율적 시장지수에 따라 달라진다고 주장하였다. 따라서 시장이 효율적이고 *CAPM*이 타당하다할지라도 횡단면적인 자료에서 추출된 증권시장선은 투자성과의 평가에 사용될 수 없다는 것이다.

롤에 의한 결론은 결국 증권시장선을 도출하기 위해 사용된 시장지수가 사후적으로 효율적 프론티어상에 있다면 포트폴리오의 성과는 증권시장선에 위치한다는 것이다. 또한 트레이너나 젠센의 성과척도를 사용하여 어떤 포트폴리오의 성과가 다른 포트폴리오의 성과보다 우위에 있거나 열등하다면 그것은 효율적 프론티어상에 있지 않은 시장지수를 사용하여 증권시장선을 도출하였기 때문이라는 것이다.

## 제 4 절 투자자문업

투자자문업은 증권회사의 고유업무와 투자신탁업과는 별개로 급격히 성장하고 있는 증권산업이다. 70년의 역사를 가지고 있는 미국의 투자자문업은 이미 성숙단계에 들어서 있고 일본에서도 은행, 보험, 신탁, 증권업에 이은 제5의 금융산업으로 각광받고 있다.

우리나라에서도 1984년 이래 투자자문업이 도입되었으며, 2009년 "자본시장과

---

9) R. Roll, "A Critique of the Asset Pricing Theory' s Tests," *Journal of Financial Economics*, March 1977.

금융투자업에 관한 법률"이 제정되면서 투자자문업과 투자일임업으로 나누어지게 되었다. 그러나 아직은 그 실적이 미미한 상태이다. 본 절에서는 투자자문업 개념과 기능, 미국, 일본의 투자자문업제도를 고찰하고 우리나라의 현황에 대해 설명하기로 한다.

## 4.1 투자자문업의 개념과 기능

미국의 투자자문업법(investment advisors act of 1940)에 의하면 투자자문업자에 대한 정의는 다음과 같다. 증권의 가치 또는 투자에 관한 조언을 직접 또는 출판물을 통해 보수를 받고 행하는 자, 또는 경상적인 업무의 일부로써 증권에 관한 분석, 보고서를 보수를 받고 간행하거나 배포하는 자를 투자자문업자라고 한다.

이와 같은 투자자문업자는 그 업무내용에 따라 투자에 대한 조언(advice)만을 행하는 투자조언업자(investment advisor)와 자산의 포트폴리오를 관리 · 운용하는 투자관리업자(investment counselor) 및 불특정다수의 투자자를 대상으로 간행물을 통하여 투자정보를 제공하는 출판형 투자자문업자(subscription advisor)로 나눌 수 있다.[10] 투자조언업자는 다음과 같은 서비스를 제공하고 있다. 첫째, 포트폴리오의 가치변화에 대한 지속적인 자료를 필요로 하는 기관투자자나 대형 개인투자자에게 제공하는 포트폴리오 가치평가 서비스, 둘째, 자산관리자가 기금의 투자방침에 따라 그 직무를 성실하게 수행하고 있는지 여부를 확인하기 위하여 연 · 기금 등의 투자자에게 제공되는 기금업적평가서비스, 셋째, 대학 또는 정부기관 등의 기관투자자가 자체 평가보고서를 작성하기 위하여 이용하는 기본적인 증권자료제공서비스 등이다. 투자관리업자란 증권투자에 관한 조언을 주 업무로 하는 자 중에서 투자관리 서비스의 제공을 주 업무로 하는 자를 말한다. 투자관리 서비스란 고객의 요구에 따라 자금의 투자에 관한 계속적인 조언을 하는 것으로서 일반적이고 단발적인 유망종목의 추천서비스가 아니라 개별고객의 포트폴리오의 관리 운용을 행하는 서비스를 말한다. 이때 대부분 재량권을 일임받아 포트폴리오를 운용하는 것이 일반적이다. 이 투자관리업자는 포트폴리오 운용서비스와 함께 증권 브로커로서의 서비스, 증권의 보관, 배당 및 이자의 수령 등의 사무처리도 겸하는 경우가 대부분이다. 출판형 투자자문업자는 통상 개별 고객의 자

10) 여기에서 정의된 투자자문업은 일반론이며, 우리나라 자본시장과 금융투자업에 관한 법률에 규정된 것과는 차이가 있을 수 있다.

산상황이나 투자목적에 대한 정보를 가지고 있지 않으므로 획일적인 투자조언을 출판물을 통해 행하게 된다.

이상과 같이 투자자문업은 한마디로 자산운용의 노하우(knowhow)를 상품화하여 판매하는 고도의 서비스 산업이며, 수수료산업(fee business)이다.

이러한 투자자문업은 고객의 자산을 과학적이고 합리적으로 운용하여 투자자에게 자산운용에 관한 전문서비스를 제공하고, 증권 및 증권시장 분석 방법과 운용방침결정 및 포트폴리오 관리 등 유기적인 관리체계를 이용한다는 점에서 투자신탁과 일치한다. 그러나 투자자문이 특정인의 대규모자산을 개별적으로 운용하는데 반해 투자신탁은 불특정 다수인의 소규모 자산을 모아 공동기금으로 대형화한 다음 투자목적별로 운용한다는 점에 그 차이가 있다. 또한 증권과 투자자를 중개하여 투자자의 투자신탁에 필요한 별개의 서비스를 제공한다는 점에서 증권업의 브로커 기능과 유사하나 투자자문이 전문적인 투자관리를 통해 고객의 투자판단 및 의사결정에 개입하여 증권투자를 실질적으로 중개하는 반면 브로커 기능은 형식적인 절차만을 대행해 준다는 점에 그 차이가 있다.

## 4.2 미국의 투자자문업

최초의 투자자문업자는 1919년에 설립된 Scudder, Stevens & Clark 사이다. 당시 투자자문업에 대한 일반적인 분위기는 매우 냉소적이었으나, 1차 대전 중 군수산업의 활황에 따른 미국의 경제번영으로 1920년대 전반을 통해 주식시장의 활황과 주식대중화시대가 전개되었다. 이러한 과정에서 투자자문업은 투자신탁과 함께 서비스산업으로 정착하게 되었다. 한편, 1929년 주가하락으로 시작된 대공황은 이후 3년여에 걸쳐 주가수준이 1/10로 폭락하는 사태를 빚었으며, 증권시장에 대한 불신과 비난을 야기시켰다. 이에 일반투자자를 보호하기 위하여 1940년 투자자문법이 제정됨으로써 법적 제도로서 정착되었다. 이후 투자자문업자에게 위탁되는 연금 · 기금규모의 확대와 증권시장의 활성화, 그리고 세제혜택으로 투자자문업이 계속 발전하게 되었다. 미국 투자자문업이 가지는 특징은 초기에는 개인 금융자산의 증대와 증권의 대중화라는 배경에서 부유한 개인투자자를 대상으로 하였으나 1960년 이후 기관투자자, 연금기금 등의 증대와 더불어 증권투자에 관한 전문적 조언의 필요성이 증대되면서 기관투자자를 대상으로 발전을 보이고 있다.

미국의 투자자문업을 규제하는 모법으로서 1940년의 투자자문업자법은 등록

제도와 투자자문업자에 대한 철저한 공시제도를 핵심적인 내용으로 하고 있다. 전반적인 규제당국의 자세는 가급적 자유경쟁체제하에서 투자자문업의 육성발전이 이루어지도록 유도하고 투자자 보호를 위해 부득이한 경우에는 적절한 규제를 가하는 네거티브 시스템(negative system)을 취하고 있다. 투자자문업을 영위하려는 자는 SEC(Securities and Exchange Commission)에 등록을 의무화하고 있는데, 등록면제의 경우와 투자자문업자가 아닌 경우가 규정되어 있다. 즉 투자자문업자가 아닌 경우는 투자조언행위가 업무행위에 비추어 부수적인 것에 불과한 은행, 변호사, 회계사, 브로커, 딜러 등과 광범위한 독자를 대상으로 하여 정기적으로 발행하고 있는 신문, 잡지 등 간행물의 발행자는 투자자문업에서 제외되고, 투자자문업법에 의한 SEC의 규제대상이 되지 않는다. 이 법은 투자자문업을 규정하는 전범으로 각국의 투자자문업법의 모태가 되고 있다.

〈표 13-6〉은 투자자문업자와 아닌 자를 구분한 것이다. 개업규제로서 자격제 또는 면허제가 아닌 등록제를 채택하고 있는 이유는 예측불가능한 증권의 시세를 판단하는 투자자문업에 대하여 그 직업적 능력의 판정기준을 설정하는 것은 사실상 불가능하기 때문이다. SEC에 등록 시에 투자자문업자는 상세한 공시서류를 제출하도록 의무화되어 있다. 또 고객과의 계약 체결 시에는 투자자문업자의 경력이나 업무의 방법 등에 대하여 그 내용을 문서로 공시하도록 하고, 계약 후에도 고객에 대한 정기 또는 수시의 문서배포, SEC에의 보고의무 등이 규정되어 있는

**표 13-6 미국 투자자문업법상의 투자자문업자**

| 구 분 | | 해당자 |
|---|---|---|
| 1940년법상의 투자자문업자 | SEC 등록 | • 투자조언업자<br>• 투자일임업자<br>• 기타 투자정보제공업자 등 |
| | SEC 등록면제자 | • 우편, 주간 통상을 이용하지 않는 자<br>• 주내 고객만을 대상으로 하고 상장증권에 대한 조언을 하지 않는 자<br>• 보험회사만을 고객으로 하는 자<br>• 15명 미만의 고객을 가지고 있고 자신이 투자조언업자인 것을 명확히 밝히지 않는 자 |
| 1940년법상 투자자문업자가 아닌 자 | • 은행, 신탁회사, 은행지주회사<br>• 변호사, 회계사, 기술자, 교사<br>• Broker, Dealer<br>• 신문, 잡지 등의 발행업자<br>• 연방정부증권만을 대상으로 하는 조언업자<br>• 기타 SEC가 지정한 자 | |

데, 이를 Brochure Rule이라고 한다. 이처럼 철저한 공시제도의 이면에는 투자자 보호의 문제와 투자자의 자기책임원칙이라는 상호 대립되는 개념이 흐르고 있다. 즉, 미래예측이 불확실한 유가증권시장에서 투자자는 투자행위 자체뿐만 아니라 투자자문업자의 선정에 있어서도 투자자 자신의 판단에 의거하여야 하며, 그로 인한 결과는 스스로 책임질 수밖에 없다는 것이 자기책임원칙이다. 그러나 자연 상 태에서 투자자는 전문가인 투자자문업자에 비해 불리한 입장에 서 있기 때문에 이를 보완하는 제도로서 등장한 것이 투자자문업자의 제반정보사항에 대한 공시제도인 것이다.

미국의 투자자문업은 60년대 이래 종래의 부유한 개인투자자 중심에서 기관투자자 중심으로 이행되었다. 이에 따라 연금, 투자신탁 등이 투자자문수요의 중심이 되고 있다. 1940년 법 제정 이후 투자자문업에 대한 법적 정비가 확립되었고 투자 행태면에서도 대규모 자산운용 시 투자자문기능이 필수화됨으로써 사회적 제도로서 정착되었다.

한편, 투자자문회사의 설립형태는 전업형태와 겸업형태가 있다. 전업형태는 독립된 법인으로서 투자자문업만을 전담하는 경우이다. 겸업형태인 경우에는 회사를 설립한 모기업에 따라 증권회사계, 은행계, 생명보험회사계, 외국자본계 등이 있다. 예를 들어 미국의 Scudder, Stevens & Clark사는 투자자문전업회사이며, 일본의 노무라투자고문은 증권회사에 의하여 설립된 투자자문전업회사이다. 겸업형태는 기존의 금융기관이나 연구소가 본래의 업무와 투자자문업무를 겸영하는 것이다. 미국에서는 시중은행이 신탁부나 투자자문부를 두어 투자자문업무를 겸영하고 있으며, 생명보험회사도 연금기금의 수탁 및 운용을 위한 투자자문업을 영위하며, 경제연구소가 투자정보서비스업무와 함께 투자자문업무를 수행한다.

투자자문회사의 운영체제는 임원 및 각 부서의 책임자로 구성되는 투자정책위원회(investment policy committee)와 포트폴리오 관리자 및 거래원(trader)으로 구성된다. 투자정책위원회는 경제전문가들의 거시경제요인분석, 산업, 기업동향분석을 토대로 투자환경을 평가하고 투자정책을 수립, 포트폴리오 종목선택을 결정한다. 포트폴리오 관리자는 투자목적과 투자정책위원회의 방침에 따라 구체적인 자산운용을 실행하며, 거래원은 포트폴리오 관리자의 주문을 모아 일괄하여 매매거래를 행한다. 이 결과 발생하는 각 펀드의 운용성과를 투자정책위원회가 측정, 감독하며, 포트폴리오 관리자는 이를 분기마다 고객에게 보고한다.

## 4.3 일본의 투자자문업

일본의 투자자문업은 70년에 걸친 미국에 비해서는 짧다고 할 수 있다. 일본 최초의 투자자문회사는 노무라증권(野村證券)과 산와은행(三和銀行)이 공동으로 설립한 동양신탁은행이며, 본격적인 투자자문계약이 체결된 것은 1962년으로서 닛꼬증권(一興證券) 외국 투자자문실이 저팬 펀드(Japan fund)와 투자자문계약을 체결한 것이 효시라 할 수 있다. 즉, 일본의 투자자문업무는 외국인의 투자 붐에 편승하여 일본 국내에서도 기대와 관심이 고조되었다. 일본의 투자자문업무는 65년의 증권불황 이후 과잉유동성에 의한 증권시장활황을 계기로 국내투자자들로부터의 투자자문업에 대한 요구가 높아짐에 따라 발전하기 시작하였다. 이는 미국에 있어서도 30년대 대공황 이후 투자자문회사가 활발히 설립되었다는 것과 맥락을 같이 한다고 볼 수 있다. 이후 1981년 중반부터 중동의 오일달러 유입, 미국기관투자자의 국제분산투자에 따른 자금유입과 더불어 일본 국내에서도 1983년 말부터 은행, 특정금전신탁 등을 이용한 유가증권투자가 붐을 이루면서 증권계 투자자문회사를 중심으로 수탁자산규모가 급성장 추세를 보여왔다. 그러나 이러한 투자자문업은 모법이 제정되지 않은 상태에서 이루어져 왔으며, 증권거래법을 원용하여 투자일임업무는 허용되지 않는 것으로 인식되어 투자조언업무까지만 수행되어 왔다. 이후 악질업자에 의한 수많은 범죄가 발생함에 따라 관련 법규 제정의 필요성이 증대되었다. 그러나 영국의 투자자문업자와 같은 독자적인 운용 철학을 가지고 있지 않고, 미국식의 최신이론에 입각한 운용기법도 가지지 못한 속성재배식의 일본 투자자문업이, 전문가의 지적 서비스에 대한 정당한 보수의 지급이 이루어지지 않는 일본적 풍토에서 사회적 요청에 얼마나 부응할지에 대한 의문과 이론이 없지 않은 가운데 1986년 투자자문업법이 제정 공포되었다. 이어서 동 시행령 및 시행규칙, 영업보증금 규칙이 마련됨으로써 투자자문업에 대한 법체계가 정비되기에 이르렀다.

이와 같이 일본의 투자자문업이 미국에 비해 출발이 늦어진 배경으로서는 다음과 같은 사항들이 언급된다. 첫째, 개인금융자산축적이 적고 개인금융자산에서 유가증권이 차지하는 비율이 적기 때문에 자산관리문제에 대한 전문가의 필요성이 적었다. 둘째, 일본에서는 전문가의 지적 서비스에 대한 정당한 보수지급의 관습이 결여되어 있었다. 셋째, 대형투자기관들이 직접 자신의 자산을 운용해 왔다는 것이다.

일본의 투자자문업법을 살펴보면 먼저 개업규제는 미국과 같이 등록제를 실시하고 있다. 그러나 투자일임업무에 대해서는 관계 장관의 인가를 받도록 하고 있어 2단계의 규제방식을 채택하고 있다. 한편, 행위규제에 대해서는 추상적 · 일반적 금지규정을 피하여 구체적 · 외관적인 사항을 포착하여 규제를 가하고 이로써 단속의 실효를 확보한다는 방침이다. 투자자피해로 연결되기 쉬운 증권거래행위, 금전, 유가증권의 보관 대부 및 그 알선행위는 금지되어 있고, 그 내용을 광고나 서면교부 시에 기재하여야 한다. 단 일임업무의 경우 고객을 위한 증권거래행위는 금지대상행위에서 제외된다. 또 특정 유가증권에 대해 정당한 근거 없이 조언을 하고 고객이 매매를 할 때 가격변동을 이용하여 이익을 꾀하는 소위 scalping행위는 금지된다. 그러나 이러한 행위에 대한 입증이 사실상 곤란하므로 투자자문업자 자신이 매매하는 종목을 고객에게 추천할 때는 그 사실을 고객에게 보고하도록 하고 있다. 또한 고객에 권유할 때 특별한 이익을 제공하거나 손실의 전부 또는 일부를 부담하기로 약속하는 행위는 금지된다. 공시제도에 대해서는 미국에서와 같이 투자자문업자의 제반사항에 대한 정보를 고객에게 알리도록 하고 있다. 즉, 투자자문업자 등록부의 공람, 표지의 게시의무, 허위 및 과장광고의 규제, 계약체결 전후의 서면교부, 영업보고서의 공개, 감독처분의 공고 등이 규정되어 있다. 한편, 자율규제단체인 증권투자자문업협회에 관한 규정을 두고 세부적 규제나 업무운용의 처리에 관하여 그 규제를 위임하기 위한 법적 근거를 마련하고 있다.

## 4.4 우리나라의 투자자문업

우리나라에서 투자자문업에 대한 정의는 1987년 증권거래법에 다음과 같이 규정되어 있다. 투자자문업(投資諮問業)이라 함은 유가증권의 가치 또는 유가증권에 대한 투자판단(투자대상이 되는 유가증권의 종류, 종목, 수량 및 가격과 매매의 구분, 방법 및 시기 등에 대한 판단을 말한다)에 관하여 구술(口述).문서(文書) 기타의 방법으로 조언하는 영업을 말한다. 그러나 불특정다수인을 대상으로 하여 발행되고 불특정다수인이 수시로 구입가능한 간행물 또는 통신물 중 증권관리위원회가 정하는 기준에 해당하는 것에 의한 조언은 투자자문업의 적용대상에서 제외한다.

1984년 이전 우리나라에 투자자문만을 전업(專業)으로 하는 회사는 없었고, 증권회사가 위탁매매를 하는 과정에서 무보수의 부수적 서비스업무로서 고객에 대한 투자상담이나 자료제공 등을 하고 있었는데, 1984년 Korea Fund의 설립을 계기로 대우경제연구소가 처음으로 투자자문업을 시작하였다. 우리나라 경제의 흑자기조(黑字基調)의 정착과 더불어 금융자산이 늘어나고, 증권시장의 활황으로 증권시장에 대한 일반 국민들의 관심이 높아지면서 무분별한 투자조언이나 간행물을 발간, 배포하는 사례가 늘어나고 있어 증권시장의 건전한 투자풍토조성과 투자자보호를 위하여 이에 대한 적절한 규제가 필요하게 되었다. 이에 1987년 11월 28일 제9차 증권거래법 개정 시 투자자문업(투자자문업)을 도입 규정하였다.[11]

그런데 2009년 소위 자본시장통합법이라는 '자본시장과 금융투자업에 관한 법률'에서는 금융투자업을 6가지로 분류하였는 데 그 중에 투자자문업과 투자일임업이 과거 투자자문업의 범주에 속하는 것이다.[12] 이 법에 의하면 투자자문업은 금융투자상품의 가치 또는 금융투자상품에 대한 투자판단(종류, 종목, 취득 · 처분, 취득 · 처분의 방법 · 수량 · 가격 및 시기 등에 대한 판단)에 관한 자문에 응하는 것이며, 투자일임업은 투자자로부터 금융투자상품에 대한 투자판단의 전부 또는 일부를 일임받아 투자자별로 구분하여 금융투자상품을 취득 · 처분, 그 밖의 방법으로 운용하는 것을 영업으로 하는 것이다. 따라서 투자자문업에는 일임매매가 포함되지 않고 있다.

우리나라에서는 2000년대 초반 투자자문업이 활황을 보기이도 하였으나 아직까지 투자자문업이 발달하지 못한 이유를 들면 다음과 같다. 첫째, 개인금융자산의 규모가 작아 증권투자수요가 부족하다. 둘째, 연금기금과 같은 기관투자자들의 발달이 늦었으며, 그 규모가 작고 기금의 주식투자비중도 낮다. 셋째, 투자자문업을 수행할 수 있는 전문가의 양성이 없었고 넷째, 증권 산업 전반에 관한 이

---

11) 법률용어사전, 이병태, 2010.1.15, 법문북스

12) 자본시장통합법에서는 금융투자업을 다음과 같이 분류하고 있다.

① 투자매매업 : 누구의 명의로 하든지 자기의 계산으로 금융투자상품의 매도 · 매수, 증권의 발행 · 인수 또는 그 청약의 권유, 청약, 청약의 승낙을 영업으로 하는 것

② 투자중개업 : 누구의 명의로 하든지 타인의 계산으로 금융투자상품의 매도 · 매수, 그 청약의 권유, 청약, 청약의 승낙 또는 증권의 발행 · 인수에 대한 청약의 권유, 청약, 청약의 승낙을 영업으로 하는 것

③ 집합투자업 : 집합투자를 영업으로 하는 것으로서 집합투자란 2인 이상에게 투자권유를 하여 모은 금전 등 또는 「국가재정법」 제81조에 따른 여유자금을 투자자 또는 각 기금관리주체로부터 일상적인 운용지시를 받지 아니하면서 재산적 가치가 있는 투자대상자산을 취득 · 처분, 그 밖의 방법으로 운용하고 그 결과를 투자자 또는 각 기금관리주체에게 배분하여 귀속시키는 것을 말한다.

④ 투자자문업 : 금융투자상품의 가치 또는 금융투자상품에 대한 투자판단(종류, 종목, 취득 · 처분, 취득 · 처분의 방법 · 수량 · 가격 및 시기 등에 대한 판단)에 관한 자문에 응하는 것

⑤ 투자일임업 : 투자자로부터 금융투자상품에 대한 투자판단의 전부 또는 일부를 일임받아 투자자별로 구분하여 금융투자상품을 취득 · 처분, 그 밖의 방법으로 운용하는 것을 영업으로 하는 것

⑥ 신탁업 : 신탁을 영업으로 하는 것

해부족 및 불신이 팽배해 있다.

Learning Cafe 6

### 투자자문업계 구조조정

유럽 재정위기 등으로 영업환경이 크게 악화된 투자자문업계가 본격적인 구조조정에 돌입했다. 대형 자문사가 생존을 위해 합종연횡에 나서는가 하면 신설사가 견디다 못해 자진 청산하는 일까지 벌어지고 있다. 제2의 '박현주 신화'를 꿈꾸고 자문사로 떠났던 증권·운용업계 인력들이 제자리로 돌아가는 인력회귀 현상도 나타나고 있다.

업계는 주요 수익원인 자문형랩 시장이 크게 침체된 데다 이렇다 할 새 먹거리도 없어 합종연횡이나 청산하는 자문사들이 더욱 늘어날 것이란 전망이다.

(중략)

업계관계자는 "자문형랩[13] 열풍이 급격히 식으면서 자문업만으로는 더 이상 승산이 없다고 본 것"이라며 "그만큼 자문업계의 수익구조가 열악하다는 반증"이라고 말했다.

구조조정과 인력회귀 현상으로 자문업계 전체 인력은 감소세로 돌아섰다. 실제 금융투자협회에 등록된 자문사 수는 2011년 9월 133개에서 2012년 9월 143개로 늘었지만 같은 기간 업계 전체 인력은 1411명에서 1378명으로 오히려 줄었다.

한 자문사 사장은 "2009년 자문형랩 열풍으로 신설사들이 우후죽순 생겨나면서 자문업의 수익성이 크게 악화됐다"며 "쉽게 생겨난 만큼 쉽게 떠나는 회사와 인력들이 속출할 것"이라고 말했다.

자본시장의 밑거름인 자문업계가 업황악화로 흔들리면서 자문, 일임서비스의 질적 저하는 물론 자본시장의 창의성과 경쟁력 저하를 우려하는 목소리도 높다.

또 다른 업계관계자는 "전문인력들이 계속 빠져나가면 자문, 일임서비스는 질적으로 후퇴할 수밖에 없다"며 "진입장벽을 높이고, 사업구조를 다각화하는 자문업 발전 정책이 시급하다"고 지적했다.

출처: 머니투데이 기사, 2013.1.2.

13) 자문형 랩(wrap)은 운용사에 큰 폭의 자율권이 부여된 일종의 사모펀드로 자산편입 비율 등에 규제가 있는 펀드와 달리 시장 상황에 따라 주식, 채권 등 여러 상품에 자율적으로 투자할 수 있다. 자문형 랩의 금융자산관리사는 투자에 대한 조언과 자문의 역할만 할 뿐, 실제 주문은 고객이 직접 해야 한다. 2001년 2월 5일에 금융감독원이 우리나라에서의 자문형 랩 판매를 승인하였다.

## 연습문제

1. 투자회사의 순자산가치를 계산하는 방법을 설명하라.

2. 개방형 투자회사와 폐쇄형 투자회사의 차이를 설명하라.

3. 계약형 투자신탁과 회사형 투자신탁을 비교하라.

4. 이익주주와 자본주주의 이해관계 차이는?

5. 투자신탁의 기능을 설명하라.

6. 어떤 연금기금의 관리자가 포트폴리오를 평가하고 있다. 매입, 매도에 드는 거래비용이 각각 0.5이고, 어느 한 증권에의 투자비율이 5%이하로 규정되어 있으며, 공매 또한 규제되어 있다. 이 연금기금의 현재 포트폴리오 구성과 한계적합성(거래비용 차감전)이 다음과 같다고 할 경우 포트폴리오의 적합성을 높일 수 있는 스왑을 할 수 있는가? 단, 거래는 다음 다섯 개의 증권에 한한다.

| 증권 | 투자비율 | 한계적합성 |
|---|---|---|
| 고려 | 5.0 | 12.3 |
| 서울 | 3.0 | 9.1 |
| 연세 | 2.1 | 9.5 |
| 공주 | 4.0 | 9.8 |
| 목원 | 0 | 5.2 |

7. 적극적 투자관리와 소극적 투자관리를 비교 설명하라.

8. A씨는 2013년 1월 15일 비용평균법을 이용하여 매 두 달마다 세 개의 증권에 각각 21,000원씩을 투자하였다. 1년 후인 2014년 1월 15일에 보유하고 있는 모든 주식을 매도하였다고 하자. 다음 표는 거래시점에서의 3증권의 가격을 나타낸다.

|  | 고려기업 | 서울기업 | 연세기업 |
|---|---|---|---|
| 2013년 1월 15일 | 200원 | 3,500원 | 500원 |
| 3월 15일 | 300 | 2,100 | 1,000 |
| 5월 15일 | 500 | 1,500 | 2,100 |
| 7월 15일 | 600 | 1,400 | 3,500 |
| 9월 15일 | 700 | 1,000 | 2,100 |
| 11월 15일 | 1,000 | 700 | 1,000 |
| 2014년 1월 15일 | 1,400 | 500 | 500 |

(1) 각각의 증권에 대한 주당평균비용은?

(2) (1)에서 계산한 주당평균 비용은 주당평균가격보다 낮은가?

**9.** 다음 뮤추얼펀드의 자료를 보고 물음에 답하여라.

| 포트폴리오 | 수익률 | 표준편차 | 베타계수 |
|---|---|---|---|
| 1 | 0.0710 | 0.1360 | 0.8112 |
| 2 | 0.0811 | 0.1125 | 0.7619 |
| 3 | 0.0399 | 0.2931 | 1.2807 |
| 4 | 0.1135 | 0.1285 | 0.7333 |
| 5 | 0.1669 | 0.3501 | 1.8360 |
| 종합주가지수 | 0.0866 | 0.1400 | 1.0000 |
| 정기예금이자율 | 0.041 | – | – |

(1) 각각의 포트폴리오에 대한 샤프의 투자성과지표(*RVAR*)를 구하라.

(2) 각각의 포트폴리오에 대한 *RVOL*을 구하라.

(3) 각각의 포트폴리오에 대한 젠센의 성과척도를 구하라.

(4) 위의 세 가지의 성과척도를 비교하라.

(5) 파마의 초과수익을 각각의 포트폴리오에 대해 구하라.

(6) 총선택능력과 순선택능력을 계산하라.

(7) 불완전분산에 따르는 손실을 계산하라.

**10.** *CML*을 이용한 투자성과평정과 *SML*을 이용한 투자성과평정기법을 비교 설명하라.

**11.** 투자자문업의 기능을 알아보자.

C·H·A·P·T·E·R 14

# 행태재무와 투자이론

경제이론은 인간의 합리성에 대한 믿음에서 출발한다. 하지만 우리의 일상 생활과 투자 행태를 성찰하는 행태경제학(behavioral economics) 또는 행태재무는 이런 믿음을 흔들고 있다. 가장 냉철한 이성이 지배할 것 같은 금융시장에서 조차 사람들은 감정에 휘둘려 변덕스럽고, 충동적이고, 근시안적이고, 셈에 서투르고, 자기 과신에 빠져 어처구니 없는 실수를 저지른다. 그런 인간을 있는 그대로 볼 때 현실의 정글경제에서 벌어지는 온갖 이상 현상들을 이해할 수 있다.

–장경덕, '정글경제엔 어떤 인류가 살까', 정글경제의 원리 중에서–

전통적 재무이론 내지 투자이론은 기본적으로 시장의 효율성과 위험-수익 상치관계, 그리고 차익거래 기회의 존재를 기본 전제로 하여 설명한다. 특히 효율적 시장가설에 의하면 두 가지 중요한 예상을 하게 한다. 하나는 증권의 가격은 시장에서의 이용가능한 정보가 무엇이 되든간에 적절히 반영될 것이라는 점이고, 또 하나는 즉시 반영되기 때문에 적극적인 투자가들도 그렇지 않은 투자가들보다 더 나은 초과수익을 얻기는 어렵다는 주장이다. 이처럼 전통적 재무이론에 의하면 투자가들은 충분히 합리적이라고 전제하지만 비교적 새로운 최근의 사고방식인 행태재무이론에서는 투자가들이 합리적이지 않을 수 있는 여러 가지의 가능성과 이유를 제시하면서 자본시장에서의 이례 현상들을 설명하려는 시도를 하고 있다. 더욱이 투자가들이 합리적인 경우라 하더라도 현실적으로 차익거래의 제한이 있는 경우라면 가격의 비효율성은 지속가능할 수 있다는 주장도 있다. 이하에서는 이러한 투자가들의 비합리적 행동의 원인이나 차익거래를 제한하는 요인들에 대하여 살펴보고 이것이 기존의 전통적 재무이론의 틀 안에서는 설명하지 못하는 여러 이상현상들의 설명을 위한 시사점을 찾아보고자 한다. [그림 14-1]은 LexisNexis가 제공하는 조사결과로, 이는 1991년 이후 Shiller-Thaler가 행태재무에 관한 세미나를 매년 개최한 이후에 '행태재무'와 '효율적 시장' 어휘의 주요 논문 등에서의 언급된 회수(scaled word counts for "behavioral finance" and

**그림 14-1 행태재무 및 효율적 시장의 어휘 언급회수 추이(1985-2006)**

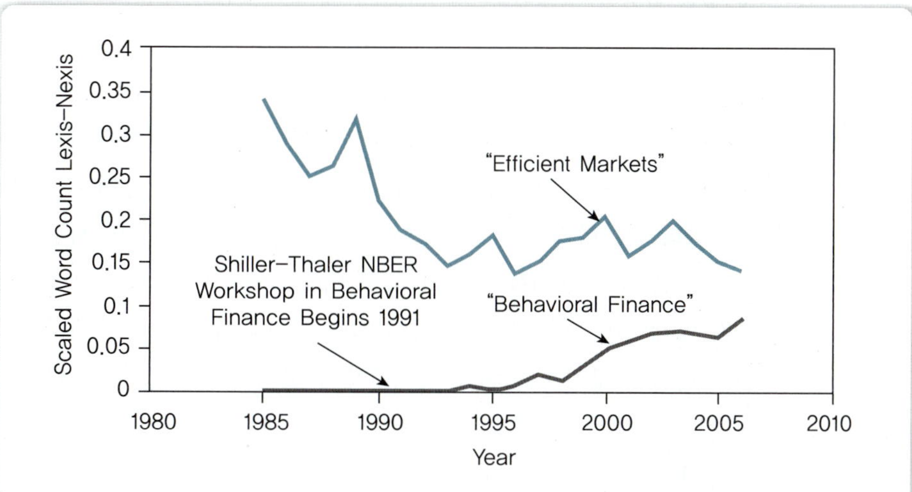


자료: Robert J. Shiller의 홈페이지.

"efficient markets")의 연도별 추이를 보여주는 것으로서 행태재무가 꾸준히 증가하고 있는 반면 효율적 시장은 감소하는 추세를 반영하여 주고 있다.

## 제 1 절 배경 설명

앞 장까지의 재무이론에서 명시적, 혹은 암묵적으로 가정하고 있던 사실은 개별 경제 주체가 충분히 '합리적'이라는 점이었다. 여기에서 합리적이라는 말은 두 가지 의미가 있는데, 첫째는 개별 경제 주체가 새로운 정보를 받아들일 때 베이즈 법칙(Bayes' rule)을 따른다는 뜻이고 둘째는 개별 경제 주체가 위험회피적(risk aversion)이면서 그들의 선택이 기대효용극대화(expected utility maximization)에 의해 설명된다는 뜻이다. 이는 신고전파 경제이론의 경제주체에 대한 기본 가정과 일치한다.

그러나 Kahneman and Tversky(1979)의 대표적인 연구를 비롯한 심리학의 많은 연구에 따르면 현실의 사람들은 위와 같은 의미의 합리성을 갖지 않는 것으로 보인다. 이를 바탕으로 경제학에서도 고전파 경제학의 합리성 가정을 비판하는 행태경제학(behavioral economics)이 대두하였으며, 전망이론(prospect theory) 등의 행태경제학이론들은 기존의 합리성 가정하에서 설명할 수 없는 사람들의 행동에 대한 설명을 시도하고 있다.

이러한 심리학적 발견들은 합리성 가정하에서 전개되어 온 재무이론이 과연 현실에 맞는가에 대한 의문을 제기한다. 사실 합리적이지 않은 개인에 대한 논의는 행태경제학의 대두보다 더 오랜 역사를 가진 재무이론의 주제 중 하나였다. 이와 관련된 유명한 연구인 Friedman(1953)에 따르면 시장에 비합리적인 사람들이 존재하더라도 합리적인 사람들이 충분히 많다. 비합리적인 사람에 의해 나타나는 가격왜곡(mispricing)을 차익거래(arbitrage) 한다면 시장 전체의 이상현상은 나타나지 않게 된다. 이는 시장에 합리적인 사람들이 충분히 존재하면 일부 비합리적인 사람들을 무시하고 전체 경제주체가 합리적이라고 가정하더라도 문제가 없다는 것을 의미한다. 이것은 재무이론이 경제주체의 합리성을 바탕으로 전개하는 것에 대한 이론적 배경이 된다.

하지만 De Long et al.(1990), Shleifer and Vishny(1997) 등을 비롯한 일련의 연

구들은 현실에서 Friedman이 주장했던 차익거래 메커니즘이 작동하지 않을 가능성이 있음을 보이고 있으며 이는 여러 가지 증거들에 의해 뒷받침되고 있다. 이는 앞의 심리학적 발견과 더불어 기존의 재무이론과 다른 새로운 재무이론의 필요성을 이야기해 준다.

행태재무학(Behavioral Finance)은 각 개인이 충분히 합리적이지 않을 수 있다는 심리학적 발견과 이러한 비합리적 개인의 존재가 시장전체에 영향을 끼칠 수 있다는 사실을 두 축으로 하여 재무현상을 바라보는 이론을 말한다. 행태재무학은 많은 분야의 다양한 현상들을 설명하는데 이용될 수 있으며 그 범위도 무궁무진하다. 물론 이를 모두 다루는 것은 불가능할뿐더러 이 책의 목적과도 맞지 않으므로 이번 장에서는 행태재무학의 이론적 기초를 간략히 설명하고 이를 바탕으로 현실의 이상현상을 설명하는 예시를 몇 가지 소개하며, 마지막으로 행태재무학의 의의 및 한계, 그리고 앞으로의 전망을 이야기할 것이다.

# 제 2 절 행태재무학의 이론적 토대

## 2.1 심리학적 토대

앞서 언급했듯 재무이론에서 말하는 합리성에 대한 가정은 베이즈 법칙에 의한 정보갱신과 위험회피자의 효용극대화 행동으로 요약될 수 있다. 이는 곧 사람이 '정보를 어떻게 처리하는가?'와 '주어진 정보하에서 어떻게 행동하는가?'에 대한 가정으로 볼 수 있는데, 심리학의 연구결과들에 따르면 사람은 이 두 가지 측면에서 모두 경제적 합리성과 다른 모습을 보인다. 먼저 사람이 '정보를 어떻게 처리하는가?'와 관련한 오류로 흔히 언급되는 것은 자신과잉(overconfidence), 보수성(conservatism), 대표성(representativeness)의 오류 등이 있다.

**자신과잉(overconfidence)** : 자신과잉이란 사람들이 자신의 판단에 지나친 확신을 하는 경향을 일컫는다. 기존 실증연구에 따르면 사람들에게 자신의 예상에 대한 신뢰구간을 제시하도록 요구하면 굉장히 좁은 신뢰구간을 제시하는 경향이 있는데, 사람들이 98% 신뢰구간이라고 생각하는 수준은 실제로는 대략 60% 신뢰구간에 지나지 않았다. 스웨덴에서 있었던 한 설문조사에서 90%의 운전자들이 자신이 평균보다 더 뛰어난 운전실력을 갖추고 있다고 답했다는 사실은 자신과잉이 널리 나타나는 현상임을 보여주는 좋은 예이다. 이러한 자신과잉 경향은 금융시장에서도 볼 수 있는데, Barber and Odean(2001)의 연구에 따르면 남성이 여성에 비해 훨씬 빈번하게 자산을 사고파는 것으로 나타난다. 이는 남성이 여성보다 자신과잉 경향이 더 높다는 일반적 연구결과와 일치한다.

**보수성(conservatism)** : 보수성이란 사람들이 자신의 믿음을 쉽게 바꾸지 않는 경향을 일컫는다. 이는 베이즈 법칙으로 보면 사람들이 데이터로부터 새롭게 얻은 정보보다 자신이 가진 선입견을 더 중시하는 경향이 있다는 것을 뜻한다.[1) ]Edwards(1968)의 실험이 이를 잘 보여주는데, 실험의 절차는 다음과 같다. 먼저 실험자는 두 개의 상자를 준비하여 첫 번째 상자에는 7개의 빨간 공과 3개의 파란 공, 다른 하나에는 3개의 빨간 공과 7개의 파란 공을 넣는다. 그리고 하나의 상자를 선택해서 12개의 공을 뽑는데(단 뽑은 공은 다시 넣는 것으로 한다) 8개의 빨간 공과 4개의 파란 공이 나왔다면 선택한 상자가 첫 번째 상자일 확률은 얼마인지 묻는 것이 실험의 내용이다. 이러한 질문을 받으면 사람들은 평균적으로 0.7에 가까운 값을 대답하는데 베이즈 법칙에 따른 실제 확률은 0.97이다.[2)] 이러한 결과는 원래 가지고 있던 두 상자 중에 하나(=0.5)라는 선입견이 데이터로부터 나온 정보보다 과도하게 중시되었기 때문에 나타난 결과이다. 이는 금융시장에서 모멘텀(momentum) 효과를 설명하는데 이용될 수 있는데, 어떤 회사에 대해 새롭게 주어진 정보가 즉각적으로 반영되지 않고 서서히 반영될 가능성을 이야기하고 있기 때문이다.

**대표성(representativeness)** : 대표성의 오류란 주어진 대표적인 정보만으로 전체를 판단하는 오류를 일컫는다. Kahneman and Tversky(1974)에 의해 제시된 '린다의 문제(Linda problem)' 는 대표성의 오류를 잘 보여주는 예시이다.

---

1) Bayes' Rule : $f(\theta|x) = \dfrac{f(x,\theta)}{f(x)} = \dfrac{f(x|\theta)f(\theta)}{f(x)}$, where $\theta$ : *Parameter*, $x$ : *data*

여기에서 $f(\theta)$는 주어진 모수에 대한 사전확률분포(선입견)를 의미하고, $f(x|\theta)$는 데이터로부터 새롭게 얻어지는 정보를 뜻한다.

2) $\dfrac{0.7^8 \times 0.3^4}{0.7^8 \times 0.3^4 + 0.3^8 \times 0.7^4} = 0.9673$

린다는 31세의 독신여성으로, 매우 총명하고 솔직하며 철학을 전공했다. 학생 시절에 그녀는 인종차별과 사회정의 문제에 깊은 관심이 있었으며 핵 반대 시위에 참여하기도 했다. 린다의 직업은 무엇인지 가능성을 추측해 보라.

1) 은행원

2) 여성운동에 적극적인 은행원

위와 같은 질문을 받았을 때 많은 사람은 2)번을 선택한다. 하지만 2)에 속하는 사람은 1)에도 속하기 때문에 가능성이 더 높은 것은 1)번일 수밖에 없다. 사람들이 이러한 선택을 하는 이유는 인종차별과 사회정의 문제에 깊은 관심이 있었다는 사실을 여성운동과 연관지어 생각하기 때문이다.이는 어떤 대상이 어떠한 부류의 특성을 가지고 있으면 곧바로 대상이 그 부류에 속한다고 생각하는 경향 때문에 나타나며 이러한 경향을 대표성 휴리스틱이라 부른다.

동전 던지기에서 앞면이 5번 연속으로 나오면 다음에는 뒷면이 나올 것으로 생각하는 도박사의 오류(gambler's fallacy)는 대표성의 오류가 나타나는 가장 전형적인 예시이다. 표본과 모집단이 가지는 공통적인 특성 때문에 작은 표본도 전체 모집단을 대표해야 한다고 생각하는 것이다. 이러한 경향 때문에 사람들은 적은 표본에서 지나치게 빨리 판단을 내리는 모습을 보이기도 한다. 예컨대 주식시장에서 3~4번 연속으로 성공한 애널리스트를 두고 좋은 애널리스트라고 부르는 것이 대표적이다.

이처럼 사람들은 정보를 처리하는 과정에서 충분히 합리적이지 않은 모습을 보인다. 즉 사람들이 주어진 정보를 바탕으로 자신이 생각하는 확률분포를 생성하고 이에 근거하여 효용극대화 행동을 한다고 했을 때, 생성된 주관적인 확률분포와 정보에 내포된 확률분포가 다른 것이다. 그리고 이는 결국 서로 다른 효용극대화 행동으로 이어진다.

더 나아가 설령 합리적으로 정보를 받아들였다고 하더라도 '주어진 정보하에서 어떻게 행동하는가' 에 대한 사람들의 대답이 항상 기대효용극대화인 것은 아니다. 기대효용이론의 이론적 배경은 Von Neumann and Morgenstern(1944)까지 거슬러 올라가는데, 이들은 만약 사람들의 선호체계가 몇 가지 공리[3]를 만족한다면 사람들의 선호를 기대효용극대화로 설명할 수 있음을 보였다. 기대효용이론은

3) 완비성(Completeness), 이행성(Transitivity), 연속성(Continuity), 독립성(Independence)

공리에서 출발하면서도 실제 사람들의 선택을 많은 부분 설명할 수 있기 때문에 불확실성이 있는 상황을 분석할 때 유용한 도구가 되어왔으며, 지금까지도 널리 쓰이고 있다.

기대효용이론이 불확실성이 있을 때의 선택을 분석하는 유용한 도구인 것은 맞지만, 이 사실이 사람들의 행동을 기대효용이론으로 설명할 수 있음을 보장하지는 않는다. 기대효용이론이 나온 후 이루어진 많은 연구에 따르면 때때로 사람들은 기대효용이론으로 설명할 수 없는 선택을 하기도 한다.[4] 이러한 연구결과를 바탕으로 기대효용이론과는 다른 불확실성이 있을 때의 선택모형들이 많이 등장했는데 가장 대표적인 이론이 전망이론(prospect theory)이다.

**전망이론(prospect theory)** : Kahneman and Tversky(1979)에 의해 처음 주장된 전망이론은 불확실성 아래의 선택과 관련해 나타나는 일련의 특이현상들을 설명하기 위해 만들어졌다. 그 중 첫째로 들 수 있는 것은 확실성효과(certainty effect)인데, 이는 사람들이 확실한 결과(확률 1로 일어나는 결과)에 기대효용이론으로 설명할 수 없는 높은 가중치를 매기는 경향을 말한다. 예컨대 많은 사람들은 3000원을 1의 확률로 받는 것을 4000원을 0.8의 확률로 받는 것보다 선호하면서 동시에 4000원을 0.2의 확률로 받는 것을 3000원을 0.25의 확률로 받는 것보다 선호한다. 이를 기대효용이론으로 설명하면 다음의 두 식이 만족됨을 의미한다.

$$u(3000) > 0.8 \times u(4000)$$
$$0.25 \times u(3000) < 0.2 \times u(4000)$$

아래의 식에 4를 곱하면 위의 식과 같아지므로 이는 모순이다. 이 결과는 사람들이 같은 20%의 차이지만 0.8과 1의 차이를 0.2와 0.25의 차이보다 더 크게 느끼기 때문에 발생하는 것이라 볼 수 있다.

두 번째 특이현상은 반사효과(reflection effect)이다. 이는 사람들의 위험에 대한 태도가 손실과 결부되었는지 이익과 결부되었는지에 따라 달라지는 현상을 말한다. 예컨대 1000원을 0.5의 확률로 받는 것보다 500원을 1의 확률로 받는 것을 선호하는 사람들도 이것이 손실과 결부되면 위험에 대한 태도가 완전히 바뀌는 경우가 많다. 즉 1000원을 0.5의 확률로 잃는 것을 500원을 1의 확률로 잃는 것보다 선호하는 것이다. 이는 기대효용이론에서 가정하는 오목한 효용함수의 틀로는

4) 대표적으로 '알레의 역설(Allais' paradox)'을 참조하라.

설명하기 어려운 결과이다. 왜냐하면, 오목한 효용함수를 가진 사람은 언제나 위험회피적이어야 하기 때문이다.

한편 많은 경우 사람들은 보통 이익상황에서 위험회피적이고 손실상황에서 위험선호적인 태도를 보이나 연관된 확률이 매우 낮을 때 반대의 모습을 보이기도 한다. 예컨대 5,000원을 0.001의 확률로 얻는 복권을 5원보다 선호하면서 동시에 5,000원을 0.001의 확률로 잃는 내기에 참여하기보다는 5원을 내는 편을 선택하는 것이다. 이러한 효과는 보험에 가입하면서 동시에 복권을 사는 행위에 대한 설명이 될 수 있다.

세 번째 특이현상은 준거점효과(Reference effect)이다. 기대효용이론에서는 효용이 최종적인 상태에 의해서만 결정되는데 비해 실제 사람들의 행동을 보면 효용이 기준점으로부터의 변화 때문에 결정되는 것처럼 보인다. 즉 효용에 영향을 미치는 것은 재산의 최종적인 크기가 아니라 재산의 변화라는 것이다. 예컨대 재산의 수준에 관계없이 0.5의 확률로 110원을 얻고 0.5의 확률로 100원을 잃는 내기에는 참여하지 않는 사람이 현실에는 충분히 있을 수 있다. 이는 이 사람이 내기의 가치를 평가할 때 현재 자신의 재산은 기준점으로 두어 고려하지 않고 내기가 만들어내는 이익과 손해만 비교하기 때문이다. 그러나 기대효용이론에서는 내기의 가치를 평가할 때 재산의 최종적인 크기를 기준으로 하기 때문에 현재 자신의 재산 수준이 어느 정도인가가 중요한 역할을 할 수밖에 없다. 예컨대 재산이 1,000원일때의 추가적인 150원과 5,0000원일때의 추가적인 150원은 그 효용이 완전히 다른 것이다. Rabin(2000)에 따르면 모든 재산 수준에서 위의 내기를 받아들이지 않는 사람은 재산 수준에 관계없이 충분히 위험회피적이어서 기대효용이론에 따르면 0.5의 확률로 2천만원을 얻고 0.5의 확률로 1,000원을 잃는 내기까지도 역시 거절해야 하는데, 이는 직관적이지 않다.[5]

기대효용이론이 설명할 수 없는 이러한 특이현상들을 설명하기 위한 전망이론의 기본골격은 다음과 같다. $p$의 확률로 $x$를 얻고 $q$의 확률로 $y$를 얻는 복권을 $(x, p;y, q)$라고 나타낼 때 이 복권의 가치는 다음과 같이 주어진다.

$$V(x, p;y, q) = \pi(p)v(x) + \pi(q)v(y)$$

---

5) 직관적으로 연속적이고 오목한 효용함수를 가진 사람이 위의 내기를 모든 재산 수준에서 거절하려면 효용함수가 모든 점에서 굉장히 오목해야 하고 이는 매우 극단적인 위험회피성향을 나타내기 때문이다.

그림 14-2 전망이론의 가치함수

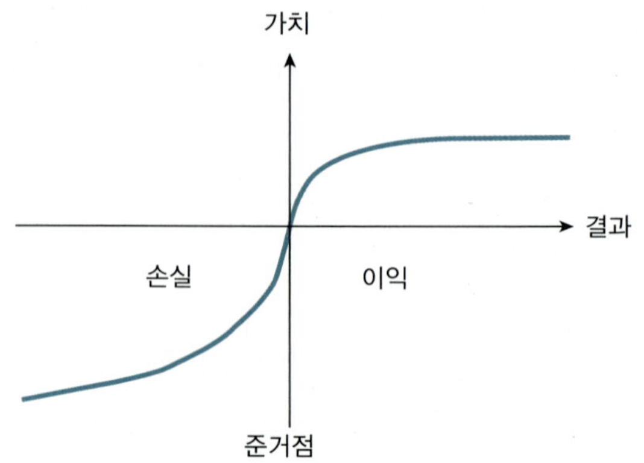


그림 14-3 전망이론의 확률가중치 함수

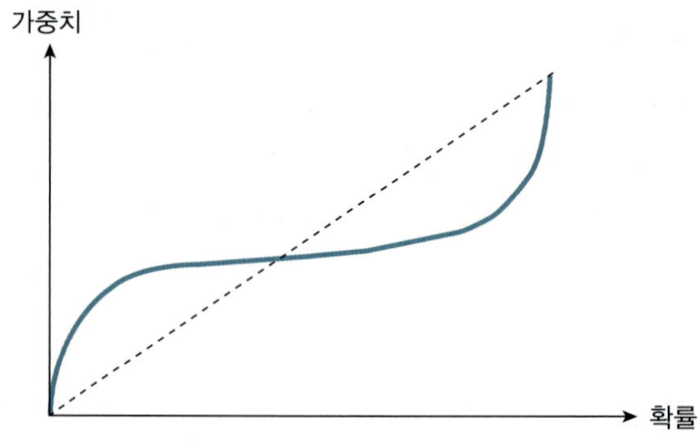


여기에서 $v$는 각 결과에 대해 정의된 함수이고 $\pi$는 가중치 함수이다. 위의 식에 의해 계산된 복권의 가치는 기대효용이론에서의 효용수준에 상응하는 것이다. 이 식이 기대효용이론과 다른 점은 가치함수 $v$에 들어가는 값이 절대적인 재산의 크기가 아니라 기준점에서의 변화라는 점과 가치평가에 객관적인 확률 그 자체를 사용하지 않고 다른 가중치를 사용한다는 점이다. 이를 통해 다양한 현상들에 대한 설명이 가능한데, 일련의 특이사항들로부터 도출할 수 있는 함수 $v$, $\pi$의 형태는 다음과 같다.

[그림 14-3]의 가치함수의 특징은 이익상황에서는 오목함수이고 손실상황에

서는 볼록함수라는 점이다. 이러한 형태의 가치함수를 통해 이익상황에서는 위험회피적이면서 손실상황에서는 위험선호적인 사람들의 행태를 설명할 수 있는데 함수의 모양뿐 아니라 기울기에서도 차이가 나서, 많은 연구결과에 따르면 가치함수는 손실상황에서 더 가파른 모습을 보인다. 이는 사람들이 이익을 좋아하는 것보다 손실을 싫어하는 경향이 더 크다는 것을 뜻하는데 이를 손실회피(loss aversion)라 부른다. [그림 14-2]의 확률가중치 함수의 특징은 낮은 확률은 과대평가하고 높은 확률은 과소평가하다가 확실한 확률 1에서 확률과 확률가중치가 일치하게 된다는 점이다.[6] 이러한 확률가중치 함수를 도입하면 보험에 가입하면서 복권을 사는 행동에 대한 체계적인 설명이 가능한데, 보험에 가입하는 사람은 사고가 날 작은 확률을 과대평가하여 손실구간에서 가치함수가 볼록한데도 보험에 가입하고, 동시에 복권에 당첨될 확률 역시 과대평가하여 이익구간에서 가치함수가 오목함에도 복권을 구매하게 된다.

전망이론처럼 기대효용이론에 대한 대안을 제시하고 있는 것은 아니나, 틀짜기 효과(framing effect) 및 모호성 회피(ambiguity aversion) 등도 많이 언급되는 특이현상들이다.

**틀짜기 효과(framing effect)** : 틀짜기 효과란 같은 대안에 대해서라도 어떻게 설명하는가에 따라 사람들의 선택이 달라지는 효과를 뜻한다. 틀짜기 효과의 대표적인 예 역시 Kahneman and Tversky(1979)에 의해 제시되었는데, 어떤 질병이 발생해서 아무런 대책이 없을 때 600명이 사망하게 되는 상황을 가정한 채, 사람들에게 다음의 대안 $A$,$B$ 중 하나, $C$,$D$ 중 하나를 선택하도록 요구하였다.

대안 $A$ : 100%의 확률로 사망자 200명 감소
대안 $B$ : 1/3의 확률로 사망자 600명 감소, 2/3의 확률로 사망자를 줄일 수 없음
대안 $C$ : 100%의 확률로 400명 사망
대안 $D$ : 1/3의 확률로 아무도 죽지 않고 2/3의 확률로 600명 사망

대안 $A$와 $C$, $B$와 $D$는 같은 정책임에도 72%의 사람들은 $A$를 선호하였고 동시에 78%의 사람들이 $D$를 선호하였다. 이는 같은 정보를 갖고 있더라도 이것을 어

6) 높은 확률에 대한 과소평가에 대해서는 Thaler(1994)의 '승자의 저주'를 참조하라.

떻게 전달하느냐에 따라 사람들의 행동이 달라짐을 뜻하는 것이다.

**모호성 회피(ambiguity aversion)** : 지금까지의 논의는 객관적 확률이 알려진 불확실성 하에서의 선택에 초점을 맞추고 있었다. 그러나 현실에서는 객관적인 확률이 알려진 경우가 오히려 드문데 Ellsberg(1961)의 유명한 실험에 따르면 사람들은 확률분포가 알려지지 않은 상황을 회피하려는 성향을 보인다. '엘스버그의 역설(Ellsberg paradox)' 로 알려진 실험은 다음과 같다. 먼저 실험자는 두 개의 상자를 준비하는데, 2번 상자에는 50개의 빨간 공과 50개의 파란 공을 넣고 1번 상자에는 빨간공과 파란공을 합쳐서 100개를 넣는데 그 숫자는 알 수 없게 한다. 그 후 실험자는 사람들에게 다음의 두 복권 중 하나를 선택하도록 제시한다.

$a_1$ : 1번 상자에서 하나의 공을 꺼내서 빨간 공이면 100원을 얻음
$a_2$ : 2번 상자에서 하나의 공을 꺼내서 빨간 공이면 100원을 얻음

그 후 또다시 다음의 두 복권 중 하나를 선택하도록 제시한다.

$b_1$ : 1번 상자에서 하나의 공을 꺼내서 파란 공이면 100원을 얻음
$b_2$ : 2번 상자에서 하나의 공을 꺼내서 파란 공이면 100원을 얻음

많은 사람은 $a_2$, $b_2$ 조합을 선호하는데 이는 기대효용극대화의 측면에서 보면 모순이다. 왜냐하면, 전자의 복권에서 $a_2$를 선택했다는 것은 1번 상자의 빨간 공 비율이 0.5 이하라고 생각했다는 뜻이고 이는 곧 후자의 복권에서 $b_1$을 선택하는 것이 기대효용을 극대화하는 길이 되기 때문이다. 이러한 결과가 나온 까닭은 사람들이 확률분포가 알려지지 않은 2번 상자와 관련된 도박에 참여하기 싫어하는 성향이 있기 때문이며 이러한 성향을 모호성 회피라 부른다.

## 2.2 재무이론적 토대

지금까지 행태재무학의 밑바탕이 되는 심리학적 연구결과들을 살펴보았다. 하지만 경제적 합리성에 어긋나는 인간의 심리적 특성이 몇 가지 있다는 사실 자체가 행태재무학의 필요성을 담보하지는 않는다. 이를 살펴보기 위해서는 먼저 경

제적 합리성과 재무이론의 관계에 대해 개괄적으로 짚어볼 필요가 있다.

앞서 언급했던 것처럼 합리적 인간을 가정하고 그로부터 도출되는 재무이론이 과연 올바른가에 대한 의문은 행태경제학의 대두 이전부터 제기되었던 문제였다. 이러한 문제가 제기되었던 이유 중 하나는 합리적 인간을 가정하고 그로부터 최적행동을 도출해내는 과정이 너무나 복잡해 잘 훈련된 경제학자들조차 쉽게 풀 수 없었기 때문이다. De Bondt and Thaler(1995)에서는 이러한 문제에 대해 다음과 같이 기술하고 있다.

> 현재 재무학에서 사용하는 대표행위자(representative agent) 모형에서는 모든 사람이 샌디 그로스만처럼 똑똑하고 계량경제학자들처럼 미래를 예측한다고 가정한다. 대부분의 경제학자들이 자신의 주변사람들은 그렇지 않다는 사실에 동의하면서도 말이다.

그럼에도 합리적 인간을 바탕으로 한 재무이론이 발전한 이유는 이러한 비판에 대한 반론이 존재하기 때문이다. 이와 관련한 첫 번째 근거는 사람들이 경제학자들처럼 최적화 문제를 풀어서 행동하는 것은 아니지만 본능에 따라 최적행동을 하게 된다는 주장이었다. 예컨대 야구 외야수가 날아오는 공의 운동방정식을 풀어서 낙하지점을 예측하는 것이 아니고 새가 기체역학을 알아서 하늘을 나는 것이 아니듯 인간의 자연스러운 행동이 곧 '최적화 문제를 푼 것 같은' 결과로 이어진다는 것이다. 하지만 앞 절의 많은 심리학 결과들은 사람들의 자연스러운 행동이 최적화 문제를 푸는 것과 다르다는 사실을 밝혔고 이러한 합리화는 이제 더는 받아들이기 어려워졌다.

두 번째 근거로서, 이 문제에 대한 전통적이면서 가장 널리 받아들여지는 이론은 Friedman(1953)까지 거슬러 올라간다. 그는 비합리적인 개인이 있더라도 시장의 합리적 투자자들의 차익거래로 시장의 왜곡이 바로 없어질 뿐 아니라 그 과정에서 비합리적 개인들은 손해를 입고 시장에서 퇴출되기 때문에 고려하지 않아도 된다고 주장하였다. Friedman(1953)이 주장했던 차익거래 메커니즘을 대략 설명하면 다음과 같다. 만약 삼성전자의 적정 주가가 150만원이라고 하자. 이때 비합리적인 투자자들이 삼성전자의 미래 상황에 대해 잘못된 판단을 하여 주가가 100만원이 되어야 한다고 생각하고 주식을 팔기 시작했다고 하자. 그러면 합리적인 투자자들은 비합리적인 투자자들에 의해 가격이 내려간 삼성전자의 주식을 사고

이 주식이 가진 위험을 헤지(hedge)하기 위해 LG전자와 같은 주식을 공매도하는 차익거래를 한다. 이러한 합리적 투자자들의 차익거래를 통해 삼성전자의 주가는 다시 적정수준으로 회복된다는 것이 차익거래 메커니즘의 요지이다.

여기에서 적정가치란 물론 주어진 모든 정보를 활용하여 계산한 미래 기대 소득의 현재가치이며 주가가 적정가치를 반영한다는 가설을 효율적 시장가설(efficient market hypothesis)이라 한다. 위와 같이 합리적인 투자자가 충분히 존재하여 비합리적인 투자자에 의해 생기는 가격 왜곡에 대해 즉각적으로 반응하는 시장에서는 효율시장가설이 성립하게 된다. 이러한 논의를 바탕으로 실제 시장에서 효율시장가설이 성립하는가에 대한 많은 연구가 있었는데, 효율적 시장가설이 성립한다는 것은 차익거래 메커니즘이 현실에서 작동한다는 뜻이고 이는 합리적 인간을 가정한 재무이론이 현실에 들어맞는다는 것을 의미하기 때문이다.

현실에서 효율적 시장가설이 성립하는가에 대한 검증은 쉽지 않은데, 적정가치가 눈에 보이지 않기 때문이다. 따라서 대부분의 검증은 과연 시장에 초과수익 기회가 존재하는가에 초점을 맞추는데, 대표적으로 두 가지 접근법이 있다. 그 첫 번째는 어떤 특정한 전략(momentum, contrarian 등)을 사용했었다면 초과수익을 얻을 수 있었나 살펴보는 것이고, 두 번째는 실제 포트폴리오 매니저들이 초과수익을 얻고 있는가를 살펴보는 방법인데 어느 방법도 효율시장가설에 대한 완전한 결론에 도달하고 있지는 않다.

행태재무학자들은 이러한 일련의 연구들의 암묵적인 가정에 대해 의문을 던진다. 이들은 시장에 초과수익 기회가 없다는 사실이 가격이 적정가치를 반영한다는 사실을 보장해 주는지에 대해 의문을 제기한다. 만약 시장에서 차익거래 메커니즘이 잘 작동하고 있다면 가격이 적정가치를 반영한다는 것과 초과수익 기회가 없다는 것 사이에 필요충분조건이 성립하고, 초과수익 기회가 없다는 것을 검증하는 것이 곧 시장이 효율적임을 밝히는 것과 동치이므로 아무런 문제가 없다. 하지만 시장에서 차익거래에 제한이 있다면(limit to arbitrage) 가격이 적정가치를 반영하지 못하더라도 초과수익 기회가 존재하지 않을 수 있으며, 따라서 초과수익 기회가 없다는 사실이 시장이 효율적임을 보이는 것은 아니다. 인간의 합리성을 전제로 도출된 재무이론이 맞는가에 대한 대답은 가격이 적정가치를 반영하는가 그렇지 않은가에 의해서 판단하는 것이므로 따라서 위와 같이 초과수익이 있는지 없는지 검증하는 방법으로는 재무이론이 맞는지에 대한 여부를 판단할 수 없다.

이와 관련하여 일련의 연구들은 현실에서 차익거래에 제한이 있음을 밝히고 있으며, 이는 비합리적 투자자들의 존재가 가격을 왜곡시킬 가능성이 있음을 이야기한다. 이러한 연구들이 행태재무학의 다른 한 축이 되는데, 본 장에서는 먼저 차익거래에 제약을 가하는 요소들에 대해 살펴보고 이를 뒷받침하는 경험적 증거들을 살펴보도록 하겠다.

## 1. 이론적 연구

**근본적 위험(fundamental risk)** : 위의 예시에서 차익거래 메커니즘이 성립했던 중요한 이유는 삼성전자의 주식을 사는 것에 대해 LG전자의 주식을 파는 것이 충분한 헤지가 된다고 가정했기 때문이다. 그러나 현실에서는 아무리 상관관계가 높은 주식이라 하더라도 어느 한 주식이 다른 주식에 의해 완벽한 헤지가 되는 경우는 존재하지 않는다. 따라서 적정가치보다 낮은 가격으로 주식을 사들이고 이와 비슷한 주식을 파는 것으로 헤지를 하더라도, 이 포트폴리오는 현실에서 절대 차익거래 포트폴리오가 되지 못하며, 경우에 따라서는 상당히 위험한 포트폴리오가 되기도 한다.

**비합리적 투자자에 의한 위험(noise trader risk)** : De Long et al.(1990), Shleifer and Vishny(1997)등에 따르면 비합리적 투자자에 의해 적정가치보다 가격이 낮아진 주식을 사는 것은 단기적으로 더 안 좋은 성과를 낼 가능성이 있다. 비합리적 투자자들의 예측이 어느 정도의 오차를 보이는지, 또 그러한 잘못된 예측이 얼마나 지속될 것인지에 대해 알 수 없으므로 적정가치보다 낮은 가격으로 주식을 구매하더라도 단기적으로 가격이 더 내려가는 상황에 직면할 수 있다.

이러한 위험이 현실적으로 중요한 이유는 합리적인 투자자라고 말할 수 있는 사람들의 대부분은 포트폴리오 매니저들이기 때문이다. 이들은 대부분 자신의 자본으로 투자하는 것이 아니며 투자 성과에 대해 지속적으로 평가를 받고 그에 따른 보수를 받는다. 따라서 위와 같은 전략이 장기적으로 훌륭한 전략이라고 하더라도 단기적으로 위험하기 때문에 선택되지 못할 가능성이 있다. 좋지 않은 단기성과는 포트폴리오 매니저의 보수에 악영향을 끼칠 수 있을뿐더러, 더 나아가 성과를 바탕으로 매니저를 평가하는 투자자들이 투자금을 일찍 회수하는 결과로 이어질 수 있는 까닭이다.

**이행비용(implementation cost)** : 현실에서는 매매가격차이(bid-ask spreads)나 수수료 등의 거래비용이 존재하기 때문에 가격이 적정가치를 벗어나더라도 차익거래 기회가 발생하지 않을 수 있다. 특히 차익거래 메커니즘에서 공매도가 중요한 역할을 하는데 현실에서 공매도에는 여러 제약이 따른다. D' Avolio(2002)에 따르면 일반적으로 주식을 빌리기 위해서는 비용이 들며, 때로는 어떤 비용을 지불하더라도 주식을 빌리지 못하는 경우도 있다. 또한 연금이나 뮤추얼 펀드와 같은 경우 규약을 통해 공매도에 제한을 걸어놓는 경우도 많다.

**모형 위험(model risk)** : 앞서 언급했던 위험들은 적정가치를 정확하게 계산할 수 있는 상황에서 발생하는 위험들이지만 현실에서는 적정가치를 정확하게 계산하는 것 자체가 거의 불가능하다. 따라서 어떤 가격결정모형을 선택했는가에 따라 적정가치의 평가는 달라지며 부적합한 가격결정모형을 선택할 때 투자결과는 매우 좋지 않을 수도 있다. 이를 고려하여 보수적으로 투자전략을 세운다면 차익거래의 기회가 제한되는 것은 당연하다.

## 2. 경험적 증거들

이처럼 현실적으로 차익거래에 제한을 가할 수 있는 요소는 여러 가지 존재하며 현실에서의 차익거래란 비용과 위험이 존재하는, 엄밀한 의미에서는 차익거래라 부를 수 없는 투자전략인 경우가 많다. 그렇다면 실제로 이러한 요소들이 현실에서 차익거래를 제한하고 있다는 증거가 있을까? 원칙적으로 이를 검증하기 위해서는 주가가 적정가치와 같은지 다른지를 보아야 한다. 만약 주가가 적정가치와 다르다면 현실에서 차익거래 메커니즘이 작동하지 않는 것이고 이는 어떤 이유에서건 차익거래가 제한되고 있다는 증거이기 때문이다. 그러나 앞서 언급했듯 이를 직접 검증하는 것은 거의 불가능하다. 적정가치가 눈에 보이지 않는 까닭이다. 만약 이를 검증하려면 어떤 특정한 가격결정모형을 사용하여 적정가치를 도출하고 이를 가격과 비교하는 방식으로 할 수밖에 없다. 그런데 이러한 방식은 본질적으로 복합가설검정이기 때문에 가설이 기각되더라도 어떠한 가설을 기각해야 하는지 판단하기가 어렵다. 즉 적정가치와 가격이 다르다는 결과가 나오더라도 이 결과가 가격결정모형의 선택이 잘못되었기 때문에 나온 것인지 아니면 차익거래가 제한되었기 때문에 나온 것인지 판단할 수 없는 것이다. 이론적인 검증에는 상기한 바와 같은 어려움이 존재하지만 그래도 현실에서 차익거래가 제한되고 있음을 보여주는 몇 가지 사례들이 존재한다.

**쌍둥이주식(twin shares)** : 1907년 서로 완전히 다른 회사였던 Royal Dutch Petroleum 과 Shell Transport 는 회사를 합치고 그들의 이익을 60:40으로 나누기로

그림 14-4 Log deviations from Royal Dutch/Shell parity. $\left(log\frac{Royal\ Dutch/Shell}{1.5}\right)$

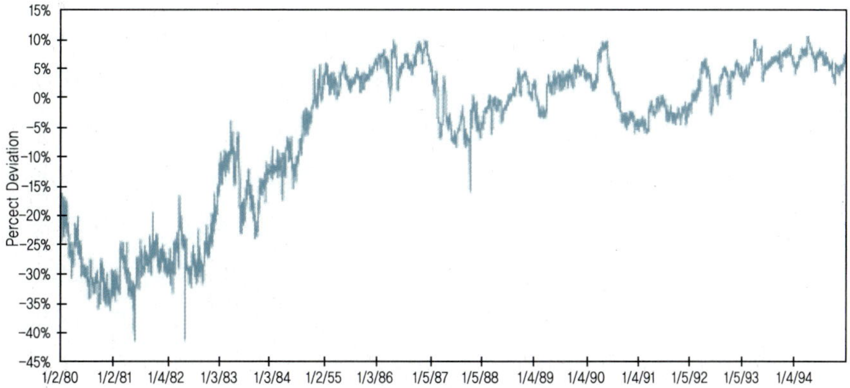


합의했다. 즉 Royal Dutch의 주주들은 합병 회사 이윤에 대해 60%의 지분을 가지고 Shell의 주주들은 합병 회사 이윤의 40%에 대한 지분을 갖는 것이다. 이러한 상황에서 만약 주가가 적정가치를 반영한다면 Royal Dutch의 주가는 Shell의 주가의 정확히 1.5배가 되어야 할 것이나 현실에서는 그렇지 않았다.

[그림 14-4]는 Royal Dutch의 주가와 Shell의 주가 간 비율이 1.5로부터 얼마나 떨어져 있는지를 보여준다. 이 그래프에 따르면 Royal Dutch의 주가는 어떤 때는 35% 과소평가되기도 하고 어떤 때는 15% 과대평가되기도 했음을 알 수 있다. 이는 지속적인 비효율성(persistent inefficiency)의 강력한 증거가 될 수 있다.

만약 차익거래 메커니즘에 따라서 투자에 임했다면 두 주식의 가격변동으로부터 이익을 얻을 수 있었을까? 즉, 주가 비율이 1.5 이상이 되면 Royal Dutch의 주식을 팔고 Shell의 주식을 매수하고, 1.5보다 낮아지면 반대의 포트폴리오를 가져가는 전략을 사용했다면 성공할 수 있었을까? 이러한 전략은 주가 비율의 평균회귀성향이 높을 때 성공한다. 그러나 [그림 14-3]에서 볼 수 있듯 주가 비율의 평균회귀성향은 그리 높지 않다. 1.5 이상(즉 0% 이상)에서 더 오르기도 하고 1.5(0%)보다 훨씬 낮을 때 계속 내려가기도 하는 것이다. 따라서 이러한 전략을 투자자가 실행에 옮겼다면 높은 위험에 노출되었을 것이고 때때로 손해를 입었을 가능성도 크다.

이 사례에서 차익거래가 제한되었던 이유는 비합리적 투자자들에 의한 위험 때문이라고 생각할 수 있다. 두 회사의 주식이 서로 완벽한 대체재가 되어 위험에 대한 충분한 헤지가 가능한 상황에서 가격이 적정가치로 회귀하지 않아 차익거래가 이루어지지 않고 있는 까닭이다.

**지수편입(index inclusions)** : Shleifer(1986)에 따르면 어떤 회사가 S&P 500 지수에 편입될 때 평균적으로 3.5%의 가격 상승이 일어나며 이 가격 상승은 일시적이지 않고 지속적인 것으로 나타난다. S&P 지수는 어떤 회사가 얼마나 장래성이 있는가, 그 회사의 주식이 얼마나 위험한가와 같은 특정회사에 대한 정보는 전혀 사용하지 않고, 단지 결과적으로 만들어진 지수가 전체 미국 경제를 얼마나 잘 대표하는가에 초점을 맞추기 때문에, 지수에 편입되는가 그렇지 않은가는 회사의 가치와는 무관하다고 볼 수 있다. 따라서 이러한 현상은 가격이 적정가치를 반영하지 않음을 보여주는 예로 볼 수 있다.

그런데 만약 투자자가 이를 차익거래의 기회로 활용하려 한다면 어떤 제약에 부딪힐 것인가? 이 경우에도 마찬가지로 비합리적 투자자에 의한 위험은 계속 존재한다. 지수편입으로 적정가치보다 가격이 더 높아졌다고 판단하고 이 주식을 매도하는 전략은 이 주식의 가격이 단기적으로 더 높아질 위험에 노출되는 것이다. 실제로 야후(Yahoo)의 경우 지수편입 하루 만에 24%라는 경이적인 주가 상승이 있었는데, 이를 이상현상이라 보고 야후에 대해 매도를 취했다면 그 투자자는 단기적으로 큰 손해를 보았을 것이다. 왜냐하면 한 달이 지난 후 야후의 주가는 편입이전보다 100% 상승하였기 때문이다.

또한 이 경우에는 시장에서 적절한 헤지 포지션을 구축할 수 없을 가능성이 높기 때문에 근본적 위험에도 노출되게 된다. 실제로 Wurgler and Zhuravskaya(2002)의 연구는 시장에서 헤지 포지션을 구축하기 힘든 주식일수록 지수편입에 의한 가격 상승 효과가 크다는 것을 보여준다.

**자회사공개(equity carve-outs)** : 자회사공개와 관련된 몇 가지 사례들도 차익거래가 제한되는 예시를 보여준다. 일례로, 3Com은 2000년 3월 자회사인 Palm에 대한 보유지분의 5%를 IPO를 통해 매각하였고, 연말 이전까지 Palm의 주식을 3Com의 주주들에게 배분하겠다고 공표하였다. 3Com의 주주들은 3Com의 주식 1주당 Palm의 주식 1.5주를 받게 되는 셈이었다. 따라서 3Com의 주식은 적어도 Palm 주식의 1.5배 이상의 가격이 되어야 하나 IPO 이후 Palm 주식이 거래된 첫 날 Palm의 주가는 $95 였는데 반해 3Com의 주가는 $81 에 불과하였다. 이러한 현상이 일어났던 원인은 이행비용에 있었는데, Palm의 주식을 공매도하기가 불가능하거나 매우 큰 비용이 필요했기 때문이다.

## 2.3 행태재무학의 적용

지금까지 행태재무학의 밑바탕이 되는 이론적, 실증적 토대에 대해 살펴보았다면 본 절에서는 기존의 재무이론으로 설명하기 어려운 문제들에 행태재무학이 적용되는 사례를 살펴보기로 하겠다.

### 1. Equity premium puzzle

Mehra and Prescott(1985)에 의해 제기된 주식 프리미엄 퍼즐이란 역사적으로 관측된 주식의 수익률이 소비를 바탕으로 한 기본적 거시모형(Consumption CAPM)으로 설명하기엔 지나치게 높은 현상을 의미한다. 이를 파악하기 위해 다음의 모형을 살펴보자.[7)]

화폐가 없는 실물경제에 주식($s$)과 채권($b$)이 있고 $t$기와 $t+1$기 사이의 실질 수익률을 각각 $1+r_{t+1}^{s}$, $1+r_{t+1}^{b}$이라고 하자. 경제주체의 효용이 소비에만 의존한다고 가정하고 기간간 할인율을 $\beta$로 나타낼 때, 기대효용극대화의 1계조건은 다음과 같다.

$$u'(c_t)=\beta E_t[(1+r_{t+1}^{i})u'(c_{t+1})],\ for\ i=s,\ b$$

위의 식이 의미하는 바는 현재의 소비 1단위를 줄여서 손해 보는 효용의 크기 $u'(c_t)$가 그 소비를 투자하여 얻는 미래의 소비 $1+r_{t+1}^{i}$ 단위가 주는 기대효용의 크기 $\beta E_t[(1+r_{t+1}^{i})u'(c_{t+1})]$와 같을 때 기대효용극대화가 이루어진다는 뜻이다.

일반균형이론에서는 $t+1$기의 소비와 자산의 수익률이 상태변수의 변화에 따라 내생적으로 결정되겠지만 지금 살펴보는 모형은 일반균형 모형이 아니므로 $t+1$기의 소비와 자산의 수익률이 다음의 확률변수를 따른다고 가정하자.

$$\frac{c_{t+1}}{c_t}=\bar{c}_{\Delta}\exp\left(\varepsilon_{c,t+1}-\frac{\sigma_c^2}{2}\right)$$

$$1+r_{t+1}^{i}=(1+\bar{r}^{i})\exp\left(\varepsilon_{c,t+1}-\frac{\sigma_i^2}{2}\right),\ for\ i=s,\ b$$

여기에서 $\varepsilon_{c,t+1}$, $\varepsilon_{i,t+1}$은 평균이 0이고 분산이 각각 $\sigma_c^2$, $\sigma_i^2$인 정규분포 확률변수

7) 보다 자세한 내용은 Ljungqvist and Sargent(2004)를 참고하라.

들이고 나머지 값들은 모두 상수이다. 즉 확률변수 $\frac{c_{t+1}}{c_t}$, $r^i_{t+1}$들은 모두 대수정규분포(Log-Normal Distribution)을 따르며 $\overline{c_\Delta}$, $\overline{r^i}$는 확률변수 $\frac{c_{t+1}}{c_t}$, $r^i_{t+1}$의 평균이다.[8] 경제주체의 효용함수를 $u(c)=\frac{c^{1-\gamma}-1}{1-\gamma}$ 라고 하자. 이러한 효용함수를 Constant Relative Risk Aversion(CRRA) 효용함수라 하는데, $\gamma$가 클수록 더 오목한 함수가 되어 위험회피성향이 더 큼을 나타낸다. 한편 효용함수를 가정하면 위에서 주어진 1계조건은 다음과 같이 정리된다.

$$1=\beta(1+\overline{r^i})\overline{c_\Delta}^{-\gamma}\exp\left((1+\gamma)\frac{\gamma\sigma_c^2}{2}-\gamma Cov(\varepsilon_i,\varepsilon_c)\right),\ for\ i=s,\ b$$ [9]

주식과 채권에 대해 각각 위의 식을 구하고 양변에 log를 취하여 빼면 다음과 같다.

$$\log(1+\overline{r^s})-\log(1+r^b)=\gamma[Cov(\varepsilon_s,\varepsilon_c)-Cov(\varepsilon_b,\varepsilon_c)]$$

무위험 채권과 소비의 상관계수는 0이므로 으로 두고 위의 식을 1차 근사하면 다음을 얻는다.

$$\overline{r^s}-r^b=\gamma Cov(\varepsilon_s,\varepsilon_c)$$

결론적으로 소비를 바탕으로 한 기본적 거시모형에서 예측하는 주식의 초과수익률 $(\overline{r^s}-r^b)$은 주식 수익률과 소비의 공분산에 상대적 위험회피 성향을 나타내는 $\gamma$의 곱으로 표현된다. 직관적으로 설명하면 자산의 초과수익률은 이 자산 가격의 변동으로 생기는 소비의 변동이 얼마나 큰가와 소비의 변화때문에 생기는 비효용의 크기가 얼마나 큰가에 의해 결정된다는 뜻이다.

한편 1889년부터 1978년까지의 미국 자료를 조사해보면 주식의 초과수익률이 6% 정도이고 소비와 주식의 공분산은 약 0.22%로 나타나는데 이를 설명하기 위해

8) 어떠한 확률변수 $X$에 대해 $logX\sim N(\mu,\sigma^2)$이면 $X$가 대수정규분포를 따른다고 하며 이 경우 $E(X)=\exp\left(\mu+\frac{1}{2}\sigma^2\right)$이다. 주어진 식에서 $\log\left(\frac{c_{t+1}}{c_t}\right)=\log(\overline{c_\Delta})+\varepsilon_{c,t+1}-\frac{\sigma_c^2}{2}\sim N\left(\log(\overline{c_\Delta})-\frac{\sigma_c^2}{2},\ \sigma_c^2\right)$ 이므로 $\frac{c_{t+1}}{c_t}$은 대수정규분포이며 $E\left(\frac{c_{t+1}}{c_t}\right)\ \overline{c_\Delta}$이다.

9) $1=\beta E_t\left[(1+r^i_{t+1})\frac{u'(c_{t+1})}{u'(c_t)}\right]=\beta(1+(\overline{r^i})\overline{c_\Delta}^{-\gamma}E_t\left[\exp\left(\varepsilon_{c,t+1}-\frac{\sigma_i^2}{2}-\gamma\left(\varepsilon_{c,t+1}-\frac{\sigma_c^2}{2}\right)\right)\right]$이고 각주 7의 대수정규분포의 평균에 대한 공식을 사용하면 도출할 수 있다.

서는 $\gamma$가 대략 27에 가까운 값을 가져야 한다. 그러나 기존의 연구들에 따르면 일반적 사람의 행동에서 나타나는 위험회피 성향 $\gamma$는 10을 넘지 않는다는 것이 정설이며, 이 말은 곧 역사적으로 관측된 주식의 초과수익률이 소비를 통해 설명하기엔 너무 높다는 것을 뜻한다. 이것이 주식 프리미엄 퍼즐의 내용이다.

행태재무학에서는 전망이론이나 모호성 회피 등의 개념을 통해 이를 설명하려 한다. 전망이론에 따르면 위험한 복권을 선택할 때 사람들이 고려하는 것은 최종적인 재산의 크기가 아니라 기준점으로부터의 변화이다. 따라서 어떤 포트폴리오의 가치를 판단할 때 이 포트폴리오의 수익 평가를 얼마나 자주 하는가 역시 포트폴리오의 가치에 영향을 끼치게 된다.

예를 들어 느긋한 성격의 갑은 10년에 한 번씩 자신이 가진 포트폴리오의 가치를 평가하고 조급한 성격의 을은 포트폴리오의 가치를 매일매일 평가한다고 가정해보자. 그러면 매일매일의 가격변동이 큰 주식은 을에게 매력적인 자산이 되지 않는데, 이는 전망이론에서 가정하는 가치함수에 손실회피 성향이 들어있기 때문이다. 따라서 하루마다 이익과 손실을 반복하는 주식은 을의 가치함수에서 보면 좋은 자산이 아니다. 하지만 10년의 장기추세로 볼 때, 주식은 채권보다 수익률이 높으므로 갑에게는 매력적인 자산이다. 즉 포트폴리오 재평가 사이의 기간이 짧을수록 주식에 대한 선호도는 떨어지고 반대로 재평가를 안 할수록 오른다.

Benartzi and Thaler(1995)는 이러한 생각을 바탕으로 주식과 채권의 수익률 차이를 설명할 수 있는 포트폴리오 재평가 기간이 얼마인지 계산했고, 적절한 모형 가정 아래 이 재평가 기간이 1년에 1번 정도임을 밝혔다. 즉 사람들이 1년에 1번 정도 자신의 포트폴리오를 평가하여 이익과 손실을 인식한다면 주식의 수익률이 채권 수익률보다 6% 가량 높다는 역사적 사실을 설명할 수 있다는 뜻이다. 많은 주식형 펀드 등의 갱신기간이 보통 1년에 1번 임을 고려한다면 어느 정도 신빙성이 있는 결과라고 볼 수 있다.

Maenhout(2004)는 모호성 회피를 통해 주식 프리미엄 퍼즐을 설명하려 했는데, 이 연구는 사람들이 주식의 확률분포 자체에 대해 확신을 하지 못하기 때문에 사후적으로 관찰된 분포로 설명할 수 있는 것보다 훨씬 더 큰 리스크 프리미엄이 있어야 주식에 투자한다고 설명하고 있다.

## 2. Momentum and Contrarian

모멘텀이란 과거에 수익률이 높았던 주식은 앞으로도 수익률이 높고, 반대로 과거에 수익률이 낮았던 주식은 앞으로도 수익률이 낮은 경향을 일컫는 용어이다. Jegadeesh and Titman(1993)은 1963년부터 1989년까지의 NYSE 데이터를 바탕으로 모멘텀의 증거를 제시했다. 과거 6개월의 수익률을 기준으로 주식들을 십분위로 분류하고 이후 6개월간 수익률을 살펴보았을 때, 과거 수익률 상위 10%에 들어가는 주식이 하위 10%에 들어가는 주식들에 비해 수익률이 훨씬 높다는 사실을 보인 것이다.

하지만 이러한 경향은 과거 수익률을 바라보는 기간이 길어지면 완전히 뒤바뀐다. 과거 수익률을 6개월 단위로 보지 않고 훨씬 더 길게 바라보면 모멘텀 효과는 사라지고 과거의 승자는 패자로, 과거의 패자는 승자로 변하는 경향이 나타나는 것이다. 이러한 경향에 주목하는 것이 컨트래리안(contrarian) 효과이다.

효율시장가설이 성립한다면 나타날 수 없는 이러한 결과들에 대해 행태재무학에서는 다음과 같이 설명한다. 사람들에게는 자신의 생각을 쉽게 바꾸지 않는 보수성(conservatism)이 있기 때문에 새로운 정보가 들어와도 이에 대해 즉각적으로 반응하지 않는다. 그래서 어떤 주식에 대한 좋은 정보가 있더라도 투자자들은 이에 대해 즉각적으로 반응하지 않기 때문에 주가는 서서히, 점차 오르게 되는데 이것이 모멘텀 효과를 유발한다는 것이다.

이후 정보가 충분히 반영될 정도로 가격이 꾸준히 오르고 나면 이제 대표성의 오류가 작용하게 된다. 이 전에 꾸준히 높은 수익률을 기록하였으니 앞으로는 떨어질 것이란 사람들의 믿음이 실제로 가격을 떨어뜨리게 된다는 것이다. 이 때문에 기간을 더 길게 보면 모멘텀 효과는 사라지고 컨트래리안 효과가 나타나게 된다.

이에 대해, 시장에 모멘텀 전략을 사용하는 투자자가 많으면 이러한 경향이 나타난다고 설명하는 시각도 있다. 왜냐하면, 과거의 승자는 모멘텀 전략을 사용하는 투자자에 의해 많이 수요되므로 단기적으로 가격이 계속 올라 모멘텀 효과가 나타나지만, 그 주식의 실제 적정가치가 오른 것은 아니기 때문에 장기적으로 평균에 회귀하는 과정에서 컨트래리안 효과가 나타난다는 것이다.

## 3. Diversification

CAPM을 비롯한 재무이론의 공통적인 함의는 투자자들이 각 자산이 가진 비체계적 위험을 분산하기 위해 자신의 포트폴리오를 다각화한다는 것이다. 그러나 많은 실증연구에 따르면 투자자들은 자신의 포트폴리오를 충분히 다각화하지 않고 있는데, 여기에는 몇 가지 경향성이 존재한다.

가장 대표적인 것은 '홈 바이어스(Home Bias)'라 불리는 경향으로 자신에게 친근한 자산에 더 많이 투자하는 경향을 일컫는다. French and Poterba(1991)가 미국, 일본, 영국의 주식투자자들을 대상으로 조사한 결과 대략 90%에 달하는 투자자들이 자국의 주식에만 투자하고 있었다. 이는 합리성을 바탕으로 한 포트폴리오 이론으로는 설명할 수 없는 결과인데, CAPM 에서 말하는 시장 포트폴리오란 세상에 존재하는 모든 자산을 다 포함하는 것이기 때문이다. 또한, 자국내의 투자에서도 투자자와 지역적으로 가깝거나 같은 인종의 사람이 운영하는 회사에 투자를 더 많이 하는 경향이 나타난다.

이러한 현상에 대한 가장 쉬운 설명은 모호성 회피 성향을 통한 것이다. 사람들은 확률 분포가 알려지지 않은 도박에 참여하는 것을 싫어하기 때문에 비교적 덜 모호하고 친숙하게 느껴지는 자국의 주식을 외국주식보다 선호하고 자국의 주식 중에서도 자신과 지역적, 인종적으로 가까운 회사의 주식을 선호하는 것이다.

다른 경향은 사람들이 포트폴리오를 다각화할 때 굉장히 단순한 방법으로 다각화한다는 것이다. Benartzi and Thaler(2001)의 연구는 많은 사람이 $n$개의 투자기회가 있을 때 단순히 $1/n$씩 나누어 투자하는 경향이 있다는 것을 밝혔다. 예컨대 주식과 채권에 대한 투자기회가 주어지면 주식과 채권에 절반씩 투자하는 식으로 포트폴리오 다각화를 한다는 것이다. 이는 물론 이론적 효율성과는 거리가 먼 방법인데 사람들이 가진 대표성의 오류를 보여주는 예라고 할 수 있다.

## 4. Excessive trading

만약 시장이 아주 강한 의미에서 효율적이라면 주식거래는 많이 일어날 이유가 없다. 사람들이 합리적이라는 것이 공유지식(common knowledge)이라면 다른 사람이 팔고자 하는 주식을 내가 살 이유가 없기 때문이다. 하지만 현실에서 주식거래는 굉장히 자주, 많이 일어난다. 이는 현실에서 일어나는 주식거래의 많은 부분이 정보에 반응하여 일어나는 거래임을 말해준다.

만약 사람들이 정보에 적절하게 반응하여 주식거래에 임한다면 잦은 주식거래는 높은 수익률을 담보할 것이다. 하지만 Barber and Odean(2000)의 연구에 따르면 거래비용까지 고려할 때 잦은 주식거래는 오히려 포트폴리오의 수익률을 낮추는 역할을 한다. 다시 말해서 정보에 반응하여 주식을 자주 바꿈으로써 오히려 손해를 보고 있다는 것이다. 이는 잦은 거래에 따른 거래비용에서 기인하기도 하지만 몇 가지 연구결과들에 따르면 주식 선택자체의 문제에서 기인하기도 한다. 즉 정보에 반응하여 더 안 좋은 주식을 선택하는 때도 많다는 뜻이다.

행태재무학에는 이러한 현상을 사람들이 가지고 있는 자신과잉으로 설명하려는 시도가 있다. 사람들이 자신이 가진 정보와 판단에 지나치게 확신을 한 나머지

포트폴리오의 구성을 바꿀 정도로 강하진 않은 정보에도 반응하는 것이다. 자신과잉 경향이 강한 사람일수록 주식거래를 자주한다는 것과, 주식 거래 횟수와 수익률은 반비례한다는 것을 보여준 많은 실증연구들이 이러한 해석의 근거가 될 수 있다.

## 2.4 행태재무학의 의의 및 한계

행동재무학은 비교적 역사가 짧은 분야로 지금까지의 성과보다 앞으로의 발전이 더 기대되는 학문이다. 지난 몇십 년간의 연구성과들은 재무이론에 큰 영향을 끼쳤는데 이를 정리해보면 다음과 같다.

첫째로 합리적 개인을 가정한 재무이론에 대해 의문을 제기하고 인간의 행태에 대한 직접적인 관찰을 바탕으로 하여 새로운 분석체계를 제공했다는 점이다. 전망이론을 비롯한 많은 연구를 통해 이제 우리는 합리적 개인을 가정하지 않고도 현실을 설명하고 현상의 원인을 분석할 수 있는 도구를 갖게 되었다. 그 밖에도 인간의 심리적 특성에 대한 많은 연구결과는 이상현상처럼 보이는 현상들의 배후에 어떤 기제가 존재하는지에 대해 말해주고 있다.

둘째로 차익거래 메커니즘이 현실에서 작동하지 않을 수 있다는 사실을 지적하였다. 과거의 재무이론은 여러 가지 제약요인이 있음에도 완벽한 차익거래 메커니즘이 작동한다는 가정을 바탕으로 전개되었으며, 가격은 적정가치를 반영하고 시장은 효율적이라고 주장했다. 하지만 행태재무학의 등장으로 우리는 이제 현실에서 차익거래 메커니즘이 작동한다는 것은 엄밀한 주장이 아니며 시장이 비효율적일 수 있다는 사실을 알게 되었다.

행태재무학이 제시한 새로운 패러다임과 이에 기반한 많은 실증연구는 재무이론의 폭을 넓히고 재무학이란 학문을 더욱 더 윤택하게 만드는데 크게 이바지하였다. 물론 행태재무학이 가진 한계점도 분명히 존재한다. 우선 행태재무학의 많은 연구는 연구자가 관심을 가지고 있는 특정 현상을 설명하는 데에만 초점을 맞추고 있기 때문에 행태재무학에서 그 동안 발견된 사실들을 아우르는 모형이 존재하지 않는다. 즉 사람에게 어떤 심리적 특성이 있다고 하거나, 혹은 시장에 이러한 요인이 있어서 차익거래가 제한된다는 식의 단편적인 사실을 제시하고 있을 뿐 지금까지의 연구들을 종합하여 전체 시장의 움직임을 이론적으로 설명할 수 있는 체계가 아직 존재하지 않는 것이다.

체계가 없이 단편적인 사실만 존재하기 때문에 어떤 현상을 설명할 때 어떤 심리적 특성으로 설명해야 하는지 알 수가 없다. 같은 현상을 설명하더라도 서로 다른 심리적 특성을 가져오면 완전히 다른 결론을 얻을 수도 있다. 또한, 지나치게 많은 설명도구를 갖고 있다는 사실 자체도 문제이다. 만약 이 설명도구가 대단히 많아져서 현실의 어떠한 현상에 대해서도 그에 맞는 도구를 갖게 된다면 이는 모든 문제상황에 대해서 '인간의 심리적 특성이다' 라고 설명한다는 뜻이고 이는 결과적으로는 아무것도 설명하지 못하는 것과 마찬가지이다.

이처럼 행태재무학에는 분명히 한계가 존재하며 아직은 기존의 재무이론을 대체할 수 있을 만큼의 이론적인 체계를 갖추지 못하고 있다. 하지만 행태재무학이 제기한 문제의식에 대해서 많은 사람이 공감하고 있는 것은 사실이며 이것이 재무이론의 지평을 넓혔다는 점 역시 인정해야 한다.

기존 재무이론에서 현실에 맞지 않는 부분을 지적하며 등장했지만, 행태재무학이 과연 기존이론보다 현실을 더 잘 설명하는가에 대해서는 아직 의문이 남아 있다. 만약 행태재무학 분야에서 더 체계적이고 포괄적인 이론이 등장하여 현실을 잘 설명하게 된다면 기존 재무이론을 대체할 수도 있을 것이며, 이것이 행태재무학이란 분야가 발전해야 할 방향이기도 하다.

## Learning Cafe 1

경제적 인간(Homo Economicus)에 대한 그동안의 전제와는 달리 경제주체들이 갖는 제한된 합리성(bounded rationality)이나 동물적 충동(animal spirit)을 중시하는 이론도 경제 및 금융분야에서 관심을 끌기 시작하였다. 앤드루 로(Andrew Lo) MIT 교수는 효율적 시장가설과 행태경제학 (behavioral economics)을 접목한 적응적 시장가설(Adaptive Market Hypothesis, AMH)에 의해 기존의 경제적 사고의 틀만으로는 설명되지 않는 이상 현상들의 설명을 시도하고자 한다. 그러나 이러한 새로운 접근방법도 하나의 시도에 불과할 뿐 아직은 일관된 설명을 제시하지는 못한다. 경제학이 심리학, 물리학, 역사학, 정치학, 사회학, 철학과의 대화를 통해 인간과 사회를 더욱 깊이 성찰하는 진정한 통섭의 학문으로 자리매김할 경우에만 참으로 유용한 새로운 사고의 틀이 만들어질 것으로 기대된다.

Learning Cafe 2

## 다니엘 카니먼과 제한적 합리성 이론

행태경제학(행태재무학)은 "인간은 합리적이고 효율적이고 이기적인 방식으로 선택한다"고 믿는 주류경제학의 오류를 지적하고 인간의 비이성적인 심리까지를 포괄하는 현실경제학을 지향하는 경제학계의 새로운 흐름이다. 즉, 행태경제학의 전제는 '완전한 합리성의 인간'이 아니라 '제한적 합리성의 인간'이다.

결과를 중시하고 연역적으로 사고하는 행태경제학은 종종 비논리적이란 공격을 받기도 하지만, 주류 경제학으로는 결코 설명할 수 없는 현실경제 속의 수 많은 현상을 설명하는 데는 매우 효과적이라는 평가가 지배적이다.

제한적 합리성 이론 분야를 개척한 업적으로 2002년 노벨경제학상을 받은 카너먼(Daniel Kahneman)은 본래 인지심리학자이다. 그는 상황이나 방식에 따라 인간이 논리적으로는 동일한 조건임에도 불구하고 전혀 다른 인식을 가질 수 있는 존재로 보았다.

(1) 10달러 짜리 연극티켓을 미리 구입한 후 극장에 가는 도중에 연극표를 잃어버린 사실을 알게 되었다. 그대로 극장에 가서 연극 티켓을 다시 살 것인가?
(2) 10달러 짜리 연극 티켓을 현장 구매할 생각으로 극장에 가는 길에 10달러를 잃어버린 사실을 알게 되었다. 그대로 극장에 가서 연극 티켓을 다시 살 것인가?

이에 대한 설문 결과, 논리적, 경제적으로는 동일한 손실상황에 대하여 사람들은 전혀 다른 반응을 보였다. 즉 (1)의 상황에 대해서는 대부분의 응답자들이 "그냥 집으로 돌아가겠다"고 답한 데 비해 (2)의 상황에서는 대부분의 응답자들이 "그대로 극장에 가서 표를 사겠다"고 응답한 것이다.

이를 '손해'와 '기회'의 개념으로 이해한다면 연극을 보기 위해 극장으로 간다는 목적이 분명할 때 (1)의 상황은 명백한 손실로 인식하지만 (2)의 경우는 티켓을 살 수 있는 기회의 상실로 다르게 인식한다는 것이다. 즉, 논리적, 경제적으로 보면 조삼모사의 경제학이 성립하여야 하겠지만 심리적으로는 조삼모사가 성립하지 않는다는 것이다.

출처: EBS 지식 프라임, EBS 지식프라임 제작팀 지음, 밀리언 하우스, 2009.

# 국문색인

ㅅ

ㅇ

ㅈ

### ㅊ



### ㅋ

# 영문색인

## D



## E

## S



## T

## 〔저 자 소 개〕

### 이필상

Columbia 대학교 경영학 석사
Columbia 대학교 경영학 박사
서울대학교 공과대학 금속공학
고려대학교 총장
고려대학교 경영대학 학장
고려대학교 경영대학원 원장
고려대학교 기업경영연구원 원장
함께하는 시민행동 공동대표
감사원 부정방지대책위원회 위원
경실련 경제정의연구소 소장
한국재무학회 회장
한국선물학회 회장
고려대학교 경영대학 교수
미국 컬럼비아대학교 객원교수
현, 서울대학교 경제학부 초빙교수
[저서] 재무학(박영사, 2004), 금융론(박영사, 2005), 투자론(공저, 법문사, 1988), 선물옵션(공저, 법문사, 2001), 국제재무관리(박영사, 2001), 경영학원론(공저, 법문사, 2001), 기업경제학(공저, 법문사, 2003) 외 다수

### 최승빈

고려대학교 경영대학 경영학과 졸업
고려대학교 대학원 경영학 석사(재무론 전공)
고려대학교 대학원 경영학 박사(재무론 전공)
LG투자자문 자문위원
공인회계사시험 책임출제위원(금감원)
University of Washington(visiting scholar)
현, 목원대학교 경영학과 교수
[저서] 투자론(공저, 법문사, 1988), 재무관리연습(공저, 박영사, 1989), 재무관리(공저, 도서출판 대경, 2004), 증권시장의 이해(공저, 도서출판 대경, 2006)

### 이상호

경북대학교 경상대학 졸업
고려대학교 대학원 경영학 석사(재무론 전공)
고려대학교 대학원 경영학 박사(재무론 전공)
현, 경일대학교 경영학부 교수
[저서] 투자론(공저, 법문사, 1988), 재무관리연습(공저, 박영사, 1989), 국제금융기구의 이해(공저, 미래창조, 1999), 증권투자론(공저, 미래창조, 2012)

### 정강원

고려대학교 경영대학 경영학과 졸업
고려대학교 대학원 경영학 석사(재무론 전공)
고려대학교 대학원 경영학 박사(재무론 전공)
현, 공주대학교 경영학과 교수
[저서] 투자론(공저, 법문사, 1988), 재무관리연습(공저, 박영사, 1989), 재무관리(공저, 도서출판 대경, 2004), 증권시장의 이해(공저, 도서출판 대경, 2006)

### 안동현

고려대학교 경영대학 경영학과 졸업
고려대학교 대학원 경영학 석사(재무론 전공)
뉴욕대학교 스턴경영대학원 재무론 박사
현, 서울대학교 경제학부 교수
미국 AFA Presidential Committee 멤버

# 현대투자론


2013년 2월 20일 초판 인쇄
2013년 2월 25일 초판 1쇄발행

저 자 이 필 상 외
발행인 배 효 선
발행처 도서출판 法 文 社



주 소 413-756 경기도 파주시 문발동 526-3
(파주출판문화정보산업단지)
등 록 1957년 12월 12일/제2-76호(윤)
전 화 031-955-6500~6/ 팩 스 031-955-6525
e-mail(영업): bms@bobmunsa.co.kr
(편집): edit66@bobmunsa.co.kr
홈페이지: http://www.bobmunsa.co.kr



조 판 광 암 문 화 사

정가 38,000원

ISBN 978-89-18-12477-3